Legal Commentary on the Credit Unions Act

신용협동조합법 해설

이태영 · 안성백 · 이정윤
최이수 · 최지혜 · 성미루

法 文 社

이 해설서는 신협중앙회의 최종적인 공식견해가 아니며,
「신용협동조합법」의 해석 및 집행에 참고자료로 활용하시길 바랍니다.

발간사

신협은 반세기 넘는 세월 동안 서민과 지역사회의 든든한 버팀목이 되어 왔습니다. 조합원이 주인이자 경영자인 민주적 운영 구조, 이익을 조합원과 지역사회에 환원하는 상생의 철학, 그리고 금융소외계층을 끝까지 포용하는 사명은 신협이 지켜온 오랜 원칙이자 존재 이유입니다.

최근 들어 국내는 물론 세계적으로도 신협의 이념과 운영 원칙이 주목받고 있습니다. 세계신협협의회(WOCCU) 이사국이자 아시아신협연합회(ACCU) 회장국으로서, 한국 신협의 위상은 그 어느 때보다 높아졌습니다. 이제는 제도적 기반을 바탕으로 신협의 가치를 더욱 체계적이고 지속 가능하게 실현해 나가야 할 시점입니다.

이러한 맥락에서 『신용협동조합법 해설』의 발간은 매우 뜻깊은 성과라 할 수 있습니다. 이번 해설서는 신협의 설립 근거법률인 「신용협동조합법」을 중심으로, 각 조문에 대한 해석과 함께 관련 법령, 판례, 입법례 등을 폭넓게 담아 실무에서의 이해와 적용을 돕도록 구성하였습니다. 이 해설서는 단순한 법령 해석을 넘어, 신협이 실천해 온 공동체 금융의 가치를 되새기고 재정립하는 데에도 중요한 역할을 할 것입니다.

아울러 이번 해설서는 신협중앙회 법규제도팀 이태영 팀장을 비롯한 여섯 분의 사내 변호사들이 직접 집필에 참여했다는 점에서 큰 의미가 있습니다. 현장의 이해와 법률 전문성이 조화를 이룬 이 결과물은 조합과 중앙회가 안정적이고 책임 있는 운영을 이어가는 데 유용한 참고서가 될 것입니다. 이 자리를 빌려 집필을 맡아주신 사내 변호사 여러분과 관련 부서 실무진께 깊은 감사의 마음을 전합니다.

신협은 앞으로도 사람 중심, 공동체 중심의 철학을 지키며 '평생 어부바'라는 약속을 실천해 나갈 것입니다. 이번 해설서가 그 여정에서 소중한 이정표가 되기를 기대합니다.

법과 제도의 뿌리 위에,
신협의 새로운 100년을 준비합니다.

2025. 9.

신협중앙회장

추천사

상류에서 세차게 달려온 강물이 하류에 이르면 물살이 잔잔해지면서 세모벌(삼각주)이 형성되고, 그 비옥한 땅에서 풍요와 찬란한 문화가 꽃을 피웁니다. 사람의 일도 이와 다르지 않습니다. 애써 멈추고 성찰하는 시간이 없다면 새로운 미래를 기약할 수 없습니다.

이 책은 1972년 「신용협동조합법」 제정 · 시행 이후 처음으로 신협 내부에서 이 법률 및 관련 규범들을 종합적 · 체계적으로 조망한 해설서입니다. 신협의 현실을 체험한 사람들이 법 해설서의 형식을 빌려 신협의 과거를 진단하고 미래 비전을 설계했다는 점에서 이 책은 매우 특별합니다.

이념 갈등과 부의 편중이 우리 사회의 안전성을 심각하게 위협하고 있습니다. 사회적 · 경제적 소외계층이 경제성장의 과정에 참여하고 성과를 공유하는 포용경제(inclusive economy)의 중요성이 한층 강조되는 시대입니다. 금융의 원칙과 사회적 가치가 조화를 이루는 신협은 포용경제를 실현하는 대표적 조직입니다. 이러한 맥락에서 이 책은 매우 시의적절한 결실입니다.

법학은 새끼를 꼬는 일과 유사합니다. 얼핏 보기에는 통째로 하나인 것으로 보이지만 사실은 여러 개의 볏짚을 이어놓은 것입니다. 구체적인 법률문제가 발생한 경우에 이에 대한 온당한 해결책을 구하고자 하면 때로는 가장 높은 시각에서, 때로는 가장 낮은 시각에서 관찰해야 합니다. 신협에 관련된 법률문제를 온당한 방향으로 해결하기 위해서는 「신용협동조합법」과 관련 하위규정은 물론 주요 판례와 유권해석, 심지어는 비교법적 논의도 포함되어야 합니다. 이 책은 이러한 문제의식이 곳곳에 스며있습니다.

이 책은 신협중앙회 소속 여섯 명의 사내변호사(이태영, 안성백, 이정윤, 최이수, 최지혜, 성미루)가 협업한 결과입니다. 이 책의 출간은 이들에게 결코 의무사항이 아닙니다. 의무가 아닌 일을 굳이 한다는 것은 진심과 열정 외에 다른 것으로는 설명할 수 없습니다. 그리고 진심과 열정은 언제나 사회의 공감을 얻습니다.

위와 같은 이유로 이 책을 적극 추천합니다. 대나무가 곧은 이유는 마디를 지으면서 자라기 때문입니다. 이 책이 반듯하게 성장하는 신협의 길잡이가 되기를 축원합니다.

2025년 9월

고려대학교 법학전문대학원 교수

신협중앙회 전문이사 명순구

머리말

"법은 살아 있는 현실을 담아내는 언어입니다."

이 문장은 저희가 『신용협동조합법 해설』을 집필하면서 가장 중요하게 새긴 원칙입니다. 법령은 원칙과 기준을 제시하지만, 실제 조합과 중앙회의 운영 현장에서 제대로 작동하기 위해서는 구체적인 해석과 실무적 적용이 뒷받침되어야 합니다. 본 해설서는 이러한 필요에 응답하고자 기획되었습니다.

신협법은 신협과 중앙회의 설립 목적, 조직 구조, 사업 범위, 운영 방식 등 전반적인 법적 체계를 규정하는 핵심 법률입니다. 이에 본서는 신협법을 중심으로 시행령 · 시행규칙 · 정관 · 상호금융업감독규정 등 관련 규정을 망라하고, 최신 법령과 판례, 유권해석, 입법례까지 아울러 정리하였습니다. 이를 통해 실무 현장에서 곧바로 참고할 수 있는 지침이 되고자 하였습니다.

특히 지역조합 위탁선거 제도의 의무화, 새마을금고법 전면 개정 등 제도 환경이 빠르게 변화하는 상황에서 신용협동조합법령에 대한 정확한 이해와 일관된 해석은 그 어느 때보다 중요합니다. 본 해설서는 단순한 법령 해석을 넘어, 중앙회와 조합 모두가 법적 안정성과 예측 가능성 속에서 업무를 수행할 수 있도록 돕는 기준이 될 것입니다.

무엇보다 이번 작업은 신협중앙회에서 처음으로 발간하는 『신용협동조합법 해설』이라는 점에서 큰 의미가 있습니다. 바쁜 일정 속에서도 흔쾌히 집필에 함께해 주신 안성백 변호사님, 이정윤 변호사님, 최이수 변호사님, 최지혜 변호사님, 성미루 변호사님께 깊이 감사드립니다. 각 조항 하나하나를 성실히 다루고자 한 이들의 노력이 있었기에, 이 해설서가 비로소 완성될 수 있었습니다.

이번 해설서 발간은 김윤식 중앙회장님을 비롯한 여러 임원진의 아낌없는 지원과 격려 덕분에 가능했습니다. 특히 윤성근 기획이사님, 우욱현 관리이사님, 강형민 기획조정본부장님께 깊이 감사드립니다. 기획 초기부터 아낌없는 지지와 성원을 보내주신 고려대학교 법학전문대학원 명순구 교수님(중앙회 전문이사)께도 각별한 감사의 말씀을 드립니다. 아울러 편집과 교정 과정에 힘써주신 법규제도팀 김영환 과장님, 이강현 대리님, 그리고 중앙회 임직원 여러분의 노고에도 진심 어린 감사를 드립니다.

이 해설서 발간은 단순히 법률 해석의 성과를 넘어, 신협이 보다 진일보한 조직으로 나아가기 위한 출발점이라 할 수 있습니다. 앞으로 신협과 중앙회는 이 법적 기반 위에서 더 품격 있고 지속가능한 성장을 이루어 나갈 것입니다. 『신용협동조합법 해설』이 그 길을 함께 밝히는 든든한 이정표가 되기를 기대합니다.

2025년 9월
집필진을 대표하여
신협중앙회 법규제도팀장
이태영 변호사

집필자

이태영 | 변호사, 기획조정본부 법규제도팀 팀장, 법학박사

안성백 | 변호사, 감독본부 재심팀 팀장, 법학전문석사

이정윤 | 변호사, 대외협력실, 법학전문석사

최이수 | 변호사, 여신투자심사본부 여신투자심사팀, 법학석사과정 수료

최지혜 | 변호사, 자금기획본부 투자관리팀, 법학전문석사

성미루 | 변호사, 준법지원부문 준법지원팀, 법학전문석사

차 례

제1부 서 설

제1장 의의 및 연혁 3
제2장 입법체계 13

제2부 조문별 해설

제1장 총 칙 21
제 1 조(목적) 21
제 2 조(정의) 30
제 3 조(명칭 등) 42
제 4 조(등기) 50
제 5 조(다른 협동조합과의 협력) 57
제 6 조(다른 법률과의 관계) 62

제2장 조 합 73
제1절 설 립 73
제 7 조(설립), 제8조(인가의 요건), 제8조의2(인가 등의 공고) 73
제 9 조(공동유대와 사무소) 87
제10조(정관 기재사항) 100
제2절 조합원과 출자 110
제11조(조합원의 자격) 110
제13조(자본금), 제14조(출자금 등), 제15조(양도) 119
제16조(탈퇴), 제18조(제명) 131
제17조(탈퇴하거나 제명된 조합원에 대한 출자금 등의 환급) 141
제19조(의결권 및 선거권 등) 149

제20조(조합원의 책임) ··· 156
제22조(결의취소 등의 청구) ··· 160

제3절 기 관 ··· 166
제23조(총회) ··· 166
제24조(총회의 결의사항 등) ··· 173
제25조(총회의 개의와 결의) ··· 184
제26조(총회의 소집 청구) ··· 190
제26조의2(총회 결의의 특례) ··· 196
제27조(임원) ··· 203
제27조의2(임원의 선거운동 제한) ··· 222
제27조의3(조합선거관리위원회의 구성·운영 등) ··· 236
제27조의4(이사장당선인 결정의 특례) ··· 250
제28조(임원 등의 자격 제한) ··· 254
제30조(간부직원) ··· 271
제30조의2(수뢰 등의 금지) ··· 277
제31조(임기 등) ··· 281
제32조(채무를 이행하지 아니한 임원에 대한 제재) ··· 290
제33조(임원의 책임 등) ··· 292
제34조(이사회) ··· 297
제35조(이사회의 소집) ··· 304
제36조(이사회의 결의사항) ··· 308
제37조(감사의 임무) ··· 316
제38조(감사의 대표권) ··· 323

제4절 사 업 ··· 326
제39조(사업의 종류 등) ··· 326
제40조(비조합원의 사업 이용) ··· 342
제41조(자금의 차입) ··· 350
제42조(동일인에 대한 대출등의 한도) ··· 356
제43조(상환준비금) ··· 371
제44조(여유자금의 운용) ··· 377
제45조(부동산의 소유 제한) ··· 383
제45조의2(고객응대직원에 대한 보호 조치 의무) ··· 391

제45조의3(금리인하 요구) ······ 396

제5절 회 계 ······ 400

제46조(사업연도), 제47조(회계 및 결산), 제48조(사업계획 및 예산) ······ 400
제49조(법정적립금), 제50조(임의적립금), 제51조(특별적립금) ······ 416
제52조(손실금의 처리), 제53조(이익금의 처분) ······ 423

제6절 해산·분할 및 합병 ······ 430

제54조(해산) ······ 430
제55조(합병과 분할) ······ 436

제7절 청 산 ······ 457

제56조(청산 사무의 감독), 제57조(청산인), 제58조(청산잔여재산), 제59조(청산인의 임무 등), 제60조(「민법」 등의 준용) ······ 457

제3장 중앙회 ······ 467

제1절 설립 및 출자 ······ 467

제61조(설립) ······ 467
제62조(회원) ······ 473
제63조(자본금과 출자) ······ 477
제64조(정관 기재사항) ······ 482
제65조(구역과 사무소 등) ······ 491
제66조(회비) ······ 494
제67조(해산) ······ 499

제2절 기 관 ······ 502

제68조(총회), 제69조(총회의 결의사항) ······ 502
제70조(대의원회) ······ 510
제71조(임원의 정수 등) ······ 517
제71조의2(임원의 선임 및 자격요건) ······ 523
제71조의3(인사추천위원회) ······ 536
제72조(임원의 직무와 임기 등) ······ 541
제73조(직원) ······ 569
제74조(이사회), 제75조(이사회 결의사항) ······ 575
제76조(감사위원회), 제76조의2(감사위원회의 임무 등) ······ 584

제76조의3(내부통제기준 등) ··· 596
제76조의4(대리인의 선임) ··· 606

제3절 사 업 ··· 609

제77조(연수원), 제78조(사업의 종류 등), 제80조(인사관리 위원회의 설치) ··· 609
제78조의2(조합이 아닌 자의 사업 이용) ··· 633
제79조(자금의 운용) ··· 637
제79조2(금리인하 요구의 준용) ··· 651

제4절 신용협동조합 예금자보호기금 ··· 653

제80조의2(신용협동조합 예금자보호기금의 설치 등) ··· 653
제80조의3(기금의 조성·운용 등) ··· 663
제80조의4(채권의 취득 등) ··· 673
제80조의5(손해배상청구권의 행사 등) ··· 679
제80조의6(자료 제공의 요청 등) ··· 687
제80조의7(기금의 목표적립규모 설정 등) ··· 690

제5절 회 계 ··· 694

제81조(사업예산 및 결산 등), 제82조(출자액의 감소) ··· 694

제4장 감 독 ··· 701

제83조(금융위원회의 감독 등) ··· 701
제83조의2(경영 공시) ··· 710
제83조의3(경영건전성 기준) ··· 717
제83조의4(업무보고서의 제출) ··· 737
제83조의5(운영의 공개) ··· 742
제84조(임직원에 대한 행정처분) ··· 748
제84조의2(퇴임한 임원 등에 대한 조치 내용의 통보) ··· 756
제85조(조합 등에 대한 행정처분) ··· 770
제86조(경영관리) ··· 777
제86조의2(관리인의 자격 및 권한 등), 제86조의3(경영관리의 통지 및 등기) ··· 789
제86조의4(계약이전의 결정), 제86조의5(계약이전의 결정의 효력) ··· 797

제88조(파산신청), 제88조의2(파산관재인) ······ 811
제89조(중앙회의 지도·감독) ······ 816
제89조의2(조합원 또는 조합의 검사청구) ······ 829

제5장 보 칙 ······ 835

제92조(정부의 협력 등), 제93조(정치 관여의 금지), 제94조(외국 기관과의 계약) ······ 835
제95조(농업협동조합 등에 대한 특례) ······ 840
제96조(권한의 위탁) ······ 843
제97조(공제사업) ······ 850

제6장 벌 칙 ······ 859

제99조(벌칙) ······ 859
제100조(양벌규정) ······ 871
제101조(과태료) ······ 873

찾아보기

판례색인 ······ 881
사항색인 ······ 884

제1부

서 설

제1장 의의 및 연혁
제2장 입법체계

제1장 의의 및 연혁

Ⅰ. 제정배경 및 입법 목적

신용협동조합(이하 '신협' 또는 '조합')은 서민들의 오랜 빈곤과 고리사채 문제 등의 사회문제를 극복하기 위한 대안으로 태동한 신협 운동에서 출발하였다.[1] 1960년 5월 1일 미국 메리 가브리엘라 수녀가 메리놀 수녀회 병원에서 성가신협[2]을 조직하였고, 같은 해 6월 서울에서는 장대익 신부가 주도한 가톨릭중앙신협이 설립되었다.[3] 1962년 협동조합교도봉사회를 중심으로 지도자 교육이 활성화됨에 따라 신협의 신규 설립이 더욱 활발해졌고, 1964년 50여 개의 신협을 회원으로 하는 '한국신용협동조합 연합회'가 만들어지면서 중요한 구심점이 되어 왔다.

「신용협동조합법」(이하 '법' 또는 '신협법')의 제정이 본격적으로 논의되기 시작한 것은 1964년 연합회 창립총회에서 신협법 제정 추진을 결의하면서부터이다. 같은 해 10월 31일 입법추진위원회가 구성되었으며, 1965년부터 국회와 정부 차원의 입법 논의도 시작되었다. 1966년 5월 미국신협연합회 국제교도부 총회에 이상호 연합회장이 참석하여 1934년 미국 연방신협법 제정 경험을 공유받고 한국신협도 신협법을 제정할 필요가 있다는 공감대를 형성하였고, 같은 해 6월 전국 조합 대표 이름으로 대통령과 국회의장에게 '신협법 제정 촉구 건의서'가 전달되었다. 미국 정부는 신협법 제정을 위한 입법고문을 파견하여 1년

---

1) 신협중앙회, 한국신협운동 60년사, 2020, 109면.
2) 천주교 메리놀 수녀회 소속인 메리 가브리엘라(Mary Gabriella Mulherin) 수녀가 부산 메리놀병원에서 27명의 메리놀병원 근무자를 중심으로 성가신용협동조합을 설립하였다.
3) 강승희, 한국 신용협동조합 운동 50년, 한국협동조합연구 제28집 제1호, 한국협동조합연구소, 2010, 148-149면.

2개월 동안 신협법 기초 작업에 참여하였고, 1968년 10월 독자적인 신협법안이 재무부에 제출되었다.

1970년 4월 20일 전문 92조, 부칙 2조로 구성된 신협법이 경제장관회의에서 의결되었고, 금융통화위원회를 거쳐 정부안이 확정되었다. 1971년 정부는 재무부와 내무부, 농수산부 간의 조정을 거쳐 신협법안에 마을금고와 농업협동조합(이하 '농협'), 수산업협동조합(이하 '수협') 및 상호금융의 근거를 일부 산입하는 내용으로 수정법안을 마련하였고, 10월 국무회의 의결을 거쳐 국회에 제출되었다. 신협법은 1972년 8월 1일 개최된 제82회 임시국회 본회의에 상정되었고, 정부입법 형태로 제정되었다. 전문 6장 97조 부칙 2조로 구성된 제정신협법은 1972년 8월 17일 법률 제2388호로 공포되었고, 같은 해 9월 1일에 신협법 시행령, 9월 11일에는 신협법 시행규칙이 각각 공포되어 시행되었다.

신협법의 제정은 정부 법안과 신협 측 법안이 적절히 절충된 것으로 신협이 추구하는 법적 기반 마련과 자율권을 최대한 보장하고, 정부의 신협에 대한 제도 금융화와 서민금융 안정, 금융통화 조절 기능 통제 등을 갖춘 법안으로 평가된다. 또한, 조직의 취약성에서 비롯된 참여자의 불안정한 지위를 제도적으로 안정화시키기 위하여 국가의 공인에 의한 공신력을 부여하고, 조직과 운영의 표준모형을 제시함으로써 법의 흠결에서 오는 조직의 다양성 및 운영의 불합리성을 시정하며, 정부가 조합의 육성을 위한 제반을 지원하고 조합 참여자를 보호할 후견적인 감독을 하게 되었다는데 큰 의의가 있다.

당시 신협연합회도 신협법의 제정이 신협운동을 보호하는 법으로서 협동조합을 발전시키는데 크게 기여할 것이며, 신협이 견실하게 성장할 수 있는 계기가 되어야 할 것으로 평가하였다. 신협법 개정 이후 1973년에는 277개 신협을 회원으로 하는 '신용협동조합 연합회'가 발족하였다.[4] 신협법 제정 이후 신협은 지속적으로 성장하였고, 1981년 말에는 조합 수가 1,000여 개에 육박하였다. 이러한 신협법은 1982년 12월 15일 「새마을금고법」(이하 '새마을금고법')이 개별법으로 제정될 때까지 별다른 개정 없이 운영되었다.

---

4) 송두범 외, 협동조합의 정체성 및 지역사회 기여 강화방안, 전략연구 2013-09, 충남발전연구원, 2013, 47면.

Ⅱ. 신협법의 규제 목적과 기능

「은행법」(이하 '은행법')은 은행의 건전한 운영과 자금중개 기능의 효율성 제고, 예금자 보호와 신용 질서 유지를 통한 금융의 안정을 목적으로 한다(은행법 제1조).[5] 즉, '은행법'의 목적은 금융안정과 예금자 보호의 측면으로 정리할 수 있다. 이에 반해 신협법은 구성원의 경제적·사회적 지위 향상과 지역(국가) 경제 발전을 목적으로 제정되었으며,[6] 개별 금융협동조합들 역시 위 목적 달성을 위해 설립된 비영리법인이다. 이와 같이 금융협동조합 규제의 근거가 되는 신협법은 금융안정과 예금자 보호라는 목적을 위하여 제정된 법이 아니라 일정한 공동유대에 속한 구성원들의 지위 향상 및 지역사회 발전 등 공익적 목적을 달성하기 위해 입법화된 것이다.

이와 같이 금융협동조합은 구성원의 사회경제적 지위 향상과 지역사회 기여라는 특수한 목적을 실현하기 위해 설립된 비영리법인이므로 금융협동조합에 대한 규제 역시 이러한 목적과 기능을 충분히 고려하여야 한다. 특히, 금융협동조합 규제의 목적은 금융협동조합의 설립 목적, 즉 정체성을 강화하는 방향으로 이루어져야 한다. 나아가 금융협동조합의 정체성에 부합하는 기능과 역할을 할 수 있도록 합목적적 규제를 하여야 할 것이다.

금융협동조합을 규제하는 목적은 금융협동조합의 설립 목적에 부합하게 사업을 영위하도록 하는 데 있다. 즉, 금융협동조합 규제는 금융협동조합의 '협동조합'으로서의 정체성과 '금융'이라는 수단을 사용하여 구성원들의 사회경제적 지위 향상과 지역사회 기여라는 설립 목표를 제대로 달성하고 실현할 수 있도록 설계되어야 한다. 협동조합으로서의 정체성을 강화한다는 것은 금융협동조합이 조합원에 의해 민주적으로 통제되는 자율·자조 조직으로서 협동조합 원

5) 은행법 제1조(목적) 이 법은 은행의 건전한 운영을 도모하고 자금중개 기능의 효율성을 높이며 예금자를 보호하고 신용 질서를 유지함으로써 금융시장의 안정과 국민경제의 발전에 이바지함을 목적으로 한다.

6) 신협법 제1조(목적) 이 법은 공동유대(共同紐帶)를 바탕으로 하는 신용협동조직의 건전한 육성을 통하여 그 구성원의 경제적·사회적 지위를 향상시키고, 지역주민에게 금융편의를 제공함으로써 지역경제의 발전에 이바지함을 목적으로 한다.

칙을 준수하고 계승·발전시키는 것을 의미한다.[7] 결국, 금융협동조합에 대한 규제는 금융협동조합의 본연의 정체성을 벗어나 일반 상업형 금융기관과 동화(同化)되는 것을 방지하며, 지속 가능한 금융협동조합으로서 본질과 가치를 정립할 수 있도록 이바지한다.[8]

금융협동조합의 규제 목적은 금융협동조합의 서민금융, 지역금융, 관계형 금융, 사회적 금융이라는 기능을 명확히 하고, 나아가 이를 활성화하기 위함이다. 궁극적으로 금융협동조합에 대한 역할과 기능은 조합의 주인인 조합원의 필요와 염원을 충족시키는 데 있다.[9] 금융협동조합은 특정한 사회적 목표를 달성하기 위해 신용사업을 하는 것이므로, 금융협동조합의 규제 목적 역시 이러한 금융협동조합의 목적과 기능을 충분히 달성할 수 있는 범위 내에서 이루어져야 한다.

금융협동조합에 대한 규제는 금융협동조합의 특수성을 보장하고 실현하는 기능을 한다. 금융협동조합 규제는 협동조합 원칙을 준수할 것을 요구하므로 협동조합의 본질과 성격에 부합하도록 금융협동조합이 운영되도록 작용하고, 협동조합의 고유성과 특수성을 상실하거나 본질에서 벗어나는 경우에는 이를 준수할 수 있도록 강제하는 기능도 수행한다. 이를 바탕으로 금융협동조합의 정체성 확립에 기여할 수 있으며, 금융협동조합이 다양한 사회적 가치를 실현할 수 있도록 기능한다. 마지막으로 금융협동조합의 규제는 금융협동조합 간 규제 체계를 정합적으로 재편하여 금융협동조합 간 규제 차익을 해소하고 형평성을 제고하는 기능을 수행한다.

7) 김용진·김형미·최은주·신창섭·이태영·김재원, 사회적 가치 실현을 위한 협동조합 법제 체계화 방안, 한국법제연구원, 2020, 265-266면.

8) 송두범·김종수·장효안·강마야·박경철·이관률·박춘섭·홍은일, 협동조합의 정체성 및 지역사회 기여 강화방안, 전략연구 2013-09, 충남발전연구원, 2013, 258-259면.

9) 송재일, 협동조합금융의 규제 완화 필요성에 대한 법적 연구, 한국협동조합연구 제35권 제2호, 한국협동조합학회, 2017, 140면.

Ⅲ. 입법연혁

1. 제정 신협법

제정 신협법은 신협의 조직구조를 조합-연합회 2단계 구조로 채택하였고, 조합원은 출자금과 가입금을 납입한 자로 하며, 출자좌수에 관계없이 평등한 결의권을 가지도록 하여 협동조합 원칙을 반영하였다. 임원은 명예직으로 하며, 임기는 2년으로 하였다. 조합에 총회, 이사회 및 감사를 두도록 하였고, 총회는 재적조합원 과반수의 출석과 출석조합원의 과반수의 찬성으로 결의하도록 정하였다. 한편, 신협법에 의하여 "마을금고" 설립 및 운영방법을 규정하였다.

2. 주요 개정 연혁

(1) 1988년 개정법

1972년 신협법 제정 당시 694개 조합 13만 9천명의 조합원 수가, 1차 신협법 개정 당시인 1988년 현재 1,278개 조합 및 1조 8천억원 규모로 급성장하여 이와 같은 시대적 변화에 대응하기 위하여 1차 법개정에 착수하게 되었다. 당시 연합회 정관에 의해서 13개 시·도지부를 설치하여 중간기구로 활용하던 시·도지부를 법인격화하여 연합회로 설치함으로써, 조직구조를 조합·연합회·신용협동조합중앙회(이하 '중앙회' 또는 '신협중앙회')의 3단계 구조로 개편하였다. 조합설립 및 정관변경 시 재무부장관의 인가를 받기 전에 중앙회장을 거치도록 함으로써 중앙회의 조합에 대한 실질적 감독권을 강화하였다. 임원의 임기는 2년에서 3년으로 연장하여 전문성과 계속성을 보장하고, 명예직이며 임기직인 이사장제의 비전문성을 실무적으로 보완하기 위하여 간부직원의 등기제도 및 대리인제도를 도입하였다. 총회의 원활한 개최를 위하여 251인에 의한 총회 정족수 개념을 도입하였고, 동일인 대출한도의 예외적 승인권을 재무부장관에서 중앙회장으로 이양하였다. 조합원이 조합에 납입한 예탁금 및 적금에 대한 환급을 보장하기 위하여 중앙회에 안전기금 설치를 법제화하였다.

(2) 1998년 개정법

금융위기에서 비롯된 국가적 위기상황이 IMF구제금융 신청으로 이어지는 과정에서 신협도 각종 금융사고와 인출사태가 빈발하고 조합원 보호를 위한 안전기금이 소진되는 위기상황이 초래되었다. 이와 같은 위기상황을 극복하기 위하여 조직의 슬림화, 경영의 투명화, 조합원의 공적보호의 강화라는 대명제하에 10년 만의 전문개정인 신협법정부 개정을 추진하였다. 연합회와 중앙회의 업무중복으로 인한 비효율성을 제거하고, 지역 단위로 만연된 지역 이기주의를 극복하기 위하여, 15개 연합회를 폐지하고 조직구조를 조합·중앙회의 2원 구조로 환원하였다.

조합 임원의 임기를 4년으로 연장하되, 장기집권에 따른 조합의 사금고화를 방지하기 위하여 모든 임원에 대하여 연임제한 규정을 도입하였다. 조합이 파산하여 예금을 지급할 수 없는 경우에는 조합원이 조합에 납입한 출자금, 예탁금 및 적금을 공적으로 보호하기 위하여 예금보험공사의 부보금융기관에 가입하도록 하였으며, 신협은 예금보험공사의 부보금융기관에 가입되었다. 이후 공적자금이 투입됨에 따라 정부에 의한 감독권도 크게 강화되어, 금융감독위원회(이하 '금감위'라 한다)에 검사권, 경영지도권, 파산신청권 등이 부여되었다. 임원의 선출방식을 종전 과반수득표제에서 종다수제로 변경하였고, 지역 및 단체조합의 선거권 대리 금지조항이 신설되었다. 아울러, 정관변경 및 지사무소 인가권이 중앙회장에게 이양되었다.

(3) 1999년 개정법

정부의 규제완화 시책에 따라 조합과 중앙회에 대한 각종 경영제약적 요소를 완화하기 위하여 일부 조항에 대한 법개정이 추진되었다. 비조합원의 예금 및 적금을 수납할 수 있도록 함으로써 비조합원에게 최초로 금융거래를 허용하였다. 외부감사제를 강화하여 종전 이사장이 필요 시 의뢰할 수 있도록 규정한 것을, 금감위가 이사장으로 하여금 감사를 의뢰할 수 있도록 강화하였다.

중앙회의 자금운용 및 차입행위에 대한 규제도 폐지하였다.

(4) 2000년 개정법

조합에 대한 구조조정이 계속되고 신협의 건전성에 대한 비판이 제기됨에 따라 조합 및 중앙회의 건전성 기준을 새로이 정하는 등 조합과 중앙회의 건전성과 자율성을 제고하였다.

(5) 2003년 개정법

금융환경이 변화함에 따라 신협이 예금보험공사의 부보금융기관에서 제외되고, 그에 따라 신협예금자보호기금의 설치를 위한 법적 기반을 마련하고, 조합 및 중앙회의 지배구조 개선을 통하여 신용협동조합의 건전성을 제고하기 위한 개정이 이루어졌다. 출자금의 형해화를 방지하기 위하여 출자금에 대한 질권설정을 금지하되, 출자금 범위내 대출의 회수에 따른 부담을 완화하기 위하여 3년의 유예기간을 설정하였다. 비조합원에 대한 여신이 허용됨으로써 신협의 모든 금융기능이 비조합원까지 확대되었다. 조합 지배구조의 전문성을 강화하기 위하여 총 임원의 1/3의 범위내에서 비조합원도 임원으로 선임될 수 있도록 하였다. 임원의 자격제한 요건을 강화하여 정직처분을 받고 4년을 경과하지 않은 자에 대하여는 임원이 될 수 없도록 하였고, 연임제한 규정이 모든 임원에 예외없이 적용됨에 따라 전체 임원 교체에 따른 조합 업무공백을 보완하고, 이사업무 수행에 따라 배양된 전문성이 조합에 활용될 수 있도록 이사에 대한 연임제한은 폐지하되, 이사장의 연임제한 조항은 존치하였다.

동일인에 대한 대출한도를 자기자본의 20/100과 총자산의 1/100 중 큰 금액을 선택할 수 있도록 완화하였다. 외부감사 대상조합 중 당해연도 금융감독원 감사를 받은 조합은 외부감사 대상 조합에서 제외할 수 있도록 하였다. 중앙회의 지배구조를 개편하여 중앙회장, 신용공제사업대표이사 및 검사감독이사를 상임으로 하고 사업부분에 대한 경영권과 대표권은 신용공제사업대표이사에게 부여하였다. 중앙회의 사업기능에 조합과 연계하여 일반인에 대한 대출이 가능토록 허용하였고, 신협이 예금보험공사의 부보금융기관에서 제외됨에 따라 예금자를 예금보험공사와 동일한 수준으로 보호하기 위하여 신협예금자보호기금 설치를 법제화하였다. 중앙회 공제사업의 비조합원 이용도 전면 허용되었다.

(6) 2006년 개정법

서민금융기관의 활성화 및 금융이용자의 편의를 제고하기 위해, 조합 및 중앙회에 직불카드 및 선불카드 관련업무를 수행(조합은 중앙회와 공동으로 영위하는 경우에 한정)토록 하고, 부실조합에 대한 구조조정 방안으로 기존의 합병이나 파산 이외에 계약이전방식을 도입함으로써 신속하고 효율적인 구조조정이 가능토록 하였다.

(7) 2012년 개정법

금융위원회로부터 해임 등의 조치를 받기 전에 퇴임 또는 퇴직함으로써 임원 등의 자격제한 사유의 적용을 회피하는 것을 방지하기 위하여, 임원 등의 자격제한 사유를 강화하고, 우수한 전문 경영진의 확보 및 이사장 등의 연임제한과 관련한 다른 조합과의 형평성 제고를 위하여 조합 이사장의 연임을 두 차례만 허용하였다. 한편, 조합 운영의 책임성과 투명성을 확보할 수 있도록 일정규모 이상의 조합에 대하여는, 대통령령으로 정하는 바에 따라 상근임원을 선임하도록 하고, 조합원의 회계장부 및 서류열람청구권 등을 도입하였다.

(8) 2015년 개정법

조합의 자율성을 제고하기 위하여 이사장 또는 이사 중에서 조합의 선택에 따라 1명 이상을 상임으로 선임하도록 하고, 조합의 손실에 대한 조합원의 책임이 처음으로 부과되고, 임원선거 과정에서 금품 등의 제공 금지 대상을 조합원뿐만 아니라 선거인이 될 수 있는 자 및 가족 등으로 확대하였다. 한편, 중앙회 부문에서는 중앙회장을 다시 비상임화하고, 중앙회 전문이사 추천을 위한 인사추천위원회를 구성하여 운영하도록 하며, 중앙회가 여유자금 운용실적을 조합에 배당할 때 원금을 보장하여 조합의 건전성을 지원하도록 하였다. 그리고 법규 용어를 명확히 또는 순화하는 등 일부 자구를 수정하였다.

(9) 2017년 개정법

조합의 불법 대출 등 비리 문제의 근절대책의 일환으로 감사 기능을 강화할 필요가 대두되었고, 소위 갑질횡포가 사회적인 문제로 부각되어 감정노동자 보호 취지의 입법이 이루어졌으며, 조합에 대한 벌금과 과태료 등을 현실에 맞게 일부 조정하였다. 시행령으로 정하는 일정한 자산규모 이상인 신용협동조합의 경우에는, 조합원이 아닌 상임감사 1명을 두도록 하여 감사 기능을 통한 내부 감시체계를 강화하였다. 조합에서 조합원(고객)을 직접 응대하는 직원을 이용객의 폭언·성희롱 등으로부터 보호하기 위하여 신협은 치료 및 상담, 고충처리 기구 마련 등의 조치를 하도록 하였다. 신협에 대한 금전적 제재의 실효성을 제고하기 위하여, 신용협동조합이 감사인의 회계감사를 받지 아니한 경우 등에 대한 과태료의 부과한도를 현행 1천만원에서 2천만원으로 강화하였다. 신용협동조합의 경영상황에 관한 주요 정보의 공시의무 위반의 경우, 현행 1년 이하의 징역 또는 1천만원 이하의 벌금을 부과하고 있는 것을, 2천만원 이하의 과태료로 변경하는 등 비교적 가벼운 위반행위의 경우 형벌을 부과하던 것을 과태료로 전환하였다.

(10) 2019년 개정법

국민생활 및 기업활동과 밀접하게 관련되어 있는 인가 및 신고 민원의 처리 절차를 법령에서 명확하게 규정함으로써, 관련 민원의 투명하고 신속한 처리와 일선 행정기관의 적극 행정을 유도하고, 조합 및 중앙회의 임원 선거 관리를 선거관리위원회에 위탁할 수 있는 법률적 근거를 마련함으로써, 공정한 선거를 통해 신협의 임원이 선출되도록 하였다. 신협의 예금자보호기금에 대하여 정부로부터 자금을 차입할 근거를 마련하고 목표기금제를 도입하는 등, 타 예금보호법령과 비교하여 일부 미진한 부분을 보완하여, 신협 예금자보호제도의 건전성과 신뢰성을 확보하고 전체 예금자보호제도의 통일성을 기하려 하였다.

(11) 2023년 개정법

일정규모 이상의 자산을 보유한 지역 신협 이사장 선거 관리 및 신용협동조합중앙회장 선거관리를 선거관리위원회에 의무적으로 위탁하도록 하는 한편, 지역 신협 이사장에 대해서는 동시선거를 실시하고, 이에 따른 이사장들의 임기를 조정하는 특례를 마련하였다.

직장을 공동유대로 하는 신협의 조합원이 직장을 퇴직하는 경우에도 일정기간 조합원 자격을 유지할 수 있도록 하여 최소한의 권리를 보호하도록 하고 의결권·선거권을 행사할 수 있는 조합원 자격의 최소 유지 기간을 연장하여 과열 및 무분별한 선거가 이루어지지 않도록 하였다. 법정적립금과 임의적립금의 활용범위를 넓혀 조합의 건전운영을 도모하고, 중앙회의 선출직 임원은 시·도 단위별로 추천한 임원 후보자 중에서 총회에서 선출하도록 하고, 신용협동조합의 퇴임한 임원 또는 퇴직한 직원 등에 대한 중앙회장의 고유한 제재조치 권한을 명확하게 규정하는 등 현행 제도의 운영상 나타난 일부 미비점을 개선·보완하였다.

제2장 입법체계

Ⅰ. 법률의 체계

신협법은 총 6개의 장, 12개의 절, 132개의 조(가지 조문 및 삭제 조문 포함)로 구성되어 있으며, 그 장 및 절 등 전체적인 구조를 표로 나타내면 아래와 같다.

장·절	조
제1장 총 칙	제1조(목적) 제2조(정의) 제3조(명칭 등) 제4조(등기) 제5조(다른 협동조합과의 협력) 제6조(다른 법률과의 관계)
제2장 조 합	
제1절 설립	제7조(설립) 제8조(인가의 요건) 제8조의2(인가 등의 공고) 제9조(공동유대와 사무소) 제10조(정관 기재사항)
제2절 조합원과 출자	제11조(조합원의 자격) 제12조 삭제 〈1999. 2. 1.〉 제13조(자본금) 제14조(출자금 등) 제15조(양도) 제16조(탈퇴) 제17조(탈퇴하거나 제명된 조합원에 대한 출자금 등의 환급) 제18조(제명) 제19조(의결권 및 선거권 등) 제20조(조합원의 책임) 제21조 삭제 〈1999. 2. 1.〉 제22조(결의취소 등의 청구)

제3절 기관	제23조(총회) 제24조(총회의 결의사항 등) 제25조(총회의 개의와 결의) 제26조(총회의 소집 청구) 제26조의2(총회 결의의 특례) 제27조(임원) 제27조의2(임원의 선거운동 제한) 제27조의3(조합선거관리위원회의 구성 · 운영 등) 제27조의4(이사장당선인 결정의 특례) 제28조(임원 등의 자격 제한) 제29조 삭제 〈1999. 2. 1.〉 제30조(간부직원) 제30조의2(수뢰 등의 금지) 제31조(임기 등) 제32조(채무를 이행하지 아니한 임원에 대한 제재) 제33조(임원의 책임 등) 제34조(이사회) 제35조(이사회의 소집) 제36조(이사회의 결의사항) 제37조(감사의 임무) 제38조(감사의 대표권)
제4절 사업	제39조(사업의 종류 등) 제40조(비조합원의 사업 이용) 제41조(자금의 차입) 제42조(동일인에 대한 대출등의 한도) 제43조(상환준비금) 제44조(여유자금의 운용) 제45조(부동산의 소유 제한) 제45조의2(고객응대직원에 대한 보호 조치 의무) 제45조의3(금리인하 요구)
제5절 회계	제46조(사업연도) 제47조(회계 및 결산) 제48조(사업계획 및 예산) 제49조(법정적립금) 제50조(임의적립금) 제51조(특별적립금) 제52조(손실금의 처리) 제53조(이익금의 처분)
제6절 해산 · 분할 및 합병	제54조(해산) 제55조(합병과 분할)

제7절 청산	제56조(청산 사무의 감독) 제57조(청산인) 제58조(청산잔여재산) 제59조(청산인의 임무 등) 제60조(「민법」 등의 준용)
제3장 중앙회	
제1절 설립 및 출자	제61조(설립) 제62조(회원) 제63조(자본금과 출자) 제64조(정관 기재사항) 제65조(구역과 사무소 등) 제66조(회비) 제67조(해산)
제2절 기관	제68조(총회) 제69조(총회의 결의사항) 제70조(대의원회) 제71조(임원의 정수 등) 제71조의2(임원의 선임 및 자격요건) 제71조의3(인사추천위원회) 제72조(임원의 직무와 임기 등) 제73조(직원) 제74조(이사회) 제75조(이사회 결의사항) 제76조(감사위원회) 제76조의2(감사위원회의 임무 등) 제76조의3(내부통제기준 등) 제76조의4(대리인의 선임) 제77조(연수원)
제3절 사업	제78조(사업의 종류 등) 제78조의2(조합이 아닌 자의 사업 이용) 제79조(자금의 운용) 제79조의2(금리인하 요구의 준용) 제80조(인사관리위원회의 설치)
제4절 신용협동조합 예금자보호기금	제80조의2(신용협동조합 예금자보호기금의 설치 등) 제80조의3(기금의 조성·운용 등) 제80조의4(채권의 취득 등) 제80조의5(손해배상청구권의 행사 등) 제80조의6(자료 제공의 요청 등) 제80조의7(기금의 목표적립규모 설정 등)
제5절 회계	제81조(사업예산 및 결산 등) 제82조(출자액의 감소)

제4장 감 독	제83조(금융위원회의 감독 등) 제83조의2(경영 공시) 제83조의3(경영건전성 기준) 제83조의4(업무보고서의 제출) 제83조의5(운영의 공개) 제84조(임직원에 대한 행정처분) 제84조의2(퇴임한 임원 등에 대한 조치 내용의 통보) 제85조(조합 등에 대한 행정처분) 제86조(경영관리) 제86조의2(관리인의 자격 및 권한 등) 제86조의3(경영관리의 통지 및 등기) 제86조의4(계약이전의 결정) 제86조의5(계약이전 결정의 효력) 제87조 삭제 〈2000. 1. 28.〉 제88조(파산신청) 제88조의2(파산관재인) 제89조(중앙회의 지도・감독) 제89조의2(조합원 또는 조합의 검사청구) 제90조 삭제 〈2003. 7. 30.〉
제5장 보 칙	제91조 삭제 〈1999. 2. 1.〉 제92조(정부의 협력 등) 제93조(정치 관여의 금지) 제94조(외국 기관과의 계약) 제95조(농업협동조합 등에 대한 특례) 제96조(권한의 위탁) 제97조(공제사업) 제98조(청문)
제6장 벌 칙	제99조(벌칙) 제100조(양벌규정) 제101조(과태료)

Ⅱ. 하위법령의 체계

하위법령으로 시행령과 시행규칙이 있고, 시행령은 63개의 조문과 2개의 별표로 구성되어 있고, 시행규칙은 4개의 조문, 1개의 별표로 되어 있다. 시행령과 시행규칙의 체계를 나타내면 다음과 같다.

시행령 체계	
제1조(목적) 제1조의2(자기자본) 제2조(조합·중앙회의 설립등기) 제3조(지사무소등의 설치등기) 제4조(변경등기 등) 제5조(합병 및 분할등기) 제6조(해산 및 청산종결등기) 제7조(상호의 변경과 등기) 제7조의2(대리인의 선임등기) 제8조(등기기간의 기산) 제9조(등기의 신청인 등) 제10조(설립인가신청) 제11조(인가의 세부요건) 제12조(공동유대의 범위 등) 제13조(조합원의 자격) 제14조(이사장 등을 상임으로 선임하여야 하는 조합 등의 범위 등) 제14조의2(상임 이사장 등의 선임절차 등) 제14조의3(상임 임원의 선임 요건) 제14조의4(조합선거관리위원회의 구성·운영) 제14조의5(이사장 선거 관리 위탁 대상 지역조합의 범위) 제15조(금융관계법령의 범위등) 제15조의2(행정정보의 공동이용) 제16조(사업의 범위 등) 제16조의2(비조합원등의 사업이용) 제16조의3(자금의 차입한도) 제16조의4(동일인에 대한 대출등의 한도) 제17조(상환준비금) 제17조의2(여유자금의 운용) 제18조(업무용 부동산의 범위 등) 제18조의2(고객응대직원에 대한 보호 조치) 제18조의3(금리인하 요구)	제18조의4(외부감사대상 조합) 제18조의5(외부감사인의 변경) 제19조(청산인) 제19조의2(전문이사의 자격요건) 제19조의3(내부통제기준) 제19조의4(준법감시인의 직무 등) 제19조의5(자금차입 등) 제19조의6(중앙회의 대출규모 등) 제19조의7(자금의 운용) 제19조의8(조합원등에 대한 보장한도) 제19조의9(위원회의 구성 및 운영) 제19조의10(위원회의 운영) 제19조의11(출연금 등) 제19조의12(기금의 관리·운용) 제19조의13(기금의 용도) 제19조의14(예탁금등의 변제의 보류) 제19조의15(공공기관의 종류) 제19조의16(출연금의 감면) 제20조(분담금) 제20조의2(경영건전성 기준) 제21조(설립인가취소대상 조합의 보고) 제21조의2(경영관리의 요건등) 제21조의3(경영관리의 방법등) 제21조의4(경영관리의 기간) 제21조의5(채무의 지급정지등) 제21조의6(특수관계자등의 범위) 제22조(합병권고등의 기준) 제23조 삭제 〈1999. 4. 19.〉 제24조(권한의 위탁 등) 제24조의2(민감정보 및 고유식별정보의 처리) 제24조의3(규제의 재검토) 제25조(과태료의 부과기준)

시행규칙 체계	
제1조(목적) 제2조(가입신청서)	제3조(출자증서 등의 교부) 제4조(선거운동 방법에 관한 세부 사항)

제2부

조문별 해설

제1장 총 칙
제2장 조 합
제3장 중앙회
제4장 감 독
제5장 보 칙
제6장 벌 칙

제1장 총 칙

제1조(목적)

제1조(목적) 이 법은 공동유대(共同紐帶)를 바탕으로 하는 신용협동조직의 건전한 육성을 통하여 그 구성원의 경제적·사회적 지위를 향상시키고, 지역주민에게 금융편의를 제공함으로써 지역경제의 발전에 이바지함을 목적으로 한다.
[전문개정 2015. 1. 20.]

Ⅰ. 조문의 취지와 의의

목적 규정은 그 법령이 달성하려는 목적 등을 밝혀 일반국민이 입법 목적이나 입법취지를 쉽게 이해할 수 있도록 하기 위한 것이다. 목적 규정은 법령의 개별 조문에 대한 해석을 하는 경우 그 법령의 해석지침을 제시하는 역할을 한다. 즉 목적 규정은 그 법령의 입법취지를 명확히 밝혀 그 법령의 각 조문을 해석하고 집행할 때 그 법령의 개별 조문의 구체적인 의미를 입법적으로 명확히 하는 입법적 해석의 기능을 한다.[1)]

신협법은 그 목적이 신용협동조직의 건전한 육성을 통한 구성원의 경제적·사회적 지위 향상과 지역 주민에 대한 금융편의 제공을 통해 지역경제 발전에 이바지함을 내세운다. 신협은 다른 조합들과 달리 특정 직업군의 지위 향상이나 산업의 경쟁력 강화를 도모하지 않고 지역주민에게 금융편의를 제공함으로써 지역경제의 발전에 이바지함을 목적으로 한다.

신협의 주된 사업은 신용사업으로서, 특정 산업에 대한 교육·지원 사업, 경

1) 법제처, 법령 입안·심사 기준, 2020, 47면.

제사업 등을 주로 수행하는 다른 협동조합들과 구별되며(법 제39조), 일정한 직업군에 속하지 않는다 하더라도 조합원이 될 수 있다는 점에서(법 제11조, 시행령 제13조) 다른 조합들과 차이가 있고, 다수의 일반 국민들을 대상으로 금융업을 하는 금융기관 유사의 지위에 있다는 특성이 강하게 나타난다. 이와 같이 신협의 목적과 사업, 업무의 내용이나 규모, 경제적 기능 및 조합원의 자격 등을 고려하여 보면, 신협은 금융기관에 준하는 공공성을 가진다.[2)]

Ⅱ. 조문의 내용 및 해설

법 제1조에서 밝히고 있는 목적을 세분하여 설명하면 다음과 같다. 우선 신협은 '공동유대(共同紐帶)'를 바탕으로 하고 있다. 그리고 '신용협동조직'의 건전한 육성을 위하여 신협이라는 임의단체를 법정단체로 제도화하였다. 신협의 설립 목적은 '구성원의 경제적·사회적 지위 향상', '지역 주민에 대한 금융 편의 제공'이며, 이를 통해 지역경제 발전에 이바지함을 목적으로 하고 있다.

1. 공동유대

법 제1조는 신협이 공동유대를 바탕으로 한다고 명시하고 있으며, 이러한 '공동유대'는 신협에서 핵심적인 역할을 하는 개념이다. 공동유대는 조합원 자격과 영역구역을 제한하므로, 신협의 정체성을 가장 잘 드러내는 개념이다. 공동유대는 미국 신용협동조합연합회가 설립된 후에 만들어진 모델신협법에 '공동유대'가 공식적으로 명시되면서 사용되기 시작하였다.[3)] 미국 연방신협법 제109조는 '공동유대'를 "신용협동조합 조합원은 직장이나 단체에 공동유대를 공유하는 집단이나 또는 명확히 구분되는 마을, 지역 사회나 농촌지역에 위치한 집단들로 한정된다"고 규정하였다.[4)] 연방감독규정에 의하면 "공동유대"란 '집단

2) 헌법재판소 2018. 7. 26. 선고 2017헌마452 전원재판부 결정 [신용협동조합법 제28조 위헌확인].
3) 구정옥, 공동유대 개념과 조합인가정책 변화 연구, 한국협동조합연구 제25집 제1호, 한국협동조합학회, 2007, 57면.
4) Membership in a credit union is limited to groups, each of which shares a common bond of occupation, association or is located in a well-defined neighborhood, community or rural district.

구성원들이 함께 어울리고, 다른 구성원들과 폭넓게 잘 알게 하며, 공통된 관심사와 목적을 갖게 하고, 집단 목표를 달성하기 위해 함께 노력하게 하는 원인이 되는 기존의 상태'를 의미한다.[5] 이와 같이 초창기 미국 신협은 업무구역과 조합원 범위에서 엄격한 규제를 받았다. 다만, 미국의 경우 공동유대 개념과 조합원 자격 범위를 명확히 구분하고, 조합원 범위를 시대 상황에 맞추어 크게 확대하여 왔다.[6]

한국의 경우 1960년대 미국 신협의 조합원 자격 제한과 조합 인가 기준을 그대로 수용하면서 공동유대 개념이 법에 그대로 수용되었다. 1972년 법 제정 당시 '상호유대'라는 개념이 사용되었다. 제정법 제1조는 "이 법은 상호유대를 가진 자간의 협동조직을 통하여 자금의 조성 및 이용과 구성원의 자질향상을 도모함으로써 건전한 국민정신의 함양과 국민경제의 발전에 이바지함으로 목적으로 한다"고 규정하였다. 1998년 신협법 전부개정 당시에 제1조를 개정하면서 상호유대를 공동유대라는 용어로 대체[7]하면서 공동유대의 개념을 공식적으로 사용하기 시작하였다.[8]

공동유대의 범위를 실질적으로 규제하는 규정은 법 제9조 제1항이다. 제정법 제9조 제1항은 조합원의 자격을 "거주지역·단체·직업·종교 등 상호유대를 가진 개인 또는 단체로서 정관이 정하는 바에 따라 제1회 출자금과 가입금을 납입한 자"로 규정하였고, 1998년 전부 개정 당시에는 "조합의 공동유대는 행정구역·경제권·생활권 또는 직장·단체 등을 중심으로 하여 정관으로 정한다. 이 경우 공동유대의 범위, 종류, 변경에 관한 사항은 대통령령으로 정하

5) Common bond is that preexisting condition which causes the members of a group to associate together, be extensively acquainted with the other members of the group, have common interests and purposes, and be able and willing to work together to accomplish group objectives.

6) 구정옥, 앞의 글, 2007, 79-81면.

7) 1998년 신협법 전부개정 당시 개정이유나 검토보고서, 회의록 등에는 신협의 '상호유대'라는 용어를 '공동유대'로 변경한 이유에 대해서 특별히 언급되어 있지 않다. 생각건대 미국이 신협의 공동유대를 'Common bond'로 표현하고 있다는 점을 고려하여 용어를 변경한 것으로 추측된다.

8) 신협법 (법률 제5506호, 1998. 1. 13., 전부개정) 제1조 (목적) 이 법은 공동유대를 바탕으로 하는 신용협동조직의 건전한 육성을 통하여 그 구성원의 경제적·사회적 지위를 향상시키고, 지역주민에 대한 금융편의를 제공함으로써 지역경제의 발전에 기여함을 목적으로 한다.
제2조 (정의) 이 법에서 사용하는 용어의 정의는 다음과 같다.
3. "공동유대"라 함은 조합의 설립과 구성원의 자격을 결정하는 단위를 말한다.

는 바에 의한다"고 규정하여 공동유대의 세부사항에 대해서는 시행령에 위임하였다(법 제9조).

법 시행령 제12조 제1항은 조합의 공동유대를 지역, 직장, 단체로 정하고 있다. 지역조합은 '동일한 시·군 또는 구에 속하는 읍·면·동'을 공동유대로 하며, 직장조합은 '동일한 직장 및 당해 직장의 지점·자회사·계열회사 및 산하기관'을 공동유대로 한다. 단체조합은 '교회·사찰 등 종교단체, 시장·상인단체, 구성원간 상호 밀접한 협력 관계가 있는 사단법인, 국가로부터 공인된 자격 또는 면허 등을 취득한 자로 구성된 같은 직종단체로서 법령에 의하여 인가를 받은 단체'를 공동유대로 한다. 공동유대에 관하여는 법 제9조에서 상세히 다룬다.

2. 신협법의 법적 지위와 특수성

신협은 협동조합형 금융기관으로서 신협법에 의해 설립된 특수법인이자 비영리법인이다. 신협의 비영리법인성은 신협법에 명시되어 있으며, 조합원의 인적 결합이라는 인적 사단성을 가지고 있다는 점에서 전형적인 영리법인으로서 물적 사단성에 의하여 사원관계가 자본적으로 구체화되어 있는 주식회사와 구분되는 특징을 가지고 있다.[9)]

신협은 협동조합 형태로 신용사업과 공제사업을 수행하는 금융기관이다. 이에 따라 5인 이상이면 누구나 설립할 수 있는 「협동조합기본법」(이하 '협동조합기본법')상 일반 협동조합과는 달리, 설립 규제에서부터 엄격한 제한을 받고 있으며 일반 금융기관에 적용되는 건전성 규제와 업무 범위 규제 등을 받고 있다. 금융협동조합과 일반 상업금융기관은 아래와 같이 법인의 성격, 설립 목적과 수익의 배분, 영업 구역, 이용자 범위, 사업 범위, 규제 법령 및 규제 기관,

9) 협동조합은 인적 사단성이라는 점에서 합명회사와 유사한 성질을 가지고 있으나, 합명회사는 사원의 금전적 이익에 목표를 두고 있다는 점에서 인적 결합의 궁극적 목표가 사원의 결성인 협동조합과는 차이가 있다. 특히, 협동조합은 이사회와 총회와 같은 기관이나 조직 측면에서 주식회사와 유사한 구조를 취하고 있다는 점에서도 순수한 인적결합체인 합명회사와는 구분된다(강현철·차현숙, 유사조직의 협동조합 전환절차를 위한 협동조합기본법 개정방안 연구, 연구용역 보고서, 한국법제연구원, 2013, 21-23면).

규제 수준 등에서 상당한 차이가 있다.

〈표〉 신협과 일반 은행의 비교

구분	신협	일반 은행
법적 성격	비영리 법인	영리 법인
법인 형태	협동조합	주식회사
규제 법령	신용협동조합법	은행법
설립 목적	조합원의 경제적·사회적 지위 향상 및 지역사회 기여	금융시장의 안정 및 국민경제 발전 이바지
인가 요건	출자금 4천만원~3억원 이상	자본금 1천억원 이상
영업구역	공동유대 범위 내	제한 없음
사업 범위	신용사업, 공제사업, 복지사업	신용사업, 보험사업, 부수업무 및 겸영업무
규제 기관	금융위원회 및 금융감독원	금융위원회 및 금융감독원
중간감독기관	중앙회	없음

한편, 신협은 상호금융기관으로도 분류된다. 상호금융업감독규정 제2조는 '상호금융'이란 조합이 신용사업과 공제사업을 영위하는 것으로 정의하고 있다. 여기에서 조합은 신협, 제3조 제2항의 농협, 수협 및 산림조합을 말한다.[10] 금융감독원은 '상호금융'은 상호금융은 조합원 간의 금융지원을 목적으로 하는 조합금융이며 자금의 과부족을 내부에서 자체 해결함을 원칙으로 하는 자조금융으로 정의하고 있다. 즉, 상호금융이란 조합원 1인 1표의 원칙에 따라 운영되는 협동조합이 신용사업과 공제사업을 통해 조합원들에게 금융 편의를 제공하는 것으로 볼 수 있다. 정부는 신협과 새마을금고, 농업협동조합, 수산업협동조합 및 산림조합을 상호금융기관으로 분류하고 2013년 1월부터 정기적으로 상호금융정책협의회를 운영하고 있다.[11]

10) 다만, 상호금융업감독규정에 의한 '상호금융기관'에는 새마을금고법에 의해 설립된 새마을금고는 제외되어 있다.
11) 이재연·이병윤·이시연, 상호금융기관의 기능 재정립 방안, 한국금융연구원, 2012, 2면 참조.

3. 신협법의 목적과 신협의 역할

신협은 역사적으로 서민금융 및 지역금융 기관으로서 중요한 기능을 수행하고 있고, 법의 제정 목적과 협동조합으로서의 정체성을 고려할 때 이러한 역할은 더욱 핵심적인 기능으로 부각될 것이다. 조합원의 참여와 공동유대를 기반으로 설립된 금융협동조합이라는 측면에서 관계형 금융을 가장 잘 실현할 수 있는 조직이며, 금융협동조합의 공익과 사회적 가치 실현의 주체로서 기능하고 있다. 먼저, 법은 신협의 목적을 "구성원의 경제적·사회적 지위를 향상시키고, 지역주민에게 금융편의를 제공함으로써 지역경제의 발전에 이바지함"으로 명시하고 있다(제1조). 이와 같이 법은 '금융협동조합'을 ① 구성원의 경제적·사회적 지위 향상, ② 지역경제 또는 지역사회의 발전에 기여하는 것을 설립 목적으로 명시하고 있다.

신협의 대표적인 기능으로 '서민금융'과 '지역금융'을 들 수 있다. 먼저 '서민금융'이란 "담보능력이 부족하여 신용이 약한 저소득층 서민에게 재산형성, 주택마련, 일시적 자금 부족 상태를 도와주기 위해 낮은 비용으로 편리하게 공급하는 금융"으로 정의할 수 있다.[12] 서민금융기관은 일반 서민들도 감당할 수 있는 저금리의 금융서비스와 서민경제의 생산성을 높이기 위한 금융서비스를 제공하여 이들이 자신의 열악한 경제 상황에서 벗어날 수 있도록 지원하는 기능을 담당하고 있다고 볼 수 있다. 국내에서는 주로 은행을 제외하고 비은행 예금수취 금융기관 중 상호저축은행, 신협, 새마을금고 등을 서민금융기관으로 분류한다.[13]

과거 정부는 서민의 가계부채 증가와 고리대금업 성행, 사설계 등 폐쇄적 금융조직에 의한 자금거래가 만연하자, 사금융시장을 제도권 내로 흡수하거나 서민정책금융을 조달하는 등 서민금융 시장의 정비를 위해 노력하여 왔다.[14]

---

12) 홍완엽, 서민금융 제도의 개선을 위한 정책적 입법과제 연구, 비교법연구 제18권 제1호, 동국대학교 비교법문화연구소, 2018, 268면.

13) 손상호·이재연, 서민금융의 발전방향, KIF 정책보고서 2013-01, 한국금융연구원, 2013, 12면; 최동준, 서민금융의 규제방향, 금융법연구 제5권 제2호, 한국금융법학회, 2008, 71면.

14) 이명휘, 한국서민금융제도의 형성과 정착, 경영사학 제21집 제2호, 한국경영사학회, 2016, 24면;

대표적인 서민정책 금융상품은 미소금융, 햇살론, 새희망홀씨, 바꿔드림론 등이 있었다.[15] 정부는 2015년 '민간 서민금융회사 역할 강화 방안'을 발표하면서 상호금융기관의 역할 중 하나를 '서민금융'으로 명확히 하고, 중금리 대출 등 서민층 지원에 대한 인센티브를 부여하고 신용대출에 적극적인 단위 조합의 공동유대를 확대 등을 통하여 서민금융 역량을 강화하고자 하였다.[16]

한편, '지역금융'이란 일정한 지역을 중심으로 금융 수요자와 금융 공급자가 자금 중개 등 다양한 금융 행위를 영위하는 것을 의미한다.[17] 지역에서 이루어지는 금융 행위는 전통적인 자금 중개 기능뿐만 아니라 다양한 금융서비스를 제공한다. 일반적으로 지역 금융은 일정한 지역에서 여·수신 업무를 주로 수행하는 금융이며, 지역 금융기관은 지방은행, 상호저축은행, 신협, 새마을금고, 농협 등 상호금융기관이 포함된다.[18] 신협과 새마을금고 등은 일정한 지역에 소속된 조합원만을 공동유대로 하고, 지역에 속하지 않은 비조합원에 대한 예금 비과세 혜택을 제공하지 않거나 비조합원 대출 한도를 제한하는 등 지역금융 기관으로서의 제도적 장치를 마련하고 있다. 이와 같이 신협과 같은 금융협동조합은 지역밀착형 금융기관으로서 지역 조합원들에 대한 금융배제 문제 해결과 지역 금융기관 내 자본의 유출을 막기 위해 적극적인 역할을 하고 있다.[19]

Ⅲ. 관련 판례

헌법재판소 2018. 7. 26. 선고 2017헌마452 전원재판부 결정 [신협법 제28조 위헌확인]

"신용협동조합은 공동유대를 바탕으로 하는 신용협동조직의 건전한 육성을 통하여 그 구성원의 경제적·사회적 지위를 향상시키고 지역주민에게 금융편의를 제공함으로써 지역경제의 발전에 이바지할 것을 목적으로 설립된 비영리법인이

최진배, 지역금융협동조합의 정체성과 정부의 개입, 한국협동조합연구 제35권 제3호, 한국협동조합연구소, 2017, 107-111면.

15) 이민환, 금융소외시장에서의 신협의 역할과 과제, 신협연구 제60호, 신협중앙회, 2013, 171면.
16) 금융감독원 보도자료, 민간서민금융회사 역할 강화방안 추진, 2015. 9. 11. 2면 참조.
17) 이병윤·이선호, 지역금융 활성화를 위한 제도개선방안, 금융위원회·한국금융연구원, 2017, 3면.
18) 이병윤·이선호, 앞의 보고서, 3면.
19) 이재열, 신협의 지속가능한 지역밀착형 금융에 관한 연구: 미국 CDCU(지역개발신협)사례를 중심으로, 인천대학교 석사학위 논문, 2019, 7면.

다(신용협동조합법 제1조, 제2조 제1호). 신협은 일정한 사업을 협동으로 영위함으로써 조합원의 권익을 향상하고 지역 사회에 공헌하고자 하는 사업조직인 협동조합(협동조합 기본법 제2조 제1호)에 속하고, 농업협동조합, 수산업협동조합 등과 마찬가지로 신용사업과 공제사업을 운영하는 상호금융기관에 속한다('상호금융업감독규정', 2018. 1. 31. 금융위원회고시 제2018－2호). 신용협동조합은 다른 조합들과 달리 특정 직업군의 지위 향상이나 산업의 경쟁력 강화를 도모하지 않고 지역주민에게 금융편의를 제공함으로써 지역경제의 발전에 이바지함을 목적으로 하고(신협법 제1조), 주된 사업이 신용사업으로서, 신용사업과 함께 운영한다 하더라도 특정 산업에 대한 교육·지원 사업, 경제사업 등을 주로 수행하는 다른 협동조합들과 구별되며(위 법 제39조 참조), 일정한 직업군에 속하지 않는다 하더라도 조합원이 될 수 있다는 점에서(위 법 제11조, 위 법 시행령 제13조) 다른 조합들과 차이가 있고, 다른 조합들에 비해 다수의 일반 국민들을 대상으로 금융업을 하는 금융기관 유사의 지위에 있다는 특성이 강하게 나타난다."

Ⅳ. 관련 법령

법률	조문
은행법	**제1조(목적)** 이 법은 은행의 건전한 운영을 도모하고 자금중개기능의 효율성을 높이며 예금자를 보호하고 신용질서를 유지함으로써 금융시장의 안정과 국민경제의 발전에 이바지함을 목적으로 한다.
상호저축은행법	**제1조(목적)** 이 법은 상호저축은행의 건전한 운영을 유도하여 서민과 중소기업의 금융편의를 도모하고 거래자를 보호하며 신용질서를 유지함으로써 국민경제의 발전에 이바지함을 목적으로 한다.
자본시장법	**제1조(목적)** 이 법은 자본시장에서의 금융혁신과 공정한 경쟁을 촉진하고 투자자를 보호하며 금융투자업을 건전하게 육성함으로써 자본시장의 공정성·신뢰성 및 효율성을 높여 국민경제의 발전에 이바지함을 목적으로 한다.
새마을금고법	**제1조(목적)** 이 법은 국민의 자주적인 협동 조직을 바탕으로 우리나라 고유의 상부상조 정신에 입각하여 자금의 조성과 이용, 회원의 경제적·사회적·문화적 지위의 향상, 지역사회 개발을 통한 건전한 국민정신의 함양과 국가경제 발전에 이바지함을 목적으로 한다.
농업협동조합법	**제1조(목적)** 이 법은 농업인의 자주적인 협동조직을 바탕으로 농업인의 경제적·사회적·문화적 지위를 향상시키고, 농업의 경쟁력 강화를 통하여 농업인의 삶의 질을 높이며, 국민경제의 균형 있는 발전에 이바지함을 목적으로 한다.

수산업 협동조합법	**제1조(목적)** 이 법은 어업인과 수산물가공업자의 자주적인 협동조직을 바탕으로 어업인과 수산물가공업자의 경제적·사회적·문화적 지위의 향상과 어업 및 수산물가공업의 경쟁력 강화를 도모함으로써 어업인과 수산물가공업자의 삶의 질을 높이고 국민경제의 균형 있는 발전에 이바지함을 목적으로 한다.
산림조합법	**제1조(목적)** 이 법은 산림소유자와 임업인의 자주적인 협동조직을 통하여 지속 가능한 산림경영을 촉진하고 산림생산력을 증진시키며 그 구성원의 경제적·사회적·문화적 지위향상을 도모함으로써 국민경제의 균형 있는 발전에 이바지함을 목적으로 한다.
협동조합 기본법	**제1조(목적)** 이 법은 협동조합의 설립·운영 등에 관한 기본적인 사항을 규정함으로써 자주적·자립적·자치적인 협동조합 활동을 촉진하고, 사회통합과 국민경제의 균형 있는 발전에 기여함을 목적으로 한다.

제2조(정의)

제2조(정의) 이 법에서 사용하는 용어의 뜻은 다음과 같다.

1. "신협"(이하 "조합"이라 한다)이란 제1조의 목적을 달성하기 위하여 이 법에 따라 설립된 비영리법인을 말한다.
2. "신협중앙회"(이하 "중앙회"라 한다)란 조합의 공동이익을 도모하기 위하여 이 법에 따라 설립된 비영리법인을 말한다.
3. "공동유대"란 조합의 설립과 구성원의 자격을 결정하는 단위를 말한다.
4. "조합원"이란 제11조 제1항 및 제2항에 따른 자격이 있는 자로서 조합의 정관(定款)에서 정하는 바에 따라 조합에 가입한 자를 말한다.
5. "불법·부실대출"이란 다음 각 목의 어느 하나에 해당하는 조합의 대출·어음할인(이하 "대출등"이라 한다) 및 가지급(假支給)한 금액(이하 이 호에서 "가지급금"이라 한다)을 말한다.
   가. 제42조를 위반하여 한 대출등
   나. 대출등 및 가지급금 중 그 회수가 곤란하거나 불가능하다고 인정되는 것으로서 금융위원회가 정하는 기준에 해당되는 것(이하 "부실대출"이라 한다)
6. "표준정관"이란 조합의 설립 및 운영에 필요한 사항을 규정하여 모든 조합에 공통적으로 적용하기 위하여 중앙회가 정하는 정관을 말한다.
7. "표준규정"이란 조합의 운영에 필요한 세부적인 사항을 규정하여 모든 조합에 공통적으로 적용하기 위하여 중앙회가 정하는 규정을 말한다.
8. "지역조합"이란 동일한 행정구역·경제권 또는 생활권을 공동유대로 하는 조합을 말한다.
9. "자기자본"이란 자본금, 적립금, 그 밖의 잉여금 등의 합계액으로서 대통령령으로 정하는 금액을 말한다.

[전문개정 2015. 1. 20.]

Ⅰ. 조문의 취지와 의의

법 제2조는 이 법에서 사용되는 주요 개념을 정의함으로써 개별 조문의 해석에서 생길 수 있는 개념적 모호함을 해소하는 것을 목적으로 한다. 법 제2조에서는 신협과 신협중앙회의 법적 성격을 '비영리법인'으로 명시하고 있으며, 신협의 핵심적인 요소 중의 하나인 '공동유대'와 '조합원 자격'에 대해 정의하고 있다. 신협의 공동유대는 지역조합, 단체조합, 직장조합으로 이루어져 있는

데, 본조에서는 지역조합에 대해서만 정의하고 있다.

Ⅱ. 조문의 내용 및 해설

1. 신협 및 신협중앙회

(1) 신협의 법적 성격

신협은 법에 따라 설립된 특수법인[20]에 속하며,[21] 비영리법인으로서의 성격을 가진다. 특히 신협은 설립근거법률에서 비영리법인으로 규정하고 있다(법 제2조).[22] 이에 대하여 신협과 같은 금융협동조합은 출자자에게 출자금 및 이용고 배당이 허용되므로 전형적인 비영리법인이라고 볼 수 없다는 견해도 있다.[23] 금융협동조합은 조합원(회원)에 대해 배당을 할 수 있으므로 구성원 등에 대한 수익배분 제약이 있는 비영리법인과는 다르다는 것이다.[24]

그러나 설립근거법률에서 금융협동조합의 법적 성격을 비영리법인으로 명시하고 있고, 금융협동조합은 조합원의 경제적 · 사회적 지위 향상과 조합원의 경제적 참여라는 협동조합 원칙에 따라 출자금 및 이용고 배당을 제한적으로 허용하고 있는 점에 비추어 볼 때, 금융협동조합의 비영리법인성을 부인하기는 어렵다고 사료된다. 대법원도 금융협동조합의 법적 성격을 "국민의 자주적인 협동 조직을 바탕으로 우리나라 고유의 상부상조 정신에 입각하여 자금의 조성과 이용, 회원의 경제적 · 사회적 · 문화적 지위의 향상" 등을 목적으로 하는 비영리법인이라는 점을 명확히 하고 있다.[25]

---

20) 특수법인은 민법 또는 상법에 의하여 설립되는 일반 법인을 제외한 법인으로서 국가 정책상 필요나 공공의 이익을 달성하기 위하여 민법 또는 상법 외의 특별법에 의해 설립되는 법인을 의미한다(윤장근, 특수법인에 관한 연구, 법제 308호, 법제처, 1990, 19면).

21) 강일원, 주석 민법총칙(제4판), 김용담 편집대표, 한국사법행정학회, 2010, 67면.

22) 농협, 수협, 중소기업협동조합, 산림조합, 소비자생활협동조합도 개별법에서 비영리법인으로 명시하고 있지는 않지만, 각 법률에서 영리 또는 투기를 목적으로 하는 업무를 제한하고 있어 비영리법인으로서의 성격을 지닌다고 볼 수 있다(농협법 제4조, 수협법 제5조 제3항, 중소기업협동조합법 제7조 제1항, 산림조합법 제5조 제3항, 소비자생활협동조합법 제6조 제1항).

23) 김정연, 새마을금고의 법적 성격과 지배구조, 선진상사법률연구 통권 제87호, 법무부, 2019, 39면.

24) 김정연, 앞의 글, 48면.

25) 대법원 1998. 7. 10. 선고 98다10793 판결. 다만, 하급심 판례(서울서부지방법원 2015. 9. 10. 선고 2014나4907 판결)에 의하면 금융협동조합의 영업 양태에 따라 영리성이 인정될 수 있다는 주장도

한편, 신협은 조합원의 인적 결합이라는 인적 사단성을 가지고 있다. 이러한 점에서 합명회사와 유사한 성질을 가지고 있으나, 합명회사는 사원의 금전적 이익에 목표를 두고 있다는 점에서 인적 결합의 궁극적 목표가 사원의 조성인 협동조합과는 차이가 있다. 특히, 협동조합은 이사회와 총회와 같은 기관이나 조직 측면에서 주식회사와 유사한 구조를 취하고 있다는 점에서도 순수한 인적결합체인 합명회사와는 구분된다.[26] 또한, 전형적인 영리법인으로서 물적 사단성에 의하여 사원관계가 자본적으로 구체화되어 있는 주식회사와 구분되는 특징을 가지고 있다.

(2) 중앙회의 법적 성격과 조합과의 관계

중앙회는 조합의 공동이익을 도모하기 위하여 이 법에 따라 설립된 비영리법인이다. 모든 신협은 중앙회의 회원이 되며(법 제62조), 중앙회장은 조합을 지도·감독할 수 있다(법 제89조 제1항). 이 경우 중앙회장은 조합의 사업에 관한 지침 등을 작성하여 보급할 수 있으며, 필요한 경우에는 조합의 자료의 제출, 관계자의 출석 또는 진술을 요구할 수 있다(법 제89조 제1항 단서). 중앙회장은 필요하다고 인정한 때에는 그 소속 직원으로 하여금 조합의 업무를 검사하게 할 수 있으며, 검사 결과에 따라 시정 등 필요한 조치를 명하거나 임직원에 대한 징계 조치 요구를 할 수 있다(법 제89조 제6항, 제7항 제1호). 또한 중앙회장은 조합이 신협법 또는 신협법에 따른 명령 등을 위반하여 건전한 경영을 해칠 우려가 있다고 인정하는 경우에는 조합에 대한 주의 또는 경고, 해당 위반 행위에 대한 시정명령, 6개월 이내의 업무의 일부 정지를 할 수 있다(법 제89조 제7항 제4호). 또한 중앙회장은 조합이 일정 요건에 해당하는 경우 6개월 이내의 기간을 정하여 업무의 전부 정지를 명할 수 있다(법 제89조 제7항 제5호).

중앙회는 조합원(제40조에 따른 비조합원을 포함)이 납입한 예탁금 및 적금과 중앙회의 자기앞수표를 결제하기 위한 별단예금(別段預金) 등 대통령령으로 정

제기된다(김정연, 앞의 글, 50면).

26) 강현철·차현숙, 유사조직의 협동조합 전환절차를 위한 협동조합기본법 개정방안 연구, 한국법제연구원, 2013, 21-23면.

하는 금액(이하 “예탁금등”이라 한다)의 환급을 보장하고 조합의 건전한 육성을 도모하기 위하여 중앙회에 신협 예금자보호기금을 설치·운영한다(법 제80조의2 제1항). 조합과 중앙회는 기금에 의무적으로 가입하여야 한다(법 제80조의2 제2항). 기금에 대해서는 제80조의2 이하에서 상세히 다룬다.

2. 공동유대와 조합원 자격

신협의 조합원은 조합의 공동유대에 소속된 자를 의미하는데, 조합의 공동유대는 행정구역·경제권·생활권 또는 직장·단체 등을 중심으로 하여 정관에서 정하도록 규정하고 있다. 다만, 이 경우 공동유대의 범위, 종류 및 변경에 관한 사항은 대통령령으로 정하는 바에 따른다고 규정하여 사실상 시행령을 통해 조합원의 자격을 정하고 있다.[27] 법에 의하면 신협의 조합원 자격을 원칙적으로 정관으로 정할 수 있도록 규정하고 있는 반면, 공동유대의 범위는 시행령에 구체적으로 정할 수 있도록 하면서 주무부처인 금융위원회가 사실상 조합원 자격을 제한하고 있다. 법 시행령에 의하면 공동유대의 종류는 지역조합, 직장조합, 단체조합으로 구분되며, 단체조합은 종교단체, 시장상인단체 또는 전문직종단체, 사단법인으로 한정된다.

이러한 단체신협의 공동유대 범위가 구체적으로 법제화된 것은 1998년 시행령에 공동유대의 범위를 구체적으로 규율하면서 시작되었다. 그로부터 25년이

---

27) **시행령 제12조(공동유대의 범위 등)** ① 법 제9조 제1항에 따른 조합의 종류별 공동유대의 범위는 다음 각 호와 같다.

1. 지역조합: 같은 시·군 또는 구에 속하는 읍·면·동. 다만, 생활권 또는 경제권이 밀접하고 행정구역이 인접하고 있어 공동유대의 범위 안에 있다고 인정되는 경우로서 공동유대의 범위별로 재무건전성 등의 요건을 충족하여 금융위원회가 승인한 경우에는 같은 시·군 또는 구에 속하지 아니하는 읍·면·동을 포함할 수 있다.
2. 직장조합: 같은 직장. 이 경우 당해 직장의 지점·자회사·계열회사 및 산하기관을 포함할 수 있다.
3. 단체조합: 다음 각목의 단체 또는 법인
   가. 교회·사찰 등의 종교단체
   나. 시장상인단체
   다. 구성원간에 상호 밀접한 협력관계가 있는 사단법인
   라. 국가로부터 공인된 자격 또는 면허 등을 취득한 자로 구성된 같은 직종단체로서 법령에 의하여 인가를 받은 단체

② 제1항 제3호 가목에 해당하는 종교단체는 제1항의 규정에 불구하고 동일한 시·군 또는 구에 소재하는 다른 종교단체와 공동유대를 구성할 수 있다.

넘게 지났으나 공동유대의 유형은 그대로 유지되고 있다. 그런데 구성원의 사회적·경제적 지위 향상이라는 신협의 목적을 달성하기 위해서는 조합원들 스스로 금융의 문제를 해결할 수 있도록 조합원의 자격을 더욱 유연하게 적용할 필요가 대두되고 있다. 청년실업, 미혼모, 탈북민, 기후 위기 등 사회문제도 더욱 다양하고 복잡해졌다. 따라서 이러한 사회문제를 구성원들 스스로 해결할 수 있도록 조합원의 자격을 법령에서 엄격하게 제한하는 것보다는 '정관'에서 조합 스스로 정할 수 있도록 완화하는 것을 검토할 필요가 있다.

3. 불법·부실 대출

"불법 대출"이란 '동일인 대출 한도(제42조)를 위반하여 한 대출을 의미하고, "부실대출"은 대출등 및 가지급금 중 그 회수가 곤란하거나 불가능하다고 인정되는 것으로서 금융위원회가 정하는 기준에 해당되는 것을 말한다. 법 시행령 제법 제2조 제5호 나목의 규정에 의한 "부실대출"이라 함은 회수의문 및 추정손실로 분류된 대출금 및 여신성가지급금을 말한다(상호금융업감독규정 제11조 제3항).

금융위원회는 법 제83조 제2항에 따른 검사 결과 조합이 대통령령으로 정하는 불법·부실대출을 보유하고 이를 단기간에 통상적인 방법으로 회수하기가 곤란하여 자기자본의 전부가 잠식될 우려가 있다고 인정되는 조합에 대해서는 관리인을 선임하여 경영관리를 하게 할 수 있다(법 제86조 제1항 제1호). 여기에서 관리인은 불법·부실대출에 따른 채권을 확보하기 위하여 필요한 경우에는 그 불법·부실대출에 책임이 있다고 인정되는 임직원(임직원이었던 사람을 포함한다) 또는 채무자의 재산을 조사하여 가압류 신청 등 필요한 조치를 하여야 한다(제86조의2 제3항).

4. 표준정관과 표준규정

중앙회는 모든 조합에 공통적으로 적용하기 위하여 조합의 설립 및 운영에 필요한 사항을 규정한 "조합 표준정관(이하 '표준정관')"과 조합의 운영에 필요한 세부적인 사항을 규정한 "표준규정"을 정할 수 있다. 중앙회는 이사회의 결의를 거쳐 조합 표준정관 및 표준규정을 제정하거나 변경 또는 폐지할 수 있다(법 제75조 제1항 제1호, 제2호). 조합 정관의 변경은 조합 총회의 결의사항이나(법 제24조 제1항 제1호), 중앙회장의 승인을 받아야 한다(법 제24조 제2항 전단). 다만, 제75조 제1항 제1호에 따른 표준정관에 따라 변경하는 경우에는 중앙회장의 승인이 필요하지 아니하다(법 제24조 제2항 후단). 금융위원회는 중앙회가 정한 표준정관 또는 표준규정이 위법하거나 조합의 건전한 경영을 저해한다고 인정되는 경우에는 이의 시정을 요구할 수 있으며(법 제96조, 시행령 제24조 제3호에 따라 금융감독원장에게 시정요구 권한이 위탁), 이 경우 이사회는 요구에 따라야 한다(법 제75조 제2항).

정관은 실질적으로 협동조합의 조직과 활동에 관하여 규정한 근본규칙을 의미하고, 형식적으로는 이러한 근본규칙을 기재한 서면을 말한다. 정관은 법인의 설립 요건인 동시에 존속요건이므로 조합이 존속하는 한 정관도 당연히 존재한다. 정관의 법적 성질에 대해서는 계약으로 보는 학설[28)]도 있으나, 통설[29)]과 판례[30)]는 조합 내부를 규율하는 자치 법규로 본다. 정관의 자치법적 성질로 인해 협동조합의 조합원, 발기인, 새로 가입한 조합원도 당연히 정관의 구속을 받게 된다. 다만, 자치 법규로 보더라도 상위법인 강행법규의 구속을 받으므로 강행법규에 위반한 정관 규정은 효력이 없게 된다.

주식회사의 경우 대규모 공개회사라는 점을 고려하여 제3자 보호와 일반 주주를 보호하기 위해 정관에 의한 자치를 매우 제한적으로 해석한다. 「상법」(이하 '상법') 제361조에는 소유와 경영의 분리를 전제로 "주주총회는 본법 또는 정관에 정하는 사항에 한하여 결의할 수 있다"고 규정하여 주주총회의 법정 권한을 축소하고 업무 집행에 관해서는 주주총회의 관여를 가능한 차단하려는 취지를 내포하고 있다.[31)] 그러나 주식회사와는 달리 협동조합은 소규모 기업으

28) 정동윤, 상법(상), 법문사, 2008, 30면.
29) 이철송, 회사법강의(제26판), 박영사, 2018, 9면; 정찬형, 상법강의(상)(제22판)」, 박영사, 2019, 492면.
30) 대법원 2001. 11. 24. 선고 99다12437 판결.
31) 남기윤, 상법 제361조에서 정관자치의 범위와 한계, 상사법연구 제16권 제2호, 한국상사법학회, 1997, 406면.

로서의 특성뿐만 아니라, 조합원 간의 공동유대를 기반으로 하는 인적 신뢰 관계, 민주적 통제 원리, 이용자 소유 협동조합이라는 특성을 고려할 때 정관자치의 범위를 폭넓게 인정할 필요가 있다.[32)]

조합의 정관 변경은 총회의 결의사항이므로 총회가 중심이 되며, 중앙회가 정관 변경을 승인 또는 인가하지 않는 경우 정관 변경의 효력이 발생하지 않는다. 조합의 정관 자치를 독립적으로 실현하려면 조합 총회의 결의만으로도 그 효력이 발생하여야 하는 것이 원칙이나, 중앙회라는 중간 조직이 조합의 임의적인 정관 변경을 일정 부분 제어하는 역할을 수행하고 있다.[33)]

중앙회가 정관 변경 승인 권한을 가지는 이유는 다음과 같다. 첫째, 중앙회는 조합의 공동이익을 도모하기 위해 설립된 조직으로서 조합 간 무분별한 경쟁이나 긴장 관계를 완화할 필요가 있다. 예를 들어, 조합원 자격은 조합의 영업구역과 예금 등에 대한 비과세 혜택 여부를 정하는 중요한 사항으로서 조합이 정관으로 공동유대를 임의로 정할 수 있게 하는 경우에는 이미 설립되어 있는 조합들의 공동유대를 침해하거나 불필요한 경쟁 관계를 유발할 수 있다. 둘째, 중앙회는 조합에 대한 지도·감독 권한과 조합에 적용되는 법령 해석 권한을 가지고 있으므로 전 조합에 형평성 있고 통일적인 기준을 제시할 수 있다. 중앙회는 공동유대, 임원 등 자격 제한, 이익금 처분 등에 관한 조합의 정관 변경 사항이 법령에 위반되지 않도록 지도할 필요가 있기 때문이다.

5. 자기자본

법에 따른 "자기자본"이란 자본금, 적립금, 그 밖의 잉여금 등의 합계액으로서 대통령령으로 정하는 금액을 말한다. 시행령에 의하면 법 제2조 제9호에서 "대통령령이 정하는 금액"이라 함은 신협의 자본금·적립금 기타 잉여금등의 합계액에 결산상의 오류에 의한 금액을 가감한 금액을 말한다. 법은 자기자본을 기준으로 조합이 자금차입 한도, 동일인 대출 한도, 경영관리, 복지사업의

32) 송재일, 협동조합의 자율성과 사적자치로서 정관자치에 관한 법적 연구, 한국협동조합연구 제31권 제2호, 한국협동조합연구소, 2013, 154면.

33) 1972년 신협법 제정 당시에는 조합이 정관을 변경한 때에는 재무부장관의 인가를 받도록 규정하고 있었다.

재원 한도 등의 기준으로 삼고 있다.

조합은 법 제39조에 따른 사업을 수행하기 위하여 자금을 차입하는 경우에는 조합 자산총액의 100분의 5 또는 자기자본 중 큰 금액의 범위에서 대통령령으로 정하는 바에 따라 자금을 차입할 수 있고,[34] 금융위원회가 정하는 기준에 따라 중앙회장의 승인을 받은 경우에는 자산총액의 100분의 5 또는 자기자본 중 큰 금액의 범위를 초과하여 자금을 차입할 수 있다(법 제41조). 조합은 동일인에 대하여 금융위원회가 정하는 기준에 따라 중앙회장의 승인을 받은 경우를 제외하고는 조합의 자기자본의 100분의 20 또는 자산총액의 100분의 1 중 큰 금액의 범위에서 대통령령으로 정하는 한도를 초과하는 대출등을 할 수 없다. 이 경우 본인의 계산으로 다른 사람의 명의에 의하여 하는 대출등은 그 본인의 대출등으로 본다(제42조).

금융위원회는 법 제83조 제2항에 따른 검사 결과 조합이 대통령령으로 정하는 불법·부실대출을 보유하고 이를 단기간에 통상적인 방법으로 회수하기가 곤란하여 자기자본의 전부가 잠식될 우려가 있다고 인정되는 조합에 대해서는 관리인을 선임하여 경영관리를 하게 할 수 있다(법 제86조 제1항 제1호). 또한, 조합 복지사업의 운영을 위한 재원은 법 제2조 제9호의 규정에 의한 자기자본 또는 직전 사업연도 종료일 현재 자산의 100분의 10의 금액 중 적은 금액을 한도로 한다.

금융기관의 자기자본 규제는 건전성 규제의 핵심적인 부분이다.[35] 상호금융기관에 대한 건전성 감독은 순자본비율을 중심[36]으로 이루어져 있고, 각 상호금융기관별로 요구되는 순자본비율 산정방식이 다를 뿐 아니라 적기시정조치가 발동되는 순자본비율 기준도 다르게 설정되어 있다. 신협, 농협, 수협, 산림조합은 조합원 탈퇴시 환급해주는 출자금(가입금)을 제외하는 반면, 새마을금고는 출자금을 포함하고 있다.[37] 신협은 후순위차입금을 순자본에 포함하는 반

34) **시행령 제16조의3(자금의 차입한도)** 법 제41조 제1항의 규정에 의하여 조합이 차입할 수 있는 자금의 한도는 직전 사업연도말 자산총액의 100분의 5와 자기자본 중 큰 금액으로 한다.

35) 심영, 은행의 건전성규제 제도, 중앙법학 제7집 제2호, 중앙법학회, 2005, 207면.

36) 이재연·이병윤·이시윤, 앞의 보고서, 2012, 10면.

37) 신협법 제83조의3, 상호금융업감독규정 제12조 제1항, 상호금융업감독업무 시행세칙 제4조 〈별표 5〉 건전성비율 산정기준, 새마을금고법 제77조, 새마을금고 감독기준 제34조 제2항 〈별표 8〉 경영

면, 나머지 상호금융기관은 이를 제외하고 있다. 순자본비율 산정시 순자본을 나눠주는 분모의 경우 총자산에 고정 이상 자산에 대한 대손충당금[38]만 더하는 여타 권역과는 달리 새마을금고는 대손충당금 총액을 더하는 한편 순자본과 총자산에서 회수의문 이상의 부실 채권 일부를 제외하고 있다.[39]

Ⅲ. 관련 해석례

금융위원회 – 은행법상 금융기관 범위에 대한 질의 [100190, 2014. 12. 31.]

1. 질의사항

상호저축은행이나 새마을금고, 농협, 신협, 수협 등이 은행법상 금융기관인지

2. 회답

농협중앙회와 수협중앙회의 신용사업부문은 특례조항으로써 은행으로 간주하고 있으나(은행법 제5조) 단위농수협은 은행법상 은행이 아닙니다. 또한, 상호저축은행, 새마을금고, 신협 또한 각각 상호저축은행법, 새마을금고법, 신협법등 관련법에서 은행법의 적용을 배제하고 있으므로 은행법상 은행으로 볼 수 없습니다.

○ 이유

은행법 제2조 제1항 제2호에 따른 '은행'이란, "은행업을 규칙적, 조직적으로 영위하는 한국은행외의 법인"을 말하며, 은행업을 영위하고자 하는 자는 같은 법 제8조에 따라 금융위원회에 은행업 인가를 받아야 합니다. 농협중앙회와 수협중앙회의 신용사업부문은 특례조항으로써 은행으로 간주하고 있으나(은행법 제5조) 단위농수협은 은행법상 은행이 아닙니다. 또한, 상호저축은행, 새마을금고, 신용협동조합 또한 각각 상호저축은행법, 새마을금고법, 신용

지도비율 산정기준.

38) 상호금융업감독업무 시행세칙 제4조 〈별표 5〉 건전성비율 산정기준
1. 순자본비율
4) 대손충당금중 정상, 요주의 및 고정분류 해당분(단 고정분류 해당분은 총자산의 1.25% 범위내)을 말한다.

39) 새마을금고 감독기준 제34조 제2항 〈별표 8〉 경영지도비율 산정기준
1-1. 순자본비율
(2) 산정기준
◦ 대손충당금은 대출채권대손충당금, 가지급금대손충당금, 미수금대손충당금, 대출채권미수이자 대손충당금을 합계한 금액

협동조합법 등 관련법에서 은행법의 적용을 배제하고 있으므로 은행법상 은행으로 볼 수 없습니다.

Ⅳ. 관련 판례

전주지방법원 2010. 3. 17. 선고 2009고단1664-1 [은행법위반]

"신용협동조합법은, 신용협동조합의 목적을 '공동유대를 바탕으로 하는 신용협동조직의 건전한 육성을 통하여 그 구성원의 경제적·사회적 지위를 향상시키고, 지역주민에 대한 금융편의를 제공함으로써 지역경제의 발전에 기여함'에 있다고 규정하면서(제1조) 이러한 목적을 달성하기 위하여 이 법에 의하여 설립된 비영리법인을 신용협동조합이라고 정의하는 한편(제2조 제1호), 신용협동조합의 사업의 종류를 조합원으로부터의 예탁금·적금의 수납과 조합원에 대한 대출 등을 내용으로 한 신용사업 이외에도 복지사업, 조합원을 위한 공제사업, 조합원의 경제적·사회적 지위향상을 위한 교육, 중앙회가 위탁하는 사업, 국가 또는 공공단체가 위탁하거나 다른 법령이 조합의 사업으로 정하는 사업, 그 밖에 위 사업에 부대하는 사업으로 제한적으로 규정하면서(제39조 제1항) 조합원의 이용에 지장이 없는 범위 안에서 대통령령이 정하는 바에 따라 조합원이 아닌 자에게 제39조 제1항의 규정에 의한 조합의 사업을 이용하게 할 수 있도록 규정하고 있다(제40조 제1항). 위와 같은 은행법 및 신용협동조합법의 규정내용과 입법목적 등을 종합하여 보면, 신용협동조합법은 금융시장의 안정과 국민경제의 발전에 이바지함을 목적으로 하는 은행법의 경우와 달리 조합원의 지위를 향상시키고 지역주민에 대한 금융편의를 제공함으로써 지역경제의 발전에 기여함을 목적으로 할 뿐만 아니라 신용협동조합의 경우 그 사업내용을 보더라도 조합원을 대상으로 한 신용사업, 복지사업, 공제사업 등을 주된 사업으로 규정하고 있으며, 비록 은행업과 마찬가지로 수신업무와 대출업무 등 신용사업을 영위하지만 원칙적으로 불특정다수인이 아니라 공동유대에 속하는 조합원을 대상으로 하는 것에 불과하고, 조합원이 아닌 자에게 조합의 사업을 이용하게 하더라도 이는 조합원의 이용에 제한이 없는 범위 내에서 허용되는 예외적인 것으로서 그로써 신용협동조합이 은행법상 금융기관에 해당한다고 볼 수는 없다고 할 것이다."

대구지방법원 1991. 6. 14. 선고 90나9085 제3민사부 판결 [대여금]

"신용협동조합법 제1조, 제2조 제1항에 비추어 보면 신용협동조합은 비영리법인으로서 영리를 목적으로 하는 상인이라고는 볼 수 없으므로, 그 활동 및 거래관계에 대하여도 위 법이 특별히 규정하고 있는 것 이외에는 상법이 적용되는 것이 아니라 민법이 적용되어야 하며, 다만 신협과의 거래 상대방이 상인인 경우에는 상법 제3조에 의하여 그 거래 전체에 관하여 상법이 적용될 수 있을 뿐이므로, 신용협동조합의 일반인에 대한 대출금채권의 소멸시효기간은 민법의 일반채권의 소멸시효기간인 10년이다."

대법원 2017. 5. 30. 선고 2016다254658 판결 [양수금]

"어느 행위가 상법 제46조에서 정한 기본적 상행위에 해당하기 위해서는 영업으로 같은 조 각호에서 정한 행위를 하는 경우이어야 하고, 여기서 영업으로 한다고 함은 영리를 목적으로 동종의 행위를 계속 반복적으로 하는 것을 의미한다. 그런데 신용협동조합법의 제반 규정에 의하여 인정되는 신용협동조합의 설립 목적, 법적 성격, 업무 내용에 비추어 보면 신용협동조합이 조합의 회원에게 자금을 대출하는 행위는 일반적으로는 영리를 목적으로 하는 행위라고 보기 어렵다고 할 것이다. 다만 당사자 쌍방에 대하여 모두 상행위가 되는 행위로 인한 채권뿐만 아니라 당사자 일방에 대하여만 상행위가 되는 행위로 인한 채권도 상법 제64조에서 정한 5년의 소멸시효기간이 적용되는 상사채권에 해당하는 것이고, 그 상행위에는 상법 제46조 각호에 해당하는 기본적 상행위뿐만 아니라 상인이 영업을 위하여 하는 보조적 상행위도 포함되므로, 신용협동조합의 대출을 받은 회원이 상인으로서 그 영업을 위하여 대출을 받았다면 그 대출금채권은 상사채권이라고 보아야 한다(대법원 1999. 12. 28. 선고 99다32158 판결 참조)."

V. 관련 법령

법률	조문
새마을 금고법	제2조(정의와 명칭) ① 이 법에서 "금고"란 제1조의 목적을 달성하기 위하여 이 법에 따라 설립된 비영리법인인 새마을금고를 말한다. ② 이 법에서 "지역금고"란 제1항의 금고 중 동일한 행정구역, 경제권 또는 생활권을 업무구역으로 하는 금고를 말한다. ③ 이 법에서 "중앙회"란 모든 금고의 공동이익 증진과 지속적인 발전을 도

	모하기 위하여 이 법에 따라 설립한 비영리법인인 새마을금고중앙회를 말한다. 〈개정 2011. 3. 8.〉
협동조합 기본법	제2조(정의) 이 법에서 사용하는 용어의 뜻은 다음과 같다. 1. "협동조합"이란 재화 또는 용역의 구매·생산·판매·제공 등을 협동으로 영위함으로써 조합원의 권익을 향상하고 지역 사회에 공헌하고자 하는 사업조직을 말한다. 2. "협동조합연합회"란 협동조합의 공동이익을 도모하기 위하여 제1호에 따라 설립된 협동조합의 연합회를 말한다. 3. "사회적협동조합"이란 제1호의 협동조합 중 지역주민들의 권익·복리 증진과 관련된 사업을 수행하거나 취약계층에게 사회서비스 또는 일자리를 제공하는 등 영리를 목적으로 하지 아니하는 협동조합을 말한다. 4. "사회적협동조합연합회"란 사회적협동조합의 공동이익을 도모하기 위하여 제3호에 따라 설립된 사회적협동조합의 연합회를 말한다. 5. "이종(異種)협동조합연합회"란 이 법 또는 다른 법률에 따른 협동조합이 공동이익을 도모하기 위하여 설립한 연합회를 말한다.

제3조(명칭 등)

제3조(명칭 등) ① 조합은 그 명칭에 "신협" 또는 "신협"이라는 문자를 사용하여야 한다.
② 조합 또는 중앙회가 아닌 자는 그 명칭에 "신협"이나 이와 유사한 문자를 사용해서는 아니 된다.
[전문개정 2015. 1. 20.]

Ⅰ. 조문의 취지와 의의

조합은 설립 시에 반드시 명칭을 정하여야 하며, 조합의 명칭은 정관의 절대적 기재사항이자 등기사항이다. 법 제3조는 "신용협동조합"의 명칭 사용을 의무화하는 내용과 조합 또는 중앙회가 아닌 자가 "신용협동조합" 등의 문자를 사용하지 못하도록 규정하고 있다. 신협법은 신협의 업종을 나타내는 문자를 상호에 표시하도록 하는 적극적 규제와 신협이나 중앙회가 아닌 자의 상호 중에 '신용협동조합'이나 이와 유사한 문자를 사용할 수 없도록 하는 소극적 규제를 채택하고 있다. 이와 같이 명칭을 규제하는 이유는 신협이라는 신인도가 높은 상호를 사용하여 예금자 그 밖의 신협 이용자의 이익을 침해하고 신협에 대한 사회적 신뢰를 저해할 가능성을 우려한 것이다.

Ⅱ. 조문의 내용 및 해설

1. 명칭에 대한 권리

(1) 명칭의 의의

조합은 당해 조합의 개성을 표시하고 그 동일성을 식별하기 위하여 어떠한 명칭 또는 표시를 필요로 하게 된다. 즉 이러한 명칭사용은 조합의 독립성과 동일성을 식별하는 기준이 된다. 조합의 명칭선정은 원칙적으로 자유이나, 조합의 명칭에는 "신용협동조합" 또는 "신협"이라는 문자를 사용하여야 한다(법 제3조 제1항). 조합의 명칭은 '명칭 단일의 원칙'에 따라 단일한 명칭을 사용하여야 하며, 조합이 여러 개의 지점을 가지는 경우에도 본점과의 종속관계를 표시하여야 한다.

(2) 명칭 사용권과 명칭 전용권

조합은 타인의 방해를 받지 않고 당해 명칭을 사용할 수 있는 '명칭사용권'을 가진다. 법 제3조 제1항은 조합의 명칭에는 '신용협동조합' 또는 '신협'이라는 문자를 사용하도록 함으로써 명칭사용 의무(적극적 규제)를 명시하는 한편, 명칭 사용 권한도 동시에 규율하고 있다. 또한, 조합과 중앙회는 타인이 동일 또는 유사한 명칭을 사용하는 것을 배제시킬 수 있는 '명칭전용권'을 가진다(소극적 규제). 법 제3조 제2항은 조합 또는 중앙회가 아닌 자는 명칭 중에 '신용협동조합'이나 이와 유사한 문자를 사용하지 못하도록 규정한다. 만일 조합 또는 중앙회가 아닌 자가 법 제3조 제2항을 위반하여 '신용협동조합'이라는 명칭이나 유사한 문자를 사용한 경우에는 1년 이하의 징역 또는 1천만원 이하의 벌금에 처하도록 하고 있다(법 제99조 제3항).

참고로 「농업협동조합법」(이하 '농협법')은 동법에 따른 조합 또는 중앙회가 아니면 동일명칭이나 유사한 명칭을 사용할 수 없도록 하고 있으며, 만일 이를 위반하여 명칭을 사용한 자에 대해서는 200만원 이하의 과태료가 부과될 수 있다(농협법 제3조 제2항, 제174조 제1항).[40] 다만, 이 경우에도 조합 또는 중앙회가 출자하거나 출연한 법인, 그 밖에 중앙회가 필요하다고 인정하는 법인은 당해 법인 또는 중앙회의 정관으로 정하는 바에 따라 승인을 받은 경우에는 예외로 하고 있다(농협법 제3조 제2항 단서).[41] 이와 같이 신협도 농협법 등의 사례를 참고하여 중앙회의 자회사 또는 손자회사를 비롯한 기타 유관 법인에 관하여 '신협' 명칭을 사용할 수 있는 근거를 마련할 필요가 있다.[42]

---

40) 농협법 제3조(명칭) ② 이 법에 따라 설립된 조합과 중앙회가 아니면 제1항에 따른 명칭이나 이와 유사한 명칭을 사용하지 못한다. 다만, 다음 각 호의 어느 하나에 해당하는 법인이 조합 또는 중앙회의 정관으로 정하는 바에 따라 승인을 받은 경우에는 사용할 수 있다. 〈개정 2011. 3. 31.〉

1. 조합 또는 중앙회가 출자하거나 출연한 법인
2. 그 밖에 중앙회가 필요하다고 인정하는 법인

41) 신협이나 중앙회도 출자 또는 출연 법인이 있을 수 있고, 신협 또는 유사명칭을 사용할 수 있으므로 농협법과 같이 명칭 사용 제한의 예외를 두는 것이 타당할 것으로 판단된다.

42) 한편, 중앙회는 지역경제 활성화와 조합과 조합원에 대한 지원 및 지도, 사업 등의 수행에 필요한

(3) 명칭사용의 제한

조합의 명칭은 공동유대의 특성을 고려하여 정하여야 하고, 기존조합의 명칭과 중복되어서는 아니 된다(중앙회 '신용협동조합 인가업무지도지침' 제10조 제1항, 제2항). 중앙회장은 조합의 명칭이 공동유대의 특성이 고려되지 않았거나, 기존 조합의 명칭과 중복되는 경우 등에는 조합 명칭의 변경을 요구할 수 있다. 또한, 설립조합이 명칭을 사용하는 경우 인가 전까지는 조합 명칭 앞에 "가칭"을 붙여 사용하여야 한다(신용협동조합 인가업무지도지침 제10조 제3항). 이와 같이 명칭 사용을 제한하는 이유는 조합과 조합원의 권리를 보호하고, 조합이나 중앙회의 설립요건을 충족하지 못한 조직이 동일한 명칭을 사용하거나 유사한 기관을 설립함으로써 초래되는 폐해를 방지하기 위한 것이다.

(4) 유사 명칭의 판단 기준

명칭의 동일성 여부 또는 유사성 여부에 대하여는 객관적으로 보아 조합 또는 중앙회로 오인되는 정도로 판단할 수밖에 없다. 상표의 동일성과 유사성에 대하여 법원은 "상표는 언제나 반드시 그 구성부분 전체의 명칭이나 모양에 의하여 호칭, 관념되는 것이 아니라, 각 구성부분을 분리하여 관찰하면 자연스럽지 못할 정도로 불가분적으로 결합되어 있지 아니하는 한 그 구성부분 중 일부만에 의하여 간략하게 호칭될 수 있고 하나의 상표에서 두 개 이상의 칭호를 생각할 수 있는 경우에는 그 중 하나의 칭호가 타인의 상표와 동일 또는 유사하다고 인정될 때에는 두 상표는 유사하다"고 판시하고 있다.[43]

(5) 상표법 및 부정경쟁방지법

「상표법」 제108조[44]에 따라 상표권 및 전용사용권을 침해하는 경우 형사처

재원을 안정적으로 조달하기 위하여 신협의 명칭(영문 명칭 및 한글·영문 약칭 등 정관으로 정하는 문자 또는 표식을 포함한다)을 사용하는 법인(영리법인에 한정한다)에 대하여 명칭사용에 대한 대가인 명칭사용료를 부과할 수 있다. 이 경우에는 명칭사용료 부과 근거 및 관리·운영 근거 등을 마련할 필요가 있다.

43) 대법원 1994. 12. 2. 선고 94후1466 판결.

44) **상표법 제108조(침해로 보는 행위)** ① 다음 각 호의 어느 하나에 해당하는 행위는 상표권(지리적 표시 단체표장권은 제외한다) 또는 전용사용권을 침해한 것으로 본다.

벌을 받을 수 있고, 「부정경쟁방지 및 영업비밀 보호에 관한 법률」에 의하면, 국내에 널리 인식된 상표·상호 등의 표시와 동일하거나 유사한 것을 사용한 행위 등을 부정경쟁행위의 하나로 보고 있다. 한편, 「표시·광고공정화에 관한 법률」 제3조에 따르면 소비자로 하여금 잘못 알게 할 우려가 있는 표시·광고 행위로서 공정한 거래질서를 저해할 우려가 있는 행위를 금지하고 있다.

2. 명칭의 변경

조합의 명칭은 정관의 절대적 기재사항이고 등기사항이므로, 명칭을 변경하는 경우에는 정관변경 절차에 따라 총회의 결의와 중앙회장의 승인을 얻어야 한다. 다만, 직장을 공동유대로 하는 조합(이하 "직장조합"이라 한다)의 경우 당해 직장의 상호가 변경된 때에는 등기부에 기재된 조합의 명칭은 변경된 것으로 본다(법 시행령 제7조 제1항). 또한, 행정구역 또는 지명이 변경되거나 단체조합의 단체명이 변경된 경우에는 등기부 및 정관에 기재된 '소재지 또는 공동유대에 관한 명칭'은 당연히 변경된 것으로 본다(표준정관 제5조 제2항).

이 경우 '조합의 소재지 또는 공동유대에 관한 명칭'은 총회와 중앙회장의 승인 없이 당연 변경된 것으로 보고, 조합은 지체없이 등기소에 명칭변경을 통지하고 등기부의 기재를 변경하여야 한다. 다만, 여기에서 당연히 변경되는 것은 '소재지 및 공동유대에 관한 명칭'이므로 '조합명'이 변경되는 것은 아니므로 조합명을 새로운 지명으로 변경하기 위해서는 명칭변경에 따른 정관변경 절차를 이행하여야 한다.

3. 등록서비스표의 사용

신협의 상호와 직접 관련된 것은 아니지만 상표법상 은행의 서비스표 등록이 문제된 사례가 있다. 상표법 제6조 제1항 제7호에 의하면, 수요자가 누구의

1. 타인의 등록상표와 동일한 상표를 그 지정상품과 유사한 상품에 사용하거나 타인의 등록상표와 유사한 상표를 그 기정상품과 동일·유사한 상품에 사용하는 행위
2. 타인의 등록상표와 동일·유사한 상표를 그 기정상품과 동일·유사한 상품에 사용하거나 사용하게 할 목적으로 교부·판매·위조·모조 또는 소지하는 행위

업무에 관련된 서비스업을 표시하는 것인가를 식별할 수 없는 서비스표는 서비스표등록을 받을 수 없도록 규정하고 있다. 이는 공익상 어느 한 사람에게 서비스표를 독점시키는 것이 적절하지 아니한 경우 등 특별현저성이 없는 서비스표는 등록을 허용하지 않겠다는 취지이다. 법원은 "식별력이 없는 '우리'와 '은행'이 결합된 등록서비스표는 그 결합으로 새로운 관념을 도출하거나 새로운 식별력을 형성하는 것도 아니므로, 상표법 제6조 제1항 제7호의 '수요자가 누구의 업무에 관련된 서비스업을 표시하는 것인가를 식별할 수 없는 서비스표'에 해당한다고 판단한바 있다.[45]

Ⅲ. 관련 판례

대법원 1988. 11. 22. 선고 87다카734 판결 [손해배상]

"신용협동조합이 신용협동조합법에 의한 재무부장관의 인가를 받지 못하고 그 설립등기를 못한 채 법인격이 없는 상태에서 신협의 업무를 취급하였다 하더라도 장차 그 인가와 등기를 경유할 대비단계에서 신협이란 명칭을 사용하여 업무를 개시한 것이라면 위 조합은 고객에 대한 관계에서 신용협동조합법이 규정한 업무에 관한 기본적인 운용방침을 지켜야 할 의무가 있다"

대법원 1994. 12. 2. 선고 94후1466 판결 [거절사정]

"상표는 언제나 반드시 그 구성부분 전체의 명칭이나 모양에 의하여 호칭, 관념되는 것이 아니라, 각 구성부분을 분리하여 관찰하면 자연스럽지 못할 정도로 불가분적으로 결합되어 있지 아니하는 한 그 구성부분 중 일부만에 의하여 간략하게 호칭될 수도 있고 하나의 상표에서 두 개 이상의 칭호를 생각할 수 있는 경우에는 그중 하나의 칭호가 타인의 상표와 동일 또는 유사하다고 인정될 때에는 두 상표는 유사하다."

45) 대법원 2009. 5. 28. 선고 2007후3301 판결 등 참조.

Ⅳ. 관련 법령

법률	조문
은행법	제14조(유사상호 사용 금지) 한국은행과 은행이 아닌 자는 그 상호 중에 은행이라는 문자를 사용하거나 그 업무를 표시할 때 은행업 또는 은행업무라는 문자를 사용할 수 없으며, 은행·은행업 또는 은행업무와 같은 의미를 가지는 외국어 문자로서 대통령령으로 정하는 문자를 사용할 수 없다.
상호저축 은행법	제9조(명칭의 사용 등) ① 상호저축은행은 그 명칭 중에 "상호저축은행" 또는 "저축은행"이라는 명칭을 사용하여야 한다. ② 이 법에 따른 상호저축은행이 아닌 자는 상호저축은행, 저축은행, 상호신용금고, 무진회사(無盡會社), 서민금고 또는 이와 비슷한 명칭을 사용하지 못한다.
새마을 금고법	제2조(정의와 명칭) ④ 금고나 중앙회는 그 명칭 중 "새마을금고" 또는 "새마을금고중앙회"라는 문자를 사용하여야 한다. 〈개정 2011. 3. 8.〉 ⑤ 금고나 중앙회가 아니면 제4항에 따른 명칭이나 이와 유사한 명칭을 사용할 수 없다.
농업 협동조합법	제3조(명칭) ① 지역조합은 지역명을 붙이거나 지역의 특성을 나타내는 농업협동조합 또는 축산업협동조합의 명칭을, 품목조합은 지역명과 품목명 또는 업종명을 붙인 협동조합의 명칭을, 중앙회는 농업협동조합중앙회의 명칭을 각각 사용하여야 한다. ② 이 법에 따라 설립된 조합과 중앙회가 아니면 제1항에 따른 명칭이나 이와 유사한 명칭을 사용하지 못한다. 다만, 다음 각 호의 어느 하나에 해당하는 법인이 조합 또는 중앙회의 정관으로 정하는 바에 따라 승인을 받은 경우에는 사용할 수 있다. 〈개정 2011. 3. 31.〉 1. 조합 또는 중앙회가 출자하거나 출연한 법인 2. 그 밖에 중앙회가 필요하다고 인정하는 법인 제159조의2(농업지원사업비) ① 중앙회는 산지유통 활성화 등 회원과 조합원에 대한 지원 및 지도 사업의 수행에 필요한 재원을 안정적으로 조달하기 위하여 농업협동조합의 명칭(영문 명칭 및 한글·영문 약칭 등 정관으로 정하는 문자 또는 표식을 포함한다)을 사용하는 법인(영리법인에 한정한다)에 대하여 영업수익 또는 매출액의 1천분의 25 범위에서 총회에서 정하는 부과율로 명칭사용에 대한 대가인 농업지원사업비를 부과할 수 있다. 다만, 조합만이 출자한 법인 또는 조합공동사업법인에 대하여는 부과하지 아니한다. 〈개정 2016. 12. 27.〉 ② 제1항에 따른 농업지원사업비는 다른 수입과 구분하여 관리하여야 하며, 그 수입과 지출 내역은 총회의 승인을 받아야 한다. 〈개정 2016. 12. 27.〉 [본조신설 2011. 3. 31.] [제목개정 2016. 12. 27.]
	제3조(명칭) ① 조합 및 중앙회는 다음 각 호의 기준에 따라 명칭을 사용하여야 한다. 〈개정 2017. 11. 28.〉

수산업 협동조합법	1. 지구별 수산업협동조합은 지구명을 붙인 수산업협동조합의 명칭을 사용할 것 2. 업종별 수산업협동조합은 업종명(양식방법을 포함한다) 또는 품종명을 붙인 수산업협동조합의 명칭을 사용할 것. 이 경우 주된 사무소의 소재지가 속한 지방자치단체의 명칭을 함께 사용할 수 있다. 3. 수산물가공 수산업협동조합은 수산물가공업명을 붙인 수산업협동조합의 명칭을 사용할 것 4. 중앙회는 수산업협동조합중앙회의 명칭을 사용할 것 ② 이 법에 따라 설립된 조합과 중앙회가 아니면 제1항에 따른 명칭 또는 이와 유사한 명칭을 사용하지 못한다. 다만, 다음 각 호의 어느 하나에 해당하는 법인이 조합 또는 중앙회의 정관으로 정하는 바에 따라 승인을 받은 경우에는 제1항에 따른 명칭 또는 이와 유사한 명칭을 사용할 수 있다. 〈개정 2016. 5. 29.〉 1. 조합 또는 중앙회가 출자하거나 출연한 법인 2. 그 밖에 중앙회가 필요하다고 인정하는 법인 **제162조의2(명칭사용료)** ① 중앙회는 수산물 판매·유통 활성화와 회원과 조합원에 대한 교육·지원 사업 등의 수행에 필요한 재원을 안정적으로 조달하기 위하여 수산업협동조합의 명칭(영문 명칭 및 한글·영문 약칭 등 정관으로 정하는 문자 또는 표식을 포함한다)을 사용하는 법인(영리법인에 한정한다)에 대하여 영업수익 또는 매출액의 1천분의 25 범위에서 정관으로 정하는 기준에 따라 총회에서 정하는 부과율을 곱하여 산정하는 금액을 명칭사용료로 부과할 수 있다. 다만, 조합만이 출자한 법인 및 정관으로 정하는 법인에 대해서는 명칭사용료를 부과하지 아니한다. ② 제1항에 따른 명칭사용료는 다른 수입과 구분하여 관리하여야 하며, 그 수입과 지출은 총회의 승인을 받아야 한다. [본조신설 2016. 5. 29.]
산림조합법	**제3조(명칭)** ① 지역조합은 지역명을 붙인 산림조합의 명칭을, 전문조합은 그 지역명과 품목명 또는 업종명을 붙인 산림조합의 명칭을, 중앙회는 산림조합중앙회의 명칭을 각각 사용하여야 한다. ② 이 법에 따라 설립된 조합과 중앙회가 아니면 산림조합·산림조합중앙회 또는 이와 유사한 명칭을 사용하지 못한다. 다만, 다음 각 호의 어느 하나에 해당하는 법인이 조합 또는 중앙회의 정관으로 정하는 바에 따라 승인을 받은 경우에는 이를 사용할 수 있다. 〈개정 2020. 3. 24.〉 1. 조합 또는 중앙회가 출자하거나 출연한 법인 2. 그 밖에 중앙회가 필요하다고 인정하는 법인 **제114조의2(명칭사용료)** ① 중앙회는 임산물 판매·유통 활성화와 회원과 조합원에 대한 교육·지원 사업 등의 수행에 필요한 재원을 안정적으로 조달하기 위하여 산림조합의 명칭(영문 명칭 및 한글·영문 약칭 등 정관으로 정하는 문자 또는 표식을 포함한다)을 사용하는 법인(영리법인에 한정한다)에 대하여 영업수익 또는 매출액의 1천분의 25의 범위에서 정관으로 정하는 기준에 따라 총회에서 정하는 부과율을 곱하여 산정하는 금액을 명칭사용료로 부과할 수 있다. 다만, 조합만이 출자한 법인 및 정관으로 정하는 법인에 대해서는 명칭사용료를 부과하지 아니한다. ② 제1항에 따른 명칭사용료는 다른 수입과 구분하여 관리하여야 하며, 그

	수입과 지출은 총회의 승인을 받아야 한다. [본조신설 2020. 3. 24.]
협동조합 기본법	**제3조(명칭)** ① 협동조합은 협동조합이라는 문자를, 협동조합연합회는 협동조합연합회라는 문자를, 사회적협동조합은 사회적협동조합이라는 문자를, 사회적협동조합연합회는 사회적협동조합연합회라는 문자를, 이종협동조합연합회는 이종협동조합연합회라는 문자를 각각 명칭에 사용하여야 한다. 〈개정 2020. 3. 31.〉 ② 이 법에 따라 설립되는 협동조합·사회적협동조합(이하 "협동조합등"이라 한다)과 이 법에 따라 설립되는 협동조합연합회·사회적협동조합연합회·이종협동조합연합회(이하 "협동조합연합회등"이라 한다)는 대통령령으로 정하는 바에 따라 다른 협동조합등 및 협동조합연합회등의 명칭과 중복되거나 혼동되는 명칭을 사용해서는 아니 된다. 〈개정 2020. 3. 31.〉 ③ 이 법에 따라 설립된 협동조합등 및 협동조합연합회등이 아니면 제1항에 따른 문자 또는 이와 유사한 문자를 명칭에 사용할 수 없다. 〈개정 2014. 1. 21., 2020. 3. 31.〉 ④ 협동조합연합회등은 그 명칭에 국가나 특별시·광역시·특별자치시·도 또는 특별자치도(이하 "시·도"라 한다)의 명칭을 사용하여 국가나 시·도의 대표성이 있는 것으로 일반인의 오해나 혼동을 일으켜서는 아니 된다. 다만, 출자금, 회원 등 대통령령으로 정하는 요건을 충족하는 경우에는 기획재정부장관의 인가를 받아 국가나 시·도의 명칭을 사용할 수 있다. 〈신설 2014. 1. 21., 2016. 3. 2., 2020. 3. 31.〉 ⑤ 기획재정부장관은 협동조합연합회등이 그 명칭에 제4항에 따른 국가나 시·도의 명칭을 사용함으로써 국가나 지역에 대한 대표성 등에 일반인의 오해나 혼동을 일으킬 우려가 있는 경우에는 대통령령으로 정하는 바에 따라 협동조합연합회등에 그 명칭의 사용을 금지하거나 수정을 명할 수 있다.

제4조(등기)

제4조(등기) ① 조합과 중앙회는 주된 사무소의 소재지에서 설립등기를 함으로써 성립한다.
② 등기소는 "신용협동조합등기부"를 따로 갖추어 두어야 한다.
③ 이 법에 규정된 것 외에 조합과 중앙회의 등기에 필요한 사항은 대통령령으로 정한다.
[전문개정 2015. 1. 20.]

Ⅰ. 조문의 취지와 의의

법 제4조는 조합과 중앙회의 등기에 관한 사항을 규정하고 있다. 등기사항의 구체적인 사항에서 대해서는 법 시행령에서 세부적으로 규율하고 있다. 법 시행령에서는 설립등기(제2조), 지사무소 설치등기(제3조), 변경등기(제4조), 합병 및 분할 등기(제5조), 해산 및 청산종결등기(제6조), 상호의 변경과 등기(제7조), 대리인의 선임 등기(제7조의2), 등기기간의 계산(제8조), 등기의 신청인(제9조) 등을 규정하고 있다. 참고로 새마을금고법, 농협법, 「수산업협동조합법」(이하 '수협법'), 「산림조합법」(이하 '산림조합법') 등에서는 등기에 관한 사항을 '시행령'이 아닌 '법'에서 규율하고 있다.

Ⅱ. 조문의 내용 및 해설

1. 등기에 관한 일반사항

신협과 중앙회는 각각 신협법에 의해 설립되는 법인으로서, 신협의 등기절차에 관하여는 신협법이 적용된다. 신협에 관한 등기는 상업등기 이외의 등기로서 법인등기에 속하며, 법인등기 중 특수법인등기에 해당한다. 조합과 중앙회는 주된 사무소의 소재지에서 설립등기를 함으로써 성립하는데, 설립등기는 대내외적으로 신협 및 중앙회의 설립 사실을 공시함으로써 조합과 중앙회가 법인격을 취득하게 되는 단계다.

등기는 등기공무원이 관계인의 신청에 의하여 등기부라고 하는 법정의 공부에 일정한 사항을 기재하는 것이나 또는 기재 그 자체를 말한다. 등기는 거래관계에 있는 제3자에 대하여 그 권리내용을 명백히 알도록 하여 뜻하지 않은 손해를 입지 않도록 하는 제도로서 거래안전 보호에 중요한 기능을 한다. 법인등기에는 등기를 성립요건으로 하는 경우와 대항요건으로 하는 경우로 구분할 수 있다. 조합의 경우 설립등기, 합병등기, 분할등기는 등기가 효력발생요건이고, 그 외의 변경등기 등은 대항요건이다.

2. 등기의 종류

(1) 설립등기

조합과 중앙회는 주된 사무소의 소재지에 설립등기를 해야 성립한다(법 제4조 제1항). 조합은 설립인가서가 도달한 날부터 3주일 이내에 목적(1호), 명칭(2호), 사무소의 소재지(3호), 설립인가 연월일(제4호), 해산사유를 정한 때에는 그 사유(제5호), 출자 1좌의 금액과 납입방법(제6호), 이사장의 성명·주민등록번호 및 주소(제7호), 이사장을 제외한 임원의 성명·주민번호(제8호), 공고의 방법(제9호), 이사의 대표권을 제한한 때에는 그 내용(제10호)의 사항을 반드시 등기하여야 한다(법 시행령 제2조 제1항). 설립등기를 신청할 때에는 설립인가서의 사본, 정관의 사본, 임원으로 선임되었음을 증명하는 서류 및 임원취임승낙서의 사본을 첨부하여야 한다(법 시행령 제2조 제2항).

(2) 지사무소등의 설치등기

조합 또는 중앙회는 지사무소 또는 지부(이하 "지사무소등"이라 한다)를 설치한 때에는 설치 후 2주일 이내에 주된 사무소의 소재지에서 설치된 지사무소등의 명칭, 소재지 및 설치연월일을 등기하여야 한다(법 시행령 제3조).[46]

46) 종전에는 주된 사무소의 소재지와 지사무소등의 소재지를 구분하여 등기하도록 규정하고 있었으나, 신협법 시행령의 개정(2024. 12. 27. 시행, 대통령령 제35089호, 2024, 12, 24. 타법 개정)으로 주된 사무소의 소재지에서 지사무소등 설치 후 2주일 이내에 등기하도록 변경되었다.

(3) 지배인 등기

신협의 간부직원은 법 제30조 제5항에 의하여 상법 제11조 제1항에 따른 상법상 지배인 자격이 인정된다. 신협의 간부직원을 지배인으로 등기하고자 하는 경우에는 상업등기법에 따라 법인등기부에 등재하며, 조합의 대표자인 이사장 명의로 1) 지배인의 성명, 주민등록번호, 주소, 2) 지배인을 둔 장소, 3) 2명 이상의 지배인이 공동으로 대리권을 행사할 경우에는 그에 관한 사항을 신청하여야 한다(상업등기법 제23조, 제50조, 제51조).[47]

(4) 합병 및 분할 등기

조합이 법 제55조에 따라 합병 또는 분할한 경우에는 합병 또는 분할 후 2주일 이내에 주된 사무소의 소재지에서 합병 또는 분할 후 존속하는 조합의 변경등기, 합병으로 인해 소멸하는 조합의 해산등기 또는 합병 또는 분할로 인해 설립되는 조합의 설립등기를 각각 해야 한다(법 시행령 제5조).[48]

(5) 해산 및 청산 등기

조합은 해산한 경우에는 해산사유가 있는 날부터 2주일 이내에 주된 사무소의 소재지에서 해산등기를 해야 한다(법 시행령 제6조 제1항). 해산등기를 하는 때에는 등기신청서에 해산사유를 증명하는 서류, 이사장이 청산인이 아닌 경우에는 등기신청인의 자격을 증명하는 서류 등을 첨부한다(법 시행령 제6조 제2항). 청산인은 법 제59조 제4항에 따라 조합의 청산이 종결된 경우에는 결산보고서에 대한 총회의 승인을 받은 날부터 2주일 이내에 주된 사무소의 소재지에서 청산종결의 등기를 하여야 한다(법 시행령 제6조 제3항).[49]

---

47) 전무 또는 상무에 대해 상법상 지배인에 관한 규정을 준용하고 있지만 그 자는 전무 또는 상무이므로 그 명칭대로 등기하며, 등기부상으로 전무 또는 상무인지를 구분하기 위해서는 간부직원 보다는 이 명칭으로 등기하여야 한다는 견해가 있다(김가나, 특수법인의 몇 가지 등기사항 분석 및 법령규정방식의 문제점, 2018년도 제2회 등기법포럼, 2018, 79면).

48) 종전에는 주된 사무소의 소재지와 지사무소등의 소재지를 구분하여 등기하도록 규정하고 있었으나, 신협법 시행령의 개정(2024. 12. 27. 시행, 대통령령 제35089호, 2024, 12, 24. 타법 개정)으로 주된 사무소의 소재지에서 합병 또는 분할 후 2주일 이내에 등기하도록 변경되었다.

49) 종전에는 주된 사무소의 소재지와 지사무소등의 소재지를 구분하여 등기하도록 규정하고 있었으나,

3. 등기부의 비치

법 제4조 제2항은 등기소는 조합과 거래하는 제3자 보호를 위하여 신협등기부를 따로 비치하고 일정한 사항을 등기하도록 하고 있다. 이는 조합과 거래를 하고자 하는 자가 이 등기를 통하여 조합에 관하여 필요한 사항을 쉽게 알 수 있도록 하는 것이다.

4. 등기사항의 변경

조합 또는 중앙회는 주된 사무소를 이전한 경우에는 이전 후 2주일 이내에 종전 소재지 또는 새 소재지에서 새 소재지와 이전 연월일을 등기해야 한다(법 시행령 제4조 제1항). 조합 또는 중앙회는 지사무소등을 이전한 경우에는 이전 후 2주일 이내에 주된 사무소의 소재지에서 새 소재지와 이전 연월일을 등기해야 한다(법 시행령 제4조 제2항). 조합 또는 중앙회는 법 제2조 제1항 각 호 또는 제3조의 등기사항이 변경된 경우(제1항 또는 제2항에 따른 이전등기에 해당하는 경우는 제외한다)에는 변경 후 2주일 이내에 주된 사무소의 소재지에서 변경된 내용을 증명하는 서류를 첨부하여 변경사항을 등기해야 한다(법 시행령 제4조 제4항).

5. 등기에 관한 기간의 계산

법 시행령에서 정한 등기사항으로서 금융위원회 또는 중앙회장의 인가를 받거나 승인을 얻어야 하는 사항이 있는 경우에는 그 인가서 또는 승인서가 신청인에게 도달된 날부터 등기의 기간을 기산한다(법 시행령 제8조). 즉, 등기에 관한 기간의 계산은 민법의 기간계산의 원칙 중에 도달주의를 채택하고 있다.

신협법 시행령의 개정(2024. 12. 27. 시행, 대통령령 제35089호, 2024, 12, 24. 타법 개정)으로 주된 사무소의 소재지에서 해산사유가 있는 날부터 2주일 이내에 해산등기를 하도록 변경되었고, 결산보고서에 대한 총회의 승인을 받은 날부터 2주일 이내에 청산종결등기를 하도록 변경되었다.

Ⅲ. 관련 판례

대법원 2005. 6. 9. 선고 2005다2554 판결 [대여금]

"'이사회는 재적이사 과반수의 출석으로 개최하고 출석이사 과반수의 찬성으로 의결한다.'는 신용협동조합의 정관 규정은 의사정족수 및 의결정족수에 관한 일반 규정이어서 이른바 서면결의 방식에 의한 이사회결의를 금하는 규정이라고 단정하기 어렵고, 만일 위 규정을 선면결의를 금하는 규정으로 본다고 하더라도 민법 제60조에 의하여 대표권의 제한은 등기를 하지 아니한 이상 제3자에 대항할 수 없으므로 위 정관 규정만으로 서면결의 방식에 의한 이사회결의가 무효라고 할 수 없다."

Ⅳ. 관련 법령

법률	조문
새마을 금고법	**제7조(설립)** ① 금고는 50명 이상의 발기인이 중앙회장(이하 "회장"이라 한다)이 정하는 정관례에 따라 정관을 작성하여 창립총회의 의결을 거친 뒤에 회장을 거쳐 특별자치시장·특별자치도지사 또는 시장·군수·구청장(구청장은 자치구의 구청장을 말한다. 이하 같다)의 인가를 받아 그 주된 사무소의 소재지에서 설립등기를 함으로써 성립한다. **제45조(설립등기)** ① 제7조 제1항에 따라 설립인가를 받은 경우에는 그 설립인가서가 도달한 날부터 3주간 내에 다음 각 호의 사항을 등기하여야 한다. 1. 목적 2. 명칭 3. 업무구역 4. 사무소의 소재지 5. 설립인가 연월일 6. 출자 1좌의 금액 7. 존립 시기나 해산 사유를 정할 때에는 그 시기나 사유 8. 임원의 성명과 주소 9. 공고 방법 ② 제1항에 따른 등기를 신청할 때에는 설립인가서, 창립총회 의사록 및 정관의 등본을 첨부하여야 한다. 제46조(분사무소의 설치 등기) 금고가 분사무소를 설치한 경우에는 주된 사무소 소재지에서 3주일 내에 그 분사무소 소재지와 설치 연월일을 등기하여야 한다. [전문개정 2024. 9. 20.] **제47조(변경등기)** ① 제19조 제3항 단서의 경우와 제45조 제1항 및 제46조에 따른 등기 사항이 변경된 경우에는 3주간 내에 변경된 내용을 증명하는 서

	류를 첨부하여 변경등기를 하여야 한다. ② 금고가 주된 사무소를 이전한 경우에는 종전 소재지 또는 새 소재지에서 3주일 내에 새 소재지와 이전 연월일을 등기하여야 한다. 〈개정 2024. 9. 20.〉 ③ 금고가 분사무소를 이전한 경우에는 주된 사무소 소재지에서 3주일 내에 새 소재지와 이전 연월일을 등기하여야 한다. 〈신설 2024. 9. 20.〉 제48조(행정구역의 지명 변경과 등기) ① 행정구역의 지명이 바뀐 경우에는 등기부와 정관에 적힌 해당 금고의 사무소 소재지와 업무구역에 관한 지명은 당연히 변경된 것으로 본다. ② 제1항에 따른 변경 사항이 있는 경우에는 금고는 지체 없이 이를 등기소에 알려야 한다. ③ 제2항에 따른 통지를 받으면 등기소는 등기부의 기재를 변경하여야 한다. **제49조(합병등기)** 금고가 합병한 경우에는 3주일 내에 주된 사무소의 소재지에서 합병으로 인하여 존속하는 금고는 변경등기를, 합병으로 인하여 소멸하는 금고는 해산등기를, 합병으로 인하여 설립되는 금고는 제45조 제1항에 따른 설립등기를 하여야 한다. 〈개정 2024. 9. 20.〉 **제50조(해산등기와 청산종결등기)** ① 금고가 해산한 경우에는 합병과 파산의 경우 외에는 청산인은 그 취임일부터 3주일 내에 주된 사무소의 소재지에서 다음 각 호의 사항을 등기하여야 한다. 〈개정 2024. 9. 20.〉 1. 해산의 사유와 해산 연월일 2. 청산인의 성명ㆍ주소 3. 청산인의 대표권을 제한한 경우에는 그 제한에 관한 사항 ② 청산이 종결된 경우에는 청산인은 주된 사무소의 소재지에서 2주일 내에 청산종결등기를 하여야 한다. 〈개정 2024. 9. 20.〉
농업 협동조합법	**제18조(지역농협의 성립)** ① 지역농협은 주된 사무소의 소재지에서 제90조에 따른 설립등기를 함으로써 성립한다. ② 지역농협의 설립 무효에 관하여는 「상법」 제328조를 준용한다. **제90조(설립등기)** ① 지역농협은 출자금의 납입이 끝난 날부터 2주일 이내에 주된 사무소의 소재지에서 설립등기를 하여야 한다. ② 설립등기신청서에는 다음 각 호의 사항을 적어야 한다. 1. 제16조 제1호부터 제4호까지 및 제16호부터 제18호까지의 사항 2. 출자 총좌수와 납입한 출자금의 총액 3. 설립인가 연월일 4. 임원의 성명ㆍ주민등록번호 및 주소 ③ 설립등기를 할 때에는 조합장이 신청인이 된다. ④ 제2항의 설립등기신청서에는 설립인가서, 창립총회의사록 및 정관의 사본을 첨부하여야 한다. ⑤ 합병이나 분할로 인한 지역농협의 설립등기신청서에는 다음 각 호의 서류를 모두 첨부하여야 한다. 1. 제4항에 따른 서류 2. 제80조에 따라 공고하거나 최고한 사실을 증명하는 서류 3. 제80조에 따라 이의를 진술한 채권자에게 변제나 담보를 제공한 사실을 증명하는 서류

수산업 협동조합법	**제19조(지구별수협의 성립)** ① 지구별수협은 주된 사무소의 소재지에서 제92조에 따른 설립등기를 함으로써 성립한다. ② 지구별수협의 설립무효에 관하여는 「상법」 제328조를 준용한다. 이 경우 "주주"는 "조합원"으로 본다. **제92조(설립등기)** ① 지구별수협은 출자금의 납입이 완료된 날부터 2주 이내에 주된 사무소의 소재지에서 설립등기를 하여야 한다. ② 설립등기신청서에는 다음 각 호의 사항을 적어야 한다. 〈개정 2020. 3. 24.〉 1. 제17조 제1호부터 제4호까지 및 제16호부터 제18호까지에 규정된 사항 2. 총 출자계좌 수와 납입출자금의 총액, 출자 1계좌의 금액과 그 납입 방법 3. 설립인가 연월일 4. 임원의 성명 · 주민등록번호 및 주소 ③ 조합장이 설립등기의 신청인이 된다. ④ 제2항의 설립등기신청서에는 설립인가서, 창립총회의사록 및 정관의 사본을 첨부하여야 한다. ⑤ 합병 또는 분할로 인한 지구별수협의 설립등기신청서에는 다음 각 호의 서류를 첨부하여야 한다. 〈개정 2023. 10. 24.〉 1. 제4항에 따른 서류 2. 제82조에 따라 공고하거나 독촉한 사실을 증명하는 서류 3. 이의를 제기한 채권자에게 변제나 담보를 제공한 사실을 증명하는 서류
산림조합법	**제17조(조합의 성립)** ① 조합은 주된 사무소의 소재지에서 제75조에 따른 설립등기를 함으로써 성립한다. ② 조합의 설립무효에 관하여는 「상법」 제328조를 준용한다. **제75조(설립등기)** ① 조합은 출자금의 납입이 완료된 날부터 2주 이내에 주된 사무소의 소재지에서 설립등기를 하여야 한다. ② 설립등기 신청서에는 다음 각 호의 사항을 적어야 한다. 〈개정 2020. 3. 24.〉 1. 제15조 제1항 제1호 · 제2호 및 제14호부터 제16호까지의 사항 2. 총 출자계좌 수와 납입한 출자금의 총액 3. 설립인가 연월일 4. 임원의 성명 · 주민등록번호 및 주소 ③ 설립등기를 할 때에는 조합장이 신청인이 된다. ④ 제2항의 설립등기 신청서에는 설립인가서, 창립총회 의사록 및 정관의 사본을 첨부하여야 한다. ⑤ 합병 또는 분할로 인한 조합의 설립등기 신청서에는 제4항에 따른 서류 외에 제65조에 따른 공고 또는 최고를 한 사실과 이의를 진술한 채권자에게 변제나 담보를 제공한 사실을 각각 증명하는 서류를 첨부하여야 한다.

제5조(다른 협동조합과의 협력)

제5조(다른 협동조합과의 협력) ① 중앙회는 조합의 발전을 위하여 다른 법률에 따른 협동조합 간의 상호협력, 이익증진, 공동사업개발 등을 위하여 노력하여야 한다.
② 중앙회는 제1항의 목적을 달성하기 위하여 필요하면 다른 법률에 따른 협동조합과 협의회를 구성·운영할 수 있다.
[전문개정 2015. 1. 20.]

Ⅰ. 조문의 취지와 의의

법 제5조는 다른 협동조합과의 협력에 대하여 규율하고 있으며, 다른 법률에 따른 협동조합 간의 상호협력, 이익증진, 공동사업 개발 등을 위한 중앙회의 노력의무를 규율하고(제1항), 중앙회가 다른 법률에 따른 협동조합과 협의회를 구성·운영할 수 있는 근거를 명시하고 있다(제2항). 이는 ICA의 협동조합 제7원칙 중 여섯 번째 원칙인 '협동조합 사이의 협동'을 반영한 것이다.

Ⅱ. 조문의 내용 및 해설

1. ICA 협동조합 제7원칙

ICA는 1995년 영국 맨체스터에서 열린 ICA 창립 100주년 기념 총회에서 "협동조합 정체성 선언문(Statement on the Co-operative Identity)"을 채택하였는데, 이 선언문에 포함된 협동조합 원칙은 지속 가능한 협동조합의 성공적 운영에 필수적인 원칙으로 구성되어 있다.[50] 이 선언문은 협동조합의 정체성을 명확하게 규정함으로써 2001년 국제연합(UN) 총회의 "사회개발과 협동조합에 관한 결의안 56-114호(Cooperatives in Social Development, Resolution No 56/114)"[51]과 ILO의 2002년 "협동조합 활성화를 위한 권고문 193호(Promotion

50) 박지순·장종익·이병준, "협동조합 기본법 후속조치를 위한 기초 조사·연구", 연구용역보고서, 고려대학교 산학협력단, 2012, 5면.

51) Cooperatives in Social Development, Resolution No 56/114 adopted by the United Nations

of Cooperatives Recommendation)"의 토대가 되어 각국이 협동조합 관련 법제를 개정할 때 널리 활용되고 있다.[52][53]

협동조합 정체성 선언문의 채택으로 '협동조합'이라는 조직은 "국제적으로 합의된 가치에 관한 윤리 강령"에 따라 민주적 방식으로 합의한 원칙에 기반하여 운영되는 기업 유형으로 자리 잡게 되었다.[54] 협동조합의 7가지 원칙이 국제적인 규범력을 가진 원칙으로 자리잡은 것이다.[55] 우리나라의 협동조합기본법에도 ICA의 협동조합 원칙은 다양한 방식으로 수용되었다. 이와 같은 협동조합 원칙은 다른 결사체와 구분되는 협동조합만의 정체성과 고유성을 드러낸다. 헌법재판소도 협동조합 원칙이 "다른 결사와 구별되는 고유의 조직적 특징"임을 설시한 바 있다.[56] 즉, 우리나라에서도 협동조합의 원칙은 이미 협동조합의 입법사항을 규율하는 지침으로 기능하고 있으며, 협동조합을 만들고자 하는 이들에게는 협동조합 운영의 지침으로서, 입법자에게는 협동조합 법제의 입법지침이 된다.[57]

2. 협동조합간 협동 원칙의 반영

협동조합기본법과 개별 협동조합법은 ICA가 선언한 협동조합 원칙을 상당부분 수용하고 있다. 법 제5조는 ICA의 여섯 번째 원칙인 "협동조합 사이의 협동(Cooperation among Cooperatives)"을 반영한 것이다. 법 제5조는 중앙회의 협동조합간 협동을 위한 노력의무를 명시하면서, 중앙회는 조합의 발전을 위하여 다른 법률에 따른 협동조합 간의 상호협력, 이익증진, 공동사업개발 등을 위하여 노력하여야 한다고 규정한다(제1항). 아울러, 다른 법률에 따른 협동조합과 협의회를 구성·운영할 수 있는 근거도 마련되어 있다(제2항).

General Assembly at its 57th Session, 19 December 2001. https://undocs.org/en/A/RES/56/114 (2025. 4. 1. 최종확인)

52) 국제협동조합연맹(ICA), ICA 협동조합 원칙 안내서, 한국협동조합협의회, 2017, 24면.
53) 박광동·김형미·Hirota Yasuyuki·강봉준·신창섭·홍고우니·홍성민, "주요국의 협동조합 관련 법체계 연구", 한국법제연구원, 2019, 29면.
54) ICA, 앞의 책, 24-25면.
55) 김용진 외, 앞의 보고서, 265면.
56) 헌법재판소 1996. 4. 25. 선고 92헌바47 결정.
57) 김용진 외, 앞의 보고서, 265면.

소규모 회원들의 정체성을 존중하면서 부족한 자원을 활용하기 위하여 연합회를 구성하는 것 또한 ICA 제6원칙의 핵심이자 제6원칙이 의도하는 바다. 협동조합과 협동조합 사이의 협동은 하나의 협동조합이 가지지 못한 기능을 다른 협동조합의 사업으로 보완할 수 있는 상황에서 효과적으로 이루어질 수 있다. 일례로, 생산자협동조합은 금융서비스 이용을 위하여 신협과 협력할 수 있다. 세계적으로 가장 성공한 협동조합 가운데 하나인 스페인 몬드라곤 협동조합의 경우에도 노동인민금고(Caja Laboral)라는 신협의 결정적인 역할을 수행한 것으로 알려져 있다.

한편, 신협법은 협동조합 간의 상호협력, 이익증진, 공동사업개발 등을 위한 중앙회의 노력의무가 명시되어 있는 반면에, 농협법이나 새마을금고법 등 다른 협동조합법제에 의하면, 중앙회뿐만 아니라 조합의 노력의무도 함께 규정하고 있다. 예를 들어, 새마을금고법에 의하면, 금고와 중앙회는 다른 법률에 따른 협동조합 및 외국의 협동조합과의 상호협력을 위하여 노력하여야 한다고 규정한다. ICA 협동조합 원칙의 적용은 중앙회뿐만 아니라 협동조합에게 일반적으로 적용되는 원칙이라는 점을 고려하면 신협법에도 단위 조합의 협동조합간 협력의무를 함께 명시하는 것이 바람직할 것으로 판단된다.

3. 상호금융정책협의회의 운영

정부는 신협과 새마을금고, 농업협동조합, 수산업협동조합 및 산림조합을 상호금융기관으로 분류하고 2013년 1월부터 정기적으로 상호금융정책협의회를 운영하고 있다.[58] 상호금융업감독규정 제2조는 '상호금융'이란 조합이 신용사업과 공제사업을 영위하는 것으로 정의하고 있다. 여기에서 조합은 신협, 제3조 제2항의 농업협동조합, 수산업협동조합 및 산림조합을 말한다.[59] 금융감독원은 '상호금융'에 대해 조합원 간의 금융지원을 목적으로 하는 조합금융이며 자금의 과부족을 내부에서 자체 해결함을 원칙으로 하는 자조 금융으로 정의하고

58) 이재연・이병윤・이시윤, 상호금융기관의 기능 재정립 방안, 한국금융연구원, 2012, 2면.

59) 다만, 상호금융업감독규정에 의한 '상호금융기관'에는 새마을금고법에 의해 설립된 새마을금고는 제외되어 있다.

있다.[60] 즉, 상호금융이란 조합원 1인 1표의 원칙에 따라 운영되는 협동조합이 신용사업과 공제사업을 통해 조합원들에게 금융 편의를 제공하는 것으로 볼 수 있다.

4. 이종협동조합연합회의 설립 근거 마련과 입법 과제

협동조합기본법은 2020년 3월 개정되어 이종협동조합연합회의 설립을 허용하였다. 이종협동조합연합회는 협동조합기본법에 따라 설립된 일반협동조합과 사회적협동조합, 개별법에 의해 설립된 협동조합 등 다양한 사업 분야를 포괄하는 협동조합이 연합회를 구성하는 것이다. 이종협동조합연합회에 가입할 수 있는 대상은 협동조합기본법에 의해 설립된 협동조합, 사회적 협동조합, 소비자생활협동조합법에 따라 설립된 조합, 신협법에 따라 설립된 신협이다.

협동조합기본법 개정안 원문에는 농협법에 따라 설립된 조합, 수협법에 따라 설립된 조합, 「중소기업협동조합법」(이하 '중소기업협동조합법')에 따라 설립된 협동조합과 사업협동조합, 새마을금고법에 따라 설립된 새마을금고, 산림조합법에 따라 설립된 조합이 모두 포함되어 있었다. 그러나 법안 개정 과정에서 이들이 모두 제외되고 소비자생활협동조합과 신협만이 이종협동조합연합회에 가입할 수 있도록 제한되었다. 협동조합기본법은 개별 협동조합법의 적용을 원칙적으로 제한하고 있으므로, 소비자생활협동조합과 신협도 협동조합기본법에 의해 설립된 협동조합 또는 사회적 협동조합과 이종협동조합연합회를 구성할 수 있게 된 것은 나름대로 진일보한 개정으로 평가된다.

그러나 개정 협동조합기본법은 개별법에 의해 설립된 협동조합들이 상당부분 제외되어 있다는 점에서 한계를 가지고 있고, 이종협동조합연합회에 가입하려면 출자 의무가 있으나, 신협의 경우에는 타법인 출자가 금지되어 있으므로 현재 신협은 이종협동조합연합회에 가입할 수 없다는 점에서 문제가 있다. 따라서 협동조합기본법을 추가 개정하여 개별 협동조합이 자율에 따라 이종협동조합연합회에 가입할 수 있도록 허용하고, 신협 등 타법인 출자가 제한되어 이

60) 금융감독원 금융소비자 정보 포털, "금융용어사전 '상호금융'", http://fine.fss.or.kr/main/fin_tip/dic/financedic.jsp (2025. 4. 1. 최종확인)

종협동조합연합회에 대한 실질적인 가입이 제한되는 규정도 개정되어야 할 것이다.

Ⅲ. 관련 법령

법률	조문
새마을 금고법	**제4조(다른 협동조합과의 협력)** 금고와 중앙회는 다른 법률에 따른 협동조합 및 외국의 협동조합과의 상호협력을 위하여 노력하여야 한다.
농업 협동조합법	**제10조(다른 협동조합 등과의 협력)** 조합등, 중앙회, 제161조의2에 따른 농협경제지주회사(이하 "농협경제지주회사"라 한다) 및 그 자회사는 다른 조합, 제112조의3에 따른 조합공동사업법인, 제138조에 따른 품목조합연합회, 다른 법률에 따른 협동조합 및 외국의 협동조합과의 상호협력, 이해증진 및 공동사업 개발 등을 위하여 노력하여야 한다. 〈개정 2016. 12. 27.〉
수산업 협동조합법	**제10조(다른 협동조합 등과의 협력)** 조합등과 중앙회는 조합등 간, 조합등과 중앙회 간 또는 다른 법률에 따른 협동조합 및 외국의 협동조합과의 상호협력·이해증진 및 공동사업 개발 등을 위하여 노력하여야 한다. 〈개정 2016. 5. 29.〉
산림조합법	**제10조(다른 조합 등과의 협력)** 조합등과 중앙회는 다른 조합, 제86조의3에 따른 조합공동사업법인, 다른 법률에 따른 협동조합 및 외국의 협동조합과의 상호협력, 이해증진 및 공동사업개발 등을 위하여 노력하여야 한다. [전문개정 2013. 4. 5.]
협동조합 기본법	**제8조(다른 협동조합 등과의 협력)** ① 협동조합등 및 협동조합연합회등은 다른 협동조합, 다른 법률에 따른 협동조합, 외국의 협동조합 및 관련 국제기구 등과의 상호 협력, 이해 증진 및 공동사업 개발 등을 위하여 노력하여야 한다. 〈개정 2020. 3. 31.〉 ② 협동조합등 및 협동조합연합회등은 제1항의 목적 달성을 위하여 필요한 경우에는 다른 협동조합, 다른 법률에 따른 협동조합 등과 협의회를 구성·운영할 수 있다.

제6조(다른 법률과의 관계)

제6조(다른 법률과의 관계) ① 조합과 중앙회의 공제사업에 관하여는 「보험업법」을 적용하지 아니한다.
② 조합 간의 합병 등에 관하여는 「금융산업의 구조개선에 관한 법률」 제5조 제9항을 적용한다.
③ 제78조 제1항 제5호 다목(내국환 업무로 한정한다) 및 라목에 따른 중앙회의 신용사업 부문은 「은행법」 제2조에 따른 은행 및 「한국은행법」 제11조에 따른 하나의 금융기관으로 본다.
④ 조합은 「한국자산관리공사 설립 등에 관한 법률」 제45조의2를 적용할 때에는 같은 조의 적용을 받는 자로 본다. 〈개정 2019. 11. 26.〉
[전문개정 2015. 1. 20.]

Ⅰ. 조문의 취지와 의의

법 제6조는 조합 및 중앙회 등의 사업 수행에 있어 다른 법률관계의 관계를 명확히 하기 위하여 관련 법의 적용을 배제하거나 특정 조항을 적용하도록 하는 규정을 두고 있다.

Ⅱ. 조문의 내용 및 해설

1. 공제사업의 보험업법 적용 배제

(1) 공제사업의 의의

조합은 조합원을 위한 공제사업을 할 수 있으며(법 제39조 제1항 제3호), 중앙회는 조합과 중앙회를 위한 공제사업을 할 수 있다(법 제78조 제1항 제6호). 여기에서 공제사업이란 공제상품의 취급과 관련하여 발생하는 공제의 인수(引受), 공제료 수수 및 공제금 지급 등을 영업으로 하는 것으로서 생명공제·손해공제·제3공제를 말한다.[61] 즉, 공제사업이란 사업운영의 주체별로 공제료를

61) 중앙회 공제규정 제3조 제2호.

받아 일정기간 내에 미리 약정한 공제사고의 발생에 대하여 공제금을 지급하는 사업으로 볼 수 있다. "공제상품"이란 위험보장을 목적으로 우연한 사건 발생에 관하여 금전 및 그 밖의 급여를 지급할 것을 약정하고 대가를 수수(授受)하는 계약으로서, 공제상품에는 생명공제상품, 손해공제상품, 제3공제상품 등이 있다.[62)]

(2) 공제사업의 보험업법 적용 배제

조합과 중앙회의 공제사업에 대해서는 「보험업법」(이하 '보험업법')이 적용되지 아니한다(법 제6조 제1항). 이와 같이 공제사업에 대하여 보험업법의 적용의 배제를 명시한 이유는 신협의 공제사업이 보험업법상 '보험업'으로 해석될 우려가 있기 때문이다. 보험업법상 보험업은 "보험상품의 취급과 관련하여 발생하는 보험의 인수, 보험료 수수 및 보험금 지급 등을 영업으로 하는 것으로서 생명보험업・손해보험업 및 제3보험업"으로 정의된다.[63)] 이는 공제사업의 정의와 유사할 뿐만 아니라 명칭만 '공제사업'에 해당할 뿐 그 실질상 보험업법상 보험업의 정의에 포함되는 것으로 해석될 수 있다.

법원도 보험업법상 보험사업의 범위는 그 사업의 명칭이나 법률적 구성형식에 구애됨이 없이 그의 실체 내지 경제적 성질에 즉응하여 해석해야 한다는 입장이다. 법원은 "보험업법상 보험사업의 범위는 그 사업의 명칭이나 법률적 구성형식에 구애됨이 없이 그의 실체 내지 경제적 성질에 즉응하여 해석하여야 하므로, 어느 사회나 단체가 그 구성원이 적립하여 둔 일정액의 금전을 가지고 불행을 당한 각 그 구성원들을 위하여 영위하는 공제사업이라 할지라도 그 사업이 다른 법률에 특별한 근거규정을 갖고 있다던가, 공제가입자의 수가 극히 한정되고 지역, 직역 등에 의한 인적 결합이 강하여 공적 감독의 필요가 없을 정도로 단체가 구성원의 자치에 의하여 잘 운영되고 있거나, 그렇지 않으면 공제사업의 목적이 단순히 소액의 부조금의 지불에 의한 동료의 원조에 있고 구성원 각자에게 공제금을 받을 권리까지를 보장하기 위하여 공적 감독을

62) 중앙회 공제규정 제3조 제1호.
63) 보험업법 제2조 제2호.

할 필요가 없다고 명백히 인정되는 경우가 아닌 한, 역시 보험업법상의 보험사업에 해당한다."고 판시한바 있다.[64)]

위와 같은 판례의 입장에 의하면, 신협법에 따른 조합과 중앙회의 공제사업이 보험업법상 보험업의 실체 내지 경제적 성질에 부합하여 보험업법이 적용될 여지가 있으므로, 보험업법의 적용을 명시적으로 배제하는 규정을 둔 것으로 풀이된다. 이를 통해 보험업법 적용 여부에 대한 법적 혼란을 최소화하고 신협 공제사업에 적용되는 법령 및 규정, 감독 권한 등을 명확히 하기 위한 규정으로 볼 수 있다.

(3) 금융위원회 인가 공제규정의 적용

조합과 중앙회의 공제사업에 대해서는 보험업법이 적용되지 않으므로, 금융위원회의 인가를 받은 '공제규정'에 따라 공제사업을 영위한다(법 제97조 제1항). 이러한 공제규정에는 금융위원회가 정하는 바에 따라 사업의 실시 방법, 공제계약, 공제료 등을 정하여야 한다(법 제97조 제2항).

(4) 공제사업의 '보험' 명칭 사용

신협과 중앙회의 공제사업에 대한 광고를 하면서 신협 '보험'이라는 용어를 병행하여 사용할 수 있는지 살펴본다. 서울지방법원 2003. 1. 27. 선고 2003카합2952 결정은 생명보험회사들이 농업협동조합중앙회가 2003. 3. 경 농업협동조합중앙회 자신이 영위하는 공제사업에 대한 광고를 하면서 해당 공제서비스의 명칭에 '보험'이라는 문구를 부기하였음에 대하여 표장사용금지가처분을 신청한 사건에서, '보험'이라는 용어는 공제, 국영보험과 같은 유사보험까지 포괄하는 의미로 사용되고 실질적으로 농협은 보험사와 동등, 유사하게 공제사업을 운영할 권한이 있으며, 향후 공제사업과 보험업이 단일한 감독체계를 갖출 가능성도 배제할 수 없어 '보험', '생명' 등의 용어사용을 금지하는 것은 부당하다고 판단한바 있다.

위와 같은 판례의 입장에 따르면, 조합이나 중앙회가 운영하는 공제사업 역

---

64) 부산지방법원 1992. 2. 19. 선고 91가합3591 판결.

시 조합원들의 복지 및 경제적 지위 향상 등을 목적으로 하는 농업협동조합중앙회의 공제사업과 유사한 성격을 가지는 것으로 볼 수 있고, 중앙회 역시 실질적으로 보험회사와 동등, 유사하게 공제사업을 운영할 권한이 있으며, 공제상품의 이해를 높이기 위한 목적으로 일반인에게 널리 알려진 용어를 사용할 수 있다고 해석하는 것이 타당하다.

2. 조합 합병 시 금융산업 구조개선법의 적용

조합 간의 합병에 대해서는 금융산업의 구조 개선에 관한 법률 제5조 제9항의 규정에 의하여 합병에 따른 조세감면의 혜택이 부여된다(법 제6조 제2항). 「금융산업의 구조개선에 관한 법률」(이하 '금융산업구조개선법') 제59조 제9항은 동법에 따른 합병의 경우 「조세특례제한법」(이하 '조세특례제한법')과 그 밖에 조세 감면에 관한 법령에서 정하는 바에 따라 ① 부동산 등의 취득에 따른 취득세, ② 법인·부동산의 등기에 따른 등록세, ③ 합병으로 소멸되는 금융기관의 청산소득에 대한 법인세, ④ 합병으로 소멸되는 금융기관의 주주의 의제배당에 대한 소득세 또는 법인세, ⑤ 그 밖의 조세를 감면할 수 있다.

3. 중앙회 일부 신용사업의 은행 간주

중앙회의 조합 및 조합원을 위한 내국환 업무와 국가·공공단체 또는 금융기관의 업무대리는 은행법 제2조 및 「한국은행법」(이하 '한국은행법') 제11조의 규정에 의한 금융기관으로 본다(법 제6조 제3항). 즉, 조합의 신용사업에 대해서는 은행법상 금융기관으로 간주되지는 않지만, 중앙회의 신용사업 부문은 일정한 경우 은행법상 금융기관으로 간주되는 것이다.

이와 같이 신협법이 중앙회 신용사업부문을 은행법상의 금융기관으로 간주하도록 하는 취지의 규정을 둔 것은 개별 조합이 독자적으로 취급하기 어려운 지급결제기능을 중앙기구인 중앙회를 통하여 수행할 수 있도록 함으로써, 전체 신협의 경쟁력을 제고하기 위함이다.[65] 은행법상 금융기관의 자격을 갖도록 하

65) 신협중앙연수원, 신협법, 2024, 19면.

여 다른 기관과 직접 어음교환 등 지급결제 업무를 수행하고, 조합은 중앙회와 연계하여 간접적으로 금융기관과 지급결제업무를 수행할 수 있도록 함으로써, 조합이 지역금융에 특화되면서 은행과 유사한 역할을 할 수 있도록 한 것이다.

중앙회는 일정한 경우 은행법상 금융기관으로 간주되므로 한국은행에 당좌예금계정을 개설할 수 있고, 금융결제원의 어음교환에 참가할 수 있다. 결제자금이 부족한 경우 한국은행으로부터 긴급여신을 받을 수도 있다. 또한, 조합이 중앙회에 예치한 자금의 범위 내에서 중앙회 명의로 자기앞수표를 발행하거나 지로업무를 취급하는 경우, 이는 어음교환소에 제시되어 한국은행에 개설된 중앙회 당좌예금계정을 통하여 결제될 수 있는 법적 장치로 작용한다.

4. 자산관리공사법의 적용

조합은 「한국자산관리공사 설립 등에 관한 법률」(이하 '자산관리공사법') 제45조의2 규정을 적용하는데 있어 동조의 적용을 받는 기관에 포함되어, 민사소송법상 송달 원칙의 특례가 적용된다. 자산관리공사법 제45조의2는 '경매에 대한 통지 및 송달의 특례' 규정으로서, 한국자산관리공사의 일정한 업무를 수행할 때 채권자 또는 채권 회수 수임인으로서의 공사의 신청에 의하여 법원이 진행하는 민사집행법에 따른 경매절차에서의 통지 또는 송달은 경매신청 당시 해당 부동산의 등기부에 적혀 있는 주소에 발송함으로써 송달된 것으로 본다(제1항). 또한, 위 경매절차에서 일정한 업무를 수행할 때 채권자 또는 채권회수 수임인으로서 공사나 경매신청 전에 경매실행 예정 사실을 해당 채무자 및 소유자에게 부동산의 등기부에 적혀있는 주소로 통지하여야 하고, 이 경우 발송함으로써 송달된 것으로 본다(제2항).

5. 기타 법률과의 관계

(1) 금융소비자보호법

신용협동조합은 「금융소비자 보호에 관한 법률」(이하 '금융소비자보호법')의 적용을 받는 금융회사에 해당하여 영업행위와 금융소비자 보호 관련 규제를 받는다(금융소비자보호법 제2조 제6호 아목, 시행령 제2조 제6항 제6호, 금융소비자보호에 관한 감독규정 제2조 제1항 마목). 이에 반하여 새마을금고는 금융소비자보호법 및 동법 시행령상 금융회사에 해당하지 않으므로 금융소비자 보호법의 적용을 받지 않는다.[66]

(2) 금융위원회 설치법

신협은 「금융위원회의 설치 등에 관한 법률」(이하 '금융위원회 설치법')에 따라 금융감독원의 검사를 받는 기관에 해당한다(금융위원회 설치법 제38조 제5호). 금융위원회 설치법은 금융위원회의 소관 사무로 '금융에 관한 정책 및 제도에 관한 사항(제17조 제1호)', '금융기관 감독 및 검사 · 제재(制裁)에 관한 사항(제17조 제2호)'을 명시하고 있다(제17조).

금융위원회의 지도 · 감독을 받는 금융감독원(제18조)은 신협을 포함한 금융기관의 업무 및 재산상황에 대한 검사, 검사 결과와 관련하여 이 법과 또는 다른 법령에 따른 제재 등의 업무를 수행한다(제37조). 금융감독원은 금융기관으로 하여금 업무 또는 재산에 관한 보고, 자료의 제출, 관계자의 출석 및 진술을 요구할 수 있고(제40조), 시정명령이나 징계를 요구할 수 있다(제41조). 또한, 금융기관 임원에 대해 해임을 권고할 수 있고(제42조), 규정 · 명령 또는 지시를 계속 위반하여 위법 또는 불건전한 방법으로 영업하는 금융기관에 대해 6개월 범위에서 업무의 전부 또는 일부 등의 조치를 명할 것을 금융위원회에 건의할 수 있다(제43조).

(3) 협동조합기본법

2012년 제정된 협동조합기본법은 "다른 법률에 따라 설립되었거나 설립되는 협동조합에 대하여는 이 법을 적용하지 아니한다"고 규정하고 있다(동법 제13조 제1항). 즉, 신협법이나 새마을금고법 등 개별법에 의하여 설립되었거나 설립되는 협동조합은 협동조합기본법의 적용을 받지 않는다.[67] 다만, 협동조합기

66) 참고로 농협, 수협, 산림조합도 금융소비자보호법의 적용을 받지 않는다.
67) 김용진 외, 앞의 보고서, 75면.

본법 제13조 제2항에서는 '협동조합의 설립 및 육성'과 관련되는 다른 법령을 제정하거나 개정하는 경우에는 이 법의 목적과 원칙에 맞도록 하여야 한다고 규정하고 있으므로 개별법의 제·개정시 간접적으로 고려될 수 있을 것으로 보인다.

Ⅲ. 관련 판례

대법원 1989. 5. 9. 선고 88도1288 판결 [보험업법위반]

"보험사업이라 함은 상법 제638조 등에 비추어 같은 위험에 놓여 있는 다수의 보험가입자(보험계약자)로부터 위험을 인수하여 그 대가로서 위험율에 해당하는 보험료를 받아 이를 관리운영하고, 그 가입자에게 불확정한 사고가 생길 때에 일정한 보험금액 기타의 급여를 지급하는 것을 내용으로 하는 사업으로서 그 단체성, 사회성 등으로 인하여 국가와 사회경제생활에 미치는 영향을 고려하여 재무부장관의 허가를 받도록 하고 있을 뿐만 아니라 각종 감독에 관한 규정을 두고 있는 보험업법의 정신에 비추어 볼 때, 보험사업의 범위는 그 사업의 명칭이나 법률적 구성형식에 구애됨이 없이 그의 실체 내지 경제적 성질에 즉응하여 해석할 것이므로 보험사업과 구별할 공제사업은 그 제도의 목적이나 기능, 그 규모나 조직, 운영방법 및 지급금액의 한도, 보험료 등을 종합적으로 보험사업의 폐해방지라는 목적에 비추어 그 실체를 파악하여야 한다."

Ⅳ. 관련 법령

법률	조문
새마을 금고법	제6조(다른 법률과의 관계) ① 제67조 제1항 제5호 다목(내국환 업무만 해당된다)이나 같은 호 마목에 따른 중앙회의 신용사업 부문은 「은행법」 제2조에 따른 은행 및 「한국은행법」 제11조에 따른 하나의 금융기관으로 본다. 〈개정 2010. 5. 17., 2011. 3. 8.〉 ② 금고와 중앙회의 사업에 관하여는 「보험업법」의 규정을 적용하지 아니한다. 〈개정 2011. 3. 8.〉 ③ 금고와 중앙회는 「한국자산관리공사 설립 등에 관한 법률」 제45조의2를 적용할 경우에 같은 조의 적용을 받는 기관으로 본다. 〈개정 2011. 3. 8., 2011. 5. 19., 2019. 11. 26.〉
	제12조(다른 법률의 적용 배제 및 준용) ① 조합과 중앙회의 사업에 대하여는 「양곡관리법」 제19조, 「여객자동차 운수사업법」 제4조·제8조 및 제81조, 「화

농업 협동조합법	물자동차 운수사업법」 제56조 및 「공인중개사법」 제9조를 적용하지 아니한다. 〈개정 2011. 3. 31., 2016. 12. 27.〉 ② 제112조의3에 따른 조합공동사업법인 및 제138조에 따른 품목조합연합회의 사업에 대하여는 「양곡관리법」 제19조 및 「화물자동차 운수사업법」 제56조를 적용하지 아니한다. ③ 중앙회가 「조세특례제한법」 제106조의2에 따라 조세를 면제받거나 그 세액을 감액받는 농업용 석유류를 조합에 공급하는 사업에 대하여는 「석유 및 석유대체연료 사업법」 제10조를 적용하지 아니한다. ④ 조합의 보관사업에 대하여는 「상법」 제155조부터 제168조까지의 규정을 준용한다. 〈신설 2011. 3. 31.〉 ⑤ 제161조의10에 따른 농협금융지주회사(이하 "농협금융지주회사"라 한다) 및 그 자회사(손자회사·증손회사·증손회사 이하의 단계로 수직적으로 출자하여 다른 회사를 지배하는 경우를 포함한다. 이하 이 조에서 같다)에 대하여는 「독점규제 및 공정거래에 관한 법률」 제25조 제1항을 적용하지 아니한다. 다만, 농협금융지주회사 및 그 자회사가 아닌 중앙회 계열회사의 주식을 보유하는 경우 그 주식에 대하여는 그러하지 아니하다. 〈개정 2017. 10. 31., 2020. 12. 29.〉 ⑥ 농협금융지주회사 및 그 자회사에 대하여는 「독점규제 및 공정거래에 관한 법률」 제26조를 적용하지 아니한다. 〈신설 2012. 12. 11., 2020. 12. 29.〉 ⑦ 중앙회 계열회사가 「독점규제 및 공정거래에 관한 법률」 외의 다른 법률에서 「독점규제 및 공정거래에 관한 법률」 제31조에 따라 상호출자제한기업집단으로 지정됨에 따른 제한을 받는 경우 중앙회 계열회사는 상호출자제한기업집단에 포함되지 아니하는 것으로 본다. 다만, 다음 각 호의 어느 하나에 해당하는 법률에서는 중앙회 계열회사(제4호의 경우에는 농협금융지주회사 및 그 자회사를 제외한 중앙회 계열회사로 한정한다)도 상호출자제한기업집단에 속하는 것으로 본다. 〈신설 2012. 12. 11., 2020. 6. 9., 2020. 12. 29.〉 1. 「방송법」 2. 「소프트웨어 진흥법」 3. 「상속세 및 증여세법」 4. 「자본시장과 금융투자업에 관한 법률」 ⑧ 농협경제지주회사 및 그 자회사(손자회사를 포함한다. 이하 이 조에서 같다)가 중앙회, 조합등(조합의 조합원을 포함한다. 이하 이 조에서 같다)과 제161조의4 제2항에서 정하는 사업을 수행하는 경우 그 목적 달성을 위하여 필요한 행위에 대하여는 「독점규제 및 공정거래에 관한 법률」 제40조 제1항을 적용하지 아니한다. 다만, 그 행위의 당사자에 농협경제지주회사 및 그 자회사, 중앙회, 조합등 외의 자가 포함된 경우와 해당 행위가 일정한 거래분야의 경쟁을 실질적으로 제한하여 소비자의 이익을 침해하는 경우에는 그러하지 아니하다. 〈신설 2014. 12. 31., 2016. 12. 27., 2020. 12. 29.〉 ⑨ 농협경제지주회사 및 그 자회사가 농업인의 권익향상을 위하여 사전에 공개한 합리적 기준에 따라 조합등에 대하여 수행하는 다음 각 호의 행위에 대하여는 「독점규제 및 공정거래에 관한 법률」 제45조 제1항 제9호를 적용하지 아니한다. 다만, 해당 행위가 일정한 거래분야의 경쟁을 실질적으로 제한하여 소비자의 이익을 침해하는 경우에는 그러하지 아니하다. 〈신설 2014. 12. 31., 2020. 12. 29.〉

	1. 조합등의 경제사업의 조성, 지원 및 지도 2. 조합등에 대한 자금지원 [전문개정 2009. 6. 9.] [제목개정 2011. 3. 31.]
수산업 협동조합법	**제12조(다른 법률의 적용 배제 및 준용)** ① 조합과 중앙회의 사업에 대하여는 「보험업법」, 「해운법」 제24조, 「석유 및 석유대체연료 사업법」 제10조, 「여객자동차 운수사업법」 제4조 · 제8조 · 제81조 및 「화물자동차 운수사업법」 제56조를 적용하지 아니한다. 〈개정 2016. 5. 29.〉 ② 조합과 중앙회의 보관사업에 대해서는 이 법에서 정한 것 외에 「상법」 제155조부터 제168조까지의 규정을 준용한다. 〈신설 2016. 5. 29.〉 ③ 제113조의3에 따른 조합공동사업법인의 사업에 대해서는 「화물자동차 운수사업법」 제56조를 적용하지 아니한다. 〈신설 2016. 5. 29.〉
산림조합법	**제11조(다른 법률과의 관계)** ① 조합등과 중앙회의 사업에 대하여는 「보험업법」, 「여객자동차 운수사업법」 제4조 · 제8조 · 제81조, 「화물자동차 운수사업법」 제56조 및 「공인중개사법」 제9조를 적용하지 아니한다. 〈개정 2019. 1. 8.〉 ② 제86조의3에 따른 조합공동사업법인의 사업에 대하여는 「화물자동차 운수사업법」 제56조를 적용하지 아니한다. ③ 지역조합과 중앙회가 제46조 및 제108조에 따라 하는 조경사업과 「산림자원의 조성 및 관리에 관한 법률」 제2조 제3호에 따른 산림사업 중 자연휴양림 등 조성사업에 수반되는 연면적 200제곱미터 이하의 건축사업은 「건설산업기본법」에 따른 건설업으로 한정하며, 그 업종과 갖추어야 할 요건 및 범위는 대통령령으로 정하되, 「건설산업기본법」 제8조 및 제10조에서 정한 업무범위와 등록기준에 상응하도록 하여야 한다. 이 경우 제4항에 따라 신고한 지역조합과 중앙회는 「건설산업기본법」 제2조 제7호에 따른 건설사업자로 본다. 〈개정 2023. 6. 20.〉 ④ 지역조합과 중앙회가 제3항에 따른 업종에 해당하고 그 요건을 갖추어 특별시장 · 광역시장 · 특별자치시장 · 도지사 · 특별자치도지사(이하 "시 · 도지사"라 한다)에게 신고한 경우에는 「건설산업기본법」에 따라 해당 건설업의 등록을 한 것으로 본다. ⑤ 조합등과 중앙회의 보관사업에 대하여는 「상법」 제155조부터 제168조까지의 규정을 준용한다. [전문개정 2013. 4. 5.]
협동조합 기본법	**제13조(다른 법률과의 관계)** ① 다른 법률에 따라 설립되었거나 설립되는 협동조합에 대하여는 이 법을 적용하지 아니한다. ② 협동조합의 설립 및 육성과 관련되는 다른 법령을 제정하거나 개정하는 경우에는 이 법의 목적과 원칙에 맞도록 하여야 한다. ③ 대통령령으로 정하는 요건에 해당하는 협동조합등 및 협동조합연합회등의 행위에 대하여는 「독점규제 및 공정거래에 관한 법률」을 적용하지 아니한다. 다만, 불공정거래행위 등 일정한 거래분야에서 부당하게 경쟁을 제한하는 경우에는 그러하지 아니하다. 〈개정 2020. 3. 31.〉 ④ 협동조합연합회등의 공제사업에 관하여는 「보험업법」을 적용하지 아니한다. 〈신설 2014. 1. 21., 2020. 3. 31.〉 **제14조(다른 법률의 준용)** ① 제4조 제1항의 협동조합 · 협동조합연합회 및

	제115조의8제1항을 적용받는 이종협동조합연합회에 관하여 이 법에서 규정한 사항 외에는 「상법」 제1편 총칙, 제2편 상행위, 제3편제3장의2 유한책임회사에 관한 규정을 준용한다. 이 경우 "상인"은 "협동조합·협동조합연합회 및 제115조의8제1항을 적용받는 이종협동조합연합회"로, "사원"은 "조합원등"으로 본다. 〈개정 2020. 3. 31.〉 ② 제4조 제2항의 사회적협동조합·사회적협동조합연합회 및 제115조의8제2항을 적용받는 이종협동조합연합회에 관하여 이 법에서 규정한 사항 외에는 「민법」 제1편 제3장 법인에 관한 규정을 준용한다. 이 경우 "사단법인"은 "사회적협동조합·사회적협동조합연합회 및 제115조의8제2항을 적용받는 이종협동조합연합회"로, "사원"은 "조합원등"으로, "허가"는 "인가"로 본다. 〈개정 2020. 3. 31.〉

제2장 조 합

제1절 설 립

제7조(설립), 제8조(인가의 요건), 제8조의2(인가 등의 공고)

제7조(설립) ① 조합을 설립하려면 조합의 공동유대에 소속된 30인 이상의 발기인이 정관을 작성하여 창립총회의 결의를 받아 대통령령으로 정하는 바에 따라 중앙회의 회장(이하 "중앙회장"이라 한다)을 거쳐 금융위원회의 인가를 받아야 한다.

② 창립총회의 의사(議事)는 발기인 대표에게 조합 설립동의서를 회의 개최일 전날까지 제출한 자 과반수의 출석과 출석한 자 3분의 2 이상의 찬성으로 결의한다.

③ 제1항에 따른 인가를 받으려는 자는 대통령령으로 정하는 바에 따라 신청서를 금융위원회에 제출하여야 한다.

④ 금융위원회는 제1항에 따른 인가에 조건을 붙일 수 있다.

[전문개정 2015. 1. 20.]

제8조(인가의 요건) ① 제7조 제1항에 따른 조합 설립의 인가를 받으려는 자는 다음 각 호의 요건을 갖추어야 한다.

1. 제14조 제4항 각 호에 따른 요건을 갖출 것
2. 조합원의 보호가 가능하고 조합의 사업을 수행하기에 충분한 전문인력과 전산설비 등 물적 시설을 갖추고 있을 것
3. 사업계획이 타당하고 건전할 것
4. 발기인이 충분한 출자능력, 건전한 재무상태 및 사회적 신용을 갖추고 있을 것

② 금융위원회는 조합 설립에 관한 신청을 받으면 신청서를 접수한 날부터 대통령령으로 정하는 기한까지 인가 여부를 신청인에게 알려야 한다. 이 경우 인가하지 아니할 때에는 그 이유를 분명히 밝혀야 한다.

③ 금융위원회가 제2항에서 정한 기간 내에 인가 여부 또는 민원 처리 관련 법령에 따른 처리기간의 연장을 신청인에게 알리지 아니하면 그 기간(민원 처리 관련 법령에 따라 처리기간이 연장 또는 재연장된 경우에는 해당 처리기간을 말한다)이 끝난 날의 다음 날에 인가를 한 것으로 본다. 〈신설 2019. 1. 15.〉

④ 제1항에 따른 인가의 세부 요건에 관하여 필요한 사항은 대통령령으로 정한다. 〈개정

2019. 1. 15.〉
[전문개정 2015. 1. 20.]

제8조의2(인가 등의 공고) 금융위원회는 제7조 제1항에 따른 인가를 하거나 제85조에 따라 인가를 취소하였을 때에는 지체 없이 그 내용을 관보에 공고하고 컴퓨터 통신 등을 이용하여 일반인에게 알려야 한다.
[전문개정 2015. 1. 20.]

Ⅰ. 조문의 취지와 의의

법 제7조에서는 조합 설립의 요건과 절차 등에 대해 규정하고 있다. 제8조에서는 설립 인가에 필요한 구체적인 요건을 규율하고 있고, 제8조의2에서는 인가 또는 인가의 취소에 대해 일반인이 알 수 있도록 공고하는 내용을 규정하고 있다.

Ⅱ. 조문의 내용 및 해설

1. 설립의 개관

(1) 설립의 의의 및 설립행위의 개념

조합의 설립이란 공통의 목적을 가진 조합원들이 신협법에 따른 절차에 따라 신협이라는 단체를 결성하여 법인격을 취득하는 것을 의미한다. 신협은 실체형성, 인가 및 설립등기의 절차를 거쳐 법인격을 취득하게 된다. 신협의 설립행위란 신협설립의 주체가 설립절차를 이행하는 행위를 말한다.

(2) 진입규제로서의 인가

인가(認可)란 '계약이나 합동행위 등 타인의 법률행위에 동의를 부여하여 그 행위의 효력을 완성시키는 행정행위'를 의미한다. 인가의 성격은 법률적으로 구속되는 이른바 '법규재량'에 속하며, 신협의 공공성 등에 비추어 행정 재량의 성격을 가진다. 조합을 설립하기 위해서는 금융위원회의 인가를 받아야 한다.

금융업을 인가사항으로 한 입법 취지는 인가를 받지 않고 예금을 받거나 유가증권 또는 그 밖의 채무증서를 발행하여 불특정 다수인으로부터 채무를 부담함으로써 자금을 조달하여 대출하는 행위를 규제하여 금융시장의 안정과 금융기관의 건전성을 확보하고 자금중개기능의 효율성을 높이며 예금자를 보호하고 신용질서를 유지하려는데에 있다.[1] 신협의 설립에 인가주의를 채택하고 있는 이유는 자본적 기초가 약하거나 부도덕한 설립주체가 운영하는 조합이 부실화될 경우 다수의 조합원에게 큰 피해가 돌아갈 수 있고, 사회경제적으로 심각한 해악을 미칠 수 있기 때문이다.

인가제도의 실효성을 확보하기 위하여 조합 설립에 관한 규정을 위반하여 인가를 받은 때에는 3년 이하의 징역 또는 3천만원 이하의 벌금에 처한다(법 제99조 제1항 제2호). 금융위원회는 조합이 거짓이나 그 밖의 부정한 방법으로 설립인가를 받은 경우, 인가내용 또는 인가조건을 위반한 경우에는 6개월 이내의 기간을 정하여 업무의 전부정지를 명하거나 조합의 설립인가를 취소할 수 있다(법 제85조 제2항 제1호).

2. 설립절차

(1) 발기설립

가. 발기인

발기인이란 신협 설립의 발기행위에 참여하여 설립업무를 기획하고 그 절차를 주관하는 사람을 말한다. 발기인은 실제 설립 사무를 담당하며, 자본충실에 대한 책임을 지고 설립과정에서 제3자에게 가해진 손해를 부담하는 주체가 된다. 신협을 설립하려면 공동유대에 소속된 30인 이상의 발기인이 요구된다(법 제7조 제1항).

---

1) 대법원 2016. 10. 27. 선고 2016도9654 판결.

나. 발기인조합

신협을 설립함에 있어서 다수의 발기인은 신협의 설립절차를 개시하기 전에 설립을 목적으로 하는 계약을 체결하고, 그의 실천으로서 정관작성과 설립에 관한 행위를 하게 된다. 이 경우 발기인 간에는 '발기인조합'이 성립되며, 발기인조합은 민법상의 조합으로서 조합에 관한 민법 규정의 적용을 받는다. 정관작성 및 출자행위 등 설립에 필요한 발기인의 행위는 조합계약의 이행으로서 행해진다. 발기인조합의 설립사무와 관한 업무집행은 원칙적으로 발기인 과반수로 결정된다(민법 제706조 제2항). 조합의 불리한 시기가 아닌 한 탈퇴의 자유도 자유롭게 허용되고, 발기인조합이 부담하는 채무는 각 발기인이 분할하여 부담하는 것을 원칙으로 한다.

다. 발기인조합과 설립 중인 조합과의 관계

발기인조합의 설립행위가 일정 수준에 도달하게 되면, 설립 중인 조합으로 발전하게 된다. 다만, 형식적으로는 발기인 조합과 설립 중인 조합은 별개의 관계이다. 발기인조합은 발기인 상호 간의 내부적인 계약관계로서 설립 중인 조합이나 설립 후의 조합과 직접적인 연관이 없으나, 설립 중인 조합은 정관작성 이후 조합이 설립될 때까지 존재하고 기관에 의하여 운영되는 사단적 존재이다.

라. 설립 중인 조합

발기인에 의한 정관 작성 이후부터 설립등기 시점까지를 '설립 중인 조합'이라고 한다. 설립 중인 조합의 발기인, 임원, 창립총회는 설립 후의 출자자, 임원, 총회와 같으므로 사단적인 성격을 가지지만, 설립등기를 마치기 전이어서 아직 법인격을 갖추지 못하였으므로 그 법적 성질은 민법상의 권리능력 없는 사단으로 분류된다. 설립 중인 조합은 권리능력 없는 사단이므로 원칙적으로 권리능력을 가지지 않으나, 예외적으로 조합설립의 목적 범위 내에서 권리의무의 주체가 되며, 소송법상 당사자 능력과 부동산의 등기능력이 인정된다.[2)]

2) 민사소송법 제52조, 부동산등기법 제30조.

(2) 창립총회

조합을 설립하고자 하는 때에는 조합의 공동유대에 소속된 30인 이상의 발기인이 정관(안)을 작성하여 창립총회의 결의를 얻어야 한다(법 제7조 제1항). 창립총회는 발기인 대표에게 설립동의서를 제출한 자로서 구성되는 설립 중인 조합의 의결기관으로 설립 중인 조합의 의사를 결정하는 기능을 한다. 창립총회에서는 정관 확정, 사업계획 및 수지예산서 확정, 임원 선임 등의 결의를 하며, 창립총회의 의사는 발기인 대표에게 조합 설립 동의서를 회의 개최일 전까지 제출한 자(조합의 설립에 동의한 자) 과반수의 출석과 출석한 자 3분의 2 이상의 찬성으로 결의한다(법 제7조 제2항). 설립 당시 임원의 임기는 정관에서 정하되, 총 4년을 초과할 수 없다(법 제31조 제3항).

(3) 설립인가 신청과 인가

창립총회가 종료된 이후 발기인은 지체없이 중앙회장을 거쳐 금융위원회의 인가를 신청하여야 한다(법 제7조 제1항). 발기인은 금융위원회의 신용협동조합 인가지침에 의한 설립인가신청서를 중앙회장에게 제출하여야 하며, 중앙회장이 설립인가신청서를 접수한 때에는 의견을 붙여 30일 이내에 금융위원회에 제출하여야 한다(법 시행령 제10조 제1항, 제3항).

금융위원회는 중앙회장이 제출한 인가신청서류를 접수한 날로부터 60일 이내에 인가여부를 결정하고, 그 결과를 지체없이 알려야 한다(법 제8조 제2항, 시행령 제10조 제4항). 금융위원회의 심사기간 60일에는 인가요건을 확인하는 자료 확인 및 조사 등의 기간과 인가요건의 흠결을 보완하는 기간은 포함되지 아니한다(법 시행령 제10조 제5항).

(4) 설립사무의 인계와 출자납입

발기인이 설립인가를 받았을 때에는 발기인은 지체없이 설립사무를 이사장에게 인계하여야 하며, 이로써 발기인의 임무는 종료된다. 발기인은 설립사무의 인계로 그 임무가 종료되고 이사장은 설립사무의 인수로 설립 중인 신협의 기관으로서 권리·의무를 가지게 된다.

(5) 설립등기

조합은 설립인가를 받은 후 주된 사무소의 소재지에서 설립등기를 함으로써 성립하므로 설립인가서가 도달한 날로부터 3주일 이내에 설립등기를 하여야 하며, 설립등기를 필한 후 관할 세무서에 법인설립신고를 하여야 한다(법 제4조, 시행령 제2조 제1항).

3. 설립인가의 요건

(1) 원 칙

신협 설립인가를 받으려는 자는 인가요건을 갖추어야 한다(법 제8조 제1항). 금융위원회가 신협 인가를 할 때 명시적인 요건만을 심사해야 하는지, 신협법의 취지와 목적을 고려하여 심사해야 하는지 견해가 대립될 수 있다. 실무상으로는 법 및 시행령, 금융위원회 '신용협동조합 인가지침' 및 중앙회 '신용협동조합 인가업무지도지침' 등에서 상세한 심사기준을 정하고 있어 규정상으로 재량의 여지가 많은 것은 아니지만, 이러한 심사기준도 금융위원회의 의결사항이므로 금융위원회는 이에 한정되지 않고 신협의 취지와 목적을 고려하여 심사할 필요가 있다.

참고로 인터넷전문은행 인가에서 금융위원회와 금융감독원은 은행업감독규정상 심사기준을 적용하되, 인터넷전문은행 도입취지에 부합하도록 사업계획의 혁신성, 주주구성과 사업모델의 안정성, 금융소비자 편익 증대, 전산사고 등 발생시 대응체계의 적절성, 유동성 부족시 대주주의 적절한 자금공급계획 등 보완적인 심사기준을 추가적으로 적용한바 있다.[3)]

(2) 조합 구성에 관한 사항

조합의 정관 작성, 창립총회의 결의가 법 제7조에서 정하는 바에 따라 이루

3) 금융위원회·금융감독원, IT·금융 융합 및 신성장동력 창출을 위한 인터넷전문은행 도입방안, 2015, 8-9면; 금융감독원, 은행업 인가 매뉴얼, 2015, 6-7면.

어져야 한다. 조합의 조합원수는 100인 이상이어야 한다(법 제11조 제3항).

(3) 출자금에 관한 사항

조합원의 출자금 합계액이 법 제14조에서 정하는 최저금액 이상이어야 한다. 법은 지역조합, 직장조합, 단체조합에 따라 최저 출자금을 차등 적용하고 있다. 이와 같이 최저 출자금 요건을 규정하는 이유는 조합의 자본적 기반이 취약하면 금융의 변화에 흔들리기 쉬워 신용기관으로서의 지위를 지키기 어렵다는 점 및 조합의 자본금은 주식회사의 자본금과 달리 본원적인 자금조달 수단이라기 보다는 외부 부채인 예금과 적금 등에 대한 최종적인 담보로서의 성격을 갖는다는 점에 있다.

지역조합의 경우 주된 사무소의 소재지에 따라 특별시·광역시는 3억원, 특별자치시·시(「제주특별자치도 설치 및 국제자유도시 조성을 위한 특별법」 제15조 제2항에 따른 행정시를 포함한다)는 2억원, 군(광역시·특별자치시 또는 시에 속하는 읍·면을 포함한다)은 5천만원이다. 직장조합의 경우에는 4천만원으로 한다. 단체조합의 경우에는 주된 사무소의 소재지에 따라 특별시·광역시는 1억원, 특별자치시·시는 8천만원, 군은 5천만원이다(법 제14조 제4항).

조합원 1인의 출자좌수(금액)는 총출자좌수(금액)의 100분의 10 이내이어야 한다(법 제14조 제3항).

(4) 임원 등의 자격에 관한 사항

조합의 임원 및 발기인은 법 제28조에서 정한 자격제한 대상에 해당되지 않아야 한다. 조합의 임직원은 중앙회장이 실시하는 조합설립에 필요한 교육과정을 이수하여야 한다(법 시행령 제11조 제1항 제1호). 조합은 금융위원회가 사업수행의 전문성을 고려하여 정하는 요건을 갖춘 인력을 확보해야 한다(법 시행령 제11조 제1항 제1호). 조합설립의 인가를 받고자 하는 자는 영위하고자 하는 업무 수행에 필요한 전문교육과정이나 연수과정을 이수하여 상당한 전문지식을 구비한 자를 임직원으로 확보하여야 한다(상호금융업감독규정 제4조의2). 발기인은 충분한 출자능력, 건전한 재무상태 및 사회적 신용을 갖추어야 한다(법

제8조 제1항 제4호).

(5) 조직구조 및 관리운용체계에 관한 사항

중앙회가 정한 표준정관 및 신용협동조합 표준업무방법서(이하 '조합 표준업무방법서')에 의거 조직되어 조합원의 권익을 해할 우려가 없어야 한다(법 제75조 제2항). 조합의 사무소는 면적이 30제곱미터 이상으로서 중앙회와 호환이 가능한 전산 조직을 갖추어야 한다(법 시행령 제11조 제1항 제2호, 신용협동조합 인가지침 제3장 11. 라.).

(6) 사업계획서에 관한 사항

영업개시후 3개년간 추정재무제표 및 수익전망이 영업계획에 비추어 타당성이 있어야 한다. 자금 조달·운용계획 및 인력운용계획이 주된 고객, 주된 서비스 내용 등 영업전략에 비추어 적정하여야 한다(신용협동조합 인가지침 제3장 11. 마.).

4. 인가 조건의 부기

금융위원회는 법 제7조 제1항에 따른 인가에 조건을 붙일 수 있다(법 제7조 제4항). 조건부 인가 제도는 금융기관의 공공성을 감안하여 획일적인 인가를 피하고 구체적 사정에 적응키 위하여 도입된 것이다. 여기에서 '조건'은 장래의 불확실한 사실의 성부에 행정행위의 효력을 의존하게 하는 조건에 한정하는 것이 아니라 기한과 부담을 포함한 부관 전체를 의미한다.[4] 조건의 내용상 한계와 관련하여 조건의 내용은 인가 목적에 비추어 필요한 한도에서 비례의 원칙을 준수해야 한다. 참고로 금융위원회는 2021년 6월 토스뱅크(제3호 인터넷전문은행)의 은행업을 인가하면서 '증자계획의 성실한 이행'을 부대조건으로 부과하면서 조건부 인가한 사례가 있다.[5]

4) 한국은행 은행감독원, 은행법해설, 한국은행, 1993, 137면.
5) 금융위원회, 토스뱅크(제3호 인터넷전문은행) 은행업 인가, 2021. 6. 9.자 보도자료.

5. 인가 의제

신협 설립 인가의 신청을 받은 경우 법령 등에서 정한 기간 내에 인가 또는 신고수리 여부를 신청인에게 통지하도록 하고, 그 기간 내에 인가 또는 신고수리 여부나 처리기간의 연장을 통지하지 아니한 경우에는 인가 또는 신고수리를 한 것으로 간주된다(법 제8조 제3항). 인가 간주 조항은 국민생활 및 기업활동과 밀접하게 관련되어 있는 인가 및 신고 민원의 처리절차를 법령에서 명확하게 규정함으로써 민원의 투명하고 신속한 처리와 일선 행정기관의 적극행정을 유도하기 위한 것이다.[6)]

6. 설립인가의 공고

금융위원회는 법 제7조 제1항에 따른 인가를 하거나 법 제85조에 따라 인가를 취소하였을 때에는 지체 없이 그 내용을 관보에 공고하고 컴퓨터 통신 등을 이용하여 일반인에게 알려야 한다(법 제8조의2). 본 규정은 2000년 1월 법 개정으로 도입된 것으로 인가권자의 재량권 축소 등을 통해 인가심사기간의 설정과 신청인에 대한 인가 결정여부 통보 등 심사규정을 구체화하기 위하여 마련된 것이다.[7)]

6) 전상수(수석전문위원), 신용협동조합법 일부개정법률안(정부 제출, 의안번호 제8801호) 검토보고서, 2017. 11., 3면.

7) 김문희(전문위원), 신용협동조합법 중개정법률안(정부 제출, 의안번호 제152368호) 검토보고서, 국회 재정경제위원회, 1999. 12., 38면.

[그림 1] 신협 인가절차 일반 흐름도

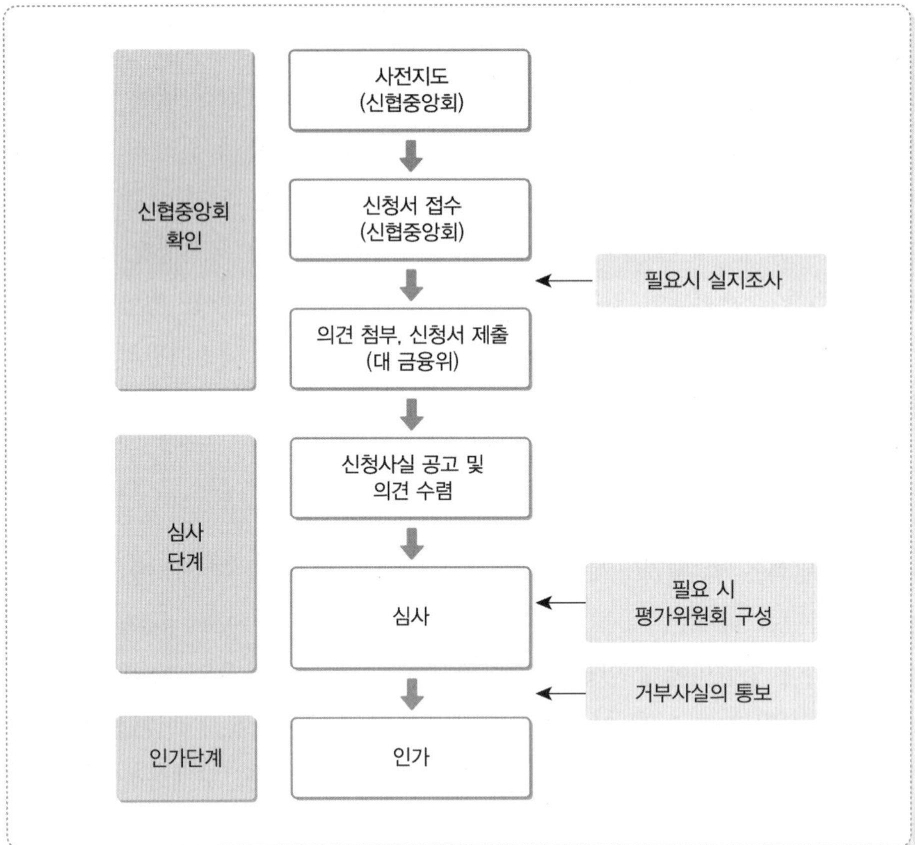

(자료) 신협중앙회, 신용협동조합 인가업무지도지침 [별표 1] 인가절차의 흐름

Ⅲ. 관련 판례

중앙행정심판위원회 2020. 9. 8. 결정 [신협 설립인가 신청]

“1) 청구인은 ‘피청구인이 이 사건 처분을 함에 있어 기준이 상이한 은행업 인가심사 기준을 적용하였고, 과도한 심사서류를 요구하고 심사기일을 지연하였으며, 처분의 근거와 이유를 제시하지 아니하고 구제절차를 고지하지 않았다‘는 취지의 주장을 하나, 위 인정사실에 따르면, ① 피청구인은 이 사건 처분을 함에 있어 은행업 인가심사기준이 아닌 「신용협동조합법」상의 인가심사기준을 적용하였다고 밝히고 있고, 피청구인이 은행업 인가심사기준을 적용하였다고 볼만한 구체적인 자료도 확인되지 않는 점, ② 「신용협동조합법 시행령」 제10조 제

4항·제5항 및 「신협 인가지침」(금융위원회 고시 제2015－25호)에 비추어 보면, 금융위원회는 조합설립인가 신청인에게 인가심사 시 필요한 보완서류 또는 추가자료 등을 요구할 수 있다고 보아야 하고, 피청구인이 청구인 에게 요청한 자료는 조합설립인가의 심사와 관련하여 「신협법」 제8조 내지 제14조에서 규정하고 있는 관련자료에 해당한다고 보이는 점, ③ 비록 처분을 하면서 행정심판 등 불복절차에 관한 사항을 고지하지 않았다 하더라도 경우에 따라서는 행정심판의 제기기간이 연장될 수 있는 것에 그치고 이로 인하여 심판의 대상이 되는 행정처분에 어떠한 하자가 수반된다고 할 수 없으며(대법원 1987. 11. 24. 선고 87누529 판결 참조), 처분서에 기재된 내용과 관계 법령 및 당해 처분에 이르기까지 전체적인 과정 등을 종합적으로 고려하여, 처분 당시 당사자가 어떠한 근거와 이유로 처분이 이루어진 것인지를 충분히 알 수 있어서 그에 불복하여 행정구제절차로 나아가는 데에 별다른 지장이 없었던 것으로 인정되는 경우에는 그 처분이 위법하다고 할 수 없는데(대법원 2013. 11. 14. 선고 2011두18571 판결 참조) 그동안 피청구인은 5차례에 걸쳐 청구인에게 자료요구를 하였고, 현장을 방문하여 관계자들과 면담을 거쳤으며, 이후 청구인과의 업무협의를 하고 청구인은 업무협의에서 지적된 사항들에 대응하여 피청구인에게 의견을 제시하였으며, 청구인이 청구기간을 준수하여 이 사건 심판청구를 제기한 사실에 비추어 청구인이 이 사건 처분에 불복하여 행정구제절차로 나아가는데 별다른 지장이 없었다고 봄이 상당한 점 등을 종합적으로 고려해 보면, 청구인의 주장을 받아들일 수 없다.

2) 청구인은 출자금의 납입과정에 대해서 '교회계좌에 있던 출자금을 원소유자에게 환급해 준 후 조합계좌로 납입하는 절차를 거쳤고, 강○○는 출자자들로부터 이체의뢰를 받아 출자금의 이체를 대행한 것에 불과하다'는 취지의 주장을 하나 살피건대, 위 인정사실에 따르면, ① 총 102명(또는 중복자를 제외하면 100명)의 출자자(조합원)가 각자의 출자금을 정상적으로 납입한 것처럼 되어 있는 '예금거래실적 증명서'와는 달리, 실제로 출자자가 본인의 자금으로 직접 출자금을 납입한 경우는 44건, 2,240만원에 불과한 점, ② 총 1억 860만원의 출자금 중 위 출자자들이 본인의 자금으로 직접 출자금을 납입한 44건, 2,240만원 이외의 나머지 58건, 8,620만원의 출자금이 언제, 어떤 방법으로 출자·모금된 것인지에 대하여 청구인은 아무런 입증자료도 제시하지 아니한 점, ③ 위 인정사실 '바항'에서 보는 바와 같이, 출자자 본인이 아닌 제3자가 출자자의 명의로 출자금을 납입한 경우는 54건, 6,320만원으로서 전체 출자자수 및 출자금의 50%를 상회하고 있는바, 출자금의 납입과정이 불분명하고 상당히 이례적인 경우에 해당한다고 보이는 점, ④ 전체 102명(또는 100명)의 출자자 중 특정 1인

(강○○)이 각기 다른 출자자들의 명의로 출자금을 납입한 경우는 38건, 3,990만원이고, 위 강○○은 5개의 다른 은행(농협, SC은행, 신한은행, 우리은행, 카카오뱅크) 계좌를 사용하여 출자자들의 명의로 출자금을 이체(납입)하였으며, 위 납입된 건 중에는 비교적 소액으로 보기도 어려운 건당 200만원 이상의 자금이 이체된 경우도 9건(그중 900만원인 경우도 2건이 있음)에 이르는 등 출자 방법 및 그 과정을 쉽게 납득하기 어려운 점 등을 종합적으로 고려해 보면, 청구인은 적어도 「신용협동조합법」 제11조 제1항·제3항 및 제14조 제1항·제3항·제4항 제3호 가목에서 규정하고 있는 출자금 납입 조합원수 요건(100명 이상), 조합원 1명의 출자자수 요건(출자자수의 100분의 10 초과 금지) 및 단체조합의 최저한도 출자요건(특별시 1억원 이상)을 모두 갖춘 경우에 해당하여 조합설립 인가요건을 갖추었다고 보기는 어렵다.

3) 더불어, 청구인이 조합설립인가에 필요한 요건 중 출자금 납입 조합원수 요건(100명 이상) 및 단체조합의 최저한도 출자요건(특별시 1억원 이상) 등을 갖추었다고 보기 어려운 이상, 당사자들의 나머지 주장에 대하여는 더 나아가 살펴보지 아니한다.

4) 따라서, 위와 같은 사정을 종합적으로 고려해 보면, 피청구인의 이 사건 처분이 위법·부당하다고 할 수 없고, 피청구인이 청구인에게 조합설립을 인가할 의무도 없다."

Ⅳ. 관련 법령

법률	조문
새마을 금고법	**제7조(설립)** ① 금고는 50명 이상의 발기인이 중앙회장(이하 "회장"이라 한다)이 정하는 정관례에 따라 정관을 작성하여 창립총회의 의결을 거친 뒤에 회장을 거쳐 특별자치시장·특별자치도지사 또는 시장·군수·구청장(구청장은 자치구의 구청장을 말한다. 이하 같다)의 인가를 받아 그 주된 사무소의 소재지에서 설립등기를 함으로써 성립한다. 〈개정 2008. 2. 29., 2011. 3. 8., 2013. 3. 23., 2014. 11. 19., 2017. 7. 26., 2020. 2. 18.〉 ② 창립총회의 의사(議事)는 발기인에게 금고 설립 동의서를 개의(開議) 전까지 제출한 자 과반수의 출석과 출석자 3분의 2 이상의 찬성으로 의결한다. ③ 창립총회의 공고·의결사항과 설립인가 신청 절차, 인가 제한 사유 등 금고 설립에 필요한 사항은 대통령령으로 정한다. ④ 삭제 〈2011. 3. 8.〉 ⑤ 삭제 〈2011. 3. 8.〉 **제7조의2(설립인가의 요건)** ① 제7조 제1항에 따른 금고 설립의 인가를 받으려는 자는 다음 각 호의 요건을 모두 갖추어야 한다.

	1. 대통령령으로 정하는 금액 이상의 출자금을 보유할 것 2. 회원의 보호가 가능하고 금고의 사업을 수행하기에 충분한 전문인력과 전산설비 등 물적 시설을 갖추고 있을 것 3. 사업계획이 타당하고 건전할 것 4. 발기인이 충분한 출자능력, 건전한 재무상태 및 사회적 신용을 갖추고 있을 것 ② 제1항에 따른 설립인가의 세부 요건은 대통령령으로 정한다. [본조신설 2011. 3. 8.]
농업 협동조합법	**제15조(설립인가 등)** ① 지역농협을 설립하려면 그 구역에서 20인 이상의 조합원 자격을 가진 자가 발기인(發起人)이 되어 정관을 작성하고 창립총회의 의결을 거친 후 농림축산식품부장관의 인가를 받아야 한다. 이 경우 조합원 수, 출자금 등 인가에 필요한 기준 및 절차는 대통령령으로 정한다. 〈개정 2013. 3. 23.〉 ② 창립총회의 의사(議事)는 개의(開議) 전까지 발기인에게 설립동의서를 제출한 자 과반수의 찬성으로 의결한다. ③ 발기인 중 제1항에 따른 설립인가의 신청을 할 때 이를 거부하는 자가 있으면 나머지 발기인이 신청서에 그 사유서를 첨부하여 신청할 수 있다. ④ 농림축산식품부장관은 제1항에 따라 지역농협의 설립인가 신청을 받으면 다음 각 호의 경우 외에는 인가하여야 한다. 〈개정 2013. 3. 23., 2017. 10. 31.〉 1. 설립인가 구비서류가 미비된 경우 2. 설립의 절차, 정관 및 사업계획서의 내용이 법령을 위반한 경우 3. 그 밖에 설립인가 기준에 미치지 못하는 경우 ⑤ 농림축산식품부장관은 제1항에 따른 인가의 신청을 받은 날부터 60일 이내에 인가 여부를 신청인에게 통지하여야 한다. 〈신설 2017. 10. 31.〉 ⑥ 농림축산식품부장관이 제5항에서 정한 기간 내에 인가 여부 또는 민원 처리 관련 법령에 따른 처리기간의 연장을 신청인에게 통지하지 아니하면 그 기간(민원 처리 관련 법령에 따라 처리기간이 연장 또는 재연장된 경우에는 해당 처리기간을 말한다)이 끝난 날의 다음 날에 인가를 한 것으로 본다. 〈신설 2017. 10. 31.〉 [전문개정 2009. 6. 9.]
수산업 협동조합법	**제16조(설립인가 등)** ① 지구별수협을 설립하려면 해당 구역의 조합원 자격을 가진 자 20인 이상이 발기인(發起人)이 되어 정관을 작성하고 창립총회의 의결을 거친 후 해양수산부장관의 인가를 받아야 한다. 이 경우 조합원 수, 출자금 등 인가의 기준 및 절차는 대통령령으로 정한다. 〈개정 2013. 3. 23.〉 ② 창립총회의 의사(議事)는 개의(開議) 전까지 발기인에게 설립동의서를 제출한 자 과반수의 찬성으로 의결한다. ③ 해양수산부장관은 제1항에 따라 지구별수협의 설립인가 신청을 받으면 다음 각 호의 경우를 제외하고는 인가하여야 한다. 〈개정 2013. 3. 23., 2018. 12. 11.〉 1. 설립인가 구비서류를 갖추지 못한 경우 2. 설립의 절차, 정관 및 사업계획서의 내용이 법령을 위반한 경우 3. 그 밖에 제1항 후단에 따른 설립인가기준에 미달된 경우

	④ 해양수산부장관은 제1항에 따른 지구별수협의 설립인가 신청을 받은 날부터 60일 이내에 인가 여부를 신청인에게 통지하여야 한다. 〈신설 2018. 12. 11.〉 ⑤ 해양수산부장관이 제4항에 따른 기간 내에 인가 여부 또는 민원 처리 관련 법령에 따른 처리기간의 연장 여부를 신청인에게 통지하지 아니하면 그 기간(민원 처리 관련 법령에 따라 처리기간이 연장 또는 재연장된 경우에는 해당 처리기간을 말한다)이 끝난 날의 다음날에 제1항에 따른 인가를 한 것으로 본다. 〈신설 2018. 12. 11.〉 [전문개정 2010. 4. 12.]
산림조합법	제14조(설립인가 등) ① 조합을 설립하려면 해당 구역의 30인 이상의 조합원 자격을 가진 자가 발기인이 되어 정관을 작성하고 창립총회의 의결을 받은 후 시·도지사(전문조합의 경우에는 주된 사무소 소재지의 시·도지사를 말한다. 이하 같다)의 인가를 받아야 한다. 이 경우 조합원의 수, 출자금 등 인가에 필요한 기준 및 절차는 대통령령으로 정한다. 〈개정 2020. 2. 18.〉 ② 창립총회의 의사(議事)는 개의(開議) 전까지 발기인에게 설립동의서를 제출한 자 과반수의 찬성으로 의결한다. ③ 발기인 중 제1항에 따른 설립인가의 신청을 거부하는 자가 있을 때에는 나머지 발기인이 신청서에 그 사유서를 첨부하여 신청할 수 있다. ④ 시·도지사는 제1항에 따라 조합의 설립인가 신청을 받았을 때에는 다음 각 호의 경우를 제외하고는 인가하여야 한다. 〈개정 2018. 12. 11., 2020. 2. 18.〉 1. 설립인가기준에 미치지 못하였을 때 2. 설립절차, 정관 및 사업계획서의 내용이 법령을 위반하였을 때 3. 설립인가에 필요한 구비서류를 갖추지 못하였을 때 ⑤ 시·도지사는 제1항에 따른 조합 설립인가의 신청을 받은 날부터 60일 이내에 인가 여부를 신청인에게 통지하여야 한다. 〈신설 2018. 12. 11., 2020. 2. 18.〉 ⑥ 시·도지사가 제5항에서 정한 기간 내에 인가 여부 또는 민원 처리 관련 법령에 따른 처리기간의 연장을 신청인에게 통지하지 아니하면 그 기간(민원 처리 관련 법령에 따라 처리기간이 연장 또는 재연장된 경우에는 해당 처리기간을 말한다)이 끝난 날의 다음 날에 인가를 한 것으로 본다. 〈신설 2018. 12. 11., 2020. 2. 18.〉 [전문개정 2013. 4. 5.]

제9조(공동유대와 사무소)

제9조(공동유대와 사무소) ① 조합의 공동유대는 행정구역・경제권・생활권 또는 직장・단체 등을 중심으로 하여 정관에서 정한다. 이 경우 공동유대의 범위, 종류 및 변경에 관한 사항은 대통령령으로 정하는 바에 따른다.

② 조합의 주된 사무소는 정관에서 정한다.

③ 조합은 중앙회장의 승인을 받아 지사무소(支事務所)를 둘 수 있다.

[전문개정 2015. 1. 20.]

Ⅰ. 조문의 취지와 의의

법 제9조 제1항은 신협 설립의 핵심적인 개념 중의 하나인 '공동유대'에 관하여 규율하고 있다. 지역조합, 직장조합, 단체조합의 법적 근거를 제시하고 있으며, 구체적인 공동유대의 범위를 정관에서 정하도록 하고 있다. 또한, 공동유대의 범위, 종류 및 변경에 관한 사항은 대통령령으로 정하도록 하여, 실질적인 공동유대의 세부적인 내용은 법 시행령에서 규율하고 있다. 아울러, 법 제9조 제2항에서는 조합의 주된 사무소는 정관에서 정하며, 제3항에서는 중앙회장의 승인을 받아 지사무소를 설치할 수 있는 근거를 두고 있다.

Ⅱ. 조문의 내용 및 해설

1. 공동유대 일반

(1) 공동유대의 개념과 연혁

신협의 '공동유대'란 조합의 설립과 구성원의 자격을 결정하는 단위로서 정관의 절대적 기재사항이며 등기사항이다(법 제10조 제1항 제4호). 조합의 공동유대는 행정구역・경제권・생활권 또는 직장・단체 등을 단위로 하여 정관에서 정한다. 신협법은 신협이 공동유대를 바탕으로 한다고 명시하고 있으며, 이러한 공동유대 개념은 신협에서 핵심적인 역할을 하는 개념이다.[8] 공동유대는 조합원 자격과 영역구역을 제한하는 규제이므로, 신협의 정체성을 가장 잘 드러내는 개념이면서 동시에 신협의 경쟁력을 약화시키는 주요 규제 중의 하나로 평가된다.

공동유대라는 개념은 미국 신협연합회가 설립된 후에 만들어진 모델 신협법(Model Law for Credit Unitons)에 '공동유대'가 공식적으로 명시되면서 사용되기 시작하였다.[9] 미국 연방신협법 제109조는 '공동유대'를 "신협 조합원은 직장이나 단체에 공동유대를 공유하는 집단이나 또는 명확히 구분되는 마을, 지역사회나 농촌지역에 위치한 집단들로 한정된다"고 규정하였다.[10] 연방감독규정에 의하면 "공동유대"란 '집단구성원들이 함께 어울리고, 다른 구성원들과 폭넓게 잘 알게 하며, 공통된 관심사와 목적을 갖게 하고, 집단목표를 달성하기 위해 함께 노력하게 하는 원인이 되는 기존의 상태'를 의미한다.[11]

이와 같이 초창기 미국 신협은 업무구역과 조합원 범위에서 엄격한 규제를 받았다. 다만, 미국의 경우 공동유대 개념과 조합원 자격 범위를 명확히 구분하고, 조합원 범위를 시대 상황에 맞추어 크게 확대하여 왔다.[12]

한국의 경우 1960년대 미국 신협의 조합원 자격 제한과 조합 인가 기준을 그대로 수용하면서 공동유대 개념이 신협법에 그대로 수용되었다. 1972년 신협법 제정 당시에는 '상호유대'라는 개념이 사용되었으며, 제정 신협법 제1조는 "이 법은 상호유대를 가진 자간의 협동조직을 통하여 자금의 조성 및 이용과 구성원의 자질향상을 도모함으로써 건전한 국민정신의 함양과 국민경제의 발전에 이바지함으로 목적으로 한다"고 규정하였다. 이후 1998년 신협법 전부개정 당시에 제1조를 개정하면서 상호유대를 공동유대라는 용어로 대체하고 공

8) 법 제1조.
9) 구정옥, 앞의 글, 2007, 57면.
10) Membership in a credit union is limited to groups, each of which shares a common bond of occupation, association or is located in a well-defined neighborhood, community or rural district.
11) Common bond is that preexisting condition which causes the members of a group to associate together, be extensively acquainted with the other members of the group, have common interests and purposes, and be able and willing to work together to accomplish group objectives.
12) 구정옥, 앞의 글, 2007, 79-81면.

동유대의 개념을 공식적으로 사용하기 시작하였다.[13)]

참고로 새마을금고는 공동유대라는 표현을 명시적으로 사용하고 있지는 않으나, 지역금고를 "동일한 행정구역, 경제권 또는 생활권을 업무구역으로 하는 금고"로 정의하면서 신협의 공동유대와 유사한 개념을 사용하고 있다. 새마을금고는 지역금고와 직장금고를 주된 공동유대의 유형으로 하고 있으나, 새마을금고법 및 동법 시행령에는 직장금고에 대한 세부적인 사항에 대하여 아무런 규율을 하고 있지 않다.[14)]

(2) 공동유대 규제

공동유대의 범위를 실질적으로 규제하는 규정은 제9조 제1항이다. 제정 신협법 제9조 제1항은 "조합원은 거주지역 · 단체 · 직업 · 종교 등 상호유대를 가진 개인 또는 단체로서 정관이 정하는 바에 따라 제1회 출자금과 가입금을 납입한 자로 한다"고 규정하였고, 1998년 전부 개정 당시에는 "조합의 공동유대는 행정구역 · 경제권 · 생활권 또는 직장 · 단체 등을 중심으로 하여 정관으로 정한다. 이 경우 공동유대의 범위, 종류, 변경에 관한 사항은 대통령령으로 정하는 바에 의한다"고 규정하여 공동유대의 세부사항에 대해서는 시행령에 위임하였다.[15)]

법 시행령 제12조 제1항은 조합의 공동유대를 지역, 직장, 단체로 정하고 있다. 지역조합은 '동일한 시 · 군 또는 구에 속하는 읍 · 면 · 동'을 공동유대로 하며, 직장조합은 '동일한 직장 및 당해 직장의 지점 · 자회사 · 계열회사 및 산하기관'을 공동유대로 한다. 단체조합은 '교회 · 사찰 등 종교단체, 시장 · 상인단체, 구성원간 상호 밀접한 협력 관계가 있는 사단법인, 국가로부터 공인된

---

13) 구 신협법(법률 제5506호, 1998. 1. 13., 전부개정) 제1조 (목적) 이 법은 공동유대를 바탕으로 하는 신용협동조직의 건전한 육성을 통하여 그 구성원의 경제적 · 사회적 지위를 향상시키고, 지역주민에 대한 금융편의를 제공함으로써 지역경제의 발전에 기여함을 목적으로 한다.
제2조 (정의) 이 법에서 사용하는 용어의 정의는 다음과 같다.
3. "공동유대"라 함은 조합의 설립과 구성원의 자격을 결정하는 단위를 말한다.

14) 새마을금고법 시행령 제6조 제2항에는 대의원회 자격을 회원 가입 후 1년이 지난 자로 한정하고 있으나, 직장금고는 예외로 한다는 규정을 두고 있다. 동 규정 외에는 새마을금고법 또는 동법 시행령에 직장금고에 대해 규정하고 있지 않고, 직장금고의 정의, 설립 요건, 업무 구역 등 세부 사항에 대해서는 새마을금고 설립인가 처리기준에서 규율하고 있다.

15) 법 제9조.

자격 또는 면허 등을 취득한 자로 구성된 같은 직종단체로서 법령에 의하여 인가를 받은 단체'를 공동유대로 한다.

(3) 공동유대의 검토

공동유대는 관계형 금융을 지향하는 금융협동조합의 독특한 특성이자 강점이면서 조합의 업무 영역을 제한한다는 측면에서 금융협동조합의 경쟁력을 제한하는 걸림돌로 인식됐다. 이에 따라 각국의 금융협동조합은 이러한 약점을 보완하기 위하여 나름대로 노력하여 왔으며, 그 과정에서 공동유대의 개념에 대해서도 시대 상황에 따라 해석을 달리하거나 그 범위를 넓히는 방법으로 대응하여 왔다. 우리나라에서도 공동유대는 금융협동조합 규제 부분에서 많은 논의들이 이어져 왔고, 실제로 공동유대를 확대하는 방향의 입법이 일부 이루어지기도 하였다. 그러나 공동유대 규제의 연원과 방향에 대해서는 깊이 있는 논의가 여전히 부족하고, 공동유대 확대가 협동조합으로서의 정체성을 훼손하는 것은 아닌지에 대한 논란도 계속되고 있다.

독일과 미국은 공동유대 요건에 특별한 제한을 받지 않도록 변경하거나, 공동유대의 범위를 점차 확대하는 방향으로 개정하여 왔다. 이는 협동조합으로서의 정체성을 잃지 않는 범위 내에서 금융협동조합의 영업기반을 확대하여 건전성을 확보하는 동시에, 공동유대의 개념을 현대적으로 재해석하여 계승·발전시키고자 하는 의도로 볼 수 있다. 특히, 금융협동조합이 발달한 독일과 미국에서는, 공동유대를 확대하지 않고서는 금융협동조합의 발전을 기대하기 어려우며, 금융협동조합이 발전하지 않으면 사회경제적 취약계층인 조합원들의 경제기반이 붕괴되어 결과적으로 사회안전망도 취약해질 것이라는 공감대가 형성되어 있고, 공동유대의 범위 확대는 이러한 공감대에서 비롯된 것이라고 볼 수 있다.[16] 우리나라도 금융협동조합의 발전에 있어 공동유대 확대에 관한 지속적인 논의는 필연적일 수밖에 없으며, 금융당국에서도 금융협동조합 공동유대 확대에 대한 전향적인 태도 변화가 필요할 것으로 보인다.

---

16) 명순구·유관희·김용재·박세민·이주원·이희정, 신협의 발전을 위한 제도개선방안 연구, 고려대학교 연구용역 보고서, 신협중앙회, 2009, 32면.

국내 금융협동조합에서 '공동유대'를 의미하는 용어는 신협법 제정 시부터 존재하였다. 1972년 신협법 제정 당시(1972. 8. 17. 제정 법률 제2338호) 제1조는 "이 법은 상호유대를 가진 자 간의 협동조직을 통하여 자금의 조성 및 이용과 구성원의 자질향상을 도모함으로써 건전한 국민정신의 함양과 국민경제의 발전에 이바지함을 목적으로 한다"고 명시하고 있었다.[17] 1998년 전부 개정 당시(1998. 1. 13. 법률 제5506호)에는 제1조를 "이 법은 공동유대를 바탕으로 하는 신용협동조직의 건전한 육성을 통하여 그 구성원의 경제적 · 사회적 지위를 향상시키고, 지역주민에 대한 금융 편의를 제공함으로써 지역경제의 발전에 기여함을 목적으로 한다"고 규정하면서 공동유대라는 표현을 사용하기 시작하였다.

1998년 개정법 제9조 제1항이 공동유대에 관한 구체적인 사항을 대통령령에 위임함에 따라 신협법 시행령(1998. 4. 1. 대통령령 제15753호) 제12조가 신설되었다. 동 시행령에 의하면 신협의 종류를 지역조합과 직장조합, 단체조합으로 구분하고, 조합별로 공동유대의 범위와 조합원의 자격을 정하였다.[18] 그 후 법 시행령 및 상호금융업감독규정이 몇 차례 개정되면서, 공동유대 규제를 일부 완화하였다.

〈표〉 신협의 공동유대 규제 변천 현황

연도	주요 내용
1998년	행정구역이 인접한 5개 이내의 읍 · 면 · 동
1999년	동일한 시(구가 설치되지 아니한 시에 한한다) · 군 또는 구에 속하는 읍 · 면 · 동
2003년	같은 시 · 군 · 구에 속하는 읍 · 면 · 동, 다만, 금융감독위원회가 승인한 경우 다른 시 · 군 · 구의 읍 · 면 · 동 포함 가능
2017년	같은 시 · 군 또는 구에 속하는 읍 · 면 · 동. 다만, 재무건전성 등 요건을 충족하여 금융위원회가 승인한 경우에는 주사무소가 소재하는 읍 · 면 · 동에 인접하는 다른 시 · 군 · 구의 3개 이내의 동 또는 2개 이내의 읍 · 면
2020년	같은 시 · 군 또는 구에 속하는 읍 · 면 · 동. 다만, 재무건전성 등 요건을 충족하여 금융위원회가 승인한 경우에는 주사무소가 소재하는 시 · 군 또는 구에 인접하는 다른 시 · 군 또는 구에 속하는 3개 이내의 동 또는 2개 이내의 읍 · 면

17) 구 신협법(1998. 1. 13. 법률 제5506호로 개정되기 전의 것).
18) 구 신협법 시행령(1999. 4. 19. 대통령령 제16249호로 개정되기 전의 것).

1998년 공동유대에 관한 신협법 조문이 개정되고, 법 시행령에 공동유대에 관한 세부 사항이 신설되기 전까지는 상호유대를 조합원 자격 요건으로 두었을 뿐 조합의 인가 요건에 포함하고 있지 않았다.[19] 또한, 공동유대의 범위나 변경에 대해서도 별도의 규제를 두고 있지 않았고, 조합의 정관 자치 형태로 규율하고 있었다.[20] 그러나 교통·통신의 발달과 금융 환경의 급격한 변화를 맞이하게 되면서, 기존의 지역적 제한을 중심으로 한 공동유대는 낡은 규제로서 획기적인 전환을 필요로 하게 되었다.[21]

협동조합의 정체성과 본질을 유지하면서 금융협동조합의 자율성 보장과 경쟁력 유지를 위해서는 지역조합의 공동유대 범위를 확대할 필요가 있다.[22] 지역조합의 공동유대 확대는 지역조합의 지역금융 제공 역할을 확대할 수 있고, 지역조합의 대출 서비스가 추가되어 금융소비자의 선택권을 넓힐 수 있으며, 자금 운용의 제약으로 경영에 어려움을 겪는 읍·면 소재 조합들의 영업구역이 확대되어 자산규모가 증가하고 수익성 및 경영 건전성을 제고시켜 조합의 성장을 추진할 수 있는 원동력을 제공하는 등의 효과를 기대할 수 있다.[23]

2. 공동유대의 종류 및 범위

(1) 공동유대의 종류

조합은 공동유대에 따라 지역조합, 직장조합, 단체조합으로 구분한다. "지역조합"이란 동일한 행정구역·경제권 또는 생활권을 공동유대로 하는 조합을 말한다(법 제2조 제8호). "직장조합"의 공동유대는 같은 직장이다(법 시행령 제12조 제12항 제2호 본문). "단체조합"의 공동유대는 ① 교회·사찰 등의 종교단체,

---

19) **구 신협법**(1998. 1. 13. 법률 제5506호로 개정되기 전의 것) **제9조 (조합원)** ① 조합원은 거주지역·단체·직업·종교등 상호유대를 가진 개인 또는 단체로서 정관이 정하는 바에 따라 제1회출자금과 가입금을 납입한 자로 한다.

20) 한편, 공동유대의 범위를 시행령으로 정하도록 하면서 자발적이고 개방적인 조합원 제도를 채택하고 있는 협동조합 운영 원칙과 자율규제 및 책임 원칙을 침해하는 결과가 되고 있다.

21) 김용진 외, 앞의 보고서, 149-150면.

22) 남재현·박창균·허석균·성지민, 신협 기능 활성화를 위한 제도 개선방안, 한국금융학회 연구용역 보고서, 2018, 154-155면.

23) 고동원, 신협의 공동유대 범위 규제 개선방안, 신협연구 제74호, 신협중앙회, 2020, 45면.

② 시장상인단체, ③ 구성원간에 밀접한 협력관계 ④ 국가로부터 공인된 자격 또는 면허 등을 취득한 자로 구성된 같은 직종단체로서 법령에 의하여 인가를 받은 단체로 구분된다(법 시행령 제12조 제1항 제3호).

(2) 공동유대의 범위

지역조합의 공동유대는 같은 시·군 또는 구에 속하는 읍·면·동이다(법 시행령 제12조 제1항 제1호). 다만, 생활권 또는 경제권이 밀접하고 행정구역이 인접하고 있어 공동유대의 범위 안에 있다고 인정되는 경우로서 공동유대의 범위별로 재무건전성 등의 요건을 충족하여 금융위원회가 승인한 경우에는 같은 시·군 또는 구에 속하지 아니하는 읍·면·동을 포함할 수 있다(법 시행령 제12조 제1항 제1호 단서).

직장조합의 공동유대는 같은 직장이다. 이 경우 당해 직장의 지점·자회사·계열회사 및 산하기관을 포함할 수 있다(법 시행령 제12조 제1항 제2호 단서). 단체조합 중 교회·사찰 등의 종교단체는 동일한 시·군 또는 구에 소재하는 다른 종교단체와 공동유대를 구성할 수 있다(법 시행령 제12조 제2항).

3. 공동유대의 변경

(1) 공동유대 변경의 의의

공동유대의 '범위 조정'이란 정관에 표시된 공동유대가 축소되거나 확대되는 것을 말한다. 종류전환이란 조합이 설정한 공동유대의 종류를 어떤 필요성에 의해 변경하는 것을 말한다. 공동유대는 정관의 필수적 기재사항이므로 공동유대의 범위를 조정하거나 종류를 전환하고자 하는 경우에는 총회의 결의에 의한 정관 변경을 하여야 한다. 이와 같이 공동유대의 범위를 조정하고 종류를 전환하는 이유는 급변하는 환경에 조합이 신축적으로 대응할 수 있는 방안을 강구함으로써 조합의 영속성을 유지하려는 것이다.

(2) 공동유대의 범위 조정

신협의 지역조합의 경우 생활권 또는 경제권이 밀접하고 행정구역이 인접하고 있어 공동유대의 범위 안에 있다고 인정되는 경우 일부 확대 또는 전부 확대의 승인 제도가 존재한다. 일부 확대는 생활권 또는 경제권이 밀접하고 행정구역이 인접하는 경우, 조합의 공동유대를 주사무소가 소재하는 시·군·구에 인접한 시·군·구의 일부(읍·면·동)로 확대하는 것이다. 전부 확대는 조합의 공동유대를 주사무소가 소재하는 시·군 또는 구에 인접하는 하나의 시·군 또는 구에 속하는 모든 읍·면·동으로 확대하는 것이다.

신협의 공동유대 확대 제도는 기존에 시·군·구의 행정구역을 단위로 획일적으로 제한하여 기존 영업기반과 공동유대가 불일치하게 되는 등의 문제점을 보완하려는 목적으로 도입된 것이다. 이러한 공동유대 확대 제도는 금융위원회와 금융감독원이 2015년 9월 "민간서민금융회사의 역할 강화 방안"을 발표하면서 본격적으로 논의되기 시작하였다.[24] 금융위원회는 민간 서민금융 회사의 역할을 '지역'과 '서민' 중심의 금융 지원으로 명확히 하고, 이에 대한 정책적 지원을 확대하겠다고 밝혔다. 즉, 건전성이 양호하고, 조합원 대출 및 신용대출에 적극적인 단위 조합의 영업 활성화를 위하여 단위 조합의 공동유대를 인접 시·군·구까지 확대하고자 하였다.

이를 위해 2017년 10월에는 상호금융업감독규정을 개정하면서 공동유대의 일부확대와 전부확대 제도를 명문화하였다. 또한, 법 시행령을 개정하여 공동유대의 범위별로 정하는 재무건전성 등 승인 요건 및 승인 절차 등에 관하여 필요한 사항은 금융위원회가 정하여 고시하도록 근거 규정을 신설하였다(법 시행령 제12호 제6항). 2021년 1월에는 주사무소 소재지와 관계없이 조합이 속한 시·군·구와 생활권·경제권이 밀접한 인근의 일부 읍·면·동으로 공동유대를 확대할 수 있도록 개정되었다.[25]

---

24) 금융감독원, 민간서민금융회사 역할 강화방안 추진, 2015. 9. 11.자 보도자료.

25) **상호금융업감독규정 제4조의3(공동유대 변경의 승인범위 등)** ① 시행령 제12조 제1항 제1호 단서에 따른 승인의 범위는 다음 각 호와 같다. 이 경우 조합이 공동유대에 포함하고자 하는 전체 읍·면·동의 외부 경계는 현재의 공동유대에 접하여야 한다. 〈개정 2021. 1. 13〉

공동유대의 범위별로 정하는 재무건전성 등 승인 요건 및 승인 절차 등에 관하여 필요한 사항은 금융위원회가 정하여 고시한다(법 시행령 제12조 제6항).[26] 상호금융업감독규정에 의하면 공동유대 확대를 위해서는 지리적 요건, 법규준수 요건 등의 승인 요건을 충족하여야 한다. 우선 지리적 요건으로 확대하려는 지역이 조합의 공동유대와 생활권 또는 경제권이 밀접하고 행정구역에 인접하고 있어야 한다. 일부 확대의 경우 법규 준수 요건으로 최근 1년 간 금융감독원 및 신협중앙회로부터 기관경고 이상의 조치를 받은 사실이 없어야 하고, 최근 3년간 금융 관계 법령을 위반하여 해당 신협이 벌금형 이상의 형사 처벌을 받은 사실이 없어야 한다.

---

1. 주사무소가 소재하는 시·군 또는 구에 인접하는 시·군 또는 구에 속하는 3개 이내의 동 또는 2개 이내의 읍·면. 다만, 공동유대로 포함하고자 하는 읍·면·동에 타 조합의 공동유대가 아닌 읍·면·동이 포함되어 있는 경우에는 5개 이내의 동 또는 3개 이내의 읍·면으로 한다.

26) **상호금융업감독규정 제4조의3(공동유대 변경의 승인범위 등)** ① 시행령 제12조 제1항 제1호 단서에 따른 승인의 범위는 다음 각 호와 같다. 이 경우 조합이 공동유대에 포함하고자 하는 전체 읍·면·동의 외부 경계는 현재의 공동유대에 접하여야 한다. <개정 2021. 1. 13〉

1. 주사무소가 소재하는 시·군 또는 구에 인접하는 시·군 또는 구에 속하는 3개 이내의 동 또는 2개 이내의 읍·면. 다만, 공동유대로 포함하고자 하는 읍·면·동에 타 조합의 공동유대가 아닌 읍·면·동이 포함되어 있는 경우에는 5개 이내의 동 또는 3개 이내의 읍·면으로 한다.
2. 주사무소가 소재하는 시·군 또는 구에 인접하는 하나의 시·군 또는 구에 속하는 모든 읍·면·동

② 제1항 각 호에 따른 승인의 요건은 다음 각 호와 같다.

1. 제1항 제1호의 경우
   가. 조합이 최근 3년간 법 제100조에서 정하는 벌금형에 과(科)해지지 아니하였을 것
   나. 조합이 최근 1년간 법 제85조 제1항 및 제2항 각 호의 행정처분 중 주의를 제외한 조치를 받지 아니하였을 것
   다. 제12조 제3항에서 정하는 재무상태개선조치 조합 또는 재무상태개선조치가 종료된 후 1년이 경과하지 않은 조합이 아닐 것
   라. 총자산 대비 순자본비율: 최근 2년 사업연도말 기준 100분의 2이상
   마. 여신총액대비 제11조의 분류기준에 의한 "고정"이하 분류 여신비율: 최근 2년 사업연도말 기준 1000분의 25이하
2. 제1항 제2호의 경우
   가. 제1호 가목부터 다목까지의 요건
   나. 〈삭제〉
   다. 총자산 대비 순자본비율: 최근 2년 사업연도말 기준 100분의 4이상
   라. 여신총액대비 제11조의 분류기준에 의한 "고정"이하 분류 여신비율: 최근 2년 사업연도말 기준 100분의 2이하
   마. 제12조 제1항 제5호에 따른 예대율: "최근 2년 사업연도의 제4분기 기준" 100분의 60이상 〈개정 2022. 1. 12.〉
   바. 다음 중 어느 하나 이상에 해당할 것
      1) 대출총액대비 조합원에 대한 대출비율: 최근 2년 사업연도말 기준 100분의 80이상
      2) 대출총액대비 신용대출비율: 최근 2년 사업연도말 기준 100분의 7이상

(3) 공동유대의 종류 변경

조합의 공동유대는 종류를 변경할 수 있다.[27] 신용협동조합 정관변경 및 공동유대 사무소 승인에 관한 지침(이하 '신협정관변경등승인지침') 제21조에 따르면 법 시행령 제12조에서 정하는 공동유대 중 직장과 단체를 공동유대로 하는

27) 지침 제21조(공동유대전환) ① 신협법시행령 제12조에서 정하는 공동유대 중 직장과 단체를 공동유대로 하는 조합은 지역조합으로 전환할 수 있다.
② 제1항에 따라 공동유대를 전환하고자 하는 조합은 다음 각 호를 충족하여야 한다.
1. 설립인가 후 3년 이상이 경과하였을 것
2. 지역조합의 최저출자금을 충족할 것
3. 공동유대 전환 전 조합원의 1/3 이상이 전환 후 공동유대 내에 속할 것
4. 전환 후 사무소는 제10조 및 제11조에서 정한 기준에 적합할 것(단, 공동유대 전환 전 운영 중인 사무소에 대해서는 제10조 제2항 제2호를 적용하지 않음)
5. 공동유대 전환 이후 3개년 간 사업계획서(추정재무제표 및 수익전망 포함)가 타당성이 있을 것
6. 감독기관으로부터 승인신청일 직전 1년간 기관경고 또는 1년간 임직원에 대한 직무정지(정직)이상의 조치를 받은 사실이 없을 것
7. 승인신청일 직전 3개월간 월만 기준 연체율 3% 이하일 것
8. 승인신청일 직전 3개월간 상호금융업감독규정 제12조 제1항 제5호를 준수할 것
9. 상시근무인원 4명 이상 배치(배치 인원 중 2명 이상 여신심사역 보유). 다만, 이를 충족하지 못한 경우에는 정관변경승인 후 1년 이내에 이를 충족하여야 함
10. 경영지원 및 자문조합을 선정할 것

지침 제22조(공동유대전환절차 등) ① 조합이 공동유대를 전환하고자 할 때에는 이사회의 결의를 거친 후 총회에 부의하기 전에 다음 각 호의 서류를 중앙회장에게 제출하여 공동유대 전환의 타당성에 대하여 심사를 받아야 한다.
1. 공동유대 전환 계획서(별지13)
2. 공동유대 전환 후 3개년 사업계획서
3. 공동유대 전환 후 조직 운영(임원 선임 포함) 계획
4. 이사회의사록 사본
5. 공동유대 및 예정 사무소 위치를 나타내는 약도
6. 공동유대 전환 후 3개년 추정재무제표(인가업무지도지침의 작성기준에 의함)
7. 경영지원 및 자문조합 선정서
8. 기타 중앙회가 요구하는 자료

② 중앙회장은 공동유대전환의 타당성을 확인하기 위해 실태조사를 실시하여야 하며 실태조사 결과 등을 반영한 타당성 심사결과를 신청 문서 접수일로부터 1월 이내에 조합에 통보하여야 한다. 다만, 중앙회의 추가조사 등 부득이한 사유가 있는 때에는 이를 연기할 수 있다.
③ 조합은 제2항의 결과에 따라 총회에서 정관변경 결의를 받은 후 정관변경승인신청서를 중앙회장에게 제출하여야 한다.
④ 중앙회장은 제3항에서 정하는 신청서를 심사한 후 신청서 접수일로부터 1월 이내에 공동유대전환 승인 여부를 해당 조합에 통보하여야 한다. 다만, 중앙회의 감독상 부득이한 사유가 있는 때에는 이를 연기할 수 있다.
⑤ 조합이 중앙회장으로부터 제2항의 공동유대전환 타당성 심사결과 적정통보를 받고 1년 이내에 정관변경승인신청서를 제출하지 않는 경우 해당 적정통보는 효력을 상실한다.

조합은 지역조합으로 전환할 수 있다. 공동유대를 전환하고자 하는 조합은 일정한 요건을 갖추고 조합 이사회 결의를 거쳐 공동유대 전환의 타당성에 대한 심사를 받아야 한다(신협정관변경등승인지침 제22조). 조합은 타당성 심사 결과에 따라 총회에서 정관변경 결의를 받은 후 중앙회장의 정관변경 승인절차를 거쳐 공동유대의 종류가 전환된다.

4. 주사무소와 지사무소

(1) 주사무소

조합의 주된 사무소는 정관에서 정한다(법 제9조 제1항). 조합의 사무소는 공동유대 범위 내에 소재하여야 한다(신협정관변경등승인지침 제10조 제1항). 지역조합이 사무소를 설치(신설 또는 이전을 포함한다)하고자 하는 경우 ① 주사무소의 이전 범위는 현재 주사무소가 소재한 시·군·구로 하고(다만, 행정구역의 변경으로 시·군·구가 조정되는 경우에는 예외로 할 수 있음), ② 인근 지역조합의 사무소에서 도보거리 기준 300m(토지 경계간 최단거리로 측정) 이상 떨어져야 하며(다만, 인근 조합에서 동의서를 제출한 경우에는 예외로 함), ③ 상호금융업감독규정 제4조의3에 따라 공동유대 확대승인을 받은 지역에 사무소를 설치하고자 하는 경우에는 검사·감독이사가 정하는 별도의 기준을 충족하여야 한다(신협정관변경등승인지침 제10조 제2항).

직장 또는 단체조합이 그 공동유대가 되는 직장 또는 단체의 사무소를 벗어나서 사무소를 설치할 경우에는 동일 행정읍·면·동 내에 소재하여야 하며, 이 경우 인근 지역조합의 사무소에서 도보거리 기준 300m(토지 경계간 최단거리로 측정) 이상 떨어져야 한다[다만, 인근 조합에서 동의서를 제출한 경우에는 예외로 함(신협정관변경등승인지침 제10조 제3항)]. 한편, 직장 또는 단체 공동유대를 가진 지역조합이 지역 공동유대 밖에 해당 직장 또는 단체 공동유대에 따른 사무소를 설치할 경우에는 직장 또는 단체조합의 경우를 준용한다(신협정관변경등승인지침 제10조 제4항).

(2) 지사무소

지사무소는 명칭 여하에 불구하고 주된 사무소에 종속하여 조합 업무 중 일정범위의 업무를 독자적으로 수행하는 시설로서 지사무소로 등기된 영업장소를 말한다. 조합은 중앙회장의 승인을 얻어 지사무소를 둘 수 있다(법 제9조 제3항). 다만, 지사무소의 명칭은 등기사항이 아니므로 조합이 자율적으로 정할 수 있다. 조합이 지사무소를 설치한 경우에는 설치 후 2주일 이내에 주된 사무소의 소재지에서 설치된 지사무소 등의 명칭, 소재지 및 설치 연월일을 등기해야 한다(법 시행령 제3조).

Ⅲ. 관련 법령

법률	조문
새마을 금고법	**제8조의2(사무소)** ① 금고의 주된 사무소는 정관으로 정한다. ② 금고는 정관으로 정하는 바에 따라 필요한 곳에 분사무소를 둘 수 있다 [본조신설 2011. 3. 8.]
농업 협동조합법	**제14조(구역과 지사무소)** ① 지역농협의 구역은 「지방자치법」 제2조 제1항 제2호에 따른 하나의 시(「제주특별자치도 설치 및 국제자유도시 조성을 위한 특별법」 제10조 제2항에 따른 행정시를 포함한다. 이하 같다) · 군 · 구에서 정관으로 정한다. 다만, 생활권 · 경제권 등을 고려하여 하나의 시 · 군 · 구를 구역으로 하는 것이 부적당한 경우로서 농림축산식품부장관의 인가를 받은 경우에는 둘 이상의 시 · 군 · 구에서 정관으로 정할 수 있다. 〈개정 2013. 3. 23., 2022. 12. 13.〉 ② 지역농협은 정관으로 정하는 기준과 절차에 따라 지사무소(支事務所)를 둘 수 있다. [전문개정 2009. 6. 9.]
수산업 협동조합법	**제14조(구역 및 지사무소)** ① 지구별수협의 구역은 시 · 군의 행정구역에 따른다. 다만, 해양수산부장관의 인가를 받은 경우에는 그러하지 아니하다. 〈개정 2013. 3. 23.〉 ② 지구별수협은 정관으로 정하는 바에 따라 지사무소(支事務所)를 둘 수 있다. 〈개정 2016. 5. 29.〉 [전문개정 2010. 4. 12.] 제15조(어촌계) ① 지구별수협의 조합원은 행정구역 · 경제권 등을 중심으로 어촌계를 조직할 수 있으며, 그 구역은 어촌계의 정관으로 정한다. ② 어촌계의 관리 등에 필요한 사항은 대통령령으로 정한다. [전문개정 2010. 4. 12.]

산림조합법	**제13조(구역과 사무소)** ① 지역조합의 구역은 특별자치시 · 특별자치도 · 시 · 군 · 구(구는 자치구를 말하며, 이하 "시 · 군 · 구"라 한다)의 구역으로 한다. 다만, 시 · 군 · 구의 구역으로 조직하는 것이 부적당한 경우에는 산림청장의 승인을 받아 따로 구역을 정할 수 있다. ② 전문조합의 구역은 경제권역 또는 주 생산단지를 중심으로 정관으로 정한다. 〈개정 2020. 3. 24.〉 ③ 같은 구역에서는 지역조합을 둘 이상, 전문조합을 둘 이상 각각 설립할 수 없다. ④ 조합은 그 구역에 주된 사무소를 두며, 정관으로 정하는 기준과 절차에 따라 지사무소(支事務所)를 둘 수 있다. [전문개정 2013. 4. 5.]

제10조(정관 기재사항)

제10조(정관 기재사항) 조합의 정관에는 다음 각 호의 사항이 포함되어야 한다.
1. 목적
2. 명칭
3. 주된 사무소의 소재지
4. 공동유대에 관한 사항
5. 조합원의 자격과 가입·탈퇴 및 제명(除名)에 관한 사항
6. 출자 1좌(座)의 금액과 그 납입 방법 및 시기
7. 조합원의 권리와 의무에 관한 사항
8. 사업의 범위 및 회계에 관한 사항
9. 기관 및 임원에 관한 사항
10. 해산에 관한 사항
11. 공고의 방법
12. 출자금의 양도에 관한 사항
13. 그 밖에 총회의 운영 등에 필요한 사항

[전문개정 2015. 1. 20.]

Ⅰ. 조문의 취지와 의의

법 제10조에서는 정관의 필수적 기재사항을 명시하고 있다. 정관은 신협 최고의 자치법규로서 법인의 성립요건이자 존속요건이이다. 필수적 기재사항은 법에서 정관의 유효요건으로 정한 사항으로서 정관에 기재하여야 하므로, 그 중 하나라도 기재되지 아니하거나 그 기재가 위법한 경우에는 정관과 더불어 신협의 설립 자체가 무효가 될 수 있다. 따라서, 법 제10조에서는 정관의 필수적 기재사항을 구체적으로 명시한 규정이라고 볼 수 있다.

Ⅱ. 조문의 내용 및 해설

1. 정관의 의의

정관은 법인이나 단체의 조직 및 활동 등에 관하여 기본적 사항을 규정한

최고의 자치법규이다. 정관은 법인의 성립요건이자 존속요건이다. 중앙회는 조합의 설립 및 운영에 필요한 사항을 규정하여 모든 조합에 공통적으로 적용하기 위하여 표준정관을 제정하고 있다. 표준정관은 각 조합의 정관작성에 따른 시간낭비와 임의적인 정관작성을 방지하여 건전한 신협 발전을 기하기 위하여 중앙회 이사회 결의를 거쳐 제정된 것으로, 신협이 정관을 제정 및 변경함에 있어 원칙적으로 따라야 할 기본적인 준칙이다.

정관은 신협의 자치법규로서 그 내용이 법령에 반하지 않는 한 발기인뿐만 아니라 신협의 출자자 및 기관을 구속하는 효력이 있다. 정관의 규정은 제3자와의 관계와 같은 대외적인 경우가 아니면 객관적으로 해석하여야 하며, 일반적인 의사표시나 계약의 해석원칙은 적용될 수 없다.

2. 정관의 기재사항

(1) 기재사항 일반

정관의 기재사항에는 필수적 기재사항, 상대적 기재사항, 임의적 기재사항이 있다. 필수적 기재사항이란 법에서 정관의 유효요건으로 정한 사항으로서 정관에 기재하여야 하는 최소한도이며, 그 중 하나라도 기재되지 아니하거나 그 기재가 위법한 경우에는 정관과 더불어 신협의 설립 자체가 무효가 될 수 있다. 상대적 기재사항은 정관 자체의 효력에는 영향을 미치지 아니하지만 그것을 정관에 기재하지 않으면 그 사항에 대한 효력이 생기지 않는 것이다. 예를 들어, 조합원의 자격 상실에 관한 사항은 상대적 기재사항으로서 조합원의 자격 상실에 관한 사항을 정관에 기재하지 않더라도 정관 자체의 효력에는 영향을 미치지 아니하나, 정관에 기재하지 않으면 조합원의 자격을 상실하게 할 수 없다. 임의적 기재사항은 강행법규, 선량한 풍속 기타 사회질서 및 신협의 본질에 반하지 않고 신협법이 허용하는 범위 내에서 필요한 사항을 기재한 것을 말한다.

(2) 필수적 기재사항

가. 목 적

'목적'은 신협의 존재 이유로 삼아 수행하는 사업을 말하며, 제3자가 이해할 수 있도록 구체적으로 기재하여야 한다. '목적'은 출자자에게는 출자의 동기가 되고, 기관에게는 업무집행의 범위를 확정하며, 신협의 권리능력의 범위를 정하는 기준이 된다.[28] 목적은 제3자가 신협을 상대로 거래하는데 있어 신협에 대해 기대할 수 있는 반대급부의 범위를 예측하는 기준이 될 수 있다. 표준정관에 의하면, 조합의 목적은 조합원에 대하여 금융 및 생활의 편의를 제공함으로써 조합원의 복지향상과 지역경제의 균형 있는 발전에 기여하는 것이다.[29]

나. 명 칭

조합은 설립 시에 반드시 명칭을 정하여야 하며, 조합의 명칭은 정관의 절대적 기재사항이자 등기사항이다. 법은 조합의 "신협"이라는 명칭 사용을 의무화하는 내용과 조합 또는 중앙회가 아닌 자가 "신용협동조합" 등의 문자를 사용하지 못하도록 규정하고 있다. 조합의 명칭은 공동유대의 특성을 고려하여 정하여야 하고, 기존조합의 명칭과 중복되어서는 아니된다(신용협동조합 인가업무지도지침 제10조 제1항, 제2항).

다. 주된 사무소의 소재지

주소란 실질적인 생활의 근거가 되는 곳을 말한다(민법 제18조 제1항). 법인인 신협은 그 주된 사무소의 소재지가 주소가 된다(법 제9조 제2항, 민법 제36조). 주된 사무소란 신협의 최고 경영진이 존재하는 장소를 말하며, 전체적인 지휘가 행하여지는 핵심적인 장소이다. 주된 사무소의 지휘·명령을 받아 제한된 범위 내에서 활동하는 사무소를 지사무소라고 한다. 주된 사무소는 신협의 주소가 되어 신협이 받을 의사표시나 통지의 수령지가 되며, 등기 및 각종 재

---

28) 이승언, 농협법, 법문사, 2006, 25면.

29) **표준정관 제2조(목적)** 조합은 조합원에 대하여 금융 및 생활의 편의를 제공함으로써 조합원의 복지향상과 지역경제의 균형 있는 발전에 기여함을 목적으로 한다.

판관할의 표준이 되고 총회의 소집지를 제한하는 효과가 있다.[30)]

라. 공동유대에 관한 사항

조합의 공동유대는 행정구역 · 경제권 · 생활권 또는 직장 · 단체 등을 중심으로 하여 정관에서 정한다(법 제9조 제1항). 이 경우 공동유대의 범위, 종류 및 변경에 관한 사항은 대통령령으로 정하는 바에 따른다(법 제9조 제2항). 공동유대에 대해서는 제9조에서 자세히 다룬다.

마. 조합원의 자격과 가입 · 탈퇴 및 제명에 관한 사항

신협의 조합원은 공동유대에 소속된 자로서 제1회 출자금을 납입한 자로 한다(법 제11조 제1항). 조합원으로 가입하고자 하는 자는 ① 성명, 주소 또는 거소(법인 또는 단체인 경우에는 사무소 소재지 및 법인 · 단체명), ② 출자하고자 하는 출자좌수, ③ 다른 조합에 가입하고 있는 경우에는 그 조합의 명칭을 기재한 가입신청서를 서면 또는 「전자문서 및 전자거래 기본법」에 따른 전자문서(이하 '전자문서'라 한다)로 이사장에게 제출하고 가입승인을 얻어야 한다(표준정관 제9조 제1항).

신협은 법에 규정된 범위 내에서 정관으로 조합원의 자격기준을 정할 수 있으므로 그에 관한 사항을 정관에 기재하여야 한다. 조합원의 자격 기준 외에 조합에의 가입[31)] · 탈퇴[32)] 및 제명[33)]에 관한 사항을 정관에 기재한다.

---

30) **표준정관 제3조(사무소의 소재지)** 조합의 주사무소는 ( )시 · 도 ( )시 · 군 · 구 ( )읍 · 면 · 동에 두며, 신협중앙회의 회장(이하 "중앙회장"이라 한다)이 정하는 기준에 따라 필요한 곳에 지사무소를 둘 수 있다. 〈2020. 12. 16. 개정〉

31) **표준정관 제9조(가입)** ① 조합원으로 가입하고자 하는 자는 다음 각호의 사항을 기재한 가입신청서를 서면 또는 「전자문서 및 전자거래 기본법」에 따른 전자문서(이하 '전자문서'라 한다)로 이사장에게 제출하고 가입승인을 얻어야 한다. 〈2021. 10. 20. 개정〉

1. 성명, 주소 또는 거소(법인 또는 단체인 경우에는 사무소 소재지 및 법인 · 단체명) 〈2015. 8. 5. 개정〉
2. 출자하고자 하는 출자좌수
3. 다른 조합에 가입하고 있는 경우에는 그 조합의 명칭

② 조합은 제1항의 가입신청자에 대하여 조합원으로서의 자격유무를 확인하고, 지체없이 가입 여부를 가입신청자에게 고지하여야 한다.

③ 제2항의 규정에 의한 가입신청자는 이 정관이 정하는 바에 따라 1좌 금액이상의 출자금을 납입함으로써 조합원의 자격을 갖는다.

32) **표준정관 제15조(탈퇴)** ① 조합원은 서면 또는 전자문서로 조합에 탈퇴의 뜻을 예고하고 탈퇴할 수 있다. 이 경우 탈퇴의 방법 및 절차에 관한 세부사항은 중앙회장이 정하는 출자금업무방법서에 따

바. 출자1좌의 금액 및 그 납입방법 및 시기

조합의 자본금은 조합원의 출자로서 구성되고 이는 일정한 액수로 분할하여 계산된다. 여기에서 분할의 단위를 '좌'라 한다. 출자 1좌의 금액은 균일하여야 하고,[34] 조합원의 출자금은 질권의 목적이 될 수 없다(법 제14조 제6항). 조합의 자본충실을 기하기 위하여 조합원의 출자금은 조합의 채권과 상계할 수 없다(법 제14조 제5항). 따라서 출자 1좌의 금액과 조합원의 출자좌수의 한도, 납입방법과 그 시기에 관한 사항은 정관으로 정하여야 한다.

른다. 〈2021. 10. 20. 개정〉

② 조합원이 다음 각호의 1에 해당하게 된 때에는 탈퇴한 것으로 본다. 〈1999. 2. 5 개정〉

1. 조합원의 자격상실
2. 사망
3. 파산
4. 피성년후견인 〈2019. 11. 21. 개정〉
5. 조합원인 법인의 해산 〈2003. 12. 12. 신설〉
6. 제명

③ 제2항 제1호의 규정에 의한 자격상실은 다음 각호로 하며, 이사회 결의에 의하여 자격상실의 효력이 발생한다. 이 경우 제7조 제1항에 정한 방법에 따라 자격상실 사실을 통지하여야 한다. 〈1999. 2. 5., 2012. 11. 19. 개정〉

1. 제8조에 정한 공동유대에 속하지 아니한 때
2. 3년 이상 제4조 제1항 제1호 가목·나목 또는 바목에 규정한 신용사업을 이용하지 아니한 때 〈2000. 6. 20. 개정〉

④ 제2항 각호의 1의 사유가 발생한 자가 조합과 다음 각호의 1의 계약관계에 있는 경우에는 제2항 및 제3항의 규정에 불구하고 당해 계약관계를 종료할 때까지 조합원으로 본다.

1. 조합으로부터 대출금이 있는 때
2. 조합에 기한이 도래하지 않은 예탁금 또는 적금이 있는 때 〈2012. 11. 19. 개정〉

33) **표준정관 제18조(제명)** ① 조합원이 다음 각호의 1에 해당하는 때에는 총회의 결의에 의하여 제명할 수 있다.

1. 출자금의 납입, 기타 조합에 대한 의무를 이행하지 아니한 때
2. 조합의 사업을 방해하거나 신용을 상실하게 한 행위를 한 때
3. 법령이나 정관을 위반한 때
4. 2년 이상의 기간에 걸쳐 제4조 제1항 제1호 가목·나목 또는 바목에서 정한 조합의 사업을 이용하지 아니한 때 〈1999. 2. 5., 2000. 2. 5 개정〉
5. 출자 1좌 미만이 된 후 6월이 경과한 때

② 조합은 제1항의 규정에 의하여 조합원을 제명하고자 할 때에는 총회 개최일 10일전에 그 조합원에 대하여 제명의 사유를 통지하고, 총회에서 의견을 진술할 기회를 주어야 한다.

③ 제2항의 규정에 의한 의견진술의 기회를 주지 아니하고 행한 총회의 제명에 관한 결의는 당해 조합원에게 대항할 수 없다.

34) **표준정관 제20조(출자)** ① 조합원은 출자 1좌 이상을 가져야 하며 출자 1좌의 금액은 ( )원으로 한다.

② 1조합원의 출자좌수는 총 출자좌수의 100분의 10을 초과할 수 없다.

사. 조합원의 권리와 의무에 관한 사항

조합원의 권리란 조합원의 지위에서 조합에 대하여 가지는 여러 가지 권리를 말한다. 조합원의 권리는 행사목적에 따라 공익권과 자익권으로 구분되고, 행사방법에 따라 단독조합원권과 소수조합원권으로 분류된다. 조합원의 의무란 조합원이 조합의 구성원으로서의 지위에서 부담하는 고유의무를 말한다. 조합원은 조합에 대하여 출자의무와 사업이용의무 등을 부담하며, 법령 및 정관 등 제규정을 준수할 의무를 가진다.

아. 사업의 범위 및 회계에 관한 사항

사업이란 조합이 그 목적달성을 위하여 영위하고자 하는 업무를 말한다. 사업의 범위는 목적과 결합하여 조합의 권리능력의 범위를 한정하는 기준이 되므로 다른 사업과 확실히 구분할 수 있도록 그 범위를 구체적으로 특정해서 기재하여야 한다. 조합은 정관으로 회계연도를 정하여야 하고, 조합의 회계는 일반회계와 특별회계로 구분하되, 특별회계는 특정사업을 운영할 때, 특정자금을 보유하여 운영할 때, 기타 일반회계와 구분할 필요가 있는 때에 정관이 정하는 바에 의하여 설치할 수 있다. 따라서 정관에 회계연도와 회계에 관한 사항을 기재하여야 한다.

자. 기관 및 임원에 관한 사항

조합의 정관에는 조합의 기관인 총회, 이사회 등의 의결기관의 조직, 기능, 소집절차, 개의요건과 의결사항, 의결방법, 의결통지방법 등에 대하여 규정하고, 임원인 이사장·이사·감사의 선임, 결격사유, 해임, 임기, 직무 등에 관한 사항을 기재하여야 한다.

차. 해산에 관한 사항

정관에서 정한 해산 사유가 발생하거나, 총회의 해산 결의, 합병 또는 파산, 설립인가가 취소되는 경우에 조합은 해산한다(법 제54조 제1항). 조합이 해산한 때에는 14일 이내에 해산등기를 하여야 하며, 합병된 때에는 그 존속하는 조합이 변경등기를 하여야 한다(법 제54조 제3항).

카. 공고의 방법

조합의 공고 방법에 관하여는 상법과 같은 특별한 제한 규정이 없으므로 각 조합의 사정에 따라 특정한 신문에의 게재나 특정한 장소에의 게시 등과 같이 공고의 목적을 달성할 수 있는 공고 방법을 정관에 구체적으로 특정해서 규정하여야 한다.[35] 조합의 공고사항으로는 설립인가 등의 공고(법 제8조의2), 경영관리(법 제86조), 계약이전 결정(법 제86조의5) 등이 있다.

타. 출자금의 양도에 관한 사항

조합원의 출자금은 이사장의 승인을 얻어 다른 조합원에게 양도할 수 있다(법 제15조 제1항). 출자금의 양수인은 양도인의 재산상의 권리와 의무를 승계한다(법 제15조 제2항). 조합원은 출자금을 공유할 수 없다(법 제15조 제3항).

파. 그 밖의 총회의 운영 등에 필요한 사항

조합에 최고의결기구로서 총회를 둔다(법 제23조 제1항). 총회는 조합원으로 구성하되, 정기총회는 사업연도마다 1회 이사장이 소집하고, 임시총회는 이사장이 필요하다고 인정하거나 제26조에 따라 조합원 또는 감사의 청구로 정관에서 정하는 바에 따라 소집한다(법 제23조 제2항). 이사장은 총회의 의장이 된다(법 제23조 제3항). 정관에는 총회 운영에 필요한 '총회의 개의와 결의', '총회의 소집 청구', '총회 결의의 특례' 등의 사항을 기재하여야 한다.

(3) 상대적 기재사항

상대적 기재사항에는 지사무소의 설치, 존립시기 또는 해산 사유, 비조합원의 사업이용, 조합원의 금지 행위, 임원 선거운동의 방법, 선거관리위원회의 기능 및 운영, 정기총회 소집 시기, 청산잔여재산의 처분 등이 있다.

---

35) **표준정관 제6조(공고방법)** 조합의 공고는 조합의 게시판에 10일 이상 게시한다. 다만, 필요한 경우에는 ( )에서 발행하는 일간신문에 게재하거나 서면으로 조합원에게 통지한다.

(4) 임의적 기재사항

필수적 또는 상대적 기재사항 이외에 강행법규나 선량한 풍속 등 사회질서에 반하지 않는 사항을 정관에 기재할 수 있다. 그러나 임의적 기재사항도 일단 정관에 기재되면 그 또한 정관 내용으로서의 구속력을 갖게 되며, 그 규정 변경도 일반적인 정관변경 절차에 의한다. 임의적 기재사항에는 직원의 종류, 급여 등이 있다.

Ⅲ. 관련 판례

대법원 2005. 6. 9. 선고 2005다2554 판결 [대여금]
"이사회는 재적이사 과반수의 출석으로 개최하고 출석이사 과반수의 찬성으로 의결한다."는 신용협동조합의 정관 규정은 의사정족수 및 의결정족수에 관한 일반 규정이어서 이른바 서면결의 방식에 의한 이사회결의를 금하는 규정이라고 단정하기 어렵고, 만일 위 규정을 서면결의를 금하는 규정으로 본다고 하더라도 민법 제60조에 의하여 대표권의 제한은 등기를 하지 아니한 이상 제3자에 대항할 수 없으므로 위 정관 규정만으로 서면결의 방식에 의한 이사회결의가 무효라고 할 수 없다"

대법원 2004. 4. 28. 선고 2003다21650 판결 [손해배상(기)]
"조합원의 범위(정관 제10조)를 확대하기 위하여는 정관의 변경이 있어야 하고 정관의 변경은 조합원 총회의 특별결의를 요하므로 이사회의 결의만으로는 조합원의 범위를 확대할 수 없어 1996. 3.경 ○○○신협의 조합원 범위를 확대하자는 이사회결의는 정관의 규정에 반하여 효력이 없다."

Ⅳ. 관련 법령

법률	조문
	제8조(정관의 기재사항) 금고의 정관에는 다음 각 호의 사항을 적어야 한다. 〈개정 2023. 4. 11.〉 1. 목적

새마을 금고법	2. 명칭 3. 주된 사무소의 소재지 4. 해당 금고의 업무구역 5. 회원의 자격과 가입, 탈퇴 및 제명(除名)에 관한 사항 6. 출자(出資) 1좌(座)의 금액과 납입 방법 7. 기관에 관한 사항 및 임원의 수와 선출에 관한 사항 8. 사업의 종류와 회계에 관한 사항 9. 공고 방법 10. 해산에 관한 사항 11. 그 밖에 필요한 사항
농업 협동조합법	제16조(정관기재사항) 지역농협의 정관에는 다음 각 호의 사항이 포함되어야 한다. 1. 목적 2. 명칭 3. 구역 4. 주된 사무소의 소재지 5. 조합원의 자격과 가입, 탈퇴 및 제명(除名)에 관한 사항 6. 출자(出資) 1좌(座)의 금액과 조합원의 출자좌수 한도 및 납입 방법과 지분 계산에 관한 사항 7. 우선출자에 관한 사항 8. 경비 부과와 과태금(過怠金)의 징수에 관한 사항 9. 적립금의 종류와 적립 방법에 관한 사항 10. 잉여금의 처분과 손실금의 처리 방법에 관한 사항 11. 회계연도와 회계에 관한 사항 12. 사업의 종류와 그 집행에 관한 사항 13. 총회나 그 밖의 의결기관과 임원의 정수, 선출 및 해임에 관한 사항 14. 간부직원의 임면에 관한 사항 15. 공고의 방법에 관한 사항 16. 존립 시기 또는 해산의 사유를 정한 경우에는 그 시기 또는 사유 17. 설립 후 현물출자를 약정한 경우에는 그 출자 재산의 명칭, 수량, 가격, 출자자의 성명·주소와 현금출자 전환 및 환매특약 조건 18. 설립 후 양수를 약정한 재산이 있는 경우에는 그 재산의 명칭, 수량, 가격과 양도인의 성명·주소 19. 그 밖에 이 법에서 정관으로 정하도록 한 사항 [전문개정 2009. 6. 9.]
수산업 협동조합법	제17조(정관 기재사항) 지구별수협의 정관에는 다음 각 호의 사항이 포함되어야 한다. 〈개정 2020. 3. 24.〉 1. 목적 2. 명칭 3. 구역 4. 주된 사무소의 소재지 5. 조합원의 자격·가입·탈퇴 및 제명(除名)에 관한 사항 6. 출자(出資) 1계좌의 금액과 조합원의 출자계좌 수 한도 및 납입 방법과 지분 계산에 관한 사항

<table>
<tr><td></td><td>7. 제22조의2에 따른 우선출자에 관한 사항
8. 경비 및 과태금(過怠金)의 부과·징수에 관한 사항
9. 적립금의 종류와 적립 방법에 관한 사항
10. 잉여금의 처분과 손실금의 처리 방법에 관한 사항
11. 회계연도와 회계에 관한 사항
12. 사업의 종류와 그 집행에 관한 사항
13. 총회 및 그 밖의 의결기관과 임원의 정수(定數)·선출 및 해임에 관한 사항
14. 간부직원의 임면(任免)에 관한 사항
15. 공고의 방법에 관한 사항
16. 존립시기 또는 해산의 사유를 정한 경우에는 그 시기 또는 사유
17. 설립 후 현물출자(現物出資)를 약정한 경우에는 그 출자 재산의 명칭·수량·가격 및 출자자의 성명·주소와 현금출자로의 전환 및 환매특약 조건
18. 설립 후 양수하기로 약정한 재산이 있는 경우에는 그 재산의 명칭·수량·가격과 양도인의 성명·주소
[전문개정 2010. 4. 12.]</td></tr>
<tr><td>산림조합법</td><td>제15조(정관기재사항) ① 조합의 정관에는 다음 각 호의 사항이 포함되어야 한다. 〈개정 2020. 3. 24.〉
1. 목적·명칭 및 구역
2. 주된 사무소의 소재지
3. 조합원의 자격과 가입·탈퇴 및 제명에 관한 사항
4. 출자 1계좌의 금액과 조합원의 출자계좌 수 한도, 납입방법 및 지분계산에 관한 사항
5. 우선출자에 관한 사항
6. 총회와 그 밖의 의결기관과 임원의 정수·선출 및 해임에 관한 사항
7. 간부직원의 임면(任免)에 관한 사항
8. 사업의 종류와 그 집행에 관한 사항
9. 회계연도와 회계에 관한 사항
10. 적립금의 종류와 적립방법에 관한 사항
11. 잉여금의 처분과 손실금의 처리방법에 관한 사항
12. 경비 및 과태금의 부과·징수와 사용료·수수료에 관한 사항
13. 공고의 방법에 관한 사항
14. 존립시기 또는 해산의 사유를 정하였을 때에는 그 시기 또는 사유
15. 설립 후 현물출자를 약정하였을 때에는 그 출자자산의 명칭·수량·가격, 출자자의 성명·주소와 현금출자로의 전환 및 환매특약조건
16. 설립 후 양수(讓受)를 약정한 재산이 있는 경우에는 그 재산의 명칭·수량·가격과 양도인의 성명·주소
17. 그 밖에 필요한 사항
② 조합의 정관을 변경하려면 시·도지사의 인가를 받아야 한다. 다만, 제16조에 따른 정관례에 따라 변경하는 경우에는 시·도지사의 인가를 받은 것으로 본다. 〈개정 2020. 2. 18.〉
[전문개정 2013. 4. 5.]</td></tr>
</table>

제2절 조합원과 출자

제11조(조합원의 자격)

제11조(조합원의 자격) ① 조합원은 조합의 공동유대에 소속된 자로서 제1회 출자금을 납입한 자로 한다.

② 제1항에도 불구하고 조합은 조합의 설립 목적 및 효율적인 운영을 저해하지 아니하는 범위에서 해당 공동유대에 소속되지 아니한 자 중 다음 각 호의 어느 하나에 해당하는 자를 조합원에 포함시킬 수 있다. 〈개정 2023. 12. 26.〉

1. 직장을 퇴직한 날부터 1년이 지나지 아니한 자
2. 그 밖에 대통령령으로 정하는 자

③ 1조합의 조합원의 수는 100인 이상이어야 한다.

[전문개정 2015. 1. 20.]

Ⅰ. 조문의 취지와 의의

법 제11조는 신협의 조합원 자격과 최소 조합원 수를 규정하고 있다. 조합원 자격은 원칙적으로 신협의 정관으로 정한 공동유대에 속한 자에게 있으며, 예외적으로 해당 신협의 공동유대에 소속되지는 않았으나 조합원이 될 수 있는 자를 법령에서 열거하고 있다. 최소 조합원 수는 신협의 설립요건이며 유지조건 중 하나이다.

Ⅱ. 조문의 내용 및 해설

1. 조합원의 의의

신협의 조합원이란 법률적 개념으로는 법과 시행령상의 자격 요건을 갖추고 신협의 정관에 따른 조합원 가입 절차를 마친 조합의 구성원을 말하며(법 제2조 제4호), 경제적 개념으로는 조합의 사업과 경영의 주체로서 소유자이고 이용자인 동시에 운영자이다. 상법 등이 주식회사의 주주에 대해 '소유와 경영의 분리 원칙'에 입각하여 규율하는 것과는 달리, 법은 조합원이 조합의 소유자·이용자·운영자의 지위를 동시에 가진다는 원칙을 기초로 조합에 관한 법률관계를 규율하고 있다.[1)]

〈표〉 조합원과 주주의 비교

구분	조합원	주주
본질	인적결합	물적결합
의결권행사	1인 1표	1주 1표
출자제한	1인 출자한도 제한(법 제14조 제3항) (총 출자좌수의 100분의10 초과 불가)	무제한 출자 가능
자격요건제한	있음(법 제11조) (조합 공동유대 소속 여부 등에 따른 제한)	없음

2. 조합원 자격 요건

신협의 조합원이 되려면 신협의 정관에 따른 공동유대에 소속된 자로서 제1회 출자금을 현금으로 납입하여야 한다(법 제11조 제1항 및 제14조 제5항).[2)] 그리고 신협의 설립 목적 및 효율적인 운영을 저해하지 않는 범위에서 공동유대에 소속되지 않는 자 중 법 시행령으로 정하는 자 등도 조합원이 될 수 있다(법 제11조 제2항).

(1) 원칙: 공동유대에 소속된 자

조합원 자격을 결정하는 단위인 공동유대는 법 제9조 제1항 및 시행령 제12조 제1항에서 규정하고 있으며, 조합원 자격은 지역, 직장 및 단체 등 공동유대별로 시행령에서 정의하고 있다(법 시행령 제13조 제1항).[3)] 따라서 개별 신협

1) 신협중앙연수원, 신협법, 2024, 72면.

2) **법 제14조(출자금 등)** ⑤ 조합에 납입할 출자금은 현금으로 납입하여야 하며, 조합에 대한 채권과 상계(相計)할 수 없다.

3) **법 제9조(공동유대와 사무소)** ① 조합의 공동유대는 행정구역·경제권·생활권 또는 직장·단체 등을 중심으로 하여 정관에서 정한다. 이 경우 공동유대의 범위, 종류 및 변경에 관한 사항은 대통령령으로 정하는 바에 따른다.
시행령 제12조(공동유대의 범위 등) ① 법 제9조 제1항에 따른 조합의 종류별 공동유대의 범위는 다음 각 호와 같다. 〈개정 1999. 4. 19., 2003. 11. 4., 2008. 2. 29., 2017. 10. 17.〉

은 법과 시행령에서 규정한 공동유대 및 조합원 자격 범위 내에서 정관으로 조합원 자격을 규정할 수 있다.

가. 지역조합의 공동유대에 소속한 자

지역조합의 경우는 정관이 정하는 공동유대 내에 주소나 거소가 있는 자연인, 단체 및 법인 또는 해당 공동유대 안에서 생업을 종사하는 자가 조합원 자격을 갖는다.

법에서 주소 및 거소에 대해서는 별도의 규정을 두고 있지 않고 있어 민법 규정 등을 고려하여 해석하는 것이 타당할 것이다. 즉, '주소(住所)'란 생활의 근거되는 장소를 뜻하고(민법 제18조 제1항),[4] '거소(居所)'란 사람이 다소의 기간 계속하여 거주하는 장소로서 그 장소와의 밀접한 정도가 주소보다 못한 곳을 의미한다.[5]

또한 '생업에 종사'한다 함은 명문의 규정이 없으나, 공동유대 안에 사업장 또는 직장 등이 있는 경우라고 해석하는 것이 합리적일 것이다. 따라서 자연인의 경우에는 공동유대 내에 주소나 거소가 있거나 생업에 종사하여야 하며, 단

---

1. 지역조합: 같은 시·군 또는 구에 속하는 읍·면·동. 다만, 생활권 또는 경제권이 밀접하고 행정구역이 인접하고 있어 공동유대의 범위 안에 있다고 인정되는 경우로서 공동유대의 범위별로 재무건전성 등의 요건을 충족하여 금융위원회가 승인한 경우에는 같은 시·군 또는 구에 속하지 아니하는 읍·면·동을 포함할 수 있다.
2. 직장조합: 같은 직장. 이 경우 당해 직장의 지점·자회사·계열회사 및 산하기관을 포함할 수 있다.
3. 단체조합: 다음 각목의 단체 또는 법인
   가. 교회·사찰 등의 종교단체
   나. 시장상인단체
   다. 구성원간에 상호 밀접한 협력관계가 있는 사단법인
   라. 국가로부터 공인된 자격 또는 면허 등을 취득한 자로 구성된 같은 직종단체로서 법령에 의하여 인가를 받은 단체

제13조(조합원의 자격) ① 법 제11조 제1항의 규정에 의한 조합원의 자격은 다음 각호와 같다.

1. 지역조합의 경우: 정관이 정하는 공동유대안에 주소나 거소가 있는 자(단체 및 법인을 포함한다) 및 공동유대안에서 생업에 종사하는 자
2. 직장조합 및 단체조합의 경우: 정관이 정하는 직장·단체 등에 소속된 자(단체 및 법인을 포함한다)

4) **민법 제18조(주소)** ① 생활의 근거되는 곳을 주소로 한다.

5) 서울북부지방법원 2021. 2. 4. 선고 2019가합29062 판결, 동 판결은 농협 조합원 자격을 확인하는 하급심 판례이나 지역농협의 조합원 자격도 '지역농협의 구역에 주소, 거소(居所)나 사업장이 있는 농업인'으로 규정(농협법 제19조 제1항)하고 있어 지역신협의 조합원 자격과 유사하므로 이를 참고할 수 있을 것이다.

체 및 법인인 경우 주된 사무소가 있어야 조합원 자격을 갖는다.[6)]

나. 직장 또는 단체조합의 공동유대에 소속한 자

직장 또는 단체조합의 경우에는 해당 신협의 정관이 정하는 직장(지점, 자회사, 계열회사 및 산하기관 포함) 또는 단체에 소속된 사람, 단체 및 법인에게 조합원 자격이 있다.

(2) 예외: 공동유대에 소속되지 않은 자

가. 직장을 퇴직한 날부터 1년이 지나지 아니한 자(법 제11조 제2항 제1호)

직장을 공동유대로 하는 신협의 조합원이 직장을 퇴직한 경우에도 퇴직일로부터 1년간 조합원 자격을 유지할 수 있다. 단, 퇴직한 조합원은 신협의 임원이나 발기인이 될 수 없다(법 제28조 제1항 제6호의2 및 제2항).[7)]

동 규정은 2023. 12. 26. 법 개정으로 도입(시행일 2024. 6. 27.)된 것으로 직장조합의 조합원은 직장을 퇴직하여도 조합원 자격을 1년간 유지할 수 있어 조합 이용의 편의성이 높아지고, 조합은 기존 조합원과의 계속 거래를 통해 영업위험을 줄이고 조합의 경쟁력을 확보할 수 있게 되었다.[8)] 다만, 퇴직한 후에도 해당 직장조합에 임원으로 계속 있으면서 조합에 영향력을 행사하는 부작용을 막기 위해서 퇴직 후 조합원 자격이 인정되더라도 임원직은 유지할 수 없도록 하였다.[9)]

참고로 미국의 「연방신협법(Federal Credit Union Act)」에서는 공동유대를 벗어나도 조합원이 제명되거나 스스로 탈퇴하지 않는 한 조합원 자격을 유지한

---

6) 민법 제36조(법인의 주소) 법인의 주소는 그 주된 사무소의 소재지에 있는 것으로 한다.

7) 법 제28조(임원 등의 자격 제한) ① 다음 각 호의 어느 하나에 해당하는 사람은 조합의 임원이나 발기인이 될 수 없다. 〈개정 2023. 12. 26.〉
6의2. 제11조 제2항 제1호에 따른 조합원
② 임원에게서 제1항(제9호는 제외한다)의 사유가 발견되거나 발생되었을 때에는 해당 임원은 즉시 면직된다.

8) 이용준(수석전문위원), 신용협동조합법 일부개정법률안(유동수의원 대표발의, 의안번호 제2113821호) 검토보고서, 국회 정무위원회, 2022. 5., 7면.

9) 제410회 국회 정무위원회 법안심사제1소위원회 제2호(2023.11.28.) 회의록, 2023, 7~8면.

다고 규정하고 있고, 실제로 미국 최대의 직장 신협인 해군연방신협(Navy Federal Credit Union)은 조합원이 퇴역한 후에도 금융서비스를 제공하고 있다.

나. 공동유대에 소속되지 아니한 자 중 조합원이 될 수 있는 자(법 제11조 제2항 제2호)

신협의 설립 목적 및 효율적인 운영을 저해하지 않는 범위에서 해당 공동유대에 속하지 않는 자 중 시행령으로 정하는 자는 조합원에 포함될 수 있다. 법 시행령이 정하고 있는 자는 다음과 같다(법 시행령 제13조 제2항).

① 조합원의 가족(배우자 및 세대를 같이하는 직계존·비속을 말한다.): 배우자는 세대 요건이 없으나, 직계존속(부모, 조부모 등)과 비속(자녀, 손자녀 등)의 경우는 조합원과 세대를 같이하여야 한다.[10]

② 법 제55조에 따른 조합의 합병 또는 분할, 법 제86조의4에 따른 계약이전, 조합의 공동유대의 범위조정 또는 종류전환[11]으로 인하여 조합의 공동유대에 해당하지 아니하게 된 자: 조합원 가입 당시 정관에 따른 공동유대를 신뢰하고 가입한 조합원의 이익을 보호하고자 하는 것으로, 일단 조합원이 되었다가 조합원의 귀책사유가 아닌 신협의 조직 변경 등에 의하여 조합원 자격이 상실되더라도 조합원 자격을 유지 할 수 있는 바, 조합원 확대 측면에서 바람직하다고 하겠다.[12]

③ 단체 사무소의 직원 및 그 가족,

④ 조합의 직원 및 그 가족: 가족의 범위는 ①과 동일

⑤ 조합이 소속한 당해 직장(당해 직장안의 단체를 포함)

⑥ 같은 직종단체를 공동유대로 하는 조합의 경우에는 조합원이 그 직종과 관련하여 운영하는 사업체의 종업원

(3) 기타: 파산자 · 피성년후견인 · 해산한 법인이 아닐 것

법 제16조 제2항에 따르면 조합원이 파산하거나 피성년후견인이 된 경우,

---

10) 취업, 학업 등으로 세대를 같이 하지 않는 조합원의 직계 존·비속은 조합원 가입이 제한됨에 따라 조합원의 불편이 예상되고, 시행령의 취지인 조합원 확대 측면에서도 직계 존·비속에 대한 세대 요건을 삭제하여 배우자와 기준을 통일할 필요가 있다.

11) 공동유대의 범위조정이란 기존 신협의 공동유대가 축소되거나 확대되는 것을 의미하며, 종류전환이란 공동유대 종류(지역·직장·단체)가 변경되는 것을 의미한다.

12) 고동원, 신협의 공동유대 범위 규제 개선 방안, 신협연구 제74호, 2020, 14면.

법인조합원인 법인이 해산한 경우에는 탈퇴한 것으로 간주한다.[13] 파산자는 지급불능 및 채무초과를 원인으로 법원으로부터 파산선고를 받은 자를 말한다[「채무자 회생 및 파산에 관한 법률」(이하 '채무자회생법') 제305조부터 307조까지 및 제311조].[14] 피성년후견인은 질병, 장애, 노령, 그 밖의 사유로 인한 정신적 제약으로 사무를 처리할 능력이 지속적으로 결여된 사람으로 가정법원의 심판을 받은 자를 의미한다(민법 제9조 제1항).[15] 해산한 법인은 해산결의에 의하여 청산절차가 개시된 법인을 말한다.

따라서 파산자, 피성년후견인, 해산법인은 조합과 정상적인 거래를 하기 힘들 뿐만 아니라 이런 경우 조합원에서 자동 탈퇴되는 것을 고려할 때 조합원이 될 수 없다고 보는 것이 타당할 것이다.[16]

(4) 타 상호금융기관과의 조합원 자격 비교

신협은 타 상호금융기관과 달리 공동유대의 범위를 시행령에 규정하고 있고 이를 토대로 조합원 자격을 법과 시행령에 명시하고 있다.

---

13) 법 제16조(탈퇴) ② 조합원이 다음 각 호의 어느 하나에 해당하게 된 경우에는 탈퇴한 것으로 본다.
1. 조합원으로서의 자격이 상실된 경우
2. 사망한 경우
3. 파산한 경우
4. 피성년후견인이 된 경우
5. 조합원인 법인이 해산한 경우

14) 채무자회생법 제305조(보통파산원인) ① 채무자가 지급을 할 수 없는 때에는 법원은 신청에 의하여 결정으로 파산을 선고한다.
② 채무자가 지급을 정지한 때에는 지급을 할 수 없는 것으로 추정한다.
제306조(법인의 파산원인) ① 법인에 대하여는 그 부채의 총액이 자산의 총액을 초과하는 때에도 파산선고를 할 수 있다.
② 제1항의 규정은 합명회사 및 합자회사의 존립 중에는 적용하지 아니한다.
제307조(상속재산의 파산원인) 상속재산으로 상속채권자 및 유증을 받은 자에 대한 채무를 완제할 수 없는 때에는 법원은 신청에 의하여 결정으로 파산을 선고한다.
제311조(파산의 효력발생시기) 파산은 선고를 한 때부터 그 효력이 생긴다.

15) 민법 제9조(성년후견개시의 심판) ① 가정법원은 질병, 장애, 노령, 그 밖의 사유로 인한 정신적 제약으로 사무를 처리할 능력이 지속적으로 결여된 사람에 대하여 본인, 배우자, 4촌 이내의 친족, 미성년후견인, 미성년후견감독인, 한정후견인, 한정후견감독인, 특정후견인, 특정후견감독인, 검사 또는 지방자치단체의 장의 청구에 의하여 성년후견개시의 심판을 한다.

16) 신협중앙연수원, 신협법, 2024, 74면.

〈표〉 조합원 자격 비교[17)]

구분	지역중심 조합		직능중심 조합		
	신협	새마을금고	농·축협	수협	산림조합
기준	공동유대 소속	구역에 주소(거소)			
기준의 범위	공동유대 범위는 시행령에 위임	구역은 법에서 규정 (동일 행정구역, 경제권 또는 생활권)	구역은 법에서 규정 (시·군·구)	구역은 법에서 규정 (시·군)	구역은 법에서 규정 (특별자치시·특별자치도·시·군·구)
조합원 자격	시행령에서 규정한 '공동유대' 범위에 의존	–	시행령에서 규정한 '농업인(어업인)' 범위에 의존		산림소유자의 최소 산림면적은 정관에 의존

3. 조합원 가입

법상 조합원은 앞에서 언급한 법령상의 조합원 자격을 가지고 있는 자로서 신협의 정관에서 정하는 바에 따라 조합에 가입한 자를 말한다(법 제2조 제4호). 표준정관[18)]에 따르면 조합원은 조합원 가입신청서를 이사장에게 제출하고 가입승인을 얻어야 하며, 정관에서 정한 1좌 금액 이상의 출자금을 현금으로 납입함으로써 조합원의 자격을 갖는다(표준정관 제9조 및 제21조 제1항).[19)]

17) 금융위원회 '상호금융업권 규제차익 해소를 위한 정책토론회' 주제발표자료(구정한, 상호금융업권 규제차익 해소방안, 한국금융연구원, 2023, 6면).

18) **법 제2조(정의)** 이 법에서 사용하는 용어의 뜻은 다음과 같다.
6. "표준정관"이란 조합의 설립 및 운영에 필요한 사항을 규정하여 모든 조합에 공통적으로 적용하기 위하여 중앙회가 정하는 정관을 말한다.

19) **표준정관 제9조(가입)** ① 조합원으로 가입하고자 하는 자는 다음 각호의 사항을 기재한 가입신청서를 서면 또는 「전자문서 및 전자거래 기본법」에 따른 전자문서(이하 '전자문서'라 한다)로 이사장에게 제출하고 가입승인을 얻어야 한다. 〈2021. 10. 20. 개정〉
1. 성명, 주소 또는 거소(법인 또는 단체인 경우에는 사무소 소재지 및 법인·단체명) 〈2015.8.5. 개정〉
2. 출자하고자 하는 출자좌수
3. 다른 조합에 가입하고 있는 경우에는 그 조합의 명칭
② 조합은 제1항의 가입신청자에 대하여 조합원으로서의 자격유무를 확인하고, 지체없이 가입 여부를 가입신청자에게 고지하여야 한다.
③ 제2항의 규정에 의한 가입신청자는 이 정관이 정하는 바에 따라 1좌 금액이상의 출자금을 납입함으로써 조합원의 자격을 갖는다.
제21조(출자금 납입방법 및 시기) ① 최초의 출자금은 1좌 금액 이상을 일시에 현금으로 납입한다.

4. 최소 조합원 수

신협의 조합원수는 100명 이상이 되어야 한다(법 제11조 제3항). 이는 신협의 설립요건[20]이면서 유지요건이다. 금융위원회는 1년 이상 계속하여 조합원이 100인 미만인 신협에 대해 6개월 이내의 기간을 정하여 업무의 전부정지를 명하거나 설립인가를 취소할 수 있다(법 제85조 제2항 제5호).[21]

Ⅲ. 관련 법령

법률	조문
새마을 금고법	**제9조(회원과 자본금)** ① 금고의 회원은 그 금고의 정관으로 정하는 업무구역에 주소나 거소(居所)가 있는 자 또는 생업에 종사하는 자로서 출자 1좌 이상을 현금으로 납입한 자로 한다. ② 한 금고의 회원 수는 100명 이상으로 한다.
농업 협동조합법	**제19조(조합원의 자격)** ① 조합원은 지역농협의 구역에 주소, 거소(居所)나 사업장이 있는 농업인이어야 하며, 둘 이상의 지역농협에 가입할 수 없다. ② 「농어업경영체 육성 및 지원에 관한 법률」 제16조 및 제19조에 따른 영농조합법인과 농업회사법인으로서 그 주된 사무소를 지역농협의 구역에 두고 농업을 경영하는 법인은 지역농협의 조합원이 될 수 있다. ③ 특별시 또는 광역시의 자치구를 구역의 전부 또는 일부로 하는 품목조합은 해당 자치구를 구역으로 하는 지역농협의 조합원이 될 수 있다. ④ 제1항에 따른 농업인의 범위는 대통령령으로 정한다. ⑤ 지역농협이 정관으로 구역을 변경하는 경우 기존의 조합원은 변경된 구역에 주소, 거소나 사업장, 주된 사무소가 없더라도 조합원의 자격을 계속하여 유지한다. 다만, 정관으로 구역을 변경하기 이전의 구역 외로 주소, 거소나 사업장, 주된 사무소가 이전된 경우에는 그러하지 아니하다. <신설 2024. 1. 23> [전문개정 2009. 6. 9.]
수산업 협동합법	**제20조(조합원의 자격)** ① 조합원은 지구별수협의 구역에 주소·거소(居所) 또는 사업장이 있는 어업인이어야 한다. 다만, 사업장 외의 지역에 주소 또

20) 금융위원회 신용협동조합 인가지침 제3장 인가 심사기준
11. 설립. 가. 조합 구성에 관한 사항
2) 조합의 조합원수는 100인 이상이어야 한다. 〈법 제11조 제3항〉

21) 법 제85조(조합 등에 대한 행정처분) ② 금융위원회는 조합이 다음 각 호의 어느 하나에 해당하는 경우에는 6개월 이내의 기간을 정하여 업무의 전부정지를 명하거나 조합의 설립인가를 취소할 수 있다. 〈개정 2020. 3. 24.〉
5. 조합원이 1년 이상 계속하여 100인 미만인 경우

	는 거소만이 있는 어업인이 그 외의 사업장 소재지를 구역으로 하는 지구별수협의 조합원이 되는 경우에는 주소 또는 거소를 구역으로 하는 지구별수협의 조합원이 될 수 없다. ② 「농어업경영체 육성 및 지원에 관한 법률」 제16조와 제19조에 따른 영어조합법인과 어업회사법인으로서 그 주된 사무소를 지구별수협의 구역에 두고 어업을 경영하는 법인은 지구별수협의 조합원이 될 수 있다. ③ 제1항에 따른 어업인의 범위는 대통령령으로 정한다. [전문개정 2010. 4. 12.]
산림조합법	**제18조(조합원의 자격 등)** ① 지역조합은 다음 각 호의 어느 하나에 해당하는 자를 조합원으로 한다. 다만, 조합원은 둘 이상의 지역조합의 조합원이 될 수 없다. 1. 해당 구역에 주소 또는 산림이 있는 산림소유자 2. 해당 구역에 주소 또는 사업장이 있는 임업인 ② 전문조합은 그 구역에 주소나 사업장이 있는 임업인으로서 정관으로 정하는 자격을 갖춘 자를 조합원으로 한다. 다만, 조합원은 같은 품목 또는 업종을 대상으로 하는 둘 이상의 전문조합에 가입할 수 없다. ③ 조합원이 될 수 있는 산림소유자의 최소 산림면적에 대해서는 300제곱미터부터 1천제곱미터까지의 범위에서 정관으로 정한다. <신설 2021. 4. 13> [전문개정 2013. 4. 5.]

제13조(자본금), 제14조(출자금 등), 제15조(양도)

제13조(자본금) 조합의 자본금은 조합원이 납입한 출자금의 총액으로 한다.
[전문개정 2015. 1. 20.]

제14조(출자금 등) ① 조합원은 출자 1좌 이상을 가져야 한다.
② 출자 1좌의 금액은 정관에서 정한다.
③ 조합원 1인의 출자좌수는 총 출자좌수의 100분의 10을 초과할 수 없다.
④ 출자금 합계액의 최저한도는 다음 각 호와 같다.
1. 지역조합의 경우에는 주된 사무소의 소재지에 따라 다음 각 목의 금액
가. 특별시ㆍ광역시: 3억원
나. 특별자치시ㆍ시(「제주특별자치도 설치 및 국제자유도시 조성을 위한 특별법」 제15조 제2항에 따른 행정시를 포함한다. 이하 같다): 2억원
다. 군(광역시ㆍ특별자치시 또는 시에 속하는 읍ㆍ면을 포함한다. 이하 같다): 5천만원
2. 직장조합의 경우에는 4천만원
3. 단체조합의 경우에는 주된 사무소의 소재지에 따라 다음 각 목의 금액
가. 특별시ㆍ광역시: 1억원
나. 특별자치시ㆍ시: 8천만원
다. 군: 5천만원
⑤ 조합에 납입할 출자금은 현금으로 납입하여야 하며, 조합에 대한 채권과 상계(相計)할 수 없다.
⑥ 조합원의 출자금은 질권의 목적이 될 수 없다.
[전문개정 2015. 1. 20.]

제15조(양도) ① 조합원의 출자금은 정관에서 정하는 바에 따라 다른 조합원에게 양도할 수 있다.
② 출자금의 양수인은 양도인의 권리와 의무를 승계한다.
③ 조합원은 출자금을 공유할 수 없다.
[전문개정 2015. 1. 20.]

Ⅰ. 조문의 취지와 의의

법 제13조에서 제15조는 출자금과 관련하여 규정하고 있다. 출자금은 조합원이 되기 위한 필수적인 자격요건으로서 조합에 가입하여 사업을 이용하기 위해서는 정관에서 정한 금액 이상을 조합에 납입하여야 한다. 또한 출자금은

조합의 사업운영에 필요한 자금을 공급하는 핵심적인 자원으로서 조합 재무구조의 안정성과 건전성에 중요한 역할을 하므로 감독기관의 주된 규제감독 대상이 되는 바, 법에서도 출자금에 관한 사항을 구체적으로 규율하고 있다[22].

법 제13조는 조합 자본금의 개념을 정의하고 있고, 법 제14조는 조합원 1인의 출자금 최고한도 및 조합 출자금 합계액의 최저한도를 명시하면서 출자금의 성질을 서술하고 있다. 법 제15조는 조합원간 출자금의 양도(양수) 근거와 그 효과를 서술하고 있다.

Ⅱ. 조문의 내용 및 해설

1. 자본금

조합의 자본금은 조합원이 납입한 출자금의 총액으로 한다(법 제14조 제1항).

2. 출자금

(1) 출자금의 구분 및 조합원의 출자한도

출자금은 법(제11조, 제14조)에 따라 조합원이 되기 위해 조합에 납입한 금액을 의미하며 2015년 법 개정을 통해 출자금 제도가 변경[23] 됨에 따라 '구출자금'(2017.6.30.까지 납입한 출자금)과 '신출자금'(2017.7.1.이후 납입한 출자금)으로

---

22) 구정옥, 신협 출자금의 성격과 자기자본비율규제에 대한 소고, 조사연구 제46호, 2005, 77-78면

23) 법 제17조 제2항 개정으로 표준정관 제16조 제4항, 제17조 및 부칙 제2조에 따라 2017. 7. 1.이후 납입한 출자금에 대해 손실 부담을 의무화하고 탈퇴 시에만 찾을 수 있도록 변경되었다.

> **법 제17조(탈퇴하거나 제명된 조합원에 대한 출자금 등의 환급)** ② 조합은 조합의 재산으로 그 채무를 다 갚을 수 없는 경우에는 제1항에 따른 출자금을 환급할 때 정관에서 정하는 바에 따라 탈퇴하거나 제명된 조합원이 부담하여야 할 손실액을 빼고 환급할 수 있다.
> **표준정관 제16조(탈퇴하거나 제명된 조합원의 출자금등의 환급)** ④ 탈퇴하거나 제명된 조합원의 출자금을 환급할 때, 조합은 조합의 재산으로 그 채무를 다 갚을 수 없는 경우에는 탈퇴하거나 제명된 조합원이 부담하여야 할 손실액을 빼고 환급한다. 〈2015. 12. 23. 본조개정〉
> **제17조(출자금 인출)** 조합원은 30일전에 조합에 예고하고 출자금을 인출할 수 있다.
> **부칙 제1조(시행일)** 이 정관은 ○년 ○월 ○일부터 시행한다. 다만, 제16조 제4항의 개정규정은 2017년 7월 1일부터 시행한다. 〈2021. 10. 20. 개정〉
> **제2조(출자금 인출에 따른 적용례)** 제17조에 따른 출자금 인출은 2017년 6월 30일까지 납입한 출자금에 한하여 적용한다. 〈2021. 10. 20. 개정〉

구분한다(표준정관 제16조 제4항, 출자 및 배당사무취급규정[24] 제3조).

조합원은 출자 1좌 이상을 보유하여야 하고, 출자 1좌의 금액은 정관에서 정한다. 다만, 조합원 1인의 출자좌수는 조합 총 출자좌수의 100분의 10을 초과할 수 없다(법 제14조 제1항 내지 제3항). 비록 조합원만이 조합에 출자할 수 있는 구조에서 거액의 출자금 유입이 차단되어 조합은 출자금 증대에 한계를 갖게 되지만, 이는 자본의 투자가 특정인에게 집중되지 않고, 민주적인 운영구조를 유지하고자 하는 협동조합만의 고유한 특징을 반영한 것이다.[25]

(2) 조합 총출자금의 최저한도(최저자본금)

조합 총출자금의 최저한도는 조합 종류별로 차등을 두어 법에 규정하고 있고, 특히 지역조합과 단체조합은 주된 사무소의 소재지에 따라 달리 규정하고 있다(법 제14조 제4항). 이는 조합의 설립요건이자 유지요건이다(법 제8조 제1항 제1호, 제85조 제2항 제6호).

〈참고〉 조합 종류별 출자금 최저한도

① 지역조합: ㉠ 특별시 · 광역시: 3억원, ㉡ 특별자치시 · 시: 2억원, ㉢ 군: 5천만원
② 직장조합: 4천만원
③ 단체조합: ㉠ 특별시 · 광역시: 1억원, ㉡ 특별자치시 · 시: 8천만원, ㉢ 군: 5천만원

법이 조합의 종류와 주된 소재지별로 최저자본금을 차등 적용하고 있는 이유는 대도시에 소재한 지역조합은 신용력 · 활동규모 · 파급효과 면에서 소규모 단위의 단체조합이나 직장조합과 다르게 자금의 조달능력도 그 규모에 상응하는 수준이어야 한다는 점, 최저자본금제도를 도입함으로써 조합의 난립을 방지할 수 있다는 점 등이다. 즉, 최저자본금제도는 이른바 「진입의 제한」을 위한 규제라고 볼 수 있다.

24) 법 제2조 제7호에 따른 표준규정으로 전국 조합간 업무의 통일을 위하여 중앙회가 이사회의 결의를 거쳐 정하는 규정이자 표준규정 중에서도 조합이 수정없이 원안을 채택하여야 하는 의무규정으로 조합의 출자 및 배당사무에 관한 사항을 규정하고 있다.

25) 임태규, 출자금제도 변경에 따른 순자본비율 개선 효과와 시사점, 이슈분석보고서 2021-02호, 2021, 3면.

따라서 최저자본금제도는 재무구조가 취약한 조합의 난립을 사전에 예방하여, 조합의 자기자본 충실과 경영기반의 강화를 기하여 신용기관으로서의 건전성을 유지함으로써, 조합원의 예금을 보호하고 신용질서를 유지함에 그 본래의 취지가 있다[26].

(3) 출자금 관련 제한사항

가. 납입 방식

조합에 납입할 최초의 출자금은 1좌 금액 이상을 일시에 현금으로 납입하여야 하고, 제2회 이후의 출자금은 분납할 수 있으며 법 제53조 제2항[27]에 따른 출자배당금은 출자의 납입에 충당할 수 있다(표준정관 제21조 제1항 및 제2항).[28] 그리고 조합의 이사장은 조합원이 출자금을 납입한 때에는 조합의 명칭, 조합원의 성명 또는 명칭, 조합가입 연월일, 출자금의 납입 연월일과 금액, 발행 연월일을 기재한 출자증서 또는 출자금통장에 기명날인하여 이를 조합원에게 교부하여야 한다(법 시행규칙 제3조 제1항).

나. 상계 및 질권설정 금지

조합 운영의 기초가 되는 자본금을 안정적으로 확보하기 위해 출자금은 조합에 대한 채권과 상계(相計)할 수 없다(법 제14조 제5항). 즉 조합원이 조합에 대해 갖는 채권(예: 예금채권)을 자동채권(상계를 하고자 하는 자의 채권)으로 하고 조합이 조합원에 대해 갖는 출자금납입청구권을 수동채권(상계당하는 자의 채권)으로 하여 상계하는 것을 금지하는 것이다. 이는 출자금의 납입은 반드시 현실의 이행을 통해 하도록 하여 자본충실을 기하고자 함이다.[29]

---

26) 신협중앙연수원, 신협법, 2024, 52-53면.

27) 법 제53조(이익금의 처분) ② 제49조부터 제51조까지의 규정에 따른 적립금을 공제한 잔여이익금(殘餘利益金)은 총회의 결의를 거쳐 납입출자금에 비례하여 조합원에게 배당한다. 이 경우 정관에서 정하는 바에 따라 이용실적에 비례한 배당을 병행할 수 있다.

28) 표준정관 제21조(출자금 납입방법 및 시기) ① 최초의 출자금은 1좌 금액 이상을 일시에 현금으로 납입한다.
② 제2회 이후의 출자금은 분납할 수 있으며 제72조의 규정에 의한 배당금은 출자의 납입에 충당할 수 있다.

29) 이승언, 앞의 책, 58면.

또한 조합원의 출자금은 질권의 목적이 될 수 없다(법 제14조 제6항). 출자금에 대한 질권설정을 인정한다면 조합원의 출자금 납입의무를 소멸시키고 조합은 조합원에 대해 일반적인 금전채권을 갖게 될 뿐 현실로 출자의 효과를 이룰 수 없는 문제가 발생한다.[30] 동 규정은 2003. 7. 30. 신설(2003. 10. 31. 시행)된 것으로, 출자금이 조합 자기자본의 원천임에도 불구하고 법 개정전에는 출자금에 질권을 설정하여 출자금 범위내 대출을 허용함으로써 자본금이 형해화되고 있었기에, 이로 인한 부작용을 해소하여 조합 재무구조의 실질적 안정과 출자자의 책임을 강화하기 위해 개정되었다[31].

(4) 상호금융기관별 비교

가. 조합의 최저자본금 및 조합원의 출자한도

신협은 조합의 출자금 최저한도와 조합원 1인당 출자한도 모두 새마을금고에 비해 낮다. 행정안전부는 금고의 재정건전성 제고를 위해 출자금 최저한도 기준을 2025. 7월부터 3년간 단계적으로 상향하는 것으로 새마을금고법 시행령을 개정(2023. 9. 12.)[32][33]하였다. 또한 금융위원회는 조합원 출자 증대를 통한 자기자본확충을 위해 신협의 조합원 출자한도 기준을 새마을금고 기준으로 상향하겠다는 의견을 제시한 바 있다.[34]

30) 신협중앙연수원, 신협법, 2024, 98면.

31) 김문희(전문위원), 신용협동조합법 개정법률안(정부 제출, 의안번호 제162097호) 검토보고서, 국회 재정경제위원회, 2003, 22-23면.

32) 〈지역금고의 출자금 보유기준(새마을금고법 시행령 제4조)〉

소재지 \ 설립연도	25. 6. 30까지	25. 7. 1~28. 6. 30	28. 7. 1. 이후
특별시 · 광역시	5억원	10억원	20억원
특별자치시 · 시	3억원	6억원	10억원
읍 · 면	1억원	2억원	5억원

33) 금융사고 예방 및 금고의 재정건전성 제고를 위하여 부실 우려가 있는 금고의 설립을 사전에 규제할 필요에 따라 금고 설립인가를 위한 출자금 보유기준을 상향 조정하였다. 다만, 기존에 설립된 금고도 해당 요건을 충족하여야 함에 따라 유예기간을 두었으며, 2025. 7.부터 3년간 단계별로 상향하도록 하였다.

34) 금융위원회, 2024년 제2차 상호금융정책협의회 개최, 2024. 5. 1.자 보도자료.

〈상호금융기관별 최저 자본금 및 조합원 출자한도 비교〉

구분		신협	새마을금고	농협	수협	산림조합
최저자본금	지역조합	① 특별시 · 광역시: 3억원 ② 특별자치시 · 시: 2억원 ③ 군: 5천만원	2025. 6. 30까지 설립한 지역금고 ① 특별시 · 광역시: 5억원 ② 특별자치시 · 시: 3억원 ③ 군: 1억원	5억원	3억원	1억원
	지역외조합	직장조합: 4천만원 단체조합: ① 특별시 · 광역시: 1억원 ② 특별자치시 · 시: 8천만원 ③ 군: 5천만원	1억원	3억원 (품목)	2억원 (업종)	1억원 (전문)
출자한도		총 출자좌수의 10/100 초과 불가	총 출자좌수의 15/100 초과 불가	정관에서 정함		

나. 회전출자 및 우선출자 제도 여부

회전출자제도는 조합 이용실적에 따라 발생하는 이용고배당을 조합원에게 배당하지 않고 다음 회차 사업을 위해 출자금으로 전환하는 것을 말하며, 우선출자제도는 주식회사의 우선주 개념을 조합에 도입한 것으로 의결권을 부여하지 않는 대신 잉여금 배당에서 우선적 지위를 가지는 것을 의미한다. 자기자본의 확충을 통한 경영의 건전성을 도모하기 위하여 신협을 제외한 각 상호금융기관은 회전출자와 우선출자제도를 법정화하고 있다.[35)]

(5) 신협의 출자금과 주식회사의 자본금의 비교

1인당 출자한도가 협동조합인 신협에서는 제한(1조합원의 출자좌수는 총출자좌수의 10/100이내)되나, 주식회사에서는 제한되지 않고, 출자자가 되는 조합원 자격이 협동조합에서는 엄격하게 제한(공동유대에 소속된 자로 한정)되고 있으나,

35) 농 · 수협 및 산림조합의 경우에는 과거부터 법상 인정하고 있었으며, 새마을금고는 자기자본의 확충을 통한 경영의 건전성을 도모하기 위하여 2023. 4. 11. 새마을금고법 개정을 통해 새마을금고에 출자배당금의 출자전환, 회전출자 제도 및 우선출자 제도를 도입하였다.

주식회사의 주주가 되는 자격에는 원칙적으로 제한이 없다. 또한 출자금의 이전이 제한되나(이사장의 승인을 얻은 조합원에 한정), 주식회사의 자본금은 이전에 큰 제한이 없으며, 의결권의 행사에서도 출자금은 1인 1표이나, 자본금은 1주 1표이다.

이와 같은 주식회사의 자본금과의 차이가 출자금 증대에 한계를 갖게 되는 요인이기도 하다. 즉, 출자자의 범위가 조합원으로 한정되어 있어서 외부로부터의 자금유입을 어렵게 하고, 1인당 출자한도가 제한되어 있으므로 거액의 출자금 유입이 차단된다. 이와 같은 출자금 증대의 한계를 극복하기 위하여 출자상한제 폐지, 준조합원제 및 우선출자제 도입 등으로 자금조달을 용이하게 하여야 한다는 주장이 제기되고 또한 입법화되는 추세에 있다.[36]

3. 출자금의 양도

(1) 절 차

조합원의 출자금은 이사장의 승인을 얻어 다른 조합원에게 양도할 수 있다. 다만, 출자금의 전부양도는 탈퇴 및 제명의 경우에만 할 수 있다(출자 및 배당사무취급규정 제8조). 일반적인 출자금의 양도방법은 양도인이 양수인을 지정하여 출자금을 양도하는 것을 말하며, 조합원의 자금융통 또는 권리이전을 목적으로 하는 경우나 그 밖에 조합원의 사정에 의하여 자기명의로 거래를 계속할 수 없을 경우에 할 수 있다(출자금업무방법서 제Ⅱ편 제5장 제3절 제2조 및 제3조). 다만, 전전월말 기준 완전 또는 부분 자본잠식조합의 조합원은 출자금 일부양도를 할 수 없고, 일부 양도의 최대금액은 2,000만원 이내로 하며 10만원 단위로 설정할 수 있다(출자금업무방법서 제Ⅱ편 제5장 제3절 제6조).

* 완전자본잠식은 조합의 자본(자산 − 부채)이 음(−)의 상태

** 부분자본잠식은 조합의 자본은 양(+)이지만 출자금보다 적은 경우

36) 신협중앙연수원, 신협법, 2024, 53면.

(2) 효 과

출자금의 양수인은 양도인의 권리와 의무를 그대로 승계하며, 조합원은 출자금을 공유할 수는 없다(법 제15조 및 표준정관 제22조).

Ⅲ. 관련 법령

법률	조문
새마을 금고법	**제9조(회원과 자본금)** ① 금고의 회원은 그 금고의 정관으로 정하는 업무구역에 주소나 거소(居所)가 있는 자 또는 생업에 종사하는 자로서 출자 1좌 이상을 현금으로 납입한 자로 한다. ④ 출자 1좌의 금액은 정관으로 정하며, 한 회원이 가질 수 있는 출자좌수(出資座數)의 최고한도는 총출자좌수의 100분의 15를 초과할 수 없다. ⑦ 회원이 금고에 납입할 출자금은 금고에 대한 채권과 상계(相計)하지 못한다. ⑧ 출자금은 질권(質權)의 목적이 될 수 없다. ⑨ 회원은 이사장의 승인을 받아 그의 출자금을 다른 회원에게 양도할 수 있다. 이 경우 양수인은 양도인의 출자금에 관한 재산상의 권리와 의무를 승계한다. ⑪ 금고의 자본금은 회원이 납입한 출자금(제9조의2에 따른 출자금을 포함한다), 제9조의3에 따른 회전출자금 및 제9조의4에 따른 우선출자금(누적되지 아니하는 것만 해당한다)의 총액으로 한다. 〈개정 2023. 4. 11.〉 **제9조의2(출자배당금의 출자전환)** 금고는 정관으로 정하는 바에 따라 회원의 출자액에 대한 배당 금액의 전부 또는 일부를 그 회원으로 하여금 출자하게 할 수 있다. 이 경우 그 회원은 배당받을 금액을 금고에 대한 채무와 상계할 수 없다. [본조신설 2023. 4. 11.] **제9조의3(회전출자)** 금고는 제9조에 따른 출자 외에 정관으로 정하는 바에 따라 그 사업의 이용 실적에 따라 회원에게 배당할 금액의 전부 또는 일부를 그 회원으로 하여금 출자하게 할 수 있다. 이 경우 그 회원은 배당받을 금액을 금고에 대한 채무와 상계할 수 없다. [본조신설 2023. 4. 11.] **제9조의4(우선출자)** ① 금고는 자기자본의 확충을 통한 경영의 건전성을 도모하기 위하여 정관으로 정하는 바에 따라 잉여금배당에서 우선적 지위를 가지는 우선출자를 하게 할 수 있다. ② 제1항에 따른 금고의 우선출자에 관하여는 제70조의2제2항부터 제4항까지 및 제70조의3부터 제70조의6까지를 준용한다. 이 경우 "중앙회"는 "금고"로, "회장"은 "이사장"으로 보고, 제70조의2제2항 중 "제56조 제3항"은 "제9조 제4항"으로, 제70조의2제4항 중 "제56조"는 "제9조"로 본다. ③ 이 법에서 규정한 사항 외에 금고의 우선출자증권 발행, 우선출자자 모집 등 우선출자에 필요한 사항은 대통령령으로 정한다. [본조신설 2023. 4. 11.]

<table>
<tr><td></td><td>〈시행령〉
제4조(인가의 세부 요건) ① 법 제7조의2제1항 제1호에 따른 출자금은 법 제9조 제1항에 따른 회원의 자격이 있는 설립동의자(100명 이상이어야 한다)가 납입한 출자금의 총액(합병에 따른 설립의 경우에는 출자금 총액)으로 하되, 다음 각 호의 구분에 따른 기준에 맞아야 한다. 〈개정 2023. 9. 12.〉
1. 지역금고의 경우
가. 2025년 6월 30일까지 설립되는 지역금고: 다음의 구분에 따른 금액
1) 주된 사무소가 특별시 또는 광역시에 소재하는 경우: 5억원 이상
2) 주된 사무소가 특별자치시 · 시(지방자치단체가 아닌 시를 포함한다. 이하 이 호에서 같다)에 소재하는 경우: 3억원 이상
3) 주된 사무소가 읍 · 면(광역시, 특별자치시 또는 시에 설치된 읍 · 면을 포함한다. 이하 이 호에서 같다)에 소재하는 경우: 1억원 이상
나. 2025년 7월 1일부터 2028년 6월 30일까지 설립되는 지역금고: 다음의 구분에 따른 금액
1) 주된 사무소가 특별시 또는 광역시에 소재하는 경우: 10억원 이상
2) 주된 사무소가 특별자치시 · 시에 소재하는 경우: 6억원 이상
3) 주된 사무소가 읍 · 면에 소재하는 경우: 2억원 이상
다. 2028년 7월 1일 이후에 설립되는 지역금고: 다음의 구분에 따른 금액
1) 주된 사무소가 특별시 또는 광역시에 소재하는 경우: 20억원 이상
2) 주된 사무소가 특별자치시 · 시에 소재하는 경우: 10억원 이상
3) 주된 사무소가 읍 · 면에 소재하는 경우: 5억원 이상
2. 지역금고 외의 금고의 경우: 1억원 이상</td></tr>
<tr><td>농업
협동조합법</td><td>**제21조(출자)** ① 조합원은 정관으로 정하는 좌수 이상을 출자하여야 한다.
② 출자 1좌의 금액은 균일하게 정하여야 한다.
③ 출자 1좌의 금액은 정관으로 정한다.
④ 조합원의 출자액은 질권(質權)의 목적이 될 수 없다.
⑤ 조합원은 출자의 납입 시 지역농협에 대한 채권과 상계(相計)할 수 없다.
[전문개정 2009. 6. 9.]
제21조의2(우선출자) 지역농협의 우선출자에 관하여는 제147조를 준용한다. 이 경우 "중앙회"는 "지역농협"으로 보고, 제147조 제2항 및 제4항 중 "제117조"는 "제21조"로 본다. 〈개정 2016. 12. 27.〉
[전문개정 2009. 6. 9.]
제21조의3(출자배당금의 출자전환) 지역농협은 정관으로 정하는 바에 따라 조합원의 출자액에 대한 배당 금액의 전부 또는 일부를 그 조합원으로 하여금 출자하게 할 수 있다. 이 경우 그 조합원은 배당받을 금액을 지역농협에 대한 채무와 상계할 수 없다.
[전문개정 2009. 6. 9.]
제22조(회전출자) 지역농협은 제21조에 따른 출자 외에 정관으로 정하는 바에 따라 그 사업의 이용 실적에 따라 조합원에게 배당할 금액의 전부 또는 일부를 그 조합원으로 하여금 출자하게 할 수 있다. 이 경우 제21조의3 후단을 준용한다.
제23조(지분의 양도 · 양수와 공유금지) ① 조합원은 지역농협의 승인 없이 그 지분을 양도(讓渡)할 수 없다.
② 조합원이 아닌 자가 지분(持分)을 양수하려면 가입신청, 자격심사 등 가</td></tr>
</table>

	입의 예에 따른다. ③ 지분양수인은 그 지분에 관하여 양도인의 권리의무를 승계한다. ④ 조합원의 지분은 공유할 수 없다. [전문개정 2009. 6. 9.] 〈시행령〉 **제2조(조합의 설립인가 기준)** 「농업협동조합법」(이하 "법"이라 한다) 제15조 제1항(법 제107조 및 제112조에서 준용하는 경우를 포함한다)에 따른 조합의 설립인가에 필요한 기준은 다음 각 호와 같다. 1. 지역조합 나. 조합원 자격이 있는 설립동의자의 출자금납입확약총액(분할 또는 합병에 따른 설립의 경우에는 출자금총액을 말한다. 이하 같다)이 5억원 이상일 것 2. 품목조합 나. 조합원 자격이 있는 설립동의자의 출자금납입확약총액이 3억원 이상일 것 [전문개정 2009. 12. 11.]
수산업 협동조합법	**제22조(출자)** ① 조합원은 정관으로 정하는 계좌 수 이상을 출자하여야 한다. 〈개정 2020. 3. 24.〉 ② 출자 1계좌의 금액은 균일하게 정하여야 한다. 〈개정 2020. 3. 24.〉 ③ 출자 1계좌의 금액 및 조합원 1인의 출자계좌 수의 한도는 정관으로 정한다. 〈개정 2020. 3. 24.〉 ④ 조합원의 출자금은 질권(質權)의 목적이 될 수 없다. ⑤ 조합원은 지구별수협에 대한 채권과 출자금 납입을 상계(相計)할 수 없다. [전문개정 2010. 4. 12.] **제22조의2(우선출자)** ① 지구별수협의 우선출자에 관하여는 제147조 제1항부터 제5항까지 및 제148조부터 제152조까지의 규정을 준용한다. 이 경우 "중앙회"는 "지구별수협"으로, "회원"은 "조합원"으로 보고, 제147조 제3항 본문 중 "제120조 제2항"은 "제22조"로, "자기자본"은 "제68조에 따른 자기자본"으로 본다. 〈개정 2016. 5. 29., 2022. 12. 27.〉 ② 제1항에도 불구하고 지구별수협은 중앙회 및 다른 조합을 대상으로 우선출자를 하게 할 수 없다. 〈신설 2016. 5. 29.〉 [본조신설 2010. 4. 12.] **제22조의3(출자배당금의 출자전환)** 지구별수협은 정관으로 정하는 바에 따라 조합원의 출자액에 대한 배당 금액의 전부 또는 일부를 그 조합원으로 하여금 출자하게 할 수 있다. 이 경우 그 조합원은 배당받을 금액을 지구별수협에 대한 채무와 상계할 수 없다. [본조신설 2012. 2. 17.] **제23조(회전출자)** 지구별수협은 제22조에 따른 출자 외에 정관으로 정하는 바에 따라 그 사업의 이용 실적에 따라 조합원에게 배당할 금액의 전부 또는 일부를 그 조합원에게 출자하게 할 수 있다. 이 경우 제22조 제5항을 준용한다. [전문개정 2010. 4. 12.] **제24조(지분의 양도·양수와 공유 금지)** ① 조합원은 이사회의 승인 없이 그 지분을 양도할 수 없다. ② 조합원이 아닌 자가 지분을 양수할 때에는 이 법 또는 정관에서 정하고

	있는 가입 신청, 자격 심사 등 조합원 가입에 관한 규정에 따른다. ③ 지분의 양수인은 그 지분에 관하여 양도인의 권리·의무를 승계한다. ④ 조합원의 지분은 공유할 수 없다. [전문개정 2010. 4. 12.] 〈시행령〉 **제12조(조합의 설립인가 기준)** 법 제16조 제1항·제77조·제78조 및 제80조(법 제108조 및 제113조에서 준용하는 경우를 포함한다)에 따른 조합의 설립인가 기준은 다음 각 호와 같다. 다만, 분할에 따라 설립하는 경우 분할대상 조합이 분할로 인하여 조합운영이 매우 곤란하다고 인정될 때에는 설립인가를 하지 아니할 수 있다. 1. 지구별수협 다. 조합원 자격이 있는 설립동의자의 출자금납입확약총액(합병 또는 분할에 따른 설립의 경우에는 출자금총액을 말한다. 이하 같다)이 3억원 이상일 것 2. 업종별 수산업협동조합(이하 "업종별수협"이라 한다) 및 수산물가공 수산업협동조합(이하 "수산물가공수협"이라 한다) 다. 조합원 자격이 있는 설립동의자의 출자금납입확약총액이 2억원 이상일 것 [전문개정 2010. 10. 13.]
산림조합법	**제20조(조합원의 출자 및 책임)** ① 조합원은 정관으로 정하는 계좌 수 이상을 출자하여야 한다. 〈개정 2020. 3. 24.〉 ② 출자 1계좌의 금액은 균일하게 정하여야 한다. 〈개정 2020. 3. 24.〉 ③ 출자 1계좌의 금액은 정관으로 정한다. 〈개정 2020. 3. 24.〉 ④ 조합원의 출자액은 질권(質權)의 목적이 될 수 없다. ⑤ 조합원은 출자액의 납입에 있어서 조합에 대한 채권과 상계(相計)할 수 없다. ⑥ 조합원의 책임은 그 출자액을 한도로 한다. ⑦ 조합원은 조합의 운영과정에 성실히 참여하여야 하며, 생산한 임산물을 조합을 통하여 출하하는 등 조합의 사업을 성실히 이용하여야 한다. [전문개정 2013. 4. 5.] **제21조(회전출자)** ① 조합은 제20조에 따른 출자 외에 정관으로 정하는 바에 따라 그 사업의 이용실적에 따라 조합원에게 배당할 금액의 전부 또는 일부를 해당 조합원으로 하여금 출자하게 할 수 있다. ② 제1항에 따른 출자에 관하여는 제20조 제5항을 적용한다. [전문개정 2013. 4. 5.] **제22조(지분의 양도·양수와 공유 금지)** ① 조합원은 조합의 승인 없이 그 지분을 양도할 수 없다. ② 조합원이 아닌 자가 지분을 양수하려면 가입신청, 자격심사 등 가입의 예에 따른다. ③ 지분양수인은 그 지분에 관하여 양도인의 권리·의무를 승계한다. ④ 조합원의 지분은 공유할 수 없다. [전문개정 2013. 4. 5.] **제60조의2(우선출자)** ① 조합은 자기자본의 확충을 통한 경영의 건전성을 도모하기 위하여 정관으로 정하는 바에 따라 조합원 외의 자를 대상으로 잉여

금 배당에서 우선적 지위를 가지는 우선출자를 하게 할 수 있다.
② 제1항에 따른 우선출자 1계좌의 금액은 제20조 제3항에 따른 출자 1계좌의 금액과 동일하여야 하며, 우선출자의 총액은 자기자본의 2분의 1을 초과할 수 없다. 〈개정 2020. 3. 24.〉
③ 우선출자자는 의결권 및 선거권을 가지지 아니한다.
④ 우선출자에 대한 배당은 조합원에 대한 배당보다 우선하여 실시하되, 그 배당률은 정관으로 정하는 최저배당률과 최고배당률 사이에서 정기총회에서 정한다.
⑤ 우선출자자의 책임은 그가 가진 우선출자의 인수가액을 한도로 한다.
[전문개정 2013. 4. 5.]
〈시행령〉
제4조(조합의 설립인가기준) 법 제14조 제1항에 따른 조합의 설립인가에 필요한 기준은 다음 각 호와 같다.
〈개정 2005. 5. 2., 2012. 3. 2., 2017. 11. 28., 2021. 6. 22.〉
1. 지역조합
   나. 조합원의 자격이 있는 설립동의자의 출자금납입확약총액(분할 또는 합병에 의한 설립의 경우에는 출자금총액을 말한다. 이하 이 조에서 같다)이 1억원 이상일 것. 다만, 해당 조합의 구역으로 하는 지역이 「섬발전 촉진법」에 따른 섬지역인 경우에는 1천만원 이상으로 한다.
2. 전문조합
   나. 조합원의 자격이 있는 설립동의자의 출자금납입확약총액이 1억원이상일 것

제16조(탈퇴), 제18조(제명)

제16조(탈퇴) ① 조합원은 정관에서 정하는 바에 따라 조합에 탈퇴의 뜻을 미리 알리고 탈퇴할 수 있다.
② 조합원이 다음 각 호의 어느 하나에 해당하게 된 경우에는 탈퇴한 것으로 본다.
1. 조합원으로서의 자격이 상실된 경우
2. 사망한 경우
3. 파산한 경우
4. 피성년후견인이 된 경우
5. 조합원인 법인이 해산한 경우
③ 제2항 제1호의 자격상실에 관한 사항은 정관에서 정한다.
[전문개정 2015. 1. 20.]

제18조(제명) ① 조합원이 다음 각 호의 어느 하나에 해당하는 경우에는 총회의 결의로 제명할 수 있다.
1. 출자금의 납입이나 그 밖에 조합에 대한 의무를 이행하지 아니한 경우
2. 이 법 및 이 법에 따른 명령이나 정관을 위반한 경우
3. 2년 이상 제39조 제1항 제1호 가목·나목 또는 바목의 사업을 이용하지 아니한 경우
4. 출자가 1좌 미만이 된 후 6개월이 지난 경우
② 조합은 제1항에 따라 조합원을 제명하려면 총회 개회일 10일 전에 그 조합원에게 제명의 사유를 알리고, 총회에서 의견을 진술할 기회를 주어야 한다.
③ 제2항에 따른 의견진술의 기회를 주지 아니하고 한 총회의 제명에 관한 결의는 해당 조합원에게 대항할 수 없다.
[전문개정 2015. 1. 20.]

Ⅰ. 조문의 취지와 의의

법 제16조 및 제18조는 조합원 자격을 종료하는 방법인 조합원 탈퇴와 제명에 대해 규정하고 있다. 신협의 조합원은 공동유대 등 일정한 자격을 갖추고 정관이 정한 바에 따라 1회 이상의 출자금을 납입한 사람에 한하여 조합원 자격이 인정되며, 조합원의 의무와 책임을 이행하지 아니하는 경우에는 조합원 자격이 상실될 수 있다. 이에 조합원으로서의 의무를 이행하지 아니하거나 법정 사유가 발생한 경우 등에는 조합원 자격을 강제로 박탈할 수 있는데, 이는

조합원에게 불이익한 절차이므로 법 제16조와 제18조에서 탈퇴 및 제명의 대상과 방법 등을 구체화한 것이다.

Ⅱ. 조문의 내용 및 해설

1. 탈 퇴

조합원의 탈퇴는 조합이 존속하는 동안 조합원의 지위가 절대적으로 소멸하는 것을 말한다. 탈퇴에는 조합원이 자기의사에 의하여 탈퇴하는 경우(임의탈퇴)와 조합원의 의사에 관계없이, 법률이 정한 일정한 사실이 발생하면 법률상 당연히 탈퇴로 하는 경우(법정탈퇴)로 나뉜다. 임의탈퇴는 다시 예고탈퇴와 양도탈퇴로 분류한다.

(1) 임의탈퇴

가. 예고탈퇴

예고탈퇴라 함은, 조합원이 조합에 대하여 탈퇴의 의사표시를 한 후에 탈퇴하는 것을 말한다(법 제16조 제1항, 표준정관 제15조 제1항). 탈퇴를 예고하는 시기에는 제한이 없고, 탈퇴의 뜻을 서면으로 제출하거나 온(ON)뱅크(모바일앱)를 통하여 전자문서로 조합에 탈퇴의 뜻을 예고하면 언제든지 탈퇴할 수 있다(출자금업무방법서 제3장 제1절 제1조 제1항).

나. 양도탈퇴

조합원의 출자금은 이사장의 승인을 얻어 다른 조합원에게 양도할 수 있다(법 제15조 제1항 및 표준정관 제22조 제1항). 조합원이 이사장의 승인을 얻어 자기출자금 전부를 양도하여 출자가 1좌도 없게 되면 조합원의 자격이 상실되어 탈퇴의 결과를 가져온다(법 제14조 제1항 및 표준정관 제20조 제1항). 양도탈퇴에는 예고제도가 없으므로 이사장의 승인이 있는 때 탈퇴의 효력이 발생한다.

(2) 법정탈퇴

가. 조합원 자격이 상실된 경우

조합원이 법 및 정관에 규정되어 있는 조합원 자격을 상실하면 조합으로부터 당연탈퇴 된다. 그리고 법은 조합원으로서의 자격상실을 탈퇴사유로만 규정하고 자격상실에 관한 구체적 사유는 정관에 위임하고 있다(법 제16조 제3항).

정관에 정한 자격상실 사유는 ① 정관에서 정한 조합원 자격을 상실 한 때와 ② 최근 3년간 조합의 업무 중 예·적금, 대출 또는 어음할인 업무를 이용하지 아니한 때이다. 조합원이 정관에 정한 자격상실 사유에 해당하고 이사회의 결의가 있으면 조합으로부터 당연탈퇴 된다(법 제16조 제2항 제1호, 표준정관 제15조 제3항).

다만, 조합원의 자격요건의 상실 여부는 이사회의 결의에 의하는 것이므로, 일시적으로 자격상실사유가 발생하더라도 이사회의 결의가 있기까지는 당연탈퇴 되는 것은 아니다. 따라서 자격상실에 의한 조합원 탈퇴의 효력발생시기는 이사회 결의에 의한 탈퇴사실이 「통지 또는 최고」의 방법에 따라 본인에게 도달한 때로 보아야 한다.

〈참고〉 표준정관에 따른 탈퇴 및 자격상실에 관한 사항

제15조(탈퇴) ① 조합원은 서면 또는 전자문서로 조합에 탈퇴의 뜻을 예고하고 탈퇴할 수 있다. 이 경우 탈퇴의 방법 및 절차에 관한 세부사항은 중앙회장이 정하는 출자금업무방법서에 따른다. 〈2021. 10. 20. 개정〉

② 조합원이 다음 각호의 1에 해당하게 된 때에는 탈퇴한 것으로 본다. 〈1999. 2. 5. 개정〉

1. 조합원의 자격상실
2. 사망
3. 파산
4. 피성년후견인 〈2019. 11. 21. 개정〉
5. 조합원인 법인의 해산 〈2003. 12. 12. 신설〉
6. 제명

③ 제2항 제1호의 규정에 의한 자격상실은 다음 각호로 하며, 이사회 결의에 의하여 자격상실의 효력이 발생한다. 이 경우 제7조 제1항에 정한 방법에 따라 자격상

실 사실을 통지하여야 한다. 〈1999. 2. 5., 2012. 11. 19. 개정〉
1. 제8조 제1항 및 제2항에서 정한 조합원의 자격을 상실한 때 〈2024. 10. 23. 개정〉
2. 최근 3년간 제4조 제1항 제1호 가목·나목 또는 바목에 규정한 신용사업을 이용하지 아니한 때 〈2024. 10. 23. 개정〉
④ 제2항 각호의 1의 사유가 발생한 자가 조합과 다음 각호의 1의 계약관계에 있는 경우에는 제2항 및 제3항의 규정에 불구하고 당해 계약관계를 종료할 때까지 조합원으로 본다.
1. 조합으로부터 대출금이 있는 때
2. 조합에 기한이 도래하지 않은 예탁금 또는 적금이 있는 때 〈2012. 11. 19. 개정〉

나. 사망한 경우

자연인은 사망으로 권리능력이 상실되므로 사망으로 조합원의 지위는 당연탈퇴 된다(법 제16조 제2항 제2호). 사망의 범위에는 실종기간이 만료되어 사망으로 간주되는 경우(「민법」 제27조 및 제28조)와 관공서의 통보에 따라 사망으로 보는 인정사망(「가족관계의등록등에관한법률」 제87조)의 경우를 모두 포함한다.

다. 파산한 경우

조합원이 채무의 변제불능상태에 도달하거나, 법인 조합원이 채무초과 상태에 도달하여 법원으로부터 파산선고를 받으면 당연탈퇴 된다(법 제16조 제2항 제3호). 파산으로 인한 탈퇴의 효력발생시기는 법원이 파산선고를 한 때이다.

라. 피성년후견인이 된 경우

조합원이 질병, 장애, 노령, 그 밖의 사유로 인한 정신적 제약으로 사무를 처리할 능력이 지속적으로 결여되어, 법원으로부터 피성년후견인의 결정을 받은 때에는 당연탈퇴 된다(법 제16조 제2항 제4호 및 민법 제9조 제1항). 피성년후견인 결정에 의한 후견 개시의 효력발생시기는 그 고지를 받은 때이다.

마. 법인 조합원의 해산

법인 조합원이 해산하면 조합원의 지위는 당연탈퇴 되며(법 제16조 제2항 제5

호), 탈퇴의 효력은 청산절차가 개시된 때 발생한다.

2. 제 명

제명이라 함은, 조합이 특정한 조합원에 대하여 조합원의 의사와 관계없이 강제적으로 조합원의 지위를 박탈하는 행위를 말한다. 제명은 구성원에 대한 가장 중한 제재이기 때문에 제명사유와 절차, 효력 등에 대하여 법은 엄격한 요건을 규정하고 있으며, 제명에 관한 규정을 위반한 제명은 무효가 된다.

(1) 제명사유

조합원이 법에 정한 제명사유 중 어느 하나라도 해당되면 제명대상이 된다(법 제18조 제1항 및 표준정관 제18조 제1항). 제명은 조합원의 의사에 반하여 조합원의 지위를 박탈하는 제도이므로 이는 엄격하게 해석하여야 할 것이다

법에 정한 제명사유는 ① 출자금 납입이나 그 밖의 조합에 대한 의무를 이행하지 아니한 경우, ② 법령이나 정관을 위반한 경우, ③ 2년 이상의 기간에 걸쳐 예·적금, 대출 또는 어음할인의 사업을 이용하지 아니한 경우, ④ 출자 1좌 미만이 된 후 6개월이 지난 경우이다.

또한 정관에도 제명사유를 열거하고 있는데, 정관은 법에 따른 제명사유와 함께 조합의 사업을 방해하거나 신용을 상실하게 한 행위를 한 때를 추가적으로 규정하고 있다.

〈참고〉 표준정관에 따른 제명 사유 및 절차

제18조(제명) ① 조합원이 다음 각호의 1에 해당하는 때에는 총회의 결의에 의하여 제명할 수 있다.

1. 출자금의 납입, 기타 조합에 대한 의무를 이행하지 아니한 때
2. 조합의 사업을 방해하거나 신용을 상실하게 한 행위를 한 때
3. 법령이나 정관을 위반한 때
4. 2년 이상의 기간에 걸쳐 제4조 제1항 제1호 가목·나목 또는 바목에서 정한 조합의 사업을 이용하지 아니한 때 〈1999. 2. 5., 2000. 2. 5 개정〉
5. 출자 1좌 미만이 된 후 6월이 경과한 때

② 조합은 제1항의 규정에 의하여 조합원을 제명하고자 할 때에는 총회 개최일

> 10일전에 그 조합원에 대하여 제명의 사유를 통지하고, 총회에서 의견을 진술할 기회를 주어야 한다.
> ③ 제2항의 규정에 의한 의견진술의 기회를 주지 아니하고 행한 총회의 제명에 관한 결의는 당해 조합원에게 대항할 수 없다.

(2) 제명절차

조합은 총회개회일 10일전에 해당 조합원에게 제명사유를 통지하고 총회에서 의견을 진술할 기회를 주어야 한다(법 제18조 제2항, 표준정관 제18조 제2항). 총회에서 제명대상 조합원에게 의견진술의 기회를 주지 아니하고 한 제명결의는 해당 조합원에게 대항할 수 없다(법 제18조 제3항, 표준정관 제18조 제3항). 따라서 「대항요건」의 효력에 따라 의견진술 기회 없이 제명된 조합원이 조합에 대하여 제명의 효력을 주장하는 것은 가능하다.

제명사유의 통지는 총회 개회일 10일 전에 제명대상 조합원에게 통지하면, 정관 제7조에 의하여 보통 도달할 수 있었던 시기에 도달한 것으로 본다. 제명대상자의 의견진술 여부는 본인의 의사에 달려 있으므로 조합원 총회에서 실제로 의견을 진술하는 것은 필요하지 않으나, 제명결의 전에 반드시 의견을 진술할 기회는 주어야 한다.

(3) 제명의 효과

총회에서 제명결의가 확정된 때에 제명으로 인한 탈퇴의 효력이 발생한다. 제명된 조합원의 경우에도 출자금인출청구권, 잉여금배당청구권 등 재산상의 권리는 가진다.

3. 탈퇴의 효과

조합원이 탈퇴하거나 제명된 경우 탈퇴의 효과는 원칙적으로 탈퇴원인의 내용에 관계없이 동일하다. 탈퇴에 의하여 조합원의 권리는 절대적으로 소멸하므로, 조합과 조합원 간의 채권·채무관계를 지체없이 청산하는 것이 원칙이다.

(1) 계약관계 종료시까지 조합원 의제

탈퇴의 효과를 예외 없이 적용할 때. 특히, 비자발적으로 탈퇴하는 법정탈퇴의 경우에는 대출금에 대한 기한이익 상실, 비과세예금의 과세전환 등 예기치 못한 손해를 입을 수 있다. 이와 같은 불합리한 결과를 조절하기 위하여 법정탈퇴로 조합원 자격을 상실하는 자가 조합과 계약관계에 있는 경우(조합으로부터 대출금이 있거나 조합에 기한이 도래하지 않은 예탁금 또는 적금이 있는 때)에는 당해 계약관계를 종료할 때까지 조합원으로 보아 조합을 이용할 수 있도록 하고 있다(표준정관 제15조 제4항).

(2) 배당금 지급

자금에 대한 배당금은 총회에서 잉여금처분(안)이 승인되어 배당율이 결정되어야 배당금이 결정되는 것이므로, 탈퇴할 때에는 지급할 수 없고 탈퇴사업년도 결산총회에서 결산의 내용이 확정되어 다른 조합원에게 배당금을 지급할 때 지급할 수 있다(법 제17조 후단, 표준정관 제16조 제2항). 조합은 결산확정 후 탈퇴 조합원에게 배당금 지급의 뜻을 통지하여야 하며, 배당금 지급을 통지한 때로부터 5년 내에 배당금 청구가 없는 경우에는 탈퇴하거나, 제명된 조합원의 배당금은 기타영업외수익으로 전입한다(표준정관 제16조 제2항 및 제3항).

(3) 출자금 지급

조합이 경영상 실적이 좋지 않아 결손이 발생하여 조합의 재산으로 그 채무를 다 갚을 수 없는 경우에는 탈퇴하거나 제명된 조합원의 출자금에서 출자자, 즉, 조합의 주인으로서 책임질 손실액에 상응하는 부분을 빼고 환급하도록 하고 있다(법 제17조 제2항, 표준정관 제16조 제4항). 다만, 이때 적용되는 대상 출자금은 2017. 7. 1. 이후에 납입된 출자금이다. 이는 조합의 주인인 조합원이 부실경영에 대한 책임을 일정부분 부담함으로써 경영진의 경영책임 및 조합의 경영건전성을 제고하도록 하는 법적 조치로서 의미가 있다.

Ⅲ. 관련 법령

법률	조문
새마을 금고법	**제9조(회원과 자본금)** ⑨ 회원은 이사장의 승인을 받아 그의 출자금을 다른 의원에게 양도할 수 있다. 이 경우 양수인은 양도인의 출자금에 관한 재산상의 권리와 의무를 승계한다. **제10조(탈퇴 등)** ① 회원은 언제라도 정관으로 정하는 바에 따라 금고에서 탈퇴할 수 있다. ② 회원이 다음 각 호의 어느 하나에 해당하는 경우에는 당연히 금고에서 탈퇴한 것으로 본다. 〈개정 2016. 1. 6.〉 1. 사망한 경우(법인은 해산한 경우) 2. 파산선고를 받은 경우 3. 피성년후견인이 된 경우 4. 회원의 자격을 잃은 경우 ③ 제2항 제4호의 자격상실에 관한 사항은 정관으로 정한다. **제10조의2(제명)** ① 회원이 다음 각 호의 어느 하나에 해당하는 경우에는 총회의 의결로 제명할 수 있다. 1. 1년 이상의 장기간에 걸쳐 대출금 상환을 지체한 경우 2. 금고의 사업집행을 고의로 방해한 사실이 입증된 경우 3. 2년 이상 계속하여 금고의 사업을 이용하지 아니한 경우 4. 고의 또는 중대한 과실로 금고에 직접적인 재산상의 손해를 끼친 경우 ② 금고는 제1항에 따라 회원을 제명하려면 총회 개최일 10일 전까지 그 회원에게 제명의 사유를 알리고 총회에서 의견을 진술할 기회를 주어야 한다. ③ 제1항에 따라 제명된 자에 대하여 해당 금고는 제명된 날부터 2년 간 회원가입을 제한할 수 있다. [본조신설 2016. 1. 6.]
농업 협동조합법	**제23조(지분의 양도·양수와 공유금지)** ① 조합원은 지역농협의 승인 없이 그 지분을 양도(讓渡)할 수 없다. ② 조합원이 아닌 자가 지분(持分)을 양수하려면 가입신청, 자격심사 등 가입의 예에 따른다. ③ 지분양수인은 그 지분에 관하여 양도인의 권리·의무를 승계한다. ④ 조합원의 지분은 공유할 수 없다. [전문개정 2009. 6. 9.] **제29조(탈퇴)** ① 조합원은 지역농협에 탈퇴 의사를 알리고 탈퇴할 수 있다. ② 조합원이 다음 각 호의 어느 하나에 해당하면 당연히 탈퇴된다. 〈개정 2016. 12. 27.〉 1. 조합원의 자격이 없는 경우 2. 사망한 경우 3. 파산한 경우 4. 성년후견개시의 심판을 받은 경우 5. 조합원인 법인이 해산한 경우 ③ 제43조에 따른 이사회는 조합원의 전부 또는 일부를 대상으로 제2항 각

	호의 어느 하나에 해당하는지를 확인하여야 한다. [전문개정 2009. 6. 9.] **제30조(제명)** ① 지역농협은 조합원이 다음 각 호의 어느 하나에 해당하면 총회의 의결을 거쳐 제명할 수 있다. 〈개정 2011. 3. 31., 2016. 12. 27.〉 1. 1년 이상 지역농협의 사업을 이용하지 아니한 경우 1의2. 2년 이상 제57조 제1항 제2호의 경제사업을 이용하지 아니한 경우. 다만, 정관에서 정하는 정당한 사유가 있는 경우는 제외한다. 2. 출자 및 경비의 납입, 그 밖의 지역농협에 대한 의무를 이행하지 아니한 경우 3. 정관으로 금지한 행위를 한 경우 ② 지역농협은 조합원이 제1항 각 호의 어느 하나에 해당하면 총회 개회 10일 전까지 그 조합원에게 제명의 사유를 알리고 총회에서 의견을 진술할 기회를 주어야 한다. [전문개정 2009. 6. 9.]
수산업 협동조합법	**제24조(지분의 양도·양수와 공유 금지)** ① 조합원은 이사회의 승인 없이 그 지분을 양도할 수 없다. ② 조합원이 아닌 자가 지분을 양수할 때에는 이 법 또는 정관에서 정하고 있는 가입 신청, 자격 심사 등 조합원 가입에 관한 규정에 따른다. ③ 지분의 양수인은 그 지분에 관하여 양도인의 권리·의무를 승계한다. ④ 조합원의 지분은 공유할 수 없다. [전문개정 2010. 4. 12.] **제31조(탈퇴)** ① 조합원은 지구별수협에 탈퇴 의사를 서면으로 통지하고 지구별수협을 탈퇴할 수 있다. ② 조합원이 다음 각 호의 어느 하나에 해당하면 당연히 탈퇴한다. 〈개정 2019. 12. 3.〉 1. 조합원의 자격이 없는 경우 2. 사망한 경우 3. 파산한 경우 4. 성년후견개시의 심판을 받은 경우 5. 조합원인 법인이 해산한 경우 ③ 지구별수협은 조합원의 전부 또는 일부를 대상으로 제2항 각 호의 어느 하나에 해당하는지를 확인하여야 한다. 이 경우 제2항 제1호에 해당하는지는 이사회 의결로 결정한다. ④ 지구별수협은 제2항 제1호에 해당하는 사유에 따라 조합원에 대하여 당연탈퇴의 결정이 이루어진 경우에는 그 사실을 지체 없이 해당 조합원에게 통보하여야 한다. [전문개정 2010. 4. 12.] **제32조(제명)** ① 지구별수협은 조합원이 다음 각 호의 어느 하나에 해당하면 총회의 의결을 거쳐 제명할 수 있다. 1. 1년 이상 지구별수협의 사업을 이용하지 아니한 경우 2. 출자 및 경비의 납입과 그 밖의 지구별수협에 대한 의무를 이행하지 아니한 경우 3. 정관에서 금지된 행위를 한 경우 ② 지구별수협은 조합원이 제1항 각 호의 어느 하나에 해당하면 총회 개회

	10일 전에 그 조합원에게 제명의 사유를 알리고 총회에서 의견을 진술할 기회를 주어야 한다. [전문개정 2010. 4. 12.]
산림조합법	**제22조(지분의 양도ㆍ양수와 공유 금지)** ① 조합원은 조합의 승인 없이 그 지분을 양도할 수 없다. ② 조합원이 아닌 자가 지분을 양수하려면 가입신청, 자격심사 등 가입의 예에 따른다. ③ 지분양수인은 그 지분에 관하여 양도인의 권리ㆍ의무를 승계한다. ④ 조합원의 지분은 공유할 수 없다. [전문개정 2013. 4. 5.] **제26조(가입 및 탈퇴)** ① 조합원의 자격이 있는 자는 누구든지 자유로이 조합에 가입하고 탈퇴할 수 있으며, 조합은 정당한 사유 없이 조합원 가입을 거절하거나 그 가입에 관하여 다른 조합원보다 불리한 조건을 붙일 수 없다. ② 조합원이 다음 각 호의 어느 하나에 해당될 때에는 당연히 탈퇴된다. 〈개정 2016. 12. 27.〉 1. 조합원의 자격이 없을 때 2. 사망하였을 때 3. 파산하였을 때 4. 피성년후견인이 되었을 때 5. 조합원인 법인이 해산하였을 때 ③ 조합원의 가입 및 탈퇴에 필요한 사항은 정관으로 정한다. [전문개정 2013. 4. 5.] **제27조(제명)** ① 조합은 다음 각 호의 어느 하나에 해당하는 조합원을 총회의 의결을 받아 제명할 수 있다. 1. 1년 이상 조합의 사업을 이용하지 아니한 조합원 2. 출자 및 경비의 납입이나 그 밖에 조합에 대한 의무를 이행하지 아니한 조합원 3. 그 밖에 정관에 따라 금지된 행위를 한 조합원 ② 제1항의 경우에 조합은 총회가 열리기 10일 전에 그 조합원에게 제명의 사유를 알리고 총회에서 의견을 진술할 기회를 주어야 한다. [전문개정 2013. 4. 5.]

제17조(탈퇴하거나 제명된 조합원에 대한 출자금 등의 환급)

제17조(탈퇴하거나 제명된 조합원에 대한 출자금 등의 환급) ① 조합은 조합원이 탈퇴하거나 제명되었을 때에는 지체 없이 그의 출자금·예탁금 및 적금을 환급하여야 한다. 이 경우 출자금에 대한 배당금은 다른 조합원에 대하여 배당금을 지급할 때 지급할 수 있다.
② 조합은 조합의 재산으로 그 채무를 다 갚을 수 없는 경우에는 제1항에 따른 출자금을 환급할 때 정관에서 정하는 바에 따라 탈퇴하거나 제명된 조합원이 부담하여야 할 손실액을 빼고 환급할 수 있다.
[전문개정 2015. 1. 20.]

Ⅰ. 조문의 취지와 의의

법 제17조는 조합원이 탈퇴하거나 제명되었을 때 조합의 출자금(배당금 포함)·예탁금 및 적금에 대한 환급 의무와 출자금 환급시 조합원의 손실부담 의무를 설명하고 있다(표준정관 제16조[37]).

Ⅱ. 조문의 내용 및 해설

1. 환급 사유

조합은 조합원이 탈퇴하거나 제명되었을 때에는 지체없이 그의 대출금 등 채권을 회수하고 출자금·예탁금 및 적금을 환급하여야 한다(법 제17조 제1항 전단, 표준정관 제16조 제1항).

---

37) 표준정관 제16조(탈퇴하거나 제명된 조합원의 출자금등의 환급) ① 조합원이 탈퇴하거나 제명되었을 때에는 지체없이 그의 대출금등 채권을 회수하고 출자금·예탁금·적금을 환급한다.
② 탈퇴하거나 제명된 조합원의 배당금은 사업연도 경과 후에 지급하며, 결산 확정 후 조합원에게 배당금 지급의 뜻을 통지하여야 한다.
③ 제2항의 배당금 지급을 통지한 때로부터 5년 내에 배당금 청구가 없는 경우에 탈퇴하거나 제명된 조합원의 배당금은 기타영업외수익으로 전입한다.
④ 탈퇴하거나 제명된 조합원의 출자금을 환급할 때, 조합은 조합의 재산으로 그 채무를 다 갚을 수 없는 경우에는 규정으로 정하는 바에 따라 탈퇴하거나 제명된 조합원이 부담하여야 할 손실액을 빼고 환급한다.
<2015. 12. 23., 2017. 12. 20. 개정>

2. 출자금의 환급

(1) 배당금 지급

탈퇴하거나 제명된 조합원의 배당금은 사업연도 경과 후에 지급하며, 결산 확정 후 조합원에게 배당금 지급의 뜻을 통지하여야 한다. 만약 조합이 배당금 지급을 통지한 때로부터 5년 내에 배당금 청구가 없는 경우에, 탈퇴하거나 제명된 조합원의 배당금은 기타영업외수익으로 전입한다(법 제17조 제1항 후단, 표준정관 제16조 제2항 및 제3항).

(2) 출자금에 대한 손실부담의무

가. 의 의

탈퇴하거나 제명된 조합원의 출자금을 환급할 때, 조합은 조합의 재산으로 그 채무를 다 갚을 수 없는 경우에는 정관에 따라 탈퇴하거나 제명된 조합원이 부담하여야 할 손실액을 빼고 환급한다(법 제17조 제2항 및 표준정관 제16조 제4항). 즉, 탈퇴 또는 제명 조합원의 손실 부담의무는 조합의 순자산액(총자산액에서 총부채를 뺀 금액)이 마이너스 일 때(완전자본잠식상태) 탈퇴자 또는 제명자가 그의 마이너스 지분액을 부담하는 것을 말한다.

손실부담의무는 조합의 경영건전성을 강화하기 위하여 조합원의 탈퇴 등에 따른 출자금 환급시 해당 조합의 경영실적을 반영할 수 있도록 한다는 취지로 2015. 1. 20. 법 개정(시행 2015. 7. 21.)시 도입되었다.

나. 적용 시기

정관에 따라 조합원은 30일전에 조합에 예고하고 출자금을 수시로 인출할 수 있다(표준정관 제17조). 다만 법 제17조 제2항에 따른 출자금에 대한 손실부담제도의 도입 및 이에 따른 정관 개정(2015. 12. 23. 개정, 2021. 10. 21. 개정)으로 2017. 6. 30.까지 납입한 출자금(이하 '구 출자금'이라 함)에 대해서는 수시인출을 할 수 있으나, 2017. 7. 1.부터 납입한 출자금(이하 '신 출자금'이라 함)은 탈퇴한 경우에만 환급될 수 있고, 탈퇴하기 전에 중도에 부분인출 할 수

없다.[38)]

(3) 출자금의 환급시기

법 제17조 제1항은 조합원이 탈퇴하는 등의 경우 출자금을 '지체없이' 환급하도록 하고 있다. 그러나 금융위원회는 같은 조 제2항에 따른 손실액 산정기준은 회계연도말 결산 보고서를 기준으로 평가하는 것이 적절하며 법문상의 '지체없이'를 '손실액이 최종 확정되고 난 후 지체없이'로 해석하는 것이 입법취지에 비춰 타당하다는 법령해석(2017. 3. 6. 회신)을 하였다.

위 금융위원회의 법령해석에 따라 조합은 2017. 7. 1. 이후 납입한 신출자금은 탈퇴일이 속하는 회계연도의 결산에 대한 총회 승인 이후 7영업일 이내에 환급하며(출자 및 배당사무 취급규정 제7조의2), 2017. 6. 30. 이전 납입한 구출자금은 조합원이 탈퇴신청을 하고 탈퇴신청이 승인되면 즉시 환급한다.

구출자금과 달리 신출자금은 탈퇴일이 속하는 회계연도의 결산에 대한 총회 승인 이후에 환급(최장 13개월 소요)됨에 따라 조합은 조합원 가입시에 출자금 환급시기, 손실부담의무 등을 포함한 주요내용을 가입희망자에게 설명하고 그 설명을 들었음을 '출자금 핵심설명서'에 자필로 확인 받는다(출자금업무방법서 제Ⅱ편 제1장 제6조).[39)]

---

38) 2015. 1. 20. 법 개정 당시 부칙 제2조에 따르면 출자금에 대한 손실부담제도는 이 법 시행 후(2015. 7. 21.) 납입하는 출자금을 환급하는 경우부터 적용하도록 하였다. 그러나 ① 조합의 재산으로 그 채무를 다 갚을 수 없는 경우에 대한 해석(부분자본잠식도 포함하는지 여부) ② 탈퇴조합원의 출자금 환급시기(법문상의 '지체없이'의 의미), ③ 탈퇴조합원이 부담하여야 할 손실액의 범위(손실액 산정시점)에 대해 명확하게 정의하는 논의 기간이 필요하였다. 이에 금융위원회와 금융감독원 및 신협중앙회 간의 업무협의를 통해 위 쟁점들을 정리하였고, 시행 시점을 2017. 7. 1.로 하게 되었다.

39) 그러나 현장에서는 여전히 신출자금을 신속히 환급받지 못해 출자금을 활용할 수 없는 어려움에 대한 민원제기가 많은 상황이다. 조합원간 출자금 양도 제도가 마련(법 제15조 제1항)되어 있으나 출자금 거래 시장이 없고, 개인적 친분이 없으면 타 조합원에게 양도하여 환급하기 어려운 것이 현실이다. 이에 조합원이 출자금을 조합에 양도할 수 있도록 하여 출자금 환급 지연에 따른 조합원 민원을 해소하고 인출 부담에서 벗어나 출자금의 추가조성 및 유지를 도모한다는 취지로 신협법 개정안이 발의되기도 하였다(21. 12. 9. 신용협동조합법 일부개정법률안, 유동수 의원 대표발의안).

〈참고〉 출자 및 배당사무 취급규정

> **제7조의2(신출자금 환급)** ① 조합원이 탈퇴할 경우에 신출자금은 탈퇴 신청 시 조합원이 신고한 계좌로 탈퇴일이 속하는 회계연도의 결산에 대한 총회 승인 후 7영업일 이내에 환급한다. 〈2020. 3. 18. 본항개정〉
> ② 제1항의 출자금을 환급할 때 조합은 탈퇴일이 속하는 회계연도말 현재 조합의 재산으로 그 채무를 다 갚을 수 없는 경우(완전자본잠식 상태에 있는 경우를 말한다.)에는 탈퇴한 조합원이 부담하여야 할 손실액을 빼고 환급한다.
> ③ 제2항에 따른 손실부담액은 다음 산식에 따라 계산한다.
>
> 손실부담액 = 탈퇴일이 속하는 회계연도말 현재(자산－부채) × (탈퇴 조합원이 2017년 7월 1일 이후 납입한 출자금액 / 전체조합원이 2017년 7월 1일 이후 납입한 출자금 총액)

(4) 출자금 청구권에 대한 소멸시효

농·수협 등 타 상호금융기관의 경우 출자금 청구권에 대한 시효를 모두 2년으로 법정화하고 있고, 농·수협·산림조합은 탈퇴 조합원이 각 상호금융기관에 대한 채무를 다 갚을 때까지는 출자금(지분)의 환급을 정지할 수 있도록 법에 명시하고 있다.

그러나 신협은 출자금 청구권에 대한 시효가 법에 명시되어 있지 않다. 내규를 통해 탈퇴조합원에게 환급되지 않은 출자금은 거래중지계좌로 편입하도록 하고(출자 및 배당사무취급규정 제10조 제1항),[40] 거래중지계좌에 편입된 후 5년이 경과한 출자금은 기타영업외수익으로 처리하도록 한다. 기타영업외수익으로 처리된 출자금에 대한 지급요청이 있는 때에는 기타영업외비용으로 처리하여 지급하도록 하고 있는 바(동 규정 제11조 제1항 및 제2항),[41] 신협은 사실상 출자금에 대한 시효제도는 규정하고 있지 않다.

---

40) 출자 및 배당사무취급규정 제10조(거래중지계좌 편입) ① 탈퇴조합원에게 환급되지 아니한 출자금은 거래중지계좌에 편입하되, 미환급된 출자금을 찾아가도록 서면으로 1회 이상 알려야 한다. 이 경우 전화, 문자메시지(SMS) 등을 부가적으로 이용할 수 있다.

41) 출자 및 배당사무취급규정 제11조(기타영업외 수익의 처리)
① 거래중지계좌에 편입된 후 5년이 경과한 출자금은 기타영업외수익으로 처리한다.
② 기타영업외수익으로 처리된 출자금에 대한 지급요청이 있는 때에는 제10조 제4항 및 제5항에 의하여 산출한 이자를 가산하여 기타영업외비용으로 처리하여 이를 지급한다.

Ⅲ. 관련 해석례

금융위원회 – 신협중앙회의 출자금 환급관련 법령해석 요청 [170037, 2017. 3. 6.]

1. 질의요지

「신용협동조합법」은 조합원이 탈퇴하거나 제명되었을 때에는 지체없이 그의 출자금을 환급하도록 하고, 조합의 재산으로 그 채무를 다 갚을 수 없는 경우 출자금을 환급할 때 탈퇴한 조합원이 부담하여야 할 손실액을 빼고 환급하도록 하고 있는데, 손실액의 정확한 산정을 위하여 ① 탈퇴한 회계연도의 다음회계연도 총회에서 결산이 확정된 후 지급할 수 있는지 여부와 ② 조합원이 부담하여야 할 손실액을 산정할 때 이 법 시행 이전의 손실금(이월손실금)도 포함하여야 하는지 여부

2. 회답

(1) 손실액 산정기준은 회계연도말 결산보고서를 기준으로 평가하는 것이 적절하며 '지체없이'를 '손실액이 최종 확정되고 난 후 지체 없이'로 해석하는 것이 입법취지에 비춰 타당하다고 판단되며, (2) 손실액을 산정할 때 이법 시행일 이후의 결손금 뿐 만 아니라 이월결손금을 포함하는 것이 타당함

3. 이유

(1) '지체없이'를 '손실액이 최종 확정되고 난 후 지체 없이'로 해석

법 제17조 제1항은 조합원이 탈퇴하는 등의 경우 출자금을 '지체없이' 환급하도록 하고 있으나, 명확한 환급시기를 정하고 있지 않으면서, 조합의 재산으로 그 채무를 다 갚을 수 없는 경우 손실액을 차감하도록 하고 있어, 손실액 산정 기준시점에 따라 환급시기가 달라짐

통상 손실액 산정기준은 월말, 분기말 및 회계연도말을 고려해 볼 수 있으나, 아래와 같은 이유로 회계연도말 결산보고서를 기준으로 손실액을 평가하는 것이 적절하므로 출자금의 환급은 총회 이후에 하는 것이 타당하다고 판단됨. 즉 법문상 '지체없이'를 '손실액이 최종 확정되고 난 후 지체 없이'로 해석하는 것이 적절하다고 판단됨.

㉠ 상호금융기관의 외부 회계감사 및 총회보고는 회계연도말 기준으로 하고 있어, 손실액의 정확한 산정은 회계연도말 기준으로 하는 것이 적절

하고, 부정확한 금액을 환급하는 경우 출자금 추가 환급 및 환수를 요구하는 소송이 제기될 가능성이 있다는 점

㉡ 이 법 시행 이후 출자금에 대해서는 핵심설명서 등으로 충분히 고지하게 되며, 핵심설명서 등을 통해 조합원이 탈퇴 당시의 회계연도가 종료된 이후에 출자금이 환급된다는 점을 인지하고 신규 출자금을 납입할 수 있는 점

㉢ 환급액의 적정여부는 타 조합원 및 잠재적 출자자 등에게 영향을 끼칠 수 있으므로 정확한 환급이 개별 조합원의 출자액 환급 지연에 비해 더 중요한 가치로 판단되는 점

㉣ 농업협동조합법, 수산업협동조합법 및 새마을금고법은 모두 다음 회계연도에 출자금의 환급을 진행하도록 규정하고 있는 점

(2) 손실액 산정시 '이월결손금' 포함 여부

신협법 제17조 제2항은 조합의 재산으로 그 채무를 다 갚을 수 없는 경우 손실액을 차감하고 출자금을 환급할 수 있도록 규정하고 있는데, 손실액의 산정기준에 대하여는 명확히 정하고 있지 않음

질의에서는 시행일 후 발생하는 손실액만을 차감하여야 한다는 견해와 과거의 손실금(이월결손금)도 차감하여야 한다는 견해로 구별하였는데, 아래와 같은 이유로 이월결손금을 포함한 손실액을 차감하고 출자금을 환급하여야 한다는 견해가 타당하다고 판단.

㉠ 손실금을 차감하여 환급하는 것은 조합의 경영건전성을 강화하기 위한 것으로, 기존에 발생한 손실도 조합원이 부담하도록 하는 것이 개정이유에 더 부합한다는 점

㉡ 핵심설명서 등으로 충분히 고지한다면, 재산으로 그 채무를 다 갚을 수 없는 상태의 조합에 새로이 출자하는 조합원은 기존의 채무에 대해 책임을 부담하게 될 수 있다는 점을 인지하고 출자금을 납입할 수 있는 점

㉢ 조합원을 보호할 가치보다는 조합의 경영건전성 강화라는 입법목적의 공익적 가치가 상대적으로 크다고 볼 수 있는 점

㉣ 법 시행 전 발생한 결손금을 부담하게 하여 신규의 출자금을 유치하기 어렵다는 점은 손실을 차감하여 환급하는데 따른 부작용에 불과하고 신규로 발생한 손실만 차감하여야 하는 논리적인 이유가 되지는 않는 점

> ⓜ 환급액에서 차감할 손실액을 산정함에 있어 기존의 결손금을 포함하지 않아야 한다고 보는 경우에는 기존의 적립금 또한 손실액 산정에 포함하지 않는 것이 일관성이 있는 점
>
> 따라서 재산으로 그 채무를 다 갚을 수 없는 상태의 조합에 새로이 출자하는 조합원이 기존의 채무에 대해 책임을 부담하게 될 수 있다는 점을 핵심설명서 등을 통해 충분히 고지함으로써 제도 시행에 따른 혼란을 방지할 필요가 있다고 판단됨.

Ⅳ. 관련 법령

법률	조문
새마을 금고법	**제10조(탈퇴 등)** ④ 제1항에 따라 탈퇴한 회원(제2항에 따라 탈퇴한 것으로 보는 경우와 제10조의2에 따라 제명된 경우를 포함한다. 이하 이 조에서 같다)은 정관으로 정하는 바에 따라 그의 예탁금 및 적금의 환급(還給)을 청구할 수 있다. 〈개정 2016. 1. 6.〉 ⑤ 제1항에 따라 탈퇴한 회원은 탈퇴 당시 회계연도 다음 회계연도부터 정관으로 정하는 바에 따라 출자금의 환급을 청구할 수 있다. 〈신설 2016. 1. 6.〉 ⑥ 금고는 금고의 재산으로 그 채무를 다 갚을 수 없는 경우에는 제5항에 따른 출자금을 환급할 때 정관으로 정하는 바에 따라 탈퇴하거나 제명된 회원이 부담하여야 할 손실액을 빼고 환급할 수 있다. 〈신설 2016. 1. 6.〉 ⑦ 제4항 및 제5항에 따른 환급청구권은 환급을 청구할 수 있는 날부터 출자금은 2년 간, 예탁금·적금은 5년 간 행사하지 아니하면 시효의 완성으로 소멸한다. 〈신설 2016. 1. 6.〉 [제목개정 2016. 1. 6.]
농업 협동조합법	**제31조(지분환급청구권과 환급정지)** ① 탈퇴 조합원(제명된 조합원을 포함한다. 이하 이 조와 제32조에서 같다)은 탈퇴(제명을 포함한다. 이하 이 조와 제32조에서 같다) 당시의 회계연도의 다음 회계연도부터 정관으로 정하는 바에 따라 그 지분의 환급(還給)을 청구할 수 있다. ② 제1항에 따른 청구권은 2년간 행사하지 아니하면 소멸된다. ③ 지역농협은 탈퇴 조합원이 지역농협에 대한 채무를 다 갚을 때까지는 제1항에 따른 지분의 환급을 정지할 수 있다. [전문개정 2009. 6. 9.] **제32조(탈퇴 조합원의 손실액 부담)** 지역농협은 지역농협의 재산으로 그 채무를 다 갚을 수 없는 경우에는 제31조에 따른 환급분을 계산할 때 정관으로 정하는 바에 따라 탈퇴 조합원이 부담하여야 할 손실액의 납입을 청구할 수 있다. 이 경우 제31조 제1항 및 제2항을 준용한다. [전문개정 2009. 6. 9.]

수산업 협동조합법	**제33조(지분환급청구권과 환급정지)** ① 탈퇴 조합원(제명된 조합원을 포함한다. 이하 이 조와 제34조에서 같다)은 탈퇴(제명을 포함한다. 이하 이 조와 제34조에서 같다) 당시 회계연도의 다음 회계연도부터 정관으로 정하는 바에 따라 그 지분의 환급을 청구할 수 있다. ② 제1항에 따른 지분은 탈퇴한 회계연도 말의 지구별수협의 자산과 부채에 따라 정한다. ③ 제1항에 따른 청구권은 2년간 행사하지 아니하면 시효로 인하여 소멸된다. ④ 지구별수협은 탈퇴 조합원이 지구별수협에 대한 채무를 다 갚을 때까지는 제1항에 따른 지분의 환급을 정지할 수 있다. [전문개정 2010. 4. 12.] **제34조(탈퇴 조합원의 손실액 부담)** 지구별수협은 지구별수협의 재산으로 그 채무를 다 갚을 수 없는 경우에는 제33조에 따른 지분의 환급분을 계산할 때 정관으로 정하는 바에 따라 탈퇴 조합원이 부담하여야 할 손실액의 납입을 청구할 수 있다. 이 경우 제33조 제3항을 준용한다. [전문개정 2010. 4. 12.]
산림조합법	**제28조(지분환급청구권과 환급정지)** ① 탈퇴조합원은 탈퇴 당시 회계연도의 다음 회계연도부터 정관으로 정하는 바에 따라 그 지분의 환급을 청구할 수 있다. ② 제1항에 따른 청구권은 2년간 행사하지 아니하면 소멸된다. ③ 조합은 탈퇴조합원이 조합에 대한 채무를 완전 변제할 때까지는 제1항에 따른 환급을 정지할 수 있다. [전문개정 2013. 4. 5.] **제29조(탈퇴조합원의 손실액 부담)** ① 제28조에 따른 환급분을 계산하는 경우에 조합이 그 재산으로 조합의 채무를 완전 변제할 수 없을 때에는 조합은 정관으로 정하는 바에 따라 탈퇴조합원이 부담하여야 할 손실액의 납입을 청구할 수 있다. ② 제1항에 따른 손실액의 납입 청구에 관하여는 제28조 제1항 및 제2항을 준용한다. [전문개정 2013. 4. 5.]

제19조(의결권 및 선거권 등)

제19조(의결권 및 선거권 등) ① 조합원은 출자좌수에 관계없이 평등한 의결권과 선거권을 가진다. 다만, 정관에서 정하는 바에 따라 미성년자 또는 조합원 자격을 유지한 기간이 6개월 미만인 조합원의 의결권과 선거권은 제한할 수 있다. 〈개정 2023. 12. 26.〉

② 조합원은 대리인으로 하여금 의결권과 선거권을 행사하게 할 수 있다. 다만, 지역 또는 단체를 공동유대로 하는 조합의 조합원은 대리인으로 하여금 선거권을 행사하게 할 수 없다.

③ 제2항에 따라 조합원 1인이 대리할 수 있는 조합원의 수는 정관에서 정한다.

④ 제2항에 따른 대리인은 대리권을 증명하는 서면을 조합에 제출하여야 한다.

[전문개정 2015. 1. 20.]

Ⅰ. 조문의 취지와 의의

법 제19조는 의결권 및 선거권에 관한 기본적인 사항을 정하고 있다. 의결권은 조합원이 총회에 참석하여 경영참여와 감독을 위한 의결에 참가할 수 있는 권리를 말하며, 선거권은 조합의 임원을 선출하는 권리를 말한다. 선거의 대상이 되는 조합의 임원은 이사장・부이사장・이사・감사이다.

조합은 출자좌수에 관계없이 1인 1표제로 운영되며, 이 점에서 1주마다 1개의 의결권을 가지는 주식회사나 원칙적으로 출자 1좌마다 1개의 의결권을 가지는 유한회사와 구별된다. 1인 1표제는 의사결정 과정에의 동등한 참여를 통해 민주적인 운영을 가능하게 하는 협동조합의 본질적 특성이라 할 수 있다.

Ⅱ. 조문의 내용 및 해설

1. 의결권 및 선거권

의결권이란 조합원이 총회에 출석하여 결의에 참가할 수 있는 권리이다. 조합원은 의결권을 행사함으로써 조합의 운영에 참여할 수 있게 되므로 의결권은 조합원의 공익권에 해당한다. 의결권은 조합원이 갖는 고유한 권리로서 법과 정관에 의하지 아니하고는 제한할 수 없으며, 조합원의 의사표시나 특약에 의해서도 포기될 수 없다. 선거권이란 임원선거에 참여하여 임원을 선출할 수 있는 조합원의 권리를 말하며, 의결권과 마찬가지로 출자좌수에 관계없이 조합원에게 1인 1표로 평등하게 부여되는 권리이다.

2. 의결권 및 선거권의 제한

(1) 의결권 및 선거권의 제한 사유

조합원은 출자좌수에 관계없이 평등한 의결권과 선거권을 가지나, 법과 정관에 따라 의결권과 선거권을 제한할 수 있다. 법은 만 19세 미만의 미성년자 및 조합원 자격을 유지한 기간이 6개월 미만인 조합원의 의결권과 선거권을 제한하고 있다.

표준정관에서는 민법상의 미성년자, 출자 1좌 미만의 조합원(제2호), 조합과의 계약 관계가 종료되지 않은 탈퇴조합원(제3호) 및 조합원 자격을 유지한 기간이 6월 미만(제4호)인 조합원의 의결권과 선거권을 제한하고 있다(표준정관 제14조 제1항).[42] 총회에 참석하여 의결권 및 선거권을 행사할 수 있는 조합원은 총회개최 공고일 전일을 기준으로 이러한 의결권과 선거권의 제한 사유에 해당하지 않아야 한다(표준정관 제14조 제2항).

참고로 법 제정 당시에는 모든 조합원이 평등한 의결권을 가지는 것으로 규정하고 있었으나, 1998년 법 전부개정으로 미성년자의 의결권과 선거권을 제한하였다. 또한, 2000년에는 임원 선임을 위해 주변인을 신규 조합원으로 가입시켰다가 단기간 내에 다시 탈퇴시키는 경우 등의 부작용을 방지하고 공정성을 높이기 위하여 조합원 자격 유지 기간이 3개월 미만인 조합원에 대해서는

---

42) **표준정관 제14조(의결권 · 선거권)** ① 조합원은 출자좌수에 관계없이 평등한 의결권과 선거권을 가진다. 다만 다음 각호의 1에 해당하는 자는 총회의 성원에 계산하지 않고 의결권과 선거권을 가지지 아니한다. 〈1999. 2. 5. 개정〉
1. 민법상 미성년자 〈2000. 6. 20. 개정〉
2. 출자 1좌 미만이 된 조합원
3. 제15조 제4항의 규정에 의한 조합원
4. 조합원 자격을 유지한 기간이 6월 미만인 조합원 〈2024. 6. 12. 개정〉
② 총회에 참석하여 의결권 및 선거권을 행사할 수 있는 조합원은 제9조에 의하여 가입된 조합원으로서 총회개최 공고일 전일을 기준으로 제1항 각호의 1에 해당하지 아니한 자로 한다. 〈2000. 6. 20. 개정〉

정관에서 정하는 바에 따라 의결권과 선거권을 제한할 수 있도록 하였다.

(2) 조합원 자격의 최소 유지 기간의 연장

의결권 및 선거권 행사를 위한 조합원 자격의 최소 유지 기간이 2023. 12. 26. 법의 개정으로 3개월에서 6개월로 연장되어, 2024. 6. 27.부터 시행되었다. 조합원 자격 유지 기간을 확대한 것은 특정 후보의 당선을 위해 선거철에 임박하여 신규 조합원을 영입하는 행위 등을 방지할 필요성 및 다른 상호금융업권과의 규제 형평성 등을 반영한 것이다. 새마을금고는 해당 금고의 회원 자격을 유지한 기간이 6개월 미만인 회원에 대하여 의결권·선거권을 제한할 수 있도록 규정하고 있고, 농협·수협·산림조합은 임원·대의원의 임기만료일 전 180일까지 해당 조합의 조합원으로 가입한 사람만 선거권을 행사할 수 있도록 규정하고 있다. 법의 개정으로 조합원 자격의 최소 유지 기간이 연장됨에 따라 조합 총회 의사의 공정성을 더욱 높이고 조합에 대한 이해도가 높은 조합원의 의사를 정확히 반영할 수 있을 것으로 기대된다.[43] 한편, 조합원 자격 최소 유지 기간이 6개월로 연장됨에 따라, 표준정관도 조합원 자격을 유지한 기간이 6개월 미만인 조합원의 의결권과 선거권을 제한하는 내용으로 개정되었다(표준정관 제14조 제1항 제4호).

(3) 출자 1좌 미만의 조합원

조합원은 조합의 공동유대에 소속된 자로서 제1회 출자금을 납입하여야 한다(법 제11조 제1항). 조합의 출자 1좌의 금액과 그 납입방법 및 시기는 정관의 필수적 기재사항으로서 총회의 결의를 거쳐 확정된다(법 제10조 제6호). 출자 1좌 미만의 조합원은 조합의 출자금이 총회 결의를 거쳐 상향되었음에도 불구하고 개정된 출자 1좌에 해당하는 금액과 최초에 납입한 출자금과의 차액을 전부 납입하지 않은 경우에 발생한다. 조합원은 출자 1좌 이상을 가져야 하므로(법 제14조 제1항), 법상 조합원 자격 요건을 충족하지 못한 출자 1좌 미만의

43) 이용준(수석전문위원), 신용협동조합법 일부개정법률안(유동수 의원 대표발의, 의안번호 제2113832호) 검토보고서, 국회 정무위원회, 2022. 5., 15면.

조합원은 의결권과 선거권이 제한되는 것이다.

3. 의결권 및 선거권의 대리행사

조합원은 대리인으로 하여금 의결권과 선거권을 행사하게 할 수 있으며, 이 경우 당해 조합원은 출석한 것으로 본다. 협동조합은 인적 결합체이므로 대리인 역시 조합원이어야 한다(표준정관 제38조 제2항[44]). 다만, 법 제25조 단서에 따라 재적조합원이 500인을 초과하는 경우에는 251인 이상의 출석으로 개의하고 출석조합원 과반수의 찬성으로 결의할 수 있는데, 이 단서규정에 의하여 개의 및 결의하는 경우에는 대리인이 의결권을 행사하더라도 당해 조합원을 출석한 것으로 보지 않는다(표준정관 제34조[45] 제1항 단서, 제34조 제2항).

지역 또는 단체를 공동유대로 하는 조합의 조합원은 대리인으로 하여금 선거권을 행사하게 할 수 없다. 다시 말해, 선거권의 대리행사는 직장조합에 한하여서만 인정된다.

대리권은 대리권을 증명하는 서면을 조합에 제출하는 방법으로 행사하여야 한다. 대리권을 증명하는 서면은 총회 개의 전까지 조합에 제출하여야 하고(표준정관 제39조[46]), 조합원이 의결권을 대리행사할 때는 조합에 신고된 인감을 날인한 위임장을 제출하여야 한다(표준정관 제38조 제1항[47]).

조합원 1인이 대리할 수 있는 조합원의 수는 표준정관에서 정하도록 위임하고 있으며, 표준정관에서는 조합의 사정에 따라서 대리할 수 있는 조합원의 수를 총회에서 정할 수 있도록 하고 있다. 농협의 경우 법에서 대리인이 대리할

---

44) **표준정관 제38조(의결권의 대리행사)** ② 대리인은 제14조의 규정에 따라 의결권과 선거권을 가진 자로 한다. 〈1999. 2. 5., 2003. 12. 12. 개정〉

45) **표준정관 제34조(총회의 결의)** ① 총회는 법령 또는 정관에 다른 규정이 있는 경우를 제외하고는 재적조합원 과반수의 출석으로 개의하고 출석조합원 과반수의 찬성으로 결의한다. 다만, 재적조합원이 500인을 초과하는 경우에는 251인 이상의 출석으로 개의하고 출석조합원 과반수의 찬성으로 결의할 수 있다.

② 조합원은 의결권을 대리행사 할 수 있으며 이 경우 당해 조합원은 출석한 것으로 본다. 다만, 제1항 단서의 규정에 의하여 개의 및 결의하는 경우에는 그러하지 아니한다.

46) **표준정관 제39조(대리권의 소명)** 대리인은 대리권을 증명하는 서면을 총회 개의 전까지 조합에 제출하여야 한다.

47) **표준정관 제38조(의결권의 대리행사)** ① 조합원이 제34조 제2항의 규정에 의하여 의결권을 대리행사 할 때에는 조합에 신고된 인감을 날인한 위임장을 제출하여야 한다.

수 있는 조합원의 수를 1인으로 한정하고 있고 새마을금고의 경우 한 회원이 대리할 수 있는 회원의 수가 두 명을 초과하지 못하도록 하는 점에서 신협과 차이를 보인다.

4. 법인 조합원의 의결권 및 선거권

등기된 법인은 권리능력이 있으므로 조합원으로서 의결권과 선거권을 행사할 수 있고, 이 경우 등기된 대표자가 의결권과 선거권을 행사한다. 다만, 권리능력 없는 사단과 권리능력 없는 재단은 권리능력이 없어 재적조합원 수에 포함되지 않으며 의결권과 선거권도 부여되지 않는다.

Ⅲ. 관련 법령

법률	조문
새마을 금고법	**제9조(회원과 자본금)** ⑤ 회원은 출자좌수에 관계없이 평등한 의결권과 선거권을 가진다. 다만, 다음 각 호의 어느 하나에 해당하는 회원에 대하여는 정관으로 정하는 바에 따라 의결권과 선거권을 제한할 수 있다. 〈개정 2025. 1. 7.〉 1. 미성년인 회원 2. 해당 금고의 회원 자격을 유지한 기간이 6개월 미만인 회원 3. 출자액이 행정안전부장관(이하 "주무부장관"이라 한다)이 정하여 고시하는 금액 미만인 회원 ⑥ 회원은 다른 회원을 대리인으로 하여 의결권을 행사할 수 있다. 이 경우 한 회원이 대리할 수 있는 회원의 수는 두 명을 초과할 수 없다.
농업 협동조합법	**제26조(의결권 및 선거권)** 조합원은 출자액의 많고 적음에 관계없이 평등한 의결권 및 선거권을 가진다. 이 경우 선거권은 임원 또는 대의원의 임기만료일(보궐선거 등의 경우 그 선거의 실시사유가 확정된 날) 전 180일까지 해당 조합의 조합원으로 가입한 자만 행사할 수 있다. [전문개정 2009. 6. 9.] **제27조(의결권의 대리)** ① 조합원은 대리인에게 의결권을 행사하게 할 수 있다. 이 경우 그 조합원은 출석한 것으로 본다. ② 대리인은 다른 조합원 또는 본인과 동거하는 가족(제19조 제2항·제3항에 따른 법인 또는 조합의 경우에는 조합원·사원 등 그 구성원을 말한다)이어야 하며, 대리인이 대리할 수 있는 조합원의 수는 1인으로 한정한다. ③ 대리인은 대리권(代理權)을 증명하는 서면(書面)을 지역농협에 제출하여야 한다. [전문개정 2009. 6. 9.]

수산업 협동조합법	제27조(의결권 및 선거권) 조합원은 출자금의 많고 적음과 관계없이 평등한 의결권 및 선거권을 가진다. 이 경우 선거권은 임원 또는 대의원의 임기 만료일(보궐선거 등의 경우에는 그 선거 실시 사유가 확정된 날) 전 180일까지 해당 조합의 조합원으로 가입한 자만 행사할 수 있다. 〈개정 2020. 3. 24.〉 [전문개정 2010. 4. 12.] 제28조(의결권의 대리) ① 조합원은 대리인에게 의결권을 행사하게 할 수 있다. 이 경우 그 조합원은 출석한 것으로 본다. ② 대리인은 다음 각 호의 어느 하나에 해당하는 자이어야 하고, 대리인은 조합원 1인만을 대리할 수 있다. 〈개정 2018. 12. 11.〉 1. 다른 조합원 2. 본인과 동거하는 가족 3. 제20조 제2항에 따른 법인의 경우에는 조합원·사원 등 그 구성원 ③ 대리인은 대리권을 증명하는 서면을 지구별수협에 제출하여야 한다. [전문개정 2010. 4. 12.]
산림조합법	제24조(의결권 및 선거권) 조합원은 출자액의 다소(多少)에 관계없이 평등한 의결권 및 선거권을 가진다. 이 경우 선거권은 임원 또는 대의원의 임기만료일(보궐선거 등의 경우에는 그 선거의 실시 사유가 확정된 날) 전 180일까지 해당 조합의 조합원으로 가입한 자만 행사할 수 있다. [전문개정 2013. 4. 5.] 제25조(의결권의 대리) ① 조합원은 대리인으로 하여금 의결권을 행사하게 할 수 있다. 이 경우 그 조합원은 출석한 것으로 본다. ② 대리인은 조합원 또는 본인과 동거하는 가족(법인의 경우에는 사원 등 그 구성원을 말한다)이어야 하며, 대리인이 대리할 수 있는 조합원의 수는 1명으로 한정한다. ③ 대리인은 대리권을 증명하는 서면을 조합에 제출하여야 한다. [전문개정 2013. 4. 5.]
협동조합 기본법	제23조(의결권 및 선거권) ① 조합원은 출자좌수에 관계없이 각각 1개의 의결권과 선거권을 가진다. ② 조합원은 대리인으로 하여금 의결권 또는 선거권을 행사하게 할 수 있다. 이 경우 그 조합원은 출석한 것으로 본다. ③ 제2항에 따른 대리인은 다른 조합원 또는 본인과 동거하는 가족(조합원의 배우자, 조합원 또는 그 배우자의 직계 존속·비속과 형제자매, 조합원의 직계 존속·비속 및 형제자매의 배우자를 말한다. 이하 같다)이어야 하며, 대리인이 대리할 수 있는 조합원의 수는 1인에 한정한다. 〈개정 2020. 6. 9.〉 ④ 제2항에 따른 대리인은 정관으로 정하는 바에 따라 대리권을 증명하는 서면을 협동조합에 제출하여야 한다.
중소기업 협동조합법	제19조(의결권과 선거권) ① 조합원은 각각 한 개의 의결권과 선거권을 가진다. 다만, 선거권은 임원 또는 대의원의 임기 종료일(보궐선거 등에서는 그 선거의 실시 사유가 확정된 날) 6개월 전부터 그 선거일까지 계속하여 해당 조합의 조합원인 자만 행사할 수 있다. 〈개정 2008. 6. 13.〉 ② 설립등기를 한 날부터 6개월이 경과하지 아니한 조합에 대하여는 선거권과 관련하여 제1항 단서를 적용하지 아니한다. 〈신설 2018. 3. 13.〉 ③ 조합은 정관으로 정하는 바에 따라 조합원의 의결권 또는 선거권을 제한할 수 있다. 〈개정 2008. 6. 13., 2018. 3. 13.〉

	④ 조합원은 의결권 또는 선거권을 출석하여 행사한다. 다만, 정관으로 정하는 바에 따라 미리 통지한 사항에 관하여는 서면 또는 전자문서에 의하여 의결권을 행사할 수 있다. 〈신설 2008. 6. 13., 2018. 3. 13.〉 ⑤ 조합원은 정관으로 정하는 자격을 갖춘 대리인에 의하여 의결권 또는 선거권을 행사할 수 있다. 이 경우 대리인은 정관으로 정하는 바에 따라 대리권을 증명하는 서면 또는 전자문서를 의결권을 행사하기 전에 미리 조합에 제출하여야 한다. 〈신설 2008. 6. 13., 2018. 3. 13.〉 ⑥ 조합원은 전자적 방법(「전자문서 및 전자거래 기본법」 제2조 제2호에 따른 정보처리시스템을 사용하거나 그 밖에 정보통신기술을 이용하는 방법을 말한다. 이하 같다)을 통하여 의결권 또는 선거권을 행사할 수 있다. 〈신설 2022. 11. 15.〉 ⑦ 제4항 단서, 제5항 및 제6항에 따라 의결권 또는 선거권을 행사하는 자는 출석자로 본다. 〈개정 2008. 6. 13., 2018. 3. 13., 2022. 11. 15.〉 ⑧ 대리인이 대리할 수 있는 조합원의 수는 한 명으로 한정한다. 〈개정 2008. 6. 13., 2018. 3. 13., 2022. 11. 15.〉

제20조(조합원의 책임)

제20조(조합원의 책임) 조합원의 책임은 그 출자액을 한도로 한다.
[전문개정 2015. 1. 20.]

Ⅰ. 조문의 취지와 의의

조합원의 책임은 그 출자액을 한도로 하는 유한책임이다(법 제20조, 표준정관 제13조). 법은 이와 같은 조문을 두어 조합원은 출자좌수에 따른 출자액을 한도로 유한책임을 부담할 뿐 조합이 채무초과 상태가 되더라도 채권자에 대한 직접적인 책임을 부담하지 않음을 규정하고 있다.

Ⅱ. 조문의 내용 및 해설

1. 조합원의 책임

(1) 조합원의 대내적 책임

조합원은 조합에 대하여 다음과 같은 의무를 이행할 책임을 진다.

가. 출자의무

조합원은 내부 관계에 있어서 조합에 대하여 출자의무를 부담한다. 출자금은 조합의 자본금이 되는 점을 고려하여, 법은 조합원이려면 반드시 출자 1좌 이상을 가져야 하고(법 제14조 제1항), 조합에 납입할 출자금은 현금으로 납입하여야 하며 조합에 대한 채권과 상계할 수 없으며(법 제14조 제5항), 조합원의 출자금은 질권의 목적이 될 수 없고(법 제14조 제6항), 출자의무를 이행하지 않는 조합원은 총회의 결의로 제명할 수 있도록 규정함으로써(법 제18조 제1항 제1호 및 제4호[48]) 조합원의 출자의무 이행을 강조하고 조합의 자본 충실을 기하

48) 법 제18조(제명) ① 조합원이 다음 각 호의 어느 하나에 해당하는 경우에는 총회의 결의로 제명할 수 있다.

고 있다.

나. 제규정 준수의무

법 및 표준정관은 조합원이 법령이나 정관을 위반한 경우에는 총회의 결의로 제명할 수 있도록 하였다(법 제18조 제1항 제2호, 표준정관 제18조 제1항 제3호). 이는 조합원의 제규정 준수의무를 간접적으로 규정한 것이라 할 수 있다.

다. 사업이용의무

법과 표준정관은 2년 이상 조합의 신용사업을 이용하지 아니한 경우 총회의 결의로 조합원을 제명할 수 있도록 하고(법 제18조 제1항 제3호, 표준정관 제18조 제1항 제4호), 3년 이상 조합의 신용사업을 이용하지 않은 조합원은 이사회의 결의로 조합원의 자격을 상실할 수 있도록 하여(표준정관 제15조 제3항 제2호). 조합원의 사업이용의무를 간접적으로 규정하고 있다.

(2) 조합원의 대외적 책임

조합이 여러 사업연도에 걸쳐 계속하여 손실이 있고 이를 보전할 적립금이 없을 때에는 총회에서 출석조합원 3분의 2 이상의 찬성에 의한 결의를 거쳐 중앙회장의 승인을 받아 자본금을 감소하여 각 조합원의 납입출자액이 감소된 것으로 할 수 있고(법 제52조 제2항[49]), 조합의 재산으로 그 채무를 다 갚을 수 없는 경우에는 조합원의 탈퇴 또는 제명에 따라 출자금을 환급할 때 탈퇴하거나 제명된 조합원이 부담하여야 할 손실액을 빼고 환급할 수 있다(법 제17조 제2항[50]). 요컨대 조합원은 출자액을 한도로 조합에 대한 간접책임을 지고, 조

---

1. 출자금의 납입이나 그 밖에 조합에 대한 의무를 이행하지 아니한 경우
2. 이 법 및 이 법에 따른 명령이나 정관을 위반한 경우
3. 2년 이상 제39조 제1항 제1호 가목·나목 또는 바목의 사업을 이용하지 아니한 경우
4. 출자가 1좌 미만이 된 후 6개월이 지난 경우

49) **법 제52조(손실금의 처리)** ① 조합의 사업연도 중에 생긴 손실금은 미처분잉여금, 특별적립금, 임의적립금, 법정적립금의 순으로 보전하되, 잔여손실금(殘餘損失金)이 있으면 다음 사업연도로 이월한다. 〈개정 2023. 12. 26.〉
② 조합이 여러 사업연도에 걸쳐 계속하여 손실이 있고, 이를 보전할 적립금이 없을 때에는 총회에서 출석조합원 3분의 2 이상의 찬성에 의한 결의를 거쳐 중앙회장의 승인을 받아 자본금을 감소하여 각 조합원의 납입출자액이 감소된 것으로 할 수 있다.

50) **법 제17조(탈퇴하거나 제명된 조합원에 대한 출자금 등의 환급)** ① 조합은 조합원이 탈퇴하거나 제명

합이 채무초과 상태가 되더라도 채권자에 대한 직접책임을 지지 않는다.

Ⅲ. 관련 법령

법률	조문
새마을 금고법	제9조(회원과 자본금) ① 금고의 회원은 그 금고의 정관으로 정하는 업무구역에 주소나 거소(居所)가 있는 자 또는 생업에 종사하는 자로서 출자 1좌 이상을 현금으로 납입한 자로 한다. ④ 출자 1좌의 금액은 정관으로 정하며, 한 회원이 가질 수 있는 출자좌수(出資座數)의 최고한도는 총출자좌수의 100분의 15를 초과할 수 없다. ⑦ 회원이 금고에 납입할 출자금은 금고에 대한 채권과 상계(相計)하지 못한다. ⑧ 출자금은 질권(質權)의 목적이 될 수 없다. ⑪ 금고의 자본금은 회원이 납입한 출자금(제9조의2에 따른 출자금을 포함한다), 제9조의3에 따른 회전출자금 및 제9조의4에 따른 우선출자금(누적되지 아니하는 것만 해당한다)의 총액으로 한다. 〈개정 2023. 4. 11.〉
농업 협동조합법	제24조(조합원의 책임) ① 조합원의 책임은 그 출자액을 한도로 한다. ② 조합원은 지역농협의 운영과정에 성실히 참여하여야 하며, 생산한 농산물을 지역농협을 통하여 출하(出荷)하는 등 그 사업을 성실히 이용하여야 한다. [전문개정 2009. 6. 9.]
수산업 협동조합법	제25조(조합원의 책임) ① 조합원의 책임은 그 출자액을 한도로 한다. ② 조합원은 지구별수협의 운영 과정에 성실히 참여하여야 하며, 생산한 수산물을 지구별수협을 통하여 출하하는 등 그 사업을 성실히 이용하여야 한다. [전문개정 2010. 4. 12.]
산림조합법	제20조(조합원의 출자 및 책임) ① 조합원은 정관으로 정하는 계좌 수 이상을 출자하여야 한다. 〈개정 2020. 3. 24.〉 ② 출자 1계좌의 금액은 균일하게 정하여야 한다. 〈개정 2020. 3. 24.〉 ③ 출자 1계좌의 금액은 정관으로 정한다. 〈개정 2020. 3. 24.〉 ④ 조합원의 출자액은 질권(質權)의 목적이 될 수 없다. ⑤ 조합원은 출자액의 납입에 있어서 조합에 대한 채권과 상계(相計)할 수 없다. ⑥ 조합원의 책임은 그 출자액을 한도로 한다. ⑦ 조합원은 조합의 운영과정에 성실히 참여하여야 하며, 생산한 임산물을 조합을 통하여 출하하는 등 조합의 사업을 성실히 이용하여야 한다. [전문개정 2013. 4. 5.]

되었을 때에는 지체 없이 그의 출자금·예탁금 및 적금을 환급하여야 한다. 이 경우 출자금에 대한 배당금은 다른 조합원에 대하여 배당금을 지급할 때 지급할 수 있다.

② 조합은 조합의 재산으로 그 채무를 다 갚을 수 없는 경우에는 제1항에 따른 출자금을 환급할 때 정관에서 정하는 바에 따라 탈퇴하거나 제명된 조합원이 부담하여야 할 손실액을 빼고 환급할 수 있다.

[전문개정 2015. 1. 20.]

협동조합 기본법	제22조(출자 및 책임) ① 조합원은 정관으로 정하는 바에 따라 1좌 이상을 출자하여야 한다. 다만, 필요한 경우 정관으로 정하는 바에 따라 현물을 출자할 수 있다. ② 조합원 1인의 출자좌수는 총 출자좌수의 100분의 30을 넘어서는 아니 된다. ③ 조합원이 납입한 출자금은 질권의 목적이 될 수 없다. ④ 협동조합에 납입할 출자금은 협동조합에 대한 채권과 상계하지 못한다. ⑤ 조합원의 책임은 납입한 출자액을 한도로 한다.
중소기업 협동조합법	제16조(출자) ① 조합원은 정관으로 정하는 바에 따라 1좌(座) 이상의 출자를 하여야 한다. ② 출자 1좌의 금액은 균일하여야 한다. ③ 한 조합원의 출자좌수는 출자 총좌수의 100분의 20을 넘어서는 안 된다. ④ 조합원은 출자금의 납입에 관하여 상계로써 조합에 대항하지 못한다. ⑤ 조합원이 휴업한 때, 사업의 일부를 폐지하거나 그 밖의 부득이한 사유가 있을 때에는 정관으로 정하는 바에 따라 사업연도 말에 한정하여 그 출자좌수를 줄일 수 있다. ⑥ 제5항의 경우에는 제26조를 준용한다. ⑦ 조합원의 책임은 그 출자액을 한도로 한다.

제22조(결의취소 등의 청구)

제22조(결의취소 등의 청구) ① 총회 의결 또는 임원선거의 효력에 관하여 이의가 있는 조합원은 의결일 또는 선거일부터 1개월 이내에 조합원 10분의 1 이상의 동의를 받아 그 결의 또는 당선의 취소를 중앙회장에게 청구할 수 있다.
② 중앙회장은 제1항의 청구를 받으면 3개월 이내에 이에 대한 처리 결과를 청구인에게 알려야 한다.
[전문개정 2015. 1. 20.]

Ⅰ. 조문의 취지와 의의

법 제22조는 총회 의결 또는 임원선거의 효력에 관하여 이의가 있는 조합원이 결의취소 등의 청구를 할 수 있는 요건에 대하여 규정하고 있다. 이러한 결의 또는 당선 취소 청구권은 조합원 10분의 1 이상의 동의를 받아야 하는 소수조합원의 권리로 되어 있는데, 만일 조합원이 단독으로 이러한 청구를 할 수 있도록 한다면 총회 의결 또는 임원선거의 효력이 조기에 확정되지 못하고 중앙회장의 처리 결과를 기다려야만 하는 불안정한 상태에 놓일 가능성이 상당히 클 것이며, 총회 의결이나 선거 결과에 불만을 가진 조합원이 청구권을 남용할 가능성도 존재하므로, 조합 및 다른 조합원들에게 발생할 수 있는 불이익을 방지하고자 소수조합원의 권리로 규정한 것이다.

Ⅱ. 조문의 내용 및 해설

1. 결의취소 등의 청구권

(1) 취소의 원인

총회 의결 또는 임원선거의 효력에 관하여 이의가 있는 조합원은 의결일 또는 선거일부터 1개월 이내에 조합원 10분의 1 이상의 동의를 받아 그 결의 또는 당선의 취소를 중앙회장에게 청구할 수 있다. 결의취소 등의 사유는 총회의 소집 절차, 의결 방법, 의결 내용 또는 임원의 선거가 법령, 법령에 따른 행정처분 또는 정관을 위반한 것 등이 될 수 있을 것이다.

(2) 청구권자

결의취소 청구는 총회 결의에 대한 공정성 및 적법성 회복을 목적으로 하므로 조합원이면 누구나 청구할 수 있다. 따라서 결의 당시에는 조합원이 아니었으나 청구 시에 조합원이면 청구권자가 되고, 취소 원인이 된 결의에 찬성한 조합원, 하자와 관련이 없는 조합원도 청구권자 자격이 인정된다고 본다.[51]

(3) 청구기간

조합원은 조합 총회의 결의나 당선의 취소를 법 제22조에 따라 중앙회장에게 청구할 수 있고, 법원에 당선무효확인 소송 또는 총회결의무효확인 소송 등의 소를 제기할 수 있다. 다만, 중앙회장에 대한 결의취소 등의 청구는 의결일 또는 선거일부터 1개월 이내에 하여야 한다.

2. 결의취소 등의 청구에 대한 처리

(1) 중앙회장의 취소 권한

농협법과 수협법 등에서는 취소의 권한을 농림축산식품부장관과 해양수산부장관 등으로 규정하고 있어 입법론적으로 행정기관의 장이 아닌 중앙회장이 취소 권한을 갖는 것이 타당한지에 대하여 살펴본다. 중앙회는 법에 따라 조합의 업무를 지도·감독하는 상급기관이며(법 제61조 제1항), 중앙회장은 조합을 지도·감독하고 필요한 경우 조합에 자료의 제출, 관계자의 출석 또는 진술을 요구할 권한 등을 보유한다(법 제89조 제1항). 또한, 법 제22조는 조합원으로 하여금 중앙회장에게 청구하도록 하고 중앙회장이 그 처리 결과를 통보하도록 명백히 규정하고 있는바, 중앙회장에게 취소 권한이 있다고 해석하여야 한다.

51) 신협중앙연수원, 신협법, 2024, 90면.

(2) 처리 기한 및 처리 결과 통보

법 제22조 제2항은 청구를 받은 중앙회장은 3개월 이내에 청구인에게 처리 결과를 알리도록 하고 있다. 통상적인 입법기술상 어떠한 규정을 반드시 준수해야 할 효력규정으로 정하는 경우에는 그 규정의 위반에 대한 효과 및 제재조치를 함께 규정하는 것이 일반적인데,[52] 법은 위 조항 위반에 대한 효과 및 제재조치를 규정하고 있지 않으므로 위 조항은 단기간 내 신속한 처리를 위한 훈시규정[53]으로 보는 것이 타당하다. 판례도 법령에서 법원이나 행정청의 일정한 처리 기간을 규정하고 있는 경우에 이를 훈시규정으로 해석하고 있다(대법원 2008. 2. 1. 선고 2007다9009 판결, 대법원 2005. 7. 14. 선고 2003다35635 판결 등).

따라서 중앙회장이 임원당선 취소결정의 통보를 반드시 3개월 이내에 하여야 하는 것은 아니고, 이를 위반하여 3개월 이후에 통보하였다고 하여 그 결의 취소의 효력이 부정되는 것은 아니라고 해석된다. 만일, 중앙회장이 3개월을 경과하여 처리 결과를 알렸다고 하여 그 법률효과가 발생하지 않는다고 본다면 이는 청구인에게 귀책 없는 사유로 부당하게 청구인의 권리를 제한하는 결과가 되므로, 중앙회장이 3개월을 경과하여 처리결과를 통보하였다고 하더라도 그 통보에 따른 법률효과에는 영향이 없다고 보아야 타당할 것이다.

또한 청구인의 청구가 정당한 경우에 반드시 취소를 명령해야 하는가에 대하여서는, 자유재량이며 취소 등으로 인한 영향이 큰 경우 취소 등을 하지 않을 수 있다는 견해가 타당하다고 판단된다.[54]

(3) 통보에 따른 효력

중앙회장이 처리 결과를 통보하면 조합에서 별도의 결의를 거칠 필요 없이 통보에 따른 법률효과가 발생한다고 보아야 한다. 처리 결과를 통보받은 조합

52) 법제처 2011. 12. 22. 회신 11-0619 해석례.
53) 법률상 의무를 본칙에 규정하면서 그 위반에 대한 벌칙 조항이 전혀 없는 경우를 훈시규정이라고 하며, 위반하면 무효가 되는 효력규정과 달리 훈시규정은 위반하더라도 그 법률행위의 효력에 영향이 없다.
54) 법제처, 농업협동조합법 해설, 2011, 59면.

의 추가적인 결의를 요하도록 한다면 이는 불필요한 지연 또는 추가적인 분쟁을 야기할 수 있을 뿐만 아니라 조합에 사실상 최종적인 처리권한을 부여하는 것이 되어 법이 중앙회장에게 결의 또는 당선 취소 권한을 부여한 입법취지를 몰각하는 것이 될 것이다. 그러므로 중앙회장의 통보 행위는 결의나 당선의 취소하는 형성적인 행위로 보아야 할 것이다.

Ⅲ. 관련 판례

울산지방법원 2016. 8. 31. 선고 2016가합20387 판결 [정기총회결의무효확인청구의 소]

"신용협동조합법 제22조는 총회 의결의 효력에 관하여 조합원이 이의가 있는 경우 의결일부터 1개월 이내에 조합원 10분의 1 이상의 동의를 얻어 그 결의의 취소를 신용협동조합 중앙회장에게 청구할 수 있다고 규정하고 있음은 앞서 본 바와 같으나, 위 규정에서 요구하는 청구 요건 등에 비추어 볼 때, 이는 자율적으로 설립되는 비영리법인인 개별 신용협동조합에서 이루어진 총회 결의에 대하여 중앙회장 등 그 상위 기관에서 이를 통제할 수 있는 내부적 권한을 부여한 것이지, 이 사건처럼 조합원이 개별 신용협동조합을 상대로 총회 결의의 무효 여부를 재판상 다투어 볼 수 있는 권리를 배제하는 취지는 아니라고 보인다."

대법원 2007. 7. 13. 선고 2005두13797 판결 [당선취소처분취소]

"구 수산업협동조합법(2004. 12. 31. 법률 제7311호로 전문 개정되기 전의 것) 제154조 제1항에 "해양수산부장관은 조합의 총회·대의원회 또는 이사회의 소집절차·의결방법·의결내용이나 선거나 법령, 법령에 의한 행정처분, 정관이나 규약에 위반되었다고 인정한 때에는 그 의결·선거에 따른 당선을 취소하거나 그 집행을 정지하게 할 수 있다"고 규정하고 있는바, 수산업협동조합중앙회의 임원선거에 출마한 후보자가 법령, 법령에 의한 행정처분, 정관이나 규약이 정한 선거운동의 제한사항을 위반한 경우 그 사유만으로 곧바로 당해 선거가 법령 등에 위반되었다고 할 수는 없지만, 이와 같은 법령 등에 위반된 선거운동이 선거인들의 자유로운 판단에 의한 투표를 방해하여 선거의 기본이념인 선거의 자유와 공정을 현저히 침해하고 그로 인하여 선거의 결과에 영향을 미쳤다고 인정될 때에는, 당해 선거가 법령 등에 위반된 경우에 해당한다고 보아야 한다."

대법원 2003. 12. 26. 선고 2003다11837 판결 [가처분이의]

“농업협동조합의 조합장 선거에 출마한 후보자 등이 당선을 목적으로 허위사실을 공표하는 등 선거의 절차에서 법령에 위반한 사유가 있는 경우 그 사정만으로 당해 선거에 의한 당선이 무효가 되는 것은 아니고, 이와 같은 법령위배의 선거운동으로 조합원들의 자유로운 판단에 의한 투표를 방해하여 선거의 기본이념인 선거의 자유와 공정을 현저히 침해하고 그로 인하여 선거의 결과에 영향을 미쳤다고 인정될 때에만 그 조합장선거 및 이를 기초로 한 당해 조합의 당선인결정은 무효라고 할 것이다(대법원 1995. 11. 24. 선고 94다23982 판결, 위 95다50196 판결, 2000. 7. 6. 자 2000마1029 결정 등 참조).”

Ⅳ. 관련 법령

법률	조문
새마을 금고법	제11조의2(의결 취소의 소 등) ① 회원은 총회(창립총회를 포함한다)의 소집절차, 의결방법, 의결내용 또는 임원의 선거가 법령이나 법령에 따른 행정처분 또는 정관을 위반한 것을 사유로 하여 그 의결이나 선거에 따른 당선의 취소 또는 무효확인을 청구하는 소(訴)를 제기할 수 있다. ② 제1항에 따른 소에 관하여는 「상법」 제376조부터 제381조까지의 규정을 준용한다. [본조신설 2016. 1. 6.]
농업 협동조합법	제33조(의결 취소의 청구 등) ① 조합원은 총회(창립총회를 포함한다)의 소집절차, 의결 방법, 의결 내용 또는 임원의 선거가 법령, 법령에 따른 행정처분 또는 정관을 위반한 것을 사유로 하여 그 의결이나 선거에 따른 당선의 취소 또는 무효 확인을 농림축산식품부장관에게 청구하거나 이를 청구하는 소(訴)를 제기할 수 있다. 다만, 농림축산식품부장관은 조합원의 청구와 같은 내용의 소가 법원에 제기된 사실을 알았을 때에는 제2항 후단에 따른 조치를 하지 아니한다. 〈개정 2013. 3. 23.〉 ② 제1항에 따라 농림축산식품부장관에게 청구하는 경우에는 의결일이나 선거일부터 1개월 이내에 조합원 300인 또는 100분의 5 이상의 동의를 받아 청구하여야 한다. 이 경우 농림축산식품부장관은 그 청구서를 받은 날부터 3개월 이내에 이에 대한 조치 결과를 청구인에게 알려야 한다. 〈개정 2013. 3. 23.〉 ③ 제1항에 따른 소에 관하여는 「상법」 제376조부터 제381조까지의 규정을 준용한다. ④ 제1항에 따른 의결 취소의 청구 등에 필요한 사항은 농림축산식품부령으로 정한다. 〈개정 2013. 3. 23.〉 [전문개정 2009. 6. 9.]

수산업 협동조합법	**제35조(의결 취소의 청구 등)** ① 조합원은 총회(창립총회를 포함한다)의 소집 절차, 의결 방법, 의결 내용 또는 임원(대의원을 포함한다)의 선거가 법령, 법령에 따른 처분 또는 정관을 위반한 것을 사유로 하여 그 의결이나 선거에 따른 당선의 취소 또는 무효 확인을 해양수산부장관에게 청구하거나 이를 청구하는 소를 제기할 수 있다. 〈개정 2013. 3. 23.〉 ② 조합원은 제1항에 따라 해양수산부장관에게 의결이나 선거에 따른 당선의 취소 또는 무효 확인을 청구할 때에는 의결일 또는 선거일부터 1개월 이내에 조합원 10분의 1 이상의 동의를 받아 청구하여야 한다. 이 경우 해양수산부장관은 그 청구서를 받은 날부터 3개월 이내에 처리 결과를 청구인에게 알려야 한다. 〈개정 2013. 3. 23.〉 ③ 제1항에 따른 소에 관하여는 「상법」 제376조부터 제381조까지의 규정을 준용한다. [전문개정 2010. 4. 12.]
산림조합법	**제30조(의결취소의 청구 등)** ① 조합원은 총회(창립총회를 포함한다)의 소집 절차, 의결방법, 의결내용 또는 임원선거가 법령, 법령에 따른 행정처분 또는 정관을 위반하였다는 것을 사유로 하여 그 의결이나 선거에 따른 당선의 취소 또는 무효 확인을 시·도지사에게 청구하거나 이를 청구하는 소(訴)를 제기할 수 있다. 〈개정 2020. 2. 18.〉 ② 제1항에 따라 시·도지사에게 청구할 때에는 의결일 또는 선거일부터 1개월 이내에 조합원 300인 또는 100분의 5 이상의 동의를 받아 청구하여야 한다. 이 경우 시·도지사는 그 청구서를 받은 날부터 3개월 이내에 이에 대한 조치결과를 청구인에게 알려야 한다. 〈개정 2020. 2. 18.〉 ③ 제1항에 따른 소에 관하여는 「상법」 제376조부터 제381조까지의 규정을 준용한다. [전문개정 2013. 4. 5.]

제3절 기 관

제23조(총회)

제23조(총회) ① 조합에 총회를 둔다.

② 총회는 조합원으로 구성하되, 정기총회는 사업연도마다 1회 이사장이 소집하고, 임시총회는 이사장이 필요하다고 인정하거나 제26조에 따라 조합원 또는 감사의 청구로 정관에서 정하는 바에 따라 소집한다.

③ 이사장은 총회의 의장이 된다.

[전문개정 2015. 1. 20.]

Ⅰ. 조문의 취지와 의의

법 제23조는 조합의 최고의사결정기관인 '총회'에 대하여 규정하고 있다. 총회는 조합원들로 구성되며, 사업연도마다 정기적으로 1회의 총회를 개최하여야 한다. 일반적으로 총회는 이사회의 결의를 거쳐 이사장이 소집하나, 소수조합원의 이익을 보호하고 이사회를 견제하기 위한 측면에서 법 제26조에 따라 조합원 또는 감사의 청구로 정관에서 정하는 바에 따라 총회를 소집할 수 있도록 예외를 열어두고 있다.

Ⅱ. 조문의 내용 및 해설

1. 총회의 구성 및 법적 지위

총회는 조합원들로 구성되는 조합의 최고 의사결정기관이자 반드시 설치해야 하는 필요기관이다. 필요기관이므로 정관의 규정에 의하더라도 두지 않거나 폐지할 수 없다.[1] 법 제24조에 열거된 바와 같이, 정관의 변경, 사업계획 및 예산의 결정, 임원의 선임과 해임, 결산보고서의 승인, 감사보고서의 승인, 조합의 해산·합병·분할 또는 휴업, 조합원의 제명, 규약의 제정·변경 또는 폐

1) 지원림, 민법강의(제21판), 277면.

지 등의 사항은 총회에서만 결의할 수 있다. 그러나 총회가 조합의 최고 의사결정기관이라고 하여 이사회 등 다른 기관의 소관사항에 대하여까지 결의할 수 있는 것은 아니며, 결의하더라도 법정권한사항이 아닌 것에 대한 결의가 되므로 무효라고 보아야 한다.[2] 또한, 법에서 정한 총회의 결의사항은 총회의 결의나 정관으로도 이사회 등 조합의 다른 기관에 그 결정을 위임할 수 없다.

상호금융기관의 경우 민주적 대표성에 기인하여 이사회보다는 총회에 상당한 권한을 부여하고 있으나, 신협의 경우 251인 이상 출석한 경우에도 총회를 개의할 수 있어 최근 상호금융 조합원 수가 지속적으로 증가하는 상황에서는 총회의 대표성에 한계가 있을 수 있다는 지적이 있다.[3]

〈표〉 총회(개별 조합) 관련 규제 비교[4]

구분	지역중심 조합		직능중심 조합		
	신협	새마을금고	농·축협	산림조합	수협
조합원수	100인 이상				
개의 정족수	재적 과반수 출석 (재적 500인 초과시 251인 이상 출석)	재적 과반수 출석 (재적 300인 초과시 151인 이상 출석)	재적 과반수 출석		
의결 정족수	출석 과반수 찬성				
소집 요구	1/5이상 동의	1/3이상 동의	300인 또는 10/100이상 동의		1/5이상 동의
기타	총회 결의 특례로서 조합원 투표	총회 갈음 대의원회 (회원 300명 초과시)	총회 결의 특례로서 조합원 투표 총회 갈음 대의원회		

2) 대법원은 "이사와 회사 사이의 이익상반거래에 대한 승인은 주주 전원의 동의가 있다거나 그 승인이 정관에 주주총회의 권한사항으로 정해져 있다는 등의 특별한 사정이 없는 한 이사회의 전결사항이라 할 것이므로, 이사회의 승인을 받지 못한 이익상반거래에 대하여 아무런 승인 권한 없는 주주총회에서 사후적으로 추인 결의를 하였다 하여 그 거래가 유효하게 될 수는 없다."고 판시하여 이사회의 전결사항이라면 총회의 결의가 있더라도 그 효력이 없다고 보고 있다(대법원 2007. 5. 10. 선고 2005다4284 판결 등 참조)

3) 상호금융업 규제·감독 제도개선 정책토론회 주제발표자료(이상복, 상호금융업 감독제도 현황과 문제점, 2023, 66면)

4) 이상복, 앞의 글, 66면.

2. 총회의 종류 및 소집

(1) 정기총회

정기총회는 사업연도마다 1회 이사장에 의해 소집되며 매사업연도 종료 후 2월 이내에 개최하도록 하고 있다(표준정관 제30조). 정기총회에서는 통상 임원 선거와 함께 전년도 감사보고서 승인, 결산, 당해연도 사업계획 및 예산 결정 등이 이루어진다.

(2) 임시총회

이에 비해 임시총회는 이사장이 필요하다고 인정하거나 법 제26조[5]에 따라 조합원 또는 감사의 청구로 소집되는 총회이다. 조합원은 조합원 5분의 1 이상의 동의를 받은 때, 감사는 감사결과 부정한 사실이 발견되어 그 내용을 총회에 신속히 보고할 필요가 있을 때 임시총회의 소집을 이사장에게 청구할 수 있다.

(3) 소집절차

총회의 소집은 총회일 10일 전까지 그 회의의 목적, 일시, 장소를 기재하여 표준정관 제6조에 정한 방법에 따라 공고한다. 다만, 조합의 해산·합병·분할, 임원의 선출과 해임, 자본금의 감소, 정관의 변경, 기타 이사회에서 통지가 필요하다고 인정하는 사항을 위하여 소집하는 경우에는 표준정관 제6조 및 제7조[6]에 정한 방법에 따라 공고 및 통지하여야 하며, 직장신협의 경우에는 직장

---

5) **법 제26조(총회의 소집 청구)** ① 조합원은 조합원 5분의 1 이상의 동의를 받아 회의의 목적과 소집 이유를 적은 서면을 제출하여 총회의 소집을 이사장에게 청구할 수 있다.
② 감사는 제37조에 따른 감사 결과 부정한 사실이 발견되어 그 내용을 총회에 신속히 보고할 필요가 있을 때에는 회의의 목적과 소집 이유를 적은 서면을 제출하여 총회의 소집을 이사장에게 청구할 수 있다.

6) **표준정관 제6조(공고방법)** 조합의 공고는 조합의 게시판에 10일 이상 게시한다. 다만, 필요한 경우에는 (_______)에서 발행하는 일간신문에 게재하거나 서면으로 조합원에게 통지한다.
제7조(통지 또는 최고방법) ① 조합원에 대한 통지 또는 최고는 조합원 명부에 기재된 주소 또는 거소로 한다. 다만, 조합원이 따로 연락처를 고지하였을 경우에는 이에 의한다.
② 제1항의 통지 또는 최고는 보통 도착할 수 있었던 시기에 도달한 것으로 본다.

내 전자통신망에 게시하고 전자우편으로 통지할 수 있다(표준정관 제32조). 이처럼 총회일 10일 전까지 회의의 목적, 일시, 장소를 기재하여 공고하도록 한 것은 조합원들로 하여금 회의 참석 여부를 결정하고 회의의 안건 및 결의사항을 사전에 인지하여 의사결정을 용이하게 할 수 있도록 돕기 위함이다.

(4) 소집권자

총회의 소집권자는 이사장이나, 만일 이사장이 부득이한 사유로 직무를 수행할 수 없을 때에는 이사장 직무대행자[7]가 총회의 소집권자가 된다. 그런데 이사장에게만 소집권을 인정하면 이사장이 총회 소집을 기피하거나 총회를 소집할 수가 없는 등의 문제가 발생할 수 있으므로, 법 및 표준정관은 예외를 두어 총회를 소집할 자가 없거나 임시총회 소집청구에 대하여 15일 이내에 정당한 이유 없이 이사장이 총회를 개최하지 않을 경우 감사, 조합원대표, 중앙회장이 지정한 자가 소집할 수 있도록 하고 있다(표준정관 제31조).[8]

정당한 소집권자가 아닌 자가 소집한 총회는 적법한 총회로 인정되지 않으며, 동시에 그 총회에서 행한 결의는 효력이 없다.[9] 또한, 소집권한 없는 자에 의한 총회소집이라고 하더라도 소집권자가 소집에 동의하여 그로 하여금 소집하게 한 것이라면 그와 같은 총회소집을 권한 없는 자의 소집이라고 볼 수 없으나,[10] 단지 소집 권한이 없는 자에 의한 총회에 소집권자가 참석하여 총회

---

7) **법 제27조(임원)** ⑤ 이사장이 부득이한 사유로 직무를 수행할 수 없을 때에는 부이사장, 정관에서 정하는 이사의 순서로 그 직무를 대행한다.

8) **표준정관 제31조(임시총회 소집)** ① 임시총회는 다음 각호의 1에 해당하는 경우에 이사장이 이를 소집한다.
1. 이사장이 필요하다고 인정한 때
2. 이사회의 결의로 소집을 요구한 때
3. 조합원이 조합원 5분의 1이상의 동의를 얻어 소집을 요구한 때
4. 중앙회장이 법 제89조의 규정에 의한 감독상 필요하여 소집을 요구한 때
5. 감사가 소집을 요구한 때 〈2003.12.12. 신설〉

② 제1항 제3호 및 제5호의 규정에 의한 임시총회 소집은 법 제26조에 규정한 절차와 방법에 의한다. 〈2003.12.12. 개정〉

③ 이사장이 제1항 제4호의 규정에 의한 중앙회장의 소집요구를 받고 지체없이 총회를 개최하지 아니한 때에는 중앙회장이 총회를 소집할 자를 지정할 수 있다. 이 경우 중앙회장이 지정한 자가 의장의 직무를 대행한다. 〈1999.2.5. 개정〉

9) 대법원 1990. 11. 13. 선고 90다카28542 판결 등 참조.

10) 대법원 1994. 5. 10. 선고 93다51454 판결 등 참조.

소집이나 대표자 선임에 관하여 이의를 하지 아니하였다고 하여 이것만 가지고 총회가 소집권자의 동의에 의하여 소집된 것이라거나 그 총회의 소집 절차상의 하자가 치유되어 적법하게 된다고는 할 수 없다.

3. 의장의 권한

이사장은 총회의 의장이 되며, 의장으로서 '의사 정리권'과 '회의질서 유지권'을 가진다. 법원은 '총회의 의장은 총회의 질서를 유지하고, 의사를 정리하는 권한(구체적으로 발언의 허용, 찬반표의 점검, 회의의 진행, 회의장의 질서유지)을 가지고(상법 제366조의2 제2항), 총회장에서 고의로 의사진행을 방해하기 위한 발언·행동을 하는 등 현저히 질서를 문란하게 하는 자에 대하여 그 발언의 정지 또는 퇴장을 명할 수 있다(상법 제366조의2 제3항)'고 판시[11]하였는데, 주주총회 의장의 권한에 대한 판시 사항이기는 하나 이를 조합 총회 의장의 경우에도 참고해볼 수 있을 것이다.

Ⅲ. 관련 판례

대법원 1990. 11. 13. 선고 90다카28542 판결

"원고 전주이씨 양녕대군파 종중에 반대하는 사람들의 주도하에 이른바 전주이씨 양녕대군파 대종회라는 종중총회를 개최하여 원고종중을 비롯한 어떤 명칭의 종회도 발전적으로 해산한다는 결의를 하였다 하더라도 위 종중총회 자체가 종중규약에 따르지 않고 정당한 소집권자에 의하여 소집되지 아니한 경우 위 총회에서 한 결의는 아무런 효력이 없다."

대법원 2004. 1. 15. 선고 2003다56625 판결

"구 신용협동조합법(1998. 1. 13. 법률 제5506호로 개정되기 전의 것) 제1조, 제2조, 제3조, 제23조 제4항, 제27조, 제29조 제5호, 제31조 제1항 제2호 등의 각 규정을 종합하여 보면, 신용협동조합의 이사장은 조합의 사무를 통할하고 조합을 대표하는 권한을 가지며, 위 법이 신용협동조합의 조합원에 대한 대출에 관하여 이사회의 결의를 거치도록 규정한 것은, 비영리법인인 신용협동조합의

11) 대전고등법원 2015. 7. 2. 선고 2014나12049 판결.

특수성을 고려하여 그 재산의 원활한 관리 및 유지 보호와 재정의 적정을 기함으로써 조합의 건전한 발달을 도모하고 조합으로 하여금 본래의 목적사업에 충실하도록 하기 위하여 그 대표자의 대표권을 제한한 취지이다."

Ⅳ. 관련 법령

법률	조문
새마을 금고법	제12조(총회) ① 금고에 총회를 둔다. ② 총회는 정기총회와 임시총회로 하며, 정기총회는 매년 1회 정관으로 정하는 바에 따라 소집하고, 임시총회는 필요하다고 인정할 때에 소집한다. ③ 총회는 회원으로 구성하며 이사장이 소집한다. ④ 다음 각 호의 사항은 총회의 의결이 있어야 한다. 〈개정 2017. 12. 26.〉 1. 정관의 변경 2. 해산, 합병 또는 휴업 3. 임원의 선임(이사장의 선임은 정관으로 이사장을 총회에서 선출하도록 한 경우로 한정한다)과 해임 4. 기본 재산의 처분 5. 결산보고서(사업보고서 · 재무상태표 · 손익계산서와 잉여금처분안 또는 손실금처리안을 포함한다)의 승인 6. 사업계획, 예산의 결정 7. 경비의 부과와 징수 방법 8. 그 밖의 중요한 사항 ⑤ 제4항 제1호의 사항은 회장을 거쳐 특별자치시장 · 특별자치도지사 또는 시장 · 군수 · 구청장의 인가를 받지 아니하면 그 효력을 발생하지 아니한다. 〈개정 2011. 3. 8., 2020. 2. 18.〉 ⑥ 금고는 대통령령으로 정하는 바에 따라 총회 의사록을 작성하여야 한다.
농업 협동조합법	제34조(총회) ① 지역농협에 총회를 둔다. ② 총회는 조합원으로 구성한다. ③ 정기총회는 매년 1회 정관으로 정하는 시기에 소집하고, 임시총회는 필요할 때에 수시로 소집한다. [전문개정 2009. 6. 9.]
수산업 협동조합법	제36조(총회) ① 지구별수협에 총회를 둔다. ② 총회는 조합원으로 구성한다. ③ 정기총회는 회계연도 경과 후 3개월 이내에 조합장이 매년 1회 소집하고, 임시총회는 조합장이 필요하다고 인정할 때 소집할 수 있다. [전문개정 2010. 4. 12.]
산림조합법	제31조(총회) ① 조합에 총회를 둔다. ② 정기총회는 매년 한 차례 정관으로 정하는 시기에 소집하고, 임시총회는 필요할 때에 수시로 소집한다. ③ 총회는 조합원으로 구성하며 정관으로 정하는 바에 따라 조합장이 소집

	한다. ④ 총회는 이 법에 다른 규정이 있는 경우를 제외하고는 조합원 과반수의 출석으로 개의하고, 출석조합원 과반수의 찬성으로 의결한다. 다만, 제5항 제1호·제2호 및 제4호의 사항은 조합원 과반수의 출석과 출석조합원 3분의 2 이상의 찬성으로 의결한다. ⑤ 다음 각 호의 사항은 총회의 의결을 거쳐야 한다. 1. 정관의 변경 2. 해산 또는 분할 3. 합병 4. 조합원의 제명 5. 임원의 선출 및 해임 6. 사업계획 및 수지예산 7. 중앙회의 설립발기인이 되거나 중앙회에 가입 또는 탈퇴 8. 임원의 보수 및 실비변상 9. 사업보고서·재무상태표·손익계산서·잉여금처분안 및 손실금처리안 10. 그 밖에 조합장 또는 이사회가 필요하다고 인정하는 사항 [전문개정 2013. 4. 5.]
협동조합 기본법	제28조(총회) ① 협동조합에 총회를 둔다. ② 총회는 이사장과 조합원으로 구성한다. ③ 이사장은 총회를 소집하며, 총회의 의장이 된다. ④ 정기총회는 매년 1회 정관으로 정하는 시기에 소집하고, 임시총회는 정관으로 정하는 바에 따라 필요하다고 인정될 때 소집할 수 있다. ⑤ 이사장은 총회 개최 7일 전까지 회의목적·안건·일시 및 장소를 정하여 정관으로 정한 방법에 따라 총회소집을 통지하여야 한다.
중소기업 협동조합법	제43조(총회) ①조합에 총회를 둔다. ② 총회는 조합원으로 구성한다. ③ 정기총회는 사업연도마다 정관으로 정하는 시기에 한 번 개최한다. ④ 임시총회는 정관으로 정하는 바에 따라 필요하다고 인정되는 때에 소집할 수 있다.

제24조(총회의 결의사항 등)

제24조(총회의 결의사항 등) ① 다음 각 호의 사항은 총회의 결의를 거쳐야 한다. 〈개정 2021. 4. 20.〉
1. 정관의 변경
2. 사업계획 및 예산의 결정
3. 임원의 선임과 해임
4. 결산보고서(사업보고서·재무상태표·손익계산서 및 잉여금처분안 또는 손실금처리안을 포함한다. 이하 같다)의 승인
5. 감사보고서의 승인
6. 조합의 해산·합병·분할 또는 휴업
7. 조합원의 제명
8. 규약의 제정·변경 또는 폐지
9. 그 밖에 정관에서 정하는 중요한 사항

② 제1항 제1호에 따라 정관을 변경하였을 때에는 중앙회장의 승인을 받은 후 이를 등기하여야 한다. 다만, 제75조 제1항 제1호에 따른 표준정관에 따라 변경하는 경우에는 중앙회장의 승인이 필요하지 아니하다.

[전문개정 2015. 1. 20.]

Ⅰ. 조문의 취지와 의의

법 제24조는 총회의 결의사항에 대하여 정하고 있다. 총회의 결의사항을 법에서 규정하고 있는 취지는, 조합원들의 권리의무에 직접적인 영향을 미칠 수 있는 사안들에서 조합원들의 의사가 반드시 반영될 수 있도록 보장하기 위함이다. 또한, 총회에서 정관 변경을 결의한 경우에는 중앙회장의 승인을 받은 후 이를 등기하여야 하며(법 제24조 제2항), 조합이 제24조 제2항을 위반하여 정관을 변경한 경우에는 2천만원 이하의 과태료가 부과된다(법 제101조 제1항 제1호[12]).[13]

---

12) 법 제101조(과태료) ① 조합 또는 중앙회가 다음 각 호의 어느 하나에 해당하는 경우에는 2천만원 이하의 과태료를 부과한다. 〈개정 2017. 4. 18., 2022. 1. 4.〉
1. 제24조 제2항을 위반하여 정관을 변경한 경우

13) 행정질서벌인 과태료는 행정법규 위반의 정도가 비교적 경미하여 간접적으로 행정 목적 달성에 장애를 줄 위험성이 있는 정도의 단순한 의무태만에 대하여 과하는 일종의 금전벌(대법원 1969. 7.

Ⅱ. 조문의 내용 및 해설

1. 총회의 결의사항

법과 표준정관은 정관의 변경, 사업계획 및 예산의 결정, 임원의 선임과 해임, 조합의 해산 등 총회의 결의를 거쳐야 하는 사항에 관하여 규정하고 있다(법 제24조 제1항, 표준정관 제33조[14]). 총회는 조합의 최고의사결정기관이기는 하지만, 법 및 정관에서 규정하고 있는 총회의 결의사항 이외에 대하여서는 결정할 권한이 없다고 보아야 한다. 만일 그렇게 해석하지 않는다면, 총회와 이사회의 권한을 분장하고 그 결의사항에 대하여서도 각각 규정하고 있는 법 취지가 몰각된다고 할 것이다. 그러므로 조합 총회에서 법 및 정관에서 규정하고 있는 이사회의 결의사항(법 제36조 제1항,[15] 표준정관 제44조 제1항[16])에 대하여

29.자 69마400 결정)임을 고려할 때, '제24조 제2항을 위반하여 정관을 변경한 경우'라 함은 변경된 정관을 등기하지 않은 경우로 해석함이 타당하다.

14) 표준정관 제33조(총회의 결의사항 등) 다음 각호의 사항은 총회의 결의를 얻어야 한다.
1. 정관의 변경
2. 사업계획 및 예산의 결정
3. 임원의 선출 및 해임
4. 결산보고서(사업보고서 · 재무상태표 · 손익계산서 및 잉여금처분안 또는 손실금처리안을 포함한다)의 승인 〈2021. 10. 20. 개정〉
5. 감사보고서의 승인
6. 조합의 해산 · 합병 · 분할 또는 휴업
7. 조합원의 제명
8. 규약의 제정 · 변경 또는 폐지
9. 이사장이 아닌 상임임원(이하 "상임임원"이라한다) 및 상임이사장의 보수 〈2000. 6. 20. 신설, 2013. 10. 2. 개정〉
10. 자본금의 감소 〈2003. 12. 12. 신설〉
11. 기타 이사장 또는 이사회가 필요하다고 인정하는 사항

15) 법 제36조(이사회의 결의사항) ① 다음 각 호의 사항은 이사회의 결의를 거쳐야 한다.
1. 규정의 제정 · 변경 또는 폐지
2. 기본재산의 취득과 처분
3. 사업 집행에 대한 기본 방침의 결정
4. 필요한 자금의 차입(중앙회로부터 차입하는 경우에는 최고한도)
5. 제적립금(諸積立金)의 처분
6. 총회에 부칠 사항
7. 총회의 권한에 속하지 아니하는 중요 사항

16) 표준정관 제44조(이사회의 결의사항) ① 다음 각호의 사항은 이사회의 결의를 얻어야 한다.
1. 규정의 제정 · 변경 또는 폐지
2. 기본재산의 취득과 처분

결의하더라도, 이러한 결의는 이사회의 독립성을 침해하는 결의로서 무효이며 법적 구속력이 없다.

(1) 정관 변경 및 그 절차

정관의 변경은 총회의 전권사항이다. 정관은 신협의 조직과 활동에 관하여 규정한 근본규칙으로서 조합을 규율하는 신협 내부의 최고의 자치법규[17]인바, 정관의 변경은 조합 및 조합원들에게 미치는 영향이 지대하므로 조합의 구성원인 조합원들이 모인 총회에서 결정하도록 하고 있다.

(2) 사업계획 및 예산의 결정

조합의 사업계획은 조합원의 공동이익 증진과 조합의 건전한 발전을 도모하기 위하여 수립하며, 예산편성은 사업계획의 원활한 수행을 도모하기 위하여 사업계획과 자금계획을 기초로 하고 이와 밀접하게 연결되어야 한다(신협 사업계획수립 및 예산편성지침 제3조). 사업계획 및 예산은 당해 사업연도 개시 전에 수립하여야 하며, 이렇게 수립한 사업계획 및 예산은 이사회 결의를 거쳐 총회의 승인을 받아 확정하고, 추가경정예산을 편성하고자 할 때에는 이사회 결의를 거쳐 총회의 승인을 받아야 한다(신협 사업계획수립 및 예산편성지침 제5조).

(3) 임원의 선임과 해임

조합의 임원은 원칙적으로 조합원으로 구성된 총회 결의를 통해 선임하거나 해임하되(법 제24조 제1항 제3호), 임원 선임의 경우 조합원의 투표로 총회의 결의를 갈음할 수 있도록 하고 있다(법 제26조의2 제1항 제2호). 이는 원칙적으로

3. 사업집행에 대한 기본방침의 결정
4. 소요자금의 차입(중앙회로부터 차입하는 경우에는 최고한도)
5. 제적립금의 처분
6. 조합원 자격상실 〈2000. 6. 20. 삭제, 2003. 12. 12. 개정〉
7. 임원의 업무집행정지 〈2000. 6. 20. 삭제, 2003. 12. 12. 개정〉
8. 총회에 부의할 사항 및 총회에서 위임한 사항
9. 상임임원후보자의 결정 〈2013. 10. 2. 신설〉
10. 전문임원 정수의 결정 〈2015. 8. 5. 신설〉
11. 총회의 권한에 속하지 아니하는 중요사항 〈2013. 10. 2. 이동〉

17) 신협중앙연수원, 신협법, 2024, 11면.

조합의 업무를 집행하는 임원의 선임과 해임은 총회 결의 또는 투표를 통한 조합원들의 의사에 따라 결정하도록 함으로써 조합 운영의 자율성·독립성, 임원의 선임·해임에 관한 정당성을 확보하기 위한 취지이다.[18)]

또한, 법 제33조 제5항은 조합의 임원에 대하여 상법 제382조 제2항을 준용한다고 규정하고 있는바, 조합과 임원의 관계에 대하여는 민법의 위임에 관한 규정이 준용되므로, 조합은 법 제33조 제5항, 상법 제382조 제2항, 민법 제689조 제1항에 의하여 언제든지 자유롭게 임원과의 위임계약을 해지할 수 있다.

한편, 중앙회장이 조합에 대하여 선임한 임시임원의 경우에는 조합이 총회에서 그 임시임원을 해임할 수 없다.[19)] 이는 법이 중앙회에 조합을 지도·감독할 수 있는 권한을 부여하고 그 일환으로 임시임원을 선임할 수 있도록 한 취지를 고려한 것이다.

(4) 결산보고서(사업보고서·재무상태표·손익계산서 및 잉여금처분안 또는 손실금처리안 포함)의 승인

결산보고서는 조합의 경영활동 전반에 대한 중요한 정보를 담고 있다. 따라서 결산보고서의 승인은 반드시 총회에서 조합원들의 결의로 하여야 한다. 만약 임원이 거짓으로 결산보고를 하여 조합 또는 타인에게 손해를 끼친 경우 임원은 연대하여 손해배상의 책임을 진다(법 제33조 제2항 및 제3항). 또한 조합의 회계처리기준 및 결산에 관하여 필요한 사항은 금융위원회가 정하는데(법 제47조 제2항), 조합의 임직원이 금융위원회가 정하는 회계처리기준 또는 결산에 관한 기준을 위반하여 거짓으로 재무제표를 작성하여 총회의 승인을 받은 경우에는 2년 이하의 징역 또는 2천만원 이하의 벌금에 처한다(법 제99조 제2항). 조합원이 충분한 정보에 기초하여 의결권을 행사할 수 있도록 이사장은 정기총회 1주 전까지 결산보고서를 주된 사무소에 갖추어 두어야 한다(법 제83조의5 제1항).

18) 대전지방법원 2017. 2. 15. 선고 2016가합101963 판결.
19) 대전고등법원 2017. 11. 29. 선고 2017나11467 판결.

(5) 감사보고서의 승인

감사보고서는 감사가 조합의 업무, 재산상태 및 장부·서류 등을 감사하여 작성한 서류로, 법은 감사보고서의 승인 역시 총회의 결의를 거치도록 하고 있다.

(6) 조합의 해산·합병·분할 또는 휴업

조합의 해산·합병·분할 또는 휴업은 조합운영의 기본을 이루는 사항으로서 조합원의 이해관계에도 중대한 영향을 미치므로, 반드시 총회의 결의를 거쳐야 한다.

(7) 조합원의 제명

조합원의 제명은 조합원의 지위를 박탈하는 것을 말한다. 강제적으로 조합원의 지위를 박탈하는 것이므로 그 사유와 절차, 효력 등에 대한 요건을 법에 엄격하게 규정하고 총회 결의를 거치도록 하고 있다. 조합원을 제명하려면 법 제18조 제1항 각 호의 어느 하나에 해당하여야 한다.[20] 또한, 총회 개회일 10일 전에 그 조합원에게 제명의 사유를 알리고 총회에서 의견을 진술할 기회를 주어야 하고, 의견진술의 기회를 주지 아니하고 한 총회의 제명에 관한 결의는 해당 조합원에게 대항할 수 없다(법 제18조 제2항 및 제3항).

(8) 규약의 제정·변경 또는 폐지

규약의 제정·변경 또는 폐지 시에는 총회의 결의를 거쳐야 한다. 여기에서 '규약'이란 정관의 범위내에서 총회의 의결로 제정된 규정을 말한다(조합 제규정 관리규정 제3조 제4호). 조합의 규약에는 정관부속서임원선거규약 등이 있다.

---

20) 법 제18조(제명) ① 조합원이 다음 각 호의 어느 하나에 해당하는 경우에는 총회의 결의로 제명할 수 있다.
1. 출자금의 납입이나 그 밖에 조합에 대한 의무를 이행하지 아니한 경우
2. 이 법 및 이 법에 따른 명령이나 정관을 위반한 경우
3. 2년 이상 제39조 제1항 제1호 가목·나목 또는 바목의 사업을 이용하지 아니한 경우
4. 출자가 1좌 미만이 된 후 6개월이 지난 경우

(9) 그 밖에 정관에서 정하는 중요한 사항

표준정관은 '이사장이 아닌 상임임원 및 상임이사장의 보수', '자본금의 감소', '기타 이사장 또는 이사회가 필요하다고 인정하는 사항'에 대해서는 총회의 결의를 얻도록 하고 있다(표준정관 제33조 제9호 내지 제11호).

2. 정관 변경의 절차 및 한계

조합이 총회의 결의를 거쳐 정관을 변경하였을 때에는 중앙회장의 승인을 받은 후 이를 등기하여야 한다(법 제24조 제2항 본문). 신협정관변경등승인지침은 이러한 정관변경의 절차적인 측면에 대해 구체적으로 규정하고 있다. 우선 조합이 정관을 변경하고자 할 때에는 정관변경안을 작성하여 이사회 결의를 거쳐 총회에 부의하여야 한다. 특히 정관 제1조의 명칭, 정관 제3조의 사무소의 소재지, 정관 제8조의 조합원, 정관 제5조 제3항 제2호 단서규정에 따라 시행일을 총회결의일과 달리 정하고자 할 때에는 이사회 결의 전 중앙회와 사전협의를 요한다. 이어 총회에 부의된 정관변경안에 대하여 출석조합원 3분의 2 이상의 찬성 결의가 이루어지면, 결의일로부터 2개월 이내에 총회의사록 사본, 변경 대상 정관조항 사본, 정관변경내용, 정관변경 승인신청, 기타 정관변경 증빙자료를 첨부하여 중앙회장에게 정관변경승인을 신청하여야 하고(신협정관변경등승인지침 제3조), 이러한 조합의 정관변경 승인신청에 대하여 중앙회장은 감독상 부득이한 사유가 있는 때를 제외하고는 1월 이내에 승인여부를 통보하여야 한다(신협정관변경등승인지침 제8조).

중앙회장의 승인은 총회 결의를 동의·승인의 형식으로 보충하여 그 법률상의 효과를 완성시켜 주는 역할을 하므로 그 법적 성격은 행정청의 인가 처분과 유사한 것으로 볼 수 있을 것이다. 행정청은 당사자의 인가의 신청에 대하여 소극적으로 인가를 할 것인지 여부에 관하여만 결정할 수 있을 뿐이고, 당사자가 신청한 내용과 다른 인가, 즉 수정인가는 당사자의 신청이 없는 사항에 대하여 인가를 하는 것과 같다고 볼 수 있어 불가능하다고 하므로,[21] 중앙회장

21) 법제처 09-0022, 2009. 3. 12 [국토해양부 -「여객자동차 운수사업법」 제64조(공제규정의 수정인

도 정관의 변경을 승인할지 말지 여부를 결정할 수 있을 뿐이고 그 내용을 적극적으로 수정하여 승인할 수는 없다고 보인다.

정관의 내용은 자유롭게 변경할 수 있으나 법령의 취지, 조합의 본질이나 사회질서에 반하지 않는 범위 내에서만 가능하다고 보아야 한다.

Ⅲ. 관련 판례

대전고등법원 2017. 11. 29. 선고 2017나11467 판결 [해임무효확인]

"이 사건 조합의 임시임원은 앞서 본 바와 같이 이 사건 조합의 정관에 따른 조합원총회의 결의로 선임된 것이 아니라, 이 사건 조합에 업무를 집행할 임원이 없게 되자 신협법 제84조, 제89조, 제96조의 규정에 따른 지도·감독의 일환으로 피고에 의하여 예외적·임시적으로 선임된 것이다. 그런데 이와 같이 피고가 신협법에 따른 지도·감독의 일환으로 그 조합에 대하여 임시임원을 선임하였는데도, 그 조합이 총회에서 그 임시임원을 해임할 수 있다거나, 또는 선임된 임시임원이 그 임시임원 선임 목적 달성에 적합하지 않아 지도·감독을 하는 피고로서 그 목적 달성을 위해 다시 새로운 임시 임원을 선임할 필요성이 있는데도 이미 선임한 그 임시임원을 더 이상 해임할 수 없다고 한다면, 이는 신협법이 피고에게 조합을 지도·감독할 수 있는 권한을 부여하고 그 일환으로 임시임원을 선임할 수 있도록 한 취지를 몰각시키게 된다. 또한 지도·감독 기관에 의해 선임된 임시임원에 대하여 그 지도·감독을 받는 조합의 총회만이 그 임시임원을 해임할 수 있는 권한을 갖는다고 보는 것도 체계와 균형에 맞지 않는다."

"신협법이나 이 사건 조합 정관은 조합원 총회의 결의에 의해 선임된 임원에 대하여 다시 총회의 결의에 따라 그 임원을 해임할 수 있도록 규정하고 있을 뿐, 달리 해임사유에 관하여 별다른 규정을 두고 있지 아니하고, 위에서 본 바와 같이 조합과 임원의 관계는 위임에 해당하므로, 총회에서 결의에 의해 선임된 임원에 대하여는 별다른 귀책사유가 존재하지 않는다 하더라도 총회의 결의에 의해 그 임원을 해임할 수 있다. 같은 취지에서 피고와 그 지도·감독 권한의 일환으로 선임된 임시임원의 관계 역시 위임에 해당한다고 볼 것이므로, 피고가 그와 같이 선임된 임시임원을 해임함에 있어서도 총회 결의에 의해 선임된 임원에 대한 해임의 경우와 마찬가지로 별다른 해임사유를 필요로 하지 않는다고 봄이 타당하다. 게다가 앞서 본 바와 같이 신협법에서 피고에게 임시임

가 가능 여부) 관련]

원을 선임할 수 있도록 한 취지가 정상적으로 운영되지 않는 신용협동조합을 조속히 정상화 하려는 데에 있다고 볼 때, 피고에 의해 지도·감독의 일환으로 선임된 임시임원의 경우는 조합원 총회의 결의에 의해 선임된 임원에 비하여 더욱 신속하고 탄력적으로 선임 및 해임을 해야 할 필요성도 있다고 보인다. 이러한 관점에서도 피고가 이미 선임한 임시임원을 교체함에 있어 별도의 해임 사유가 필요하다고 보는 것은 위와 같은 신협법의 취지에 부합하지 않는다고 하겠다."

대법원 2004. 4. 28. 선고 2003다21650 판결 [손해배상(기)]

"조합원의 범위를 확대하기 위하여는 정관의 변경이 있어야 하고 정관의 변경은 조합원 총회의 특별결의를 요하므로 이사회의 결의만으로는 조합원의 범위를 확대할 수 없어 조합원 범위를 확대하자는 이사회결의는 정관의 규정에 반하여 효력이 없다."

대법원 2023. 8. 18. 선고 2023그608 결정 [임시총회소집허가]

"민법 제70조는 사단법인의 이사에게 임시총회 소집 권한을 부여하되(제1항), 총사원의 1/5 이상이 회의의 목적사항을 제시하여 임시총회 소집을 청구한 경우에는 이사에게 소집 의무가 있음을 명시하였고(제2항), 위와 같은 소집 청구 후 2주일 내에 이사가 총회소집 절차를 밟지 아니하는 때에는 청구한 사원이 법원의 허가를 얻어 임시총회를 소집할 수 있도록 정하였다(제3항). 이는 임시총회 소집 권한을 이사에게만 배타적·독점적으로 부여할 경우에 사원과 사단법인에 발생할 수 있는 불이익을 방지하고, 사원 개개인에게 소집 권한이 부여된 경우에 그것이 남용됨에 따라 사단법인의 운영·유지·존립에 혼란이 생길 위험을 방지하기 위하여 일정한 범위의 소수사원에게 그 소집 권한을 부여한 것이다.
그러므로 민법 제70조 제2항 후문에서 정관으로 임시총회 소집 권한을 부여한 소수사원의 범위를 증감시킬 수 있음을 명시하였더라도, 민법 제70조의 입법취지 및 목적에 비추어 소수사원에게 부여된 임시총회 소집 권한을 박탈하거나 이를 해치는 수준에 이르지 못한다는 내재적 한계를 가진다.
결국 사단법인의 정관에서 임시총회 소집 권한을 가지는 사원의 정수를 '총사원의 1/2 이상'으로 정하거나, 소집 절차 중 '회의의 목적사항 제시' 요건을 구체화하는 등 절차적 요건을 보다 구체화하거나 명확히 하는 것 이외에 사실상 소수사원으로 하여금 총회 소집 권한을 행사하는 것을 어렵게 하거나 그 부담을 과도하게 가중시키는 임시총회 소집 요건 또는 절차적 요건을 부과하는 것은 민법 제70조의 입법취지 및 목적에 반하여 원칙적으로 무효라고 보아야 한다."

Ⅳ. 관련 법령

법률	조문
새마을 금고법	제12조(총회) ④ 다음 각 호의 사항은 총회의 의결이 있어야 한다. 〈개정 2017. 12. 26.〉 1. 정관의 변경 2. 해산, 합병 또는 휴업 3. 임원의 선임(이사장의 선임은 정관으로 이사장을 총회에서 선출하도록 한 경우로 한정한다)과 해임 4. 기본 재산의 처분 5. 결산보고서(사업보고서·재무상태표·손익계산서와 잉여금처분안 또는 손실금처리안을 포함한다)의 승인 6. 사업계획, 예산의 결정 7. 경비의 부과와 징수 방법 8. 그 밖의 중요한 사항 ⑤ 제4항 제1호의 사항은 회장을 거쳐 특별자치시장·특별자치도지사 또는 시장·군수·구청장의 인가를 받지 아니하면 그 효력을 발생하지 아니한다. 〈개정 2011. 3. 8., 2020. 2. 18.〉
농업 협동조합법	제35조(총회의결사항 등) ① 다음 각 호의 사항은 총회의 의결을 거쳐야 한다. 〈개정 2011. 3. 31.〉 1. 정관의 변경 2. 해산·분할 또는 품목조합으로의 조직변경 3. 조합원의 제명 4. 합병 5. 임원의 선출 및 해임 6. 규약의 제정·개정 및 폐지 7. 사업 계획의 수립, 수지 예산의 편성과 사업 계획 및 수지 예산 중 정관으로 정하는 중요한 사항의 변경 8. 사업보고서, 재무상태표, 손익계산서, 잉여금 처분안과 손실금 처리안 9. 중앙회의 설립 발기인이 되거나 이에 가입 또는 탈퇴하는 것 10. 임원의 보수 및 실비변상 11. 그 밖에 조합장이나 이사회가 필요하다고 인정하는 사항 ② 제1항 제1호·제2호 및 제4호의 사항은 농림축산식품부장관의 인가를 받지 아니하면 효력을 발생하지 아니한다. 다만, 제1항 제1호의 사항을 농림축산식품부장관이 정하여 고시한 정관례에 따라 변경하는 경우에는 그러하지 아니하다. 〈개정 2013. 3. 23.〉 [전문개정 2009. 6. 9.]
수산업 협동조합법	제37조(총회의 의결 사항 등) ① 다음 각 호의 사항은 총회의 의결을 거쳐야 한다. 〈개정 2017. 11. 28., 2019. 8. 27.〉 1. 정관의 변경 2. 해산·합병 또는 분할

	3. 조합원의 제명 4. 임원의 선출 및 해임 5. 법정적립금의 사용 6. 사업계획의 수립, 수지예산(收支豫算)의 편성, 사업계획 및 수지예산 중 정관으로 정하는 중요한 사항의 변경 7. 차입금의 최고 한도 8. 사업보고서, 재무상태표 및 손익계산서와 잉여금처분안 또는 손실금처리안 9. 사업계획 및 수지예산으로 정한 것 외에 새로 의무를 부담하거나 권리를 상실하는 행위. 다만, 정관으로 정하는 행위는 제외한다. 10. 어업권·양식업권의 취득·처분 또는 이에 관한 물권(物權)의 설정. 다만, 정관으로 정하는 행위는 제외한다. 11. 중앙회의 설립 발기인이 되거나 이에 가입 또는 탈퇴하는 것 12. 그 밖에 조합장이나 이사회가 필요하다고 인정하는 사항 ② 제1항 제1호 및 제2호의 사항은 해양수산부장관의 인가를 받지 아니하면 효력이 발생하지 아니한다. 다만, 제1항 제1호의 사항을 해양수산부장관이 정하는 정관 예에 따라 변경하는 경우에는 그러하지 아니하다. 〈개정 2013. 3. 23.〉 [전문개정 2010. 4. 12.]
산림조합법	**제31조(총회)** ⑤ 다음 각 호의 사항은 총회의 의결을 거쳐야 한다. 1. 정관의 변경 2. 해산 또는 분할 3. 합병 4. 조합원의 제명 5. 임원의 선출 및 해임 6. 사업계획 및 수지예산 7. 중앙회의 설립발기인이 되거나 중앙회에 가입 또는 탈퇴 8. 임원의 보수 및 실비변상 9. 사업보고서·재무상태표·손익계산서·잉여금처분안 및 손실금처리안 10. 그 밖에 조합장 또는 이사회가 필요하다고 인정하는 사항 [전문개정 2013. 4. 5.]
협동조합 기본법	**제29조(총회의 의결사항 등)** ① 다음 각 호의 사항은 총회의 의결을 받아야 한다. 〈개정 2014. 1. 21., 2020. 3. 31.〉 1. 정관의 변경 2. 규약의 제정·변경 또는 폐지 3. 임원의 선출과 해임 4. 사업계획 및 예산의 승인 5. 결산보고서의 승인 6. 감사보고서의 승인 7. 협동조합의 합병·분할·해산·휴업 또는 계속 8. 조합원의 제명 8의2. 탈퇴 조합원(제명된 조합원을 포함한다)에 대한 출자금 환급 9. 다른 협동조합에 대한 우선출자 10. 총회의 의결을 받도록 정관으로 정하는 사항

	11. 그 밖에 이사장 또는 이사회가 필요하다고 인정하는 사항 ② 제1항 제1호, 제7호, 제8호, 제8호의2, 제9호의 사항은 총조합원 과반수의 출석과 출석자 3분의 2 이상의 찬성으로 의결하며, 그 밖의 사항은 총조합원 과반수의 출석과 출석자 과반수의 찬성으로 의결한다. 〈개정 2014. 1. 21., 2020. 3. 31.〉
중소기업 협동조합법	제47조(총회의 의결사항) ① 다음 각 호의 사항은 총회의 의결을 거쳐야 한다. 1. 정관의 변경 2. 규약의 제정·변경 또는 폐지 3. 사업연도마다의 수지 예산과 사업계획의 설정 또는 변경 4. 결산의 승인 5. 경비의 부과와 그 징수 방법 6. 조합원의 제명 7. 조합의 해산·합병 또는 분할 8. 임원의 선출과 해임 9. 준비금의 처분 10. 부동산의 취득 및 처분 11. 그 밖에 정관으로 정하는 사항 ② 정관의 내용 중 대통령령으로 정하는 사항을 변경하려면 주무관청의 인가를 받아야 한다. 다만, 주무관청에서 정한 정관례(定款例)에 따라 변경하는 경우에는 그러하지 아니하다. ③ 제1항 제3호 중의 변경사항, 같은 항 제5호·제10호 및 제11호의 사항은 정관으로 정하는 바에 따라 이사회에 위임할 수 있다.

제25조(총회의 개의와 결의)

제25조(총회의 개의와 결의) ① 총회는 이 법에 다른 규정이 있는 경우를 제외하고는 재적조합원 과반수의 출석으로 개의(開議)하고 출석조합원 과반수의 찬성으로 결의한다. 다만, 재적조합원이 500인을 초과하는 경우에는 251인 이상의 출석으로 개의하고 출석조합원 과반수의 찬성으로 결의할 수 있다.

② 제24조 제1항 제1호 및 제6호의 사항은 출석조합원 3분의 2 이상의 찬성으로 결의한다.

③ 조합과 조합원의 이해가 상충되는 의사에 관하여 해당 조합원은 그 결의에 참여할 수 없다.

[전문개정 2015. 1. 20.]

Ⅰ. 조문의 취지와 의의

법 제25조는 총회의 개의와 결의에 관한 기본적인 내용을 규정하고 있다. 제1항은 보통결의의 정족수에 대한 내용으로, 법에 다른 규정이 있는 경우를 제외하고는 재적조합원 과반수[22]의 출석으로 개의하고 출석조합원 과반수의 찬성으로 결의함을 규정하고 있다. 또한, 조합원 전부가 출석하는 것은 시공간적 제약이 있어 현실적으로 곤란하므로 재적조합원이 500인을 초과하는 경우에는 251인 이상의 출석으로 개의하고 출석조합원 과반수의 찬성으로 결의할 수 있도록 예외를 두었다. 제2항은 특별결의의 정족수에 대한 내용으로, 조합원의 권리의무에 큰 영향을 미칠 수 있는 정관의 변경 및 조합의 해산·합병·분할 또는 휴업의 경우에는 출석조합원 3분의 2 이상의 찬성으로 결의하도록 하여 요건을 엄격히 하였으며, 제3항은 조합과 조합원의 이해가 상충되는 의사에 관하여 해당 조합원이 그 결의에 참여하지 못하도록 함으로써 총회 결의의 공정성을 도모하였다.

22) 과반수는 '반수를 넘는 수'로서 2분의 1 이상과는 다른 개념이다.

Ⅱ. 조문의 내용 및 해설

1. 개의정족수 및 의결정족수

개의정족수란 회의를 개회하기 위한 최소한의 조합원수를 의미하며, 의결정족수란 안건을 결의하는 데 필요한 최소한의 조합원수를 의미한다. 의결정족수는 결의사항에 따라 보통결의와 특별결의로 나눠진다. 총회에 부의되는 각각의 안건은 개의정족수가 충족되어야 상정할 수 있으며, 의결하는 안건별로 개의정족수를 충족하여야 한다. 개의정족수에 미달하여 총회를 개의할 수 없는 때에는 이사장은 2주일이내에 다시 총회소집을 통지하여야 한다(표준정관 제34조 제3항[23]).

2. 보통결의사항 및 특별결의사항

(1) 보통결의사항

총회는 법령 또는 정관에 다른 규정이 있는 경우를 제외하고는 재적조합원 과반수의 출석으로 개의하고 출석조합원 과반수의 찬성으로 결의한다(법 제25조 제1항 본문, 표준정관 제34조 제1항 본문). 다만, 재적조합원이 500인을 초과하는 경우에는 251인 이상의 출석으로 개의하고 출석조합원 과반수의 찬성으로 결의할 수 있다(법 제25조 제1항 단서, 표준정관 제34조 제1항 단서).

(2) 특별결의사항

총회 결의사항 중에서 정관의 변경 및 조합의 해산·합병·분할 또는 휴업의 경우에는 출석조합원 3분의 2 이상의 찬성으로 결의하도록 요건을 가중한 특별결의사항으로 하였다(법 제25조 제2항, 표준정관 제35조 제1호 및 제2호). 그 외에도 법은 자본금의 감소에 대한 결의를 출석조합원 3분의 2 이상의 찬성에

---

23) **표준정관 제34조(총회의 결의)** ③ 제1항의 규정에 의한 개의정족수에 미달하여 총회를 개의할 수 없는 때에는 이사장은 2주일이내에 다시 총회소집을 통지하여야 한다. 〈1999. 2. 5., 2015. 8. 5. 개정〉

의한 결의를 거치도록 하는 특별결의사항으로 하고 있다(법 제52조 제2항, 표준정관 제35조 제3호).

3. 결의의 방법

결의의 방법에 대하여서는 법에서 별도로 정하고 있지 않다. 판례도 '민법상 사단법인 총회의 표결 및 집계방법에 관하여는 법령에 특별한 규정이 없으므로, 정관에 다른 정함이 없으면 개별 의안마다 표결에 참석한 사원의 성명을 특정할 필요는 없고, 표결에 참석한 사원의 수를 확인한 다음 찬성·반대·기권의 의사표시를 거수, 기립, 투표 기타 적절한 방법으로 하여 집계하면 된다'고 한다.[24] 다만, 선거의 경우 선거방법은 임원 후보자가 선출하고자 하는 임원정수와 같은 경우[25]가 아닌 한, 무기명 비밀투표에 의하여야 한다(표준정관부속서임원선거규약 제42조, 제50조 제3항).[26]

4. 의결권의 제한

조합과 조합원의 이해가 상충되는 의사에 관하여 해당 조합원은 그 결의에 참여할 수 없다(법 제25조 제3항). 여기서 '이해가 상충되는 의사'의 의미가 문제되는바, 판례에 비추어보면 이는 '특정 조합원이 조합원의 입장을 떠나서 개인적으로 이해관계를 가지는 경우'라고 해석할 수 있을 것이다.[27]

Ⅲ. 관련 판례

> **대법원 2011. 10. 27. 선고 2010다88682 판결 [대의원회결의무효확인]**
> "민법상 사단법인 총회의 표결 및 집계방법에 관하여는 법령에 특별한 규정이 없으므로, 정관에 다른 정함이 없으면 개별 의안마다 표결에 참석한 사원의 성명을 특정할 필요는 없고, 표결에 참석한 사원의 수를 확인한 다음 찬성·반

24) 대법원 2011. 10. 27. 선고 2010다88682 판결.
25) 정관부속서임원선거규약 제50조(당선인의 결정) ③ 임원후보자가 선출하고자 하는 임원정수와 같은 경우에는 총회에서 정하는 방법에 따라 당해 후보자를 당선인으로 결정할 수 있다.
26) 정관부속서임원선거규약 제42조(선거방법) 선거는 무기명 비밀투표로 한다.
27) 대법원 2007. 9. 6. 선고 2007다40000 판결.

대 · 기권의 의사표시를 거수, 기립, 투표 기타 적절한 방법으로 하여 집계하면 된다."

대법원 2007. 9. 6. 선고 2007다40000 판결 [임시주주총회결의무효확인]

"주주총회가 재무제표를 승인한 후 2년 내에 이사와 감사의 책임을 추궁하는 결의를 하는 경우 당해 이사와 감사인 주주는 회사로부터 책임을 추궁당하는 위치에 서게 되어 주주의 입장을 떠나 개인적으로 이해관계를 가지는 경우로서 그 결의에 관한 특별이해관계인에 해당함은 원심이 쓴 대로이지만, 주주의 의결권은 주주의 고유하고 기본적인 권리이므로 특별이해관계인이라는 이유로 이를 제한하기 위하여는 그 결의에 관하여 특별한 이해관계가 있음이 객관적으로 명확하여야 하는데, 원심에 의하더라도 이 사건 안건이 "제13기 결산서 책임추궁 결의에 관한 건"이라는 제목에 비추어 2003. 4. 1.부터 2004. 3. 31.까지의 기간 동안의 재무제표에 대한 경영진에 대한 책임을 추궁하기 위한 것으로 추측된다는 것일 뿐, 구체적으로 위 기간 동안에 이사나 감사로 재임한 자들 전원의 책임을 추궁하려고 하는 것인지, 그 중 일부 이사나 감사만의 책임을 추궁하려고 하는 것인지, 나아가 어떠한 책임을 추궁하려고 하는 것인지 알 수 없고, 기록상 이를 알 수 있는 자료도 보이지 않는바, 그렇다면 원심이 들고 있는 사정만으로는 위 소외 1 등이 이 사건 결의에 관한 특별이해관계인에 해당한다고 단정할 수 없다. 따라서 원심으로서는 이 사건 안건이 이사나 감사 누구에 대하여 어떠한 책임을 추궁하기 위한 것인지를 심리한 다음, 그에 따라 주주 중 누가 이 사건 결의에 관하여 특별한 이해관계가 있는 자에 해당하는지를 판단하였어야 함에도 판시와 같은 이유만으로 위 소외 1 등 피고 회사의 이사, 감사 전원이 이 사건 결의에 관하여 특별한 이해관계가 있는 자에 해당한다고 속단하고 말았으니, 원심판결에는 필요한 심리를 다 하지 아니하거나, 상법 제368조 제4항 소정의 특별한 이해관계가 있는 자에 관한 법리를 오해하여 판결 결과에 영향을 미친 위법이 있고, 이를 지적하는 취지의 상고이유의 주장은 이유 있다."

V. 관련 법령

법률	조문
새마을 금고법	第13조(총회의 개의와 의결) ① 총회는 이 법에 다른 규정이 있는 경우 외에는 재적회원(在籍會員) 과반수의 출석으로 개의(開議)하고 출석회원 과반수의 찬성으로 의결한다. 다만, 재적회원이 500명을 초과하는 경우에는 251명 이상 출석으로 개의하고 출석회원 과반수의 찬성으로 의결할 수 있다. 〈개정 2025. 1. 7.〉 ② 제12조 제4항 제1호 및 제2호의 사항은 재적회원 과반수(제1항 단서의 경우에는 251명 이상의 회원)의 출석과 출석회원 3분의 2 이상의 찬성으로 의결하여야 한다. 〈개정 2025. 1. 7.〉 ③ 총회에서는 제15조 제2항에 따라 공고한 사항에 대하여만 의결할 수 있다. 다만, 긴급한 사항으로서 재적회원 과반수(제1항 단서의 경우에는 251명 이상의 회원)의 출석과 출석회원 3분의 2 이상의 찬성이 있는 경우에는 그러하지 아니하다. 〈개정 2025. 1. 7.〉 ④ 금고와 특정회원과의 관련 사항을 의결하는 경우에는 그 회원은 의결권이 없다.
농업 협동조합법	제38조(총회의 개의와 의결) ① 총회는 이 법에 다른 규정이 있는 경우를 제외하고는 조합원 과반수의 출석으로 개의(開議)하고 출석조합원 과반수의 찬성으로 의결한다. 다만, 제35조 제1항 제1호부터 제3호까지의 사항은 조합원 과반수의 출석과 출석조합원 3분의 2 이상의 찬성으로 의결한다. 〈개정 2024. 1. 23.〉 ② 제1항 단서에도 불구하고 합병 후 존속하는 조합의 경우 그 합병으로 인한 정관 변경에 관한 의결은 조합원 과반수의 출석으로 개의하고, 출석조합원 과반수의 찬성으로 의결한다. 〈신설 2024. 1. 23.〉 [전문개정 2009. 6. 9.] [시행일: 2024. 4. 24.]
수산업 협동조합법	제40조(총회의 개의와 의결) 총회는 이 법에 다른 규정이 있는 경우를 제외하고는 구성원 과반수의 출석으로 개의하고 출석구성원 과반수의 찬성으로 의결한다. 다만, 제37조 제1항 제1호부터 제3호까지 및 제11호의 사항은 구성원 과반수의 출석과 출석구성원 3분의 2 이상의 찬성으로 의결한다. [전문개정 2010. 4. 12.]
산림조합법	제31조(총회) ④ 총회는 이 법에 다른 규정이 있는 경우를 제외하고는 조합원 과반수의 출석으로 개의하고, 출석조합원 과반수의 찬성으로 의결한다. 다만, 제5항 제1호 · 제2호 및 제4호의 사항은 조합원 과반수의 출석과 출석조합원 3분의 2 이상의 찬성으로 의결한다. ⑤ 다음 각 호의 사항은 총회의 의결을 거쳐야 한다. 1. 정관의 변경 2. 해산 또는 분할 3. 합병 4. 조합원의 제명

	5. 임원의 선출 및 해임 6. 사업계획 및 수지예산 7. 중앙회의 설립발기인이 되거나 중앙회에 가입 또는 탈퇴 8. 임원의 보수 및 실비변상 9. 사업보고서 · 재무상태표 · 손익계산서 · 잉여금처분안 및 손실금처리안 10. 그 밖에 조합장 또는 이사회가 필요하다고 인정하는 사항 [전문개정 2013. 4. 5.]
협동조합 기본법	**제29조(총회의 의결사항 등)** ① 다음 각 호의 사항은 총회의 의결을 받아야 한다. 〈개정 2014. 1. 21., 2020. 3. 31.〉 1. 정관의 변경 2. 규약의 제정 · 변경 또는 폐지 3. 임원의 선출과 해임 4. 사업계획 및 예산의 승인 5. 결산보고서의 승인 6. 감사보고서의 승인 7. 협동조합의 합병 · 분할 · 해산 · 휴업 또는 계속 8. 조합원의 제명 8의2. 탈퇴 조합원(제명된 조합원을 포함한다)에 대한 출자금 환급 9. 다른 협동조합에 대한 우선출자 10. 총회의 의결을 받도록 정관으로 정하는 사항 11. 그 밖에 이사장 또는 이사회가 필요하다고 인정하는 사항 ② 제1항 제1호, 제7호, 제8호, 제8호의2, 제9호의 사항은 총조합원 과반수의 출석과 출석자 3분의 2 이상의 찬성으로 의결하며, 그 밖의 사항은 총조합원 과반수의 출석과 출석자 과반수의 찬성으로 의결한다. 〈개정 2014. 1. 21., 2020. 3. 31.〉
중소기업 협동조합법	**제48조(총회의 의결 방법)** ① 총회의 의사(議事)는 이 법이나 정관 또는 규약에 다른 규정이 없으면 총 조합원 과반수의 출석과 출석 조합원 과반수의 찬성으로 의결한다. ② 총회의 의장은 이사장이 된다. 다만, 이사장이 사고가 있을 때에는 총회에서 선임된 자가 의장의 직무를 대행한다. ③ 총회에서는 제46조에 따라 미리 통지한 사항에 한정하여 의결할 수 있다. 다만, 정관에 다른 규정이 있으면 예외로 한다. ④ 총회의 의사에 관하여는 의사록을 작성하여 의사의 경과와 의결 사항을 적고 의장과 총회에서 지명한 이사 2명 이상이 서명날인하여야 한다. ⑤ 조합과 조합원의 이익이 상반된 때에는 그 조합원은 해당 사항의 의결에 참가할 수 없다. **제49조(특별 의결사항)** 다음 각 호의 사항은 총 조합원 과반수의 출석과 출석 조합원 3분의 2 이상의 찬성으로 의결한다. 1. 정관의 변경 2. 조합원의 제명 3. 조합의 해산 · 합병 또는 분할

제26조(총회의 소집 청구)

제26조(총회의 소집 청구) ① 조합원은 조합원 5분의 1 이상의 동의를 받아 회의의 목적과 소집 이유를 적은 서면을 제출하여 총회의 소집을 이사장에게 청구할 수 있다.
② 감사는 제37조에 따른 감사 결과 부정한 사실이 발견되어 그 내용을 총회에 신속히 보고할 필요가 있을 때에는 회의의 목적과 소집 이유를 적은 서면을 제출하여 총회의 소집을 이사장에게 청구할 수 있다.
③ 이사장은 제1항 및 제2항에 따른 청구를 받으면 15일 이내에 총회를 개최하여야 한다.
④ 총회를 소집할 자가 없거나 제3항의 기간 이내에 정당한 이유 없이 이사장이 총회를 개최하지 아니한 경우에는 감사가 지체 없이 총회를 소집하여야 한다. 이 경우 감사가 의장의 직무를 대행한다.
⑤ 제1항에 따라 조합원이 총회의 소집을 청구한 경우로서 감사가 제4항에 따라 총회를 소집하지 아니한 경우에는 제1항에 따라 총회의 소집을 청구한 조합원의 대표가 총회를 소집한다. 이 경우 그 조합원의 대표가 의장의 직무를 대행한다.
⑥ 제4항 및 제5항에 따라 총회를 소집하는 경우에는 미리 중앙회장에게 보고하여야 한다.
[전문개정 2015. 1. 20.]

Ⅰ. 조문의 취지와 의의

총회는 원칙적으로 이사장이 소집한다(법 제23조 제2항, 표준정관 제30조[28] 및 제31조[29] 제1항). 다만, 이사장에게만 소집권을 인정하게 되면 이사장이 정당한

28) **표준정관 제30조(정기총회 소집)** 정기총회는 매사업연도 종료후 2월 이내에 1회 개최하며 이사장이 이를 소집한다.

29) **표준정관 제31조(임시총회 소집)** ① 임시총회는 다음 각호의 1에 해당하는 경우에 이사장이 이를 소집한다.
1. 이사장이 필요하다고 인정한 때
2. 이사회의 결의로 소집을 요구한 때
3. 조합원이 조합원 5분의 1이상의 동의를 얻어 소집을 요구한 때
4. 중앙회장이 법 제89조의 규정에 의한 감독상 필요하여 소집을 요구한 때
5. 감사가 소집을 요구한 때 〈2003. 12. 12. 신설〉
② 제1항 제3호 및 제5호의 규정에 의한 임시총회 소집은 법 제26조에 규정한 절차와 방법에 의한다. 〈2003. 12. 12. 개정〉
③ 이사장이 제1항 제4호의 규정에 의한 중앙회장의 소집요구를 받고 지체없이 총회를 개최하지 아니한 때에는 중앙회장이 총회를 소집할 자를 지정할 수 있다. 이 경우 중앙회장이 지정한 자가 의장의 직무를 대행한다. 〈1999. 2. 5. 개정〉

이유없이 총회의 소집을 기피하거나, 또는 총회를 소집할 수가 없는 불가피한 상황이 발생한 경우에 대처할 수 없게 되므로 법은 예외적으로 감사, 조합원 대표, 중앙회장이 지정한 자 또는 이사장 직무대행자가 총회를 소집할 수 있는 길을 열어 놓고 있다(법 제26조 제4항 및 제5항, 표준정관 제31조 제2항 및 제3항).

Ⅱ. 조문의 내용 및 해설

1. 총회 소집 청구

(1) 조합원 5분의 1 이상의 동의에 따른 총회 소집 청구

조합원은 조합원 5분의 1 이상의 동의를 받아 회의의 목적과 소집 이유를 적은 서면을 제출하여 총회의 소집을 이사장에게 청구할 수 있다(법 제26조 제1항). 법 제23조 제2항에 의하면 법 제26조에 따라 조합원의 청구로 정관에서 정하는 바에 따라 임시총회를 소집할 수 있는데, 법 제26조 제1항은 "조합원은 조합원 5분의 1 이상의 동의를 받아 회의의 목적과 소집 이유를 적은 서면을 제출 하여 총회의 소집을 이사장에게 청구할 수 있다"고 정하고 있다.

(2) 감사의 총회 소집 청구

감사는 감사 결과 부정한 사실이 발견되어 그 내용을 총회에 신속히 보고할 필요가 있을 때에는 회의의 목적과 소집 이유를 적은 서면을 제출하여 총회의 소집을 이사장에게 청구할 수 있다(법 제26조 제2항).

2. 총회 소집 요청에 따른 총회 개최

(1) 이사장에 의한 총회 개최

조합원 또는 감사의 청구를 받은 이사장은 해당 청구에 따라 안건을 상정하여 15일 이내에 총회를 개최하여야 한다(법 제26조 제3항). 그런데 법 제36조 제1항 제6호에서는 '총회에 부칠 사항'은 이사회 결의를 거쳐야 한다고 정하고 있어, 조합원 또는 감사의 청구에 따라 총회를 소집하더라도, 총회에 부칠 사항은 이사회의 결의를 거쳐 정해야 하는지에 대해 문제가 있을 수 있다. 다만, 조합원이 조합원 5분의 1 이상의 동의를 받아 회의의 목적과 소집 이유를 적은 서면을 제출하여 총회의 소집을 이사장에게 청구할 경우, 이사장은 해당 청구에 따라 안건을 상정하여 15일 이내에 총회를 개최하여야 할 의무가 있으므로 신협법 자체에서 그 세부적인 절차를 명확히 규정하고 있는 이상, 신협법 제36조 제1항 제6호에도 불구하고 이사회 결의 없이 총회를 소집할 수 있다고 해석된다.

(2) 감사에 의한 총회 개최

감사는 총회를 소집할 자가 없거나 이사장이 이사장 또는 감사의 소집청구를 받은 날로부터 15일 이내에 총회를 개최하지 않는 경우에는 지체 없이 총회를 소집하여야 하며, 해당 총회에서 의장의 직무를 대행한다. 감사는 이사의 업무를 감시하는 역할을 하므로 이사와 대립하는 상황이 발생할 수 있는데, 이러한 경우를 대비해 법은 감사가 총회를 소집할 수 있는 요건을 규정함으로써 감사의 역할이 제대로 작동될 수 있도록 하고 조합원의 권익을 보호하고 있다. 이 경우 법에서 감사에 의한 총회 소집 절차를 명확히 규정하고 있는 이상, 감사는 법 제36조 제1항 제6호[30]에도 불구하고 이사회 결의 없이 총회를 소집할 수 있다고 보아야 할 것이다.

(3) 조합원 대표에 의한 총회 개최

조합원 5분의 1 이상의 동의를 받아 회의의 목적과 소집 이유를 적은 서면을 제출하여 총회의 소집을 이사장에게 총회의 소집을 청구한 경우로서 감사가 법 제26조 제4항에 따라 총회를 소집하지 아니한 경우에는 총회의 소집을

30) 법 제36조(이사회의 결의사항) ① 다음 각 호의 사항은 이사회의 결의를 거쳐야 한다.
1. 규정의 제정·변경 또는 폐지
2. 기본재산의 취득과 처분
3. 사업 집행에 대한 기본 방침의 결정
4. 필요한 자금의 차입(중앙회로부터 차입하는 경우에는 최고한도)
5. 제적립금(諸積立金)의 처분
6. 총회에 부칠 사항
7. 총회의 권한에 속하지 아니하는 중요 사항

청구한 조합원의 대표가 총회를 소집한다(법 제26조 제5항). 이 경우 그 조합원의 대표가 의장의 직무를 대행한다. 이 경우에도 법에서 그 절차를 명확히 규정하고 있다는 점을 고려하면, 조합원의 대표는 법 제36조 제1항 제6호[31]에도 불구하고 이사회 결의 없이 총회를 소집할 수 있다고 보아야 할 것이다.

3. 총회 개최에 대한 중앙회에 보고 의무

총회를 소집할 자가 없거나 정당한 이유 없이 이사장이 총회를 개최하지 아니하여 감사가 총회를 소집하거나, 조합원이 총회의 소집을 청구한 경우로서 감사가 총회를 소집하지 아니하여 총회의 소집을 청구한 조합원의 대표가 총회를 소집하는 경우에는 미리 중앙회장에게 보고하여야 한다(법 제26조 제6항).

Ⅲ. 관련 해석례

금융위원회 – 신용협동조합 감사의 신협법에 의한 임시총회 소집요구 관련 질의 [120101, 2014. 12. 31.]

○ 질의사항

□ 신협의 정기총회가 진행되었을 경우 의견을 달리한 감사가 정기총회에서 물리적인 저지로 발표하지 못한 분기별 감사보고서 및 연차보고서의 총회보고를 위하여 임시총회의 소집을 이사장에게 요구할 수 있는지

○ 회답

□ 「신협에 관한 법률」(이하 '신협법'이라 함) 제26조 제2항에 따라 감사는 동법 제37조에 의한 감사결과 부정한 사실이 발견되어 그 내용을 총회에 신속히 보고할 필요가 있는 경우 총회소집을 이사장에게 청구할 수 있습니다.

□ 따라서 분기별 감사보고서, 연차보고서 등이 부정한 사실과 관련된 내용일 경우 신협법 제26조 및 동법 제37조의 적용을 받을 수 있을 것으로 판단됩니다. 다만, 구체적 사실관계 여부에 따라 관련 조문의 적용 여부가 달라질 수 있음을 알려드립니다.

31) 주 28) 참조.

Ⅳ. 관련 법령

법률	조문
새마을 금고법	제14조(총회의 소집 요구) ① 회원은 회원 3분의 1 이상의 동의를 받아 회의의 목적과 이유를 적고 서명날인한 서면을 제출하여 임시총회의 소집을 이사장에게 요구할 수 있다. ② 감사는 제19조 제4항에 따른 감사를 실시한 결과 금고의 재산 상황 또는 업무집행에 부정한 사실이 발견되어 그 내용을 총회에 신속히 보고할 필요가 있을 때에는 회의의 목적과 소집 이유를 적은 서면을 제출하여 총회의 소집을 이사장에게 요구할 수 있다. 〈신설 2017. 12. 26.〉 ③ 제1항, 제2항 또는 제7항의 요구가 있으면 이사장은 요구가 있는 날부터 2주일 이내에 총회를 개최하여야 한다. 〈개정 2017. 12. 26., 2025. 1. 7.〉 ④ 총회를 소집할 자가 없거나 제3항의 기간에 정당한 사유 없이 이사장이 총회를 개최하지 아니하면 감사가 5일 이내에 총회를 소집하여야 하며, 이 경우 감사가 의장의 직무를 대행한다. 〈개정 2017. 12. 26.〉 ⑤ 감사가 제4항의 기간에 총회를 소집하지 아니하면 제1항에 따라 총회 소집을 요구한 회원의 대표가 총회를 개최하며, 이 경우 그 회원의 대표가 의장의 직무를 대행한다. 〈개정 2017. 12. 26.〉 ⑥ 제4항이나 제5항에 따라 감사나 회원대표가 총회를 소집할 때에는 소집공고 전에 회장에게 알려야 한다. 〈개정 2011. 3. 8., 2017. 12. 26.〉 ⑦ 회장은 제79조 제1항에 따른 지도·감독을 위하여 필요한 경우 임시총회의 소집을 이사장에게 요구할 수 있다. 〈신설 2025. 1. 7.〉 ⑧ 이사장은 회장의 요구가 있는 경우 제7항에 따른 임시총회 개최 시 회장이 지정하는 사람이 임시총회에 출석하여 회원들에게 지도·감독을 위한 중요 사항을 설명할 수 있도록 하여야 한다. 〈신설 2025. 1. 7.〉
농업 협동조합법	제36조(총회의 소집청구) ① 조합원은 조합원 300인이나 100분의 10 이상의 동의를 받아 소집의 목적과 이유를 서면에 적어 조합장에게 제출하고 총회의 소집을 청구할 수 있다. ② 조합장은 제1항에 따른 청구를 받으면 2주일 이내에 총회소집통지서를 발송하여야 한다. ③ 총회를 소집할 사람이 없거나 제2항에 따른 기간 이내에 정당한 사유 없이 조합장이 총회소집통지서를 발송하지 아니할 때에는 감사가 5일 이내에 총회소집통지서를 발송하여야 한다. ④ 감사가 제3항에 따른 기간 이내에 총회소집통지서를 발송하지 아니할 때에는 제1항에 따라 소집을 청구한 조합원의 대표가 총회를 소집한다. 이 경우 조합원이 의장의 직무를 수행한다. [전문개정 2009. 6. 9.]
수산업	제38조(총회의 소집 청구) ① 조합원은 조합원 5분의 1 이상의 동의를 받아 소집의 목적과 이유를 서면에 적어 조합장에게 제출하고 총회의 소집을 청구할 수 있다. ② 조합장은 제1항에 따른 청구를 받으면 2주 이내에 총회를 소집하여야 한다.

협동조합법	③ 총회를 소집할 사람이 없거나 조합장이 제2항에 따른 기간 이내에 정당한 사유 없이 총회를 소집하지 아니할 때에는 감사가 5일 이내에 총회를 소집하여야 한다. 이 경우 감사가 의장의 직무를 수행한다. ④ 감사가 제3항에 따른 기간 이내에 총회를 소집하지 아니할 때에는 제1항에 따라 소집을 청구한 조합원의 대표가 총회를 소집한다. 이 경우 조합원의 대표가 의장의 직무를 수행한다. [전문개정 2010. 4. 12.]
산림조합법	**제31조의3(총회의 소집청구)** ① 조합원은 조합원 300인 또는 100분의 10 이상의 동의를 받아 소집의 목적과 이유를 적은 서면을 제출하여 조합장에게 총회의 소집을 청구할 수 있다. ② 조합장은 제1항에 따른 청구를 받으면 2주 이내에 총회를 소집하여야 한다. ③ 조합장이 제2항에 따른 기간에 정당한 사유 없이 총회를 소집하지 아니하면 감사가 5일 이내에 소집하여야 한다. 이 경우 감사가 의장의 직무를 수행한다. ④ 감사가 제3항에 따른 기간에 총회를 소집하지 아니하면 제1항에 따라 소집을 청구한 조합원의 대표가 소집한다. 이 경우 조합원의 대표가 의장의 직무를 수행한다. [전문개정 2013. 4. 5.]
중소기업 협동조합법	**제45조(총회의 소집)** ① 총회는 이사장이 소집한다. ② 조합원이 총 조합원 4분의 1 이상의 동의를 받아 소집의 목적과 이유를 적은 서면으로 총회의 소집을 청구하면 이사장은 청구가 있은 날부터 2주일 이내에 임시총회를 소집하여야 한다. ③ 조합원이 제2항에 따라 총회의 소집을 청구하였으나 총회를 소집할 자가 없거나 그 청구가 있은 날부터 2주일 이내에 이사장이 총회를 소집하지 아니한 때에는 감사가 7일 이내에 소집하여야 한다. 이 경우 감사가 의장의 직무를 수행한다. ④ 감사가 제3항의 기한 이내에 총회를 소집하지 아니하거나 소집할 수 없으면 제2항에 따라 총회의 소집을 청구한 조합원의 대표가 소집한다. 이 경우 조합원의 대표가 의장의 직무를 수행한다. ⑤ 이사장이 궐위되거나 부득이한 사유로 총회를 소집할 수 없으면 정관으로 정하는 순위의 이사가 소집한다.

제26조의2(총회 결의의 특례)

제26조의2(총회 결의의 특례) ① 다음 각 호의 사항에 대해서는 제24조 제1항에도 불구하고 조합원의 투표로 총회의 결의를 갈음할 수 있다. 이 경우 조합원 투표의 통지·방법, 그 밖에 투표에 필요한 사항은 정관에서 정한다.

1. 조합의 해산·합병 또는 분할
2. 임원(제27조 제3항에 따른 임원으로 한정한다)의 선임

② 제1항 각 호의 사항에 대한 조합원의 투표는 다음 각 호의 구분에 따른다.

1. 제1항 제1호의 사항: 재적조합원 과반수(재적조합원이 500인을 초과하는 경우에는 251인 이상을 말한다)의 투표와 투표한 조합원 3분의 2 이상의 찬성으로 결의
2. 제1항 제2호의 사항: 이사장과 부이사장은 선거인(정관으로 정하는 바에 따라 선거권을 가진 자를 말한다. 이하 같다) 과반수의 투표로써 다수 득표자를 당선인으로 결정하고, 이사장 및 부이사장을 제외한 임원 중 제27조 제2항에 따라 조합원이어야 하는 임원은 선거인 과반수의 투표로써 다수 득표자순으로 당선인을 결정. 이 경우 제25조 제1항 단서를 준용한다.

[본조신설 2015. 1. 20.]

Ⅰ. 조문의 취지와 의의

총회는 재적조합원 과반수의 출석으로 개의(開議)하고 출석조합원 과반수의 찬성으로 결의한다(법 제25조 제1항). 법 제26조의2는 총회 의결사항을 규정한 법 제24조에 대한 특례조항으로, 제한된 시간과 장소에 다수의 조합원이 참여하여야 하는 총회 결의 방식의 비효율을 해소하기 위하여 합병·해산·임원의 선임 등의 경우 조합에서 의사결정 방법을 선택할 수 있도록 규정한 것이다.

Ⅱ. 조문의 내용 및 해설

1. 총회 결의 특례규정의 도입 취지

재적조합원의 과반수(재적조합원이 500인을 초과하는 경우 251인 이상)의 출석으로 개의하고, 출석조합원 과반수의 찬성으로 결의하는 의사절차로 인해 제한된 시간과 장소에서 다수의 조합원이 참여하여야 하는 어려움과 과다시간 소

요 등 비효율의 문제가 있었다. 이에 임원선거, 해산·합병·분할 등과 같이 이해관계가 첨예한 사안에 대해서는 조합원 '투표'로서 총회의 결의를 갈음할 수 있도록 특례규정을 신설한 것으로, 총회의 시간적·공간적 제약에 따른 비효율을 개선하고 중요 결의사항에 최대한 많은 조합원들의 의사를 반영할 수 있도록 하기 위하여 개정된 것이다.[32)]

2. 조합의 해산·합병 또는 분할

조합의 해산·합병·분할은 총회의 결의사항으로 출석조합원 3분의 2 이상의 찬성으로 의결한다(법 제25조 제2항). 조합의 해산·합병·분할에 대한 결의는 조합원 투표의 결과로 회의체 형식의 결의를 대체할 수 있으며, 이 경우 재적조합원 과반수의 투표와 투표한 조합원 3분의 2 이상의 찬성으로 결의된다(법 제26조의2 제2항 제1호). 다만, 재적조합원이 500인을 초과하는 경우에는 251인 이상의 조합원이 참여하여 결의할 수 있다.

3. 임원의 선임

임원의 선임은 총회 결의 사항이나, 법 제27조 제3항에 따른 임원에 대해서는 '조합원의 투표'로 총회의 결의를 갈음할 수 있다. 회의형식의 총회를 통해 투표를 치르게 될 때에는 상당한 시간이 필요로 하므로 총회와 별도로 시간을 정하거나 별도의 일자를 정하여 투표를 실시할 수 있도록 한 것이다.

이사장과 부이사장은 선거인(정관으로 정하는 바에 따라 선거권을 가진 자를 말한다. 이하 같다) 과반수의 투표로써 다수 득표자를 당선인으로 결정한다. 이 경우 법 제25조 제1항이 준용되므로 조합원이 500인을 초과하는 경우에는 251인 이상의 출석으로 개의하고 출석조합원 과반수의 찬성으로 결의할 수 있다(법 제26조의2 제2항 제2호, 제25조 제1항 단서). 이에 대해 이사장과 부이사장은 선거인 과반수의 투표로써 다수 득표자를 당선인으로 결정하므로 전체 선거인이 투표를 해야 하고, 법 제25조 제1항은 준용되지 않아 조합원이 500인을 초과

32) 진정구(수석전문위원), 신용협동조합법 일부개정법률안(정부제출, 의안번호 제11011호) 검토보고서, 국회 정무위원회, 2014. 11., 13-14면.

하는 경우 251인 이상의 출석으로 개의하고 출석조합원 과반수의 찬성으로 결의할 수 없다는 주장이 있을 수 있으나, 법원은 "조합원의 투표로 총회의 결의를 갈음하면서 총회의 결의보다 오히려 가중된 요건을 갖추어야 한다는 결과"가 되므로 이사장 및 부이사장 선거에서도 법 제25조 제1항이 준용된다는 입장이다.[33)]

이사장 및 부이사장을 제외한 임원 중 제27조 제2항에 따라 조합원이어야 하는 임원은 선거인 과반수의 투표로써 다수 득표자순으로 당선인을 결정한다. 이 경우에도 법 제25조 제1항이 준용되므로 조합원이 500인을 초과하는 경우에는 251인 이상의 출석으로 개의하고 출석조합원 과반수의 찬성으로 결의할 수 있다(법 제26조의2 제2항 제2호, 제25조 제1항 단서).

Ⅲ. 관련 해석례

금융위원회 총회 결의의 특례 관련 법령해석 요청 [170085, 2017. 5. 19.]

1. 질의사항

□ 「신용협동조합법」(이하 '신협법')은 임원의 선출과 해임은 총회 의결사항으로 정하고 있으며 동시에 특례조항을 통해 조합원의 선거로서 총회 의결을 갈음할 수 있도록 규정하고 있음

○ 신협중앙회에서는 중앙회 이사장 선거 시 총회(대의원회)를 통한 간접선거 대신 회원(조합 이사장)의 투표를 통한 직접선거로 선거제도를 변경할 경우 투표 특례 조항의 적용에 대하여 질의

① 중앙회 정관 및 규약을 개정하여 현행 간접선거(대의원회) 방식에서 전체 조합의 이사장에게 선거권을 부여하는 직접선거 방식으로 변경하는 경우, i) 신협법 제26조의2에서 정하는 총회결의 특례(이하 '투표특례'라 한다)만을 적용하여 임원을 선출하여야 하는지 아니면, 총회에 안건을 상정하여 임원을 선출하는 방법 또는 투표특례를 적용하여 임원을 선출하는 방법 중에서 선택할 수 있는지 여부

② 투표특례 조항이 중앙회 대의원회에 대하여도 적용되는 것인지 여부

③ 투표특례 조항 적용을 통해 임원 선출 시 제25조 제1항 단서를 준

33) 광주지방법원 2024. 3. 29. 선고 2024카합50068 결정 [이사장직무집행정지가처분]

용하라고 규정 되어있는데 이 "준용"의 의미

2. 회답

[1] 투표특례 조항(신협법 제26조의2)은 총회 의결사항을 규정한 신협법 제24조에 대한 특례조항으로, 합병·해산·임원의 선임 등의 경우 조합에서 의사결정 방법을 선택할 수 있도록 규정한 조항입니다. 따라서 두 가지의 의사결정 방법 중 조합의 판단에 따라 선택할 수 있는 것으로 해석하는 것이 타당합니다.

[2] 중앙회는 총회를 대신하여 대의원회를 둘 수 있으며(신협법 제70조), 대의원회에 대하여는 총회규정을 준용하도록 하였으므로(신협법 제70조), 동법 제68조 제4항에 따라 중앙회 총회에 대하여 준용토록 규정한 조항들에 대해서도 대의원회에 적용된다고 해석하는 것이 합리적입니다. 따라서 준용조항 중 하나인 투표특례 조항도 대의원회에 대하여 적용된다고 판단됩니다.

[3] 투표특례 조항을 적용하여 임원선출 시 제25조 제1항 단서(재적조합원이 500인 이상 초과하는 경우 251인 이상의 출석으로 개의…)를 준용하라는 의미는, 투표특례 조항 상 "유효투표요건(선거인 과반수 투표)"을 해석함에 있어 선거인이 500인을 초과할 경우에는 251인 이상의 투표로서 유효투표가 성립한다는 의미로 해석하는 것이 타당합니다.

3. 이유

[1] 신협법 제26조의2에서는 투표특례 조항에서 정한 사항(조합의 해산·합병·임원의 선임 등)에 대하여 총회의 결의를 투표로 "갈음 할 수 있다"로 임의 규정되어 있으며, 반드시 동법 제24조 상의 총회의결사항에 우선하여 적용되어야 한다는 어떠한 문구도 포함되어 있지 않습니다.

[2] 신협법 제68조 제4항에서는 중앙회 총회 운영 시 앞서 규정된 조합 총회 관련 규정(제25조 제1항 본문, 제26조 제1항부터 제5항까지 및 제26조의2)에 대하여 준용토록 하고 있으며, 동법 제70조 제6항에서는 중앙회에서 총회를 갈음하는 대의원회를 운영 시 대의원회에 관하여 총회에 관한 규정을 준용하도록 규정하고 있습니다. 이를 종합하여 볼 때 중앙회 총회에 적용되는 조항은 명시적으로 배제되는 사항이 아니라면 중앙회 대의원회에 대하여도 적용된다고 해석하는 것이 합리적이며, 투표특례 조항에 대하여도 이를 달리 적용할 이유가 없으므로 대의원회에 적용된다고 보는 것이 합리적입니다.

3 투표특례 조항에서 임원선임 시 신협법 제25조 제1항 단서를 준용하라는 것에 대하여는, 이미 동 조항에서 규정하고 있는 사항에 대해 준용을 통해 달리 적용하라는 의미가 아닌 동 조항에서 규정하고 있지 않은 부분에 대하여 준용 조항을 통해 보충 적용하라는 의미로 받아들이는 것이 합리적입니다. 이러한 관점에서 투표특례조항에서 명확히 규정하고 있는 당선 요건에 대해 준용규정을 적용할 여지는 없는 것으로 판단되며, 유효투표요건(선거인이 500인 이상일 경우 251명 이상 투표)에 대해서만 준용하여 적용하는 것이 타당할 것으로 판단됩니다.

Ⅳ. 관련 판례

광주지방법원 2024. 3. 29. 선고 2024카합50068 결정 [이사장직무집행정지가처분]

"신용협동조합법 및 조합 정관에 의하면 임원을 선출할 때 총회의 결의를 얻어야 하고 총회는 재적조합원이 500인을 초과하는 경우에는 251인 이상 출석으로 개의하고 출석조합원 과반수 찬성으로 결의할 수 있으며, 조합원의 투표로 총회 결의를 갈음할 수 있다(신용협동조합법 제24조, 제25조, 제26조의2, 조합 정관 제33조, 제33조의2, 제34조). (이사장과 부이사장은 전체 선거인 과반수의 투표로써 다수 득표자를 당선인으로 결정하고, 제25조 제1항은 준용되지 않는다는) 채권자의 주장은 조합원의 투표로 총회의 결의를 갈음하면서 총회의 결의보다 오히려 가중된 요건을 갖추어야 한다는 결과가 되므로 이를 받아들일 수 없다. 신협중앙회의 회신에 의하면, ○○신협 외에도 다수의 신협이 251인 이상의 투표 및 출석조합원 과반수의 찬성으로 임원을 선출하고 있다."

Ⅴ. 관련 법령

법률	조문
새마을	제18조(임원의 선임 등) ⑤ 이사장은 회원 중에서 회원의 무기명 비밀투표로 직접 선출한다. 다만, 자산이 일정 규모 이하인 금고 등 대통령령으로 정하는 금고의 이사장은 회원의 투표로 직접 선출하는 방법, 총회에서 선출하는 방법 또는 대의원회에서 선출하는 방법 중 정관으로 정하는 방법을 택하여 선출할 수 있다. 〈개정 2021. 10. 19.〉

금고법	⑥ 제5항에 따라 회원의 투표로 직접 선출하는 경우 투표의 방법ㆍ절차, 투표의 사전 통지 등에 필요한 사항은 정관으로 정한다. 〈신설 2021. 10. 19.〉 ⑦ 제5항에도 불구하고 이사장의 후보자가 1명인 경우에는 정관으로 따로 정하는 방법에 따라 이사장을 선출할 수 있다. 〈신설 2021. 10. 19.〉 ⑧ 이사장의 선출 방법에 따른 당선인의 결정은 다음 각 호에 따른다. 〈개정 2017. 12. 26., 2021. 10. 19.〉 1. 회원의 투표로 직접 선출하는 경우에는 최다득표자를 당선인으로 결정 2. 총회에서 선출하거나 대의원회에서 선출하는 경우에는 과반수득표자를 당선인으로 결정. 다만, 과반수득표자가 없는 경우에는 1위와 2위의 다수득표자만을 후보자로 하여 다시 투표를 실시하여 최다득표자를 당선인으로 결정한다.
농업 협동조합법	**제41조(총회 의결의 특례)** ① 다음 각 호의 사항에 대하여는 제35조 제1항에도 불구하고 조합원의 투표로 총회의 의결을 갈음할 수 있다. 이 경우 조합원 투표의 통지ㆍ방법, 그 밖에 투표에 필요한 사항은 정관으로 정한다. 〈개정 2016. 12. 27.〉 1. 해산, 분할 또는 품목조합으로의 조직변경 2. 제45조 제5항 제1호에 따른 조합장의 선출 3. 제54조 제1항에 따른 임원의 해임 4. 합병 ② 제1항 각 호의 사항에 대한 의결이나 선출은 다음 각 호의 방법에 따른다. 1. 제1항 제1호의 사항은 조합원 과반수의 투표와 투표한 조합원 3분의 2 이상의 찬성으로 의결 2. 제1항 제2호의 사항은 유효 투표의 최다득표자를 선출. 다만, 최다득표자가 2명 이상이면 연장자를 당선인으로 결정한다. 3. 제1항 제3호의 사항은 조합원 과반수의 투표와 투표한 조합원 3분의 2 이상의 찬성으로 의결 4. 제1항 제4호의 사항은 조합원 과반수의 투표와 투표한 조합원 과반수의 찬성으로 의결 [전문개정 2009. 6. 9.]
수산업 협동조합법	**제43조(총회 의결의 특례)** ① 다음 각 호의 사항에 대하여는 제37조 제1항에도 불구하고 조합원의 투표로 총회의 의결을 갈음할 수 있다. 이 경우 조합원 투표의 통지ㆍ방법, 그 밖에 투표에 필요한 사항은 정관으로 정한다. 1. 해산ㆍ합병 또는 분할 2. 조합장 선출 방식에 관한 정관의 변경 ② 제1항 각 호의 사항에 대한 조합원 투표는 조합원 과반수의 투표와 투표한 조합원 3분의 2 이상의 찬성을 얻어야 한다. [전문개정 2010. 4. 12.]
산림조합법	**제31조의2(총회 의결의 특례)** ① 다음 각 호의 어느 하나에 해당하는 사항에 대하여는 조합원투표로써 제31조 제5항에 따른 총회의 의결을 갈음할 수 있다. 이 경우 조합원투표의 통지ㆍ방법과 그 밖에 투표에 필요한 사항은 정관으로 정한다. 〈개정 2020. 3. 24.〉 1. 해산 또는 분할 2. 합병

	3. 제35조 제4항 제1호에 따른 총회 외에서의 조합장 선출 ② 제1항 각 호의 사항에 대한 의결 또는 선출은 다음 각 호의 방법에 따른다. 1. 제1항 제1호의 사항은 조합원 과반수의 투표와 투표조합원 3분의 2 이상의 찬성으로 의결 2. 제1항 제2호의 사항은 조합원 과반수의 투표와 투표조합원 과반수의 찬성으로 의결 3. 제1항 제3호의 사항은 유효투표의 최다득표자를 선출. 다만, 최다득표자가 2명 이상인 경우에는 연장자를 당선인으로 결정한다. [전문개정 2013. 4. 5.]

제27조(임원)

제27조(임원) ① 조합에 임원으로 이사장 1명, 부이사장 1명을 포함하여 5명 이상 9명 이하의 이사와 감사 2명 또는 3명을 둔다.

② 임원은 정관에서 정하는 바에 따라 총회에서 선출(임원의 결원으로 인한 보궐선거의 경우에는 정관에서 따로 정하는 바에 따른다)하되, 이사장을 포함한 임원의 3분의 2 이상은 조합원이어야 한다.

③ 제24조 제1항 제3호에 따른 이사장과 부이사장의 선출은 선거인 과반수의 투표로써 다수 득표자를 당선인으로 결정하고, 이사장 및 부이사장을 제외한 임원 중 제2항에 따라 조합원이어야 하는 임원의 선출은 선거인 과반수의 투표로써 다수 득표자순으로 당선인을 결정한다. 이 경우 제25조 제1항 단서를 준용한다.

④ 이사장은 조합의 업무를 총괄하고 조합을 대표한다.

⑤ 이사장이 부득이한 사유로 직무를 수행할 수 없을 때에는 부이사장, 정관에서 정하는 이사의 순서로 그 직무를 대행한다.

⑥ 자산 규모, 재무 구조 등을 고려하여 대통령령으로 정하는 조합은 이사장 또는 이사장이 아닌 이사(이하 "상임이사"라 한다) 중에서 1명 이상을 상임으로 한다. 다만, 대통령령으로 정하는 바에 따라 상임인 이사장을 두지 아니한 조합인 경우에는 상임이사를 두어야 한다. 〈개정 2017. 4. 18.〉

⑦ 상임이사는 제39조 제1항 제1호·제3호의 사업 및 이에 부대하는 사업을 전담하여 처리한다. 이 경우 이사장은 해당 상임이사가 소관 사업을 독립하여 수행할 수 있도록 권한의 위임 등 적절한 조치를 하여야 한다. 〈개정 2017. 4. 18.〉

⑧ 자산규모 등을 고려하여 대통령령으로 정하는 조합은 제1항의 감사 중 1명을 상임으로 두어야 한다. 이 경우 상임감사는 조합원이 아닌 자로 한다. 〈신설 2017. 4. 18.〉

⑨ 상임이사 및 상임감사(이하 "상임임원"이라 한다)는 조합 업무에 대한 전문지식과 경험이 풍부한 사람으로서 이사회의 결의를 거쳐 총회에서 선출한다. 〈개정 2017. 4. 18.〉

⑩ 상임임원의 임명 기준 및 요건에 관하여 필요한 사항은 대통령령으로 정한다. 〈개정 2017. 4. 18.〉

⑪ 상임임원이 부득이한 사유로 직무를 수행할 수 없을 때에는 이사회가 정하는 순서에 따라 제30조에 따른 간부직원이 그 직무를 대행한다. 〈개정 2017. 4. 18.〉

⑫ 상임인 이사장 및 상임임원의 보수는 중앙회장이 정하는 기준에 따라 총회에서 정한다. 〈개정 2017. 4. 18.〉

⑬ 제6항 및 제8항에 따른 상임이 아닌 임원은 명예직으로 하되, 정관으로 정하는 바에 따라 실비의 변상을 받을 수 있다. 〈개정 2017. 4. 18.〉

[전문개정 2015. 1. 20.]

Ⅰ. 조문의 취지와 의의

임원이란 법인의 기관을 담당하는 자연인이며, 신협의 임원으로 이사장, 부이사장, 이사, 감사를 두고 있다. 이사는 이사회의 구성원으로서 조합의 업무집행에 관한 의사결정과 이사장 및 간부직원의 업무집행을 감독하는데 참여하는 권한을 가진다. 조합과 임원과의 관계는 민법상 위임에 관한 규정이 준용된다(법 제33조 제5항, 상법 제382조 제2항, 민법 제680조). 조합과 임원은 위임계약관계이며, 위임의 내용에 따라 선량한 관리자의 주의의무를 다하여 업무를 처리하여야 한다(민법 제681조). 법 제27조는 임원의 구성, 임원의 선출 방법, 이사장 및 상임임원 제도, 보수 등에 대해 규율하고 있다.

Ⅱ. 조문의 내용 및 해설

1. 임원의 일반론

(1) 임원의 정수

조합은 정관에서 정하는 바에 따라 이사장 1명, 부이사장 1명을 포함하여 5명 이상 9명 이하의 이사와, 2명 또는 3명의 감사를 둔다(법 제27조 제1항). 임원 정수의 3분의 1 이내에서 비조합원을 임원으로 선출할 수 있도록 하여 경영의 전문성을 제고하고자 하였다(법 제27조 제2항, 표준정관 제45조 제7항).

(2) 임원의 선출

임원은 정관에서 정하는 바에 따라 총회에서 선출하되, 이사장을 포함한 임원의 3분의 2 이상은 조합원이어야 한다(법 제27조 제2항). 임원의 결원으로 인한 보궐선거의 경우에는 정관에서 따로 정하는 바에 따른다.

(3) 상임과 비상임 임원

신협의 임원은 비상근 명예직을 원칙으로 한다(법 제27조 제13항). 다만,

1998년 IMF 이후 조합의 구조조정이 본격화되면서 조합 부실에 대한 책임 주체가 명확할 필요가 있다는 요구에 따라, 2000년 신협법 개정으로 상임이사장 제도를 도입하였다. 2012년에는 이사장이 아닌 임원 중에서 경영을 전담하는 상임이사 제도를 도입하였다. 2018년에는 총자산 2,000억원 이상인 지역조합 또는 단체조합의 감사 중 1명을 상임으로 하는 상임감사 제도가 도입되었다. 상임임원은 조합 운영의 책임성과 투명성을 확보하기 위하여 자산규모 또는 재무구조 등을 고려하여 일정 규모 이상이거나 재무건전성 기준에 따라 의무적으로 두도록 규정하고 있다.

〈표〉 자산 규모에 따른 상임임원 선임 기준

자산	이사장 및 이사의 상임 여부
300억 이상 1,500억원 미만 지역조합 또는 단체조합	상임이사장 또는 상임이사 중 1명을 선택하여 선임 다만, 재무상태 개선조치를 요청받은 날부터 2년이 되는 날까지 그 재무상태 개선조치가 종료되지 아니한 조합은 이사장이 아닌 이사 1명만을 상임으로 함
1,500억원 이상	상임이사장 및 상임이사 둘다 선임 가능

2. 이사장

(1) 의 의

조합은 법인이므로 조합의 의사를 대표하는 대표기관이 필요하다. 이사회는 업무집행에 관한 의사결정을 하는 회의체이므로 업무집행에 대한 결정을 할 수 있으나, 회의체인 이사회가 직접 업무집행을 담당하거나 조합을 대표하는 것은 사실상 어렵다. 따라서 법은 이사장을 선임하여 이사장으로 하여금 조합의 업무를 집행하고 조합을 대표하게 하고 있다. 이사장은 조합의 업무를 대표하는 권한을 가지며(법 제27조 제4항), 조합의 필요적 상설기관이자 독립기관이다. 또한 이사장은 이사회의 구성원으로서 이사회의 의결에 참여하고 이로 인하여 조합의 의사결정과정과 업무집행의 기능이 상호 관련성을 가지게 된다. 이사장은 이사회의 의사에 따라 업무를 집행하고 이사회는 이사장의 업무집행을 효과적으로 감독하는 기능을 한다.

(2) 이사장과 조합의 관계

이사장과 조합과의 관계는 위임관계이므로, 민법상 위임에 관한 규정이 준용된다(법 제33조 제5항, 상법 제382조 제2항).[34] 이사장은 조합에 대하여 선량한 관리자의 주의로서 업무를 집행할 의무를 진다.

(3) 이사장의 선임

가. 선 임

조합의 이사장은 조합원 중에서 정관이 정하는 바에 따라 ① 조합원이 총회에서 선출하거나(법 제27조 제2항, 제24조 제1항 제3호), ② 총회 외에서 조합원의 투표로 선출하는 방법 중에서 선출한다(법 제26조의2 제1항 제2호). 조합원 투표로 이사장을 선출하는 경우 선거인(정관으로 정하는 바에 따라 선거권을 가진 자를 말한다) 과반수의 투표로써 다수 득표자를 당선인으로 결정한다(법 제26조의2 제2항 제2호). 위와 같은 방법으로 이사장을 선출하여 이사장의 청약과 선출자의 승낙으로 위임계약이 체결되는 것이며(민법 제680조), 이 계약에 의해 조합과 이사장의 관계는 위임 관계가 된다.

이사장 선거에 대하여는 법 제26조의2 제2항 제2호 및 제27조 제3항에도 불구하고 후보자등록마감시각에 등록된 후보자가 1명이거나 후보자등록마감 후 선거일의 투표마감시각까지 후보자가 사퇴·사망하거나 등록이 무효로 되어 후보자수가 1명이 된 때에는 투표를 실시하지 아니하고 선거일에 그 후보자를 당선인으로 결정한다(법 제27조의4). 이에 대해서는 법 제27조의4에서 자세히 다룬다.

나. 자 격

신협 이사장의 자격요건은 ① 조합원이며(법 제27조 제2항), ② 임원의 자격제한사유가 없어야 하고(법 제28조 제1항, 표준정관 제54조 제1항, 정관부속서임원

34) 상법 제382조(이사의 선임, 회사와의 관계 및 사외이사) ② 회사와 이사의 관계는 「민법」의 위임에 관한 규정을 준용한다.

선거규약 제8조 제1항), ③ 연임제한 규정에 위배되지 않아야 한다(법 31조 제1항). 이에 대해서는 법 제28조에서 자세히 다룬다.

다. 임 기

이사장의 임기는 4년으로 하며, 두 차례만 연임할 수 있다(법 제31조 제1항). 보궐선거로 선출된 임원의 임기는 전임자 임기의 남은 기간으로 한다(법 제31조 제2항). 이사장의 임기에 대해서는 법 제31조에서 자세히 다룬다.

라. 퇴 임

이사장은 조합원의 자격을 전제로 하므로 조합원의 자격을 잃으면 당연히 이사장의 자격을 상실한다(법 제27조 제2항, 제28조 제1항 제12호, 제2항, 표준정관 제54조 제1항 제8호, 제2항, 정관부속서 임원선거규약 제8조 제1항 제3호). 이사장은 위임의 일반적인 법정 종료 사유인 사망, 파산, 금치산 선고에 의해 퇴임하게 된다.

이사장은 언제든지 그 직을 사임할 수 있다. 이사장의 사임은 단독행위로서 조합에 대한 일방적인 의사표시에 의해 곧바로 효력이 발생하며, 조합의 승낙을 묻지 아니하고 변경등기가 없더라도 즉시 그 자격을 잃는다. 이사장에게 임원의 결격사유가 발생한 때에는 당연퇴직한다. 이 경우 면직 전에 관여한 행위는 이사장이 직무상 행한 행위가 소급적으로 무효가 됨으로써 법률관계의 안정성을 침해할 우려가 있으므로 그 효력을 상실하지 아니한다(법 제28조 제3항).

(4) 이사장의 결원

이사장이 부득이한 사유로 직무를 수행할 수 없을 때에는 부이사장, 정관에서 정하는 이사의 순서로 그 직무를 대행한다(법 제27조 제5항, 표준정관 제46조 제1항). 만일 직무대행자가 없거나 기타 다른 사유로 직무대행자를 선임할 수 없는 때에는 중앙회장이 임시임원을 선임하여 이사장의 직무를 대행하게 할 수 있다(표준정관 제46조 제2항).

(5) 이사장의 권한

이사장은 조합을 대표하는 기관이다. 대표는 대내적인 업무집행과 표리관계에 있으므로 이사장은 업무집행권도 갖는다. 이사장은 신협법과 정관에서 총회와 이사회의 권한으로 정한 이외의 중요하지 않은 일상적인 사항에 대해서는 독자적으로 업무집행의 의사결정을 할 수 있는 권한이 있다. 이사장은 조합의 활동에 관하여 재판상 또는 재판외의 모든 행위를 할 수 있는 대표권이 있으므로 업무집행에 필요한 일상적인 세부사항에 대한 결정권한의 위임이 이사장의 선임 결의시에 포함된 것으로 추정되기 때문이다. 실질적으로 조합의 위임전결에 관한 사항에 대해서는 '조합 위임전결규정' 별표(전결기준표)에 따른다.

이사장의 직무권한으로 신협법에서 규정하고 있는 사항으로 ① 결산보고서(사업보고서 · 재무상태표 · 손익계산서 및 잉여금처분안 또는 손실금처리안을 포함)의 작성(법 제24조 제1항 제4호), ② 정관, 총회와 이사회의 의사록, 조합원 명부 비치(법 제83조의5 제1항), ③ 결산보고서 제출 · 비치 · 승인(법 제47조 제4항), ④ 이사회 소집 및 이사회 의장(법 제35조 제1항), ⑤ 간부직원 임면(제30조 제4항), ⑥ 해산시 청산인(제57조 제1항) 등이 있다.

(6) 이사장의 보수

이사장의 보수란 이사장의 업무집행의 대가로서 지급되는 것을 의미하며, 급여 · 수당 · 퇴직 위로금 등의 명칭을 불문한다. 상임인 이사장의 보수는 중앙회장이 정하는 기준에 따라 총회에서 정한다(법 제27조 제12항). 상임 이사장의 보수는 기본보수와 성과보수를 합한 금액으로서, 직원의 보수, 직무의 곤란성 및 책임도를 감안하여 정한다(상임이사장 및 상임임원의 보수등에 관한 규정 제2조 제1호, 제3조). 상임이사장의 성과보수는 ① 평가연도말 기준 ROA 0.3% 이상 달성과 ② 평가항목 6개중 「ROA증대」를 포함한 4개 이상의 평가항목을 100%이상 달성한 경우에 지급한다(상임이사장 및 상임임원 성과보수 지급기준 제2조 별표 1). 다만, ROA 0.3% 미만의 경우에는 다른 평가항목의 목표를 모두 달성하더라도 성과보수 지급할 수 없으며, ROA 산출시 자산(토지, 건물)매각이익은 제외된다.

상임이 아닌 이사장은 정관으로 정하는 바에 따라 실비의 변상을 받을 수 있다(법 제27조 제13항). 표준정관 제57조에 따르면, 상임이사장과 상임임원을 제외한 임원은 명예직으로 하며, 조합 업무수행을 위한 여비등 실비는 조합 표준규정에서 정한 지급기준과 방법에 의하여 이를 지급할 수 있다(표준정관 제57조). 이에 따라 '비상임임원 실비지급 및 재해보상 등에 관한 규정'(이하 '비상임임원 실비등규정')이 마련되어 있다.

비상임 이사장에 대한 실비는 ① 조합 업무처리를 위하여 조합에 출무한 때, ② 조합의 총회 또는 이사회에 출석한 때, ③ 신협중앙회, 지역협의회, 지역평의회에서 시행하는 회의나 교육 등에 참석한 때, ④ 여신심의위원회 등 제위원회에 참석한 때, ⑤ 조합 업무처리를 위하여 출장을 가는 경우 등에 지급할 수 있다(비상임임원실비등규정 제4조). 비상임이사장이 조합과 조합원의 권익증진을 위해 대내외 경영활동을 하는 것에 대하여는 경영활동비를 지급할 수 있다(비상임임원실비등규정 제4조 제2항). 실비에 대한 지급금액은 비상임임원실비지급및재해보상등에관한규정 별표1의 범위 내에서 이사회가 정하며, 비상임임원 간 지급금액을 차등하여 정할 수 없다. 다만, 비상임이사장에 대해서는 기준금액의 10% 범위 내에서 상향하여 정할 수 있다(비상임임원실비등규정 제6조 제1항).

3. 상임이사

(1) 의 의

상임이사는 조합의 신용사업 및 조합원을 위한 공제사업, 그에 부대하는 사업을 전담하여 처리한다(표준정관 46조의2 제1항). 상임이사 제도는 이사장이 아닌 임원이 경영을 전담하게 함으로써, 조합 경영의 전문성을 향상시키고 지배구조를 건전하게 하기 위하여 도입되었다.

(2) 상임이사의 선임

가. 선 임

상임이사는 조합 이사회를 거쳐 총회에서 선출된다(법 제27조 제9항). 조합 이사회는 선거공고일 전 3일까지 상임이사 후보자를 결정하여야 한다(임원선거관리지침 제1조의2 제1항). 다만, 상임이사의 보궐선거 등으로 선관위가 설치되지 않는 경우에는 총회개최전까지 후보자를 결정하여야 한다(임원선거관리지침 제1조의2 제1항).

나. 자 격

상임이사의 자격요건은 ① 임원의 자격 제한사유가 없어야 하고(법 제28조 제1항, 표준정관 제54조 제1항, 정관부속서임원선거규약 제8조 제1항), ② 법 시행령에서 정하는 선임 요건(조합 또는 중앙회에서 상근직으로 10년 이상 근무한 경력이 있는 사람, 금융 관련 국가기관, 연구기관 또는 교육기관에서 상근직으로 10년 이상 근무한 경력이 있는 사람, 금융감독원 또는 「금융위원회의 설치 등에 관한 법률」 제38조에 따른 검사 대상기관에서 금융 관련 업무에 상근직으로 10년 이상 근무한 경력이 있는 사람) 중 어느 하나에 해당하여야 한다(법 시행령 제14조의3 제1호부터 제3호까지).

(3) 상임이사의 결원

상임이사가 궐위·구금되거나 의료법에 따른 의료기관에 입원한 경우 등 부득이한 사유로 직무를 수행할 수 없는 때에는 이사회가 정한 순서에 따른 간부직원이 상임이사의 직무를 대행한다(표준정관 제46조의2 제2항).

(4) 상임이사의 권한

가. 업무전담처리권

조합의 업무를 총괄하고 대표하는 자는 이사장이나(법 제27조 제4항), 신용사업과 공제사업에 대하여는 상임이사가 전담하여 업무를 처리한다(법 제27조 제7항). 이 경우 이사장은 상임이사가 소관 사업을 독립하여 수행할 수 있도록 권한의 위임 등 적절한 조치를 취하여야 한다(법 제27조 제7항). 상임이사의 업무전담처리 권한은 이사장의 업무총괄 권한 중에서 일부에 대하여는 법으로 위임받은 권리이기 때문에 상임이사는 그에 따른 경영책임을 부담한다. 신용사업과 공제사업은 신협의 핵심적인 업무에 속하므로 상임이사의 경영책임이 매우 중요하다고 볼 수 있다.

나. 직원 임면 협의권

조합의 모든 직원은 원칙적으로 이사장이 이사회의 승인을 얻어 임면한다. 다만, 이사장은 상임이사의 소관업무에 종사하는 직원의 임면에 대해서는 상임이사의 의견을 반영하기 위하여 상임이사와 사전에 협의하도록 규정하고 있다(표준정관 제59조 제3항).

다. 이사회 운영에 관한 권한

상임이사는 이사회의 구성원이므로 임원으로서 참석하여 발언하고 의결하는 이사회 참여권한이 있다(법 제27조 제4항). 이사회의 소집요구, 소집권, 의장직무대행권도 일반 임원과 동일하게 행사할 수 있다.

4. 상임감사

(1) 의 의

조합의 불법 대출 등 비리 문제의 근절대책의 일환으로 감사 기능을 강화할 필요가 대두되었고, 2017년 법 개정으로 일정한 자산규모 이상인 조합은 조합원이 아닌 상임감사 1명을 두도록 하여 감사기능을 통한 내부 감시체계를 강화하였다.[35] 참고로, 새마을금고는 2023년 11월 발표한 새마을금고 경영혁신자문위원회 '새마을금고 경영혁신방안'의 일환으로, 2025년 1월 새마을금고법 개정을 통해 대통령령으로 정하는 규모 이상인 지역금고에는 상근감사를 1명 두도록 의무화하였다.[36]

---

35) 전상수(수석전문위원), 신용협동조합법 일부개정법률안(민병두 의원 대표발의, 의안번호 제3060호) 검토보고서, 국회 정무위원회, 2017. 2, 3면.

〈표〉 상호금융기관 상근감사 관련 입법례

구분	특정 직능인 대상			모든 국민 대상	
	농협	수협	산림조합	신협	새마을금고
개별 조합·금고	1명 의무 (8천억원 이상 지역농협)	비의무	비의무	1명 의무 (2천억원 이상 지역·단체 조합)	1명 의무 (8천억원 이상 지역금고)

(2) 선 임

상임감사는 조합 이사회를 거쳐 총회에서 선출된다(법 제27조 제9항). 조합 이사회는 선거 공고일 전 3일까지 상임감사 후보자를 결정하여야 한다(임원선거관리지침 제1조의2 제1항 본문). 다만, 상임이사 또는 상임감사의 보궐선거 등으로 선관위가 설치되지 않는 경우에는 총회 개최 전까지 후보자를 결정하여야 한다(임원선거관리지침 제1조의2 제1항 단서).

(3) 자 격

상임감사의 자격요건은 ① 조합원이 아니어야 하며(법 제27조 제8항), ② 임원의 자격 제한사유가 없어야 하고(법 제28조 제1항, 표준정관 제54조 제1항, 정관부속서임원선거규약 제8조 제1항), ③ 법 시행령에서 정하는 선임 요건(조합 또는 중앙회에서 상근직으로 10년 이상 근무한 경력이 있는 사람, 금융 관련 국가기관, 연구기관 또는 교육기관에서 상근직으로 10년 이상 근무한 경력이 있는 사람, 금융감독원 또는 금융위원회설치법 제38조에 따른 검사 대상기관에서 금융 관련 업무에 상근직으로 10년 이상 근무한 경력이 있는 사람) 중 어느 하나에 해당하여야 한다(법 시행령 제14조의3 제1호부터 제3호까지).

---

36) 새마을금고는 1983년 새마을금고법 제정 당시 원칙적으로 금고의 임원을 비상근·무보수 명예직으로 하되, 일정 규모 이상의 금고에만 상근임원을 둘 수 있도록 하였으나, 금고 운영의 전문성 확보를 위하여 2005년부터는 일정 규모 이상의 금고에 대하여 상근임원을 의무적으로 두도록 하고 있었다. 이후 적용 기준에 대한 일부 개정 등을 거쳐, 자산 규모 500억원 이상인 금고에 1~3명 이상의 상근임원(상근이사장, 상근이사 또는 상근감사)을 둘 수 있도록 하되(법 제18조 제2항 및 시행령 제7조), 500억원 이상인 "지역금고"에는 상근이사장 또는 상근이사를 반드시 1명 두도록 의무화하였다. 다만, 상근감사에 대해서는 의무적으로 선임할 필요는 없었으나, 2025년 1월 새마을금고법 개정으로 자산이 8,000억원 이상(새마을금고법 시행령 제8조의2)인 지역금고에 상근감사 1명을 두도록 의무화하였다[유상조(수석전문위원), 새마을금고법 일부개정법률안(박성민 의원 대표발의, 의안번호 제2201692호 등) 검토보고서, 국회 행정안전위원회, 2024. 11., 92-94면].

(4) 권 한

상임감사는 조합 감사로서의 권한을 가진다. 감사의 임무에 대해서는 법 제37조에서 자세히 다룬다. 이와 별개로 상임감사의 임무에 대해서는 '조합 감사규정'에서 명시하고 있다. 조합 감사규정에 의하면, 감사실장이 없는 조합의 상임감사는 조합 중요업무에 대한 사전 점검을 실시하고, 거래의 중요항목들에 대해서는 매월말 기준으로 점검하여야 한다(조합 감사규정 제7조의2 제1항). 상임감사의 사전점검 및 월별점검 업무의 대상 및 방법 등은 표준업무방법서 제8조[37]의 감사실장의 업무를 준용한다(조합 감사규정 제7조의2 제2항). 감사실장이

---

37) **표준업무방법서 제8조(감사실장의 업무 등)** ① 감사실장은 다음 각 호의 사항에 대하여 제6조 제2항 제2호에 따라 사전점검을 실시하고 필요한 경우 의견서를 붙일 수 있다.
1. 정관, 규약, 규정, 세칙, 예규 등의 제정 및 개폐에 관한 사항
2. 총회, 이사회, 제위원회(임원)의 부의사항
3. (비)업무용 부동산의 취득·처분에 관한 사항
4. 계약(건당 5백만원 이상)의 체결 및 주요 계약내용의 변경에 관한 사항
5. 업무취급과 관련된 대외적인 광고행위가 수반되는 사항
6. 대출채권의 매각에 관한 사항
7. 자본예산의 집행에 관한 사항
8. 대손처리에 관한 사항
9. 감독기관에 제출하는 중요한 자료나 문서(일반통계 및 회계, 재무관련 보고서는 제외)에 관한 사항
10. 가지급금의 지급(1백만원 초과)에 관한 사항
11. 기타 이사장(상임감사를 둔 조합은 상임감사)이 필요하다고 인정하는 사항

② 제1항의 사전점검은 최종결재자의 결재를 받기 전에 실시하여야 한다. 다만, 출장, 휴가, 교육 등으로 불가피한 경우에는 사후에 관련사항을 점검할 수 있다.
③ 감사실장은 제1항의 사전점검을 실시하고 별지 제7호서식에 의한 사전점검관리부를 작성하여야 하며, 필요시 관련자료의 사본을 받아서 보관한다.
④ 제6조 제2항 제2호에 따른 사후점검에 관한 사항은 「신협 금융사고 예방 및 관리지침」에서 정한 방법을 따른다.
⑤ 직전 사업연도 평균잔액으로 계산한 총자산이 1,500억원 이상인 조합의 감사실장은 제6조 제2항 외에 다른 업무를 수행할 수 없다.
⑥ 직전 사업연도 평균잔액으로 계산한 총자산이 1,500억원 미만인 조합의 감사실장은 다음 각 호의 업무를 수행할 수 없다.
1. 여신업무
2. 수신업무
3. 출납업무
4. 집금업무
5. 여유자금 운용 업무
6. 제1호부터 제5호까지의 업무와 관련한 전표처리

⑦ 제5항 및 제6항에도 불구하고 일반신자를 공동유대로 하지 아니하는 종교단체조합의 감사실장은 다음 각 호의 업무를 수행할 수 없다.

있는 조합의 상임감사는 감사실장이 제1항의 업무를 점검하도록 하고 그 결과를 검토하여 업무의 적정성을 평가하여야 한다(조합 감사규정 제7조의2 제3항).

상임감사는 제7조의2에 따른 업무 수행중 위법·부당한 사항을 발견한 경우에는 지체없이 부문감사를 실시하는 등 필요한 조치를 취하여야 한다(조합 감사규정 제7조의3 제1항). 상임감사는 제7조의2에 따른 점검업무 등을 포함한 주요활동 내용을 분기별 감사보고서에 반영하여 이사회에 보고하여야 한다(조합 감사규정 제7조의3 제2항).

Ⅲ. 관련 해석례

금융위원회 – 상임감사 선출 관련 법령해석 요청 [170472, 2018. 1. 9.]

1. 질의요지

신협에서 '18.4.19. 이후 비상임감사 중 1명이 사임할 경우 보궐선거를 통해 선출하는 감사는 상임감사여야 하는지 비상임감사를 선출해도 되는지 여부(개정 신협법 제27조 및 동법 시행령 제14조의2 제5항, 신협 표준정관 제52조 관련)

2. 회답

자산총액 2천억원 이상 조합의 비상임감사가 '18.4.19. 이후 임기 만료 전 사임하는 경우, 차기 감사 선출 시에는 개정 신협법(법률 제14824호로 2017. 4. 18. 일부개정된 것) 및 동법 시행령(대통령령 제28390호로 2017. 10. 17. 일부개정된 것)에 따라 상임감사를 선출하는 것이 입법취지에 비춰 타당하다고 판단됩니다.

3. 이유

□ 비상임감사가 개정 신협법령의 시행일('18.4.19.) 이후 사임할 경우 차기 감사 선임(개정 신협법 제27조 및 같은 법 시행령 제14조의2 제5항 관련)

---

1. 여신업무
2. 출납업무
3. 집금업무
4. 제1호부터 제3호까지의 업무와 관련한 전표처리

○ 개정 신협법(이하 '개정 신협법') 제27조 제8항 및 같은 법 시행령 제14조 제5항에서는 총자산 2천억원 이상인 지역조합 및 단체조합에 대해 감사 중 1명의 상임감사 선임을 의무화 하였으며('18.4.19. 시행), 같은 법 부칙 제2조를 통해 동 개정규정 시행 이후 감사를 선출하는 경우*부터 적용한다고 명시하고 있습니다.

* 상임감사 선임 의무조합 요건에 해당하게 된 후 최초로 소집되는 감사 선임을 위한 총회에서 (상임)감사 선임(개정 신협법 시행령 제14조의2 제5항)

○ 따라서 (상임감사 선임 의무조합 요건에 해당되는 조합에서) 동 개정규정 시행 이전에 비상임으로 선임되었던 감사가 시행일 이후 사임하였을 경우에는, 후임자 선출시 동법상의 의무에 따라 상임감사 1인을 선임하는 것이 타당합니다.

□ 감사가 사임할 경우 후임자는 잔여 임기동안 전임자의 상임여부를 반드시 승계해야 하는지 여부(신협 표준정관 제52조 관련)

○ 감사가 사임한 경우 전임자의 상임 여부가 후임자에게 반드시 승계되어야 할 법적 근거나 논리는 없습니다. - 신협 표준정관 제52조(비상임임원 보궐선거)는 후임을 비상임으로 선출할 경우에 절차의 편의성을 고려한 조항에 불과한 바, 동 조항을 근거로 개정 신협법령상 규정된 상임감사 선임 의무가 배제된다고 해석할 수 없습니다.

Ⅳ. 관련 판례

대법원 2015. 12. 23. 선고 2014다14320 판결 [선거무효확인]

"신용협동조합은 조합원들이 자신들의 이익을 옹호하기 위하여 자주적으로 결성한 임의단체로서 그 내부 운영에 있어서 조합 정관 및 다수결에 의한 자치가 보장되므로, 신용협동조합이 자체적으로 마련한 임원선거규약은 일종의 자치적 법규범으로서 신용협동조합 및 조합 정관과 더불어 국가 법질서 내에서 법적 효력을 가진다 할 것이다(대법원 1999. 10. 22. 선고 99다35225 판결 등 참조). 원심판결 이유 및 기록에 의하면, ① 피고의 정관부속서임원선거규약(이하 '임원선거규약'이라 한다) 제20조 제2항은 '후보자가 되고자 하는 자는 후보자등록 마감시각까지 별표의 구비서류를 갖추어 본인이 등록하여야 한다'고 규정하고 있고, 그 구비서류로 별지 〈제4호 서식〉 임원입후보추천서(이하 '추천서'라 한다)를 두고 있는 사실, ② 임원선거규약 제19조 제1항 제1호는 '이사장후보자로 입후보하고자 하는 자는 30인 이상 50인 이하 선거인의 추천을 받아야 한다'고 규정하고 있고, 위 추천서 양식에는 추천인으로 하여금 "인(서명)"을 하도록 되어 있는 사실, ③ 원고는 피고의 선거관리위원회로부터 위 추천서 양식을 교부받은 다음, 그 추천서에 일부 추천인들로부터 날인 또는 서명을 직접 받거나 원고 또는 제3자가 일부 추천인들의 조합원번호, 성명, 추천 연월일을 대필하고 그 서명까지 대행한 후 이를 다른 구비서류와 함께 피고의 선거관리위원회에 접수하여 원고가 피고의 이사장 후보자로 등록된 사실, ④ 원고가 제출한 추천서의 추천인 총 45명 중 2명(소외 1, 소외 2)은 추천인 자격이 없고, 적어도 19명(소외 3 등)은 위 추천인들이 직접 서명한 것이 아니라 원고 또는 제3자가 그 서명을 대행한 사실을 알 수 있다.

위와 같이 임원선거규약의 별지 추천서 양식에서는 추천인으로 하여금 '인(서명)', 즉 날인 또는 서명을 하도록 정하고 있는데, 이러한 추천서 양식의 내용은 피고의 자치적 법규범인 임원선거규약의 일부에 포함된다 할 것이고, 임원선거규약이 추천서에 추천인의 날인 또는 서명을 요구하는 것은 부정한 방법에 의한 추천서 작성을 방지하여 추천의 진정성과 투명성을 확보하고 궁극적으로 선거의 신뢰성과 공정성을 도모하기 위한 것인 점을 고려하면, 피고의 임원선거규약이 추천인의 자필을 요구하거나 추천인 본인임을 확인할 수 있는 서류를 첨부하여야 한다는 등 별도의 규정을 두고 있지 않다 하더라도, 추천인은 원칙적으로 추천서 양식에서 정한 바와 같이 추천서에 직접 날인 또는 무인을 하거나 서명을 하여야 하고, 다만 추천인의 인장을 날인하는 경우에는 추천인의 허락 아래 후보자 또는 제3자가 그 날인을 대행할 수 있다 할 것이나, 서명은 본인 고유의 필체로 자신의 이름을 직접 기재하는 것을 뜻하므로 추천인의 서명을 후보자 또는 제3자가 대행하는 것까지 허용되는 것은 아니라고 봄이 타당하다.

그렇다면 앞서 본 바와 같이 원고 또는 제3자가 서명을 대행한 최소 19인의 추천서는 적법한 추천서라 할 수 없고, 2인은 추천인 자격이 없어, 이들을 제외한 나머지 추천인은 최대 24명에 불과하므로, 원고의 후보등록은 피고의 임원선거규약 제19조 제1항 제1호에서 정한 추천인의 정족수에 미달한다 할 것이다.

원심의 판시에 다소 부적절한 부분이 없지 아니하나, 원고의 후보등록은 추천인의 정족수를 충족하지 못한 결격사유가 있다고 본 원심의 결론은 정당하고, 거기에 상고이유 주장과 같이 논리와 경험의 법칙을 위반하여 자유심증주의의 한계를 벗어나거나, 피고의 임원선거규약 제19조, 제20조 제2항, 제21조에 관한 해석을 그르쳐 피고의 임원선거에서의 후보자 추천방식에 관한 법리를 오해한 위법이 있다고 할 수 없다."

대구지방법원 2002. 4. 16. 선고 99가합21947, 2000가합6876 판결 [손해배상(기), 보증채무금]
"신용협동조합의 이사장은 신협에 대하여 사용종속관계에 있지 않기 때문에 신협 이사장을 피보증인으로 한 신원보증계약에 관하여 신원보증법의 각 규정을 그대로 적용할 수는 없지만, 계속적 보증의 책임 제한의 법리에 따라 일정한 경우에 신원보증법 제6조의 유추적용 또는 신의칙에 따라 이사장에 대한 신원보증인의 책임을 제한할 수 있다."

V. 관련 법령

법률	조문
새마을 금고법	제18조(임원의 선임 등) ① 금고의 임원으로 이사장 1명을 포함한 7명 이상 15명 이하의 이사와 3명 이하의 감사를 두며, 임원은 금고의 다른 직(職)을 겸할 수 없다. 〈개정 2021. 10. 19.〉 ② 금고의 자산 규모, 재무구조 등을 고려하여 대통령령으로 정하는 금고의 경우에는 정관으로 정하는 바에 따라 임원 중 1명 이상을 상근으로 할 수 있되, 상근하는 임원의 수는 이사장을 포함한 이사 중 2명, 감사 중 1명을 초과할 수 없다. 이 경우 상근하는 임원은 금고 업무에 대한 전문지식과 경험이 풍부한 사람으로서 대통령령으로 정하는 요건을 갖춘 사람 중에서 제4항부터 제9항까지에 따라 선임하거나 선출하여야 한다. 〈개정 2011. 3. 8., 2023. 4. 11.〉 ③ 제2항을 적용할 때 이사장이 상근하지 아니하는 지역금고의 경우에는 제4항에 따라 선임된 상근이사를 두어야 하고, 자산 규모 등이 대통령령으로 정하는 기준 이상에 해당하는 지역금고는 상근감사를 두어야 한다. 〈개정 2025. 1. 7.〉 ④ 제2항에 따라 상근하는 임원 중 이사장이 아닌 이사는 이사회의 추천을 받아 총회에서 선임한다. 〈개정 2023. 4. 11.〉 ⑤ 이사장은 회원 중에서 회원의 무기명 비밀투표로 직접 선출한다. 다만, 자산이 일정 규모 이하인 금고 등 대통령령으로 정하는 금고의 이사장은 회원의 투표로 직접 선출하는 방법, 총회에서 선출하는 방법 또는 대의원회에서 선출하는 방법 중 정관으로 정하는 방법을 택하여 선출할 수 있다. 〈개정 2021. 10. 19.〉 ⑥ 제5항에 따라 회원의 투표로 직접 선출하는 경우 투표의 방법·절차, 투표의 사전 통지 등에 필요한 사항은 정관으로 정한다. 〈신설 2021. 10. 19.〉 ⑦ 제5항에도 불구하고 이사장의 후보자가 1명인 경우에는 정관으로 따로 정하는 방법에 따라 이사장을 선출할 수 있다. 〈신설 2021. 10. 19.〉 ⑧ 이사장의 선출 방법에 따른 당선인의 결정은 다음 각 호에 따른다. 〈개정 2017. 12. 26., 2021. 10. 19., 2025. 1. 7.〉 1. 회원의 투표로 직접 선출하거나 총회에서 선출하는 경우에는 최다득표자를 당선인으로 결정한다. 다만, 최다득표자가 2명 이상인 때에는 연장자

<table>
<tr><td></td><td>를 당선인으로 결정한다.
2. 대의원회에서 선출하는 경우에는 과반수득표자를 당선인으로 결정한다. 다만, 과반수득표자가 없는 경우에는 1위와 2위의 다수득표자만을 후보자로 하여 다시 투표를 실시하여 최다득표자를 당선인으로 결정하되, 최다득표자가 2명 이상인 때에는 연장자를 당선인으로 결정한다.
⑨ 이사장을 제외한 임원은 총회에서 무기명 비밀투표로 선출하되, 다수득표자 순으로 임원의 정수에 해당하는 사람으로 한다. 다만, 이사장을 제외한 임원의 후보자가 각각 그 정수 이내일 경우에는 정관으로 따로 정하는 방법에 따라 선출할 수 있다. 〈신설 2017. 12. 26., 2021. 10. 19., 2025. 1. 7.〉
⑩ 금고의 임원은 명예직으로 한다. 다만, 제2항에 따라 상근하는 임원에게는 급여를 지급할 수 있다. 〈개정 2017. 12. 26., 2021. 10. 19.〉
⑪ 임원의 선임 방법과 절차 등에 관하여 이 법에서 정한 사항 외에 필요한 사항은 정관으로 정한다. 〈개정 2017. 12. 26., 2021. 10. 19.〉</td></tr>
<tr><td>새마을
금고법
시행령</td><td>제7조(상근임원) 법 제18조 제2항 전단에 따라 상근임원을 둘 수 있는 금고의 자산 규모, 재무구조 및 상근임원의 수는 다음 각 호와 같다. 이 경우 자산은 이사장을 선출하는 연도의 전전 사업연도의 결산보고서(법 제34조 제2항에 따라 정기총회의 승인을 받은 결산보고서를 말한다. 이하 제8조의2, 제8조의3 제1호 및 제10조의2에서 같다)에 적힌 자산총액을 기준으로 한다. 〈개정 2011. 9. 9., 2013. 3. 23., 2014. 11. 19., 2017. 7. 26., 2022. 4. 19., 2023. 10. 4., 2025. 6. 25.〉
1. 자산이 500억원 이상 2,000억원 미만인 금고로서 법 제79조 제6항에 따른 경영상태 평가 결과가 행정안전부장관이 정하는 기준을 충족하는 금고: 1명
2. 자산이 2,000억원 이상 5,000억원 미만인 금고로서 법 제79조 제6항에 따른 경영상태 평가 결과가 행정안전부장관이 정하는 기준을 충족하는 금고: 2명 이하
3. 자산이 5,000억원 이상인 금고로서 법 제79조 제6항에 따른 경영상태 평가 결과가 행정안전부장관이 정하는 기준을 충족하는 금고: 3명 이하
4. 자산이 8,000억원 이상인 지역금고로서 법 제79조 제6항에 따른 경영상태 평가 결과가 행정안전부장관이 정하는 기준을 충족하지 못하는 지역금고: 1명(상근감사로 한정한다)
제8조의2(상근감사를 두어야 하는 지역금고의 범위) 법 제18조 제3항에서 "대통령령으로 정하는 기준 이상에 해당하는 지역금고"란 이사장을 선출하는 연도의 전전 사업연도의 결산보고서에 적힌 자산총액이 8,000억원 이상인 지역금고를 말한다.
[본조신설 2025. 6. 25.]
[종전 제8조의2는 제8조의3으로 이동 〈2025. 6. 25.〉]
제8조의3(이사장 선출방법을 선택할 수 있는 금고의 범위) 법 제18조 제5항 단서에서 "자산이 일정 규모 이하인 금고 등 대통령령으로 정하는 금고"란 다음 각 호의 금고를 말한다. 〈개정 2025. 6. 25.〉
1. 이사장을 선출하는 연도의 전전 사업연도의 결산보고서에 적힌 자산총액이 2,000억원 미만인 지역금고
2. 지역금고 외의 금고
[본조신설 2022. 4. 19.]
[제8조의2에서 이동 〈2025. 6. 25.〉]</td></tr>
</table>

농업 협동조합법	**제45조(임원의 정수 및 선출)** ① 지역농협에 임원으로서 조합장 1명을 포함한 7명 이상 25명 이하의 이사와 2명의 감사를 두되, 그 정수는 정관으로 정한다. 이 경우 이사의 3분의 2 이상은 조합원이어야 하며, 자산 등 지역농협의 사업규모가 대통령령으로 정하는 기준 이상에 해당하는 경우에는 조합원이 아닌 이사를 1명 이상 두어야 한다. ② 지역농협은 정관으로 정하는 바에 따라 제1항에 따른 조합장을 포함한 이사 중 2명 이내를 상임(常任)으로 할 수 있다. 다만, 조합장을 비상임으로 운영하는 지역농협과 자산 등 사업규모가 대통령령으로 정하는 기준 이상에 해당하는 지역농협에는 조합원이 아닌 이사 중 1명 이상을 상임이사로 두어야 한다. 〈개정 2016. 12. 27.〉 ③ 지역농협은 정관으로 정하는 바에 따라 감사 중 1명을 상임으로 할 수 있다. 다만, 자산 등 사업규모가 대통령령으로 정하는 기준 이상에 해당하는 지역농협에는 조합원이 아닌 상임감사 1명을 두어야 한다. 〈신설 2016. 12. 27.〉 ④ 제2항 본문에도 불구하고 자산 등 지역농협의 사업규모가 대통령령으로 정하는 기준 이상에 해당하는 경우에는 조합장을 비상임으로 한다. 〈개정 2016. 12. 27.〉 ⑤ 조합장은 조합원 중에서 정관으로 정하는 바에 따라 다음 각 호의 어느 하나의 방법으로 선출한다. 〈개정 2016. 12. 27.〉 1. 조합원이 총회 또는 총회 외에서 투표로 직접 선출 2. 대의원회가 선출 3. 이사회가 이사 중에서 선출 ⑥ 조합장 외의 임원은 총회에서 선출한다. 다만, 상임이사 및 상임감사는 조합 업무에 대한 전문지식과 경험이 풍부한 사람으로서 대통령령으로 정하는 요건에 맞는 사람 중에서 인사추천위원회에서 추천된 사람을 총회에서 선출한다. 〈개정 2014. 12. 31., 2016. 12. 27.〉 ⑦ 상임인 임원을 제외한 지역농협의 임원은 명예직으로 한다. 〈개정 2016. 12. 27.〉 ⑧ 지역농협은 이사 정수의 5분의 1 이상을 여성조합원과 품목을 대표할 수 있는 조합원에게 배분되도록 노력하여야 한다. 다만, 여성조합원이 전체 조합원의 100분의 30 이상인 지역농협은 이사 중 1명 이상을 여성조합원 중에서 선출하여야 한다. 〈개정 2014. 12. 31., 2016. 12. 27.〉 ⑨ 지역농협의 조합장 선거에 입후보하기 위하여 임기 중 그 직을 그만 둔 지역농협의 이사 및 감사는 그 사직으로 인하여 실시사유가 확정된 보궐선거의 후보자가 될 수 없다. 〈신설 2011. 3. 31., 2016. 12. 27.〉 ⑩ 임원의 선출과 추천, 제6항에 따른 인사추천위원회 구성과 운영에 관하여 이 법에서 정한 사항 외에 필요한 사항은 정관으로 정한다. 〈개정 2011. 3. 31., 2016. 12. 27.〉 [전문개정 2009. 6. 9.]
수산업 협동조합법	**제46조(임원의 정수 및 선출)** ① 지구별수협에 임원으로 조합장을 포함한 7명 이상 11명 이하의 이사와 2명의 감사를 두되, 감사 중 1명은 대통령령으로 정하는 요건에 적합한 외부전문가 중에서 선출하여야 하며, 이사의 정수와 조합장의 상임이나 비상임 여부는 정관으로 정한다. 다만, 「수산업협동조합의 부실예방 및 구조개선에 관한 법률」 제9조에 따라 경영정상화 이행약정을 체결한 지구별수협이 2년 연속하여 그 경영정상화 이행약정을 이행하지

	못한 경우에는 해당 지구별수협의 조합장은 비상임으로 한다. 〈개정 2015. 2. 3., 2018. 12. 11., 2020. 2. 18.〉 ② 지구별수협은 제1항에 따른 이사 중 2명 이내의 상임이사를 두어야 하고, 상임이사 외에 조합원이 아닌 1명의 이사를 정관으로 정하는 바에 따라 둘 수 있으며, 감사 중 1명을 상임으로 할 수 있다. 다만, 자산 규모가 해양수산부령으로 정하는 기준에 미달하거나 신용사업을 수행하지 아니하는 경우에는 상임이사를 두지 아니할 수 있다. 〈개정 2013. 3. 23.〉 ③ 조합장은 조합원(법인인 경우에는 그 대표자를 말한다) 중에서 정관으로 정하는 바에 따라 다음 각 호의 어느 하나의 방법으로 선출한다. 1. 조합원이 총회 또는 총회 외에서 투표로 직접 선출 2. 대의원회의 선출 3. 이사회가 이사회 구성원 중에서 선출 ④ 조합장 외의 임원은 총회에서 선출한다. 다만, 상임이사와 상임이사 외의 조합원이 아닌 이사는 조합 업무에 관한 전문지식과 경험이 풍부한 사람으로서 대통령령으로 정하는 요건을 충족하는 사람 중에서 인사추천위원회에서 추천한 사람을 총회에서 선출한다. 〈개정 2016. 5. 29.〉 ⑤ 조합장(상임인 경우에만 해당한다), 상임이사 및 상임감사를 제외한 지구별수협의 임원은 명예직으로 하되, 정관으로 정하는 바에 따라 실비변상(實費辨償)을 받을 수 있다. ⑥ 지구별수협의 조합장선거에 입후보하기 위하여 임기 중 그 직을 그만둔 지구별수협의 이사 또는 감사는 그 사직으로 인하여 공석이 된 이사 또는 감사의 보궐선거의 후보자가 될 수 없다. 〈신설 2012. 2. 17.〉 ⑦ 임원의 선출과 추천, 제4항에 따른 인사추천위원회 구성과 운영에 관하여 이 법에서 정한 사항 외에 필요한 사항은 정관으로 정한다. 〈개정 2012. 2. 17.〉 ⑧ 지구별수협은 이사 정수의 5분의 1 이상을 여성조합원에게 배분되도록 노력하여야 한다. 다만, 여성조합원이 전체 조합원의 100분의 30 이상인 지구별수협은 이사 중 1명 이상을 여성조합원 중에서 선출하여야 한다. 〈개정 2012. 2. 17., 2014. 3. 18.〉 ⑨ 제1항의 감사 선출에서 조합이 도서지역에 있거나 영세하여 부득이하게 외부전문가 감사를 선출할 수 없는 경우 등 대통령령으로 정하는 경우에는 중앙회에서 외부전문가인 감사를 파견하거나 감사 선출과 관련한 재정적 지원을 할 수 있다. 〈신설 2015. 2. 3., 2020. 3. 24.〉 [전문개정 2010. 4. 12.]
산림조합법	**제35조(임원의 정수 및 선출)** ① 조합에 임원으로서 조합장 1명을 포함한 7명 이상 15명 이하의 이사와 2명의 감사를 두되, 그 정수는 정관으로 정한다. 이 경우 이사 중 2분의 1 이상은 조합원이어야 한다. ② 조합은 정관으로 정하는 바에 따라 제1항에 따른 조합장을 포함한 이사 중 2명 이내를 상임(常任)으로 할 수 있다. 다만, 자산 등 조합의 사업규모가 대통령령으로 정하는 기준 미만인 경우에는 조합장을 상임으로 하며, 조합장을 비상임으로 운영하는 조합의 경우에는 상임이사를 두어야 한다. 〈개정 2020. 3. 24.〉 ③ 제2항 본문에도 불구하고 자산 등 조합의 사업규모가 대통령령으로 정하는 기준 이상에 해당하는 경우에는 조합장을 비상임으로 한다. 〈신설 2020.

	3. 24.〉 ④ 조합장은 조합원 중에서 정관으로 정하는 바에 따라 다음 각 호의 어느 하나의 방법으로 선출한다. 〈개정 2020. 3. 24.〉 1. 조합원이 총회 또는 총회 외에서 직접투표로 선출 2. 대의원회에서 선출 ⑤ 조합장 외의 임원은 총회에서 선출한다. 다만, 상임이사는 조합업무에 대한 전문지식과 경험이 풍부한 사람으로서 대통령령으로 정하는 요건을 갖춘 사람 중에서 조합장이 이사회의 동의를 받아 추천한 사람을 총회에서 선출한다. 〈개정 2020. 3. 24.〉 ⑥ 상임인 임원을 제외한 조합의 임원은 명예직으로 한다. 〈개정 2020. 3. 24.〉 ⑦ 조합장 선거에 입후보하기 위하여 임기 중 그 직(職)을 그만둔 조합의 이사 및 감사는 그 사직으로 인하여 공석이 된 이사 또는 감사의 보궐선거의 후보자가 될 수 없다. 〈개정 2020. 3. 24.〉 ⑧ 지역조합은 이사 중 1명 이상을 여성조합원 중에서 선출하도록 노력하여야 한다. 다만, 여성조합원이 전체 조합원의 100분의 30 이상인 지역조합은 이사 중 1명 이상을 여성조합원 중에서 선출하여야 한다. 〈신설 2014. 3. 18., 2020. 3. 24.〉 ⑨ 임원의 선출 및 추천에 관하여 이 법에서 정한 사항 외에 필요한 사항은 정관으로 정한다. 〈개정 2014. 3. 18., 2020. 3. 24.〉 [전문개정 2013. 4. 5.]

제27조의2(임원의 선거운동 제한)

제27조의2(임원의 선거운동 제한) ① 누구든지 자기 또는 특정인을 조합의 임원으로 당선되게 하거나 당선되지 못하게 할 목적으로 다음 각 호의 어느 하나에 해당하는 행위를 할 수 없다.

1. 조합원(공동유대에 소속된 자로서 선거인이 될 수 있는 자를 포함한다. 이하 이 조에서 같다)이나 그 가족(조합원의 배우자, 조합원 또는 그 배우자의 직계존속·비속과 형제자매, 조합원의 직계존속·비속 및 형제자매의 배우자를 말한다. 이하 같다) 또는 조합원이나 그 가족이 설립·운영하고 있는 기관·단체·시설에 대하여 금전·물품·향응, 그 밖의 재산상의 이익이나 공사(公私)의 직(職)을 제공 또는 제공의 의사표시를 하거나 그 제공을 약속하는 행위
2. 후보자가 되지 못하게 하거나 후보자를 사퇴하게 할 목적으로 후보자가 되려는 사람이나 후보자에게 제1호에 규정된 행위를 하는 경우
3. 제1호 또는 제2호에 규정된 이익이나 직을 제공받거나 그 제공의 의사표시를 승낙하는 행위

② 누구든지 임원 선거와 관련하여 다음 각 호의 방법 외의 선거운동을 할 수 없다. 다만, 선거에 관한 단순한 의견개진, 의사표시, 입후보와 선거운동을 위한 준비행위 또는 통상적인 업무행위는 선거운동으로 보지 아니한다.

1. 선전 벽보의 부착
2. 선거 공보의 배부
3. 합동 연설회 또는 공개 토론회의 개최
4. 전화(문자메시지를 포함한다) 또는 컴퓨터 통신(전자우편을 포함한다)을 이용한 지지 호소
5. 도로·시장 등 금융위원회가 정하여 고시하는 다수인이 왕래하거나 집합하는 공개된 장소에서의 지지 호소 및 명함 배부

③ 제2항에 따른 선거운동은 후보자등록마감일의 다음날부터 선거일 전일까지만 할 수 있다. 다만, 조합의 이사장을 선출하는 경우로서 후보자가 선거일에 자신의 소견을 발표하는 때에는 그러하지 아니하다. 〈개정 2020. 12. 29.〉

④ 제2항에 따른 선거운동 방법 등에 관한 세부적인 사항은 총리령으로 정한다. 〈개정 2020. 12. 29.〉

[전문개정 2015. 1. 20.]

Ⅰ. 조문의 취지와 의의

법 제27조의2는 이사장 선거 등 신협 임원선거에서 선거운동 방법에 대해

규율하고 있다. 선거의 과열을 방지하고 후보자간에 기회를 공정하게 부여하기 위해서는 선거운동에 대한 규제가 필수적이다. 따라서 법에는 어떠한 행위가 선거운동에 해당하고 어떠한 행위가 선거운동에 해당하지 않는지 여부에 대해 규정하고 있다. 선거운동에 관한 정의는 조합 선거에 있어 핵심적인 개념으로 선거운동의 주체, 방법, 시기 등을 제한하거나 금지하며, 이를 위반할 경우 형사처벌의 대상이 되므로 명확성 원칙에 따라 어떠한 행위가 선거운동에 해당하는지 여부를 수범자가 쉽게 이해할 수 있도록 정의되어야 한다.

한편, 2023년 신협법 및 2025년 위탁선거법 개정에 따라 총 자산 1천억원 이상의 지역조합원 이사장 선거는 의무적으로 중앙선거관리위원회에 선거관리를 위탁하여야 한다. 의무위탁 선거의 경우 위탁선거법 제5조에 따라 위탁선거법이 우선하여 적용되므로, 임원의 선거 운동 제한에 관한 사항은 위탁선거법의 규율을 받는다(위탁선거법의 주요 내용과 규제 사항에 대해서는 법 제27조의3, 법 제72조 부분 참고).

Ⅱ. 조문의 내용 및 해설

1. 선거운동의 정의

신협법상 선거운동이란 자기 또는 특정인을 조합의 임원으로 당선되게 하거나 당선되지 못하도록 하기 위한 행위를 말한다(법 제27조의2 제1항). 다만, 선거에 관한 단순한 의견개진, 의사표시, 입후보와 선거운동을 위한 준비행위 또는 통상적인 업무행위는 선거운동으로 보지 아니한다(법 제27조의2 제2항 단서). 따라서 선거운동이 되기 위해서는 특정선거에 관한 행위여야 하고, 특정후보자를 위하여 하는 행위로서, 당선 또는 낙선에 직·간접적으로 필요하거나 유리한 행위로서 자신이 당선되거나 다른 사람이 당선되게 하거나 당선되지 못하도록 하는 행위 등의 요건을 갖추어야 한다.

2. 선거운동의 주체

조합 이사장 선거등 신협의 임원 선거에서 선거운동을 할 수 있는 사람은 오로지 후보자 본인에 한정된다(법 제27조의2 제4항, 시행규칙 제4조 별표). 법 시행규칙 제4조 별표에 따라 선거운동 방법에 관한 세부사항에는 선거벽보의 부착, 선거공보의 배부 등을 할 수 있는 주체를 "선거운동을 하려는 후보자"로 한정하고 있다. 이와 같이 선거운동을 할 수 있는 사람을 후보자로 한정한 것은 소수의 선거인이 간접 선거 방식으로 단체의 대표자를 선출하던 시대의 유물이며, 선거운동의 자유를 확대하기 위해서는 일부 선거운동의 주체를 확대할 필요가 있다는 견해가 있다.[38)]

3. 선거운동의 제한

누구든지 자기 또는 특정인을 조합의 임원으로 당선되게 하거나 당선되지 못하게 할 목적으로 ① 조합원이나 그 가족 또는 조합원이나 그 가족이 설립·운영하고 있는 기관·단체·시설에 대하여 금전·물품·향응, 그 밖의 재산상의 이익이나 공사(公私)의 직(職)을 제공 또는 제공의 의사표시를 하거나 그 제공을 약속하는 행위(법 제27조의2 제1항 제1호), ② 후보자가 되지 못하게 하거나 후보자를 사퇴하게 할 목적으로 후보자가 되려는 사람이나 후보자에게 법 제27조의2 제1항 제1호에 규정된 행위를 하는 경우(제2호), ③ 법 제27조의 2 제1항 제1호 또는 제2호에 규정된 이익이나 직을 제공받거나 그 제공의 의사표시를 승낙하는 행위를 할 수 없다(제3호).

4. 선거운동의 방법

(1) 선전벽보의 부착

법 제27조의2 제2항 제1호에 따라 선전 벽보의 부착을 통해 선거운동을 하려는 후보자는 다음의 기준에 따른 선전 벽보 1종을 작성하여 법 제27조의3의 조합선거관리위원회(법 제27조의3 제2항에 따라 임원 선거의 관리를 「선거관리위원회법」에 따른 구·시·군선거관리위원회에 위탁한 경우에는 구·시·군선거관리위원회를 말하며, 이하 "위원회"라 한다)에 후보자등록마감일 후 3일까지 제출해야 한

38) 신우용, MG새마을금고 선거론, 박영사, 2023, 193~194면.

다. 이 경우 위원회는 투표구별로 제출할 매수와 장소를 정하여 그 지정 장소에 제출하게 할 수 있다. 선전 벽보의 규격은 크기(길이 53센티미터, 너비 38센티미터), 무게(제곱미터당 100그램 이내), 색도(제한 없음)의 제한을 받으며, 선전 벽보에는 후보자의 기호 · 사진 · 성명 · 학력 · 주요경력 및 선거공약만 게재한다. 이 경우 학력 게재에 관하여는 「공직선거법」(이하 '공직선거법') 제64조 제1항에 따른다.

위원회는 제출된 선전 벽보를 확인한 후 선전 벽보의 제출마감일 후 2일까지 선거인의 통행이 많은 곳으로서 통행인이 보기 쉬운 건물 또는 게시판 등에 부착하되, ① 후보자가 선전 벽보의 제출마감일까지 선전 벽보를 제출하지 않은 경우, ② 후보자가 규격에 맞지 않는 선전 벽보를 제출한 경우에는 부착하지 않는다.

후보자는 제출한 선전 벽보를 정정하거나 철회할 수 없다. 다만, 선전 벽보의 제출마감일까지는 법령 또는 정관에 위반되는 사항이 있음을 이유로 해당 사항을 정정하거나 철회할 수 있다. 위원회는 후보자가 되려는 자 또는 후보자에게 선전 벽보에 관한 사항을 사전에 검토받도록 안내할 수 있으며, 그 검토 결과 법령 또는 정관에 위반되는 사항이 있는 경우에는 관련 이유를 제시한 후 수정하여 작성 · 제출하게 할 수 있다. 위원회는 후보자가 제출할 선전 벽보의 수량 및 제출마감시간을 선거일을 공고할 때 함께 공고해야 한다. 선전 벽보의 작성비용은 후보자가 부담한다.

(2) 선거공보의 배부

법 제27조의2 제2항 제2호에 따라 선거 공보의 배부를 통해 선거운동을 하려는 후보자는 다음의 기준에 따른 선거 공보 1종을 작성하여 후보자등록마감일 후 3일까지 위원회에 제출해야 한다. 선거 공보의 규격 및 매수 크기(길이 29.7센티미터, 너비 21센티미터 이내), 매수(1매, 이 경우 양면에 모두 작성할 수 있다), 무게(제곱미터당 100그램 이내), 색도(제한 없음)의 제한을 받는다. 선거 공보에는 후보자의 기호 · 사진 · 성명 · 학력 · 주요경력 및 선거공약만 게재한다. 이 경우 학력 게재에 관하여는 공직선거법 제64조 제1항에 따른다.

위원회는 제출된 선거 공보를 확인한 후 선거일 전 5일까지 선거인에게 발송하되, 투표안내문과 동봉하여 발송할 수 있다. 다만, 후보자가 후보자등록마감일 후 3일까지 선거 공보를 제출하지 않거나 선거 공보의 규격에 맞지 않는 선거 공보를 제출한 경우에는 발송하지 않는다. 선거 공보의 정정·철회, 수정작성·제출, 선거 공보의 작성비용 부담 등에 관하여는 선거벽보의 부착에 관한 규정을 준용한다. 이 경우 "선전 벽보"는 "선거 공보"로 본다.

조합의 이사장이 아닌 임원 선거에 관하여는 후보자로 하여금 사진 및 선거공보 전산원고를 후보자등록마감일 후 3일까지 제출하게 한 후 각 후보자의 기호 순으로 선거 공보를 작성하여 선거일전 5일까지 투표안내문과 동봉하여 선거인에게 발송할 수 있다. 이 경우 선거 공보 전산원고의 제출마감시간은 선거일을 공고할 때 함께 공고하며, 선거 공보의 작성비용은 조합(조합 임원 선거로 한정한다)이 부담한다.

(3) 합동연설회 또는 공개 토론회의 개최

위원회는 후보자등록마감 후 후보자와 협의하여 적당한 일시와 장소를 정한 후 법 제27조의2 제2항 제3호에 따른 합동 연설회 또는 공개 토론회를 1회 개최한다. 위원회는 합동 연설회 또는 공개 토론회의 일시 및 장소 등을 개최일 전 2일까지 공고하고, 후보자에게 통지한다. 합동 연설회에서의 연설 순서는 연설 당일 추첨에 따라 결정하고, 연설시간은 30분의 범위에서 균등하게 배정해야 한다. 이 경우 위원회의 위원장은 연설 순서 추첨 시각까지 후보자가 참석하지 않을 때에는 그 후보자를 대리하여 연설 순서를 추첨할 수 있다. 공개 토론회는 후보자가 사회자의 주관 하에 조합운영에 관한 소견을 발표하거나 사회자를 통하여 참석자의 질문에 답변하는 방식으로 진행한다. 이 경우 사회자는 질문 및 답변의 횟수와 시간을 모든 후보자에게 공정하게 해야 한다.

후보자가 합동 연설회의 본인 연설 순서 시각까지 또는 공개 토론회의 개시 시각까지 참석하지 않을 때에는 연설 또는 토론을 포기한 것으로 본다. 위원회의 위원장, 위원회의 위원장이 미리 지명한 위원 또는 위원회가 미리 지명한 관리자는 합동 연설회 또는 공개 토론회에서 후보자가 법령 또는 정관에 위반되는 연설이나 발언을 할 때에는 이를 제지할 수 있으며, 후보자가 이에 불응할 때에는 연설이나 발언의 중지 또는 그 밖의 필요한 조치를 취할 수 있다. 위원회의 위원장, 위원회의 위원장이 미리 지명한 위원 또는 위원회가 미리 지명한 관리자는 합동 연설회장 또는 공개 토론회장에서 연설이나 발언을 방해하거나 질서를 문란하게 하는 자가 있을 때에는 이를 제지할 수 있으며, 이에 불응할 때에는 합동 연설회장 또는 공개 토론회장 밖으로 퇴장시킬 수 있다.

(4) 전화 또는 컴퓨터 통신을 이용한 지지호소

법 제27조의2 제2항 제4호에 따라 전화 또는 컴퓨터 통신을 이용해 선거운동을 하려는 후보자는 후보자등록마감일의 다음 날부터 선거일 전일까지 다음의 방법으로 선거운동을 할 수 있다. 첫째, 전화를 이용해 직접 통화하는 방식으로 선거운동을 하는 방법이다. 이 경우 해당 선거운동은 오후 10시부터 다음 날 오전 7시까지는 할 수 없다. 둘째, 문자메시지(문자 외의 음성·화상·동영상 등은 제외한다. 이하 같다)를 이용해 선거운동정보를 전송하는 방식이다. 이와 같은 방식으로 선거운동을 하는 경우 해당 선거운동은 오후 10시부터 다음 날 오전 7시까지는 할 수 없다. 셋째, 조합(조합의 임원선거로 한정한다)이 개설·운영하는 인터넷 홈페이지의 게시판 또는 대화방에 선거운동정보를 게시하는 방식으로 선거운동을 하는 방법이다. 넷째, 컴퓨터 통신을 이용해 전자우편 또는 사회관계망서비스(SNS)로 선거운동정보를 전송하는 방식으로 선거운동을 하는 방법이다.

위원회는 법령 또는 정관에 위반되는 정보가 조합 인터넷 홈페이지의 게시판 또는 대화방에 게시된 경우 그 관리·운영자에게 해당 정보의 삭제를 요청할 수 있으며, 그 요청을 받은 인터넷 홈페이지 관리·운영자는 지체 없이 이에 따른다. 만일 위 방식에 따라 법령 또는 정관에 위반되는 정보가 삭제된 경우 해당 정보를 게시한 후보자는 그 정보가 삭제된 날부터 3일 이내에 위원회에 서면으로 이의신청을 할 수 있다. 위원회는 동 이의신청을 받은 때에는 인용하거나, 기각, 각하(이의신청 기간을 경과한 경우)할 수 있다. 이의신청이 이유있다고 인정할 때에는 해당 인터넷홈페이지 관리·운영자에게 기존 요청을 철회하고, 이의신청인에게 그 처리결과를 통지한다. 이의신청이 이유 없다고 인정할 때에는 그 신청을 기각하고 이의신청인에게 그 뜻을 통지한다. 문자메시지 및 전자우편 또는 사회관계망서비스(SNS)의 발송에 관하여는 공직선거법 제82조의5 및 「공직선거관리규칙」 제45조의4에 따른다.

(5) 도로 · 시장 등 금융위원회가 정하여 고시하는 다수인이 왕래하거나 집합하는 공개된 장소에서의 지지 호소 및 명함 배부

법 제27조의2제2항 제5호에 따라 다수인이 왕래하거나 집합하는 공개된 장소에서의 지지 호소 및 명함 배부를 통해 선거운동을 하려는 후보자는 후보자등록마감일의 다음 날부터 선거일 전일까지 해당 선거운동을 할 수 있다. 명함에는 후보자의 성명 · 사진 · 전화번호 · 학력 · 경력 그 밖에 홍보에 필요한 사항을 게재한다. 이 경우 학력 게재에 관하여는 공직선거법 제64조 제1항에 따른다. 명함의 규격은 길이 9센티미터, 너비 5센티미터 이내로 한다. 명함의 작성비용은 후보자가 부담한다.

4. 선거운동의 시기

선거운동은 후보자등록마감일의 다음날부터 선거일 전일까지만 할 수 있다(법 제27조의2 제3항 전단). 다만, 조합의 이사장을 선출하는 경우로서 후보자가 선거일에 자신의 소견을 발표하는 때에는 그러하지 아니하다(법 제27조의2 제3항 후단).

5. 위반시 처벌

임원의 선거운동에 관한 법 제27조의2를 위반한 자는 1년 이하의 징역 또는 1천만원 이하의 벌금에 처한다(법 제99조 제3항). 과거 법 제27조의2 제2항부터 제4항까지의 규정은 구체적으로 허용되는 선거운동의 기간 및 방법을 시행령이나 시행규칙이 아닌 정관에 맡기고 있어 정관으로 정하기만 하면 임원 선거운동의 기간 및 방법에 관한 추가적인 규제를 설정할 수 있도록 열어 두고 있었다. 이에 대하여 헌법재판소는 범죄와 형벌에 관하여는 입법부가 제정한 형식적 의미의 법률로써 정하여야 한다는 죄형법정주의를 위반하였다고 판단하고 위헌판결을 하였다.[39] 이에 따라 2020년 12월 법의 개정으로 선거운동 방법 등에 필요한 사항을 정관이 아닌 총리령으로 정하도록 변경되었다(법 제27조의2 제4항, 시행규칙 제4조).

Ⅲ. 관련 판례

헌법재판소 2020. 6. 25. 선고 2018헌바278 전원재판부 결정 [신협법 제27조의2 제2항 등 위헌소원]

"신용협동조합법 제27조의2를 위반할 경우 신용협동조합법 제99조에 의하여 1년 이하의 징역 또는 1천만원 이하의 벌금으로 처벌이 가능함에도, 위에서 살핀 바와 같이, 신용협동조합법 제27조의2 제2항 내지 제4항은 구체적으로 허용되는 선거운동의 기간 및 방법을 시행령이나 시행규칙이 아닌 정관에 맡기고 있어 정관으로 정하기만 하면 임원 선거운동의 기간 및 방법에 관한 추가적인 규제를 설정할 수 있도록 열어 두고 있다. 이는 범죄와 형벌에 관하여는 입법부가 제정한 형식적 의미의 법률로써 정하여야 한다는 죄형법정주의를 위반한 것이다(헌재 2016. 11. 24. 2015헌가29; 헌재 2019. 5. 30. 2018헌가12 참조)."

헌법재판소 2018. 7. 26. 선고 2017헌마452 전원재판부 결정 [신협법 제28조 위헌소원]

"신용협동조합은 다른 협동조합에 비하여 다수의 일반 국민을 대상으로 금융업을 하는 금융기관 유사의 지위에 있다는 특성이 강하게 나타나므로, 임원에 대한 높은 수준의 윤리·준법의식을 제고하고 선거제도의 청렴성과 공정성을 확보하기 위해서는 선거와 관련된 위반행위에 대하여 엄격한 제재 규정을 둘 필요가 있다. 또한 선거범죄로 형사처벌을 받은 임원에게 어느 정도의 신분상 불이익을 가할 것인가는 입법자가 결정할 문제로 벌금형의 하한을 100만원 이상으로 정하지 않았다 하여 입법재량을 현저히 일탈하였다고 볼 수 없으며, 비록 벌금형의 하한이 규정되어 있지 아니하여 법관이 형을 선고할 때 임원직 수행의 적합성을 판단 요소로 함께 고려할 수 없다는 문제가 발생하기는 하나, 선거로 선출된 임원의 직무 수행 계속 여부를 평가하는 것이 법원의 기본적인 역할이라 할 수 없으므로, 심판대상조항은 청구인의 직업선택의 자유를 침해하지 아니한다.

39) 헌법재판소 2020. 6. 25. 선고 2018헌바278 전원재판부 결정 [신협법 제27조의2 제2항 등 위헌소원].

농업협동조합, 수산업협동조합 등 다른 협동조합들의 경우 '100만원 이상의 벌금형'을 임원의 당연퇴임사유로 규정하고 있기는 하지만, 이러한 협동조합들은 일정한 직업군에 속한 조합원들의 지위 향상 등을 목적으로 하는 반면 신용협동조합은 보다 금융기관과 유사한 지위에 있으므로 이들을 다르게 취급하는 것은 합리적인 이유가 있다. 이처럼 각 협동조합은 그 목적이나 조직, 업무 등이 전혀 달라 조합의 특성에 따라 충분히 다르게 규율될 수 있는 것이다. 따라서 심판대상조항이 벌금형의 하한을 정하지 않고 있다 하여 이를 불합리한 차별이라고 보기 어려우므로, 심판대상조항은 청구인의 평등권을 침해하지 아니한다."

Ⅳ. 관련 법령

법률	조문
새마을 금고법	**제22조(임원 등의 선거운동 제한)** ① 임원의 선거운동은 공영제(公營制)를 원칙으로 한다. ② 누구든지 자기 또는 특정인을 금고의 임원 또는 대의원으로 당선되게 하거나 당선되지 못하게 할 목적으로 다음 각 호의 어느 하나에 해당하는 행위를 할 수 없다. 〈개정 2011. 3. 8., 2023. 4. 11., 2025. 1. 7.〉 1. 회원(제9조에 따라 회원이 될 수 있는 자를 포함한다. 이하 이 조에서 같다)이나 그 가족(회원의 배우자, 회원 또는 그 배우자의 직계존비속과 형제자매, 회원의 직계존비속 및 형제자매의 배우자를 말한다. 이하 같다)에게 금품·향응, 그 밖의 재산상의 이익이나 공사(公私)의 직(職)을 제공, 제공의 의사표시 또는 그 제공을 약속하는 행위 2. 후보자가 되지 아니하게 하거나 후보자가 된 것을 사퇴하게 할 목적으로 후보자가 되려는 사람이나 후보자에게 제1호에 규정된 행위를 하는 경우 3. 제1호 또는 제2호에 규정된 이익이나 직을 제공받거나 그 제공의 의사표시를 승낙하는 행위 또는 그 제공을 요구하거나 알선하는 행위 4. 후보자에 관하여 거짓의 사실(학력을 포함한다)을 유포하거나 공연히 사실을 적시(摘示)하여 비방하는 행위 5. 임원 및 대의원의 임기만료일 전 90일(보궐선거 또는 재선거의 경우 선거 공고일)부터 선거일까지 회원의 호별(사업장을 포함한다)로 방문하거나 특정장소에 모이게 하는 행위 ③ 선거운동을 할 수 있는 사람은 후보자에 한정하며, 후보자는 임원 또는 대의원 선거와 관련하여 다음 각 호의 방법 외의 선거운동을 할 수 없다. 〈신설 2011. 3. 8., 2014. 6. 11., 2023. 4. 11., 2025. 1. 7.〉 1. 금고에서 발행하는 선거공보 제작 및 배부 2. 금고에서 개최하는 합동연설회 또는 공개토론회에서의 지지 호소 3. 전화(문자메시지를 포함한다) 및 컴퓨터통신(전자우편을 포함한다)을 이용한 지지 호소 4. 도로·시장 등 행정안전부령으로 정하는 다수인이 왕래하거나 모이는 공개된 장소에서의 지지 호소 및 명함 배부

<table>
<tr><td></td><td>④ 제3항에 따른 선거운동은 후보자등록마감일의 다음 날부터 선거일 전날까지만 할 수 있다. 다만, 후보자가 선거일에 제3항 제2호에 따른 합동연설회 또는 공개토론회에서 자신의 소견을 발표하는 때에는 그러하지 아니하다. 〈신설 2023. 4. 11.〉
⑤ 제3항에 따른 선거운동 방법 등에 관한 세부적인 사항은 행정안전부령으로 정한다. 〈개정 2023. 4. 11.〉
[제목개정 2025. 1. 7.]</td></tr>
<tr><td>농업
협동조합법</td><td>제50조(선거운동의 제한) ① 누구든지 자기 또는 특정인을 지역농협의 임원이나 대의원으로 당선되게 하거나 당선되지 못하게 할 목적으로 다음 각 호의 어느 하나에 해당하는 행위를 할 수 없다.
1. 조합원(조합에 가입신청을 한 자를 포함한다. 이하 이 조에서 같다)이나 그 가족(조합원의 배우자, 조합원 또는 그 배우자의 직계 존속·비속과 형제자매, 조합원의 직계 존속·비속 및 형제자매의 배우자를 말한다. 이하 같다) 또는 조합원이나 그 가족이 설립·운영하고 있는 기관·단체·시설에 대한 다음 각 목의 어느 하나에 해당하는 행위
가. 금전·물품·향응이나 그 밖의 재산상의 이익을 제공하는 행위
나. 공사(公私)의 직(職)을 제공하는 행위
다. 금전·물품·향응, 그 밖의 재산상의 이익이나 공사의 직을 제공하겠다는 의사표시 또는 그 제공을 약속하는 행위
2. 후보자가 되지 못하도록 하거나 후보자를 사퇴하게 할 목적으로 후보자가 되려는 사람이나 후보자에게 제1호 각 목에 규정된 행위를 하는 행위
3. 제1호나 제2호에 규정된 이익이나 직을 제공받거나 그 제공의 의사표시를 승낙하는 행위 또는 그 제공을 요구하거나 알선하는 행위
② 임원이 되려는 사람은 임기만료일 전 90일(보궐선거 등에 있어서는 그 선거의 실시사유가 확정된 날)부터 선거일까지 선거운동을 위하여 조합원을 호별(戶別)로 방문하거나 특정 장소에 모이게 할 수 없다. 〈개정 2020. 12. 8.〉
③ 누구든지 지역농협의 임원 또는 대의원선거와 관련하여 연설·벽보, 그 밖의 방법으로 거짓의 사실을 공표하거나 공연히 사실을 적시(摘示)하여 후보자(후보자가 되려는 사람을 포함한다. 이하 같다)를 비방할 수 없다. 〈개정 2011. 3. 31.〉
④ 누구든지 임원 선거와 관련하여 다음 각 호의 방법(이사 및 감사 선거의 경우에는 제2호 또는 제4호에 한정한다) 외의 선거운동을 할 수 없다. 〈개정 2011. 3. 31., 2013. 3. 23., 2014. 6. 11., 2017. 10. 31.〉
1. 선전 벽보의 부착
2. 선거 공보의 배부
3. 합동 연설회 또는 공개 토론회의 개최
4. 전화(문자메시지를 포함한다)·컴퓨터통신(전자우편을 포함한다)을 이용한 지지 호소
5. 도로·시장 등 농림축산식품부령으로 정하는 다수인이 왕래하거나 집합하는 공개된 장소에서의 지지 호소 및 명함 배부
⑤ 제4항에 따른 선거운동방법에 관한 세부적인 사항은 농림축산식품부령으로 정한다. 〈신설 2011. 3. 31., 2013. 3. 23.〉
⑥ 제4항에도 불구하고 다음 각 호의 어느 하나에 해당하는 경우에는 선거운동을 할 수 없다. 〈신설 2011. 3. 31., 2016. 12. 27.〉</td></tr>
</table>

	1. 조합장을 이사회가 이사 중에서 선출하는 경우 2. 상임이사 및 상임감사 선출의 경우 3. 조합원이 아닌 이사 선출의 경우 ⑦ 제4항에 따른 선거운동은 후보자등록마감일의 다음 날부터 선거일 전일까지만 할 수 있다. 〈신설 2011. 3. 31.〉 ⑧ 누구든지 특정 임원의 선거에 투표하거나 하게 할 목적으로 거짓이나 그 밖의 부정한 방법으로 선거인명부에 오르게 할 수 없다. 〈신설 2011. 3. 31., 2024. 1. 23.〉 ⑨ 누구든지 임원 또는 대의원 선거와 관련하여 자기 또는 특정인을 당선되게 하거나 당선되지 못하게 할 목적으로 후보자등록시작일부터 선거일까지 다수의 조합원(조합원의 가족 또는 조합원이나 그 가족이 설립·운영하고 있는 기관·단체·시설을 포함한다)에게 배부하도록 구분된 형태로 되어 있는 포장된 선물 또는 돈봉투 등 금품을 운반하지 못한다. 〈신설 2011. 3. 31.〉 ⑩ 누구든지 제51조 제1항에 따른 조합선거관리위원회의 위원·직원, 그 밖에 선거사무에 종사하는 자를 폭행·협박·유인 또는 체포·감금하거나 폭행이나 협박을 가하여 투표소·개표소 또는 선거관리위원회 사무소를 소요·교란하거나, 투표용지·투표지·투표보조용구·전산조직 등 선거관리 및 단속사무와 관련한 시설·설비·장비·서류·인장 또는 선거인명부를 은닉·손괴·훼손 또는 탈취하지 못한다. 〈신설 2011. 3. 31., 2014. 6. 11.〉 ⑪ 지역농협의 임직원은 다음 각 호의 어느 하나에 해당하는 행위를 할 수 없다. 〈개정 2011. 3. 31.〉 1. 그 지위를 이용하여 선거운동을 하는 행위 2. 선거운동의 기획에 참여하거나 그 기획의 실시에 관여하는 행위 3. 후보자에 대한 조합원의 지지도를 조사하거나 발표하는 행위 [전문개정 2009. 6. 9.] [2017. 10. 31. 법률 제14984호에 의하여 2016. 11. 24. 헌법재판소에서 위헌 결정된 이 조 제4항을 개정함.]
수산업 협동조합법	**제53조(선거운동의 제한)** ① 누구든지 자기 또는 특정인을 지구별수협의 임원이나 대의원으로 당선되게 하거나 당선되지 못하게 할 목적으로 다음 각 호의 어느 하나에 해당하는 행위를 할 수 없다. 〈개정 2015. 2. 3.〉 1. 선거인(선거인 명부 작성 전에는 선거인 명부에 오를 자격이 있는 사람으로서 이미 조합에 가입한 사람 또는 조합에 가입 신청을 한 사람을 포함한다. 이하 이 조에서 같다)이나 그 가족(선거인의 배우자, 선거인 또는 그 배우자의 직계 존속·비속과 형제자매, 선거인의 직계 존속·비속 및 형제자매의 배우자를 말한다. 이하 같다) 또는 선거인이나 그 가족이 설립·운영하고 있는 기관·단체·시설에 대한 다음 각 목의 어느 하나에 해당하는 행위 가. 금전·물품·향응이나 그 밖의 재산상의 이익을 제공하는 행위 나. 공사(公私)의 직을 제공하는 행위 다. 금전·물품·향응, 그 밖의 재산상의 이익이나 공사의 직을 제공하겠다는 의사표시 또는 그 제공을 약속하는 행위 2. 후보자가 되지 아니하도록 하거나 후보자를 사퇴하게 할 목적으로 후보자가 되려는 사람이나 후보자에게 하는 제1호 각 목의 행위

3. 제1호 또는 제2호에 규정된 이익이나 직을 제공받거나 그 제공의 의사 표시를 승낙하는 행위 또는 그 제공을 요구하거나 알선하는 행위

② 임원이나 대의원이 되려는 사람은 선거운동을 위하여 선거일 공고일부터 선거일까지의 기간 중에는 조합원을 호별(戶別)로 방문하거나 특정 장소에 모이게 할 수 없다.

③ 누구든지 지구별수협의 임원 또는 대의원 선거와 관련하여 연설·벽보 및 그 밖의 방법으로 거짓 사실을 공표하거나 공연히 사실을 구체적으로 제시하여 후보자(후보자가 되려는 사람을 포함한다. 이하 같다)를 비방할 수 없다. 〈개정 2015. 2. 3.〉

④ 누구든지 특정 임원의 선거에 투표하거나 투표하게 할 목적으로 자신이나 타인의 이름을 거짓으로 선거인명부에 올려서는 아니 된다. 〈개정 2015. 2. 3.〉

⑤ 누구든지 후보자등록마감일의 다음 날부터 선거일 전일까지의 선거운동 기간 외에 선거운동을 할 수 없다. 〈개정 2015. 2. 3.〉

⑥ 누구든지 자기 또는 특정인을 당선되게 하거나 당선되지 못하게 할 목적으로 선거기간 중 포장된 선물 또는 돈봉투 등 다수의 조합원(조합원의 가족 또는 조합원이나 그 가족이 설립·운영하고 있는 기관·단체·시설을 포함한다)에게 배부하도록 구분된 형태로 되어 있는 금품을 운반하지 못한다.

⑦ 누구든지 다음 각 호의 어느 하나에 해당하는 행위를 할 수 없다. 〈개정 2015. 2. 3.〉

1. 제54조 제1항에 따른 조합선거관리위원회 또는 같은 조 제2항에 따라 선거의 관리를 위탁받은 구·시·군선거관리위원회의 위원·직원·선거부정감시단원, 그 밖에 선거사무에 종사하는 자를 폭행·협박·유인 또는 체포·감금하는 행위
2. 제54조 제1항에 따른 조합선거관리위원회 또는 같은 조 제2항에 따라 선거의 관리를 위탁받은 구·시·군선거관리위원회의 위원·직원·선거부정감시단원, 그 밖에 선거사무에 종사하는 자에게 폭행이나 협박을 가하여 투표소·개표소 또는 선거관리위원회 사무소를 소요·교란하는 행위
3. 투표용지·투표지·투표보조용구·전산조직 등 선거관리 또는 단속사무와 관련한 시설·설비·장비·서류·인장 또는 선거인명부를 은닉·파손·훼손 또는 탈취하는 행위

⑧ 누구든지 임원 또는 대의원 선거와 관련하여 다음 각 호의 방법(조합장을 대의원회에서 선출하는 경우에는 제2호와 제5호, 비상임이사 및 감사선거의 경우에는 제3호와 제5호에 한정한다) 외의 행위를 할 수 없다. 〈개정 2013. 3. 23., 2015. 2. 3.〉

1. 선전벽보의 부착
2. 선거공보의 배부
3. 도로·시장 등 해양수산부령으로 정하는 다수인이 왕래하거나 집합하는 공개된 장소에서의 지지 호소 및 명함의 배부
4. 합동연설회 또는 공개토론회의 개최
5. 전화(문자메세지를 포함한다)·컴퓨터통신(전자우편을 포함한다)을 이용한 지지 호소

⑨ 제8항에 따른 선거운동방법에 관한 세부적인 사항은 해양수산부령으로 정한다. 〈신설 2015. 2. 3.〉

⑩ 지구별수협의 임직원은 다음 각 호의 어느 하나에 해당하는 행위를 할

	수 없다. 〈개정 2015. 2. 3.〉 1. 그 지위를 이용하여 선거운동을 하는 행위 2. 선거운동의 기획에 참여하거나 그 기획의 실시에 관여하는 행위 3. 후보자(후보자가 되려는 사람을 포함한다. 이하 같다)에 대한 조합원의 지지도를 조사하거나 이를 발표하는 행위 [전문개정 2010. 4. 12.]
산림조합법	**제40조(선거운동의 제한)** ① 누구든지 자기 또는 특정인을 조합의 임원 또는 대의원으로 당선되거나 당선되게 하거나 당선되지 못하게 할 목적으로 다음 각 호의 어느 하나의 행위를 할 수 없다. 1. 선거인(선거인 명부 작성 전에는 그 선거인 명부에 오를 자격이 있는 사람으로서 이미 조합에 가입한 사람 또는 조합에 가입신청을 한 사람을 포함한다. 이하 같다)이나 그 가족(선거인의 배우자, 선거인 또는 그 배우자의 직계 존속·비속과 형제자매, 선거인의 직계 존속·비속 및 형제자매의 배우자를 말한다. 이하 같다) 또는 선거인이나 그 가족이 설립·운영하고 있는 기관·단체·시설에 금전·물품·향응, 그 밖의 재산상 이익 또는 공사(公私)의 직의 제공, 제공의 의사표시 또는 그 제공을 약속하는 행위 2. 후보자가 되지 아니하도록 하거나 후보자가 된 사람을 사퇴하게 할 목적으로 후보자가 되려는 사람이나 후보자에게 제1호에 규정된 행위를 하는 행위 3. 제1호 또는 제2호에 규정된 이익이나 직을 제공받거나 그 제공의 의사표시를 승낙하는 행위 4. 제1호 또는 제2호에 규정된 이익이나 직의 제공을 요구하거나 알선하는 행위 ② 임원 또는 대의원이 되려는 사람은 선거운동을 위하여 선거일 공고일부터 선거일까지 선거인을 호별로 방문하거나 특정 장소에 모이게 할 수 없다. ③ 누구든지 조합의 임원 또는 대의원 선거와 관련하여 연설·벽보 또는 그 밖의 방법으로 거짓의 사실을 공표하거나 공연히 사실을 적시(摘示)하여 후보자를 비방할 수 없다. ④ 누구든지 특정 임원의 선거에 투표할 목적으로 거짓된 방법으로 선거인 명부에 오르게 할 수 없다. 〈개정 2020. 3. 24.〉 ⑤ 누구든지 해당 후보자의 등록이 끝난 때부터 선거일 전일까지 외에 선거운동을 할 수 없다. ⑥ 누구든지 자기 또는 특정인을 당선되게 하거나 당선되지 못하게 할 목적으로 선거기간 중 포장된 선물 또는 돈 봉투 등 다수의 조합원(조합원의 가족 또는 조합원이나 그 가족이 설립·운영하고 있는 기관·단체 또는 시설을 포함한다)에게 배부하도록 구분된 형태로 되어 있는 금품을 운반하여서는 아니 된다. ⑦ 누구든지 조합선거관리위원회의 위원·직원, 그 밖에 선거사무에 종사하는 사람을 폭행·협박·유인 또는 체포·감금하거나 폭행이나 협박을 가하여 투표소 또는 선거관리위원회 사무소를 소요·교란하거나, 투표용지·투표지·투표보조용구·전산조직 등 선거관리 및 단속사무와 관련한 시설·설비·장비·서류·인장 또는 선거인 명부를 은닉·파손·훼손 또는 탈취하여서는 아니 된다. 〈개정 2014. 6. 11.〉

	⑧ 누구든지 임원선거와 관련하여 다음 각 호의 행위 외의 선거운동을 할 수 없다. 1. 선전벽보의 부착 2. 선거공보의 배부 3. 도로·시장 등 농림축산식품부령으로 정하는 곳으로서 많은 사람이 왕래하거나 모이는 공개된 장소에서의 지지 호소 및 명함 배부 4. 합동연설회 또는 공개토론회의 개최 5. 전화(문자메시지를 포함한다), 컴퓨터통신(전자우편을 포함한다)을 이용한 지지 호소 ⑨ 조합의 임직원은 다음 각 호의 어느 하나에 해당하는 행위를 할 수 없다. 1. 지위를 이용하여 선거운동을 하는 행위 2. 선거운동의 기획에 참여하거나 그 기획의 실시에 관여하는 행위 3. 후보자(후보자가 되려는 사람을 포함한다. 이하 같다)에 대한 조합원의 지지도를 조사하거나 발표하는 행위 ⑩ 제8항에 따른 선거운동의 방법과 기준 등 그 밖에 필요한 사항은 농림축산식품부령으로 정한다. 〈개정 2023. 6. 20.〉 [전문개정 2013. 4. 5.]

제27조의3(조합선거관리위원회의 구성 · 운영 등)

제27조의3(조합선거관리위원회의 구성 · 운영 등) ① 조합은 임원 선거를 공정하게 관리하기 위하여 대통령령으로 정하는 바에 따라 조합선거관리위원회를 구성 · 운영한다.
② 조합은 제27조 제2항, 제3항 및 제9항에 따라 선출하는 임원 선거의 관리에 대하여 정관으로 정하는 바에 따라 그 주된 사무소의 소재지를 관할하는 「선거관리위원회법」에 따른 구 · 시 · 군선거관리위원회(이하 이 항에서 "구 · 시 · 군선거관리위원회"라 한다)에 위탁할 수 있다. 다만, 대통령령으로 정하는 규모 이상의 자산을 보유한 지역조합은 제27조 제2항 및 제3항에 따라 선출하는 이사장 선거의 관리에 대하여 정관으로 정하는 바에 따라 구 · 시 · 군선거관리위원회에 위탁하여야 한다. 〈개정 2023. 7. 18.〉
[본조신설 2019. 1. 15.]

Ⅰ. 조문의 취지와 의의

법 제27조의3은 조합의 임원 선거를 관리하기 위한 조합선거관리위원회의 설립 근거가 마련되어 있고, 조합 임원의 선거 관리에 대하여 「선거관리위원회법」에 따른 구 · 시 · 군선거관리위원회에 의무적으로 위탁하여야 하는 선거와 임의로 위탁할 수 있는 선거에 대하여 규율하고 있다.

Ⅱ. 조문의 내용 및 해설

1. 조합 선거관리위원회의 구성 및 운영

조합 선거관리위원회는 조합의 이사회가 선거관리에 관한 경험이 풍부한 조합원(임직원은 제외한다)과 공직선거 등의 선거관리전문가 중에서 위촉하는 5명 이상의 위원으로 구성된다(법 제27조의3 제1항, 시행령 제14조의4 제1항). 조합 선거관리위원회의 위원장은 위원 중에서 호선한다(법 시행령 제14조의3 제2항). 조합 선거관리위원회의 회의는 재적위원 과반수의 출석으로 개의하고, 출석위원 과반수의 찬성으로 의결한다(법 시행령 제14조의3 제3항).

조합선거관리위원회의 구성 및 운영에 필요한 사항은 정관으로 정한다(시행령 제14조의3 제4항). 임원의 선출에 관하여 필요한 사항은 정관 부속서 임원선거규약이 정하는 바에 의한다(표준정관 제50조 제4항). 조합 선거관리위원회는 선거공고일 전 3일까지 설치하여야 하고, 선거관리위원회의 존속기간은 설치일로부터 선거종료일 후 60일까지로 한다(규약 제9조 제2항 및 제3항).

선거관리위원회는 이사회가 선거관리에 관한 경험이 풍부한 조합원(임직원은 제외한다)과 공직선거 등의 선거관리전문가 중에서 위촉하는 5인 또는 7인의 위원(이하 선관위원이라 한다)으로 구성한다(규약 제10조 제1항). 위원장 및 부위원장은 선관위원 중에서 호선하며, 임직원은 선관위원이 될 수 없다(규약 제10조 제2항 및 제3항). 위원장은 선관위를 대표하고 선관위의 사무를 총괄하며 위원장의 사고 시에는 부위원장, 선관위원 중 연장자순으로 그 직무를 대행한다(규약 제11조 제1항). 위원장은 임원선거를 위한 총회에서는 임시의장이 된다(규약 제11조 제2항).

선거관리위원회는 위원장이 소집하고 의장이 된다. 선거관리위원회는 재적위원 과반수의 출석으로 개의하고 출석위원 과반수의 찬성으로 의결한다. 이 경우 위원장은 의결에 참가할 수 있다. 선거관리위원은 위원장이 지정하는 바에 따라 선거관리, 투표관리, 개표관리 사무를 분장한다. 위원장은 직원 중에서 간사 1인 및 종사원을 위촉하여 선거사무를 처리하게 할 수 있다. 선거관리위원 중 결원이 생겼을 경우에는 이사회에서 위촉한다(규약 제12 제1항부터 제5항까지).

선거관리위원회는 1) 선거인 명부의 확정, 2) 임원후보자 등록접수 및 자격심사, 3) 선거인 및 임원후보자 자격 이의신청에 관한 사항, 4) 선거사무, 투표 및 개표에 관한 사항, 5) 선거관련 분쟁의 조정, 6) 당선인의 결정, 7) 합동연설회 · 공개토론회 · 소견발표회의 개최에 관한 사항, 8) 선거운동제한 위반여부의 심사 및 조치에 관한 사항, 9) 선전 벽보 및 선거공보에 관한 사항, 10) 임원후보자의 기탁금 납부 등에 관한 사항, 11) 기타 위원장이 필요하다고 인정하는 사항을 담당한다(규약 제13조 제1항 제1호부터 제11호까지).

선거관리위원은 임원후보자로 추천되거나 전형위원을 겸직할 수 없다. 다만, 제23조에 의하여 임원후보자로 추천되어 이에 동의한 경우에는 후보등록일 전일까지 선관위원직을 사임하고, 민법에서 정하는 친족이 입후보한 사실을 발견한 때에는 선관위원직을 사임하여야 한다. 선거관리위원, 간사 및 종사원은 선거관리 사무를 행함에 있어 공정, 중립을 지켜야 한다(규약 제13조 제2항 및 제3항).

선관위는 선거관리의 경과요령 및 결과를 기재한 선거관리록을 작성하고 출석한 선관위원 전원이 이에 기명날인 또는 서명한다. 선거관리록, 투표용지 등 선거에 관한 증빙문서는 당해 선거에 의한 임원의 재임기간 중 조합에서 보관한다. 투표용지는 사용분과 미사용분을 구분하여 위원장이 봉인하여 조합에서 보관한다(규약 제14조 제1항부터 제3항까지).

2. 위탁선거 제도

(1) 위탁선거 제도의 도입배경과 의의

과거 임명제였던 농협, 수협, 산림조합의 조합장은 우리 사회 전반에 불어닥친 민주화 바람을 타고 1988년부터 조합원이 직접 선출하기 시작했다. 하지만, 직선제 도입 후 조합장 선거가 불법·혼탁 선거로 얼룩지는 사례가 지속적으로 발생함에 따라 조합장 선출을 선거관리위원회에 의무적으로 위탁하도록 개별법이 개정되었으며, 2005년 5월 산림조합장 선거를 시작으로 농협·수협 조합장 선거까지 선거관리위원회가 위탁 관리하게 되었다.[40] 그 결과 과거에 비해 조합원들의 선거에 관한 인식이 많이 개선되고, 선거부정과 선거 후 대립·분열양상도 크게 줄어들었다는 평가를 받았다.[41] 그러나 조합장선거가 개별적으로 실시됨으로써 국민적 관심을 끌지 못함에 따라 여전히 후보자매수, 금품수수 등 음성적인 '돈 선거'가 근절되지 않고 있었으며, 예산에 대한 문제, 조합별로 선거관리에 관한 법규 및 정관의 규정이 각각 달라서 선거관리 업무에 혼선이 빚어지는 등 다양한 문제점이 제기되었다.[42]

조합은 원칙적으로 조합원의 권익을 위해 존재하고 강제가입 등 강제적 요

---

40) 농협법 제51조 제4항(공포일: '16. 12. 27, 시행일: '17. 1. 1), 수협법 제54조 제2항(공포일: '12. 2. 17, 시행일: '12. 3. 2), 산림조합법 제40조의3 제2항(공포일: '20. 3. 24, 시행일: '20. 9. 25).

41) 김범태, 위탁선거법의 문제점과 개선방안 연구: 공직선거법과 위탁선거법의 차이점을 중심으로, 선거연구 제13호, 중앙선거관리위원회, 2020, 40-41면.

42) 이선신, 농협의 임원선거 관련 법규 개선방안 연구, 협동조합경제경영연구 제54집, 협동조합경영연구소, 2021, 18면.

소를 가지지 않는다는 점에서 공공단체에 해당한다고 볼 수 없으나, 조합의 설립 목적과 취지, 활동 및 기능을 고려하였을 때 지역사회에 미치는 영향이 매우 크므로 선거의 공정성이 반드시 확보되어야 하고, 선거운동의 주체, 선거운동의 방법, 위반행위에 대한 제재 등은 모두 국민의 기본권과 관련된 내용이기 때문에 법률의 근거를 두고 이루어져야 하는 한편, 선거의 공정성을 담보하는 전제로서 통일적이고 효율적인 선거관리를 할 필요가 있었다.[43]

이에 조합장 선거를 효율적으로 관리 · 지도하고, 부정 · 혼탁 선거를 방지하기 위하여 각 조합장 선거를 전국적으로 동시에 실시하도록 하였으나, 선거절차 등에 관한 규정이 개별 조합마다 상이한 기존 체제에서는 전국단위의 조합장 선거를 동시에 관리하는 것이 불가능하고, 개별 법률에서 선거운동 방법을 정하고 그 시행령과 정관 등에서 세부적인 사항을 정하고 있으므로 해당 시행령 등을 위반한 경우에는 처벌이 불가능하여 이에 대한 효과적인 관리와 단속 · 처벌을 위하여 선거운동 등에 대한 법률적 근거를 강화하고 명확하게 할 필요가 있다는 주장이 제기되어 왔다.[44][45]

이와 같은 내용을 담은 「공공단체등 위탁선거의 관리에 관한 법률안」이 유대운의원의 대표발의로 2014년 2월 17일 국회에 제출되었고, 제324회 국회(임시회) 제1차 전체회의(2014년 4월 29일)에서 수정 가결된 안이 제324회 국회(임시회) 법제사법위원회와 제2차 전체회의(2014년 5월 2일)에서 원안가결을 거쳐, 2014년 5월 29일 정부로 이송되어 2014년 6월 11일 공포 · 시행되었다.[46]

2014년 「공공단체등 위탁선거에 관한 법률」(이하 '위탁선거법')의 제정으로 농협, 수협, 산림조합 조합장 선거에 의무위탁 제도가 도입되었고, 2021년 새마을금고, 2023년 신협이 순차적으로 조합장 의무 위탁 및 동시선거를 제도를 도입하였다. 이로써 협동조합의 방식으로 금융업을 영위하고 있는 모든 상호금

43) 이선신 외, 조합장 선거의 선거관리위원회 위탁과 공명성 제고방안, 농협대학 농협경영연구소, 2005, 5-6면.

44) 김은영(전문위원), 공공단체등 위탁선거의 관리에 관한 법률안(유대운 의원 대표발의, 의안번호 제1909417호) 검토보고서, 국회 안정행정위원회, 2014. 4., 5-7면.

45) 임현, 위탁선거관리에 관한 기본법 제정을 위한 합리적 입법 방안 고찰, 2012년도 중앙선거관리위원회 연구용역보고서, 고려대 산학협력단(2012), 1-2면.

46) 공공단체등 위탁선거에 관한 법률[시행 2014. 8. 1.] [법률 제12755호, 2014. 6. 11., 제정]

융기관이 이사장(조합장) 선거 및 중앙회장 선거를 선거관리위원회에 의무적으로 위탁하고, 전 조합이 동시에 선거를 실시하게 되었다.

특히, 2023년 10월 19일이 시행된 신협법에 따라 신협의 이사장 선거에 의무 위탁선거 제도가 전면적으로 도입되었고, 2025년 11월 12일에 신협의 이사장 선거를 전국적으로 동시에 실시하며, 그 선거의 관리는 의무적으로 관할 구·시·군 선거관리위위원회에 위탁하여야 한다.[47] 또한 2023년 10월 17일 신협법 시행령이 개정되고 같은 해 10월 19일부터 시행되어 이사장 선거 관리를 위탁해야 하는 지역조합의 범위를 직전 사업연도 평균잔액으로 계산한 총자산이 1천억원 이상인 지역조합으로 정하였다.[48]

(2) 위탁선거 제도의 종류

위탁선거법에 따른 위탁선거에는 선거의 관리를 선거관리위원회에 의무적으로 위탁하여야 하는 '의무위탁선거'와 선거관리위원회에 위탁할 수 있는 '임의위탁선거'가 있다(위탁선거법 제4조).[49]

의무위탁선거란 선거의 관리를 선거관리위원회에 의무적으로 위탁하여야 하는 선거이다. 이에는 농협법, 수협법 및 산림조합법에 따른 조합 및 중앙회와 새마을금고법에 따른 금고 및 중앙회의 선거와 교육공무원법에 따른 대학의 장 후보자를 추천할 때 해당 대학 교원의 합의된 방식과 절차에 따라 직접선거로 선정하는 경우의 선거가 있다.[50] 2023년 신협법 및 2025년 위탁선거법의

47) 신협법상 신협 이사장의 동시선거는 2025년 11월 12일에 최초로 실시되도록 규정하고 있으나, 2025년에는 동시선거 대상이 되는 조합이 없어 실질적인 첫 동시선거는 2029년 11월 14일에 실시될 예정이다.

48) **시행령 제14조의5(이사장 선거 관리 위탁 대상 지역조합의 범위)** 법 제27조의3제2항 단서에서 "대통령령으로 정하는 규모 이상의 자산을 보유한 지역조합"이란 직전 사업연도 평균잔액으로 계산한 총자산이 1천억원 이상인 지역조합을 말한다.

49) **위탁선거법 제4조(적용 범위)** 이 법은 다음 각 호의 위탁선거에 적용한다.
1. 의무위탁선거: 제3조 제1호 가목에 해당하는 공공단체등이 위탁하는 선거와 같은 조 제1호 다목에 해당하는 공공단체등이 선거관리위원회에 위탁하여야 하는 선거
2. 임의위탁선거: 제3조 제1호 나목 및 라목에 해당하는 공공단체등이 위탁하는 선거와 같은 조 제1호 다목에 해당하는 공공단체등이 선거관리위원회에 위탁할 수 있는 선거

50) **위탁선거법 제3조(정의)** 이 법에서 사용하는 용어의 뜻은 다음과 같다. 〈개정 2023. 3. 2.〉
1. "공공단체등"이란 다음 각 목의 어느 하나에 해당하는 단체를 말한다.
   가. 「농업협동조합법」, 「수산업협동조합법」, 「산림조합법」 및 「신용협동조합법」에 따른 조합 및 중앙회, 「새마을금고법」에 따른 금고와 중앙회

개정으로 신협법에 따른 자산 1천억원 이상의 지역조합 및 중앙회의 선거도 의무위탁선거로 변경되어 선거관리위원회에 의무적으로 위탁하여야 한다.[51)]

임의위탁선거란 위탁선거법 제4조 제2호에 따라 법률이나 해당 단체나 조직의 의사에 따라 선거의 관리를 선거관리위원회에 임의적으로 위탁할 수 있는 선거를 말한다. 중소기업협동조합법에 따른 중소기업중앙회 및 「도시 및 주거환경정비법」에 따른 조합과 조합설립추진위원회의 조합장 등의 선거와 그 외 공공단체에 준하는 단체의 임원 등의 선출을 위한 선거가 여기에 해당한다.[52)]

(3) 위탁선거 법률적용의 우선 순위

공공단체등의 위탁선거에 관하여는 다른 법률에 우선하여 위탁선거법이 적용된다(위탁선거법 제5조).[53)] 다만, 선거권 및 피선거권에 관하여는 해당 법령이나 정관 등에 따르도록 하고 있다(위탁선거법 제12조).[54)]

3. 동시조합장 선거 제도

(1) 동시조합장 선거 제도의 의의

"동시조합장선거"란 신협법, 농협법, 수협법 및 산림조합법, 새마을금고법에 따라 관할위원회에 위탁하여 동시에 실시하는 임기만료에 따른 이사장선거를 말한다. 동시 조합장 선거는 개별 조합선거에 비해 인력 및 예산을 절감할 수

다. 그 밖의 법령에 따라 임원 등의 선출을 위한 선거의 관리를 선거관리위원회에 위탁하여야 하거나 위탁할 수 있는 단체[「공직선거법」 제57조의4(당내경선사무의 위탁)에 따른 당내경선 또는 「정당법」 제48조의2(당대표경선사무의 위탁)에 따른 당대표경선을 위탁하는 정당을 제외한다]

51) 신협법 [시행 2023. 10. 19.] [법률 제19565호, 2023. 7. 18., 일부개정], 위탁선거법 [시행 2025. 8. 14.] [법률 제21028호, 2025. 8. 14., 일부개정]

52) 위탁선거법 제3조(정의) 이 법에서 사용하는 용어의 뜻은 다음과 같다. 〈개정 2023. 3. 2.〉
1. "공공단체등"이란 다음 각 목의 어느 하나에 해당하는 단체를 말한다.
나. 「중소기업협동조합법」에 따른 중소기업중앙회 및 「도시 및 주거환경정비법」에 따른 조합과 조합설립추진위원회

53) 위탁선거법 제5조(다른 법률과의 관계) 이 법은 공공단체등의 위탁선거에 관하여 다른 법률에 우선하여 적용한다.

54) 위탁선거법 제12조(선거권 및 피선거권) 위탁선거에서 선거권 및 피선거권(입후보자격 등 그 명칭에 관계없이 임원 등이 될 수 있는 자격을 말한다. 이하 같다)에 관하여는 해당 법령이나 정관등에 따른다.

있고 조합장 선거에서 발생할 수 있는 각종 불법·비리 행위를 집중적으로 감시·단속하여 효과적으로 선거를 관리할 수 있는 장점이 있다. 그리고 통일적인 선거절차사무의 진행과 전국 동시실시로 선거관리의 효율성을 제고하고 조합장선거에 대한 국민들의 관심을 높일 수 있다는 이점이 있다.

(2) 동시조합장 선거 제도의 문제점

가. 동시조합장 선거 일시의 상이

농협과 수협, 산림조합은 개별법과 위탁선거법을 정비하여, 세 개의 기관이 2015년부터 동일한 날짜에 동시 조합장 선거를 실시하고 있다. 개별법에 처음으로 동시선거가 실시되는 시기를 2015년 3월의 두번 째 수요일에 동시 실시하도록 명시하였고, 위탁선거법에 동시조합장선거 및 동시이사장선거의 선거일은 그 임기가 만료되는 해당 연도 3월 중 두 번째 수요일로 하기로 정하였다.[55)]

이에 비하여 위탁선거법의 적용을 늦게 받게 된 새마을금고와 신협은 농협과 수협, 산림조합과는 다른 시기에 동시 조합장 선거가 실시된다. 새마을금고는 2025년 3월 12일에 첫 번째 동시 선거가 실시되며, 신협은 2025년 11월 12일에 실시된다. 정리하면, 농협과 수협, 산림조합의 차기 동시 조합장 선거는 2027년 3월 17일에 실시되고, 새마을금고의 동시 조합장 선거는 2025년 3월 12일이며, 신협은 같은 해 11월 12일에 실시되게 된 것이다.

이와 같이 농협과 수협, 산림조합과 새마을금고, 신협의 동시조합장 선거가 상이하게 된 것은 개별법에 의무위탁 제도를 도입할 때, 부칙으로서 그 일정을 상이하게 정하였기 때문이다. 새마을금고의 경우 2021년 새마을금고법의 개정으로 의무위탁 및 동시선거 제도를 도입하면서, 농협과 수협 등과 같이 2023년

---

55) 농협법 부칙 제11조 (조합장 임기 및 선출 등에 관한 특례) ① 2009년 3월 22일부터 2013년 3월 21일까지의 기간 동안 조합장의 임기가 개시되었거나 개시되는 경우에는 제48조 제1항(제107조 또는 제112조에 따라 준용되는 경우를 포함한다)에도 불구하고 해당 조합장의 임기를 2015년 3월 20일까지로 한다.
② 제1항에 따라 임기가 2015년 3월 20일에 만료되는 조합장 선거는 2015년 3월의 두 번째 수요일에 동시 실시하고, 이후 임기만료에 따른 조합장 선거는 임기가 만료되는 해당 연도 3월의 두 번째 수요일에 동시 실시한다.

3월에 동시 선거를 실시하도록 부칙을 마련할 수도 있었을 것으로 보이나, 동시 선거를 실시하려면 기존 임원들의 현재 임기와 차기 임기, 연임 횟수 제외 등 복합적인 문제를 종합적으로 고려할 필요가 있어 농협 등과는 별도로 조합장 선거를 진행하기로 결정된 것으로 판단된다.

한편, 신협의 경우에도 2023년 법 개정을 통해 의무위탁 제도를 도입하면서 부칙에 2025년 11월에 첫 번째 동시 선거를 실시하기로 정하였는데, 새마을금고와 같은 2025년 3월이 아닌 2025년 11월에 첫 번째 동시 선거를 실시하기로 정하면서 새마을금고와도 다른 시기에 동시 선거를 실시하게 되었다. 이는 새마을금고와 신협의 의무위탁 대상 조합 수가 상대적으로 많아 선거 관리의 어려움이 있다는 중앙선거관리위원회의 의견이 반영된 결과로 보인다.[56)]

만일 금고와 신협의 동시 선거를 농협과 수협, 산림조합의 동시선거 일정과 동시에 실시될 수 있었다면 동시조합장 선거 제도의 도입 효과를 극대화할 수 있었을 것으로 보인다. 그럼에도 불구하고 개별법에서 이미 그 시행시기가 확정된 동시 조합장 선거는 농협과 수협, 산림조합만 동시에 실시하고, 새마을금고와 신협은 개별적으로 동시 조합장 선거를 치러야 해 선거 관리의 효율성이나 통일성을 제고하지 못하였다는 점에서 한계로 지적된다.

이러한 문제를 시정하기 위해서는 새마을금고와 신협의 첫 동시 조합장 선거 일정은 농협 등의 차기 동시 조합장 선거 일정인 2027년 3월로 일원화하는 방식이 가장 효율적일 것이다. 다만, 동시 조합장 선거 일정을 조정하는 문제는 일시적으로 현직 임원과 차기 임원의 임기가 조정(연장 또는 단축)되는 복잡한 이해관계가 달려 있고, 이미 개별법의 부칙을 통해 임원의 임기가 조정되어 시행되고 있는 상황에서 2027년으로 일원화하는 것은 법적 안정성과 신뢰성을 훼손하는 결과가 될 수 있어 신중한 검토가 요구되는 것은 사실이다. 또한, 선거사무를 위탁받아야 하는 선거관리위원회가 5개 기관의 조합장 선거를 동시에 진행하는 것이 어렵다는 입장이므로 개별법의 추가 개정을 통한 시기 조정은 사실상 어려울 것으로 예상된다. 이와 같이 각종 이해관계나 실무적인 어려

56) 이용준(수석전문위원), 신용협동조합법 일부개정법률안(서병수 의원 대표발의, 의안번호 제2111364호) 검토보고서, 국회 정무위원회, 2021. 9., 11면.

움에도 불구하고 동시 조합장 선거가 가지는 장점을 극대화하기 위해서는 장기적인 과제로서 동시조합장 선거 일정을 통일하는 방안에 대한 검토가 지속적으로 이루어질 필요가 있다고 판단된다.

나. 임의위탁 대상 조합의 동시 선거 참가 제한의 문제

앞에서 살펴본 바와 같이 신협의 경우 의무위탁 대상 조합은 직전 사업연도 평균잔액으로 계산한 총자산이 1천억원 이상인 지역조합이다.[57] 농협이나 새마을금고와 같은 타기관의 경우 자산 기준이나 종류에 관계 없이 조합장의 경우에는 의무위탁 대상 조합으로 하고 있으나, 신협은 지역조합 중에서도 자산 기준을 두어 의무위탁 대상 조합을 제한하고 있고, 직장신협과 단체신협도 의무위탁 대상에서 제외되었다.[58] 이와 같이 일부 신협을 의무 위탁 대상에서 제외하게 된 것은 지역의 신협 이사장 선거와 관련해서는 각 조합마다 자산규모 및 재무구조의 차이가 존재하므로 소규모 신협의 경우에는 선거위탁비용이 부담으로 작용할 수 있다는 점을 고려한 것이어서 타당한 조치로 평가된다.[59] 이에 따라 신협법은 "대통령령으로 정하는 규모 이상의 자산을 보유한 지역조합"은 이사장 선거의 관리에 대하여 선거관리위원회에 위탁하도록 규정하였고, 동법 시행령에서 이사장 선거 관리 위탁 대상 지역조합의 범위를 "직전 사업연도 평균잔액으로 계산한 총자산이 1천억원 이상인 지역조합"으로 정하게 된 것이다.[60][61]

---

57) 시행령 제14조의5(이사장 선거 관리 위탁 대상 지역조합의 범위) 법 제27조의3제2항 단서에서 "대통령령으로 정하는 규모 이상의 자산을 보유한 지역조합"이란 직전 사업연도 평균잔액으로 계산한 총자산이 1천억원 이상인 지역조합을 말한다.

58) 법 제27조의3(조합선거관리위원회의 구성·운영 등) ② 조합은 제27조 제2항, 제3항 및 제9항에 따라 선출하는 임원 선거의 관리에 대하여 정관으로 정하는 바에 따라 그 주된 사무소의 소재지를 관할하는 「선거관리위원회법」에 따른 구·시·군선거관리위원회(이하 이 항에서 "구·시·군선거관리위원회"라 한다)에 위탁할 수 있다. 다만, 대통령령으로 정하는 규모 이상의 자산을 보유한 지역조합은 제27조 제2항 및 제3항에 따라 선출하는 이사장 선거의 관리에 대하여 정관으로 정하는 바에 따라 구·시·군선거관리위원회에 위탁하여야 한다.

59) 이용준(수석전문위원), 신용협동조합법 일부개정법률안(서병수 의원 대표발의, 의안번호 제2111364호) 검토보고서, 국회 정무위원회, 2021. 9. 9면.

60) 법 제27조의3(조합선거관리위원회의 구성·운영 등) ① 조합은 임원 선거를 공정하게 관리하기 위하여 대통령령으로 정하는 바에 따라 조합선거관리위원회를 구성·운영한다.
② 조합은 제27조 제2항, 제3항 및 제9항에 따라 선출하는 임원 선거의 관리에 대하여 정관으로 정하는 바에 따라 그 주된 사무소의 소재지를 관할하는 「선거관리위원회법」에 따른 구·시·군선

한편, 총자산 1천억원 미만인 지역조합이나 직장조합, 단체조합의 경우에는 기존 신협법에 따라 임의로 선거관리위원회에 위탁할 수 있는 근거가 마련되어 있으므로 해당 조합에서 선거관리위원회에 위탁하는 것이 가능하다. 신협법에 의하면 조합은 조합 이사장을 포함한 임원, 상임이사, 상임감사를 선출하는 임원 선거의 관리에 대하여 정관으로 정하는 바에 따라 그 주된 사무소의 소재지를 관할하는 「선거관리위원회법」에 따른 구 · 시 · 군선거관리위원회에 위탁할 수 있도록 규정하고 있기 때문이다.[62] 나아가 의무위탁 대상이 아닌 지역조합의 위탁선거 및 동시선거 참여를 최대한 보장하기 위하여 지역 신협의 경우에는 신협법 부칙을 통해 2025년 11월로 임기의 만료 시점 조정 근거를 마련하였다.[63] 이로써 임의위탁 선거 대상 지역조합의 경우에도 이사장 임기 불일치에 따른 부담 없이 선거관리위원회에 조합장 선거를 위탁하고, 다수 신협이 참여하는 동시조합장 선거에 참여할 기회를 확보하였다고 볼 수 있다.

다만, 직장조합과 단체조합의 경우에는 부칙을 통해 이사장의 임기를 별도의 근거를 마련하지는 아니하였다.[64] 만일 직장조합과 단체조합의 경우에도 동

거관리위원회(이하 이 항에서 "구 · 시 · 군선거관리위원회"라 한다)에 위탁할 수 있다. 다만, 대통령령으로 정하는 규모 이상의 자산을 보유한 지역조합은 제27조 제2항 및 제3항에 따라 선출하는 이사장 선거의 관리에 대하여 정관으로 정하는 바에 따라 구 · 시 · 군선거관리위원회에 위탁하여야 한다.

61) **시행령 제14조의5(이사장 선거 관리 위탁 대상 지역조합의 범위)** 법 제27조의3제2항 단서에서 "대통령령으로 정하는 규모 이상의 자산을 보유한 지역조합"이란 직전 사업연도 평균잔액으로 계산한 총자산이 1천억원 이상인 지역조합을 말한다.

62) **법 제27조의3(조합선거관리위원회의 구성 · 운영 등)** ② 조합은 제27조 제2항, 제3항 및 제9항에 따라 선출하는 임원 선거의 관리에 대하여 정관으로 정하는 바에 따라 그 주된 사무소의 소재지를 관할하는 「선거관리위원회법」에 따른 구 · 시 · 군선거관리위원회(이하 이 항에서 "구 · 시 · 군선거관리위원회"라 한다)에 위탁할 수 있다.

63) **법 부칙 제4조(지역조합 이사장의 동시선거에 따른 임기 및 선출 등에 관한 특례)** ① 이 법 시행일부터 2023년 11월 21일까지의 기간 동안 이사장의 임기가 시작되었거나 시작되는 경우에는 제31조 제1항에도 불구하고 해당 이사장의 임기는 2025년 11월 20일까지로 한다.
② 2019년 11월 22일부터 이 법 시행일 전에 새로 선출되거나 임기가 시작되는 이사장의 임기가 만료되고 다음에 새로 임기가 시작되는 이사장의 경우에는 제31조 제1항에도 불구하고 해당 이사장의 임기는 2029년 11월 20일까지로 한다.

64) **법 부칙 제4조(지역조합 이사장의 동시선거에 따른 임기 및 선출 등에 관한 특례)** ① 이 법 시행일부터 2023년 11월 21일까지의 기간 동안 이사장의 임기가 시작되었거나 시작되는 경우에는 제31조 제1항에도 불구하고 해당 이사장의 임기는 2025년 11월 20일까지로 한다.
② 2019년 11월 22일부터 이 법 시행일 전에 새로 선출되거나 임기가 시작되는 이사장의 임기가 만료되고 다음에 새로 임기가 시작되는 이사장의 경우에는 제31조 제1항에도 불구하고 해당 이사장의 임기는 2029년 11월 20일까지로 한다.

시 조합장 선거 일정에 참여를 가능하게 하기 위해서는 2025년 11월로 이사장 임기가 만료되도록 조정할 수 있는 근거를 마련할 수 있었을 것이다. 다만, 직장조합과 단체조합은 전체가 의무위탁 대상이 아님에도 불구하고 임기 만료 시점을 조정하는 것은 일부 임원의 임기가 연장될 수 있어 부적정하다는 비판을 고려하여 임기 조정 대상에는 제외되었다. 이에 따라 직장조합과 단체조합은 조합의 의사에 따라 위탁 선거를 실시하는 것은 가능하지만, 2025년 11월 또는 그 이후에 실시될 다수 신협의 동시 조합장 선거에는 사실상 참여가 제한되는 결과가 되었다.

동시 조합장 선거를 위한 임기 조정은 첫 동시선거 일정을 맞추기 위하여 일부 임원의 임기가 법정 임기인 4년보다 더 연장되는 경우가 발생할 수 있으므로 일부 조합 임원의 경우에는 불합리한 특혜가 된다는 비판이 제기될 수 있다. 다만, 임의위탁 대상인 1천억원 미만 지역조합과 달리 직장신협과 단체신협은 지역조합과 임기가 상이해져 개별 조합이 선거관리위원회에 위탁을 원하더라도 동시선거가 아닌 별도 선거를 실시할 수 밖에 없는데, 이 경우에는 동시선거를 진행하는 것보다 추가적인 선거비용이 더 발생하게 될 수 있다.

동시선거는 앞서 살펴본 바와 같이 인력 및 예산 절감 효과, 불법·비리 행위를 집중적으로 감시·단속하여 효과적인 선거 관리가 가능하다는 점에서 의무위탁 대상이 아니더라도 임기 만료 시점을 조정하여 위탁 선거 참여 기회를 최대한 보장하는 것이 타당하였을 것으로 판단된다. 신협의 경우 2025년 11월에 첫 동시 선거가 예정되어 있고, 2025년에 동시선거를 실시하는 대상 조합이 없어 실질적으로는 2029년 11월에 동시 조합장 선거가 실시될 것으로 예상되므로 임기 조정에 따른 논란을 최소화하는 방안으로 임기 만료 시점을 동일하게 조정하는 방안을 적극적으로 검토할 필요가 있다고 판단된다.

Ⅲ. 관련 판례

헌법재판소 2018. 12. 27. 선고 2017헌바248 전원재판부 결정 [공공단체등 위탁선거에 관한 법률 제24조 제1항 등 위헌소원]

"심판대상조항들은 조합장선거의 과열과 혼탁을 방지하여 선거의 공정성을 담보하기 위한 것이다. 조합장선거의 구조 및 선거문화, '공공단체등 위탁선거에 관한 법률'의 제정배경 등에 비추어 볼 때, **가족이나 선거사무원 등 후보자가 아닌 사람에게 선거운동을 허용하게 되면 선거가 과열되어 상호비방 등에 의한 혼탁선거가 더욱 가중될 우려가 있고, 선거 결과가 정책대결이 아닌 친소관계에 의해 좌우될 가능성도 커지며, 선거인의 올바른 후보자 선택에 혼란을 안겨줄 위험성마저 배제하기 어렵다.** 조합원들의 조합장선거에 대한 높은 관심도에 비추어 보더라도 후보자가 아닌 사람에게 선거운동을 허용해 줄 필요성은 크지 않다. '공공단체등 위탁선거에 관한 법률'상 허용되는 선거운동기간 및 선거운동방법을 종합하여 보면, 후보자 혼자 선거운동기간 동안 조합원들을 상대로 선거운동을 하는 것이 물리적으로 불가능하다고 보이지도 않는다. 심판대상조항들이 달성하고자 하는 조합장선거의 공정성 확보라는 공익은 조합장선거의 후보자가 가족이나 선거사무원 등을 통하여 충분한 선거운동을 할 수 없게 되는 불이익보다 훨씬 크다. 따라서 **심판대상조항들은 조합장선거의 후보자 및 선거인인 조합원의 결사의 자유 등 기본권을 침해하지 아니한다.**"

헌법재판소 2023. 5. 25. 선고 2021헌바136 전원재판부 결정 [공공단체 등 위탁선거에 관한 법률 제4조 제1호 등 위헌소원]

"의무위탁조항은 농협중앙회장선거의 과열과 혼탁을 방지함으로써 선거의 공정성을 담보하기 위하여 선거관리의 위탁 여부를 농협중앙회의 자율에 맡기지 않고 선거의 공정한 관리를 관장하는 중앙선관위에 의무적으로 위탁하도록 한 조항이다. 농협중앙회의 회원조합이 수행하는 사업 내지 업무가 국민경제에서 상당한 비중을 차지하고, 국가나 국민 전체와 관련된 경제적 기능에 있어서 금융기관에 준하는 공공성을 가진다는 점, 중앙선관위가 수탁하여 관리하는 사무는 주로 선거절차에 관한 사무에 해당하는 점 등을 고려하면 **의무위탁 조항은 과잉금지원칙에 위반되지 않으므로, 농협중앙회 및 회원조합의 결사의 자유를 침해한다고 볼 수 없다.**"

의무위탁조항에 따라 반드시 회장 선출에 대한 선거관리를 중앙선관위에 위탁해야 하는 농협중앙회와 달리, 중소기업협동조합법은 중소기업중앙회장 선출에

> 대한 선거관리를 중앙선관위에 임의로 위탁할 수 있도록 규정하고 있으므로, 농협중앙회와 중소기업중앙회 간에 차별취급이 존재한다. 그러나 이는 입법자가 각 조합 및 중앙회 선거가 진행되어 온 역사적 경험을 비롯해 사회 제반 여건 등을 종합적으로 고려하여 농협중앙회장선거와 중소기업중앙회장선거를 달리 규율한 것으로 볼 수 있으므로, **위와 같은 차별에는 합리적인 이유가 있다고 볼 수 있다. 그러므로 의무위탁조항은 평등원칙에 위반되지 않는다.**

Ⅳ. 관련 법령

법률	조문
새마을 금고법	제23조(선거관리위원회의 설치 · 운영 등) ① 금고는 임원 선거를 공정하게 관리하기 위하여 선거관리위원회를 구성 · 운영한다. ② 선거관리위원회는 이사회가 위촉하는 5명 이상의 위원으로 구성하며, 2명 이상의 위원을 회원이 아닌 사람으로 위촉하되 그 자격요건 등은 대통령령으로 정한다. 〈개정 2017. 12. 26.〉 ③ 삭제 〈2025. 1. 7.〉 ④ 금고의 임직원은 선거관리위원회의 위원이 될 수 없다. 〈신설 2017. 12. 26., 2025. 1. 7.〉 ⑤ 제1항 및 제2항에 따른 선거관리위원회의 구성 · 운영 · 직무 등에 관한 사항은 대통령령으로 정한다. 〈신설 2017. 12. 26., 2025. 1. 7.〉 제23조의2(선거관리의 위탁) ① 지역금고는 이사장 선거의 관리에 대하여 정관으로 정하는 바에 따라 그 주된 사무소의 소재지를 관할하는 「선거관리위원회법」에 따른 구 · 시 · 군선거관리위원회에 위탁하여야 한다. 〈개정 2021. 10. 19., 2025. 1. 7.〉 ② 금고는 다음 각 호의 구분에 따른 임원선거의 관리에 대하여 정관으로 정하는 바에 따라 그 주된 사무소의 소재지를 관할하는 「선거관리위원회법」에 따른 구 · 시 · 군선거관리위원회에 위탁할 수 있다. 〈신설 2021. 10. 19., 2025. 1. 7.〉 1. 지역금고: 이사장을 제외한 임원선거 2. 지역금고 외의 금고: 모든 임원선거 [본조신설 2011. 3. 8.]
농업 협동조합법	제51조(조합선거관리위원회의 구성 · 운영 등) ① 지역농협은 임원 선거를 공정하게 관리하기 위하여 조합선거관리위원회를 구성 · 운영한다. ② 조합선거관리위원회는 이사회가 조합원(임직원은 제외한다)과 선거의 경험이 풍부한 자 중에서 위촉하는 7명 이상의 위원으로 구성한다. ③ 조합선거관리위원회의 기능과 운영에 필요한 사항은 정관으로 정한다. ④ 지역농협은 제45조 제5항 제1호 및 제2호에 따라 선출하는 조합장 선거의 관리에 대하여는 정관으로 정하는 바에 따라 그 주된 사무소의 소재지를 관할하는 「선거관리위원회법」에 따른 구 · 시 · 군선거관리위원회(이하 "구 · 시 · 군선거관리위원회"라 한다)에 위탁하여야 한다. 〈개정 2011. 3. 31.,

	2016. 12. 27.〉 ⑤ 삭제 〈2014. 6. 11.〉 ⑥ 삭제 〈2014. 6. 11.〉 ⑦ 제4항에 따라 지역농협의 조합장 선거를 수탁 · 관리하는 구 · 시 · 군선거관리위원회는 해당 지역농협의 주된 사무소의 소재지를 관할하는 검찰청의 장에게 조합장 선거 후보자의 벌금 100만원 이상의 형의 범죄경력(실효된 형을 포함하며, 이하 이 조에서 "전과기록"이라 한다)을 조회할 수 있으며, 해당 검찰청의 장은 지체 없이 그 전과기록을 회보하여야 한다. 〈신설 2011. 3. 31.〉 ⑧ 제7항에 따른 조합장 선거를 제외한 임원 선거의 후보자가 되고자 하는 자는 전과기록을 본인의 주소지를 관할하는 국가경찰관서의 장에게 조회할 수 있으며, 해당 국가경찰관서의 장은 지체 없이 그 전과기록을 회보하여야 한다. 이 경우 회보받은 전과기록은 후보자등록 시 함께 제출하여야 한다. 〈신설 2011. 3. 31.〉
수산업 협동조합법	**제54조(선거관리위원회)** ① 지구별수협은 임원 선거를 공정하게 관리하기 위하여 대통령령으로 정하는 바에 따라 선거관리위원회를 구성 · 운영한다. ② 지구별수협은 제46조 제3항 제1호 및 제2호에 따라 선출하는 조합장 선거의 관리에 대하여는 정관으로 정하는 바에 따라 그 주된 사무소의 소재지를 관할하는 「선거관리위원회법」에 따른 구 · 시 · 군선거관리위원회에 위탁하여야 한다. 〈개정 2012. 2. 17.〉 ③ 삭제 〈2014. 6. 11.〉 ④ 삭제 〈2014. 6. 11.〉
산림조합법	**제40조의3(조합선거관리위원회의 구성 · 운영 등)** ① 조합은 임원선거를 공정하게 관리하기 위하여 대통령령으로 정하는 바에 따라 조합선거관리위원회를 구성 · 운영한다. ② 조합은 제35조 제4항 제1호 및 제2호에 따라 선출하는 조합장선거의 관리에 대하여는 정관으로 정하는 바에 따라 그 주된 사무소의 소재지를 관할하는 「선거관리위원회법」에 따른 구 · 시 · 군선거관리위원회(이하 "구 · 시 · 군선거관리위원회"라 한다)에 위탁하여야 한다. 〈개정 2020. 3. 24.〉 ③ 삭제 〈2014. 6. 11.〉 ④ 삭제 〈2014. 6. 11.〉

제27조의4(이사장당선인 결정의 특례)

제27조의4(이사장당선인 결정의 특례) 이사장 선거에 대하여는 제26조의2제2항 제2호 및 제27조 제3항에도 불구하고 후보자등록마감시각에 등록된 후보자가 1명이거나 후보자등록마감 후 선거일의 투표마감시각까지 후보자가 사퇴·사망하거나 등록이 무효로 되어 후보자수가 1명이 된 때에는 투표를 실시하지 아니하고 선거일에 그 후보자를 당선인으로 결정한다.

[본조신설 2023. 7. 18.]

Ⅰ. 조문의 취지와 의의

법 제27조의4는 이사장 선거의 등록 후보자가 1명인 경우에 별도의 투표 실시 없이 그 후보자를 당선인으로 결정하는 특례를 규정한 것이다.

Ⅱ. 조문의 내용 및 해설

1. 무투표 당선 제도의 의의

현행 공직선거법에 의하면, 국회의원, 지방의회의원, 지방자치단체장, 교육감, 그리고 제주특별자치도 교육의원 선거에서 후보자 수가 의원 정수를 넘지 않거나, 후보가 1인일 때 투표를 실시하지 않고 선거일에 그 후보자를 당선인으로 결정하도록 정하고 있다. 후보자가 사퇴하거나 사망하는 등으로 후보자 수가 선출 인원 정수에 미치지 못하게 된 경우에도 마찬가지다.[65] 이와 같이 후보자 수가 선출 인원 정수를 넘지 않는 경우 선거일에 별도의 투표 없이 그 후보자를 당선인으로 결정하는 것을 '무투표 당선' 제도라고 한다. 무투표 당선 제도는 선거에 소요되는 여러 가지 절차를 간소화화여 행정적 편의를 도모하고 선거비용을 절감하는 등 선거제도의 효율성을 제고하기 위한 것이다.[66]

65) 공직선거법 제188조, 제190조, 제191조, 「지방교육자치에 관한 법률」 제49조, 「제주특별자치도 설치 및 국제자유도시 조성을 위한 특별법」 제65조 등.

66) 헌법재판소 2016. 10. 27. 선고 2014헌마797 결정.

2. 무투표 당선 제도의 도입

조합의 임원은 총회에서 선출하며(법 제27조 제2항), 이사장의 선출은 선거인 과반수의 투표로써 다수 득표자를 당선인으로 결정한다(법 제27조 제3항). 조합 임원의 선출은 총회의 결의사항이며(법 제24조 제1항 제3호), 조합원의 투표로 총회의 결의를 갈음할 수 있다(법 제26조의2 제1항). 조합원의 투표로 이사장을 선출하는 경우에도 선거인 과반수의 투표로써 다수 득표자를 당선인으로 결정한다(법 제26조의2 제2항 제1호). 따라서, 조합의 임원은 총회 또는 조합원의 투표로 선출되어야 하는 것이 원칙이다.

법 제27조의2는 법 제26조의2 제2항 제2호 및 제27조 제3항에도 불구하고 후보자등록마감시각에 등록된 후보자가 1명이거나 후보자등록마감 후 선거일의 투표마감시각까지 후보자가 사퇴·사망하거나 등록이 무효로 되어 후보자 수가 1명이 된 때에는 투표를 실시하지 아니하고 선거일에 그 후보자를 당선인으로 결정하도록 규정하여 무투표 당선 제도의 법적 근거를 마련하였다.

3. 무투표 당선 제도 도입으로 인한 실무상 변화

무투표 당선 제도가 도입되기 이전에는 이사장 후보자가 1인이더라도 "다수 득표자"를 당선인으로 결정하는 것이 원칙이므로(법 제27조 제3항), 반드시 총회 등을 개최하여 1표 이상을 득표하는 경우 그 후보자를 당선인으로 결정한다. 따라서, 총회의 의결 또는 조합원의 투표라는 최소한의 형식적인 절차를 거쳐야 한다. 무투표 당선 제도의 도입으로 선거일에 별도의 결의 또는 조합원의 투표를 생략하고 해당 후보자를 당선인으로 결정하게 된다.

Ⅲ. 관련 판례

헌법재판소 2016. 10. 27. 선고 2014헌마797 결정 [공직선거법 제191조 제3항 등 위헌확인]

"심판대상조항의 입법목적은 선거에 소요되는 여러 가지 절차를 간소화하여 행정적 편의를 도모하고 선거비용을 절감하는 등 선거제도의 효율성을 제고하기 위한 것으로 그 정당성을 인정할 수 있으며, 후보자등록기한까지 후보자가 1인일 경우 투표를 생략하고 해당 후보자를 당선자로 결정하는 것은 이러한 입법목적을 달성하기 위한 적절한 수단이라 할 수 있다.

지방자치단체의 장 선거에 있어서는 "유효투표의 다수"를 얻은 자가 당선인으로 결정되는 것이 원칙이므로 후보자가 1인일 경우에는 단 1표를 얻더라도 출마한 후보가 당선인이 된다. 다만 후보자가 1명일 경우에도 투표를 실시하여 일정비율 이상의 득표를 할 경우에만 당선자로 인정하는 방법도 있겠으나, 당선자의 결정방식은 사회적, 경제적, 기술적 여건 등 여러 가지 요건을 종합적으로 고려하여 입법자가 결정할 사항으로 입법형성의 자유가 인정되는 부분이며, 당선인이 반드시 일정비율 이상의 득표를 해야 민주적 정당성이나 대표성을 획득한다고 볼 수도 없다.

후보자가 1인일 경우에도 투표를 실시하도록 하면 당선자가 없어 재선거를 하게 되는 경우도 발생할 수 있는데 이 경우 재선거 실시에 따르는 새로운 후보자 확보 가능성의 문제, 행정적인 번거로움과 시간·비용의 낭비는 물론이고 지방자치단체의 장 업무의 공백 역시 필연적으로 뒤따르게 된다. 입법자가 위와 같은 사정을 고려하여 후보자가 1인일 경우 투표를 실시하지 않고 해당 후보자를 지방자치단체의 장 당선자로 정하도록 결단한 것은 입법목적 달성에 필요한 범위를 넘은 과도한 제한이라 할 수 없으므로 심판대상조항은 청구인의 선거권을 침해하지 않는다."

Ⅳ. 관련 법령

법률	조문
새마을금고 정관	제40조의10(임원의 선출) ② 이사장은 회원 중에서 무기명 비밀투표로 선출한다. 다만, 이사장의 후보자가 1명인 경우에는 등록된 후보자를 선거일에 당선인으로 결정한다.
농협 정관	제86조(당선인 결정) ① 후보자 중 유효투표의 최다득표자를 당선인으로 결정한다. 다만, 최다득표자가 2인 이상인 경우에는 연장자를 당선인으로 결정한다. ② 후보자등록마감시각에 등록된 후보자가 1인이거나 후보자등록마감 후 선거일의 투표마감시각 까지 후보자가 사퇴·사망하거나 등록이 무효로 되어 후보자수가 1인이 된 때에는 투표를 실시 하지 아니하고 선거일에 그 후보자를 당선인으로 결정한다. ③ 선거일의 투표마감시각 후 당선인결정 전까지 후보자가 사퇴·사망하거

	나 등록이 무효로 된 경우에는 개표결과 나머지 후보자 중에서 제1항에 따라 당선인을 결정한다. ④ 당선인의 결정에 명백한 착오가 있는 때에는 당선인의 결정을 시정한다.

제28조(임원 등의 자격 제한)

제28조(임원 등의 자격 제한) ① 다음 각 호의 어느 하나에 해당하는 사람은 조합의 임원이나 발기인이 될 수 없다. 〈개정 2023. 12. 26.〉

1. 피성년후견인, 피한정후견인 및 파산선고를 받고 복권되지 아니한 사람
2. 금고 이상의 실형을 선고받고 그 집행이 끝나거나(집행이 끝난 것으로 보는 경우를 포함한다) 집행이 면제된 날부터 3년이 지나지 아니한 사람
3. 형의 집행유예를 선고받고 그 유예기간 중에 있는 사람
4. 금고 이상의 형의 선고유예를 받고 그 선고유예기간 중에 있는 사람
5. 이 법 또는 대통령령으로 정하는 금융 관련 법령(이하 "금융관계법령"이라 한다)을 위반하여 벌금 이상의 형을 선고받고 그 집행이 끝나거나(집행이 끝난 것으로 보는 경우를 포함한다) 집행이 면제된 날부터 5년이 지나지 아니한 사람
6. 법원의 판결 또는 다른 법률에 따라 자격이 상실되거나 정지된 사람

6의2. 제11조 제2항 제1호에 따른 조합원

7. 이 법 또는 금융관계법령에 따라 해임[제84조 제1항 제1호에 따른 임원에 대한 개선(改選)을 포함한다. 이하 이 조에서 같다]되거나 징계면직된 사람으로서 해임되거나 징계면직된 후 5년이 지나지 아니한 사람
8. 이 법 또는 금융관계법령에 따라 영업의 허가·인가 또는 등록이 취소된 법인 또는 회사의 임직원이었던 사람(그 취소 사유의 발생에 직접적 책임이 있거나 이에 상응하는 책임이 있는 사람으로서 대통령령으로 정하는 사람만 해당한다)으로서 그 법인이나 회사에 대한 취소 처분이 있었던 날부터 5년이 지나지 아니한 사람
9. 이 법 또는 금융관계법령에 따라 대통령령으로 정하는 정직·업무집행정지 이상의 제재 조치를 받은 사람으로서 대통령령으로 정하는 기간이 지나지 아니한 사람
10. 이 법 또는 금융관계법령에 따라 재임 중이었거나 재직 중이었더라면 해임요구 또는 징계면직의 조치를 받았을 것으로 통보된 퇴임한 임원 또는 퇴직한 직원으로서 그 통보가 있었던 날부터 5년(통보가 있었던 날부터 5년이 퇴임 또는 퇴직한 날부터 7년을 초과한 경우에는 퇴임 또는 퇴직한 날부터 7년으로 한다)이 지나지 아니한 사람
11. 이 법 또는 금융관계법령에 따라 재임 중이었거나 재직 중이었더라면 대통령령으로 정하는 정직·업무집행정지 이상의 제재 조치를 요구받았을 것으로 통보된 퇴임한 임원 또는 퇴직한 직원으로서 그 통보가 있었던 날부터 대통령령으로 정하는 기간(통보가 있었던 날부터 대통령령으로 정하는 기간이 퇴임 또는 퇴직한 날부터 6년을 초과한 경우에는 퇴임 또는 퇴직한 날부터 6년으로 한다)이 지나지 아니한 사람
12. 그 밖에 정관에서 정한 자격 제한 사유에 해당하는 사람

② 임원에게서 제1항(제9호는 제외한다)의 사유가 발견되거나 발생되었을 때에는 해당 임원은 즉시 면직된다.

③ 제2항에 따라 면직된 임원이 면직 전에 관여한 행위는 그 효력을 잃지 아니한다.

[전문개정 2015. 1. 20.]

Ⅰ. 조문의 취지와 의의

법 제28조는 조합의 임원의 자격 제한(결격) 사유에 대해 구체적으로 열거하고 있고, 위 사유 발견 또는 발생시 해당 임원을 즉시면직할 수 있는 근거 등에 대하여 규정하고 있다. 임원의 결격 사유는 일정한 자격 향유에서 배제하는 것으로 일정한 자격 제한 사유가 발생하는 경우 일정 기간 조합의 임원이 될 수 없도록 제한하고, 재임 기간 동안 그 사유가 발생한 경우 즉시면직하도록 함으로서 직무에서 배제되도록 하는 것이다.

신협은 공동유대를 바탕으로 하는 신용협동조직의 건전한 육성을 통하여 그 구성원의 경제적·사회적 지위를 향상시키고 지역주민에게 금융편의를 제공함으로써 지역경제의 발전에 이바지할 것을 목적으로 설립된 비영리법인이다(법 제1조, 제2조 제1호). 신협의 목적과 사업, 업무의 내용이나 규모, 경제적 기능 및 조합원의 자격 등을 고려하여 보면, 신협은 금융기관에 준하는 공공성을 가지므로 신협의 운영을 책임지는 임원은 공정한 선거에 의하여 선출될 필요가 있다. 이와 같은 측면에서 법 제28조는 임원 자격을 법률로 제한하고, 이를 위반한 자를 즉시 면직시킴으로써 신협 임원의 사회적 책임 및 임원에 대한 국민의 신뢰를 제고하고, 임원 선거의 공정성을 담보하기 위하여 규정된 것이다.[67]

Ⅱ. 조문의 내용 및 해설

1. 임원의 자격 제한 사유

가. 신협법에 의한 임원자격 제한 사유

1) 피성년후견인, 피한정후견인 및 파산선고를 받고 복권되지 아니한 사람
2) 금고 이상의 실형을 선고받고 그 집행이 끝나거나(집행이 끝난 것으로 보는 경우를 포함한다) 집행이 면제된 날부터 3년이 지나지 아니한 사람
3) 형의 집행유예를 선고받고 그 유예기간 중에 있는 사람

67) 헌법재판소 2018. 7. 26. 선고 2017헌마452 전원재판부 결정.

4) 금고 이상의 형의 선고유예를 받고 그 선고유예기간 중에 있는 사람
5) 신협법 또는 신협법 시행령으로 정하는 금융 관련 법령을 위반하여 벌금 이상의 형을 선고받고 그 집행이 끝나거나(집행이 끝난 것으로 보는 경우를 포함한다) 집행이 면제된 날부터 5년이 지나지 아니한 사람
6) 법원의 판결 또는 다른 법률에 따라 자격이 상실되거나 정지된 사람
7) 법 제11조 제2항 제1호에 따른 조합원
8) 신협법 또는 금융관계법령에 따라 해임[제84조 제1항 제1호에 따른 임원에 대한 개선(改選)을 포함한다. 이하 이 조에서 같다]되거나 징계면직된 사람으로서 해임되거나 징계면직된 후 5년이 지나지 아니한 사람
9) 신협법 또는 금융관계법령에 따라 영업의 허가·인가 또는 등록이 취소된 법인 또는 회사의 임직원이었던 사람(그 취소 사유의 발생에 직접적 책임이 있거나 이에 상응하는 책임이 있는 사람으로서 대통령령으로 정하는 사람만 해당한다)으로서 그 법인이나 회사에 대한 취소 처분이 있었던 날부터 5년이 지나지 아니한 사람
10) 신협법 또는 금융관계법령에 따라 대통령령으로 정하는 정직·업무집행정지 이상의 제재 조치를 받은 사람으로서 대통령령으로 정하는 기간이 지나지 아니한 사람
11) 신협법 또는 금융관계법령에 따라 재임 중이었거나 재직 중이었더라면 해임요구 또는 징계면직의 조치를 받았을 것으로 통보된 퇴임한 임원 또는 퇴직한 직원으로서 그 통보가 있었던 날부터 5년(통보가 있었던 날부터 5년이 퇴임 또는 퇴직한 날부터 7년을 초과한 경우에는 퇴임 또는 퇴직한 날부터 7년으로 한다)이 지나지 아니한 사람
12) 신협법 또는 금융관계법령에 따라 재임 중이었거나 재직 중이었더라면 대통령령으로 정하는 정직·업무집행정지 이상의 제재 조치를 요구받았을 것으로 통보된 퇴임한 임원 또는 퇴직한 직원으로서 그 통보가 있었던 날부터 대통령령으로 정하는 기간(통보가 있었던 날부터 대통령령으로 정하는 기간이 퇴임 또는 퇴직한 날부터 6년을 초과한 경우에는 퇴임 또는 퇴직한 날부터 6년으로 한다)이 지나지 아니한 사람

나. 정관에 의한 임원 자격 제한

1) 법 제28조 제1항 제1호부터 제11호까지의 규정에 의하여 그 자격이 제한된 자
2) 정관 제15조 제4항의 규정에 의한 조합원
3) 조합의 직원 및 다른 조합의 임 · 직원
4) 재임중인 임원의 직계존비속 및 그 배우자
5) 상임감사의 경우 조합원

다. 정관 부속서 임원선거 규약에 의한 임원 자격 제한 사유

1) 선거공고일 전일 현재 미성년자
2) 대한민국 국민이 아닌 자
3) 선거공고일 전일 현재 조합의 조합원으로 가입한 지 3년이 경과하지 아니한 자
4) 선거공고일 전일 현재 조합에 대한 채무(보증채무를 제외한다)를 3월을 초과하여 이행하지 아니한 자
5) 지역 · 단체조합의 경우 선거공고일 전일 현재 조합원으로서 조합에 300좌 이상(이사장 입후보자는 500좌 이상)의 납입출자금을 2년 이상 계속 보유하고 있지 아니한 자, 다만 대통령령 제12조 제1항 제3호 가목에 따른 단체조합의 경우 100좌 이상(상임이사장 입후보자는 300좌 이상)의 납입출자금을 2년 이상 계속 보유하고 있지 아니한 자(1좌의 금액은 1만원으로 하며, 1좌 금액이 다른 경우에는 1만원으로 환산하여 계산)
6) 지역 · 단체조합(대통령령 제12조 제1항 제3호 가목에 따른 단체조합은 제외한다)의 경우 조합의 신용사업 이용실적(선거공고일 전일의 2년 전부터 선거공고일 전일 현재까지의 기간 동안 이용한 금액)이 다음 각 목의 모두에 해당하는 자
   가. 정관 제4조 제1항 제1호 가목의 예탁금 및 적금의 합산 평균잔액 300만원 미만

나. 정관 제4조 제1항 제1호 나목의 대출 합산 평균잔액 300만원 미만

7) 대통령령 제12조 제1항 제3호 가목에 따른 단체조합에서 지역조합으로 공동유대 종류 전환 후 3년이 경과하지 아니한 조합의 경우 선거공고일 전일 현재 조합원으로서 조합에 100좌 이상(상임이사장 입후보자는 300좌 이상)의 납입출자금을 2년 이상 계속 보유하고 있지 아니한 자(1좌의 금액은 1만원으로 하며, 1좌의 금액이 다른 경우에는 1만원으로 환산하여 계산)

8) 재임 중인 임원 및 임원후보자로 입후보한 자의 직계존비속 및 배우자, 4촌 이내 혈족 또는 3촌 이내 인척관계에 있는 자

9) 선거공고일 전일 현재 이 조합의 직원 또는 다른 조합의 임·직원 직을 사임하지 아니한 자. 다만, 본 조합 직원이었던 자가 이사장으로 출마하고자 하는 경우에는 선거일 직전사업연도 종료일 1월전까지 본 조합 직원의 직을 사직하지 아니한 자

10) 이사장과 임기가 상이한 상임임원이 이사장으로 출마하고자 하는 경우에는 선거공고일 전일 현재 상임임원직을 사임하지 아니한 자

11) 이사장에 대한 보궐선거의 경우 선거공고일 전일 현재 이 조합의 임·직원직을 사임하지 아니한 자

12) 이사장에 대한 보궐선거의 경우 임기개시일 현재 이사장 2차 연임 임기만료 후 4년이 경과하지 아니한 자

13) 선거공고일 전일 현재 신용정보관리규약에 의한 연체정보. 금융질서문란정보 또는 공공정보(보증채무는 제외한다)에 등재된 자.

14) 선거공고일 전일 현재 직원으로 재직중인 자의 직계존비속 및 배우자, 4촌 이내 혈족 또는 3촌 이내 인척관계에 있는 자

15) 규약 제8조 제1항 제3호에 의거 즉시면직된 날로부터 1년이 경과하지 않은 자

16) 임원선거에서 당선되었으나 귀책사유로 당선이 무효가 되거나 취소된 자로서 그 무효나 취소가 확정된 날로부터 5년이 경과하지 않은 자

17) 후보자등록일 전일까지 정관 제58조 제2항에 따른 겸직금지를 해소하지 아니한 자

2. 임원 자격 제한 사유의 주요 쟁점

(1) 벌금형의 집행유예

2018년 1월 7일 「형법」(이하 '형법')이 개정되어 500만원 이하의 벌금형에 대한 집행유예 제도가 도입되었다. 이는 벌금 납부능력이 부족한 서민의 경우 벌금형을 선고 받아 벌금을 납부하지 못할 시 노역장에 유치되는 것을 우려하여 징역형의 집행유예판결을 구하는 예가 빈번히 나타나는 등 형벌의 부조화 현상을 방지하고 서민의 경제적 어려움을 덜어주기 위하여 도입된 것이다. 그런데 신협법에 따르면, 형의 집행 유예를 선고 받고 그 유예 기간에 있는 사람은 임원 자격이 제한된다(법 제28조 제1항 제3호).

위 규정을 문리적으로 해석하면 벌금형의 집행유예를 받는 경우에도 임원자격이 제한되는 것으로 해석될 수 있다. 법 제28조 제1항 제3호의 규정은 금고 이상의 형을 받을 것을 전제로 입법되었는데, 2018년 형법의 개정으로 벌금형도 집행유예가 가능하게 되어 법상 임원 자격 제한사유가 타법의 개정으로 확대된 결과가 된 것이다. 이는 입법자가 애초에 의도한 바와 달리 금고 이상의 형의 집행유예 뿐만 아니라 벌금형의 집행유예까지 임원자격이 제한되는 결과가 되므로 불합리하다. 법 제28조 제1항 제4호도 '금고 이상의 형의 선고 유예를 받고 그 선고유예 기간 중에 있는 사람'으로 대상을 제한하고 있다. 따라서, 법 제28조 제1항 제3호를 '금고 이상의 형의 집행유예를 선고받고 그 유예기간 중에 있는 사람'으로 명확히 하는 것이 타당할 것으로 판단된다.

(2) 벌금형 100만원 미만 선고

금융관계법령을 위반하여 벌금 이상의 형을 선고받은 경우, 신협은 벌금 액수와 무관하게 임원 자격이 제한된다(법 제28조 제1항 제5호). 이는 소액의 벌금이 부과되는 경미한 법규 위반을 한 경우에도 임원 자격이 박탈되는 것이므로 과도한 피선거권 제한으로 판단된다. 참고로 공직선거법은 100만원 미만의 벌금이 피선거권에 영향이 없도록 규정하고 있다. 농협과 수협 및 새마을금고도 일반적으로 금고 이상의 경우에만 임원의 자격을 제한하며, 재산 관련 범죄로 처벌받을 경우 대부분 벌금 100만원 이상의 형이 선고되므로, 벌금 100만원 미만으로 자격제한이 될 가능성은 거의 없다. 상호금융기관은 선거를 통해 임원을 선출하는 금융협동조합으로 임원에게 요구되는 공공성, 도덕성 및 청렴성의 수준은 동일하므로, 소액의 벌금을 받을 경우 소속 상호금융기관에 따라 발생하는 신분상 불이익의 정도 차이를 고려하면 형평성 결여되어 있는 입법이라고 평가된다. 따라서, 신협도 타 상호금융기관과 동일하게 신협법 또는 금융관련법령을 위반하여 100만원 이상의 벌금형이 선고된 경우로 개정하는 것이 타당할 것으로 사료된다.

(3) 선거범죄 관련 공소시효

신협법에서는 위탁선거법이나 개별법과는 달리 조합과 중앙회의 임원 선거 관련 범죄의 공소시효에 관하여 특별히 규율하고 있지 않고 있다. 위탁선거법이나 개별법에서 선거관련 범죄의 공소시효를 해당 선거일 후 6개월로 정하고 있으나,[68] 신협의 경우 선거 관련 벌칙을 위반한 경우에는 형사소송법이 적용되어 공소시효 5년의 적용을 받고 있다.[69] 위탁선거법과 개별법에서 공소시효를 선거일 후 6개월로 정하고 있는 이유는 선거의 유효 및 무효, 임원의 자격, 재선거 필요성 등이 조기에 결정되어 조합 운영의 안정성을 제고하기 위함이다.

신협의 경우에는 타기관과 달리 공소시효에 관한 규정이 없어 상호금융기관별 규제차익과 형평성 문제가 발생하고 있다. 또한, 신협 이사장 선거 등에 위

---

68) 위탁선거법 제71조(공소시효) 이 법에 규정한 죄의 공소시효는 해당 선거일 후 6개월(선거일 후 행하여진 범죄는 그 행위가 있는 날부터 6개월)이 지남으로써 완성한다. 다만, 범인이 도피한 때나 범인이 공범 또는 범죄의 증명에 필요한 참고인을 도피시킨 때에는 그 기간은 3년으로 한다.
농협법 제172조(벌칙) ① 다음 각 호의 어느 하나에 해당하는 자는 2년 이하의 징역 또는 2천만원 이하의 벌금에 처한다.
④ 제1항부터 제3항까지의 규정에 따른 죄의 공소시효는 해당 선거일 후 6개월(선거일 후에 이루어진 범죄는 그 행위를 한 날부터 6개월)을 경과함으로써 완성된다. 다만, 범인이 도피하거나 범인이 공범 또는 증명에 필요한 참고인을 도피시킨 경우에는 그 기간을 3년으로 한다.

69) 법 제99조(벌칙) ③ 제3조 제2항, 제27조의2(제72조 제8항에 따라 준용되는 경우를 포함한다) 또는 제93조를 위반한 자는 1년 이하의 징역 또는 1천만원 이하의 벌금에 처한다.
형사소송법 제249조(공소시효의 기간) ① 공소시효는 다음 기간의 경과로 완성한다.
5. 장기 5년 미만의 징역 또는 금고, 장기10년 이상의 자격정지 또는 벌금에 해당하는 범죄에는 5년

탁선거법이 적용되는 경우 해당 선거 관련 규정을 위반한 경우에는 공소시효가 6개월로 한정되는데 반해, 위탁선거법이 적용되지 않은 다른 임원의 선거의 공소시효는 5년이 되어 같은 조합의 임원간 규제차이도 발생될 수 있고, 위탁선거 대상 조합과 위탁선거 대상이 아닌 조합 이사장과의 형평성 문제가 발생될 우려가 있다. 따라서, 선거관련 범죄의 공소시효를 해당 선거일 후 6개월로 일원화하는 방향의 입법적 정비가 요구된다.

(4) 비교법적 검토

상호금융기관별로 임원 자격 제한 사유를 개별법에서 규정하고 있고, 개별법에서 임원 자격 제한 사유를 상이하게 규정하고 있어 규제차익이 발생하고 있이므로 이른바 '동일기능 동일규제 원칙'에 위반되고, 상호금융기관간 형평성 문제가 발생하고 있다. 이를 표로 살펴보면 다음과 같다.

〈표〉 개별법상 임원 결격사유 주요 사항 비교

임원 결격 사유	농협	수협	산림조합	금고	신협
금고 이상의 실형을 선고받고 그 집행이 끝나거나(집행이 끝난 것으로 보는 경우를 포함한다) 집행이 면제된 날부터 3년이 지나지 아니한 사람 ※ 금고는 사업관련 금융범죄 한정, 면제된 날로부터 5년	○	○	○	○	○
개선(改選) 또는 징계면직의 처분을 받은 날부터 5년이 지나지 아니한 사람	○	○	○	○	○
이 법 또는 금융관계법령에 따라 직무정지(업무의 집행정지를 포함한다. 이하 이 항에서 같다) 또는 정직의 제재조치를 받은 사람으로서 제재조치 종료일부터 4년이 지나지 아니한 사람				○	○
퇴임 임직원에 대한 징계면직 또는 해임의 조치상당 통보를 받은 날로부터 5년이 지나지 아니한 사람				○	○
퇴임 임직원에 대한 직무정지 또는 정직의 조치상당 통보를 받은 날로부터 4년이 지나지 아니한 사람				○	○
공공기관 또는 다른 법인이나 회사에서 징계면직된 사람으로서 징계면직된 날부터 2년이 지나지 아니한 사람				○	

형법 제303조 또는 「성폭력범죄의 처벌 등에 관한 특례법」 제10조에 규정된 죄를 저지른 사람으로서 300만원 이상의 벌금형을 선고받고 그 형이 확정된 후 2년이 지나지 아니한 사람 ※ 금고는 다른 임직원에게 위 죄를 저지른 사람으로서 100만원 이상의 벌금형을 선고받고 그 형이 확정된 후 3년이 지나지 아니한 사람		○		○ (3년)	
(금고 이상의) 형의 집행유예선고를 받고 그 유예기간 중에 있는 사람 ※ 금고는 사업관련 범죄 한정, 유예 종료 후 3년	○	○	○	○ (3년)	○
제85조 제1항, 형법 제355조부터 제357조까지의 죄(금고나 중앙회의 사업과 관련된 죄만 해당한다)를 범하여 금고 이상의 형의 선고유예를 받고 그 선고유예 기간이 끝난 날부터 3년이 지나지 아니한 사람 ※ 신협은 금고 이상의 형의 선고유예를 받고 그 선고유예 기간 중에 있는 사람				○	○
형법 제355조부터 제357조까지의 죄(금고나 중앙회의 사업과 관련된 죄만 해당한다)를 범하여 벌금형을 선고받고 그 형이 확정된 후 3년이 지나지 아니한 사람 ※ 신협은 신협법 또는 대통령령으로 정하는 금융 관련 법령(이하 "금융관계법령"이라 한다)을 위반하여 벌금 이상의 형을 선고받고 그 집행이 끝나거나(집행이 끝난 것으로 보는 경우를 포함한다) 집행이 면제된 날부터 5년이 지나지 아니한 사람				○	○ (5년)
위탁선거법 제58조(매수 및 이해유도죄)ㆍ제59조(기부행위의 금지ㆍ제한 등 위반죄)ㆍ제61조(허위사실 공표죄)부터 제66조(각종 제한규정 위반죄)까지에 규정된 죄를 범하여 벌금 100만원 이상의 형을 선고받고 4년이 지나지 아니한 사람	○	○	○	○ (3년)	
이 법에 따른 임원 선거에서 당선되었으나 동법 또는 위탁선거법 제70조(위탁선거범죄로 인한 당선무효)제1호에 따라 당선이 무효로 된 사람으로서 그 무효가 확정된 날부터 5년이 지나지 아니한 사람	○	○ (4년)	○	○	
신협법 제11조 제2항 제1호(직장을 퇴직한 날로부터 1년이 지나지 아니한 자)의 조합원					○
그 밖에 정관으로 정하는 자격 제한 사유에 해당하는 사람				○	○

구체적으로 살펴보면, 농협과 수협, 산림조합은 해당 법 또는 금융관련법률에 따라 직무정지 또는 정직의 조치를 받은 임직원에 대하여 별도의 임원 자격제한 규정을 두고 있지 아니하다. 이에 반해 신협과 금고는 이 법 또는 금융관계법령에 따라 직무정지(업무의 집행정지를 포함한다. 이하 이 항에서 같다) 또는 정직의 제재조치를 받은 사람으로서 제재조치 종료일부터 4년이 지나지 아니한 사람에 대한 임원 자격을 제한하고 있다.[70] 퇴임 임직원에 대한 직무정지(정직) 상당의 조치 통보에 대해서는 임원 자격을 제한하는 신협과 금고와 달리 농협과 수협, 산림조합에서는 이를 별도로 규율하고 있지 않다.[71]

임원 결격 사유는 동일하나 자격제한 기간이 상이한 경우도 있다. 예를 들어, 농협과 산림조합은 "이 법에 따른 임원 선거에서 당선되었으나 동법 또는 위탁선거법 제70조(위탁선거범죄로 인한 당선무효) 제1호에 따라 당선이 무효로 된 사람으로서 그 무효가 확정된 날부터 5년이 지나지 아니한 사람"의 임원 자격을 제한하고 있으나, 수협은 그 제한 기간을 4년으로 하고 있다.[72] 또한, 농협과 수협, 산림조합은 "위탁선거법 제58조(매수 및 이해유도죄)·제59조(기부행위의 금지·제한 등 위반죄)·제61조(허위사실 공표죄)부터 제66조(각종 제한규정 위반죄)까지에 규정된 죄를 범하여 벌금 100만원 이상의 형을 선고받고 4년이 지나지 아니한 사람"의 임원 자격을 제한하나, 금고는 그 제한 기간을 3년으로 하고 있다.[73] 신협은 위탁선거법의 개정은 완료되었으나 신협법에 위탁선거법 관련 당선 무효 또는 형사처벌을 받은 경우에 대한 임원 자격 제한 규정을 두고 있지 않다.[74]

한편, 신협과 새마을금고는 다른 기관과는 달리 "그 밖에 정관으로 정하는 자격 제한 사유에 해당하는 사람"의 임원 자격을 추가로 제한할 수 있도록 규정하여 임원 자격 제한 사유를 조합 정관 또는 정관부속서임원선거규약을 통

70) 법 제28조 제1항 제9호, 금고법 제21조 제1항 제12조의2호.

71) 법 제28조 제1항 제10호, 제11호, 새마을금고법 제21조 제1항 제13호, 제13의2호, 퇴임임직원에 대한 제재조치 제도의 문제점에 대해서는 이태영, 금융기관 퇴임 임직원 제재제도의 문제점과 개선방안, 금융감독연구, 금융감독원, 2023, 80-91면 참조.

72) 농협법 제49조 제1항 제9호, 수협법 제51조 제1항 제10호.

73) 농협법 제49조 제1항 제8호, 금고법 제21조 제1항 제8호.

74) 다만, 2025년 8월 위탁선거법의 개정으로 위탁선거법을 위반한 사람에 대한 임원자격을 제한하는 내용의 신협법 개정도 이루어질 것으로 보인다.

해 정할 수 있도록 하고 있으나, 농협과 수협, 산림조합은 이에 대한 규정을 두고 있지 않다.[75)]

또한, 업무상횡령이나 업무상배임 등 금융관련 범죄, 금품수수 등의 범죄가 유죄로 확정되더라도 금고 이상의 형을 받은 경우가 아니라면 임원 자격에 아무런 제한을 받지 않지 않는 문제도 발생되고 있다. 예를 들어 농협과 산림조합의 경우 선거관련 범죄로 벌금 100만원 이상의 형을 선고받은 경우를 제외하고는 다른 범죄에 대하여 벌금형을 선고받더라도 별도의 임원 자격 제한 규정을 두고 있지 않고 있어, 횡령이나 배임 등으로 벌금형 이하의 형사처벌을 받은 경우에는 임원 자격이 제한되지 않는다. 이에 반해, 금고는 "「형법」 제355조부터 제357조까지의 죄(금고나 중앙회의 사업과 관련된 죄만 해당한다)를 범하여 벌금형을 선고받고 그 형이 확정된 후 3년이 지나지 아니한 사람"의 임원 자격을 제한하고 있다.[76)]

따라서, 상호금융기관간 형평성 문제를 고려하여 임원 자격 제한 사유를 일치시킬 필요가 있고, 금융협동조합 임원의 사회적 책무를 고려하여 금융관련 범죄나 성범죄 등으로 벌금 100만원 이상의 형을 선고받은 사람의 임원자격을 엄격하게 제한하는 방향의 개선이 필요하다고 판단된다.

3. 즉시면직 사유 및 효력

임원에게서 법 제28조 제1항(제9호는 제외한다)의 사유가 발견되거나 발생되었을 때에는 해당 임원은 즉시 면직된다(법 제28조 제2항). 임원이 직무정지 처분을 받은 경우 그 즉시 면직 처리하는 것은 불합리하므로, 즉시 면직 대상에서 제외되고 차기 임원 선거에서 일정 기한 출마 자격이 제한된다. 면직된 임원이 면직 전에 관여한 행위는 그 효력을 잃지 아니한다(법 제28조 제3항).

---

75) 법 제28조 제1항 제12호, 새마을금고법 제21조 제1항 제18호.

76) **새마을금고법 제21조(임원의 결격 사유)** ① 다음 각 호의 어느 하나에 해당하는 사람은 금고의 임원이 될 수 없다. 다만, 제18조 제3항에 따른 상근이사는 제16호를 적용하지 아니한다.

11의2. 금고의 임직원으로 재임 또는 재직 중 다른 임직원에게 「형법」 제257조 제1항, 제260조 제1항, 제261조(제260조 제2항의 죄를 범한 경우는 제외한다), 제262조(제260조 제2항의 죄를 범한 경우는 제외하며, 제257조의 예에 따르는 경우로 한정한다) 또는 제324조의 죄를 범하여 300만원 이상의 벌금형을 선고받고 그 형이 확정된 후 3년이 지나지 아니한 사람

Ⅲ. 관련 판례

헌법재판소 2018. 7. 26. 선고 2017헌마452 전원재판부 결정 [신협법 제28조 위헌확인]

"심판대상조항은 면직의 기준으로 벌금액수의 하한을 정하지 아니하고 금액과 상관없이 벌금형의 선고를 받기만 하면 신용협동조합 임원직에서 면직되도록 하고 있어, 청구인의 기본권을 과도하게 제한한 것인지 문제된다. 금융기관 임원의 경우에는 임원이 사익을 취하기 위하여 금융기관에 손해를 끼칠 경우 비단 해당 금융기관 또는 그 기관 내 회원들에게만 영향을 미치는 것이 아니라 금융기관을 신뢰하여 거래를 하려는 수많은 사람들에게 영향을 미치기 때문에 그 경영을 책임지는 임원은 고도의 윤리성 내지 준법의식을 가져야 하고, 임원에 대한 국민의 신뢰를 보호할 필요성이 크다(헌재 2014. 9. 25. 2013헌바208 참조). 신용협동조합은 기본적으로는 협동조합에 속하나 그 금융기관성을 고려하면 임원 또한 일반 금융기관 임원에 준하는 지위에 있다 할 수 있으므로, 임원에 대한 높은 수준의 윤리·준법의식을 제고하고 선거과정에서 나타나는 부정·타락행위를 방지하며, 선거제도의 청렴성과 공정성을 확보하기 위해서는 선거와 관련된 위반행위에 대한 엄격한 제재 규정을 둘 필요가 있다.

해당 임원이 선거의 공정성을 침해한 것은 그 행위 자체에 대한 비난가능성이 클 뿐만 아니라 불법적인 선거운동을 통하여 당선된 이상 당선 자체의 적법성 내지 정당성을 인정하기 어렵고, 앞으로 직무를 정당하게 수행할 것이라는 것에 대한 신뢰가 이미 침해되었다고 볼 수 있으므로, 임원을 면직시키는 방식의 엄격한 제재를 하는 것은 불가피한 측면이 있다.

또한 선거범죄를 범하여 형사처벌을 받은 임원 중 어떤 종류의 형벌을 얼마만큼 선고받은 자에 대하여 어느 정도의 신분상 불이익을 가할 것인가는 신협 자체의 고유한 설립목적 및 기능, 임원 지위의 공공성 등을 고려하여 입법자가 결정할 문제로(헌재 2005. 10. 27. 2004헌바41 참조), '벌금형'을 면직 또는 당연퇴임의 결격사유로 규정하면서 다만 그 하한을 '100만원 이상'으로 규정하지 않았다 하여 입법재량의 범위를 현저히 일탈하였다고 할 수 없다. 벌금형의 하한을 어느 정도로 설정해야 과도한 제한이 아니라고 볼 것인지를 산술적으로 평가하는 것은 상당히 어렵기 때문이다.

비록 심판대상조항이 벌금형의 하한을 두지 아니하여 법관이 벌금형을 선고할 때 임원직 수행의 적합성을 판단 요소로 함께 고려할 수 없다는 문제가 발생하기는 하나, 사안이 경미한 경우 벌금형의 선고유예를 받을 여지도 있으므로, 벌금형의 하한이 규정되어 있지 않다는 이유만으로 구체적 사안의 개별성을 고려하는 것을 불가능하게 하여 법관의 판단을 제한하는 것은 아니다. 나아가 선거 관련 위반행위에 대하여 법률로 면직사유를 규정하는 것은 선거의 공정성과 정당성을 확보하고자 하는 입법자의 의지로서, 법원은 양형을 함에 있어 법정형과 여러 양형 요소를 참작하여 위반행위에 상응하는 형벌을 선고하는 것일 뿐 선거로 선출된 임원의 직무 수행 계속 여부를 평가하는 것이 법원의 기본적 역할이 아니라는 점 또한 고려되어야 한다. 따라서 심판대상조항은 침해의 최소성에 위반되지 아니한다."

Ⅳ. 관련 법령

법률	조문
새마을 금고법	제21조(임원의 결격 사유) ① 다음 각 호의 어느 하나에 해당하는 사람은 금고의 임원이 될 수 없다. 다만, 제18조 제3항에 따른 상근이사는 제16호를 적용하지 아니한다. 〈개정 2011. 3. 8., 2016. 1. 6., 2017. 12. 26., 2023. 4. 11.〉 1. 미성년자 · 피성년후견인 또는 피한정후견인 2. 파산선고를 받고 복권되지 아니한 사람 3. 제85조 제1항, 「형법」 제355조부터 제357조까지의 죄(금고나 중앙회의 사업과 관련된 죄만 해당한다)를 범하여 금고 이상의 실형을 선고받고 그 집행이 끝나거나(집행이 끝난 것으로 보는 경우를 포함한다. 이하 이 항에서 같다) 집행이 면제된 날부터 5년이 지나지 아니한 사람 4. 제3호의 죄를 범하여 금고 이상의 형의 집행유예를 선고받고 그 집행유예 기간이 끝난 날부터 3년이 지나지 아니한 사람 5. 제3호의 죄를 범하여 금고 이상의 형의 선고유예를 받고 그 선고유예 기간이 끝난 날부터 3년이 지나지 아니한 사람 6. 제3호의 죄를 범하여 벌금형을 선고받고 그 형이 확정된 후 3년이 지나지 아니한 사람 7. 삭제 〈2023. 4. 11.〉 8. 제85조 제3항 또는 「공공단체등 위탁선거에 관한 법률」 제58조, 제59조, 제61조부터 제66조까지에 규정된 죄를 범하여 100만원 이상의 벌금형을 선고받고 그 형이 확정된 후 3년이 지나지 아니한 사람 9. 제3호의 죄 외의 죄로 금고 이상의 실형을 선고받고 그 집행이 끝나거나 집행이 면제된 날부터 3년이 지나지 아니한 사람 10. 제3호의 죄 외의 죄로 금고 이상의 형의 집행유예를 선고받고 그 집행유예 기간 중에 있는 사람 11. 제3호의 죄 외의 죄로 금고 이상의 형의 선고유예를 받고 그 선고유예 기간 중에 있는 사람 11의2. 금고의 임직원으로 재임 또는 재직 중 다른 임직원에게 「형법」 제257조 제1항, 제260조 제1항, 제261조(제260조 제2항의 죄를 범한 경우

는 제외한다), 제262조(제260조 제2항의 죄를 범한 경우는 제외하며, 제257조의 예에 따르는 경우로 한정한다) 또는 제324조의 죄를 범하여 300만원 이상의 벌금형을 선고받고 그 형이 확정된 후 3년이 지나지 아니한 사람

11의3. 금고의 임직원으로 재임 또는 재직 중 다른 임직원에게 「형법」 제303조 제1항 또는 「성폭력범죄의 처벌 등에 관한 특례법」 제10조 제1항의 죄를 범하여 100만원 이상의 벌금형을 선고받고 그 형이 확정된 후 3년이 지나지 아니한 사람

12. 이 법 또는 대통령령으로 정하는 금융 관련 법령(이하 "금융관계법령"이라 한다)에 따라 징계면직 또는 해임된 사람으로서 징계면직 또는 해임된 날부터 5년이 지나지 아니한 사람

12의2. 이 법 또는 금융관계법령에 따라 직무정지(업무의 집행정지를 포함한다. 이하 이 항에서 같다) 또는 정직의 제재조치를 받은 사람으로서 제재조치 종료일부터 4년이 지나지 아니한 사람

13. 이 법 또는 금융관계법령에 따라 재직 또는 재임 중이었더라면 징계면직 또는 해임요구의 조치를 받았을 것으로 통보된 퇴임 직원이나 임원으로서 그 통보가 있은 날부터 5년(통보가 있은 날부터 5년이 퇴직 또는 퇴임한 날부터 7년을 초과하는 경우에는 퇴직 또는 퇴임한 날부터 7년으로 한다)이 지나지 아니한 사람

13의2. 이 법 또는 금융관계법령에 따라 재임 또는 재직 중이었더라면 직무정지 또는 정직의 제재조치를 받았을 것으로 통보된 퇴임 임원이나 퇴직한 직원으로서 그 통보가 있은 날부터 4년(통보가 있은 날부터 4년이 퇴임 또는 퇴직한 날부터 6년을 초과하는 경우에는 퇴임 또는 퇴직한 날부터 6년으로 한다)이 지나지 아니한 사람

14. 법원의 판결이나 다른 법률에 따라 자격을 잃거나 정지된 사람

15. 공공기관 또는 다른 법인이나 회사에서 징계면직된 사람으로서 징계면직된 날부터 2년이 지나지 아니한 사람

16. 회원으로서 임원 선임 선거일공고일 현재의 정관으로 정하는 출자좌수 이상을 2년 이상 계속 보유하고 있지 아니한 사람. 다만, 설립이나 합병 후 2년이 지나지 아니한 금고의 경우에는 그러하지 아니하다.

17. 임원 선임 선거일공고일 현재 해당 금고에 대하여 정관으로 정하는 금액이나 기간을 초과하는 채무를 연체한 사람

18. 그 밖에 정관으로 정하는 자격 제한 사유에 해당하는 사람

② 임원에게 제1항(제12호의2는 제외한다)에 따른 사유가 발견되거나 발생한 경우에는 해당 임원은 당연 퇴임된다. 〈개정 2016. 1. 6.〉

③ 제2항에 따라 퇴임한 임원이 퇴임 전에 관여한 행위는 그 효력을 잃지 아니한다.

④ 금고와 중앙회는 임원 또는 임원 후보자에게 제1항의 결격사유가 있는지를 확인하기 위하여 주된 사무소를 관할하는 경찰관서의 장에게 제1항 제3호부터 제6호까지 및 제8호부터 제11호까지, 제11호의2 및 제11호의3에 해당하는 범죄의 경력조회 등 필요한 협조를 요청할 수 있고, 해당 경찰관서의 장은 그 결과를 회보하여야 한다. 〈신설 2011. 3. 8., 2023. 4. 11.〉

[2015. 7. 20. 법률 제13399호에 의하여 2014. 9. 25. 헌법재판소에서 헌법불합치 결정되었으나 제21조의2를 신설하여 헌법불합치 결정이 해소됨]

<table>
<tr><td>농업
협동조합법</td><td>제49조(임원의 결격사유) ① 다음 각 호의 어느 하나에 해당하는 사람은 지역농협의 임원이 될 수 없다. 다만, 제10호와 제12호는 조합원인 임원에게만 적용한다. 〈개정 2011. 3. 31., 2012. 6. 1., 2014. 6. 11., 2016. 12. 27.〉
1. 대한민국 국민이 아닌 사람
2. 미성년자 · 피성년후견인 또는 피한정후견인
3. 파산선고를 받고 복권되지 아니한 사람
4. 법원의 판결이나 다른 법률에 따라 자격이 상실되거나 정지된 사람
5. 금고 이상의 실형을 선고받고 그 집행이 끝나거나(집행이 끝난 것으로 보는 경우를 포함한다) 집행이 면제된 날부터 3년이 지나지 아니한 사람
6. 제164조 제1항이나 「신협법」 제84조에 규정된 개선(改選) 또는 징계면직의 처분을 받은 날부터 5년이 지나지 아니한 사람
7. 형의 집행유예선고를 받고 그 유예기간 중에 있는 사람
8. 제172조 또는 「공공단체등 위탁선거에 관한 법률」 제58조(매수 및 이해유도죄) · 제59조(기부행위의 금지 · 제한 등 위반죄) · 제61조(허위사실 공표죄)부터 제66조(각종 제한규정 위반죄)까지에 규정된 죄를 범하여 벌금 100만원 이상의 형을 선고받고 4년이 지나지 아니한 사람
9. 이 법에 따른 임원 선거에서 당선되었으나 제173조 제1항 제1호 또는 「공공단체등 위탁선거에 관한 법률」 제70조(위탁선거범죄로 인한 당선무효) 제1호에 따라 당선이 무효로 된 사람으로서 그 무효가 확정된 날부터 5년이 지나지 아니한 사람
10. 선거일 공고일 현재 해당 지역농협의 정관으로 정하는 출자좌수(出資座數) 이상의 납입 출자분을 2년 이상 계속 보유하고 있지 아니한 사람. 다만, 설립이나 합병 후 2년이 지나지 아니한 지역농협의 경우에는 그러하지 아니하다.
11. 선거일 공고일 현재 해당 지역농협, 중앙회 또는 다음 각 목의 어느 하나에 해당하는 금융기관에 대하여 정관으로 정하는 금액과 기간을 초과하여 채무 상환을 연체하고 있는 사람
가. 「은행법」에 따라 설립된 은행
나. 「한국산업은행법」에 따른 한국산업은행
다. 「중소기업은행법」에 따른 중소기업은행
라. 그 밖에 대통령령으로 정하는 금융기관
12. 선거일 공고일 현재 제57조 제1항의 사업 중 대통령령으로 정하는 사업에 대하여 해당 지역농협의 정관으로 정하는 일정 규모 이상의 사업 이용실적이 없는 사람
② 제1항의 사유가 발생하면 해당 임원은 당연히 퇴직된다.
③ 제2항에 따라 퇴직한 임원이 퇴직 전에 관여한 행위는 그 효력을 상실하지 아니한다.
[전문개정 2009. 6. 9.]</td></tr>
<tr><td>수산업
협동조합법</td><td>제51조(임원의 결격사유) ① 다음 각 호의 어느 하나에 해당하는 사람은 지구별수협의 임원이 될 수 없다. 다만, 제11호와 제13호는 조합원인 임원에게만 적용한다. 〈개정 2010. 5. 17., 2012. 2. 17., 2014. 6. 11., 2016. 5. 29., 2017. 11. 28., 2018. 3. 20., 2018. 12. 11., 2020. 3. 24.〉
1. 대한민국 국민이 아닌 사람
2. 미성년자 · 피성년후견인 · 피한정후견인</td></tr>
</table>

	3. 파산선고를 받고 복권되지 아니한 사람 4. 법원의 판결 또는 다른 법률에 따라 자격이 상실되거나 정지된 사람 5. 금고 이상의 형을 선고받고 그 집행이 끝나거나(집행이 끝난 것으로 보는 경우를 포함한다) 집행이 면제된 날부터 3년이 지나지 아니한 사람 6. 제146조 제3항 제1호, 제170조 제2항 제1호 또는 「신협법」 제84조에 따른 개선(改選) 또는 징계면직의 처분을 받은 날부터 5년이 지나지 아니한 사람 7. 금고 이상의 형의 집행유예를 선고받고 그 유예기간 중에 있는 사람 8. 삭제 〈2020. 3. 24.〉 8의2. 「형법」 제303조 또는 「성폭력범죄의 처벌 등에 관한 특례법」 제10조에 규정된 죄를 저지른 사람으로서 300만원 이상의 벌금형을 선고받고 그 형이 확정된 후 2년이 지나지 아니한 사람 9. 제178조 제1항부터 제4항까지 또는 「공공단체등 위탁선거에 관한 법률」 제58조(매수 및 이해유도죄) · 제59조(기부행위의 금지 · 제한 등 위반죄) · 제61조(허위사실 공표죄)부터 제66조(각종 제한규정 위반죄)까지에 규정된 죄를 지어 징역 또는 100만원 이상의 벌금형을 선고받고 4년이 지나지 아니한 사람 10. 이 법에 따른 임원 선거에서 당선되었으나 제179조 제1항 제1호 또는 「공공단체등 위탁선거에 관한 법률」 제70조(위탁선거범죄로 인한 당선무효)제1호에 따라 당선이 무효가 된 사람으로서 그 무효가 확정된 날부터 4년이 지나지 아니한 사람 11. 이 법에 따른 선거일 공고일 현재 해당 지구별수협의 조합원 신분을 2년 이상 계속 보유하고 있지 아니하거나 정관으로 정하는 출자계좌 수 이상의 납입출자금을 2년 이상 계속 보유하고 있지 아니한 사람. 다만, 설립 또는 합병 후 2년이 지나지 아니한 지구별수협의 경우에는 선거일 공고일 현재 조합원 신분을 보유하고 있지 아니하거나 정관으로 정하는 출자계좌 수 이상의 납입출자금을 보유하고 있지 아니한 사람을 말한다. 12. 이 법에 따른 선거일 공고일 현재 해당 지구별수협, 중앙회, 수협은행 또는 다음 각 목의 어느 하나에 해당하는 금융기관에 대하여 정관으로 정하는 금액과 기간을 초과하여 채무 상환을 연체하고 있는 사람 가. 「은행법」에 따라 설립된 은행 나. 「한국산업은행법」에 따른 한국산업은행 다. 「중소기업은행법」에 따른 중소기업은행 라. 그 밖에 대통령령으로 정하는 금융기관 13. 선거일 공고일 현재 해당 지구별수협의 정관으로 정하는 일정규모 이상의 사업 이용 실적이 없는 사람 ② 제1항에 따라 임원이 될 수 없는 해당 임원은 당연히 퇴직한다. 다만, 제1항 제8호에 해당할 때에는 그러하지 아니하다. ③ 제2항에 따라 퇴직한 임원이 퇴직 전에 관여한 행위는 그 효력을 상실하지 아니한다. [전문개정 2010. 4. 12.]
산림조합법	**제39조(임원의 결격사유)** ① 다음 각 호의 어느 하나에 해당하는 사람은 조합의 임원이 될 수 없다. 다만, 제11호와 제13호는 조합원인 임원에게만 적용한다. 〈개정 2014. 6. 11., 2016. 12. 27., 2018. 2. 21., 2019. 1. 8., 2020.

	3. 24.〉 1. 대한민국 국민이 아닌 사람 2. 미성년자 · 피성년후견인 또는 피한정후견인 3. 파산선고를 받고 복권되지 아니한 사람 4. 법원의 판결 또는 다른 법률에 따라 자격이 상실되거나 정지된 사람 5. 금고 이상의 실형을 선고받고 그 집행이 끝나거나(집행이 끝난 것으로 보는 경우를 포함한다) 집행이 면제된 날부터 3년이 지나지 아니한 사람 5의2. 「형법」 제303조 또는 「성폭력범죄의 처벌 등에 관한 특례법」 제10조에 규정된 죄를 저지른 사람으로서 300만원 이상의 벌금형을 선고받고 그 형이 확정된 후 2년이 지나지 아니한 사람 6. 제125조 제1항 또는 「신협법」 제84조 제1항에 따른 개선(改選) 또는 징계면직의 처분을 받은 날부터 5년이 지나지 아니한 사람 7. 금고 이상의 형의 집행유예를 선고받고 그 유예기간 중에 있는 사람 8. 삭제 〈2020. 3. 24.〉 9. 제132조 또는 「공공단체등 위탁선거에 관한 법률」 제58조(매수 및 이해유도죄) · 제59조(기부행위의 금지 · 제한 등 위반죄) · 제61조(허위사실공표죄)부터 제66조(각종 제한규정 위반죄)까지에 규정된 죄를 저질러 벌금 100만원 이상의 형을 선고받고 4년이 지나지 아니한 사람 10. 이 법에 따른 임원선거에서 당선되었으나 제133조 제1항 제1호 또는 「공공단체등 위탁선거에 관한 법률」 제70조(위탁선거범죄로 인한 당선무효) 제1호에 해당하게 되어 당선이 무효로 된 사람으로서 그 무효가 확정된 날부터 5년이 지나지 아니한 사람 11. 선거일 공고일 현재 해당 조합의 정관으로 정하는 출자계좌 수 이상의 납입출자를 2년 이상 계속 보유하고 있지 아니한 사람. 다만, 설립 또는 합병 후 2년이 지나지 아니한 조합의 경우에는 그러하지 아니하다. 12. 선거일 공고일 현재 해당 조합, 중앙회 또는 다음 각 목의 어느 하나에 해당하는 금융기관에 대하여 정관으로 정하는 금액과 기간을 초과하여 채무상환을 연체하고 있는 사람 가. 「은행법」에 따라 설립된 은행 나. 「한국산업은행법」에 따른 한국산업은행 다. 「중소기업은행법」에 따른 중소기업은행 라. 그 밖에 대통령령으로 정하는 금융기관 13. 선거일 공고일 현재 해당 조합의 정관으로 정하는 일정 규모 이상의 사업 이용 실적이 없는 사람 ② 제1항의 사유가 발생하였을 때에는 해당 임원은 당연히 퇴직된다. ③ 제2항에 따라 퇴직한 임원이 퇴직 전에 관여한 행위는 그 효력을 상실하지 아니한다. [전문개정 2013. 4. 5.]

제30조(간부직원)

제30조(간부직원) ① 조합에 간부직원으로 전무 또는 상무를 둘 수 있다.
② 간부직원으로 전무 또는 상무를 둘 수 있는 조합의 기준과 임면(任免)에 관한 기준은 중앙회장이 정한다.
③ 전무 또는 상무는 이사장(제27조 제7항에 따라 상임이사가 전담하여 처리하는 사업의 경우에는 상임이사를 말한다)의 명을 받아 조합의 재무 및 회계 업무를 처리하며, 재무 및 회계에 관한 증명서류의 보관, 금전의 출납 및 보관의 책임을 진다. 〈개정 2017. 4. 18.〉
④ 전무 또는 상무는 중앙회장이 인정하는 자격을 갖춘 사람 중에서 이사회의 결의를 거쳐 이사장이 임면한다.
⑤ 전무 또는 상무에 대해서는 「상법」 제11조 제1항ㆍ제3항, 제12조, 제13조 및 제17조와 「상업등기법」 제23조 제1항, 제50조 및 제51조를 준용한다.
[전문개정 2015. 1. 20.]

Ⅰ. 조문의 취지와 의의

법 제30조는 간부직원으로 전무 또는 상무를 둘 수 있는 법적 근거를 마련하고, 전무 또는 상무를 간부직원으로 둘 수 있는 조합의 기준과 임면에 관한 기준과 절차, 간부직원의 역할 등에 대해 규정하고 있다. 간부직원은 상법상 지배인과 같은 지위에서 업무집행을 할 수 있도록 하는 것으로 이사장이 명예직인 점에 비추어 조합경영의 전문화를 기할 수 있도록 책임 있는 실무자를 둘 수 있는 법적 근거를 마련한 것이라고 볼 수 있다.[77]

Ⅱ. 조문의 내용 및 해설

1. 간부직원의 의의

간부직원이란 조합에 갈음하여 그 영업에 관한 재판상 또는 재판 외의 모든 행위를 할 수 있는 조합의 사용인이다. 조합은 간부직원으로 전무 또는 상무를

77) 신용협동조합법 일부개정법률안(재정경제위원장 대안, 의안번호 제151677호)에 대한 심사보고서, 1998. 12. 7-8면.

둘 수 있고, 전무 또는 상무에 관하여는 상법상 지배인에 관한 상법 제11조 제1항 및 제3항, 제12조, 제13조, 제17조에 관한 규정을 준용하고 있다(법 제30조 제5항). 간부직원은 법에 의하여 이사장 또는 상임이사의 명을 받아 조합의 재무 및 회계 업무를 처리한다. 이와 같이 간부직원은 법상 특수한 권리와 의무를 가지고 있다. 다만, 간부직원이 조합의 사용인이기는 하나 조합과 근로관계에 있는 직원으로 볼 수 있다.

2. 간부직원 제도의 도입 이유

상임임원을 제외한 신협의 임원은 협동조합의 민주적 원칙에 따라 선출된다. 따라서 성별, 직업, 학력, 전문지식이나 경험과 무관하게 누구나 임원이 되어 조합 운영에 참여할 수 있다. 그러나 이로 인해 비상임 임원의 경영 의사결정에는 일정한 한계가 발생할 수 있다. 협동조합의 민주적 관리원칙과 자본주의 경제사회에서의 적응이라는 두 가지 목표를 달성하기 위하여 임원은 정책결정과 직원을 감독하는 역할을 수행하고, 전문적인 지식과 경험이 있는 직원은 임원을 보좌할 필요가 있다. 이러한 취지에서 1988년 신협법 개정을 통해 간부직원 제도를 명문화하였고, 조합은 중앙회장이 정하는 일정한 자격을 취득한 전문지식과 경험이 풍부한 관리자를 간부직원으로 임용하여, 간부직원으로 하여금 책임경영을 하도록 도모하고 있다.[78)]

3. 간부직원의 임면

간부직원으로 전무 또는 상무를 둘 수 있는 조합의 기준과 임면(任免)에 관한 기준은 중앙회장이 정한다. 간부직원을 둘 수 있는 신협의 기준과 임면에 관한 사항은 '간부직원임면기준'(이하 '기준')에 의하여 정하고 있다. 이 기준에 의하여 전무·상무로 임용된 자를 제외하고는 "전무" 또는 "상무"라는 직위명칭을 사용할 수 없다(기준 제2조). 조합은 직전 월말 총자산을 기준으로 간부직원을 둘 수 있다. 총자산 600억원 미만인 경우에는 전무 1인 또는 상무 1인을

78) 신협중앙연수원, 신협법, 2023, 185면.

둘 수 있고, 600억원 이상 1,000억원 미만인 경우 전무 1인과 상무 1인을 둘 수 있다. 총자산 1,000억원 이상 5,000억원 미만인 경우 전무 1인과 상무 2인을 둘 수 있고, 총자산 5,000억원 이상인 경우 전무 1인과 상무 3인을 둘 수 있다(기준 제3조).

간부직원으로 임용될 수 있는 자는 조합·중앙회 및 유사기관 근무경력이 10년 이상인 자로서 중앙회가 실시하는 간부직원 자격고시에 합격하고 소정의 절차를 거쳐 자격을 취득한 자로 한다(기준 제6조 제1항). 간부직원은 기준 제6조의 자격을 갖춘 자중에서 이사회의 결의를 거쳐 이사장이 임면한다. 이사회는 간부직원을 임용하는 경우 해당 간부직원 후보자가 기준 제7조에 따른 임용 제한 사유에 해당하는지 여부를 확인하여야 한다. 간부직원이 기준 제6조에서 정한 자격이 없는 것으로 발견되거나 기준 제7조 각호의 어느 하나(신협법 제28조 제1항 제9호를 제외한다)에 해당하게 될 때에는 즉시 그 자격을 상실한다(기준 제8조).

간부직원으로 임용된 후 매 3년 이내에 중앙회장이 정하는 연수원 교육과정을 1과정 이상 이수하여야 한다(기준 제8조의2). 다만, 3년 이내에 정년이 도래하는 간부직원은 그러하지 아니한다. 간부직원은 형의선고, 징계처분 또는 제8조 제2항과 조합규정으로 정하는 사유에 의하지 아니하고는 그 의사에 반하여 휴직·직위 하향임용 또는 면직 등 불이익한 신분상의 처분을 받지 아니한다(기준 제9조).

4. 간부직원의 권한과 의무

(1) 간부직원의 권한

가. 업무처리권

전무 또는 상무는 이사장 또는 상임이사의 명을 받아 조합의 재무 및 회계업무를 처리하며, 재무 및 회계에 관한 증명서류의 보관, 금전의 출납 및 보관의 책임을 진다(법 제30조 제3항).

나. 대리권(지배권)

간부직원은 법 제30조 제5항에 의하여 준용되는 상법 제11조 제1항에 의하여 상법상의 지배인 자격이 인정되므로, 상법상의 지배인과 같이 조합에 갈음하여 조합의 업무에 관한 재판상 또는 재판 외의 모든 행위를 할 수 있는 포괄적인 대리권(지배권)을 가진다.

(2) 간부직원의 의무

간부직원은 경업피지의무(경업금지의무)와 특정지위 취임금지의무(겸업금지의무)를 진다. 영업주와 특정한 관계에 있는 사람에 대하여 당해 영업주와 경쟁적인 성질을 가진 행위를 금지하는 것을 경업피지 또는 경업금지라고 하고, 이 경우 경업을 금지당한 사람이 부담하는 부작위 의무를 경업피지의무라고 한다. 간부직원은 조합의 허락없이 자기 또는 제3자의 계산으로 조합의 업무부류에 속하는 거래를 하지 못한다(법 제30조 제5항, 상법 제17조 제1항). 간부직원이 경업피지의무를 위반한 경우에는 그 행위 자체의 효력은 유효하나, 조합은 해당 간부직원에 대해 경업피지의무 위반을 이유로 고용계약을 해지하여 해임하거나 손해배상을 청구할 수 있다(상법 제17조 제3항). 간부직원은 특정지위취임금지의무를 지므로, 조합의 허락없이 회사의 무한책임사원, 이사 또는 다른 상인의 상업사용인이 되지 못한다(상법 제17조 제1항).

Ⅲ. 관련 판례

부산고등법원 2006. 7. 13. 선고 2005나14434 판결 [손해배상(기)]
"법은 신협의 임원은 이 법, 이 법에 의한 명령, 정관·규정 및 총회와 이사회의 결의를 준수하고 조합을 위하여 성실히 그 직무를 수행하여야 한다고 규정하고 있고(법 제33조 제1항, 소외 1 신용협동조합 정관 제55조 제1항), 감사는 분기마다 1회 이상 감사실시 통보 후 조합의 업무·재산상태 및 장부·서류 등을 감사하여야 하며, 분기별 감사보고서는 이사회에, 분기별 감사보고서를 종합한 연차보고서는 정기총회에 각각 제출하여야 한다고 규정하고 있으며(법 제37조 제1항), 구 신용협동조합법(2003. 7. 30. 법률 제6957호로 개정되기 전의 것)은 감사는 매년 1회 이상 예고 없이 상당수의 조합원의 예탁금통장 기타 증서와 조합의 장부나 기록을 대조, 확인하여야 한다고 규정하고 있다(제37조 제2항). 법은 신협의 전무 또는 상무는 이사장의 명을 받아 조합의 재무 및 회계업무를 처리하며, 재무 및 회계에 관한 증빙서류의 보관, 금전의 출납 및 보관의 책임을 진다고 규정하고 있다(법 제30조 제3항)."

"피고 2는 소외 1 신용협동조합의 재무 및 회계업무에 대한 실무책임자이자 결산업무를 총괄하여 담당하는 간부직원인 상무로서 설사 이사회의 결의에 따라 한 것이라 하더라도 분식결산에 의한 배당이 법령, 정관, 규약 및 제 규정에 위배된다는 사정을 명확히 인식하였음에도 1994년부터 1997년까지의 사업연도 기간 중 결산 관련 배당률을 맞추기 위하여 이익이 실현된 것처럼 허위의 결산서류를 작성하여 이를 이사회 및 정기총회에 제출하여 위법한 배당이 이루어지게 하고 납부하지 않아도 될 법인세 등 납부하게 함으로써 소외 1 신용협동조합으로 하여금 손해를 입게 하였다 할 것이므로, 원고에게 위 분식결산으로 인한 손해 188,794,000원(그 중 138,794,000원은 피고 1과 연대하여, 5,000만원은 피고 9와 연대하여)을 배상할 책임이 있다."

대법원 2014. 7. 10. 선고 2012다100760 판결 [징계해직무효확인]

"구 농업협동조합법(2011. 3. 31. 법률 제10522호로 개정되기 전의 것) 및 축산업협동조합의 정관에 따라 이사회의 의결을 거쳐야 하는 간부직원의 임면이라 함은 일반직 직원을 간부직원으로 임명하거나 간부직원에서 해임하는 것을 의미하고, 징계해직 등과 같이 본인의 의사에 반하여 직원의 신분이 제적되는 경우는 포함되지 않는다고 봄이 타당하다."

Ⅳ. 관련 법령

법률	조문
새마을 금고법	**제26조(「민법」·「상법」의 준용)** ① 금고의 임원에 관하여는 「민법」 제35조, 제63조 및 「상법」 제382조 제2항, 제385조 제2항·제3항, 제386조 제1항, 제403조부터 제406조까지, 제407조 및 제408조를 각각 준용한다. 이 경우 「상법」 제385조 제2항 중 "발행주식의 총수의 100분의 3 이상에 해당하는 주식을 가진 주주"는 "회원 100명 또는 100분의 3 이상의 동의를 받은 회원"으로 보고, 같은 법 제403조 제1항 중 "발행주식의 총수의 100분의 1 이상에 해당하는 주식을 가진 주주"는 "회원 100명 또는 100분의 1 이상의 동의를 받은 회원"으로 본다. 〈개정 2025. 1. 7.〉

	② 상근이사 또는 정관으로 정하는 간부직원에 관하여는 「상법」 제11조 제1항·제3항, 제12조, 제13조 및 제17조와 「상업등기법」 제23조 제1항, 제50조 및 제51조를 각각 준용한다. 〈개정 2011. 3. 8., 2014. 5. 20.〉
농업 협동조합법	제56조(직원의 임면) ① 지역농협의 직원은 정관으로 정하는 바에 따라 조합장이 임면한다. 다만, 상임이사를 두는 지역농협의 경우에는 상임이사의 제청에 의하여 조합장이 임면한다. ② 지역농협에는 정관으로 정하는 바에 따라 간부직원을 두어야 하며, 간부직원은 회장이 실시하는 전형 시험에 합격한 자 중에서 조합장이 이사회의 의결을 거쳐 임면한다. 〈개정 2011. 3. 31.〉 ③ 간부직원에 관하여는 「상법」 제11조 제1항·제3항, 제12조, 제13조 및 제17조와 「상업등기법」 제23조 제1항, 제50조 및 제51조를 준용한다. 〈개정 2014. 5. 20.〉 [전문개정 2009. 6. 9.]
수산업 협동조합법	제59조(직원의 임면) ① 지구별수협의 직원은 정관으로 정하는 바에 따라 조합장이 임면하되, 조합장이 비상임일 경우에는 상임이사의 제청에 의하여 조합장이 임면한다. 다만, 상임이사 소관 사업 부문에 속한 직원의 승진 및 전보(轉補)에 대하여는 상임이사가 전담하되, 상임이사가 전담하는 승진과 전보의 방법·절차 및 다른 사업 부문에서 상임이사 소관 사업 부문으로의 전보 등에 관한 구체적인 사항은 정관으로 정한다. ② 지구별수협에는 정관으로 정하는 바에 따라 간부직원을 두어야 하며, 간부직원은 대통령령으로 정하는 자격을 가진 사람 중 조합장이 이사회의 의결을 거쳐 임면한다. 다만, 상임이사를 두지 아니하는 조합의 경우에는 간부직원인 전무 1명을 둘 수 있다. ③ 제2항 단서에 따른 전무는 조합장을 보좌하고 정관으로 정하는 바에 따라 조합의 업무를 처리한다. ④ 간부직원에 대하여는 「상법」 제10조, 제11조 제1항·제3항, 제12조, 제13조 및 제17조와 「상업등기법」 제23조 제1항, 제50조 및 제51조를 준용한다. 〈개정 2014. 5. 20.〉 [전문개정 2010. 4. 12.]
산림조합법	제45조(직원의 임면 등) ① 조합의 직원은 정관으로 정하는 바에 따라 조합장이 임면한다. 다만, 상임이사를 두는 조합의 경우에는 상임이사의 제청으로 조합장이 임면한다. ② 조합에는 정관으로 정하는 바에 따라 간부직원을 두어야 하며, 간부직원은 회장이 실시하는 전형시험에 합격한 사람 중에서 회장이 배치하는 사람을 조합장이 이사회의 의결을 얻어 임면한다. ③ 간부직원은 총회 및 이사회에 참석하여 의견을 진술할 수 있다. ④ 간부직원에 관하여는 「상법」 제11조 제1항·제3항, 제12조, 제13조 및 제17조와 「상업등기법」 제23조 제1항, 제50조 및 제51조를 준용한다. 〈개정 2014. 5. 20.〉 [전문개정 2013. 4. 5.]

제30조의2(수뢰 등의 금지)

제30조의2(수뢰 등의 금지) ① 조합의 임직원은 직무와 관련하여 직접 또는 간접을 불문하고 증여(贈與)나 그 밖의 수뢰(受賂)의 요구, 취득 또는 이에 관한 약속을 할 수 없다. 〈개정 2025. 1. 21.〉

② 조합의 임직원은 직무와 관련하여 횡령 또는 배임 행위를 하여서는 아니 된다. 〈신설 2025. 1. 21.〉

[전문개정 2015. 1. 20.]

Ⅰ. 조문의 취지와 의의

법 제30조의2는 조합 및 중앙회 임직원의 직무와 관련하여 증여나 수뢰 요구, 취득 또는 이에 관한 약속을 할 수 없도록 하고(제1항), 조합 및 중앙회의 임직원이 직무와 관련하여 횡령 또는 배임 행위를 하여서는 아니된다고 명시적으로 규정(제2항)함으로써 금융사고에 대한 내부통제를 강화하기 위한 조항이다. 조합 및 중앙회 임직원의 직무과 관련한 금지사항을 명시하고, 이를 위반한 경우에는 제재가 가능하도록 규정하여 건전한 금융질서를 확립하려는 것이다.

Ⅱ. 조문의 내용 및 해설

1. 수뢰 등의 금지

금융회사의 임직원은 그 직무에 관하여 금품이나 그 밖의 이익을 수수, 요구 또는 약속하였을 때에는 5년 이하의 징역 또는 10년 이하의 자격정지에 처한다(특정경제범죄 가중처벌 등에 관한 법률 제5조 제1항). 신협법은 위 규정과 유사한 취지의 내용으로 조합의 임직원이 직무 수행과 관련하여 준수해야 할 사항을 정하고 있다. 이에 따라 조합의 임직원이 직무와 관련하여 직접 또는 간접을 불문하고 증여나 그 밖의 수뢰의 요구, 취득 또는 이에 관한 약속을 할 수 없도록 명시하고 있다(법 제30조의2 제1항).

중앙회의 임원 및 직원에 대해서도 수뢰 등의 금지 조항이 준용되므로(법 제72조 제8항, 제73조 제2항), 중앙회 임직원은 직무와 관련하여 직접 또는 간접을 불문하고 증여나 그 밖의 수뢰의 요구, 취득 또는 이에 관한 약속을 할 수 없다.

2. 횡령 및 배임 등의 금지

조합의 임직원은 직무와 관련하여 횡령 또는 배임 행위를 하여서는 아니 된다(법 제31조의2 제2항). 중앙회의 임직원에 대해서는 횡령 및 배임 등의 금지 규정이 준용되므로, 중앙회 임직원은 직무와 관련하여 횡령 또는 배임 행위를 하여서는 아니 된다(법 제72조 제8항, 제73조 제2항, 제30조의2 제2항).

법 제30조의2 제2항은 조합 임직원의 증여나 그 밖의 수뢰의 요구, 취득 또는 이에 관한 약속을 금지하고, 이를 위반한 임직원에 대해 금융위원회가 징계면직, 정직 등의 조치를 취하도록 조합 등에 요구할 수 있도록 하고 있으나, 횡령 또는 배임에 대해서는 별도의 규정을 두고 있지 않아, 대규모 횡령·배임 사건이 발생한 경우에도 행정제재를 할 수 없다는 점에서 2025년 1월 신협법 개정으로 금융사고에 대한 통제를 강화하고 제재대상의 예측가능성을 제고하기 위하여 마련된 것이다.[79]

3. 위반 시 제재

법 제30조의2 제1항은 수뢰 등의 행위를 금지하고 있고, 이를 위반한 경우 동법 제99조 제3항 제3호에 따라 2년 이하의 징역 또는 2천만원 이하의 벌금이 처해진다. 다만, 법 30조의2 제2항에 따라 횡령 및 배임 금지 규정은 형법 또는 「특정경제범죄 가중처벌 등에 관한 법률」(이하 '특정경제범죄법')에 따라 처벌이 가능하므로, 법 제30조의2 제2항 위반에 따른 벌칙은 별도로 규정하고 있지 않다.

79) 신협법이 2025. 1. 21. 법률 제20715호로 개정되어 2025. 4. 22. 시행되었다.

4. 다른 법률과의 관계

특정경제범죄법 제5조에 따르면 금융회사의 임직원은 그 직무에 관하여 금품이나 그 밖의 이익을 수수, 요구 또는 약속하였을 경우에는 5년 이하의 징역 또는 10년 이하의 자격정지에 처하도록 규율하고 있다. 그런데 법 제30조의2 제1항을 위반한 경우 2년 이하의 징역 또는 2천만 원 이하의 벌금에 처해지므로, 신협법 위반에 따른 법정형과 특정경제범죄법의 법정형 간에 상당한 불균형이 발생한다. 실제로 법 제30조의2 제2항이 2025년 1월 신협법 개정으로 신설되면서 법 제30조의2 위반에 따른 법정형과 형법 등의 법정형 간에 상당한 불균형이 발생된다는 이유로 법 제30조의2 제2항 위반에 따른 벌칙을 제외한 바 있다.[80] 따라서, 수뢰 등의 행위를 금지하는 규정은 그대로 두더라도 법 제30조의2 제1항 위반에 따른 벌칙을 삭제하여 규정간 중복 또는 충돌 문제가 발생하지 않도록 개정할 필요가 있다.

Ⅲ. 관련 법령

법률	조문
자본시장법	제422조(임직원에 대한 조치) ① 금융위원회는 금융투자업자의 임원이 제420조 제1항 각 호(제6호를 제외한다)의 어느 하나에 해당하거나 별표 1 각 호의 어느 하나에 해당하는 경우에는 다음 각 호의 어느 하나에 해당하는 조치를 할 수 있다. 1. 해임요구 (이하 생략) [별표 1] 금융투자업자 및 그 임직원에 대한 처분 및 업무 위탁계약 취소·변경 명령의 사유 312. 그 밖에 투자자 보호 또는 건전한 거래질서를 해할 우려가 있는 경우로서 대통령령으로 정하는 경우 시행령 [별표 21] 2. 라. 「형법」 제355조, 제356조 또는 제357조 제1항을 위반한 경우 3. 가. 「특정경제범죄 가중처벌 등에 관한 법률」 제3조 제1항(「형법」 제355조 또는 제356조와 관련된 경우만 해당한다)을 위반한 경우

80) 최병권(수석전문위원), 신용협동조합법 일부개정법률안(강훈식의원 대표발의, 의안번호 제2202417호) 검토보고서, 국회 정무위원회, 2024. 11., 6-7면.

상호저축 은행법	제24조(행정처분) ① 금융위원회는 상호저축은행 또는 그 임직원이 별표 1 각 호의 어느 하나에 해당하거나 「금융회사의 지배구조에 관한 법률」 별표 각 호의 어느 하나에 해당하는 경우(제5호에 해당하는 조치로 한정한다), 「금융소비자 보호에 관한 법률」 제51조 제1항 제4호, 제5호 또는 같은 조 제2항 각 호 외의 부분 본문 중 대통령령으로 정하는 경우(제5호에 해당하는 조치로 한정한다)에 해당하면 다음 각 호의 어느 하나에 해당하는 조치를 할 수 있다. 1. 상호저축은행에 대한 주의·경고 또는 그 임직원에 대한 주의·경고·문책의 요구 2. 해당 위반행위의 시정명령 3. 임원(「금융회사의 지배구조에 관한 법률」 제2조 제5호에 따른 업무집행책임자는 제외한다. 이하 제35조의3에서 같다)의 해임 권고 또는 직무정지 4. 직원(「금융회사의 지배구조에 관한 법률」 제2조 제5호에 따른 업무집행책임자를 포함한다. 이하 제35조의3에서 같다)의 면직 요구 5. 6개월 이내의 영업의 일부정지 [별표 1] 60. 제37조의5를 위반하여 횡령, 배임, 증여, 그 밖에 수뢰의 요구, 취득 또는 이에 관한 약속을 한 경우

제31조(임기 등)

제31조(임기 등) ① 임원의 임기는 4년으로 하며, 연임할 수 있다. 다만, 이사장은 두 차례만 연임할 수 있다.
② 보궐선거로 선출된 임원의 임기는 전임자 임기의 남은 기간으로 한다.
③ 제1항에도 불구하고 설립 당시의 임원의 임기는 4년의 기간 이내에서 정관에서 정한다.
[전문개정 2015. 1. 20.]

Ⅰ. 조문의 취지와 의의

법 제31조는 조합 임원의 임기와 연임 가능 횟수, 보궐선거로 선출된 임원의 임기 등에 대하여 규율하고 있다. 임원의 임기와 연임 제한 등은 조합 운영에 있어 매우 중요한 사항이므로 법에서 임기와 연임 가능한 횟수 등을 정하고 있다.

Ⅱ. 조문의 내용 및 해설

1. 임원의 임기와 연임 제한

임원의 임기는 4년으로 하며, 조합 이사장은 두 차례만 연임할 수 있다. 임원의 임기는 전임자의 임기 만료일의 다음날로부터 기산한다(조합 표준정관 제51조 제2항). 통상 "연임(連任)"이라는 용어가 "원래 정해진 임기를 다 마친 뒤에 다시 계속하여 그 직위에 머무르는 것"을 의미한다는 점을 고려할 때 "조합 이사장은 두 차례만 연임할 수 있다"고 규정하고 있는 법 제31조 제1항 단서는 그 문언상 신협의 이사장으로 선출되어 최초의 임기를 마친 후 연속해서 두 차례까지는 더 조합장으로 선출될 수 있고 그 뒤에 연속하여 조합장으로 선출되는 것(3회 연임)만 금지하는 규정이라 할 것이다.[81]

한편, 이사장의 2차 연임 만료 후에 다른 이사장이 선출되었다가 사임 등으

81) 헌법재판소 2006. 2. 23. 선고 2005헌마403 결정.

로 보궐선거가 실시되는 경우, 2차 연임이 만료되었던 그 이사장이 보궐선거에 출마할 수 있는지 문제된다. 신협 정관부속서임원선거규약 제8조 제1항에서는 "이사장에 대한 보궐선거의 경우 임기개시일 현재 이사장 2차 연임 만료 후 4년이 경과하지 아니한 자"의 피선거권을 제한하도록 규정하여(제8조 제1항 제7의2호), 2차 연임 만료 후 4년이 경과한 후에 이사장으로 출마할 수 있도록 정하고 있다. 즉, 신협법의 규정을 정관 및 정관부속서 임원선거규약을 통해 명확히 하여 2차 연임이 만료된 이사장은 출마할 수 없도록 규정하고 있다.

2. 보궐선거의 잔여 임기

보궐선거로 선출된 임원의 임기는 전임자 임기의 남은 기간으로 한다(법 제31조 제1항, 표준정관 제51조 제3항 전단). 이 경우 임원 정수의 증원 또는 임원 전원이 보궐선거에 의하여 선출된 경우에도 이를 준용한다(표준정관 제51조 제1항 후단).

3. 설립 당시 임원의 임기

설립 당시의 임원의 임기는 4년의 기간 이내에서 정관에서 정한다. 정관에 의하면, 설립 당시 임원의 임기는 당선일로부터 4회차 도래하는 정기총회 종료일까지로 한다(표준정관 제51조 제5항). 이는 조합 설립 업무의 연속성과 설립 당시 임원의 임기 기산과 관련하여 차기 임원의 등기시 발생하는 어려움을 해소하기 위한 것이다.

Ⅲ. 관련 해석례

금융위원회 – 신협 이사장 연임 제한 관련 질의 [240396, 2024. 12. 13.]

1. 질의요지

조합 이사장이 2차 연임 중 임기 3개월 남기고 사퇴하고, 바로 다음 정기총회 이사장 선거에 출마하여 선출되는 경우 「신협법」 제31조 제1항 단서에 따른 연임 제한 규정에 위반되는지

2. 회답

신협법 제31조 제1항 연임 제한 규정의 취지와 신협 표준정관 제53조 제2항[82]을 고려할 때, 조합 이사장이 2차 연임 중 임기만료 3개월을 앞두고 사퇴 후 바로 다음 이사장 선거에 출마하는 것은 신협법 및 표준정관의 해당규정에 위반하는 것으로 판단됩니다.

법제처 – 수산업협동조합의 상임 조합장이 연임할 수 있는 범위 [19-0043, 2019. 2. 1]

1. 질의 요지

「수산업협동조합법」 제50조 제1항 본문에 따라 지구별 수산업협동조합의 상임 조합장으로 1회 연임한 A가 바로 연속한 조합장 선거에서 낙선하고 B가 조합장으로 당선되어 해당 직무를 수행하였으나, 그 임기 중에 같은 법 제179조 제1항 제1호에 해당하는 사유로 B의 당선이 무효로 되고 그에 따라 재선거가 실시되는 경우,

가. A가 이러한 재선거에 출마하여 조합장으로 당선되는 것이 같은 법 제50조 제1항 본문에 따른 조합장의 연임 제한 규정을 위반하는 것인지?

나. 이 사안의 재선거에서 A가 다시 조합장으로 당선되었다면 A는 재선거 이후 연속한 바로 다음 조합장 선거에 출마할 수 있는지?

〈질의 배경〉

지구별 수산업협동조합의 상임 조합장(제17대)이 선거범죄로 인하여 당선이 무효가 되자 그에 따라 실시된 재선거에서 종전에 조합장으로 1회 연임(제15대·제16대 조합장)한 자가 다시 조합장으로 당선되었는데, 만약 이렇게 재선거로 조합장으로 당선된 자가 연속한 다음 조합장 선거에 출마하여 연임할 수 있는지에 대해 민원인이 해양수산부에 질의하였고 해양수산부가 가능하다고 답변하자 이에 이견이 있어 법제처에 해석을 요청함.

2. 답변

가. 질의 가에 대해

통상 "연임(連任)"이라는 용어가 "원래 정해진 임기를 다 마친 뒤에 다시

82) 표준정관 제53조(임원의 연임제한) ① 임원은 연임할 수 있다. 다만 이사장은 2차에 한하여 연임할 수 있다.
② 이사장이 그 임기만료일 전에 퇴임한 경우에도 그의 임기만료일까지 1회 재임한 것으로 본다.
③ 보궐선거에 의하여 선출된 이사장은 1회 재임한 것으로 본다.

계속하여 그 직위에 머무르는 것"을 의미한다는 점을 고려할 때 "상임인 조합장은 두 번에 한하여 연임할 수 있다"고 규정하고 있는 「수산업협동조합법」 제50조 제1항 본문은 그 문언상 지구별 수산업협동조합의 상임 조합장(이하 "조합장"이라 함)으로 선출되어 최초의 임기를 마친 후 연속해서 두 차례까지는 더 조합장으로 선출될 수 있고 그 뒤에 연속하여 조합장으로 선출되는 것(3회 연임)만 금지하는 규정이라 할 것[83]입니다.

따라서 이 사안에서 A가 조합장으로 1회 연임 후 연속한 선거에서 낙선하고 B가 조합장으로 당선되었으나 B의 당선무효로 인한 재선거가 실시되는 경우 A가 이러한 재선거에 출마하여 조합장으로 다시 당선되는 것이 「수산업협동조합법」 제50조 제1항 본문에 따른 조합장의 연임 제한 규정을 위반하는 것은 아닙니다.

나. 질의 나에 대해

질의 가에서 살펴본 바와 같이 「수산업협동조합법」 제50조 제1항 본문은 그 문언상 조합장으로 선출되어 최초의 임기를 마친 후 연속해서는 두 차례(2회 연임)까지만 더 조합장으로 선출될 수 있고 그 정해진 임기를 마친 조합장이 연속된 다음 조합장 선거에 출마하여 조합장으로 선출되는 것(3회 연임)을 금지하는 규정입니다.

그리고 조합장의 연임을 2회로 한정하는 취지는 장기간의 조합장 재임에 따른 비리의 발생이나 조합의 사유화 등과 같은 부작용을 줄이기 위한 것임을 고려할 때 조합장의 연임 여부는 조합장으로서 그 직무를 실질적으로 계속 수행했는지를 기준으로 판단해야 합니다.[84]

그런데 이 사안의 경우 종전 선거(조합장으로 1회 연임한 A가 낙선하고 B가 조합장으로 당선된 선거를 말하며, 이하 같음)에서 조합장으로 당선된 B는 당선 무효가 확정되기까지 조합장의 직무를 실질적으로 수행했으므로 B의 재임기간은 B의 연임 횟수 산정에 포함되는 것[85]이고, A의 조합장으로서의 임기는 종전 선거에서 B의 조합장 당선 및 그의 임기 개시로 인하여 실질적으로 단절되었으므로 A는 재선거 이후 연속된 다음 조합장 선거에 출마할 수 있다고 보아야 합니다.

한편 이 사안에서 B의 조합장 당선은 무효가 되었고, 재선거에 따라 취임

83) 헌법재판소 2006. 2. 23. 선고 2005헌마403 결정.
84) 대법원 2016. 9. 8. 선고 2015다39357 판결, 서울고등법원 2015. 6. 19. 선고 2014나47605 판결.
85) 법제처 2016. 11. 29. 회신 16-0589 해석례.

한 조합장의 임기는 전임자의 남은 기간으로 규정[86]하고 있는 점을 고려할 때 A는 1회 연임한 조합장으로서의 지위를 재선거를 통해 계속 유지하므로 재선거를 통해 다시 취임했을 때 2회 연임한 것으로 보아야 하고, 따라서 조합장의 연임 제한 규정에 따라 바로 다음 조합장 선거에는 출마할 수 없다는 의견이 있습니다.

그러나 B가 「수산업협동조합법」 제51조 제1항 제10호 및 같은 조 제2항에 따라 당연 퇴직되더라도 그 퇴직 전의 행위는 같은 조 제3항에 따라 여전히 유효하고, 재선거에 따라 취임한 조합장의 임기를 전임자의 남은 임기로 할 것인지 아니면 새로운 임기로 기산할 것인지는 정책적 판단[87]에 따른 입법의 결과일 뿐 그에 따라 조합장의 연임 여부가 달라지는 것은 아니라는 점에서 그러한 의견은 타당하지 않습니다.

법제처 - 「새마을금고법」 제20조 제1항 단서에 따른 이사장 연임 제한 규정의 위반 여부 [19-0678, 2019. 12. 12]

1. 질의 요지

가. 새마을금고 이사장으로 선출되어 2차 연임 중인 A가 임기 중 사퇴[88]함에 따라 치러진 보궐선거에서 이사장으로 선출된 B가 실질적으로 업무를 수행하고 임기가 종료된 상황에서 바로 다음 이사장 선거에 A가 출마하여 선출되는 경우 「새마을금고법」 제20조 제1항 단서에 따른 연임 제한 규정에 위반되는지?

나. 새마을금고 이사장으로 선출되어 2차 연임한 A의 임기 종료 후 다음 선거에서 이사장으로 선출된 B가 실질적으로 업무를 수행하던 중 사퇴[89] 함에 따라 치러진 보궐선거에 A가 출마하여 선출되는 경우 「새마을금고법」 제20조 제1항 단서에 따른 연임 제한 규정에 위반되는지?

86) 「지구별수산업협동조합정관(예)」(해양수산부 고시 제2016-186호) 제56조 제2항.
87) 종전에는 재선거 및 보궐선거에 따른 조합장 임기를 당선공고일부터 새로 기산하는 것으로 규정하고 있었으나, 전국 동시 조합장 선거(「공공단체등 위탁선거에 관한 법률」의 제정으로 농업협동조합, 수산업협동조합, 산림조합으로부터 의무적으로 선거관리를 위탁받아 전국적으로 동시에 실시하는 선거를 말함)의 실시에 따라 재선거 등의 실시로 인하여 조합장 임기가 각 조합별로 달라지는 것을 방지하기 위해 현행과 같이 재선거 등에 따른 조합장의 임기를 전임자의 남은 임기로 개정한 것으로 볼 수 있다.
88) 「새마을금고법」 제21조 제1항의 당연 퇴임사유에 해당하지 않음을 전제.
89) 「새마을금고법」 제21조 제1항의 당연 퇴임사유에 해당하지 않음을 전제.

〈질의 배경〉

행정안전부에서는 위 질의요지에 대해 내부 이견 및 민원인의 법령해석 요청 의뢰가 있어 법제처에 법령해석을 요청함.

2. 답 변

가. 질의 가에 대하여

「새마을금고법」 제20조 제1항에서는 이사의 임기를 4년으로 규정(본문)하면서 이사장은 2차에 한정하여 연임(連任)할 수 있다고 규정(단서)하고 있는바, 통상 연임은 원래 정해진 임기를 다 마친 뒤에 다시 계속하여 그 직위에 머무르는 것을 의미[90]하므로 해당 규정은 새마을금고의 이사장으로 선출된 자는 최초의 임기를 마친 후 연속 두 차례까지는 계속해서 이사장으로 선출될 수 있으나 2차 연임의 임기를 마친 후 바로 다음 이사장 선거에 출마하여 이사장으로 선출되는 것(3회 연임)은 제한된다는 의미입니다.[91]

그리고 전임 이사장의 연임 여부는 후임으로 선출된 이사장이 그 직무를 실질적으로 수행했는지를 기준으로 삼아야 하는데[92] 이 사안의 경우 A는 이사장으로 선출되어 2차 연임 중 임기를 마치지 못하고 사퇴하였고 보궐선거에서 B가 이사장으로 선출되어 실질적으로 업무를 수행하였는바, B의 임기 후 선거에서 A가 선출되더라도 A의 임기는 B의 이사장으로서의 직무수행으로 인하여 실질적으로 단절[93]되므로 「새마을금고법」 제20조 제1항 단서에 따른 연임 제한 규정에 위반되지 않습니다.

나. 질의 나에 대하여

앞에서 살펴본 바와 같이 「새마을금고법」 제20조 제1항 단서는 새마을금고의 이사장으로 선출된 자는 최초의 임기를 마친 후 연속 두 차례까지는 계속해서 이사장으로 선출될 수 있으나 2차 연임의 임기를 마친 후 바로 다음 이사장 선거에 출마하여 이사장으로 선출되는 것(3회 연임)은 제한된다는 의미이며, 전임 이사장의 연임 여부는 후임으로 선출된 이사장이 그 직무를 실질적으로 수행했는지를 기준으로 삼아야 합니다.

그런데 이 사안과 같이 2차 연임한 A의 임기 종료 후 다음 선거에서 이사장으로 선출된 B가 실질적으로 업무를 수행하던 중 사퇴함에 따라 치러진 보

90) 국립국어원 표준국어대사전.
91) 헌법재판소 2006. 2. 23. 선고 2005헌마403 결정.
92) 대법원 2016. 9. 8. 선고 2015다39357 판결, 서울고등법원 2015. 6. 19. 선고 2014나47605 판결.
93) 법제처 2019. 2. 1. 회신 18-0562 해석례.

궐선거에서 A가 출마하여 선출되는 경우 A의 임기는 B의 이사장으로서의 직무수행으로 인하여 실질적으로 단절되므로 「새마을금고법」 제20조 제1항 단서에 따른 연임 제한 규정에 위반되지 않습니다.

Ⅳ. 관련 판례

헌법재판소 2006. 2. 23 자 2005헌마403 결정 [지방자치법제87조 제1항위헌확인]

[1] 지방자치단체 장의 계속 재임을 3기로 제한한 지방자치법 제87조 제1항은 그 시행과 동시에 지방자치단체 장들의 기본권을 침해하는 것이 아니다. 법률 시행 후 지방자치단체 장들이 3기 초과 연임을 하고자 하는 경우에 비로소 기본권 침해가 구체적으로 현실화된다.

[2] 지방자치단체 장의 계속 재임을 3기로 제한한 규정의 입법취지는 장기집권으로 인한 지역발전저해 방지와 유능한 인사의 자치단체 장 진출확대로 대별할 수 있는바, 그 목적의 정당성, 방법의 적절성, 피해의 최소성, 법익의 균형성이 충족되므로 헌법에 위반되지 아니한다.

[3] 같은 선출직공무원인 지방의회의원 등과 비교해볼 때, 지방자치의 민주성과 능률성, 지방의 균형적 발전의 저해요인이 될 가능성이 상대적으로 큰 지방자치단체 장의 장기 재임만을 규제대상으로 삼아 달리 취급하는 데에는 합리적인 이유가 있다고 할 것이므로, 평등권을 침해하지 않는다.

[4] 지방자치단체 장에 대한 선거권을 행사함에 있어서 투표할 대상자가 스스로 또는 법률상의 제한으로 입후보를 하지 아니하는 경우 입후보자의 입장에서 공무담임권 제한의 문제가 발생하겠지만, 선거권자로서는 후보자의 선택에 있어서의 간접적이고 사실상의 제한에 불과할 뿐 그로 인하여 선거권자가 자신의 선거권을 행사함에 있어서 침해를 받게 된다고 보기 어렵다.

[5] 지방자치단체 장의 계속 재임을 3기로 제한하더라도 그것만으로는 주민의 자치권을 심각하게 훼손한다고 볼 수 없다. 더욱이 새로운 자치단체 장 역시 주민에 의하여 직접 선출되어 자치행정을 담당하게 되므로 주민자치의 본질적 기능에 침해가 있다고 보기 어렵다. 따라서 지방자치단체 장의 계속 재임을 3기로 제한한 규정이 지방자치제도에 있어서 주민자치를 과도하게 제한함으로써 입법형성의 한계를 벗어났다고 할 수 없다.

Ⅴ. 관련 법령

법률	조문
새마을 금고법	제20조(임원의 임기) ① 이사장 및 이사의 임기는 4년으로 하고, 감사의 임기는 3년으로 한다. 〈개정 2011. 3. 8., 2023. 4. 11.〉 ② 제1항에도 불구하고 임원 중 일부의 궐원으로 인한 재선거 또는 보궐선거로 선임된 임원의 임기는 다음 각 호와 같다. 〈개정 2023. 4. 11.〉 1. 재선거의 경우에는 재선거 실시 전에 실시한 선거로 선출된 임원의 남은 임기 2. 보궐선거의 경우에는 전임자의 남은 임기 ③ 이사장은 2차에 한정하여 연임할 수 있다. 이 경우 이사장이 임기만료일 전 2년부터 임기만료일까지 퇴임한 경우에는 1회를 재임한 것으로 보고, 임기만료에 따라 퇴임한 이사장이 임기만료 후 2년 이내에 이사장으로 선임되는 경우에는 연임한 것으로 본다.
농업 협동조합법	제20조(임원의 임기) ① 이사장 및 이사의 임기는 4년으로 하고, 감사의 임기는 3년으로 한다. 〈개정 2011. 3. 8., 2023. 4. 11.〉 ② 제1항에도 불구하고 임원 중 일부의 궐원으로 인한 재선거 또는 보궐선거로 선임된 임원의 임기는 다음 각 호와 같다. 〈개정 2023. 4. 11.〉 1. 재선거의 경우에는 재선거 실시 전에 실시한 선거로 선출된 임원의 남은 임기 2. 보궐선거의 경우에는 전임자의 남은 임기 ③ 이사장은 2차에 한정하여 연임할 수 있다. 이 경우 이사장이 임기만료일 전 2년부터 임기만료일까지 퇴임한 경우에는 1회를 재임한 것으로 보고, 임기만료에 따라 퇴임한 이사장이 임기만료 후 2년 이내에 이사장으로 선임되는 경우에는 연임한 것으로 본다.
수산업 협동조합법	제50조(임원의 임기) ① 조합장과 이사의 임기는 4년으로 하고, 감사의 임기는 3년으로 하되, 비상임인 조합장은 한 번만 연임할 수 있고, 상임인 조합장은 두 번만 연임할 수 있다. 다만, 상임이사에 대하여는 임기가 시작된 후 2년이 되는 때에 그 업무 실적 등을 고려하여 이사회의 의결로 남은 임기를 계속 채울지를 정한다. 〈개정 2011. 7. 14., 2020. 3. 24.〉 ② 제1항의 임원의 임기가 만료되는 경우에는 제44조 제3항 단서를 준용한다. ③ 합병으로 설립되는 조합의 설립 당시 조합장·이사 및 감사의 임기는 제1항(제108조 및 제113조에 따라 준용되는 경우를 포함한다)에도 불구하고 설립등기일부터 2년으로 한다. 다만, 합병으로 소멸되는 조합의 조합장이 합병으로 설립되는 조합의 조합장으로 선출되는 경우 설립등기일 현재 조합장의 종전 임기의 남은 임기가 2년을 초과하는 경우에는 그 남은 임기를 그 조합장의 임기로 한다. ④ 합병 후 존속하는 조합의 변경등기 당시 재임 중인 조합장·이사 및 감사의 남은 임기가 변경등기일 현재 2년 미만인 경우에는 제1항(제108조 및 제113조에 따라 준용되는 경우를 포함한다)에도 불구하고 그 임기를 변경등기일부터 2년으로 한다.

산림조합법	**제38조(임원의 임기)** ① 조합장과 이사의 임기는 다음 각 호와 같고, 감사의 임기는 3년으로 하며, 상임인 조합장은 두 번까지만 연임할 수 있다. 다만, 설립 당시의 조합장·이사 및 감사의 임기는 정관으로 정하되, 2년을 초과할 수 없다. 〈개정 2020. 3. 24.〉 1. 조합장과 조합원인 이사: 4년 2. 상임이사 및 조합원이 아닌 이사: 2년 ② 제1항에 따른 임원의 임기만료에 관하여는 제32조 제4항 단서를 준용한다.

제32조(채무를 이행하지 아니한 임원에 대한 제재)

제32조(채무를 이행하지 아니한 임원에 대한 제재) 이사회는 임원이 조합에 대한 그의 채무를 3개월 이내에 이행하지 아니한 경우에는 해당 임원에 대하여 그 업무집행을 정지시킬 수 있다.
[전문개정 2015. 1. 20.]

Ⅰ. 조문의 취지와 의의

법 제32조는 임원이 조합에 대한 채무를 3개월 이내에 이행하지 아니한 경우 그 임원의 업무집행을 정지시키도록 하는 내용의 조문이다. 조합에 대한 채무(보증채무를 제외한다)를 3월을 초과하여 이행하지 아니한 자는 조합의 임원이 될 수 없다는 점을 고려한 것이다(조합 정관부속서임원선거규약 제8조 제1항 제3호).

Ⅱ. 조문의 내용 및 해설

1. 채무 미이행 임원에 대한 제재

임원이 조합에 대한 채무를 이행하지 않은 경우 조합 임원으로서의 지위와 채무자로서의 지위의 이해 충돌 우려가 있고, 조합에 대한 채무를 3월 이상 이행하지 아니한 경우 조합 임원 결격 사유에 해당하므로 채무를 이행하지 않은 임원에 대해서는 그 업무집행을 정지시킬 수 있도록 규정한 것이다.

2. 제재 절차

이사회는 조합에 대한 채무를 3개월 이행하지 아니한 임원에 대하여 이사회 결의로써 업무집행을 정지시킬 수 있다. 다만, 정관부속서 임원선거규약 제8조 제1항 제3호에서 '선거공고일 전일 현재 조합에 대한 채무(보증채무를 제외한다)를 3월을 초과하여 이행하지 아니한 자'는 임원이 될 수 없고, 조합 정관 제54

조 제2항의 즉시면직 규정에 따라 규약 제8조 제1항 제3호를 적용할 때에는 '선거 공고일 현재'를 "현재"로 보고 있다. 따라서, 조합에 대한 채무를 3개월 이행하지 아니한 임원에 대해서는 이사회 결의로써 업무집행을 정지할 수 있으나, 법 및 정관에 따라 즉시면직되므로 제재절차가 아닌 즉시면직 절차로서 당연면직된다.

제33조(임원의 책임 등)

제33조(임원의 책임 등) ① 임원은 이 법, 이 법에 따른 명령, 정관·규정 및 총회와 이사회의 결의를 준수하고 조합을 위하여 성실히 그 직무를 수행하여야 한다.
② 임원이 그 직무를 수행하면서 고의 또는 중대한 과실(상임인 임원의 경우에는 고의 또는 과실)로 조합 또는 타인에게 끼친 손해에 대해서는 연대하여 손해배상의 책임을 진다.
③ 임원이 거짓으로 결산보고·등기 또는 공고를 하여 조합 또는 타인에게 손해를 끼쳤을 때에도 제2항과 같다.
④ 이사회가 고의 또는 중대한 과실로 조합 또는 타인에게 손해를 끼쳤을 때에는 그 고의 또는 중대한 과실에 관련된 이사회에 출석한 임원은 그 손해에 대하여 연대하여 손해배상의 책임을 진다. 다만, 그 회의에서 반대 의사를 표시한 임원은 그러하지 아니하다.
⑤ 조합의 임원에 대해서는 「민법」 제35조, 「상법」 제382조 제2항, 제386조 제1항, 제399조 및 제414조를 준용한다.
[전문개정 2015. 1. 20.]

Ⅰ. 조문의 취지와 의의

법 제33조는 임원의 충실의무와 손해배상책임, 이사회의 책임과 그 제한 등에 대해 규율하고 있다. 조합 임원은 조합과 민법상 '위임' 관계에 있으므로 임원으로서의 충실의무, 성실의무, 선관주의 의무 등을 지니는데 법 제33조는 이를 구체화한 조항으로 볼 수 있다.

Ⅱ. 조문의 내용 및 해설

1. 임원의 충실 의무

법 제33조 제1항은 임원은 조합을 위하여 성실히 그 직무를 수행하여야 한다고 규정한다. 이 규정은 임원이 선관의무를 지고 있고, 임원은 경영을 위임받은 자로서 조합의 이익을 위해 성실히 그 직무를 수행하여야 한다는 것을 명확하게 하기 위하여 마련된 규정이라고 볼 수 있다. 임원의 충실의무와 관련해서는 법 제30조의2의 임원 수뢰 등의 금지, 표준정관 제55조에 따른 임원의 성실의무, 표준정관 제58조에 따른 겸직금지 등에 반영되어 있다.

2. 임원의 손해배상 책임

법 제33조 제5항에 의하여 준용되는 상법 제382조 제2항에 의하면, 임원과 조합과의 관계는 민법상 위임에 관한 규정이 준용되므로, 임원은 민법 제681조에 의하여 조합에 대한 선량한 관리자의 주의로써 업무를 처리해야할 의무를 진다. 법 제33조 제5항에 의하여 준용되는 상법 제399조 제1항에 의하면 임원이 법령 또는 정관에 위반한 행위를 하거나 그 임무를 해태한 때에는 그 임원은 조합에 대하여 연대하여 손해를 배상할 책임을 지므로, 임원이 선관의무를 해태한 때에는 법 제33조 제5항 및 상법 제399조에 따라 조합에 대한 손해배상책임을 진다.

3. 이사회의 책임 및 제한

이사회가 고의 또는 중대한 과실로 조합 또는 타인에게 손해를 끼쳤을 때에는 그 고의 또는 중대한 과실에 관련된 이사회에 출석한 임원은 그 손해에 대하여 연대하여 손해배상의 책임을 진다. 다만, 그 회의에서 반대 의사를 표시한 임원은 그러하지 아니하다. 이사회 결의에 있어 이의를 한 기재가 의사록에 없는 이사는 결의에 찬성한 것으로 추정된다.

한편, 이사의 상습적인 이사회 불참은 해임사유가 될 수 있다. 또한, 다른 이사들이 부당한 결의를 한다는 사실을 알면서도 이사회에 참석하여 이를 시정하려는 노력을 게을리하였다면 해당 이사에 대한 법률적 책임이 발생할 수 있다.

4. 거짓 결산보고 등에 따른 손해배상책임

임원이 거짓으로 결산보고·등기 또는 공고를 하여 조합 또는 타인에게 손해를 끼쳤을 때에는 조합 또는 타인에게 끼친 손해에 대해서는 연대하여 손해배상의 책임을 진다.

Ⅲ. 관련 판례

대법원 2014. 3. 13. 선고 2011다89606 판결

"조합의 업무를 통할하는 이사장은 조합의 모든 업무를 수행함에 있어, 감사는 조합의 업무, 재산상태 및 장부서류 등을 감사함에 있어 당해 업무가 불법·부당함을 알았거나 조금만 주의를 기울였다면 조합의 장부나 대출관련 서류 등에 의하여 불법·부당한 업무임을 알 수 있었을 것임에도 그러한 주의를 현저히 게을리함으로써 이사장이나 감사의 임무를 해태한 데에 중대한 과실이 있는 경우에는 조합에 대하여 손해배상책임을 진다고 할 것이고, 조합 임원으로서의 지위가 비상근, 무보수, 명예직으로 전문가가 아니고, 그 사무처리방식이 형식적이었다고 하더라도 그러한 사유만으로는 법령이나 정관에서 정하고 있는 임원으로서의 주의의무를 면한 수는 없다고 할 것이다(대법원 2006. 1. 12. 선고 2005다23445 판결, 대법원 2008. 9. 11. 선고 2006다57926 판결 등 참조)."

Ⅳ. 관련 법령

법률	조문
새마을 금고법	제25조(임원의 성실 의무와 책임) ① 금고의 임원은 이 법과 이 법에 따라 하는 명령과 정관·규정 및 총회와 이사회의 의결 사항을 지키고 금고를 위하여 성실히 그 직무를 수행하여야 한다. ② 임원이 그 직무를 수행할 때 고의나 과실(비상근임원의 경우에는 고의나 중대한 과실)로 금고에 끼친 손해에 대하여는 연대하여 손해배상의 책임을 진다. ③ 임원이 그 직무를 수행할 때 고의나 중대한 과실로 타인에게 끼친 손해에 대하여는 연대하여 손해배상의 책임을 진다. ④ 임원이 결산보고서에 거짓으로 기록, 등기 또는 공고를 하여 금고나 타인에게 손해를 끼친 경우에도 제2항 및 제3항과 같다. ⑤ 이사회가 고의나 중대한 과실로 금고에 손해를 끼친 경우에는 그 고의나 중대한 과실에 관련된 이사회에 출석한 임원은 그 손해에 대하여 연대하여 손해배상의 책임을 진다. 다만, 그 회의에서 반대 의사를 표시한 임원은 그러하지 아니하다. ⑥ 제2항부터 제5항까지의 규정에 따른 구상권(求償權)은 이사장을 포함한 이사에 대하여는 감사가, 임원 전원에 대하여는 회원 3분의 1 이상의 동의를 받은 회원 대표가 행사한다. 〈개정 2021. 10. 19.〉 ⑦ 정관으로 정하는 임원은 그 직무에 관하여 신원보증을 하여야 한다. ⑧ 제18조 제2항에 따라 상근하는 임원은 다른 법인이나 회사의 상근직을

	겸할 수 없다. 〈신설 2011. 3. 8.〉 **제26조(「민법」·「상법」의 준용)** ① 금고의 임원에 관하여는 「민법」 제35조, 제63조 및 「상법」 제382조 제2항, 제385조 제2항·제3항, 제386조 제1항, 제403조부터 제406조까지, 제407조 및 제408조를 각각 준용한다. 이 경우 「상법」 제385조 제2항 중 "발행주식의 총수의 100분의 3 이상에 해당하는 주식을 가진 주주"는 "회원 100명 또는 100분의 3 이상의 동의를 받은 회원"으로 보고, 같은 법 제403조 제1항 중 "발행주식의 총수의 100분의 1 이상에 해당하는 주식을 가진 주주"는 "회원 100명 또는 100분의 1 이상의 동의를 받은 회원"으로 본다. 〈개정 2025. 1. 7.〉
농업 협동조합법	**제53조(임원의 의무와 책임)** ① 지역농협의 임원은 이 법과 이 법에 따른 명령 및 정관의 규정을 지켜 충실히 그 직무를 수행하여야 한다. ② 임원이 그 직무를 수행할 때 법령이나 정관을 위반한 행위를 하거나 그 임무를 게을리하여 지역농협에 끼친 손해에 대하여는 연대하여 손해배상의 책임을 진다. ③ 임원이 그 직무를 수행할 때 고의나 중대한 과실로 제3자에게 끼친 손해에 대하여는 연대하여 손해배상의 책임을 진다. ④ 제2항과 제3항의 행위가 이사회의 의결에 따른 것이면 그 의결에 찬성한 이사도 연대하여 손해배상의 책임을 진다. 이 경우 의결에 참가한 이사 중 이의를 제기한 사실이 의사록에 적혀 있지 아니한 이사는 그 의결에 찬성한 것으로 추정한다. ⑤ 임원이 거짓으로 결산보고·등기 또는 공고를 하여 지역농협이나 제3자에게 끼친 손해에 대하여도 제2항 및 제3항과 같다. [전문개정 2009. 6. 9.]
수산업 협동조합법	**제56조(임원의 의무와 책임)** ① 지구별수협의 임원은 이 법과 이 법에 따른 명령·처분·정관 및 총회 또는 이사회의 의결을 준수하고 그 직무를 성실히 수행하여야 한다. ② 임원이 그 직무를 수행하면서 고의 또는 과실(비상임인 임원의 경우에는 중대한 과실)로 지구별수협에 끼친 손해에 대하여는 연대하여 손해배상의 책임을 진다. ③ 임원이 그 직무를 수행하면서 고의 또는 중대한 과실로 제3자에게 끼친 손해에 대하여는 연대하여 손해배상의 책임을 진다. ④ 제2항과 제3항의 행위가 이사회의 의결에 따른 것이면 그 의결에 찬성한 이사도 연대하여 손해배상의 책임을 진다. 이 경우 의결에 참가한 이사 중 이의를 제기한 사실이 의사록에 기록되어 있지 아니한 사람은 그 의결에 찬성한 것으로 추정한다. [전문개정 2010. 4. 12.]
산림조합법	**제42조(임원의 의무와 책임)** ① 조합의 임원은 이 법과 이 법에 따른 명령 및 정관의 규정을 준수하여 충실히 그 직무를 수행하여야 한다. ② 임원이 그 직무를 수행할 때 법령 또는 정관을 위반한 행위를 하거나 그 임무를 게을리하여 조합에 끼친 손해에 대하여는 연대하여 손해배상의 책임을 진다. ③ 임원이 그 직무를 수행할 때 고의 또는 중대한 과실로 제3자에게 끼친 손해에 대하여는 연대하여 손해배상의 책임을 진다.

	④ 제2항 및 제3항의 행위가 이사회의 의결에 따른 것일 때에는 그 의결에 찬성한 이사도 연대하여 손해배상의 책임을 진다. 이 경우 의결에 참가한 이사 중 이의를 제기한 사실이 의사록에 적혀 있지 아니한 사람은 그 의결에 찬성한 것으로 추정한다. ⑤ 임원이 거짓의 결산보고·등기 또는 공고를 하여 조합 또는 제3자에게 끼친 손해에 대하여도 제2항 및 제3항과 같다. [전문개정 2013. 4. 5.]

제34조(이사회)

제34조(이사회) ① 조합에 이사로 구성되는 이사회를 둔다.
② 이사장은 이사회의 의장이 된다.
③ 이사는 개인의 이익과 조합의 이익이 상반되는 사항에 대해서는 이사회의 의사에 관여할 수 없다.
④ 이사회는 제36조 제1항에 따라 결의된 사항에 대하여 이사장(제27조 제7항에 따라 상임이사가 전담하여 처리하는 사업의 경우에는 상임이사를 말한다) 및 간부직원의 업무집행을 감독하고, 필요한 사항을 이사회에 보고하도록 요구할 수 있다. 〈개정 2017. 4. 18.〉
[전문개정 2015. 1. 20.]

Ⅰ. 조문의 취지와 의의

이사회는 조합의 업무집행에 관한 의사를 결정하고 결의된 사항에 대한 업무집행을 감독하는 조합의 필수적인 기관이다. 법 제34조는 이사회의 구성과 권한 등에 대하여 규정하는 한편, 개인의 이익과 조합의 이익이 상반되는 사항에 대해서는 이사가 이사회의 의사에 관여할 수 없음을 규정함으로써 이사의 이해상반행위를 금지하고 있다.

Ⅱ. 조문의 내용 및 해설

1. 이사회의 구성

이사회는 이사로 구성된다(조합 이사회운영규정 제3조 제1항). 이사는 이사장 1명, 부이사장 1명을 포함하여 조합 실정에 따라 5명 이상 9명 이하의 이사를 둘 수 있다(법 제27조 제1항, 표준정관 제45조 제1항). 감사는 이사회에 출석하여 의견을 진술할 수 있을 뿐이고(조합 이사회운영규정 제21조의2 제1항), 이사회 구성원에는 포함되지 않는다.

2. 이사회의 권한

(1) 의사결정 권한

이사회는 법령이나 정관에서 총회의 권한으로 정하고 있는 사항들을 제외하고 조합의 업무집행에 관한 모든 의사를 결정할 권한이 있다.

(2) 이사회 의결사항에 대한 업무집행 감독 권한 및 보고 요구 권한

이사회에서 결의된 사항에 대하여 이사장과 상임이사 및 간부직원의 업무집행을 감독하고 필요한 사항을 이사회에 보고하도록 요구할 권한을 갖는다(법 제34조 제4항, 표준정관 제44조 제5항). 본 조항은 2003. 7. 30. 법의 개정으로 도입된 것으로 조합의 지배구조를 개선하기 위하여 이사회의 이사장 및 간부직원에 대한 감독기능을 강화한 것이다.[94)]

3. 의사 관여의 금지

이사는 개인의 이익과 조합의 이익이 상반되는 사항에 대해서는 이사회의 의사에 관여할 수 없다(법 제34조 3항). 표준정관에서도 이사의 이익과 조합의 이익이 상반되는 사항이나 신분에 관련되는 사항에 관하여는 당해 이사는 그 의사에 관여할 수 없다고 규정한다(표준정관 제43조 제3항). 이 경우 조합의 이익과 상반되는 사항에 대해서는 의결권을 행사할 수 없고, 이사회의 의사에도 영향을 미치는 행위를 할 수 없다. 조합과 이사의 이해가 상반되어 의결권을 행사할 수 없는 때에는 의사정족수 산정의 기초가 되는 이사의 수에는 포함되고, 다만 결의 성립에 필요한 출석 이사에는 산입되지 아니한다.[95)]

94) 김문희(전문위원), 신용협동조합법 일부개정법률안(정부 제출, 의안번호 제162097호) 검토보고서, 국회 제정경제위원회, 2023. 4., 18-19면.

95) 대법원 2009. 4. 9. 선고 2008다1521 판결.

Ⅲ. 관련 해석례

교육과학기술부 – 「사립학교법」 제16조 제2항의 "이사가 학교법인과 이해관계가 상반하는 때"의 적용 범위(「사립학교법」 제16조 제2항 등) [13-0087, 2013. 4. 26.]

1. 질의요지

학교법인의 이사이자 이사장의 배우자인 자가 자신을 당해 학교법인이 설치・경영하는 학교의 장으로 임명하기 위한 이사회에 참석하여 의결하는 것이 「사립학교법」 제16조 제2항의 "이사가 학교법인과 이해관계가 상반하는 때"에 해당하는지?

2. 회답

학교법인의 이사이자 이사장의 배우자인 자가 자신을 당해 학교법인이 설치・경영하는 학교의 장으로 임명하기 위한 이사회에 참석하여 의결하는 것은 「사립학교법」 제16조 제2항의 "이사가 학교법인과 이해관계가 상반하는 때"에 해당한다고 할 것입니다.

3. 이유

「사립학교법」 제16조 제2항에 따르면 이사장 또는 이사가 학교법인과 이해관계가 상반하는 때에는 그 이사장 또는 이사는 당해 사항에 관한 의결에 참여하지 못한다고 규정하고 있는바, 학교법인의 이사이자 이사장의 배우자인 자가 자신을 학교의 장으로 임명하기 위한 이사회에 참석하여 의결하는 것이 「사립학교법」 제16조 제2항의 "이사가 학교법인과 이해관계가 상반하는 때"에 해당하는지가 문제됩니다.

그런데, 「사립학교법」은 사립학교의 특수성에 비추어 그 자주성을 확보하고 공공성을 앙양함으로써 사립학교의 건전한 발달을 도모함을 목적으로 하고 있고(제1조), 이러한 공공성을 확보하기 위하여 관할청의 지도・감독권(제4조), 사립학교 임원 취임시 관할청의 승인(제20조 제2항), 기본재산 처분 시 관할청의 허가(제28조 제1항) 등 각종의 통제 장치를 두고 있는바, 특히 학교의 장의 임명은 사립학교의 공공성 확보와 밀접한 관련이 있는 것으로 이와 관련한 「사립학교법」 제16조 제2항의 "이사가 학교법인과 이해관계가 상반하는 때"의 적용 범위는 입법취지, 사립학교의 목적, 관련 조항 등을 종합적으로 고려하여 해석하여야 할 것입니다.

먼저, 학교법인의 이사인 자가 학교의 장으로 임명되는 것은 그 이사와 학교법인 사이의 사법상 고용계약의 체결을 전제하고 있고, 고용계약 체결시 급여, 근무조건 등 학교와 대립적인 이해관계에 관한 결정을 포함하게 되는 것으로, 구체적 · 현실적으로 이해관계가 대립되지 않을 수 있으나 잠재적인 이해관계의 대립은 있을 수 있다고 할 것이므로, 학교법인의 이사인 자가 학교의 장으로 임명되는 것은 "이사가 학교법인과 이해관계가 상반하는 때"에 해당하는 것으로 볼 수 있다고 할 것입니다.

더욱이, 「사립학교법」 제54조의3제3항을 보면, 원칙적으로 학교법인의 이사장과 배우자 관계에 있는 자가 학교의 장에 임명될 수 없음을 규정하고, 예외적으로 이사정수의 3분의 2이상의 찬성(통상의 의결 정족수인 이사정수의 과반수 찬성보다 가중된 것임)과 관할청의 승인이라는 엄격한 요건 하에 이를 허용하고 있는바, 이는 사립학교의 사유화를 방지하기 위하여 학교법인의 이사장과 배우자 관계에 있는 자가 학교의 장이 되는 경우 학교법인의 이해관계와 상반될 가능성이 있음을 고려한 것이라 할 것입니다.

한편, 「공공기관의 운영에 관한 법률」 제19조, 「은행법」 제25조에서는 "특별한 이해관계가 있는 기관장 또는 이사"라고 규정하고 있는 반면, 「사립학교법」 제16조 제2항에서는 "이해관계가 상반하는 때"라고 구별되게 규정하고 있어 "이해관계가 상반하는 때"를 보다 엄격하고 제한적으로 해석하여 현실적 · 구체적인 이해관계가 있는 때라는 주장이 있을 수 있으나, 「사립학교법」의 목적이나 사립학교의 공공성을 확보하기 위하여 관할청의 지도 · 감독권 및 승인 · 허가 등을 규정하고 있는 「사립학교법」 제1조, 제4조, 제20조, 제28조 등을 고려해 보면, 같은 법 제16조 제2항의 "이해관계가 상반하는 때"를 현실적 · 구체적인 이해관계가 있는 때로 제한할 특별한 이유가 없다고 보여집니다.

따라서, 학교법인의 이사이자 이사장의 배우자인 자가 자신을 당해 학교법인이 설치 · 경영하는 학교의 장으로 임명하기 위한 이사회에 참석하여 의결하는 것은 「사립학교법」 제16조 제2항의 "이사가 학교법인과 이해관계가 상반하는 때"에 해당한다고 할 것입니다.

Ⅳ. 관련 판례

대법원 2009. 4. 9. 선고 2008다1521 판결 [소유권이전등기]

"민법 제74조는 사단법인과 어느 사원과의 관계사항을 의결하는 경우 그 사원은 의결권이 없다고 규정하고 있으므로, 민법 제74조의 유추해석상 민법상 법인의 이사회에서 법인과 어느 이사와의 관계사항을 의결하는 경우에는 그 이사는 의결권이 없다. 이 때 의결권이 없다는 의미는 상법 제368조 제4항, 제371조 제2항의 유추해석상 이해관계 있는 이사는 이사회에서 의결권을 행사할 수는 없으나 의사정족수 산정의 기초가 되는 이사의 수에는 포함되고, 다만 결의성립에 필요한 출석이사에는 산입되지 아니한다고 풀이함이 상당하다."

Ⅴ. 관련 법령

법률	조문
새마을 금고법	제17조(이사회) ① 금고에 이사회를 둔다. ② 이사회는 이사장을 포함한 이사로 구성하며, 이사장이 이를 소집한다. 〈개정 2021. 10. 19.〉 ③ 이사장은 재적이사 3분의 1 이상의 요구가 있는 경우에는 지체 없이 이사회를 소집하여야 한다. 이 경우 이사장이 정당한 이유 없이 소집 요구를 받은 날부터 2주일 이내에 이사회를 소집하지 아니하는 경우에는 그 소집을 요구한 이사의 대표가 이사회를 소집하고, 의장의 직무를 대행한다. 〈신설 2025. 1. 7.〉 ④ 이사는 이사장에게 서면으로 일정한 사항을 이사회의 회의에 부칠 것을 제안할 수 있다. 이 경우 이사장은 그 제안사항을 이사회에 보고하여야 하고, 이사회는 그 내용이 법령 또는 정관을 위반하는 경우를 제외하고는 이를 이사회의 회의에 부쳐야 한다. 〈신설 2025. 1. 7.〉 ⑤ 다음 각 호의 사항은 이사회의 의결이 있어야 한다. 〈개정 2011. 3. 8., 2025. 1. 7.〉 1. 규정의 제정, 변경 또는 폐지 2. 사업 집행에 대한 기본 방침의 결정 3. 소요 자금의 차입. 다만, 중앙회에서 차입할 경우는 최고한도 4. 정관으로 정하는 간부 직원의 임면(任免)과 직원의 징계 5. 상근이사에 대한 성과평가의 실시에 관한 사항 6. 총회로부터 위임된 사항과 총회에 부칠 사항 7. 그 밖에 이사장이 회의에 부치는 사항 ⑥ 이사장은 다음 각 호의 사항을 이사회에 보고하여야 한다. 〈개정 2017. 12. 26., 2025. 1. 7.〉

	1. 제19조의2에 따른 상근이사에 대한 성과평가 결과 2. 제76조에 따른 감사 결과 3. 제79조 제6항에 따른 경영 평가 결과 4. 제74조 제3항, 제79조 제3항 및 제81조 제1항에 따른 검사 결과 ⑦ 이사회는 재적이사 과반수의 출석으로 개의하고 출석이사 과반수의 찬성으로 의결한다. 〈개정 2025. 1. 7.〉 ⑧ 이사회의 소집 방법, 의사록 작성 등은 정관으로 정하는 바에 따른다. 〈개정 2025. 1. 7.〉
농업 협동조합법	**제43조(이사회)** ① 지역농협에 이사회를 둔다. ② 이사회는 조합장을 포함한 이사로 구성하되, 조합장이 소집한다. ③ 이사회는 다음 각 호의 사항을 의결한다. 〈개정 2014. 12. 31.〉 1. 조합원의 자격 심사 및 가입 승낙 2. 법정 적립금의 사용 3. 차입금의 최고 한도 4. 경비의 부과와 징수 방법 5. 사업 계획 및 수지예산(收支豫算) 중 제35조 제1항 제7호에서 정한 사항 외의 경미한 사항의 변경 6. 간부직원의 임면 7. 정관으로 정하는 금액 이상의 업무용 부동산의 취득과 처분 8. 업무 규정의 제정·개정 및 폐지와 사업 집행 방침의 결정 9. 총회로부터 위임된 사항 10. 법령 또는 정관에 규정된 사항 11. 상임이사의 해임 요구에 관한 사항 12. 상임이사 소관 업무의 성과평가에 관한 사항 13. 그 밖에 조합장, 상임이사 또는 이사의 3분의 1 이상이 필요하다고 인정하는 사항 ④ 이사회는 제3항에 따라 의결된 사항에 대하여 조합장이나 상임이사의 업무집행상황을 감독한다. ⑤ 이사회는 구성원 과반수의 출석으로 개의하고 출석자 과반수의 찬성으로 의결한다. ⑥ 간부직원은 이사회에 출석하여 의견을 진술할 수 있다. ⑦ 제3항 제12호에 따른 성과평가에 필요한 사항과 이사회의 운영에 필요한 사항은 정관으로 정한다. [전문개정 2009. 6. 9.]
수산업 협동조합법	**제45조(이사회)** ① 지구별수협에 이사회를 둔다. ② 이사회는 조합장을 포함한 이사로 구성하되, 조합장이 소집한다. ③ 이사회는 다음 각 호의 사항을 의결한다. 1. 조합원의 자격 및 가입에 관한 심사 2. 규약의 제정·변경 또는 폐지 3. 업무 집행에 관한 기본방침의 결정 4. 부동산의 취득·처분 또는 이에 관한 물권의 설정. 다만, 정관으로 정하는 행위는 제외한다. 5. 경비의 부과 및 징수 방법 6. 사업계획 및 수지예산 중 제37조 제1항 제6호에서 정한 사항 외의 경미

	한 사항의 변경 7. 인사추천위원회 구성에 관한 사항 8. 간부직원의 임면에 관한 사항 9. 총회에서 위임한 사항 10. 법령 또는 정관에 규정된 사항 11. 그 밖에 조합장 또는 이사 5분의 1 이상이 필요하다고 인정하는 사항 ④ 이사회는 구성원 과반수의 출석으로 개의하고 출석구성원 과반수의 찬성으로 의결한다. ⑤ 간부직원은 이사회에 출석하여 의견을 진술할 수 있다. ⑥ 이사회의 운영에 필요한 사항은 정관으로 정한다. ⑦ 이사회에서 의결할 때에는 해당 안건과 특별한 이해관계가 있는 이사회의 구성원은 그 안건의 의결에 참여할 수 없다. 이 경우 의결에 참여하지 못하는 이사 등은 제4항에 따른 이사회의 구성원 수에 포함되지 아니한다. [전문개정 2010. 4. 12.]
산림조합법	제33조(이사회) ① 조합에 이사회를 둔다. ② 이사회는 조합장과 이사로 구성하며, 조합장이 소집한다. ③ 이사회는 다음 각 호의 사항을 의결한다. 1. 조합원의 자격 심사 및 가입 승낙 2. 간부직원의 임면 3. 업무규정의 제정·변경 또는 폐지 4. 법정적립금의 사용 5. 차입금의 최고한도 6. 기본재산의 취득과 처분 7. 법령 또는 정관에 규정된 사항 8. 총회에서 위임한 사항 및 총회에 부칠 사항 9. 그 밖에 조합장 또는 이사 3분의 1 이상이 필요하다고 인정하는 사항 ④ 이사회는 제3항에 따라 의결된 사항에 대하여 조합장 또는 상임이사의 업무집행상황을 감독한다. ⑤ 이사회는 구성원 과반수의 출석으로 개의하고, 출석구성원 과반수의 찬성으로 의결한다. ⑥ 이사회의 운영에 필요한 사항은 정관으로 정한다. [전문개정 2013. 4. 5.]
협동조합 기본법	제32조(이사회) ① 협동조합에 이사회를 둔다. ② 이사회는 이사장 및 이사로 구성한다. ③ 이사장은 이사회를 소집하고 그 의장이 된다. ④ 이사회는 구성원 과반수의 출석과 출석원 과반수의 찬성으로 의결하며, 그 밖에 이사회의 개의 및 의결방법 등 이사회의 운영에 관하여 필요한 사항은 정관으로 정한다. ⑤ 제1항에도 불구하고 조합원 수가 10인 미만인 협동조합은 총회의 의결을 받아 이사회를 두지 아니할 수 있다. 〈신설 2014. 1. 21.〉

제35조(이사회의 소집)

제35조(이사회의 소집) ① 이사회는 필요한 때에 정관에서 정하는 바에 따라 이사장이 소집한다.
② 이사장은 2명 이상의 이사 또는 감사의 요구가 있을 경우에는 지체 없이 이사회를 소집하여야 한다.
[전문개정 2015. 1. 20.]

Ⅰ. 조문의 취지와 의의

법 제35조는 이사회의 소집권자 등을 정하고 있는 조문이다. 이사회의 소집권자와 소집시기 및 이사장의 소집 의무 등을 법에 규정하여 둠으로써 조합의 주요한 의사결정 및 업무집행이 원활하게 이루어질 수 있도록 하고 있다.

Ⅱ. 조문의 내용 및 해설

1. 정기이사회의 소집

이사회는 필요한 때에 정관에서 정하는 바에 따라 이사장이 소집한다. 정기이사회는 2월마다 1회 이사장이 이를 소집한다(표준정관 제42조 제1항). 다만, 이사장 사고시에는 부이사장이, 이사장·부이사장 사고시에는 미리 이사회에서 정한 순서에 따라 이사가 소집한다(조합 이사회운영규정 제7조 제1항 단서, 제3조 제2항 단서).

2. 임시이사회의 소집

임시이사회는 이사장이 필요하다고 인정한 때, 이사 2인 또는 감사의 요구가 있는 때 소집한다(법 제35조 제2항, 표준정관 제42조 제2항). 이사장은 임시이사회 소집요구가 있을 경우 지체 없이 이사회를 소집하여야 하는바, 조합 이사회운영규정에 따르면 소집요구를 받은 날로부터 7일 이내에 이사회를 개최하여야 한다(조합 이사회운영규정 제7조 제2항).

3. 이사대표 또는 감사의 이사회 소집

이사장이 이사 2인 또는 감사의 소집요구를 받은 날로부터 정당한 사유없이 7일 이내에 이사회를 개최하지 않는 경우에는 소집을 요구한 이사대표 또는 감사가 이사회를 소집할 수 있고(표준정관 제42조 제3항 전단), 이 경우 소집한 이사 또는 감사가 직무를 대행한다(표준정관 제42조 제3항 후단).

Ⅲ. 관련 법령

법률	조문
새마을 금고법	제17조(이사회) ① 금고에 이사회를 둔다. ② 이사회는 이사장을 포함한 이사로 구성하며, 이사장이 이를 소집한다. 〈개정 2021. 10. 19.〉 ③ 이사장은 재적이사 3분의 1 이상의 요구가 있는 경우에는 지체 없이 이사회를 소집하여야 한다. 이 경우 이사장이 정당한 이유 없이 소집 요구를 받은 날부터 2주일 이내에 이사회를 소집하지 아니하는 경우에는 그 소집을 요구한 이사의 대표가 이사회를 소집하고, 의장의 직무를 대행한다. 〈신설 2025. 1. 7.〉 ④ 이사는 이사장에게 서면으로 일정한 사항을 이사회의 회의에 부칠 것을 제안할 수 있다. 이 경우 이사장은 그 제안사항을 이사회에 보고하여야 하고, 이사회는 그 내용이 법령 또는 정관을 위반하는 경우를 제외하고는 이를 이사회의 회의에 부쳐야 한다. 〈신설 2025. 1. 7.〉 ⑤ 다음 각 호의 사항은 이사회의 의결이 있어야 한다. 〈개정 2011. 3. 8., 2025. 1. 7.〉 1. 규정의 제정, 변경 또는 폐지 2. 사업 집행에 대한 기본 방침의 결정 3. 소요 자금의 차입. 다만, 중앙회에서 차입할 경우는 최고한도 4. 정관으로 정하는 간부 직원의 임면(任免)과 직원의 징계 5. 상근이사에 대한 성과평가의 실시에 관한 사항 6. 총회로부터 위임된 사항과 총회에 부칠 사항 7. 그 밖에 이사장이 회의에 부치는 사항 ⑥ 이사장은 다음 각 호의 사항을 이사회에 보고하여야 한다. 〈개정 2017. 12. 26., 2025. 1. 7.〉 1. 제19조의2에 따른 상근이사에 대한 성과평가 결과 2. 제76조에 따른 감사 결과 3. 제79조 제6항에 따른 경영 평가 결과 4. 제74조 제3항, 제79조 제3항 및 제81조 제1항에 따른 검사 결과

	⑦ 이사회는 재적이사 과반수의 출석으로 개의하고 출석이사 과반수의 찬성으로 의결한다. 〈개정 2025. 1. 7.〉 ⑧ 이사회의 소집 방법, 의사록 작성 등은 정관으로 정하는 바에 따른다. 〈개정 2025. 1. 7.〉
농업 협동조합법	**제43조(이사회)** ① 지역농협에 이사회를 둔다. ② 이사회는 조합장을 포함한 이사로 구성하되, 조합장이 소집한다. ③ 이사회는 다음 각 호의 사항을 의결한다. 〈개정 2014. 12. 31.〉 1. 조합원의 자격 심사 및 가입 승낙 2. 법정 적립금의 사용 3. 차입금의 최고 한도 4. 경비의 부과와 징수 방법 5. 사업 계획 및 수지예산(收支豫算) 중 제35조 제1항 제7호에서 정한 사항 외의 경미한 사항의 변경 6. 간부직원의 임면 7. 정관으로 정하는 금액 이상의 업무용 부동산의 취득과 처분 8. 업무 규정의 제정·개정 및 폐지와 사업 집행 방침의 결정 9. 총회로부터 위임된 사항 10. 법령 또는 정관에 규정된 사항 11. 상임이사의 해임 요구에 관한 사항 12. 상임이사 소관 업무의 성과평가에 관한 사항 13. 그 밖에 조합장, 상임이사 또는 이사의 3분의 1 이상이 필요하다고 인정하는 사항 ④ 이사회는 제3항에 따라 의결된 사항에 대하여 조합장이나 상임이사의 업무집행상황을 감독한다. ⑤ 이사회는 구성원 과반수의 출석으로 개의하고 출석자 과반수의 찬성으로 의결한다. ⑥ 간부직원은 이사회에 출석하여 의견을 진술할 수 있다. ⑦ 제3항 제12호에 따른 성과평가에 필요한 사항과 이사회의 운영에 필요한 사항은 정관으로 정한다. [전문개정 2009. 6. 9.]
수산업 협동조합법	**제45조(이사회)** ① 지구별수협에 이사회를 둔다. ② 이사회는 조합장을 포함한 이사로 구성하되, 조합장이 소집한다. ③ 이사회는 다음 각 호의 사항을 의결한다. 1. 조합원의 자격 및 가입에 관한 심사 2. 규약의 제정·변경 또는 폐지 3. 업무 집행에 관한 기본방침의 결정 4. 부동산의 취득·처분 또는 이에 관한 물권의 설정. 다만, 정관으로 정하는 행위는 제외한다. 5. 경비의 부과 및 징수 방법 6. 사업계획 및 수지예산 중 제37조 제1항 제6호에서 정한 사항 외의 경미한 사항의 변경 7. 인사추천위원회 구성에 관한 사항 8. 간부직원의 임면에 관한 사항 9. 총회에서 위임한 사항

	10. 법령 또는 정관에 규정된 사항 11. 그 밖에 조합장 또는 이사 5분의 1 이상이 필요하다고 인정하는 사항 ④ 이사회는 구성원 과반수의 출석으로 개의하고 출석구성원 과반수의 찬성으로 의결한다. ⑤ 간부직원은 이사회에 출석하여 의견을 진술할 수 있다. ⑥ 이사회의 운영에 필요한 사항은 정관으로 정한다. ⑦ 이사회에서 의결할 때에는 해당 안건과 특별한 이해관계가 있는 이사회의 구성원은 그 안건의 의결에 참여할 수 없다. 이 경우 의결에 참여하지 못하는 이사 등은 제4항에 따른 이사회의 구성원 수에 포함되지 아니한다. [전문개정 2010. 4. 12.]
산림조합법	제33조(이사회) ① 조합에 이사회를 둔다. ② 이사회는 조합장과 이사로 구성하며, 조합장이 소집한다. ③ 이사회는 다음 각 호의 사항을 의결한다. 1. 조합원의 자격 심사 및 가입 승낙 2. 간부직원의 임면 3. 업무규정의 제정·변경 또는 폐지 4. 법정적립금의 사용 5. 차입금의 최고한도 6. 기본재산의 취득과 처분 7. 법령 또는 정관에 규정된 사항 8. 총회에서 위임한 사항 및 총회에 부칠 사항 9. 그 밖에 조합장 또는 이사 3분의 1 이상이 필요하다고 인정하는 사항 ④ 이사회는 제3항에 따라 의결된 사항에 대하여 조합장 또는 상임이사의 업무집행상황을 감독한다. ⑤ 이사회는 구성원 과반수의 출석으로 개의하고, 출석구성원 과반수의 찬성으로 의결한다. ⑥ 이사회의 운영에 필요한 사항은 정관으로 정한다. [전문개정 2013. 4. 5.]
협동조합 기본법	제32조(이사회) ① 협동조합에 이사회를 둔다. ② 이사회는 이사장 및 이사로 구성한다. ③ 이사장은 이사회를 소집하고 그 의장이 된다. ④ 이사회는 구성원 과반수의 출석과 출석원 과반수의 찬성으로 의결하며, 그 밖에 이사회의 개의 및 의결방법 등 이사회의 운영에 관하여 필요한 사항은 정관으로 정한다. ⑤ 제1항에도 불구하고 조합원 수가 10인 미만인 협동조합은 총회의 의결을 받아 이사회를 두지 아니할 수 있다. 〈신설 2014. 1. 21.〉

제36조(이사회의 결의사항)

제36조(이사회의 결의사항) ① 다음 각 호의 사항은 이사회의 결의를 거쳐야 한다.
1. 규정의 제정·변경 또는 폐지
2. 기본재산의 취득과 처분
3. 사업 집행에 대한 기본 방침의 결정
4. 필요한 자금의 차입(중앙회로부터 차입하는 경우에는 최고한도)
5. 제적립금(諸積立金)의 처분
6. 총회에 부칠 사항
7. 총회의 권한에 속하지 아니하는 중요 사항

② 이사회는 이사 과반수의 출석으로 개의하고, 출석이사 과반수의 찬성으로 결의한다.

③ 이사회의 운영 및 소집 방법 등은 정관에서 정한다.

[전문개정 2015. 1. 20.]

Ⅰ. 조문의 취지와 의의

법 제36조는 이사회 결의사항과 결의 방법 등에 대하여 정하고 있다. 이사회는 법령 또는 정관에 의하여 총회의 권한으로 되어 있는 것을 제외하고는 모든 업무 집행에 관하여 조합의 의사를 결정하고, 여기에서 결정된 사항을 구체적으로 집행하는 것은 이사장 또는 상임이사의 임무라고 볼 수 있다.

Ⅱ. 조문의 내용 및 해설

1. 이사회의 결의사항

규정의 제정·변경 또는 폐지, 기본재산의 취득과 처분, 사업 집행에 대한 기본 방침의 결정, 필요한 자금의 차입(중앙회로부터 차입하는 경우에는 최고한도), 제적립금의 처분, 총회에 부칠 사항, 총회의 권한에 속하지 아니하는 중요 사항에 대해서는 이사회의 결의를 거쳐야 한다(법 제36조 제1항). 여기에서 총회의 권한에 속하지 아니하는 중요 사항은 정관에 일부 규정되어 있으며, 정관에 규정되어 있지 않더라도 중요한 사항에 대해서는 이사회의 결의가 필요하다. 정관에 따른 이사회 결의사항으로는 조합원 자격상실, 임원의 업무집행정지, 총회에서 위임한 사항, 상임임원후보자의 결정, 전문임원 정수의 결정 등이 있다(표준정관 제44조). 또한 조합을 상대로 제기된 소송의 항소를 포기하거나 취하하는 행위도 총회 권한에 속하지 아니한 중요 사항으로서 이사회 결의가 필요하다.[96]

2. 이사회의 결의방법

(1) 개의와 결의

이사회는 재적이사 과반수의 출석으로 개회하고 출석이사 과반수의 찬성으로 결의한다(법 제36조, 표준정관 제43조 제1항).

의사정족수에 미달할 때에는 유회하고 이사장은 7일 이내에 다시 이사회를 개최하여야 한다(조합 이사회운영규정 제11조 제1항). 의장은 의결에 참가하며(표준정관 제43조 제2항), 가부동수인 경우에는 부결된 것으로 본다(조합 이사회운영규정 제11조 제3항).

(2) 이사의 의결권 제한

이사는 대리인으로 하여금 의결권을 대리행사하게 할 수 없고(조합 이사회운영규정 제11조의2 제1항), 이사의 이익과 조합의 이익이 상반되는 사항이나 신분에 관련되는 사항에 관하여는 당해 이사는 그 의사에 관여할 수 없다(표준정관 제43조 제3항, 조합 이사회운영규정 제11조의2 제2항). 이러한 의결권 제한 규정을 위배하여 이루어진 이사회의 결의는 무효이다.

96) 대전고등법원 2019. 8. 22. 선고 2019나12204 판결.

3. 이사회의 운영 및 소집 방법

(1) 이사회의 운영

가. 위원회의 설치 운영

이사회는 조합이 행하는 사업을 수행하기 위하여 필요한 위원회를 설치 운영할 수 있다(표준정관 제44조 제2항).

나. 긴급의안의 제출

이사회는 미리 통지한 사항에 한하여 의결할 수 있다. 다만, 각 이사는 긴급한 사항에 관하여 긴급의안을 제출할 수 있다. 긴급의안이 제출되었을 때에는 의장은 이에 대하여 가부를 이사회에 물어야 한다. 출석이사 3분의 2이상의 찬성이 있을 때에 의안으로 채택한다. 채택된 의안은 재적이사 과반수 출석과 출석이사 과반수의 찬성으로 의결한다(조합 이사회운영규정 제16조).

다. 일사부재의 원칙

의결된 의안 및 철회된 의안은 동일 회기 중에 다시 제출하지 못한다. 이사로부터 번안동의가 있을 때에는 토론없이 표결에 붙여 출석이사 3분의 2이상의 찬성을 얻어야 한다. 채택된 의안은 재적이사 과반수 출석과 출석이사 과반수의 찬성으로 의결한다(조합 이사회운영규정 제17조).

라. 휴회 또는 회기연장

의장이 필요하다고 인정한 때 또는 회의 도중 퇴장한 이사가 많아 의사정족수에 미달된 때에는 의장은 정회, 휴회, 또는 회기연장의 조치를 취하여야 한다. 회기연장에 의하여 속행된 이사회는 이사회 개최통지에 관한 규정을 적용하지 아니한다(조합 이사회운영규정 제18조).

마. 표결방법 및 표결의 순위

표결은 거수, 기립 또는 투표 등의 방법에 의하되 의장이 이사회의 의견을 들어 정한다(조합 이사회운영규정 제19조). 수정안이 제출되었을 때에는 수정안을 먼저 표결하고, 수정안이 2개 이상 있을 때에는 재수정안부터 순차로 표결한다(조합 이사회운영규정 제20조).

바. 의견 청취

이사회는 필요한 경우에 직원 또는 기타 관계자를 출석시켜 그 의견을 청취할 수 있다(조합 이사회운영규정 제21조).

사. 감사의 이사회 배석

감사는 이사회에 출석하여 의견을 진술할 수 있다. 감사가 이사회에 출석하여 의견을 진술하였을 때에는 출석한 감사는 이사회 의사록에 기명날인하여야 한다(조합 이사회운영규정 제21조의2).

아. 의사록의 작성

의사록은 서기가 작성하고 의사록에 의장과 출석한 이사 전원이 서명 또는 기명 날인하여야 한다. 의사록에는 이사회의 종류, 소집통지일자, 개최일시, 개최장소, 출석이사의 성명, 회의의 목적사항, 전차회의록 낭독 및 채택여부, 의사의 경과요령과 그 결과, 기타 필요하다고 인정하는 사항에 대하여 기재한다. 서기는 직원 중에서 의장이 지명한다(조합 이사회운영규정 제22조).

자. 회의의 공개

이사회는 공개회의를 원칙으로 한다. 다만, 이사회가 필요하다고 인정할 때에는 비공개회의를 할 수 있다(조합 이사회운영규정 제23조).

차. 결의사항에 대한 업무집행 감독 및 보고 요구

이사회는 결의된 사항에 대한 이사장, 상임이사 및 간부직원의 업무집행을 감독하고, 필요한 사항을 이사회에 보고하도록 요구할 수 있다(표준정관 제44조 제5항).

(2) 이사회의 소집 방법

이사회를 소집할 때에는 개최 5일 전까지 각 이사 및 감사에게 통지하여야 한다(표준정관 제42조 제5항 본문). 통지 시에는 이사회의 종류, 개최일시, 장소와 목적사항을 기재한 서면통지서와 그 부속자료를 이사와 감사에게 발송하여야 한다(조합 이사회운영규정 제8조 제1항 본문).

다만, 긴급을 요할 경우에는 개최전일까지 통지할 수 있고(표준정관 제42조 제5항 단서), 다른 방법에 의하여 개최전일까지 통보할 수 있도록 하고 있다(조합 이사회운영규정 제8조 제1항 단서). 또한, 이사 전원의 동의가 있을 때에는 이러한 절차 없이 이사회를 소집할 수 있다(조합 이사회운영규정 제8조 제2항).

Ⅲ. 관련 판례

대법원 1996. 12. 23. 선고 96다42956 판결 [손해배상(기)]

"신용협동조합법 제29조 제2호(현행 제36조 제1항 제4호), 원고 조합의 정관 제46조 제1항 제2호(현행 표준정관 제44조 제1항 제4호)는 조합은 이사회의 결의 없이는 자금 차입행위를 할 수 없도록 규정하고 있으므로, 이○○이 이사회의 결의 없이 원고 조합 명의로 한 위 금원 차용행위는 무효라고 할 것이다."

전주지방법원 군산지원 2025. 1. 22. 선고 2024가단50283 판결 [보증채무금]

"신용협동조합법 제36조 제1항 제4호는 '필요한 자금의 차입'을 이사회 결의사항으로 규정하고 있는데, 이는 비영리법인인 신용협동조합의 특수성을 고려하여 그 재산의 원활한 관리 및 유지 보호와 재정의 적정을 기함으로써 조합의 건전한 발달을 도모하고 조합으로 하여금 본래의 목적사업에 충실하도록 하기 위하여 그 대표자의 대표권을 제한한 취지라고 할 것이어서, 신용협동조합의 소요자금의 차입은 반드시 그 조합의 이사회의 결의를 거쳐서 하여야만 하고 이사회의 결의 없이 한 필요한 자금의 차입은 무효이다(대법원 2004. 3. 25. 선고 2003다63227 판결, 대법원 1987. 7. 7. 선고 86다카2220 판결 등 참조). 여기에 신용협동조합법 제36조 제1항 제7호가 '총회의 권한에 속하지 아니하는 중요 사항'을 이사회 결의 사항으로 규정하고 있는 점을 더하여 보면, 신용협동조합이 타인의 채무에 관하여 보증을 하는 행위는 필요한 자금의 차입과 유사한

> 채무부담행위로서 신용협동조합법 제36조 제1항 제4호의 유추적용에 의하여, 또는 같은 항 제7호에 의하여 이사회의 결의를 요한다고 봄이 타당하고, 이사회의 결의를 거치지 않고 한 타인의 채무에 관한 보증행위는 무효로 봄이 타당하다."

> **대전고등법원 2019. 8. 22. 선고 2019나12204 판결 [직무정지통보처분취소]**
> "이 사건 소송은 피고 조합의 이사장으로서 임원이었던 원고가 임원 등의 자격제한과 관련된 피고 조합 및 피고 중앙회의 각 직무정지통보의 무효확인을 구하는 것이다. 이는 법이 조합 총회의 필수적 결의사항으로 정한 임원의 선임과 해임에 관한 사항에 관련된 것으로서 법 제36조 제1항 제7호가 정한 조합 이사회의 필수적 결의사항 중 하나인 '총회의 권한에 속하지 아니하는 중요 사항'에 포함된다. 피고 조합이 이 사건 항소를 취하하거나 포기하기 위해서는 위 규정에 따라 피고 조합 이사회의 결의를 거쳐야 한다고 봄이 타당하다."

Ⅳ. 관련 법령

법률	조문
새마을 금고법	제17조(이사회) ① 금고에 이사회를 둔다. ② 이사회는 이사장을 포함한 이사로 구성하며, 이사장이 이를 소집한다. 〈개정 2021. 10. 19.〉 ③ 이사장은 재적이사 3분의 1 이상의 요구가 있는 경우에는 지체 없이 이사회를 소집하여야 한다. 이 경우 이사장이 정당한 이유 없이 소집 요구를 받은 날부터 2주일 이내에 이사회를 소집하지 아니하는 경우에는 그 소집을 요구한 이사의 대표가 이사회를 소집하고, 의장의 직무를 대행한다. 〈신설 2025. 1. 7.〉 ④ 이사는 이사장에게 서면으로 일정한 사항을 이사회의 회의에 부칠 것을 제안할 수 있다. 이 경우 이사장은 그 제안사항을 이사회에 보고하여야 하고, 이사회는 그 내용이 법령 또는 정관을 위반하는 경우를 제외하고는 이를 이사회의 회의에 부쳐야 한다. 〈신설 2025. 1. 7.〉 ⑤ 다음 각 호의 사항은 이사회의 의결이 있어야 한다. 〈개정 2011. 3. 8., 2025. 1. 7.〉 1. 규정의 제정, 변경 또는 폐지 2. 사업 집행에 대한 기본 방침의 결정 3. 소요 자금의 차입. 다만, 중앙회에서 차입할 경우는 최고한도 4. 정관으로 정하는 간부 직원의 임면(任免)과 직원의 징계 5. 상근이사에 대한 성과평가의 실시에 관한 사항 6. 총회로부터 위임된 사항과 총회에 부칠 사항

	7. 그 밖에 이사장이 회의에 부치는 사항 ⑥ 이사장은 다음 각 호의 사항을 이사회에 보고하여야 한다. 〈개정 2017. 12. 26., 2025. 1. 7.〉 1. 제19조의2에 따른 상근이사에 대한 성과평가 결과 2. 제76조에 따른 감사 결과 3. 제79조 제6항에 따른 경영 평가 결과 4. 제74조 제3항, 제79조 제3항 및 제81조 제1항에 따른 검사 결과 ⑦ 이사회는 재적이사 과반수의 출석으로 개의하고 출석이사 과반수의 찬성으로 의결한다. 〈개정 2025. 1. 7.〉 ⑧ 이사회의 소집 방법, 의사록 작성 등은 정관으로 정하는 바에 따른다. 〈개정 2025. 1. 7.〉
농업 협동조합법	제43조(이사회) ① 지역농협에 이사회를 둔다. ② 이사회는 조합장을 포함한 이사로 구성하되, 조합장이 소집한다. ③ 이사회는 다음 각 호의 사항을 의결한다. 〈개정 2014. 12. 31.〉 1. 조합원의 자격 심사 및 가입 승낙 2. 법정 적립금의 사용 3. 차입금의 최고 한도 4. 경비의 부과와 징수 방법 5. 사업 계획 및 수지예산(收支豫算) 중 제35조 제1항 제7호에서 정한 사항 외의 경미한 사항의 변경 6. 간부직원의 임면 7. 정관으로 정하는 금액 이상의 업무용 부동산의 취득과 처분 8. 업무 규정의 제정·개정 및 폐지와 사업 집행 방침의 결정 9. 총회로부터 위임된 사항 10. 법령 또는 정관에 규정된 사항 11. 상임이사의 해임 요구에 관한 사항 12. 상임이사 소관 업무의 성과평가에 관한 사항 13. 그 밖에 조합장, 상임이사 또는 이사의 3분의 1 이상이 필요하다고 인정하는 사항 ④ 이사회는 제3항에 따라 의결된 사항에 대하여 조합장이나 상임이사의 업무집행상황을 감독한다. ⑤ 이사회는 구성원 과반수의 출석으로 개의하고 출석자 과반수의 찬성으로 의결한다. ⑥ 간부직원은 이사회에 출석하여 의견을 진술할 수 있다. ⑦ 제3항 제12호에 따른 성과평가에 필요한 사항과 이사회의 운영에 필요한 사항은 정관으로 정한다. [전문개정 2009. 6. 9.]
수산업 협동조합법	제45조(이사회) ① 지구별수협에 이사회를 둔다. ② 이사회는 조합장을 포함한 이사로 구성하되, 조합장이 소집한다. ③ 이사회는 다음 각 호의 사항을 의결한다. 1. 조합원의 자격 및 가입에 관한 심사 2. 규약의 제정·변경 또는 폐지 3. 업무 집행에 관한 기본방침의 결정 4. 부동산의 취득·처분 또는 이에 관한 물권의 설정. 다만, 정관으로 정하

	는 행위는 제외한다. 5. 경비의 부과 및 징수 방법 6. 사업계획 및 수지예산 중 제37조 제1항 제6호에서 정한 사항 외의 경미한 사항의 변경 7. 인사추천위원회 구성에 관한 사항 8. 간부직원의 임면에 관한 사항 9. 총회에서 위임한 사항 10. 법령 또는 정관에 규정된 사항 11. 그 밖에 조합장 또는 이사 5분의 1 이상이 필요하다고 인정하는 사항 ④ 이사회는 구성원 과반수의 출석으로 개의하고 출석구성원 과반수의 찬성으로 의결한다. ⑤ 간부직원은 이사회에 출석하여 의견을 진술할 수 있다. ⑥ 이사회의 운영에 필요한 사항은 정관으로 정한다. ⑦ 이사회에서 의결할 때에는 해당 안건과 특별한 이해관계가 있는 이사회의 구성원은 그 안건의 의결에 참여할 수 없다. 이 경우 의결에 참여하지 못하는 이사 등은 제4항에 따른 이사회의 구성원 수에 포함되지 아니한다. [전문개정 2010. 4. 12.]
산림조합법	제33조(이사회) ① 조합에 이사회를 둔다. ② 이사회는 조합장과 이사로 구성하며, 조합장이 소집한다. ③ 이사회는 다음 각 호의 사항을 의결한다. 1. 조합원의 자격 심사 및 가입 승낙 2. 간부직원의 임면 3. 업무규정의 제정·변경 또는 폐지 4. 법정적립금의 사용 5. 차입금의 최고한도 6. 기본재산의 취득과 처분 7. 법령 또는 정관에 규정된 사항 8. 총회에서 위임한 사항 및 총회에 부칠 사항 9. 그 밖에 조합장 또는 이사 3분의 1 이상이 필요하다고 인정하는 사항 ④ 이사회는 제3항에 따라 의결된 사항에 대하여 조합장 또는 상임이사의 업무집행상황을 감독한다. ⑤ 이사회는 구성원 과반수의 출석으로 개의하고, 출석구성원 과반수의 찬성으로 의결한다. ⑥ 이사회의 운영에 필요한 사항은 정관으로 정한다. [전문개정 2013. 4. 5.]
협동조합 기본법	제33조(이사회의 의결사항) 이사회는 다음 각 호의 사항을 의결한다. 1. 협동조합의 재산 및 업무집행에 관한 사항 2. 총회의 소집과 총회에 상정할 의안 3. 규정의 제정·변경 및 폐지 4. 사업계획 및 예산안 작성 5. 법령 또는 정관으로 이사회의 의결을 받도록 정하는 사항 6. 그 밖에 협동조합의 운영에 중요한 사항 또는 이사장이 부의하는 사항

제37조(감사의 임무)

제37조(감사의 임무) ① 감사는 분기마다 1회 이상 감사 실시를 통보한 후 조합의 업무, 재산상태 및 장부·서류 등을 감사하여야 하며, 분기별 감사보고서는 이사회에 제출하고, 분기별 감사보고서를 종합한 연차보고서는 정기총회에 제출하여야 한다.
② 감사는 반기(半期)마다 1회 이상 예고 없이 상당수 조합원의 예탁금 통장이나 그 밖의 증서와 조합의 장부나 기록을 대조하고 확인하여야 한다.
③ 제1항의 감사 실시 통보 및 감사보고서 제출은 2명 이상의 감사가 공동으로 하여야 한다. 다만, 감사보고서를 제출할 때 감사의 의견이 일치하지 아니할 경우에는 각각 그 의견을 제출할 수 있다.
④ 감사의 직무에 관하여는 「상법」 제391조의2, 제402조, 제412조의2, 제413조 및 제413조의2를 준용한다.
[전문개정 2015. 1. 20.]

Ⅰ. 조문의 취지와 의의

투명하고 건전한 조합 경영을 위해서는 내부통제 장치로서 감사의 역할이 매우 중요하다고 볼 수 있다. 법 제37조는 감사 실시 및 감사보고서 제출 등 감사의 임무에 대하여 규정함으로써 조합 경영 전반에 대한 견제와 감시기능이 충실히 작동될 수 있도록 하고 있다.

Ⅱ. 조문의 내용 및 해설

1. 감사의 지위 및 역할

감사는 조합의 재산상황 및 업무집행상황에 대한 감독권한을 가진 조합의 필요적 상설기관이다. 감사는 조합의 재산 및 업무가 조합 및 조합원의 이익을 위하여 적절히 사용·집행되고 있는지를 평가하고 보고하는 역할을 하며, 이를 위해 기간별로 감사를 실시한다. 조합은 2명 또는 3명의 감사를 둘 수 있고(법 제27조), 감사가 호선하는 방식으로 감사 중 1인을 대표감사로 하여야 하지만 (표준정관 제47조 제6항), 감사업무는 감사들 각자가 독립적으로 수행한다. 법은 감사 결과 부정한 사실이 발견되어 그 내용을 총회에 신속히 보고할 필요가 있을 때에는 회의의 목적과 소집 이유를 적은 서면을 제출하여 총회의 소집을 이사장에게 청구할 수 있도록 하고(법 제26조 제2항), 이사장이 정당한 이유 없이 청구를 받은지 15일 이내에 총회를 개최하지 않는 경우에는 감사가 지체 없이 총회를 소집하여 이를 총회에 보고하도록 하여(법 제26조 제4항), 감사의 역할이 실효성 있게 이행될 수 있게 보장하고 있다.

2. 감사의 임무

(1) 감사 실시 및 감사보고서 작성 · 제출

감사는 분기마다 1회 이상 감사 실시를 통보한 후 조합의 업무, 재산상태 및 장부 · 서류 등을 감사하여야 한다. 분기별 감사보고서는 이사회에 제출하고, 분기별 감사보고서를 종합한 연차보고서는 정기총회에 제출하여야 한다.

감사 실시 통보 및 감사보고서 제출은 2명 이상의 감사가 공동으로 하여야 한다. 다만, 감사보고서를 제출할 때 감사의 의견이 일치하지 아니할 경우에는 각각 그 의견을 제출할 수 있다.

(2) 자료 대조 및 확인 의무

감사는 반기마다 1회 이상 예고 없이 상당수 조합원의 예탁금 통장이나 그 밖의 증서와 조합의 장부나 기록을 대조하고 확인하여야 한다.

(3) 이사회의 업무집행에 대한 시정 요구

감사는 이사회가 법령 · 정관 또는 총회의 결의에 위반하여 업무를 집행한 때에는 이사회에 그 시정을 요구하여야 한다(표준정관 제47조 제4항).

(4) 중앙회장에 대한 보고 의무

감사는 감사결과 중대한 부정사실 또는 조합에 현저하게 손해를 미칠 염려가 있는 사실을 발견한 때에는 즉시 이를 중앙회장에게 보고하여야 한다(표준정관 제47조 제5항).

3. 상법의 준용

감사의 직무에 관하여는 상법 제391조의2, 제402조, 제412조의2, 제413조 및 제413조의2를 준용한다. 이하 준용하는 상법 조문의 순서대로 설명한다.

(1) 감사의 이사회출석 · 의견진술권

감사는 이사회에 출석하여 의견을 진술할 수 있다(표준정관 제49조 제1항). 감사는 이사가 법령 또는 정관에 위반한 행위를 하거나 그 행위를 할 염려가 있다고 인정한 때에는 이사회에 이를 보고하여야 한다. 감사가 이사회에 출석하여 의견을 진술하였을 때에는 출석한 감사는 이사회 의사록에 기명날인 또는 서명한다(표준정관 제49조 제2항).

(2) 유지청구권

이사가 법령 또는 정관에 위반한 행위를 하여 이로 인하여 조합에 회복할 수 없는 손해가 생길 염려가 있는 경우에는 감사 또는 출자좌수의 총수의 100분의 1 이상에 해당하는 좌수를 가진 조합원은 조합을 위하여 이사에 대하여 그 행위를 유지할 것을 청구할 수 있다.

(3) 감사의 보고의무 수령권

이사는 조합에 현저하게 손해를 미칠 염려가 있는 사실을 발견한 때에는 즉시 감사에게 이를 보고하여야 한다.

(4) 조사 · 보고의 의무

감사는 이사가 총회에 제출할 의안 및 서류를 조사하여 법령 또는 정관에 위반하거나 현저하게 부당한 사항이 있는지의 여부에 관하여 주주총회에 그 의견을 진술하여야 한다.

(5) 감사록의 작성

감사는 감사에 관하여 감사록을 작성하여야 한다. 감사록에는 감사의 실시 요령과 그 결과를 기재하고 감사를 실시한 감사가 기명날인 또는 서명하여야 한다.

Ⅲ. 관련 해석례

금융위원회 – 신용협동조합 감사의 신협법에 의한 임시총회 소집요구 관련 질의 [120101, 2014. 12. 31.]

1. 질의사항
   - □ 신협의 정기총회가 진행되었을 경우 의견을 달리한 감사가 정기총회에서 물리적인 저지로 발표하지 못한 분기별 감사보고서 및 연차보고서의 총회보고를 위하여 임시총회의 소집을 이사장에게 요구할 수 있는지

2. 회답
   - □ 「신협에 관한 법률」(이하 '신협법'이라 함) 제26조 제2항에 따라 감사는 동법 제37조에 의한 감사결과 부정한 사실이 발견되어 그 내용을 총회에 신속히 보고할 필요가 있는 경우 총회소집을 이사장에게 청구할 수 있습니다.
   - □ 따라서 분기별 감사보고서, 연차보고서 등이 부정한 사실과 관련된 내용일 경우 신협법 제26조 및 동법 제37조의 적용을 받을 수 있을 것으로 판단됩니다. 다만, 구체적 사실관계 여부에 따라 관련 조문의 적용 여부가 달라질 수 있음을 알려드립니다.

Ⅳ. 관련 판례

대법원 2007. 3. 15. 선고 2006다37328 판결

"신용협동조합의 감사가 불법·부당대출 등과 관련하여 조합에 책임을 지는 경우란 당해 대출 등의 행위가 불법·부당한 것임을 알았거나 조합의 장부 또는 대출관련 서류상으로 불법·부당한 대출임이 명백하여 조금만 주의를 기울였다

> 면 이를 알 수 있었을 것임에도 그러한 주의를 현저히 게을리함으로써 감사로서의 임무를 해태한 데에 중대한 과실이 있는 경우라 할 것이다(대법원 2004. 3. 25. 선고 2003다18838 판결, 대법원 2004. 4. 9. 선고 2003다5252 판결 등 참조)."

> **대법원 2007. 10. 26. 선고 2006다60144 판결**
> "신용협동조합의 감사가 불법·부당대출 등과 관련하여 조합에 대하여 책임을 지는 경우란 당해 대출 등의 행위가 불법·부당한 것임을 알았거나 조합의 장부 또는 대출관련 서류상으로 불법·부당한 대출임이 명백하여 조금만 주의를 기울였다면 이를 알 수 있었을 것임에도 그러한 주의를 현저히 게을리 함으로써 감사로서의 임무를 해태한 데에 중대한 과실이 있는 경우라 할 것이다(대법원 2004. 3. 25. 선고 2003다18838 판결, 대법원 2004. 4. 9. 선고 2003다5252 판결 등 참조)."

V. 관련 법령

법률	조문
새마을 금고법	제19조(임원과 직원) ① 이사장은 금고를 대표하고, 금고의 업무를 총괄한다. ② 이사장은 총회와 이사회의 의장이 된다. ③ 이사장의 자리가 비거나 사고가 있으면 이사회가 정하는 이사가 그 직무를 대행한다. 다만, 이사장이 구속되거나 60일 이상의 장기입원 등의 사유로 금고의 업무를 집행할 수 없고 총회를 소집할 여유가 없을 때에는 회장은 임원 중에서 임시대표이사를 지정할 수 있다. 〈개정 2011. 3. 8., 2021. 10. 19.〉 ④ 감사는 금고의 재산과 업무 집행상황에 대하여 분기마다 1회 이상 감사하고 그 결과를 총회와 이사회에 보고하여야 한다. ⑤ 감사의 직무에 관하여는 「상법」 제402조, 제412조의5, 제413조 및 제413조의2를 준용한다. 〈개정 2016. 1. 6., 2017. 12. 26.〉 ⑥ 금고와 이사장 사이에 소송, 계약 등의 법률행위를 하는 경우에는 감사가 금고를 대표한다. ⑦ 감사는 총회나 이사회에 출석하여 그 의견을 진술할 수 있다. ⑧ 임원은 총회의 의결로써 해임하며, 그 절차나 그 밖에 필요한 사항은 대통령령으로 정한다. ⑨ 금고의 직원으로서 전무, 상무 및 그 밖의 직원을 둘 수 있으며, 전무나 상무를 둘 수 있는 금고와 직원의 자격 등 필요한 사항은 대통령령으로 정한다.
	제46조(임원의 직무) ① 조합장은 지역농협을 대표하며 업무를 집행한다. ② 제1항에도 불구하고 조합장이 상임인 경우로서 상임이사를 두는 경우에

농업 협동조합법	는 조합장은 정관으로 정하는 바에 따라 업무의 일부를 상임이사에게 위임·전결처리하도록 하여야 하며, 조합장이 비상임인 경우에는 상임이사가 업무를 집행한다. 다만, 제45조 제4항에 따른 비상임 조합장은 정관으로 정하는 바에 따라 제57조 제1항의 사업(같은 항 제3호의 신용사업과 이와 관련되는 부대사업은 제외한다) 중 전부 또는 일부를 집행할 수 있다. 〈개정 2016. 12. 27.〉 ③ 조합장은 총회와 이사회의 의장이 된다. ④ 조합장 또는 상임이사가 다음 각 호의 어느 하나의 사유(상임이사의 경우 제5호는 제외한다)로 그 직무를 수행할 수 없을 때에는 이사회가 정하는 순서에 따라 이사(조합장의 경우에는 조합원이 아닌 이사는 제외한다)가 그 직무를 대행한다. 〈개정 2014. 12. 31.〉 1. 궐위(闕位)된 경우 2. 공소 제기된 후 구금상태에 있는 경우 3. 삭제 〈2014. 12. 31.〉 4. 「의료법」에 따른 의료기관에 60일 이상 계속하여 입원한 경우 5. 제54조 제2항 제3호에 따라 조합장의 해임을 대의원회에서 의결한 경우 6. 그 밖에 부득이한 사유로 직무를 수행할 수 없는 경우 ⑤ 조합장이 그 직을 가지고 해당 지역농협의 조합장 선거에 입후보하면 후보자로 등록한 날부터 선거일까지 제4항에 따라 이사회가 정하는 순서에 따른 이사가 그 조합장의 직무를 대행한다. ⑥ 감사는 지역농협의 재산과 업무집행상황을 감사하며, 전문적인 회계감사가 필요하다고 인정되면 중앙회에 회계감사를 의뢰할 수 있다. ⑦ 감사는 지역농협의 재산 상황이나 업무 집행에 부정한 사실이 있는 것을 발견하면 총회에 보고하여야 하고, 그 내용을 총회에 신속히 보고하여야 할 필요가 있으면 정관으로 정하는 바에 따라 조합장에게 총회의 소집을 요구하거나 총회를 소집할 수 있다. ⑧ 감사는 총회나 이사회에 출석하여 의견을 진술할 수 있다. ⑨ 감사의 직무에 관하여는 「상법」 제412조의5·제413조 및 제413조의2를 준용한다. 〈개정 2016. 12. 27.〉 [전문개정 2009. 6. 9.] [2014. 12. 31. 법률 제12950호에 의하여 2013. 8. 29. 위헌 결정된 제46조 제4항 제3호를 삭제함]
수산업 협동조합법	**제48조(감사의 직무)** ① 감사는 지구별수협의 재산과 업무 집행 상황을 감사하여 총회에 보고하여야 하며, 전문적인 회계감사가 필요하다고 인정될 때에는 중앙회에 회계감사를 의뢰할 수 있다. ② 감사는 지구별수협의 재산 상황 또는 업무 집행에 관하여 부정한 사실을 발견하면 총회 및 중앙회 회장에게 보고하여야 하며, 그 내용을 총회에 신속히 보고하여야 할 필요가 있는 경우에는 정관으로 정하는 바에 따라 기간을 정하여 조합장에게 총회의 소집을 요구하고 조합장이 그 기간 이내에 총회를 소집하지 아니하면 직접 총회를 소집할 수 있다. ③ 감사는 자체감사 또는 중앙회 등 외부기관의 감사결과 주요 지적 사항이 발생한 경우에는 조합장에게 이사회의 소집을 요구하여 이에 대한 시정권고를 할 수 있다. ④ 감사는 총회 또는 이사회에 출석하여 의견을 진술할 수 있다.

	⑤ 감사의 직무에 관하여는 「상법」 제412조의4, 제413조 및 제413조의2를 준용한다. [전문개정 2010. 4. 12.]
산림조합법	**제36조(임원의 직무)** ① 조합장은 조합을 대표하며 업무를 집행한다. 다만, 조합장이 비상임인 경우에는 상임이사가 업무를 집행하고 그 업무에 관하여 조합을 대표한다. ② 조합장은 총회 · 대의원회 및 이사회의 의장이 된다. ③ 이사(조합원이 아닌 이사는 제외한다)는 조합장 또는 상임이사(조합장이 비상임인 조합만 해당한다)가 궐위(闕位) · 구금되거나 「의료법」에 따른 의료기관에 60일 이상 계속하여 입원한 경우 등의 사유로 그 직무를 수행할 수 없을 때에는 이사회가 정하는 순서에 따라 그 직무를 대행한다. 〈개정 2014. 3. 18.〉 ④ 감사는 조합의 재산과 업무집행상황을 감사하며, 전문적인 회계감사가 필요하다고 인정하는 경우에는 중앙회에 회계감사를 의뢰할 수 있다. ⑤ 감사는 조합의 재산상황 또는 업무집행에 관하여 부정한 사실이 있는 것을 발견하였을 때에는 총회에 보고하여야 하며, 그 내용을 총회에 신속히 보고하여야 할 필요가 있는 경우에는 정관으로 정하는 바에 따라 조합장에게 총회의 소집을 요구하거나 총회를 소집할 수 있다. ⑥ 감사는 총회 · 대의원회 및 이사회에 출석하여 그 의견을 진술할 수 있다. ⑦ 감사의 직무에 관하여는 「상법」 제412조의5, 제413조 및 제413조의2를 준용한다. 〈개정 2020. 3. 24.〉 [전문개정 2013. 4. 5.]
협동조합 기본법	**제42조(감사의 직무)** ① 감사는 협동조합의 업무집행상황, 재산상태, 장부 및 서류 등을 감사하여 총회에 보고하여야 한다. ② 감사는 예고 없이 협동조합의 장부나 서류를 대조 · 확인할 수 있다. ③ 감사는 이사장 및 이사가 이 법, 이 법에 따른 명령, 정관 · 규약 · 규정 또는 총회의 의결에 반하여 업무를 집행한 때에는 이사회에 그 시정을 요구하여야 한다. ④ 감사는 총회 또는 이사회에 출석하여 의견을 진술할 수 있다. ⑤ 제34조 제5항에 따라 감사를 두지 아니하는 때에는 총회가 제1항부터 제3항까지의 규정에 따른 감사의 직무를 수행한다. 〈신설 2014. 1. 21.〉

제38조(감사의 대표권)

제38조(감사의 대표권) 조합이 이사장과의 소송, 계약 등의 법률행위를 하는 경우에는 감사가 조합을 대표한다.
[전문개정 2015. 1. 20.]

Ⅰ. 조문의 취지와 의의

법 제38조는 조합과 이사장 간의 이해 충돌을 방지하고 공정한 업무 수행을 확보하기 위하여 감사가 대표권을 가지는 경우를 규정하고 있다.

Ⅱ. 조문의 내용 및 해설

조합이 이사장과의 소송, 계약 등의 법률행위를 하는 경우에는 감사가 조합을 대표한다. 조합이 이사장과의 소송, 계약 등의 법률행위를 하는 경우에는 감사가 조합을 대표하므로 대표자를 감사로 표시하여야 한다. 만일 감사가 회사를 대표해야 하는 경우임에도 이사장이 회사를 대표하여 법률행위를 하였다면 해당 법률행위는 무효가 된다.

이때 법 제38조의 이사장에는 이사장뿐만 아니라 이사장 직무대행자도 포함된다. 또한 조합의 임원에 대해서는 상법 제386조 제1항이 준용되어(법 제33조 제5항) 법률 또는 정관에 정한 이사의 원수를 결한 경우에는 임기의 만료 또는 사임으로 인하여 퇴임한 이사가 새로 선임된 이사가 취임할 때까지 이사의 권리의무를 가지게 되므로, 퇴임하였지만 이사장으로서의 권리의무를 갖는 자도 법 제38조의 이사장에 포함된다고 보아야 할 것이다.

Ⅲ. 관련 판례

대법원 2002. 3. 15. 선고 2000다9086 판결 [손해배상(기)]

“상법 제394조 제1항에서는 이사와 회사 사이의 소에 있어서 양자 간에 이해의 충돌이 있기 쉬우므로 그 충돌을 방지하고 공정한 소송수행을 확보하기 위하여 비교적 객관적 지위에 있는 감사로 하여금 그 소에 관하여 회사를 대표하도록 규정하고 있는바, 소송의 목적이 되는 권리관계가 이사의 재직중에 일어난 사유로 인한 것이라 할지라도 회사가 그 사람을 이사의 자격으로 제소하는 것이 아니고 이사가 이미 이사의 자리를 떠난 경우에 회사가 그 사람을 상대로 제소하는 경우에는 특별한 사정이 없는 한 위 상법 제394조 제1항은 적용되지 않는다."

부산지방법원 2018. 5. 4. 선고 2017나57752 판결 [구상금]

"새마을금고법 제19조 제6항은 '금고와 이사장 사이에 소송, 계약 등의 법률행위를 하는 경우에는 감사가 금고를 대표한다.'고 정하고 있고, 이는 상법 제394조 제1항과 마찬가지로 소송수행의 공정을 위하여 객관적이고 중립적인 기구인 감사에게 소송의 대표권을 부여한 것이라 할 것이다. 만약 이 권한을 피고의 주장처럼 이사회 등에서 소제기 여부를 결정하고 감사는 단순히 소송수행만 할 수 있다고 해석한다면, 소제기 자체가 지연되거나 포기될 수도 있어 감사에게 대표권한을 준 취지에 반하므로, 소제기의 결정도 감사가 단독으로 할 수 있다고 해석함이 상당하다."

Ⅳ. 관련 법령

법률	조문
새마을 금고법	제19조(임원과 직원) ⑥ 금고와 이사장 사이에 소송, 계약 등의 법률행위를 하는 경우에는 감사가 금고를 대표한다.
농업 협동조합법	제47조(감사의 대표권) ① 지역농협이 조합장이나 이사와 계약을 할 때에는 감사가 지역농협을 대표한다. ② 지역농협과 조합장 또는 이사 간의 소송에 관하여는 제1항을 준용한다. [전문개정 2009. 6. 9.]
수산업 협동조합법	제49조(감사의 대표권) ① 지구별수협이 조합장을 포함한 이사와 계약을 할 때에는 감사가 지구별수협을 대표한다. ② 지구별수협과 조합장을 포함한 이사 간의 소송에 관하여도 제1항을 준용한다. [전문개정 2010. 4. 12.]
산림조합법	제37조(감사의 대표권) ① 조합이 조합장 또는 이사와 계약을 할 때에는 감사가 조합을 대표한다. ② 조합과 조합장 또는 이사 간의 소송에 관하여는 제1항을 적용한다. [전문개정 2013. 4. 5.]

협동조합 기본법	**제43조(감사의 대표권)** ①협동조합이 이사장을 포함한 이사와 소송을 하는 때에는 감사가 협동조합을 대표한다. 〈개정 2014. 1. 21.〉 ② 제34조 제5항에 따라 감사를 두지 아니하는 협동조합이 제1항에 따른 소송을 하는 때에는 협동조합, 이사 또는 이해관계인은 법원에 협동조합을 대표할 자를 선임하여 줄 것을 신청하여야 한다. 〈신설 2014. 1. 21.〉

제4절 사 업

제39조(사업의 종류 등)

제39조(사업의 종류 등) ① 조합은 그 목적을 달성하기 위하여 다음 각 호의 사업을 한다.

1. 신용사업
   가. 조합원으로부터의 예탁금·적금의 수납
   나. 조합원에 대한 대출
   다. 내국환
   라. 국가·공공단체·중앙회 및 금융기관의 업무 대리
   마. 조합원을 위한 유가증권·귀금속 및 중요 물품의 보관 등 보호예수(保護預受) 업무
   바. 어음할인
   사. 「전자금융거래법」에서 정하는 직불전자지급수단의 발행·관리 및 대금의 결제(제78조 제1항 제5호 사목에 따른 중앙회의 업무를 공동으로 수행하는 경우로 한정한다)
   아. 「전자금융거래법」에서 정하는 선불전자지급수단의 발행·관리·판매 및 대금의 결제(제78조 제1항 제5호 아목에 따른 중앙회의 업무를 공동으로 수행하는 경우로 한정한다)
2. 복지사업
3. 조합원을 위한 공제사업
4. 조합원의 경제적·사회적 지위 향상을 위한 교육
5. 중앙회가 위탁하는 사업
6. 국가 또는 공공단체가 위탁하거나 다른 법령에서 조합의 사업으로 정하는 사업
7. 제1호부터 제6호까지의 사업에 부대하는 사업

② 제1항 제2호의 복지사업의 범위 및 사업 시행에 필요한 사항은 대통령령으로 정한다.

③ 금융위원회는 제1항 제1호에 따른 조합의 신용사업과 관련하여 예탁금·적금 또는 대출등에 관한 업무방법을 고시할 수 있다.

[전문개정 2015. 1. 20.]

I. 조문의 취지와 의의

조합은 신용협동조직의 건전한 육성을 통하여 그 구성원의 경제적·사회적

지위를 향상시키고, 지역주민에게 금융편의를 제공함으로써 지역경제의 발전에 이바지함을 목적으로 한다(법 제1조). 그리고 조합은 이러한 목적을 실현하고 달성하기 위해 법에 근거한 여러 가지 사업을 영위한다. 조합 사업의 종류를 규정하고 있는 법 제39조 제1항에 따르면, 조합은 신용사업과 복지사업, 조합원을 위한 공제사업, 조합원의 경제적 · 사회적 지위 향상을 위한 교육, 중앙회가 위탁하는 사업, 국가 또는 공공단체가 위탁하거나 다른 법령에서 조합의 사업으로 정하는 사업을 할 수 있고, 이러한 사업들에 부대하는 사업을 할 수 있다.

이처럼 법은 조합이 할 수 있는 사업을 제한적으로 열거하고 있는데(엄격열거주의), 금융업의 본질적인 업무 이외에 조합이 영위할 수 있는 부수업무와 겸영업무의 범위는 은행과 비교했을 때 매우 제한되어 있다고 보인다. 은행은 은행업무에 부수하는 업무와 은행업이 아닌 업무로서 겸영업무를 직접 운영할 수 있고(은행법 제27조의2, 제28조), 빠르게 변화하는 금융환경을 고려하여 신규업무 반영이 용이하도록 영위가능한 업무들을 시행령에서 정하고 있으나, 신협은 부수업무와 겸영업무를 법에서 명확히 구분하고 있지 않고, 영위할 수 있는 부수업무와 겸영업무의 범위도 은행에 비해 매우 한정되어 있다.

뿐만 아니라 새마을금고와 비교했을 때에도 신협은 「외국환거래법」에 따른 환전업무를 수행할 수 없고(새마을금고법 제28조 제1항 제1호 다목과 대비), 다른 법인에 대한 출자가 허용되지 않으므로 필요한 자회사를 보유할 수 없다(새마을금고법 제28조 제6항과 대비). 또한, 새마을금고법 제28조 제1항 제10호에서는 "그 밖에 목적 달성에 필요한 사업으로서 주무부장관의 승인을 받은 사업"이라는 조문을 두고 있어 법 개정 없이도 주무부장관의 승인을 받을 경우 제한 없이 사업을 영위할 수 있음에 반하여, 신협은 법 제39조에서 명시적으로 규정한 사업과 부수업무 이외에는 다른 업무를 영위할 수 없고 법을 개정하지 않는 한 새로운 신용사업을 영위할 수 없게 되어 있다.[1] 업무의 범위는 금융기관의 경쟁력을 좌우하는 핵심요소가 되므로, 향후 조합의 부수업무 및 겸영업무의 범위를 확대하고 이를 시행령에서 정할 수 있도록 근거를 마련하는 노력이 필

1) 김용재, 신협의 발전을 위한 신용사업부문 제도개선방안, 금융법연구 제6권 제2호, 2009, 204면.

요하다.[2)]

Ⅱ. 조문의 내용 및 해설

1. 사업의 종류

(1) 신용사업

신용사업은 수신과 여신을 수단으로 하여 조합원간 자금의 유통을 꾀하는 상호금융의 성격을 가진 업무이다. 신용사업은 i) 조합원으로부터의 예탁금·적금의 수납, ii) 조합원에 대한 대출, iii) 내국환, iv) 국가·공공단체·중앙회 및 금융기관의 업무 대리, v) 조합원을 위한 유가증권·귀금속 및 중요 물품의 보관 등 보호예수 업무, vi) 어음할인, vii) 「전자금융거래법」(이하 '전자금융거래법')에서 정하는 직불전자지급수단의 발행·관리 및 대금의 결제(법 제78조 제1항 제5호 사목에 따른 중앙회의 업무를 공동으로 수행하는 경우로 한정한다), viii) 전자금융거래법에서 정하는 선불전자지급수단의 발행·관리·판매 및 대금의 결제(법 제78조 제1항 제5호 아목에 따른 중앙회의 업무를 공동으로 수행하는 경우로 한정한다)를 내용으로 한다.

금융위원회는 조합의 신용사업과 관련하여 예탁금·적금 또는 대출등에 관한 업무방법을 고시할 수 있는데(법 제39조 제3항), 금융위원회는 이러한 여수신업무방법에 반드시 포함되어야 할 사항들을 정하되 그 세부사항은 중앙회장이 정하도록 하였다(상호금융업감독규정 제4조).

(2) 복지사업

복지사업은 사회복지시설 설치·운영 등 지역사회 일반의 복리후생을 위한 사업이다. 조합은 조합원의 경제적·사회적·문화적 지위를 향상시키고, 지역실정에 맞는 다양한 복지서비스를 제공함으로써 사회안전망 구축역할을 수행할 수 있는 복지사업을 실시해야 한다(복지사업운영지침 제4조). 조합은 복지사업의 효율과 활성화를 위해 다른 조합과 협력하여 운영할 수 있으며, 필요한

2) 이태영, 금융협동조합의 업무 범위에 관한 법적 연구, 서강법률논총 제11권 제2호, 2022, 218-219면.

경우에는 조합간에 복지사업협의회를 구성하여 운영할 수도 있다(복지사업운영지침 제5조).

복지사업의 범위는 사회복지사업, 문화후생사업, 지역사회개발사업으로 구분되고(법 시행령 제16조 제1항), 이러한 범위에 해당하는 사업만을 제한적으로 운영할 수 있다고 해석된다. 우선 사회복지사업이란 어린이집, 노인 및 장애인 복지시설을 설치 · 운영하는 사업 기타 이에 준하는 사업을 말한다. 두 번째로 문화후생사업은 i) 주부대학 및 취미교실 등 사회교육시설을 설치 · 운영하는 사업, ii) 탁구장 · 테니스장 및 체력단련장 등 생활체육시설을 설치 · 운영하는 사업, iii) 예식장 · 독서실 · 식당 및 목욕탕 등 생활편의시설을 설치 · 운영하는 사업, iv) 장학사업, v) 기타 이에 준하는 사업을 말한다. 세 번째로 지역사회개발사업은 공동구매 · 판매사업, 창고업 및 장의업 기타 이에 준하는 사업을 말한다.

복지사업의 운영을 위한 재원은 자기자본(결손금발생 등으로 자기자본이 출자금 합계액의 최저한도 미만으로 감소된 때에는 출자금 합계액의 최저한도)과 직전 사업연도 종료일 현재 자산의 100분의 10 중 적은 금액을 한도로 하지만(법 시행령 제16조 제3항), 예외적으로 직장조합 및 직종단체조합은 중앙회장의 승인을 얻어 자기자본의 2배에 해당하는 금액까지 복지사업의 운영을 위한 재원으로 할 수 있다(법 시행령 제16조 제4항). 조합은 복지사업 운영을 위한 재원이 한도를 초과한 경우 그 한도초과일로부터 1개월 이내에 한도초과해소계획 등을 중앙회장에게 보고하여야 한다(복지사업운영지침 제7조 제3항).

조합은 복지사업을 운영하고자 할 때에는 사업의 목적 및 필요성, 사업의 종류, 투자재원 및 운영경비 조달 방안, 사업추진방식(직접운영, 수탁운영 등), 사업전망(시장조사 및 욕구조사), 기타 사업운영에 필요한 사항 등을 포함한 사업계획서 및 예산서를 작성하여 총회의 의결을 받아야 하고(복지사업운영지침 제8조 제1항), 관계기관의 인 · 허가 또는 신고가 필요한 복지사업은 이를 반드시 필하여야 한다(복지사업운영지침 제8조 제2항). 복지사업 운영에 필요한 시설은 창고시설 등 특별한 경우를 제외하고는 공동유대 내의 지역에 설치하여야 하는데(복지사업운영지침 제9조 제1항), 이는 조합의 설립 목적이 지역경제 발전에 이바지함에 있음을 고려하면 당연한 귀결이다.

조합이 복지사업을 실시하는 경우에는 이용자에게 비용을 부담시킬 수 있다(법 시행령 제16조 제5항). 사업 및 시설이용에 대한 조건과 방법, 이용수수료 징수 등 세부기준은 이사장이 정하는 바에 따르되 이 경우 조합원에 대한 이용조건과 방법, 이용수수료 등은 비조합원에 비해 유리한 조건으로 제공할 수 있다(복지사업운영지침 제10조).

한편, 복지사업의 운영은 적법하게 이루어져야 하고 조합의 목적 실현을 저해하여서는 안될 것이므로, 복지사업과 관련한 법령 및 지침을 위배하여 운영하거나 최근 3년간 계속해서 운영손실이 발생하는 경우, 복지사업 이용실적이 극히 저조하여 사업목적 달성이 곤란한 경우, 3년 이내에 복지사업 운영재원 초과한도를 해소하지 못한 경우, 조합의 운영이 심히 곤란하다고 인정되는 사유가 발생하는 경우에 중앙회장이 그 사업을 중지 또는 폐지 등 필요한 조치를 요구할 수 있도록 하고 있다(복지사업운영지침 제11조).

(3) 조합원을 위한 공제사업

조합은 그 목적을 달성하기 위하여 조합원을 위한 공제사업을 한다. '공제사업'이란 공제상품의 취급과 관련하여 발생하는 공제의 인수, 공제료 수수 및 공제금 지급 등을 영업으로 하는 것을 말하고, '공제상품'이란 위험보장을 목적으로 우연한 사건 발생에 관하여 금전 및 그 밖의 급여를 지급할 것을 약정하고 대가를 수수하는 계약으로서 생명공제상품,[3] 손해공제상품,[4] 제3공제상품[5]을 말한다(신협중앙회공제규정 제3조 제1호, 제2호).

'공제계약자로부터 공제료를 받고 일정기간 내에 미리 약정한 공제사고의 발생에 대하여 공제금을 지급하는 방식'은 보험업과 유사하나, 협동조합이념을

3) 위험보장을 목적으로 사람의 생존 또는 사망에 관하여 약정한 금전 및 그 밖의 급여를 지급할 것을 약속하고 대가를 수수하는 계약.

4) 위험보장을 목적으로 우연한 사건(제3공제상품에 따른 질병·상해 및 간병은 제외한다)으로 발생하는 손해(계약상 채무불이행 또는 법령상 의무불이행으로 발생하는 손해를 포함한다)에 관하여 금전 및 그 밖의 급여를 지급할 것을 약속하고 대가를 수수하는 계약.

5) 위험보장을 목적으로 사람의 질병·상해 또는 이에 따른 간병에 관하여 금전 및 그 밖의 급여를 지급할 것을 약속하고 대가를 수수하는 계약.

기반으로 운영되는 비영리사업이라는 점 등에서 보험업과 차이가 있으며, 이러한 특성으로 인해 보험업법의 적용을 받지 않는다. 대신 조합과 중앙회가 공제사업을 하는 경우에는 공제규정을 정하여 금융위원회의 인가를 받아야 한다. 또한, 공제규정에는 금융위원회가 정하는 바에 따라 사업의 실시 방법, 공제계약, 공제료 등을 정하여야 하며, 공제규정을 변경하거나 폐지하려면 금융위원회의 인가를 받아야 하는(단, 변경하려는 내용이 금융위원회가 정하여 고시하는 기준에 해당하는 경우에는 금융위원회에 신고) 등의 제한이 있다(법 제97조).

(4) 조합원의 경제적 · 사회적 지위 향상을 위한 교육

조합은 그 목적을 달성하기 위하여 조합원의 경제적 · 사회적 지위 향상을 위한 교육 사업을 한다.

(5) 중앙회가 위탁하는 사업

조합은 그 목적을 달성하기 위하여 중앙회가 위탁하는 사업을 한다. 중앙회가 위탁하는 사업은 중앙회가 영위할 수 있는 사업임을 전제로 하므로, 조합은 법 제78조 제1항에 열거된 중앙회의 사업[6] 중에서 중앙회가 조합에 위탁하는 사업을 할 수 있다고 해석된다.

---

6) 법 제78조(사업의 종류 등) ① 중앙회는 그 목적을 달성하기 위하여 다음 각 호의 사업을 한다.
1. 조합의 사업에 관한 지도 · 조정 · 조사연구 및 홍보
2. 조합원 및 조합의 임직원을 위한 교육사업
3. 조합에 대한 검사 · 감독
4. 조합의 사업에 대한 지원
5. 신용사업
가. 조합으로부터 예치된 여유자금 및 상환준비금 등의 운용
나. 조합에 대한 자금의 대출
다. 조합 및 조합원을 위한 내국환 및 외국환 업무
라. 국가 · 공공단체 또는 금융기관의 업무 대리
마. 조합에 대한 지급보증 및 어음할인
바. 「자본시장과 금융투자업에 관한 법률」 제4조 제3항에 따른 국채증권 및 지방채증권의 인수 · 매출
사. 「전자금융거래법」에서 정하는 직불전자지급수단의 발행 · 관리 및 대금의 결제
아. 「전자금융거래법」에서 정하는 선불전자지급수단의 발행 · 관리 · 판매 및 대금의 결제
6. 조합 및 조합원을 위한 공제사업
7. 국가 또는 공공단체가 위탁하거나 보조하는 사업
8. 제1호부터 제7호까지의 사업에 부대하는 사업
9. 그 밖에 목적 달성에 필요한 사업

(6) 국가 또는 공공단체가 위탁하거나 다른 법령에서 조합의 사업으로 정하는 사업

조합은 그 목적을 달성하기 위하여 국가 또는 공공단체가 위탁하거나 다른 법령에서 조합의 사업으로 정하는 사업을 한다.

(7) 제1호부터 제6호까지의 사업에 부대하는 사업

조합은 그 목적을 달성하기 위하여 법 제39조 제1항 제1호부터 제6호까지의 사업에 부대하는 사업을 한다.

Ⅲ. 관련 해석례

금융위원회 – 자원봉사센터 위탁기관 자격여부 질의 [090008, 2009. 12. 21.]

1. 질의요지

□ 지방자치단체의 개별 신협에 '자원봉사센터 운영' 위탁이 신협법상 가능한지 여부 – 법률에 의한 비영리 법인이라 하더라도 정관의 목적이나 사업내용에 부합되지 않는 사업은 수탁받을수 없다는 의견이 있어, 자원봉사센터의 운영이 신협법시행령 제16조 제1항 제1호의 '사회복지사업 사업'에 포함되는지 여부

2. 회답

□ 신용협동조합(이하 "신협"이라 한다)은 공동유대를 바탕으로 하는 신용협동조직의 건전한 육성을 통하여 그 구성원의 경제적·사회적 지위를 향상시키고, 지역주민에 대한 금융편의를 제공함으로써 지역경제의 발전에 기여함을 목적으로 「신용협동조합법」(이하 "신협법"이라 한다)에 의하여 설립된 비영리법인입니다(신협법 제1조, 제2조). 또한 신협은 그 목적을 달성하기 위하여 '신용사업', '복지사업', '조합원을 위한 공제사업' 등의 사업을 행할 수 있으며, 여기서 '복지사업'이라 함은 보육시설, 노인 및 장애인 복지시설을 설치·운영하는 사업 기타 이에 준하는 사업 등의 '사회복지사업', 주부대학, 탁구장, 예식장 등을 설치·운영하는 사업 등의 '문화후생사업' 등을 의미합니다(신협법 제39조, 동법 시행령 제

16조). 따라서 귀하가 질의와 관련하여 개별 신협이 지방자치단체로부터 '자원봉사센터 운영'을 위탁받는 행위가 신협법령상 복지사업(보육시설, 노인 및 장애인 복지시설)을 설치·운영하는 사업 등의 일환으로 운영되고 당해 조합의 정관의 목적 및 사업내용에도 부합한다면 해당 신협은 동 업무취급이 가능함을 알려드립니다.

Ⅳ. 관련 판례

서울고등법원 2010. 10. 13. 선고 2010누13861 판결(2심) [취득세등부과처분취소]

"신용협동조합법은 공동유대를 바탕으로 하는 신용협동조직의 건전한 육성을 통하여 그 구성원의 경제적·사회적 지위를 향상시키고, 지역주민에 대한 금융편의를 제공함으로써 지역경제 발전에 기여하고자 하는 신용협동조합 설립 목적을 달성하기 위해 시행하는 사업 중 하나로 '복지사업'을 규정하고 있고(신용협동조합법 제39조 제1항 제2호), 복지사업의 범위 및 사업시행에 필요한 사항은 대통령령으로 정하도록 규정하고 있다(같은 법 제39조 제2항). '예식장, 식당 등 생활편의시설을 설치·운영하는 사업'은 복지사업 중 문화후생사업에 속한다(신용협동조합법 시행령 제16조 제1항 제2호 다목)."

대법원 2013. 5. 9. 선고 2010두23668 판결(파기환송) [취득세등부과처분취소]

"구 지방세법(2007. 5. 25. 법률 제8485호로 개정되기 전의 것, 이하 같다) 제272조 제3항, 신용협동조합법 제1조, 제2조 제1호, 제39조 제1항 제2호, 제2항, 구 신용협동조합법 시행령(2011. 12. 8. 대통령령 제23356호로 개정되기 전의 것) 제16조 제1항 제2호 (다)목 규정의 문언 내용 및 취지에 비추어 보면, 신용협동조합법에 의하여 설립된 신용협동조합이 '예식장 등의 생활편의시설을 설치·운영하는 사업'에 사용하기 위하여 취득하는 부동산이 구 지방세법 제272조 제3항이 규정하는 취득세 등의 면제 대상에 해당하기 위해서는 그 사업의 주된 목적이 조합원의 경제적·사회적 지위를 향상시키는 데 있어야 하고, 위 요건을 충족하는지는 이용대상자 중 조합원이 차지하는 비율, 조합원과 비조합원 사이의 이용요금이나 이용조건의 차이 유무, 이용요금의 수준, 당해 생활편의시설의 설치 및 운영의 필요성 등을 종합적으로 고려하여 객관적으로 판단하여야 한다."

대법원 1994. 5. 13. 선고 93누23978 판결 [취득세부과처분취소]

"원고 조합이 신용협동조합법 제31조 제1항 제6호(현행 신용협동조합법 제39조 제2항 및 동법 시행령 제16조 제1항 제3호)에 규정된 지역사회개발사업의 하나로 실시하는 공동시설이용사업이란 조합원의 일상생활이나 생업에 필요한 기구 또는 시설로서 개인 소유 및 운영이 어려운 것을 조합이 구매, 설치하여 조합원들에게 무상으로 또는 저렴한 비용으로 이용할 수 있도록 편의를 제공하는 사업을 뜻한다고 할 것인바, 원고 조합이 건립한 다세대주택은 간호사 등 병원 직원들의 생업 내지 일상생활에 필요한 공동이용시설에 해당한다고 봄이 상당하고 비록 그 시설을 조합원들에게 유료로 이용케 하였다고 하더라도 부동산임대업을 영위하기 위한 것이 아니라 그 이용에 따르는 실비를 징수한 정도에 불과한 것 뿐이니 원고 조합이 공동시설이용사업을 영위한 것으로 못볼 바 아니다. 따라서, 원고 조합이 조합원을 위한 주거용 사택을 건립하여 운영한 것은 그 고유업무인 지역사회개발사업에 해당하고 위 사택의 부지인 이 사건 토지를 법인의 비업무용토지라 하여 취득세를 중과세할 것은 아니다."

대법원 2017. 5. 30. 선고 2016다254658 판결 [양수금]

"어느 행위가 상법 제46조에서 정한 기본적 상행위에 해당하기 위해서는 영업으로 같은 조 각호에서 정한 행위를 하는 경우이어야 하고, 여기서 영업으로 한다고 함은 영리를 목적으로 동종의 행위를 계속 반복적으로 하는 것을 의미한다. 그런데 신용협동조합법의 제반 규정에 의하여 인정되는 신용협동조합의 설립 목적, 법적 성격, 업무 내용에 비추어 보면 신용협동조합이 조합의 회원에게 자금을 대출하는 행위는 일반적으로는 영리를 목적으로 하는 행위라고 보기 어렵다고 할 것이다. 다만 당사자 쌍방에 대하여 모두 상행위가 되는 행위로 인한 채권뿐만 아니라 당사자 일방에 대하여만 상행위가 되는 행위로 인한 채권도 상법 제64조에서 정한 5년의 소멸시효기간이 적용되는 상사채권에 해당하는 것이고, 그 상행위에는 상법 제46조 각호에 해당하는 기본적 상행위뿐만 아니라 상인이 영업을 위하여 하는 보조적 상행위도 포함되므로, 신용협동조합의 대출을 받은 회원이 상인으로서 그 영업을 위하여 대출을 받았다면 그 대출금 채권은 상사채권이라고 보아야 한다(대법원 1999. 12. 28. 선고 99다32158 판결 참조)."

V. 관련 법령

법률	조문
새마을 금고법	제28조(사업의 종류 등) ① 금고는 제1조의 목적을 달성하기 위하여 다음 각 호의 사업의 전부 또는 일부를 행한다. 〈개정 2011. 3. 8., 2020. 2. 18., 2023. 4. 11., 2025. 1. 7.〉 1. 신용사업 가. 회원으로부터 예탁금과 적금 수납 나. 회원을 대상으로 한 자금의 대출 다. 내국환(內國換)과 「외국환거래법」에 따른 외국환업무 라. 국가, 공공단체 및 금융기관의 업무 대리 마. 회원을 위한 보호예수(保護預受) 바. 어음할인 사. 상품권의 판매대행 2. 문화 복지 후생사업 3. 회원에 대한 교육사업 4. 지역사회 개발사업 5. 회원을 위한 공제사업 6. 중앙회 또는 다른 금고가 위탁하는 사업 7. 국가나 공공단체가 위탁하거나 다른 법령으로 금고의 사업으로 정하는 사업 8. 의료지원사업 9. 제1호부터 제8호까지의 사업과 관련되는 부대사업 10. 그 밖에 목적 달성에 필요한 사업으로서 주무부장관의 승인을 받은 사업 ② 제1항 제2호부터 제4호까지 및 제8호의 사업에 대한 투자한도는 금고의 출자금 총액과 적립금 합계액의 100분의 50을 초과하지 아니하는 범위에서 정관으로 정한다. 〈개정 2023. 4. 11.〉 ③ 제1항 제1호의 신용사업에 관련되는 소요 자금의 차입한도, 여유자금의 운용 및 제1항 제6호의 위탁사업의 범위, 그 밖에 필요한 사항은 대통령령으로 정한다. ④ 제1항 제5호의 사업 시행을 위하여 필요한 사항은 대통령령으로 정한다. ⑤ 금고는 전월 말일 현재의 예탁금 및 적금 잔액의 100분의 10 이상을 상환준비금으로 보유하여야 하며, 상환준비금 중 100분의 80 이상을 중앙회에 예치하여야 한다. 이 경우 상환준비금의 보유 및 예치에 관하여 필요한 사항은 대통령령으로 정한다. 〈개정 2011. 3. 8., 2025. 1. 7.〉 ⑥ 금고는 제1항의 사업을 수행하기 위하여 필요하면 제2항의 범위에서 정관으로 정하는 바에 따라 다른 법인에 출자할 수 있다. 이 경우 같은 법인에 대한 출자한도는 출자금 총액과 적립금 합계액의 100분의 20을 초과하지 못한다. ⑦ 금고는 회원의 이용에 지장이 없는 범위에서 대통령령으로 정하는 경우에는 금고 보유자산의 일부를 타인에게 임대할 수 있다. 〈신설 2023. 4. 11.〉

<table>
<tr><td>농업
협동조합법</td><td>제57조(사업) ① 지역농협은 그 목적을 달성하기 위하여 다음 각 호의 사업의 전부 또는 일부를 수행한다. 〈개정 2011. 3. 31., 2013. 3. 23., 2014. 12. 31., 2016. 12. 27.〉
1. 교육·지원 사업
가. 조합원이 생산한 농산물의 공동출하와 판매를 위한 교육·지원
나. 농업 생산의 증진과 경영능력의 향상을 위한 상담 및 교육훈련
다. 농업 및 농촌생활 관련 정보의 수집 및 제공
라. 주거 및 생활환경 개선과 문화 향상을 위한 교육·지원
마. 도시와의 교류 촉진을 위한 사업
바. 신품종의 개발, 보급 및 농업기술의 확산을 위한 시범포(示範圃), 육묘장(育苗場), 연구소의 운영
사. 농촌 및 농업인의 정보화 지원
아. 귀농인·귀촌인의 농업경영 및 농촌생활 정착을 위한 교육·지원
자. 그 밖에 사업 수행과 관련한 교육 및 홍보
2. 경제사업
가. 조합원이 생산하는 농산물의 제조·가공·판매·수출 등의 사업
나. 조합원이 생산한 농산물의 유통 조절 및 비축사업
다. 조합원의 사업과 생활에 필요한 물자의 구입·제조·가공·공급 등의 사업
라. 조합원의 사업이나 생활에 필요한 공동이용시설의 운영 및 기자재의 임대사업
마. 조합원의 노동력이나 농촌의 부존자원(賦存資源)을 활용한 가공사업·관광사업 등 농외소득(農外所得) 증대사업
바. 농지의 매매·임대차·교환의 중개
사. 위탁영농사업
아. 농업 노동력의 알선 및 제공
자. 농촌형 주택 보급 등 농촌주택사업
차. 보관사업
카. 조합원과 출자법인의 경제사업의 조성, 지원 및 지도
3. 신용사업
가. 조합원의 예금과 적금의 수입(受入)
나. 조합원에게 필요한 자금의 대출
다. 내국환
라. 어음할인
마. 국가·공공단체 및 금융기관의 업무 대리
바. 조합원을 위한 유가증권·귀금속·중요물품의 보관 등 보호예수(保護預受) 업무
사. 공과금, 관리비 등의 수납 및 지급대행
아. 수입인지, 복권, 상품권의 판매대행
4. 삭제 〈2011. 3. 31.〉
5. 복지후생사업
가. 복지시설의 설치 및 관리
나. 장제(葬祭)사업
다. 의료지원사업
6. 다른 경제단체·사회단체 및 문화단체와의 교류·협력</td></tr>
</table>

	7. 국가, 공공단체, 중앙회, 농협경제지주회사 및 그 자회사, 제161조의11에 따른 농협은행(이하 "농협은행"이라 한다) 또는 다른 조합이 위탁하는 사업 8. 다른 법령에서 지역농협의 사업으로 규정하는 사업 9. 제1호부터 제8호까지의 사업과 관련되는 부대사업 10. 그 밖에 설립 목적의 달성에 필요한 사업으로서 농림축산식품부장관의 승인을 받은 사업 ② 지역농협은 제1항의 사업목적을 달성하기 위하여 국가, 공공단체, 중앙회, 농협경제지주회사 및 그 자회사(해당 사업 관련 자회사에 한정한다), 농협은행 또는 농협생명보험으로부터 자금을 차입할 수 있다. 〈개정 2011. 3. 31., 2014. 12. 31.〉 ③ 제1항 제3호에 따른 신용사업의 한도와 방법 및 제2항에 따라 지역농협이 중앙회, 농협경제지주회사 및 그 자회사(해당 사업 관련 자회사에 한정한다), 농협은행 또는 농협생명보험으로부터 차입할 수 있는 자금의 한도는 대통령령으로 정한다. 〈개정 2011. 3. 31., 2014. 12. 31.〉 ④ 국가나 공공단체가 지역농협에 제1항 제7호의 사업을 위탁하려는 경우에는 그 기관은 대통령령으로 정하는 바에 따라 지역농협과 위탁 계약을 체결하여야 한다. ⑤ 지역농협은 제1항의 사업을 수행하기 위하여 필요하면 제67조 제2항에 따른 자기자본의 범위에서 다른 법인에 출자할 수 있다. 이 경우 같은 법인에 대한 출자는 다음 각 호의 경우 외에는 자기자본의 100분의 20을 초과할 수 없다. 1. 중앙회에 출자하는 경우 2. 제1항 제2호에 따른 경제사업을 수행하기 위하여 지역농협이 보유하고 있는 부동산 및 시설물을 출자하는 경우 ⑥ 지역농협은 제1항의 사업을 안정적으로 수행하기 위하여 정관으로 정하는 바에 따라 사업손실보전자금(事業損失補塡資金) 및 대손보전자금(貸損補塡資金)을 조성·운용할 수 있다. ⑦ 국가·지방자치단체 및 중앙회는 예산의 범위에서 제6항에 따른 사업손실보전자금 및 대손보전자금의 조성을 지원할 수 있다. [전문개정 2009. 6. 9.]
수산업 협동조합법	**제60조(사업)** ① 지구별수협은 그 목적을 달성하기 위하여 다음 각 호의 사업의 전부 또는 일부를 수행한다. 〈개정 2011. 11. 22., 2015. 6. 22., 2016. 5. 29., 2019. 8. 27.〉 1. 교육·지원 사업 가. 수산종자의 생산 및 보급 나. 어장 개발 및 어장환경의 보전·개선 다. 어업질서 유지 라. 어업권·양식업권과 어업피해 대책 및 보상 업무 추진 마. 어촌지도자 및 후계어업경영인 발굴·육성과 수산기술자 양성 바. 어업 생산의 증진과 경영 능력의 향상을 위한 상담 및 교육훈련 사. 생활환경 개선과 문화 향상을 위한 교육 및 지원과 시설의 설치·운영 아. 어업 및 어촌생활 관련 정보의 수집 및 제공 자. 조합원의 노동력 또는 어촌의 부존자원(賦存資源)을 활용한 관광사업

등 어가(漁家) 소득증대사업
차. 외국의 협동조합 및 도시와의 교류 촉진을 위한 사업
카. 어업에 관한 조사 · 연구
타. 각종 사업과 관련한 교육 및 홍보
파. 그 밖에 정관으로 정하는 사업
2. 경제사업
가. 구매사업
나. 보관 · 판매 및 검사 사업
다. 이용 · 제조 및 가공(수산물의 처리를 포함한다) 사업
라. 수산물 유통 조절 및 비축사업
마. 조합원의 사업 또는 생활에 필요한 공동시설의 운영 및 기자재의 임대사업
3. 신용사업
가. 조합원의 예금 및 적금의 수납업무
나. 조합원에게 필요한 자금의 대출
다. 내국환
라. 어음 할인
마. 국가, 공공단체 및 금융기관 업무의 대리
바. 조합원의 유가증권 · 귀금속 · 중요물품의 보관 등 보호예수(保護預受) 업무
4. 공제사업
5. 후생복지사업
가. 사회 · 문화 복지시설의 설치 · 운영 및 관리
나. 장제사업(葬祭事業)
다. 의료지원사업
6. 운송사업
7. 어업통신사업
8. 국가, 공공단체, 중앙회, 수협은행 또는 다른 조합이 위탁하거나 보조하는 사업
9. 다른 경제단체 · 사회단체 및 문화단체와의 교류 · 협력
10. 다른 조합 · 중앙회 또는 다른 법률에 따른 협동조합과의 공동사업 및 업무의 대리
11. 다른 법령에서 지구별수협의 사업으로 정하는 사업
12. 제1호부터 제11호까지의 사업에 관련된 대외무역
13. 차관사업(借款事業)
14. 제1호부터 제13호까지의 사업에 부대하는 사업
15. 그 밖에 지구별수협의 목적 달성에 필요한 사업으로서 중앙회의 회장의 승인을 받은 사업

② 지구별수협은 제1항의 사업 목적을 달성하기 위하여 국가, 공공단체, 중앙회, 수협은행 또는 다른 금융기관으로부터 자금을 차입할 수 있다. 〈개정 2016. 5. 29.〉

③ 제1항 제3호에 따른 신용사업의 한도와 방법 및 제2항에 따라 지구별수협이 중앙회 또는 수협은행으로부터 차입할 수 있는 자금의 한도는 대통령령으로 정한다. 〈개정 2016. 5. 29.〉

④ 국가나 공공단체는 제1항 제8호에 따라 사업을 위탁하는 경우에는 대통

	령령으로 정하는 바에 따라 지구별수협과 위탁 계약을 체결하여야 한다. ⑤ 국가나 공공단체는 제1항 제7호 및 제8호의 사업을 하는 과정에서 발생하는 비용을 지원할 수 있다. ⑥ 국가로부터 차입한 자금은 해양수산부령으로 정하는 바에 따라 조합원이 아닌 수산업자에게도 대출할 수 있다. 〈개정 2013. 3. 23.〉 ⑦ 삭제 〈2016. 5. 29.〉 ⑧ 지구별수협은 제1항의 사업을 수행하기 위하여 필요하면 제68조에 따른 자기자본의 범위에서 다른 법인에 출자할 수 있다. 이 경우 같은 법인에 대한 출자는 다음 각 호의 경우를 제외하고는 자기자본의 100분의 20을 초과할 수 없다. 1. 중앙회에 출자하는 경우 2. 제1항 제2호에 따른 경제사업을 하기 위하여 지구별수협이 보유하고 있는 부동산 및 시설물을 출자하는 경우 ⑨ 지구별수협은 제1항의 사업을 안정적으로 하기 위하여 정관으로 정하는 바에 따라 사업손실보전자금 및 대손보전자금(貸損補塡資金)을 조성·운용할 수 있다. ⑩ 국가·지방자치단체 및 중앙회는 예산의 범위에서 제9항에 따른 사업손실보전자금 및 대손보전자금의 조성을 지원할 수 있다. [전문개정 2010. 4. 12.]
산림조합법	**제46조(사업)** ① 지역조합은 그 목적을 달성하기 위하여 다음 각 호의 사업의 전부 또는 일부를 한다. 〈개정 2016. 12. 27., 2018. 12. 11., 2020. 2. 18., 2020. 3. 24.〉 1. 교육·지원 사업 가. 임업생산 및 경영능력의 향상을 위한 상담 및 교육·훈련 나. 임업생산 및 임산물 유통 관련 정보의 수집 및 제공 다. 임업인·영림단(營林團) 등의 육성 및 지도 라. 농촌·산촌 생활환경 개선과 문화향상을 위한 교육·지원 마. 도시와의 교류촉진을 위한 사업 바. 그 밖에 산림사업의 수행과 관련한 교육 및 홍보 2. 경제사업 가. 조합원의 사업과 생활에 필요한 물자의 구입·제조·가공·공급 등의 사업 나. 조합원이 생산하는 임산물의 제조·가공·판매·알선·수출 등의 사업 다. 조합원의 사업 또는 생활에 필요한 공동이용시설의 설치·운영, 기자재의 임대사업 라. 조합원이 생산한 임산물의 유통조절 및 비축사업 마. 조합원의 노동력 또는 농촌·산촌의 부존자원을 활용한 가공사업·관광사업 등 산림 외 소득증대사업 바. 임산물을 이용한 사료 및 비료의 생산·판매·알선 사. 산림용 종묘(種苗) 등 임산물의 채취·보관·육성·판매·알선 아. 가로수 식재(植栽) 및 조경사업 자. 임목·임야의 매매·임대차·교환 등의 중개 차. 임산물을 소재로 하는 건물이나 그 밖의 인공구조물의 건설 및 판매 카. 보관사업

타. 조수(鳥獸) 보호사업
3. 산림경영사업
가. 산림의 대리경영
나. 산림경영계획의 작성과 양묘장조성, 조림, 숲가꾸기, 벌채 및 특수산림사업지구에서의 산림사업
다. 임도의 시설 및 보수, 사방(砂防), 산지복구나 그 밖의 산림토목공사의 시공 및 유지·관리
라. 산림복지시설, 수목원, 생태숲, 도시림, 생활림, 학교숲, 숲속수련장, 산림박물관, 수렵장의 조성과 그 시설의 설치·관리
마. 산촌개발사업
바. 산림시업(山林施業)의 공동화(共同化)와 임업노동력의 알선 및 제공 등 효율화사업
사. 산림병해충·산사태·산불 등 재해의 예방·방제 및 복구 등 산림보호사업
아. 나목부터 마목까지 및 사목의 규정에 따른 사업의 설계·감리
4. 조합원을 위한 신용사업
가. 조합원의 예금과 적금의 수납
나. 조합원에게 필요한 자금의 대출
다. 내국환(內國換)
라. 조합원의 유가증권, 귀금속, 중요 물품의 보관 등 보호예수업무(保護預受業務)
마. 국가, 지방자치단체 등의 공공단체와 금융회사 등의 업무대행
5. 임업자금 등의 관리·운용과 자체자금 조성 및 운용
6. 공제사업
7. 복지후생사업
가. 복지시설의 설치 및 관리
나. 공원묘지·수목장림·봉안당(奉安堂)의 조성 및 관리, 사설묘지관리 등 장제사업(葬祭事業)
7의2. 「신에너지 및 재생에너지 개발·이용·보급 촉진법」 제2조 제2호에 따른 재생에너지 발전사업 중 산림분야와 관련된 사업
8. 다른 경제단체·사회단체 및 문화단체와의 교류·협력
9. 국가, 공공단체, 중앙회 또는 다른 조합에서 위탁하는 사업
10. 다른 법령에서 지역조합의 사업으로 규정하는 사업
11. 제1호부터 제7호까지, 제7호의2 및 제8호부터 제10호까지의 사업과 관련되는 부대사업
12. 그 밖에 설립목적의 달성에 필요한 사업으로서 시·도지사의 승인을 받은 사업

② 전문조합은 그 목적을 달성하기 위하여 다음 각 호의 사업의 전부 또는 일부를 한다. 〈개정 2020. 2. 18., 2020. 3. 24.〉
1. 생산경영을 위한 기술지도
가. 생산력의 증진과 경영능력의 향상을 위한 상담 및 교육·훈련
나. 조합원에게 필요한 정보의 수집 및 제공
다. 신품종의 개발, 보급 및 기술확산 등을 위한 시범포(示範圃), 양묘장, 연구소의 운영
라. 그 밖의 사업수행과 관련한 교육 및 홍보

	2. 경제사업 가. 조합원의 사업과 생활에 필요한 물자의 구입 · 제조 · 가공 · 공급 등의 사업 나. 조합원이 생산하는 임산물의 제조 · 가공 · 판매 · 수출 등의 사업 다. 조합원이 생산한 임산물의 유통조절 및 비축사업 라. 조합원의 사업 또는 생활에 필요한 공동이용시설의 설치 · 운영 및 기자재의 임대사업 마. 노동력의 알선 및 제공 바. 보관사업 3. 조합원을 위한 복지시설의 운영 4. 다른 경제단체 · 사회단체 및 문화단체와의 교류 · 협력 5. 국가, 공공단체, 중앙회, 다른 조합 또는 조합원이 위탁하는 사업 6. 다른 법령에서 전문조합의 사업으로 규정하는 사업 7. 제1호부터 제6호까지의 사업과 관련되는 부대사업 8. 그 밖에 설립목적의 달성에 필요한 사업으로서 시 · 도지사의 승인을 받은 사업 ③ 조합은 제1항 또는 제2항의 사업을 수행하기 위하여 정관으로 정하는 바에 따라 사업손실보전자금 및 대손보전자금(貸損補塡資金)을 조성 · 운용할 수 있다. ④ 조합은 제1항 제9호 또는 제2항 제5호에 따라 사업의 위탁을 받으려면 해당 기관과 위탁계약을 체결하여야 한다. [전문개정 2013. 4. 5.]
협동조합 기본법	제45조(사업) ① 협동조합은 설립 목적을 달성하기 위하여 필요한 사업을 자율적으로 정관으로 정하되, 다음 각 호의 사업은 포함하여야 한다. 1. 조합원과 직원에 대한 상담, 교육 · 훈련 및 정보 제공 사업 2. 협동조합 간 협력을 위한 사업 3. 협동조합의 홍보 및 지역사회를 위한 사업 ② 협동조합의 사업은 관계 법령에서 정하는 목적 · 요건 · 절차 · 방법 등에 따라 적법하고 타당하게 시행되어야 한다. ③ 협동조합은 제1항과 제2항에도 불구하고 「통계법」 제22조 제1항에 따라 통계청장이 고시하는 한국표준산업분류에 의한 금융 및 보험업을 영위할 수 없다.

제40조(비조합원의 사업 이용)

제40조(비조합원의 사업 이용) ① 조합은 조합원의 이용에 지장이 없는 범위에서 대통령령으로 정하는 바에 따라 조합원이 아닌 자에게 제39조 제1항에 따른 조합의 사업을 이용하게 할 수 있다. 이 경우 "조합원"은 "비조합원"으로 본다.

② 조합원과 동일한 세대(世帶)에 속하는 사람과 다른 조합 및 다른 조합의 조합원이 제1항에 따른 사업을 이용하는 경우에는 조합원이 이용한 것으로 본다.

[전문개정 2015. 1. 20.]

Ⅰ. 조문의 취지와 의의

신협은 그 구성원의 경제적·사회적 지위 향상을 목적으로 하고 있으므로 원칙적으로는 조합원만 조합의 사업을 이용할 수 있다. 그러나 조합 사업 활성화 및 사업운용의 탄력성·확장성·효과성을 제고하기 위하여 비조합원의 사업 이용을 허용할 필요성이 대두됨에 따라, 법은 조합원이 아닌 자도 '조합원의 이용에 지장이 없는 범위 안에서' 조합의 사업을 이용할 수 있도록 하였다.

Ⅱ. 조문의 내용 및 해설

1. 비조합원 및 간주조합원의 사업 이용

조합은 조합원의 이용에 지장이 없는 범위에서 대통령령으로 정하는 바에 따라 조합원이 아닌 자에게 법 제39조 제1항에 따른 조합의 사업을 이용하게 할 수 있고, 이 경우 "조합원"은 "비조합원"으로 본다(법 제40조 제1항). 또한 조합원과 동일한 세대에 속하는 사람과 다른 조합 및 다른 조합의 조합원이 대출 및 어음할인을 제외한 사업을 이용할 때에는 조합원이 이용한 것으로 본다(법 제40조 제2항).

2. 사업 이용에 대한 제한

비조합원 및 다른 조합의 조합원이 조합의 사업을 이용하는 경우 비조합원에 대한 대출 및 어음할인은 법 시행령 제16조의2[7) 제1항 각 호[8)]에 따른 금액

---

7) **시행령 제16조의2(비조합원등의 사업이용)** ① 조합이 법 제40조 제1항에 따른 조합원이 아닌 자와 같은 조 제2항에 따른 다른 조합의 조합원에게 법 제39조 제1항에 따른 사업을 이용하게 하는 경우 그에 대한 대출 및 어음할인(이하 "대출등"이라 한다)은 다음 각 호에 따른 금액의 합계액의 3분의 1을 초과할 수 없다. 〈개정 2011. 11. 23., 2018. 12. 18., 2020. 12. 22.〉
1. 조합이 해당 사업연도에 새로이 취급하는 대출등 중 조합원(다른 조합의 조합원은 제외한다)에 대한 것으로서 금리 등을 고려하여 금융위원회가 정하는 대출등의 100분의 150에 해당하는 금액
2. 조합이 해당 사업연도에 새로이 취급하는 대출등 중 제1호에 따른 대출등을 제외한 금액

② 제1항에도 불구하고 지역조합은 해당 지역조합의 권역에 다음 각 호의 어느 하나에 해당하는 곳이 있는 자에 대해서는 제1항 각 호에 따른 금액의 합계액의 3분의 1을 초과하여 대출등을 할 수 있다. 〈신설 2020. 12. 22.〉
1. 주소
2. 사업장 소재지 또는 근무지
3. 대출의 담보로 제공되는 부동산의 소재지

③ 제2항에 따른 해당 지역조합의 권역은 다음 각 호의 구분에 따른 권역 중 해당 지역조합의 주된 사무소가 있는 권역을 말한다. 〈신설 2020. 12. 22., 2024. 6. 4.〉
1. 서울특별시
2. 부산광역시 · 울산광역시 · 경상남도
3. 인천광역시 · 경기도
4. 대구광역시 · 경상북도
5. 대전광역시 · 세종특별자치시 · 충청남도
6. 광주광역시 · 전라남도
7. 충청북도
8. 전라북도
9. 강원특별자치도
10. 제주특별자치도

[본조신설 2003. 11. 4.]

8) 법 시행령 제16조의2 제1항 제1호의 "금융위원회가 정하는 대출등"은 상호금융업감독규정 제4조의6에서 규정하고 있다.
상호금융업감독규정 제4조의6(비조합원대출한도 우대 기준) 시행령 제16조의2 제1호에서 "금융위원회가 정하는 대출등"이란 다음 각 호의 어느 하나에 해당하는 대출을 말한다. 〈개정 2019. 6. 26.〉〈개정 2019. 6. 26.〉〈신설 2018. 12. 12.〉〈개정 2019. 6. 26.〉〈신설 2018. 12. 12.〉〈개정 2019. 6. 26.〉
1. 금융위로부터 「보험업법」 제4조 제1항 제2호 라목의 보증보험 경영을 허가 받은 자가 발급한 개인에 대한 재무 신용 보증증권부 대출
2. 다음 각 목의 요건을 모두 충족하는 개인에 대한 신용대출
   가. 개인신용평점(「신용정보의 이용 및 보호에 관한 법률」 제2조 제5호 가목에 따른 개인신용평가회사(「신용정보의 이용 및 보호에 관한 법률」 제5조 제1항에 따른 전문개인신용평가업을 영위하는 회사는 제외한다)로부터 제공받은 것을 말한다)이 하위 100분의 50에 해당하는 차주에 대한 대출
   나. 100분의 8.5를 기준으로 조달금리 등을 감안하여 금융위원회가 정하여 고시하는 금리상한

의 합계액의 3분의 1을 초과할 수 없다.

다만, 해당 지역조합의 권역에 주소, 사업장 소재지 또는 근무지, 대출의 담보로 제공되는 부동산의 소재지가 있는 경우 법 시행령 제16조의2 제1항 각 호에 따른 금액의 합계액의 3분의 1을 초과하여 대출 등을 할 수 있도록 예외를 두고 있다.

이와 같이 비조합원에 대해서는 대출한도의 제한이 있지만 실질적으로 비조합원들도 신협을 상대로 예금을 하고 대출을 받을 수 있으므로, 조합이 불특정 다수인을 상대로 신용사업을 행한다는 관점에서는 은행업을 영위한다고도 볼 수 있을 것이다. 소형조합의 경우 비조합원대상으로까지 여수신업무를 확대하기는 어려울 수 있으나, 대형조합의 경우 비조합원을 상대로 한 고유업무의 확대가 수익원의 다변화에 기여하고 조합의 대형화와 겸업화를 촉발하는 촉매로 기능하게 되었다는 점에서 본 조항의 의의가 있다.[9]

3. 비조합원 규제 완화에 대한 평가

금융협동조합의 공동유대 범위가 조금씩 확대됨에 따라 여신구역도 점차 확대되어 왔다. 특히, 2019년부터 신협의 공동유대를 광역화하는 입법이 본격적으로 추진됨에 따라 공동유대에 연동된 여신구역이 본격적으로 확대될 가능성이 생겼다.[10] 그러나 금융위원회와 신협중앙회가 법 개정을 통한 공동유대 광역화 대신 시행령 개정을 통해 지역조합의 여신구역을 확대하는 것으로 합의하면서, 법 개정안은 법제사법위원회 통과를 앞두고 보류되었고,[11] 2020. 5. 29. 제20대 국회 임기만료로 폐기되었다.

이에 따라 신협의 여신구역을 새마을금고와 같이 광역화하는 법 시행령이

이하인 경우, 다만 이 경우 금리상한 한도는 100분의 10.5로 한다.
다. 삭제 〈2021. 10. 27〉
라. 삭제 〈2021. 10. 27〉

9) 김용재, 신협의 발전을 위한 신용사업부문 제도개선방안, 금융법연구 제6권 제2호, 2009, 201-202면.

10) 신용협동조합법 일부개정법률안(박주선 의원 대표발의, 의안번호 제22344호), 2019. 9., 신용협동조합법 일부개정법률안(오제세 의원 대표발의, 의안번호 제22973호), 2019. 10.

11) 국회 법제사법위원회 회의록, 제378회-법제사법 제1차(2020. 5. 20.), 67면.

2020. 12. 22. 개정되었다(법 시행령 제16조의2).[12] 이에 지역조합의 여신구역은 기존의 공동유대 범위에서 채무자의 주소, 사업장 소재지 또는 근무지, 대출의 담보로 제공되는 부동산의 소재지와 같은 권역(서울특별시, 부산광역시 · 울산광역시 · 경상남도, 인천광역시 · 경기도, 대구광역시 · 경상북도, 대전광역시 · 세종특별자치시 · 충청남도, 광주광역시 · 전라남도, 충청북도, 전라북도. 강원도, 제주특별자치도)으로 확대되었다.

여신구역을 확대하여 공동유대에 소속되지 않은 자에 대해서도 제한 없이 대출을 허용한 것은 사실상 비조합원에 대한 대출 규제를 완화한 것이라고 볼 수 있다. 비조합원의 사업 이용과 관련한 법 제40조는 "조합원의 이용에 지장이 없는 범위에서" 조합원이 아닌 자에게 조합의 사업을 이용하게 할 수 있다고 규정하고 있다. 비조합원 대출과 관련한 시행령 규정은 본래 조합원이 아닌 자에 대하여 공동유대에 소속된 조합원 대출 등의 합계액의 3분의 1 이상 초과할 수 없도록 규정한 것이다.

---

12) 시행령 제16조의2(비조합원등의 사업이용) ① 조합이 법 제40조 제1항에 따른 조합원이 아닌 자와 같은 조 제2항에 따른 다른 조합의 조합원에게 법 제39조 제1항에 따른 사업을 이용하게 하는 경우 그에 대한 대출 및 어음할인(이하 "대출등"이라 한다)은 다음 각 호에 따른 금액의 합계액의 3분의 1을 초과할 수 없다.

1. 조합이 해당 사업연도에 새로이 취급하는 대출등 중 조합원(다른 조합의 조합원은 제외한다)에 대한 것으로서 금리 등을 고려하여 금융위원회가 정하는 대출등의 100분의 150에 해당하는 금액
2. 조합이 해당 사업연도에 새로이 취급하는 대출등 중 제1호에 따른 대출등을 제외한 금액

② 제1항에도 불구하고 지역조합은 해당 지역조합의 권역에 다음 각 호의 어느 하나에 해당하는 곳이 있는 자에 대해서는 제1항 각 호에 따른 금액의 합계액의 3분의 1을 초과하여 대출등을 할 수 있다.

1. 주소
2. 사업장 소재지 또는 근무지
3. 대출의 담보로 제공되는 부동산의 소재지

③ 제2항에 따른 해당 지역조합의 권역은 다음 각 호의 구분에 따른 권역 중 해당 지역조합의 주된 사무소가 있는 권역을 말한다.

1. 서울특별시
2. 부산광역시 · 울산광역시 · 경상남도
3. 인천광역시 · 경기도
4. 대구광역시 · 경상북도
5. 대전광역시 · 세종특별자치시 · 충청남도
6. 광주광역시 · 전라남도
7. 충청북도
8. 전라북도
9. 강원도
10. 제주특별자치도

그런데 개정 시행령 규정의 입법 형식을 살펴보면 조합원이 아닌 자에 대한 대출 한도 규정은 그대로 두면서(법 시행령 제16조의2 제1항), 일정한 권역 내 대출은 비조합원 대출로 보지 않도록 다시 예외를 두고 있다(법 시행령 제16조의2 제2항). 공동유대 범위를 벗어났지만 권역 내에 속하는 대출의 경우에는 조합원에 대한 대출에 해당되지 않으므로 원칙적으로 비조합원 대출에 해당하지만, 이러한 예외 규정을 통해 비조합원에 대한 대출로도 보지 않겠다는 것이다.

법 제39조 제1항 제1호 나목은 '조합원에 대한 대출'을 조합의 목적 사업으로 규정하고 있다. 즉, 조합의 신용사업 범위는 조합원에 대한 대출이 원칙인데, 여신구역을 광역화하여 신용사업의 범위를 넓히면서 이를 법이 아닌 시행령 개정을 통해 확대하는 것은 법체계상 타당한 입법이라고 보기는 어렵다.

이와 같이 조합의 여신구역을 확대하면서 법이 아닌 시행령을 통해 개정하게 된 것은 조합이 여신구역과 연동되어 있는 공동유대 자체를 광역화하는 법 개정을 추진하였고, 주무부처인 금융위원회가 공식적으로 이를 반대하고 협의하는 과정에서 불가피하게 이루어진 합의의 산물이라고 볼 수 있다. 그러나 금융협동조합이 영위할 수 있는 사업의 범위는 법에서 명확하게 정하는 것이 법체계상 부합하므로, 시행령이 아닌 법 개정을 통해 명확히 정리하는 것이 타당하다고 판단된다. 관련 법 개정안에 대한 국회 검토보고서에도 이러한 사항을 고려하여 입법이 필요하다고 검토한 바 있다.[13]

4. 다른 조합의 조합원에 대한 조합원 간주 조항

신협법 제40조 제1항은 비조합원의 사업 이용을 제한하면서, 조합원 아닌 자를 비조합원으로 규정하고 있다. 그러나 같은조 제2항은 다른 조합 및 다른 조합의 조합원이 제1항에 따른 사업을 이용하는 경우에는 "조합원"이 이용한 것으로 본다고 명시하고 있다. 즉, 다른 조합의 조합원이 사업을 이용하는 경우에는 비조합원이 아닌 "조합원"이 이용한 것으로 간주하겠다는 것이다.

---

13) 조용복(수석전문위원), 신용협동조합법 일부개정법률안(박주선 의원 대표발의, 의안번호 제22344호, 오제세 의원 대표발의, 의안번호 제22973호) 검토보고서, 국회 정무위원회, 2019. 11., 10면.

또한, 법 제40조 제1항은 대통령령으로 정하는 바에 따라 조합원이 아닌 자에게 조합의 사업을 이용하게 할 수 있다고 규정하면서, 이를 동법 시행령 제16조의2에서 제한하고 있다.

여기에서 법률이 위임한 것은 "조합원이 아닌 자"에 대한 이용을 제한하도록 규정한 것이다. 그런데 법 제40조 제2항에 따라 다른 조합의 조합원은 "조합원"이 이용한 것으로 보므로 동조 제1항은 다른 조합의 조합원의 사업 이용을 제한할 수 있다고 보기 어렵다. 그럼에도 불구하고 법 시행령 제16조의2는 다른 조합 조합원의 해당 조합 사업 이용을 비조합원과 동일하게 취급하고 있고, 나아가 비조합원과 같은 내용의 규제를 하고 있다.

따라서 이와 같은 내용의 시행령은 법률이 위임한 범위를 일탈하고, 오히려 법에서 정한 내용과 전혀 반대되는 해석을 하고 있는 것이므로 "다른 조합의 조합원"에 대한 규정은 삭제할 필요가 있다. 만일, 다른 조합의 조합원을 조합원 아닌 자와 같이 제한하려면, 법에서 다른 조합의 조합원에 대해서도 비조합원으로 간주하게 하거나, 비조합원과 같이 대통령령으로 정하는 바에 따라 규제할 수 있도록 명확한 근거를 두어야 할 것이다.

Ⅲ. 관련 판례

> **대법원 2008. 12. 24. 선고 2008다61172 [대여금]**
> "조합원이 아닌 자에 대한 신협의 대출이 신협법 등 관계 법령상 위법하다 하더라도 그 대출의 사법상 효력까지 부인되지는 아니한다."

> **대법원 2001. 6. 12. 선고 2001다18940 [예탁금]**
> "신용협동조합의 업무범위를 조합원으로부터의 예탁금, 적금의 수납 등에 한정하고 있는 구 신용협동조합법(1999. 2. 1. 법률 제5739호로 개정되기 전의 것) 제39조 제1항 제1호 (가)목 및 제40조 제1항의 규정은, 신용협동조합의 행위능력을 제한하는 효력규정이 아니라 사업수행에 관해 신용협동조합이 지켜야 할 원칙을 규정한 단속규정에 불과하여 그 규정을 위반한 이용행위는 비록 위법한 행위이기는 하나 행위 자체의 사법상의 효력은 유효하다고 보아야 할 것이다."

대법원 1984. 9. 25. 선고 84도1436 판결 [업무상배임, 배임수재]
"신용협동조합의 이사장은 동 조합을 위하여 성실히 직무를 수행하여야 할 임무가 있으므로 제3자의 이익을 도모하여 임무에 위배하여 소정의 대출한도액을 초과하여 대출하거나 비조합원에게 대출하여 동 조합에 그 대출상당액의 재산상의 손해를 가하였다면 동 조합내 여신위원회의 결의가 있었다거나 대출금에 대한 회수의 가능여부에 관계없이 업무상배임죄가 성립된다."

Ⅳ. 관련 법령

법률	조문
새마을 금고법	**제30조(비회원의 사업 이용)** 금고는 회원의 이용에 지장이 없는 범위에서 비회원에게 사업을 이용하게 할 수 있다.
농업 협동조합법	**제58조(비조합원의 사업 이용)** ① 지역농협은 조합원이 이용하는 데에 지장이 없는 범위에서 조합원이 아닌 자에게 그 사업을 이용하게 할 수 있다. 다만, 제57조 제1항 제2호 가목(농업인이 아닌 자의 판매사업은 제외한다)·바목·사목·차목, 제3호 마목·사목·아목, 제5호 가목·나목, 제7호 및 제10호의 사업 외의 사업에 대하여는 정관으로 정하는 바에 따라 비조합원의 이용을 제한할 수 있다. 〈개정 2011. 3. 31.〉 ② 조합원과 동일한 세대(世帶)에 속하는 사람, 다른 조합 또는 다른 조합의 조합원이 지역농협의 사업을 이용하는 경우에는 그 지역농협의 조합원이 이용한 것으로 본다. ③ 지역농협은 품목조합의 조합원이 지역농협의 신용사업을 이용하려는 경우 최대의 편의를 제공하여야 한다. [전문개정 2009. 6. 9.]
수산업 협동조합법	**제61조(비조합원의 사업 이용)** ① 지구별수협은 조합원의 이용에 지장이 없는 범위에서 조합원이 아닌 자에게 그 사업을 이용하게 할 수 있다. 다만, 제60조 제1항 제3호·제9호부터 제11호까지 및 제14호의 사업에 대하여는 대통령령으로 정하는 바에 따라 비조합원의 이용을 제한할 수 있다. 〈개정 2016. 5. 29.〉 ② 다음 각 호의 어느 하나에 해당하는 자가 지구별수협의 사업을 이용하는 경우에는 조합원이 그 사업을 이용한 것으로 본다. 1. 조합원과 같은 세대(世帶)에 속하는 사람 2. 준조합원 3. 다른 조합 및 다른 조합의 조합원 [전문개정 2010. 4. 12.]
산림조합법	**제51조(비조합원의 사업 이용)** ① 조합은 조합원의 이용에 지장이 없는 범위에서 조합원이 아닌 자에게 정관으로 정하는 바에 따라 제46조에 따른 사업을 이용하게 할 수 있다. ② 조합원과 동일한 세대에 속하는 사람, 다른 조합 또는 다른 조합의 조합

	원이 조합의 사업을 이용하는 경우에는 이를 해당 조합의 조합원이 이용한 것으로 본다. [전문개정 2013. 4. 5.]
협동조합 기본법	**제46조(사업의 이용)** 협동조합은 대통령령으로 정하는 사업을 제외하고는 조합원의 이용에 지장이 없는 범위에서 정관으로 정하는 바에 따라 조합원이 아닌 자에게 그 사업을 이용하게 할 수 있다. [전문개정 2014. 12. 30.]

제41조(자금의 차입)

제41조(자금의 차입) ① 조합은 제39조에 따른 사업을 수행하기 위하여 자금을 차입하는 경우에는 조합 자산총액의 100분의 5 또는 자기자본 중 큰 금액의 범위에서 대통령령으로 정하는 바에 따라 자금을 차입할 수 있다.
② 제1항에도 불구하고 금융위원회가 정하는 기준에 따라 중앙회장의 승인을 받은 경우에는 자산총액의 100분의 5 또는 자기자본 중 큰 금액의 범위를 초과하여 자금을 차입할 수 있다.
[전문개정 2015. 1. 20.]

Ⅰ. 조문의 취지와 의의

사업수행을 위한 과도한 차입으로 조합의 경영이 부실해지고 재무 건전성에 문제가 발생하는 것을 방지하기 위하여, 법은 조합이 자금을 차입하는 경우 원칙적으로 법이 정한 한도 내에서 차입할 수 있도록 하고, 금융위원회가 정하는 기준에 따라 중앙회장의 승인을 받은 경우에만 예외적으로 차입 한도를 초과하여 차입할 수 있도록 하고 있다.

Ⅱ. 조문의 내용 및 해설

1. 자금의 차입 한도 제한

조합은 조합의 사업을 수행하기 위하여 자금을 차입하는 경우에는 조합의 직전 사업연도말 자산총액의 100분의 5 또는 자기자본 중 큰 금액의 범위에서 자금을 차입할 수 있다(법 제41조 제1항, 시행령 제16조의3). 여기서 자기자본이란 자본금, 적립금, 그 밖의 잉여금 등의 합계액에 결산상의 오류에 의한 금액을 가감한 금액을 말한다(법 제2조 제9호, 시행령 제1조의2).

조합이 차입할 수 있는 기관은 중앙회 또는 다른 금융기관으로 한정된다(표준정관 제62조 제1항). 차입 한도 산정 시 i) 신협 예금자보호기금으로부터의 차입금 및 ii) 조합이 중앙회에 예치한 예탁금 범위 내 대출은 포함하지 않지만

(표준정관 제62조 제2항), 조합이 직접 차입하는 행위 이외에 제3자를 위하여 보증하는 행위를 하였다면 해당 보증금액은 차입 한도 산정 시 포함됨을 유의하여야 한다. 참고로, 신용협동조합 표준업무 방법서 제20조 제1항에 따라 조합은 타인의 채무를 보증하지 못한다.

2. 자금의 초과 차입

금융위원회가 정하는 기준에 따라 중앙회장의 승인을 받은 경우에는 자산총액의 100분의 5 또는 자기자본 중 큰 금액의 범위를 초과하여 자금을 차입할 수 있다(법 제41조 제2항).

(1) 금융위원회가 정하는 기준

법 제41조 제2항의 규정에 의하여 금융위원회가 정하는 기준은 다음과 같다. i) 직전 사업년도말 자기자본의 2배와 자산총액의 100분의 10 중 큰 금액의 범위 내에서 부보금융회사 및 체신관서로부터의 차입, ii) 직전 사업년도말 자기자본의 3배와 자산총액의 100분의 15 중 큰 금액의 범위 내에서 중앙회 신용사업회계로부터의 차입(조합이 중앙회에 예치한 신용예탁금 범위 내에서 실행되는 중앙회의 대출 또는 법 제55조 제2항의 규정에 의한 합병지원자금대출을 제외한다), iii) 감독원장이 정하는 후순위 차입, iv) 신협 예금자보호기금으로부터의 차입(이상 상호금융업감독규정 제5조 제1항 제1호부터 제4호).

또한, 금융위원회는 후순위 차입금이 공여자에 대한 지원(대출, 보증 등)을 통해 편법적 자본확충 수단으로 악용될 소지를 막기 위하여 조합이 상호금융업감독규정 제5조 제1항 제3호에서 정하는 후순위차입금의 자금공여자에 대한 대출, 지급보증 등을 통해 관련 자금을 직·간접적으로 지원할 수 없도록 하였다(상호금융업감독규정 제5조 제2항).

(2) 중앙회장의 승인

법 제41조의 규정에 의하여 초과차입승인을 신청하고자 하는 조합은 차입목적, 기관, 금액, 기간 및 이율 등을 기재한 신청서에 차입을 결의한 이사회의사록 사본, 전월말 대차대조표, 이사회 결의에 의한 초과차입금 해소계획서를 첨부하여 중앙회장에게 제출하여야 한다(표준업무방법서 제21조 제1항).

Ⅲ. 관련 판례

> **대구고등법원 1986. 8. 26. 선고 85나1712 [부동산소유권이전등기 말소등]**
> "원고조합은 신용협동조합법에 의하여 설립된 비영리법인(같은법 제2조 제1항)으로서 같은법 제31조 제2항 제1항 제5호 5호의 규정(현행 법 제41조 및 동법 시행령 제16조의3)에 의하면 신용협동조합은 조합원의 출자금의 총액과 적립금의 합계액을 초과하여 소요자금을 차입할 수 없도록 되어 있고, 같은법 제9조 제12조(현행 법 제11조)의 조합원의 자격 및 출자에 관한 규정, 같은법 제11조(현행 법 제14조), 제19조(현행 법 제20조)의 조합원의 자본금은 조합원이 납입한 출자금의 총액으로하고 조합원의 책임은 그 납입출자액을 한도로 한다는 규정 및 같은법의 목적(같은법 제1조)으로 하는 바등에 비추어 볼때 원고조합이 이사회의 결의 없이한 비조합원으로부터의 위와 같은 자금차입은 무효라고 보아야 할 것이다. (대법원 1985. 2. 26. 선고 84다카527 판결, 그해. 11. 26. 선고 85다카122 판결등 참조)"

Ⅳ. 관련 법령

법률	조문
새마을 금고법	**제28조(사업의 종류 등)** ① 금고는 제1조의 목적을 달성하기 위하여 다음 각 호의 사업의 전부 또는 일부를 행한다. 〈개정 2011. 3. 8., 2020. 2. 18., 2023. 4. 11., 2025. 1. 7.〉 1. 신용사업 　가. 회원으로부터 예탁금과 적금 수납 　나. 회원을 대상으로 한 자금의 대출 　다. 내국환(內國換)과 「외국환거래법」에 따른 외국환업무 　라. 국가, 공공단체 및 금융기관의 업무 대리 　마. 회원을 위한 보호예수(保護預受) 　바. 어음할인 　사. 상품권의 판매대행 2. 문화 복지 후생사업 3. 회원에 대한 교육사업 4. 지역사회 개발사업 5. 회원을 위한 공제사업

	6. 중앙회 또는 다른 금고가 위탁하는 사업 7. 국가나 공공단체가 위탁하거나 다른 법령으로 금고의 사업으로 정하는 사업 8. 의료지원사업 9. 제1호부터 제8호까지의 사업과 관련되는 부대사업 10. 그 밖에 목적 달성에 필요한 사업으로서 주무부장관의 승인을 받은 사업 ③ 제1항 제1호의 신용사업에 관련되는 소요 자금의 차입한도, 여유자금의 운용 및 제1항 제6호의 위탁사업의 범위, 그 밖에 필요한 사항은 대통령령으로 정한다.
농업 협동조합법	**제57조(사업)** ① 지역농협은 그 목적을 달성하기 위하여 다음 각 호의 사업의 전부 또는 일부를 수행한다. 〈개정 2011. 3. 31., 2013. 3. 23., 2014. 12. 31., 2016. 12. 27.〉 1. 교육·지원 사업 가. 조합원이 생산한 농산물의 공동출하와 판매를 위한 교육·지원 나. 농업 생산의 증진과 경영능력의 향상을 위한 상담 및 교육훈련 다. 농업 및 농촌생활 관련 정보의 수집 및 제공 라. 주거 및 생활환경 개선과 문화 향상을 위한 교육·지원 마. 도시와의 교류 촉진을 위한 사업 바. 신품종의 개발, 보급 및 농업기술의 확산을 위한 시범포(示範圃), 육묘장(育苗場), 연구소의 운영 사. 농촌 및 농업인의 정보화 지원 아. 귀농인·귀촌인의 농업경영 및 농촌생활 정착을 위한 교육·지원 자. 그 밖에 사업 수행과 관련한 교육 및 홍보 2. 경제사업 가. 조합원이 생산하는 농산물의 제조·가공·판매·수출 등의 사업 나. 조합원이 생산한 농산물의 유통 조절 및 비축사업 다. 조합원의 사업과 생활에 필요한 물자의 구입·제조·가공·공급 등의 사업 라. 조합원의 사업이나 생활에 필요한 공동이용시설의 운영 및 기자재의 임대사업 마. 조합원의 노동력이나 농촌의 부존자원(賦存資源)을 활용한 가공사업·관광사업 등 농외소득(農外所得) 증대사업 바. 농지의 매매·임대차·교환의 중개 사. 위탁영농사업 아. 농업 노동력의 알선 및 제공 자. 농촌형 주택 보급 등 농촌주택사업 차. 보관사업 카. 조합원과 출자법인의 경제사업의 조성, 지원 및 지도 3. 신용사업 가. 조합원의 예금과 적금의 수입(受入) 나. 조합원에게 필요한 자금의 대출 다. 내국환 라. 어음할인 마. 국가·공공단체 및 금융기관의 업무 대리

	바. 조합원을 위한 유가증권 · 귀금속 · 중요물품의 보관 등 보호예수(保護預受) 업무 사. 공과금, 관리비 등의 수납 및 지급대행 아. 수입인지, 복권, 상품권의 판매대행 4. 삭제 〈2011. 3. 31.〉 5. 복지후생사업 가. 복지시설의 설치 및 관리 나. 장제(葬祭)사업 다. 의료지원사업 6. 다른 경제단체 · 사회단체 및 문화단체와의 교류 · 협력 7. 국가, 공공단체, 중앙회, 농협경제지주회사 및 그 자회사, 제161조의11에 따른 농협은행(이하 "농협은행"이라 한다) 또는 다른 조합이 위탁하는 사업 8. 다른 법령에서 지역농협의 사업으로 규정하는 사업 9. 제1호부터 제8호까지의 사업과 관련되는 부대사업 10. 그 밖에 설립 목적의 달성에 필요한 사업으로서 농림축산식품부장관의 승인을 받은 사업 ② 지역농협은 제1항의 사업목적을 달성하기 위하여 국가, 공공단체, 중앙회, 농협경제지주회사 및 그 자회사(해당 사업 관련 자회사에 한정한다), 농협은행 또는 농협생명보험으로부터 자금을 차입할 수 있다. 〈개정 2011. 3. 31., 2014. 12. 31.〉 ③ 제1항 제3호에 따른 신용사업의 한도와 방법 및 제2항에 따라 지역농협이 중앙회, 농협경제지주회사 및 그 자회사(해당 사업 관련 자회사에 한정한다), 농협은행 또는 농협생명보험으로부터 차입할 수 있는 자금의 한도는 대통령령으로 정한다. 〈개정 2011. 3. 31., 2014. 12. 31.〉
수산업 협동조합법	**제60조(사업)** ① 지구별수협은 그 목적을 달성하기 위하여 다음 각 호의 사업의 전부 또는 일부를 수행한다. 〈개정 2011. 11. 22., 2015. 6. 22., 2016. 5. 29., 2019. 8. 27.〉 1. 교육 · 지원 사업 가. 수산종자의 생산 및 보급 나. 어장 개발 및 어장환경의 보전 · 개선 다. 어업질서 유지 라. 어업권 · 양식업권과 어업피해 대책 및 보상 업무 추진 마. 어촌지도자 및 후계어업경영인 발굴 · 육성과 수산기술자 양성 바. 어업 생산의 증진과 경영 능력의 향상을 위한 상담 및 교육훈련 사. 생활환경 개선과 문화 향상을 위한 교육 및 지원과 시설의 설치 · 운영 아. 어업 및 어촌생활 관련 정보의 수집 및 제공 자. 조합원의 노동력 또는 어촌의 부존자원(賦存資源)을 활용한 관광사업 등 어가(漁家) 소득증대사업 차. 외국의 협동조합 및 도시와의 교류 촉진을 위한 사업 카. 어업에 관한 조사 · 연구 타. 각종 사업과 관련한 교육 및 홍보 파. 그 밖에 정관으로 정하는 사업 2. 경제사업 가. 구매사업

	나. 보관 · 판매 및 검사 사업 다. 이용 · 제조 및 가공(수산물의 처리를 포함한다) 사업 라. 수산물 유통 조절 및 비축사업 마. 조합원의 사업 또는 생활에 필요한 공동시설의 운영 및 기자재의 임대 사업 3. 신용사업 가. 조합원의 예금 및 적금의 수납업무 나. 조합원에게 필요한 자금의 대출 다. 내국환 라. 어음 할인 마. 국가, 공공단체 및 금융기관 업무의 대리 바. 조합원의 유가증권 · 귀금속 · 중요물품의 보관 등 보호예수(保護預受) 업무 4. 공제사업 5. 후생복지사업 가. 사회 · 문화 복지시설의 설치 · 운영 및 관리 나. 장제사업(葬祭事業) 다. 의료지원사업 6. 운송사업 7. 어업통신사업 8. 국가, 공공단체, 중앙회, 수협은행 또는 다른 조합이 위탁하거나 보조하는 사업 9. 다른 경제단체 · 사회단체 및 문화단체와의 교류 · 협력 10. 다른 조합 · 중앙회 또는 다른 법률에 따른 협동조합과의 공동사업 및 업무의 대리 11. 다른 법령에서 지구별수협의 사업으로 정하는 사업 12. 제1호부터 제11호까지의 사업에 관련된 대외무역 13. 차관사업(借款事業) 14. 제1호부터 제13호까지의 사업에 부대하는 사업 15. 그 밖에 지구별수협의 목적 달성에 필요한 사업으로서 중앙회의 회장의 승인을 받은 사업 ② 지구별수협은 제1항의 사업 목적을 달성하기 위하여 국가, 공공단체, 중앙회, 수협은행 또는 다른 금융기관으로부터 자금을 차입할 수 있다. 〈개정 2016. 5. 29.〉 ③ 제1항 제3호에 따른 신용사업의 한도와 방법 및 제2항에 따라 지구별수협이 중앙회 또는 수협은행으로부터 차입할 수 있는 자금의 한도는 대통령령으로 정한다. 〈개정 2016. 5. 29.〉 ⑥ 국가로부터 차입한 자금은 해양수산부령으로 정하는 바에 따라 조합원이 아닌 수산업자에게도 대출할 수 있다. 〈개정 2013. 3. 23.〉
산림조합법	제49조(차입금과 그 운영) ① 조합은 제46조의 사업을 하기 위하여 국가, 공공단체 또는 중앙회로부터 필요한 자금을 차입할 수 있다. ② 지역조합이 중앙회로부터 차입한 자금 중 신용사업자금은 압류의 대상으로 할 수 없다. [전문개정 2013. 4. 5.]

제42조(동일인에 대한 대출등의 한도)

제42조(동일인에 대한 대출등의 한도) 조합은 동일인에 대하여 금융위원회가 정하는 기준에 따라 중앙회장의 승인을 받은 경우를 제외하고는 조합의 자기자본의 100분의 20 또는 자산총액의 100분의 1 중 큰 금액의 범위에서 대통령령으로 정하는 한도를 초과하는 대출등을 할 수 없다. 이 경우 본인의 계산으로 다른 사람의 명의에 의하여 하는 대출등은 그 본인의 대출등으로 본다.
[전문개정 2015. 1. 20.]

Ⅰ. 조문의 취지와 의의

법 제42조는 동일인에 대하여 조합 자기자본의 100분의 20 또는 자산총액의 100분의 1 중 큰 금액의 범위 내에서 대통령령으로 정하는 한도를 초과하여 대출등을 할 수 없다고 규정하여 동일인에 대한 대출등을 제한하고 있다. 동일인에 대한 대출한도를 정하여 엄격하게 규제하는 것은 신협의 특수성 및 성격등에 비추어 특정 소수의 조합원에게 과도하게 편중 대출하는 것을 제한하여 모든 조합원들에게 골고루 대출이 이루어지도록 하여 신협의 자금이 그 사업목적에 들어맞게 사용되도록 하는 것이다. 또한, 대출(신용공여)을 받는 조합원을 다양하게 분산시킴으로써, 특정 조합원(법인 포함)의 상환 불능시 금융기관이 부담하게 될 신용리스크가 일정수준으로 제한되도록 관리할 수 있게 된다. 은행도 같은 취지에서 동일인에 대한 신용공여 한도를 은행 자기 자본의 20%, 동일차주(계열회사)에 대하여는 25%로 제한하고 있다.

Ⅱ. 조문의 내용 및 해설

1. 동일인 대출한도

(1) 동일인 대출 최고한도

조합은 동일인에 대하여 조합 자기자본의 100분의 20 또는 자산총액의 100

분의 1 중 큰 금액의 범위 내에서 대통령령으로 정하는 한도를 초과하여 대출등을 할 수 없다(법 제42조 제1항). 법 제42조에서 "대통령령이 정하는 한도"란 직전 사업연도말 자기자본의 100분의 20과 자산총액의 100분의 1 중 큰 금액을 말한다(법 시행령 제16조의4 제1항 본문). 이 경우 금융위원회는 자기자본의 100분의 20에 해당하는 금액과 자산총액의 100분의 1에 해당하는 금액에 대하여 각각 최고한도를 설정할 수 있다(법 시행령 제16조의4 제1항 단서).

금융위원회가 자산총액의 100분의 1에 해당하는 금액에 대하여 설정하는 최고한도는 7억원이며, 자기자본의 100분의 20에 해당하는 금액에 대하여 설정하는 최고한도는 50억원이다(상호금융업감독규정 제6조 제6항, 제7항 본문). 다만, 직전 사업연도말 자기자본이 500억원 이상인 조합이 법인인 조합원에 대한 대출을 하는 경우의 최고한도 100억원이다(상호금융업감독규정 제7항 단서).

한편, 조합의 동일인에 대한 신용대출한도는 1억 5천만원 이내에서 조합 이사회에서 정하는 바에 의한다(표준업무방법서 제23조 제1항 본문). 다만, 중앙회장이 특별히 정하는 상품을 취급하는 경우 또는 중앙회장의 승인을 얻은 경우에는 별도로 한도를 정하여 운용할 수 있다(표준업무방법서 제23조 제1항 단서).

〈표〉 현행 조합별 동일인 대출한도

구분		자기자본		
		0~35억원	35~50억원	50억원 초과
자산 총액	700억원 이하	자기자본의 20% 또는 총 자산의 1% 중 큰 금액(0~7억원)	자기자본의 20% (7~10억원)	자기자본의 20% (10~50억원)
	700억원 초과	7억원	자기자본의 20% (7~10억원)	자기자본의 20% (10~50억원)

(2) 동일인 대출한도 산정 제외 대상

동일인에 대한 대출액을 산정할 때에는 ① 당해 조합에 대한 예탁금 및 적금을 담보로 하는 대출, ② 당해 조합과의 공제계약에 의하여 납입한 공제료를 담보로 하는 대출, ③ 정부·한국은행 또는 은행법에 의한 은행이 보증하거나 동 기관이 발행 또는 보증한 증권을 담보로 하는 대출 ④ 그 밖에 금융위원회가 정하는 대출은 제외된다(법 시행령 제16조의4 제2항). 여기에서 "금융위가 정하는 대출"은 ㉠ 농림수산업자신용보증기금이 보증하거나 농림수산정책자금대손보전기금 등에 의하여 대손보전이 이루어지는 대출, ㉡ 경영실태평가 부문별 평가항목(상호금융업 감독규정 [별표 1])에 의한 총자본비율 산출시 위험가중치가 20% 이하인 대출(이 경우 설립근거법이 동일한 조합에 대한 대출 또는 그에 의해 보증된 대출은 제외한다), ㉢ 지역신용보증재단 또는 서민금융진흥원에 의하여 대손보증이 이루어지는 대출금이 여기에 해당한다(상호금융업감독규정 제6조 제1항).

(3) 동일인 대출한도 초과 여부 심사

조합 대출업무 담당자들은 법령과 규정에 따른 동일인 대출한도 초과 금지 의무를 준수하기 위하여 동일인에 대한 대출인지 여부를 심사할 의무가 있으며, 위와 같은 심사를 하는데 필요한 자료가 조합 여신업무방법서에 대출 취급 구비 서류로 일일이 명시되어 있지 않았다고 하여 심사의무가 면제되지 않는다.[14)]

(4) 동일인 대출한도에 대한 입법론적 검토

조합의 동일인 대출한도 기본금액은 신협법 및 시행령, 감독규정에 의해 엄격한 제한을 받고 있다. 동일인 대출한도는 1972년 신협법 제정 당시부터 규정되어 있었는데, 그 기준이 자기자본의 10%에서 2000년 15%로 완화되었고, 2003년에는 현행과 같이 자기자본의 30% 또는 자산총액의 1% 중 큰 금액으로 완화되었다.

다만, 영세한 조합의 경우 자기자본 또는 자산총액을 기준으로 한도를 설정할 경우 건전한 대출을 취급하기 어려워 수익성이 저하되는 악순환이 발생할 수 있다. 현행법에 따를 때, 자기자본 50억원 이하인 조합은 동일인 대출 한도가 10억원 이하로 제한된다. 2021년 6월 현재 전체 조합의 동일인 대출한도 평균은 약 17억원이고, 대출한도가 10억원 미만인 조합은 398개로 전체 조합

14) 광주지방법원 2021. 11. 24. 선고 2020고합669 판결.

의 47.5%에 달한다. 즉 동일인 대출한도가 낮은 영세 조합일수록 대출액이 큰 아파트담보대출 등을 취급하기 어려워 리스크가 있는 신용대출 위주의 영업이 불가피한 상황이다.[15]

이러한 점을 고려하여 2021년 12월, 10억원 이하 대출에 동일인 대출한도를 적용하지 않도록 하는 내용의 신협법 일부개정법률안이 발의되기도 하였다.[16] 다만, 해당 신협법 개정안은 국회 임기 만료로 폐기되었다. 입법론적으로는 영세조합의 수익성 저하 악순환 해소 등을 위해 조합의 동일인 대출한도를 완화하는 내용의 개정이 필요하다고 판단된다.

2. 동일인 대출한도 초과 승인 기준

(1) 중앙회장의 예외 승인 대상

조합은 동일인에 대하여 금융위원회가 정하는 기준에 따라 중앙회장의 승인을 받은 경우에는 예외적으로 동일인 대출한도를 초과하여 승인할 수 있다(법 제42조, 상호금융업감독규정 제6조 제2항). 동일인 대출한도를 초과하여 승인할 수 있는 경우는 ① 채무인수·상속·합병 및 영업양수 등에 의하여 대출채권을 불가피하게 양수한 경우, ② 조합의 합병 또는 영업양수도로 동일인 대출한도를 초과하게 되는 경우, ③ 사고금의 보전목적 등 채권보전 조치를 위하여 필요한 경우, ④ 「농어업재해대책법」 및 「자연재해대책법」에 의거 재해대책 목적으로 대출을 취급함으로써 동일인 대출한도를 초과하는 경우로 한정된다.

(2) 동일인 대출한도 초과 승인 절차

동일인 대출한도 초과승인을 신청하고자 하는 조합은 초과되는 대출건수별로 필수 서류를 첨부한 신청서를 중앙회장에게 제출하여야 한다(표준업무방법서 제22조). 조합이 제출해야 할 서류에는 ① 동일인에 대한 대출이 이미 있는 경우 해당 대출서류 사본, ② 신청일 전월 평잔재무상태표 ③ 신청원인 및 내용,

15) 이용준(수석전문위원), 신용협동조합법 일부개정법률안(유동수 의원 대표발의, 의안번호 제2113832호) 검토보고서, 국회 정무위원회, 2022. 5., 25면.
16) 신용협동조합법 일부개정법률안(유동수 의원 대표발의, 의안번호 제2113821호). 2021. 12.

동일인 대출한도액, 채권보전계획 등을 기재한 승인신청서 ④ 상호금융업감독규정 제6조 제2항 각 호의 사유(초과 승인 가능 사유)를 입증할 수 있는 서류 등이 있다.

(3) 동일인에 대한 신용대출한도의 예외

조합의 동일인에 대한 신용대출한도는 1억 5천만원 이내에서 조합 이사회에서 정하는 바에 의한다. 다만, 중앙회장이 특별히 정하는 상품을 취급하는 경우 또는 중앙회장의 승인을 얻은 경우에는 별도로 한도를 정하여 운용할 수 있다(표준업무방법서 제23조 제1항, 조합 여신업무방법서 제2편 제1장 제4조 제1항).

중앙회장이 특별히 정한 상품으로는 조합 여신업무방법서에 따른 'CU법인크레딧론'이 대표적이며, 동 업무방법서에 대출한도를 별도로 규정하고 있다(조합 여신업무방법서 제7편 제5장 제10절 제4조).

또한, 일정기준(자산총액 200억원 이상, 전월 말 현재 계량지표에 의한 경영실태평가 결과 2등급 이상, 순자본비율 4% 이상, 연체대출비율 2% 이하)을 모두 충족하는 동일직종단체조합 또는 일반신자를 공동유대로 하지 아니하는 종교단체조합은 동일인대출한도 이내에서 중앙회장의 승인을 얻어 동일인신용대출한도를 별도로 정할 수 있다(표준업무방법서 제23조 제2항 제1호, 제3항, 조합 여신업무방법서 제2편 제1장 제4조 제2항).

그리고 일정요건[전년말기준 총자산 2,000억원 이상, 경영실태평가등급 2등급 이상, 여신심의회 구성조합(직장조합은 제외)]을 갖춘 조합이 차별화된 여신전략을 추진할 수 있도록 특화된 대출상품을 개발하여 중앙회장의 사전 승인을 받은 경우에도 신용대출한도를 별도로 정하여 운영할 수 있다(표준업무방법서 제23조 제2항 제2호, 제4항).

3. 동일인 대출한도 초과분의 해소

동일인 대출한도 범위내에서 이미 취급된 대출금이 조합의 출자금(회전출자금 및 가입금을 포함한다) 환급, 결손금 발생 등으로 자기자본 또는 자산총액이 감소하여 동일인 대출한도를 초과하게 된 경우에는 그 한도가 초과한 날로부터 만기일 이내에 한도에 적합하도록 하여야 한다(상호금융업감독규정 제6조 제4항).

한편, 조합의 자산 감소, 손실 발생 등으로 동일인 대출한도가 축소되는 사례가 발생할 수 있는데, 이 경우 채무자에 대한 재대출을 실행하는 경우에는 동일인 대출한도 축소로 인해 재대출이 제한되거나 대출한도가 축소될 수 있다. 재대출 또는 대환은 현실적인 자금의 수수 없이 형식적으로만 신규 대출을 하여 기존 채무를 변제하는 것이므로 형식적으로는 별도의 대출에 해당하나 실질적으로는 기존 채무의 변제기의 연장에 불과하다.[17] 또한, 채무자도 재대출 또는 대환을 통해 만기 연장에 대한 기대가 있을 것으로 예상되나, 채무자의 귀책 사유가 아닌 조합의 자기자본 또는 자산총액 감소라는 사정으로 재대출을 제한하거나 축소하는 것은 채무자에게 지나친 불이익을 줄 수 있어 입법적인 보완이 필요하였다.

이에 조합의 자기자본 감소 등 조합 사정으로 동일인 대출한도가 축소된 경우 대출기한 연장을 기대한 성실차주의 기대이익을 보호하고 한도초과여신의 연체로 인해 조합의 건전성이 악화되는 악순환을 방지하기 위해, 연체대출금이 아닌 대출 중 중앙회장의 승인을 받은 경우에 한하여, 동일인 대출한도 초과기간 연장을 허용하도록 상호금융업감독규정이 개정(2025.7.9.시행)되었다.

따라서 동일인 대출한도 축소로 그 한도를 초과한 연체대출금이 아닌 대출 중 ① 대출을 회수할 경우 대출받은 자의 경영안정을 크게 해칠 우려가 있는 경우이거나 ② ①에 준하는 경우로서 한도 초과 상태가 일정 기간 계속되어도 조합의 자산건전성을 크게 해치지 아니한다고 중앙회장이 인정하는 경우(세부기준은 아래 <표> 참조)에 한해 조합은 중앙회장의 승인을 받아 동일인 대출한도 초과기간을 1년의 범위 내에서 연장할 수 있도록 하였다(상호금융업감독규정 제6조 제5항, 조합 여신업무방법서 제1편 제1장 제7조 제4항, 제5항). 또한 중앙회장은 해당 승인사실을 지체없이 금융감독원장에 보고하여야 한다(상호금융업감독규정 제6조 제6항).

17) 대법원 1998. 2. 27. 선고 97다16077 판결.

〈표〉 동일인 대출한도 초과기간 연장 신청 관련 세부 판단기준

1. ①(상호금융업감독규정 제6조 제5항 제1호)에 대한 세부 판단기준(다음 각 목 중 하나를 충족)
   가. 워크아웃·법원 회생절차 신청 및 이와 유사한 절차 없이는 경영정상화가 어려운 경우
   나. 복수의 조합으로부터 대환을 거절당한 경우
2. ②(상호금융업감독규정 제6조 제5항 제2호)에 대한 세부 판단기준(다음 각 목 모두를 충족)
   가. 조합이 한도 초과 해소를 위해 충분히 노력한 경우(차주에 사전 통보, 해소가능성 사전점검 등)
   나. 다음 세목의 어느 하나에 해당하여 한도초과상태 해소가 어려운 불가피한 상황이 존재하는 경우
      1) 대주단협약 등으로 개별적인 채권행사가 제한된 경우
      2) 여신회수를 위한 담보물 매각 절차(경매, 공매 포함)가 진행 중이거나 조속한 시일 내에 진행 예정인 경우
      3) 채권행사관련 법적 소송이 진행 중인 경우
      4) 한도 초과 직후(2년 이내) 만기 도래하여 즉시 해소가 어려운 경우 등
   다. 차주상환능력, 회수예상가액 등을 고려시 연장 기간 동안 한도초과 상태의 해소가 가능할 것으로 판단되는 경우
   라. 조합이 건전성 관련 규제(업종별 대출한도, 대손충당금 적립률)를 준수하고 있는 경우

4. 동일인 간주

본인의 계산으로 다른 사람의 명의에 의하여 하는 대출 등은 그 본인의 대출 등으로 본다(법 제42조 단서). 조합 여신업무방법서 제Ⅰ편 제1장 제4조 제1항 본문에 의하면, 동일인 대출이라 함은 "채무자가 본인의 계산(사용 목적)으로 제2항에서 정하는 자 등의 명의로 분산 대출하여 채무자가 직접 사용하는 대출"을 말한다고 규정하고 있고, 같은 조 제2항은 위 동일인으로 간주되는 자에 대해 해당 채무자와 동일세대원, 배우자 및 직계 존비속, 동업자 및 그 해당 법인 직원, 채무자가 법인인 경우 해당 법인의 임·직원, 채무자가 임원인 경우 해당 법인 등으로 규정하고 있다. 위와 같이 채무자가 직접 사용하는 대출로 간주되는 경우 그 대출을 합산하여 동일인의 대출한도를 산정한다(조합 여신업무방법서 제Ⅰ편 제1장 제4조 제1항 본문, 제2항).

다만, 동일인으로 간주되는 자 등의 명의로 대출이 분산하여 실행되었다 하더라도 명의차주별로 각자의 사용목적에 의하여 각자에게 사용되어지는 경우에는 동일인 대출로 보지 아니한다(조합 여신업무방법서 제Ⅰ편 제1장 제4조 제1항

단서). 또한, 집합건물의 신축, 재건축 또는 재개발조합 등에 의하여 주택을 분양받는 채무자(수분양자)에 대하여 실행하는 대출의 경우에는 그 채무자(수분양자) 각자가 주택을 소유(분양)하기 위한 목적에 의하여 대출한 것으로 본다(조합 여신업무방법서 제I편 제1장 제4조 제3항).

5. 위반시 제재

(1) 신협법 위반

조합 임직원 또는 청산인이 법 제42조를 위반하여 동일인에 대한 대출등의 한도를 초과한 행위를 한 경우에는 2년 이하의 징역 또는 2천만원 이하의 벌금에 처한다(법 제99조 제2항 제2호). 또한 조합의 대표자나 대리인, 사용인, 그 밖의 종업원이 그 조합의 업무에 관하여 위와 같은 위반행위를 하면 그 행위자를 벌하는 외에 그 조합에도 해당 조문의 벌금형을 과(科)한다(법 제100조 본문). 다만, 조합 또는 중앙회가 그 위반행위를 방지하기 위하여 해당 업무에 관하여 상당한 주의와 감독을 게을리하지 아니한 경우에는 그러하지 아니하다(법 제100조 단서).

(2) 업무상 배임

동일인 대출한도를 초과하여 대출함으로써 조합에 재산상 손해를 입힌 경우 업무상 배임 또는 특정경제범죄법 위반(업무상배임) 등으로 형사처벌 될 수 있다. 다만, 신협법에 따른 대출한도 제한규정 위반으로 벌칙에 따라 처벌함은 별론으로 하고, 그 사실만으로 특별한 사정이 없는 한 업무상배임죄가 성립한다고 할 수 없다는 것이 판례의 입장이다.[18] 일반적으로 이러한 동일인 대출한도 초과대출이라는 임무위배의 점에 더하여 대출 당시의 대출채무자의 재무상태, 다른 금융기관으로부터의 차입금, 기타 채무를 포함한 전반적인 금융거래 상황, 사업현황 및 전망과 대출금의 용도, 소요기간 등에 비추어 볼 때 채무상환능력이 부족하거나 제공된 담보의 경제적 가치가 부실해서 대출채권의 회수

18) 대법원 2008. 6. 19. 선고 2006도4876 전원합의체 판결 등 참조.

에 문제가 있는 것으로 판단되는 경우에 재산상 손해가 발생하였다고 보아 업무상배임죄가 성립한다.

다만, 조합의 특수성 또는 성격 등에 비추어 신협법이 동일인에 대한 대출한도를 정하여 엄격히 규제하는 취지가, 특정 소수의 조합원에게 과도하게 편중 대출하는 것을 제한하여 모든 조합원에게 골고루 대출이 이루어지도록 하는 등으로 조합의 자금이 그 사업목적에 들어맞게 사용되도록 하려는 데 있고, 이것이 재산적 가치에 포함되는 것으로 보는 이상 조합의 임·직원이 동일인 대출한도를 초과하여 대출하였다면, 이는 상대방에게는 한도를 초과한 대출을 받을 수 있도록 금융편의 내지 금융이익을 제공하는 것이고, 조합에는 다른 조합원들에게 균등하게 대출하는 등의 사업목적에 사용할 자금을 그 한도초과 대출금에 해당하는 만큼 부당하게 감소시킴으로써 그 자금이 그 목적사업을 위하여 사용되는 것이 저해되었거나 저해될 위험이 초래된 것이므로, 이러한 의미에서 조합은 그만큼의 재산상의 손해를 입은 것이어서 업무상배임죄가 성립된다는 입장도 있다.

Ⅲ. 관련 해석례

금융위원회 - 동일인에 대한 대출한도 관련 질의 [090054, 2009. 10. 26.]

1. 질의 요지

본인의 계산으로 다른 사람의 명의에 의하여 행하는 대출등은 본인의 대출로 본다고 되어 있는데, 지입이라는 방식으로 채무자는 차량의 운전자가 되고, 해당 차량의 소유자는 지입회사가 되며, 차량의 소유자인 지입회사가 다수의 채무자(운전자)에 대하여 연대보증인이 되어 대출을 받아가는 경우(대출금에 대한 이자납부는 지입회사가 실제 납부), 본인의 대출의 '본인'을 누구로 봐야하는지, 즉 명의상 채무자인 차량의 운전자 개개인의 대출로 봐야하는지, 실지로 따져서 지입회사의 대출로 봐야하는지

2. 회답

신협법 제42조의 '동일인에 대한 대출등의 한도(자기자본의 100분의 20 또는 자산총액의 100분의 1 중 큰 금액의 범위)' 규제는 편중 여신에 의한 신협

의 부실화 방지를 위한 제도입니다. 따라서 사실상 본인의 계산으로 행하여진 대출등은 본인의 대출등으로 보아 동일인 한도 적용을 받게 됨을 알려드립니다.

금융위원회 – "상호금융업감독규정 제6조 제1항 제4호의 '금융위원회가 정하는 대출'과 '상호금융업감독규정 시행세칙 제12조의4 제1항'의 법률적 해석" 에 대한 질의 [220222. 23. 1. 5.]

1. 질의요지

농림수산업자 신용보증기금이 보증하거나 농림수산정책자금대손보전기금 등에 의하여 대손보전이 이루어지는 대출과 관련하여 "농림수산업자신용보증기금이 보증하거나 농림수산정책자금대손보전기금"은 예시적인 규정에 해당하는 것인지 아니면 특정기금을 대상으로 한 제한적 열거규정에 해당하는 것인지 여부

2. 회답

「상호금융업감독규정」 제6조 제1항 제1호의 "농림수산업자신용보증기금이 보증하거나 농림수산정책자금대손보전기금 등에 의하여 대손보전이 이루어지는 대출"은 명시적으로 기금을 한정한 바, 제한적 열거규정에 해당하는 것으로 보입니다.

Ⅳ. 관련 판례

대법원 2006. 5. 11. 선고 2002도6289 판결 [특정경제범죄가중처벌등에관한법률위반(배임)

"검사는 이 사건에서 피고인이 공소외 6, 7, 8에게 각 대출을 하면서 '동일인 대출한도를 초과하여 대출한 행위(이하 '한도초과 대출행위'라 한다)'를 구 신용협동조합법 위반죄로, '물적담보를 제대로 확보하지 아니한 채로 대출하여 그들로 하여금 각 대출액 상당의 재산상 이익을 취득하게 하고 ○○신용협동조합에 동액 상당의 손해를 가한 행위'를 업무상 배임죄로 각각 별도로 기소한 사실, 제1심 및 환송 전후의 원심도 이를 전제로 하여 심리·판단하여 왔고, 그 심리과정에서 한도초과 대출행위가 구 신용협동조합법 위반죄를 구성하는 것과는 별도로 그 자체만으로 업무상 배임죄를 구성하는지 여부는 쟁점이 되지 아니한

사실, 결국 환송 후 원심은 그 중 한도초과 대출에 의한 구 신용협동조합법 위반죄 부분에 대하여는 유죄를 인정하고, 업무상 배임죄 부분에 대하여는 범죄의 증명이 없음을 이유로 무죄를 선고하였음을 알 수 있고, 한편 이 사건 한도초과 대출행위 당시 시행되던 구 신용협동조합법 제96조 제1항 제1호 단서는 같은 법 제96조 제1항 제1호 본문에 해당하는 행위가 형법 제355조 또는 제356조의 배임행위에 해당하는 때에는 형법의 예에 의하도록 규정하고 있어 구 신용협동조합법 제96조 제1항 위반죄와 한도초과 대출로 인한 업무상 배임죄를 경합범으로 처벌할 수 없도록 되어 있었다.

그렇다면 설사 한도초과 대출행위가 구 신용협동조합법 위반죄를 구성하는 외에 그 자체만으로 업무상 배임죄를 구성한다고 하더라도, 이 사건 업무상 배임죄의 공소사실에는 한도초과 대출로 인한 업무상 배임죄의 공소사실이 포함되어 있지 않음이 분명하고, 나아가 한도초과 대출행위와 물적담보를 제대로 확보하지 아니하고 대출한 행위는 그 행위 내용이나 결과, 임무위배의 태양 및 그로 인하여 조합이 입게 되는 손해의 내용 등을 달리하므로, 후자의 행위가 업무상 배임죄로 기소된 이 사건에서 공소장 변경 없이 전자의 행위로 인한 업무상 배임죄를 유죄로 인정하는 것은 피고인의 방어권 행사에 실질적인 불이익을 초래할 염려가 있어 허용될 수 없다고 할 것이다.

따라서 환송 후 원심이 피고인의 공소외 6, 7, 8에 대한 각 대출로 인한 업무상 배임죄 부분에 대하여 무죄를 선고하면서 별도로 한도초과 대출로 인한 업무상 배임죄를 유죄로 인정하지 아니한 조치는 옳고, 거기에 검사가 상고이유에서 주장하는 바와 같이 배임죄에 관한 법리를 오해하거나 대법원판례에 상반되는 판단을 한 위법이 있다고 할 수 없다."

대법원 2006. 3. 24. 선고 2005다46790 판결 [손해배상(기)]

"신용협동조합의 이사장이 재직 당시 동일인에 대하여 대출한도를 초과한 돈을 대출하면서 충분한 담보를 확보하지 아니하는 등 그 임무를 해태하여 신용협동조합으로 하여금 대출금을 회수하지 못하는 손해를 입게 하였다고 하더라도, 그 미회수 금액 중 동일인 대출한도 내의 대출로 인한 금액에 대하여는 대출 당시 차주의 신용 또는 재산상태로 보아 회수 가능성이 없었다거나 그 대출과 관련하여 신용협동조합의 다른 대출관련 규정을 위반하였다는 등의 특별한 사정이 없는 한 손해배상의 책임을 지울 수 없다."

대법원 2019. 5. 30. 선고 2018두52204 판결 [제재처분취소]

"(1) 원고는 2012. 8. 1. ○○신용협동조합(이하 '○○신협'이라 한다)의 직원

(전무)으로 신규 임용되었고, 2013. 5. 27.부터 ○○신협 △△지점장으로서 지점의 업무를 총괄하다가 2015. 8. 31. 정년퇴직하였다. (2) 원고는 2013. 9.경부터 2015. 5.경까지 ○○신협의 동일인 대출한도 5억원을 초과하여 □□토지산업개발 주식회사의 대표이사인 소외 1에게 4회에 걸쳐 17억 7,000만원, 소외 2에게 5회에 걸쳐 8억 7,700만원, 주식회사 ◎◎◎◎종합건설의 실제 대표자인 소외 3에게 2회에 걸쳐 9억원, 총 11회 합계 35억 4,700만원을 대출하였다(이하 '이 사건 각 대출'이라 한다).
(3) 금융감독원은 2015. 11.경 ○○신협에 대하여 부문검사를 실시하여 원고의 위와 같은 동일인 대출한도 초과대출 사실을 확인하고 피고에게 원고에 대한 제재 조치를 건의하였으며, 2015. 12.경에는 인천지방검찰청에 원고에 대한 수사를 요청하였다. (4) 원고는 위와 같은 동일인 대출한도 초과대출을 포함한 업무실적을 내세워 2016. 2. 26. ○○신협의 임원인 이사장으로 선출되었고, 피고는 2016. 12. 14. ○○신협에 신용협동조합법 제84조 제1항 제1호에 따라 원고에 대한 개선 조치를 요구하였다(이하 '이 사건 처분'이라 한다). (5) 원고는 동일인 대출한도를 초과한 이 사건 각 대출에 대하여 신용협동조합법 위반으로 기소되어 2018. 7. 16. 인천지방법원에서 유죄판결을 선고받았다.
위와 같은 사실관계를 위에서 본 법리에 비추어 살펴보면, 원고가 ○○신협 △△지점장으로 근무하면서 여러 건의 동일인 대출한도 초과대출을 실행한 것은 고의로 중 대한 위법행위를 함으로써 금융질서를 크게 문란시키거나 ○○신협의 공신력을 크게 훼손한 경우에 해당하여 이 사건 고시 제18조 제1항 제1호 가.목에서 정한 해임권고의 대상이 된다. 원고가 즉시 적발되지 않아 제재 조치를 받지 않은 채 정년퇴직을 하였다가 ○○신협의 이사장으로 취임함으로써 계속해서 ○○신협의 공신력이 크게 훼손되었다고 볼 수 있으므로, 피고는 신용협동조합법 제84조 제1항 제1호에 따라 ○○신협에 원고에 대한 개선 조치를 요구할 수 있다고 보아야 한다."

대법원 2008. 6. 19. 선고 2006도4876 전원합의체 판결 [특정경제범죄가중처벌등에관한법률위반(배임)·업무상배임·새마을금고법위반]

[다수의견] 새마을금고의 동일인 대출한도 제한규정은 새마을금고 자체의 적정한 운영을 위하여 마련된 것이지 대출채무자의 신용도를 평가해서 대출채권의 회수가능성을 직접적으로 고려하여 만들어진 것은 아니므로 동일인 대출한도를 초과하였다는 사실만으로 곧바로 대출채권을 회수하지 못하게 될 위험이 생겼다고 볼 수 없고, 구 새마을금고법(2007. 5. 25. 법률 제8485호로 개정되기 전의 것) 제26조의2, 제27조에 비추어 보면 동일인 대출한도를 초과하였다는 사

정만으로는 다른 회원들에 대한 대출을 곤란하게 하여 새마을금고의 적정한 자산운용에 장애를 초래한다는 등 어떠한 위험이 발생하였다고 단정할 수도 없다. 따라서 동일인 대출한도를 초과하여 대출함으로써 구 새마을금고법을 위반하였다고 하더라도, 대출한도 제한규정 위반으로 처벌함은 별론으로 하고, 그 사실만으로 특별한 사정이 없는 한 업무상배임죄가 성립한다고 할 수 없고, 일반적으로 이러한 동일인 대출한도 초과대출이라는 임무위배의 점에 더하여 대출 당시의 대출채무자의 재무상태, 다른 금융기관으로부터의 차입금, 기타 채무를 포함한 전반적인 금융거래상황, 사업현황 및 전망과 대출금의 용도, 소요기간 등에 비추어 볼 때 채무상환능력이 부족하거나 제공된 담보의 경제적 가치가 부실해서 대출채권의 회수에 문제가 있는 것으로 판단되는 경우에 재산상 손해가 발생하였다고 보아 업무상배임죄가 성립한다고 해야 한다.
[대법관 고현철, 김황식, 김능환, 차한성의 별개의견] 새마을금고의 특수성 내지 성격 등에 비추어 새마을금고법이 동일인에 대한 대출한도를 정하여 엄격히 규제하는 취지가, 특정 소수의 회원에게 과도하게 편중 대출하는 것을 제한하여 모든 회원에게 골고루 대출이 이루어지도록 하는 등으로 새마을금고의 자금이 그 사업목적에 들어맞게 사용되도록 하려는 데 있고, 이것이 재산적 가치에 포함되는 것으로 보는 이상 새마을금고의 임·직원이 동일인에 대한 대출한도를 초과하여 대출하였다면, 이는 상대방에게는 한도를 초과한 대출을 받을 수 있도록 금융편의 내지 금융이익을 제공하는 것이고, 새마을금고에는 다른 회원들에게 균등하게 대출하는 등의 사업목적에 사용할 자금을 그 한도초과대출금에 해당하는 만큼 부당하게 감소시킴으로써 그 자금이 그 목적사업을 위하여 사용되는 것이 저해되었거나 저해될 위험이 초래된 것이다. 이러한 의미에서 새마을금고는 그만큼의 재산상의 손해를 입은 것이어서 업무상배임죄가 성립하며, 이때 그 한도초과대출금의 회수가능 여부는 고려할 것이 아니다. 다만, 새마을금고가 입는 손해는 재산상의 이익이나 손해에 해당하지만 가액을 산정할 수 없다."

Ⅴ. 관련 법령

법률	조문
은행법	제35조(동일차주 등에 대한 신용공여의 한도) ① 은행은 동일한 개인·법인 및 그 개인·법인과 대통령령으로 정하는 신용위험을 공유하는 자[이하 "동일차주"(同一借主)라 한다]에 대하여 그 은행의 자기자본의 100분의 25를 초과하는 신용공여를 할 수 없다. 다만, 다음 각 호의 어느 하나에 해당하는 경우로서 대통령령으로 정하는 경우에는 그러하지 아니하다.

	1. 국민경제를 위하여 또는 은행의 채권 확보의 실효성을 높이기 위하여 필요한 경우 2. 은행이 추가로 신용공여를 하지 아니하였음에도 불구하고 자기자본의 변동, 동일차주 구성의 변동 등으로 인하여 본문에 따른 한도를 초과하게 되는 경우 ② 은행이 제1항 제2호에 따라 제1항 · 제3항 및 제4항 본문에 규정된 한도를 초과하게 되는 경우에는 그 한도가 초과하게 된 날부터 1년 이내에 제1항 · 제3항 및 제4항 본문에 규정된 한도에 맞도록 하여야 한다. 다만, 대통령령으로 정하는 부득이한 사유에 해당하는 경우에는 금융위원회가 그 기간을 정하여 연장할 수 있다. ③ 은행은 동일한 개인이나 법인 각각에 대하여 그 은행의 자기자본의 100분의 20을 초과하는 신용공여를 할 수 없다. 다만, 제1항 단서에 해당하는 경우에는 그러하지 아니하다. ④ 동일한 개인이나 법인 또는 동일차주 각각에 대한 은행의 신용공여가 그 은행의 자기자본의 100분의 10을 초과하는 거액 신용공여인 경우 그 총합계액은 그 은행의 자기자본의 5배를 초과할 수 없다. 다만, 제1항 단서에 해당하는 경우에는 그러하지 아니하다. [전문개정 2010. 5. 17.] **제35조의2(은행의 대주주에 대한 신용공여한도 등)** ① 은행이 그 은행의 대주주(국외현지법인을 제외한 특수관계인을 포함한다. 이하 이 조에서 같다)에게 할 수 있는 신용공여는 그 은행 자기자본의 100분의 25의 범위에서 대통령령으로 정하는 비율에 해당하는 금액과 그 대주주의 그 은행에 대한 출자비율에 해당하는 금액 중 적은 금액을 초과할 수 없다. ② 은행이 그 은행의 전체 대주주에게 할 수 있는 신용공여는 그 은행 자기자본의 100분의 25의 범위에서 대통령령으로 정하는 비율에 해당하는 금액을 초과할 수 없다. ③ 은행은 제1항 및 제2항에 따른 신용공여한도를 회피하기 위한 목적으로 다른 은행과 교차하여 신용공여를 하여서는 아니 된다. ④ 은행은 그 은행의 대주주에 대하여 대통령령으로 정하는 금액 이상의 신용공여(대통령령으로 정하는 거래를 포함한다. 이하 이 조에서 같다)를 하려는 경우에는 미리 이사회의 의결을 거쳐야 한다. 이 경우 이사회는 재적이사 전원의 찬성으로 의결한다. ⑤ 은행은 그 은행의 대주주에 대하여 대통령령으로 정하는 금액 이상의 신용공여를 한 경우에는 지체 없이 그 사실을 금융위원회에 보고하고 인터넷 홈페이지 등을 이용하여 공시하여야 한다. ⑥ 은행은 그 은행의 대주주에 대한 신용공여에 관한 사항을 대통령령으로 정하는 바에 따라 분기별로 인터넷 홈페이지 등을 이용하여 공시하여야 한다. ⑦ 은행은 그 은행의 대주주의 다른 회사에 대한 출자를 지원하기 위한 신용공여를 하여서는 아니 된다. ⑧ 은행은 그 은행의 대주주에게 자산을 무상으로 양도하거나 통상의 거래조건에 비추어 그 은행에게 현저하게 불리한 조건으로 매매 또는 교환하거나 신용공여를 하여서는 아니 된다. [전문개정 2010. 5. 17.]
	제12조(개별차주 등에 대한 신용공여의 한도) ① 상호저축은행은 개별차주에게 해당 상호저축은행의 자기자본의 100분의 20 이내에서 대통령령으로 정하는

<table>
<tr><td>상호저축
은행법</td><td>한도를 초과하는 신용공여를 할 수 없으며, 금융위원회가 정하는 바에 따라 연결 재무제표를 작성하여야 하는 계열관계에 있는 상호저축은행(이하 "동일계열상호저축은행"이라 한다)의 개별차주에 대한 신용공여 합계액은 연결 재무제표에 따른 자기자본의 100분의 20 이내에서 대통령령으로 정하는 한도를 초과할 수 없다.
② 개별차주(대통령령으로 정하는 자는 제외한다)에 대한 거액신용공여의 합계액은 상호저축은행의 자기자본의 5배를 초과하여서는 아니 된다.
③ 상호저축은행은 동일차주에게 해당 상호저축은행의 자기자본의 100분의 25 이내에서 대통령령으로 정하는 한도를 초과하는 신용공여를 할 수 없으며, 동일계열상호저축은행의 동일차주에 대한 신용공여의 합계액은 연결 재무제표에 따른 자기자본의 100분의 25 이내에서 대통령령으로 정하는 한도를 초과할 수 없다.
④ 다음 각 호의 어느 하나에 해당하는 경우로서 대통령령으로 정하는 경우에는 제1항부터 제3항까지의 규정을 적용하지 아니한다.
1. 국민경제를 위하거나 상호저축은행 또는 동일계열상호저축은행의 채권 확보의 실효성을 높이기 위하여 필요한 경우
2. 상호저축은행 또는 동일계열상호저축은행이 추가로 신용공여를 하지 아니하였음에도 불구하고 자기자본의 변동, 동일차주 구성의 변동 등으로 인하여 제1항부터 제3항까지의 규정에 따른 한도를 초과하게 되는 경우
3. 국가, 지방자치단체 및 대통령령으로 정하는 공공기관이 대통령령으로 정하는 지역개발사업 등을 할 때 직접 필요한 금액을 신용공여하는 경우
⑤ 상호저축은행 및 동일계열상호저축은행이 제4항 제2호에 따라 제1항부터 제3항까지의 규정에 따른 한도를 초과하게 된 경우에는 그 한도를 초과하게 된 날부터 1년 이내에 그 한도에 적합하도록 하여야 한다.
⑥ 제5항에도 불구하고 상호저축은행 및 동일계열상호저축은행은 신용공여의 기한 및 규모 등에 따른 부득이한 사유가 있으면 금융위원회의 승인을 받아 그 기간을 연장할 수 있다.
⑦ 제6항에 따른 승인을 받으려는 상호저축은행 및 동일계열상호저축은행은 제5항에 따른 기간이 끝나기 3개월 전까지 제1항부터 제3항까지의 규정에 따른 한도에 적합하도록 하기 위한 세부 계획서를 금융위원회에 제출하여야 하고, 금융위원회는 세부 계획서를 제출받은 날부터 1개월 이내에 승인 여부를 결정·통보하여야 한다.
⑧ 동일계열상호저축은행의 신용공여한도는 연결 재무제표를 작성하여야 하는 상호저축은행(이하 "모상호저축은행"이라 한다)이 관리하며, 모상호저축은행은 신용공여한도 관리 목적 범위에서 동일계열상호저축은행의 신용공여 현황에 관한 자료를 요구할 수 있다.
[전문개정 2010. 3. 22.]</td></tr>
<tr><td>새마을
금고법</td><td>제29조(동일인 대출한도) ① 금고의 동일인에 대한 대출은 제35조 제1항에 따른 자기자본의 100분의 20 또는 총자산의 100분의 1 중 큰 금액의 범위에서 대통령령으로 정하는 한도를 초과하지 못한다. 다만, 주무부장관이 정하는 기준에 따라 회장의 승인을 받은 경우에는 그러하지 아니하다. 〈개정 2011. 3. 8., 2016. 1. 6.〉
② 제1항을 적용할 때에 본인의 계산으로 다른 사람의 명의에 의하여 행하는 대출은 그 본인의 대출로 본다.</td></tr>
</table>

제43조(상환준비금)

제43조(상환준비금) ① 조합은 전월 말일 현재의 예탁금 및 적금 잔액의 100분의 10 이상을 대통령령으로 정하는 바에 따라 상환준비금으로 보유하여야 하며, 대통령령으로 정한 비율과 방법에 따라 상환준비금의 일부를 중앙회에 예치하여야 한다.
② 제1항에 따라 중앙회에 예치된 상환준비금의 운용 및 운용 수익의 처분 등에 필요한 사항은 대통령령으로 정한다.
[전문개정 2015. 1. 20.]

Ⅰ. 조문의 취지와 의의

제43조는 조합이 조합원들로부터 예탁받은 자금을 모두 대출함으로써 일시적인 유동성 부족으로 인한 인출불능사태가 발생하는 것을 방지하기 위하여 법으로 일정한 자금을 조합 내에 유보하도록 하기 위하여 상환준비금 보유 의무를 규정하고 있다. 상환준비금의 일부는 중앙회에 예치하여야 하며, 예치된 상환준비금의 운용 및 운용 수익의 처분에 관한 사항은 대통령령으로 구체적으로 정하도록 하여 이를 엄격하게 규율하고 있다. 이는 상환준비금 제도를 더욱 안정적으로 유지하여 조합원들의 예탁금 반환을 보장하기 위한 공익적 목적에서 비롯되었다고 볼 수 있다.

Ⅱ. 조문의 내용 및 해설

1. 상환준비금의 보유 의무

조합은 전월 말일 현재의 예탁금 및 적금 잔액의 100분의 10 이상을 상환준비금으로 보유하여야 한다(법 제43조 제1항, 시행령 제17조 제1항, 표준정관 제64조). 상환준비금을 의무적으로 보유하도록 하는 것은 조합의 불측의 손해를 대비하는 건전경영을 위한 것으로, 상환준비금의 적립을 통해 조합 배당을 간접적으로 제한하는 효과가 발생한다.[19]

19) 정순섭, 금융법시리즈Ⅰ 은행법, 지원출판사, 2017. 199면.

조합은 중앙회에 예치한 금액 외의 상환준비금을 현금 또는 법 제44조 제2호의 규정에 의한 방법(부모금융회사 및 체신관서에 예치)으로 보유하여야 한다. 상환준비금은 고객자산 보호를 위해 보유하여야 하므로 본래 취지에 맞게 자금 운용 방법을 제한하는 것이다. 참고로 새마을금고는 중앙회 예치분을 제외한 나머지 상환준비금을 중앙회장이 정한 유가증권으로도 운용할 수 있었으나, 새마을금고법 시행령이 개정되어 현금 보유 또는 타 금융기관 예치만 가능하도록 제한되었다(새마을금고법 시행령 제16조 제1항).[20]

2. 상환준비금 일부의 중앙회 예치 의무

조합은 상환준비금 중 100분의 80(법 제95조 제1항에 따른 법인은 100분의 100)에 해당하는 금액 이상을 다음 달 5일까지 중앙회에 예치해야 한다(법 시행령 제17조 제2항 본문). 상환준비금 일부를 중앙회에 의무적으로 예치하는 것은 조합의 유동성 부족에 대한 중앙회 대응능력을 강화하기 위한 것이다. 2021년 12월 신협법 시행령의 개정으로 조합의 중앙회에 대한 상환준비금 의무 예치비율을 50%에서 80%로 상향하였다.

다만, 금융위원회는 중앙회 또는 조합의 건전한 운영을 위하여 필요하다고 인정하는 경우에는 법 제95조 제1항에 따른 법인 외의 조합에 대해 상환준비금의 중앙회 예치비율을 상향조정할 수 있다(법 시행령 제17조 제2항 단서).

---

20) **새마을금고법 시행령 제16조(상환준비금)** ① 금고는 법 제28조 제5항에 따라 매월 말일 현재 보유해야 하는 상환준비금 중 100분의 80 이상을 다음 달 5일까지 중앙회에 예치해야 하며, 나머지의 상환준비금은 특별한 사정이 없으면 다음 각 호의 어느 하나에 해당하는 방법으로 보유해야 한다. 〈개정 2024. 10. 8.〉

1. 현금
2. 중앙회, 「예금자보호법」 제2조 제1호 가목부터 바목까지의 규정에 따른 금융회사 또는 「우체국예금·보험에 관한 법률」에 따른 체신관서에의 예치

② 제1항의 상환준비금의 예치·보유에 필요한 사항은 회장이 정한다.

부칙 〈대통령령 제34933호, 2024. 10. 8.〉 제2조(상환준비금의 보유 방법에 관한 경과조치) 이 영 시행당시 제16조 제1항의 개정규정에 따른 방법 외의 방법으로 상환준비금을 보유하고 있는 금고는 2025년 12월 31일까지 같은 개정규정에 따른 방법으로 상환준비금을 보유해야 한다.

3. 상환준비금의 운용 및 운용 수익의 처분

(1) 상환준비금의 운용

중앙회에 예치된 상환준비금은 ① 조합에 대한 대출, ② 법 시행령 제17조의2제1항의 규정에 의한 부보금융기관 및 체신관서에의 예치,[21] ③ 조합에 대한 어음할인, ④ 중앙회 안의 예금자보호기금에 대한 대출, ⑤ 법 시행령 제19조의7제3항 제1호각목의 유가증권 매입의 방법에 의하여만 운용할 수 있다(상호금융업감독규정 제6조의3 제1항). 유가증권 중 시행령 제19조의7제3항 제1호 다목의 유가증권의 매입한도는 전월말 상환준비금 운용자금의 100분의 10 이내로 한다(상호금융업감독규정 제6조의3 제3항).

법 시행령 제19조의7 제3항 제1호 각목의 유가증권은 ① 「자본시장과 금융투자업에 관한 법률」(이하 '자본시장법') 제4조 제3항에 따른 국채증권·지방채증권 및 특수채증권, ② 금융위원회가 신용도 또는 신용평가등급 등을 고려하여 고시하는 회사채, ③ 자본시장법 제229조 제1호에 따른 증권집합투자기구의 집합투자증권 또는 같은 법에 따른 신탁업자가 발행하는 수익증권으로서 상장주식등의 편입비율이 100분의 30 이하인 것, ④ 자본시장법 제229조 제5호에 따른 단기금융집합투자기구의 집합투자증권, ⑤ 그 밖에 상환준비금의 운용을 위하여 필요하다고 인정되는 것으로서 금융위원회가 정하여 고시하는 유가증권을 말한다.[22]

---

21) 시행령 제17조의2 제1항의 규정에 의한 부보금융회사와 체신관서는 「예금자보호법」(이하 '예금자보호법') 제2조 제1호의 규정에 의한 부보금융회사 및 「우체국예금·보험에 관한 법률」에 의한 체신관서를 말한다.

22) **상호금융업감독규정 제18조의4(중앙회의 자금운용 등)** ① 시행령 제19조의7 제3항 제1호 나목에서 "금융위가 신용도 또는 신용평가등급 등을 고려하여 고시하는 회사채"라 함은 제6조의2제2항 각호에서 규정한 회사채를 말한다. 다만, 제6조의2제2항 제2호의 회사채 평가등급은 BBB-이상으로 한다. 〈개정 2007. 3. 22, 2015. 1. 15〉
② 시행령 제19조의7 제3항 제1호 마목에서 "그 밖에 상환준비금의 운용을 위하여 필요하다고 인정되는 것으로서 금융위원회가 정하여 고시하는 유가증권"이라 함은 다음 각호의 어느 하나에 해당하는 기업에 대한 회사채 등이 출자전환되어 보유하게 되는 그 기업의 지분증권을 말한다. 〈신설 2017. 10. 19.〉
1. 「채무자 회생 및 파산에 관한 법률」에 의해 회생절차 개시의 결정을 받은 기업
2. 「기업구조조정 촉진법」에 의해 채권금융기관이 기업구조조정을 위한 목적으로 관리절차가 진행

(2) 상환준비금 운용 수익의 처분

법 제43조 제2항에 따라 중앙회에 예치된 상환준비금의 운용수익은 ① 상환준비금의 운영 및 관리 등에 필요한 비용의 지급, ② 상환준비금에 대한 이자의 지급, ③ 그 밖에 금융위원회의 승인을 얻어 중앙회장이 정하는 방법 순으로 처분한다(법 시행령 제17조 제4항).

상환준비금의 이자는 매 분기말을 기준으로 연 4회 지급한다. 이자계산은 매일의 최종잔액에 의한 총적수에 적용이율을 곱한 후 365일로 나누어 계산하며 계산된 이자는 익월 첫 영업일에 일시예탁금계정으로 대체 지급한다. 반면, 상환준비금을 예치하지 않은 조합에 대하여는 중앙회 정관 제45조 제6항 및 제7항에 의거 예치하지 않은 상환준비금에 상환준비금 예치기한의 다음날부터 예치일까지의 일수에 사업대표이사가 정한 납부지연율을 곱한 후 365일로 나누어 계산된 납부지연금을 수납하여야 한다(중앙회 신용사업규정 제42조).

상환준비금은 ① 조합의 인가취소, 해산 및 파산 ② 조합이 중앙회에 예치한 상환준비금 중 초과납입금액, ③ 그 밖에 중앙회(자금운용부문장)가 환급이 타당한 것으로 인정하는 경우를 제외하고는 환급하지 아니한다(중앙회신용사업규정 제43조 제1항). 다만, 초과납입금액에 대하여 상환준비금을 환급할 때에 ㉠ 수표발행과 관련하여 상환준비금이 질권설정된 경우 또는 ㉡ 일반신용대출약정이 있는 경우에 해당하여 상환준비금이 담보로 제공된 경우에는 환급액이 제한될 수 있다(중앙회 신용사업규정 제43조 제2항).

Ⅲ. 관련 판례

대법원 2003. 3. 14. 선고 2002다58761 판결 [부인권행사 및 예탁금 반환]

"신용협동조합법 제43조 소정의 상환준비금은 신용협동조합이 조합원들로부터 예탁받은 자금을 모두 대출함으로써 일시적인 유동성 부족으로 인한 인출불능 사태가 발생하는 것을 방지하기 위하여 법으로 일정한 자금을 조합 내에 유보

중인 기업

3. 기업구조조정 촉진을 위한 금융기관 등의 협약・협의에 의해 기업개선작업을 추진중인 기업

하도록 한 것이고, 그 중 일부를 중앙회에 예탁하도록 한 취지가 상환준비금제도를 더욱 엄격히 유지하여 조합원들의 예탁금반환을 보장하기 위한 공익적 목적에서 비롯된 것이라고 하더라도, 신용협동조합법 및 동법시행령 등에 상환준비금으로 예탁된 채권에 대하여 상계를 금지하는 규정이 없고, 동법 제43조 제2항에 의하여 금융감독위원회가 상환준비금의 운용 및 운용수익의 처분 등에 관한 사항을 정한 상호금융업감독규정 제6조의3 제1항 제1호에 의하면, 중앙회가 예치한 상환준비금을 조합에 대한 대출의 용도로 사용할 수 있도록 규정하고 있는 점등을 종합하면, 상환준비금으로 예탁된 채권에 대하여 중앙회가 당해 조합에 대한 대출채권으로 상계를 하는 것이 금지되어 있다고 볼 수는 없다."

Ⅳ. 관련 법령

법률	조문
한국은행법	**제55조(지급준비금의 예치 등)** ① 금융기관은 예금채무와 그 밖에 대통령령으로 정하는 채무(이하 "지급준비금 적립대상 채무"라 한다)에 대하여 제56조에 따른 지급준비율을 적용하여 산정한 금액 이상의 금액을 지급준비금으로 보유하여야 한다. ② 제1항에 따른 지급준비금에 대해서는 금융통화위원회가 정하는 바에 따라 이자를 지급할 수 있다. [전문개정 2016. 3. 29.]
은행법	**제30조(예금지급준비금과 금리 등에 관한 준수 사항)** ① 은행은 「한국은행법」 제55조에 따른 지급준비금 적립대상 채무에 대한 지급준비를 위하여 「한국은행법」 제4장 제2절에 따른 최저율 이상의 지급준비금과 지급준비자산을 보유하여야 한다. 다만, 제28조에 따라 운영하는 신탁업무에 대하여는 지급준비금과 지급준비자산을 보유하지 아니할 수 있다. <개정 2011. 9. 16.> ② 은행은 「한국은행법」에 따른 금융통화위원회가 하는 다음 각 호의 결정 및 제한 등을 준수하여야 한다. 1. 은행의 각종 예금에 대한 이자 및 그 밖의 지급금의 최고율의 결정
상호저축은행법	**제15조(지급준비자산의 보유)** 상호저축은행은 수입한 부금·예금 및 적금 총액의 100분의 50 이내에서 금융위원회가 정하는 바에 따라 지급준비자산으로 현금, 금융기관에의 예금, 제25조에 따른 상호저축은행중앙회에의 예탁금 또는 대통령령으로 정하는 유가증권을 보유하여야 한다. [전문개정 2010. 3. 22.]
새마을금고법	**제28조(사업의 종류 등)** ⑤ 금고는 전월 말일 현재의 예탁금 및 적금 잔액의 100분의 10 이상을 상환준비금으로 보유하여야 하며, 상환준비금 중 100분의 80 이상을 중앙회에 예치하여야 한다. 이 경우 상환준비금의 보유 및 예치에 관하여 필요한 사항은 대통령령으로 정한다. 〈개정 2011. 3. 8., 2025. 1. 7.〉

농업협동 조합법	제134조(사업) ① 중앙회는 다음 각 호의 사업의 전부 또는 일부를 수행한다. 다만, 제2호 및 제3호의 사업과 제5호부터 제9호까지의 사업 중 경제사업과 관련된 사업은 농협경제지주회사 및 그 자회사가 수행하고, 제4호의2의 사업과 제5호부터 제9호까지의 사업 중 금융사업과 관련된 사업은 농협금융지주회사 및 그 자회사가 수행한다. 4. 상호금융사업 가. 대통령령으로 정하는 바에 따른 회원의 상환준비금과 여유자금의 운용·관리

제44조(여유자금의 운용)

제44조(여유자금의 운용) 조합은 다음 각 호의 어느 하나에 해당하는 방법으로 여유자금을 운용하여야 한다.
1. 중앙회에 예치
2. 대통령령으로 정하는 금융기관에 예치
3. 국채·공채의 매입 또는 대통령령으로 정하는 종류 및 한도에서의 유가증권 매입
[전문개정 2015. 1. 20.]

Ⅰ. 조문의 취지와 의의

여유자금이란 예치금(상환준비금은 제외) 및 유가증권 매입액의 합계액을 말하며(신협 여유자금운용 관리지침 제3조), 단위 조합의 주요 운용자산인 대출자산으로 운용한 후 불가피하게 발행하는 잉여 운용자산의 성격을 갖는다. 즉, 여유자금은 대출자산을 보조하는 보조 수익원으로서, 대출로 인해 야기될 수 있는 손실 위험을 보강하고, 조합의 유동성을 조절하기 위한 역할을 수행한다.

Ⅱ. 조문의 내용 및 해설

1. 여유자금 운용의 취지

여유자금이란 조합원의 자금 수요를 충족시키고 남는 자금을 말한다. 법은 신협의 설립 목적에 부합하지 않는 자산의 운용을 금지하고, 이러한 자금을 계통조직에 집결시켜 계통금융의 장점을 살리면서 안전하고 확실한 운용으로 조합의 안정적인 운영을 꾀하기 위해 여유자금의 운용을 엄격하게 제한하고 있다.

2. 여유자금의 운용 한도

회사채의 경우 직전 사업연도 말 자산총액의 100분의 30과 여유자금의 100분의 60 중 작은 금액의 한도 내에서 이사회에서 정한 금액으로 한다(신협 여유자금운용 관리지침 제6조의2 제1항 제1호). 동일회사 발행 유가증권의 경우 직

전 사업연도 말 자기자본의 100분의 20과 여유자금의 100분의 20 중 큰 금액의 범위 내에서 이사회가 정한 금액으로 한다. 이 경우 여유자금의 100분의 20에 해당하는 금액은 20억원을 초과할 수 없다(신용협동조합 여유자금운용 관리지침 제6조의2 제1항 제2호).

〈표〉 여유자금의 운용 한도

<table>
<tr><td rowspan="2">회사채</td><td>〈상호금융업감독규정〉
제6조의2(조합의 여유자금의 운용) ⑤ 시행령 제17조의2 제4항의 규정에서 조합의 건전한 여유자금 운용 등을 위하여 금융위가 정하는 매입한도는 다음 각 호와 같다.
1. 시행령 제17조의2 제2항 제1호(금융위원회가 신용도 또는 신용평가등급 등을 고려하여 고시하는 회사채)의 회사채의 경우 직전 사업연도말 자산총액의 100분의 30과 여유자금[중앙회와 시행령 제17조의2 제1항의 금융기관에 예치한 금액(상환준비금은 제외한다) 및 유가증권 매입액의 합계액을 말한다. 이하 이 항에서 같다]의 100분의 60 중 작은 금액</td></tr>
<tr><td>〈신용협동조합 여유자금운용 관리지침〉
제6조의2(유가증권 운용한도) ① 회사채의 운용한도는 다음 각 호의 한도 내에서 이사회에서 정한 금액으로 한다.
1. 회사채의 경우 직전 사업연도 말 자산총액의 100분의 30과 여유자금의 100분의 60 중 작은 금액
2. 동일회사 발행 유가증권의 경우 직전 사업연도 말 자기자본의 100분의 20과 여유자금의 100분의 20 중 큰 금액. 이 경우 여유자금의 100분의 20에 해당하는 금액은 20억원을 초과할 수 없다.
② 제6조 제4호 가목 및 제5호의 유가증권 운용한도는 조합의 직전 사업연도 말 자기자본의 100분의 100 이내에서 조합 이사회에서 정한 금액으로 한다.
③ 조합은 건전한 유가증권(중앙회 실적상품 제외) 운용을 위하여 종류별(국공채, 회사채, 수익증권 등), 등급별(채권의 경우 AA⁻ 이상, A 이상 등), 종목별(채권의 경우 동일회사, 계열회사 등) 운용한도를 이사회에서 정하여 운용하여야 한다. 다만, 운용한도 설정 시 제1항 및 제2항의 한도를 초과할 수 없다.
④ 조합은 자산, 자기자본의 감소 등으로 제1항 내지 제3항에 의한 유가증권 운용한도가 초과된 경우 초과된 날로부터 1년 이내에 이를 해소하여야 한다.</td></tr>
<tr><td rowspan="2">유가증권</td><td>〈법 시행령〉
제17조의2(여유자금의 운용) ⑤ 조합은 직전 사업연도 말 현재 자기자본의 100분의 100을 초과하여 제2항 제2호 및 제4호의 유가증권을 매입하여서는 아니 된다.</td></tr>
<tr><td>〈신용협동조합 여유자금운용 관리지침〉
제6조의2(유가증권 운용한도) ① 회사채의 운용한도는 다음 각 호의 한도 내에서 이사회에서 정한 금액으로 한다.
2. 동일회사 발행 유가증권의 경우 직전 사업연도 말 자기자본의 100분의 20과 여유자금의 100분의 20 중 큰 금액. 이 경우 여유자금의 100분의 20에 해당하는 금액은 20억원을 초과할 수 없다.</td></tr>
</table>

	20에 해당하는 금액은 20억원을 초과할 수 없다. ② 제6조 제4호 가목 및 제5호의 유가증권 운용한도는 조합의 직전 사업연도 말 자기자본의 100분의 100 이내에서 조합 이사회에서 정한 금액으로 한다. ③ 조합은 건전한 유가증권(중앙회 실적상품 제외) 운용을 위하여 종류별(국공채, 회사채, 수익증권 등), 등급별(채권의 경우 AA− 이상, A 이상 등), 종목별(채권의 경우 동일회사, 계열회사 등) 운용한도를 이사회에서 정하여 운용하여야 한다. 다만, 운용한도 설정 시 제1항 및 제2항의 한도를 초과할 수 없다. ④ 조합은 자산, 자기자본의 감소 등으로 제1항 내지 제3항에 의한 유가증권 운용한도가 초과된 경우 초과된 날로부터 1년 이내에 이를 해소하여야 한다.

3. 여유자금의 운용 방법

조합은 여유자금을 중앙회, 대통령령으로 정하는 금융기관(부보금융회사 및 체신관서)에 예치하거나, 국채·공채의 매입 또는 대통령령으로 정하는 종류 및 한도에서의 유가증권을 매입하는 방법으로 여유자금을 운용할 수 있다(법 제44조 제2호, 시행령 제17조의2 제1항). 또한 '신협 여유자금운용 관리지침'에서 그 범위를 구체적으로 정하고 있다.

〈표〉 여유자금의 운용 방법(회사채)

구분	회사채
시행령	금융위원회가 신용도 또는 신용평가등급 등을 고려하여 고시하는 회사채
감독규정	1. 시행령 제17조의2 제1항의 규정에 의한 부보금융기관 또는 체신관서가 지급보증한 회사채 2. 자본시장법 제335조의3에 따른 신용평가업인가를 받은 자(이하 "신용평가전문기관"이라 한다) 중에서 2(신용평가전문기관의 업무정지등 부득이한 사유가 있는 경우에는 1) 이상의 자로부터 BBB^{+}이상의 평가등급을 받은 회사채. 다만 사모사채의 경우에는 신용평가전문기관으로부터 BBB^{+}이상의 평가등급을 받은 경우에도 이를 매입할 수 없다.
신협여유자금 운용관리지침	회사채의 매입(잔존만기 5년 이하인 채권에 한함) 1. 예금자보호법상 부보금융기관 또는 체신관서가 지급보증한 회사채 2. 신용정보법에 의하여 허가를 받은 신용평가전문기관 중에서 2이상의 자로부터 신용평가등급 A^{0} 이상의 평가를 받은 회사채, 다만, 표준종목코드가 없는 회사채, 사모사채, 주식관련옵션이 분리되지 않은 주식옵션부회사채(전환사채, 교환사채, 신주인수권부사채 등)의 경우에는 이를 매입할 수 없다. 3. 「자산유동화에 관한 법률」에 의한 자산유동화증권 중 사채, 「주택저당

	채권유동화회사법」 또는 「한국주택금융공사법」에 따라 발행되는 주택저당채권담보부채권, 다만, 채권의 신용평가등급은 AA^-이상이어야 하고, 파생상품 또는 파생결합증권과 연계되어 발행되지 않아야 한다. 4. 후순위 채권, 다만, 신용평가전문기관 중에서 2(신용평가전문기관의 업무정지등 부득이한 사유가 있는 경우에는 1) 이상의 자로부터 받은 회사채 평가등급이 A^+이상인 경우에 한한다.

조합이 매입할 수 있는 유가증권의 종류는 대통령령에서 규정하고 있다. 조합이 매입할 수 있는 유가증권은 ① 금융위원회가 신용도 또는 신용평가등급 등을 고려하여 고시하는 회사채, ② 자본시장법 제229조 제1호에 따른 증권집합투자기구의 집합투자증권 또는 같은 법에 따른 신탁업자가 발행하는 수익증권으로서 상장주식등(같은 법 제8조의2 제4항 제1호에 따른 증권시장 또는 이와 유사한 시장으로서 외국에 있는 시장에서 취득하는 주식과 같은 법 제5조 제2항 및 제3항에 따른 장내파생상품 및 장외파생상품으로서 위험회피 목적 외의 파생상품을 말한다. 이하 같다)의 편입비율이 100분의 30 이하인 것, ③ 자본시장법 제229조 제5호에 따른 단기금융집합투자기구의 집합투자증권이다. 또한, 그 밖에 조합의 여유자금 운용을 위하여 필요하다고 인정되는 것으로서 금융위원회가 정하여 고시하는 유가증권도 매입할 수 있다.

〈표〉 여유자금의 운용 방법(유가증권)

구분	유가증권
시행령	법 제44조 제3호에 따라 조합이 국채·공채 외에 매입할 수 있는 유가증권의 종류는 다음 각 호와 같다. 1. 금융위원회가 신용도 또는 신용평가등급 등을 고려하여 고시하는 회사채 2. 자본시장법 제229조 제1호에 따른 증권집합투자기구의 집합투자증권 또는 같은 법에 따른 신탁업자가 발행하는 수익증권으로서 상장주식등(같은 법 제8조의2제4항 제1호에 따른 증권시장 또는 이와 유사한 시장으로서 외국에 있는 시장에서 취득하는 주식과 같은 법 제5조 제2항 및 제3항에 따른 장내파생상품 및 장외파생상품으로서 위험회피 목적 외의 파생상품을 말한다. 이하 같다)의 편입비율이 100분의 30 이하인 것 3. 자본시장법 제229조 제5호에 따른 단기금융집합투자기구의 집합투자증권 4. 그 밖에 조합의 여유자금 운용을 위하여 필요하다고 인정되는 것으로서 금융위원회가 정하여 고시하는 유가증권
감독규정	시행령 제17조의2 제2항 제4호에서 "금융위가 정하여 고시하는 유가증권"이라 함은 시행령 제17조의2 제1항의 부보금융기관이 지급을 보증하거나 발행한 어음을 말한다.

이와 같이 신협이 매입할 수 있는 유가증권은 법과 시행령, 상호금융업감독규정(금융위 고시) 등에서 최고한도를 정하고 있다.

4. 여유자금 운용 방법 위반에 따른 벌칙

조합의 임직원이 조합의 사업 목적 외의 용도로 자금을 사용하거나 재산을 처분 또는 이용하여 조합 또는 중앙회에 손해를 끼친 경우에는 3년 이하의 징역 또는 3천만원 이하의 벌금에 처한다(법 제99조 제1항 제1호).

Ⅲ. 관련 판례

대법원 2007. 5. 31. 선고 2007도626 판결 [신협법위반]

"[1] 구 신용협동조합법(2003. 7. 30. 법률 제6957호로 개정되기 전의 것) 제2조 제1호, 제39조, 제44조 및 제99조 제1항 제1호의 규정들을 종합하여 보면, 비록 같은 법 제44조에 위반하여 조합의 여유자금을 운용한 행위를 처벌하는 규정이 별도로 마련되어 있지는 아니하나, 위 행위를 같은 법 제99조 제1항 제1호에 규정된 조합의 사업목적 외에 자금을 사용하여 손해를 가한 행위로 평가할 수 있는 특별한 사정이 있는 경우에는 법 제99조 제1항 제1호 위반죄로 처벌할 수 있다.

[2] 신용협동조합중앙회 회장이 조합의 여유자금을 중앙회 소속 직원에게 일임하여 직접 주식을 매매·거래하는 방법으로 투자하도록 하여 운용한 행위가 조합의 사업목적 외에 자금을 사용하여 조합에 손해를 가한 행위로서 구 신용협동조합법(2003. 7. 30. 법률 제6957호로 개정되기 전의 것) 제99조 제1항 제1호에 해당한다고 본 사례"

Ⅳ. 관련 법령

법률	조문
새마을금고법 시행령	제15조(여유자금의 운용) 금고의 여유자금은 다음 방법으로 운용할 수 있다. 1. 중앙회에의 예탁 2. 금융기관에의 예탁이나 신탁업자에의 금전신탁 3. 국채, 지방채 및 회장이 정하는 유가증권의 매입

농업 협동조합법	제66조(여유자금의 운용) ① 지역농협의 업무상 여유자금은 다음 각 호의 방법으로 운용할 수 있다. 〈개정 2011. 3. 31.〉 1. 중앙회에의 예치 2. 농협은행 또는 대통령령으로 정하는 금융기관에의 예치 3. 국채·공채 또는 대통령령으로 정하는 유가증권의 매입 ② 제1항 제1호에 따른 예치를 할 때 그 하한 비율 또는 금액은 여유자금의 건전한 운용을 해치지 아니하는 범위에서 중앙회의 이사회가 정한다. [전문개정 2009. 6. 9.]
수산업 협동조합법	제69조(여유자금의 운용) ① 지구별수협은 다음 각 호의 방법으로만 업무상의 여유자금을 운용할 수 있다. 〈개정 2016. 5. 29.〉 1. 국채·공채 및 대통령령으로 정하는 유가증권의 매입 2. 중앙회, 수협은행 또는 대통령령으로 정하는 금융기관에 예치(豫置) ② 제1항 제2호에 따른 중앙회에 대한 예치 하한 비율 또는 금액은 여유자금의 건전한 운용을 해치지 아니하는 범위에서 중앙회의 회장이 정한다. [전문개정 2010. 4. 12.]
산림조합법	제56조(여유자금의 운용) ① 조합의 업무상 여유자금은 다음 각 호의 방법으로 운용하여야 한다. 1. 중앙회 또는 대통령령으로 정하는 금융회사 등에의 예치 2. 국채·공채 또는 대통령령으로 정하는 유가증권의 매입 ② 제1항 제1호에 따라 예치하는 경우 그 최저비율 또는 금액은 여유자금의 건전한 운용을 저해하지 아니하는 범위에서 중앙회의 이사회가 정한다. [전문개정 2013. 4. 5.]

제45조(부동산의 소유 제한)

제45조(부동산의 소유 제한) ① 조합은 업무상 필요하거나 채무를 변제받기 위하여 부득이 한 경우를 제외하고는 부동산을 소유할 수 없다. 〈개정 2023. 3. 21.〉
② 제1항에 따라 채무를 변제받기 위하여 부동산을 소유한 조합은 대통령령으로 정하는 방법 및 절차에 따라 그 부동산을 처분하여야 한다. 〈신설 2023. 3. 21.〉
[전문개정 2015. 1. 20.]

Ⅰ. 조문의 취지와 의의

조합은 업무상 필요하거나 채무를 변제받기 위하여 부득이한 경우를 제외하고는 부동산을 소유할 수 없다. 부동산은 대체로 고가일 뿐만 아니라 환금성이 떨어지므로, 조합이 운용 자산의 상당 부분을 부동산으로 소유하게 되면 자금의 유동성이 약화될 수밖에 없고, 조합원에게 공급할 수 있는 자금의 규모 역시 줄어들어 조합의 기능과 역할을 제대로 수행할 수 없게 되는 점을 고려하여 부동산 소유를 제한한 것이다.

법 제45조 제2항은 채무를 변제받기 위하여 부동산을 소유한 조합의 부동산 처분 방법과 절차를 규율하고 있다. 이는 2023년 신협법 개정으로 비업무용 부동산의 처분 의무를 법률로 상향 규정하고, 비업무용 부동산의 처분 방법 및 절차에 관한 사항은 대통령령에 위임할 수 있는 근거가 마련된 것이다.

법 개정 이전에는 동법 시행령에서 비업무용 부동산의 처분 의무를 규정하고 있었는데, 법률의 위임 범위를 초과하여 부동산의 처분 의무까지 부과하고 있다는 비판을 받았다. 나아가 상호금융업감독규정에도 신협의 비업무용 부동산의 매각 방법, 기한 등을 규정하고 있는데, 현행법이 명시적으로 하위법령에 부동산 처분 의무를 위임한 적이 없는데도 재산권을 직접적으로 제한하는 내용을 규율하고 있다는 문제도 제기되었다.

이에 법 개정으로 현재와 같이 비업무용 부동산 처분의무를 법률에서 직접 규정하고, 채무 변제 목적 부동산의 처분 방법 및 절차도 대통령령에서 정하도록 위임 근거를 마련하였다. 이는 국민의 권리를 제한하거나 의무를 부과하려는 경우 법률에 근거하여야 한다는 행정기본법상 법치행정의 원칙에 부합하고, 구체적인 매각 절차와 방법은 대통령령에 위임함으로써 행정의 탄력성을 제고할 수 있다는 점에서 타당한 입법 조치로 평가된다.[23)]

Ⅱ. 조문의 내용 및 해설

1. 업무용 부동산의 범위 및 취득한도

조합은 업무상 필요하거나 채무를 변제받기 위하여 부득이한 경우를 제외하고는 부동산을 소유할 수 없다(법 제45조 제1항). 여기에서 업무용 부동산의 범위는 대통령령에서 규율하고 있다. 시행령으로 정하는 업무용 부동산이란 영업장(건물 연면적의 100분의 10 이상을 업무에 직접 사용하는 경우에 한한다), 사택·기숙사·연수원 등의 용도로 직접 사용하는 부동산, 시행령 제16조 제1항[24)]의 규정에 의한 복지사업에 직접 사용하는 부동산을 말한다(법 시행령 제18조 제1항).

조합이 취득할 수 있는 업무용 부동산은 취득 당시 조합의 자기 자본 범위를 초과할 수 없는 것이 원칙이며, 예외적으로 중앙회장의 사전 승인을 얻은 경우에는 ① 취득 당시 자기 자본의 3배 범위 이내에서 또는 ② 중앙회 여신규정 제15조에 따른 특별지원대출을 받아 업무용 부동산을 취득하는 경우에는 자기 자본의 5배 범위 이내와 직전 사업연도 말 자산총액의 100분의 15 중 적은 금액 이내에서 업무용 부동산을 취득할 수 있다(표준업무방법서 제24조 제1

23) 고상근(수석전문위원), 신용협동조합법 일부개정법률안(민형배 의원 대표발의, 의안번호 제2115469호) 검토보고서, 국회 정무위원회, 2022. 9., 4-5면.

24) 시행령 제16조(사업의 범위 등) ① 법 제39조 제2항의 규정에 의한 복지사업의 범위는 다음 각호와 같다. 〈개정 2011. 12. 8.〉
1. 사회복지사업: 어린이집, 노인 및 장애인 복지시설을 설치·운영하는 사업 기타 이에 준하는 사업
2. 문화후생사업: 다음 각목의 사업 기타 이에 준하는 사업
가. 주부대학 및 취미교실 등 사회교육시설을 설치·운영하는 사업
나. 탁구장·테니스장 및 체력단련장 등 생활체육시설을 설치·운영하는 사업
다. 예식장·독서실·식당 및 목욕탕 등 생활편의시설을 설치·운영하는 사업
라. 장학사업
3. 지역사회개발사업: 공동구매·판매사업, 창고업 및 장의업 기타 이에 준하는 사업

항, 제2항).

또한, 조합 또는 중앙회는 조합원 또는 회원의 이용에 지장이 없는 범위 안에서 법 시행령 제18조 제1항 제1호의 규정(건물 연면적의 100분의 10 이상을 업무에 직접 사용하는 영업장)에 의한 영업장의 일부를 타인에게 임대할 수 있다(법 시행령 제18조 제2항). 따라서, 건물 연면적의 100분의 10 이상을 업무에 직접 사용하고, 조합원의 이용에 지장이 없는 경우에는 영업장의 일부를 타인에게 임대하더라도 이를 비업무용 부동산으로 보지 아니한다.

2. 채무 변제 목적 부동산(비업무용 부동산)의 처분 의무 및 절차

채무를 변제받기 위하여 부동산을 소유한 조합은 대통령령으로 정하는 방법 및 절차에 따라 그 부동산을 처분하여야 한다(법 제45조 제2항). 조합은 법 제45조 제1항에 따라 채무를 변제받기 위하여 부동산을 소유한 경우에는 그 부동산을 자산관리공사법에 따른 한국자산관리공사에 같은 법 제4조 제1항에 따라 위탁하여 매각하거나, 해당 부동산의 소유일부터 1년 이내에 일반경쟁입찰로 직접 매각하여야 한다(법 시행령 제18조 제3항 제1호).

다만, 일반경쟁입찰을 1회 이상 실시해도 매각되지 않거나 해당 부동산과 관련된 채권자, 채무자, 물상보증인, 그 밖의 이해관계인이 수의계약으로 매각하기를 원하는 경우에는 수의계약으로 매각할 수 있다(법 시행령 제18조 제3항 제2호). 조합은 법 시행령 제3항 제2호의 방법으로 매각하려던 부동산을 같은 호 본문에서 정한 기간 이내에 매각하지 못한 경우에는 그 기간을 1년 연장할 수 있다(법 시행령 제18조 제4항).

한편, 법 제45조 제1항에 따라 채무를 변제받기 위하여 소유한 부동산의 처분 방법 및 절차에 관한 세부사항은 금융위원회가 정하여 고시한다(법 시행령 제18조 제5항). 상호금융업감독규정에는 법 시행령 제18조와 유사한 내용의 처분 절차 및 방법이 규정되어 있다(상호금융업감독규정 제10조). 조합은 공개경쟁입찰이 유찰 또는 보류되거나 수의계약 방식으로 1년 이내에 매각할 수 없는 경우에는 1년에 한하여 연장할 수 있고, 이 경우 조합은 최초 1년의 매각기한

이 종료되기 전에 중앙회장에게 매각 연기에 관련 사항을 보고하여야 한다(상호금융업감독규정 제10조 제3항).

3. 처분의무 위반의 사법상 효력

법원은 상호신용금고의 비업무용 부동산 취득금지를 규정한 구 상호신용금고법 제18조의2 제2호는 효력규정이 아니라고 판단한바 있다.[25] 비업무용 부동산의 취득 금지 규정을 위반하여 부동산을 취득한 행위 자체가 사법상 효력을 부인해야 할 정도로 현저히 반사회성, 반도덕성을 가진 것이라고 보기 어렵고, 그 행위의 사법상 효력을 부인해야만 비로소 입법목적을 달성하였다고 볼 수는 없다는 것이다. 따라서, 비업무용 부동산 취득금지에 위반되는 행위가 법률위반이라고 하더라도 사법상 효력에는 영향이 없다고 볼 수 있다.[26]

Ⅲ. 관련 해석례

금융위원회 – 업무용부동산(연수원) 취득 관련 질의 [150779, 2016. 1. 21]

1. 질의요지

□ 저축은행이 직원의 집합연수 등을 목적으로 영업구역 내 연수원 및 휴양시설로 운영하고자 타 금융기관 또는 제3자가 경매신청한 경매물건에 대하여 업무용부동산으로 취득할 수 있는지 여부

* (지역) 제주지역 (매입가격) 약 20억원 내외

2. 회답

□ 해당 시설 전체가 직원 연수 목적으로 직접 사용된다고 판단할 수 있는 규모라면 일견 업무용 부동산으로 취득이 가능합니다.

ㅇ 다만, 직원 수 등을 감안해 건물이 필요규모에 비해 과도하거나, 실질적으로 직원 연수목적으로 이용되지 않는다고 판단된다면 임대사업 등 목적의 비업무용 부동산으로 판단하여야 합니다.

25) 대법원 2008. 12. 24. 선고 2006다53672 판결.
26) 정순섭, 금융법시리즈Ⅰ 은행법, 지원출판사, 2017, 217-218면.

3. 이유

□ 「상호저축은행법」 제18조의2 제1항 제2호에 따라 저축은행은 원칙적으로 업무용부동산 외의 부동산 취득이 금지되고, 취득가능한 업무용부동산의 범위는 「상호저축은행업 감독규정」 제35조에서 열거한 바에 따릅니다.

① 영업소(건물 연면적의 100분의 10이상을 업무에 직접 공여하는 경우)

② 사택 · 기숙사 · 합숙소 · 연수원 등의 용도로 직접 사용하는 부동산

□ 우리 법규가 영업소는 건물 연면적의 100분의 10이상만 직접 공여하여도 업무용 부동산으로 인정하면서, 합숙소 · 연수원 등에는 별도의 요건을 두지 않은 것은,

○ 사무실과 달리 연수원 등은 연중 상시 이용하지 않고, 이에 따라 업무용으로 취득한 후 실질적으로 임대사업/휴양사업 등 목적으로 전환하기 용이한 점을 감안한 것입니다.

□ 사안의 경우, 취득하고자 하는 건물의 수용능력, 당 저축은행 직원 수 등으로 판단할 때 합숙소 · 연수원의 목적으로 사용하면서 시설 전체를 활용한다면, 업무용 부동산으로 취득이 가능합니다.

○ 다만, 취득 건물의 수용능력 등이 직원 수 등에 비해 지나치게 크거나, 실질적으로 사내 직원 연수에는 활용되지 않는 등 임대 사업 목적이라고 볼 수 있는 경우에는 비업무용으로 판단하여야 합니다.

□ 「상호저축은행법」 제18조의2 제1항 제2호에 따라 저축은행은 원칙적으로 업무용 부동산 외의 부동산 취득이 금지되고, 취득가능한 업무용 부동산의 범위는 「상호저축은행업 감독규정」 제35조에서 열거한 바에 따릅니다.

① 영업소(건물 연면적의 100분의 10이상을 업무에 직접 공여하는 경우)

② 사택 · 기숙사 · 합숙소 · 연수원 등의 용도로 직접 사용하는 부동산

□ 우리 법규가 영업소는 건물 연면적의 100분의 10이상만 직접 공여하여도 업무용 부동산으로 인정하면서, 합숙소 · 연수원 등에는 별도의 요건을 두지 않은 것은,

○ 사무실과 달리 연수원 등은 연중 상시 이용하지 않고, 이에 따라 업무용으로 취득한 후 실질적으로 임대사업/휴양사업 등 목적으로 전환하기 용이한 점을 감안한 것입니다.

□ 사안의 경우, 취득하고자 하는 건물의 수용능력, 당 저축은행 직원 수

등으로 판단할 때 합숙소·연수원의 목적으로 사용하면서 시설 전체를 활용한다면, 업무용 부동산으로 취득이 가능합니다.

○ 다만, 취득 건물의 수용능력 등이 직원 수 등에 비해 지나치게 크거나, 실질적으로 사내 직원 연수에는 활용되지 않는 등 임대 사업 목적이라고 볼 수 있는 경우에는 비업무용으로 판단하여야 합니다.

금융위원회 – 업무용 부동산의 범위에 관한 유권해석 [170399, 17.10.25.]

1. 질의요지

□ 본점을 이전하기 위하여 현재의 사옥(본점용 업무용 부동산)을 매각하고 신규 사옥을 매입하는데 신규 사옥을 임차인이 사용하고 있어 단기간 임대로 본점을 이전하였다가 임차인 명도('19.5월 이후) 후 본점을 이전하려고 함. 이 경우 업무용 부동산 취득으로 볼 수 있는지

2. 회답

□ 질의하신 부동산 취득은 부동산 취득 후 2년이라는 상대적으로 긴 기간 동안 업무에 사용하지 않고 임대를 한다는 점을 고려할 때, 업무용 부동산 취득으로 보기 어렵습니다.

3. 이유

□ 「상호저축은행업 감독규정」(이하 '감독규정') 제35조 제1항은 '업무용 부동산'을 영업소(건물 연면적의 100분의 10이상을 업무에 직접 공여하는 경우) 및 사택·기숙사·합숙소·연수원 등의 용도로 직접 사용하는 부동산으로 규정하고 있습니다. 질의하신 것과 같이 부동산을 취득 후 영업소 혹은 사택 및 기숙가 등이 아닌 임대 목적으로 사용할 경우, 해당 부동산은 감독규정 제35조 제1항의 '업무용 부동산'에 해당하지 않는 것으로 판단됩니다.

○ 다만, 인테리어, 기존 임대계약관계 등에 따라 취득 후 단기간 동안 상기 용도로 사용을 하지 않는 경우도 예외적으로 업무용 부동산으로 인정할 수 있으나, 업무에 사용하기 이전에 일시적으로 임대하는 것이라도 2년이라는 기간은 과도하게 긴 것으로 판단됩니다.

Ⅳ. 관련 판례

대법원 1994. 8. 23. 선고 94누5649 판결 [취득세등부과처분취소]

"신용협동조합이 부동산을 취득한 후 1년이 지나도록 고유업무에 사용하지 아니하였으나 신용협동조합법에 의하여 설립된 비영리법인인 조합의 성격, 부동산의 취득목적, 부동산을 고유업무에 사용하지 못한 이유 및 고유업무에 사용하기 위해 기울인 조합의 노력정도에 비추어 고유업무에 사용하지 못한 데에 정당한 사유가 있다고 보아 면제된 취득세 및 등록세의 추징은 위법하다."

대법원 2008. 12. 24. 선고 2006다53672 판결 [소유권이전등기등]

"비업무용부동산의 취득금지를 정한 구 상호신용금고법(1999. 2. 1. 법률 제5738호로 개정되기 전의 것) 제18조의2 제2호를 위반하여 상호신용금고가 업무용부동산 외의 부동산을 취득하는 행위 자체가 그 사법상의 효력까지도 부인하지 않으면 안 될 정도로 현저히 반사회성, 반도덕성을 지닌 것이라고 할 수 없을 뿐만 아니라 그 행위의 사법상의 효력을 부인하여야만 비로소 입법 목적을 달성할 수 있다고 볼 수도 없다. 또한, 위 규정을 효력규정으로 보아 이를 위반한 상호신용금고의 업무용부동산 외의 부동산 취득행위를 일률적으로 무효라고 할 경우, 상호신용금고에 생길지도 모르는 중대한 손해를 회피하기 위하여 불가피한 사정이 있는 행위도 그 효력이 부인됨으로써, 오히려 서민의 금융편의를 도모하고 저축을 증대하기 위하여 상호신용금고를 육성하여 이를 합리적으로 규제함으로써 신용질서의 확립에 기여함과 아울러 그 거래자를 보호할 목적으로 입법된 상호신용금고법의 취지에 실질적으로 반하는 결과가 될 수 있으므로, 위 규정은 효력규정이 아닌 단속규정이라고 해석함이 타당하다. 따라서 위 제한규정에 저촉되는 행위라 할지라도 그 행위의 사법상의 효력에는 아무런 영향이 없다."

V. 관련 법령

법률	조문
은행법 시행령	제21조의2(증권에 대한 투자한도 등) ④ 법 제38조 제2호에서 "대통령령으로 정하는 업무용 부동산"이란 다음 각 호의 어느 하나에 해당하는 부동산을 말한다. 1. 영업소, 사무소 등 영업시설 2. 연수시설 3. 복리후생시설 4. 제1호부터 제3호까지의 시설 용도로 사용할 토지 · 건물 및 그 부대시설
새마을금고법	제31조(부동산 등의 소유 제한) 금고는 사업상 필요하거나 채무를 변제받기 위하여 부득이한 경우 외에는 동산이나 부동산을 소유할 수 없다.

제45조의2(고객응대직원에 대한 보호 조치 의무)

제45조의2(고객응대직원에 대한 보호 조치 의무) ① 조합은 이 법에 따른 업무를 운영할 때 고객을 직접 응대하는 직원을 고객의 폭언이나 성희롱, 폭행 등으로부터 보호하기 위하여 다음 각 호의 조치를 하여야 한다.

1. 직원이 요청하는 경우 해당 고객으로부터의 분리 및 업무담당자 교체
2. 직원에 대한 치료 및 상담 지원
3. 고객을 직접 응대하는 직원을 위한 상시적 고충처리 기구 마련. 다만, 「근로자참여 및 협력증진에 관한 법률」 제26조에 따라 고충처리위원을 두는 경우에는 고객을 직접 응대하는 직원을 위한 고충처리위원의 선임 또는 위촉
4. 그 밖에 직원의 보호를 위하여 필요한 법적 조치 등 대통령령으로 정하는 조치

② 직원은 조합에 대하여 제1항 각 호의 조치를 요구할 수 있다.

③ 조합은 제2항에 따른 직원의 요구를 이유로 직원에게 불이익을 주어서는 아니 된다.

[본조신설 2017. 4. 18.]

Ⅰ. 조문의 취지와 의의

법 제45조의2는 고객응대직원이 고객으로부터 물리적·정신적 피해를 입는 경우를 보호하기 위하여 조합이 적극적으로 고객응대직원에 대한 보호조치를 취하도록 규정한 조문이다. 지난 19대 국회 무렵부터 감정노동 종사자들의 건강문제가 사회적 문제로 대두되면서 2016. 3. 29. 고객응대직원에 대한 보호조치를 의무화한 은행법 제52조의4, 「보험업법」(이하 '보험업법') 제85조의4, 자본시장법 제63조의2, 「상호저축은행법」(이하 '상호저축은행법') 제18조의7, 「여신전문금융업법」(이하 '여신전문금융업법') 제50조의12가 신설되었으며, 뒤이어 은행 및 보험회사 등과 유사한 업무를 수행하고 있는 신협에 대해서도 고객응대직원에 대한 보호 조치 의무를 취하도록 하는 법적 근거가 2017. 4. 18. 마련되었다.

Ⅱ. 조문의 내용 및 해설

1. 고객응대직원에 대한 보호 조치 의무

조합은 고객을 직접 응대하는 직원을 고객의 폭언이나 성희롱, 폭행 등으로부터 보호하기 위하여 필요한 조치를 할 의무가 있다. 법은 직원이 요청하는 경우 해당 고객으로부터의 분리 및 업무담당자 교체, 직원에 대한 치료 및 상담 지원, 고객을 직접 응대하는 직원을 위한 상시적 고충처리 기구 마련을 의무화하였으며, 시행령은 고객응대직원의 보호를 위하여 폭언, 성희롱 등의 피해를 입은 직원이 요청하는 경우에는 조합이 관할 수사기관 등에 고발하도록 하고, 다른 직원에 대한 장래 피해발생 가능성 등을 고려하여 필요하다고 판단되는 경우에는 관할 수사기관 등에 필요한 조치를 요구하도록 하며, 직원이 직접 폭언등의 행위를 한 고객에 대한 관할 수사기관 등에 고소, 고발 등의 조치를 하는 데 필요한 행정적, 절차적 지원을 하도록 하였다(법 시행령 제18조의2).[27]

2. 직원의 보호 조치 요구 및 불이익 금지

법은 고객응대직원도 조합에 대하여 보호조치를 취하여 줄 것을 요구할 수 있도록 하였으며, 조합은 직원의 요구를 이유로 직원에게 불이익을 줄 수 없다(법 제45조의2 제2항 및 제3항).

---

27) 시행령 제18조의2(고객응대직원에 대한 보호 조치) 법 제45조의2 제1항 제4호에서 "그 밖에 직원의 보호를 위하여 필요한 법적조치 등 대통령령으로 정하는 조치"란 다음 각 호의 조치를 말한다.
1. 고객의 폭언이나 성희롱, 폭행 등(이하 "폭언등"이라 한다)이 관계 법률의 형사처벌규정에 해당된다고 판단되고 그 행위로 피해를 입은 직원이 요청하는 경우: 관할 수사기관 등에 고발
2. 고객의 폭언등이 관계 법률의 형사처벌규정에 해당되지는 아니하나 그 행위로 피해를 입은 직원의 피해정도 및 그 직원과 다른 직원에 대한 장래 피해발생 가능성 등을 고려하여 조치가 필요하다고 판단되는 경우: 관할 수사기관 등에 필요한 조치 요구
3. 직원이 직접 관할 수사기관 등에 폭언등의 행위를 한 고객에 대한 고소, 고발, 손해배상 청구 등의 조치를 하는 데 필요한 행정적, 절차적 지원
4. 고객의 폭언등을 예방하거나 이에 대응하기 위한 직원의 행동요령 등에 대한 교육 실시
5. 그 밖에 고객의 폭언등으로부터 직원을 보호하기 위하여 필요한 사항으로서 금융위원회가 정하여 고시하는 조치

[본조신설 2017. 10. 17.]

3. 보호 조치 의무 위반 시의 제재

법 제45조의2를 위반하여 직원의 보호를 위한 조치를 하지 아니하거나 직원에게 불이익을 준 조합에는 1천만원 이하의 과태료가 부과된다(법 제101조 제2항). 이처럼 법은 고객응대직원을 보호하기 위한 사전적·사후적 조치의무 및 그 위반에 대한 과태료 등을 규정함으로써 고객응대직원에 대한 실효성 있는 보호조치가 이루어질 수 있도록 하였다.

Ⅲ. 관련 법령

법률	조문
은행법	제52조의4(고객응대직원에 대한 보호 조치 의무) ① 은행은 이 법에 따른 업무를 운영할 때 고객을 직접 응대하는 직원을 고객의 폭언이나 성희롱, 폭행 등으로부터 보호하기 위하여 다음 각 호의 조치를 하여야 한다. 1. 직원이 요청하는 경우 해당 고객으로부터의 분리 및 업무담당자 교체 2. 직원에 대한 치료 및 상담 지원 3. 고객을 직접 응대하는 직원을 위한 상시적 고충처리 기구 마련.다만, 「근로자참여 및 협력증진에 관한 법률」 제26조에 따라 고충처리위원을 두는 경우에는 고객을 직접 응대하는 직원을 위한 고충처리위원의 선임 또는 위촉 4. 그 밖에 직원의 보호를 위하여 필요한 법적 조치 등 대통령령으로 정하는 조치 ② 직원은 은행에 대하여 제1항 각 호의 조치를 요구할 수 있다. ③ 은행은 제2항에 따른 직원의 요구를 이유로 직원에게 불이익을 주어서는 아니 된다. [본조신설 2016. 3. 29.]
상호저축 은행법	제18조의7(고객응대직원에 대한 보호 조치 의무) ① 상호저축은행은 고객을 직접 응대하는 직원을 고객의 폭언이나 성희롱, 폭행 등으로부터 보호하기 위하여 다음 각 호의 조치를 하여야 한다. 1. 직원이 요청하는 경우 해당 고객으로부터의 분리 및 업무담당자 교체 2. 직원에 대한 치료 및 상담 지원 3. 고객을 직접 응대하는 직원을 위한 상시적 고충처리 기구 마련. 다만, 「근로자참여 및 협력증진에 관한 법률」 제26조에 따라 고충처리위원을 두는 경우에는 고객을 직접 응대하는 직원을 위한 고충처리위원의 선임 또는 위촉 4. 그 밖에 직원의 보호를 위하여 필요한 법적 조치 등 대통령령으로 정하는 조치 ② 직원은 상호저축은행에 대하여 제1항 각 호의 조치를 요구할 수 있다.

<table>
<tr><td></td><td>③ 상호저축은행은 제2항에 따른 직원의 요구를 이유로 직원에게 불이익을 주어서는 아니 된다.
[본조신설 2016. 3. 29.]</td></tr>
<tr><td>여신전문
금융업법</td><td>제50조의12(고객응대직원에 대한 보호 조치 의무) ① 여신전문금융회사는 고객을 직접 응대하는 직원을 고객의 폭언이나 성희롱, 폭행 등으로부터 보호하기 위하여 다음 각 호의 조치를 하여야 한다.
1. 직원이 요청하는 경우 해당 고객으로부터의 분리 및 업무담당자 교체
2. 직원에 대한 치료 및 상담 지원
3. 고객을 직접 응대하는 직원을 위한 상시적 고충처리 기구 마련. 다만, 「근로자참여 및 협력증진에 관한 법률」 제26조에 따라 고충처리위원을 두는 경우에는 고객을 직접 응대하는 직원을 위한 고충처리위원의 선임 또는 위촉
4. 그 밖에 직원의 보호를 위하여 필요한 법적 조치 등 대통령령으로 정하는 조치
② 직원은 여신전문금융회사에 대하여 제1항 각 호의 조치를 요구할 수 있다.
③ 여신전문금융회사는 제2항에 따른 직원의 요구를 이유로 직원에게 불이익을 주어서는 아니 된다.
[본조신설 2016. 3. 29.]</td></tr>
<tr><td>보험업법</td><td>제85조의4(고객응대직원에 대한 보호 조치 의무) ① 보험회사는 고객을 직접 응대하는 직원을 고객의 폭언이나 성희롱, 폭행 등으로부터 보호하기 위하여 다음 각 호의 조치를 하여야 한다.
1. 직원이 요청하는 경우 해당 고객으로부터의 분리 및 업무담당자 교체
2. 직원에 대한 치료 및 상담 지원
3. 고객을 직접 응대하는 직원을 위한 상시적 고충처리 기구 마련. 다만, 「근로자참여 및 협력증진에 관한 법률」 제26조에 따라 고충처리위원을 두는 경우에는 고객을 직접 응대하는 직원을 위한 전담 고충처리위원의 선임 또는 위촉
4. 그 밖에 직원의 보호를 위하여 필요한 법적 조치 등 대통령령으로 정하는 조치
② 직원은 보험회사에 대하여 제1항 각 호의 조치를 요구할 수 있다.
③ 보험회사는 제2항에 따른 직원의 요구를 이유로 직원에게 불이익을 주어서는 아니 된다.
[본조신설 2016. 3. 29.]</td></tr>
<tr><td>자본시장과
금융투자업에
관한 법률</td><td>제63조의2(고객응대직원에 대한 보호 조치 의무) ① 금융투자업자는 고객을 직접 응대하는 직원(이하 “고객응대직원”이라 한다)을 고객의 폭언이나 성희롱, 폭행 등으로부터 보호하기 위하여 다음 각 호의 조치를 하여야 한다.
1. 고객응대직원이 요청하는 경우 해당 고객으로부터의 분리 및 업무담당자 교체
2. 고객응대직원에 대한 치료 및 상담 지원
3. 고객응대직원을 위한 상시적 고충처리 기구 설치 또는 「근로자참여 및 협력증진에 관한 법률」 제26조에 따라 고충처리위원을 두는 경우에는 고객응대직원을 위한 고충처리위원의 선임 또는 위촉
4. 그 밖에 고객응대직원의 보호를 위하여 필요한 법적 조치 등 대통령령으</td></tr>
</table>

	로 정하는 조치 ② 고객응대직원은 금융투자업자에 대하여 제1항 각 호의 조치를 요구할 수 있다. ③ 금융투자업자는 제2항에 따른 요구를 이유로 고객응대직원에게 불이익을 주어서는 아니 된다. [본조신설 2016. 3. 29.]

제45조의3(금리인하 요구)

제45조의3(금리인하 요구) ① 조합과 대출등의 계약을 체결한 자는 재산 증가나 신용등급 또는 개인신용평점 상승 등 신용상태 개선이 나타났다고 인정되는 경우 조합에 금리인하를 요구할 수 있다.
② 조합은 대출등의 계약을 체결하려는 자에게 제1항에 따라 금리인하를 요구할 수 있음을 알려야 한다.
③ 그 밖에 금리인하 요구의 요건 및 절차에 관한 구체적 사항은 대통령령으로 정한다.
[본조신설 2022. 1. 4.]

Ⅰ. 조문의 취지와 의의

법 제45조의3은 조합과 대출등의 계약을 체결한 자의 금리인하요구권을 규정하고 있다. 본조 신설 이전에도 조합과 대출 등을 받은 금융소비자의 신용상태가 개선된 경우 조합에 금리인하를 요구할 수 있는 제도를 시행하고 있었다. 그러나 이러한 제도가 조합원에게 적극 고지되지 않고 있었고, 조합이 이를 위반하여도 처벌할 근거가 없었으며, 금융소비자의 신용상태가 개선되더라도 제도의 존재를 알지 못하여 금리인하요구권을 활용하지 못할 수 있는 등의 문제가 존재하였다.

이에 조합과 대출 등의 계약을 체결한 자는 재산 증가나 신용평가등급 상승 등 신용상태 개선이 나타났다고 인정되는 경우 조합에 금리인하를 요구할 수 있도록 하고 조합은 대출 등의 계약을 체결하려는 자에게 금리인하요구 권리가 있음을 알리도록 하며 이를 위반한 경우 과태료를 부과하도록 하여 금융소비자의 금융편의를 도모하였다.[28]

28) 이용준(수석전문위원), 신용협동조합법 일부개정법률안(민병덕 의원 대표발의, 의안번호 제2110076호) 검토보고서, 국회 정무위원회, 2021. 8., 1면.

Ⅱ. 조문의 내용 및 해설

1. 금리인하 요구의 요건

조합과 대출등의 계약을 체결한 자는 재산 증가나 신용등급 또는 개인신용평점 상승 등 신용상태 개선이 나타났다고 인정되는 경우 조합에 금리인하를 요구할 수 있다. 법 시행령은 이를 세분화하여 개인이 대출등의 계약을 체결한 경우 취업, 승진, 재산 증가 또는 개인신용평점 상승 등 신용상태의 개선이 나타났을 것을 금리인하요구권의 요건으로 하고, 개인이 아닌 자(개인사업자를 포함한다)가 대출등의 계약을 체결한 경우 재무상태 개선, 신용등급 또는 개인신용평점 상승 등 신용상태의 개선이 나타났을 것을 요건으로 하였다(법 시행령 제18조의3 제1항).

조합은 조합원 등이 금리인하 요구권의 존재를 인지하고 잘 활용할 수 있도록 금리인하 요구 인정요건 및 절차 등을 인터넷 홈페이지 등을 이용하여 안내하여야 한다(상호금융업감독규정 제10조의2 제3항).

2. 금리인하 요구의 수용 여부 판단

금리인하 요구를 받은 조합은 금리인하 요구의 수용 여부를 판단할 때 신용상태의 개선이 금리 산정에 영향을 미치는지 여부 등 금융위원회가 정하여 고시하는 사항을 고려할 수 있다(법 시행령 제18조의3 제2항).

금융위원회 고시인 상호금융업감독규정에서는 금리인하 요구가 ‘대출 등의 계약을 체결할 때, 계약을 체결한 자의 신용상태가 금리 산정에 영향을 미치지 아니한 경우’ 또는 ‘신용상태의 개선이 경미하여 금리 재산정에 영향을 미치지 아니하는 경우’에 해당하는지를 고려하여 조합이 금리인하 요구의 수용 여부를 판단할 수 있다고 한다(상호금융업감독규정 제10조의2 제1항). 또한, 조합은 대출등의 계약을 체결한 자가 금리인하를 요구하는 때에는 신용상태 개선을 확인하는 데 필요한 자료 제출을 요구할 수 있다(상호금융업감독규정 제10조의2 제2항).

3. 금리인하 요구의 수용 여부 및 사유의 통지

조합은 금리인하요구를 받은 날로부터 자료 보완 기간을 제외하고 10영업일 이내에 금리인하를 요구한 자에게 그 요구의 수용 여부 및 그 사유를 전화, 서면, 문자메시지, 전자우편, 팩스 또는 그 밖에 이와 유사한 방법으로 알려야 한다(법 시행령 제18조의3 제3항).

4. 위반 시의 제재

만약 조합이 금리인하를 요구할 수 있음을 알리지 아니한 경우에는 2천만원 이하의 과태료를 부과한다(법 제101조 제1항 제1의3호).

Ⅲ. 관련 법령

법률	조문
은행법	제30조의2(금리인하 요구) ① 은행과 신용공여 계약을 체결한 자는 재산 증가나 신용등급 또는 개인신용평점 상승 등 신용상태 개선이 나타났다고 인정되는 경우 은행에 금리인하를 요구할 수 있다. 〈개정 2020. 2. 4.〉 ② 은행은 신용공여 계약을 체결하려는 자에게 제1항에 따라 금리인하를 요구할 수 있음을 알려야 한다. ③ 그 밖에 금리인하 요구의 요건 및 절차에 관한 구체적 사항은 대통령령으로 정한다. [본조신설 2018. 12. 11.]
상호저축은행법	제14조의2(금리인하 요구) ① 상호저축은행과 신용공여 계약을 체결한 자는 재산 증가나 신용등급 또는 개인신용평점 상승 등 신용상태 개선이 나타났다고 인정되는 경우 상호저축은행에 금리인하를 요구할 수 있다. 〈개정 2020. 2. 4.〉 ② 상호저축은행은 신용공여 계약을 체결하려는 자에게 제1항에 따라 금리인하를 요구할 수 있음을 알려야 한다. ③ 그 밖에 금리인하 요구의 요건 및 절차에 관한 구체적 사항은 대통령령으로 정한다. [본조신설 2018. 12. 11.]
여신전문금융업법	제50조의13(금리인하 요구) ① 여신전문금융회사와 신용공여 계약을 체결한 자는 재산 증가나 신용등급 또는 개인신용평점 상승 등 신용상태 개선이 나타났다고 인정되는 경우 여신전문금융회사에 금리인하를 요구할 수 있다. 〈개정 2020. 2. 4.〉

	② 여신전문금융회사는 신용공여 계약을 체결하려는 자에게 제1항에 따라 금리인하를 요구할 수 있음을 알려야 한다. ③ 그 밖에 금리인하 요구의 요건 및 절차에 관한 구체적 사항은 대통령령으로 정한다. [본조신설 2018. 12. 11.]
보험업법	**제110조의3(금리인하 요구)** ① 보험회사와 신용공여 계약을 체결한 자는 재산 증가나 신용등급 또는 개인신용평점 상승 등 신용상태 개선이 나타났다고 인정되는 경우 보험회사에 금리인하를 요구할 수 있다. 〈개정 2020. 2. 4.〉 ② 보험회사는 신용공여 계약을 체결하려는 자에게 제1항에 따라 금리인하를 요구할 수 있음을 알려야 한다. ③ 그 밖에 금리인하 요구의 요건 및 절차에 관한 구체적 사항은 대통령령으로 정한다. [본조신설 2018. 12. 11.]
새마을 금고법	**제31조의2(금리인하 요구 등)** ① 금고와 대출 등의 계약을 체결한 자는 재산 증가나 신용등급 또는 개인신용평점 상승 등 신용상태 개선이 나타났다고 인정되는 경우 금고에 금리인하를 요구할 수 있다. ② 금고는 대출 등의 계약을 체결하려는 자에게 제1항에 따라 금리인하를 요구할 수 있음을 알려야 한다. ③ 그 밖에 금리인하 요구의 요건 및 절차에 관한 구체적 사항은 대통령령으로 정한다. [본조신설 2022. 11. 15.]

제5절 회 계

제46조(사업연도), 제47조(회계 및 결산), 제48조(사업계획 및 예산)

제46조(사업연도) 조합의 사업연도는 정관에서 정한다.
[전문개정 2015. 1. 20.]

제47조(회계 및 결산) ① 조합의 회계는 일반회계와 특별회계로 구분하되, 각 회계별 사업부문은 정관에서 정한다. 〈개정 2015. 1. 20.〉
② 조합의 회계처리기준 및 결산에 관하여 필요한 사항은 금융위원회가 정한다. 다만, 계정과목 및 장부의 서식 등 세부 사항은 중앙회장이 따로 정할 수 있다. 〈개정 2015. 1. 20.〉
③ 삭제 〈1999. 2. 1.〉
④ 조합은 매 사업연도가 끝난 후 총회에서 결산보고서를 승인받으면 30일 이내에 중앙회장에게 제출하여야 한다. 〈개정 2015. 1. 20.〉
⑤ 직전 연도 말 자산총액이 대통령령으로 정하는 기준액 이상인 조합으로서 금융위원회가 조합원의 보호를 위하여 외부감사가 필요하다고 인정하여 감사를 의뢰한 조합은 매년 「주식회사의 외부감사에 관한 법률」 제3조에 따른 감사인의 감사를 받아야 한다. 〈개정 2015. 1. 20.〉
⑥ 중앙회장은 제5항에 따른 감사를 받아야 하는 조합이 대통령령으로 정하는 사유에 해당하는 경우에는 그 조합에 대하여 중앙회장이 지명하는 자를 감사인으로 변경선임하거나 선정할 것을 요구할 수 있다. 〈개정 2015. 1. 20.〉
⑦ 조합 및 감사인에 관하여는 「주식회사의 외부감사에 관한 법률」 제4조 제1항 전단 및 같은 조 제4항·제5항, 제4조의4, 제4조의5, 제5조 제1항, 제6조, 제7조, 제8조 제1항, 제9조부터 제11조까지, 제14조, 제15조의2, 제16조의2, 제17조 및 제17조의2부터 제17조의4까지의 규정을 준용한다. 이 경우 「주식회사의 외부감사에 관한 법률」 제4조의4, 제4조의5, 제8조 제1항, 제14조, 제15조의2 및 제16조의2 중 "증권선물위원회"는 "금융감독원장"으로 보고, 같은 법 제10조 및 제11조 중 "주주총회"는 "총회"로 본다. 〈개정 2015. 1. 20.〉
[제목개정 2015. 1. 20.]

제48조(사업계획 및 예산) 조합은 사업연도마다 중앙회장이 정하는 사업계획 및 예산편성지침에 따라 사업계획서와 예산서(추가경정예산을 편성하는 경우를 포함한다)를 작성하여 총회의 결의를 받아야 한다. 다만, 지급이자의 증가 등 불가피한 사유로 사업계획과 예산을 변경하는 경우에는 그러하지 아니하다.
[전문개정 2015. 1. 20.]

Ⅰ. 조문의 취지와 의의

법 제46조에서 제48조까지는 조합 회계 전반에 대해 서술하고 있다. 제46조와 제47조는 사업연도 규정 근거를 시작으로 조합의 회계 종류와 회계처리 기준 및 결산 관련 제규정 근거에 대해 규정하고 있으며, 외부회계감사 대상조합 기준 및 절차 관련 준용 사항을 명시하고 있다. 제48조는 조합의 사업계획 및 예산 편성 기준 및 절차에 대해 규정하고 있다.

Ⅱ. 조문의 내용 및 해설

1. 사업연도

사업연도는 조합의 사업운영, 예산 편성 및 집행과 결산을 명확히 처리하기 위하여 설정한 기간을 말한다. 법에 따라 조합의 사업연도는 개별 조합의 실정에 맞게 정관으로 정하도록 되어 있으나(법 제46조, 표준정관 제68조), 일반적인 사업연도는 1월 1일부터 12월 31일까지이다. 사업연도는 정기총회 소집(법 제23조 제2항[1]), 회계 및 결산 단위(법 제47조), 사업계획 및 예산(법 제48조) 등의 기준이 된다.

2. 회 계

(1) 회계의 구분

조합의 회계는 일반회계와 특별회계로 구분하며, 각 회계별 사업부문은 정관으로 정한다(법 제47조 제1항).

조합의 일반회계는 신용사업으로 한다(표준정관 제69조 제1항). 조합은 신용사업에 공여하는 건물・집기 등 고정자산과 신용사업과 관련된 건물유지비, 충당

---

1) 법 제23조(총회) ② 총회는 조합원으로 구성하되, 정기총회는 사업연도마다 1회 이사장이 소집하고, 임시총회는 이사장이 필요하다고 인정하거나 제26조에 따라 조합원 또는 감사의 청구로 정관에서 정하는 바에 따라 소집한다.

금, 제 경비 등 공통관리비는 신용사업회계로 구분계리하여야 한다(상호금융업감독규정 제14조 제3항). 또한 조합은 공제사업, 복지사업 등과 같이 특정한 사업이나 자금의 운영을 위하여 일반회계와 구분된 특별회계를 설치할 수 있다(표준정관 제69조 제2항).[2]

이렇게 조합의 회계를 일반회계와 특별회계로 구분하는 이유는 각 회계의 경영실태를 명확히 함으로써, 회계간의 경영성과를 적정하게 평가・분석하여 책임있는 경영을 하기 위한 것이다.[3]

(2) 회계처리기준 등

조합의 회계처리기준 및 결산에 관하여 필요한 사항은 금융위원회가 정한다. 다만, 계정과목 및 장부의 서식 등 세부사항은 중앙회장이 정한다(법 제47조 제2항).

따라서 조합은 회계처리 및 재무제표 작성에 있어 상호금융업감독규정 및 「상호금융기관의 신용사업회계처리기준」[4]에 따라 적정하게 표시하여야 하며, 동 감독규정 및 회계처리기준에서 정하지 않은 사항은 중앙회장이 정하는 바에 따른다(상호금융업감독규정 제15조의2).

(3) 위반 시 제재

조합 또는 중앙회의 임직원 또는 청산인이 법 제47조 제2항에 따라 금융위원회가 정하는 회계처리기준 또는 결산에 관한 기준을 위반하여 거짓으로 재무제표를 작성하여 총회의 승인을 받은 경우에는 2년 이하의 징역 또는 2천만원 이하의 벌금에 처한다(법 제99조 제2항 제4호).

---

2) 법 제47조 제2항 등에 따라 중앙회가 제정하여 전체 조합에 적용되는 「회계업무방법서」에 따르면, 신용사업은 신용사업회계로, 비신용사업은 복지사업회계로 구분하여 계리하여야 한다. 다만, 비신용사업이 수탁판매, 수수료사업 등 거래 내역이 단순하거나 거래금액이 중요하지 아니하여 회계구분의 실익이 없는 경우에는 신용사업회계에 합산하여 처리할 수 있도록 규정하고 있다(회계업무방법서 제1장 제3조 제1항, 제2항).

3) 신협중앙연수원, 신협법, 2024, 213면.

4) 신협 및 법 제95조에 따라 신용사업을 취급하는 기관(이하 '상호금융기관'이라 함)의 신용사업에 관한 회계처리와 재무보고에 통일성과 객관성을 부여하기 위하여, 법 제47조 및 「상호금융업감독규정」 제15조의2를 근거로 상호금융기관의 회계처리 및 보고에 관한 기준을 정하고 있다.

3. 결산보고서

(1) 의 의

결산이란 사업연도말에 당해 기간의 경영성과와 재무상태를 특정 방식에 따라 명시하는 절차를 말한다. 결산보고서는 사업보고서, 재무상태표, 손익계산서 및 잉여금처분안 또는 손실금처리안을 포함한다(표준정관 제33조 제4호).[5]

사업보고서는 해당 사업연도의 경영성과나 상황에 대한 설명서이며, 재무상태표, 손익계산서 및 잉여금처분안 또는 손실금처리안은 재무제표 즉, 조합의 재무상황을 수치로 표현한 자료이다. 따라서 결산보고서는 조합의 재산상태와 경영실적을 나타내어 조합원 등 이해관계인에게 의사결정에 필요한 회계정보를 제공하는 것으로서 매 사업연도에 작성되는 자료이다.

(2) 총회 승인 및 결산보고서 제출 의무

조합은 매 사업연도가 끝난 후 총회에서 결산보고서를 승인받으면, 30일 이내에 중앙회장에게 제출하여야 한다(법 제47조 제4항). 이를 위반하여 조합이 결산보고서를 중앙회장에게 제출하지 아니한 경우 금융위원회는 조합에 2천만원 이하의 과태료를 부과·징수한다(법 제101조 제1항 제2호 및 제3항).

(3) 결산보고서 비치 의무 등

결산보고서는 정기총회 1주 전까지 조합 주사무소에 갖추어 두어야 하며, 조합원과 조합의 채권자는 조합이 정한 비용을 지급하면, 영업시간 내에 언제든지 이를 열람하거나 사본 발급을 청구할 수 있다(법 제83조의5 제1항 단서, 제2항).[6]

---

5) **표준정관 제33조(총회의 결의사항 등)** 다음 각호의 사항은 총회의 결의를 얻어야 한다.
4. 결산보고서(사업보고서·재무상태표·손익계산서 및 잉여금처분안 또는 손실금처리안을 포함한다)의 승인 〈2021.10.20. 개정〉

6) **법 제83조의5(운영의 공개)** ① 이사장은 정관, 총회의 의사록, 이사회 의사록, 조합원 명부 및 결산보고서를 주된 사무소에 갖추어 두어야 한다. 다만, 결산보고서는 정기총회 1주 전까지 갖추어 두어야 한다.
② 조합원과 조합의 채권자는 영업시간 내에 언제든지 이사회 의사록(조합원의 경우에만 해당한다)과 그 밖의 제1항에 따른 서류를 열람하거나 그 서류의 사본 발급을 청구할 수 있다. 이 경우

4. 외부(회계)감사

(1) 의 의

「주식회사 등의 외부감사에 관한 법률」(이하 '외부감사법')에 따른 외부감사는 회계전문가인 감사인(회계법인 또는 감사반)에 의한 회계감사를 말한다. 즉 회사로부터 독립된 제3자인 외부감사인이 회사의 재무제표에 대하여 회계감사를 실시하고, 이 재무제표가 기업회계기준에 따라 적정하게 작성되었는지 여부에 대하여 전문가로서의 의견을 표명하는 것이다.

(2) 도입 이유

조합의 규모나 사업에 따라 조합원, 채권자 등 이해관계자에 미치는 영향이 크고, 결산내용이 복잡하여 이를 조합의 내부(자체) 감사에만 의존하기에는 부적당한 경우가 있다. 따라서 법은 공정하고 객관적인 회계감사를 통해 회계처리의 적정성을 제고하여 조합의 투명한 경영을 도모하고자 일정 기준의 조합에 대하여 회계전문가의 감사를 강제하고 있다.

위와 같은 이유로 외부감사제도는 신협을 포함한 모든 상호금융기관에 도입되어 있으나, 외부감사 적용대상 기준(자산, 주기 등)은 각 상호금융기관별로 상이하다.

(3) 외부감사대상 기준

가. 신 협

직전 연도 말 자산총액이 300억원 이상인 조합으로서 금융위원회가 조합원의 보호를 위하여 외부감사가 필요하다고 인정하여 감사를 의뢰한 조합은 매년 외부감사법[7]에 따른 감사인의 감사를 받아야 한다(법 제47조 제5항, 제7항,

---

조합이 정한 비용을 지급하여야 한다.

7) 2017. 10. 31. 「주식회사 등의 외부감사에 관한 법률」로 법률 제명이 변경되는 등 전면개정(2018. 11. 1.시행)되어 신협법 제47조 제5항 등이 준용하고 있는 법률명 및 조항도 변경되었으나, 신협법은 이에 따라 개정되지 않은 상태이다. 그러나 개정 당시 부칙 제15조에 따라 신협법은 개정된 외부감사법 내용을 인용한 것으로 간주된다.

〈외부감사법 2017. 10. 31.개정 부칙〉 제15조(다른 법령과의 관계) 이 법 시행 당시 다른 법령에

시행령 18조의4). 실무상 직전 사업연도말 기준 자산 규모 300억원 이상인 모든 신협은 예외 없이 매년 외부감사를 받아야 한다.[8)]

나. 타 상호금융기관과의 비교

외부감사대상 자산요건에 있어 신협과 수협은 300억원 이상인 반면, 새마을금고, 농협, 산림조합은 500억원 이상으로 완화되어 있다. 외부감사 주기도 신협은 매년하도록 되어 있으나, 타 상호금융기관은 2년~4년으로 완화되어 있어 상호금융기관 중 신협의 외부감사 기준이 가장 강화되어 있다.

〈상호금융기관별 외부감사대상 기준 및 주기 비교〉

구분		신협	새마을금고	수협	산림조합	농협
대상기준	자산	300억원 이상	500억원 이상	300억원 이상	조합평균이상 (500억원)	500억원 이상
	기타	-	자산 500억원 미만이나 자기자본 5% 초과하여 이익금 과대계상 또는 손실금 과소계상	-	순자본비율 2% 미만	자산 500억원 미만이나 대의원 1/3 이상 청구
주기		매년	2년(매년*)	2년(매년**)	2년	4년
근거법령		법 제47조 제5항, 령 제18조의4	법 제76조 제3항, 제4항, 령 제49조	법 제169조 제7항, 령 제61조, 시행규칙 제10조의3	법 제123조 제4항, 령 제22조	법 제65조의2 제1항 및 제2항, 령 제8조의2

* 새마을금고법 시행령 개정(2025. 6. 25.)에 따라 직전 사업연도 종료일 현재의 자산총액이 3,000억원 이상인 금고에 한함

** 최근 5년 이내에 회계부정, 횡령, 배임 등 해양수산부령으로 정하는 중요한 사항이 발생한 조합(시행규칙 제10조의3)과 「수산업협동조합의 부실예방 및 구조개선에 관한 법률」 제2조 제3호 및 제4호에 따른 부실조합 및 부실우려조합

서 종전의 「주식회사의 외부감사에 관한 법률」 또는 그 규정을 인용한 경우에 이 법 가운데 그에 해당하는 규정이 있으면 종전의 「주식회사의 외부감사에 관한 법률」 또는 그 규정을 갈음하여 이 법 또는 이 법의 해당 규정을 인용한 것으로 본다.

8) 과거에는 자산 300억원 이상인 조합이라도 금융감독원의 검사를 받은 당해연도에는 외부감사를 받지 않아도 되었다(법 제47조 제5항 단서). 그러나 2015. 1. 20. 조합의 신뢰성·회계투명성을 제고한다는 취지로, 자산 300억원 이상 조합은 금융감독원 검사 수감여부와 상관 없이 모두 외부감사를 실시하도록 신협법이 개정되었다(금융위원회, 신협법 일부개정법률안 국무회의 통과, 2014. 6. 24.자 보도자료).

이와 같이 상호금융기관별 외부회계감사 대상 조합의 자산 기준 및 주기가 제각각인 상황에 대해 금융위원회는 상호금융업권의 회계정보 신뢰성 제고 등을 위해 외부감사 대상 조합범위 확대 및 외부감사 주기 단축을 추진하겠다는 입장이다.[9)]

그러나 신협의 외부회계감사 관련 자산기준은 20여 년 전 제정(2000. 6. 27. 법 시행령 제18조의2 신설)된 것으로 그동안의 조합 자산 성장 등 경영 현실을 반영하여 조정 할 필요가 있다. 또한 조합은 금융감독원 또는 중앙회의 검사를 받고 있음에도 불구하고, 매년 외부회계감사를 위해 700여개 조합이 총 30억원이 넘는 비용을 추가로 지출[10)]하고 있어 외부회계감사 수감의 비효율성 문제와 회계감사 비용 지출에 따른 경영부담이 가중되고 있는 실정 등을 고려하여 외부감사 대상 기준에 대한 재검토가 필요하다.

(4) 외부감사인의 선임

직전 연도 말 자산총액 300억원 이상 조합은 조합 감사의 제청에 의해 이사회 결의를 거쳐 사업연도 개시일부터 45일 이내에 외부감사인을 선임하여야 한다(법 제47조 제7항, 외부감사법 제10조).

(5) 외부감사인의 변경(선임제한 사유)

감사인은 조합에서 선정하나, 중앙회장은 외부감사 대상 조합이 시행령으로 정한 사유에 해당하는 경우에는 그 조합에 대하여 중앙회장이 지명하는 자를 감사인으로 변경하여 선임하거나, 선정할 것을 요구할 수 있다(법 제47조 제6항, 시행령 제18조의5).

가. 법 시행령으로 정한 사유

① 최근 3년간 신협법, 시행령, 신협법이나 시행령에 의한 금융위원회 또는

9) 금융위원회는 2013년부터 각 상호금융기관 주무부처 및 중앙회 등으로 '상호금융정책협의회'를 구성하여 상호금융업권 간 상이한 규제를 일원화하는 방안을 논의하고 있으며, 그 세부과제 중 하나로 '외부회계감사 기준 강화'를 선정하여 추진 중이다.

10) 2023년말 기준 총 869개 조합 중 711개 조합이 외부회계감사를 실시하였고 총 비용은 338,089만원으로 조합당 평균비용은 475만원이다.

금융감독원장의 명령을 위반한 사실이 있는 경우(제1호) ② 상호금융업감독규정 제15조의4에 따라 직전 사업연도 종료일 현재 자기자본의 5%에 상당하는 금액(1억원 미만인 경우에는 1억원)을 초과하여 이익금을 과대계상하거나 손실금을 과소계상한 경우(제2호), ③ 중앙회장이 조합의 검사 결과 감사인의 변경이 필요하다고 인정하는 경우(제3호) 중 어느 하나에 해당하는 경우이다.

나. 중앙회장이 인정한 경우(표준업무방법서 제27조)

시행령 제18조의5 제3호의 중앙회장이 조합 검사 결과에 따라 감사인 변경이 필요하다고 인정하는 경우는 ㉠ 외부감사인이 적정의견을 표명하였으나, 시행령 제18조의5 제2호에 해당하는 사실이 확인된 경우 ㉡ 외부감사인이 적정의견을 표명하였으나, 금융사고와 관련하여 한국공인회계사회로부터 회계감사기준(외부감사법 제16조에 따른 회계감사기준 및 한국공인회계사회에서 내규 등 의무사항으로 규정한 기준)을 준수하지 않은 것으로 통보받은 경우 ㉢ 동일한 외부감사인을 4년 연속 선임하여 외부감사를 받은 경우이다.

조합은 각 경우에 해당하는 외부감사인을 다음 연도 외부감사인 선임에서 제외하여야 한다.

(6) 외부감사 결과 조치

가. 지적사항의 시정

조합은 외부감사인의 지적사항을 즉시 시정하여야 하며, 회계처리 오류는 총회 이전까지 시정하여야 한다(표준업무방법서 제28조 제1항).

나. 외부감사보고서의 공시

조합은 외부감사보고서를 「신협 통일경영공시기준」[11]에 따라 공시할 경우, 총회 1주일 전부터 본점은 5년간, 지점은 3년간 전자공시와 객장공시를 병행하여야 한다(표준업무방법서 제28조 제2항).

---

11) 법 제83조의2에 따른 조합의 경영공시에 대한 구체적인 항목 및 방법에 대해 중앙회장이 정하도록 한 기준이다(상호금융업감독규정 제9조 제1항 및 제2항).

(7) 위반시 제재

금융위원회는 조합이 정당한 사유 없이 법 제47조 제5항에 따른 감사인의 회계감사를 받지 않은 경우에는 2천만원 이하의 과태료를 부과한다(법 제101조 제1항 제3호).

〈참고〉 신협 외부회계감사 관련 제규정

〈신협법〉

제47조(회계 및 결산) ⑤ 직전 연도 말 자산총액이 대통령령으로 정하는 기준액 이상인 조합으로서 금융위원회가 조합원의 보호를 위하여 외부감사가 필요하다고 인정하여 감사를 의뢰한 조합은 매년 「주식회사의 외부감사에 관한 법률」※ 제3조에 따른 감사인의 감사를 받아야 한다. 〈개정 2015. 1. 20.〉

⑥ 중앙회장은 제5항에 따른 감사를 받아야 하는 조합이 대통령령으로 정하는 사유에 해당하는 경우에는 그 조합에 대하여 중앙회장이 지명하는 자를 감사인으로 변경선임하거나 선정할 것을 요구할 수 있다. 〈개정 2015. 1. 20.〉

⑦ 조합 및 감사인에 관하여는 「주식회사의 외부감사에 관한 법률」 제4조 제1항 전단 및 같은 조 제4항·제5항, 제4조의4, 제4조의5, 제5조 제1항, 제6조, 제7조, 제8조 제1항, 제9조부터 제11조까지, 제14조, 제15조의2, 제16조의2, 제17조 및 제17조의2부터 제17조의4까지의 규정을 준용한다. 이 경우 「주식회사의 외부감사에 관한 법률」 제4조의4, 제4조의5, 제8조 제1항, 제14조, 제15조의2 및 제16조의2 중 "증권선물위원회"는 "금융감독원장"으로 보고, 같은 법 제10조 및 제11조 중 "주주총회"는 "총회"로 본다. 〈개정 2015. 1. 20.〉 [제목개정 2015. 1. 20.]

※ 2017. 10. 31. 전면개정 등을 반영한 외부감사법을 적용한 사항은 아래 도표 참조.

현행	개정 외부감사법 적용
제47조(회계 및 결산) ⑤ 직전 연도 말 자산총액이 대통령령으로 정하는 기준액 이상인 조합으로서 금융위원회가 조합원의 보호를 위하여 외부감사가 필요하다고 인정하여 감사를 의뢰한 조합은 매년 「주식회사의 외부감사에 관한 법률」 제3조에 따른 감사인의 감사를 받아야 한다. ⑦ 조합 및 감사인에 관하여는 「주식	제47조(회계 및 결산) ⑤ --「주식회사 등의---------」 제2조 제7호 및 제9조--------------. ⑦---------------「주식

회사의 외부감사에 관한 법률」 제4조 제1항 전단 및 같은 조 제4항·제5항, 제4조의4, 제4조의5, 제5조 제1항, 제6조, 제7조, 제8조 제1항, 제9조부터 제11조까지, 제14조, 제15조의2, 제16조의2, 제17조 및 제17조의2부터 제17조의4까지의 규정을 준용한다. 이 경우 「주식회사의 외부감사에 관한 법률」 제4조의4, 제4조의5, 제8조 제1항, 제14조, 제15조의2 및 제16조의2 중 "증권선물위원회"는 "금융감독원장"으로 보고, 같은 법 제10조 및 제11조 중 "주주총회"는 "총회"로 본다.	회사 등의----------」 제6조 제1항·제2항·제4항·제6항, 제10조 제1항 본문 및 같은 조 제2항·제7항·제8항, 제12조 제2항, 제14조, 제15조, 제16조 제1항, 제20조, 제21조, 제22조, 제23조 제1항·제2항 본문 및 같은 조 제5항·제6항·제7항, 제24조, 제27조 및 제30조부터 제34조----. ----「주식회사 등의-----------------」 제6조 제4항, 제12제2항, 제14조, 제22조, 제23조 제1항·제2항 본문, 제27조 및 제30조 ---------------------------------------, -------- 제22조 및 제24조---------------------------------------.

〈신협법 시행령〉

제18조의4(외부감사대상 조합) 법 제47조 제5항 본문에서 "대통령령이 정하는 기준액"이라 함은 300억원을 말한다.

제18조의5(외부감사인의 변경) 법 제47조 제6항에서 "대통령령으로 정하는 사유에 해당하는 경우"란 다음 각 호의 어느 하나에 해당하는 경우를 말한다.

1. 최근 3년간 법, 이 영 또는 법이나 이 영에 의한 금융위원회 또는 금융감독원의 원장(이하 "금융감독원장"이라 한다)의 명령을 위반한 사실이 있는 경우
2. 금융위원회가 정하는 기준을 초과하여 이익금을 과대계상하거나 손실금을 과소계상한 경우
3. 법 제89조 제6항의 규정에 의한 검사결과 감사인의 변경이 필요하다고 중앙회장이 인정하는 경우

〈상호금융업감독규정〉

제15조의4(외부감사인 변경) 시행령 제18조의4 제2호*의 규정에 의하여 "금융위가 정하는 기준"이라 함은 직전 사업연도 종료일 현재 자기자본의 100분의 5에 상당하는 금액(그 금액이 1억원 미만인 경우에는 1억원)을 말한다.

* 현행 제18조의5제2호를 의미함

〈신협표준업무방법서〉

제27조(외부감사인 선임제한) ① 법 시행령 제18조의4 제3호*에서 "중앙회장이

인정하는 경우"는 다음 각 호에 해당하는 경우를 말한다.
1. 외부감사인이 적정의견을 표명하였으나, 법 시행령 제18조의4 제2호**를 위배한 사실이 확인된 경우
2. 외부감사인이 적정의견을 표명하였으나, 금융사고와 관련하여 한국공인회계사회로부터 회계감사기준(「주식회사 등의 외부감사에 관한 법률」 제16조에 따른 회계감사기준 및 한국공인회계사회에서 내규 등 의무사항으로 규정한 기준)을 준수하지 않은 것으로 통보받은 경우
3. 동일한 외부감사인을 4년 연속 선임하여 외부감사를 받은 경우

② 조합은 제1항 각 호에 해당하는 외부감사인을 다음 연도 외부감사인 선임에서 제외하여야 한다.

* 현행 제18조의5제3호를 의미함, ** 현행 제18조의5제2호를 의미함

제28조(외부감사 결과 조치) ① 조합은 외부감사인의 지적사항을 즉시 시정하여야 하며, 회계처리 오류는 총회 이전까지 시정하여야 한다.

② 조합은 외부감사보고서를 통일경영공시기준에 따라 공시할 경우, 총회 1주일 전부터 본점은 5년간, 지점은 3년간 전자공시와 객장공시를 병행하여야 한다.

5. 사업계획과 예산

(1) 의 의

사업계획이라 함은, 당해 사업연도의 경영목표를 달성하기 위한 구체적인 활동 계획이고, 예산은 당해 사업연도의 사업 계획 및 집행에 필요한 수입과 지출의 예정계획을 말하는 것으로서, 총회의 결의 등 일정한 절차를 거쳐 확정된 것을 말한다. 이와 같은 사업계획과 예산은 조합 내부에서만 구속력을 갖는 것이고, 외부에 대하여는 구속력이 없으며 당해 사업연도에서만 효력이 있다. 특히 수지예산은 단순한 수입예정표에 불과하나, 지출예산은 지출의 목적, 금액, 시기 등에 있어 집행기관을 구속하는 효력이 있다.[12)]

(2) 절 차

조합은 중앙회장이 정하는 사업계획 및 예산편성지침에 따라 매사업연도 개

12) 신협중앙연수원, 신협법, 2024, 214면.

시 전에 사업계획을 수립하고, 사업계획 집행에 필요한 수지예산을 편성하여 총회의 의결을 얻어야 한다. 다만, 지급이자의 증가 등 불가피한 사유로 사업계획과 예산을 변경하는 때에는 총회 의결을 받지 않아도 된다(법 제48조 제1항, 표준정관 제61조 제1항). 따라서 일반적인 사업계획 및 수지예산은 총회의 의결을 얻어야 확정되므로, 정기총회 승인 전까지의 예산은 전년도 예산에 준하여 집행하도록 하고 있다(표준정관 제61조 제2항).[13]

Ⅲ. 관련 법령

법률	조문
새마을 금고법	**제32조(사업연도)** 금고의 사업연도는 정관으로 정한다. **제33조(사업 계획과 예산)** ① 금고는 매 사업연도마다 회장이 정하는 사업 계획과 예산 지침에 따라 사업계획서와 예산서를 작성하여 총회의 의결을 거쳐야 한다. 〈개정 2011. 3. 8.〉 ② 사업 계획과 예산을 변경하려면 이사회의 의결을 거쳐야 한다. 다만, 추가경정예산을 편성하는 경우에는 총회의 의결을 거쳐야 한다. ③ 회계와 결산에 관하여 이 법에 규정한 사항 외의 필요한 사항은 대통령령으로 정한다. **제34조(결산 관계 서류의 제출, 비치 및 열람 등)** ① 이사장은 정기총회 개회일 1주 전까지 결산보고서(사업보고서, 재무상태표, 손익계산서, 잉여금처분안 또는 손실금처리안을 포함한다)를 감사에게 제출하고 이를 주된 사무소에 갖추어 두어야 한다. 〈개정 2017. 12. 26.〉 ② 이사장은 감사의 의견서를 붙인 결산보고서를 정기총회에 제출하여 그 승인을 받아야 하며, 필요하다고 인정하면 「주식회사 등의 외부감사에 관한 법률」 제2조 제7호 및 제9조에 따른 감사인에게 결산보고서에 대한 감사를 의뢰할 수 있다. 〈개정 2017. 10. 31.〉 ③ 회원이나 금고의 채권자는 제1항에 열거한 서류를 열람할 수 있으며, 금고가 정한 비용을 지급하고 그 서류의 사본을 청구할 수 있다. **제76조(외부 감사)** ③ 주무부장관은 제74조에 따른 감독과 제75조에 따른 경영공시와 관련하여 회원 보호를 위하여 필요한 경우에는 대통령령으로 정하는 금고에 대하여 감사인의 감사를 받도록 명할 수 있다. ④ 대통령령으로 정하는 금고는 회계연도마다 1회 이상 감사인의 감사를 받아야 한다. 〈신설 2025. 1. 7.〉 ⑤ 감사인은 제3항 및 제4항에 따른 감사를 실시한 때에는 감사보고서를 작성하여 해당 금고의 이사회, 감사 및 회장에게 제출하여야 한다. 〈개정

13) **표준정관 제61조(사업계획과 수지예산)** ① 이사회는 매사업연도 개시전에 사업계획을 수립하고 수지예산을 편성하여 총회에 부의하여야 한다.
② 정기총회 승인 전까지의 예산은 전년도 예산에 준하여 집행한다.

	2025. 1. 7.〉 ⑥ 제3항 및 제4항에 따라 감사인의 감사를 받은 금고는 제5항에 따른 감사보고서를 받은 날부터 20일 이내에 그 결과를 주무부장관에게 보고하여야 한다. 〈개정 2025. 1. 7.〉 〈새마을금고법 시행령〉 **제49조(외부감사대상금고)** ① 법 제76조 제3항에서 “대통령령으로 정하는 금고”란 다음 각 호의 금고를 말한다. 〈개정 2011. 9. 9., 2018. 6. 26., 2025. 6. 25.〉 1. 법 제74조 제3항 및 제79조 제3항 · 제4항 · 제6항에 따른 검사나 회계감사 또는 경영평가 결과 직전 사업연도 종료일 현재의 자산총액이 500억원 이상인 금고 2. 법 제74조 제3항 및 제79조 제3항 · 제4항 · 제6항에 따른 검사나 회계감사 또는 경영평가 결과 직전 사업연도 종료일 현재의 자산총액이 500억원 미만인 금고 중 다음 각 목의 어느 하나에 해당하는 금고 가. 직전 사업연도 종료일 현재 자기자본의 100분의 5에 상당하는 금액(그 금액이 1억원 미만인 경우에는 1억원)을 초과하여 이익금을 과대계상한 금고 나. 직전 사업연도 종료일 현재 자기자본의 100분의 5에 상당하는 금액(그 금액이 1억원 미만인 경우에는 1억원)을 초과하여 손실금을 과소계상한 금고 ② 법 제76조 제4항에서 “대통령령으로 정하는 금고”란 직전 사업연도 종료일 현재의 자산총액이 3,000억원 이상인 금고를 말한다. <신설 2025. 6. 25.>
농업 협동조합법	**제62조(회계연도)** 지역농협의 회계연도는 정관으로 정한다. **제63조(회계의 구분 등)** ① 지역농협의 회계는 일반회계와 특별회계로 구분한다. ② 일반회계는 종합회계로 하되, 신용사업 부문과 신용사업 외의 사업 부문으로 구분하여야 한다. ③ 특별회계는 특정 사업을 운영할 때, 특정 자금을 보유하여 운영할 때, 그 밖에 일반회계와 구분할 필요가 있을 때에 정관으로 정하는 바에 따라 설치한다. ④ 일반회계와 특별회계 간, 신용사업 부문과 신용사업 외의 사업 부문 간의 재무관계 및 조합과 조합원 간의 재무관계에 관한 재무 기준은 농림축산식품부장관이 정하여 고시한다. 이 경우 농림축산식품부장관이 신용사업 부문과 신용사업 외의 사업 부문 간의 재무관계에 관한 재무 기준을 정할 때에는 금융위원회와 협의하여야 한다. <개정 2013. 3. 23.〉 ⑤ 조합의 회계 처리 기준에 관하여 필요한 사항은 회장이 정한다. 다만, 신용사업의 회계 처리 기준에 필요한 사항은 금융위원회가 따로 정할 수 있다. 〈개정 2011. 3. 31.〉 [전문개정 2009. 6. 9.] **제64조(사업 계획과 수지 예산)** ① 지역농협은 매 회계연도의 사업계획서와 수지예산서(收支豫算書)를 작성하여 그 회계연도가 시작되기 1개월 전에 이

<table>
<tr>
<td></td>
<td>사회의 심의와 총회의 의결을 거쳐야 한다.
② 사업 계획과 수지 예산을 변경하려면 이사회의 의결을 거쳐야 한다. 다만, 제35조 제1항 제7호에 따른 중요한 사항을 변경하려면 총회의 의결을 거쳐야 한다.
[전문개정 2009. 6. 9.]
제65조의2(외부감사인에 의한 회계 감사) ① 조합장의 임기 개시일 직전 회계연도 말의 자산 등 사업 규모가 대통령령으로 정하는 기준 이상인 지역농협은 그 조합장의 임기 개시일부터 2년이 지난 날이 속하는 회계연도에 대하여 「주식회사 등의 외부감사에 관한 법률」 제2조 제7호에 따른 감사인(이하 이 조에서 “감사인”이라 한다)의 회계감사를 받아야 한다. <개정 2021. 4. 13.〉
② 제1항의 대통령령으로 정하는 기준에 미달되는 지역농협의 경우 조합장 임기 중 1회에 한하여 대의원 3분의 1 이상의 청구가 있으면 청구한 날이 속하는 해의 직전 회계연도에 대하여 감사인의 회계감사를 받아야 한다.
③ 감사인은 제1항과 제2항에 따른 회계감사를 하였으면 회계감사보고서를 작성하여 농림축산식품부령으로 정하는 기간 이내에 해당 지역농협의 이사회, 감사 및 회장에게 제출하여야 한다. 〈개정 2011. 3. 31., 2013. 3. 23.〉
[전문개정 2009. 6. 9.]

〈농업협동조합법 시행령〉
제8조의2(외부감사인에 의한 회계감사를 받아야 하는 조합) 법 제65조의2 제1항(법 제107조 및 제112조에서 준용하는 경우를 포함한다)에서 “대통령령으로 정하는 기준 이상인 지역농협”이란 조합장 임기 개시일 이전에 법 제71조 제3항에 따라 정기총회의 승인을 받은 최근 결산보고서에 적힌 자산총액이 5백억원 이상인 지역농협을 말한다.
[전문개정 2009. 12. 11.]</td>
</tr>
<tr>
<td>수산업
협동조합법</td>
<td>제65조(회계연도) 지구별수협의 회계연도는 정관으로 정한다.
[전문개정 2010. 4. 12.]
제66조(회계의 구분 등) ① 지구별수협의 회계는 일반회계와 특별회계로 구분한다.
② 일반회계는 신용사업 부문 회계와 신용사업 외의 사업 부문 회계로 구분하여 회계처리하여야 한다.
③ 특별회계는 다음 각 호의 어느 하나에 해당하는 경우에 정관으로 정하는 바에 따라 설치한다.
1. 특정 사업을 운영할 경우
2. 특정 자금을 보유하여 운영할 경우
3. 그 밖에 일반회계와 구분할 필요가 있는 경우
④ 다음 각 호의 어느 하나의 재무관계와 그에 관한 재무기준은 해양수산부장관이 정한다. 이 경우 신용사업 부문과 신용사업 외의 사업 부문 간의 재무관계에 관한 재무기준에 관하여는 금융위원회와 협의하여야 한다. 〈개정 2013. 3. 23.〉
1. 일반회계와 특별회계 간의 재무관계와 그에 관한 재무기준
2. 신용사업 부문과 신용사업 외의 사업 부문 간의 재무관계와 그에 관한 재무기준</td>
</tr>
</table>

3. 조합과 조합원 간의 재무관계와 그에 관한 재무기준
⑤ 조합의 회계처리기준에 필요한 사항은 중앙회의 회장이 정한다. 다만, 신용사업의 회계처리기준에 관하여 필요한 사항은 금융위원회가 따로 정할 수 있다.
[전문개정 2010. 4. 12.]

제67조(사업계획과 수지예산) ① 지구별수협은 매 회계연도의 사업계획서와 수지예산서를 작성하여 해당 회계연도가 시작되기 1개월 전에 총회의 의결을 거쳐 중앙회의 회장에게 제출하여야 한다.
② 지구별수협이 제1항에 따른 사업계획과 수지예산 중 정관으로 정하는 중요한 사항을 변경하려면 총회의 의결을 거쳐 중앙회의 회장에게 제출하여야 한다.
[전문개정 2010. 4. 12.]

제143조(조합감사위원회) ① 회원의 건전한 발전을 도모하기 위하여 회장 소속으로 회원의 업무를 지도·감사할 수 있는 조합감사위원회(이하 이 절에서 "위원회"라 한다)를 둔다.
[전문개정 2010. 4. 12.]

제146조(회원에 대한 감사 등) ① 위원회는 회원의 재산 및 업무 집행 상황에 대하여 2년마다 1회 이상 회원을 감사하여야 한다.
② 위원회는 회원의 건전한 발전을 도모하기 위하여 필요하다고 인정하면 회원의 부담으로 「주식회사 등의 외부감사에 관한 법률」 제2조 제7호 및 제9조에 따른 감사인에게 회계감사를 요청할 수 있다. 〈개정 2017. 10. 31., 2017. 11. 28.〉

제169조(감독) ⑦ 조합 중 직전 회계연도 말 자산총액이 대통령령으로 정하는 기준액 이상인 조합은 제146조 제1항에 따른 감사를 받지 아니한 회계연도에는 「주식회사 등의 외부감사에 관한 법률」 제2조 제7호 및 제9조에 따른 감사인의 감사를 받아야 한다. 다만, 최근 5년 이내에 회계부정, 횡령, 배임 등 해양수산부령으로 정하는 중요한 사항이 발생한 조합과 「수산업협동조합의 부실예방 및 구조개선에 관한 법률」 제2조 제3호 및 제4호에 따른 부실조합 및 부실우려조합은 「주식회사 등의 외부감사에 관한 법률」 제2조 제7호 및 제9조에 따른 감사인의 감사를 매년 받아야 한다. 〈개정 2013. 3. 23., 2015. 2. 3., 2017. 10. 31., 2020. 3. 24.〉

〈수산업협동조합법 시행령〉

제61조(해양수산부장관 등의 감독 등) ⑤ 법 제169조 제7항 본문에서 "대통령령으로 정하는 기준액"이란 직전 회계연도 말의 자산총액 300억원(2015회계연도까지는 3천억원)을 말한다. 〈개정 2015. 8. 3.〉

〈수산업협동조합법 시행규칙〉

제10조의3(외부회계감사) 법 제169조 제7항 단서에서 "회계부정, 횡령, 배임 등 해양수산부령으로 정하는 중요한 사항이 발생한 조합"이란 임직원이 다음 각 호의 어느 하나에 해당하는 행위로 징계를 받은 조합을 말한다.
1. 「형법」 제355조(횡령, 배임) 또는 제356조(업무상의 횡령과 배임)에 해당하는 행위
2. 「특정경제범죄 가중처벌 등에 관한 법률」 제5조(수재 등의 죄) 또는

<table>
<tr><td></td><td>
제7조(알선수재의 죄)에 해당하는 행위
3. 「특정경제범죄 가중처벌 등에 관한 법률」 제8조(사금융 알선 등의 죄)에 해당하는 행위
4. 조합자금의 편취·유용 또는 예산의 부당전용·초과사용 등의 회계 부정
[본조신설 2020. 9. 25.]
[제10조의2에서 이동, 종전 제10조의3은 제10조의4로 이동 〈2023. 6. 27.〉]
</td></tr>
<tr><td>산림조합법</td><td>
제53조(회계연도) 조합의 회계연도는 정관으로 정한다.
[전문개정 2013. 4. 5.]
제54조(회계의 구분 등) ① 조합의 회계는 일반회계와 특별회계로 구분한다.
② 지역조합의 일반회계는 신용사업부문과 신용사업 외의 사업부문으로 구분하여야 한다.
③ 특별회계는 특정사업을 운영할 때, 특정자금을 보유하여 운영할 때, 그 밖에 일반회계와 구분할 필요가 있을 때에 정관으로 정하는 바에 따라 설치한다.
④ 일반회계와 특별회계 간, 신용사업부문과 신용사업 외의 사업부문 간의 재무관계 및 조합과 조합원 간의 재무관계에 관한 재무기준은 산림청장이 정한다. 이 경우 산림청장이 신용사업부문과 신용사업 외의 사업부문 간의 재무관계에 관한 재무기준을 정할 때에는 금융위원회와 협의하여야 한다.
⑤ 조합의 회계처리기준에 관하여 필요한 사항은 회장이 정한다. 다만, 신용사업의 회계처리기준에 관하여 필요한 사항은 금융위원회가 따로 정할 수 있다.
[전문개정 2013. 4. 5.]
제55조(사업계획과 수지예산) 조합은 매 회계연도의 사업계획서와 수지예산서를 작성하여 해당 회계연도가 시작되기 전에 이사회의 심의를 거쳐 총회의 의결을 얻어야 한다. 이를 변경할 때에도 또한 같다.
[전문개정 2013. 4. 5.]
제123조(감독) ④ 산림청장 또는 시·도지사는 중앙회 및 대통령령으로 정하는 기준에 해당하는 조합에 대하여 조합원 보호를 위하여 외부감사가 필요하다고 인정하는 경우에는 「주식회사 등의 외부감사에 관한 법률」 제2조 제7호 및 제9조에 따른 감사인의 회계감사를 받게 할 수 있다. 〈개정 2017. 10. 31., 2020. 2. 18.〉
[전문개정 2013. 4. 5.]

〈산림조합법 시행령〉
제22조(산림청장 등의 감독) ② 법 제123조 제4항에서 "대통령령으로 정하는 기준에 해당하는 조합"이란 다음 각 호의 어느 하나에 해당하는 조합을 말한다. 다만, 직전 회계연도말 평균자산규모 등에 관한 통계자료가 없는 경우에는 전전년도의 통계자료에 의한다. 〈신설 2005. 5. 2., 2016. 12. 30.〉
1. 직전 회계연도말 자산총액이 회원조합의 평균자산규모 이상인 조합
2. 직전 회계연도말 총자산대비 순자본 비율이 2퍼센트 미만인 조합
</td></tr>
</table>

제49조(법정적립금), 제50조(임의적립금), 제51조(특별적립금)

제49조(법정적립금) ① 조합은 매 사업연도 이익금의 100분의 10 이상을 납입출자금 총액의 2배가 될 때까지 법정적립금으로 적립하여야 한다.
② 조합은 다음 각 호의 경우 외에는 제1항에 따른 적립금을 사용하거나 배당에 충당할 수 없다. 〈개정 2023. 12. 26.〉
1. 조합이 분할하는 경우
2. 조합이 해산하는 경우
3. 손실금을 보전하는 경우
[전문개정 2015. 1. 20.]

제50조(임의적립금) ① 조합은 사업연도마다 이익금의 일부를 임의적립금으로 적립할 수 있다.
② 임의적립금은 사업준비금 부문과 배당준비금 부문으로 구분하여 회계처리한다.
③ 배당준비금은 사업준비금의 총액을 초과하여 적립할 수 없다.
④ 배당준비금을 제53조 제2항의 배당에 사용하려는 경우에는 중앙회장의 승인을 받아야 한다.
⑤ 중앙회장은 제4항에 따라 조합의 배당준비금 사용을 승인한 경우 이를 7일 이내에 금융감독원장에게 보고하여야 한다.
[전문개정 2023. 12. 26.]

제51조(특별적립금) 조합은 정관에서 정하는 바에 따라 결손의 보전(補塡) 및 도난, 피탈(被奪) 및 화재 등의 불가항력적인 사고에 충당하기 위한 준비금으로서 사업연도마다 특별적립금을 적립할 수 있다.
[전문개정 2015. 1. 20.]

Ⅰ. 조문의 취지와 의의

법 제49조에서 제51조까지는 신협법상의 제적립금인 법정적립금, 임의적립금, 특별적립금에 대한 각각의 적립 목적 및 한도, 사용 방법 등을 규정하고 있다. 특히 법정적립금과 임의적립금은 2023년말 법 개정을 통해 적립금 활용 범위를 넓혀 조합의 건전한 운영을 도모하고, 타 상호금융기관과의 형평성을 제고할 수 있게 되었다.

Ⅱ. 조문의 내용 및 해설

1. 법정적립금

(1) 의 의

법정적립금은 조합의 자기자본 확대를 통한 재무구조의 안정성을 확보하고, 예상치 못한 손실 등을 대비하기 위해 의무적으로 적립하여야 하는 것으로, 조합은 매사업연도 이익금의 100분의 10이상을 납입출자금 총액의 2배가 될 때까지 법정적립금으로 적립하여야 한다(법 제49조 제1항).

(2) 사용방법

법정적립금은 법에 규정된 용도로만 사용할 수 있다. 과거 법정적립금은 조합의 분할이나 해산하는 경우 외에는 사용할 수 없었으나, 법 개정(2023. 12. 26.)을 통해 손실금을 보전하는 경우에도 법정적립금을 사용하거나 배당에 충당할 수 있게 되었다. 따라서 조합의 손실보전 방법이 합리적으로 변경되었고, 조합원에 대한 배당도 안정적으로 이루어질 수 있게 되어 조합의 건전한 운영을 제고할 수 있게 되었다.[14)]

(3) 위반시 제재

조합 또는 중앙회의 임직원 또는 청산인이 법정적립금을 법 제49조 제1항에 따른 적립 한도 이상으로 적립하지 않은 경우에는 2년 이하의 징역 또는 2천

14) 신협법 개정 전에는 조합이 사업연도 중에 손실금이 발생한 경우에는 미처분잉여금, 특별적립금, 임의적립금의 순으로 보전한 후, 법정적립금이 남아있음에도 불구하고 잔여손실금이 있으면 다음 사업연도로 이월하였다. 또한 조합이 여러 사업연도에 걸쳐 계속 손실이 있고 이를 보전할 적립금이 없을 때에는 자본금(조합원의 납입출자금)을 감소시키는 결정을 할 수 있도록 하였다(법 제52조 제2항). 이러한 규정으로 인해 조합에 손실이 발생하여 임의적립금과 특별적립금이 소진된 경우, 법정적립금이 남아있음에도 불구하고 자본금을 감소하여야 했다. 이는 법정적립금의 의무적립 취지가 조합의 재정건전성 유지라는 점을 고려하면, 손실이 발생해 조합의 재정건전성이 악화되었음에도 법정적립금으로 이를 충당하지 못하는 비효율적인 상황이 발생하고 있었던 것이다. 따라서 이러한 문제를 해결하고자, 손실이 발생하였을 때 자본금을 감소하기에 앞서 법정적립금으로 이를 우선 충당할 수 있도록 개정되었다[이용준(수석전문위원), 신용협동조합법 일부개정법률안(유동수 의원 대표발의, 의안번호 제2113832호) 검토보고서, 국회 정무위원회, 2022. 5., 28~29면].

만원 이하의 벌금을 받을 수 있다(법 제99조 제2항 제3호).

(4) 타 상호금융기관과의 비교

상호금융기관은 조합의 분할·해산, 손실금 보전 등을 위해 법정적립금 제도를 운영 중이나 기관별 법정적립금 적립비율과 의무적립한도의 수준이 달라 기관별 손실흡수능력 차이가 존재한다.[15)]

〈상호금융기관별 법정적립금 비교〉

구분	적립비율	의무적립한도	사용범위
신협	이익금의 100분의10이상	납입출자금 총액 2배	분할 또는 해산, 손실보전
새마을금고	잉여금의 100분의 15이상	자기자본 총액	대손금의 상각, 해산
농협	잉여금의 100분의 10이상	자기자본 3배	손실금 보전, 조합의 구역이 다른 조합의 구역으로 변경되어 그 재산 일부를 다른 조합에 양여할 때
수협			
산림조합			

* 자기자본 = 출자금 + 각종적립금 ± 미처분 이익잉여금(이월결손금)

2. 임의적립금

(1) 의 의

조합은 사업준비금 또는 배당준비금을 위해 사업연도마다 이익금의 일부를 임의적립금으로 적립 할 수 있으며, 적립여부 또는 적립률은 총회의 결의에 의한다(법 제50조 제1항).

15) 금융위원회는 각 상호금융기관 관계부처 및 중앙회가 참석하는 '상호금융정책협의회' 논의 결과 신협의 손실흡수능력 제고를 위해 법정적립금의 의무적립한도를 농·수·산림조합 수준(자기자본 3배)으로 상향 할 것이며, 새마을금고의 경우에는 법정적립금을 조합 손실보전에 사용하지 못함에 따라 규제 일원화 필요성 등은 추가 검토할 예정이라는 의견을 밝힌 바 있다(금융위원회, 제2차 상호금융정책협의회 개최, 2024. 12. 3. 보도자료).

(2) 적립목적

임의적립금은 사업준비금의 목적으로만 적립할 수 있었으나, 2023. 12. 26. 법 개정을 통해 배당준비금으로 활용할 수 있도록 적립 목적이 확대되었다.

법 개정 전에는 잉여금이 축적되어 있는 재정상태가 건전한 조합임에도, 직전 사업연도에 손실이 발생하면 조합원에게 배당을 할 수 없어, 조합원들의 불안감이 발생하고 조합 출자금 감소의 원인이 되기도 하였다.

따라서 현행법은 임의적립금으로 배당을 할 수 있도록 하여 조합은 매년 배당률을 일정하게 유지 할 수 있게 됨에 따라, 조합원은 배당금 지급에 대한 예측가능성이 높아져 출자금의 유지 및 추가 납입 할 요인이 증가하므로 조합의 자본금 안정화에 도움이 될 수 있게 되었다.

(3) 사용방법

임의적립금이 사업준비금 뿐만 아니라 배당준비금으로 활용이 가능해짐에 따라 종전과는 다른 분리회계처리 방식이 도입되었고, 특히 임의적립금을 배당목적으로 사용할 경우 조합 건전성에 미칠 부정적인 우려[16]를 최소화 하고자 중앙회장의 사전 승인 및 감독기관 보고 의무를 신설하였다.[17]

따라서 조합은 임의적립금을 사업준비금과 배당준비금으로 각각 구분하여 회계처리를 하여야 하며(법 제50조 제2항), 배당준비금은 사업준비금의 총액을 초과하여 적립할 수 없다(법 제50조 3항). 또한 조합이 배당준비금을 잔여이익금(잉여금)을 통한 조합원 배당에 사용하기 위해서는 사전에 중앙회장의 승인

---

16) 금융위원회는 임의적립금이 배당재원으로 사용될 경우, 조합의 손실금을 보전 할 임의적립금이 그만큼 줄어들게되어 조합의 손실흡수능력이 약화되고 부실가능성이 높아질 수 있다는 의견을 제시하였다(제410회 국회 정무위원회 법안심사제1소위원회 제1차(2023. 11. 21.) 회의록, 2023. 11., 51면).

17) 법 개정 원안(21. 12. 9. 유동수 의원 대표발의 신협법 일부개정법률안)에는 배당준비금 적립 한도 및 사용시 승인 절차 등이 없었고, 적립이 의무화된 법정적립금과 달리 임의적립금은 적립 여부가 조합의 선택에 달려 있다는 점에서, 국회 정무위원회 위원들도 임의적립금을 배당에 활용할 수 있도록 하여도 조합의 건전성등에 미치는 부정적 영향은 크지 않을 수 있다는 의견이 지배적이었으나, 금융위원회가 임의적립금의 배당목적 활용에 대해 조합 손실 대응 능력 약화, 타 상호금융기관과의 형평성 등을 내세워 반대의견을 제시함에 따라 절충안이 마련되었다(제410회 국회 정무위원회 법안심사제1소위원회 제2차(2023. 11. 28.) 회의록, 2023. 11., 8~9면).

을 받아야 한다(법 제50조 제4항).

이를 위해 중앙회장은 내규에 별도의 승인 요건을 마련하였으며[18], 중앙회장이 조합의 배당준비금 사용을 승인한 경우에는 이를 7일 이내에 금융감독원장에게 보고할 의무가 있다(법 제50조 제5항).

3. 특별적립금

조합은 정관이 정하는 바에 따라 조합의 결손 보전(補塡) 및 도난, 피탈(被奪) 및 화재 등의 불가항력적인 사고에 충당하기 위한 준비금으로서 사업연도마다 이익금의 100분의 30의 범위 안에서 특별적립금을 적립할 수 있다.[19]

Ⅲ. 관련 법령

법률	조문
새마을 금고법	**제35조(적립금과 손익금의 처리)** ① 금고는 매 사업연도마다 자기자본(직전 사업연도말 재무상태표의 자산총액에서 부채총액을 차감한 금액을 말한다. 이하 같다)의 총액에 달할 때까지 잉여금의 100분의 15 이상을 법정 적립금으로 적립하여야 한다. 〈개정 2011. 3. 8., 2025. 1. 7.〉 ② 금고는 대손금(貸損金)의 상각(償却)이나 해산의 경우 외에는 제1항에 따른 적립금을 사용하거나 배당에 충당하지 못한다. ③ 금고는 결손의 보전(補塡)과 불가항력에 의한 회계사고에 충당하기 위한 준비금으로서 매 사업연도마다 잉여금의 100분의 20 이상을 특별적립금으로 적립하여야 한다. 〈개정 2025. 1. 7.〉 ④ 금고는 정관으로 정하는 바에 따라 사업이나 배당준비금으로서 매 사업연도마다 잉여금의 일부를 임의적립금으로 적립할 수 있다. 〈개정 2025. 1. 7.〉
농업 협동조합법	**제67조(법정적립금, 이월금 및 임의적립금)** ① 지역농협은 매 회계연도의 손실보전과 재산에 대한 감가상각에 충당하고도 남으면 자기자본의 3배가 될 때까지 잉여금의 100분의 10 이상을 적립(이하 "법정적립금"이라 한다)하여야 한다.

18) 중앙회장은 내규를 통해 조합이 임의적립금을 배당 재원으로 사용 할 경우, 배당률에 제한(당해연도 신규거치식 예금 평균금리의 50% 이내에서 2% 초과 불가)을 두었고, 당해연도 순자본비율이 4% 미만인 조합 또는 직전연도에 임의적립금을 배당 재원으로 사용한 경우에는 임의적립금으로 배당을 할 수 없도록 하였으며, 중앙회장에게 승인 요청시 자본확충계획서를 제출하도록 하였다(「신협결산지침」(이하 '조합 결산지침') 제14조의2, 표준업무방법서 제30조).

19) **표준정관 제25조(특별적립금)** 조합은 결손의 보전, 도난, 피탈 및 화재 등의 불가항력에 의한 회계사고에 충당하기 위한 준비금으로써 사업연도마다 이익금의 100분의 30의 범위 안에서 특별적립금을 적립할 수 있다.

	② 제1항에 따른 자기자본은 납입출자금, 회전출자금, 우선출자금(누적되지 아니하는 것만 해당한다), 가입금, 각종 적립금 및 미처분 이익잉여금의 합계액(이월결손금이 있으면 그 금액을 공제한다)으로 한다. ③ 지역농협은 제57조 제1항 제1호의 사업비용에 충당하기 위하여 잉여금의 100분의 20 이상을 다음 회계연도에 이월(移越)하여야 한다. ④ 지역농협은 정관으로 정하는 바에 따라 사업준비금 등을 적립(이하 "임의적립금"이라 한다)할 수 있다. [전문개정 2009. 6. 9.] **제70조(법정적립금의 사용 금지)** 법정적립금은 다음 각 호의 어느 하나의 경우 외에는 사용하지 못한다. 1. 지역농협의 손실금을 보전하는 경우 2. 지역농협의 구역이 다른 조합의 구역으로 된 경우에 그 재산의 일부를 다른 조합에 양여(讓與)하는 경우 [전문개정 2009. 6. 9.]
수산업 협동조합법	**제70조(법정적립금 등)** ① 지구별수협은 매 회계연도의 손실 보전을 하고 남을 때에는 자기자본의 3배가 될 때까지 매 사업연도 잉여금의 10분의 1 이상을 법정적립금으로 적립하여야 한다. ② 지구별수협은 정관으로 정하는 바에 따라 교육·지원 사업 등의 지도사업 비용에 충당하기 위하여 잉여금의 100분의 20 이상을 지도사업이월금으로 다음 회계연도로 이월하여야 한다. ③ 지구별수협은 정관으로 정하는 바에 따라 사업준비금 등을 임의적립금으로 적립할 수 있다. ④ 지구별수협은 다음 각 호에 따라 발생하는 금액을 자본적립금으로 적립하여야 한다. 1. 감자(減資)에 따른 차익 2. 자산재평가 차익 3. 합병차익 4. 그 밖의 자본잉여금 [전문개정 2010. 4. 12.] **제72조(법정적립금 및 자본적립금의 사용 금지)** 법정적립금과 자본적립금은 다음 각 호의 경우 외에는 사용하지 못한다. 1. 지구별수협의 손실금을 보전하는 경우 2. 지구별수협의 구역이 다른 조합의 구역이 된 경우에 그 재산의 일부를 다른 조합에 양여하는 경우 [전문개정 2010. 4. 12.]
산림조합법	**제56조의2(법정적립금, 이월금 및 임의적립금)** ① 조합은 매 회계연도의 손실 보전과 재산에 대한 감가상각에 충당하고 남는 금액이 있을 때에는 자기자본의 3배에 달할 때까지 잉여금의 100분의 10 이상을 적립(이하 "법정적립금"이라 한다)하여야 한다. ② 제1항에 따른 자기자본은 납입출자금, 회전출자금, 가입금, 각종 적립금 및 미처분이익잉여금의 합계액(이월결손금이 있으면 이를 공제한다)으로 한다. ③ 조합은 제46조 제1항 제1호의 사업비용에 충당하기 위하여 잉여금의 100분의 20 이상을 다음 회계연도에 이월하여야 한다.

	④ 조합은 정관으로 정하는 바에 따라 사업준비금 등을 적립(이하 "임의적립금"이라 한다)할 수 있다. [전문개정 2013. 4. 5.] **제56조의5(법정적립금의 사용 금지)** 법정적립금은 다음 각 호의 어느 하나에 해당하는 경우가 아니면 사용하지 못한다. 1. 조합의 손실금을 보전할 때 2. 조합의 구역이 다른 조합의 구역으로 된 경우에 그 재산의 일부를 다른 조합에 양여할 때 [전문개정 2013. 4. 5.]

제52조(손실금의 처리), 제53조(이익금의 처분)

제52조(손실금의 처리) ① 조합의 사업연도 중에 생긴 손실금은 미처분잉여금, 특별적립금, 임의적립금, 법정적립금의 순으로 보전하되, 잔여손실금(殘餘損失金)이 있으면 다음 사업연도로 이월한다. 〈개정 2023. 12. 26.〉

② 조합이 여러 사업연도에 걸쳐 계속하여 손실이 있고, 이를 보전할 적립금이 없을 때에는 총회에서 출석조합원 3분의 2 이상의 찬성에 의한 결의를 거쳐 중앙회장의 승인을 받아 자본금을 감소하여 각 조합원의 납입출자액이 감소된 것으로 할 수 있다.

[전문개정 2015. 1. 20.]

제53조(이익금의 처분) ① 조합은 손실금을 보전한 후가 아니면 이익금을 처분할 수 없다

② 제49조부터 제51조까지의 규정에 따른 적립금을 공제한 잔여이익금(殘餘利益金)은 총회의 결의를 거쳐 납입출자금에 비례하여 조합원에게 배당한다. 이 경우 정관에서 정하는 바에 따라 이용실적에 비례한 배당을 병행할 수 있다.

[전문개정 2015. 1. 20.]

Ⅰ. 조문의 취지와 의의

법 제52조는 손실금의 보전 순서와 자본금 감소 절차에 대해, 제53조는 이익금을 처분하는 방법과 배당 절차를 서술하고 있다.

Ⅱ. 조문의 내용 및 해설

1. 손실금의 보전

(1) 손실금의 의의

손실금은 사업연도 중에 비용이 수익을 초과한 부분을 말하는 것으로 결산 결과 손익계산서상 적자가 되는 경우를 말한다. 이때 손실금은 당기순손실만을 의미하는 것이 아니라 손익계산서상의 당기순손실에 전기이월금을 합계하여 계산된 금액을 의미한다.[20]

20) 신협중앙연수원, 신협법, 2024, 217면.

(2) 손실금 처리 방법

가. 손실금 보전 순서

조합은 손실이 발생하게 되면 그동안 모아둔 적립금으로 손실을 보전하게 된다. 보전순서는 조합의 운영이나 조합원의 피해를 최소화할 수 있는 순으로 법에서 정하고 있다.[21] 따라서 조합의 손실금은 미처분이익잉여금, 특별적립금, 임의적립금, 법정적립금 순으로 보전하고 보전 후에도 잔여손실금이 있으면 이를 다음 사업연도에 이월한다(법 제52조 제1항, 표준정관 제70조 제1항).

나. 자본금 감소

조합이 여러 사업연도에 걸쳐 계속하여 손실이 있고, 이를 보전할 수 있는 적립금이 없는 경우에는 총회 특별결의(출석조합원 3분의 2 이상의 찬성에 의한 결의)와 중앙회장의 승인을 얻어 자본금을 감소하여 각 조합원의 납입출자액이 감소된 것으로 할 수 있다(법 제52조 제2항, 표준정관 제35조 제3호[22], 제70조 제2항).

자본금 감소에 대한 승인을 신청하고자 하는 조합은 자본금 감소사유와 자본금 감소 이후의 경영계획 및 전망을 기재한 승인신청서를 첨부서류(직전 3개년도 결산대차대조표 및 손실금처리내역, 총회의사록 사본)와 함께 중앙회장에게 제출하여야 한다(표준업무방법서 제29조).

2. 이익금의 처분

(1) 이익금의 의의

이익금은 손실금의 경우와 같이 당기순이익만을 의미하는 것이 아니라 세금 납부 후의 잉여금에서 제적립금을 적립한 후 당기순이익에 회계연도 말일자 전기이월 잉여금을 합한 금액이다. 그러나 신협의 사업은 영리를 목적으로 하

21) 법제처, 농업협동조합법 해설, 2011, 제135면.

22) **표준정관 제35조(총회의 특별결의)** 다음 각 호의 사항은 출석조합원 3분의 2이상의 찬성으로서 결의한다.
3. 자본금의 감소

는 것이 아니고, 조합원에 대한 최대봉사의 수단으로 하는 것이므로 이익이 발생할 여지가 없는 것이나, 실제로 결산을 해보면 다소 이익이 발생하게 되는데, 이는 조합원간의 관계에서 금리 등 가격결정이 잘못되었거나 수수료가 과대계상 되었거나 하는 등에 기인하는 것이므로 당연히 이용자인 조합원에게 귀속되어야 할 성질의 것이 조합에 유보되어 있는 것이지, 조합자체의 수익이 아니므로 영리기업의 이윤과는 다르다.[23)]

따라서 신협법은 이익금에서 이월결손의 보전 및 법정적립금, 특별적립금, 임의적립금을 적립 한 후 잔여 이익금이 있을 때에는 총회의 결의로 조합원에게 배당 할 수 있도록 규정하고 있다.

(2) 이익금 처분 방법

가. 배당 절차

조합은 손실금을 보전한 후가 아니면 이익금을 처분할 수 없다(법 제53조 제1항). 따라서 조합은 결산결과 손실을 보전하고 제적립금을 적립한 후에도 잉여금이 있으면 총회 결의를 거쳐 납입출자금에 비례하여 조합원에게 배당(출자배당)한다(법 제53조 제2항 전단, 표준정관 제71조 제1항). 이 경우 정관이 정하는 바에 따라 조합원의 조합사업 이용 비율에 의하여 지급하는 이용고배당을 병행 할 수 있다(법 제53조 제2항 후단, 표준정관 제71조 제2항). 또한 조합원에 대한 배당은 중앙회장이 정한 표준규정이 정하는 바에 따라 산출한 금액으로 한다(표준정관 제72조, 출자 및 배당사무취급규정 제12조[24)]).

---

23) 신협중앙연수원, 신협법, 2024, 215~216면.

24) **표준정관 제72조(배당금의 계산)** 제71조 제2항의 규정에 따른 조합원에 대한 배당은 표준규정으로 정하는 바에 따라 산출한 금액으로 한다. 〈2012. 11. 19., 2016. 12. 21. 개정〉

제71조(잉여금의 처분) ① 조합은 매 사업연도말 잉여금중에서 이월결손의 보전 및 제24조 내지 제26조의 제적립금을 적립한 후 잔여가 있을 때에는 총회의 결의로 이를 배당한다.

② 제1항의 규정에 의한 배당은 조합원이 납입한 출자액의 비율 또는 조합사업 이용분량의 비율에 따라 이를 행한다. 〈2000. 6. 20. 개정〉

③ 조합은 결손보전 또는 배당을 위하여 잉여금의 일부를 다음 사업연도에 이월할 수 있다.

출자 및 배당사무취급규정 제12조(배당금의 계산) ① 배당금 계산기간은 정관에서 정한 조합의 사업연도로 하되, 출자 1좌 이상 보유한 기간에 대해서만 계산한다. 다만, 회계연도 중에 출자 1좌의 금액이 상향된 경우에는 당해 회계연도에 한해 종전의 1좌 금액 이상 보유한 기간에 대해 계산한다. 〈2021. 9. 8. 본항개정〉

② 배당은 출자배당과 이용고배당으로 하되, 이용고 배당은 출자배당 금액의 2배 이내에서 할 수

나. 배당금 지급

조합은 당해 사업연도 결산을 확정한 후에 ①출자금에 원가, ②요구불예금에 입금, ③ 현금배당의 방법 중 조합원이 선택한 방법에 따라 배당금을 지급한다. 배당금을 출자금에 원가하거나 요구불예금에 입금하는 경우에는 사업연도의 결산에 대한 총회 승인 후 7영업일 이내에 하여야 한다(출자 및 배당사무 취급규정 제13조).

다. 배당 제한

조합원의 배당청구권은 조합원의 권리 중에서 가장 중요한 권리라고 할 수 있으나, 과도한 배당은 조합 자본 충실화에 역행하고, 조합의 운영자금을 감소시켜 조합의 경영활동을 위축시킴으로써 오히려 조합원의 이익을 해할 수 있다.[25] 따라서 이를 방지하기 위해 중앙회장은 결산지침 등 내규를 통해 배당을 일부 제한하고 있다.

① 일반 배당

당해연도말 순자본비율이 2% 미만인 조합, 재무상태개선조치조합과 누적 손실금이 있는 조합은 배당 할 수 없고, 출자배당금 배당률도 조합 건전성 또는 경영실적에 따라 제한(당해연도 손실조합의 배당률은 2% 초과 불가)하고 있다(조합 결산지침 제14조).

② 임의적립금에 따른 배당

조합이 임의적립금을 배당재원으로 사용하고자 할 경우에는 사전에 중앙회장의 승인을 받아야 하고, 배당률은 2%를 초과할 수 없다. 또한, 당해연도말 순자본 비율이 4% 미만인 조합이거나 직전연도에 임의적립금을 배당재원으로 사용한 경우에는 임의적립금을 배당재원으로 사용할 수 없다.(조합 결산지침 제

있다. 〈2017. 5. 22. 본항개정〉

③ 출자배당은 제1항의 배당금 계산기간 동안 출자금평잔에 배당률을 적용하여 산출한다.

④ 이용고배당과 관련하여 세부적인 기준은 중앙회장이 별도로 정한다.

⑤ 개인별 배당금의 1원 미만 금액은 절사하여 차기 이월잉여금에 포함시킨다.

⑥ 〈삭제〉 〈2017. 5. 22. 본항개정〉

25) 이승언, 앞의 책, 232면.

14조의2, 표준업무방법서 제30조).[26)]

라. 차기 이월

조합은 결손보전 또는 배당을 위하여 잉여금의 일부를 다음 사업연도에 이월할 수 있다(표준정관 제71조 제3항).

Ⅲ. 관련 법령

법률	조문
새마을 금고법	제35조(적립금과 손익금의 처리) ⑤ 금고는 사업연도 결산 결과 손실이 발생한 경우에는 특별적립금, 임의적립금의 순으로 이를 보전하되, 잔여손실금이 있으면 이를 다음 사업연도에 이월한다. ⑥ 금고가 여러 사업연도에 걸쳐 계속하여 손실이 있고 이를 보전할 적립금이 없는 경우에는 총회에서 회원 과반수(제13조 제1항 단서의 경우에는 251명 이상의 회원)의 출석과 출석한 회원 3분의 2 이상의 찬성을 받아 자본금을 감소하여 각 회원의 납입출자액이 감소한 것으로 할 수 있다. 자본금을 감소한 경우에는 이를 회장에게 보고하여야 한다. 〈개정 2011. 3. 8., 2025. 1. 7.〉 ⑦ 제6항에 따라 자본금을 감소한 경우에는 이의신고 기간을 정하여 공고하여야 하며, 공고된 이의신고 기간에 채권자로부터 자본금 감소에 대한 이의신고가 없는 경우에는 이의가 없는 것으로 본다.

26) 조합 결산지침 제14조의2(임의적립금의 배당 사용) ① 「신협법」 제50조에 따라 임의적립금을 배당 재원으로 사용하고자 할 경우에는 사전에 중앙회장의 승인을 받아야 한다.
② 제1항에 따라 임의적립금을 배당 재원으로 사용하는 경우의 배당률은 당해연도 신규 거치식 예금 평균금리의 50% 이내로 한다. 이 경우 배당률은 2%를 초과할 수 없다.
③ 다음 각 호의 어느 하나에 해당하는 경우에는 임의적립금을 배당 재원으로 사용할 수 없다.
1. 당해연도말 순자본비율이 4% 미만인 조합의 경우
2. 직전연도에 임의적립금을 배당 재원으로 사용한 경우
④ 제1항에 따라 임의적립금을 배당 재원으로 사용하고자 하는 조합은 [별표4]의 자본확충계획서를 작성하여 지역본부장에게 제출하여야 한다.
표준업무방법서 제30조(임의적립금의 배당 사용) ① 법 제50조에 따라 임의적립금을 배당 재원으로 사용하고자 할 경우에는 사전에 중앙회장의 승인을 받아야 한다.
② 제1항에 따라 임의적립금을 배당 재원으로 사용하고자 하는 조합은 다음 각 호의 서류를 지역본부장에게 제출하여야 한다.
1. 사업준비금을 배당준비금으로 전입(이입)하는 것을 결의한 이사회의사록 사본
2. 임의적립금을 배당 재원으로 사용하는 것을 결의한 이사회의사록 사본
3. 신청일 직전사업연도말 재무상태표(안), 손익계산서(안), 이익잉여금처분계산서(안) 또는 결손금처리계산서(안)
4. 예정배당률 및 배당예정금액 관련 자료
5. 「신협 결산지침」 [별표4]에 따른 자본확충계획서

	⑧ 채권자가 이의신고를 한 경우에는 금고가 이를 변제하거나 상당한 담보를 제공하지 아니하면 제6항에 따른 자본금의 감소는 그 효력을 발생하지 아니한다. ⑨ 제6항 및 제7항에 따른 보고와 공고 등에 관하여 필요한 사항은 대통령령으로 정한다. ⑩ 금고는 손실금을 보전하고 적립금을 공제한 후가 아니면 잉여금을 배당할 수 없으며, 배당은 정관으로 정하는 비율의 한도 내에서 납입출자액에 비례하여야 한다. 이 경우 회원의 사업 이용 실적의 비율에 따른 배당을 병행할 수 있다. 〈개정 2025. 1. 7.〉
농업 협동조합법	제68조(손실의 보전과 잉여금의 배당) ① 지역농협은 매 회계연도의 결산 결과 손실금(당기손실금을 말한다)이 발생하면 미처분이월금・임의적립금・법정적립금・자본적립금・회전출자금의 순으로 보전하며, 보전 후에도 부족할 때에는 이를 다음 회계연도에 이월한다. ② 지역농협은 손실을 보전하고 제67조에 따른 법정적립금, 이월금 및 임의적립금을 공제한 후가 아니면 잉여금 배당을 하지 못한다. ③ 잉여금은 정관으로 정하는 바에 따라 다음 각 호의 순서대로 배당한다. 1. 조합원의 사업이용실적에 대한 배당 2. 정관으로 정하는 비율의 한도 이내에서 납입출자액에 대한 배당 3. 준조합원의 사업이용실적에 대한 배당 [전문개정 2009. 6. 9.]
수산업 협동조합법	제71조(손실의 보전과 잉여금의 배당) ① 지구별수협은 매 회계연도의 결산 결과 손실금[당기손실금(當期損失金)을 말한다]이 발생하였을 때에는 다음 각 호의 순으로 보전하고, 보전한 후에도 부족할 때에는 다음 회계연도로 이월한다. 1. 미처분 이월금 2. 임의적립금 3. 법정적립금 4. 자본적립금 ② 지구별수협은 제1항에 따라 손실을 보전하고 제70조 제1항부터 제3항까지의 규정에 따른 법정적립금, 지도사업이월금 및 임의적립금을 공제한 후가 아니면 잉여금을 배당하지 못한다. ③ 잉여금은 정관으로 정하는 바에 따라 다음 각 호의 순서대로 배당한다. 1. 조합원의 사업 이용 실적에 대한 배당 2. 정관으로 정하는 비율의 한도 이내에서 납입출자액에 대한 배당 3. 준조합원의 사업 이용 실적에 대한 배당 [전문개정 2010. 4. 12.]
산림조합법	제56조의3(손실의 보전과 잉여금의 배당) ① 조합은 매 회계연도의 결산 결과 손실금(당기 손실금을 말한다)이 발생하였을 때에는 미처분이월금, 임의적립금, 법정적립금, 자본적립금, 회전출자금의 순서에 따라 보전하며, 보전 후에도 부족할 때에는 다음 회계연도에 이월한다. ② 조합은 손실을 보전하고 제56조의2에 따른 법정적립금, 이월금 및 임의적립금을 공제하기 전에는 잉여금의 배당을 하지 못한다. ③ 잉여금은 정관으로 정하는 바에 따라 다음 각 호의 순서에 따라 배당을

	실시한다. 1. 조합원의 사업이용실적에 대한 배당 2. 정관으로 정하는 비율의 한도 이내에서 납입출자액에 대한 배당 3. 준조합원의 사업이용실적에 대한 배당 [전문개정 2013. 4. 5.]

제6절 해산 · 분할 및 합병

제54조(해산)

제54조(해산) ① 조합은 다음 각 호의 어느 하나에 해당하는 사유가 있을 때에는 해산한다.
1. 정관에서 정하는 해산 사유의 발생
2. 총회의 해산 결의
3. 합병 또는 파산
4. 설립인가의 취소

② 제1항 제2호의 경우에는 총회의 결의 후 지체 없이 중앙회에 해산 사유를 보고하여야 한다.

③ 조합은 제1항에 따라 해산하였을 때에는 14일 이내에 해산등기를 하여야 한다. 다만, 합병한 경우에는 존속하는 조합이 변경등기를 하여야 한다.

[전문개정 2015. 1. 20.]

Ⅰ. 조문의 취지와 의의

법 제54조는 조합의 소멸 원인 중 하나인 해산과 관련하여 그 사유를 열거하면서 총회의 의결로 인한 해산의 경우에는 중앙회에 해산 사유를 보고하도록 하고 조합의 해산등기 의무를 규정하고 있다.

Ⅱ. 조문의 내용 및 해설

1. 해 산

(1) 의 의

조합의 해산은 조합의 법인격의 소멸을 가져오는 원인이 되는 법률사실을 말한다[「신용협동조합 해산 및 청산 업무지침」(이하 '신협청산업무지침')]. 조합은 해산에 의하여 그 본래의 적극적 사업활동을 정지하고, 청산절차에 들어가게 된다. 조합이 해산하게 되면 조합의 권리의무관계를 정리할 필요가 있고, 이를 위한 과정인 청산절차를 마칠 때까지 조합의 권리능력을 존속시킬 필요가 있다. 따라서 해산한 조합은 청산에 필요한 범위 내에서 권리능력이 있고, 이 권리능력은 청산절차가 종료됨으로써 비로소 소멸된다.[1)]

(2) 해산 사유

가. 정관에서 정하는 해산 사유 발생

신협법은 해산에 관한 사항을 정관의 필수적 기재사항으로 규정하고 있다(법 제10조 제10호). 따라서 조합 표준정관에도 해산사유가 명시되어 있으나, 신협법과 동일한 내용으로 기재되어 있고, 법 외의 해산사유는 규정되어 있지 않다(표준정관 제74조).[2)]

나. 총회의 해산결의

총회의 의결을 통한 해산은 임의해산이라고 하며, 총회의 전속권한으로서 해산의결권한은 정관규정으로도 배제하지 못한다.[3)] 조합은 총회에서 재적조합원 과반수 출석과 출석조합원 3분의 2 이상의 찬성으로 해산을 결의할 수 있다(법 제24조 제1항 제6호, 제25조 제2항). 총회를 통한 해산결의는 합병 또는 분할과 동일하게 조합원의 투표로 갈음할 수 있으며, 이 경우 조합원의 투표는 재적조합원 과반수(재적조합원이 500인을 초과하는 경우에는 251인 이상을 말한다)의 투표와 투표한 조합원 3분의 2 이상의 찬성으로 결의한다(법 제 26조의2 제1항 제1호, 제2항 제1호).

다. 합 병

흡수합병의 경우에는 피합병조합(소멸조합)이, 신설합병의 경우에는 합병에 참여하는 조합 전부가 해산한다. 다만, 합병에 의한 해산의 경우 해산조합의 모든 권

---

1) 이승언, 앞의 책, 269면.
2) **표준정관 제74조(해산사유)** ① 조합은 다음 각호의 1에 해당하는 사항이 발생하였을 때에는 해산한다.
   1. 총회의 해산결의
   2. 합병으로 인하여 소멸하는 경우
   3. 설립인가의 취소
   4. 파산
3) 이승언, 앞의 책, 269면.

리의무가 인수조합이나 신설조합으로 포괄승계되어 소멸조합의 권리의무에 대한 정리절차가 필요없으므로 다른 해산사유와 달리 청산절차 없이 즉시 소멸한다.

라. 파 산

금융위원회[4]는 경영관리를 받는 조합에 대한 재산실사 결과 해당 조합의 재산으로 채무를 완전히 변제할 수 없는 경우로서 ① 해당 조합을 합병하려는 조합이 없어 조합원을 보호하기 곤란한 경우 또는 ② 중앙회가 해당 조합에 자금을 대출하더라도 3년 이내에 경영정상화가 곤란하다고 인정되는 경우 중 어느 하나에 해당되는 경우이거나, 계약이전의 결정에 따라 부실조합의 계약이전이 이루어진 경우에는 해당 조합의 주사무소 소재지를 관할하는 지방법원에 파산신청을 할 수 있다(법 제88조).

이러한 파산신청을 통해 법원의 파산선고를 받은 경우 조합은 해산한다. 그러나 파산선고에 의한 해산의 경우 신협법에 따른 청산절차가 아닌 채무자회생법에 의한 파산절차를 거치게 된다.

마. 설립인가의 취소

금융위원회는 조합이 거짓이나 그 밖의 부정한 방법으로 설립인가를 받은 경우 또는 인가내용 또는 인가조건을 위반한 경우 등 신협법에 명시된 사유를 위반한 경우에 중앙회장의 의견을 듣고 청문절차를 거쳐 설립인가를 취소할 수 있다(법 제85조 제2항, 제3항, 제98조). 일반적으로 설립인가의 취소와 동시에 조합은 해산되어 청산절차에 들어가게 된다.

〈표〉 조합 해산 현황(1997~2024)

구분	총회해산결의 (임의해산)	합병	파산*	인가취소
조합 수(개)	259	200	357	3

* 파산으로 인한 부실조합의 해산은 '98~'10년 사이에 발생하였으며, 이후에는 조합원 보호 및 공신력 제고 등을 이유로 부실조합의 구조조정은 주로 '신협예금자보호기금' 지원을 통한 흡수합병으로 이루어지고 있음.

4) 금융위원회는 파산신청에 관한 권한을 금융감독원장에게 위탁하고 있다(법 제96조 제1항, 시행령 제24조 제1항 제19호).

(3) 해산 사유 보고

총회의 결의를 통한 임의 해산의 경우에는 총회 결의 후 지체 없이 중앙회에 해산사유를 보고하여야 한다.

(4) 해산등기

조합이 해산한 때에는 그 해산사유가 있는 날부터 2주일 이내에 주된 사무소의 소재지에서 해산사유를 증명하는 서류(이사장이 청산인이 아닌 경우에는 등기신청인의 자격을 증명하는 서류 포함)를 첨부하여 해산등기를 하여야 한다(법 시행령 제6조).

(5) 해산의 효과

해산에 의해 조합의 권리능력은 청산의 목적범위 내로 축소된다. 합병은 존속조합에 소멸조합의 권리·의무가 승계되고, 파산은 파산절차를 밟게 되므로 합병 및 파산의 경우를 제외하고 청산절차가 개시된다.

Ⅲ. 관련 법령

법률	조문
새마을 금고법	제36조(해산 사유 등) 금고는 다음 각 호의 어느 하나에 해당하는 사유가 있을 때에는 해산한다. 1. 정관에 정한 해산 사유의 발생 2. 총회의 해산 의결 3. 합병이나 파산 4. 설립인가의 취소 제50조(해산등기와 청산종결등기) ① 금고가 해산한 경우에는 합병과 파산의 경우 외에는 청산인은 그 취임일부터 3주일 내에 주된 사무소의 소재지에서 다음 각 호의 사항을 등기하여야 한다. 〈개정 2024. 9. 20.〉 1. 해산의 사유와 해산 연월일 2. 청산인의 성명·주소 3. 청산인의 대표권을 제한한 경우에는 그 제한에 관한 사항 ② 청산이 종결된 경우에는 청산인은 주된 사무소의 소재지에서 2주일 내에 청산종결등기를 하여야 한다. 〈개정 2024. 9. 20.〉

농업 협동조합법	**제82조(해산 사유)** 지역농협은 다음 각 호의 어느 하나에 해당하는 사유로 해산한다. 1. 정관으로 정한 해산 사유의 발생 2. 총회의 의결 3. 합병, 분할 4. 설립인가의 취소 [전문개정 2009. 6. 9.] **제97조(해산등기)** ① 지역농협이 해산한 경우에는 합병과 파산의 경우 외에는 주된 사무소의 소재지에서는 2주일 이내에 해산등기를 하여야 한다. 〈개정 2024. 9. 20.〉 ② 제1항에 따른 해산등기를 할 때에는 제4항의 경우 외에는 청산인이 신청인이 된다. ③ 해산등기신청서에는 해산 사유를 증명하는 서류를 첨부하여야 한다. ④ 농림축산식품부장관은 설립인가의 취소로 인한 해산등기를 촉탁(囑託)하여야 한다. 〈개정 2013. 3. 23.〉 [전문개정 2009. 6. 9.]
수산업 협동조합법	**제84조(해산 사유)** 지구별수협은 다음 각 호의 어느 하나의 사유로 해산한다. 〈개정 2017. 11. 28.〉 1. 정관으로 정한 해산 사유의 발생 2. 총회의 의결 3. 합병 또는 분할 4. 조합원 수가 100인 미만인 경우 5. 설립인가의 취소 [전문개정 2010. 4. 12.] **제98조(해산등기)** ① 지구별수협이 해산(합병과 파산으로 인한 경우는 제외한다)하였을 때에는 주된 사무소의 소재지에서는 2주 이내에 해산등기를 하여야 한다. 〈개정 2024. 9. 20.〉 ② 제4항의 경우를 제외하고는 청산인이 제1항에 따른 해산등기의 신청인이 된다. ③ 청산인이 제2항에 따라 해산등기를 신청할 때에는 해산등기신청서에 해산 사유를 증명하는 서류를 첨부하여야 한다. ④ 해양수산부장관은 설립인가를 취소하였을 때에는 지체 없이 해산등기를 촉탁(囑託)하여야 한다. 〈개정 2013. 3. 23.〉 [전문개정 2010. 4. 12.]
산림조합법	**제67조(해산 사유)** 조합은 다음 각 호의 어느 하나에 해당하는 사유로 해산한다. 1. 정관으로 정한 해산 사유의 발생 2. 총회의 의결 3. 합병 또는 분할 4. 설립인가 취소 [전문개정 2013. 4. 5.] **제81조(해산등기)** ① 조합이 해산하였을 때에는 합병과 파산의 경우를 제외하고는 주된 사무소의 소재지에서는 2주 이내에 해산등기를 하여야 한다. 〈개정 2024. 9. 20.〉

	② 제1항에 따른 해산등기를 할 때에는 제4항의 경우를 제외하고는 청산인이 신청인이 된다. ③ 해산등기 신청서에는 해산 사유를 증명하는 서류를 첨부하여야 한다. ④ 시·도지사는 설립인가의 취소로 인한 해산등기를 촉탁하여야 한다. 〈개정 2020. 2. 18.〉 [전문개정 2013. 4. 5.]

제55조(합병과 분할)

제55조(합병과 분할) ① 조합은 총회의 결의로 합병하거나 분할할 수 있다. 이 경우 제7조, 제8조, 제8조의2, 제9조, 제10조 및 제25조 제1항 단서를 준용한다.
② 정부 또는 중앙회는 조합의 합병을 촉진하기 위하여 필요하다고 인정되면 예산의 범위에서 자금 등을 지원할 수 있다.
③ 합병이나 분할로 존속하거나 설립되는 조합은 합병이나 분할로 소멸되는 조합의 공동유대 및 권리·의무를 승계한다.
④ 조합의 합병 후 등기부나 그 밖의 공부(公簿)에 표시된 소멸된 조합의 명의(名義)는 존속하거나 설립된 조합의 명의로 본다. 〈신설 2019. 1. 15.〉
[전문개정 2015. 1. 20.]

Ⅰ. 조문의 취지와 의의

법 제55조는 조합의 합병과 분할의 절차 및 그 효과 등을 규정하고 있다. 합병과 분할 모두 조합의 소멸이나 신설을 통해 조합원 및 채권자 등의 이해관계에 중대한 영향을 미치므로 신협법 등 관련 규정은 조합원 총회의 특별결의 및 금융위원회의 인가 등을 통해 합병 또는 분할이 신중하게 결정되도록 하고 있다.

Ⅱ. 조문의 내용 및 해설

1. 합 병

(1) 합병의 의의

조합의 합병이란 신협법에 따라 2개 이상의 조합이 청산절차 없이 1개 조합으로 합쳐지거나(흡수합병) 2개 이상의 조합 모두가 소멸하고 이들에 의해 새로운 1개의 조합이 신설되어(신설합병) 인수 또는 신설된 조합이 소멸된 조합의 공동유대 및 권리·의무를 포괄적으로 승계하는 것을 말한다.

합병은 사업 비용 절약 등을 통한 경영의 효율화, 자산 확대, 조합원 추가 확보 등을 통한 조합 경쟁력 및 공신력 강화, 공동유대 확대 효과,[5] 소멸조합의 권리의무 포괄적 승계에 따른 조합원 보호 강화, 청산절차가 없어 조합의 자산을 용이하게 처리 할 수 있는 등의 장점이 있다.

조합이 지속적으로 발전하기 위해서는 규모의 경제를 이룰 수 있는 정도의 경영단위가 되어야 하는 바, 이런 관점에서 경영단위에 미달하는 영세조합의 통폐합은 필요하다.[6]

(2) 합병의 구분

조합의 합병은 합병에 참여하는 조합(이하 '합병참여조합')의 존속 여부 또는 합병 재원 지원여부에 따라 다음과 같이 구분할 수 있다(신용협동조합 인가업무 지도지침 제23조).[7]

가. 흡수합병

2개 이상의 합병참여조합 중 1개의 인수조합만이 존속하고 나머지 피합병조합의 공동유대 및 권리·의무를 인수조합이 흡수하여 승계하는 합병 형태이다. 일반적인 신협의 합병 형태라고 할 수 있다.

나. 신설합병

신설합병은 2개 이상의 조합이 해산하여 새로운 1개의 조합을 신설하는 것

---

5) 지역신협 간의 합병은 합병참여조합의 공동유대가 같은 시·군·구에 있거나 인접 시·군·구에 있는 경우에만 가능하고(시행령 제11조 제2항), 공동유대의 종류가 다른 신협(이종신협) 간의 합병(지역+단체(직장) → 지역신협)은 단체(직장)신협의 주사무소가 합병조합인 지역신협의 공동유대 내에 위치하거나 공동유대와 인접한 시·군·구에 위치한 경우 가능하다(금융감독원, 신협합병인가심사기준). 따라서 합병참여조합 간 공동유대가 같지 않은 경우, 존속(신설) 조합은 인접한 시·군·구 또는 다른 종류의 공동유대를 확대할 수 있게 된다.

6) 신협중앙연수원, 신협법, 2024, 제221면.

7) 본 지침은 조합의 설립, 합병 등 신협법령 및 신협인가지침에 따른 금융위원회 인가업무 관련 중앙회장의 지도에 필요한 사항을 정한 중앙회 내규임.

신용협동조합 인가업무지도지침 제23조(합병의 구분) 합병은 합병에 참여하는 조합(이하 "합병참여조합"이라 한다)의 존속 여부 또는 예금자보호기금 등의 지원여부에 따라 다음 각 호와 같이 구분한다.

1. 흡수합병: 합병에 참여하는 2개 이상의 조합 중 1개 조합은 존속하고 다른 조합은 청산절차 없이 해산하여, 존속하는 조합이 해산하는 조합의 권리와 의무를 승계하는 경우
2. 신설합병: 합병참여조합이 청산절차 없이 해산하여 새로운 1개의 조합을 설립하는 경우
3. 기금지원합병: 예금자보호기금 등의 지원을 통해 합병하는 경우
4. 자율합병: 예금자보호기금 등의 지원 없이 합병하는 경우

으로 신설조합이 모든 소멸조합의 공동유대 및 권리·의무를 전부 승계하는 합병 방법이다.

다. 기금지원합병과 자율합병

합병시 재원 지원여부에 따른 분류로, 기금지원합병은 신협법에 따른 신협예금자보호기금 등의 기금 지원을 수반한 합병을 의미하며, 이러한 자금 지원이 없는 합병을 자율합병이라 한다.

(3) 합병의 절차

가. 합병계약

법상 명시되어 있지 않지만 합병은 조합 총회 결의로 결정되고, 총회에 부의될 사항은 이사회 결의를 거쳐야 하므로 합병참여조합의 이사회에 의해 합병 계약이 체결되어야 할 것이다. 이 계약에서 합병형식 및 조건, 합병 후 공동유대 등 존속조합 또는 신설조합의 정관의 내용, 계약의 효력발생시기 등 기타 합병에 필요한 사항이 결정된다. 실무상 조합의 합병시 합병계약은 합병참여조합의 총회에서 승인을 얻은 때에 그 효력이 발생하도록 하고 있다.

나. 총회 특별결의 또는 조합원 투표

합병은 조합 전반에 걸친 구조적 변화를 가져오므로 조합원의 중대한 이해관계가 결부된 중요한 문제이다. 따라서 합병은 총회결의사항이며, 보통결의요건(출석조합원 과반수 찬성) 보다 강화된 특별결의요건(출석조합원 3분의 2이상의 찬성)에 따른 총회의 결의를 거쳐야 한다(법 제24조 제1항 제6호, 제25조 제2항, 표준정관 제35조 제2호, 제73조 제1항).[8)]

---

8) 법 제24조(총회의 결의사항 등) ① 다음 각 호의 사항은 총회의 결의를 거쳐야 한다.
6. 조합의 해산·합병·분할 또는 휴업
제25조(총회의 개의와 결의) ① 총회는 이 법에 다른 규정이 있는 경우를 제외하고는 재적조합원 과반수의 출석으로 개의(開議)하고 출석조합원 과반수의 찬성으로 결의한다. 다만, 재적조합원이 500인을 초과하는 경우에는 251인 이상의 출석으로 개의하고 출석조합원 과반수의 찬성으로 결의할 수 있다.
② 제24조 제1항 제1호 및 제6호의 사항은 출석조합원 3분의 2 이상의 찬성으로 결의한다.
③ 조합과 조합원의 이해가 상충되는 의사에 관하여 해당 조합원은 그 결의에 참여할 수 없다.
표준정관 제35조(총회의 특별결의) 다음 각호의 사항은 출석조합원 3분의 2이상의 찬성으로서 결의

또한 신협법은 합병에 대해 조합원의 투표로 총회 결의를 갈음할 수 있도록 하였다(법 제26조의2 제1항 제1호). 이 경우 재적조합원 과반수의 투표(재적조합원이 500인을 초과하는 경우에는 251인 이상을 말한다)와 투표한 조합원 3분의 2 이상의 찬성으로 결의한다(법 제26조의2 제2항).[9)]

합병 총회에서는 합병의 결정, 합병계약서 승인, 정관의 변경(합병 후 존속하는 조합의 정관변경이 필요한 경우), 합병 후 존속조합 또는 신설조합의 사업계획 및 예산에 대해 의결한다(신용협동조합 인가업무지도지침 제33조).

다. 준용규정

신협법은 합병의 경우 제7조(설립), 제8조(인가의 요건), 제8조의2(인가 등의 공고), 제9조(공동유대와 사무소), 제10조(정관 기재사항) 및 제25조(총회의 개의와 결의) 제1항 단서를 준용하도록 규정하고 있다. 따라서 합병 절차 및 인가요건 등에 조합 설립절차 관련 규정이 준용된다.

라. 금융위원회 인가

조합의 합병에는 금융위원회의 인가가 필요하며, 합병 인가를 위한 절차 및 심사요건 등은 신협법령 및 금융위원회가 정한 신용협동조합 인가지침에 세부적으로 규정되어 있다(신용협동조합 인가지침 제3장).

따라서 합병 인가 신청을 위해서는 신용협동조합 인가지침에 따른 합병인가 신청서 및 정관, 합병총회의사록, 합병 후 사업계획서 등 법 시행령에 따른 서류를 첨부 후 중앙회장을 거쳐 금융위원회에 제출하여야 한다(법 제7조 제1항, 제3항, 시행령 제10조 제1항).

즉, 합병 인가를 받고자 하는 존속(신설) 조합은 합병인가신청서류를 중앙회

한다.
2. 해산·합병·분할 또는 휴업

9) **법 제26조의2(총회 결의의 특례)** ① 다음 각 호의 사항에 대해서는 제24조 제1항에도 불구하고 조합원의 투표로 총회의 결의를 갈음할 수 있다. 이 경우 조합원 투표의 통지·방법, 그 밖에 투표에 필요한 사항은 정관에서 정한다.
1. 조합의 해산·합병 또는 분할
② 제1항 각 호의 사항에 대한 조합원의 투표는 다음 각 호의 구분에 따른다.
1. 제1항 제1호의 사항: 재적조합원 과반수(재적조합원이 500인을 초과하는 경우에는 251인 이상을 말한다)의 투표와 투표한 조합원 3분의 2 이상의 찬성으로 결의

장에 먼저 제출하고, 중앙회장은 합병인가신청서를 접수하면 30일 이내에 인가신청서류와 인가심사요건을 검토하고 검토의견을 붙여 금융위원회에 합병인가신청서류를 제출하여야 한다(법 제7조 제2항, 시행령 제10조 제3항).

금융위원회는 중앙회장으로부터 인가신청서류를 제출받으면 그 내용을 심사하여 60일 이내에 조합의 합병인가 여부를 결정하고 그 결과와 이유를 지체 없이 신청인에게 알려야 한다(법 제8조 제2항, 시행령 제10조 제4항 및 제5항). 만약 위 기간 내에 인가 여부를 통지하지 않으면 기간 종료일 다음날에 인가를 한 것으로 간주하고 있다(법 제8조 제3항).

마. 정부 또는 중앙회의 자금 등 지원

조합 간 합병을 촉진하기 위하여 필요하다고 인정되는 경우에는 정부 또는 중앙회는 예산의 범위 내에서 자금 등을 지원할 수 있다(법 제55조 제2항). 중앙회는 신협 예금자보호기금을 통해 대통령령으로 정한 조합의 합병을 위한 자금지원을 할 수 있다(법 제80조의2 제1항 및 제80조의3 제2항, 시행령 19조의3).[10] 이에 중앙회는 2005년 운봉신협에 최초로 합병지원을 한 것을 계기로 2024년 말까지 총 69개 조합에 합병을 위한 기금을 지원하였으며, 합병을 통한 구조조정이 활발하게 진행될 수 있게 된 주요 원동력이 되었다.

또한 조합간의 합병 등에 대해서는 금융산업구조개선법 제5조 제9항[11]의 규

10) 법 제80조의2(신협 예금자보호기금의 설치 등) ① 중앙회는 조합의 조합원(제40조에 따른 비조합원을 포함하며, 이하 이 절에서 "조합원등"이라 한다)이 납입한 예탁금 및 적금과 중앙회의 자기앞수표를 결제하기 위한 별단예금(別段預金) 등 대통령령으로 정하는 금액(이하 "예탁금등"이라 한다)의 환급을 보장하고 조합의 건전한 육성을 도모하기 위하여 중앙회에 신협 예금자보호기금(이하 "기금"이라 한다)을 설치·운영한다.

제80조의3(기금의 조성·운용 등) ② 제1항 각 호의 재원 조성 및 기금의 운용에 필요한 사항은 대통령령으로 정한다.

시행령 제19조의13(기금의 용도) ① 기금은 다음 각 호의 용도에 사용한다. 〈개정 2007. 8. 22., 2008. 2. 29., 2008. 6. 25.〉

2. 다음 각 목의 어느 하나에 해당하는 조합의 합병, 법 제86조의4에 따른 계약이전 또는 경영정상화를 위한 자금지원
   가. 법 제86조에 따라 금융위원회가 선임한 관리인의 경영관리를 받는 조합
   나. 위원회가 조합의 경영정상화를 위하여 재무구조 개선이 필요하다고 인정하는 조합

11) 금융산업구조개선법 제5조(합병·전환에 관한 절차의 간소화 등) ⑨ 이 법에 따른 합병의 경우 「조세특례제한법」과 그 밖에 조세 감면에 관한 법령에서 정하는 바에 따라 다음 각 호의 조세를 감면할 수 있다. 〈개정 2010. 3. 12.〉

1. 부동산 등의 취득에 따른 취득세

정이 적용되므로, 조세특례제한법 등 조세 감면에 관한 법령에서 정하는 바에 따라 취·등록세, 피합병조합의 청산소득에 따른 법인세 등 합병 관련 조세를 감면받을 수 있다(법 제6조 제2항).[12)]

바. 등 기

조합이 법 제55조에 따라 합병한 경우에는 금융위원회의 인가서가 조합에 도달된 날로부터 2주일 이내에 주된 사무소의 소재지에서 합병 후 존속하는 조합은 변경등기를, 합병으로 인해 소멸하는 조합은 해산등기를, 합병으로 설립되는 조합은 설립등기를 각각 하여야 한다(법 시행령 제5조, 제8조).

(4) 합병의 효과

가. 조합의 소멸과 신설

흡수합병의 경우에는 피합병조합이, 신설합병의 경우에는 모든 조합이 소멸한다(법 제54조 제1항 제3호).[13)] 그러나 합병으로 해산한다고 하는 것은 조합의 법인격을 소멸시키는 형식적인 것에 불과하고, 존속조합 또는 신설조합이 해산조합의 권리·의무를 포괄적으로 승계함에 따라 청산절차를 거치지 않고 소멸한다는 것을 의미한다.

신설합병의 경우에는 새로운 조합이 설립되고 흡수합병의 경우에는 존속조합의 정관변경이 발생한다.[14)]

나. 공동유대 및 권리와 의무의 포괄적 승계

합병으로 존속하거나 설립되는 조합은 합병으로 소멸되는 조합의 공동유대 및 권리·의무를 승계한다(법 제55조 제3항). 이를 통해 소멸조합의 조합원의

---

2. 법인·부동산 등의 등기에 따른 등록세
3. 합병으로 소멸되는 금융기관의 청산소득에 대한 법인세
4. 합병으로 소멸되는 금융기관의 주주의 의제배당(擬制配當)에 대한 소득세 또는 법인세
5. 그 밖의 조세

12) 법 제6조(다른 법률과의 관계) ② 조합 간의 합병 등에 관하여는 「금융산업의 구조개선에 관한 법률」 제5조 제9항을 적용한다.

13) 법 제54조(해산) ① 조합은 다음 각 호의 어느 하나에 해당하는 사유가 있을 때에는 해산한다.
3. 합병 또는 파산

14) 이승언, 앞의 책, 252면.

예금 전액이 인수 또는 설립되는 조합으로 승계되므로, 파산의 경우와 달리 예금 전액이 보장되는 등 조합원 보호가 강화되는 효과가 있다.

다. 공부상의 피합병조합 명의를 인수조합의 명의로 간주

조합의 합병 후 등기부 등 공부(公簿)에 표시된 소멸된 조합의 명의(名義)는 존속하거나 설립된 조합의 명의로 간주된다(법 제55조 제4항). 이는 타 상호금융기관과 같이 변경등기에 소요되는 등기비용, 인력, 시간의 절감을 통해 존속조합 등의 건전성을 제고하고 업무부담을 경감하기 위해 2019. 1. 15. 법 개정을 통해 신설되었다.

(5) 합병 권고 등의 기준

신협법에 따라 중앙회장은 조합으로부터 제출 받은 경영실태 자료를 분석·평가하여, 법 제83조의3 규정에 의한 경영건전성 기준에 미달하거나, 재산상태 또는 경영이 건전하지 못하여 경영개선이 필요한 조합에 대해서는 합병을 권고하거나 보유재산의 처분, 조직의 축소 등 재무상태의 개선을 위한 조치를 요청하여야 한다(법 제89조 제4항, 시행령 제22조).

이를 통해 재무상태개선조치조합 등 부실조합이 합병을 할 경우, 흡수합병 시에는 일반적으로 피합병조합의 사무소는 거래조합원의 지속적인 금융거래편의를 제공하고, 인수조합에 피합병조합의 권리와 의무가 모두 이전됨에 따라 거래조합원의 예금자 보호가 강화되며, 부실조합의 파산의 경우와 비교하여 신협 조직의 공신력과 이미지 제고에도 기여할 수 있다.

2. 분 할

(1) 분할의 의의

조합의 분할이라 함은 1개의 조합이 법정의 절차에 따라 2개 이상의 조합으로 분리하는 것을 말한다. 조합의 분할은 조합의 소멸과 신설을 가져온다는 측면에서 합병과 유사한 바, 합병 절차와 유사한 과정을 통해 성립하게 된다.

(2) 분할의 종류

분할의 방법에는 1개 조합이 해체되어 2개 이상의 조합으로 신설되는 경우와 1개 조합으로부터 분리하여 새로운 조합이 신설되는 경우가 있다.[15)]

(3) 분할의 절차

가. 분할계약

중앙회 신용협동조합 인가업무지도지침 제42조에 따르면 분할계약서에는 신설조합이 승계하여야 할 공동유대, 조합원, 재산 등 권리와 의무의 범위에 관한 사항을 포함하여야 하며, 분할계약서는 분할하는 조합의 이사장과 신설조합의 발기인 대표 간에 체결하되, 그 효력은 각각의 총회 승인을 통해 금융위원회로부터 인가를 받은 때에 발생하도록 할 것을 규정하고 있다.

나. 총회 특별결의 또는 조합원 투표

분할은 조합 전반에 걸친 구조적 변화를 가져오므로 조합원의 중대한 이해관계가 결부된 중요한 문제이다. 따라서 분할은 총회 특별결의요건(출석조합원 3분의 2이상의 찬성)에 따른 총회의 결의를 거쳐야 한다(법 제24조 제1항 제6호, 제25조 제2항, 표준정관 제35조 제2호, 제73조 제1항). 또한 신협법은 분할에 대해 조합원의 투표로 총회 결의를 갈음할 수 있도록 하였다(법 제26조의2 제1항 제1호). 이 경우 재적조합원 과반수의 투표(재적조합원이 500인을 초과하는 경우에는 251인 이상을 말한다)와 투표한 조합원 3분의 2 이상의 찬성으로 결의한다(법 제26조의2 제2항).

분할총회에서는 분할의 결정, 분할계약서의 승인, 정관의 변경(필요한 경우), 분할 후 조합의 사업계획 및 예산변경에 대해 의결한다(신용협동조합 인가업무지도지침 제44조).

다. 준용규정

신협법은 합병의 경우와 같이 분할에 있어 제7조(설립), 제8조(인가의 요건),

15) 신협중앙회연수원, 신협법, 2024, 223면.

제8조의2(인가 등의 공고), 제9조(공동유대와 사무소), 제10조(정관 기재사항) 및 제25조(총회의 개의와 결의) 제1항 단서를 준용하도록 규정하고 있다. 따라서 합병 절차 및 인가요건 등에 조합 설립절차 관련 규정이 준용된다.

라. 금융위원회 인가

조합의 분할에는 금융위원회의 인가가 필요하며, 분할 인가절차 및 인가심사요건 등은 신협법령 및 금융위원회가 정한 지침에 세부적으로 규정되어 있다(신용협동조합 인가지침 제3장).

따라서 분할인가신청을 위해서는 조합은 신협인가지침에 따른 분할인가신청서 및 신협법 시행령에 따른 첨부서류(분할계약서, 분할조합의 구 정관 및 신설조합의 신 정관, 분할총회 의사록 및 창립총회 의사록, 분할 후 사업계획서 등)를 첨부하여 중앙회장을 거쳐 금융위원회에 제출하여야 한다(법 제7조 제1항, 제3항, 시행령 제10조 제1항).

중앙회장은 분할인가신청서를 접수하면 30일 이내에 인가신청서류와 인가심사요건을 검토하고 검토의견을 붙여 금융위원회에 인가신청서류를 제출하여야 한다(법 제7조 제2항, 시행령 제10조 제3항).

금융위원회는 중앙회장으로부터 인가신청서류를 제출받으면 그 내용을 심사하여 60일 이내에 조합의 분할인가 여부를 결정하고 그 결과와 이유를 지체 없이 신청인에게 알려야 한다(법 제8조 제2항, 시행령 제10조 제4항, 제5항). 만약 위 기간 내에 인가 여부를 통지하지 않으면 기간 종료일 다음날에 인가를 한 것으로 간주하고 있다(법 제8조 제3항).

마. 분할등기

조합은 법 제55조에 따라 분할한 경우에는 금융위원회의 인가서가 조합에 도달된 날로부터 2주일 이내에 주된 사무소의 소재지에서 분할 후 존속하는 조합은 변경등기를, 분할로 인해 설립되는 조합은 설립등기를 각각 해야 한다(법 시행령 제5조, 제8조).

(3) 분할의 효과

분할로 존속하거나 설립되는 조합은 분할로 소멸되는 조합의 공동유대 및 권리·의무를 승계한다(법 제55조 제3항).

〈참고〉 합병 또는 분할 관련 주요 법규

〈신협법〉

제7조(설립) ① 조합을 설립하려면 조합의 공동유대에 소속된 30인 이상의 발기인이 정관을 작성하여 창립총회의 결의를 받아 대통령령으로 정하는 바에 따라 중앙회의 회장(이하 "중앙회장"이라 한다)을 거쳐 금융위원회의 인가를 받아야 한다.

② 창립총회의 의사(議事)는 발기인 대표에게 조합 설립동의서를 회의 개최일 전날까지 제출한 자 과반수의 출석과 출석한 자 3분의 2 이상의 찬성으로 결의한다.

③ 제1항에 따른 인가를 받으려는 자는 대통령령으로 정하는 바에 따라 신청서를 금융위원회에 제출하여야 한다.

④ 금융위원회는 제1항에 따른 인가에 조건을 붙일 수 있다.

제8조(인가의 요건) ① 제7조 제1항에 따른 조합 설립의 인가를 받으려는 자는 다음 각 호의 요건을 갖추어야 한다.

1. 제14조 제4항 각 호에 따른 요건을 갖출 것
2. 조합원의 보호가 가능하고 조합의 사업을 수행하기에 충분한 전문인력과 전산설비 등 물적 시설을 갖추고 있을 것
3. 사업계획이 타당하고 건전할 것
4. 발기인이 충분한 출자능력, 건전한 재무상태 및 사회적 신용을 갖추고 있을 것

② 금융위원회는 조합 설립에 관한 신청을 받으면 신청서를 접수한 날부터 대통령령으로 정하는 기한까지 인가 여부를 신청인에게 알려야 한다. 이 경우 인가하지 아니할 때에는 그 이유를 분명히 밝혀야 한다.

③ 금융위원회가 제2항에서 정한 기간 내에 인가 여부 또는 민원 처리 관련 법령에 따른 처리기간의 연장을 신청인에게 알리지 아니하면 그 기간(민원 처리 관련 법령에 따라 처리기간이 연장 또는 재연장된 경우에는 해당 처리기간을 말한다)이 끝난 날의 다음 날에 인가를 한 것으로 본다. 〈신설 2019. 1. 15.〉

④ 제1항에 따른 인가의 세부 요건에 관하여 필요한 사항은 대통령령으로 정한다. 〈개정 2019. 1. 15.〉

제8조의2(인가 등의 공고) 금융위원회는 제7조 제1항에 따른 인가를 하거나 제85조에 따라 인가를 취소하였을 때에는 지체 없이 그 내용을 관보에 공고하고 컴퓨터 통신 등을 이용하여 일반인에게 알려야 한다.

제9조(공동유대와 사무소) ① 조합의 공동유대는 행정구역 · 경제권 · 생활권 또는 직장 · 단체 등을 중심으로 하여 정관에서 정한다. 이 경우 공동유대의 범위, 종류 및 변경에 관한 사항은 대통령령으로 정하는 바에 따른다.

② 조합의 주된 사무소는 정관에서 정한다.

③ 조합은 중앙회장의 승인을 받아 지사무소(支事務所)를 둘 수 있다.

제10조(정관 기재사항) 조합의 정관에는 다음 각 호의 사항이 포함되어야 한다.

1. 목적
2. 명칭
3. 주된 사무소의 소재지
4. 공동유대에 관한 사항
5. 조합원의 자격과 가입 · 탈퇴 및 제명(除名)에 관한 사항
6. 출자 1좌(座)의 금액과 그 납입 방법 및 시기
7. 조합원의 권리와 의무에 관한 사항
8. 사업의 범위 및 회계에 관한 사항
9. 기관 및 임원에 관한 사항
10. 해산에 관한 사항
11. 공고의 방법
12. 출자금의 양도에 관한 사항
13. 그 밖에 총회의 운영 등에 필요한 사항

제24조(총회의 결의사항 등) ① 다음 각 호의 사항은 총회의 결의를 거쳐야 한다. 〈개정 2021. 4. 20.〉

1. 정관의 변경

6. 조합의 해산 · 합병 · 분할 또는 휴업

제25조(총회의 개의와 결의) ① (본문 생략) 다만, 재적조합원이 500인을 초과하는 경우에는 251인 이상의 출석으로 개의하고 출석조합원 과반수의 찬성으로 결의할 수 있다.

② 제24조 제1항 제1호 및 제6호의 사항은 출석조합원 3분의 2 이상의 찬성으로 결의한다.

제26조의2(총회 결의의 특례) ① 다음 각 호의 사항에 대해서는 제24조 제1항에도 불구하고 조합원의 투표로 총회의 결의를 갈음할 수 있다. 이 경우 조합원 투표의 통지 · 방법, 그 밖에 투표에 필요한 사항은 정관에서 정한다.

1. 조합의 해산 · 합병 또는 분할

② 제1항 각 호의 사항에 대한 조합원의 투표는 다음 각 호의 구분에 따른다.

1. 제1항 제1호의 사항: 재적조합원 과반수(재적조합원이 500인을 초과하는 경우에는 251인 이상을 말한다)의 투표와 투표한 조합원 3분의 2 이상의 찬성으로 결의

〈신협법 시행령〉

제10조(설립인가신청) ① 법 제7조 제1항에 따라 조합의 설립인가 신청을 하고자 하는 자는 금융위원회가 정하는 설립인가신청서에 다음 각 호의 서류(이하 이 조에서 "첨부서류"라 한다)를 첨부하여 중앙회장을 거쳐 금융위원회에 제출하여야 한다. 〈개정 1999. 5. 24., 2000. 6. 27., 2008. 2. 29., 2015. 7. 20.〉

1. 정관
2. 창립총회 의사록
3. 사업계획서
4. 발기인 대표 및 임원의 이력서
5. 법 제7조 제2항의 규정에 의한 설립동의서를 제출한 자의 명부
6. 사무소 소재지의 약도
7. 발기인회 의사록
8. 기타 조합설립에 관련된 사항을 기재한 서류

② 조합의 설립이 법 제55조 제1항에 따른 분할로 인한 것인 때에는 제1항 제2호에 따른 창립총회 의사록은 분할을 결의한 총회의 의사록으로 갈음할 수 있다. 이 경우 분할을 결의한 총회의 의사록에는 설립되는 조합이 승계하는 권리·의무에 관한 결의사항을 기재하여야 한다. 〈개정 2015. 7. 20.〉

③ 중앙회장은 제1항에 따른 설립인가신청서를 접수한 때에는 의견을 붙여 30일 이내에 금융위원회에 제출하여야 한다. 〈개정 1999. 5. 24., 2000. 6. 27., 2008. 2. 29., 2015. 7. 20.〉

④ 법 제8조 제2항에 따라 금융위원회는 제3항에 따라 중앙회장으로부터 인가신청서류를 제출받은 경우에는 그 내용을 심사하여 접수한 날부터 60일 이내에 조합의 설립인가 여부를 결정하고, 그 결과와 이유를 지체 없이 신청인에게 알려야 한다. 〈개정 2015. 7. 20.〉

⑤ 제4항의 심사기간을 산정할 때 다음 각 호의 어느 하나에 해당하는 경우 그 기간은 심사기간에 산입(算入)하지 아니한다. 〈신설 2015. 7. 20.〉

1. 법 제8조 제1항 각 호의 요건을 충족하는지를 확인하기 위하여 다른 기관 등으로부터 필요한 자료를 제공받는 데에 걸리는 기간
2. 설립인가신청서 또는 첨부서류의 흠결에 대하여 보완을 요구한 경우에는 그 보완기간
3. 조합의 설립인가를 받으려는 자의 발기인 및 임원(법 제7조 제2항 및 제27조 제2항에 따라 창립총회에서 선출된 임원을 말한다)을 상대로 형사소송 절차가 진행되고 있거나 금융위원회, 공정거래위원회, 국세청, 검찰청 또는 금융감독원(「금융위원회의 설치 등에 관한 법률」에 따른 금융감독원을 말한다. 이하 같다) 등에 의한 조사·검사 등의 절차가 진행되고 있고, 그 소송이나 조사·검사 등의 내용이 인가심사에 중대한 영향을 미칠 수 있다고 인

정되는 경우에는 그 소송이나 조사·검사 등의 절차가 끝날 때까지의 기간

제11조(인가의 세부요건) ① 법 제8조 제1항에 따른 조합설립의 인가요건 중 인력·물적시설 및 사업계획의 세부요건은 다음 각 호와 같다. <개정 2000. 6. 27., 2015. 1. 6., 2022. 6. 30.>

1. 인력
   가. 발기인(발기인이 개인인 경우에 한한다) 및 임원이 법 제28조의 규정에 의한 임원의 결격사유에 해당되지 아니할 것
   나. 임직원은 중앙회장이 실시하는 조합설립에 필요한 교육과정을 이수할 것
   다. 금융위원회가 사업 수행의 전문성을 고려하여 정하는 요건을 갖춘 인력을 확보할 것
2. 물적시설
   가. 업무 수행에 필요한 공간을 충분히 확보할 것
   나. 중앙회 전산조직과 호환이 가능한 전산조직을 갖출 것
3. 사업계획
   가. 사업계획이 지속적으로 사업을 시행하기에 적합하고 사업개시 후 3년간의 추정재무제표 및 수익전망이 타당성이 있을 것
   나. 사업계획의 추진에 소요되는 자본 등 자금의 조달방법이 적정할 것

② 행정구역·경제권 또는 생활권을 공동유대로 하는 조합(이하 "지역조합"이라 한다)간의 합병은 합병의 대상이 되는 조합의 공동유대가 같은 시(특별자치시와 「제주특별자치도 설치 및 국제자유도시 조성을 위한 특별법」 제10조 제2항에 따른 행정시를 포함한다. 이하 같다)·군 또는 구(자치구를 말한다. 이하 같다)에 있거나, 인접한 시·군 또는 구에 있는 경우에 한한다. 〈개정 1999. 4. 19., 2003. 11. 4., 2015. 1. 6., 2017. 10. 17.〉

〈금융위원회 신용협동조합 인가지침〉

제3장 인가 심사기준

11. 설 립

가. 조합 구성에 관한 사항

1) 조합의 정관 작성, 창립총회의 결의가 법 제7조에서 정하는 바에 따라 이루어져야 한다. 〈개정 2015. 7. 21〉

○ 조합을 설립하려면 조합의 공동유대에 소속된 30인 이상의 발기인이 정관을 작성하여 창립총회의 결의를 받아야 함 ○ 창립총회의 의사는 발기인 대표에게 조합 설립동의서를 회의 개최일 전날까지 제출한 자 과반수의 출석과 출석한 자의 3분의 2 이상의 찬성으로 결의하여야 함

2) 조합의 조합원수는 100인 이상이어야 한다. 〈법 제11조 제3항〉

나. 출자금에 관한 사항

1) 조합원의 출자금 합계액이 법 제14조에서 정하는 최저금액 이상이어야 한다. 〈개정 2015. 7. 21〉

○ 지역조합: 특별시 · 광역시의 경우 3억원, 특별자치시 · 시(「제주특별자치도 설치 및 국제자유도시 조성을 위한 특별법」 제15조 제2항에 따른 행정시를 포함한다. 이하 같다)의 경우 2억원, 군(광역시 · 특별자치시 또는 시에 속하는 읍 · 면을 포함한다. 이하 같다)의 경우 5천만원 ○ 직장조합: 4천만원 ○ 단체조합: 특별시 · 광역시의 경우 1억원, 특별자치시 · 시의 경우 8천만원, 군의 경우 5천만원

2) 조합원 1인의 출자좌수(금액)는 총출자좌수(금액)의 100분의 10 이내이어야 한다. 〈법 제14조 제3항〉

다. 임원 등의 자격에 관한 사항

1) 조합의 임원 및 발기인은 법 제28조에서 정한 자격제한 대상에 해당되지 않아야 한다. 〈개정 2008. 4. 7〉〈개정 2015. 7. 21〉

○ 다음의 어느 하나에 해당하는 사람은 조합의 임원 및 발기인이 될 수 없음 – 피성년후견인, 피한정후견인 및 파산선고를 받고 복권되지 아니한 사람 – 금고 이상의 실형을 선고받고 그 집행이 끝나거나(집행이 끝난 것으로 보는 경우를 포함) 집행이 면제된 날부터 3년이 지나지 아니한 사람 – 형의 집행유예를 선고받고 그 유예기간 중에 있는 사람 – 금고 이상의 형의 선고유예를 받고 그 선고유예기간 중에 있는 사람 – 이 법 또는 금융 관련 법령(시행령 제15조 제1항)을 위반하여 벌금 이상의 형을 선고받고 그 집행이 끝나거나(집행이 끝난 것으로 보는 경우를 포함) 집행이 면제된 날부터 5년이 지나지 아니한 사람 – 이 법 또는 금융관계법령에 따라 해임되거나 징계면직된 사람으로서 해임(법 제84조 제1항 제1호에 따른 임원에 대한 개선을 포함)되거나 징계면직된 후 5년이 지나지 아니한 사람 – 이 법 또는 금융관계법령에 따라 영업의 허가 · 인가 또는 등록이 취소된 법인 또는 회사의 임직원이었던 사람(그 취소 사유의 발생에 직접적 책임이 있거나 이에 상응하는 책임이 있는 사람으로서 대통령령으로 정하는 사람만 해당)으로서 그 법인이나 회사에 대한 취소 처분이 있었던 날로부터 5년이 지나지 아니한 사람 – 이 법 또는 금융관계법령에 따라 대통령령으로 정하는 정직 · 업무집행정지 이상의 제재 조치(직무의 정지, 정지 또는 업무집행정지)를 받은 사람으로서 대통령령으로 정하는 기간(각각 4년)이 지나지 아니한 사람

- 이 법 또는 금융관계법령에 따라 재임 중이었거나 재직 중이었더라면 해임요구 또는 징계면직의 조치를 받았을 것으로 통보된 퇴임한 임원 또는 퇴직한 직원으로서 그 통보가 있었던 날부터 5년(통보가 있었던 날부터 5년이 퇴임 또는 퇴직한 날부터 7년을 초과한 경우에는 퇴임 또는 퇴직한 날부터 7년)이 지나지 아니한 사람
- 이 법 또는 금융관계법령에 따라 재임 중이었거나 재직 중이었더라면 대통령령으로 정하는 정직·업무집행정지 이상의 제재 조치를 요구받았을 것으로 통보된 퇴임한 임원 또는 퇴직한 직원으로서 그 통보가 있었던 날부터 대통령령으로 정하는 기간(통보가 있었던 날부터 대통령령으로 정하는 기간이 퇴임 또는 퇴직한 날부터 6년을 초과한 경우에는 퇴임 또는 퇴직한 날부터 6년)이 지나지 아니한 사람
- 그 밖에 정관에서 정한 자격 제한 사유에 해당하는 사람

2) 조합의 임직원은 중앙회장이 실시하는 조합설립에 필요한 교육과정을 이수하여야 한다. 〈시행령 제11조 제1항 제1호〉 〈개정 2015. 7. 21〉

3) 조합은 금융위원회가 사업 수행의 전문성을 고려하여 정하는 요건을 갖춘 인력을 확보해야 한다. 〈시행령 제11조 제1항 제1호〉 〈신설 2015. 7. 21〉

○ 전문인력의 세부요건

- 조합설립의 인가를 받고자 하는 자는 영위하고자 하는 업무 수행에 필요한 전문교육과정이나 연수과정을 이수하여 상당한 전문지식을 구비한 자를 임직원으로 확보하여야 한다. 〈감독규정 제4조의2〉

라. 조직구조 및 관리운용체계에 관한 사항

1) 중앙회가 정한 표준정관 및 표준업무방법서에 의거 조직되어 조합원의 권익을 해할 우려가 없어야 한다. 〈법 제75조 제2항〉

2) 조합의 사무소는 면적이 30제곱미터 이상으로서 중앙회와 호환이 가능한 전자계산조직을 갖추어야 한다. 〈시행령 제11조 제1항 제2호〉

마. 사업계획서에 관한 사항

1) 영업개시 후 3개년 간 추정재무제표 및 수익전망이 영업계획에 비추어 타당성이 있어야 한다.

2) 자금 조달·운용계획 및 인력운용계획이 주된 고객, 주된 서비스 내용 등 영업전략에 비추어 적정하여야 한다.

12. 합 병

가. 신용질서유지에 관한 사항

1) 공동유대 범위의 적정성, 금융구조 조정 등 합병 목적이 타당하여야 한다.

2) 기존 거래자 및 조합원 보호에 지장을 초래하지 않아야 한다.

나. 합병결의에 관한 사항

합병 당사자 조합은 과반수 조합원이 참석한 총회에서 출석조합원 3분의 2

이상 찬성으로 결의하였어야 한다. 다만, 재적조합원이 500명을 초과하는 경우에는 251인 이상의 조합원이 참석하여 총회를 개회하였어야 한다. 〈법 제25조〉

다. 사업계획에 관한 사항

1) 합병 이후 3개년 간 추정재무제표 및 수익전망이 영업계획에 비추어 타당성이 있어야 한다.

2) 업무범위 및 영업전략이 적정하여야 한다.

라. 기 타

가목 내지 다목을 제외한 합병인가기준은 설립인가기준을 준용한다.

13. 분 할

설립인가기준을 준용하되, 신용질서유지에 관한 사항과 분할결의에 관한 사항은 합병인가기준을 준용한다.

〈별표 1.〉 인가절차의 흐름

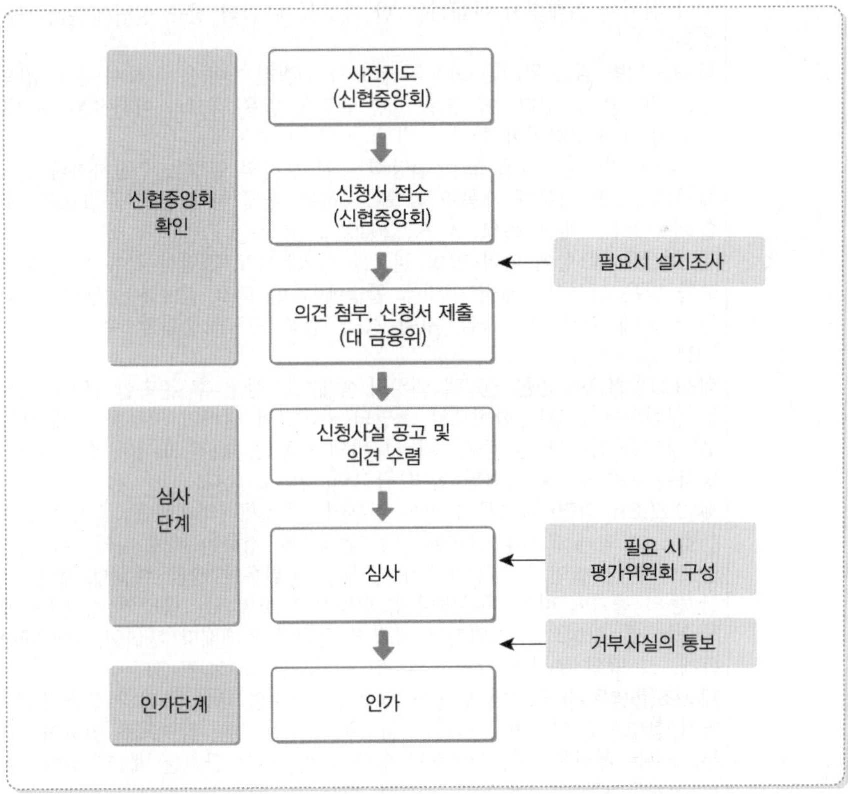

Ⅲ. 관련 법령

법률	조문
새마을 금고법	**제37조(합병)** ① 금고가 합병(合倂)하려면 합병계약서를 작성하여 총회의 의결을 거쳐야 한다. ② 제1항에 따라 합병에 따른 금고의 설립이 의결되면 각 총회는 설립위원을 선출하여야 한다. 이 경우 설립위원의 정수는 20명 이상으로 하고, 합병하려는 각 금고의 회원 중에서 같은 수로 선출한다. ③ 제2항에 따라 선출된 설립위원은 설립위원회를 개최하여 회장이 정하는 정관례에 따라 정관을 작성하고 임원을 선임하여 제7조 제1항에 따른 인가를 받아야 한다. 〈개정 2011. 3. 8.〉 ④ 설립위원회에서 임원을 선출하는 경우에는 설립위원이 추천하는 자 중에서 설립위원 과반수의 출석과 출석위원 과반수의 찬성이 있어야 한다. ⑤ 제2항부터 제4항까지의 규정에 따른 금고의 설립에 관하여는 그 합병계약의 취지에 위배되지 아니하는 한 제2장 제1절의 신규 설립에 관한 규정을 준용한다. **제38조(합병 권고 등)** ① 회장은 금고의 원활한 합병을 위하여 금고 간의 합병을 권고할 수 있다. 이 경우 합병 권고를 받은 금고의 이사장은 그 사실을 지체 없이 공고하여야 한다. 〈개정 2011. 3. 8.〉 ② 국가, 지방자치단체 또는 중앙회는 금고 간의 합병을 추진하거나 금고 간에 합병을 한 경우에 대통령령으로 정하는 바에 따라 합병에 필요한 지원을 할 수 있다. 〈개정 2011. 3. 8., 2020. 2. 18.〉 ③ 회장은 제1항에 따라 합병 권고를 하였는데도 정당한 사유 없이 합병 권고를 받은 날부터 6개월 이내에 합병에 관한 의결 절차를 이행하지 아니하는 금고에 대하여는 자금 지원 등을 감축하거나 중단할 수 있다. 〈개정 2011. 3. 8.〉 **제39조(합병으로 인한 권리와 의무의 승계)** ① 합병 후 존속할 금고나 합병으로 설립되는 금고는 합병으로 소멸되는 금고의 권리와 의무를 승계한다. ② 금고를 합병한 후 등기부나 그 밖의 공부(公簿)에 표시된 소멸된 금고의 명의는 존속되거나 설립된 합병 금고의 명의로 본다. **제40조(조세 감면)** 금고를 합병한 경우에는 「조세특례제한법」, 「지방세특례제한법」, 그 밖에 조세의 감면에 관한 법령으로 정하는 바에 따라 부동산 등의 양도에 따른 법인세, 자산재평가세, 부동산 취득에 따른 취득세, 법인·부동산 등의 등기에 따른 등록면허세, 합병으로 소멸되는 금고의 청산소득에 대한 법인세, 합병으로 소멸되는 금고의 회원의 의제배당(擬制配當)에 대한 소득세, 그 밖의 조세를 감면할 수 있다. 〈개정 2010. 3. 31.〉 **제49조(합병등기)** 금고가 합병한 경우에는 3주일 내에 주된 사무소의 소재지에서 합병으로 인하여 존속하는 금고는 변경등기를, 합병으로 인하여 소멸하는 금고는 해산등기를, 합병으로 인하여 설립되는 금고는 제45조 제1항에 따른 설립등기를 하여야 한다. 〈개정 2024. 9. 20.〉
	제75조(합병) ① 지역농협이 다른 조합과 합병하려면 합병계약서를 작성하고 각 총회의 의결을 거쳐야 한다.

<table>
<tr><td>농업
협동조합법</td><td>② 합병은 농림축산식품부장관의 인가를 받아야 한다. 〈개정 2013. 3. 23.〉
③ 합병으로 지역농협을 설립할 때에는 각 총회에서 설립위원을 선출하여야 한다.
④ 설립위원의 정수(定數)는 20명 이상으로 하고 합병하려는 각 조합의 조합원 중에서 같은 수를 선임한다.
⑤ 설립위원은 설립위원회를 개최하여 정관을 작성하고 임원을 선임하여 제15조 제1항에 따른 인가를 받아야 한다.
⑥ 설립위원회에서 임원을 선출하려면 설립위원이 추천한 사람 중 설립위원 과반수의 출석과 출석위원 과반수의 찬성이 있어야 한다.
⑦ 제3항부터 제6항까지의 규정에 따른 지역농협의 설립에 관하여는 합병 설립의 성질에 반하지 아니하면 이 장 제2절의 설립에 관한 규정을 준용한다.
⑧ 조합의 합병 무효에 관하여는 「상법」 제529조를 준용한다.
[전문개정 2009. 6. 9.]
제75조의2(합병에 따른 임원 임기에 관한 특례) ① 합병으로 설립되는 지역농협의 설립 당시 조합장·이사 및 감사의 임기는 제48조 제1항 각 호 외의 부분 단서에도 불구하고 설립등기일부터 2년으로 한다. 다만, 합병으로 소멸되는 지역농협의 조합장이 합병으로 설립되는 지역농협의 조합장으로 선출되는 경우 설립등기일 현재 조합장의 종전 임기 중 남은 임기가 2년을 초과하면 그 조합장의 임기는 그 남은 임기로 한다.
② 합병 후 존속하는 지역농협의 변경등기 당시 재임 중인 조합장, 조합원인 이사 및 감사의 남은 임기가 변경등기일 현재 2년 미만이면 제48조 제1항에도 불구하고 그 임기를 변경등기일부터 2년으로 한다.
[전문개정 2009. 6. 9.]
제76조(합병 지원) 국가와 중앙회는 지역농협의 합병을 촉진하기 위하여 필요하다고 인정되면 예산의 범위에서 자금을 지원할 수 있다.
[전문개정 2009. 6. 9.]
제77조(분할) ① 지역농협이 분할할 때에는 분할 설립되는 조합이 승계하여야 하는 권리·의무의 범위를 총회에서 의결하여야 한다.
② 제1항에 따른 조합의 설립에 관하여는 분할 설립의 성질에 반하지 아니하면 이 장 제2절의 설립에 관한 규정을 준용한다.
[전문개정 2009. 6. 9.]
제79조(합병으로 인한 권리·의무의 승계) ① 합병 후 존속하거나 설립되는 지역농협은 소멸되는 지역농협의 권리·의무를 승계한다.
② 지역농협의 합병 후 등기부나 그 밖의 공부(公簿)에 표시된 소멸된 지역농협의 명의(名義)는 존속하거나 설립된 합병 지역농협의 명의로 본다.
[전문개정 2009. 6. 9.]
제80조(합병·분할 또는 조직변경의 공고, 최고 등) 지역농협의 합병·분할 또는 조직변경의 경우에는 제72조와 제73조를 준용한다.
[전문개정 2009. 6. 9.]
제81조(합병등기의 효력) 지역농협의 합병은 합병 후 존속하거나 설립되는 지역농협이 그 주된 사무소의 소재지에서 제95조에 따른 등기를 함으로써 그 효력을 가진다.
[전문개정 2009. 6. 9.]
제95조(합병등기 등) ① 지역농협이 합병한 경우에는 합병인가를 받은 날부터 2주일 이내에 주된 사무소의 소재지에서 합병 후 존속하는 지역농협은</td></tr>
</table>

	변경등기를, 합병으로 소멸되는 지역농협은 해산등기를, 합병으로 설립되는 지역농협은 제90조에 따른 설립등기를 하여야 한다. 〈개정 2024. 9. 20.〉 ② 제1항에 따른 해산등기를 할 때에는 합병으로 소멸되는 지역농협의 조합장이 신청인이 된다. ③ 제2항의 경우에는 해산 사유를 증명하는 서류를 첨부하여야 한다. [전문개정 2009. 6. 9.]
수산업 협동조합법	**제77조(합병)** ① 지구별수협이 다른 조합과 합병할 때에는 합병계약서를 작성하고 각 총회의 의결을 거쳐야 한다. ② 합병은 해양수산부장관의 인가를 받아야 한다. 〈개정 2013. 3. 23.〉 ③ 합병무효에 관하여는 「상법」 제529조를 준용한다. [전문개정 2010. 4. 12.] **제78조(설립위원)** ① 합병으로 지구별수협을 설립할 때에는 설립위원을 총회에서 선출하여야 한다. ② 설립위원의 정수는 20명 이상 30명 이하로 하고 합병하려는 각 조합의 조합원 중에서 조합원 수의 비율로 선출한다. ③ 설립위원은 설립위원회를 개최하여 정관을 작성하고 임원을 선출하여 제77조 제2항에 따른 인가를 받아야 한다. ④ 설립위원회에서 임원을 선출할 때에는 설립위원이 추천한 사람 중에서 설립위원 과반수의 출석과 출석 설립위원 과반수의 찬성이 있어야 한다. ⑤ 제1항부터 제4항까지의 규정에 따른 지구별수협의 설립에 관하여는 합병설립의 성질에 반하지 아니하는 범위에서 이 장 제2절의 설립에 관한 규정을 준용한다. [전문개정 2010. 4. 12.] **제79조(합병 지원)** 국가와 중앙회는 지구별수협의 합병을 촉진하기 위하여 필요하다고 인정하면 예산의 범위에서 자금을 지원할 수 있다. **제80조(분할)** ① 지구별수협이 분할할 때에는 분할 후 설립되는 조합이 승계하여야 하는 권리의무의 범위를 총회에서 의결하여야 한다. ② 제1항에 따른 조합의 설립에 관하여는 분할설립의 성질에 반하지 아니하는 범위에서 이 장 제2절의 설립에 관한 규정을 준용한다. [전문개정 2010. 4. 12.] **제81조(합병으로 인한 권리의무의 승계)** ① 합병 후 존속하거나 합병으로 설립되는 지구별수협은 소멸되는 지구별수협의 권리의무를 승계한다. ② 지구별수협의 합병 후 등기부 및 그 밖의 공적 장부에 표시된 소멸된 지구별수협의 명의는 합병 후 존속하거나 합병으로 설립된 지구별수협의 명의로 본다. 〈개정 2020. 3. 24.〉 [전문개정 2010. 4. 12.] **제82조(합병·분할의 공고 및 독촉 등)** 지구별수협의 합병·분할의 공고, 독촉 및 채권자 이의에 관하여는 제74조 제2항 및 제75조를 준용한다. 〈개정 2023. 10. 24.〉 [전문개정 2010. 4. 12.] [제목개정 2023. 10. 24.] **제83조(합병의 효력)** 지구별수협의 합병은 합병 후 존속하거나 합병으로 설립되는 지구별수협이 그 주된 사무소의 소재지에서 제97조에 따른 등기를 함으로써 그 효력을 가진다. [전문개정 2010. 4. 12.]

	제97조(합병등기) ① 지구별수협이 합병하였을 때에는 해양수산부장관이 합병인가를 한 날부터 2주 이내에 합병 후 존속하는 지구별수협은 제95조에 따른 변경등기를, 합병으로 소멸되는 지구별수협은 제98조에 따른 해산등기를, 합병으로 설립되는 지구별수협은 제92조에 따른 설립등기를 주된 사무소의 소재지에서 하여야 한다. 〈개정 2013. 3. 23.〉〈개정 2024. 9. 20.〉 ② 합병으로 소멸되는 지구별수협의 조합장이 제1항에 따른 해산등기의 신청인이 된다. ③ 조합장이 제2항에 따라 해산등기를 신청할 때에는 해산 사유를 증명하는 서류를 첨부하여야 한다. [전문개정 2010. 4. 12.]
산림조합법	**제61조(합병)** ① 조합이 다른 조합과 합병할 때에는 합병계약서를 작성하고 각 총회의 의결을 받아야 한다. ② 합병은 시·도지사의 인가를 받아야 한다. 〈개정 2020. 2. 18.〉 ③ 합병으로 조합을 설립할 때에는 각 총회에서 설립위원을 선출하여야 한다. ④ 설립위원의 정수는 20명 이상으로 하고, 합병하려는 각 조합의 조합원 중에서 같은 수로 선임한다. ⑤ 설립위원은 설립위원회를 개최하여 정관을 작성하고 임원을 선임하여 제14조에 따른 인가를 받아야 한다. ⑥ 설립위원회에서 임원을 선출할 때에는 설립위원이 추천한 사람 중에서 설립위원 과반수의 출석과 출석위원 과반수의 찬성이 있어야 한다. ⑦ 제3항부터 제6항까지의 규정에 따른 조합의 설립에 관하여는 합병설립의 성질에 반하지 아니하는 범위에서 제14조부터 제17조까지의 규정을 준용한다. ⑧ 조합의 합병 무효에 관하여는 「상법」 제529조를 준용한다. [전문개정 2013. 4. 5.] **제62조(합병지원)** 국가와 중앙회는 조합의 합병을 촉진하기 위하여 필요하다고 인정하는 경우에는 예산의 범위에서 자금을 지원할 수 있다. **제63조(합병으로 인한 권리·의무의 승계)** ① 합병 후 존속하거나 합병으로 인하여 설립되는 조합은 소멸되는 조합의 권리·의무를 승계한다. ② 조합의 합병 후 등기부나 그 밖의 공적 장부에 표시된 소멸된 조합의 명의는 존속하거나 설립된 합병조합의 명의로 본다. 〈개정 2020. 3. 24.〉 [전문개정 2013. 4. 5.] **제64조(합병등기의 효력)** 조합의 합병은 합병 후 존속하거나 설립되는 조합이 그 주된 사무소의 소재지에서 제80조에 따른 등기를 함으로써 그 효력을 가진다. [전문개정 2013. 4. 5.] **제65조(합병 또는 분할의 공고·최고)** 조합의 합병 또는 분할에 관하여는 제58조 및 제59조를 준용한다. [전문개정 2013. 4. 5.] **제66조(분할)** ① 조합이 분할하는 경우에는 분할설립되는 조합이 승계하여야 하는 권리·의무의 범위를 총회에서 의결하여야 한다. ② 분할에 의한 조합 설립에 관하여는 분할설립의 성질에 반하지 아니하는 범위에서 제14조부터 제17조까지의 규정을 준용한다. [전문개정 2013. 4. 5.]

	제80조(합병등기 등) ① 조합이 합병하였을 때에는 합병한 날부터 2주일 이내에 주된 사무소의 소재지에서 합병 후 존속하는 조합은 변경등기를, 합병으로 인하여 소멸되는 조합은 해산등기를, 합병으로 인하여 설립된 조합은 제75조에 따른 설립등기를 하여야 한다. 〈개정 2024. 9. 20.〉 ② 제1항에 따른 해산등기를 할 때에는 합병으로 소멸하는 조합의 조합장이 신청인이 된다. ③ 제2항의 경우에는 해산사유를 증명하는 서류를 첨부하여야 한다. [전문개정 2013. 4. 5.]

제 7 절 청 산

제56조(청산 사무의 감독), 제57조(청산인), 제58조(청산잔여재산), 제59조(청산인의 임무 등), 제60조(「민법」 등의 준용)

제56조(청산 사무의 감독) 조합의 청산 사무는 중앙회장이 감독한다.
[전문개정 2015. 1. 20.]

제57조(청산인) ① 조합이 해산한 경우에는 파산의 경우를 제외하고는 이사장이 청산인이 된다. 다만, 중앙회장이 대통령령으로 정하는 바에 따라 따로 청산인을 선임한 경우에는 그러하지 아니하다.
② 청산인은 파산의 경우를 제외하고는 취임한 날부터 14일 이내에 다음 각 호의 사항을 주된 사무소 소재지에서 등기하여야 한다. 등기사항이 변경된 경우에도 또한 같다. 〈개정 2024. 9. 20.〉
1. 해산 사유
2. 해산 연월일
3. 청산인의 성명과 주소
4. 청산인의 대표권을 제한한 경우에는 그 제한 내용
[전문개정 2015. 1. 20.]

제58조(청산잔여재산) 해산한 조합이 채무를 변제하고 청산잔여재산(清算殘餘財産)이 있을 때에는 정관에서 정하는 바에 따라 처분한다.
[전문개정 2015. 1. 20.]

제59조(청산인의 임무 등) ① 청산인은 취임 후 지체 없이 조합의 재산상태를 조사하고, 재산 목록과 재무상태표를 작성하여 총회의 승인을 받아야 한다. 청산 사무가 종결되었을 때의 결산보고서에 관하여도 또한 같다.
② 제1항의 경우 총회를 2회 이상 소집하여도 총회가 구성되지 아니할 때에는 중앙회장의 승인을 받은 경우 총회의 승인을 받은 것으로 본다.
③ 청산인은 조합의 채무를 변제하거나 변제에 상당하는 재산을 공탁하기 전에는 조합의 재산을 분배해서는 아니 된다.
④ 청산인은 청산 사무를 종결하였을 때에는 지체 없이 주된 사무소 소재지에서 이를 등기하고 그 경위를 중앙회장에게 보고하여야 한다. 〈개정 2024. 9. 20.〉
[전문개정 2015. 1. 20.]

제60조(「민법」 등의 준용) 조합의 청산에 관하여는 이 법에서 규정한 것을 제외하고는 「민법」 제79조, 제81조, 제87조, 제88조 제1항 · 제2항, 제89조부터 제92조까지 및 제93조 제1항 · 제2항과 「비송사건절차법」 제121조를 준용한다.
[전문개정 2015. 1. 20.]

Ⅰ. 조문의 취지와 의의

법 제56조부터 제60조까지는 조합 해산에 따른 후속절차인 청산과 관련하여 중앙회장의 청산사무 감독의무와 청산인의 자격 및 임무 등을 규정하고 있다.

Ⅱ. 조문의 내용 및 해설

1. 청산의 의의

조합의 청산이라 함은, 해산된 조합의 채권·채무를 정리하고 그 재산관계를 정리하는 절차를 말한다(신협청산업무지침 제3조 제2호). 따라서 해산된 조합은 해산 시부터 청산종료 시까지는 청산의 목적범위 내에서만 권리가 있고 의무를 부담한다. 이와 같이 청산 목적범위 내에서만 권리능력이 있는 법인을 청산법인이라고 한다.

2. 청산 사무의 감독

(1) 감독의 주체

조합의 청산은 모든 이해관계인의 이해에 직접적으로 관계되는 사항이므로, 청산사무가 적법하고 공정하게 처리되도록 중앙회장이 감독하도록 하고 있다(법 제56조). 따라서 중앙회장은 청산등기일까지 청산조합을 감독 할 의무가 있으며, 필요한 경우 검사 등을 실시할 수 있다(신협청산업무지침 제14조).

(2) 감독 내용

중앙회장은 청산조합 감독을 위해 유선 또는 현장 확인을 할 경우, ① 사무소의 소재지 및 연락처, ② 청산인 및 청산인 연락처, ③ 채권채무의 정리규모(신규취급 여수신 포함), ④ 청산종결예정일자를 파악하여야 하며 그 결과를 청산사무관리대장에 기재하여 관리하여야 한다. 또한 중앙회장이 청산조합에 대해 검사를 실시하는 경우에는 유선 또는 현장 확인시 확인할 사항은 물론 청산인 및 청산조합 직원의 중대한 위규행위 여부와 청산인 및 직원의 사고개연성도 파악하여야 한다(신협청산업무지침 제16조).

(3) 감독에 따른 조치

중앙회장은 청산조합에 대한 검사 결과 청산인 및 청산조합 직원의 행위가 신협법, 정관 또는 규정 위반에 해당하는 경우 위규행위의 경중에 따라 시정지시 등 조치하고, 필요한 경우 사법당국에 고발하며, 청산인이 위규행위 등으로 사실상 정상적으로 청산업무수행이 어렵다고 판단되는 경우에는 조합원 또는 중앙회 소속직원으로 청산인을 교체 할 수 있다(신협청산업무지침 제17조).

3. 청산인

(1) 의 의

청산법인에서는 이사장 대신에 청산인이 대내적으로는 업무를 통할하고, 대외적으로는 조합을 대표하여 업무를 처리한다. 이사장 이외의 기관은 청산 목적범위 내에서는 그대로 존속한다. 청산인은 청산법인의 대표기관 및 업무총괄기관으로, 청산조합에 있어서 청산 전의 조합의 이사장과 같은 지위에 있는 기관이므로 청산의 목적범위내에서 이사장과 동일한 권리의무를 가진다.

(2) 자 격

조합이 해산하면 파산으로 인한 경우를 제외하고는 이사장이 청산인이 되는 것이 원칙이다. 다만, 이사장이 없거나 당해 조합의 이사장이 청산업무를 수행함이 적당하지 아니하다고 인정되는 경우, 중앙회장은 조합원 또는 중앙회 소속 직원 중에서 청산인을 선임할 수 있다(법 제57조 제1항, 시행령 제19조).

(3) 등 기

청산인은 파산의 경우를 제외하고는 취임한 날부터 14일 이내에 해산 사유, 해산 연월일, 청산인의 성명과 주소, 청산인의 대표권을 제한한 경우에는 그 제한 내용을 주된 사무소 소재지에서 등기하여야 하며, 등기 사항이 변경된 경우에도 변경 등기를 하여야 한다(법 제57조 제2항).

(4) 임 무

청산인은 취임 후 지체 없이 조합의 재산상태를 조사하고, 재산 목록과 재무상태표를 작성하여 총회의 승인을 받아야 하며, 청산 사무가 종결되었을 때의 결산보고서에 관하여도 또한 같다(법 제59조 제1항). 다만 이를 위해 총회를 2회 이상 소집하여도 총회가 구성되지 아니할 때에는 중앙회장의 승인을 받은 경우 총회의 승인을 받은 것으로 간주한다(법 제59조 제2항).

또한 청산인은 조합의 채무를 변제하거나 변제에 상당하는 재산을 공탁하기 전에는 조합의 재산을 분배해서는 안된다(법 제59조 제3항). 이를 위반 할 경우 2년 이하의 징역 또는 2천만원 이하의 벌금에 처할 수 있다(법 제99조 제2항 제3호).

그리고 청산인은 청산 사무를 종결하였을 때에는 지체 없이 주된 사무소 소재지에서 이를 등기하고 그 경위를 중앙회장에게 보고하여야 한다(법 제59조 제4항).

4. 청산잔여재산

해산한 조합이 채무를 변제하고 청산잔여재산(淸算殘餘財産)이 있을 때에는 정관에서 정하는 바에 따라 처분한다(법 제58조). 따라서 해산한 조합이 채무를 변제하고 청산잔여 재산이 있을 때에는 총회에서 정한 산정방법에 의하여 산정한 지분의 비율에 의하여 이를 조합원에게 분배한다(표준정관 제77조).

5. 민법 등의 준용

조합의 청산에 관하여는 신협법에서 규정한 것을 제외하고는 민법 제79조(파산신청), 제81조(청산법인), 제87조(청산인의 직무), 제88조(채권신고의 공고) 제1항과 제2항, 제89조(채권신고의 최고), 제90조(채권신고기간내의 변제금지), 제91조(채권변제의 특례), 제92조(청산으로부터 제외된 채권), 제93조(청산중의 파산)의

제1항과 제2항 그리고 비송사건절차법」 제121조(청산인의 결격사유)를 준용한다 (법 제60조).

〈참고〉 청산과 관련하여 준용되는 조문 상세

〈민법〉

제79조(파산신청) 법인이 채무를 완제하지 못하게 된 때에는 이사는 지체없이 파산신청을 하여야 한다.

제81조(청산법인) 해산한 법인은 청산의 목적범위내에서만 권리가 있고 의무를 부담한다.

제87조(청산인의 직무) ① 청산인의 직무는 다음과 같다.

1. 현존사무의 종결
2. 채권의 추심 및 채무의 변제
3. 잔여재산의 인도

② 청산인은 전항의 직무를 행하기 위하여 필요한 모든 행위를 할 수 있다.

제88조(채권신고의 공고) ① 청산인은 취임한 날로부터 2월내에 3회 이상의 공고로 채권자에 대하여 일정한 기간 내에 그 채권을 신고할 것을 최고하여야 한다. 그 기간은 2월 이상이어야 한다.

② 전항의 공고에는 채권자가 기간 내에 신고하지 아니하면 청산으로부터 제외될 것을 표시하여야 한다.

제89조(채권신고의 최고) 청산인은 알고 있는 채권자에게 대하여는 각각 그 채권신고를 최고하여야 한다. 알고 있는 채권자는 청산으로부터 제외하지 못한다.

제90조(채권신고기간내의 변제금지) 청산인은 제88조 제1항의 채권신고기간내에는 채권자에 대하여 변제하지 못한다. 그러나 법인은 채권자에 대한 지연손해배상의 의무를 면하지 못한다.

제91조(채권변제의 특례) ① 청산 중의 법인은 변제기에 이르지 아니한 채권에 대하여도 변제할 수 있다.

② 전항의 경우에는 조건있는 채권, 존속기간의 불확정한 채권 기타 가액의 불확정한 채권에 관하여는 법원이 선임한 감정인의 평가에 의하여 변제하여야 한다.

제92조(청산으로부터 제외된 채권) 청산으로부터 제외된 채권자는 법인의 채무를 완제한 후 귀속권리자에게 인도하지 아니한 재산에 대하여서만 변제를 청구할 수 있다.

제93조(청산중의 파산) ① 청산중 법인의 재산이 그 채무를 완제하기에 부족한 것이 분명하게 된 때에는 청산인은 지체없이 파산선고를 신청하고 이를 공고하여야 한다.

② 청산인은 파산관재인에게 그 사무를 인계함으로써 그 임무가 종료한다.

〈비송사건절차법〉

제121조(청산인의 결격사유) 다음 각 호의 어느 하나에 해당하는 자는 청산인으로 선임될 수 없다. <개정 2020. 6. 9.>

1. 미성년자
2. 피성년후견인
3. 자격이 정지되거나 상실된 자
4. 법원에서 해임된 청산인
5. 파산선고를 받은 자

6. 청산종결의 등기

청산인은 법 제59조 제4항에 따라 조합의 청산이 종결된 경우에는 결산보고서에 대한 총회의 승인을 받은 날부터 2주일 이내에 주된 사무소의 소재지에서 청산종결의 등기를 해야 한다(법 시행령 제6조 제3항).

Ⅲ. 관련 법령

법률	조문
새마을 금고법	제41조(청산인) ① 금고가 해산한 때에는 파산으로 인한 경우 외에는 총회에서 청산인을 선임한다. ② 제1항의 경우에 총회를 2회 이상 소집하여도 총회가 구성되지 아니하는 경우에는 회장이 청산인을 선임할 수 있다. 〈개정 2011. 3. 8.〉 ③ 회장은 금고의 청산 사무를 감독한다. 〈개정 2011. 3. 8.〉 ④ 회장은 청산인이 청산 사무를 수행함에 있어 청산금고의 재산에 손해를 끼칠 우려가 있다고 인정되는 경우 청산인을 새로이 선임할 수 있다. 〈신설 2011. 3. 8.〉 제42조(청산인의 직무) ① 청산인은 취임 후 지체 없이 재산 상황을 조사하고, 재산 목록과 재무상태표를 작성하여 재산 처분 방법을 정하고 총회에 제출하여 승인을 받아야 한다. 〈개정 2017. 12. 26.〉 ② 제1항의 경우에 총회를 2회 이상 소집하여도 총회가 구성되지 아니하는 경우에는 회장의 승인으로써 이를 갈음할 수 있다. 〈개정 2011. 3. 8.〉 제43조(청산 잔여 재산) 금고가 해산한 경우에 그 채무를 완제(完濟)하고 남은 재산이 있으면 정관으로 정하는 바에 따라 이를 처분한다. 제44조(「민법」 등 준용) 금고의 해산과 청산에 관하여는 이 법에 규정한 것 외에는 「민법」 제79조, 제81조, 제87조, 제88조 제1항 및 제2항, 제89조부터 제92조까지, 제93조 제1항과 제2항 및 「비송사건절차법」 제121조를 각각 준용한다.

	제50조(해산등기와 청산종결등기) ① 금고가 해산한 경우에는 합병과 파산의 경우 외에는 청산인은 그 취임일부터 3주간 내에 그 사무소의 소재지에서 다음 각 호의 사항을 등기하여야 한다. 〈개정 2024. 9. 20.〉 1. 해산의 사유와 해산 연월일 2. 청산인의 성명ㆍ주소 3. 청산인의 대표권을 제한한 경우에는 그 제한에 관한 사항 ② 청산이 종결된 경우에는 청산인은 사무소의 소재지에서 2주간 내에 청산종결등기를 하여야 한다. 〈개정 2024. 9. 20.〉 **제51조(등기신청인)** 이 법에 따라 금고의 설립 및 변경등기는 이사장이 신청인이 된다. 다만, 해산등기의 경우에는 청산인이 신청인이 되며, 그 등기신청서에는 해산 사유를 증명하는 서류를 첨부하여야 한다.
농업 협동조합법	**제84조(청산인)** ① 지역농협이 해산하면 파산으로 인한 경우 외에는 조합장이 청산인(淸算人)이 된다. 다만, 총회에서 다른 사람을 청산인으로 선임하였을 때에는 그러하지 아니하다. ② 청산인은 직무의 범위에서 조합장과 동일한 권리ㆍ의무를 가진다. ③ 농림축산식품부장관은 지역농협의 청산 사무를 감독한다. 〈개정 2013. 3. 23.〉 [전문개정 2009. 6. 9.] **제85조(청산인의 직무)** ① 청산인은 취임 후 지체 없이 재산 상황을 조사하고 재무상태표를 작성하여 재산 처분의 방법을 정한 후 이를 총회에 제출하여 승인을 받아야 한다. 〈개정 2011. 3. 31.〉 ② 제1항의 승인을 받기 위하여 2회 이상 총회를 소집하여도 총회가 개의(開議)되지 아니하여 총회의 승인을 받을 수 없으면 농림축산식품부장관의 승인으로 총회의 승인을 갈음할 수 있다. 〈개정 2013. 3. 23.〉 [전문개정 2009. 6. 9.] **제86조(청산 잔여재산)** 해산한 지역농협의 청산 잔여재산은 따로 법률로 정하는 것 외에는 정관으로 정하는 바에 따라 처분한다. [전문개정 2009. 6. 9.] **제87조(청산인의 재산 분배 제한)** 청산인은 채무를 변제하거나 변제에 필요한 금액을 공탁한 후가 아니면 그 재산을 분배할 수 없다. [전문개정 2009. 6. 9.] **제88조(결산보고서)** 청산 사무가 끝나면 청산인은 지체 없이 결산보고서를 작성하고 총회에 제출하여 승인을 받아야 한다. 이 경우 제85조 제2항을 준용한다. [전문개정 2009. 6. 9.] **제89조(「민법」 등의 준용)** 지역농협의 해산과 청산에 관하여는 「민법」 제79조, 제81조, 제87조, 제88조 제1항ㆍ제2항, 제89조부터 제92조까지, 제93조 제1항ㆍ제2항과 「비송사건절차법」 제121조를 준용한다. [전문개정 2009. 6. 9.] **제98조(청산인등기)** ① 청산인은 그 취임일부터 2주일 이내에 주된 사무소의 소재지에서 그 성명ㆍ주민등록번호 및 주소를 등기하여야 한다. ② 제1항에 따른 등기를 할 때 조합장이 청산인이 아닌 경우에는 신청인의 자격을 증명하는 서류를 첨부하여야 한다. [전문개정 2009. 6. 9.]

	제99조(청산종결등기) ① 청산이 끝나면 청산인은 주된 사무소의 소재지에서는 2주일 이내에, 지사무소의 소재지에서는 3주일 이내에 청산종결의 등기를 하여야 한다. ② 제1항에 따른 등기신청서에는 제88조에 따른 결산보고서의 승인을 증명하는 서류를 첨부하여야 한다. [전문개정 2009. 6. 9.]
수산업 협동조합법	**제86조(청산인)** ① 지구별수협이 해산(파산으로 인한 경우는 제외한다)하였을 때에는 조합장이 청산인(淸算人)이 된다. 다만, 총회에서 다른 사람을 청산인으로 선임하였을 때에는 그러하지 아니하다. ② 청산인이 결원 상태인 경우 또는 설립인가의 취소로 인하여 지구별수협이 해산한 경우에는 해양수산부장관이 청산인을 임명한다. 〈개정 2013. 3. 23.〉 ③ 청산인은 그 직무의 범위에서 조합장과 동일한 권리의무를 가진다. ④ 해양수산부장관은 지구별수협의 청산 사무를 감독한다. 〈개정 2013. 3. 23.〉 [전문개정 2010. 4. 12.] **제87조(청산인의 직무)** ① 청산인은 취임 후 지체 없이 재산 상황을 조사하고 재산목록 및 재무상태표를 작성하여 재산 처분 방법을 정한 후 이를 총회에 제출하여 승인을 받아야 한다. 〈개정 2017. 11. 28.〉 ② 제1항의 승인을 받기 위하여 2회 이상 총회를 소집하여도 총회가 구성되지 아니하여 총회의 승인을 받을 수 없을 때에는 해양수산부장관의 승인으로 총회의 승인을 갈음할 수 있다. 〈개정 2013. 3. 23.〉 [전문개정 2010. 4. 12.] **제88조(청산 잔여재산)** 해산한 지구별수협의 청산 후 남은 재산은 따로 법률로 정하는 것 외에는 정관으로 정하는 바에 따라 처분한다. [전문개정 2010. 4. 12.] **제89조(청산인의 재산 분배 제한)** 청산인은 지구별수협의 채무를 변제하거나 변제에 필요한 금액을 공탁(供託)한 후가 아니면 그 재산을 분배할 수 없다. [전문개정 2010. 4. 12.] **제90조(결산보고서)** 청산 사무가 끝나면 청산인은 지체 없이 결산보고서를 작성하고 이를 총회에 제출하여 승인을 받아야 한다. 이 경우 제87조 제2항을 준용한다. [전문개정 2010. 4. 12.] **제91조(「민법」 등의 준용)** 지구별수협의 해산과 청산에 관하여는 「민법」 제79조, 제81조, 제87조, 제88조 제1항·제2항, 제89조부터 제92조까지 및 제93조 제1항·제2항과 「비송사건절차법」 제121조를 준용한다. [전문개정 2010. 4. 12.] **제99조(청산인등기)** ① 청산인은 취임한 날부터 2주 이내에 주된 사무소의 소재지에서 그 성명·주민등록번호 및 주소를 등기하여야 한다. ② 제1항에 따른 등기를 할 때 조합장이 청산인이 아닌 경우에는 신청인의 자격을 증명하는 서류를 첨부하여야 한다. [전문개정 2010. 4. 12.] **제100조(청산종결등기)** ① 청산이 끝나면 청산인은 주된 사무소의 소재지에서는 2주 이내에, 지사무소의 소재지에서는 3주 이내에 청산종결의 등기를

	하여야 한다. ② 청산인이 제1항에 따라 청산종결의 등기를 신청할 때에는 등기신청서에 제90조에 따른 결산보고서의 승인을 증명하는 서류를 첨부하여야 한다. [전문개정 2010. 4. 12.]
산림조합법	**제69조(청산인)** ① 조합이 해산하였을 때에는 파산으로 인한 경우를 제외하고는 조합장이 청산인이 된다. 다만, 총회에서 다른 사람을 청산인으로 선임하였을 때에는 그러하지 아니하다. ② 청산인은 그 직무의 범위에서 조합장과 동일한 권리·의무를 가진다. ③ 시·도지사는 조합의 청산사무를 감독한다. 〈개정 2020. 2. 18.〉 [전문개정 2013. 4. 5.] **제70조(청산인의 직무)** ① 청산인은 취임 후 지체 없이 재산상황을 조사하고 재무상태표를 작성하여 재산처분의 방법을 정한 후 총회에 제출하여 승인을 받아야 한다. **제71조(청산잔여재산)** 해산한 조합의 청산잔여재산은 따로 법률에서 정하는 것 외에는 정관으로 정하는 바에 따라 처분한다. **제72조(청산인의 재산분배 제한)** 청산인은 채무를 변제하거나 변제에 필요한 금액을 공탁하기 전에는 그 재산을 분배하여서는 아니 된다. **제73조(결산보고서)** 청산사무가 종결되었을 때에는 청산인은 지체 없이 결산보고서를 작성하고 총회에 제출하여 승인을 받아야 한다. 이 경우 제70조 제2항을 준용한다. **제74조(「민법」 등의 준용)** 조합의 해산과 청산에 관하여는 「민법」 제79조, 제81조, 제87조, 제88조 제1항·제2항, 제89조부터 제92조까지 및 제93조 제1항·제2항과 「비송사건절차법」 제121조를 준용한다. **제82조(청산인등기)** ① 청산인은 그 취임일부터 2주 이내에 주된 사무소의 소재지에서 그 성명·주민등록번호 및 주소를 등기하여야 한다. ② 제1항에 따른 등기를 할 때 조합장이 청산인이 아닌 경우에는 신청인의 자격을 증명하는 서류를 첨부하여야 한다. [전문개정 2013. 4. 5.] **제83조(청산종결등기)** ① 청산이 종결되었을 때에는 청산인은 주된 사무소의 소재지에서는 2주 이내에, 지사무소의 소재지에서는 3주 이내에 청산종결의 등기를 하여야 한다. ② 제1항에 따른 등기신청서에는 제73조에 따른 결산보고서의 승인을 증명하는 서류를 첨부하여야 한다. [전문개정 2013. 4. 5.] ② 제1항의 경우 승인을 받기 위하여 두 차례 이상 총회를 소집하여도 총회가 열리지 아니하여 총회의 승인을 받을 수 없을 때에는 시·도지사의 승인으로 갈음할 수 있다. 〈개정 2020. 2. 18.〉 [전문개정 2013. 4. 5.]

제3장 중 앙 회

제 1 절 설립 및 출자

제61조(설립)

제61조(설립) ① 조합의 업무를 지도·감독하며 그 공동이익의 증진과 건전한 발전을 도모하기 위하여 조합을 구성원으로 하는 중앙회를 둔다.
② 중앙회의 설립 및 인가에 관하여는 제7조 및 제8조를 준용한다.
[전문개정 2015. 1. 20.]

Ⅰ. 조문의 취지와 의의

본 조는 중앙회의 설립 및 그 절차에 관하여 규정하고 있다. 중앙회는 조합을 구성원으로 설립된 전국단위의 유일한 연합조직체이며, '회원조합의 공동이익 증진과 건전한 발전도모'를 중앙회의 궁극의 목적으로 삼고 있는바, 이와 같은 존립목적을 실현하기 위한 지도원리로서 조합에 대한 중앙회의 지도·감독을 제시하고 있다.[1)]

중앙회는 조합을 회원으로 신협운동의 이념을 전파하고 조합의 건실한 발전을 위해 지도, 검사, 교육, 홍보 등의 지원업무와 공제사업 및 신용사업 등을 수행한다. 이와 함께 조합의 여유자금을 예탁받아 대출과 자금운용 시장에 참여하여 유동성 조절기능을 수행하고, 전국 조합의 결제기능을 지원하는 등 조합의 금융업무를 보완하고 있다.

---

1) 신협중앙연수원, 신협법, 2024, 43면.

Ⅱ. 조문의 내용 및 해설

1. 중앙회

(1) 설립목적

중앙회는 조합의 업무를 지도·감독하며 그 공동이익의 증진과 건전한 발전을 도모하기 위하여 설립된 비영리법인이며(법 제2조 제2호, 제61조 제1항), 개별 조합들의 연합회의 성격으로 공동의 이해를 추구하고 자율규제의 기능을 수행하는 기구이다.[2)]

조합이 고객 밀착성이라는 장점은 살리되 규모의 영세성으로 인한 한계를 극복하기 위하여는 조합 전체에 대한 네트워킹이 필요하다.[3)] 이를 위해 중앙회를 설립하여 대기업과 대자본과의 경쟁을 위한 규모의 경제를 실현하고 조합 간의 이해조정과 조율을 통해 이해충돌을 방지할 수 있다. 또한 조합은 각 독립법인으로 구성되어 운영되더라도 전체 조직과 유기적으로 결합되어 있기 때문에 특정 조합의 부실이나 신용파탄은 조합조직 전체에 부정적인 영향을 미치므로 조합 전체의 공동이익을 위하여 지도·감독을 수행할 독립된 기관으로 중앙회가 필요하다.[4)]

조합은 법에서 정하는 사업에 의해 조합원을 위하여 최대의 봉사를 하는 자주적 상호부조의 단체이다. 그에 비하여 중앙회는 전체 회원조합의 공동이익의 증진과 그 건전한 발전을 도모하는 것을 주된 목적으로 하는 것이므로 이 목적을 달성하기 위하여 회원 전체의 운영의 모든 부분에 걸쳐 사업을 영위한다는 특징이 있다.[5)]

(2) 연 혁

1960년 5월 1일 한국 최초의 신협인 '성가신협' 창립된 후 신협운동이 전국

2) 채희율, 상호금융 기업지배구조의 글로벌 추이와 시사점, EU학 연구 제27권 제3호, 2022, 29면.
3) 채희율, 앞의 글, 34면.
4) 신협중앙연수원, 신협법, 2024, 43면.
5) 이승언, 앞의 책, 13면.

적으로 일어나면서 그에 따른 체계적인 조직 관리와 계획적인 지도 사업의 필요성이 대두됨에 따라 1964년 4월 26일 전국 신협연합회가 설립되었다.[6]

1988년 법 개정을 통해 조합-연합회의 2단계 체제에서 조합-연합회-중앙회로 하는 3단계 체제로 변경하여, 조합을 직접 지도·감독하는 시·도 연합회에 자치권을 보장하고 조합 간 협동과 결속으로 지역발전과 지방경제 금융 활성화에 기여하고자 하였다. 중앙회는 조합과 연합회의 업무를 지도·감독하며 교육사업과 내국환 업무, 공제사업과 안전기금제도를 설치 운영케 할 수 있도록 했다.[7]

조합-연합회-중앙회 3단계 조직체계로 운영되었던 조직은 IMF구제 금융여파에 따른 대규모 구조조정과 더불어 조직의 비대함에 따른 비효율성을 없애고 경영의 투명성과 조합원의 보호를 위해 1998년 4월 법 개정으로 연합회 조직을 폐지하고 조합-중앙회 2단계 조직으로 변화하였다.[8] 조직구조를 3원화에서 2원화로 축소하고 기존 지역연합회를 폐지하는 대신 시도지부협의회를 둠으로써 조직의 경영합리화와 업무효율성을 높였으며,[9] 현재까지 조합-중앙회 2단계 조직체계로 운영되고 있다.

(3) 역 할

중앙회는 조합과 조합원의 이익증진과 발전을 위해 조합업무를 지원하고 조합의 건전경영을 위하여, 조합에 대한 경영지원 및 감독·검사, 조사·연구 및 홍보, 교육사업, 신용사업, 공제사업, 전산사업, 국제협력사업 등의 업무를 수행하고 있다.

조합의 여·수신, 회계, 세무 및 경영 전반에 관한 지도와 설립·합병 등 조직지도 등을 수행하며, 검사·감독 업무를 통해 조합의 운영·재정 및 손익상태를 파악해 경영상태를 개선하고, 부실운영을 예방·감시하는 지도기능을 수행한다. 또한, 신협운동의 범국민적인 확산을 위한 언론보도, 신문·방송 광고,

---

6) 신협중앙회, 한국신협운동 60년사, 2020, 20면.
7) 신협중앙회, 신협법, 2024, 62면.
8) 조은혜, 신협중앙회 지배구조의 변천과 적정성에 관한 연구, 고려대학교 석사학위 논문, 2016, 17면.
9) 신협중앙회, 신협법, 2024, 97면.

인터넷을 통한 인지도 제고, 조합별 홍보를 위한 홍보 인쇄물과 영상물 제작 보급 및 마케팅 지원을 통한 홍보사업, 국내외의 경제 및 금융정보를 수집·분석하여 조합의 경영정책 수립에 필요한 정보를 제공하기 위한 조사연구사업, 조합 및 조합원을 대상으로 한 교육사업, 신협 전용 상품과 다양한 판촉물과 기념품 등을 보급하며 조합에서 필요한 각종 장표서식 및 전산장비 등 서비스를 지원하는 조달사업, 조합 전체에 전산망을 구축하여 각종 금융서비스 및 전자금융서비스를 지원하는 전산업무 등을 수행한다.[10)]

대외적으로는 조합을 둘러싸고 있는 국내외의 각종 외부조직(정부, 유관기관 등)에 대한 협력 내지 조정활동과 아시아신협연합회(ACCU) 회장국, 세계신협협의회(WOCCU) 이사국으로서 외국 및 국제기관과의 협력활동 등을 수행하고 있다.[11)]

중앙회의 공제사업은 중앙회가 회원 및 그 조합원으로부터 금전을 받아 공동준비재산을 형성하고 미리 약정한 사고가 발생하면 공제금을 교부하는 사업으로,[12)] 조합원의 복리 증진과 미래의 불의의 사고나 질병의 위험으로부터 경제적 안정보장을 위한 협동조합보험을 통하여 조합원에게 최대의 혜택을 보장할 수 있도록 한다.[13)]

중앙회의 신용사업은 조합으로부터 예치된 여유자금 및 상환준비금 등의 운용, 조합에 대한 자금의 대출, 조합 및 조합원을 위한 내국환 및 외국환 업무, 국가공공단체 또는 금융기관의 업무 대리, 조합에 대한 지급보증 및 어음할인, 국채증권 및 지방채증권의 인수매출, 직불전자지급수단과 선불전자지급수단의 발행관리 및 대금의 결제 등이 있다.[14)]

또한 중앙회는 법 제6조 제3항에 의해 은행법 제2조의 규정에 의한 은행으로 간주되어 조합이 독자적으로 취급할 수 없는 지급결제기능을 수행한다. 즉, 은행의 자격을 갖는 중앙회가 다른 은행들과 직접 어음교환 등 지급결제업무

10) 신협중앙회, 신협법, 2024, 298-299면.
11) 박영재, 협동조합금융기관 중앙회 조직의 지배구조 개선 방안 – 신협법 개정안을 중심으로 –, 충남대학교 석사학위논문, 2014, 25면.
12) 이승언, 앞의 책, 338면.
13) 신협중앙회, 한국신협운동 60년사, 2020, 299면.
14) 신협중앙회, 신협법, 2024, 298면.

를 수행하고 각 조합은 중앙회와 연계하여 간접적으로 은행들과 지급결제업무를 수행할 수 있다. 이때에는 은행으로 간주되는 중앙회도 한국은행에 당좌예금계정을 개설할 수 있고 금융결제원의 어음교환에 참가할 수 있으며, 결제자금이 부족할 때에는 한국은행으로부터 긴급여신을 받을 수 있다.[15)]

2. 중앙회의 설립 및 인가

중앙회의 설립 및 인가에 관하여는 법 제7조(설립) 및 법 제8조(인가의 요건)를 준용한다(법 제61조 제2항).

(1) 중앙회의 설립절차

중앙회를 설립하려면 30개 이상의 조합의 발기인이 정관을 작성하여 창립총회의 의결을 거쳐 금융위원회의 인가를 받아야 한다(법 제61조 제2항, 제7조 제1항). 창립총회의 의사(議事)는 발기인 대표에게 중앙회 설립동의서를 회의 개최일 전날까지 제출한 조합 과반수의 출석과 출석한 조합 3분의 2 이상의 찬성으로 결의한다(법 제7조 제2항). 금융위원회의 인가를 받기 위해서는 신청서를 금융위원회에 제출하여야 한다(법 제7조 제3항). 금융위원회는 중앙회의 설립인가에 조건을 붙일 수 있다(법 제7조 제4항).

(2) 인가요건

중앙회 설립인가를 받기 위해서는 i) 법 제14조 제4항 각 호[16)]에 따른 요

15) 김용재, 신협의 발전을 위한 신용사업부문 제도개선방안, 금융법연구 제6권 제2호, 2009, 207-208면.
16) 법 제14조(출자금 등)
④ 출자금 합계액의 최저한도는 다음 각 호와 같다.
1. 지역조합의 경우에는 주된 사무소의 소재지에 따라 다음 각 목의 금액
가. 특별시·광역시: 3억원
나. 특별자치시·시(「제주특별자치도 설치 및 국제자유도시 조성을 위한 특별법」 제15조 제2항에 따른 행정시를 포함한다. 이하 같다): 2억원
다. 군(광역시·특별자치시 또는 시에 속하는 읍·면을 포함한다. 이하 같다): 5천만원
2. 직장조합의 경우에는 4천만원
3. 단체조합의 경우에는 주된 사무소의 소재지에 따라 다음 각 목의 금액
가. 특별시·광역시: 1억원
나. 특별자치시·시: 8천만원
다. 군: 5천만원

건을 갖출 것, ii) 조합의 보호가 가능하고 중앙회의 사업을 수행하기에 충분한 전문인력과 전산설비 등 물적시설을 갖추고 있을 것, iii) 사업계획이 타당하고 건전할 것, iv) 발기인이 충분한 출자능력, 건전한 재무상태 및 사회적 신용을 갖추고 있을 것이라는 요건을 갖추어야 한다(법 제61조 제2항, 제8조 제1항).

금융위원회는 중앙회 설립에 관한 신청을 받으면 신청서를 접수한 날부터 60일 이내까지 인가 여부를 결정하고, 그 결과와 이유를 지체없이 신청인에게 알려야 한다. 이 경우, 인가하지 아니할 때에는 그 이유를 분명히 밝혀야 한다(법 제61조 제2항, 제8조 제2항, 시행령 제10조 제4항).

금융위원회가 기한 내에 인가 여부 또는 민원 처리 관련 법령에 따른 처리기간의 연장을 신청인에게 알리지 아니하면 그 기간(민원 처리 관련 법령에 따라 처리기간이 연장 또는 재연장되는 경우에는 해당 처리기간을 말한다)이 끝난 날의 다음 날에 인가를 한 것으로 본다(법 제61조 제2항, 제8조 제3항).

Ⅲ. 관련 법령

법률	조문
새마을금고법	제54조(목적과 설립) ① 금고의 업무를 지도·감독하며 그 공동 이익의 증진과 건전한 발전을 도모하기 위하여 금고를 구성원으로 하는 중앙회를 둔다. ② 중앙회는 1개를 두며 서울특별시에 주된 사무소를 두고 정관으로 정하는 바에 따라 분사무소를 둘 수 있다. ③ 중앙회는 30개 이상의 금고가 발기인이 되어 정관을 작성하고, 창립총회의 의결을 거친 후 주무부장관의 인가를 받아 그 주된 사무소의 소재지에서 설립등기를 함으로써 성립한다. ④ 중앙회에 관하여는 제7조 제2항·제3항, 제7조의2, 제45조부터 제47조까지, 제51조부터 제53조까지를 준용한다.
농업 협동조합법	제113조(목적) 중앙회는 회원의 공동이익의 증진과 그 건전한 발전을 도모하는 것을 목적으로 한다.
수산업 협동조합법	제116조(목적) 중앙회는 회원의 공동이익의 증진과 건전한 발전을 도모함을 목적으로 한다.
산림조합법	제87조(목적) 중앙회는 회원의 공동이익 증진과 그 건전한 발전을 도모함을 목적으로 한다.

제62조(회원)

제62조(회원) 모든 조합은 중앙회의 회원이 된다.
[전문개정 2015. 1. 20.]

Ⅰ. 조문의 취지와 의의

법 제62조는 중앙회 회원의 자격 등에 관하여 규정하고 있다. 모든 조합은 중앙회의 회원이 된다고 규정하여 조합은 중앙회에 강제 가입하도록 정하였다.

Ⅱ. 조문의 내용 및 해설

1. 회원 자격과 가입 등

(1) 자격요건

신협만이 중앙회 회원으로 가입할 수 있으므로 자연인이나 기타의 법인은 중앙회의 회원이 될 수 없다. 조합은 그 설립등기를 함으로써 중앙회의 회원이 된다(중앙회 정관 제7조).

(2) 조합의 가입

중앙회는 전국 단위의 유일한 연합체로서 2개 이상 설립되는 것이 금지되어 있으며(법 제65조), 법 제정 당시부터 조합에 중앙회에 가입할 의무를 부과하였다. 조합의 중앙회 가입을 강제하는 것이 조합의 결사의 자유를 제한한다고 볼 수 있으나, 조합과 중앙회의 설립근거가 되는 법은 '공동유대를 바탕으로 하는 신용협동조직의 건전한 육성을 통한 그 구성원의 경제적 · 사회적 지위 향상'과 '지역주민에게 금융편의를 제공함으로써 지역경제의 발전에 이바지'를 목적으로 하여 공익적 성격이 강하고 법에서 정하는 중앙회의 역할과 기능을 고려하면 조합의 가입 및 탈퇴의 자유를 제한할 필요성이 있다.[17] 이에 따라 법 제62

17) 대법원 2017. 12. 22. 선고 2014다223025 판결.

조에서 조합의 중앙회에 대한 가입을 강제하고 있으며 중앙회의 회원은 조합임을 확인하고 있다.

2. 회원의 신고의무

회원은 설립등기일로부터 30일 이내에 i) 인가서 사본, ii) 정관 사본, iii) 등기사항증명서, iv) 법인 인감증명서, v) 재무상태표 및 손익계산서, vi) 그 밖에 필요한 서류를 중앙회에 제출하여야 한다(중앙회 정관 제10조 제1항). 회원은 위 각 부속서류의 기재사항에 변경이 있을 때에는 지체없이 이를 중앙회에 신고하여야 한다(중앙회 정관 제10조 제2항).

3. 회원의 자격상실

회원은 i) 설립인가의 취소, ii) 해산, iii) 파산, iv) 합병으로 인하여 소멸되는 경우 회원의 자격을 상실하게 되고(중앙회 정관 제11조 제1항), 자격상실 사유가 발생한 때에는 지체없이 중앙회에 이를 신고하여야 한다. 회원은 본 조에 따라 강제가입이 인정되므로 특별한 규정이 없는 한 임의탈퇴는 부정된다.[18]

Ⅲ. 관련 판례

대법원 2017. 12. 22. 선고 2014다223025 판결 [탈퇴무효확인]

"국가의 목적을 위하여 존재하고 국가에 의하여 설립되는 공법인과 달리, 사법인은 기본적으로 구성원의 공동이익을 도모함을 목적으로 하는 조직이다. 이러한 사법인은 원칙적으로 결사의 자유를 갖는다. 그러나 설립근거가 되는 법률 등에서 사법인에게도 공익적 성격을 부여하는 경우가 많고, 공익적 성격의 정도에 따라서는 사법인이라고 하더라도 법률이나 정관의 규정에 의해 단체가입 및 탈퇴 등의 자유를 제한할 수 있다."

"전국 개별화물자동차 운송사업연합회의 구성원인 지역 개별화물자동차 운송사업협회가 협회의 정기대의원총회에서 연합회 탈퇴를 결의한 다음 탈퇴의사를

18) 대법원 2017. 12. 22. 선고 2014다223025 판결.

> 표시하자, 연합회가 탈퇴무효 확인을 구한 사안에서, 화물자동차 운수사업법(이하 '화물자동차법'이라고 한다) 제50조 제1항은 "운송사업자로 구성된 협회, 운송주선사업자로 구성된 협회 및 운송가맹사업자로 구성된 협회는 그 공동목적을 달성하기 위하여 국토교통부령으로 정하는 바에 따라 각각 연합회를 설립할 수 있다. 이 경우 운송사업자로 구성된 협회, 운송주선사업자로 구성된 협회 및 운송가맹사업자로 구성된 협회는 각각 그 연합회의 회원이 된다."라고 규정하고 있는데, 위 규정에서 "… 회원이 된다"는 "… 회원이 될 수 있다" 또는 "… 가입할 수 있다" 등 가능적 표현이 아니라 단정적 의미의 문언으로서 그 문언 자체가 명확한 개념이므로 위 규정을 문언의 통상적인 의미로 충실하게 해석하면 협회가 연합회에 강제로 가입되어야 한다는 의미로 해석되고, 나아가 강제가입이 인정되는 경우에는 특별한 규정이 없는 한, 임의탈퇴가 부정된다고 보는 것이 강제가입 제도의 취지에 부합하는 해석이며, 이와 같이 해석하는 것이 화물자동차법의 다른 규정이나 연합회 정관의 내용, 위 규정의 제·개정 연혁, 화물자동차법 및 위 규정의 취지와 목적에도 부합한다."

Ⅳ. 관련 법령

법률	조문
새마을 금고법	**제56조(회원의 출자 등)** ① 금고는 중앙회의 회원이 된다. ② 금고는 1좌 이상 출자하여야 하며 반드시 현금으로 납입하여야 한다. ③ 출자 1좌의 금액은 정관으로 정하며 금고의 책임은 그 출자액을 한도로 한다. ④ 중앙회의 자본금은 금고가 납입한 출자금(제7항에 따라 준용되는 제9조의2에 따른 출자금을 포함한다), 제7항에 따라 준용되는 제9조의3에 따른 회전출자금 및 제70조의2에 따른 우선출자금(누적되지 아니하는 것만 해당한다)의 총액으로 한다. ⑤ 중앙회는 총회의 의결에 따라 금고로 하여금 회비를 내게 할 수 있다. ⑥ 금고가 해산하거나 파산한 경우에는 당연히 중앙회에서 탈퇴한 것으로 본다. ⑦ 중앙회에 관하여는 제9조 제4항, 제5항 본문, 제7항부터 제9항까지, 제9조의2, 제9조의3, 제10조 제4항, 제11조 및 제11조의2를 준용한다. 이 경우 "금고"는 "중앙회"로, "회원"은 "금고"로, "이사장"은 "회장"으로 보고, 제9조의3 전단 중 "제9조"는 "제56조"로 본다.
농업 협동조합법	**제115조(회원)** ① 중앙회는 지역조합, 품목조합 및 제138조에 따른 품목조합연합회를 회원으로 한다. ② 중앙회는 농림축산식품부장관의 인가를 받아 설립된 조합 또는 제138조에 따른 품목조합연합회가 회원가입 신청을 하면 그 신청일부터 60일 이내

	에 가입을 승낙하여야 한다. 다만, 다음 각 호의 어느 하나에 해당할 때에는 승낙을 하지 아니할 수 있다. 1. 「농업협동조합의 구조개선에 관한 법률」 제2조 제3호에 따른 부실조합 및 같은 조 제4호에 따른 부실우려조합의 기준에 해당하는 조합 2. 조합 또는 제138조에 따른 품목조합연합회가 제123조 제2호에 따라 제명된 후 2년이 지나지 아니한 경우 3. 그 밖에 대통령령으로 정하는 기준에 해당되어 중앙회 및 그 회원의 발전을 해칠 만한 현저한 이유가 있는 조합. 이 경우 농림축산식품부장관의 동의를 받아야 한다. **제118조(당연 탈퇴)** 회원이 해산하거나 파산하면 그 회원은 당연히 탈퇴된다.
수산업 협동조합법	**제118조(회원)** 중앙회는 조합을 회원으로 한다. **제121조(당연 탈퇴)** 회원이 해산하거나 파산한 경우에는 당연히 탈퇴한다.
산림조합법	**제89조(회원 등)** ① 중앙회는 지역조합과 전문조합을 회원으로 한다. 다만, 지역조합의 경우는 조합원 중 산림소유자의 비율 또는 조합원 소유 산림의 면적비율이 중앙회의 정관으로 정하는 기준 이상이어야 한다. ② 중앙회는 정관으로 정하는 바에 따라 임업과 관련되는 법인 또는 단체를 준회원으로 할 수 있다. ③ 중앙회는 조합이 회원가입신청을 하였을 때에는 다음 각 호의 어느 하나에 해당하는 경우를 제외하고는 그 신청일부터 60일 이내에 가입을 승낙하여야 한다. 1. 「산림조합의 구조개선에 관한 법률」에 따른 부실조합 또는 부실우려조합의 기준에 해당하는 조합 2. 제명된 후 2년이 지나지 아니한 조합 3. 그 밖에 대통령령으로 정하는 기준에 해당되어 중앙회 및 그 회원의 발전을 저해할만한 현저한 이유가 있는 조합. 이 경우 산림청장의 동의를 받아야 한다. **제91조(당연탈퇴 등)** ① 회원이 해산하거나 파산하였을 때에는 당연히 탈퇴된다. ② 회장은 회원인 지역조합이 제89조 제1항 단서에 따라 정관으로 정하는 기준에 미치지 못하였을 때에는 해당 조합에 대하여 상당한 기간을 정하여 시정을 요구하여야 하며, 그 기간 이내에 이행하지 아니하면 총회의 의결을 받아 제명할 수 있다. 이 경우 제27조 제2항을 준용하되, "조합"은 "중앙회"로, "조합원"은 "회원"으로 본다.

제63조(자본금과 출자)

제63조(자본금과 출자) ① 중앙회의 자본금은 조합의 납입출자금으로 한다.
② 조합은 1좌 이상 출자하여야 한다.
③ 출자 1좌의 금액 및 납입 기준은 정관에서 정하며, 조합의 책임은 그 납입출자액을 한도로 한다.
④ 중앙회에 납입할 출자금은 현금으로 납입하여야 하며, 중앙회에 대한 채권과 상계할 수 없다.
⑤ 중앙회에 대한 조합의 출자지분은 중앙회장의 승인을 받아 다른 조합에 양도할 수 있다. 이 경우 양수한 조합은 양도한 조합의 권리와 의무를 승계한다.
⑥ 중앙회는 조합이 해산하는 경우에는 해산하는 조합의 출자금을 환급하여 그 출자지분에 해당하는 금액을 자본금에서 감소시키거나 해산하는 조합의 출자지분을 다른 조합에 양도하게 할 수 있다.
[전문개정 2015. 1. 20.]

Ⅰ. 조문의 취지와 의의

법 제63조는 중앙회의 자본금의 구성 및 회원의 출자에 관하여 규정하고 있다. 중앙회는 사업에 필요한 자본금을 회원의 납입출자금으로 조성하고, 회원은 출자의무를 부담하며 출자금 납입을 통해 중앙회에 대한 지분을 보유하게 된다.

Ⅱ. 조문의 내용 및 해설

1. 자본금

중앙회의 자본금은 회원의 납입출자금으로 한다(법 제63조 제1항). 자본금은 중앙회의 사업에 필요한 운영을 위한 기초가 되는 것으로 지속적인 사업을 보증하는 자기자본이다.[19] 중앙회의 자본금을 회원의 출자금으로 조달하도록 정한 것은 협동조합의 핵심 가치인 자조와 자기책임에 따른 것이다.[20]

19) ICA, ICA 협동조합 원칙 안내서, 한국협동조합협의회, 2017, 99-100면.
20) ICA, 앞의 안내서, 92면.

2. 출 자

(1) 출자의무

회원은 출좌 1좌 이상을 출자하여야 하는 의무가 부여된다(법 제63조 제2항). 출자 1좌의 금액 및 납입기준은 정관으로 정하며, 현재 정관에서 정한 출자 1좌의 금액은 500,000원이다(법 제63조 제2항, 중앙회 정관 제12조 제1항). 회원은 설립등기일로부터 30일 이내에 출자 1좌 이상의 금액을 중앙회에 일시에 현금으로 납입하여야 하고(법 제63조 제4항, 중앙회 정관 제12조 제2항), 출자금을 중앙회에 대한 채권과 상계할 수 없도록 정하여(법 제63조 제4항, 중앙회 정관 제12조 제3항), 자본충실에 기하도록 하였다.

한 회원의 출자좌수는 총 출자좌수의 100분의 10을 초과할 수 없다(출자및배당사무규정 제2조 제2항).

(2) 출자지분

가. 의 의

출자지분은 회원자격으로 중앙회에 대하여 갖는 각종 권리의무의 기초가 되는 법률관계인 사원권을 의미하며, 중앙회의 각 회원은 1개의 지분이 있고, 다만 그 지분의 분량이 각 회원의 출자 등에 따라 다른 것으로 볼 수 있다.[21]

나. 구성단위

중앙회의 재산은 지분으로 분할하여야 하므로 지분은 재산의 구성단위로서의 의미를 가진다. 따라서 재산의 출자지분은 재산을 균등하게 나눈 단위로서의 금액으로 표시되어야 하며, 각 구성원이 균등한 지분을 갖고 그 지분의 양이 다른 비율적 단위이므로 단일주의적인 지분을 세분하거나 분해할 수 없다.[22] 정관은 회원의 출자금은 공유할 수 없다고 규정하여(중앙회 정관 제14조 제2항) 단일한 지분 자체를 수인이 공유할 수 없음을 명확히 하고 있다.

---

21) 이승언, 앞의 책, 39면.
22) 이승언, 앞의 책, 40면.

(3) 출자지분의 양도

지분의 양도는 법률행위에 의하여 지분을 이전하는 것을 말하며, 지분의 매매·교환·증여 등에 의하여 행한다.[23] 다만, 중앙회에 대한 회원의 출자지분은 회장의 승인을 얻어 다른 회원에게 양도할 수 있도록 하여 중앙회의 승인을 얻는 경우로 제한하고 있다. 출자지분을 양도한 경우, 양수한 회원은 양도한 조합의 권리와 의무를 승계한다(법 제67조 제5항).

(4) 출자금의 환급

법은 회원이 해산하는 경우 중앙회가 해산하는 회원의 출자금을 환급하여 그 출자지분에 해당하는 금액을 자본금에서 감소시키거나 해산하는 회원의 출자지분을 다른 회원에 양도하게 할 수 있다고 규정하고 있고(법 제63조 제6항), 정관 제13조 제1항은 회원이 자격상실한 때에 한하여(중앙회 정관 제11조 제1항[24]) 그의 청구에 따라 출자금을 환급하도록 정하고 있다.[25] 해산 등 회원 자격상실 이외에는 출자금 환급을 허용하지 않음으로써 중앙회의 재정적 안정성을 도모하고 있다.

출자금환급청구권은 회원자격을 상실한 날부터 2년간 행사하지 않으면 소멸하고(중앙회 정관 제13조 제2항), 회원자격을 상실한 회원이 중앙회에 대하여 채무가 있을 때에는 이를 공제한 후 출자금을 환급한다(중앙회 정관 제13조 제3항).

---

23) 이승언, 앞의 책, 47면.

24) 중앙회 정관 제11조(회원의 자격상실) ① 회원이 다음 각호의 1에 해당하게 된 경우에는 회원의 자격을 상실한다.
1. 설립인가의 취소
2. 해산
3. 파산
4. 합병으로 인한 소멸되는 경우

25) 중앙회 정관 제11조(회원의 자격상실) ① 회원이 다음 각호의 1에 해당하게 된 경우에는 회원의 자격을 상실한다.
1. 설립인가의 취소
2. 해산
3. 파산
4. 합병으로 인한 소멸되는 경우

(5) 과태금

회원이 출자금의 납입의무를 제때 이행하지 아니한 때에는 이사회에서 정한 기준에 따라 과태금을 징수할 수 있다(중앙회 정관 제16조, 출자및배당사무규정 제8조). 참고로 회원이 IT분담금을 기한 내에 납부하지 않은 경우에도 중앙회장은 해당 회원에 과태금을 부과할 수 있다(IT분담금 및 IT기금관리규칙 제8조 제1항).

3. 회원의 책임한도

회원의 책임은 그 납입출자액을 한도로 함에 따라(법 제63조 제3항), 회원은 출자액의 범위 내에서 유한책임을 진다. 따라서 총회의 결의나 정관으로 회원의 책임을 출자액 이상 가중시킬 수 없으며, 중앙회가 초래한 부채에 대하여 각 회원의 책임은 출자액의 범위로 한정된다. 중앙회에 대하여 출자금납입에 의해 회원의 지위를 원시적으로 취득한 자나 지분을 승계취득한 자는 이후 중앙회나 중앙회의 채권자에게 아무런 책임을 지지 않기 때문에 회원의 유한책임은 회원의 출자금납입의무에 불과하게 된다. 이는 회원이 중앙회의 모든 경영활동을 감시할 수 없기 때문에 회원의 보호를 위해 유한책임제도가 있는 취지이기도 하다.[26]

Ⅲ. 관련 법령

법률	조문
새마을 금고법	제56조(회원의 출자 등) ① 금고는 중앙회의 회원이 된다. ② 금고는 1좌 이상 출자하여야 하며 반드시 현금으로 납입하여야 한다. ③ 출자 1좌의 금액은 정관으로 정하며 금고의 책임은 그 출자액을 한도로 한다. ④ 중앙회의 자본금은 금고가 납입한 출자금(제7항에 따라 준용되는 제9조의2에 따른 출자금을 포함한다), 제7항에 따라 준용되는 제9조의3에 따른 회전출자금 및 제70조의2에 따른 우선출자금(누적되지 아니하는 것만 해당한

26) 이승언, 앞의 책, 59-60면.

	다)의 총액으로 한다. ⑤ 중앙회는 총회의 의결에 따라 금고로 하여금 회비를 내게 할 수 있다. ⑥ 금고가 해산하거나 파산한 경우에는 당연히 중앙회에서 탈퇴한 것으로 본다. ⑦ 중앙회에 관하여는 제9조 제4항, 제5항 본문, 제7항부터 제9항까지, 제9조의2, 제9조의3, 제10조 제4항, 제11조 및 제11조의2를 준용한다. 이 경우 "금고"는 "중앙회"로, "회원"은 "금고"로, "이사장"은 "회장"으로 보고, 제9조의3 전단 중 "제9조"는 "제56조"로 본다.
농업 협동조합법	제117조(출자) ① 회원은 정관으로 정하는 좌수 이상의 출자를 하여야 한다. ② 출자 1좌의 금액은 정관으로 정한다.
수산업 협동조합법	제120조(출자) ① 회원은 정관으로 정하는 계좌 수 이상의 출자를 하여야 한다. ② 출자 1계좌의 금액은 정관으로 정한다.
산림조합법	제90조(회원의 출자 및 책임) ① 회원은 정관으로 정하는 바에 따라 출자하여야 한다. ② 출자 1계좌의 금액은 정관으로 정한다. ③ 회원의 책임은 그 출자액을 한도로 한다.

제64조(정관 기재사항)

제64조(정관 기재사항) 중앙회의 정관에는 다음 각 호의 사항이 포함되어야 한다.
1. 목적
2. 명칭
3. 주된 사무소의 소재지
4. 사업의 내용 및 회계에 관한 사항
5. 출자 1좌의 금액과 그 납입 방법 및 시기
6. 회비 부과와 징수에 관한 사항
7. 기관 및 임원에 관한 사항
8. 공고의 방법
9. 그 밖에 필요한 사항

[전문개정 2015. 1. 20.]

Ⅰ. 조문의 취지와 의의

정관의 작성은 중앙회의 설립을 위한 행위(법 제61조 제2항, 제7조)로 본 조는 그 정관의 내용에 반드시 포함되어야 하는 사항(필요적 기재사항)을 열거하고 있다. 정관은 중앙회의 조직, 운영 및 활동을 규율하는 기본규칙으로 중앙회 내부에 있는 자를 구속하는 최고의 자치법규이다.

Ⅱ. 조문의 내용 및 해설

1. 정관의 작성 및 변경

정관이란 단체의 내부를 규율하는 근본규칙 또는 그러한 근본규칙을 기재한 서면을 말하며, 정관의 작성은 중앙회의 설립을 위한 행위로서 자치법규의 성질을 지닌다.[27] 정관의 변경은 총회의 결의사항으로(법 제69조 제1항) 출석인원 3분의 2 이상의 찬성으로 의결한다(중앙회 정관 제23조 제2항). 정관을 변경하였을 때에는 금융위원회의 인가를 받은 후 지체 없이 등기하여야 한다(법 제69조

27) 송호영, 주석 민법 총칙 제1권(제5판), 한국사법행정학회, 2019, 721-722면.

제2항).

2. 정관의 효력

정관은 중앙회의 자치법규로서 그 내용이 법령에 반하지 않는 한 중앙회의 회원 및 기관을 구속하는 효력이 있다. 따라서 중앙회 내부의 최고의 자치법규이며 이에 위반하는 하위의 자치법규는 무효가 된다. 다만, 외부의 제3자에 대하여는 그 효력이 미치지 아니한다.[28)]

3. 정관의 기재사항

(1) 의 의

정관에 기재할 사항은 절대적 기재사항, 상대적 기재사항, 임의적 기재사항으로 분류된다. 절대적 기재사항은 본 조에 열거된 사항으로서 반드시 정관에 기재하여야 하고 그 중 어느 하나라도 흠결되거나 기재가 위법한 때에는 정관 자체가 효력을 갖지 못하게 되며 나아가 설립의 무효사유가 되는 사항이다. 상대적 기재사항은 정관에 기재하지 않아도 정관 자체의 효력에는 영향이 없으나 그 사항이 효력을 가지기 위해서는 정관에 기재되어야 하는 사항 즉, 정관의 기재가 효력발생요건이 되는 사항이다. 임의적 기재사항은 정관에 기재하지 않더라도 정관 자체의 효력은 물론 그 사항의 효력에도 영향이 없으나 정관에 기재하여 정관이 가지는 구속력을 부여하기 위하여 정관에 기재한 사항이다. 따라서 임의적 기재사항이라도 정관에 기재되면 중앙회 기관 및 회원을 구속하며 정관변경의 절차에 의하지 아니하고는 그 사항을 변경할 수 없다.[29)]

(2) 필요적 기재사항

본 조는 정관에 반드시 기재되어야만 하는 필요적 기재사항을 규정하고 있다. 정관의 필요적 기재사항은 i) 목적, ii) 명칭, iii) 주된 사무소의 소재지, iv) 사업의 내용 및 회계에 관한 사항, v) 출자 1좌의 금액과 그 납입 방법

28) 이승언, 앞의 책, 23면.
29) 송오섭, 주석 상법 회사편 제2권(제6판), 한국사법행정학회, 2021, 146면.

및 시기, vi) 회비 부과와 징수에 관한 사항, vii) 기관 및 임원에 관한 사항, viii) 공고의 방법, ix) 그 밖에 필요한 사항이다.

가. 목 적

중앙회는 정관에 '목적'을 기재하여야 하는데, '목적'은 중앙회가 수행하고자 하는 사업을 의미한다. 여러 개의 목적을 기재하는 것도 가능하나, 강행법규나 공서양속에 위반되는 것을 목적으로 기재하여서는 안 된다. 중앙회의 목적은 회원에게 출자의 동기가 되고 임원에게는 수행할 업무집행의 적극적 및 소극적 범위를 제시하며, 제3자가 중앙회를 상대로 거래를 함에 있어 중앙회에 대해 기대할 수 있는 반대급부의 범위를 예측하는 기준이 된다. 또한 법인의 권리능력은 정관의 목적범위 내로 제한된다는 입장에 의하면 중앙회의 목적은 중앙회의 권리능력의 범위를 정하는 기준이 된다.[30]

법 제61조와 정관 제2조는 중앙회의 설립목적을 '조합의 업무를 지도·감독하며 그 공동이익의 증진과 건전한 발전 도모'로 정하고 있다.

나. 명 칭

법인은 자연인과 달리 명칭 외에 자기의 동일성을 표시할 수단이 없으므로 정관에 반드시 기재되어야 한다. 중앙회는 법 제2조 제2호 및 제3조 제2항에 따라 '신협중앙회'라는 명칭을 사용하도록 정하고 있으며, 중앙회가 아닌 자는 '신협'이나 이와 유사한 문자를 사용할 수 없도록 정하고 있다. 따라서 '신협중앙회'라는 명칭은 중앙회 이외에는 누구도 사용할 수 없다.

다. 주된 사무소의 소재지

법인인 중앙회의 주소는 주된 사무소의 소재지에 있는 것으로 한다(민법 제36조). 중앙회의 주된 사무소의 소재지는 재판관할, 총회 소집지, 등기소의 관할(법 제4조 제1항), 세무서 관할(법인세법 제9조) 등 법률관계의 기준이 되며, 그 장소는 확정적이고 단일하게 기재하여야 한다.[31] 현재 정관상 중앙회의 주

30) 송오섭, 앞의 책, 146-147면.
31) 송오섭, 앞의 책, 148면.

된 사무소의 소재지는 대전광역시에 두는 것으로 규정하고 있다(중앙회 정관 제4조).

라. 사업의 내용 및 회계에 관한 사항

사업은 중앙회가 그 목적달성을 위하여 영위하고자 하는 업무를 말하는 것으로 법 제78조에서 정하는 사업의 범위 내에서 정관으로 정한 각 소정의 사업[32]을 행하며 그 외의 사업은 할 수 없다. 중앙회는 정관으로 사업연도를 정하며(법 제81조 제2항, 제46조), 중앙회의 회계는 일반회계와 특별회계로 구분하

---

32) 중앙회 정관 제45조(사업의 종류등) ① 중앙회는 다음 각호의 사업을 행한다.
1. 회원의 사업에 관한 지도·조정·조사연구 및 홍보
2. 회원의 조합원 및 회원의 임·직원을 위한 교육사업
3. 회원에 대한 검사·감독
4. 회원의 사업에 대한 지원
5. 신용사업
  가. 회원으로부터의 여유자금 및 상환준비금등의 수납·운용
  나. 회원에 대한 자금의 대출
  다. 회원 및 회원의 조합원을 위한 내국환 및 외국환업무
  라. 국가·공공단체 또는 금융기관의 업무대리
  마. 회원에 대한 지급보증 및 회원에 대한 어음할인
  바. 「증권거래법」 제2조 제1항 제1호·제2호에 의한 유가증권의 인수·매출
6. 회원 및 회원의 조합원을 위한 공제사업
7. 예금자보호기금의 운용·관리
8. 국가 또는 공공단체가 위탁하거나 보조하는 사업
9. 제1호부터 제8호까지의 사업에 부대하는 사업
10. 그 밖에 목적달성에 필요한 사업

② 제1항 제5호 가목에 따라 회원으로부터 예치받아 운용하는 여유자금에 대해서는 이자를 지급하거나 운용 실적에 따른 이익을 배분할 수 있다.
③ 중앙회는 제1항 각 호의 사업을 수행하기 위하여 필요한 위원회를 설치·운영할 수 있다.
④ 중앙회는 법 제74조 제4항에 따라 신용사업 및 공제사업 등 전문사항을 심의하기 위하여 이사회 내에 전문이사를 포함한 3인 이상의 이사로 구성되는 사업위원회를 두어 다음 각 호의 사항을 심의한다.
1. 자산배분에 관한 기본계획 및 방침에 관한 사항
2. 대통령령제19조의6 제2항 제1호 및 제2호의 대출에 관한 중요정책 사항
3. 자금 조성 및 운용에 관한 중요사항
4. 그 밖에 필요한 사항

⑤ 회원의 조합원은 제1항의 사업을 이용할 수 있다. 이 경우 그 조합원의 사업이용은 회원이 이용한 것으로 본다.
⑥ 회원이 제1항 제5호 가목의 상환준비금의 전부 또는 일부를 예치하지 아니한 때에는 납부지연금을 중앙회에 납부하여야 한다.
⑦ 제6항에 의한 납부지연금은 예치하지 아니한 상환준비금에 상환준비금 예치기한의 다음날부터 예치일까지의 일수에 사업대표이사가 정한 납부지연율을 적용한 금액으로 한다.

되 각 회계별 사업 부문은 정관[33]에서 정한다(법 제81조 제2항, 제47조 제1항).

마. 출자 1좌의 금액과 그 납입 방법 및 시기

중앙회의 자본금은 회원의 납입출자금으로 하며, 회원은 1좌 이상 출자하여야 할 의무가 있다(법 제63조 제1항 및 제2항). 법 제63조 제3항은 출자 1좌의 금액 및 납입기준을 정관에서 정하도록 하였다. 정관에 의하면, 회원은 출자 1좌 이상을 현금으로 납입하여야 하며 출자 1좌의 금액은 500,000원으로 한다(중앙회 정관 제12조 제1항). 회원은 설립등기일로부터 30일 이내에 출자 1좌 이상의 금액을 중앙회에 일시 납입하여야 하며, 회원이 납입할 출자금은 중앙회에 대한 채권과 상계하지 못한다(중앙회 정관 제12조 제2항 및 제3항).

바. 회비 부과와 징수에 관한 사항

중앙회는 총회의 결의를 거쳐 회원으로부터 회비를 받을 수 있다(법 제66조).

---

33) **중앙회 정관 제51조(사업연도)** 중앙회의 사업연도는 매년 1월 1일부터 12월 31일까지로 한다.
제52조(회계 및 장부조직) ① 중앙회의 회계는 일반회계와 특별회계로 구분한다.
② 중앙회의 사업은 일반회계로 하되, 제45조 제1항 제5호 · 제6호의 신용사업 및 공제사업등 기타 일반회계와 구분경리할 필요가 있는 사업은 특별회계로 한다.
③ 중앙회의 회계처리기준 및 결산에 관하여 필요한 사항은 금융위원회가 정한다. 다만, 계정과목 및 장부의 서식 등 세부사항은 회장이 따로 정할 수 있다.
제53조(사업계획과 예산) ① 이사회는 매사업연도 개시 전에 사업계획을 수립하고, 예산을 편성하여 정기총회에 부의하여야 한다.
② 정기총회 승인 전까지의 예산은 전년도의 예산에 준하여 집행할 수 있다.
제54조(적립금) ① 중앙회는 매 사업연도의 이익금의 100분의 10 이상을 납입출자금 총액의 2배에 달할 때까지 법정적립금으로 적립한다.
② 중앙회는 결손의 보전 및 불가항력에 의한 사고에 충당하기 위한 준비금으로써 사업연도마다 이익금의 100분의 30의 범위안에서 특별적립금을 적립한다.
③ 중앙회는 사업연도마다 이익금의 일부를 임의적립금으로 적립할 수 있다.
④ 임의적립금은 사업준비금 부문과 배당준비금 부문으로 구분하여 회계처리한다.
⑤ 제4항에 따른 배당준비금은 사업준비금의 총액을 초과하여 적립할 수 없다.
제55조(손실금의 처리) 중앙회의 사업연도중에 생긴 손실금은 미처분잉여금 · 특별적립금 · 임의적립금 · 법정적립금의 순으로 이를 보전하되, 잔여 손실금이 있을 경우에는 이를 다음 사업연도에 이월한다.
제56조(출자액의 감소) 중앙회가 여러 사업연도에 걸쳐 계속하여 손실이 있고 이를 보전할 적립금이 없을 때에는 총회의 결의를 얻어 회원의 납입출자액이 감소된 것으로 할 수 있다.
제57조(이익금의 처분) ① 중앙회의 매 사업연도의 이익금은 결손을 보전하고 제54조에 의한 적립금을 공제한 후 잔여이익금이 있을 때에는 총회의 결의에 의하여 회원에게 배당한다.
② 제1항에 의한 배당은 회원이 납입한 출자금에 비례하여 행한다. 이 경우 회원의 사업이용고에 비례한 배당을 병행할 수 있다.

총회에서 정하는 기준에 따라 회원으로부터 회비를 징수할 수 있고, 회비징수에 관하여는 이사회의 결의에 의하여 그 기간을 유예할 수 있으며 분할하여 납입하게 할 수 있다(중앙회 정관 제15조 제1항 및 제2항). 회원이 납입한 회비는 중앙회에 대한 채권과 상계하지 못한다(중앙회 정관 제15조 제3항).

사. 기관 및 임원에 관한 사항

중앙회의 기관은 총회, 이사회, 감사위원회 등으로 구성되어 있으며, 정관에서 총회 및 이사회의 결의사항, 소집방법, 감사위원회 구성 및 임무 등에 대해 정하고 있다. 중앙회의 임원은 중앙회장, 신용·공제사업 대표이사, 검사·감독이사, 비상임이사 등이 있으며, 임원의 정수, 선출, 직무, 임기, 해임 등에 관하여 정관에서 정하고 있다.

아. 공고의 방법

중앙회는 채권자 등 이해관계인과 회원에게 영향을 미칠 수 있는 중요한 사안이 발생하거나 주요사항을 결정하여 시행하는 경우 이를 공고하는 방법을 필수적으로 정관에 기재하도록 함으로써 중앙회의 공고방법을 사전에 인지하여 중앙회의 공시사항을 용이하게 알 수 있도록 하였다.[34)]

중앙회의 공고는 중앙회의 게시판(지역본부 또는 출장소의 공고는 그 게시판) 및 중앙회가 지정하는 그룹웨어에 7일 이상 게시하고 필요한 경우 일간신문 또는 중앙회에서 발간하는 회보에 게재하며, 공고내용이 회원의 권리·의무와 관련한 경우에는 서면으로 회원에게 통지한다(중앙회 정관 제5조 제1항 및 제2항).

(3) 상대적 기재사항

상대적 기재사항은 정관에 기재하지 않아도 정관의 효력에는 영향이 없으나 그 사항이 유효하기 위해서는 반드시 정관에 기재되어야 하는 사항이다.

지사무소의 설치(법 제65조 제2항), 협의회의 조직·운영과 그 밖에 필요한 사항(법 제65조 제4항), 임시총회 소집시기(법 제68조 제3항), 대의원 선출(법 제

34) 송오섭, 앞의 책, 152-153면.

70조 제4항), 비상임임원의 실비 변상(법 제71조 제3항), 임원선출의 방법(법 제71조의2 제5항), 중앙회장 또는 전문이사가 아닌 임원의 시·도단위별 추천인원, 추천절차, 그 밖에 필요한 사항(법 제71조의2 제4항), 임원의 선출방법(제71조의2 제6항), 인사추천위원회 구성과 운영에 필요한 사항(제71조의3 제3항), 경영평가 실시(법 제72조 제3항), 중앙회장 직무대행(법 제72조 제6항), 「선거관리위원회법」에 따른 중앙선거관리위원회에 중앙회 임원 선거 위탁(법 제72조 제9항), 신용·공제사업 대표이사의 소관업무에 종사하는 직원의 임면(법 제73조 제1항), 이사회 소집시기 및 방법 등(법 제74조 제2항), 이사회 내 위원회 설치(법 제74조 제4항), 대리인 선임(법 제76조의4), 연수원 설치(법 제77조 제2항) 등이 있다.

(4) 임의적 기재사항

절대적 기재사항 또는 상대적 기재사항 이외의 사항으로서 강행법규나 공서양속에 위반되지 아니하는 것을 중앙회가 임의로 정관에 기재할 수 있다. 임의적 기재사항은 정관에 기재하여야만 그 효력이 생기는 것은 아니라는 점에서 상대적 기재사항과 다르다.[35]

Ⅲ. 관련 법령

법률	조문
새마을 금고법	제55조(정관의 기재 사항) 중앙회의 정관에는 다음 각 호의 사항을 적어야 한다. 1. 목적 2. 명칭 3. 주된 사무소의 소재지 4. 출자에 관한 사항 4의2. 우선출자에 관한 사항 5. 금고의 가입과 탈퇴에 관한 사항 6. 금고의 권리와 의무에 관한 사항 7. 기관 및 임직원에 관한 사항 8. 회비의 부과 및 징수에 관한 사항

35) 송오섭, 앞의 책, 157-158면.

	9. 사업의 종류와 회계에 관한 사항 10. 공고 방법에 관한 사항 11. 그 밖에 필요한 사항
농업 협동조합법	제120조(정관기재사항) ① 중앙회의 정관에는 다음 각 호의 사항이 포함되어야 한다. 1. 목적, 명칭과 구역 2. 주된 사무소의 소재지 3. 출자에 관한 사항 4. 우선출자에 관한 사항 5. 회원의 가입과 탈퇴에 관한 사항 6. 회원의 권리·의무에 관한 사항 7. 총회와 이사회에 관한 사항 8. 임원, 집행간부 및 집행간부 외의 간부직원(이하 "일반간부직원"이라 한다)에 관한 사항 9. 사업의 종류 및 업무집행에 관한 사항 10. 회계와 손익의 구분 등 독립사업부제의 운영에 관한 사항 11. 경비 부과와 과태금 징수에 관한 사항 12. 농업금융채권의 발행에 관한 사항 13. 회계에 관한 사항 14. 공고의 방법에 관한 사항 ② 중앙회의 정관 변경은 총회의 의결을 거쳐 농림축산식품부장관의 인가를 받아야 한다.
수산업 협동조합법	제123조(정관 기재사항) 중앙회의 정관에는 다음 각 호의 사항이 포함되어야 한다 1. 목적·조직·명칭 및 구역 2. 주된 사무소의 소재지 3. 출자에 관한 사항 4. 우선출자에 관한 사항 5. 회원의 가입 및 탈퇴에 관한 사항 6. 회원의 권리의무에 관한 사항 7. 총회 및 이사회에 관한 사항 8. 임원, 제136조 제1항에 따른 집행간부(이하 "집행간부"라 한다) 및 집행간부 외의 간부직원(이하 "일반간부직원"이라 한다)에 관한 사항 9. 사업의 종류, 업무 집행에 관한 사항 10. 경비 및 과태금의 부과·징수에 관한 사항 11. 제156조에 따른 수산금융채권의 발행에 관한 사항 12. 회계에 관한 사항 13. 공고의 방법에 관한 사항
산림조합법	제92조(정관기재사항) ① 중앙회의 정관에는 다음 각 호의 사항이 포함되어야 한다. 1. 목적·명칭과 구역 2. 사무소의 소재지 3. 회원의 가입과 탈퇴에 관한 사항

	4. 회원의 권리 · 의무에 관한 사항 5. 회원의 출자에 관한 사항 6. 우선출자에 관한 사항 7. 총회 · 대의원회 및 이사회에 관한 사항 8. 임원 · 집행간부 및 집행간부 외의 간부직원(이하 "일반간부직원"이라 한다)에 관한 사항 9. 재산과 감사에 관한 사항 10. 사업의 종류 및 업무집행에 관한 사항 11. 회계에 관한 사항 12. 적립금에 관한 사항 13. 잉여금의 처분과 손실금의 처리방법에 관한 사항 14. 경비 및 과태금의 부과 · 징수와 사용료 · 수수료에 관한 사항 15. 공고의 방법에 관한 사항 16. 정관의 변경에 관한 사항 17. 그 밖에 필요한 사항 ② 정관의 변경은 산림청장의 인가를 받아야 한다. 이 경우 산림청장이 정관변경의 인가를 할 때 신용사업에 관한 사항에 관하여는 금융위원회와 협의하여야 한다.

제65조(구역과 사무소 등)

제65조(구역과 사무소 등) ① 중앙회는 1개를 두며 전국을 업무 구역으로 한다.
② 중앙회는 정관에서 정하는 바에 따라 주된 사무소를 두고 필요한 곳에 지부(支部)를 둘 수 있다.
③ 조합의 발전을 위하여 정보를 교류하고 조합 업무의 능률적인 수행을 돕기 위하여 제2항에 따른 지부에 협의회를 설치·운영할 수 있다.
④ 제3항에 따른 협의회의 조직·운영과 그 밖에 필요한 사항은 정관에서 정한다.
[전문개정 2015. 1. 20.]

Ⅰ. 조문의 취지와 의의

본 조는 중앙회가 조합을 회원으로 하는 유일한 연합체임을 명시하고 중앙회가 정관에 따라 주된 사무소와 지부를 두고 지부 내 협의회를 설치할 수 있는 근거를 두고 있다.

Ⅱ. 조문의 내용 및 해설

1. 2개 이상의 중앙회 설립 금지

중앙회는 전국을 단일 구역으로 하여 오로지 하나만 존재하는 최고 연합체이다(법 제65조 제1항). 법 제2조 제2호 및 제3조 제2항에 따라 "신협중앙회"라는 명칭을 사용하여야 하며, 중앙회가 아닌 자는 그 명칭에 "신협"을 사용할 수 없다.

2. 업무구역 및 사무소

중앙회는 전국을 업무구역으로 하며(법 제65조 제1항), 정관에서 정하는 바에 따라 주된 사무소를 두고 필요한 곳에 지부를 둘 수 있다(법 제65조 제2항). 정관에 의하면 중앙회의 주된 사무소는 대전광역시에 두고(중앙회 정관 제4조 제1항), 지부로서 필요한 곳에 지역본부와 출장소를 둘 수 있다(중앙회 정관 제4조

제2항). 2025년 현재 총 12개의 지역본부를 두고 있다.

중앙회가 지부를 설치한 때에는 설치 후 2주일 이내에 주된 사무소의 소재지에서 설치된 지사무소등의 명칭, 소재지 및 설치 연월일을 등기해야 한다(법 시행령 제3조).

3. 지역협의회

(1) 목적 및 기능

조합의 발전을 위하여 정보를 교류하고 조합 업무의 능률적인 수행을 돕기 위하여 지부의 구역을 일정 단위로 나누어 조직되는 협의회(이하 "지역협의회")를 둔다(법 제65조 제4항, 중앙회 정관 제43조 제1항). 지역협의회는 i) 회원의 발전을 위한 업무협의, ii) 회원 상호 간의 정보교류 및 조사연구, iii) 지부의 중요업무에 대한 자문, iv) 그 밖에 중앙회장이 자문을 요청하는 사항을 수행한다(중앙회 정관 제43조 제5항).

(2) 구성 및 운영

지역협의회는 구역 내 소재하는 회원조합의 이사장으로 구성하며(중앙회 정관 제43조 제2항), 임기를 2년으로 하는 협의회장 1인과 2인 이내의 부협의회장을 둔다(중앙회 정관 제43조 제4항). 협의회는 정기회와 임시회를 구분하여 협의회장이 개최하며, 그 의장이 된다[지역협의회 운영규정(이하 '운영규정')]. 제5조 제1항). 정기회는 매년 1회 운영위원회가 정하는 바에 따라 개최하며, 임시회는 회장이 필요하다고 인정하거나 운영위원회가 요구하는 때에 개최한다(운영규정 제5조 제2항, 제3항).

(3) 운영위원회

지역협의회는 평의회에서 선출된 평의회장과 지역협의회에 소속된 중앙회의 임원을 구성원으로 하는 운영위원회를 둔다(중앙회 정관 제43조 제3항). 운영위원회는 i) 예산심의위원의 선출, ii) 평의회 구역의 결정, iii) 지역협의회 운영규정 제6조(협의회의 기능) 각 호에 관한 사항을 수행하며(운영규정 제7조 제3

항), 정기회는 분기마다 1회 개최하고 임시회는 협의회장이 필요하다고 인정하거나 위원 3분의 1 이상의 요구가 있을 때 개최한다.

(4) 평의회

지역협의회는 지역협의회 구성원을 일정단위로 나누어 조직하는 지역평의회(이하 "평의회")를 설치하며, 평의회의 수는 중앙회장이 운영위원회의 의견을 들어 정한다(중앙회 정관 제43조 제3항, 지역협의회 운영규정 제2조). 평의회는 당해 구역의 회원조합 이사장으로 구성하며(운영규정 제11조 제1항), 평의회는 필요한 때에 평의회장이 개최하며, 그 의장이 된다(운영규정 제14조 제1항). 평의회는 협의회의 보조기구로서 i) 지역내 조합 공통사항의 협의, ii) 기타 평의회 운영에 필요한 사항의 결정에 관한 기능을 수행한다.

Ⅲ. 관련 법령

법률	조문
새마을 금고법	**제54조(목적과 설립)** ① 금고의 업무를 지도·감독하며 그 공동 이익의 증진과 건전한 발전을 도모하기 위하여 금고를 구성원으로 하는 중앙회를 둔다. ② 중앙회는 1개를 두며 서울특별시에 주된 사무소를 두고 정관으로 정하는 바에 따라 분사무소를 둘 수 있다. ③ 중앙회는 30개 이상의 금고가 발기인이 되어 정관을 작성하고, 창립총회의 의결을 거친 후 주무부장관의 인가를 받아 그 주된 사무소의 소재지에서 설립등기를 함으로써 성립한다. ④ 중앙회에 관하여는 제7조 제2항·제3항, 제7조의2, 제45조부터 제47조까지, 제51조부터 제53조까지를 준용한다.
농업 협동조합법	**제114조(사무소와 구역)** ① 중앙회는 서울특별시에 주된 사무소를 두고, 정관으로 정하는 기준과 절차에 따라 지사무소를 둘 수 있다. ② 중앙회는 전국을 구역으로 하되, 둘 이상의 중앙회를 설립할 수 없다.
수산업 협동조합법	**제117조(사무소 및 구역)** ① 중앙회는 서울특별시에 주된 사무소를 두고, 정관으로 정하는 바에 따라 지사무소를 둘 수 있다. ② 중앙회는 전국을 구역으로 한다.
산림조합법	**제88조(사무소와 구역)** ① 중앙회는 정관으로 정하는 바에 따라 주된 사무소를 두고, 정관으로 정하는 기준과 절차에 따라 지사무소를 둘 수 있다. ② 중앙회는 전국을 그 구역으로 한다.

제66조(회비)

제66조(회비) 중앙회는 총회의 결의를 거쳐 조합으로부터 회비를 받을 수 있다.
[전문개정 2015. 1. 20.]

Ⅰ. 조문의 취지와 의의

본 조항은 중앙회가 회원으로부터 회비를 부과·징수할 수 있는 근거 규정으로 회원에 대한 회비의 부과·징수는 중앙회가 그 운영 및 사업을 수행하는 데 필요한 경비를 충당하기 위한 것이다.

Ⅱ. 조문의 내용 및 해설

1. 회비의 징수

중앙회는 총회에서 정하는 기준에 따라 회원으로부터 회비를 징수할 수 있다(법 제66조). 회비 부과방법 및 금액의 결정은 총회의 결의사항이다(법 제69조 제1항 3호). 회비징수에 관하여는 이사회의 결의에 의하여 그 기간을 유예할 수 있으며 분할하여 납입하게 할 수 있다(중앙회 정관 제15조 제2항). 자본충실을 위하여 회비는 중앙회에 대한 채권과 상계하지 못하도록 하였다(중앙회 정관 제15조 제3항). 그 밖에 회비의 부과와 징수에 관한 업무에 관해서는 「회비관리규칙」에 따라 수행한다.

중앙회가 회원을 위하여 수행하는 교육, 지원 등의 사업의 경우 수익이 나지 않지만 회원에게는 혜택을 주는 사업이므로 수익자부담측면에서 회비납입 의무를 부과하는 것이다.[36]

36) 법제처, 앞의 책, 48면.

2. 과태금 징수

회원이 회비납입의무를 제때 이행하지 아니한 때에는 이사회에서 정한 기준에 따라 과태금을 가산하여 징수할 수 있다. 다만, 이사회에서 수납기간을 유예한 경우에는 과태금을 징수하지 아니한다(중앙회 정관 제16조, 회비관리규칙 제10조). 과태금은 납입지연에 따른 연체금적 성격이고 이와 같은 납부의무는 대내적인 것이다.[37]

Ⅲ. 관련 판례

대법원 2002. 1. 25. 선고 2001다67812 판결 [부인권행사]
"단위신용협동조합(이하 '단위신협'이라 한다)이 회비를 납부하지 아니할 때는 피고 정관 제16조에 의하여 과태금을 징수할 수 있다고 하더라도, 그러한 사정만으로는 위 회비를 파산법 제38조 제2호 소정의 재단채권 또는 재단채권과 유사한 것이라 할 수 없으므로, 이와 결론을 같이 한 원심 판단은 정당하고, 거기에 소론과 같은 심리미진 또는 파산법상 재단채권에 관한 법리오해의 위법이 있다고 할 수 없다."

Ⅳ. 관련 법령

법률	조문
새마을 금고법	제56조(회원의 출자 등) ① 금고는 중앙회의 회원이 된다. ② 금고는 1좌 이상 출자하여야 하며 반드시 현금으로 납입하여야 한다. ③ 출자 1좌의 금액은 정관으로 정하며 금고의 책임은 그 출자액을 한도로 한다. ④ 중앙회의 자본금은 금고가 납입한 출자금(제7항에 따라 준용되는 제9조의2에 따른 출자금을 포함한다), 제7항에 따라 준용되는 제9조의3에 따른 회전출자금 및 제70조의2에 따른 우선출자금(누적되지 아니하는 것만 해당한다)의 총액으로 한다. ⑤ 중앙회는 총회의 의결에 따라 금고로 하여금 회비를 내게 할 수 있다. ⑥ 금고가 해산하거나 파산한 경우에는 당연히 중앙회에서 탈퇴한 것으로 본다.

37) 법제처, 앞의 책, 48면.

<table>
<tr><td></td><td>⑦ 중앙회에 관하여는 제9조 제4항, 제5항 본문, 제7항부터 제9항까지, 제9조의2, 제9조의3, 제10조 제4항, 제11조 및 제11조의2를 준용한다. 이 경우 "금고"는 "중앙회"로, "회원"은 "금고"로, "이사장"은 "회장"으로 보고, 제9조의3 전단 중 "제9조"는 "제56조"로 본다.</td></tr>
<tr><td>농업
협동조합법</td><td>제25조(경비와 과태금의 부과) ① 지역농협은 정관으로 정하는 바에 따라 조합원에게 경비와 과태금을 부과할 수 있다.
② 조합원은 제1항에 따른 경비와 과태금을 납부할 때 지역농협에 대한 채권과 상계할 수 없다.
제161조(준용규정) 중앙회에 관하여는 제15조 제2항·제3항, 제17조, 제18조, 제20조 제2항·제3항, 제21조 제4항·제5항, 제21조의3, 제22조, 제23조, 제24조 제2항, 제25조, 제28조 제1항(같은 항 단서는 제외한다)·제3항·제4항, 제29조 제1항, 제30조(제1항 제1호의2는 제외한다), 제31조부터 제33조까지, 제36조, 제37조, 제39조, 제40조, 제42조 제3항 단서·제4항·제5항, 제43조 제5항, 제45조 제9항·제10항, 제48조 제2항, 제49조(같은 조 제1항 각 호 외의 부분 단서, 같은 항 제10호 및 제12호는 제외한다), 제49조의2, 제50조(제4항부터 제7항까지는 제외한다), 제50조의2(제6항은 제외한다), 제51조 제1항부터 제3항까지, 제52조, 제53조, 제54조 제1항·제2항 제1호·제4항, 제55조, 제57조 제4항, 제62조, 제63조 제1항·제3항·제4항 전단, 제65조, 제67조 제1항·제3항·제4항, 제68조, 제69조, 제70조 제1호, 제71조부터 제74조까지, 제90조 제1항부터 제4항까지, 제91조부터 제94조까지 및 제100조부터 제102조까지의 규정을 준용한다. 이 경우 "지역농협"은 "중앙회"로, "조합장"은 "회장"으로, "조합원"은 "회원"으로 보고, 제15조 제3항 중 "제1항"은 "제121조 제1항"으로, 제17조 제1항 중 "제15조 제1항"은 "제121조 제1항"으로, 제20조 제2항 및 제3항 중 "준조합원"은 "준회원"으로, 제22조 전단 중 "제21조"는 "제117조"로, 제36조 제3항 및 제4항 중 "감사"는 "감사위원회"로, 제37조 제2항 중 "7일 전"은 "10일 전"으로, 제39조 제1항 단서 중 "제35조 제1항 제1호부터 제5호까지"는 "제123조 제1호부터 제3호까지"로, "조합원 과반수의 출석과 출석조합원 3분의 2 이상의 찬성"은 "의결권 총수의 과반수에 해당하는 회원의 출석과 출석한 회원의 의결권 3분의 2 이상의 찬성"으로, 제45조 제9항 중 "이사"는 "이사·사업전담대표이사등"으로, "감사"는 "감사위원"으로, 제48조 제2항 중 "제1항"은 "제126조 제1항"으로, 제50조 제1항 중 "조합"은 "중앙회"로, 제50조 제10항 중 "조합선거관리위원회"는 "중앙회선거관리위원회"로, 제50조의2제1항 및 제2항 중 "조합"은 "중앙회"로, 제51조 제1항부터 제3항까지 중 "조합선거관리위원회"는 "중앙회선거관리위원회"로, 제52조 제3항 중 "임원"은 "임원(회원조합장인 이사·감사위원은 제외한다)"으로, 제52조 제1항 및 제6항 중 "조합장"은 "회장·사업전담대표이사등"으로, "감사"는 "감사위원"으로, 제54조 제1항전단 중 "조합원 5분의 1 이상의 동의"는 "의결권 총수의 5분의 1 이상에 해당하는 회원의 동의"로, 제54조 제1항 후단 중 "조합원 과반수의 출석과 출석조합원 3분의 2 이상의 찬성"은 "의결권 총수의 과반수에 해당하는 회원의 출석과 출석한 회원의 의결권 3분의 2 이상의 찬성"으로, 제54조 제2항 제1호 및 같은 조 제4항 중 "임원"은 각각 "임원(조합감사위원장을 포함한다)"으로, 제57조 제4항 중 "제1항 제7호"는 "제134조 제1항 제5호"로, 제63조 제4항 전단 중 "일반회계와 특별회계 간, 신용사업 부문과 신용사업 외의 사</td></tr>
</table>

	업 부문 간”은 “일반회계와 특별회계 간”으로, “조합”은 “중앙회”로, 제65조 제1항 중 “조합장”은 “회장 또는 사업전담대표이사등”으로, 제67조 제3항 중 “제57조 제1항 제1호”는 “제134조 제1항 제1호”로, 제68조 제3항 제3호 중 “준조합원”은 “준회원”으로, 제71조 제1항 및 제3항 중 “감사”는 “감사위원회”로, 제71조 제4항에 따라 준용되는 「상법」 제450조 중 “감사”는 “감사위원”으로, 제90조 제2항 제1호 중 “제16조 제1호부터 제4호까지 및 제16호부터 제18호까지”는 “제120조 제1항 제1호 및 제2호”로 본다.
수산업 협동조합법	**제26조(경비와 과태금 등의 부과)** ① 지구별수협은 정관으로 정하는 바에 따라 조합원에게 경비와 과태금을 부과할 수 있다. ② 지구별수협은 정관으로 정하는 바에 따라 사용료나 수수료를 징수할 수 있다. ③ 조합원은 제1항의 경비와 과태금 및 제2항의 사용료 또는 수수료를 납부할 때 지구별수협에 대한 채권과 상계할 수 없다. **제168조(준용규정)** 중앙회에 관하여는 제16조, 제17조 제17호 · 제18호, 제18조, 제19조, 제21조 제2항 · 제3항, 제22조 제3항부터 제5항까지, 제22조의3, 제23조, 제24조, 제25조 제2항, 제26조부터 제29조까지(제28조 중 대리인은 회원의 이사로 한정한다), 제31조 제1항, 제32조부터 제35조까지, 제38조부터 제42조까지, 제46조 제6항 · 제7항, 제50조 제2항, 제51조(같은 조 제1항 각 호 외의 부분 단서, 같은 항 제11호 및 제13호는 제외한다), 제53조, 제53조의2(제6항을 제외한다), 제55조, 제56조, 제58조, 제60조 제4항부터 제6항까지 및 제9항, 제60조의2, 제63조부터 제65조까지, 제66조 제1항부터 제4항까지, 제70조 제1항 · 제3항 · 제4항, 제71조부터 제76조까지(제71조 제3항 제1호는 제외한다), 제92조 제1항부터 제4항까지, 제93조부터 제96조까지 및 제101조부터 제103조까지를 준용한다. 이 경우 “지구별수협”은 “중앙회”로, “조합원”은 “회원”으로, “조합장”은 “회장”으로, 제16조 제1항 중 “조합원 자격을 가진 자 20인 이상이”는 “7개 조합 이상이”로, 제40조 단서 중 “제37조 제1항 제1호부터 제3호까지 및 제11호”는 “제126조 제1항 제1호 및 제2호”로, 제46조 제6항 중 “이사”는 “이사 · 사업전담대표이사”로, “감사”는 “감사위원”으로, 제53조 제1항 제1호 중 “이미 조합에 가입한 사람 또는 조합에 가입 신청을 한 사람”은 “조합장인 사람 또는 조합장의 직무를 대행하는 사람”으로, 제60조 제4항 중 “제1항 제8호”는 “제138조 제1항 제8호”로, 제60조 제5항 중 “제1항 제7호 및 제8호”는 “제138조 제1항 제8호 및 제11호”로, 제60조 제9항 중 “사업손실보전자금 및 대손보전자금”은 “사업손실보전자금 · 대손보전자금 및 조합합병지원자금”으로, 제60조의2 제1항 중 “제60조 제1항 제4호”는 “제138조 제1항 제5호”로, 제63조 제1항 중 “제60조 제1항 제2호 나목”은 “제138조 제1항 제2호 가목”으로, 제66조 제2항 중 “신용사업 부문 회계와 신용사업 외의 사업 부문 회계”는 “각 사업별 회계”로, 제73조 제1항 및 제3항 중 “조합장”은 “회장 및 사업전담대표이사”로, 제102조 중 “지구별 수산업협동조합등기부”는 “수산업협동조합중앙회등기부”로 본다.
산림조합법	**제23조(경비와 과태금의 부과)** ① 조합은 정관으로 정하는 바에 따라 조합원에게 경비와 과태금을 부과할 수 있다. ② 조합원은 제1항에 따른 경비와 과태금의 납입에 있어서 조합에 대한 채권과 상계할 수 없다. **제122조(준용규정)** 중앙회에 관하여는 제14조 제2항 · 제3항, 제17조, 제19조

	제2항 · 제3항, 제20조 제4항 · 제5항 · 제7항, 제21조부터 제24조까지, 제26조 제1항 · 제3항, 제27조부터 제30조까지, 제31조 제4항, 제31조의3부터 제31조의6까지, 제32조 제4항 단서 및 같은 조 제5항 · 제6항, 제33조 제5항, 제35조 제7항 · 제9항, 제39조(제1항 제11호는 회원의 조합원이어야 하는 임원에 대하여만 준용하고, 제13호는 제외한다), 제39조의2, 제40조, 제40조의2, 제40조의3제1항, 제41조, 제42조, 제43조 제1항 · 제2항 · 제4항, 제44조, 제46조 제4항, 제48조, 제53조, 제54조(제2항 및 제5항은 제외한다), 제55조의2, 제56조의2제1항 · 제3항 · 제4항, 제56조의3부터 제56조의5까지, 제57조부터 제60조까지, 제60조의2부터 제60조의6까지, 제75조부터 제79조까지 및 제84조부터 제86조까지의 규정을 준용한다. 이 경우 "조합"은 "중앙회"로, "조합장"은 "회장"으로, "조합원"은 "회원"으로, "시 · 도지사"는 "산림청장"으로 보고, 제14조 제3항 중 "제1항"은 "제93조"로, 제19조 제2항 · 제3항 중 "준조합원"은 "준회원"으로, 제21조 제1항 중 "제20조"는 "제90조"로, 제31조 제4항 중 "제5항 제1호 · 제2호 및 제4호"는 "제95조 제4항 제1호 · 제2호"로, 제31조의3제1항 중 "조합원 300인 또는 100분의 10 이상"은 "회원 100분의 10 이상"으로, 제31조의3제3항 전단 중 "감사"는 "감사위원회"로, 같은 항 후단 중 "감사"는 "감사위원장"으로, 같은 조 제4항 중 "감사"는 "감사위원회"로, 제35조 제7항 중 "이사"는 "이사 · 사업대표이사"로, "감사"는 "감사위원"으로, 제40조의3제1항 중 "조합선거관리위원회"는 "중앙회선거관리위원회"로, 제41조 제1항 및 제6항 중 "이사"는 "이사 · 사업대표이사"로, "감사"는 "감사위원"으로, 제41조 제3항 중 "임원"은 "임원(회원조합장인 이사 · 감사위원은 제외한다)"으로, 제43조 제1항 · 제2항 및 제4항 중 "임원"은 "임원(사업대표이사는 제외한다)"으로, 제46조 제4항 중 "제1항 제9호 또는 제2항 제5호"는 "제108조 제1항 제7호"로, 제48조 제1항 중 "제46조 제1항 제6호"는 "제108조 제1항 제5호"로, 제56조의2제3항 중 "제46조 제1항 제1호"는 "제108조 제1항 제1호"로, 제57조 제1항 및 제3항 중 "감사"는 "감사위원회"로, 제60조의2제2항 중 "제20조 제3항"은 "제90조 제2항"으로, 제75조 제2항 제1호 중 "제15조 제1항 제1호 · 제2호 및 제14호부터 제16호까지"는 "제92조 제1항 제1호 및 제2호"로 본다.

第67조(해산)

第67조(해산) 중앙회의 해산에 관하여는 법률로 정한다.
[전문개정 2015. 1. 20.]

Ⅰ. 조문의 취지와 의의

본 조에서는 중앙회의 해산에 관하여는 따로 법률로 정하도록 하고 있다(법 第67조). 중앙회는 전국을 업무구역으로 하고 모든 조합을 회원으로 두고 있으며, 중앙회가 미치는 사회적, 경제적 파장이 크므로 해산을 회원 자체의 판단보다 국민을 대표하는 입법부의 의지가 담긴 법률로 함으로써 민주적 정당성과 국가에 미치는 영향 등을 종합적으로 고려할 수 있도록 하였다.[38]

Ⅱ. 조문의 내용 및 해설

법인은 소멸함으로써 권리능력을 상실하게 되는데 그 이전절차로서 재산관계의 정리를 위하여 해산 및 청산절차를 거쳐야 한다. 따라서 중앙회의 해산은 중앙회가 본래의 목적달성을 위한 적극적인 활동을 정지하고 청산절차에 들어가는 것을 의미한다.[39]

중앙회는 본 조에 의하여 법률로 따로 정하는 경우에만 해산하게 된다. 따라서 민법상 법인의 해산사유(존립기간의 만료, 법인의 목적의 달성 또는 달성의 불능, 기타 정관에 정한 해산사유의 발생, 파산 또는 설립허가의 취소, 총회의 해산결의, 사원이 없게 된 경우, 민법 第77조)가 발생한 것만으로 해산하지 않는다.

실제 상호금융기관 중앙회가 법률에 따라 해산된 사례로, 축산업협동조합 중앙회는 1999. 9. 7. 농협법 개정으로 법률에 따라 해산되어 신설중앙회로 합병되었다. 이에 축산업협동조합 중앙회와 각 지역별 축산업협동조합 및 그 조합원 등은 중앙회의 해산을 따로 법률로 정하도록 한 구 축산업협동조합법(이

38) 법제처, 앞의 책, 176면.
39) 윤석찬, 민법상 법인의 소멸에 관한 고찰, 법학논총 47집 3호, 2020, 89면.

하 ‘구 축협법’) 제111조 등에 대한 헌법소원심판을 청구하였다. 헌법재판소는 위 청구를 기각하면서, 구 축협법 및 구 농업협동조합법에서 중앙회의 해산을 따로 법률로 정하도록 한 취지에 대해, 중앙회는 회원조합이나 그 조합원의 이익을 위하여 기능하면서도 한편으로는 국가의 농업정책 수행의 기능을 보조·담당하기도 하여, 국가의 농업정책 수행을 함께 긴밀히 조율해나가는 기능도 아울러 지니고 있다고 판단되는 점에 비추어, 해산에 관한 한, 중앙회 회원들끼리 함부로 임의해산하는 일이 없도록 하여 중앙회의 유지·존속을 꾀함과 아울러, 중앙회의 존속여부 및 해산방식 등의 점에 관하여 법 자체에서 입법자에게 광범위한 입법형성권을 유보하여 둔 것이라고 판단하였다. 또한 구 축협법 제111조가 중앙회의 해산에 관하여 따로 법률로 정한다고 한 취지는 해산을 위한 입법에 의하여 청산방법까지 예정되고 있다는 취지로 보았다.[40]

중앙회 역시 회원조합의 공동이익의 증진을 그 목적으로 하고 있으나 한편으로는 국가의 서민금융정책에 필요한 역할을 수행하고 있으므로 중앙회의 해산은 국가 전반의 사회경제적 영향을 미친다. 따라서 중앙회의 해산에 관해서는 중앙회 회원들의 결정만으로 임의해산할 수 없도록 하고 중앙회의 존속 및 해산방식에 관해서는 반드시 법률에 의하도록 본 조에서 정한 것이고, 해산을 위한 입법 내용에 청산방법까지 예정되어 있다고 보아야 할 것이다.

Ⅲ. 관련 판례

헌법재판소 2000. 6. 1. 선고 99헌마553 전원재판부 결정 [농업협동조합법위헌확인]

“중앙회의 해산을 따로 법률로 정하여 하도록 한 축협법 제111조의 취지는, 축산업을 포함한 농업은 단순히 농민의 이익만을 위한 산업이 아니라 국민에게 식량공급을 담당하고 있는 산업이므로 지속적으로 국가의 농업정책과 긴밀하게 관련되어 있고, 농협, 축협 등 각 중앙회는 한편으로는 회원조합이나 그 조합원의 이익을 위하여 기능하면서도 다른 한편으로는 국가의 농업정책 수행의 기능을 보조·담당하기도 하여 국가의 농업정책수행을 함께 긴밀히 조율해 나가는

40) 헌법재판소 2000. 6. 1. 선고 99헌마553 결정.

기능도 아울러 지니고 있다고 판단되는 점에 비추어, 해산에 관한 한 중앙회 회원들끼리 함부로 중앙회를 임의해산하는 일이 없도록 하여 중앙회의 유지·존속을 꾀함과 아울러, 중앙회의 존속여부 및 해산방식 등의 점에 관하여 법 자체에서 광범위한 입법형성권을 유보하여 둔 것이다."

"여기서 특기할 것은 축협중앙회를 해산하여 청산하는 경우에도 각 회원조합들은 그들의 출자를 반환받아가는 것을 넘어서 청산시의 잔여재산전부에 대한 분배청구권까지 있다고 할 것은 아니라는 점이다. 즉 현행 축협법 제111조가 중앙회의 해산에 관하여 따로 법률로 정한다고 한 취지는 해산을 위한 입법에 의하여 청산방법까지 예정되고 있다는 취지로 보아야 할 것이다. 만약 그렇게 보지 않는다면 그 동안 국가의 지원으로 형성된 축협중앙회의 재산 부분까지도 모두 회원조합들에 배분되어야 할 것인데, 그 동안 국가의 지원은 개개의 회원조합이나 그 조합원들의 사적 재산의 증식을 위한 것이 아니라, 협동조합의 공익성 또는 공법인적인 부분에 지원된 것이기 때문에 이는 명백히 정의에 반한다. 이런 점에서 기존 축협중앙회의 전재산에 대하여 위 청구인들이 잔여재산분배청구권이 있다거나 이를 전제로 재산분배에 대한 기존의 신뢰가 보호되어야 한다는 취지의 청구인들의 주장은 받아들일 수 없다."

Ⅳ. 관련 법령

법률	조문
새마을금고법	제57조(해산) 중앙회의 해산에 관하여는 따로 법률로 정한다.
농업 협동조합법	제121조(설립·해산) ① 중앙회를 설립하려면 15개 이상의 조합이 발기인이 되어 정관을 작성하고 창립총회의 의결을 거쳐 농림축산식품부장관의 인가를 받아야 한다. ② 제1항에 따른 인가를 받으면 제17조에 준하여 조합으로 하여금 출자금을 납입하도록 하여야 한다. ③ 중앙회의 해산에 관하여는 따로 법률로 정한다.
수산업 협동조합법	제124조(해산) 중앙회의 해산에 관하여는 따로 법률로 정한다.
산림조합법	제94조(중앙회의 해산) 중앙회의 해산에 관하여는 따로 법률에서 정한다.

제2절 기 관

제68조(총회), 제69조(총회의 결의사항)

제68조(총회) ① 중앙회에 총회를 둔다.
② 총회는 중앙회장과 조합의 대표로 구성하며, 정기총회와 임시총회로 구분한다.
③ 정기총회는 중앙회장이 매년 1회 소집하고, 임시총회는 중앙회장이 필요하다고 인정하거나 제4항에 따라 준용되는 제26조에 따른 조합 대표의 청구로 정관에서 정하는 바에 따라 소집하며, 중앙회장이 총회의 의장이 된다.
④ 중앙회의 총회에 대해서는 제19조 제1항 본문, 제25조 제1항 본문, 제26조 제1항부터 제5항까지 및 제26조의2를 준용한다. 이 경우 제26조 중 "감사"는 "제76조 제3항에 따른 감사위원회의 대표자"로 본다.
[전문개정 2015. 1. 20.]

제69조(총회의 결의사항) ① 다음 각 호의 사항은 이 법에 다른 규정이 있는 경우를 제외하고는 총회의 결의를 거쳐야 한다.
1. 정관의 변경
2. 규약의 제정, 개정 및 폐지
3. 회비의 부과방법 및 금액의 결정
4. 사업계획 · 예산 및 결산보고서의 승인
5. 감사보고서의 승인
6. 임원의 임면에 관한 사항
7. 그 밖에 이사회 결의 또는 전체조합 5분의 1 이상의 동의를 받아 총회에 부치는 사항
② 제1항 제1호에 따라 정관을 변경하였을 때에는 금융위원회의 인가를 받은 후 지체 없이 등기하여야 한다.
[전문개정 2015. 1. 20.]

Ⅰ. 조문의 취지와 의의

총회는 조직의 운영에 관한 기본적인 사항을 결정하는 중앙회 최고 의사결정기관이다. 중앙회의 기본적 사항에 관한 의사결정은 총회가 맡도록 하고, 중앙회의 경영은 이사회가, 그리고 중앙회의 재산과 임 · 직원의 업무집행에 관한 감사는 이사회 내에 감사위원회를 두어 전담한다.[1)]

중앙회의 지배구조가 전문성과 책임경영 강화를 목적으로 상임이사의 선임, 그에 따른 권한의 배분, 경영평가 등으로 소유와 경영이 분리되는 방식으로 변경됨에 따라 이사회 등 다른 기관의 권한이 강화되어왔다. 그러나 총회는 회원이 중앙회의 경영에 관여하는 유일한 방법이며, 협동조합의 가치인 민주성 확보를 내포하고 있다는 점[2]에서 중앙회에서 가장 중요한 기관이라고 할 것이다.

Ⅱ. 조문의 내용 및 해설

1. 총회의 의의

총회는 중앙회의 기본조직과 경영에 관한 중요사항에 관하여 회원들의 의사를 표시함으로써 중앙회의 의사를 결정하는 필요적 기관이다. 총회는 회의체로서 상설의 기관은 아니며 정기적 또는 필요에 따라 소집에 의하여 개최된다. 중앙회의 합리적 운영을 위하여 총회는 가장 기본적인 사항에 관하여 중앙회의 의사를 결정하고, 이사회, 중앙회장, 신용·공제사업 대표이사 등 중앙회의 다른 기관은 보다 상세한 사항에 관하여 중앙회의 의사를 결정한다.[3]

2. 총회의 소집

(1) 소집권자

원칙적으로 중앙회장이 총회를 소집하나, ⅰ) 총회를 소집할 자가 없을 때, ⅱ) 중앙회 정관 제19조 제1항[4] 제2호 및 제3호에 의한 소집청구에도 불구하

---

1) 전형수, 신협중앙회의 소이사회제도에 관한 문제점, 한국협동조합연구 제25집 제1호, 2007, 37면.
2) 조은혜, 앞의 글, 52면.
3) 이승언, 앞의 책, 68-69면.
4) **중앙회 정관 제19조(임시총회)** ① 임시총회는 다음 각호의 어느 하나에 해당하는 경우에 회장이 소집한다.
   1. 회장이 필요하다고 인정한 때
   2. 회원 5분의 1 이상이 회의의 목적과 소집이유를 기재한 서면을 회장에게 제출하고 소집을 청구한 때
   3. 법 제76조의2제1항에 의한 감사결과 부정한 사실이 발견되어 감사위원회의 대표자(이하 "대표감사위원"이라 한다)가 회의의 목적과 소집이유를 기재한 서면을 회장에게 제출하고 소집을 청구한 때

고 중앙회장이 정당한 이유 없이 15일 이내에 총회를 개최하지 아니한 때에는 감사위원회의 대표자(이하 '대표 감사위원')가 지체없이 총회를 소집하여야 하고 이 경우 대표 감사위원이 의장의 직무를 대행한다(법 제68조 제4항, 제26조 제4항, 중앙회 정관 제20조 제1항 및 제2항). 대표감사위원이 총회를 소집하지 아니할 때에는 회원 5분의 1 이상의 동의를 얻은 회원 대표가 총회를 소집하고 이 경우 회원대표가 의장의 직무를 대행한다(법 제68조 제4항, 제26조 제5항, 중앙회 정관 제21조).

(2) 소집시기

가. 정기총회

정기총회는 매년 1회 사업연도 종료 후 3개월 이내에 중앙회장이 소집하도록 정하고 있다(법 제68조 제3항, 중앙회 정관 제18조).

나. 임시총회

임시총회는 i) 중앙회장이 필요하다고 인정한 때, ii) 회원 5분의 1 이상의 동의를 받아 회의의 목적과 소집 이유를 적은 서면을 회장에게 제출하고 소집을 청구한 때, iii) 법 제76조의2 제1항[5]에 의한 감사결과 부정한 사실이 발견되어 대표 감사위원이 회의의 목적과 소집이유를 기재한 서면을 회장에게 제출하고 소집을 청구한 때에는 회장이 임시총회를 개최하며, ii) 및 iii)의 경우에는 회장은 15일 이내에 총회를 소집하여야 한다(법 제68조 제3항 및 제4항, 제26조 제1항부터 제3항까지, 중앙회 정관 제19조 제1항 및 제2항).

(3) 소집방법

총회를 소집하는 사람은 개최 10일 전까지 회의의 일시, 장소, 목적사항 등을 회원에게 서면으로 통지하여야 한다(중앙회 정관 제22조). 총회는 회원의 의

---

5) 법 제76조의2(감사위원회의 임무 등) ① 감사위원회는 분기마다 1회 이상 감사 실시를 통보한 후 중앙회의 업무, 재산상태 및 장부·서류 등을 감사하여야 하며, 분기별 감사보고서는 이사회에 제출하고, 분기별 감사보고서를 종합한 연차감사보고서는 정기총회 또는 정기대의원회에 제출하여야 한다.

결권 행사에 있어서 중요한 의미가 있으므로 총회를 소집함에는 회원에게 출석의 기회와 준비의 시간을 주기 위한 것이다.[6] 소집통지서에는 결의사항이 무엇인지 회원이 알 수 있을 정도로 기재하여야 하며, 소집통지에 기재한 회의의 목적사항에 한하여 결의할 수 있다.[7]

3. 의사운영방법

총회는 중앙회장과 조합의 대표(회원의 이사장)로 구성되고(법 제68조 제2항, 중앙회 정관 제17조), 중앙회장은 총회의 의장이 된다(법 제68조 제3항). 총회의 의사에 관하여는 의사의 경과 및 결과를 기재한 의사록을 작성하고, 의장과 총회에서 선출한 3인이 기명날인 또는 서명한다(중앙회 정관 제25조).

4. 결의사항

(1) 의 의

총회의 결의는 다수결의 원리에 의하여 형성된 총회의 의사표시를 의미하며 의결권행사는 총회의 결의를 이루는 요소이다. 결의는 그 성립이 선언된 때부터 회원 전원과 중앙회의 기관담당자를 구속한다.[8] 총회의 의결사항은 총회의 전속적 권한으로 반드시 총회에서 정해야 하고 총회의 결의로도 이를 다른 기관에 위임할 수 없다.[9] 총회는 개최 10일 전까지 회원에게 서면으로 미리 통지한 사항에 한하여 의결할 수 있다(중앙회 정관 제23조 제3항). 즉, 총회는 소집통지에 기재된 목적사항에 구속된다.

(2) 특별결의사항

특별결의사항은 회원 과반수의 출석으로 개의하고 출석회원 3분의 2 이상의 찬성으로 결의한다(중앙회 정관 제23조 제1항). 정관의 변경은 특별결의사항이다

---

6) 이승언, 앞의 책, 74면.
7) 송옥렬, 주석 상법 회사법(제6판), 한국사법행정학회, 2021, 105면.
8) 송옥렬, 앞의 책, 75면.
9) 송옥렬, 앞의 책, 28-29면.

(중앙회 정관 제23조 제1항).

(3) 보통결의사항

총회는 법에 다른 규정이 있는 경우를 제외하고는 재적회원 과반수의 출석으로 개의하고 출석회원 과반수의 찬성으로 결의한다(법 제68조 제4항, 제25조 제1항 본문).

보통결의사항은 i) 규약의 제정, 개정 및 폐지, ii) 회비의 부과방법 및 금액의 결정, iii) 사업계획·예산 및 결산보고서의 승인, iv) 감사보고서의 승인, v) 임원의 임면에 관한 사항, vi) 그 밖에 이사회 결의 또는 전체 회원 5분의 1 이상의 동의를 받아 총회에 부치는 사항 등이 있다(법 제69조 제1항).

(4) 총회 결의의 특례

중앙회의 해산[10]과 임원의 선임은 회원의 투표로 총회의 결의를 갈음할 수 있다(법 제68조 제4항, 제26조의2 제1항). 중앙회의 해산은 회원 과반수(재적회원이 500인을 초과하는 경우에는 251인 이상을 말한다)의 투표와 투표한 회원 3분의 2 이상의 찬성으로 결의한다(법 제68조 제4항, 제26조의2 제2항 제1호). 임원의 선임의 경우, 회장은 선거인(정관으로 정하는 바에 따라 선거권을 가진 자) 과반수의 투표로써 다수 득표자를 당선인으로 결정하고, 회장을 제외한 임원 중 회원의 조합원이어야 하는 임원은 선거인 과반수의 투표로써 다수 득표자 순으로 당선인을 결정한다. 이 경우 재적회원이 500인을 초과하는 경우에는 251인 이상의 출석으로 개의하고 출석회원 과반수의 찬성으로 결의할 수 있다(법 제68조 제4항, 제26조의2 제2항 제2호, 제25조 제1항 단서).

5. 의결권 등

(1) 회원의 의결권 및 선거권

회원은 출자좌수에 관계없이 평등한 의결권과 선거권을 가진다(법 제68조 제

10) 중앙회의 해산에 관하여는 법률로 정하여야 하므로(법 제67조), 중앙회의 해산에 관한 총회 결의 또는 회원의 투표가 있다고 하여 중앙회가 해산되는 것은 아니다.

4항, 제19조 제1항 본문). 회원은 출좌 1좌 이상을 출자하여야 하고(법 제63조 제2항) 한 회원의 출자좌수가 총 출자좌수의 100분의 10을 초과할 수 없어(출자및배당사무규정 제2조 제2항) 회원의 출자좌수에 한도가 있고 회원 간 출자좌수에도 차이가 있다. 그럼에도 각 회원은 총회에서 1표의 의결권을 행사하며 회원 간 의결권에 차등이 없다. 이와 달리 농업협동조합중앙회의 경우 회원 간 조합원 수 편차로 인하여 1조합 1표의 등가성이 문제된다는 점에서 회원의 조합원 수에 따라 총회에서 1표 내지 3표의 의결권을 행사하는 부가의결권 제도[11]를 도입하고 있다(농협법 제122조 제5항).

의결권은 회원의 대표가 총회에 출석하여 결의에 참가할 수 있는 권리를 의미하며, 회원은 의결권 행사를 통하여만 중앙회의 경영에 간섭할 수 있다. 의결권은 회원의 가장 중요한 공익권이고 고유권이므로 정관으로도 이를 박탈하거나 제한할 수 없으며 회원도 의결권을 포기할 수 없다.[12]

(2) 의결권 행사의 제한

총회의 결의에 관하여 특별한 이해관계가 있는 회원은 의결권을 행사하지 못한다. 다만, 그 회원은 해당 사항에 관하여 의견을 진술할 수 있다(중앙회 정관 제23조 제2항).

5. 예산심의위원회의 심의 및 보고

총회의 결의사항 중 회비의 부과방법 및 금액결정, 사업계획 및 예산의 승인에 관한 의결사항을 심의하기 위하여 회장 및 대의원 중에서 선출하는 위원을 합하여 40인 이내로 구성하는 예산심의위원회를 설치·운영한다(정관 제24조 제3항). 예산심의위원회는 총회소집통지일 전일까지 위 의결사항을 심의하고 그 결과를 총회에 보고하여야 한다(중앙회 정관 제24조 제4항).

11) 이창희(수석전문위원), 농업협동조합법중개정법률안(정부제출안, 강기갑의원 대표발의안 이상 2건) 검토보고서, 국회 농림해양수산위원회, 2004, 13-14면.
12) 송옥렬, 앞의 책, 105면.

6. 정관 변경에 대한 인가 및 등기

총회의 결의로 정관을 변경할 때에는 금융위원회의 인가를 받은 후 지체없이 이를 등기하여야 한다(법 제69조 제2항, 중앙회 정관 제24조 제2항).

Ⅲ. 관련 법령

법률	조문
새마을 금고법	제58조(총회) ① 중앙회에 총회를 둔다. ② 총회는 정기총회와 임시총회로 구분하며, 정기총회는 매년 1회 정관으로 정하는 바에 따라 소집하고, 임시총회는 필요하다고 인정되는 때에 소집한다. ③ 총회는 회장과 금고로 구성하며, 회장이 이를 소집하고 그 의장이 된다. ④ 총회는 이 법에 다른 규정이 있는 경우 외에는 금고 과반수의 출석으로 회의를 개의(開議)하고 출석한 금고 과반수의 찬성으로 의결한다. 다만, 제59조 제1항 제1호의 사항은 금고 3분의 2 이상의 출석과 출석한 금고 3분의 2 이상의 찬성으로 의결하여야 한다. ⑤ 총회에서는 제6항에 따라 공고한 사항에 대하여만 의결할 수 있다. 다만, 긴급한 사항으로서 금고 3분의 2 이상의 출석과 출석한 금고 3분의 2 이상의 찬성이 있는 때에는 그러하지 아니하다. ⑥ 중앙회에 관하여는 제13조 제4항, 제14조 제1항부터 제5항까지, 제15조, 제16조 제1항부터 제4항까지, 같은 조 제6항을 준용한다. 이 경우 제14조 제2항, 제4항 및 제5항 중 "감사"는 각각 "감사위원장"으로 본다. 제59조(총회의 의결 사항) ① 다음 각 호의 사항은 총회의 의결을 거쳐야 한다. 1. 정관의 변경 2. 회비의 부과방법 및 금액의 결정 3. 사업계획 · 예산 및 결산의 승인 4. 임원의 선임과 해임 5. 금고 5분의 1 이상의 동의로 회의에 부치는 사항 6. 정관으로 정하는 사항 및 이사회에서 회의에 부치는 사항 ② 제1항 제1호의 정관의 변경은 주무부장관의 인가를 받아야 한다. ③ 회장은 전시 · 사변이나 천재지변, 그 밖에 이에 준하는 사태에 처하여 총회를 소집할 수 없으면 제1항 제2호와 제3호에 관하여 필요한 조치를 취할 수 있다.
농업 협동조합법	제122조(총회) ① 중앙회에 총회를 둔다. ② 총회는 회장과 회원으로 구성하고, 회장이 소집한다. ③ 회장은 총회의 의장이 된다. ④ 정기총회는 매년 1회 정관으로 정한 시기에 소집하고 임시총회는 필요할 때에 수시로 소집한다. ⑤ 중앙회의 회원은 해당 조합의 조합원 수 등 대통령령으로 정하는 기준에 따라 정관으로 정하는 바에 따라 총회에서 한 표에서 세 표까지의 의결권을

	행사한다. 제123조(총회의 의결 사항) 다음 각 호의 사항은 총회의 의결이 있어야 한다. 1. 정관의 변경 2. 회원의 제명 3. 임원 및 조합감사위원장의 선출과 해임 4. 사업 계획, 수지 예산 및 결산의 승인 5. 그 밖에 이사회나 회장이 필요하다고 인정하는 사항 제123조의2(총회의 개의와 의결) ① 중앙회의 총회는 이 법에 다른 규정이 있는 경우 외에는 의결권 총수의 과반수에 해당하는 회원의 출석으로 개의하고, 출석한 회원의 의결권 과반수의 찬성으로 의결한다. ② 제123조 제1호 및 제2호의 사항은 의결권 총수의 과반수에 해당하는 회원의 출석으로 개의하고, 출석한 회원의 의결권 3분의 2 이상의 찬성으로 의결한다.
수산업 협동조합법	제125조(총회) ① 중앙회에 총회를 둔다. ② 총회는 회장과 회원으로 구성하고, 회장이 소집한다. ③ 회장은 총회의 의장이 된다. ④ 정기총회는 회계연도 경과 후 3개월 이내에 회장이 매년 1회 소집하고, 임시총회는 회장이 필요하다고 인정할 때 수시로 소집한다. 제126조(총회의 의결 사항) ① 다음 각 호의 사항은 총회의 의결을 거쳐야 한다. 1. 정관의 변경 2. 회원의 제명 3. 회장, 사업전담대표이사(중앙회의 사업을 각 사업 부문별로 전담하는 대표이사를 말한다. 이하 같다), 감사위원, 이사의 선출·해임 4. 사업계획·수지예산 및 결산의 승인 5. 그 밖에 회장이나 이사회가 필요하다고 인정하는 사항 ② 제1항 제1호의 정관의 변경은 총회의 의결을 거쳐 해양수산부장관의 인가를 받아야 한다.
산림조합법	제95조(총회) ① 중앙회에 총회를 둔다. ② 총회는 회장과 회원으로 구성하고 정관으로 정하는 바에 따라 회장이 소집한다. ③ 정기총회는 매년 한 차례 정관으로 정한 시기에 소집하고 임시총회는 필요할 때에 수시로 소집한다. ④ 다음 사항은 총회의 의결을 받아야 한다. 〈개정 2020. 3. 24.〉 1. 정관의 변경 2. 회원의 제명 3. 임원, 대의원 및 조합감사위원회 위원장의 선출과 해임 4. 사업계획, 수지예산 및 결산의 승인 5. 그 밖에 이사회 및 회장이 필요하다고 인정하는 사항

제70조(대의원회)

제70조(대의원회) ① 중앙회에 총회를 갈음할 대의원회를 둔다.
② 총회의 결의사항은 대의원회에서 결의할 수 있다. 이 경우 그 결의는 총회의 결의로 본다.
③ 대의원회는 중앙회장과 대의원으로 구성한다.
④ 대의원의 정수는 200명 이내로 하며, 조합의 대표 중 정관에서 정하는 바에 따라 선출한다.
⑤ 대의원의 임기는 4년으로 하며, 보궐선거로 선출된 대의원의 임기는 전임자 임기의 남은 기간으로 한다.
⑥ 대의원회에 관하여는 총회에 관한 규정을 준용하되, 그 의결권과 선거권은 대리인으로 하여금 행사하게 할 수 없다.
[전문개정 2015. 1. 20.]

Ⅰ. 조문의 취지와 의의

중앙회는 최고의사결정기관으로서 회장과 회원의 대표로 구성되는 총회를 두고, 총회에 갈음할 기관으로 회원의 대표 중에서 정관에서 정하는 바에 따라 선출되는 200인 이내의 대의원을 구성원으로 하는 대의원회를 둔다.[13] 중앙회의 민주적 운영을 위하여 전체 회원의 대표가 모여 총회를 개최하고 중앙회의 경영에 대해 직접 결정하여야 하나, 총회를 개최할 경우 발생할 비용, 소집장소, 결의방법 등의 문제를 고려하여 회원의 대표가 대의원을 선출하여 그들로 하여금 회원을 대신하여 경영에 대한 결정을 하도록 하는 것이다.[14]

참고로 타 상호금융업법(농협법, 산림조합법, 새마을금고법)의 경우 중앙회뿐만 아니라 단위조합 또는 금고가 정관에서 정하는 바에 따라 대의원회를 둘 수 있는 규정[15]을 두고 있으나, 법은 개별 조합이 대의원회를 설치할 수 있는 근거 규정을 두고 있지 않아 중앙회만 본 조에 따라 대의원회를 둘 수 있다.

---

13) 조은혜, 앞의 글, 44면.
14) 이승언, 앞의 책, 90면.
15) 농업협동조합법 제42조, 산림조합법 제32조, 새마을금고법 제16조. 수산업협동조합법은 조합의 대의원회 설치에 관한 규정(제44조)은 두고 있으나 중앙회의 대의원회 설치에 관한 규정이 없다.

Ⅱ. 조문의 내용 및 해설

1. 대의원회의 설치 및 구성

(1) 대의원회의 설치 및 운영

대의원회는 총회에 갈음하는 기관으로(법 제70조 제1항), 대의원회에 관하여는 총회에 관한 규정이 준용된다(법 제70조 제6항). 대의원회에 관하여 총회에 관한 규정이 준용되므로 소집권자, 소집절차, 의결사항, 의결방법 및 기타 의사에 관한 사항은 총회의 경우와 같다(법 제70조 제6항, 중앙회 정관 제26조[16] 제4항). 따라서 법과 정관에서 총회로 표현되어 있는 것은 대부분 사실상 대의원회를 의미하는 것으로 보아야 한다.[17]

(2) 구 성

대의원회는 회장 및 대의원으로 구성되며(법 제70조 제1항 및 제3항, 중앙회 정관 제26조 제1항), 대의원의 정수는 회장을 포함하여 200명 이내로 하며 회원의 대표(조합의 이사장) 중 정관에서 정하는 바에 따라 선출한다(법 제70조 제4항).

2. 대의원

(1) 대의원의 선출

대의원은 회원의 대표 중에서 대의원 선거구별로 해당 선거구 내의 회원대표의 과반수가 출석한 회의에서 선출한다. 다만, 법 제86조 제1항[18]에 의한 경

16) 중앙회 정관 제26조(대의원회) ① 중앙회에 총회에 갈음하여 회장 및 대의원으로 구성하는 대의원회를 둔다.
② 대의원은 그 의결권과 선거권을 대리인으로 하여금 행사하게 할 수 없다.
③ 대의원이 회원의 대표직을 상실하거나 제35조 제1항 제1호부터 제3호까지 또는 제6호에 해당하는 사유가 발견 또는 발생(법 제28조 제1항 제9호의 경우는 제외한다)한 때에는 그 날부터 대의원의 자격을 상실한다.
④ 대의원회에는 총회에 관한 규정을 준용한다. 이 경우 "회원"은 이를 "대의원"으로 본다.

17) 이승언, 앞의 책, 91면.

18) 법 제86조(경영관리) ① 금융위원회는 다음 각 호의 어느 하나에 해당되어 조합원의 이익을 크게 해칠 우려가 있다고 인정되는 조합에 대해서는 관리인을 선임하여 경영관리를 하게 할 수 있다.

영관리를 받고 있는 회원의 대표는 선거권을 가지지 아니한다(중앙회 정관 제28조 제1항). 선거구별 대의원 정수는 회원수에 비례하여 이사회가 배정한다(중앙회 정관 제28조 제2항, 대의원선거관리규정 제3조 제2항). 대의원의 임기만료로 인한 선출은 그 임기만료일 전 12일까지 실시하여야 한다(중앙회 정관 제28조 제3항).

선거구별 대의원의 정수 및 선출 등에 관하여 필요한 사항은 정관에 정하는 것을 제외하고는 규약으로 정하며(중앙회 정관 제28조 제4항), 현재 중앙회의 「대의원선거규약」, 「대의원선거관리규정」, 「대의원선거관리지침」에서 선거구획정, 선거구별 정수, 선출방법, 선거인과 피선거인의 자격 등에 관한 사항에 대하여 구체적으로 정하고 있다.

대의원에 결원이 생긴 때에는 보궐선거를 실시하며 이 경우 대의원의 선출에 관한 정관 제28조 제1항[19]의 규정을 준용한다. 보궐선거는 그 결원이 발생한 날로부터 60일 이내에 실시하여야 한다(중앙회 정관 제29조 제1항 및 제2항).

(2) 대의원의 임기

대의원의 임기는 4년으로 하며, 보궐선거로 선출된 대의원의 임기는 전임자 임기의 남은 기간으로 한다(법 제70조 제5항). 보궐선거로 선출된 임기를 전임자의 잔임기간으로 정하여 전체 대의원의 임기가 동시에 만료될 수 있도록 하였다.

---

1. 제83조 제2항에 따른 검사 결과 조합이 대통령령으로 정하는 불법·부실대출을 보유하고 이를 단기간에 통상적인 방법으로 회수하기가 곤란하여 자기자본의 전부가 잠식될 우려가 있다고 인정되는 경우
2. 조합 임직원의 위법·부당한 행위로 인하여 조합에 재산상의 손실이 발생하여 자력(自力)으로 경영정상화를 추진하는 것이 어렵다고 인정되는 경우
3. 조합의 파산 위험이 현저하거나 임직원의 위법·부당한 행위로 인하여 조합의 예탁금·적금 인출이 쇄도하거나 조합이 예탁금 및 적금을 지급할 수 없는 상태에 이른 경우
4. 제83조 제2항에 따른 검사 결과 제1호부터 제3호까지의 경우에 해당되지 아니하는 경우로서 자본의 적정성, 자산의 건전성 등을 고려하여 대통령령으로 정하는 경우
5. 제89조 제3항 및 제6항에 따른 경영 분석·평가 결과 또는 검사 결과 경영관리가 필요하다고 인정하여 중앙회장이 건의하는 경우. 이 경우 금융위원회는 제1호부터 제4호까지의 경우에 해당하는지를 확인하여야 한다.

19) **중앙회 정관 제28조(대의원의 선출)** ① 대의원은 회원의 대표 중에서 대의원 선거구별로 해당 선거구 내의 회원대표의 과반수가 출석한 회의에서 선출한다. 다만, 법 제86조 제1항에 의한 경영관리를 받고 있는 회원의 대표는 선거권을 가지지 아니한다.

(3) 대의원의 자격상실

대의원이 ⅰ) 회원의 대표직을 상실하거나 ⅱ) 법 제28조 제1항 제1호부터 제11호[20]까지 의 어느 하나에 해당하는 사람(법 제28조 제1항 제9호의 경우는 제외한다), ⅲ) 법 제86조 제1항에 의한 경영관리를 받고 있거나 금융위원회가 정하는 경영관리유예조치 또는 재무상태개선요구조치를 받고 있는 회원의 임원, ⅳ) 중앙회 정관 제34조[21] 제3항에 따라 총회에서 해임이 의결되어 당연

---

20) 법 제28조(임원 등의 자격 제한) ① 다음 각 호의 어느 하나에 해당하는 사람은 조합의 임원이나 발기인이 될 수 없다.
1. 피성년후견인, 피한정후견인 및 파산선고를 받고 복권되지 아니한 사람
2. 금고 이상의 실형을 선고받고 그 집행이 끝나거나(집행이 끝난 것으로 보는 경우를 포함한다) 집행이 면제된 날부터 3년이 지나지 아니한 사람
3. 형의 집행유예를 선고받고 그 유예기간 중에 있는 사람
4. 금고 이상의 형의 선고유예를 받고 그 선고유예기간 중에 있는 사람
5. 이 법 또는 대통령령으로 정하는 금융 관련 법령(이하 "금융관계법령"이라 한다)을 위반하여 벌금 이상의 형을 선고받고 그 집행이 끝나거나(집행이 끝난 것으로 보는 경우를 포함한다) 집행이 면제된 날부터 5년이 지나지 아니한 사람
6. 법원의 판결 또는 다른 법률에 따라 자격이 상실되거나 정지된 사람
6의2. 제11조 제2항 제1호에 따른 조합원
7. 이 법 또는 금융관계법령에 따라 해임[제84조 제1항 제1호에 따른 임원에 대한 개선(改選)을 포함한다. 이하 이 조에서 같다]되거나 징계면직된 사람으로서 해임되거나 징계면직된 후 5년이 지나지 아니한 사람
8. 이 법 또는 금융관계법령에 따라 영업의 허가・인가 또는 등록이 취소된 법인 또는 회사의 임직원이었던 사람(그 취소 사유의 발생에 직접적 책임이 있거나 이에 상응하는 책임이 있는 사람으로서 대통령령으로 정하는 사람만 해당한다)으로서 그 법인이나 회사에 대한 취소 처분이 있었던 날부터 5년이 지나지 아니한 사람
9. 이 법 또는 금융관계법령에 따라 대통령령으로 정하는 정직・업무집행정지 이상의 제재 조치를 받은 사람으로서 대통령령으로 정하는 기간이 지나지 아니한 사람
10. 이 법 또는 금융관계법령에 따라 재임 중이었거나 재직 중이었더라면 해임요구 또는 징계면직의 조치를 받았을 것으로 통보된 퇴임한 임원 또는 퇴직한 직원으로서 그 통보가 있었던 날부터 5년(통보가 있었던 날부터 5년이 퇴임 또는 퇴직한 날부터 7년을 초과한 경우에는 퇴임 또는 퇴직한 날부터 7년으로 한다)이 지나지 아니한 사람
11. 이 법 또는 금융관계법령에 따라 재임 중이었거나 재직 중이었더라면 대통령령으로 정하는 정직・업무집행정지 이상의 제재 조치를 요구받았을 것으로 통보된 퇴임한 임원 또는 퇴직한 직원으로서 그 통보가 있었던 날부터 대통령령으로 정하는 기간(통보가 있었던 날부터 대통령령으로 정하는 기간이 퇴임 또는 퇴직한 날부터 6년을 초과한 경우에는 퇴임 또는 퇴직한 날부터 6년으로 한다)이 지나지 아니한 사람

21) 중앙회 정관 제34조(임원의 해임) ① 회원은 총회원 5분의 1 이상의 동의를 얻어 임원의 전부 또는 일부에 대한 해임을 총회에 요구할 수 있다.
② 제1항에 의한 해임 요구는 그 이유를 기재한 서면으로 하며, 회장은 총회개최일 10일 전까지 해당 임원에게 그 사실을 통지하고 총회에서 의견을 진술할 기회를 주어야 한다.
③ 제1항에 의하여 총회에서 해임이 의결된 임원은 즉시 해임된다.

해임된 날부터 5년이 경과되지 아니한 사람, ⅴ) 정관부속서 임원선거규약에서 정한 피선거권의 제한에 해당하는 사람임이 발견 또는 발생되었을 때에는 그 날부터 대의원의 자격을 상실한다(중앙회 정관 제26조 제3항).

(4) 의결권과 선거권의 행사

대의원의 의결권 및 선거권은 총회의 규정이 준용됨에 따라 1인 1표이다(법 제70조 제6항, 제68조 제4항, 제19조 제1항 본문). 대의원은 임원선거에 참여하고 의결권을 행사하는 등 자주적으로 임무를 수행하게 되고[22] 그 의결권과 선거권을 대리인으로 하여금 행사하게 할 수 없다(법 제70조 제6항, 중앙회 정관 제26조 제2항, 제4항).

3. 결의사항

총회의 결의사항을 대의원회에서 결의할 수 있고, 그 결의는 총회의 결의로 본다(법 제70조 제2항). 다만, 2019. 10. 23. '정관부속서임원선거규약' 개정을 통해 회장선거권은 회장과 회원의 이사장(조합의 대표)에게 있고 회장을 제외한 임원 선거권은 회장과 대의원에게 있다고 정하여(정관부속서임원선거규약 제4조 제1항 및 제2항), 회장의 선출은 대의원회가 아닌 총회에서만 할 수 있도록 하였다. 대의원이 아닌 대다수 조합의 이사장은 의무이행을 동일하게 하는 중앙회의 회원임에도 대표자 선출권이 없어서 대의원에 의한 간접선거가 조직내 일체감 형성에 저해요인으로 작용된다는 비판이 있었다. 이를 고려하여 회장의 선출에 관해서는 직선제 도입을 통해 전체 회원조합의 의사를 반영할 수 있도록 하였다. 따라서 회장의 선출은 총회의 전속의결사항이며 대의원회에서 할 수 없다.

22) 대법원 1989. 10. 13. 선고 89도563 판결.

Ⅲ. 관련 법령

법률	조문
새마을 금고법	제58조(총회) ⑥ 중앙회에 관하여는 제13조 제4항, 제14조 제1항부터 제5항까지, 제15조, 제16조 제1항부터 제4항까지, 같은 조 제6항을 준용한다. 이 경우 제14조 제2항, 제4항 및 제5항 중 "감사"는 각각 "감사위원장"으로 본다. 제16조(대의원회) ① 회원이 500명을 초과하는 금고는 대통령령으로 정하는 바에 따라 총회를 갈음할 대의원회를 둘 수 있다. ② 대의원의 임기는 3년으로 한다. ③ 제2항에도 불구하고 대의원 중 일부의 궐원으로 인한 재선거 또는 보궐선거로 선임된 대의원의 임기는 다음 각 호와 같다. 1. 재선거의 경우에는 재선거 실시 전에 실시한 선거로 선출된 대의원의 남은 임기 2. 보궐선거의 경우에는 전임자의 남은 임기 ④ 대의원의 자격, 정수, 선임 방법 등에 필요한 사항은 대통령령으로 정한다. ⑤ 대의원은 다음 각 호의 직을 겸할 수 없다. 1. 해당 금고의 임직원(이사장은 제외한다) 2. 다른 금고의 대의원 3. 다른 금고의 임직원 ⑥ 대의원회에 관하여는 총회에 관한 규정을 준용한다.
농업 협동조합법	제124조(대의원회) ① 중앙회에 총회를 갈음하는 대의원회를 둔다. 다만, 제130조 제1항에 따른 회장의 선출을 위한 총회 및 제54조 제1항을 준용하는 제161조에 따른 임원의 해임을 위한 총회의 경우에는 그러하지 아니하다. ② 대의원의 수는 회원의 3분의 1의 범위에서 조합원수 및 경제 사업규모 등을 고려하여 정관으로 정하되, 회원인 지역조합과 품목조합의 대표성이 보장될 수 있도록 하여야 한다. ③ 대의원의 임기는 정관으로 정한다. ④ 대의원은 정관으로 정하는 바에 따라 회원의 직접투표로 선출하되, 대의원을 선출하기 위한 회원별 투표권의 수는 제122조 제5항에 따른 의결권의 수와 같다. ⑤ 대의원은 대의원회에서 한 표의 의결권을 행사하며, 대의원회의 운영 등에 관한 세부 사항은 정관으로 정한다. ⑥ 대의원회의 개의와 의결에 관하여는 제123조의2를 준용한다.
산림조합법	제96조(대의원회) ① 중앙회에 정관으로 정하는 사항에 대한 총회의 의결에 관하여 총회를 갈음하는 대의원회를 둔다. 다만, 제104조 제1항에 따른 회장의 선출을 위한 총회의 경우에는 그러하지 아니하다. ② 대의원회는 회장과 대의원으로 구성하며, 회장이 소집한다. 제97조(대의원의 정수 및 선출과 임기) ① 대의원의 정수는 회원의 3분의 1의 범위에서 정관으로 정한다.

	② 대의원은 총회에서 회원 중에서 선출하되, 회원인 지역조합 및 전문조합의 대표성이 보장될 수 있도록 하여야 한다. ③ 대의원의 임기는 2년으로 하되, 보궐선거로 선출된 대의원의 임기는 전임자 임기의 남은 기간으로 한다. 이 경우 대의원의 임기에 관하여는 제32조 제4항 단서를 준용한다.

제71조(임원의 정수 등)

제71조(임원의 정수 등) ① 중앙회에 임원으로 회장 1명, 신용·공제사업 대표이사 1명 및 검사·감독이사 1명을 포함하여 15명 이상 25명 이하의 이사를 둔다.
② 제1항의 임원 중 신용·공제사업 대표이사 및 검사·감독이사는 상임으로 한다.
③ 제2항에 따른 상임 임원을 제외한 임원은 비상임으로 하되, 정관에서 정하는 바에 따라 실비의 변상을 받을 수 있다.
[전문개정 2015. 1. 20.]

Ⅰ. 조문의 취지와 의의

본 조는 임원의 정수와 상임 및 비상임임원에 관하여 정하고 있다. 본 조에 의하면 중앙회 임원은 비상임 명예직인 회장과 상임이사인 신용·공제사업 대표이사 및 검사·감독이사와 비상임이사로 구성되어 있다.

Ⅱ. 조문의 내용 및 해설

1. 임원의 정수

중앙회에 임원으로 회장 1명, 신용·공제사업대표이사 1명, 검사·감독이사 1명을 포함한 이사 15명 이상 25명 이하의 이사를 둔다(법 제71조 제1항). 정관에 의하면, 중앙회는 회장 1인, 신용·공제사업대표이사 1인 및 검사·감독이사 1인을 포함한 이사 24인을 두고 있다(중앙회 정관 제30조 제1항).

2. 비상임임원

(1) 회 장

회장은 대외적으로 중앙회를 대표하는 기관으로 중앙회의 사업 중 신용·공제사업대표이사의 전담업무만을 제외하고 중앙회의 업무를 총괄한다. 법 제정부터 회장은 신협의 봉사이념에 기초하여 비상임으로 규정하였으나 2000년 법 개정을 통해 조합의 지도·감독을 강화하고 책임경영을 도모할 목적으로 비상임이었던 회장을 상임으로 전환하였다.[23] 그러나 2015년 사업소관별 상임이사 제도의 확립을 위하여 회장을 다시 비상임으로 전환하는 내용으로 법이 개정됨에 따라 현재와 같이 회장은 비상임 명예직으로 하고 조합 임원이 아닌 자 중 전문성을 갖춘 상임이사에게 권한 분화가 이루어지게 되었다.[24]

(2) 비상임이사

이사는 이사회의 구성원으로서 중앙회의 업무집행에 관한 의사결정과 회장 등의 업무집행을 감독하는데 참여할 권한을 가진 자로 그 자체로는 업무집행기관이 아니므로 중앙회의 업무집행의 의사결정기관인 이사회의 구성원으로서 의사결정에 참여한다.[25] 비상임이사는 중앙회의 경영과 업무집행에는 직접 참여하지 않고 비상근으로서 이사회에 출석하여 중앙회의 경영에 대한 의사결정에 참가하는 이사를 말한다.[26] 신용·공제사업대표이사와 검사·감독이사를 제외한 이사는 명예직으로 별도의 보수를 받지 않으나 정관에서 정한 바에 따라 여비, 연구활동비 등 실비를 변상받을 수 있고(법 제71조 제3항, 중앙회 정관 제30조 제4항), 실비 등 지급에 관한 구체적인 사항은 '임원실비 등의 지급규정'에서 정하고 있다.

3. 상임임원 – 신용·공제사업대표이사 및 검사·감독이사

(1) 의 의

이사회의 전문성과 효율성을 제고하고 소관업무에 대한 책임경영체제를 구축하기 위하여 중앙회장으로부터 독립된 상임의 신용·공제사업 대표이사 및 검사·감독이사를 선임하도록 정하고 있다. 상임이사는 중앙회에 상시 근무하면서 중앙회의 경영과 업무집행을 담당하며,[27] 소관업무에 관하여 대외적으로

23) 김문희(전문위원), 신용협동조합법 중개정법률안(정부 제출, 의안번호 제152368호) 검토보고서, 국회 재정경제위원회, 1999. 12., 8면.
24) 조은혜, 앞의 글, 70-71면.
25) 이승언, 앞의 책, 94면.
26) 이승언, 앞의 책, 104면.

중앙회를 대표하고 대내적으로 업무를 집행하는 권한을 가진 기관이다. 현재 중앙회의 협회기능은 중앙회장이, 사업기능은 신용·공제사업대표이사가, 감독기능은 검사·감독이사가 각각 독립하여 업무를 수행하고 있다.[28] 일부 타 중앙회의 경우 조합 또는 금고의 교육·지원사업 등에 관하여도 전문가 출신의 상임이사(전무이사, 지도이사)를 통한 전문경영체제를 도입하고 있다.

〈표〉 상호금융권 중앙회별 상임임원

	새마을금고 중앙회	농협 중앙회	수협 중앙회	산림조합 중앙회	신협 중앙회
상임 임원	• 신용공제 대표이사 • 지도이사 • 전무이사 • 금고감독 위원장 • 감사위원장	• 상호금융 대표이사 • 전무이사 • 감사위원장	• 지도경제 사업대표이사 • 감사위원장	• 사업대표 이사 • 감사위원장	• 신용공제 사업 대표이사 • 검사감독 이사

(2) 신용·공제사업 대표이사

가. 권 한

신용·공제사업대표이사는 소관업무의 집행과 대표권한의 범위 내에서 독자적인 의사결정권을 지니고 있으며, 중앙회의 신용·공제사업에 관하여 재판상 또는 재판 외의 모든 행위를 할 수 있다.

신용·공제사업 대표이사는 신용사업 및 공제사업에 관련되는 사업과 그 부대사업 그리고 소관업무에 관한 경영목표의 설정, 사업 및 자금계획의 수립 등의 업무를 전담하며 그 업무에 관하여 중앙회를 대표한다(중앙회 정관 제32조의 2 제1항). 신용·공제사업대표이사는 업무집행권을 갖으며 법과 정관에서 총회와 이사회의 권한으로 정한 이외의 중요하지 않는 일상적인 사항에 대해 독자적으로 업무집행의 의사결정을 할 수 있는 권한을 가진다.[29]

27) 이승언, 앞의 책, 104면.
28) 현성수(수석전문위원), 신용협동조합법 일부개정법률안(정부 제출, 의안번호 제177465호) 검토보고서, 국회 재정경제위원회, 2007. 10., 13면.
29) 이승언, 앞의 책, 118-119면.

나. 책 임

신용 · 공제대표이사는 그 직무를 수행함에 있어 소관업무에 대하여 전문경영인으로서 신의에 따라 성실하게 직무를 수행하여야 하는 성실의무를 지닌다(법 제72조 제3항). 또한 신용 · 공제 사업대표이사에 대한 견제장치로써 중앙회장이 신용 · 공제대표이사가 정관에서 정한 바에 따라 실시하는 경영평가 결과 경영실적이 부진하여 그 직무를 담당하기 곤란하다고 인정되거나 법, 「금융소비자 보호에 관한 법률」(이하 "이 법 등") 또는 이 법 등에 따른 명령 · 정관 및 규정을 위반하는 행위를 한 경우에는 총회에 해임을 요구할 수 있도록 하여(법 제72조 제5항), 신용 · 공제대표이사에게 경영실적에 대한 책임을 물을 수 있도록 하고 있다.

신용 · 공제대표이사의 그 직무 수행과 관련한 책임 등에 관해서는 법 제72조 제8항에 따라 법 제33조(임원의 책임 등)를 준용하며, 이에 대해서는 법 제72조에 대한 설명에서 후술한다.

(3) 검사 · 감독이사

검사 · 감독이사는 조합에 대한 검사 · 감독업무를 전담처리하며, 회장은 검사 · 감독이사가 소관 업무를 독립적으로 수행할 수 있도록 법 제89조[30]에 의

30) 법 제89조(중앙회의 지도 · 감독) ① 중앙회장은 제78조 제1항의 사업을 수행하기 위하여 조합을 지도 · 감독한다. 이 경우 중앙회장은 조합의 사업에 관한 지침 등을 작성하여 보급할 수 있으며, 필요한 경우에는 조합에 자료의 제출, 관계자의 출석 또는 진술을 요구할 수 있다.
② 제1항에 따라 자료의 제출, 관계자의 출석 또는 진술을 요구받은 조합은 지체 없이 요구에 따라야 한다.
③ 중앙회장은 제1항에 따라 조합으로부터 제출받은 자료를 금융위원회가 정하는 바에 따라 분석 · 평가하여 그 결과를 조합으로 하여금 공시하도록 할 수 있다.
④ 중앙회장은 제3항에 따른 분석 · 평가 결과 대통령령으로 정하는 바에 따라 금융위원회가 정하는 기준에 해당되어 건전한 경영이 어렵다고 인정되는 조합에 대해서는 합병을 권고하거나 보유자산의 처분, 조직의 축소 등 재무상태의 개선을 위한 조치를 하도록 요청하여야 한다.
⑤ 금융위원회는 조합이 제4항에 따른 재무상태의 개선을 위한 조치를 성실히 이행하지 아니한 경우에는 제86조 제1항에 따른 경영관리 요건에 해당하는지를 판단하기 위하여 제83조 제2항에 따른 검사를 하여야 한다.
⑥ 중앙회장은 필요하다고 인정할 때에는 그 소속 직원으로 하여금 조합의 업무를 검사하게 할 수 있다.
⑦ 중앙회장은 제6항에 따른 검사 결과에 따라 시정 등 필요한 조치를 명하거나 다음 각 호의 조치를 할 수 있다.

해 중앙회가 실시하는 조합에 대한 검사 및 제재 등에 관한 권한을 위임하며, 그 위임에 관해서는 '신협 검사 및 제재에 관한 규정'(이하 '신협 제재규정') 및 '신협 검사 및 제재에 관한 규정 시행규칙'(이하 신협 제재규정 시행규칙)에서 정하고 있다.

타 상호금융업법의 경우, 각 중앙회의 조합 또는 금고에 대한 검사·감독에 관한 업무를 독립적·전문적으로 처리하기 위하여 검사·감독업무를 전문가 협의체 형태의 조합감사위원회 또는 금고감독위원회에서 실시하도록 하고 있으며, 조합감사위원회 또는 금고감독위원회의 위원장이 회장의 업무를 위임받아 각 중앙회를 대표하여 조합 또는 금고의 감사업무를 수행하고 있다.

〈표〉 타 상호금융업법 조합(금고)감사(감독)위원회 현황

구분	농업협동조합법	수산업협동조합법	새마을금고법	산림조합법
지도·감독기관	조합감사위원회	조합감사위원회	금고감독위원회	조합감사위원회
위원장	상임	상임	상근	상임
근거조항	제143조~ 제146조	제143조~ 제146조	제79조의2~ 제79조의3	제118조~ 제121조

(4) 상임임원의 보수

상임임원의 보수는 예산의 범위 안에서 「상임임원보수등에 관한 규정」이 정하는 바에 따라 지급한다(중앙회 정관 제30조 제5항). 상임임원의 보수는 직원의 보수, 직무의 곤란성 및 책임도를 감안하여 이를 정한다(상임임원보수등에 관한 규정 제3조). 상임임원의 기본보수는 직원 중 최상위 직급에 해당하는 자의 연봉을 감안하여 정하되, 총회에서 정한 예산의 범위 내에서 이사회가 정한다(상임임원보수등에 관한 규정 제4조).

---

1. 제84조 제1항에 따른 관련 임직원에 대한 조치요구
2. 제84조 제3항에 따른 임시임원의 선임
3. 제84조 제4항 단서에 따른 임시임원의 등기 촉탁
4. 제85조 제1항에 따른 조치
5. 제85조 제2항에 따른 업무의 전부정지

⑧ 중앙회장은 제6항에 따라 조합에 대한 검사를 한 결과 제101조 제1항 각 호의 과태료 부과대상 행위를 확인한 경우에는 과태료 부과에 필요한 사항을 금융위원회에 보고하여야 한다.

Ⅲ. 관련 법령

법률	조문
새마을 금고법	제64조(임원의 정수 등) ① 중앙회에는 회장 1명, 신용공제대표이사 1명, 지도이사 1명, 전무이사 1명을 포함하여 11명 이상 26명 이하의 이사, 금고감독위원장을 포함한 금고감독위원회 위원(제79조의3제1항 및 제5항에 따라 선출되는 금고감독위원회의 위원을 말한다. 이하 같다) 5명과 감사위원 5명을 임원으로 둔다. 이 경우 이사 중 3명 이상을 여성으로 선출하여야 한다. ② 제1항의 임원 중 신용공제대표이사, 지도이사, 전무이사, 금고감독위원장 및 감사위원장은 상근으로 하며, 상근하는 임원에게는 급여를 지급할 수 있다. ③ 회장, 신용공제대표이사, 지도이사 및 전무이사를 제외한 이사 중 9명 이상은 금고의 이사장이 아닌 사람 중에서 선임하여야 한다.
농업 협동조합법	제126조(임원) ① 중앙회에 임원으로 회장 1명, 상호금융대표이사 1명 및 전무이사 1명을 포함한 이사 28명 이내와 감사위원 5명을 둔다. ② 제1항의 임원 중 상호금융대표이사 1명, 전무이사 1명과 감사위원장은 상임으로 한다.
수산업 협동조합법	제129조(임원) ① 중앙회에 임원으로 회장 1명 및 사업전담대표이사 1명(지도경제사업대표이사)을 포함하여 22명 이내의 이사와 감사위원 3명을 둔다. ② 제1항의 임원 중 다음 각 호의 자는 상임으로 한다. 1. 사업전담대표이사 2. 삭제 〈2025. 4. 22.〉 3. 감사위원장
산림조합법	제100조(임원) ① 중앙회에 임원으로서 회장 1명, 사업대표이사 1명을 포함한 18명 이내의 이사와 감사위원 3명을 둔다. ② 제1항의 임원 중 사업대표이사와 감사위원장은 상임으로 한다.

제71조의2(임원의 선임 및 자격요건)

제71조의2(임원의 선임 및 자격요건) ① 임원은 정관이 정하는 바에 따라 총회에서 선출하되, 신용·공제사업 대표이사 및 검사·감독이사를 포함한 임원의 3분의 1 이상은 조합의 임원 또는 간부직원이 아닌 자중에서 선출하여야 한다. 〈개정 2015. 1. 20.〉
② 중앙회장은 조합의 조합원이어야 한다.
③ 신용·공제사업 대표이사, 검사·감독이사 및 조합의 임원 또는 간부직원이 아닌 이사(이하 "전문이사"라 한다)는 금융에 관한 전문지식과 경험을 갖춘 자로서 대통령령이 정하는 요건에 적합한 자중에서 선출한다. 〈개정 2015. 1. 20.〉
④ 중앙회장 또는 전문이사가 아닌 임원은 시·도 단위별로 추천한 임원 후보자 중에서 총회에서 선출한다. 이 경우 시·도 단위별 추천인원, 추천절차, 그 밖에 필요한 사항은 정관으로 정한다. 〈신설 2023. 12. 26.〉
⑤ 조합의 이사장이 중앙회장으로 선출된 경우에는 취임전에 그 직을 사임하여야 한다. 〈신설 2023. 12. 26.〉
⑥ 임원의 선출방법 등에 관하여 이 법에 규정이 없는 경우에는 정관이 정하는 바에 의한다. 〈개정 2023. 12. 26.〉
⑦ 제28조의 규정은 중앙회의 임원에 대하여 이를 준용한다. 〈개정 2023. 12. 26.〉
[본조신설 2003. 7. 30.]

Ⅰ. 조문의 취지와 의의

본 조는 중앙회 임원의 선출 및 자격요건에 관하여 정하고 있다. 중앙회는 총 임원의 3분의 1 이상을 조합의 임원 또는 간부직원이 아닌 외부전문가로 선출하여 이사회 경영의 전문성과 효율성을 제고함과 동시에,[31] 나머지 임원은 회원의 조합원인 자를 임원으로 선출하여 중앙회의 의사결정에 회원의 참여를 보장하고 있다. 또한 회원의 조합원인 이사 후보자의 지역별 추천제도를 도입하여 지역에서 제기되는 의견과 여론의 효과적 전달·수렴을 할 수 있도록 하고 있다.[32] 이를 통해 협동조합의 자기관리 조직이라는 특수성을 유지하면서 경영의 효율성을 높일 수 있는 지배구조를 형성하게 되었다.

31) 김문희(전문위원), 신용협동조합법 개정법률안(정부 제출, 의안번호 제162097호) 검토보고서, 국회 재정경제위원회, 2003. 4., 18면.
32) 박영재, 협동조합금융기관 중앙회 조직의 지배구조 개선 방안 – 신협법 개정안을 중심으로 –, 충남대학교 석사학위 논문, 2015, 61면.

Ⅱ. 조문의 내용 및 해설

1. 전문이사의 도입

법 제71조의2 제1항 및 제3항은 신용·공제사업 대표이사, 검사·감독이사 및 조합의 임원 또는 간부직원이 아닌 이사(이하 '전문이사')를 금융에 관한 전문지식과 경험을 갖춘 자 중에서 선출하도록 하여 각 소관별 상임이사와 전문이사를 도입하였다.

전문이사의 자격요건(조합 임원 또는 간부직원이 아닐 것, 금융에 관한 전문지식과 경험을 갖출 것)은 「금융회사의 지배구조에 관한 법률」 제6조에서 사외이사의 자격요건으로 해당 금융회사의 영향력이 미치지 않아야 한다는 독립성 요건과 금융 등 관련 분야에 있어서 관련 지식 및 경력을 갖추어야 한다는 전문성 요건을 요구하고 있는 것[33]과 유사한데, 이는 금융회사 특유의 공공적 성격이 반영된 것이라고 할 수 있다.[34]

중앙회는 상임이사를 포함한 총 임원의 3분의 1 이상을 전문이사로 선임하도록 하여 중앙회의 사업수행이 회원의 의견수렴과 더불어 보다 전문화되고 분화된 경영 모습으로 안착될 수 있도록 하였다.[35]

2. 임원의 선임

(1) 의 의

임원은 총회 또는 대의원회에서 선출하는데, 회장은 총회에 의하여 선출하고(직선제) 회장을 제외한 임원선거는 대의원회에 의한다(법 제71조의2 제1항, 중앙회 정관 제31조 제1항, 정관부속서임원선거규약(이하 '규약') 제4조 제1항 및 제2항). 즉, 회장선거권은 회원의 이사장(조합의 대표)에게 있고, 회장을 제외한 임

---

33) 김홍식, 금융회사의 사외이사에 관한 연구 – 금융회사의 지배구조에 관한 법률을 중심으로, 금융법연구 제14권 제2호, 2017, 167면.
34) 김홍식, 앞의 글, 167면.
35) 조은혜, 앞의 글, 59면.

원선거권은 회장과 대의원에게 있다(규약 제4조 제1항 및 제2항). 선거권의 행사는 1인 1표로 하며, 대리할 수 없다(규약 제4조 제4항).

임원 중 신용·공제사업 대표이사, 검사·감독이사를 포함하여 전문이사를 3분의 1 이상 선출하여야 하는데(법 제71조의2 제1항), 정관은 총 24명의 이사 중 신용·공제사업 대표이사, 검사·감독이사를 포함한 8인의 전문이사를 두도록 정하고 있다(중앙회 정관 제30조 제1항 및 제3항). 현재 전문이사와 회장 및 전문이사를 제외한 이사의 선출시기가 달라 전문이사와 회장 및 전문이사를 제외한 이사 간의 임기 개시일에 2년 간격의 차이가 있다.

(2) 회 장

회장은 총회에서 선출하며 회장의 선출은 총회의 전속적 권한이다(법 제71조의2 제1항, 중앙회 정관 제31조 제1항, 규약 제4조 제2항). 회장 선거사무관리에 관해서는 법 제72조 제9항에 따라 「선거관리위원회법」에 따른 중앙선거관리위원회에 위탁하여야 한다.

회장은 선거인의 과반수 투표로써 다수 득표자를 당선인으로 결정하고, 득표수가 동일한 후보자가 2인 이상일 경우에는 연장자순에 의하여 결정한다(규약 제33조 제1항). 다만, 후보자 등록마감시각에 등록된 후보자가 1명이거나 후보자등록마감 후 선거일의 투표마감시각까지 후보자가 사퇴·사망하거나 등록이 무효로 되어 후보자 수가 1명이 된 때에는 투표를 실시하지 아니하고 선거일에 그 후보자를 당선인으로 결정한다(규약 제33조 제2항). 그 외 회장 선거의 선거공고, 선거인명부, 후보자등록, 선거운동, 투표방법, 개표, 당선인의 결정 등에 관해서는 위탁선거법이 우선 적용되며 위탁선거법에서 정하지 않은 사항에 관해서는 정관 및 규약(제20조부터 제36조까지)에 따른다.

(3) 전문이사

법 제71조의3 및 중앙회 정관 제31조 제3항·제4항에 의해 설치된 인사추천위원회가 추천한 후보자를 대의원회에서 선출한다. 선거관리위원회 위원장인 임시의장은 인사추천위원회가 추천한 전문이사후보자를 대의원회에 신용·공제사업 대표이사, 검사·감독이사, 신용·공제사업 대표이사 및 검사·감독이사를 제외한 전문이사별로 각각 독립된 선출의안으로 부의한다. 다만, 선출의안이 부결된 경우에는 대의원회 진행 중에 인사추천위원회로부터 후보자를 추가로 추천받아 재부의할 수 있다(중앙회 정관 제31조 제3항, 규약 제53조 제1항). 당선인은 대의원의 과반수 출석과 출석대의원 과반수의 찬성으로 결정한다(규약 제53조 제4항).

(4) 회장 또는 전문이사가 아닌 이사(지역별 이사)

가. 의 의

중앙회의 임원 중 회장 또는 전문이사가 아닌 임원은 시·도 단위별로 추천한 임원 후보자 중에서 선출한다(법 제71조의2 제4항). 본 조항이 2023. 12. 26. 신설되기 전에는 지역 구분 없이 입후보한 후보들 중에서 선출하였기 때문에 일부 지역에서는 이사가 선출되지 않는 경우가 발생하여 중앙회-지역 간 협력관계를 유지하기 어려웠다. 또한, 선거권자가 다른 지역에 위치한 조합 소속의 후보를 파악하기 쉽지 않을 뿐더러 선거기간 중 전국의 대의원 소속 조합을 대상으로 선거운동이 과열되는 양상이 발생하였다. 이에 따라 전문이사가 아닌 임원의 경우에는 시·도 단위별로 후보자를 추천하는 방식을 도입하게 되었다.[36)]

나. 선출방법

지역별 이사는 시·도 단위별로 구성된 "이사후보자 추천회의"(이하 "추천회의")에서 추천한 후보자 중에서 대의원회에서 선출한다. 이 경우 추천회의에서 추천한 후보자의 수는 시·도 단위별로 각 1명으로 한다(중앙회 정관 제31조 제2항, 규약 제37조[37)]). 이에 따라 '회장 또는 전문이사가 아닌 이사'의 정수가 13명

36) 이용준(수석전문위원), 신용협동조합법 일부개정법률안(유동수 의원 대표발의, 의안번호 제2113832호) 검토보고서, 국회 정무위원회, 2022. 5., 36-37면.

37) 규약 제37조(선거방법 및 추천단위) 지역별 이사는 다음 각 호의 구분에 따른 시·도 단위별로 구성된 이사후보자 추천회의(이하 "추천회의"라 한다)에서 추천한 후보자 중에서 대의원회에서 선출한다. 이 경우 추천회의에서 추천하는 후보자의 수는 시·도 단위별 각 1명으로 한다.

1. 서울특별시

에서 15명으로 변경되어 회장 1명, 사업대표이사 1명 및 검사·감독이사 1명을 포함한 임원의 정수가 21명에서 24명으로 변경되었다(중앙회 정관 제30조 제1항, 제3항).[38]

다. 추천회의의 구성

추천회의는 각 시·도단위별 관내 회원대표들로 구성하고(규약 제42조 제1항), 중앙회는 추천회의 사무를 관리하기 위하여 시·도단위를 관할하는 지역본부(이하 "관할 지역본부")의 장을 추천회의의 관리인으로 둔다(규약 제42조 제3항). 추천회의 의장은 추천회의에 출석한 구성원 중에서 호선한다(규약 제43조 제1항).

라. 추천후보자등록 및 추천운동

추천후보자(추천회의로부터 이사후보자로 추천을 받기 위하여 후보자등록을 한 사람을 말한다. 이와 같다)가 되려는 사람은 추천회의 개최 공고일 후 5일까지 관할 지역본부의 장에게 서면으로 추천후보자등록을 신청하여야 한다(규약 제39조 제1항). 추천후보자가 되려는 사람은 추천후보자등록개시일 현재 시·도 단위에 주된 사무소를 둔 회원의 조합원이어야 한다(규약 제39조 제9항).

누구든지 추천회의와 관련하여 i) 추천회의 공보, ii) 전화(문자메시지를 포함한다) 또는 컴퓨터 통신(전자우편을 포함한다)을 이용한 지지 호소, iii) 다수인

---

2. 부산광역시
3. 울산광역시·경상남도
4. 인천광역시
5. 경기도
6. 대구광역시
7. 경상북도
8. 대전광역시
9. 세종특별자치시·충청남도
10. 광주광역시
11. 전라남도
12. 충청북도
13. 전북특별자치도
14. 강원특별자치도
15. 제주특별자치도

38) 전문이사가 전체 임원의 3분의 1 이상이 되어야 하므로(법 제71조의2 제1항) 전문이사 정수도 7명에서 8명으로 변경되었다.

이 왕래하거나 집합하는 공개된 장소에서의 지지 호소 및 명함 배부, ⅳ) 규약 제43조 제7항[39]에 따른 추천회의 당일 소견 발표 외에는 추천운동(자기 또는 특정인을 이사후보자로 추천되게 하거나 추천되지 못하게 하기 위한 행위를 말한다. 이하 같다)을 할 수 없고, 이 경우 위 ⅰ)부터 ⅳ)까지의 방법에 대하여는 중앙회 이사 선거에 관한 시행규칙 별표에 따른 선거운동 방법(추천회의 공보의 경우에는 선거공보에 관한 규정 중 선고공보의 크기, 매수, 색도, 게재사항, 정정, 철회에 한한다)을 준용한다(규약 제40조 제1항). ⅰ)부터 ⅳ)까지의 추천운동을 할 수 있는 사람은 추천후보자에 한하며(규약 제40조 제3항), ⅳ)의 행위를 제외하고는 추천후보자등록마감일의 다음 날부터 추천회의 전일까지만 할 수 있다(규약 제40조 제2항).

마. 이사후보자 결정 및 등록

추천회의는 재적구성원 과반수의 출석으로 개의하고, 재적구성원 과반수의 투표로써 다수득표자를 이사후보자로 결정한다(규약 제43조 제2항).

추천회의에서 이사후보자로 결정된 사람은 추천회의 개최일 후 5일까지 위원회에 서면으로 이사후보자등록을 신청하여야 한다(규약 제44조 제1항). 이사후보자는 제2항에 따른 이사후보자등록개시일 현재 해당 시·도 단위에 주된 사무소를 둔 회원의 조합원이어야 한다(규약 제44조 제3항).

바. 선거절차 및 당선인 결정

회장은 지역별 이사 선출 의안을 작성하여 이사회를 거쳐 대의원회에 부의한다(규약 제46조 제2항). 지역별 이사 선출 의안에 기재된 이사후보자가 이사회 또는 대의원회 당일 현재 사퇴·사망 또는 등록이 무효가 된 경우에는 그 이사후보자는 의안에서 당연 제외된다(규약 제46조 제3항). 지역별 이사 선출 의안은 선거인 과반수의 투표와 투표인 과반수의 찬성으로 의결하고, 의결된 이사후보자를 당선인으로 결정한다(규약 제46조 제5항).

---

39) 규약 제43조(추천회의의 진행) ⑦ 추천회의 의장은 추천회의 당일 투표를 개시하기 전에 추천후보자로 하여금 자신의 소견을 발표하게 할 수 있다. 이 경우 소견 발표순서는 투표용지 게재순으로 하고, 발표시간은 추천후보자별 5분 이내로 한다.

(5) 임원의 보궐선거

회장은 결원이 발생한 날부터 60일 이내에 총회에서 선출한다(중앙회 정관 제31조 제6항 제1호). 신용·공제 사업대표이사는 인사추천위원회의 추천을 거쳐, 결원이 발생한 날부터 60일 이내에 총회에서 선출한다. 다만, 회계연도 종료일 전 3개월 이내에 결원이 발생한 경우에는 차기 총회에서 선출이 가능하다(제2호). 신용·공제 사업대표이사를 제외한 전문이사는 인사추천위원회의 추천을 거쳐, 결원이 발생한 날 이후 최초로 소집되는 총회에서 선출한다. 이 경우 검사·감독이사가 결원된 때에는 회장이 지명하는 사람이 결원기간 중 직무를 대행한다(제3호). 회장 또는 전문이사가 아닌 지역별 이사는 결원된 임원의 해당 추천회의를 거쳐, 결원이 발생한 날 이후 최초로 소집되는 총회에서 선출한다(제4호).

3. 임원의 자격요건

(1) 전문이사

조합의 임원 또는 간부직원이 아니어야 하며, 금융에 관한 전문지식과 경험을 갖춘 자로서 i) 한국은행·금융감독원 또는 금융위원회 설치법 제38조의 규정에 의한 검사대상 금융기관(이에 상당하는 외국금융기관을 포함한다)에서 10년 이상 근무한 경력이 있는 자, ii) 변호사 또는 공인회계사의 자격을 가진 자로서 그 자격과 관련된 업무에 5년 이상 종사한 경력이 있는 자, iii) 금융관련 연구기관에서 연구위원으로 5년 이상 근무하였거나 대학교수(전문대학 전임강사 이상)로 5년 이상 강의한 자, iv) 3급 이상 국가직 공무원으로서 금융관련 업무에 5년 이상 근무한 자, v) 금융관련 정부투자기관 또는 금융감독기관에서 10년 이상 근무한 자이어야 한다(법 제71조의2 제3항, 시행령 제19조의2, 중앙회 정관 제30조 제3항).

(2) 전문이사를 제외한 임원

전문이사를 제외한 임원(중앙회장을 포함)은 회원의 조합원이어야 한다(법 제

71조의2 제2항, 중앙회 정관 제31조 제1항). 조합의 이사장이 중앙회장으로 선출된 경우에는 취임전에 그 직을 사임하여야 한다(법 제71조의2 제5항).

(3) 자격제한

중앙회 임원이 되기 위해서는 i) 법 제28조(임원 등의 자격 제한)[40] 제1항 제1호부터 제11호까지의 어느 하나에 해당하는 사람, ii) 법 제86조 제1항[41]에

---

40) 법 제28조(임원 등의 자격 제한) ① 다음 각 호의 어느 하나에 해당하는 사람은 조합의 임원이나 발기인이 될 수 없다.

1. 피성년후견인, 피한정후견인 및 파산선고를 받고 복권되지 아니한 사람
2. 금고 이상의 실형을 선고받고 그 집행이 끝나거나(집행이 끝난 것으로 보는 경우를 포함한다) 집행이 면제된 날부터 3년이 지나지 아니한 사람
3. 형의 집행유예를 선고받고 그 유예기간 중에 있는 사람
4. 금고 이상의 형의 선고유예를 받고 그 선고유예기간 중에 있는 사람
5. 이 법 또는 대통령령으로 정하는 금융 관련 법령(이하 "금융관계법령"이라 한다)을 위반하여 벌금 이상의 형을 선고받고 그 집행이 끝나거나(집행이 끝난 것으로 보는 경우를 포함한다) 집행이 면제된 날부터 5년이 지나지 아니한 사람
6. 법원의 판결 또는 다른 법률에 따라 자격이 상실되거나 정지된 사람

6의2. 제11조 제2항 제1호에 따른 조합원

7. 이 법 또는 금융관계법령에 따라 해임[제84조 제1항 제1호에 따른 임원에 대한 개선(改選)을 포함한다. 이하 이 조에서 같다]되거나 징계면직된 사람으로서 해임되거나 징계면직된 후 5년이 지나지 아니한 사람
8. 이 법 또는 금융관계법령에 따라 영업의 허가·인가 또는 등록이 취소된 법인 또는 회사의 임직원이었던 사람(그 취소 사유의 발생에 직접적 책임이 있거나 이에 상응하는 책임이 있는 사람으로서 대통령령으로 정하는 사람만 해당한다)으로서 그 법인이나 회사에 대한 취소 처분이 있었던 날부터 5년이 지나지 아니한 사람
9. 이 법 또는 금융관계법령에 따라 대통령령으로 정하는 정직·업무집행정지 이상의 제재 조치를 받은 사람으로서 대통령령으로 정하는 기간이 지나지 아니한 사람
10. 이 법 또는 금융관계법령에 따라 재임 중이었거나 재직 중이었더라면 해임요구 또는 징계면직의 조치를 받았을 것으로 통보된 퇴임한 임원 또는 퇴직한 직원으로서 그 통보가 있었던 날부터 5년(통보가 있었던 날부터 5년이 퇴임 또는 퇴직한 날부터 7년을 초과한 경우에는 퇴임 또는 퇴직한 날부터 7년으로 한다)이 지나지 아니한 사람
11. 이 법 또는 금융관계법령에 따라 재임 중이었거나 재직 중이었더라면 대통령령으로 정하는 정직·업무집행정지 이상의 제재 조치를 요구받았을 것으로 통보된 퇴임한 임원 또는 퇴직한 직원으로서 그 통보가 있었던 날부터 대통령령으로 정하는 기간(통보가 있었던 날부터 대통령령으로 정하는 기간이 퇴임 또는 퇴직한 날부터 6년을 초과한 경우에는 퇴임 또는 퇴직한 날부터 6년으로 한다)이 지나지 아니한 사람
12. 그 밖에 정관에서 정한 자격 제한 사유에 해당하는 사람

② 임원에게서 제1항(제9호는 제외한다)의 사유가 발견되거나 발생되었을 때에는 해당 임원은 즉시 면직된다.

③ 제2항에 따라 면직된 임원이 면직 전에 관여한 행위는 그 효력을 잃지 아니한다.

41) 법 제86조(경영관리) ① 금융위원회는 다음 각 호의 어느 하나에 해당되어 조합원의 이익을 크게 해칠 우려가 있다고 인정되는 조합에 대해서는 관리인을 선임하여 경영관리를 하게 할 수 있다.

1. 제83조 제2항에 따른 검사 결과 조합이 대통령령으로 정하는 불법·부실대출을 보유하고 이를

의한 경영관리를 받고 있거나 금융위원회가 정하는 경영관리유예조치 또는 재무상태개선요구조치를 받고 있는 회원의 임원, iii) 중앙회 정관 제34조 제3항[42]에 의하여 해임된 날로부터 5년이 경과되지 아니한 사람, iv) 후보자등록개시일 현재(회장 또는 전문이사가 아닌 임원의 경우에는 추천후보자등록개시일 현재를 포함한다) 회원 또는 중앙회의 직원인 사람(회원 또는 중앙회의 직원인 사람이 전문이사후보자로 확정되어 사직하는 경우에는 제외), v) 중앙회의 직원이 회장 선거에 입후보하려는 경우에 그 선거가 있는 사업연도 종료일 3개월 전까지 중앙회 직원의 직을 유지하고 있는 사람, vi) 정관부속서 임원선거규약에서 정한 피선거권 제한 사유[43]에 해당하는 사람이 아니어야 한다(중앙회 정관 제35조

단기간에 통상적인 방법으로 회수하기가 곤란하여 자기자본의 전부가 잠식될 우려가 있다고 인정되는 경우

2. 조합 임직원의 위법·부당한 행위로 인하여 조합에 재산상의 손실이 발생하여 자력(自力)으로 경영정상화를 추진하는 것이 어렵다고 인정되는 경우
3. 조합의 파산 위험이 현저하거나 임직원의 위법·부당한 행위로 인하여 조합의 예탁금·적금 인출이 쇄도하거나 조합이 예탁금 및 적금을 지급할 수 없는 상태에 이른 경우
4. 제83조 제2항에 따른 검사 결과 제1호부터 제3호까지의 경우에 해당되지 아니하는 경우로서 자본의 적정성, 자산의 건전성 등을 고려하여 대통령령으로 정하는 경우
5. 제89조 제3항 및 제6항에 따른 경영 분석·평가 결과 또는 검사 결과 경영관리가 필요하다고 인정하여 중앙회장이 건의하는 경우. 이 경우 금융위원회는 제1호부터 제4호까지의 경우에 해당하는지를 확인하여야 한다.

42) **중앙회 정관 제34조(임원의 해임)** ①~② (생략)
③ 제1항의 규정에 의하여 총회에서 해임이 의결된 때에는 당해 임원은 당연히 해임된다.

43) **규약 제5조(피선거권의 제한)** ① 다음 각 호의 어느 하나에 해당하는 사람은 회장 또는 지역별 이사가 될 수 없다.
1. 후보자등록개시일 현재(지역별 이사의 경우에는 추천후보자등록개시일 현재를 포함한다. 이하 이 조에서 같다) 회원의 조합원 자격을 3년 이상 계속 유지하고 있지 아니한 사람. 다만, 설립(합병 또는 분할의 경우를 포함한다) 후 3년이 경과하지 아니한 회원의 조합원인 경우는 제외한다.
2. 후보자등록개시일 현재 과년도 중앙회비를 체납한 회원[후보자가 후보자등록 시 제출하는 조합원 확인서(별지 제7호서식)에 기재된 조합에 한정한다]의 조합원
3. 후보자등록개시일 현재 중앙회에 대한 출자의무를 이행하지 아니하였거나 중앙회에 대한 채무를 3개월 이상 연체하고 있는 회원[후보자가 후보자등록 시 제출하는 조합원 확인서(별지 제7호서식)에 기재된 조합에 한정한다]의 조합원
4. 후보자등록개시일 현재 회원에 대한 채무를 3개월 이상 연체하고 있는 사람
5. 후보자등록개시일 현재 일반신용정보관리규약에 따른 연체정보 또는 금융질서문란정보에 등재된 사람. 다만, 공공정보에 등재된 사람은 제외한다.

② 다음 각 호의 어느 하나에 해당하는 사람은 전문이사가 될 수 없다.
1. 제1항 제4호 또는 제5호에 해당하는 사람
2. 전문이사 후보자로 확정되는 날 현재 중앙회 임원의 직을 사임하지 아니한 사람(상임임원에 한한다). 다만, 해당 선거로 선출된 전문이사의 임기 개시 전에 임기가 만료되는 임원은 제외한다.

제1항).

위의 사유(법 제28조 제1항 제9호의 경우는 제외한다)가 발견 또는 발생되었을 때에는 당해 임원은 즉시 면직되고(중앙회 정관 제35조 제2항), 면직된 임원이 면직 전에 관여한 행위는 그 효력을 상실하지 않는다(중앙회 정관 제35조 제3항).

4. 임원의 해임

회원은 총 회원 5분의 1 이상의 동의를 얻어 임원의 전부 또는 일부에 대한 해임을 총회에 요구할 수 있고, 해임의 요구는 해임의 이유를 기재한 서면으로 하며, 회장은 총회개최일 10일 전까지 해당 임원에게 그 사실을 통지하고 총회에서 의견을 진술할 기회를 주어야 한다(정관 제34조 제1항 및 제2항). 총회에서 해임이 의결된 임원은 즉시 해임된다(정관 제34조 제3항).

5. 겸업 및 겸직의 금지

ⅰ) 농협법에 의하여 설립된 지역농업협동조합, 지역축산업협동조합(신용사업을 실시하는 품목조합을 포함한다) 및 그 중앙회, ⅱ) 수협법에 의하여 설립된 지구별수산업협동조합(법률 제4820호 수산업협동조합법중개정법률 부칙 제5조의 규정에 의하여 신용사업을 실시하는 조합을 포함한다)과 그 중앙회, ⅲ) 산림조합법에 의하여 설립된 산림조합과 그 중앙회 ⅳ) 새마을금고법에 의하여 설립된 새마을금고와 그 중앙회, ⅴ) 상호저축은행법에 의하여 설립된 상호저축은행와 그 중앙회, ⅵ) 「보험업법」에 의하여 설립된 보험사업자 · 보험모집인 · 보험대리인 및 보험중개인에 해당하는 사업을 경영하거나 이에 종사하는 자는 중앙회의 임원이나 직원이 될 수 없다(중앙회 정관 제35조의2 제1항).

상임임원은 다른 직무에 종사하지 못한다. 다만, 이사회가 상임임원의 업무수행에 영향을 미치지 않는다고 인정하는 직무에 대해서는 그러하지 아니한다(중앙회 정관 제35조의2 제2항).

Ⅲ. 관련 법령

법률	조문
새마을 금고법	제64조의2(임원의 선출과 임기 등) ① 회장은 금고의 회원 중에서 금고의 무기명 비밀투표로 직접 선출한다. 이 경우 최다득표자를 당선인으로 결정하되, 최다득표자가 2명 이상인 때에는 연장자를 당선인으로 결정한다. ② 상근이사는 전담업무에 관하여 전문지식과 경험이 풍부한 사람으로서 대통령령으로 정하는 요건에 맞는 사람 중에서 제64조의3에 따른 인사추천위원회가 추천한 사람을 이사회의 의결을 거쳐 총회에서 선출한다. ③ 금고의 이사장인 이사는 시·도 단위별로 추천한 이사 후보자 중에서 총회에서 선출한다. 이 경우 금고의 이사장인 이사 후보자의 자격, 시·도 단위별 추천인원, 추천절차, 그 밖에 필요한 사항은 정관으로 정한다. ④ 제1항부터 제3항까지의 이사를 제외한 이사는 이사회의 의결을 거쳐 총회에서 선출한다. ⑤ 회장을 포함한 이사의 임기는 4년으로 하되, 회장은 중임할 수 없다. 다만, 회장과 금고 이사장인 이사를 제외한 이사에 대해서는 임기가 시작된 후 2년이 되는 때에 그 업무 실적 등을 고려하여 이사회의 의결로 남은 임기를 계속 채울지를 정한다. ⑥ 중앙회에 관하여는 제18조 제10항 본문, 같은 조 제11항, 제19조 제8항, 제20조 제2항, 같은 조 제3항 후단, 제21조 제1항 제1호부터 제6호까지, 같은 항 제8호부터 제11호까지, 같은 항 제11호의2·제11호의3·제12호·제12호의2·제13호·제13호의2·제14호·제15호, 제21조 제2항부터 제4항까지, 제21조의2, 제22조, 제22조의2, 제23조, 제23조의2, 제24조, 제25조, 제26조 제1항 및 제27조를 준용한다. 이 경우 제18조 제10항 본문, 제22조, 제24조, 제25조, 제26조 제1항 및 제27조 제2항 중 "금고"는 "중앙회"로, 제20조 제3항 후단, 제22조의2 제6항, 제23조의2 및 제27조 제1항 중 "이사장"은 "회장"으로, 제23조의2 중 "지역금고"는 "중앙회"로, "구·시·군선거관리위원회"는 "중앙선거관리위원회"로, 제25조 제6항 중 "이사장"은 "회장과 상근이사"로, "감사"는 "감사위원장"으로 본다. ⑦ 금고의 임원이 회장으로 선임된 경우에는 취임 전에 그 임원직을 사임하여야 한다. ⑧ 회장, 신용공제대표이사, 지도이사, 전무이사 및 금고감독위원장은 이사나 직원 중에서 중앙회의 업무에 관한 일체의 재판상 또는 재판 외의 행위를 할 수 있는 대리인을 선임할 수 있다. ⑨ 제8항에 따라 대리인을 선임한 경우에는 대통령령으로 정하는 바에 따라 등기하여야 한다. ⑩ 제6항에 따라 중앙회에 준용하는 제21조 제1항 제1호부터 제6호까지, 같은 항 제8호부터 제11호까지, 같은 항 제11호의2·제11호의3·제12호·제12호의2·제13호·제13호의2·제14호·제15호의 임원의 결격사유 외에 필요한 사항은 대통령령으로 정한다.
	제130조(임원의 선출과 임기 등) ① 회장은 총회에서 선출하되, 회원인 조합의 조합원이어야 한다. 이 경우 회원은 제122조 제5항에도 불구하고 조합원

농업 협동조합법	수 등 대통령령으로 정하는 기준에 따라 투표권을 차등하여 두 표까지 행사한다. ② 사업전담대표이사등은 제127조 제3항 및 제4항에 따른 전담사업에 관하여 전문지식과 경험이 풍부한 사람으로서 대통령령으로 정하는 요건에 맞는 사람 중에서 인사추천위원회에서 추천된 사람을 이사회의 의결을 거쳐 총회에서 선출한다. ③ 회원조합장인 이사는 정관으로 정하는 절차에 따라 선출된 시·도 단위 지역농협의 대표와 지역축협과 품목조합의 조합장 중에서 정관으로 정하는 추천절차에 따라 추천된 사람을 총회에서 선출한다. ④ 제1항부터 제3항까지의 이사를 제외한 이사는 대통령령으로 정하는 요건에 맞는 사람 중 인사추천위원회에서 추천된 사람을 이사회의 의결을 거쳐 총회에서 선출한다. ⑤ 회장의 임기는 4년으로 하며, 중임할 수 없다. ⑥ 회원조합장인 이사의 임기는 4년으로 하고, 사업전담대표이사등의 임기는 3년 이내로 하며, 그 밖의 임원(감사위원은 제외한다)의 임기는 2년으로 한다. ⑦ 회원조합장이 제126조 제2항에 따른 상임인 임원으로 선출되면 취임 전에 그 직(職)을 사임하여야 한다. ⑧ 중앙회는 제1항에 따른 회장 선출에 대한 선거관리를 정관으로 정하는 바에 따라 「선거관리위원회법」에 따른 중앙선거관리위원회에 위탁하여야 한다. ⑨ 삭제 〈2014. 6. 11.〉 ⑩ 삭제 〈2014. 6. 11.〉 ⑪ 누구든지 회장 외의 임원 선거의 경우에는 선거운동을 할 수 없다.
수산업 협동조합법	제134조(임원의 선출 및 임기) ① 회장은 총회에서 선출하되, 회원인 조합의 조합원이어야 한다. ② 사업전담대표이사는 총회에서 선출하되, 제131조 제2항에 따른 전담사업에 관한 전문지식과 경험이 풍부한 사람으로서 경력 등 대통령령으로 정하는 요건을 충족하는 사람 중 인사추천위원회에서 추천한 사람으로 한다. ③ 삭제 〈2025. 4. 22.〉 ④ 비상임이사는 총회에서 선출하되, 5명은 회원조합장이 아닌 사람 중에서 인사추천위원회에서 추천한 사람을 선출하고, 나머지 인원은 회원조합장 중에서 선출한다. 1. 삭제 2. 삭제 ⑤ 회장의 임기는 4년으로 하되, 회장은 연임할 수 없으며, 사업전담대표이사 및 이사의 임기는 2년으로 한다. ⑥ 회원조합장이 제129조 제2항에 따른 상임인 임원으로 선출된 경우에는 취임 전에 회원조합장의 직을 사임하여야 한다. ⑦ 중앙회는 제1항에 따른 회장 선출에 대한 선거관리를 정관으로 정하는 바에 따라 「선거관리위원회법」에 따른 중앙선거관리위원회에 위탁하여야 한다. ⑧ 삭제 〈2014. 6. 11.〉 ⑨ 삭제 〈2014. 6. 11.〉
산림조합법	제104조(임원의 선출과 임기) ① 회장은 총회에서 선출하되, 회원인 조합의 조합원이어야 한다. ② 사업대표이사는 해당 사업에 관한 전문지식과 경험이 풍부한 사람으로서

	대통령령으로 정하는 요건을 갖춘 사람 중에서 인사추천위원회에서 추천된 사람을 총회에서 선출한다. ③ 회원조합장인 이사는 정관으로 정하는 바에 따라 추천된 사람을 총회에서 선출하고, 회원조합장이 아닌 이사는 인사추천위원회에서 추천된 사람을 총회에서 선출한다. ④ 회장의 임기는 4년으로 하며, 한 차례만 연임할 수 있다. ⑤ 회장을 제외한 사업대표이사 및 이사의 임기는 2년으로 한다. ⑥ 회원조합장이 제100조 제2항에 따른 상임인 임원으로 선출된 경우에는 취임 전에 조합장의 직을 사임하여야 한다. ⑦ 중앙회는 제1항에 따른 회장 선출에 대한 선거관리를 정관으로 정하는 바에 따라 「선거관리위원회법」에 따른 중앙선거관리위원회에 위탁하여야 한다.

제71조의3(인사추천위원회)

제71조의3(인사추천위원회) ① 중앙회에 제71조의2제3항에 따른 전문이사를 추천하기 위한 인사추천위원회를 둔다.

② 인사추천위원회는 다음과 같이 구성하고, 위원장은 위원 중에서 호선한다.

1. 이사회가 위촉하는 전문이사 2명(전문이사후보지원자로 등록한 사람은 제외한다) 및 회원 이사장 2명
2. 금융·법률에 관한 학식과 경험이 풍부한 외부전문가(공무원은 제외한다) 중에서 이사회가 위촉하는 3명

③ 그 밖에 인사추천위원회 구성과 운영에 필요한 사항은 정관으로 정한다.

[본조신설 2015. 1. 20.]

Ⅰ. 조문의 취지와 의의

본 조는 전문이사의 중립성과 전문성을 제고하기 위하여 전문이사의 추천방법을 법률에 규정하는 것을 목적으로 한다. 본 조가 신설되기 전에는 법에서 전문이사의 선출절차에 관하여 총회에서 선출한다는 것 외에는 모든 절차를 정관에 위임하고 정관에서 중앙회 회장이 이사회의 동의를 얻어 추천한 5인(전문이사 3인 포함)으로 구성된 전문이사후보추천위원회에서 후보로 추천한 자를 총회에서 선출하도록 규정하였다. 그러나 회장이 전문이사 추천에 전권을 행사할 수 있는 것은 적절하지 않다는 점을 반영하여 2015. 1. 20. 개정법에 본 조가 추가되었다.[44)]

본 조를 통하여 인사추천과정에서 외부의 영향력이 작용할 가능성을 차단할 수 있고, 전체 임원의 3분의 1 이상을 구성하는 전문이사의 중립성이 담보될 수 있는 추천방법을 마련함에 따라 이사회의 운영의 전문성과 투명성을 강화하는데 기여할 수 있게 되었다.

44) 진정구(수석전문위원), 신용협동조합법 일부개정법률안(정부 제출, 의안번호 제11011호) 검토보고서, 국회 정무위원회, 2014. 11., 31-33면.

Ⅱ. 조문의 내용 및 해설

1. 목 적

인사추천위원회는 전문이사 후보를 추천하기 위한 목적으로 중앙회에 설치되고, 인사추천위원회가 전문이사 후보로 추천한 자를 총회에서 선출하게 된다(법 제71조의3 제1항, 중앙회 정관 제31조 제3항).

2. 구 성

전문이사는 인사추천위원회가 추천하는 자 중에서 선출하게 되는데(법 제71조의3 제1항), 인사추천위원회는 ⅰ) 이사회가 위촉하는 전문이사 2명(전문이사 후보지원자로 등록한 사람은 제외한다) 및 회원 이사장 2명, ⅱ) 금융·법률에 관한 학식과 경험이 풍부한 외부전문가(공무원은 제외한다) 중에서 이사회가 위촉하는 3명으로 구성하며, 위원장은 위원 중에서 호선한다(법 제71조의3 제2항, 중앙회 정관 제31조 제4항).

3. 전문이사 후보 추천

인사추천위원회에서 전문이사 후보를 추천하면, 선거관리위원회 위원장이 대의원회에서 임시의장이 되어 신용·공제사업 대표이사, 검사·감독이사, 신용·공제사업 대표이사 및 검사·감독이사를 제외한 전문이사별로 각각 독립된 선출의안으로 부의한다. 다만, 선출의안이 부결된 경우에는 대의원회 중에 인사추천위원회로부터 후보자를 추가로 추천받아 재부의할 수 있다(규약 제53조 제1항). 신용·공제사업 대표이사 및 검사·감독이사를 제외한 전문이사는 법 제76조[45] 제2항의 감사위원을 겸하는 전문이사후보자를 포함한다(규약 제53

45) 법 제76조(감사위원회) ① 중앙회는 이사회에 중앙회의 업무집행 및 회계 등을 감사하기 위한 위원회(이하 "감사위원회"라 한다)를 설치하여야 한다.
② 감사위원회는 3명 이상의 이사로 구성하되, 총 위원의 3분의 2 이상을 전문이사로 구성하여야 한다.
③ 감사위원회는 그 결의로써 위원회를 대표할 사람을 선정하여야 한다.

조 제2항).

4. 타 상호금융기관 중앙회와의 비교

타 상호금융기관 중앙회도 인사추천위원회를 설치하고 추천대상을 법률에 구체적으로 정하고 있으며, 그 내용은 아래 표[46]와 같다.

〈상호금융기관별 인사추천위원회 운영 비교〉

	새마을금고 중앙회	농협 중앙회	수협 중앙회	산림조합 중앙회	신협 중앙회
추천 대상	• 감사위원 • 상근이사 • 금고감독 위원장 • 금고감독 위원회 위원	• 사업전담대표이사등 • 사외이사 • 감사위원 • 조합감사 위원장	• 감사위원 • 지도경제사업대표이사 • 비상임이사 • 조합감사 위원회위원	• 감사위원 • 사업대표이사 • 회원조합장이 아닌 이사 • 조합감사위원장 • 조합감사위원	• 전문이사(신용·공제사업대표이사, 검사·감독이사, 감사위원 포함)
위원 구성	금고이사장 2명 외부전문가 5명	회원조합장 3명 외부전문가 4명	회원조합장 3명 외부전문가 2명	회원조합장 3명 외부전문가 2명	전문이사 2명 회원 이사장 2명 외부전문가 3명
위원장	외부전문가 위원 중에서 호선	외부전문가 중에서 호선	위원 중 호선	위원 중 호선	위원 중 호선

④ 감사위원회 위원의 사임이나 사망 등의 사유로 감사위원회의 구성이 제2항에 따른 요건을 충족하지 못하게 된 경우에는 그 사유가 발생한 날 이후 최초로 소집되는 총회에서 감사위원회의 구성이 같은 항에 따른 요건을 충족하도록 하여야 한다.

46) 권영진(수석전문위원), 농업협동조합법 일부개정법률안(윤준병의원 대표발의, 의안번호 제2119445호) 검토보고서, 국회 농림축산식품해양수산위원회, 2023. 2., 5면.

Ⅳ. 관련 법령

법률	조문
새마을 금고법	제64조의3(인사추천위원회) ① 중앙회에 다음 각 호의 사람을 추천하기 위하여 인사추천위원회를 둔다. 1. 제61조 제3항 및 제7항에 따라 선출되는 감사위원 2. 제64조의2제2항에 따라 선출되는 상근이사 3. 금고감독위원장 및 금고감독위원회의 위원 ② 중앙회 인사추천위원회 위원은 7명 이상 9명 이하로 하되, 구성 및 운영에 필요한 사항은 대통령령으로 정한다.
농업 협동조합법	제125조의5(인사추천위원회) ① 다음 각 호의 사람을 추천하기 위하여 이사회에 인사추천위원회를 둔다. 1. 제130조 제2항에 따라 선출되는 사업전담대표이사등 2. 제130조 제4항에 따라 선출되는 이사 3. 제129조 제3항에 따라 선출되는 감사위원 4. 제144조 제1항에 따라 선출되는 조합감사위원장 ② 인사추천위원회는 다음과 같이 구성하고, 위원장은 제2호에 따른 위원 중에서 호선한다. 1. 이사회가 위촉하는 회원조합장 3명 2. 농업인단체 및 학계 등이 추천하는 학식과 경험이 풍부한 외부전문가(공무원은 제외한다) 중에서 이사회가 위촉하는 4명 ③ 농업인단체는 학식과 경험이 풍부한 외부전문가 중에서 제1항 제2호에 따른 이사 후보자를 인사추천위원회에 추천할 수 있다. ④ 그 밖에 인사추천위원회 구성과 운영에 필요한 사항은 정관으로 정한다.
수산업 협동조합법	제127조의2(인사추천위원회) ① 중앙회에 다음 각 호의 사람을 추천하기 위하여 인사추천위원회를 둔다. 1. 제133조 제3항에 따라 선출되는 감사위원 2. 제134조 제2항에 따라 선출되는 지도경제사업대표이사 2의2. 삭제 〈2025. 4. 22.〉 3. 제134조 제4항에 따라 선출되는 비상임이사 4. 제144조 제1항 제1호에 따라 선출되는 조합감사위원회 위원 2명 ② 인사추천위원회는 다음 각 호의 위원으로 구성하고, 위원장은 위원 중에서 호선한다 1. 이사회가 위촉하는 회원조합장 3명 2. 수산 관련 단체 및 학계 등이 추천하는 학식과 경험이 풍부한 외부전문가(공무원은 제외한다) 중에서 이사회가 위촉하는 2명 ③ 수산 관련 단체 또는 법인은 학식과 경험이 풍부한 외부전문가 중에서 제1항 제2호에 따른 이사 후보자를 인사추천위원회에 추천할 수 있다. ④ 그 밖에 인사추천위원회 구성과 운영에 필요한 사항은 정관으로 정한다.
	제98조의2(인사추천위원회) ① 중앙회에 다음 각 호의 사람을 추천하기 위하여 인사추천위원회를 둔다.

산림조합법	1. 제103조 제3항에 따라 선출되는 감사위원 2. 제104조 제2항에 따라 선출되는 사업대표이사 3. 제104조 제3항에 따라 선출되는 회원조합장이 아닌 이사 4. 제119조 제1항에 따라 선출되는 조합감사위원장 5. 제119조 제2항 제1호에 따라 선출되는 조합감사위원 ② 인사추천위원회는 다음 각 호의 위원으로 구성하고, 위원장은 위원 중에서 호선(互選)한다. 1. 이사회가 위촉하는 회원조합장 3명 2. 임업 관련 단체 또는 학계 등이 추천하는 학식과 경험이 풍부한 외부전문가(공무원은 제외한다) 중에서 이사회가 위촉하는 2명 ③ 임업 관련 단체는 학식과 경험이 풍부한 외부전문가 중에서 제1항 제3호에 따른 이사 후보자를 인사추천위원회에 추천할 수 있다. ④ 그 밖에 인사추천위원회의 구성과 운영에 필요한 사항은 정관으로 정한다.

제72조(임원의 직무와 임기 등)

제72조(임원의 직무와 임기 등) ① 중앙회장은 중앙회를 대표하고 중앙회의 업무를 총괄한다. 다만, 제2항에 따라 신용・공제사업 대표이사가 전담하는 업무에 대해서는 그러하지 아니하다.

② 신용・공제사업 대표이사는 다음 각 호의 업무를 전담하여 처리하며, 그 업무에 관하여 중앙회를 대표한다.

1. 제78조 제1항 제5호 및 제6호의 사업과 같은 항 제7호부터 제9호까지의 사업 중 신용사업 및 공제사업에 관련되는 사업과 그 부대사업
2. 제1호의 소관 업무에 관한 경영목표의 설정, 사업계획 및 자금계획의 수립

③ 신용・공제사업 대표이사는 소관 업무에 대하여 전문경영인으로서 신의에 따라 성실하게 직무를 수행하여야 하며, 정관에서 정하는 바에 따라 실시하는 경영평가 결과를 이사회 및 총회에 보고하여야 한다.

④ 검사・감독이사는 제78조 제1항 제3호에 따른 조합에 대한 검사・감독업무를 전담처리하며, 중앙회장은 검사・감독이사가 소관 업무를 독립적으로 수행할 수 있도록 권한의 위임 등 적절한 조치를 하여야 한다.

⑤ 중앙회장은 신용・공제사업 대표이사가 제3항에 따른 경영평가 결과 경영실적이 부진하여 그 직무를 담당하기 곤란하다고 인정되거나 이 법, 「금융소비자 보호에 관한 법률」(이하 "이 법등"이라 한다) 또는 이 법등에 따른 명령・정관 및 규정을 위반하는 행위를 한 경우에는 총회에 해임을 요구할 수 있다. 〈개정 2020. 3. 24.〉

⑥ 중앙회장이 부득이한 사유로 직무를 수행할 수 없을 때에는 정관에서 정하는 임원의 순으로 그 직무를 대행한다.

⑦ 임원의 임기는 4년으로 하며, 연임할 수 있다. 다만, 중앙회장의 경우 한 차례만 연임할 수 있다.

⑧ 중앙회의 임원에 대해서는 제27조의2, 제27조의3제1항, 제30조의2, 제31조 제2항 및 제33조를 준용한다. 〈개정 2019. 1. 15., 2023. 7. 18., 2025. 1. 21.〉

⑨ 중앙회는 제71조의2 제1항 및 제3항에 따라 선출하는 중앙회 임원 선거의 관리에 대하여 정관으로 정하는 바에 따라 「선거관리위원회법」에 따른 중앙선거관리위원회(이하 이 항에서 "중앙선거관리위원회"라 한다)에 위탁할 수 있다. 다만, 중앙회장 선거의 관리에 대하여는 정관으로 정하는 바에 따라 중앙선거관리위원회에 위탁하여야 한다. 〈신설 2023. 7. 18.〉

[전문개정 2015. 1. 20.]

Ⅰ. 조문의 취지와 의의

본 조는 임원의 직무, 임기, 권한 및 임원선거 등에 관한 사항을 정하고 있다. 제1항부터 제4항까지는 회장이 중앙회를 대표하고 중앙회의 업무를 통할하되 신용·공제사업 대표이사와 검사·감독이사가 전담하는 업무에 대하여는 간여할 수 없도록 제한하고 신용·공제사업 대표이사와 검사·감독이사가 소관업무 집행과 대표 권한의 범위 내에서 독자적 의사결정권을 지니도록 규정하고 있다.[47] 제8항은 임원의 선거운동 제한(법 제27조의2), 선거관리위원회의 구성·운영(법 제27조의3 제1항), 임직원에 관한 수뢰 및 금지 규정(법 제30조의2), 보궐선거로 선출된 임원의 임기(법 제31조 제2항) 및 임원의 책임 등에 관한 규정(법 제33조) 등 조합 임원에 관한 일부 규정을 준용한다는 점을 명시하고 있다. 한편, 본 조 제7항은 회장을 비롯한 임원의 임기를 명확히 규정하고 있으며, 제8항에서 중앙회 임원선거 사무를 위한 자체 선거관리위원회 설치(법 제27조의2 준용) 등에 관한 사항 및 제9항에서 선거사무의 위탁에 관하여 정하고 있다.

Ⅱ. 조문의 내용 및 해설

1. 임원의 직무 등

(1) 중앙회장

가. 직 무

회장은 중앙회의 업무집행권과 대표권을 갖고 있으며 총회 및 이사회의 의장이 된다(법 제72조 제1항, 중앙회 정관 제32조 제1항). 회장은 이사회와는 독립된 기관이며 총회와 이사회의 의결사항을 집행할 권한을 갖고, 그 이외의 일상적 사항에 관하여 독자적인 업무를 집행할 수 있다.[48] 다만, 신용·공제사업

47) 전형수, 신협중앙회의 소이사회제도에 관한 문제점, 한국협동조합연구 제25집 제1호, 2007, 42면.
48) 전형수, 신협중앙회장의 비상임화에 따른 지배구조의 문제점, 한국협동조합연구 제28권 제3호,

대표이사가 전담하는 업무는 그 직무 범위에서 제외된다.

회장은 i) 회원의 사업에 관한 지도·조정·조사연구 및 홍보, ii) 회원의 조합원 및 회원의 임·직원을 위한 교육사업, iii) 회원의 사업에 대한 지원, iv) 예금자보호기금의 운용·관리, v) 국가 또는 공공단체가 위탁하거나 보조하는 사업, vi) 정관 제45조 제1호부터 제8호까지의 사업에 부대하는 사업 중 신용·공제사업 대표이사의 소관업무가 아닌 사업과 그 부대사업과 i)부터 vi)까지의 소관업무에 관한 경영 목표의 설정, 사업계획 및 자금 계획의 수립 및 정관 제45조의 중앙회 사업과 관련한 업무의 종합조정, 정관 제32조의2 규정에 의한 신용·공제사업 대표이사와 검사·감독이사의 업무에 속하지 아니하는 업무의 처리에 관한 사항을 전담하여 처리한다(중앙회 정관 제32조 제2항).

나. 회장의 직무대행

회장이 궐위, 구금되거나 30일 이상 장기입원 등의 사유로 그 직무를 수행할 수 없을 때에는 미리 이사회에서 정한 이사의 순서에 따라 그 직무를 대행한다(법 제72조 제6항, 중앙회 정관 제32조 제3항).

회장이 그 직을 가지고 회장선거에 입후보하는 경우에는 후보자등록마감일의 다음 날부터 선거일까지 미리 이사회에서 정한 이사의 순서에 따라 그 직무를 대행한다. 다만, 규약 제33조 제2항[49]에 따라 투표를 실시하지 아니하는 경우에는 그러하지 아니한다(중앙회 정관 제32조 제4항).

(2) 신용·공제사업 대표이사

가. 직 무

신용·공제사업 대표이사는 그 전담업무에 대하여 중앙회의 대표권과 업무통할권을 가지고 신의에 따라 성실하게 그 직무를 수행하여야 한다(법 제72조 제2항 및 제3항).

2010, 4면.

49) 규약 제33조(당선인의 결정)
② 제1항에도 불구하고 후보자등록마감시각에 등록된 후보자가 1명이거나 후보자등록마감 후 선거일의 투표마감시각까지 후보자가 사퇴·사망하거나 등록이 무효로 되어 후보자 수가 1명이 된 때에는 투표를 실시하지 아니하고 선거일에 그 후보자를 당선인으로 결정한다.

신용·공제사업 대표이사는 i) 중앙회의 신용사업 및 공제사업(법 제78조 제1항[50]) 제5호 및 제6호)과 국가 또는 공공단체가 위탁하거나 보조하는 사업(제7호), 법 제78조 제1항 제7호부터 제9호까지의 사업 중 신용사업 및 공제사업에 관련되는 사업과 그 부대사업, ii) i)의 소관 업무에 관한 경영목표의 설정, 사업계획 및 자금계획의 수립에 관한 업무를 전담하여 처리한다.

나. 경영평가

법 제72조 제3항 및 제5항은 신용·공제사업 대표이사가 전문경영인으로서 중앙회의 신용사업 및 공제사업의 경영을 전담하고 경영평가를 실시하도록 하여, 경영평가 결과 경영실적이 부진한 경우 회장이 총회에 신용·공제사업 대표이사의 해임을 요구하는 등 책임을 추궁할 수 있도록 하였다.

신용·공제사업 대표이사는 회장의 요구로 매 2년마다 사업연도 말일을 기준으로 소관업무에 대한 경영평가를 감사위원회가 선정한 회계법인에 의뢰하여 실시한다. 다만, 1차평가는 임기개시일이 속하는 사업연도의 다음 사업연도 말일을 기준으로 한다[중앙회 정관 제32조의4 제1항, 상임임원등의 성과관리 및 평가에 관한 규정(이하 '평가규정') 제9조 제1항].

---

50) 법 제78조(사업의 종류 등) ① 중앙회는 그 목적을 달성하기 위하여 다음 각 호의 사업을 한다.
1. 조합의 사업에 관한 지도·조정·조사연구 및 홍보
2. 조합원 및 조합의 임직원을 위한 교육사업
3. 조합에 대한 검사·감독
4. 조합의 사업에 대한 지원
5. 신용사업
가. 조합으로부터 예치된 여유자금 및 상환준비금 등의 운용
나. 조합에 대한 자금의 대출
다. 조합 및 조합원을 위한 내국환 및 외국환 업무
라. 국가·공공단체 또는 금융기관의 업무 대리
마. 조합에 대한 지급보증 및 어음할인
바. 「자본시장과 금융투자업에 관한 법률」 제4조 제3항에 따른 국채증권 및 지방채증권의 인수·매출
사. 「전자금융거래법」에서 정하는 직불전자지급수단의 발행·관리 및 대금의 결제
아. 「전자금융거래법」에서 정하는 선불전자지급수단의 발행·관리·판매 및 대금의 결제
6. 조합 및 조합원을 위한 공제사업
7. 국가 또는 공공단체가 위탁하거나 보조하는 사업
8. 제1호부터 제7호까지의 사업에 부대하는 사업
9. 그 밖에 목적 달성에 필요한 사업

신용·공제사업 대표이사는 경영평가 결과를 성과평가위원회의 심의를 거쳐 이사회 및 총회에 보고하여야 한다(법 제72조 제3항, 중앙회 정관 제32조의4 제3항, 평가규정 제9조 제3항).

신용·공제사업 대표이사는 경영평가 결과 경영실적이 부진하여 그 직무를 담당하기 곤란하다고 인정되거나 법, 금융소비자보호법(이하 '이 법등') 또는 이 법등에 따른 명령·정관 및 규정을 위반하는 행위를 한 경우에는 총회에서 해임을 요구할 수 있다(법 제72조 제5항).

다. 자금지원

신용·공제사업 대표이사는 전담업무와 관련한 중앙회의 사업이 원활하게 수행될 수 있도록 규정이 정하는 바에 의하여 신용사업에 지장을 초래하지 않는 범위 내에서 자금지원을 하여야 한다(중앙회 정관 제32조의2 제2항).

(3) 검사·감독이사

검사·감독이사는 법 제78조 제1항 제3호에 따른 조합에 대한 검사·감독 업무를 전담처리하며, 중앙회장은 검사·감독이사가 소관 업무를 독립적으로 수행할 수 있도록 권한의 위임 등 적절한 조치를 하여야 한다(법 제72조 제4항). 검사·감독이사는 법 제89조에 의해 중앙회가 실시하는 조합에 대한 검사 및 제재 등에 대한 권한을 부여받아 직제규정 및 위임전결규칙 등에 따라 위임받은 업무를 처리한다.

2. 임원의 임기

(1) 회장을 제외한 임원의 임기

임원의 임기는 4년으로 하며, 연임할 수 있다(법 제72조 제7항). 임원의 임기는 전임자의 임기만료일 다음 날로부터 기산한다(법 제72조 제8항, 중앙회 정관 제33조 제2항). 임기 중 최종의 결산에 관한 정기총회 전에 그 임기가 만료할 때에는 정기총회 종결시까지 그 임기는 연장된다(중앙회 정관 제33조 제7항). 보궐선거로 선출된 임원의 임기는 전임자의 잔임기간으로 한다(법 제31조 제2항,

중앙회 정관 제33조 제3항).

(2) 회장의 임기

회장의 임기는 4년으로 하며 한 차례만 연임할 수 있다(법 제72조 제7항). 회장의 연임이 허용될 경우, 회장이 보유한 각종 권한을 본인의 선거당선을 위한 용도로 사용할 개연성이 높고,[51] 연임으로 인한 권력독점과 이에 따른 비리문제 등 부작용을 방지하기 위하여 회장의 경우 1차에 한하여 연임할 수 있도록 제한하고 있다. 현재 타 중앙회 중 농업협동조합중앙회와 수산업협동조합중앙회, 새마을금고중앙회는 회장의 연임이 불가하며,[52] 산림조합중앙회의 회장은 1회에 한하여 연임이 가능하다.[53]

회장의 임기는 그 임기만료일 전에 퇴임한 경우에도 그의 임기만료일까지 1회 재임한 것으로 본다(중앙회 정관 제33조 제5항). 보궐선거로 선출된 임원의 임기는 전임자의 잔임기간으로 하고(법 제31조 제2항, 중앙회 정관 제33조 제3항), 보궐선거로 선출된 회장 역시 1차에 한하여 연임할 수 있다(중앙회 정관 제33조 제6항).

임기 중 최종의 결산에 관한 정기총회 전에 그 임기가 만료할 때에는 정기총회 종결시까지 그 임기를 연장한다(중앙회 정관 제33조 제7항).

(3) 임기만료일 관련 문제

회장과 회장을 제외한 임원은 그 임기가 달라 임기만료일이 일치하지 않을 수 있고, 현재 회장 및 전문이사를 제외한 비상임이사와 신용·공제사업 대표이사 및 검사·감독이사를 포함한 전문이사 간의 임기만료일이 달라[54] 인사의

51) 조은혜, 앞의 글, 76면.
52) **농협법 제130조(임원의 선출과 임기 등)** ⑤ 회장의 임기는 4년으로 하며, 중임할 수 없다.
수협법 제134조(임원의 선출 및 임기) ⑤ 회장의 임기는 4년으로 하되, 회장은 연임할 수 없으며, 사업전담대표이사 및 이사의 임기는 2년으로 한다.
새마을금고법 제64조의2(임원의 선출과 임기 등) ⑤ 회장을 포함한 이사의 임기는 4년으로 하되, 회장은 중임할 수 없다. 다만, 회장과 금고 이사장인 이사를 제외한 이사에 대해서는 임기가 시작된 후 2년이 되는 때에 그 업무 실적 등을 고려하여 이사회의 의결로 남은 임기를 계속 채울지를 정한다.
53) **산림조합법 제104조(임원의 선출과 임기)** ④ 회장의 임기는 4년으로 하며, 한 차례만 연임할 수 있다.
54) 현재 중앙회장의 임기만료일은 2026년 2월 28일이고, 전문이사의 임기만료일은 2028년 2월 28일임.

비효율성 등이 발생하고 있다. 그러나 법은 임원의 임기만료일 및 각 임원 간의 임기만료일의 통일에 관하여 별도로 규정한 바가 없다는 점에서 향후 입법 등을 통한 해결을 고려해볼 수 있을 것이다.

3. 임원의 수뢰 등의 금지

(1) 의 의

2025. 1. 21. 법 개정에 따라 법 제30조의2가 조합 임직원의 금지행위에 증여나 수뢰뿐만 아니라 횡령·배임를 포함하고, 법 제72조 제8항에서 법 제30조의2를 준용하도록 하여 그 적용대상을 조합뿐만 아니라 중앙회로 확대하였다.

법 개정 전에는 조합과 중앙회에서 횡령·배임 사건이 발생하여도 관련 규정이 부재하여 조합과 중앙회의 임원에 대한 금융위원회의 행정처분 등이 불가능하였지만, 법 제30조의2, 법 제72조 제8항 등이 개정됨에 따라 조합뿐만 아니라 중앙회 임원이 법 제30조의2에서 금지하는 증여나 수뢰, 횡령·배임 등의 행위를 할 경우에도 금융위원회가 행정제재 등이 가능하게 하였다.[55)]

(2) 금지행위

i) 중앙회의 임원이 직무와 관련하여 직접 또는 간접을 불문하고 증여(贈與)나 그 밖의 수뢰(受賂)의 요구, 취득 또는 이에 관한 약속을 할 수 없고(법 제30조의2 제1항), ii) 중앙회 임원은 직무와 관련하여 횡령 또는 배임의 행위를 하여서는 아니 된다(제2항).

(3) 금융위원회의 행정처분

금융위원회는 중앙회의 임원이 법 제72조 제8항, 법 제30조의2에서 정한 의무를 이행하지 아니한 경우에는 중앙회로 하여금 관련 임원에 대하여 개선, 직무의 정지, 견책 또는 주의·경고의 조치를 하게 할 수 있다(법 제84조 제1항).

---

55) 최병권(수석전문위원), 신용협동조합법 일부개정법률안(강훈식 의원 대표발의, 의안번호 제2202417호) 검토보고서, 국회 정무위원회, 2024, 3면.

(4) 형사처벌

중앙회 임원이 법 제30조의2 제1항의 증여·수뢰 금지규정을 위반한 경우 법 제99조 제2항 제3호[56]에 따라 2년 이하의 징역 또는 2천만원 이하의 벌금에 처할 수 있고, 법 제30조의2 제2항의 횡령·배임 금지규정을 위반한 경우에는 법상 벌칙규정이 적용되지 않으므로 형법, 특정경제범죄법 등에 따라 형사처벌을 받을 수 있다.

4. 임원의 책임 등

중앙회 임원의 책임 등에 관하여 조합의 임원에 관한 법 제33조[57](임원의 책임등) 규정을 준용한다.

(1) 성실의무

임원은 법, 법에 따른 명령, 정관·규정 및 총회와 이사회의 결의를 준수하고 조합을 위하여 성실히 직무를 수행하여야 한다(법 제72조 제8항, 제33조 제1항).

(2) 중앙회 또는 타인에 대한 손해배상책임

임원이 그 직무를 수행하면서 고의 또는 중대한 과실(상임인 임원의 경우에는 고의 또는 과실)로 중앙회 또는 타인에게 끼친 손해에 대하여 연대하여 손해배

56) 법 제99조(벌칙) ② 조합 또는 중앙회의 임직원 또는 청산인이 다음 각 호의 어느 하나에 해당하는 행위를 한 경우에는 2년 이하의 징역 또는 2천만원 이하의 벌금에 처한다.
3. 제30조의2 제1항, 제49조 제1항 또는 제59조 제3항을 위반한 경우

57) 법 제33조(임원의 책임 등) ① 임원은 이 법, 이 법에 따른 명령, 정관·규정 및 총회와 이사회의 결의를 준수하고 조합을 위하여 성실히 그 직무를 수행하여야 한다.
② 임원이 그 직무를 수행하면서 고의 또는 중대한 과실(상임인 임원의 경우에는 고의 또는 과실)로 조합 또는 타인에게 끼친 손해에 대해서는 연대하여 손해배상의 책임을 진다.
③ 임원이 거짓으로 결산보고·등기 또는 공고를 하여 조합 또는 타인에게 손해를 끼쳤을 때에도 제2항과 같다.
④ 이사회가 고의 또는 중대한 과실로 조합 또는 타인에게 손해를 끼쳤을 때에는 그 고의 또는 중대한 과실에 관련된 이사회에 출석한 임원은 그 손해에 대하여 연대하여 손해배상의 책임을 진다. 다만, 그 회의에서 반대 의사를 표시한 임원은 그러하지 아니하다.⑤ 조합의 임원에 대해서는 「민법」 제35조, 「상법」 제382조 제2항, 제386조 제1항, 제399조 및 제414조를 준용한다.

상의 책임을 진다(법 제72조 제8항, 제33조 제2항).

임원이 거짓으로 결산보고·등기 또는 공고를 하여 중앙회 또는 타인에게 손해를 끼쳤을 때에도 그 손해에 대하여 연대하여 손해배상의 책임을 진다(법 제72조 제8항, 제33조 제3항).

(3) 이사회 출석 임원의 손해배상책임 및 면제

이사회가 고의 또는 중대한 과실로 중앙회 또는 타인에게 손해를 끼쳤을 때에는 그 고의 또는 중대한 과실에 관련된 이사회에 출석한 임원은 그 손해에 대하여 연대하여 책임을 진다. 다만, 그 회의에서 반대 의사를 표시한 임원은 그러하지 아니한다(법 제72조 제8항, 제33조 제4항).

(4) 중앙회의 불법행위책임

중앙회는 임원 기타 대표자가 그 직무에 관하여 타인에게 가한 손해를 배상할 책임이 있다. 임원 기타 대표자는 이로 인하여 자기의 손해배상책임을 면하지 못한다(법 제72조 제8항, 제33조 제5항, 민법 제35조[58] 제1항). 중앙회의 목적범위의 행위로 인하여 타인에게 손해를 가한 때에는 그 사항의 의결에 찬성하거나 그 의결을 집행한 회원, 임원 및 기타 대표자가 연대하여 배상하여야 한다(법 제72조 제8항, 제33조 제5항, 민법 제35조 제2항).

(5) 중앙회와 임원의 관계

중앙회와 이사의 관계는 민법의 위임에 관한 규정(민법 제683조 이하)이 준용되므로(법 제72조 제9항, 제33조 제5항, 상법 제382조 제2항[59]). 이사는 중앙회와 위임관계에 있으며 법에서 정한 사항 이외에는 민법의 위임에 관한 규정을 준용하게 된다. 이사는 중앙회에 대하여 이사선임의 본지에 따라 선량한 관리자

---

58) 민법 제35조(법인의 불법행위능력) ① 법인은 이사 기타 대표자가 그 직무에 관하여 타인에게 가한 손해를 배상할 책임이 있다. 이사 기타 대표자는 이로 인하여 자기의 손해배상책임을 면하지 못한다.
② 법인의 목적범위외의 행위로 인하여 타인에게 손해를 가한 때에는 그 사항의 의결에 찬성하거나 그 의결을 집행한 사원, 이사 및 기타 대표자가 연대하여 배상하여야 한다.

59) 상법 제382조(이사의 선임, 회사와의 관계 및 사외이사) ② 회사와 이사의 관계는 「민법」의 위임에 관한 규정을 준용한다.

의 주의로써 사무를 처리할 의무를 부담한다(민법 제681조).

(6) 퇴임임원의 지위 유지

법률 또는 정관에 정한 임원의 원수를 결한 경우에는 임기의 만료 또는 사임으로 인하여 퇴임한 임원은 새로 선임된 임원이 취임할 때까지 임원의 권리의무가 있다(상법 제386조 제1항).[60]

(7) 중앙회에 대한 임원의 책임

임원이 고의 또는 과실로 법령 또는 정관에 위반한 행위를 하거나 그 임무를 게을리한 경우에는 그 임원은 회사에 대하여 연대하여 손해를 배상할 책임이 있다(상법 제399조 제1항).[61] 전항의 행위가 이사회의 결의에 의한 것인 때에는 그 결의에 찬성한 임원도 전항의 책임이 있다(상법 제399조 제2항). 전항의 결의에 참가한 임원으로서 이의를 한 기재가 의사록에 없는 자는 그 결의에 찬성한 것으로 추정한다(상법 제399조 제3항).

(8) 감사위원회의 위원의 책임

감사위원회 위원이 그 임무를 해태한 때에는 그 감사위원회 위원은 중앙회에 대하여 연대하여 손해를 배상할 책임이 있다(상법 제414조 제1항).[62] 감사위원회의 위원이 악의 또는 중대한 과실로 인하여 그 임무를 해태한 때에는 그 감사위원회 위원은 제3자에 대하여 연대하여 손해를 배상할 책임이 있다(상법

---

60) 상법 제386조(결원의 경우) ① 법률 또는 정관에 정한 이사의 원수를 결한 경우에는 임기의 만료 또는 사임으로 인하여 퇴임한 이사는 새로 선임된 이사가 취임할 때까지 이사의 권리의무가 있다.

61) 상법 제399조(회사에 대한 책임) ① 이사가 고의 또는 과실로 법령 또는 정관에 위반한 행위를 하거나 그 임무를 게을리한 경우에는 그 이사는 회사에 대하여 연대하여 손해를 배상할 책임이 있다.
② 전항의 행위가 이사회의 결의에 의한 것인 때에는 그 결의에 찬성한 이사도 전항의 책임이 있다.
③ 전항의 결의에 참가한 이사로서 이의를 한 기재가 의사록에 없는 자는 그 결의에 찬성한 것으로 추정한다.

62) 상법 제414조(감사의 책임) ① 감사가 그 임무를 해태한 때에는 그 감사는 회사에 대하여 연대하여 손해를 배상할 책임이 있다.
② 감사가 악의 또는 중대한 과실로 인하여 그 임무를 해태한 때에는 그 감사는 제3자에 대하여 연대하여 손해를 배상할 책임이 있다.
③ 감사가 회사 또는 제3자에 대하여 손해를 배상할 책임이 있는 경우에 이사도 그 책임이 있는 때에는 그 감사와 이사는 연대하여 배상할 책임이 있다.

제414조 제2항). 감사위원회 위원이 중앙회 또는 제3자에 대하여 손해를 배상할 책임이 있는 경우에 임원도 그 책임이 있는 때에는 그 감사위원회 위원과 임원은 연대하여 배상할 책임이 있다(상법 제414조 제3항).

5. 중앙회의 선거관리위원회와 「선거관리위원회법」에 따른 중앙선거관리위원회에의 위탁

(1) 의 의

중앙회가 지역사회에 미치는 영향력과 임원의 권한 등을 고려하면 공정하고 투명한 지배구조 확립이 중요하다는 점에서 임원선거의 공정성 확보는 필수적이다. 이에 따라 중앙회는 임원선거 관리를 위하여 자체적으로 선거관리위원회를 구성·운영할 수 있고 필요시에는 선거관리 업무를 「선거관리위원회법」에 따른 중앙선거관리위원회(이하 '관할위원회')에 위탁할 수 있도록 하였다. 또한 회장선거는 선거 과열 양상 및 선거의 공정성 확보의 중요성을 고려하여 중앙선거관리위원회에 의무위탁하도록 정하고 있다.

(2) 중앙회의 선거관리위원회

가. 선거관리위원회의 설치

중앙회는 임원선거를 공정하게 관리하기 위하여 대통령령으로 정하는 바에 따라 선거관리위원회를 구성·운영한다(법 제72조 제8항, 제27조의3 제1항). 선거관리위원회를 해당 임원 선거를 위한 선거공고일전 3일까지 설치하여야 하며(규약 제11조 제1항 및 제2항), 위원회의 존속기간은 설치일로부터 선거종료일 후 60일까지로 한다(규약 제11조 제3항).

나. 선거관리위원회의 구성

선거관리위원회는 이사회가 선거에 관한 경험이 풍부한 회원의 이사장(중앙회 임·직원을 제외한다)과 공직선거 등의 선거관리전문가 중에서 위촉하는 10인 이상 15인 이하의 위원으로 구성되며, 위원장 및 부위원장은 위원 중에서 호선한다(법 시행령 제14조의4 제1항 및 제3항, 규약 제12조 제1항 및 제3항).

다. 선거관리위원회의 직무 등

선거관리위원회는 i) 선거인명부의 작성 및 확정, ii) 임원후보자 등록접수 및 자격심사, iii) 선거인 및 임원후보자 자격 이의신청에 대한 판정, iv) 선거운동(제40조에 따른 추천운동을 포함한다) 제한 위반 여부의 심사 및 조치에 관한 사항, v) 선거사무, 투표 및 개표에 관한 사항, vi) 선거(제37조에 따른 추천회의를 포함한다) 관련 분쟁의 조정, vii) 당선인의 결정, viii) 선거공보의 발행 및 배포에 관한 사항, ix) 합동 연설회의 개최 등에 관한 사항, x) 기탁금 및 포상금에 관한 사항, xi) 기타 위원장이 필요하다고 인정하는 사항 등의 사무를 관장한다(규약 제15조 제1항).

(3) 관할위원회에 위탁

가. 의 의

조합 및 중앙회 선거가 지속적으로 과열되는 양상을 보임에 따라 선거의 공정성 및 중립성 담보를 위하여 조합 및 중앙회의 임원선거 관리를 「선거관리위원회법」에 따른 관할위원회에 위탁할 필요가 있다는 지적이 제기되어 왔고, 2019. 1. 15. 법 개정을 통하여 조합 및 중앙회의 임원선거 관리를 관할위원회에 임의위탁이 가능하도록 하여 필요시에 중앙회의 선택에 따라 선거관리 업무를 제3의 전문적인 기관인 관할위원회에 위탁할 수 있는 근거를 마련하였다.[63]

중앙회는 중앙회장 선거의 중요성 및 영향력을 고려하여 2019. 10. 23. 중앙회 정관 및 규약을 개정하여 중앙회장 직선제 도입과 함께 회장선거사무의 관리를 관할위원회에 의무위탁하도록 정하였고, 2023. 7. 18. 법 제72조 제9항을 신설하여 중앙회장의 선거관리는 관할위원회에 의무위탁하도록 법제화하게 되었다.

조합(총 자산 1천억원 이상 보유) 이사장과 중앙회장 선거가 관할위원회에 의무적으로 위탁하도록 신협법이 개정됨에 따라 위탁선거법에도 조합 및 중앙회

63) 전상수(수석전문위원), 신용협동조합법 일부개정법률안(우상호의원 대표발의, 의안번호 제11085호) 검토보고서, 국회 정무위원회, 2018. 2., 1-4면.

를 의무위탁 대상 단체로 반영하여 동법상 선거운동 및 벌칙규정 등이 적용될 수 있도록 2025. 8. 14. 법이 개정되었다.

나. 회장선거의 의무위탁

중앙회 임원선거의 관리에 관하여 중앙회의 선거관리위원회가 아닌 관할위원회에 위탁하는 방식을 선택할 수 있으나 회장선거의 관리에 관해서는 반드시 정관에서 정하는 바에 따라 관할위원회에 위탁하여야 한다(의무위탁)(법 제72조 제9항).

회장선거사무의 관리는 관할위원회에 위탁 신청하여야 하며(규정 제11조 제4항), 중앙회는 회장의 임기만료일 180일 전까지 관할위원회에 회장선거사무의 관리를 위탁 신청하여야 한다. 다만, 재선거 또는 보궐선거의 경우에는 그 선거의 실시사유가 발생한 날부터 5일까지 신청하여야 한다(규약 제11조 제5항). 위탁관리에 필요한 사항은 위탁선거법 및 중앙선거관리위원회규칙(이하 "위탁선거규칙")에서 정하는 바에 따른다. 따라서 회장선거의 경우, 위탁선거법 및 위탁선거규칙에서 정한 사항은 위탁선거법 및 위탁선거규칙을 따르고, 위탁선거법 및 위탁선거규칙에서 정하지 않은 사항은 법, 시행령, 정관 및 규약에 따른다.

6. 임원의 선거운동제한

(1) 적용법률

중앙회 임원의 선거운동에 관하여 조합 임원의 선거운동에 관한 법 제27조의2(임원의 선거운동 제한) 규정을 준용한다. 다만, 회장선거의 선거운동에 관해서는 위탁선거법에서 정한 바에 따르며, 회장 외 임원 선거의 선거운동에 대해서는 신협법에 따른다. 위탁선거법 및 신협법에 따라 가능한 선거운동 방법을 비교하면 아래와 같다.

〈표〉 위탁선거법 및 신협법에 따른 가능한 선거운동 방법 비교

선거운동 방법	위탁선거법	신협법
선전벽보	×	○
선거공보	○	○
합동연설회 · 공개토론회	×	○
전화(문자메시지 포함) 또는 컴퓨터통신(전자우편 포함)	○	○
공개된 장소*에서 지지호소 · 명함배부	○	○
선거운동을 위한 휴대전화 가상번호 제공	○	×
공개행사에서의 정책 발표	○	×
선거일 당일 가능한 선거운동 방법	소견 발표 및 문자메시지 전송	소견 발표

* 공개된 장소의 범위는 위탁선거법과 신협법 간 다소 차이가 있음.

(2) 금지행위

누구든지 자기 또는 특정인을 중앙회의 임원으로 당선되게 하거나 당선되지 못하게 할 목적으로 ⅰ) 조합원(공동유대에 소속된 자로서 선거인이 될 수 있는자를 포함)이나 그 가족(조합원의 배우자, 조합원 또는 그 배우자의 직계존속 · 비속과 형제자매, 조합원의 직계존속 · 비속 및 형제자매의 배우자) 또는 조합원이나 그 가족이 설립 · 운영하고 있는 기관 · 단체 · 시설에 대하여 금전 · 물품 · 향응, 그 밖의 재산상의 이익이나 공사(公私)의 직을 제공 또는 제공의 의사표시를 하거나 그 제공을 약속하는 행위, ⅱ) 후보자가 되지 못하게 하거나 후보자를 사퇴하게 할 목적으로 후보자가 되려는 사람이나 후보자에게 제1호에 규정된 행위를 하는 경우, ⅲ) 제1호 또는 제2호에 규정된 이익이나 직을 제공받거나 그 제공의 의사표시를 승낙하는 행위를 할 수 없다(법 제72조 제8항, 제27조의2 제1항).

회장선거의 경우, 위탁선거법 제7장의 선거운동에 관한 조항이 적용되므로 제31조부터 제38조까지에서 정한 금지 · 제한하는 행위를 해서는 안 된다.

〈참고〉 위탁선거법상 선거운동에 관한 주요 금지·제한 사항

제31조(지위를 이용한 선거운동금지 등) 위탁단체의 임직원은 다음 각 호의 어느 하나에 해당하는 행위를 할 수 없다.

1. 지위를 이용하여 선거운동을 하는 행위
2. 지위를 이용하여 선거운동의 기획에 참여하거나 그 기획의 실시에 관여하는 행위
3. 후보자(후보자가 되려는 사람을 포함한다)에 대한 선거권자의 지지도를 조사하거나 이를 발표하는 행위

제32조(기부행위의 정의) 이 법에서 "기부행위"란 다음 각 호의 어느 하나에 해당하는 사람이나 기관·단체·시설을 대상으로 금전·물품 또는 그 밖의 재산상 이익을 제공하거나 그 이익제공의 의사를 표시하거나 그 제공을 약속하는 행위를 말한다. 〈개정 2024. 1. 30.〉

1. 선거인[선거인명부를 작성하기 전에는 그 선거인명부에 오를 자격이 있는 자(해당 위탁단체에 가입되어 해당 법령이나 정관등에 따라 위탁선거의 선거권이 있는 자 및 해당 위탁단체에 가입 신청을 한 자를 말한다)를 포함한다. 이하 이 조에서 같다]이나 그 가족(선거인의 배우자, 선거인 또는 그 배우자의 직계존비속과 형제자매, 선거인의 직계존비속 및 형제자매의 배우자를 말한다. 이하 같다)
2. 선거인이나 그 가족이 설립·운영하고 있는 기관·단체·시설

제33조(기부행위로 보지 아니하는 행위) ① 다음 각 호의 어느 하나에 해당하는 행위는 기부행위로 보지 아니한다. 〈개정 2024. 1. 30.〉

1. 직무상의 행위
   - 가. 기관·단체·시설(나목에 따른 위탁단체를 제외한다)이 자체사업계획과 예산에 따라 의례적인 금전·물품을 그 기관·단체·시설의 명의로 제공하는 행위(포상을 포함한다. 이하 나목에서 같다)
   - 나. 위탁단체가 해당 법령이나 정관등에 따른 사업계획 및 수지예산에 따라 집행하는 금전·물품을 그 위탁단체의 명의로 제공하는 행위
   - 다. 물품구매·공사·역무의 제공 등에 대한 대가의 제공 또는 부담금의 납부 등 채무를 이행하는 행위
   - 라. 가목부터 다목까지의 규정에 따른 행위 외에 법령에 근거하여 물품 등을 찬조·출연 또는 제공하는 행위
2. 의례적 행위
   - 가. 「민법」 제777조(친족의 범위)에 따른 친족(이하 이 조에서 "친족"이라 한다)의 관혼상제의식이나 그 밖의 경조사에 축의·부의금품을 제공하는 행위
   - 나. 친족 외의 사람의 관혼상제의식에 통상적인 범위에서 축의·부의금품을 제공하거나 주례를 서는 행위
   - 다. 관혼상제의식이나 그 밖의 경조사에 참석한 하객이나 조객 등에게 통상적인 범위에서 음식물 또는 답례품을 제공하는 행위

라. 소속 기관·단체·시설(위탁단체는 제외한다)의 유급 사무직원이나 친족에게 연말·설 또는 추석에 의례적인 선물을 제공하는 행위
마. 친목회·향우회·종친회·동창회 등 각종 사교·친목단체 및 사회단체의 구성원으로서 그 단체의 정관 등 또는 운영관례상의 의무에 기하여 종전의 범위에서 회비를 납부하는 행위
바. 평소 자신이 다니는 교회·성당·사찰 등에 통상의 예에 따라 헌금(물품의 제공을 포함한다)하는 행위

3. 「공직선거법」 제112조 제2항 제3호에 따른 구호적·자선적 행위에 준하는 행위
4. 그 밖에 제1호부터 제3호까지의 어느 하나에 준하는 행위로서 중앙선거관리위원회규칙으로 정하는 행위

② 제1항 제1호 각 목 중 위탁단체의 직무상 행위는 해당 법령이나 정관등에 따라 포상하는 경우를 제외하고는 해당 위탁단체의 명의로 하여야 하며, 해당 위탁단체의 대표자의 직명 또는 성명을 밝히거나 그가 하는 것으로 추정할 수 있는 방법으로 제공하는 행위는 기부행위로 본다. 이 경우 다음 각 호의 어느 하나에 해당하는 경우에는 "그가 하는 것으로 추정할 수 있는 방법"에 해당하는 것으로 본다. 〈신설 2024. 1. 30.〉

1. 종전의 대상·방법·범위·시기 등을 법령 또는 정관등의 제정 또는 개정 없이 확대 변경하는 경우
2. 해당 위탁단체의 대표자의 업적을 홍보하는 등 그를 선전하는 행위가 부가되는 경우

③ 제1항에 따라 통상적인 범위에서 1명에게 제공할 수 있는 축의·부의금품, 음식물, 답례품 및 의례적인 선물의 금액범위는 중앙선거관리위원회규칙으로 정한다. 〈개정 2024. 1. 30.〉

제34조(기부행위제한기간) 기부행위를 할 수 없는 기간(이하 "기부행위제한기간"이라 한다)은 다음 각 호와 같다. 〈개정 2024. 1. 30.〉

1. 임기만료에 따른 선거: 임기만료일 전 1년부터 선거일까지
2. 해당 법령이나 정관등에 따른 보궐선거등: 그 선거의 실시 사유가 발생한 날부터 선거일까지

제35조(기부행위제한) ① 후보자(후보자가 되려는 사람을 포함한다. 이하 이 조에서 같다), 후보자의 배우자, 후보자가 속한 기관·단체·시설은 기부행위제한기간 중 기부행위를 할 수 없다.

② 누구든지 기부행위제한기간 중 해당 위탁선거에 관하여 후보자를 위하여 기부행위를 하거나 하게 할 수 없다. 이 경우 후보자의 명의를 밝혀 기부행위를 하거나 후보자가 기부하는 것으로 추정할 수 있는 방법으로 기부행위를 하는 것은 해당 위탁선거에 관하여 후보자를 위한 기부행위로 본다.

③ 누구든지 기부행위제한기간 중 해당 위탁선거에 관하여 제1항 또는 제2항에 규정된 자로부터 기부를 받거나 기부의 의사표시를 승낙할 수 없다.

④ 누구든지 제1항부터 제3항까지 규정된 행위에 관하여 지시·권유·알선 또는 요구할 수 없다.
⑤ 「농업협동조합법」, 「수산업협동조합법」 및 「산림조합법」에 따른 조합장·중앙회장과 「새마을금고법」 및 「신용협동조합법」에 따른 이사장·중앙회장은 재임 중에 기부행위를 할 수 없다. 〈개정 2023. 3. 2., 2023. 8. 8., 2025. 8. 14.〉
第36조(조합장 등의 축의·부의금품 제공제한) 「농업협동조합법」, 「수산업협동조합법」, 「산림조합법」 및 「신용협동조합법」에 따른 조합·중앙회 또는 「새마을금고법」에 따른 금고·중앙회(이하 이 조에서 "조합등"이라 한다)의 경비로 관혼상제의식이나 그 밖의 경조사에 축의·부의금품을 제공하는 경우에는 해당 조합등의 경비임을 명기하여 해당 조합등의 명의로 하여야 하며, 해당 조합등의 대표자의 직명 또는 성명을 밝히거나 그가 하는 것으로 추정할 수 있는 방법으로 하는 행위는 기부행위로 본다. 〈개정 2023. 3. 2., 2023. 8. 8., 2025. 8. 14.〉
第37조(선거일 후 답례금지) 후보자, 후보자의 배우자, 후보자가 속한 기관·단체·시설은 선거일 후 당선되거나 되지 아니한 데 대하여 선거인에게 축하·위로나 그 밖의 답례를 하기 위하여 다음 각 호의 어느 하나에 해당하는 행위를 할 수 없다.
1. 금전·물품 또는 향응을 제공하는 행위
2. 선거인을 모이게 하여 당선축하회 또는 낙선에 대한 위로회를 개최하는 행위
第38조(호별방문 등의 제한) 누구든지 선거운동을 위하여 선거인(선거인명부작성 전에는 선거인명부에 오를 자격이 있는 자를 포함한다)을 호별로 방문하거나 특정 장소에 모이게 할 수 없다.

(2) 선거운동의 방법

누구든지 i) 선전 벽보의 부착, ii) 선거 공보의 배부, iii) 합동 연설회 또는 공개 토론회의 개최, iv) 전화(문자메시지를 포함한다) 또는 컴퓨터 통신(전자우편을 포함한다)를 이용한 지지 호소, v) 도로·시장 등 금융위원회가 정하여 고시하는 다수인이 왕래하거나 집합하는 장소에서의 지지 호소 및 명함 배부 외의 선거운동을 할 수 없다. 다만, 선거에 관한 단순한 의견개진, 의사표시, 입후보와 선거운동을 위한 준비행위 또는 통상적인 업무행위는 선거운동으로 보지 아니한다(법 제72조 제8항, 제27조의2 제2항). 선거운동 방법에 관한 세부적인 사항은 신협법 시행규칙 제4조 별표에 따른다.[64)]

64) 헌법재판소가 임원의 선거운동기간 및 선거운동에 필요한 사항을 정관에서 정할 수 있도록 규정한 신협법(2015. 1. 20. 법률 제13067호로 개정된 것) 제27조의2 제2항 내지 제4항이 죄형법정주의를 위반한 것이라고 판단함에 따라(헌법재판소 2020. 6. 25.자 2018헌바278 전원합의체 결정) 2020.

다만, 회장선거의 선거운동에 관해서는 위탁선거법에서 정한 바를 따른다.

〈참고〉 위탁선거법상 선거운동에 관한 사항

제23조(선거운동의 정의) 이 법에서 "선거운동"이란 당선되거나 되게 하거나 되지 못하게 하기 위한 행위를 말한다. 다만, 다음 각 호의 어느 하나에 해당하는 행위는 선거운동으로 보지 아니한다.

1. 선거에 관한 단순한 의견개진 및 의사표시
2. 입후보와 선거운동을 위한 준비행위

제24조(선거운동의 주체 · 기간 · 방법) ① 후보자와 후보자가 그의 배우자, 직계존비속 또는 해당 위탁단체의 임직원이 아닌 조합원 · 회원 중 지정하는 1명(이하 "후보자등"이라 한다)이 제25조부터 제30조의4까지의 규정에 따라 선거운동을 하는 경우(제30조의4에 따른 방법은 후보자가 하는 경우에 한정한다)를 제외하고는 누구든지 어떠한 방법으로도 선거운동을 할 수 없다.

② 선거운동은 후보자등록마감일의 다음 날부터 선거일 전일까지에 한정하여 할 수 있다. 다만, 다음 각 호의 어느 하나에 해당하는 경우에는 그러하지 아니하다. 〈개정 2017. 12. 26.〉

1. 제24조 제3항 제3호에 따른 중앙회장선거의 후보자가 선거일 또는 결선투표일에 제28조 제2호에 따른 문자메시지를 전송하는 방법으로 선거운동을 하는 경우
2. 제30조의2에 따라 후보자가 선거일 또는 결선투표일에 자신의 소견을 발표하는 경우

③ 선거별 선거운동방법은 다음 각 호와 같다.

3. 「농업협동조합법」, 「수산업협동조합법」, 「산림조합법」, 「새마을금고법」 및 「신용협동조합법」에 따른 중앙회장선거, 「농업협동조합법」 제45조 제5항 제2호, 「수산업협동조합법」 제46조 제3항 제2호 및 「산림조합법」 제35조 제4항 제2호에 따라 대의원회에서 선출하는 조합장선거 및 「새마을금고법」 제18조 제5항 단서에 따라 대의원회에서 선출하는 이사장선거: 제25조 · 제28조 · 제29조 · 제30조 및 제30조의2부터 제30조의4까지에 따른 방법(제30조에 따른 방법은 중앙회장선거에 한정한다)

제25조(선거공보) ① 후보자는 선거운동을 위하여 선거공보 1종을 작성할 수 있다. 이 경우 후보자는 선거인명부확정일 전일까지 관할위원회에 선거공보를 제출하여야 한다.

② 후보자가 제1항에 따라 선거공보를 제출하는 경우에는 중앙선거관리위원회규칙으로 정하는 바에 따라 선거공보에 범죄경력을 게재하여야 하고, 선거공보를 제출하지 아니하는 경우에는 범죄경력에 관한 서류를 별도로 작성하여 제1항에 따른 선거공보의 제출마감일까지 관할위원회에 제출하여야 한다.

12. 29. 선거운동방법에 관한 세부사항을 시행규칙에 위임하여 정하도록 법을 개정하였다.

③ 관할위원회는 제1항 또는 제2항에 따라 제출된 선거공보 또는 범죄경력에 관한 서류를 선거인명부확정일 후 3일까지 제43조에 따른 투표안내문과 동봉하여 선거인에게 발송하여야 한다.

④ 후보자가 제1항 후단에 따른 기한까지 선거공보 또는 범죄경력에 관한 서류를 제출하지 아니하거나 규격을 넘는 선거공보를 제출한 때에는 그 선거공보는 발송하지 아니한다.

⑤ 제출된 선거공보는 정정 또는 철회할 수 없다. 다만, 오기나 이 법에 위반되는 내용이 게재되었을 경우에는 제출마감일까지 해당 후보자가 정정할 수 있다.

⑥ 후보자 및 선거인은 선거공보의 내용 중 경력·학력·학위·상벌·범죄경력에 관하여 거짓으로 게재되어 있음을 이유로 이의제기를 하는 때에는 관할위원회에 서면으로 하여야 하고, 이의제기를 받은 관할위원회는 후보자와 이의제기자에게 그 증명서류의 제출을 요구할 수 있으며, 그 증명서류의 제출이 없거나 거짓 사실임이 판명된 때에는 그 사실을 공고하여야 한다.

⑦ 관할위원회는 제6항에 따라 허위게재사실을 공고한 때에는 그 공고문 사본 1매를 선거일에 투표소의 입구에 첩부하여야 한다.

⑧ 선거공보의 작성수량·규격·면수·제출, 그 밖에 필요한 사항은 중앙선거관리위원회규칙으로 정한다

제26조(선거벽보) ① 후보자는 선거운동을 위하여 선거벽보 1종을 작성할 수 있다. 이 경우 후보자는 선거인명부확정일 전일까지 관할위원회에 선거벽보를 제출하여야 한다.

② 관할위원회는 제1항에 따라 제출된 선거벽보를 제출마감일 후 2일까지 해당 위탁단체의 주된 사무소와 지사무소의 건물 또는 게시판 및 위탁단체와 협의한 장소에 첩부하여야 한다.

③ 제25조 제4항부터 제7항까지의 규정은 선거벽보에 이를 준용한다. 이 경우 "선거공보"는 "선거벽보"로, "발송"은 "첩부"로, "규격을 넘는"은 "규격을 넘거나 미달하는"으로 본다.

④ 선거벽보의 작성수량·첩부수량·규격·제출, 그 밖에 필요한 사항은 중앙선거관리위원회규칙으로 정한다.

제27조(어깨띠·윗옷·소품) 후보자등은 선거운동기간 중 어깨띠나 윗옷(上衣)을 착용하거나 소품을 이용하여 선거운동을 할 수 있다. 〈개정 2024. 1. 30.〉

제28조(전화를 이용한 선거운동) 후보자등은 선거운동기간 중 다음 각 호의 어느 하나에 해당하는 방법으로 선거운동을 할 수 있다. 다만, 오후 10시부터 다음 날 오전 7시까지는 그러하지 아니하다. 〈개정 2024. 1. 30.〉

1. 전화를 이용하여 송화자·수화자 간 직접 통화하는 방법
2. 문자(문자 외의 음성·화상·동영상 등은 제외한다)메시지를 전송하는 방법

제29조(정보통신망을 이용한 선거운동) ① 후보자등은 선거운동기간 중 다음 각 호의 어느 하나에 해당하는 방법으로 선거운동을 할 수 있다. 〈개정 2024. 1. 30.〉

1. 인터넷 홈페이지의 게시판 · 대화방 등에 글이나 동영상 등을 게시하는 방법
2. 전자우편(컴퓨터 이용자끼리 네트워크를 통하여 문자 · 음성 · 화상 또는 동영상 등의 정보를 주고받는 통신시스템을 말한다)을 전송하는 방법

② 관할위원회는 이 법에 위반되는 정보가 인터넷 홈페이지의 게시판 · 대화방 등에 게시된 때에는 그 인터넷 홈페이지의 관리자 · 운영자 또는 「정보통신망 이용촉진 및 정보보호 등에 관한 법률」 제2조(정의) 제1항 제3호에 따른 정보통신서비스 제공자(이하 이 조에서 "정보통신서비스 제공자"라 한다)에게 해당 정보의 삭제를 요청할 수 있다. 이 경우 그 요청을 받은 인터넷 홈페이지의 관리자 · 운영자 또는 정보통신서비스 제공자는 지체 없이 이에 따라야 한다.

③ 제2항에 따라 정보가 삭제된 경우 해당 정보를 게시한 사람은 그 정보가 삭제된 날부터 3일 이내에 관할위원회에 서면으로 이의신청을 할 수 있다.

④ 위법한 정보의 게시에 대한 삭제 요청, 이의신청, 그 밖에 필요한 사항은 중앙선거관리위원회규칙으로 정한다.

제30조(명함을 이용한 선거운동) 후보자등은 선거운동기간 중 다수인이 왕래하거나 집합하는 공개된 장소에서 길이 9센티미터 너비 5센티미터 이내의 선거운동을 위한 명함을 선거인에게 직접 주거나 지지를 호소하는 방법으로 선거운동을 할 수 있다. 다만, 중앙선거관리위원회규칙으로 정하는 장소에서는 그러하지 아니하다. 〈개정 2024. 1. 30.〉

제30조의2(선거일 후보자 소개 및 소견발표) ① 제24조 제3항 제2호 및 제3호에 따른 조합장선거, 이사장선거 또는 중앙회장선거에서 투표관리관 또는 투표관리관이 지정하는 사람(이하 이 조에서 "투표관리관등"이라 한다)은 선거일 또는 제52조에 따른 결선투표일(제24조 제3항 제3호에 따른 중앙회장선거에 한정한다)에 투표를 개시하기 전에 투표소 또는 총회나 대의원회가 개최되는 장소(이하 이 조에서 "투표소등"이라 한다)에서 선거인에게 기호순에 따라 각 후보자를 소개하고 후보자로 하여금 조합 또는 금고 운영에 대한 자신의 소견을 발표하게 하여야 한다. 이 경우 발표시간은 후보자마다 10분의 범위에서 동일하게 배정하여야 한다.

② 후보자가 자신의 소견발표 순서가 될 때까지 투표소등에 도착하지 아니한 때에는 소견발표를 포기한 것으로 본다.

③ 투표관리관등은 후보자가 제61조 또는 제62조에 위반되는 발언을 하는 때에는 이의 중지를 명하여야 하고 후보자가 이에 따르지 아니하는 때에는 소견발표를 중지시키는 등 필요한 조치를 취하여야 한다.

④ 투표관리관등은 투표소등에서 후보자가 소견을 발표하는 것을 방해하거나 질서를 문란하게 하는 사람이 있는 때에는 이를 제지하고, 그 명령에 불응하는 때에는 투표소등 밖으로 퇴장시킬 수 있다.

⑤ 제1항에 따른 후보자 소개 및 소견발표 진행, 그 밖에 필요한 사항은 중앙선거관리위원회규칙으로 정한다.

제30조의4(공개행사에서의 정책 발표) ① 예비후보자와 후보자는 해당 위탁단체가

> 개최하는 공개행사에 방문하여 자신의 정책을 발표할 수 있다.
> ② 제1항에 따라 공개행사에서 정책을 발표하려는 예비후보자와 후보자는 참석할 공개행사의 일시, 소견 발표에 소요되는 시간과 발표 방법 등을 해당 위탁단체에 미리 신고하여야 한다. 이 경우 위탁단체는 정당한 사유 없이 이를 거부할 수 없다.
> ③ 위탁단체는 예비후보자등록신청개시일 전 5일부터 선거일 전일까지 매주 제1항에 따른 공개행사의 일시와 소견 발표가 가능한 시간을 공고하여야 한다.
> ④ 제2항에 따른 신고 및 제3항에 따른 공고의 절차·방법과 그 밖에 필요한 사항은 중앙선거관리위원회규칙으로 정한다.

(3) 선거운동 기간

선거운동은 후보자등록마감일의 다음날부터 선거일 전일까지만 할 수 있다(법 제72조 제8항, 제27조의2 제3항 후단에 따라 선거 당일 소견발표는 가능). 다만, 회장을 선출하는 경우로서 후보자가 선거일에 자신의 소견을 발표하거나 선거일에 문자메시지를 전송하는 방법으로 선거운동을 하는 경우에는 그러하지 아니하다(위탁선거법 제24조 제2항 제1호, 제2호, 제30조의2, 제28조 제2호).

(4) 위반시 제재

법 제27조의2(법 제72조 제8항에 따라 준용되는 경우를 포함한다)를 위반한 자는 1년 이하의 징역 또는 1천만원 이하의 벌금에 처한다(법 제99조 제3항). 다만, 회장선거의 경우 위탁선거법 제57조 제1항에 따라 제58조 이하의 벌칙규정이 적용된다.

〈참고〉 위탁선거법상 선거운동 등 위반에 대한 벌칙 규정

> 제58조(매수 및 이해유도죄) 선거운동을 목적으로 다음 각 호의 어느 하나에 해당하는 행위를 한 자는 3년 이하의 징역 또는 3천만원 이하의 벌금에 처한다. 〈개정 2024. 1. 30.〉
> 1. 선거인[선거인명부를 작성하기 전에는 그 선거인명부에 오를 자격이 있는 자(해당 위탁단체에 가입되어 해당 법령이나 정관등에 따라 위탁선거의 선거권이 있는 자 및 해당 위탁단체에 가입 신청을 한 자를 말한다)를 포함한다. 이하 이 조에서 같다]이나 그 가족 또는 선거인이나 그 가족이 설립·운영하고 있는 기관·단체·시설에 대하여 금전·물품·향응이나 그 밖의 재산상 이익이나 공

사(公私)의 직을 제공하거나 그 제공의 의사를 표시하거나 그 제공을 약속한 자
2. 후보자가 되지 아니하도록 하거나 후보자가 된 것을 사퇴하게 할 목적으로 후보자가 되려는 사람이나 후보자에게 제1호에 규정된 행위를 한 자
3. 위탁단체의 회원으로 가입하여 특정 후보자에게 투표하게 할 목적으로 위탁단체의 회원이 아닌 자에게 제1호에 규정된 행위를 한 자
4. 제1호부터 제3호까지에 규정된 이익이나 직을 제공받거나 그 제공의 의사표시를 승낙한 자
5. 제1호부터 제4호까지에 규정된 행위에 관하여 지시·권유·알선하거나 요구한 자
6. 후보자등록개시일부터 선거일까지 포장된 선물 또는 돈봉투 등 다수의 선거인(선거인의 가족 또는 선거인이나 그 가족이 설립·운영하고 있는 기관·단체·시설을 포함한다)에게 배부하도록 구분된 형태로 되어 있는 금품을 운반한 자

제59조(기부행위의 금지·제한 등 위반죄) 제35조를 위반한 자(제68조 제3항에 해당하는 자를 제외한다)는 3년 이하의 징역 또는 3천만원 이하의 벌금에 처한다.

제60조(매수 및 이해유도죄 등으로 인한 이익의 몰수) 제58조 또는 제59조의 죄를 범한 자가 받은 이익은 몰수한다. 다만, 그 전부 또는 일부를 몰수할 수 없는 때에는 그 가액을 추징한다.

제61조(허위사실 공표죄) ① 당선되거나 되게 할 목적으로 선거공보나 그 밖의 방법으로 후보자(후보자가 되려는 사람을 포함한다. 이하 이 조에서 같다)에게 유리하도록 후보자, 그의 배우자 또는 직계존비속이나 형제자매에 관하여 허위의 사실을 공표한 자는 3년 이하의 징역 또는 3천만원 이하의 벌금에 처한다.

② 당선되지 못하게 할 목적으로 선거공보나 그 밖의 방법으로 후보자에게 불리하도록 후보자, 그의 배우자 또는 직계존비속이나 형제자매에 관하여 허위의 사실을 공표한 자는 5년 이하의 징역 또는 500만원 이상 5천만원 이하의 벌금에 처한다.

제62조(후보자 등 비방죄) 선거운동을 목적으로 선거공보나 그 밖의 방법으로 공연히 사실을 적시하여 후보자(후보자가 되려는 사람을 포함한다), 그의 배우자 또는 직계존비속이나 형제자매를 비방한 자는 2년 이하의 징역 또는 2천만원 이하의 벌금에 처한다. 다만, 진실한 사실로서 공공의 이익에 관한 때에는 처벌하지 아니한다.

제63조(사위등재죄) ① 거짓의 방법으로 선거인명부에 오르게 한 자는 1년 이하의 징역 또는 1천만원 이하의 벌금에 처한다.

② 선거인명부작성에 관계있는 자가 선거인명부에 고의로 선거권자를 기재하지 아니하거나 거짓 사실을 기재하거나 하게 한 때에는 3년 이하의 징역 또는 3천만원 이하의 벌금에 처한다.

제64조(사위투표죄) ① 성명을 사칭하거나 신분증명서를 위조 또는 변조하여 사용하거나 그 밖에 거짓의 방법으로 투표하거나 하게 하거나 또는 투표를 하려고 한 자는 1년 이하의 징역 또는 1천만원 이하의 벌금에 처한다.

② 선거관리위원회의 위원·직원·투표관리관 또는 투표사무원이 제1항에 규정된

행위를 하거나 하게 한 때에는 3년 이하의 징역에 처한다.

제65조(선거사무관계자나 시설 등에 대한 폭행 · 교란죄) 다음 각 호의 어느 하나에 해당하는 자는 1년 이상 7년 이하의 징역 또는 1천만원 이상 7천만원 이하의 벌금에 처한다.

1. 위탁선거와 관련하여 선거관리위원회의 위원 · 직원, 공정선거지원단원, 그 밖에 위탁선거 사무에 종사하는 사람을 폭행 · 협박 · 유인 또는 불법으로 체포 · 감금한 자
2. 폭행하거나 협박하여 투표소 · 개표소 또는 선거관리위원회 사무소를 소요 · 교란한 자
3. 투표용지 · 투표지 · 투표보조용구 · 전산조직 등 선거관리 및 단속사무와 관련한 시설 · 설비 · 장비 · 서류 · 인장 또는 선거인명부를 은닉 · 파손 · 훼손 또는 탈취한 자

제66조(각종 제한규정 위반죄) ① 다음 각 호의 어느 하나에 해당하는 자는 3년 이하의 징역 또는 3천만원 이하의 벌금에 처한다. 〈신설 2024. 1. 30.〉

1. 제30조의3 제6항 제2호를 위반하여 해당 위탁단체 이외의 자에게 휴대전화 가상번호를 제공한 자
2. 제30조의3 제7항을 위반하여 명시적으로 거부의사를 밝힌 구성원의 휴대전화 가상번호를 제공한 자
3. 제30조의3 제9항 제1호를 위반하여 휴대전화 가상번호를 제28조에 따른 선거운동 외의 다른 목적으로 사용한 자
4. 제30조의3 제9항 제2호를 위반하여 휴대전화 가상번호를 다른 자에게 제공한 자
5. 제30조의3 제10항을 위반하여 유효기간이 지난 휴대전화 가상번호를 즉시 폐기하지 아니한 자

② 다음 각 호의 어느 하나에 해당하는 자는 2년 이하의 징역 또는 2천만원 이하의 벌금에 처한다. 〈개정 2015. 12. 24., 2017. 12. 26., 2024. 1. 30.〉

1. 제24조를 위반하여 후보자등이 아닌 자가 선거운동을 하거나 제25조부터 제30조의4까지의 규정에 따른 선거운동방법 외의 방법으로 선거운동을 하거나 선거운동기간이 아닌 때에 선거운동을 한 자. 다만, 제24조의2 제7항에 따라 선거운동을 한 예비후보자등과 제24조의3 제3항에 따라 선거운동을 한 활동보조인은 제외한다.

1의2. 제24조의2 제7항을 위반하여 선거운동을 한 자

2. 제25조에 따른 선거공보의 종수 · 수량 · 면수 또는 배부방법을 위반하여 선거운동을 한 자
3. 제26조에 따른 선거벽보의 종수 · 수량 또는 첩부방법을 위반하여 선거운동을 한 자
4. 제27조를 위반하여 선거운동을 한 자
5. 제28조에 따른 통화방법 또는 시간대를 위반하여 선거운동을 한 자

6. 삭제 〈2024. 1. 30.〉
7. 제30조에 따른 명함의 규격 또는 배부방법을 위반하여 선거운동을 한 자
7의2. 제30조의2 제4항을 위반하여 투표관리관등의 제지명령에 불응한 자
7의3. 제30조의3 제6항 제1호를 위반하여 휴대전화 가상번호에 유효기간을 설정하지 아니하고 제공하거나 휴대전화 가상번호를 제공하는 날부터 선거일까지의 기간을 초과하는 유효기간을 설정하여 제공한 자
8. 제31조를 위반한 자
9. 제36조를 위반하여 축의·부의금품을 제공한 자
10. 제37조를 위반한 자
11. 제38조를 위반한 자
12. 제73조 제3항을 위반하여 출입을 방해하거나 자료제출의 요구에 응하지 아니한 자 또는 허위자료를 제출한 자
13. 제75조 제2항을 위반한 자

Ⅲ. 관련 판례

헌법재판소 2020. 6. 25. 선고 2018헌바278 전원합의체 결정 [신협법 제27조의2 제2항 등 위헌소원]

"신용협동조합법 제27조의2를 위반할 경우 신용협동조합법 제99조에 의하여 1년 이하의 징역 또는 1천만원 이하의 벌금으로 처벌이 가능함에도, 위에서 살핀 바와 같이, 신용협동조합법 제27조의2 제2항 내지 제4항은 구체적으로 허용되는 선거운동의 기간 및 방법을 시행령이나 시행규칙이 아닌 정관에 맡기고 있어 정관으로 정하기만 하면 임원 선거운동의 기간 및 방법에 관한 추가적인 규제를 설정할 수 있도록 열어 두고 있다. 이는 범죄와 형벌에 관하여는 입법부가 정한 형식적 의미의 법률로써 정하여야 한다는 죄형법정주의를 위반한 것이다."

Ⅳ. 관련 법령

법률	조문
새마을 금고법	제65조(회장의 대표권 등) ① 회장은 중앙회를 대표한다. 다만, 제65조의2제1항부터 제4항까지에 따라 신용공제대표이사, 지도이사, 전무이사, 금고감독위원장이 대표하는 업무에 대하여는 그러하지 아니하다.

<table>
<tr><td></td><td>② 회장은 회원의 권익 증진을 위한 대외 활동 업무를 처리한다.
③ 회장이 부득이한 사유로 그 직무를 수행할 수 없을 때에는 임원 중에서 정관으로 정하는 순서에 따라 그 직무를 대행한다.
제65조의2(신용공제대표이사 등의 직무) ① 신용공제대표이사는 다음 각 호의 업무를 전담하여 처리하며, 그 업무에 관하여 중앙회를 대표한다.
1. 제67조 제1항 제5호·제6호의 사업과 그 부대사업 및 같은 항 제7호·제8호·제13호의 사업 중 신용사업이나 공제사업과 관련되는 사업과 그 부대사업
2. 제1호의 소관 업무에 관한 경영목표의 설정
3. 제1호의 소관 업무에 관한 사업계획과 자금계획의 수립
4. 제1호의 소관 업무에 관한 교육 및 지원 계획의 수립
② 지도이사는 다음 각 호의 업무를 전담하여 처리하며, 그 업무에 관하여 중앙회를 대표한다.
1. 제67조 제1항 제1호·제4호·제9호·제11호 및 제12호의 사업과 그 부대사업
2. 제67조 제1항 제7호·제8호 및 제13호의 사업 중 금고의 지도와 관련된 사업과 그 부대사업
③ 금고감독위원장은 제67조 제1항 제3호에 따른 금고의 감독과 검사 및 그 부대사업에 관한 업무를 전담하여 처리하며, 그 업무에 관하여 중앙회를 대표한다.
④ 전무이사는 제67조에 따른 중앙회 사업 중 신용공제대표이사, 지도이사 또는 금고감독위원장이 전담하여 처리하는 사업 외의 사업과 관련된 업무를 전담하여 처리하며, 그 업무에 관하여 중앙회를 대표한다.
⑤ 제1항, 제2항 또는 제4항에 따른 신용공제대표이사, 지도이사 또는 전무이사가 부득이한 사유로 직무를 수행할 수 없을 때는 이사회에서 정하는 이사가 그 직무를 대행한다.
⑥ 제3항에 따른 금고감독위원장이 부득이한 사유로 직무를 수행할 수 없을 때에는 금고감독위원회에서 정하는 위원이 그 직무를 대행한다.
⑦ 삭제 〈2025. 1. 7.〉
⑧ 삭제 〈2025. 1. 7.〉</td></tr>
<tr><td>농업
협동조합법</td><td>제127조(회장 등의 직무) ① 회장은 중앙회를 대표한다. 다만, 제3항 및 제4항에 따라 사업전담대표이사등이 대표하거나 제6항에 따라 조합감사위원회의 위원장이 대표하는 업무에 대하여는 그러하지 아니하다.
② 회장은 회원과 그 조합원의 권익 증진을 위한 대외 활동 업무를 처리한다.
③ 상호금융대표이사는 다음 각 호의 업무를 전담하여 처리하며, 그 업무에 관하여 중앙회를 대표한다.
1. 제134조 제1항 제4호의 사업과 같은 항 제5호부터 제9호까지의 사업 중 상호금융과 관련된 사업 및 그 부대사업
2. 제1호의 소관 업무에 관한 다음 각 목의 업무
가. 경영 목표의 설정
나. 사업계획 및 자금계획의 수립
다. 교육 및 자금지원 계획의 수립
④ 전무이사는 다음 각 호의 업무를 전담하여 처리하며, 그 업무에 관하여</td></tr>
</table>

	중앙회를 대표한다. 1. 제134조 제1항 제1호 가목부터 바목까지 및 아목부터 카목까지의 사업과 같은 항 제5호부터 제9호까지의 사업 중 교육·지원과 관련되는 사업 및 그 부대사업 2. 제1호의 소관 업무에 관한 다음 각 목의 업무 가. 사업 목표의 설정 나. 사업계획 및 자금계획의 수립 3. 제125조 제4항 제2호에 따른 이사회의 의결 사항 중 사업전담대표이사등에게 공통으로 관련되는 업무에 관한 협의 및 조정 4. 그 밖에 회장, 사업전담대표이사등 및 조합감사위원회의 위원장의 업무에 속하지 아니하는 업무 ⑤ 제3항 및 제4항에 따른 사업전담대표이사등의 소관 업무는 정관으로 정하는 바에 따라 독립사업부제로 운영하여야 한다. ⑥ 조합감사위원회의 위원장은 제134조 제1항 제1호 사목에 따른 회원에 대한 감사업무와 같은 항 제5호부터 제9호까지의 사업 중 회원에 대한 감사와 관련되는 사업 및 그 부대사업을 처리하며, 그 업무에 관하여는 중앙회를 대표한다. ⑦ 회장 또는 사업전담대표이사등이 제46조 제4항 제1호, 제2호, 제4호 및 제6호의 사유로 이 조 제1항부터 제4항까지의 규정에 따른 직무를 수행할 수 없을 때에는 정관으로 정하는 이사가 그 직무를 대행한다.
수산업 협동조합법	**제130조(회장의 직무)** ① 회장은 중앙회를 대표한다. 다만, 제131조 제2항에 따라 사업전담대표이사가 대표하는 업무에서는 그러하지 아니하다. ② 회장은 다음 각 호의 업무를 전담하여 처리하되, 정관으로 정하는 바에 따라 제1호의 업무는 제143조에 따른 조합감사위원회의 위원장에게, 제2호 및 제3호의 업무는 제129조에 따른 사업전담대표이사에게 위임하여 전결처리하게 하여야 한다. 1. 제138조 제1항 제1호 사목에 따른 회원에 대한 감사 2. 제138조 제1항 제1호 다목에 따른 사업과 그 부대사업 3. 제142조에 따른 중앙회의 지도 4. 제138조 제1항 제1호 자목에 따른 사업과 대외활동 5. 제138조 제1항 제6호·제10호 및 제12호의 사업과 그 부대사업 6. 제4호 및 제5호의 업무에 관한 사업계획 및 자금계획의 수립 7. 그 밖에 사업전담대표이사의 업무에 속하지 아니하는 업무와 총회 및 이사회에서 위임한 사항 ③ 회장이 궐위·구금되거나 「의료법」에 따른 의료기관에서 30일 이상 계속하여 입원한 경우 등 부득이한 사유로 그 직무를 수행할 수 없을 때에는 이사회가 정하는 순서에 따라 사업전담대표이사 및 이사가 그 직무를 대행한다. **제131조(사업전담대표이사의 직무)** ① 사업전담대표이사는 지도경제사업대표이사로 한다. ② 지도경제사업대표이사는 다음 각 호의 업무를 전담하여 처리하며, 그 업무에 관하여 중앙회를 대표한다. 1. 제138조 제1항 제1호 가목 및 나목, 라목부터 바목까지, 아목, 차목 및 같은 항 제2호·제4호·제5호 및 제11호의 사업 2. 제138조 제1항 제15호의 사업 중 「신협법」 제95조 제2항에 따른 사업과

	부대사업 3. 제138조 제1항 제7호부터 제9호까지, 제13호 · 제15호 및 제17호의 사업 중 같은 항 제1호 및 제2호에 관한 사업과 그 부대사업 4. 제1호부터 제3호까지의 업무에 관한 경영목표의 설정, 조직 및 인사에 관한 사항 5. 제1호부터 제3호까지의 업무에 관한 사업계획 및 예산 · 결산, 자금 조달 · 운용계획의 수립 6. 제1호부터 제3호까지의 업무의 경영공시 및 부동산등기에 관한 사항 6의2. 삭제 〈2022. 12. 27.〉 7. 총회 · 이사회 및 회장이 위임한 사항 ③ 삭제 〈2016. 5. 29.〉 ④ 사업전담대표이사는 정관으로 정하는 바에 따라 실시한 경영 상태의 평가 결과를 이사회와 총회에 보고하여야 한다. 〈개정 2016. 5. 29.〉 ⑤ 사업전담대표이사가 궐위 · 구금되거나 「의료법」에 따른 의료기관에서 30일 이상 계속하여 입원한 경우 등 부득이한 사유로 그 직무를 수행할 수 없을 때에는 정관으로 정하는 순서에 따라 이사가 그 직무를 대행한다.
산림조합법	**제101조(회장의 직무)** ① 회장은 중앙회를 대표한다. 다만, 제102조 제1항에 따라 사업대표이사가 대표하는 업무에 대하여는 그러하지 아니하다. ② 회장은 총회 · 대의원회 및 이사회의 의장이 된다. ③ 회장은 다음 각 호의 업무를 처리하되, 정관으로 정하는 바에 따라 제1호 · 제4호 · 제5호 및 제8호의 업무는 제100조에 따른 사업대표이사에게, 제2호 및 제6호의 업무는 제118조에 따른 조합감사위원회의 위원장에게 위임하여 전결처리하게 하여야 한다. 1. 제108조 제1항 제1호 가목부터 사목, 차목 및 카목에 따른 사업과 그 부대사업 2. 제108조 제1항 제1호 아목에 따른 회원에 대한 감사 및 그 부대사업 3. 제108조 제1항 제1호 자목에 따른 사업과 대외활동 4. 제108조 제1항 제7호 · 제8호 · 제10호 및 같은 조 제2항의 사업 중 제1호에 관한 사업 5. 제1호 및 제4호의 업무에 관한 경영목표, 사업계획 및 자금계획의 수립 6. 제2호의 업무에 관한 경영목표, 사업계획 및 자금계획의 수립 7. 제3호의 업무에 관한 사업계획 및 자금계획의 수립 8. 제117조에 따른 중앙회의 지도 9. 총회 및 이사회에서 위임한 사항 10. 그 밖에 사업대표이사의 업무에 속하지 아니하는 업무 ④ 회장이 궐위 · 구금되거나 「의료법」에 따른 의료기관에 30일 이상 계속하여 입원한 경우 등의 사유로 직무를 수행할 수 없을 때에는 사업대표이사가 회장의 직무를 대행한다. **제102조(사업대표이사의 직무)** ① 사업대표이사는 다음 각 호의 업무를 전담하여 처리하며 그 업무에 관하여 중앙회를 대표한다. 1. 제108조 제1항 제2호부터 제6호까지, 제6호의2부터 제6호의4까지의 사업 및 그 부대사업 2. 제108조 제1항 제7호 · 제8호 · 제10호 및 같은 조 제2항의 사업 중 제1호에 관한 사업과 그 부대사업

	3. 제1호 및 제2호의 업무에 관한 경영목표 설정 4. 제1호 및 제2호의 업무에 관한 사업계획 및 자금조달·운영계획 수립 5. 총회·이사회 및 회장이 위임한 사항 ② 사업대표이사가 제101조 제4항에 따른 사유로 그 직무를 수행할 수 없을 때에는 정관으로 정하는 순서에 따른 이사가 그 직무를 대행한다. ③ 제1항에 따른 사업대표이사의 원활한 업무집행을 지원하기 위하여 조합장 대표로 구성되는 조합장대표자회의를 둘 수 있다. ④ 제3항에 따른 조합장대표자회의의 구성 및 운영 등에 필요한 사항은 정관으로 정한다.

第73조(직원)

第73조(직원) ① 직원은 중앙회장이 임면한다. 다만, 제72조 제2항에 따른 신용·공제사업 대표이사의 소관 업무에 종사하는 직원의 임면은 정관에서 정하는 바에 따라 신용·공제사업 대표이사와의 협의를 거쳐 중앙회장이 한다. 〈개정 2025. 1. 21.〉

② 중앙회의 직원에 대해서는 제30조의2를 준용한다.

[전문개정 2015. 1. 21.]

Ⅰ. 조문의 취지와 의의

법 제73조 제1항은 원칙적으로 직원의 임면권한은 중앙회의 대표인 회장에게 있음을 명확히 하되, 신용·공제사업 대표이사가 소관 업무에 종사하는 직원의 임면에 관한 협의권을 가지도록 하여 신용·공제사업대표이사의 효율적 업무수행을 보장하면서 동시에 회장의 견제권도 담보하도록 하였다.[65] 법 제73조 제2항은 2025년 1월 신협법의 개정으로 신설된 조항으로 중앙회 직원에 대해 수뢰 등의 금지를 규정한 법 제30조의2를 준용하게 하여, 중앙회 직원이 직무와 관련하여 증여나 그 밖의 수뢰의 요구, 취득 또는 이에 관한 약속을 하는 행위, 횡령 또는 배임 등의 행위를 하지 못하도록 규율하고 있다(수뢰 등 금지의 상세한 내용에 대해서는 법 제30조의2 부분 참고).

Ⅱ. 조문의 내용 및 해설

1. 임면권

본 조에서 중앙회의 직원은 원칙적으로 회장이 임면하도록 하여(법 제73조 전단, 중앙회 정관 제42조 제3항), 직원임면의 주체를 회장으로 명확히 규정하고 있다. 중앙회의 직원임면에 관한 권한을 회장에게 전속시키고 있으므로 채용 등 각종 임면에 관한 사항은 법령 및 내규 등의 범위 내에서 회장의 재량으로

65) 박영재, 앞의 논문, 50-51면.

정할 수 있다.

2. 신용 · 공제사업대표이사의 협의권

법 제72조 제2항[66]에 따른 신용 · 공제사업대표이사의 소관 업무에 종사하는 직원의 임면은 정관에서 정하는 바에 따라 신용 · 공제사업 대표이사와의 협의를 거쳐 중앙회장이 한다(법 제73조 제1항 후단). 타 상호금융업법(농협법, 수협법, 산림조합법, 새마을금고법)의 경우 직원의 임면권한은 회장에게 부여하고 소관사업대표이사의 업무수행을 보좌하기 위한 집행간부 임면과 소관사업 소속 직원의 승진 · 전보 등의 권한은 소관사업대표에게 부여하되 소관사업의 직원의 임면에 관하여 별도의 협의권을 주지 않은 것과 차이가 있으며, 상호금융업법별로 중앙회의 직원의 임면 등에 관한 구체적인 권한은 아래와 같다.

---

66) 법 제72조(임원의 직무와 임기 등) ① (생략)
② 신용 · 공제사업 대표이사는 다음 각 호의 업무를 전담하여 처리하며, 그 업무에 관하여 중앙회를 대표한다.
1. 제78조 제1항 제5호 및 제6호의 사업과 같은 항 제7호부터 제9호까지의 사업 중 신용사업 및 공제사업에 관련되는 사업과 그 부대사업
2. 제1호의 소관 업무에 관한 경영목표의 설정, 사업계획 및 자금계획의 수립

법 제78조(사업의 종류 등) ① 중앙회는 그 목적을 달성하기 위하여 다음 각 호의 사업을 한다.
(제1호부터 제4호까지 생략)
5. 신용사업
가. 조합으로부터 예치된 여유자금 및 상환준비금 등의 운용
나. 조합에 대한 자금의 대출
다. 조합 및 조합원을 위한 내국환 및 외국환 업무
라. 국가 · 공공단체 또는 금융기관의 업무 대리
마. 조합에 대한 지급보증 및 어음할인
바. 「자본시장과 금융투자업에 관한 법률」 제4조 제3항에 따른 국채증권 및 지방채증권의 인수 · 매출
사. 「전자금융거래법」에서 정하는 직불전자지급수단의 발행 · 관리 및 대금의 결제
아. 「전자금융거래법」에서 정하는 선불전자지급수단의 발행 · 관리 · 판매 및 대금의 결제
6. 조합 및 조합원을 위한 공제사업
7. 국가 또는 공공단체가 위탁하거나 보조하는 사업
8. 제1호부터 제7호까지의 사업에 부대하는 사업
9. 그 밖에 목적 달성에 필요한 사업

〈표〉 직원 임면 등에 관한 권한 비교

구분		농협법	수협법	산림조합법	새마을금고법	신협법
일반직원		중앙회장	중앙회장	중앙회장	중앙회장	중앙회장
소관 사업 직원 (집행간부 제외)	임면	중앙회장	중앙회장	중앙회장	중앙회장	중앙회장 (사업대표이사와 협의)
	승진/전보	소관 사업 대표이사	소관 사업 대표이사	소관 사업 대표이사	소관 대표이사 또는 금고 감독위원장	중앙회장

3. 인사위원회

(1) 설치 및 구성

중앙회는 정관 제32조의3[67] 제1항 및 인사규정 제63조[68]에 따라 직원의 임용에 관한 주요사항을 심의하기 위하여 인사위원회를 설치한다. 인사위원회는 회장, 신용·공제사업대표이사, 검사·감독이사 및 회장이 이사 중에서 위촉한 4인으로 구성한다(인사규정 제64조 제1항). 위원회의 위원장은 중앙회장을 당연직으로 하며, 위원장이 사고로 인하여 그 직무를 수행할 수 없을 때에는 위원장이 미리 정한 순서에 따라 그 직무를 대행한다(인사규정 제64조 제2항).

(2) 기 능

인사위원회의 기능에는 i) 지역본부장, 중앙본부 팀장이상 직원의 승진 및 전보에 관한 사항 심의, ii) 직원의 징계에 관한 사항 의결, iii) 기타 회장이 필요하다고 인정하는 사항 심의가 있다(인사규정 제65조).

---

67) 중앙회 정관 제32조의3(업무의 조정) ① 중앙회의 사업계획·예산, 직원의 임면 등 중요한 사항의 조정을 위하여 위원회를 설치한다.
② 제1항의 위원회에 관한 사항은 규정으로 정한다.

68) 인사규정 제63조(인사위원회의 설치) 직원의 임용에 관한 주요사항을 심의하기 위하여 인사위원회를 둔다.

(3) 소집 및 결의방법

인사위원회는 위원장이 필요에 따라 수시로 소집하며(인사규정 제66조 제1항), 재적위원 과반수의 출석으로 개의하고 출석위원 과반수의 찬성으로 의결한다(인사규정 제66조 제2항). 위원장은 의결에 있어서 표결권을 가지며, 가부동수인 경우에는 결정권을 갖는다(인사규정 제66조 제3항). 위원회의 심의는 비공개로 하며, 참석한 자는 직무상 알게 된 비밀을 누설하여서는 안 된다(인사규정 제66조 제4항).

4. 직원의 임용

(1) 의의 및 원칙

인사규정 제4조 제1호에 의하면, 중앙회 직원의 임용은 "신규채용, 승진, 승급, 전보, 파견, 휴직, 대기, 복직, 징계, 면직, 표창 등 모든 인사"를 의미한다. 직원의 임용은 고시성적, 전형, 인사고과, 적성, 기타 능력의 실증에 의하여 행한다(인사규정 제6조).

(2) 결격사유

중앙회의 직원에 임용될 수 없는 사유는 ⅰ) 피성년후견인 또는 피한정후견인, ⅱ) 파산자로서 복권되지 아니한 자, ⅲ) 금고 이상의 형을 받고 그 집행이 종료되거나 집행을 받지 아니하기로 확정된 후 3년을 경과하지 아니한 자, ⅳ) 금고 이상의 형을 받고 그 집행유예의 기간이 완료한 날로부터 2년을 경과하지 아니한 자, ⅴ) 금고 이상의 형의 선고유예를 받고 그 기간 중에 있는 자(교통사고로 인한 경우 제외), ⅵ) 법원의 판결 또는 다른 법률에 의하여 자격이 상실 또는 정지된 자, ⅶ) 징계면직 처분을 받은 때로부터 3년을 경과하지 아니한 자, ⅷ) 병역의무를 기피 중인 자, ⅸ) 법 또는 법 시행령에서 정하는 금융관련법령에 의하여 해임 또는 징계면직 된 후 5년을 경과하지 아니한 자, ⅹ) 법 또는 법 시행령에서 정하는 금융관련법령에 의하여 영업의 허가·인가 또는 등록이 취소된 법인 또는 회사의 임·직원이었던 자(그 취소사유의 발생에 관하여 직접 또는 이에 상응하는 책임이 있는 자로서 법 시행령에서 정하는 자에 한한다)로서 당해 법인 또는 회사에 대한 취소가 있은 날부터 5년이 경과되지 아니한 자, xi) i) ~ x)의 사항 이외 전직 중 불미한 행위가 있거나 기타 직원으로서 부당하다고 인정되는 자(인사규정 제8조)로 정하고 있다.

(3) 면직 및 징계

직원의 면직은 자연면직, 의원면직, 정년면직, 징계면직으로 구분된다(인사규정 제24조). 그 중 징계면직은 징계처분으로 면직이 결정되었어야 하며(인사규정 제28조), 직원이 법, 관계법령, 정관 및 관계규정 등의 징계사유에 해당되는 때에는 「징계 및 변상지침」에 의하여 징계한다(인사규정 제57조). 직원의 징계의결은 인사위원회가 하며(인사규정 제58조 제1항), 인사위원회의 원징계에 대한 재심처리는 이사회에서 행한다(인사규정 제58조 제2항).

Ⅲ. 관련 법령

법률	조문
새마을 금고법	**제66조(직원의 임면 등)** ① 직원은 회장이 임면한다. 다만, 제65조의2제1항부터 제4항까지에 따른 신용공제대표이사, 지도이사, 전무이사 또는 금고감독위원장에게 소속된 직원의 승진·전보 및 인사 교류에 관한 권한은 정관으로 정하는 바에 따라 각각 신용공제대표이사, 지도이사, 전무이사 또는 금고감독위원장이 행사한다. ② 직원의 자격 등에 필요한 사항은 정관으로 정한다.
농업 협동조합법	**제131조(집행간부 및 직원의 임면 등)** ① 중앙회에 사업전담대표이사등의 업무를 보좌하기 위하여 집행간부를 두되, 그 명칭·직무 등에 관한 사항은 정관으로 정한다. ② 집행간부의 임기는 2년으로 한다. ③ 제127조 제3항 및 제4항에 규정된 업무를 보좌하기 위한 집행간부는 소관사업부문별로 사업전담대표이사등이 각각 임면한다. ④ 직원은 회장이 임면하되, 제127조 제3항 및 제4항에 따른 사업전담대표이사등과 같은 조 제6항에 따른 조합감사위원회의 위원장에게 소속된 직원의 승진·전보 및 인사 교류에 관한 사항은 정관으로 정하는 바에 따라 각 사업전담대표이사등과 조합감사위원회의 위원장이 수행한다. ⑤ 집행간부와 일반간부직원에 관하여는 「상법」 제11조 제1항·제3항, 제12조, 제13조 및 제17조와 「상업등기법」 제23조 제1항, 제50조 및 제51조를 준용한다.

	⑥ 회장, 사업전담대표이사등, 조합감사위원회의 위원장 및 농협경제지주회사등의 대표자는 각각 이사, 집행간부 또는 직원 중에서 중앙회 또는 농협경제지주회사등의 업무에 관한 일체의 재판상 또는 재판 외의 행위를 할 권한 있는 대리인을 선임할 수 있다.
수산업 협동조합법	**제136조(집행간부 및 직원의 임면 등)** ① 중앙회에 사업전담대표이사의 업무를 보좌하기 위하여 집행간부를 두되, 그 명칭, 임기 및 직무 등에 관한 사항은 정관으로 정한다. ② 제1항에 따른 집행간부는 사업전담대표이사가 임면한다. ③ 직원(집행간부는 제외한다)은 회장이 임면하되, 사업전담대표이사 소속 직원의 승진, 전보 등은 정관으로 정하는 바에 따라 사업전담대표이사가 수행한다. ④ 회장과 사업전담대표이사는 집행간부 또는 직원 중에서 중앙회의 업무에 관한 재판상 또는 재판 외의 모든 행위를 할 권한을 가지는 대리인을 선임할 수 있다. ⑤ 집행간부 및 일반간부직원에 대해서는 「상법」 제10조, 제11조 제1항·제3항, 제12조, 제13조 및 제17조와 「상업등기법」 제23조 제1항, 제50조 및 제51조를 준용한다.
산림조합법	**제105조(집행간부와 직원의 임면)** ① 중앙회에 사업대표이사의 업무를 보좌하기 위하여 집행간부를 두되, 그 명칭·직무 및 임기 등에 관한 사항은 정관으로 정한다. ② 제1항에 따른 집행간부는 사업대표이사가 임면한다. ③ 직원(집행간부는 제외한다)은 회장이 임면하되, 사업대표이사 소속 직원의 승진, 전보 등은 정관으로 정하는 바에 따라 사업대표이사가 수행한다. ④ 집행간부 및 일반간부직원에 관하여는 「상법」 제10조, 제11조 제1항·제3항, 제12조, 제13조 및 제17조와 「상업등기법」 제23조 제1항, 제50조 및 제51조를 준용한다.

제74조(이사회), 제75조(이사회 결의사항)

제74조(이사회) ① 중앙회에 이사회를 둔다.

② 이사회는 이사로 구성하며, 필요할 때에 정관에서 정하는 바에 따라 중앙회장이 소집하고 그 의장이 된다.

③ 중앙회장은 5명 이상의 이사가 요구하면 지체 없이 이사회를 소집하여야 한다.

④ 중앙회는 정관에서 정하는 바에 따라 신용사업 등 전문사항을 심의하기 위하여 이사회에 3명 이상의 이사로 구성되는 위원회를 설치할 수 있다.

[전문개정 2015. 1. 20.]

제75조(이사회 결의사항) ① 다음 각 호의 사항은 이사회의 결의를 거쳐야 한다.

1. 조합의 표준정관 제정 · 변경 및 폐지
2. 조합의 표준규정 제정 · 변경 및 폐지
3. 제규정(諸規程)의 제정 · 변경 및 폐지
4. 기본재산의 취득과 처분
5. 차입금의 최고한도
6. 총회로부터 위임된 사항과 총회에 부칠 사항
7. 회장 또는 이사의 3분의 1 이상이 필요하다고 인정하는 사항
8. 법령 및 정관에 규정된 총회의 권한에 속하지 아니하는 중요 사항

② 금융위원회는 표준정관 또는 표준규정이 위법하거나 조합의 건전한 경영을 저해한다고 인정되는 경우에는 이의 시정을 요구할 수 있다. 이 경우 이사회는 요구에 따라야 한다.

③ 중앙회의 이사회에 관하여는 제34조 제3항 및 제36조 제2항 · 제3항을 준용한다.

④ 이사회는 제1항에 따라 결의된 사항에 대한 상임 임원의 업무집행을 감독하고, 필요한 사항을 이사회에 보고하도록 요구할 수 있다.

[전문개정 2015. 1. 20.]

Ⅰ. 조문의 취지와 의의

법 제74조는 중앙회 이사회의 구성과 소집 절차 등을 규정하고, 제75조는 이사회 결의사항에 대해 규정하고 있다. 이사회는 조직의 업무집행에 관한 의사결정을 위해 전원의 이사로 구성되는 필요적 상설기관이다. 이사회는 고유의 권한을 가진 독립기관으로 그 권한에 속하는 사항에 관해 총회의 지시 · 감독을 받지 않으며 총회는 이사의 선임 · 해임을 통해 간접적으로 이사회를 통제

할 수 있다.[69]

이사회는 회의체기관으로 구체적인 업무집행을 수행하기에 적당하지 않으므로 의사결정만을 하고 그 구체적인 집행은 회장, 신용·공제사업대표이사, 검사·감독이사가 분담하여 각기 독립적으로 전담하여 처리한다.[70]

Ⅱ. 조문의 내용 및 해설

1. 이사회의 설치 등

(1) 이사회의 설치 및 구성

중앙회는 이사회를 두고(법 제74조 제1항), 이사회에 조직의 업무집행에 관한 의사결정권을 부여하고 있다. 이사회는 회장, 신용·공제사업 대표이사, 검사·감독이사를 포함한 이사로 구성된다(법 제74조 제1항, 중앙회 정관 제37조 제1항).

(2) 위원회의 설치

중앙회는 신용사업 및 공제사업 등 전문사항을 심의하기 위하여 이사회 내에 전문이사를 포함한 3명 이상의 이사로 구성되는 위원회(이하 '사업위원회')를 두고 있다(법 제74조 제4항, 중앙회 정관 제45조 제4항). 사업위원회는 ⅰ) 자산분배에 관한 기본계획 및 방침에 관한 사항, ⅱ) 시행령 제19조의6 제2항 제2호[71]의 대출에 관한 중요정책 사항, ⅲ) 자금조성 및 운용에 관한 중요사항, ⅳ) 그 밖에 필요한 사항을 심의한다(중앙회 정관 제45조 제4항). 이에 따라 중앙회의 「신용사업규정」, 「여신규정」, 「자금운용규정」 등에서 사업위원회의 심의사항에 대해 구체적으로 규정하고 있다.

---

69) 이완희, 주석 상법 회사편 제3권(제6판), 한국사법행정학회, 2021, 308면.
70) 이완희, 앞의 책, 308면.
71) 시행령 제19조의6(중앙회의 대출규모 등) ① (생략)
② 법 제78조의2제2항에 따른 중앙회의 조합이 아닌 자에 대한 대출 범위는 다음 각 호의 구분에 따른 부분으로 한정한다.
1. 조합이 아닌 자가 개인인 경우: 조합이 법 제42조에 따른 동일인에 대한 대출등의 한도로 인하여 그 개인에 대하여 대출하지 못하는 부분
2. 조합이 아닌 자가 법인인 경우: 조합이 법 제42조에 따른 동일인에 대한 대출등의 한도의 100분의 50 이상을 대출한 경우로서 그 법인에 대하여 추가적으로 대출이 필요한 부분

2. 이사회의 소집 등

(1) 중앙회장의 소집

이사회는 필요할 때에 정관에서 정하는 바에 따라 회장이 소집하고 그 의장이 된다(법 제74조 제2항). 회장은 필요하다고 인정하는 때에 수시로 이사회를 소집하고(중앙회 정관 제37조 제2항), 5인 이상의 이사가 회의의 목적사항과 이유를 기재하여 서면으로 회장에게 회의소집을 요구한 경우 지체없이 이사회를 소집하여야 한다(법 제74조 제3항, 중앙회 정관 제37조 제3항).

(2) 이사회 소집의 통지

이사회 소집은 개최일 7일 전까지 그 회의의 일시, 장소, 목적사항 등을 기재하여 서면으로 각 이사에게 통지하여야 한다. 다만, 의사결정에 긴급을 필요로 하는 경우에는 그러하지 아니한다(중앙회 정관 제37조 제4항, 중앙회 이사회운영규정 제4조).

(3) 의사록 작성

이사회의 의사에 관하여는 의사의 경과 및 결과를 기재한 의사록을 작성하고, 의장과 출석한 이사가 기명날인 또는 서명한다(중앙회 정관 제38조 제4항).

3. 이사회 결의

(1) 이사회 결의사항

i) 회원의 표준정관 제정 · 변경 및 폐지, ii) 회원의 표준규정 제정 · 변경 및 폐지, iii) 제규정의 제정 · 변경 및 폐지, iv) 기본재산의 취득과 처분, v) 차입금의 최고한도, vi) 사업대표이사의 경영평가보고서의 승인, vii), 국제기구의 가입 및 동 기구 등 국제회의 대표 파견, viii) 총회로부터 위임된 사항과 총회에 부의할 사항, ix) 그 밖에 회장 또는 3분의 1 이상의 이사가 필요하다고 인정하는 중요사항은 이사회의 결의를 얻어야 한다(법 제75조 제1항, 중앙회 정

관 제38조 제1항, 중앙회 이사회운영규정 제6조).

(2) 결의방법

이사회는 이사 과반수의 출석으로 개의하고, 출석이사 과반수의 찬성으로 결의한다(법 제75조 제3항, 제36조 제2항). 의장은 의결권을 가지며 가부동수일 때에는 부결된 것으로 본다(중앙회 이사회운영규정 제5조 제2항). 표결은 거수, 기립 또는 투표의 방법에 의하여 의장이 이사회의 안건을 들어 정한다(중앙회 이사회운영규정 제13조).

(3) 일사부재의

부결된 안건은 같은 회기 중에 다시 제출하지 못한다. 각 이사로부터 번안 동의가 있을 때에는 토론 후 표결에 부쳐 출석이사 3분의 2 이상의 찬성을 얻어야 성립한다(중앙회 이사회운영규정 제10조).

(4) 의결권의 제한

가. 이사의 이해상반행위 금지

이사는 개인의 이익과 중앙회의 이익이 상반되는 사항에 대해서는 이사회의 의사에 관여할 수 없다(법 제75조 제3항, 제34조 제3항). 따라서 이사회의 결의에 관하여 특별한 이해관계가 있는 이사는 의결권을 행사하지 못한다. 다만 그 이사는 해당 사항에 관하여 의견을 진술할 수 있다(중앙회 정관 제38조 제3항).

나. 소집통지에 의한 의결권 제한

이사회는 소집통지에 의하여 미리 통지한 사항에 한하여 의결할 수 있다(중앙회 이사회운영규정 제9조 제1항 본문). 다만, 각 이사는 긴급한 사항에 관하여 긴급의안을 제출할 수 있고(중앙회 이사회운영규정 제9조 제1항 단서), 긴급의안이 제출되었을 때에는 의장은 이에 대한 가부의 여부를 각 이사에게 물어야 한다. 긴급의안은 재적이사 3분의 2 이상의 찬성이 있을 때에 의안으로 채택한다(중앙회 이사회운영규정 제9조 제3항).

(5) 의결권행사의 독립성

이사회는 이사 개개인의 능력과 고도의 신뢰관계에 기초하여 구체적인 업무집행을 결정하는 기관이므로 이사는 직접 출석하여 의결권을 행사해야 하고 그 대리행사는 허용되지 않는다. 따라서 이사가 타인에게 출석과 의결권을 위임할 수도 없다.[72)]

4. 위법한 표준정관 등의 시정요구

금융위원회는 이사회에서 정한 표준정관 또는 표준규정이 위법하거나 조합의 건전한 경영을 저해한다고 인정되는 경우에는 이의 시정을 요구할 수 있고, 이 경우 이사회는 요구에 따라야 한다(법 제75조 제2항). 중앙회 이사회에 조합의 표준정관과 표준규정의 제정 · 변경 및 폐지 권한을 부여하여 조합이 표준정관 또는 표준규정을 채택하도록 한 것은 조합이 위법 · 부당한 내용의 정관과 규정을 제 · 개정하는 것을 사전에 방지하고 전체 조합의 운영 및 업무의 건전성 및 통일성을 기하고자 함이다. 따라서 표준정관 또는 표준규정이 조합에 미치는 영향력을 고려하여, 이사회가 정한 표준정관 또는 표준규정이 위법하거나 조합의 건전한 경영을 저해한다고 인정되는 경우 금융위원회가 시정을 요구할 수 있고 이사회가 이를 따르도록 하여 견제와 균형을 기하고 있다.

5. 이사회의 권한

(1) 의사결정권

이사회는 법령 또는 정관에 의해 총회 또는 대의원회의 권한으로 되어 있는 것을 제외하고는 모든 업무집행에 관하여 중앙회의 의사를 결정한다. 여기에서 결정된 것을 구체적으로 집행하는 것은 회장 및 상임 임원(신용 · 공제사업 대표이사, 검사 · 감독 대표이사)의 임무이다.[73)] 중앙회 이사회의 권한사항으로 법 제

72) 이완희, 주석 상법 회사편 제3권(제6판), 한국사법행정학회, 2021, 321면.
73) 이승언, 앞의 책, 105면.

75조 제1항에서 정한 결의사항, 준법감시인 임면(법 제76조의3 제3항), 회비징수의 기간 유예 및 분할납부에 관한 사항(중앙회 정관 제15조 제2항), 인사추천위원회 위원 위촉(법 제71조의3 제2항) 등이 있다.

(2) 상임 임원의 업무집행 감독과 보고 의무

이사회는 이사회 결의사항에 대한 상임 임원의 업무집행을 감독하고, 필요한 사항을 이사회에 보고하도록 요구할 수 있다(법 제75조 제4항). 이사회는 업무집행에 관한 모든 결정권을 가지고 있으나 그 집행을 신용·공제사업 대표이사, 검사·감독 대표이사에게 맡기고 있으므로 이들의 업무집행을 감독할 권한을 부여한 것이다. 이사회의 감독권한은 업무집행의 적법성뿐만 아니라 업무집행에 대한 타당성 내지 합목적성의 감독에도 미친다.[74] 또한, 이사회가 상임임원에게 업무집행을 감독하는데 필요한 사항을 보고할 것을 요구할 수 있도록 하여 이사의 중앙회의 업무에 관한 정보접근권을 보장하고 있다. 이는 상임임원에게 각 소관업무에 관한 정보가 집중됨에 따른 이사회와 상임 임원 사이의 정보에 관한 비대칭을 극복하고 이사회의 감독권이 실효적으로 행사될 수 있도록 하기 위한 것이다.[75]

(3) 직원의 출석답변 요구

이사회는 필요하다고 인정하는 때에는 직원의 출석답변을 요구할 수 있으며(중앙회 정관 제38조 제5항), 의결사항을 심의함에 있어 필요한 경우 관계직원 또는 관련자를 출석시켜 의견을 청취하거나 관계사항에 대한 질문을 할 수 있다(중앙회 이사회운영규정 제8조 제2항).

74) 이승언, 앞의 책, 106면.
75) 이완희, 주석 상법 회사편 제3권(제6판), 한국사법행정학회, 2021, 350면.

Ⅲ. 관련 법령

법률	조문
새마을 금고법	제60조(이사회) ① 중앙회에 이사회를 두고, 회장이 이를 소집하며 그 의장이 된다. ② 이사회는 회장, 신용공제대표이사, 지도이사, 전무이사를 포함한 이사로 구성한다. ③ 다음 각 호의 사항은 이사회의 의결을 거쳐야 한다. 1. 규정의 제정 · 변경 또는 폐지 2. 차입금의 최고 한도 3. 총회로부터 위임된 사항과 총회에 부칠 사항 4. 정관으로 정하는 간부 직원의 임면(任免)과 보수의 결정 5. 정관으로 정하는 직원의 징계 6. 신용공제대표이사, 지도이사, 전무이사, 제61조에 따른 감사위원회를 대표하는 자(이하 "감사위원장"이라 한다) 및 제79조의2에 따른 금고감독위원회의 위원장(이하 "금고감독위원장"이라 한다)의 업무에 대한 성과평가에 관한 사항 7. 그 밖에 회장이 필요하다고 인정한 사항 ④ 중앙회에 관하여는 제17조 제3항, 제4항, 제7항 및 제8항을 준용한다.
농업 협동조합법	제125조(이사회) ① 중앙회에 이사회를 둔다. ② 이사회는 다음 각 호의 사람을 포함한 이사로 구성하되, 이사회 구성원의 2분의 1 이상은 회원인 조합의 조합장(이하 "회원조합장"이라 한다)이어야 한다. 1. 회장 2. 삭제 〈2016. 12. 27.〉 3. 삭제 〈2016. 12. 27.〉 4. 상호금융대표이사 5. 전무이사 ③ 제2항의 회원조합장인 이사의 3분의 1 이상은 품목조합의 조합장으로 한다. ④ 이사회는 다음 각 호의 사항을 의결한다. 1. 중앙회의 경영목표의 설정 2. 중앙회의 사업계획 및 자금계획의 종합조정 3. 중앙회의 조직 · 경영 및 임원에 관한 규정의 제정 · 개정 및 폐지 4. 조합에서 중앙회에 예치하는 여유자금의 하한 비율 또는 금액 5. 상호금융대표이사 및 전무이사(이하 "사업전담대표이사등"이라 한다)의 해임건의에 관한 사항 6. 제125조의5에 따른 인사추천위원회 구성에 관한 사항 7. 제125조의6에 따른 교육위원회 구성에 관한 사항 8. 중앙회의 중요한 자산의 취득 및 처분에 관한 사항 9. 중앙회 업무의 위험관리에 관한 사항 10. 제125조의5제1항에 따라 추천된 후보자(감사위원후보자는 제외한다) 선임에 관한 사항

	11. 사업전담대표이사등의 소관사업에 대한 성과평가에 관한 사항 11의2. 회원의 발전계획 수립에 관한 사항 12. 총회로부터 위임된 사항 13. 그 밖에 회장 또는 이사 3분의 1 이상이 필요하다고 인정하는 사항 ⑤ 이사회는 제4항에 따라 의결된 사항에 대하여 회장 및 사업전담대표이사등의 업무집행상황을 감독한다. ⑥ 집행간부는 이사회에 출석하여 의견을 진술할 수 있다. ⑦ 이사회의 운영에 필요한 사항은 정관으로 정한다.
수산업 협동조합법	제127조(이사회) ① 중앙회에 이사회를 두되, 회장이 그 의장이 된다. ② 이사회는 회장·사업전담대표이사를 포함한 이사로 구성하되, 이사회 구성원의 2분의 1 이상은 회원인 조합의 조합장(이하 이 장에서 "회원조합장"이라 한다)이어야 한다. ③ 이사회는 다음 각 호의 사항을 의결한다. 1. 중앙회의 경영목표 설정 2. 중앙회의 사업계획 및 자금계획의 종합 조정 3. 조직·경영 및 임원에 관한 규약의 제정·개정 및 폐지 4. 사업전담대표이사 및 상임이사의 직무와 관련한 업무의 종합 조정 및 소관 업무의 경영평가 5. 사업전담대표이사 및 상임이사의 해임요구에 관한 사항 6. 제127조의2에 따른 인사추천위원회(이하 "인사추천위원회"라 한다) 구성에 관한 사항 7. 제127조의3에 따른 교육위원회 구성에 관한 사항 8. 제144조 제1항 제1호에 따른 조합감사위원회 위원 선출 9. 삭제 〈2016. 5. 29.〉 10. 업무용 부동산의 취득 및 처분 11. 총회로부터 위임된 사항 12. 그 밖에 회장 또는 이사 5분의 1 이상이 필요하다고 인정하는 사항 ④ 회장은 이사 3명 이상 또는 제133조에 따른 감사위원회(이하 "감사위원회"라 한다)의 요구가 있을 때에는 지체 없이 이사회를 소집하여야 하고, 회장이 필요하다고 인정할 때에는 직접 이사회를 소집할 수 있다. ⑤ 이사회는 구성원 과반수의 출석으로 개의하고 출석구성원 과반수의 찬성으로 의결한다. ⑥ 집행간부는 정관으로 정하는 바에 따라 이사회에 출석하여 의견을 진술할 수 있다. ⑦ 이사회의 의사에 특별한 이해관계가 있는 이사회의 구성원은 그 이사회의 회의에 참여할 수 없다. ⑧ 이사회의 운영에 필요한 사항은 정관으로 정한다.
산림조합법	제98조(이사회) ① 중앙회에 이사회를 둔다. ② 이사회는 회장 및 사업대표이사를 포함한 이사로 구성하되, 회장 및 사업대표이사를 제외한 이사의 2분의 1 이상은 회원인 조합의 조합장(이하 "회원조합장"이라 한다)이어야 한다. ③ 이사회는 다음 각 호의 사항을 의결한다. 1. 중앙회의 경영목표 설정 2. 중앙회의 사업계획 및 자금계획의 종합조정

	3. 조직 · 경영 및 임원에 대한 규정의 제정 · 개정 및 폐지 4. 조합에서 중앙회에 예치하는 여유자금의 최저비율 또는 금액 5. 사업대표이사 소관 업무의 성과평가 및 해임건의에 관한 사항 6. 제98조의2에 따른 인사추천위원회의 구성에 관한 사항 7. 제119조 제2항 제1호에 따른 조합감사위원회 위원 선출 8. 중앙회의 중요한 자산 취득 및 처분에 관한 사항 9. 중앙회 업무의 위험관리에 관한 사항 10. 총회로부터 위임된 사항 11. 그 밖에 회장 또는 이사 3분의 1 이상이 필요하다고 인정하는 사항 ④ 이사회는 제3항에 따라 의결된 사항에 대하여 회장 및 사업대표이사의 업무집행상황을 감독한다. ⑤ 감사 및 집행간부는 이사회에 출석하여 의견을 진술할 수 있다. ⑥ 이사회의 운영에 필요한 사항은 정관으로 정한다.

제76조(감사위원회), 제76조의2(감사위원회의 임무 등)

제76조(감사위원회) ① 중앙회는 이사회에 중앙회의 업무집행 및 회계 등을 감사하기 위한 위원회(이하 "감사위원회"라 한다)를 설치하여야 한다.
② 감사위원회는 3명 이상의 이사로 구성하되, 총 위원의 3분의 2 이상을 전문이사로 구성하여야 한다.
③ 감사위원회는 그 결의로써 위원회를 대표할 사람을 선정하여야 한다.
④ 감사위원회 위원의 사임이나 사망 등의 사유로 감사위원회의 구성이 제2항에 따른 요건을 충족하지 못하게 된 경우에는 그 사유가 발생한 날 이후 최초로 소집되는 총회에서 감사위원회의 구성이 같은 항에 따른 요건을 충족하도록 하여야 한다.
[전문개정 2015. 1. 20.]

제76조의2(감사위원회의 임무 등) ① 감사위원회는 분기마다 1회 이상 감사 실시를 통보한 후 중앙회의 업무, 재산상태 및 장부·서류 등을 감사하여야 하며, 분기별 감사보고서는 이사회에 제출하고, 분기별 감사보고서를 종합한 연차감사보고서는 정기총회 또는 정기대의원회에 제출하여야 한다.
② 감사위원회에 관하여는 제26조 제2항부터 제5항까지, 제38조, 「상법」 제391조의2 제2항, 제402조, 제412조, 제412조의2, 제413조, 제413조의2, 제414조, 제447조의3, 제447조의4 및 제450조를 준용한다. 이 경우 제26조 제2항부터 제5항까지의 규정 중 "감사"는 "감사위원회의 대표자"로, 제38조 중 "이사장"은 "중앙회장 또는 신용·공제사업 대표이사"로, "감사"는 "감사위원회의 대표자"로, 「상법」 제413조의2, 제414조 및 제450조 중 "감사"는 "감사위원회의 위원"으로, 그 밖의 조항 중 "감사"는 "감사위원회"로 본다.
[전문개정 2015. 1. 20.]

Ⅰ. 조문의 취지와 의의

중앙회 감사기능의 전문성·독립성 강화를 위하여 2003년 법 개정을 통해 감사위원회 제도를 도입하고 이사회 내 위원회로서 감사위원회를 3인 이상의 이사로 구성하되 총 위원의 3분의 2 이상을 외부전문이사로 구성하도록 하였다.[76)]

1997년 외환위기 이후 감사 제도 운영 실태에 대한 반성과 당시 IBRD 등의

76) 김문희(전문위원), 신용협동조합법 개정법률안(정부 제출, 의안번호 제162097호) 검토보고서, 국회 재정경제위원회, 2003, 18면.

국제기구의 권고에 따라 1999년 상법 개정 시 감사위원회 제도가 도입되었고,[77] 2000년 1월 은행법 등 금융관계법을 개정하여 금융회사의 사외이사를 전제로 한 감사위원회 제도 도입을 의무화하였다.[78] 이후 개별 금융업권별로 지배구조에 관한 사항의 차이로 인한 금융업 간의 형평성 문제가 대두됨에 따라 지배구조에 관한 사항을 통일적이고 체계적으로 규정하고자 2015년 「금융회사의 지배구조에 관한 법률」(이하 '금융사지배구조법')이 제정되었다. 그러나 중앙회는 위 법률의 적용대상에서 제외되어 본 조항에서 중앙회의 감사위원회 설치 및 구성 등을 규율하고 있다.

감사위원회는 형식적으로 이사회 내 위원회이지만 실질적으로 독임제 감사를 대체하는 기관으로,[79] 경영진에 대한 감독 및 감시기능을 수행하고 중앙회의 내부통제제도를 관장하며 신뢰성 있는 재무정보의 제공, 외부감사의 감사과정에 적극 개입하는 역할을 수행한다.[80] 중앙회는 사외이사인 전문이사를 3분의 2 이상 두는 감사위원회 도입을 통해 이사회와 중앙회 집행부의 각종 업무를 중립적이고 객관적으로 평가하고 감독할 수 있게 되었다.[81]

Ⅱ. 조문의 내용 및 해설

1. 감사위원회의 설치 및 구성

중앙회는 이사회 내에 중앙회의 업무집행 및 회계 등을 감사하기 위하여 감사위원회를 설치하여야 한다(법 제76조 제1항). 현재 타 상호금융업법은 각 중앙회의 감사위원회를 이사회와 병렬적인 별도의 위원회로 두고 있는 것과 차이가 있다.

77) 황재호, 주석 상법 회사법(제6판), 한국사법행정학회, 2021, 936면.
78) 조은혜, 앞의 글, 79면.
79) 김홍기, 감사위원회의 독립성 확보와 감사업무의 실효성 제고 방안, 경제법연구 제21권 제2호, 2022, 43면.
80) 이창우, 감사위원회제도의 도입방향, 경영논집 제36권 제2호, 2002, 548면.
81) 조은혜, 앞의 글, 82면.

(1) 감사위원

감사위원회는 대표감사위원을 포함한 3인의 이사(이하 '감사위원')로 구성하되 이 중 2인은 전문이사[82]로 구성한다(법 제76조 제2항, 중앙회 정관 제39조 제2항). 감사위원 중 위원회를 대표하는 대표감사위원 1인은 위원회에서 호선한다(중앙회 정관 제39조 제3항, 감사위원회규정 제8조 제1항). 타 상호금융기관 중앙회도 감사위원 중 과반수를 외부전문가 중에서 선출하고 감사위원을 인사추천위원회에서 추천한 자 중에서 총회에서 선출하도록 정하고 있다는 점에서 유사하며, 구체적인 내용은 아래 표[83]와 같다.

〈상호금융기관 중앙회별 감사위원회 운영 방법 비교〉

구분	새마을금고중앙회	농협중앙회	수협중앙회	신협중앙회
인원(외부)	5명(3명)	5명(3명)	3명(2명)	3명(2명)
선출방법	인사위원회에서 추천한 자 중에서 총회(대의원회)에서 선출			
임기	3년			4년
위원구성	과반수는 외부전문가 중에서 선출			

대표감사위원의 임기는 2년으로 하되 연임할 수 있으며, 임기 중 최종의 결산에 관한 정기총회 전에 그 임기가 만료할 때에는 정기총회 종결시까지 연장된다(감사위원회규정 제8조 제2항). 감사위원의 임기에 관하여는 별도 규정이 없으므로 이사의 임기에 관한 규정(중앙회 정관 제33조)이 적용되며, 다른 임원과 함께 총회 또는 대의원회에서 일괄 선출된다(법 제71조의2 제1항). 감사위원의 사임이나 사망 등의 사유로 감사위원회의 구성이 법 제76조 제2항에 따른 요건을 충족하지 못하게 된 경우에는 그 사유가 발생한 날 이후 최초로 소집되는 총회에서 감사위원회의 구성이 같은 항에 따른 요건을 충족하도록 하여야

82) 법 제71조의2(임원의 선임 및 자격요건) ③ 신용·공제사업 대표이사, 검사·감독이사 및 조합의 임원 또는 간부직원이 아닌 이사(이하 "전문이사"라 한다)는 금융에 관한 전문지식과 경험을 갖춘 자로서 대통령령이 정하는 요건에 적합한 자중에서 선출한다.

83) 박수철(수석전문위원), 새마을금고법 일부개정법률안(정부 제출, 의안번호 제2003210호) 검토보고서, 국회 안전행정위원회, 2017. 2., 51면.

한다(법 제76조 제4항).

(2) 감사보조기구

감사위원회는 회의체기관으로서 비상설기구이므로 중앙회는 위원회의 효율적인 감사업무 수행을 위하여 감사담당부서(이하 '감사실')를 설치하고 회장은 업무 경력과 건전한 사고를 소유하여 중징계 이력이 없는 전문성 있는 직원(이하 '감사인')을 배치하여(감사위원회규정 제14조, 중앙회 정관 제39조 제8항) 감사위원과 함께 원활한 감사업무를 수행할 수 있도록 한다.

2. 총회의 소집

(1) 대표감사위원의 소집청구

대표감사위원은 감사 결과 부정한 사실이 발견되어 그 내용을 총회에 신속히 보고할 필요가 있을 때에는 회의의 목적과 소집 이유를 적은 서면을 제출하여 총회의 소집을 중앙회장에게 청구할 수 있다. 중앙회장은 대표감사위원의 청구를 받으면 15일 이내에 총회를 개최하여야 한다(법 제76조의2 제2항, 제26조[84] 제2항 및 제3항).

(2) 대표감사위원의 총회소집

① 총회를 소집할 자가 없거나 ② 중앙회장이 정당한 이유 없이 ⅰ) 정관

---

84) 법 제26조(총회의 소집 청구) ① 조합원은 조합원 5분의 1 이상의 동의를 받아 회의의 목적과 소집 이유를 적은 서면을 제출하여 총회의 소집을 이사장에게 청구할 수 있다.
② 감사는 제37조에 따른 감사 결과 부정한 사실이 발견되어 그 내용을 총회에 신속히 보고할 필요가 있을 때에는 회의의 목적과 소집 이유를 적은 서면을 제출하여 총회의 소집을 이사장에게 청구할 수 있다.
③ 이사장은 제1항 및 제2항에 따른 청구를 받으면 15일 이내에 총회를 개최하여야 한다.
④ 총회를 소집할 자가 없거나 제3항의 기간 이내에 정당한 이유 없이 이사장이 총회를 개최하지 아니한 경우에는 감사가 지체 없이 총회를 소집하여야 한다. 이 경우 감사가 의장의 직무를 대행한다.
⑤ 제1항에 따라 조합원이 총회의 소집을 청구한 경우로서 감사가 제4항에 따라 총회를 소집하지 아니한 경우에는 제1항에 따라 총회의 소집을 청구한 조합원의 대표가 총회를 소집한다. 이 경우 그 조합원의 대표가 의장의 직무를 대행한다.
⑥ 제4항 및 제5항에 따라 총회를 소집하는 경우에는 미리 중앙회장에게 보고하여야 한다.

제19조 제1항 제2호에 의한 회원 5분의 1 이상이 회의의 목적과 소집이유를 기재한 서면을 회장에게 제출한 소집청구 및 ii) 법 제76조의2 제2항, 법 제26조 제3항에 의한 대표감사위원의 총회소집청구에 대하여 15일 이내에 총회를 개최하지 아니한 경우에는 대표감사위원이 지체없이 총회를 소집하여야 한다(법 제76조의2 제2항, 제26조 제4항, 중앙회 정관 제20조 제1항). 이 경우 대표감사위원이 의장의 직무를 대행한다(법 제76조의2 제2항, 제26조 제4항, 중앙회 정관 제20조 제2항).

(3) 회원대표의 총회소집

회원이 총회의 소집을 청구한 경우로서 대표감사위원이 총회를 소집하지 아니한 경우에는 총회의 소집을 청구한 회원의 대표가 총회를 소집한다. 이 경우 그 회원의 대표가 의장의 직무를 대행한다(법 제76조의2 제2항, 제26조 제5항). 대표감사위원이 정관 제20조의 규정에 따른 총회를 소집하지 아니할 때에는 회원 5분의 1 이상의 동의를 얻은 회원 대표가 총회를 소집하고, 이 경우 회원 대표가 의장의 직무를 대행한다(중앙회 정관 제21조).

3. 감사위원회의 의무

(1) 감사보고서 제출의무

가. 분기별 감사보고서 및 연차감사보고서

감사위원회는 매 분기마다 1회 이상 감사실시를 통보한 후 중앙회의 업무, 재산상태 및 장부·서류 등을 감사하여야 하며, 분기별 감사보고서는 이사회에 제출하고, 분기별 감사보고서를 종합한 연차감사보고서는 정기총회 또는 정기대의원회에 제출하여야 한다(법 제76조의2 제1항, 중앙회 정관 제39조 제5항). 감사실시 통보 및 감사보고서 제출은 감사위원 과반수가 공동으로 하여야 한다. 다만, 감사보고서 제출에 있어서 감사위원의 의견이 일치하지 않는 경우에는 각각 그 의견을 제출할 수 있다(중앙회 정관 제39조 제6항, 감사위원회규정 제32조).

나. 재무제표 등에 관한 감사보고서

이사는 정기총회회일의 6주간 전에 상법 제447조(재무제표) 및 동법 제447조의2(영업보고서)의 서류를 감사위원회에 제출하여야 하며(법 제76조의2 제2항, 상법 제447조의3), 감사위원회는 상법 제447조의3의 서류(재무제표, 영업보고서)를 받은 날부터 4주 내에 감사보고서를 이사에게 제출하여야 한다(법 제76조의2 제2항, 상법 제447조의4[85] 제1항).

감사보고서에는 i) 감사방법의 개요(제1호), ii) 회계장부에 기재될 사항이 기재되지 아니하거나 부실기재된 경우 또는 대차대조표나 손익계산서의 기재 내용이 회계장부와 맞지 아니하는 경우에는 그 뜻(제2호), iii) 대차대조표 또는 손익계산서가 법령과 정관에 따라 회사의 재무상태와 경영성과를 적정하게 표시하고 있는 경우에는 그 뜻(제3호), iv) 대차대조표 또는 손익계산서가 법령이나 정관을 위반하여 회사의 재무상태와 경영성과를 적정하게 표시하지 아니하는 경우에는 그 뜻과 이유(제4호), v) 대차대조표 또는 손익계산서의 작성에 관한 회계방침의 변경이 타당한지 여부와 그 이유(제5호), vi) 영업보고서가 법

85) **상법 제447조의4(감사보고서)** ① 감사는 제447조의3의 서류를 받은 날부터 4주 내에 감사보고서를 이사에게 제출하여야 한다.
② 제1항의 감사보고서에는 다음 각 호의 사항을 적어야 한다.
1. 감사방법의 개요
2. 회계장부에 기재될 사항이 기재되지 아니하거나 부실기재된 경우 또는 대차대조표나 손익계산서의 기재 내용이 회계장부와 맞지 아니하는 경우에는 그 뜻
3. 대차대조표 및 손익계산서가 법령과 정관에 따라 회사의 재무상태와 경영성과를 적정하게 표시하고 있는 경우에는 그 뜻
4. 대차대조표 또는 손익계산서가 법령이나 정관을 위반하여 회사의 재무상태와 경영성과를 적정하게 표시하지 아니하는 경우에는 그 뜻과 이유
5. 대차대조표 또는 손익계산서의 작성에 관한 회계방침의 변경이 타당한지 여부와 그 이유
6. 영업보고서가 법령과 정관에 따라 회사의 상황을 적정하게 표시하고 있는지 여부
7. 이익잉여금의 처분 또는 결손금의 처리가 법령 또는 정관에 맞는지 여부
8. 이익잉여금의 처분 또는 결손금의 처리가 회사의 재무상태나 그 밖의 사정에 비추어 현저하게 부당한 경우에는 그 뜻
9. 제447조의 부속명세서에 기재할 사항이 기재되지 아니하거나 부실기재된 경우 또는 회계장부·대차대조표·손익계산서나 영업보고서의 기재 내용과 맞지 아니하게 기재된 경우에는 그 뜻
10. 이사의 직무수행에 관하여 부정한 행위 또는 법령이나 정관의 규정을 위반하는 중대한 사실이 있는 경우에는 그 사실
③ 감사가 감사를 하기 위하여 필요한 조사를 할 수 없었던 경우에는 감사보고서에 그 뜻과 이유를 적어야 한다.

령과 정관에 따라 회사의 상황을 적정하게 표시하고 있는지 여부(제6호), vii) 이익잉여금의 처분 또는 결손금의 처리가 법령 또는 정관에 맞는지 여부(제7호), viii) 이익잉여금의 처분 또는 결손금의 처리가 회사의 재무상태나 그 밖의 사정에 비추어 현저하게 부당한 경우에는 그 뜻(제8호), ix) 상법 제447조의 부속명세서에 기재할 사항이 기재되지 아니하거나 부실기재된 경우 또는 회계장부·대차대조표·손익계산서나 영업보고서의 기재 내용과 맞지 아니하게 기재된 경우에는 그 뜻(제9호), x) 이사의 직무수행에 관하여 부정한 행위 또는 법령이나 정관의 규정을 위반하는 중대한 사실이 있는 경우에는 그 사실(제10호)을 적어야 한다(법 제76조의2 제2항, 상법 제447조의4 제2항).

감사위원회가 감사를 하기 위하여 필요한 조사를 할 수 없었던 경우에는 감사보고서에 그 뜻과 이유를 적어야 한다(법 제76조의2 제2항, 상법 제447조의4 제3항).

(2) 이사회 보고의무

감사위원회는 이사가 법령 또는 정관에 위반한 행위를 하거나 그 행위를 할 염려가 있다고 인정한 때에는 즉시 이사회의 소집을 요구하고 이를 보고하여야 한다(법 제76조의2 제2항, 상법 제391조의2[86] 제2항, 감사위원회규정 제33조 제2항).

(3) 총회에서의 의견진술

감사위원회는 이사가 총회에 제출할 의안 및 서류를 조사하여 법령 또는 정관에 위반하거나 현저하게 부당한 사항이 있는지의 여부에 관하여 총회에 그 의견을 진술하여야 한다(법 제76조의2 제2항, 상법 제413조[87]).

---

86) 상법 제391조의2(감사의 이사회출석·의견진술권) ① 감사는 이사회에 출석하여 의견을 진술할 수 있다.
② 감사는 이사가 법령 또는 정관에 위반한 행위를 하거나 그 행위를 할 염려가 있다고 인정한 때에는 이사회에 이를 보고하여야 한다.

87) 상법 제413조(조사·보고의 의무) 감사는 이사가 주주총회에 제출할 의안 및 서류를 조사하여 법령 또는 정관에 위반하거나 현저하게 부당한 사항이 있는지의 여부에 관하여 주주총회에 그 의견을 진술하여야 한다.

(4) 감사록의 작성

감사위원은 감사에 관하여 감사록을 작성하여야 한다. 감사록에는 감사의 실시요령과 그 결과를 기재하고 감사를 실시한 감사위원은 기명날인 또는 서명하여야 한다(법 제76조의2 제2항, 상법 제413조의2[88]).

4. 감사위원회의 직무와 권한

(1) 대표감사위원의 대표권

중앙회가 회장 및 신용·공제사업 대표이사와의 소송, 계약 등의 법률행위를 하는 때에는 대표감사위원이 중앙회를 대표한다(법 제76조의2 제2항, 제38조[89]).

(2) 유지청구권

이사가 법령 또는 정관에 위반한 행위를 하여 이로 인하여 회사에 회복할 수 없는 손해가 생길 염려가 있는 경우에는 감사위원회는 중앙회를 위하여 이사에 대하여 그 행위를 유지할 것을 청구할 수 있다(법 제76조의2 제2항, 상법 제402조[90]). 감사위원회는 이사의 위법행위에 대한 유지청구에 관한 사항을 심의·의결한다(감사위원회규정 제11조 제3호).

(3) 직무와 보고요구, 조사의 권한

감사위원회는 이사의 직무 집행을 감사한다. 감사위원회는 언제든지 이사에 대하여 영업에 관한 보고를 요구하거나 회사의 업무와 재산상태를 조사할 수 있다. 감사위원회는 중앙회의 비용으로 전문가의 도움을 구할 수 있다(법 제76

88) 상법 제413조의2(감사록의 작성) ① 감사는 감사에 관하여 감사록을 작성하여야 한다.
② 감사록에는 감사의 실시요령과 그 결과를 기재하고 감사를 실시한 감사가 기명날인 또는 서명하여야 한다.

89) 법 제38조(감사의 대표권) 조합이 이사장과의 소송, 계약 등의 법률행위를 하는 경우에는 감사가 조합을 대표한다.

90) 상법 제402조(유지청구권) 이사가 법령 또는 정관에 위반한 행위를 하여 이로 인하여 회사에 회복할 수 없는 손해가 생길 염려가 있는 경우에는 감사 또는 발행주식의 총수의 100분의 1 이상에 해당하는 주식을 가진 주주는 회사를 위하여 이사에 대하여 그 행위를 유지할 것을 청구할 수 있다.

조의2 제2항, 상법 제412조[91]).

(4) 보고 수령권

이사는 중앙회에 현저하게 손해를 미칠 염려가 있는 사실을 발견한 때에는 즉시 감사위원회에 이를 보고하여야 한다(법 제76조의2 제2항, 상법 제412조의2[92]).

(5) 재무제표 등의 수령

이사는 정기총회회일의 6주간 전에 상법 제447조(재무제표) 및 동법 제447조의2(영업보고서)의 서류를 감사위원회에 제출하여야 한다(법 제76조의2 제2항, 상법 제447조의3[93]). 감사위원은 언제든지 회계장부와 서류를 열람하거나 사본을 요구할 수 있다(정관 제39조 제7항).

4. 감사위원회의 책임

(1) 중앙회와 제3자에 대한 책임

감사위원이 그 임무를 해태한 때에는 그 감사위원은 중앙회에 대하여 연대하여 손해를 배상할 책임이 있다(법 제76조의2 제2항, 상법 제414조[94] 제1항). 감사위원이 악의 또는 중대한 과실로 인하여 그 임무를 해태한 때에는 그 감사위원은 제3자에 대하여 연대하여 손해를 배상할 책임이 있다(법 제76조의2 제2항, 상법 제414조 제2항).

---

91) 상법 제412조(감사의 직무와 보고요구, 조사의 권한) ① 감사는 이사의 직무의 집행을 감사한다.
② 감사는 언제든지 이사에 대하여 영업에 관한 보고를 요구하거나 회사의 업무와 재산상태를 조사할 수 있다.
③ 감사는 회사의 비용으로 전문가의 도움을 구할 수 있다.

92) 상법 제412조의2(이사의 보고의무) 이사는 회사에 현저하게 손해를 미칠 염려가 있는 사실을 발견한 때에는 즉시 감사에게 이를 보고하여야 한다.

93) 상법 제447조의3(재무제표등의 제출) 이사는 정기총회회일의 6주간전에 제447조 및 제447조의2의 서류를 감사에게 제출하여야 한다.

94) 상법 제414조(감사의 책임) ① 감사가 그 임무를 해태한 때에는 그 감사는 회사에 대하여 연대하여 손해를 배상할 책임이 있다.
② 감사가 악의 또는 중대한 과실로 인하여 그 임무를 해태한 때에는 그 감사는 제3자에 대하여 연대하여 손해를 배상할 책임이 있다.
③ 감사가 회사 또는 제3자에 대하여 손해를 배상할 책임이 있는 경우에 이사도 그 책임이 있는 때에는 그 감사와 이사는 연대하여 배상할 책임이 있다.

(2) 이사와 연대 책임

감사위원이 중앙회 또는 제3자에 대하여 손해를 배상할 책임이 있는 경우에 이사도 그 책임이 있는 때에는 그 감사위원과 이사는 연대하여 배상할 책임이 있다(법 제76조의2 제2항, 상법 제414조 제3항).

(3) 감사위원회에 대한 구상권 행사

감사위원회에 대한 구상권의 행사는 중앙회장이, 감사위원을 포함한 임원 전원에 대하여는 회원 10분의 1 이상의 동의를 얻은 회원대표가 이를 행한다(중앙회 정관 제36조 제5항).

(4) 감사위원의 책임 해제

정기총회에서 재무제표 등의 승인을 한 후 2년 내에 다른 결의가 없으면 중앙회는 이사와 감사위원의 책임을 해제한 것으로 본다. 그러나 이사 또는 감사위원의 부정행위에 대하여는 그러하지 아니 한다(법 제76조의2 제2항, 상법 제450조[95]).

Ⅲ. 관련 법령

법률	조문
금융회사의 지배구조에 관한 법률	제19조(감사위원회의 구성 및 감사위원의 선임 등) ① 감사위원회는 3명 이상의 이사로 구성한다. 이 경우 감사위원회 위원(이하 "감사위원"이라 한다) 중 1명 이상은 대통령령으로 정하는 회계 또는 재무 전문가이어야 한다. ② 제16조 제4항에도 불구하고 사외이사가 감사위원의 3분의 2이상이어야 한다. ③ 금융회사는 감사위원의 사임ㆍ사망 등의 사유로 감사위원의 수가 제1항 및 제2항에 따른 감사위원회의 구성요건에 미치지 못하게 된 경우에는 그 사유가 발생한 후 최초로 소집되는 주주총회에서 제1항 및 제2항에 따른 요건을 충족하도록 조치하여야 한다. ④ 감사위원 후보는 제16조 제1항 제1호에 따른 임원후보추천위원회에서 추

95) 상법 제450조(이사, 감사의 책임해제) 정기총회에서 전조 제1항의 승인을 한 후 2년 내에 다른 결의가 없으면 회사는 이사와 감사의 책임을 해제한 것으로 본다. 그러나 이사 또는 감사의 부정행위에 대하여는 그러하지 아니하다.

	천한다. 이 경우 위원 총수의 3분의 2 이상의 찬성으로 의결한다. ⑤ 금융회사는 감사위원이 되는 사외이사 1명 이상에 대해서는 다른 이사와 분리하여 선임하여야 한다. ⑥ 감사위원을 선임하거나 해임하는 권한은 주주총회에 있다. 이 경우 감사위원이 되는 이사의 선임에 관하여는 감사 선임 시 의결권 행사의 제한에 관한 「상법」 제409조 제2항 및 제3항을 준용한다. ⑦ 최대주주, 최대주주의 특수관계인, 그 밖에 대통령령으로 정하는 자가 소유하는 금융회사의 의결권 있는 주식의 합계가 그 금융회사의 의결권 없는 주식을 제외한 발행주식 총수의 100분의 3을 초과하는 경우 그 주주는 100분의 3을 초과하는 주식에 관하여 감사위원이 되는 이사를 선임하거나 해임할 때에는 의결권을 행사하지 못한다. 다만, 금융회사는 정관으로 100분의 3보다 낮은 비율을 정할 수 있다. ⑧ 자산규모 등을 고려하여 대통령령으로 정하는 금융회사는 회사에 상근하면서 감사업무를 수행하는 감사(이하 "상근감사"라 한다)를 1명 이상 두어야 한다. 다만 이 법에 따른 감사위원회를 설치한 경우(감사위원회 설치 의무가 없는 금융회사가 이 조의 요건을 갖춘 감사위원회를 설치한 경우를 포함한다)에는 상근감사를 둘 수 없다. ⑨ 상근감사를 선임하는 경우 감사 선임 시 의결권 행사의 제한에 관한 제7항 및 「상법」 제409조 제2항·제3항을 준용한다. ⑩ 상근감사 및 사외이사가 아닌 감사위원의 자격요건에 관하여는 제6조 제1항 및 제2항을 준용한다. 다만, 해당 금융회사의 상근감사 또는 사외이사가 아닌 감사위원으로 재임(在任) 중이거나 재임하였던 사람은 제6조 제1항 제3호에도 불구하고 상근감사 또는 사외이사가 아닌 감사위원이 될 수 있다.
새마을 금고법	제61조(감사위원회) ① 중앙회의 업무집행 및 회계 등을 감사하기 위하여 중앙회는 감사위원회(이하 "감사위원회"라 한다)를 둔다. ② 감사위원회는 감사위원장을 포함하여 5명의 감사위원으로 구성하며, 대통령령으로 정하는 요건에 적합한 외부전문가 3명이 포함되어야 한다. ③ 감사위원은 제64조의3에 따른 인사추천위원회가 추천한 사람 중에서 총회의 투표로 선출한다. ④ 감사위원이 사임 또는 사망하거나 대통령령으로 정하는 요건을 충족하지 못하는 등의 사유로 감사위원회의 구성이 제2항의 규정에 맞지 아니하게 된 경우에는 그 사유가 발생한 날 이후 최초로 소집되는 총회에서 감사위원회의 구성이 제2항의 규정에 맞도록 하여야 한다. ⑤ 감사위원장은 감사위원 중에서 호선한다. ⑥ 감사위원장과 감사위원의 임기는 3년으로 한다. ⑦ 감사위원(감사위원장을 포함한다. 이하 같다) 중 결원이 생간 경우에는 제3항에 따라 보궐 위원을 선출하여야 하며, 그 보궐 위원의 임기는 전임자의 남은 기간으로 한다. ⑧ 제1항부터 제7항까지에서 규정한 사항 외에 감사위원회의 설치 절차 등에 필요한 사항은 정관으로 정한다.
농업 협동조합법	제129조(감사위원회) ① 중앙회는 재산과 업무집행상황을 감사하기 위하여 감사위원회를 둔다. ② 감사위원회는 감사위원장을 포함한 5명의 감사위원으로 구성하되 그 임

	기는 3년으로 하며, 감사위원 중 3명은 대통령령으로 정하는 요건에 적합한 외부전문가 중에서 선출하여야 한다. 다만, 외부전문가는 조합, 중앙회 및 그 자회사(손자회사를 포함한다)에서 최근 3년 이내에 중앙회 감사위원 이외의 임직원으로 근무한 사람은 제외한다. ③ 감사위원은 인사추천위원회가 추천한 자를 대상으로 총회에서 선출한다. ④ 감사위원장은 외부전문가인 감사위원 중에서 호선한다. ⑤ 감사위원회에 관하여는 제46조 제7항부터 제9항까지 및 제47조를 준용한다. 이 경우 제46조 제7항 중 "감사"는 "감사위원회"로, "조합장"은 "회장"으로, 제46조 제8항 중 "감사"는 "감사위원"으로, "이사회"는 "이사회 또는 소이사회"로, 제46조 제9항 중 "감사"는 "감사위원회"로, 제47조 제1항 중 "조합장 또는 이사"는 "이사"로, "감사"는 "감사위원회"로, 제47조 제2항 중 "조합장 또는 이사"는 "이사"로 본다. ⑥ 감사위원회의 운영 등에 필요한 사항은 정관으로 정한다.
수산업 협동조합법	**제133조(감사위원회)** ① 중앙회는 재산과 업무집행상황을 감사하기 위하여 감사위원회를 둔다. ② 감사위원회는 감사위원장을 포함한 3명의 감사위원으로 구성하되, 그 임기는 3년으로 하며 감사위원 중 2명은 대통령령으로 정하는 요건에 적합한 외부전문가 중에서 선출하여야 한다. ③ 감사위원은 인사추천위원회가 추천한 자를 대상으로 총회에서 선출한다. ④ 감사위원장은 감사위원 중에서 호선한다. ⑤ 감사위원회에 관하여는 제48조 제2항부터 제5항까지 및 제49조를 준용한다. 이 경우 제48조 제2항 중 "감사"는 "감사위원회"로, "총회 및 중앙회 회장"은 "총회"로, 같은 조 제3항 중 "감사"는 "감사위원회"로, "자체감사 또는 중앙회 등"은 "자체감사 또는"으로, 같은 조 제4항 중 "감사"는 "감사위원"으로, 같은 조 제5항 중 "감사"는 "감사위원회"로, 제49조 제1항 중 "조합장을 포함한 이사"는 "회장을 포함한 이사"로, "감사"는 "감사위원회"로, 같은 조 제2항 중 "조합장을 포함한 이사"는 "회장을 포함한 이사"로 본다. ⑥ 감사위원회의 운영 등에 필요한 사항은 정관으로 정한다.
산림조합법	**제103조(감사위원회)** ① 중앙회는 재산과 업무집행상황을 감사하기 위하여 감사위원회를 둔다. ② 감사위원회는 감사위원장을 포함한 3명의 감사위원으로 구성하되, 그 임기는 3년으로 하며, 감사위원 중 2명은 대통령령으로 정하는 요건에 적합한 외부전문가 중에 선출하여야 한다. ③ 감사위원은 인사추천위원회가 추천한 자를 대상으로 총회에서 선출한다. ④ 감사위원장은 감사위원 중에서 호선한다. ⑤ 감사위원회에 관하여는 제36조 제5항부터 제7항까지 및 제37조를 준용한다. 이 경우 제36조 제5항부터 제7항까지 및 제37조 제1항 중 "감사"는 "감사위원회"로, 제37조 제1항 및 제2항 중 "조합"은 "중앙회"로, "조합장"은 "회장·사업대표이사"로 본다. ⑥ 감사위원회의 운영 등에 필요한 사항은 정관으로 정한다.

제76조의3(내부통제기준 등)

제76조의3(내부통제기준 등) ① 중앙회는 법령을 준수하고 자산운용을 건전하게 하기 위하여 중앙회 임직원이 직무를 수행할 때 지켜야 할 기본적인 절차와 기준(이하 "내부통제기준"이라 한다)을 정하여야 한다.

② 중앙회는 내부통제기준의 준수 여부를 점검하고 내부통제기준을 위반하는 경우 이를 조사하여 감사위원회에 보고하는 사람(이하 "준법감시인"이라 한다)을 1명 이상 두어야 한다.

③ 중앙회장은 준법감시인을 임면하려면 이사회의 결의를 거쳐야 한다.

④ 준법감시인은 다음 각 호의 요건을 충족하는 사람이어야 한다.

1. 다음 각 목의 어느 하나에 해당하는 경력이 있는 사람일 것
   가. 한국은행 또는 「금융위원회의 설치 등에 관한 법률」 제38조에 따른 검사 대상 기관(이에 상당하는 외국 금융기관을 포함한다)에서 10년 이상 근무한 경력이 있는 사람
   나. 금융 관계 분야의 석사학위 이상의 학위 소지자로서 연구기관이나 대학에서 연구원 또는 조교수 이상의 직에 5년 이상 근무한 경력이 있는 사람
   다. 변호사 또는 공인회계사의 자격을 가진 사람으로서 해당 자격과 관련된 업무에 5년 이상 종사한 경력이 있는 사람
   라. 기획재정부, 금융위원회, 증권선물위원회 또는 금융감독원에서 5년 이상 근무한 경력이 있는 사람으로서 해당 기관에서 퇴임하거나 퇴직한 후 5년이 지난 사람
2. 제28조 제1항 각 호의 어느 하나에 해당하지 아니할 것
3. 최근 5년간 금융관계법령을 위반하여 금융위원회 또는 금융감독원장으로부터 주의·경고의 요구 이상에 해당하는 조치를 받은 사실이 없을 것

⑤ 내부통제기준과 준법감시인에 관하여 필요한 사항은 대통령령으로 정한다.

[전문개정 2015. 1. 20.]

Ⅰ. 조문의 취지와 의의

법 제76조의3은 중앙회에 대한 내부통제기능을 강화하기 위하여 내부통제기준의 준수여부 등을 점검하고 이를 감사위원회에 보고하는 준법감시인 선임을 의무화하는 것을 목적으로 한다.[96)]

96) 김문희(전문위원), 신용협동조합법 개정법률안(정부제출, 의안번호 제162097호) 검토보고서, 국회 재정경제위원회, 2003, 18면.

1997년 말 IMF 외환위기를 겪으면서 금융회사에 대한 효과적인 감독체계의 중요성이 부각되었고 규제완화와 구조조정, 개방화가 진전되면서 선진국의 준법관리 제도를 도입하기 위한 분위기가 조성되었다. 이에 따라 2000년 1월 은행법 등 금융업법이 개정되어 내부통제기준의 제정 및 준법감시인의 임면 등의 근거 규정이 마련되었고,[97] 신협법을 포함하여 모두 11개의 금융업법에서 규정을 두게 되었다. 그러나 업종마다 규율하는 법률이 제각각 다르다보니 금융업법간 형평성의 문제가 대두되었고,[98] 이에 개별 금융업권별로 차이가 나는 지배구조에 관한 사항을 통일적이고 체계적으로 규율하고자 2015년 금융사지배구조법을 제정하여 이사회와 감사위원회의 기능 강화와 내부통제 및 위험관리 등에 관한 사항을 정하여 금융회사의 책임경영을 강화하였다.

금융사지배구조법은 은행, 보험, 증권, 저축은행, 여신전문금융회사, 금융지주회사 등 6개 업종의 금융회사를 포괄하고 있으나 상호금융기관 및 그 중앙회는 규율대상에서 제외되었는데, 본질적으로 주식회사와 소유 및 지배구조의 성격이 상이하고 특히 조합은 그 규모가 영세하다는 점을 고려한 것으로 보인다.[99]

다만, 중앙회는 기관구성의 형식적 측면에서 금융기업과 구조가 유사하고 자본시장에 참여하는 금융기관은 아니지만 전체 금융시장의 한 부분이라는 점에서[100] 지배구조개선을 위한 내부통제제도 도입 필요성이 요구되므로, 금융사지배구조법 적용이 배제되었음에도 여전히 본 조를 근거로 내부통제체제를 구축·강화하여 중앙회 내부 경영의 효율성과 안정성을 보장하고 더 나아가 금융시스템 전반의 건전성 보장에도 기여하도록 노력하고 있다.

---

97) 정병석, 기업의 준법관리제도 도입을 위한 시론, 상사법연구 제26권 제2호, 2007, 268면.
98) 김성균, 금융기관의 내부통제 운영에 관한 법적 소고 – 준법감시인과 내부통제기준을 중심으로, 상사판례연구 제34권 제4호, 2021, 120-121면.
99) 채희율, 상호금융 기업지배구조의 글로벌 추이와 시사점, EU학 연구 제27권 제3호, 2022, 27면.
100) 조은혜, 앞의 글, 30면.

Ⅱ. 조문의 내용 및 해설

1. 내부통제기준

(1) 의 의

내부통제는 일반적으로 "이사회 및 경영진이 경영실효성과 효율성, 재무보고의 신뢰성, 법규준수 등의 목적을 달성하기 위한 절차"[101][102]를 의미하며, 내부통제의 실효성을 확보하기 위하여 내부통제기준을 마련하여 내부 의사결정 과정에서 적법성 및 적절성이 자체적으로 점검될 수 있도록 하는 것이다.[103] 중앙회 내부통제규정 제3조 제1호는 내부통제를 "중앙회의 자산보호, 회계자료의 정확성 및 신뢰성 확보, 중앙회 자원의 효율적 이용, 중앙회의 각종 계획 및 법규의 준수를 확실하게 하기 위하여 임직원이 지속적으로 수행하여야 하는 모든 제도 및 절차"로 규정하고 있다.

(2) 제 · 개정

중앙회는 법령을 준수하고 자산운용을 건전하게 하기 위하여 중앙회 임직원이 직무를 수행할 때 지켜야할 내부통제기준을 제정하여야 한다(법 제76조의3 제1항). 내부통제기준을 제정하거나 변경하고자 하는 때에는 이사회의 결의를 거쳐야 한다(법 시행령 제19조의3 제2항).

(3) 내 용

내부통제기준에는 ⅰ) 업무의 분장 및 조직구조에 관한 사항(제1호), ⅱ) 자산의 운용 또는 업무의 수행과정에서 발생하는 위험의 관리에 관한 사항(제2

---

101) 임정하, 금융회사의 내부통제 – 금융회사의 지배구조에 관한 법률을 중심으로 –, 경제법연구 제15권 제2호, 2016, 147면.

102) COSO(Committee of Sopsoring Organizations of Treadway Commission)가 1992년 발간한 내부통제 프레임워크(Internal control-integrated framework)에 의한 내부통제 정의로, 현재 전 세계 표준적인 내부통제 개념으로 인정되고 있다(박세준, 금융회사의 지배구조에 관한 법률상 내부통제제도의 개선방안, 일감법학 제51호, 186-187면).

103) 김성균, 앞의 글, 140면.

호), ⅲ) 임·직원이 업무를 수행함에 있어서 반드시 준수하여야 하는 절차에 관한 사항(제3호), ⅳ) 경영의사의 결정에 필요한 정보가 효율적으로 전달될 수 있는 체제의 구축에 관한 사항(제4호), ⅴ) 임·직원의 내부통제기준 준수여부를 확인하는 절차·방법 및 내부통제기준을 위반한 임·직원의 처리에 관한 사항(제5호), ⅵ) 임·직원의 유가증권거래내역의 보고 등 불공정거래행위를 방지하기 위한 절차나 기준에 관한 사항(제6호), ⅶ) 내부통제기준의 제정 또는 변경절차에 관한 사항(제7호), ⅷ) 제1호 내지 제7호의 사항에 관한 구체적인 기준으로서 금융위원회가 정하는 사항을 반드시 포함하여야 한다(법 제76조의3 제5항, 시행령 제19조의3 제1항).

(4) 금융위원회의 변경 권고

금융위원회는 법 제83조 제2항[104]의 규정에 의한 금융감독원의 검사결과 법령을 위반한 사실이 드러난 경우에는 법령위반행위의 재발방지를 위하여 내부통제기준의 변경을 권고할 수 있다(법 시행령 제19조의3 제3항).

(5) 금융소비자보호에 관한 내부통제기준과의 구분

금융소비자보호법 제16조 제2항[105]에서도 법인인 금융상품판매업자등에게 소속 임직원 및 대리·중개업자의 금융상품 판매·자문 행위를 규율하기 위한 내부통제기준(이하 '금융소비자보호에 관한 내부통제기준')을 마련하도록 의무를 부과함에 따라 중앙회 및 조합도 금융소비자보호에 관한 내부통제기준을 두고 있다. 금융소비자보호에 관한 내부통제기준은 '건전한 거래질서 준수'에 중점을 두고 판매행위 관리책임에 관한 것을 규율한다는 점에서 '경영건전성 확보'를

---

104) **법 제83조(금융위원회의 감독 등)** ② 금융감독원장은 그 소속 직원으로 하여금 조합 또는 중앙회의 업무와 재산에 관하여 검사를 하게 할 수 있다.

105) **금융소비자보호법 제16조(금융상품판매업자등의 관리책임)** ① 금융상품판매업자등은 임직원 및 금융상품판매대리·중개업자(「보험업법」 제2조 제11호에 따른 보험중개사는 제외한다. 이하 이 조에서 같다)가 업무를 수행할 때 법령을 준수하고 건전한 거래질서를 해치는 일이 없도록 성실히 관리하여야 한다.

② 법인인 금융상품판매업자등으로서 대통령령으로 정하는 자는 제1항에 따른 관리업무를 이행하기 위하여 그 임직원 및 금융상품판매대리·중개업자가 직무를 수행할 때 준수하여야 할 기준 및 절차(이하 "내부통제기준"이라 한다)를 대통령령으로 정하는 바에 따라 마련하여야 한다.

위한 본 조 내부통제기준과는 규율범위, 규율사항 등이 구분된다.[106)]

2. 준법감시인

(1) 의 의

준법감시인은 내부통제기준의 준수 여부를 점검하고 내부통제기준을 위반하는 경우 이를 조사하여 감사위원회에 보고하는 자이다(법 제76조의3 제1항). 준법감시란 중앙회업무 전반에 있어 관계법령 및 상호금융업감독규정의 위반 여부를 점검, 조사, 감시(이하 "모니터링")함으로써 중앙회업무와 관련한 법규준수 태세를 구축하고 관리하는 것을 의미하고(내부통제규정 제3조 제3호), 준법감시인은 위 준법감시업무를 수행하고 내부통제제도의 운영실태에 대한 모니터링 및 이와 관련한 문제점과 미비사항에 대한 개선·시정요구 등 내부통제체제를 총괄한다(내부통제규정 제6조 제3항).

(2) 선임 및 해임

중앙회장은 준법감시인을 임면하려면 이사회의 결의를 거쳐야 한다(법 제76조의3 제3항). 준법감시인은 금융관련 법규 및 실무 등에 대한 지식과 경험을 갖춘 자로서 법 제76조의3 제3항에 의하여 회장의 추천을 받아 이사회의 결의로 선임하며, 그 해임은 이사회 결의에 의한다(법 제76조의3 제3항, 내부통제규정 제17조 제1항). 준법감시인은 i) 내규상 면직사유에 해당하는 경우(제1호), ii) 기타 준법감시인으로서의 신분을 유지하기에 부적합하다고 판단되는 경우(제2호)를 제외하고는 임기 중에 해임되지 않는다(내부통제규정 제17조 제2항). 중앙회는 법 제76조의3 제2항의 규정에 의한 준법감시인을 임면한 때에는 그 사실을 금융위원회에 통보하여야 한다(법 시행령 제19조의4 제1항).

(3) 임 기

준법감시인의 임기는 2년으로 하되, 정기인사까지 연장할 수 있다(내부통제규

106) 전상수·연광석·박준모·황성필, 금융소비자보호법: 해석과 입법론, 홍문사, 2022, 153면.

정 제18조).

(4) 자격요건

가. 적극적 요건

준법감시인은 i) 한국은행 또는 금융위원회설치법 제38조에 따른 검사 대상 기관(이에 상당하는 외국 금융기관을 포함한다)에서 10년 이상 근무한 경력이 있는 사람(가목), ii) 금융 관계 분야의 석사학위 이상의 학위 소지자로서 연구기관이나 대학에서 연구원 또는 조교수 이상의 직에 5년 이상 근무한 경력이 있는 사람(나목), iii) 변호사 또는 공인회계사의 자격을 가진 사람으로서 해당 자격과 관련된 업무에 5년 이상 종사한 경력이 있는 사람(다목), iv) 기획재정부, 금융위원회, 증권선물위원회 또는 금융감독원에서 5년 이상 근무한 경력이 있는 사람으로서 해당 기관에서 퇴임하거나 퇴직한 후 5년이 지난 사람(라목) 중 어느 하나의 요건을 충족하여야 한다(법 제76조의3 제4항 제1호).

나. 소극적 요건

준법감시인은 i) 법 제28조 제1항 각 호[107]의 어느 하나에 해당하지 아니

107) 법 제28조(임원 등의 자격 제한) ① 다음 각 호의 어느 하나에 해당하는 사람은 조합의 임원이나 발기인이 될 수 없다.
1. 피성년후견인, 피한정후견인 및 파산선고를 받고 복권되지 아니한 사람
2. 금고 이상의 실형을 선고받고 그 집행이 끝나거나(집행이 끝난 것으로 보는 경우를 포함한다) 집행이 면제된 날부터 3년이 지나지 아니한 사람
3. 형의 집행유예를 선고받고 그 유예기간 중에 있는 사람
4. 금고 이상의 형의 선고유예를 받고 그 선고유예기간 중에 있는 사람
5. 이 법 또는 대통령령으로 정하는 금융 관련 법령(이하 "금융관계법령"이라 한다)을 위반하여 벌금 이상의 형을 선고받고 그 집행이 끝나거나(집행이 끝난 것으로 보는 경우를 포함한다) 집행이 면제된 날부터 5년이 지나지 아니한 사람
6. 법원의 판결 또는 다른 법률에 따라 자격이 상실되거나 정지된 사람

6의2. 제11조 제2항 제1호에 따른 조합원

7. 이 법 또는 금융관계법령에 따라 해임[제84조 제1항 제1호에 따른 임원에 대한 개선(改選)을 포함한다. 이하 이 조에서 같다]되거나 징계면직된 사람으로서 해임되거나 징계면직된 후 5년이 지나지 아니한 사람
8. 이 법 또는 금융관계법령에 따라 영업의 허가·인가 또는 등록이 취소된 법인 또는 회사의 임직원이었던 사람(그 취소 사유의 발생에 직접적 책임이 있거나 이에 상응하는 책임이 있는 사람으로서 대통령령으로 정하는 사람만 해당한다)으로서 그 법인이나 회사에 대한 취소 처분이 있었던 날부터 5년이 지나지 아니한 사람
9. 이 법 또는 금융관계법령에 따라 대통령령으로 정하는 정직·업무집행정지 이상의 제재 조치를

하여야 하고, ii) 최근 5년간 금융관계법령을 위반하여 금융위원회 또는 금융감독원장으로부터 주의·경고의 요구 이상에 해당하는 조치를 받은 사실이 없어야 한다(법 제76조의3 제4항 제2호 및 제3호).

(5) 직무 및 권한

준법감시인은 내부통제기준의 준수 여부를 점검하고 내부통제기준을 위반하는 경우 이를 조사하여 감사위원회에 보고하여야 하며(법 제76조의3 제2항), 선량한 관리자의 주의로 그 직무를 수행하여야 한다. 또한 i) 위험관리에 관한 업무(제1호), ii) 감사업무(제2호) 외에는 다른 직무를 겸직하여서는 아니된다(법 시행령 제19조의4 제2항).

중앙회는 준법감시인이 그 직무를 수행함에 있어서 자료나 정보의 제출을 임·직원에게 요구한 경우에는 그 임·직원으로 하여금 이에 성실히 응하도록 하여(법 시행령 제19조의4 제3항) 준법감시인에게 자료제출 요구권을 보장하고 있다. 준법감시인은 이사회, 제위원회 등 각종 회의에 참석하여 발언할 수 있으며 중요한 사항에 대하여 이를 직접 보고할 수 있다(내부통제규정 제22조).

(6) 독립성 보장

법 시행령 제19조의4 제3항은 중앙회는 준법감시인이었던 자에 대하여 당해 직무수행과 관련한 사유로 인사상의 부당한 불이익을 주어서는 안 된다고 정하여, 준법감시인의 임기가 종료된 후 일반 임직원의 신분으로 전환되는 경우 부당한 대우를 받지 않도록 하였다.[108]

받은 사람으로서 대통령령으로 정하는 기간이 지나지 아니한 사람

10. 이 법 또는 금융관계법령에 따라 재임 중이었거나 재직 중이었더라면 해임요구 또는 징계면직의 조치를 받았을 것으로 통보된 퇴임한 임원 또는 퇴직한 직원으로서 그 통보가 있었던 날부터 5년(통보가 있었던 날부터 5년이 퇴임 또는 퇴직한 날부터 7년을 초과한 경우에는 퇴임 또는 퇴직한 날부터 7년으로 한다)이 지나지 아니한 사람
11. 이 법 또는 금융관계법령에 따라 재임 중이었거나 재직 중이었더라면 대통령령으로 정하는 정직·업무집행정지 이상의 제재 조치를 요구받았을 것으로 통보된 퇴임한 임원 또는 퇴직한 직원으로서 그 통보가 있었던 날부터 대통령령으로 정하는 기간(통보가 있었던 날부터 대통령령으로 정하는 기간이 퇴임 또는 퇴직한 날부터 6년을 초과한 경우에는 퇴임 또는 퇴직한 날부터 6년으로 한다)이 지나지 아니한 사람
12. 그 밖에 정관에서 정한 자격 제한 사유에 해당하는 사람

(7) 감사위원회와의 차이

준법감시인과 감사위원회는 감시업무를 수행한다는 점에서 역할이 중복된다고 볼 수 있으나, 준법감시인은 내부통제준수 여부를 점검하여 감사위원회에 보고하는 역할을 하므로 경영진이 스스로 사전 예방적으로 효율적인 내부통제 기능을 수행하도록 하는 반면,[109] 감사위원회는 위법행위를 사후적으로 조사한다는 점에서 감사위원회와는 그 역할이 구분된다고 할 것이다.

(8) 타 상호금융업법의 준법감시인 제도 도입 현황

현재 은행 또는 공제사업을 수행하는 다른 상호금융업권의 중앙회는 내부통제기준 및 준법감시인 제도를 도입하고 있으며, 신용 및 공제사업을 영위하고 있지 않은 산림조합중앙회는 산림조합법에서 내부통제기준 및 준법감시인에 관한 근거규정을 두고 있지 않다.[110]

〈표〉 상호금융권 중앙회 금융사업 및 준법감시인 제도 도입 현황[111]

구분	은행	공제(보험)	도입
농협중앙회	○ (신용·경제사업분리)	○ (신용·경제사업 분리)	2000년
수협중앙회	○ (신용·경제사업분리)	○	2000년
신협중앙회	×	○	2003년
새마을금고중앙회	×	○	2005년
산림조합중앙회	×	×	미도입

108) 김성균, 금융기관의 내부통제 운영에 관한 법적 소고 – 준법감시인과 내부통제기준을 중심으로 –, 상사판례연구 제34권 제4호, 한국상사판례학회, 2021, 131면.
109) 김성균, 앞의 글, 120-121면.
110) 박병섭(전문위원), 산림조합법 일부개정법률안(안병길의원 대표발의, 의안번호 제2116760호) 검토보고서, 국회 농림축산식품해양수산위원회, 2022, 6면.
111) 박병섭(전문위원), 앞의 보고서, 7면.

Ⅲ. 관련 법령

법률	조문
금융회사의 지배구조에 관한 법률	제24조(내부통제기준) ① 금융회사는 법령을 준수하고, 경영을 건전하게 하며, 주주와 이해관계자 등을 보호하기 위하여 금융회사의 임직원이 그 직무를 수행할 때 준수하여야 할 기준 및 절차(이하 "내부통제기준"이라 한다)를 마련하여야 한다. ② 제1항에도 불구하고 금융지주회사가 금융회사인 자회사등의 내부통제기준을 마련하는 경우 그 자회사등은 내부통제기준을 마련하지 아니할 수 있다. ③ 내부통제기준에서 정하여야 할 세부적인 사항과 그 밖에 필요한 사항은 대통령령으로 정한다. 제25조(준법감시인의 임면 등) ① 금융회사(자산규모 등을 고려하여 대통령령으로 정하는 투자자문업자 및 투자일임업자는 제외한다)는 내부통제기준의 준수 여부를 점검하고 내부통제기준을 위반하는 경우 이를 조사하는 등 내부통제 관련 업무를 총괄하는 사람(이하 "준법감시인"이라 한다)을 1명 이상 두어야 하며, 준법감시인은 필요하다고 판단하는 경우 조사결과를 감사위원회 또는 감사에게 보고할 수 있다. ② 금융회사는 사내이사 또는 업무집행책임자 중에서 준법감시인을 선임하여야 한다. 다만, 자산규모, 영위하는 금융업무 등을 고려하여 대통령령으로 정하는 금융회사 또는 외국금융회사의 국내지점은 사내이사 또는 업무집행책임자가 아닌 직원 중에서 준법감시인을 선임할 수 있다. ③ 금융회사(외국금융회사의 국내지점은 제외한다)가 준법감시인을 임면하려는 경우에는 이사회의 의결을 거쳐야 하며, 해임할 경우에는 이사 총수의 3분의 2 이상의 찬성으로 의결한다. ④ 준법감시인의 임기는 2년 이상으로 한다. ⑤ 금융회사는 준법감시인을 제2항 단서에 따라 직원 중에서 선임하는 경우 「기간제 및 단시간근로자 보호 등에 관한 법률」에 따른 기간제근로자 또는 단기간근로자를 준법감시인으로 선임하여서는 아니 된다. ⑥ 금융회사는 준법감시인에 대하여 회사의 재무적 경영성과와 연동하지 아니하는 별도의 보수지급 및 평가 기준을 마련하여 운영하여야 한다.
새마을금고법	제63조(내부통제기준 등) ① 중앙회는 법령을 지키고 자산의 운영을 건전하게 하기 위하여 중앙회 임직원이 그 직무를 수행할 때 지켜야 할 기본적인 절차와 기준(이하 "내부통제기준"이라 한다)를 정하여야 한다. ② 중앙회는 내부통제기준을 지키는지 점검하고 내부통제기준을 위반하는 경우 이를 조사하여 감사위원회에 보고하는 자(이하 "준법감시인"이라 한다)를 1명 이상 두어야 한다. ③ 회장은 준법감시인을 임면(任免)하려는 경우 이사회의 의결을 거쳐야 한다. ④ 내부통제기준과 준법감시인의 자격 요건 및 그 밖에 필요한 사항은 대통령령으로 정한다.

농업 협동조합법	**제125조의4(내부통제기준 등)** ① 중앙회는 법령과 정관을 준수하고 중앙회의 이용자를 보호하기 위하여 중앙회의 임직원이 그 직무를 수행할 때 따라야 할 기본적인 절차와 기준(이하 "내부통제기준"이라 한다)을 정하여야 한다. ② 중앙회는 내부통제기준의 준수여부를 점검하고 내부통제기준을 위반하여 이를 조사하여 감사위원회에 보고하는 사람(이하 "준법감시인"이라 한다)을 1명 이상 두어야 한다. ③ 준법감시인은 대통령령으로 정하는 자격요건에 적합한 사람 중에서 이사회의 의결을 거쳐 회장이 임면한다. ④ 내부통제기준과 준법감시인에 관한 세부사항은 대통령령으로 정한다.
수산업 협동조합법	**제127조의4(내부통제기준 등)** ① 중앙회는 법령과 정관을 준수하고 중앙회의 이용자를 보호하기 위하여 중앙회의 임직원이 그 직무를 수행할 때 따라야 할 기본적인 절차와 기준(이하 "내부통제기준"이라 한다)을 정하여야 한다. ② 중앙회는 내부통제기준의 준수 여부를 점검하고 위반 여부를 조사하여 감사위원회에 보고하는 사람(이하 "준법감시인"이라 한다)을 1명 이상 두어야 한다. ③ 준법감시인은 이사회의 의결을 거쳐 중앙회장이 임면한다. ④ 내부통제기준과 준법감시인의 자격요건 등에 필요한 사항은 대통령령으로 정한다.

제76조의4(대리인의 선임)

제76조의4(대리인의 선임) 중앙회장 및 신용·공제사업 대표이사는 정관에서 정하는 바에 따라 검사·감독이사 또는 직원 중에서 중앙회의 업무에 관하여 재판상 또는 재판 외의 모든 행위를 할 권한이 있는 대리인을 선임할 수 있다.
[전문개정 2015. 1. 20.]

Ⅰ. 조문의 취지와 의의

중앙회의 대리인은 중앙회 회장 및 신용·공제사업 대표이사를 대리하여 중앙회의 업무에 관한 재판상 또는 재판 외의 모든 행위를 할 수 있는 중앙회사용인이다(법 제76조의4). 회장 및 신용·공제사업 대표이사는 중앙회의 대표기관으로서 대외적인 효력을 발생시키는 중앙회의 모든 행위를 할 수 있는 권한이 있으나 모든 행위를 담당하는 것이 사실상 불가능하다. 이러한 현실적 제약을 극복하고 중앙회의 업무가 원활하게 이루어질 수 있도록 하기 위하여 검사·감독이사 또는 직원 중에서 대리인을 선임할 수 있도록 정한 것이다.[112]

Ⅱ. 조문의 내용 및 해설

1. 중앙회장 및 신용·공제사업 대표이사의 대리인

(1) 대리권

중앙회장 및 신용·공제사업 대표이사는 정관에서 정하는 바에 따라 검사·감독이사 또는 직원 중에서 중앙회의 업무에 관하여 재판상 또는 재판 외의 모든 행위를 할 권한이 있는 대리인을 선임할 수 있다(법 제76조의4). 중앙회장 및 신용·공제사업 대표이사는 중앙회의 기관으로서 대표권을 가지는 것과 달리 대리인은 개인적 수권행위에 의하여 선임된다는 점에서 개인법상 대리권을 가진다.

112) 이승언, 앞의 책, 191면.

대리인은 '중앙회의 업무에 관하여 재판상 또는 재판 외의 모든 행위'를 할 수 있으므로 중앙회 업무에 관하여 정형적·획일적이고 포괄적인 대리권을 가지고 있다. 이는 민법상 대리인과 같이 특정한 거래에 대하여 구체적·개별적 대리권을 갖는 것과 차이가 있으며 상법상 지배인과 유사하다.

(2) 대리인의 선임

중앙회의 대리인은 회장 및 신용·공제사업 대표이사가 임면하고, 대리인이 될 수 있는 자는 중앙회의 검사·감독이사 또는 직원이다. 대리인은 선임의 강제성이 없고 회장 및 신용·공제사업 대표이사와 달리 임기의 제한을 두고 있지 않다.

대리인은 중앙회장 및 신용·공제사업 대표이사의 '선임'이라는 수권행위를 통해 대리인을 결정한다는 점에서 임의대리인이지만 그 대리권의 범위는 법에서 정하고 있어 법정대리와 유사하다.[113] 대리인의 선임행위는 고용계약 또는 위임계약과 결합한 대리권 수여계약에 해당한다고 볼 수 있다.[114]

(3) 대리인의 종임

민법상 대리권의 소멸사유에 해당하는 대리인의 사망·성년후견의 개시 또는 파산(민법 제127조 제2호[115]), 원인된 법률관계의 종료(민법 제128조[116] 본문), 본인의 수권행위 철회(민법 제128조 단서) 및 중앙회의 해산이나 파산 등에 의해 대리권이 소멸된다고 할 것이다.

2. 대리인의 선임등기

중앙회장 및 신용·공제사업대표이사는 법 제76조의4에 따라 대리인을 선임

113) 고홍석, 주석 상법 총칙·상행위(제5판), 한국사법행정학회, 2023, 141면.
114) 고홍석, 앞의 책, 134면.
115) 민법 제127조(대리권의 소멸사유) 대리권은 다음 각 호의 어느 하나에 해당하는 사유가 있으면 소멸된다.
1. 본인의 사망
2. 대리인의 사망, 성년후견의 개시 또는 파산
116) 민법 제128조(임의대리의 종료) 법률행위에 의하여 수여된 대리권은 전조의 경우외에 그 원인된 법률관계의 종료에 의하여 소멸한다. 법률관계의 종료전에 본인이 수권행위를 철회한 경우에도 같다.

하면 선임 후 2주일 이내에 주된 사무소의 소재지에서 i) 대리인의 성명과 주소, ii) 대리인을 둔 주된 사무소 또는 지부의 명칭과 주소, iii) 대리인의 권한을 제한한 경우에는 그 제한 내용을 등기하여야 하고, 등기한 사항이 변경된 경우에도 또한 같다(법 시행령 제7조의2 제1항). 대리인의 선임에 관한 등기를 신청할 때에는 대리인의 선임을 증명하는 서류와 그 대리인의 권한을 제한한 경우에는 그 사실을 증명하는 서류를 첨부하여야 한다(법 시행령 제7조의2 제2항).[117)]

Ⅲ. 관련 법령

법률	조문
새마을금고법	제64조의2(임원의 선출과 임기 등) ⑧ 회장, 신용공제대표이사, 지도이사, 전무이사 및 금고감독위원장은 이사나 직원 중에서 중앙회의 업무에 관한 일체의 재판상 또는 재판 외의 행위를 할 수 있는 대리인을 선임할 수 있다.
농업협동조합법	제131조(집행간부 및 직원의 임면 등) ⑥ 회장, 사업전담대표이사등, 조합감사위원회의 위원장 및 농협경제지주회사등의 대표자는 각각 이사, 집행간부 또는 직원 중에서 중앙회 또는 농협경제지주회사등의 업무에 관한 일체의 재판상 또는 재판 외의 행위를 할 권한 있는 대리인을 선임할 수 있다.
수산업 협동조합법	제136조(집행간부 및 직원의 임면 등) ④ 회장과 사업전담대표이사는 집행간부 또는 직원 중에서 중앙회의 업무에 관한 재판상 또는 재판 외의 모든 행위를 할 권한을 가지는 대리인을 선임할 수 있다.
산림조합법	제107조(대리인의 선임) 회장과 사업대표이사는 집행간부 또는 직원 중에서 중앙회의 업무에 관한 재판상 또는 재판 외의 모든 행위를 할 수 있는 대리인을 선임할 수 있다.

117) 종전에는 주된 사무소의 소재지와 지사무소등의 소재지를 구분하여 등기하도록 규정하고 있었으나, 법 시행령의 개정(2024. 12. 27. 시행, 대통령령 제35089호, 2024, 12, 24. 타법 개정)으로 주된 사무소의 소재지에서 대리인 선임 후 2주일 이내에 등기하도록 변경되었다.

제3절 사 업

제77조(연수원), 제78조(사업의 종류 등), 제80조(인사관리위원회의 설치)

제77조(연수원) ① 중앙회에 연수원을 둘 수 있다.

② 연수원의 설치와 조직에 관하여 필요한 사항은 정관에서 정한다.

[전문개정 2015. 1. 20.]

제78조(사업의 종류 등) ① 중앙회는 그 목적을 달성하기 위하여 다음 각 호의 사업을 한다.

1. 조합의 사업에 관한 지도・조정・조사연구 및 홍보
2. 조합원 및 조합의 임직원을 위한 교육사업
3. 조합에 대한 검사・감독
4. 조합의 사업에 대한 지원
5. 신용사업
   가. 조합으로부터 예치된 여유자금 및 상환준비금 등의 운용
   나. 조합에 대한 자금의 대출
   다. 조합 및 조합원을 위한 내국환 및 외국환 업무
   라. 국가・공공단체 또는 금융기관의 업무 대리
   마. 조합에 대한 지급보증 및 어음할인
   바. 「자본시장과 금융투자업에 관한 법률」 제4조 제3항에 따른 국채증권 및 지방채증권의 인수・매출
   사. 「전자금융거래법」에서 정하는 직불전자지급수단의 발행・관리 및 대금의 결제
   아. 「전자금융거래법」에서 정하는 선불전자지급수단의 발행・관리・판매 및 대금의 결제
6. 조합 및 조합원을 위한 공제사업
7. 국가 또는 공공단체가 위탁하거나 보조하는 사업
8. 제1호부터 제7호까지의 사업에 부대하는 사업
9. 그 밖에 목적 달성에 필요한 사업

② 중앙회는 제1항의 사업을 수행하기 위하여 자금을 차입할 수 있다.

③ 중앙회는 제1항의 사업을 수행하기 위하여 필요한 경우에는 다른 법인에 출자할 수 있다.

④ 조합의 조합원이 사업을 이용하는 경우에는 조합이 이용하는 것으로 본다.

⑤ 중앙회가 제2항 및 제3항에 따라 자금을 차입(차입 목적 및 규모 등을 고려하여 대통령령으로 정하는 경우는 제외한다)하거나 출자(출자 목적 및 규모 등을 고려하여 대통령령으로 정하는 경우는 제외한다)하려는 경우에는 미리 금융위원회의 승인을 받아

야 한다.
⑥ 중앙회는 제1항 제5호 가목에 따라 조합으로부터 예치되어 운용하는 여유자금에 대해서는 조합에 이자를 지급하거나 운용 실적에 따른 이익을 배분할 수 있다.
[전문개정 2015. 1. 20.]

제80조(인사관리위원회의 설치) ① 조합 간의 인사교류 등을 위하여 인사관리위원회를 둘 수 있다.
② 인사관리위원회의 구성과 운영에 관한 사항은 중앙회 규약으로 정한다.
[전문개정 2015. 1. 20.]

Ⅰ. 조문의 취지와 의의

중앙회는 신협법에 근거하여 열거된 범위에 한정된 사업을 신협법의 목적에 부합하도록 수행할 수 있다(법 제78조, 제78조의 2, 제79조, 제79조의2). 중앙회는 법률의 규정을 좇아 정관으로 정한 목적의 범위 내에서 권리능력을 갖는다. 목적의 범위 내란 중앙회의 고유목적달성을 위한 행위는 물론 이에 불가분으로 수반되거나 목적을 달성하는 데 필요한 범위를 포함한다.

Ⅱ. 조문의 내용 및 해설

1. 사업의 범위

(1) 중앙회의 조합에 대한 책무

중앙회는 조합의 업무를 지도·감독하여 공동이익의 증진과 건전한 발전을 도모하고, 조합을 구성원으로 한다(법 제61조).

(2) 사업지도·지원사업, 교육사업

중앙회는 조합의 사업에 관한 지도·조정·조사연구 및 홍보, 조합원 및 조합의 임직원을 위한 교육사업, 조합의 사업에 대한 지원사업을 한다. 교육사업과 지원사업은 신협법의 목적을 실현할 수 있는 핵심적인 사업이다. 법 제1조는 신협법의 목적으로 공동유대를 바탕으로 하는 신용협동조직의 건전한 육성, 구성원의 경제적·사회적 지위 향상, 지역주민에 금융편의를 제공함으로써 지역경제의 발전에 이바지하는 것을 제시한다.

신협은 경제적 이익을 목적으로 하는 집단이 아니다. 사회적 약자들이 주체가 되어 조직 구성원과 지역 주민의 복리를 향상시키고, 구성원 개개인의 주체적이고 자립된 사고를 통해 조합원 전체의 경제적 사회적 지위 향상을 목적으로 한다. 신협은 잘 살기 위한 경제운동, 사회를 밝힐 교육운동, 더불어 사는 윤리운동을 실천과제로 하고 있다. 조합원 구성원 개개인에게 많은 배당과 환원을 한다고 하더라도, 배당금이 과시형 소비, 투기, 도박에 사용된다면 개인은 물론 지역사회에도 부정적인 영향을 미치기 때문이다.

한편 금융은 자금의 융통을 기본으로 하며, 높은 전문성, 정보력, 시장상황에 따른 의사결정이 필요한 전문분야이다. 신협은 서민경제의 한 주체로서, 시중의 상업은행이 지원을 기피하는 소액의 서민을 대상으로 한 금융산업으로 어렵고, 취약하며, 수익성이 낮은 부분을 담당하고 있다. 신협의 금융은 전문성을 지향하는 한편 안정성, 도덕성, 고객 밀착을 중심에 두고 있다. 중앙회는 변화하는 금융법제를 받아들여 회원조합 구성원을 대상으로 지도, 지원, 교육을 수행한다.

(3) 조합에 대한 검사·감독

금융위원회는 조합과 중앙회의 업무를 감독하고 감독상 필요한 명령을 할 수 있다(법 제83조). 중앙회장은 법 제78조 제1항의 사업을 수행하기 위하여 조합을 지도·감독한다. 이 경우 중앙회장은 조합의 사업에 관한 지침 등을 작성하여 보급할 수 있으며, 필요한 경우에는 조합에 자료의 제출, 관계자의 출석 또는 진술을 요구할 수 있다(법 제89조).

(4) 신용사업

가. 개 괄

중앙회는 ① 조합으로부터 예치된 여유자금 및 상환준비금 등의 운용, ②

조합에 대한 자금의 대출, ③ 조합 및 조합원을 위한 내국환 및 외국환 업무, ④ 국가·공공단체 또는 금융기관의 업무 대리, ⑤ 조합에 대한 지급보증 및 어음할인, ⑥ 자본시장법 제4조 제3항에 따른 국채증권 및 지방채증권의 인수·매출, ⑦ 전자금융거래법에서 정하는 직불전자지급수단의 발행·관리 및 대금의 결제, ⑧ 전자금융거래법에서 정하는 선불전자지급수단의 발행·관리·판매 및 대금의 결제, ⑨ 국가 또는 공공단체가 위탁하거나 보조하는 사업을 행한다(법 제78조 제1항 제5호).

나. 조합 여유자금 및 상환준비금의 운용

중앙회는 회원의 상환준비금과 여유자금의 운용·관리를 행하는데 이 사업은 상호금융업무를 취급하는 회원조합을 구성원으로 하는 중앙회 성격의 역할 수행을 위한 업무이다. 중앙회는 조합으로부터 자금을 수입하는 업무를 영위할 수 있다. 상환준비금이라는 것은 조합이 수입한 예탁금 및 적금 잔액의 일정 비율에 해당하는 금액을 보유해야 하는 준비금을 말하며, 상환준비금의 일부를 신협중앙회에 예치하고 있다(법 제43조 제1항). 중앙회의 신용사업에서 나오는 수익은 회원인 조합에게 분배되고, 조합의 수익은 또한 그 구성원인 조합원에게 돌아간다. 따라서 중앙회의 수익 제고는 조합의 구성원인 조합원의 이익 향상에 도움이 되므로, 상환준비금의 운용 업무에서는 효율성과 수익성이 고려되어야 한다.

다. 조합에 대한 자금의 대출

중앙회는 조합에 대한 자금의 대출 업무를 영위할 수 있다. 대출 대상은 조합 및 조합의 구성원인 조합원으로 한정된다. 조합의 조합원이 사업을 이용하는 경우에는 조합이 이용하는 것으로 보기 때문에 신용사업인 대출과 관련하여 중앙회는 조합원에 대한 대출도 허용된다고 해석하는 견해가 존재한다(법 제78조 제4항).[1] 실무상 중앙회가 대출의 방식으로 자산운용을 하는 경우, 조합의 조합원에 대하여 대출하는 경우에도 조합이 아닌 자에 대한 대출로 분류하

1) 고동원, 신협중앙회의 은행업 진출 방안, 신협연구 제80호, 2023, 7면.

고 있다.

중앙회는 비회원에 대한 대출업무의 가능성도 열어두고 있다. 중앙회는 조합의 이용에 지장이 없는 범위에서 조합이 아닌 자에게 대출을 할 수 있다(법 제78조의2 제1항). 법령은 조합이 아닌 자에 대한 대출의 총 한도를 규정하고 있으므로, 일정한 한도 내에서 대출을 수행하여야 한다(법 제78조의2 제2항, 시행령 제19조의6).

라. 내국환 및 외국환 업무

중앙회는 조합 및 조합원을 위한 내국환 및 외국환 업무를 영위할 수 있다. 그 대상은 조합 및 조합의 조합원을 포함한다. 내국환 업무는 서로 떨어져 있는 국내 당사자 사이에 자금을 보내고 수취하는 업무를 말한다. 과거에는 지리적으로 거리가 있는 사람에게 금전을 송금하려면 거래 은행에 일정한 금액을 지급하고 은행으로부터 환증서를 교부받은 후 이 환증서를 수취인에게 송부하면 수취인은 이 환증서를 거래 은행에 제시하여 해당 금액을 찾았다. 은행의 내국환 업무를 중앙회도 영위할 수 있으며, 그 대상은 조합과 조합원을 상대로 한다. 은행의 업무범위에도 내국환·외국환 업무가 포함되며, 그 대상에 제한이 없다(은행법 제27조 제2항 제3호).

외국환 업무는 국내 당사자와 외국 당사자 사이의 환 거래업무를 의미한다. 「외국환거래법」(이하 '외국환거래법')에 따른 외국환업무는 외국환 송금, 외화 예금, 외화 보험, 외환 파생상품거래 등을 포함한다(외국환거래법 제3조 제1항 제16호). 중앙회가 외국환 업무를 할 경우 외국환거래법상 규정을 준수하여야 한다. 현재 외국환거래법에 따르면, 중앙회는 해외용 직불카드의 발행 업무를 영위할 수 있다(외국환거래법 시행령 제14조 제1항 제4호 파목, 외국환거래규정 제2-21조 제2항).

마. 국가·공공단체 또는 금융기관 업무 대리 업무

중앙회는 국가·공공단체 또는 금융기관 업무를 대리할 수 있다(법 제78조 제1항 제5호 라목). 국가에 납부해야 하는 세금, 공공단체에 납부하여야 하는 수수료, 사용료 등의 수납을 대리하는 업무 등을 의미한다.

바. 조합에 대한 지급보증 및 어음할인 업무

중앙회는 조합에 대한 지급보증 및 어음할인 업무를 할 수 있다. 지급보증 업무는 조합의 채무 이행을 보증하는 업무이다. 지급보증은 보증계약 체결 시에 자금의 공급이 수반되지 않는 점에서 대출과 성격을 달리하며, 조합이 채무를 이행하지 않을 경우 보증인인 중앙회가 대신 채무를 이행하여야 한다. 넓은 의미의 신용공여에 속한다.

중앙회는 조합이 보유하는 어음을 할인하여 매입함으로써 자금을 공급할 수 있다. 이는 넓은 의미에서 대출 업무에 포함될 수 있다. 어음할인의 대상은 조합으로 한정되고, 비조합원을 대상으로 하는 대출이 허용된다는 것을 고려하면, 허용대상으로 언급되지 않은 어음할인 업무는 허용되지 않는다.

사. 국채증권 및 지방채증권의 인수·매출 업무

중앙회는 자본시장법 제4조 제3항에 따른 국채증권 및 지방채증권의 인수·매출 업무를 수행할 수 있다. 자본시장법에 따른 인수는 "제삼자에게 증권을 취득시킬 목적으로 그 증권의 전부 또는 일부를 취득하거나 취득하는 것을 내용으로 하는 계약을 체결하거나, 그 증권의 전부 또는 일부에 대하여 이를 취득하는 자가 없을 때에 그 나머지를 취득하는 것을 내용으로 하는 계약을 체결하는 행위 또는 그 행위를 전제로 발행인 또는 매출인을 위하여 증권의 모집·사모·매출을 하는 것"이다(자본시장법 제9조 제11항). 매출은 "50인 이상의 투자자에게 이미 발행된 증권의 매도의 청약을 하거나 매수의 청약을 권유하는 것"이다(자본시장법 제9조 제9항).

국채증권 및 지방채증권의 인수·매출업무는 자본시장법에 따른 투자매매업에 해당한다(자본시장법 제6조 제2항). 투자매매업을 영위하려며 일정한 요건을 충족하여 투자매매업 인가를 받아야 하므로(자본시장법 제12조), 중앙회도 자본시장법에 따른 투자매매업 인가를 받아 위 업무를 수행할 수 있다.

아. 직불전자지급수단 및 선불전자지급수단의 발행·관리 업무

중앙회는 전자금융거래법에서 정하는 직불전자지급수단 및 선불전자지급수단의 발행·관리 및 대금의 결제 등의 업무를 영위할 수 있으며, 선불전자지급수단의 경우 판매업무도 영위할 수 있다(법 제78조 제1항 제5호 사목, 아목). 직불전자지급수단은 직불카드 등을 말하며, 선불전자지급수단은 충전식 카드 등을 의미한다(전자금융거래법 제2조 제13호, 제14호). 전자금융거래법에 따르면 전자금융업자는 직불전자지급수단 및 선불전자지급수단의 발행·관리 업무를 취급할 수 있으며, 금융위원회에 등록을 해야 한다(전자금융거래법 제28조 제2항 본문, 제3호, 제4호). 중앙회는 전자금융거래법상 등록을 요하지 않는 금융기관으로서(전자금융거래법 제28조 제2항 단서, 시행령 제2항 제1호) 등록 없이 직불전자지급수단 및 선불전자지급수단의 발행·관리업무를 할 수 있다.

(5) 공제사업

중앙회는 조합이나 조합원을 위한 공제사업을 할 수 있다(법 제78조 제1항 제6호). 공제사업은 보험업의 성질을 가지고 있으나, 법상 보험업법의 적용을 배제하고 있다(법 제6조 제1항). 중앙회가 공제사업을 하는 경우, 공제규정을 정하여 금융위원회의 인가를 받아야 한다(법 제97조 제1항). 법에서 공제사업에 관한 세부적인 사항은 공제규정에서 정하도록 하였다. 공제규정에 포함하여야 하는 사항은 공제사업의 실시 방법, 공제계약, 공제료이다(법 제97조 제2항). 공제규정을 변경하거나 폐지하려면 금융위원회의 인가를 받아야 하는데, 변경하려는 내용이 금융위원회가 정하여 고시하는 기준에 해당하는 경우 금융위원회에 신고하여야 한다(법 제97조 제3항 본문).

(6) 국가 또는 공공단체가 위탁하거나 보조하는 사업

중앙회는 그 목적을 달성하기 위하여 국가 또는 공공단체가 위탁하거나 보조하는 사업을 할 수 있다(법 제78조 제1항 제7호).

(7) 제1호부터 제7호까지 사업의 부대사업

중앙회는 신용사업, 공제사업 등 고유목적 사업에 부대하는 사업을 영위할 수 있다(법 제78조 제1항 제8호). 다만, 어떤 업무가 '부대 사업'인지 여부에 대해서는 구체적으로 규정하고 있지 않다. 금융기관의 업무 범위는 금융규제의 중요한 사항이므로 금융기관이 어떠한 업무를 영위할 수 있는가의 문제는 금융기관의 업무특성뿐만 아니라 금융기관의 경쟁력을 좌우하는 핵심요소가 된다.[2] 따라서, 중앙회의 부수업무를 「은행법」 등 여타 금융업법과 같이 고유 업무, 부수업무, 겸영업무로 구분하여 정합성을 제고하고 그 범위를 확대할 필요가 있다.

과거 증권거래법이나 은행법 등 금융관계법령은 금융기관이 금융업 외의 사업을 영위하게 되면 사업리스크가 금융기관의 자산건전성 문제로 전이될 수 있다는 점을 고려하여 금융기관이 수행할 수 있는 업무범위에 대하여 열거주의(positive) 원칙을 채택하고 있었다. 이에 따라 은행이나 증권회사 등 금융기관은 원칙적으로 법령에 정해진 업무만을 영위할 수 있었다. 이후 금융기관의 업무 영역 및 자산운용상의 자율성을 확대하여 금융기관의 국제경쟁력을 강화한다는 취지 아래, 금융기관이 영위할 수 있는 업무의 범위에 관하여 포괄주의(negative) 원칙이 도입되었다. 2010. 5. 개정된 은행법은 은행이 영위할 수 있는 부수업무의 구체적인 내용을 법령으로 열거하고 있지 않으며, 자본시장법, 보험업법 등에서도 '부수업무'의 개념을 도입하여 금융기관이 영위할 수 있는 업무의 범위를 확대하고 있다.

은행법에 따라 은행은 금융위원회 신고절차를 거치면 은행업무에 부수하는 업무를 영위할 수 있으며(은행법 제27조의2 제2항 본문), 보험회사나 금융투자업자 역시 신고나 보고절차를 거치면 부수업무를 영위할 수 있다(보험업법 제11조의2 제1항 본문, 자본시장법 제41조 제1항). 그리고 농협법에 따라 설립된 농협은행에 대해서는 은행법 제27조의2가 준용됨에 따라 금융위원회 신고를 거치면 부수업무를 영위할 수 있다(농협법 제161조의11, 은행법 제27조의2 제2항 본문).

---

2) 고동원, 은행의 업무 범위에 관한 법적 연구, 은행법연구 제11권 제2호, 2018, 28면.

(8) 그 밖에 목적 달성에 필요한 사업

중앙회는 고유 목적 사업 및 부대사업 외에도 그 밖에 목적 달성에 필요한 사업을 할 수 있다(법 제78조 제1항 제9호). 법은 중앙회가 수행할 수 있는 사업으로 신용사업, 조합지원 사업 등을 열거하면서도, '그 밖에 목적 달성에 필요한 사업'(제9호)을 수행 가능한 사업의 종류에 포함시키고 있다(법 제78조 제1항 각호). '그 밖에 목적 달성에 필요한 사업'에 대해서는 법 및 하위규정에는 이를 구체화하는 규정을 별도로 두고 있지 않다.

결국 '그 밖에 목적 달성에 필요한 사업'의 범위를 구체화하기 위해서는 1차적으로 신협의 설립 목적이 무엇인지를 살펴볼 필요가 있다. 신협은 공동유대에 속한 조합원 상호 간 자금을 융통하는 등 구성원의 경제적 자립을 도모하고 지역주민에게 금융편의를 제공함으로써 지역경제 발전에 이바지함을 목적으로 하고 있다(법 제1조). 신협은 농협이나 수협 등과 달리 특정 직업군의 지위향상이나 산업 경쟁력 강화를 도모하지 않으며, 경제권, 생활권, 행정구역 등 공동유대에 속한 사람들에게 금융을 제공하는 금융기관 유사의 지위에 있다.

이러한 점에 비추어볼 때, 신협은 지역주민들에게 금융서비스를 제공하는 것을 핵심 목적으로 하되, 이에 부수하여 지역주민과 지역경제 발전을 위한 각종 지원을 행하기 위한 목적을 지니고 있다고 볼 수 있다. 즉, 그 범위가 다소 포괄적이기는 하나 조합이 설립된 해당 지역 주민들이나 지역경제를 위한 사업이라면 본연의 신용사업을 해치지 않는 범위 내에서는 신협의 설립목적에 일정부분 부합하는 사업이라고 해석할 수 있다.

개정 전 법(1999. 2. 1. 법률 제5739호로 일부개정되기 전의 것)은 중앙회가 '그 밖에 목적 달성에 필요한 사업'을 영위하기 위하여 금융감독위원회의 승인을 얻어야 한다고 규정하고 있었다는 점도 고려할 필요가 있다.[3] 다른 협동조합법의 경우 관할부처 장관의 승인 조항이 그대로 존속하고 있는데, 신협법만 해당 조항이 개정되었다는 점을 감안하면, 입법자는 다른 협동조합에 비해 중앙회가

3) 법 제78조(사업의 종류등) ① 중앙회는 그 목적달성을 위하여 다음 각호의 사업을 행한다.
9. 기타 목적달성에 필요한 사업으로서 금융감독위원회의 승인을 얻은 사업

수행할 수 있는 사업의 범위를 폭넓게 인정하려는 의도 하에 해당 조항을 개정한 것으로 추정해 볼 수 있다.

2. 자금의 차입

중앙회는 사업 수행을 위하여 자금을 차입할 수 있다(법 제78조 제2항). 중앙회가 국가·공공단체·한국은행 또는 다른 금융기관이나 국제기구로부터 자금을 차입하는 경우 미리 금융위원회의 승인을 얻어야 한다(법 제78조 제4항). 다만, 중앙회가 일시적인 유동성 확보를 위하여 직전 사업연도말 현재 자산총액의 100분의 3의 범위 안에서 부보금융회사로부터 만기 30일 이내의 자금을 차입하는 경우, 한국은행법에 따른 한국은행에 만기 91일 이내의 환매조건부채권을 매도하는 경우[4]에는 금융위원회의 승인을 미리 받을 필요가 없다(법 제78조 제5항, 시행령 제19조의5 제1항 제1호, 제2호). 여기에서 부보금융회사는 예금자보호법에 따른 예금보험의 적용을 받는 자로서 예금자보호법 제2조 제1호에 열거된 금융회사를 의미한다.

3. 타법인 출자

중앙회는 사업을 수행하기 위하여 필요한 경우 다른 법인에 출자할 수 있다(법 제78조 제3항). 중앙회가 출자하려는 경우에는 미리 금융위원회의 승인을 받아야 한다(법 제78조 제5항). 다만, 중앙회는 직전 사업연도말 자산총액의 100분의 3의 범위 안에서 투자를 목적으로 다른 회사의 의결권 있는 발행주식 총수의 100분의 15 미만을 취득할 수 있다(법 제78조 제5항, 시행령 제19의 5 제2항).

중앙회는 다른 법인에 출자하여 경영에 참여함으로써 전문경영인을 확보할 수 있고, 투자규모의 증대를 통한 시장지배력을 증대할 수 있으며, 수익성 다변화를 통한 이윤극대화 추구 등 시장경쟁체제의 도입을 통해 중앙회의 이익

---

4) 중앙회의 유동성 위기 등에 대한 대응역량을 강화하기 위해 2025년 2월 18일 시행령의 개정으로 중앙회가 한국은행에 91일 이내에 환매조건부채권을 매도하는 방법으로 자금을 차입하는 경우 미리 금융위원회의 승인을 받지 않을 수 있도록 완화되었다.

을 적극적으로 추구할 수 있다. 출자지분은 시장가치가 수시로 변화하는 위험자산이므로 법령에서 재무건전성 확보를 위하여 출자의 범위와 취득 지분의 비율을 제한하고 있다.

출자의 대상이 법인이므로 상법상의 회사에 한정되지 않으며, 주식과 출자지분을 제한하지 않는다. 중앙회는 공법인, 사법인, 영리법인, 비영리법인, 사단법인, 재단법인 등에 모두 출자할 수 있다. 단독 또는 공동 출자도 무방하며, 법인을 설립하기 위한 출자와 이미 설립된 법인의 지분을 인수하는 방식의 출자도 가능하다.

4. 조합 사업 이용 간주

조합의 조합원이 사업을 이용하는 경우에는 조합이 이용하는 것으로 본다(법 제78조 제4항). 중앙회는 조합의 조합원에 대한 대출을 허용하고 있어 조합원이 중앙회의 사업을 직접 이용하는 경우도 있으므로, 조합의 조합원이 중앙회의 사업을 이용하는 경우에는 조합이 이용하는 것으로 간주하는 조항을 둔 것이다.

5. 실적상품 운용

(1) 실적상품의 도입 취지

2015. 1. 20. 신설된 법 제78조 제6항은, "중앙회는 제1항 제5호 가목에 따라 조합으로부터 예치되어 운용하는 여유자금에 대해서는 조합에 이자를 지급하거나 운용 실적에 따른 이익을 배분할 수 있다"라고 정하고 있다. 중앙회가 조합으로부터 예탁받아 운용하는 여유자금에 대한 이익배분 방식이 법률에 규정되어 있지 않아 여유자금을 예탁한 조합에게 운용수익률과 무관한 확정이자를 지급하고 있어, 중앙회가 조합 신용예탁금에 대해 실적배당이 가능하도록 실적상품의 운용에 관한 사항이 신설되었다.

실적상품의 설정 및 운용에 관한 세부사항은 중앙회 실적상품관리규정 및 실적상품업무방법서에서 정하고 있다. 실적상품관리규정에 따르면, 중앙회는 수탁자산을 중앙회의 고유재산 및 다른 실적상품재산과 구별하여 관리하여야 하고(제4조 제1호), 실적상품재산의 관리, 처분에 따라 발생하는 이익은 조합에 귀속하되 수익권좌수 및 기준가에 따라 배분하여야 하는데(제4조 제2호 및 제3호), 만기까지 투자된 경우에는 중앙회는 실적상품재산에 손실이 발생하여도 원금을 보장하고 있다(제4조 제5호). 구체적으로 실적상품별 약관에서 실적상품의 만기 시 매입금액에서 기지급한 이익분배금 및 중도상환금을 차감한 순납입액보다 만기일의 지급금액이 적을 경우 그 차액을 특별유보금 및 중앙회 신용사업특별회계에서 지급하도록 정하고 있다(CU STEADY 안정형 1호 약관 제8조 등 참조).[5)]

따라서, 실적상품은 법 제78조 제1항 제5호 가목에 근거하여, 조합으로부터 예치된 여유자금 등을 운용하는 상품으로서, 운용 실적에 따른 이익은 수익자인 조합에 배분되나 만기까지 투자된 경우에는 손실이 발생한 경우에도 중앙회가 원금을 보장하는 구조의 금융상품으로 정리할 수 있다.

(2) 실적상품의 법적 성격

실적상품은 자본시장법상 금융투자상품의 요건을 충족하지 못하였을 뿐만 아니라, 비영리법인인 중앙회가 사업 목적의 수행을 위해 운용하는 본건 실적상품은 자본시장법상 집합투자의 범주에 포함되지 않는다. 자본시장법 시행령 제6조 제4항 제12호에 따라, "민법에 따른 비영리법인, 「공익법인의 설립·운영에 관한 법률」에 따른 공익법인 (중간생략) 그 밖에 관련 법령에 따라 허가·인가·등록 등을 받아 설립된 비영리법인 등이 해당 정관 등에서 정한 사업목적에 속하는 행위를 하는 경우"는 자본시장법상 집합투자의 범주에서 제외되는데, 법제처는 동 조항에 따라 중앙회는 별도의 자본시장법 적용 배제 조항 없이도 본건 실적상품을 운용할 수 있으므로 2015. 3. 19. 법 시행령 입법

5) 약관 제8조(원금보장) 매입일별 매입금액에서 예치기간 동안 인출한 금액을 차감한 순납입금액보다 산출된 환매가능금액이 적을 경우에는 그 차액을 다음 각 호의 순서에 따라 보전한다. 다만, 중도환매시에 부과되는 중도환매수수료는 원금보장에서 제외된다.
1. 특별유보금
2. 중앙회 신용사업특별회계

예고에 포함된 자본시장법 적용 배제 조항을 삭제하였다. 따라서, 본건 실적상품의 운용이 자본시장법상 집합투자에 해당되지 않는 이상 실적상품을 자본시장법상 투자신탁으로 보기는 어렵다.

중앙회 실적상품 취급에 대한 자본시장법 적용과 관련하여 금융감독원은 2016. 4. 28.자 비조치의견서를 회신하였는데, 본건 실적상품은 자본시장법 적용 대상에 해당하지 않는다는 금융감독당국의 이해에 근거한 것이다. 본건 실적상품은 신탁과 유사하게 운용되고 있으나, 중앙회와 조합 간의 '실적상품 거래약정서'를 신탁계약으로 보기는 어려워 실적상품을 신탁법상 신탁이라고 보기도 어렵다.

실적상품은 운용실적에 따른 이익을 수익자인 조합에게 배분하는 상품으로(법 제78조 제6항), 그 운용실적에 따라 손익이 결정되는 수익배분형 금융상품이다. 만기까지 투자된 경우에는 실적상품재산에 손실이 발생한 경우에도 원금이 보장된다는 점에서 원금이 보장되는 예금과 유사한 측면도 일부 있으나, 실적상품은 가입 당시에 수익자인 조합이 만기 시 상환 받을 금액 또는 상환금을 산정하는 방식이 특정되지 않았다는 점에서 이를 '이자지급방식이 다른 예금'의 일종으로 보기는 어렵고, 일정한 경우 원본이 보전되는 금융상품의 일종으로 판단된다.

(3) 실적상품의 운용 및 관리

중앙회는 사업연도말 기준으로 조합으로부터 예치된 여유자금 중 감독원장이 정하는 자금을 제외한 자금의 일부를 법 제78조 제6항에 따른 실적배당상품으로 운용하여야 한다(상호금융업감독규정 제6조의5 제1항). 중앙회는 제1항에 따른 실적배당상품 운용실적을 매 분기말 다음달 10일까지 감독원장에게 제출하여야 하며, 감독원장은 실적배당상품 운용 기준 및 비율 준수에 필요한 사항을 정할 수 있다. 상호금융업감독규정 시행세칙에 따른 실적상품 운용비율 산정기준은 아래 표와 같다(상호금융업감독업무 시행세칙 제15조의5 별표 6).

실적배당상품 운용비율 산정기준=

$$\frac{\text{실적배당상품 가입금액} - \text{영세조합* 실적배당상품 가입금액}}{(\text{실적배당상품 가입금액} + \text{저축성 예금**}) \times 80\%} \times 100$$

* 전년말 기준 총자산 500억원(농촌소재 300억원) 미만 조합
** 중앙회 신용예탁금의 요구불예금 및 환담보예탁금 등을 제외한 저축성 예금
*** 분자, 분모 각 항목은 해당 분기말 잔액 기준

실적상품재산의 실질적인 귀속주체는 조합이므로 중앙회는 실적상품관리규정에 따른 원칙에 의하여 관리한다. 먼저, 중앙회는 수탁자산을 중앙회의 고유재산 또는 다른 실적상품재산과 구별하여 관리하여야 하며, 중앙회는 실적상품재산의 관리, 처분에 따라 발생하는 이익을 조합에 귀속시켜야 한다. 또한, 중앙회는 이익을 수익권좌수 및 기준가에 따라 배분하여야 하며, 실적상품재산을 운용함에 있어 조합의 이익이 극대화 되도록 해야 한다. 마지막으로 중앙회는 실적상품재산에 손실이 발생한 경우에도 원금을 보장한다. 다만, 중도환매에 따른 수수료는 원금보장에서 제외된다(실적상품관리규정 제4조).

6. 연수원의 설치 및 운영

중앙회는 법 제78조 제1항에 따른 사업목적을 달성하기 위하여 연수원을 설치하여 운영할 수 있다(법 제77조 제1항). 연수원의 설치와 조직에 관하여 필요한 사항은 정관에서 정한다(법 제77조 제2항). 이에 따라 중앙회 정관에는 회원의 조합원 및 회원의 임·직원 등을 대상으로 실시하는 교육사업을 위하여 연수원을 설치·운영하며, 연수원의 조직 및 교육과정에 필요한 사항은 규정으로 정하도록 명시하고 있다(중앙회 정관 제4조 제4항, 제5항).

중앙회 교육사업규정에 의하면, 조합의 임·직원 및 조합원에 대한 교육을 통하여 신협운동의 이념과 철학을 정립하고 조합원과 지역사회에 대한 봉사정신 함양과 관리능력을 제고하여 조합의 건전발전을 기하는 것을 교육사업목표로 하고 있다(중앙회 교육사업규정 제2조). 이에 따라 조합의 임·직원 및 조합원은 누구나 교육을 받을 권리와 의무가 있으며, 조합 이사장은 조합 임·직원

의 능력개발과 조합원의 신협운동 참여의식 고취를 위해 수시교육을 실시함은 물론 중앙회에서 실시하는 각종 교육과 연구 활동에 적극 협력하여야 한다.

또한, 교육대상자는 교육기간동안 성실히 교육에 임하여야 하며, 교육관련 제규정과 지시사항을 준수하여야 한다(중앙회 교육사업규정 제4조 제1항부터 제3항).

중앙회장은 매년 교육사업의 기본방향을 제시하는 교육사업계획을 수립하여 중앙회 각 부서, 지역본부, 조합에 시달하며, 중앙회 각 부서장, 지역본부장, 조합 이사장은 제1항의 교육사업계획에 따라 실정에 맞는 자체교육계획을 수립하여야 한다(중앙회 교육사업규정 제5조 제1항, 제2항).

현재 중앙회는 중앙연수원과 제주연수원을 두고 있다. 2025년에 개원한 제주연수원은 공제부문 내 설치되어 조합 임직원 및 조합원에 대한 공제교육 등을 전문적으로 수행한다.

7. 인사관리위원회의 설치 및 운영

중앙회는 조합 간의 인사교류 등을 위하여 인사관리위원회를 둘 수 있고, 인사관리위원회의 구성과 운영에 관한 사항은 중앙회 규약으로 정한다(법 제80조 제1항, 제2항). 다만, 조합 간 인사 교류 시행의 현실적 어려움으로 인해 현재 인사관리위원회 설치 및 관련 규약 제정 등이 이루어지지 못하고 있다.

Ⅲ. 관련 판례

대법원 1991. 11. 22. 선고 91다8821 판결

"구 신용협동조합법(1988. 12. 31. 법률 제4070호로 개정되기 전의 것) 제70조에 규정된 신용협동조합연합회의 업무 범위에 조합원과의 거래가 포함되어 있지 않다고 하더라도 신용협동조합연합회는 위 법조에 의하여 조합에 대한 자금의 대출 등을 할 수 있게 되어 있으므로 조합을 통한 조합원과의 거래를 당연히 예상하고 있는 것이라고 볼 수 있을 뿐만 아니라 조합에 대한 대여금 채권의 확보 행위는 그 목적 수행을 필요한 것이므로 위와 같은 변제약정은 그 목적 범위 내의 행위에 속한다."

Ⅳ. 관련 법령

법률	조문
은행법	**제2조(정의)** ① 이 법에서 사용하는 용어의 뜻은 다음과 같다. 〈개정 2013. 8. 13., 2015. 7. 24., 2021. 4. 20.〉 1. "은행업"이란 예금을 받거나 유가증권 또는 그 밖의 채무증서를 발행하여 불특정 다수인으로부터 채무를 부담함으로써 조달한 자금을 대출하는 것을 업(業)으로 하는 것을 말한다. **제27조(업무범위)** ① 은행은 이 법 또는 그 밖의 관계 법률의 범위에서 은행업에 관한 모든 업무(이하 "은행업무"라 한다)를 운영할 수 있다. ② 은행업무의 범위는 다음 각 호와 같다 1. 예금·적금의 수입 또는 유가증권, 그 밖의 채무증서의 발행 2. 자금의 대출 또는 어음의 할인 3. 내국환·외국환
새마을 금고법	**제67조(사업)** ① 중앙회는 그 목적을 달성하기 위하여 다음 각 호의 사업의 전부 또는 일부를 행한다. 〈개정 2007. 8. 3., 2011. 3. 8., 2015. 7. 20., 2023. 4. 11.〉 1. 금고의 사업 및 경영의 지도 2. 교육·훈련·계몽 및 조사연구와 보급·홍보 3. 금고의 감독과 검사 4. 금고 사업에 대한 지원 5. 신용사업 가. 금고로부터의 예탁금, 적금, 그 밖의 여유자금의 수납 나. 금고 및 금고의 회원을 위한 자금의 대출 다. 금고 및 금고의 회원을 위한 내국환(內國換) 및 「외국환거래법」에 따른 외국환업무 라. 금고 및 금고의 회원을 위한 보호예수(保護預受) 마. 국가·공공단체 또는 금융기관의 업무의 대리 바. 지급보증과 어음할인 사. 「자본시장과 금융투자업에 관한 법률」 제4조 제3항에 따른 국채증권 및 지방채증권의 인수·매출 아. 「여신전문금융업법」에 따라 허가받은 신용카드업 6. 금고 및 금고의 회원을 위한 공제사업 7. 국가나 공공단체가 위탁하거나 보조하는 사업 8. 다른 법령에서 중앙회의 사업으로 정하는 사업 9. 의료지원사업 10. 제1호부터 제9호까지의 사업과 관련되는 부대사업 11. 금고의 회계방법이나 그 밖에 장부·서류의 통일 및 조정 12. 국제기구 및 외국과의 지역개발 협력사업으로서 주무부장관의 승인을 받은 사업 13. 그 밖에 목적 달성에 필요한 사업으로서 주무부장관의 승인을 받은 사업 ② 중앙회는 제1항의 사업을 원활하게 수행하기 위하여 필요한 경우에는 주

	무부장관의 승인을 받아 필요한 자금을 차입할 수 있다. 다만, 제1항 제5호의 신용사업에 필요한 자금을 차입하는 경우에는 승인받지 아니하고 차입할 수 있다. 〈개정 2011. 3. 8.〉 ③ 중앙회는 제1항의 사업을 원활하게 수행하기 위하여 필요한 경우에는 정관으로 정하는 바에 따라 자금을 조성·운용할 수 있다. 〈신설 2023. 4. 11.〉 ④ 중앙회는 제1항과 제5항에 따라 준용되는 제28조 제1항 제2호·제4호의 사업을 수행하기 위하여 필요하면 자기자본의 범위에서 다른 법인에 출자할 수 있다. 〈개정 2011. 3. 8., 2023. 4. 11.〉 ⑤ 중앙회에 관하여는 제28조 제1항 제2호·제4호, 같은 조 제3항 및 제7항, 제28조의2, 제29조 제1항 본문 및 제2항과 제30조를 준용한다. 〈개정 2011. 3. 8., 2017. 12. 26., 2023. 4. 11.〉 ⑥ 중앙회는 제1항 제5호 가목에 따라 금고로부터 수납받아 운용하는 여유자금에 대하여는 금고에 이자를 지급하거나 운용실적에 따른 이익금을 분배할 수 있다. 〈신설 2011. 3. 8., 2023. 4. 11.〉 ⑦ 중앙회가 제6항에 따른 이익금을 분배하는 경우에는 「자본시장과 금융투자업에 관한 법률」을 적용하지 아니한다. 〈신설 2011. 3. 8., 2023. 4. 11.〉 ⑧ 중앙회와 대출 등의 계약을 체결한 자의 금리인하 요구에 대해서는 제31조의2를 준용한다. 이 경우 "금고"는 "중앙회"로 본다. 〈신설 2022. 11. 15., 2023. 4. 11.〉 **제68조(공제규정 등)** ① 제67조 제1항 제6호의 사업을 할 때에는 공제규정을 정하여 주무부장관의 인가를 받아야 한다. ② 제1항의 공제규정에는 행정안전부령으로 정하는 바에 따라 사업 실시방법, 공제계약, 공제료 등을 정하여야 한다. 〈개정 2008. 2. 29., 2013. 3. 23., 2014. 11. 19., 2017. 7. 26.〉 ③ 제1항의 공제규정을 변경하거나 폐지하려면 주무부장관의 인가를 받아야 한다. ④ 중앙회가 공제계약을 체결하는 경우 중복계약 체결의 확인 의무에 대해서는 「보험업법」 제95조의5를 준용한다. 〈신설 2017. 12. 26.〉 [제목개정 2017. 12. 26.] **제69조(공제분쟁조정심의위원회의 설치·운영)** ① 공제사업 시행과 관련한 분쟁을 신속·공정하게 해결하기 위하여 중앙회에 공제분쟁조정심의위원회를 둔다. 〈개정 2011. 3. 8.〉 ② 제1항에 따른 공제분쟁조정심의위원회의 구성과 운영, 그 밖의 조정심의 절차 등에 필요한 사항은 대통령령으로 정한다.
농업 협동 조합법	**제134조(사업)** ① 중앙회는 다음 각 호의 사업의 전부 또는 일부를 수행한다. 다만, 제2호 및 제3호의 사업과 제5호부터 제9호까지의 사업 중 경제사업과 관련된 사업은 농협경제지주회사 및 그 자회사가 수행하고, 제4호의2의 사업과 제5호부터 제9호까지의 사업 중 금융사업과 관련된 사업은 농협금융지주회사 및 그 자회사가 수행한다. 〈개정 2011. 3. 31., 2013. 3. 23., 2016. 12. 27.〉 1. 교육·지원 사업 가. 회원의 조직 및 경영의 지도 나. 회원의 조합원과 직원에 대한 교육·훈련 및 농업·축산업 등 관련

정보의 제공
다. 회원과 그 조합원의 사업에 관한 조사·연구 및 홍보
라. 회원과 그 조합원의 사업 및 생활의 개선을 위한 정보망의 구축, 정보화 교육 및 보급 등을 위한 사업
마. 회원과 그 조합원 및 직원에 대한 자금지원
바. 농업·축산업 관련 신기술 및 신품종의 연구·개발 등을 위한 연구소와 시범농장의 운영
사. 회원에 대한 감사
아. 회원과 그 조합원의 권익증진을 위한 사업
자. 의료지원사업
차. 회원과 출자법인에 대한 지원 및 지도
카. 제159조의2에 따른 명칭 사용의 관리 및 운영
2. 농업경제사업
가. 회원을 위한 구매·판매·제조·가공 등의 사업
나. 회원과 출자법인의 경제사업의 조성, 지원 및 지도
다. 인삼 경작의 지도, 인삼류 제조 및 검사
라. 산지 유통의 활성화 및 구조개선 사업
3. 축산경제사업
가. 회원을 위한 구매·판매·제조·가공 등의 사업
나. 회원과 출자법인의 경제사업의 조성, 지원 및 지도
다. 가축의 개량·증식·방역 및 진료에 관한 사업
라. 산지 유통의 활성화 및 구조개선 사업
4. 상호금융사업
가. 대통령령으로 정하는 바에 따른 회원의 상환준비금과 여유자금의 운용·관리
나. 회원의 신용사업 지도
다. 회원의 예금·적금의 수납·운용
라. 회원에 대한 자금 대출
마. 국가·공공단체 또는 금융기관(「은행법」에 따른 은행과 그 외에 금융업무를 취급하는 금융기관을 포함한다. 이하 같다)의 업무의 대리
바. 회원 및 조합원을 위한 내국환 및 외국환 업무
사. 회원에 대한 지급보증 및 회원에 대한 어음할인
아. 「자본시장과 금융투자업에 관한 법률」 제4조 제3항에 따른 국채증권 및 지방채증권의 인수·매출
자. 「전자금융거래법」에서 정하는 직불전자지급수단의 발행·관리 및 대금의 결제
차. 「전자금융거래법」에서 정하는 선불전자지급수단의 발행·관리 및 대금의 결제
4의2. 「금융지주회사법」 제2조 제1항 제1호에 따른 금융업 및 금융업의 영위와 밀접한 관련이 있는 회사의 사업
5. 국가나 공공단체가 위탁하거나 보조하는 사업
6. 다른 법령에서 중앙회의 사업으로 정하는 사업
7. 제1호부터 제6호까지의 사업과 관련되는 대외 무역
8. 제1호부터 제7호까지의 사업과 관련되는 부대사업
9. 제1호부터 제8호까지에서 규정한 사항 외에 중앙회의 설립 목적의 달성에

	필요한 사업으로서 농림축산식품부장관의 승인을 받은 사업 ② 중앙회는 제1항에 따른 목적을 달성하기 위하여 국가·공공단체 또는 금융기관으로부터 자금을 차입(借入)하거나 금융기관에 예치(預置) 등의 방법으로 자금을 운용할 수 있다. 〈개정 2011. 3. 31.〉 ③ 중앙회는 제1항에 따른 목적을 달성하기 위하여 국제기구·외국 또는 외국인으로부터 자금을 차입하거나 물자와 기술을 도입할 수 있다. ④ 중앙회는 상호금융대표이사의 소관 업무에 대하여는 독립 회계를 설치하여 회계와 손익을 구분 관리하여야 한다. 이 경우 회계에 자본계정을 설치할 수 있다. 〈개정 2011. 3. 31., 2016. 12. 27.〉 1. 삭제 〈2016. 12. 27.〉 2. 삭제 〈2016. 12. 27.〉 3. 삭제 〈2016. 12. 27.〉 ⑤ 중앙회는 제1항에 따른 사업을 수행하기 위하여 필요하면 정관으로 정하는 바에 따라 사업손실보전자금, 대손보전자금, 조합상호지원자금 및 조합합병지원자금을 조성·운용할 수 있다. 이 경우 경제사업과 관련된 자금의 운용은 농협경제지주회사가 수립한 계획에 따른다. 〈개정 2016. 12. 27.〉 ⑥ 중앙회는 제5항에 따른 조합상호지원자금과 그 밖에 이자지원 등의 형태로 회원을 지원하는 자금에 대해서는 정관으로 정하는 바에 따라 매년 회원조합지원자금 조성·운용 계획을 수립하여야 한다. 〈신설 2021. 4. 13.〉 [전문개정 2009. 6. 9.]
수산업 협동 조합법	**제138조(사업)** ① 중앙회는 그 목적을 달성하기 위하여 다음 각 호의 사업의 전부 또는 일부를 수행한다. 〈개정 2010. 5. 17., 2013. 3. 23., 2016. 5. 29.〉 1. 교육·지원 사업 가. 회원의 조직·경영 및 사업에 관한 지도·조정 나. 회원의 조합원과 직원에 대한 교육·훈련 및 정보의 제공 다. 회원과 그 조합원의 사업에 관한 조사·연구 및 홍보 라. 회원과 그 조합원의 사업 및 생활 개선을 위한 정보망의 구축, 정보화 교육 및 보급 등을 위한 사업 마. 회원과 그 조합원에 대한 보조금의 지급 바. 수산업 관련 신기술의 개발 등을 위한 사업 및 시설의 운영 사. 회원에 대한 감사 아. 각종 사업을 위한 교육·훈련 자. 회원과 그 조합원의 권익 증진을 위한 사업 차. 제162조의2에 따른 명칭사용료의 관리 및 운영 2. 경제사업 가. 회원과 그 조합원을 위한 구매·보관·판매·제조 사업 및 그 공동사업과 업무 대행 나. 회원과 그 조합원을 위한 수산물의 처리·가공 및 제조 사업 다. 회원 및 출자회사(중앙회가 출자한 회사만을 말한다)의 경제사업의 조성·지도 및 조정 3. 삭제 〈2016. 5. 29.〉 4. 상호금융사업 가. 대통령령으로 정하는 바에 따라 회원으로부터 예치된 여유자금 및 상환준비금의 운용·관리

나. 회원의 신용사업 지도
다. 회원의 예금 · 적금의 수납 · 운용
라. 회원에 대한 자금 대출
마. 국가 · 공공단체 또는 금융기관(「은행법」에 따른 은행과 그 외에 금융업무를 취급하는 금융기관을 포함한다. 이하 같다)의 업무의 대리
바. 회원 및 조합원을 위한 내국환 및 외국환 업무
사. 회원에 대한 지급보증 및 회원에 대한 어음할인
아. 「자본시장과 금융투자업에 관한 법률」 제4조 제3항에 따른 국채증권 및 지방채증권의 인수 · 매출
자. 「전자금융거래법」에서 정하는 직불전자지급수단의 발행 · 관리 및 대금의 결제
차. 「전자금융거래법」에서 정하는 선불전자지급수단의 발행 · 관리 및 대금의 결제
5. 공제사업
6. 의료지원사업
7. 「자본시장과 금융투자업에 관한 법률」에 따른 파생상품시장에서의 거래
8. 국가와 공공단체가 위탁하거나 보조하는 사업
9. 제1호, 제2호, 제4호부터 제8호까지의 사업에 관련된 대외무역
10. 다른 경제단체 · 사회단체 및 문화단체와의 교류 · 협력
11. 어업통신사업
12. 어업협정 등과 관련된 국제 민간어업협력사업
13. 회원과 그 조합원을 위한 공동이용사업 및 운송사업
14. 「어선원 및 어선 재해보상보험법」 제2조 제1항 제2호에 따른 어선원 고용 및 복지와 관련된 사업
15. 다른 법령에서 중앙회의 사업으로 정하는 사업
16. 제1호, 제2호, 제4호부터 제15호까지의 사업에 부대하는 사업
17. 그 밖에 중앙회의 목적 달성에 필요한 사업으로서 해양수산부장관의 승인을 받은 사업

② 중앙회는 제1항의 사업을 하기 위하여 국가, 공공단체 또는 금융기관으로부터 자금을 차입하거나 금융기관에 예치하는 방법 등으로 자금을 운용할 수 있다. 〈개정 2016. 5. 29.〉
③ 중앙회는 제1항의 사업을 하기 위하여 국제기구 · 외국 또는 외국인으로부터 자금을 차입하거나 물자와 기술을 도입할 수 있다.
④ 삭제 〈2016. 5. 29.〉
⑤ 삭제 〈2016. 5. 29.〉
⑥ 제1항 제2호 · 제4호 및 제5호의 사업에 대하여는 제131조 제2항에 따른 지도경제사업대표이사 소관 업무의 회계 안에서 회계와 손익을 각각 구분하여 관리하여야 한다. 〈개정 2016. 5. 29.〉
⑦ 삭제 〈2016. 5. 29.〉
⑧ 삭제 〈2016. 5. 29.〉
⑨ 삭제 〈2016. 5. 29.〉

제139조(비회원의 사업 이용) ① 중앙회는 회원의 이용에 지장이 없는 범위에서 회원이 아닌 자에게 제138조 제1항에 따른 사업을 이용하게 할 수 있다. 다만, 제138조 제1항 제1호, 제10호부터 제12호까지, 제15호 및 제16호의 사업에 대하여는 대통령령으로 정하는 바에 따라 회원이 아닌 자의 이용을

	제한할 수 있다. 〈개정 2016. 5. 29.〉 ② 다음 각 호의 어느 하나에 해당하는 자 또는 단체가 중앙회의 사업을 이용하는 경우에는 회원이 이용한 것으로 본다. 1. 회원의 조합원 및 그와 동일한 세대에 속하는 사람 2. 준회원 3. 어촌계 [전문개정 2010. 4. 12.] **제141조의3(다른 법인에 대한 출자의 제한 등)** ① 중앙회는 제138조 제1항에 따른 사업을 하기 위하여 제164조에 따른 자기자본의 범위에서 다른 법인에 출자할 수 있다. 다만, 같은 법인에 대한 출자한도는 자기자본의 100분의 20 이내에서 정관으로 정한다. 〈개정 2022. 12. 27.〉 ② 중앙회는 다른 법인이 발행한 의결권 있는 주식(출자지분을 포함한다. 이하 이 조에서 같다)의 100분의 15를 초과하는 주식을 취득할 수 없다. 다만, 다음 각 호의 어느 하나에 해당하는 경우에는 그러하지 아니하다. 1. 제138조 제1항에 따른 사업 수행을 위하여 필요한 경우 2. 주식배당이나 무상증자에 따라 주식을 취득하게 되는 경우 3. 기업의 구조조정 등으로 인하여 대출금을 출자로 전환함에 따라 주식을 취득하게 되는 경우 4. 담보권의 실행으로 인하여 주식을 취득하게 되는 경우 5. 기존 소유지분의 범위에서 유상증자에 참여함에 따라 주식을 취득하게 되는 경우 6. 신주인수권부사채 등 주식 관련 채권을 주식으로 전환함에 따라 주식을 취득하게 되는 경우 7. 수협은행의 주식을 취득하는 경우 ③ 중앙회가 제2항 제7호에 따라 수협은행의 주식을 취득하기 위하여 출자하는 경우 그 출자금은 제1항에 따른 다른 법인에 대한 출자에 포함되지 아니하는 것으로 본다. ④ 제1항에도 불구하고 중앙회가 제2항 제7호에 따라 수협은행의 주식을 취득하기 위하여 출자하는 경우에는 자기자본을 초과하여 출자할 수 있다. 이 경우 사업전담대표이사는 3개월 이내에 출자의 목적 및 금액 등을 총회에 보고하여야 한다. ⑤ 중앙회는 제138조 제1항 제2호에 따른 사업을 수행하기 위하여 다른 법인에 출자하는 경우 회원과 공동으로 출자하여 운영함을 원칙으로 한다. [본조신설 2016. 5. 29.]
산림조합법	**제108조(사업)** ① 중앙회는 그 목적을 달성하기 위하여 다음 각 호의 사업을 수행한다. 〈개정 2016. 12. 27., 2018. 12. 11., 2020. 3. 24.〉 1. 교육 · 지원 사업 가. 회원의 조직 및 경영 지도 나. 회원의 조합원과 직원에 관한 교육 · 훈련 및 정보의 제공 다. 회원과 그 조합원의 사업에 관한 조사 · 연구 및 홍보 라. 회원과 그 조합원의 사업 및 생활개선을 위한 정보망 구축, 정보화 교육 및 보급 등을 위한 사업 마. 회원과 그 조합원 및 직원에 대한 보조금 교부 바. 임업 관련 신기술 및 신품종의 연구 · 개발 등을 위한 연구소와 시범사업 운영

사. 회원 및 중앙회의 사업에 대한 계획·설계 및 감리
아. 회원에 대한 감사
자. 회원과 그 조합원의 권익증진을 위한 사업
차. 「평생교육법」에 따른 평생교육시설의 설치 및 운영
카. 제114조의2에 따른 명칭사용료의 관리 및 운영

2. 임업경제사업
가. 중앙회 및 회원과 그 조합원을 위한 구매·보관·이용·판매, 시설물 조성 및 공동사업과 그 업무대행
나. 산림의 지하수를 이용한 먹는 물의 개발·공급
다. 임업용 각종 균류의 배양·개량 및 공급
라. 수목의 병리치료 및 외과수술, 조경사업
마. 임산물 또는 그 밖의 임업용 기자재의 수출·수입
바. 보관사업
사. 산림경영 구조개선사업
아. 임도, 사방, 산지복구나 그 밖의 산림토목사업 등의 관련 사업에 대한 조사·설계·감리
자. 산촌개발, 수목원, 산림복지시설, 산림환경 등의 관련 사업에 대한 조사·설계·감리
차. 조림, 숲가꾸기 및 병해충 방제 등 산림사업에 대한 조사·설계·감리
카. 산림 분야 안전진단, 계측 및 유지관리
타. 산림자원조사, 산림공간정보체계 구축 및 활용 등을 위한 사업

3. 회원을 위한 신용사업
가. 회원의 여신자금과 사업자금의 대출
나. 중앙회의 사업부문에 대한 자금 공급
다. 회원의 예탁금 수납
라. 내국환과 회원을 위한 보호예수업무
마. 국가, 지방자치단체 등의 공공단체와 금융회사 등의 업무 대행

4. 대통령령으로 정하는 바에 따른 회원의 상환준비금과 여유자금의 운용·관리
5. 공제사업
6. 산림자원조성기금의 설치·운용

6의2. 「신에너지 및 재생에너지 개발·이용·보급 촉진법」 제2조 제2호에 따른 재생에너지 발전사업 중 산림분야와 관련된 사업
6의3. 산림분야 정보기술 용역 및 시스템 구축사업
6의4. 산림 분야 학술·연구용역

7. 국가나 공공단체가 위탁하거나 보조하는 사업
8. 다른 법령에서 중앙회의 사업으로 정하는 사업
9. 제1호부터 제6호까지, 제6호의2부터 제6호의4까지, 제7호 및 제8호의 사업과 관련되는 부대사업
10. 그 밖에 설립목적의 달성에 필요한 사업으로서 산림청장의 승인을 받은 사업

② 중앙회는 회원의 사업과 직접 경합되지 아니하는 범위에서 제46조 제1항 각 호(제4호는 제외한다)의 사업을 할 수 있다. 이 경우 국가나 공공단체가 시행하는 사업은 회원의 사업과 경합하는 것으로 보지 아니한다.

③ 중앙회는 제1항에 따른 사업을 수행하기 위하여 다음 각 호의 행위를 할

	수 있다. 1. 국가 · 공공단체 · 한국은행 또는 다른 금융회사 등으로부터 자금을 차입하거나 한국은행 또는 다른 금융회사 등에 예치하는 등의 방법으로 자금 운용 2. 대통령령으로 정하는 자로 하여금 중앙회의 사업에 대한 자금 및 물자의 기탁 또는 투자의 권고 3. 해외 임산자원의 개발, 국제기구 · 외국 또는 외국인으로부터의 자금 차입 또는 물자 및 기술의 도입 4. 정관으로 정하는 바에 따라 사업손실보전자금, 대손보전자금, 조합상호지원자금 및 조합합병지원자금의 조성 · 운용 [전문개정 2013. 4. 5.] **제109조(비회원의 사업 이용)** ① 중앙회는 회원의 이용에 지장이 없는 범위에서 정관으로 정하는 바에 따라 회원이 아닌 자에게 제108조 제1항에 따른 사업을 이용하게 할 수 있다. ② 회원의 구성원의 사업 이용은 회원의 이용으로 본다. [전문개정 2013. 4. 5.] **제110조(유통지원자금의 조성 · 운용)** ① 중앙회는 회원과 조합원이 생산한 임산물 및 가공품 등의 원활한 유통을 지원하기 위하여 유통지원자금을 조성 · 운용할 수 있다. ② 제1항에 따른 유통지원자금은 다음 각 호의 사업에 운용한다. 〈개정 2020. 3. 24.〉 1. 임산물의 계약재배사업 2. 임산물 및 그 가공품의 출하조절사업 3. 임산물의 공동규격 출하촉진사업 4. 회원과 조합원이 생산한 임산물 등을 중앙회가 일괄 구매하여 직접 판매하는 사업 5. 그 밖에 중앙회가 필요하다고 인정하는 유통 관련 사업 ③ 제1항에 따른 유통지원자금은 제114조의2에 따른 명칭사용료 등으로 조성한다. 〈신설 2020. 3. 24.〉 ④ 국가는 예산의 범위에서 제1항에 따른 유통지원자금의 조성을 지원할 수 있다. 〈개정 2020. 3. 24.〉 [전문개정 2013. 4. 5.] **제111조(사업의 공동운영 등)** ① 중앙회는 제108조에 따른 사업을 수행할 때 회원과 공동으로 출자하여 운영할 수 있다. ② 중앙회는 제1항에 따라 회원과 공동으로 출자하여 사업을 운영하는 경우 해당 사업의 이익금 중 일부를 공동출자를 한 회원에게 우선적으로 배당하여야 한다. ③ 중앙회는 제108조에 따른 사업을 수행하기 위하여 자기자본의 범위에서 다른 법인에 출자할 수 있다. 다만, 동일 법인에 대한 출자한도는 자기자본의 100분의 20 이내에서 정관으로 정한다. [전문개정 2013. 4. 5.]
협동조합 기본법	**제45조(사업)** ① 협동조합은 설립 목적을 달성하기 위하여 필요한 사업을 자율적으로 정관으로 정하되, 다음 각 호의 사업은 포함하여야 한다. 1. 조합원과 직원에 대한 상담, 교육 · 훈련 및 정보 제공 사업

	2. 협동조합 간 협력을 위한 사업 3. 협동조합의 홍보 및 지역사회를 위한 사업 ② 협동조합의 사업은 관계 법령에서 정하는 목적 · 요건 · 절차 · 방법 등에 따라 적법하고 타당하게 시행되어야 한다. ③ 협동조합은 제1항과 제2항에도 불구하고 「통계법」 제22조 제1항에 따라 통계청장이 고시하는 한국표준산업분류에 의한 금융 및 보험업을 영위할 수 없다.

제78조의2(조합이 아닌 자의 사업 이용)

제78조의2(조합이 아닌 자의 사업 이용) ① 중앙회는 조합의 이용에 지장이 없는 범위에서 조합이 아닌 자에게 제78조 제1항 제5호 나목 및 같은 항 제6호의 사업을 이용하게 할 수 있다. 이 경우 제78조 제1항 제5호 나목 중 "조합"과 같은 항 제6호 중 "조합 및 조합원"은 "조합이 아닌 자"로 본다.
② 제1항에 따른 대출을 할 때의 대출 범위, 대출 규모 및 동일인 대출한도 등에 대해서는 대통령령으로 정한다.
[전문개정 2015. 1. 20.]

Ⅰ. 조문의 취지와 의의

중앙회는 조합의 이용에 지장에 없는 범위에서 조합이 아닌 자에게 자금의 대출을 이용하게 할 수 있다(법 제78조의2 제1항). 비회원에 대한 대출은 2003년 법의 개정으로 도입된 것으로, 농협이나 수협은 중앙회를 은행화하여 비회원에 대해서도 다양한 금융업무를 취급할 수 있었던 것에 비하여, 신협은 주식 또는 채권투자에 한정하고 있었고, 그 투자한도 또한 시장의 흐름과 상관없이 인위적으로 제한하고 있는 실정을 고려한 것이다. 아울러, 비회원에 대한 대출 허용으로 조합 여유 자금의 중앙회 의무 예치 제도를 통하여 확보된 예탁금을 중앙회가 비회원에게도 대출업무을 하도록 그 대상을 확대함으로써 수익성을 개선하기 위한 것이다.[6]

Ⅱ. 조문의 내용 및 해설

1. 비회원에 대한 대출

비회원에 대한 대출규모는 신용예탁금을 수납·운용하는 회계의 직전 사업연도말 자산총액(이하 '신용예탁금자산총액')의 3분의 1을 초과할 수 없다(법 제78

6) 김문희(전문위원), 신용협동조합법 개정법률안(정부 제출, 의안번호 제162097호) 검토보고서, 국회 재정경제위원회, 2003. 4., 8-9면.

조의2 제2항, 시행령 제19조의6 제1항, 상호금융업감독규정 제18조의3 제1항). "신용예탁금"은 중앙회가 조합으로부터 예치된 여유자금 및 상환준비금 등 자금을 운용하는 사업을 관리하는 회계에서 상환준비금을 제외한 자금을 의미한다(법 제78조 제1항 제5호 가목, 시행령 제19조의6 제1항). 즉, 중앙회의 비회원에 대한 대출 전체의 합계액은 신용예탁금자산총액의 3분의 1을 초과할 수 없다.

비회원이 개인인 경우, 조합이 동일인에 대한 대출 한도(법 제42조)로 인하여 그 개인에 대하여 대출하지 못하는 부분으로 한정한다(법 시행령 제19조의6 제2항 제1호). 중앙회가 법인인 비회원에게 대출을 하는 경우, 원칙적으로 회원 조합이 해당 비회원에 대한 대출·어음할인(이하 '대출등') 한도의 50% 이상을 대출한 경우로서 해당 비회원에 대하여 추가적으로 대출이 필요한 부분에 대하여만 대출이 허용된다(법 제78조의2 제2항 및 제42조, 시행령 제19조의6 제2항 제2호). 예외적으로, 중앙회와 시행령에서 정한 은행[7]이 그 구성원으로 참가한 일시적인 단체에서 구성원 사이에 미리 협의된 대출조건에 따라 중앙회가 분담하여 법인인 비회원에 대출하는 경우, 조합이 그 비회원에 대출을 하는지 여부와 관계없이 대출이 허용된다(법 제78조의2 제2항, 시행령 제19조의6 제3항).

2. 동일인 대출 한도

법 제78조의2에 따른 중앙회의 조합이 아닌 자에 대한 대출 중 동일한 개인에 대한 대출한도는 3억원이다(법 시행령 제19조의6 제4항 제1호). 동일한 개인에 대한 대출한도를 산정함에 있어 「부동산 가격공시에 관한 법률 제28조의 규정에 의한 감정평가법인의 부동산 감정평가액의 50% 이내에서 취급하는 담보대출금액은 20억원의 범위 내에서 이를 포함하지 아니한다(상호금융업감독규정 제18조의 3 제3항).

중앙회가 법인인 비회원에 대하여 대출을 할 경우, 동일한 비회원에 대한

7) 은행법에 따라 인가를 받아 설립된 은행(같은 법 제2조 제1항 제10호 가목에서 정하는 지방은행과 같은 법 제58조 제1항에 따라 인가를 받은 외국은행의 국내지점·대리점은 제외한다), 「한국산업은행법」(이하 '한국산업은행법')에 따른 한국산업은행, 「중소기업은행법」(이하 '중소기업은행법')에 따른 중소기업은행, 「한국수출입은행법」에 따른 한국수출입은행, 농협법 제161조의11에 따른 농협은행.

대출은 300억원을 초과할 수 없다(법 제78조의2 제2항, 시행령 제19조의6 제4항 제2호). 한편 중앙회가 일정한 은행이 그 구성원으로 참가한 일시적인 단체에서 구성원 사이에 미리 협의된 대출조건에 따라 중앙회가 분담하여 법인인 비회원에 대출하는 경우에는 500억원의 대출한도가 적용된다(법 제78조의2 제2항, 시행령 제19조의6 제4항 제2호).

또한 동일인 및 동일차주에 대한 대출한도는 중앙회의 비회원에 대한 전체 대출규모 한도(즉, 신용예탁금자산총액의 3분의 1)의 5%이다(법 제78조의2 제2항, 시행령 제19조의6 제4항 제3호, 상호금융업감독규정 제18조의3 제2항, 공정거래법 제2조 제2호 및 제3호). 나아가 대출금액이 150억원을 초과하는 동일인 및 동일차주에 대한 거액대출의 총 합계액은 중앙회의 비회원에 대한 전체 대출규모 한도(즉, 신용예탁금자산총액의 3분의 1)의 50%로 제한된다(법 제78조의2 제2항, 시행령 제19조의6 제4항 제4호).

중앙회의 조합이 아닌 자에 대한 대출의 대출한도에 포함되지 아니하는 대출 등 대출한도 산정의 구체적인 기준은 금융위원회가 정하여 고시한다(법 시행령 제19조의6 제5항). 여기에서 "대출한도에 포함되지 아니하는 대출"은 「감정평가 및 감정평가사에 관한 법률」에 따른 감정평가법인등의 부동산 감정평가액의 100분의 50이내에서 취급하는 20억원 범위내의 담보대출금액(법 시행령 제19조의6 제4항 제1호)과 조합의 부실채권 정리를 위하여 중앙회 자회사·손자회사(자회사·손자회사에 대한 대출을 위해 설립한 특수목적법인을 포함한다)에 대하여 행하는 대출(제2호부터 제4호까지)을 의미한다(상호금융업감독규정 제18조의3 제3항).

2015. 7. 21. 시행된 법 시행령에 따라 시중은행 등과의 신디케이트 론에 대하여 중앙회는 조합이 그 법인에 대출하는지 여부와 관계없이 500억원의 대출한도까지는 대출을 할 수 있도록 하여, 비회원 대출의 운용범위가 확대되었다.

Ⅲ. 관련 법령

법률	조문
새마을 금고법	제30조(비회원의 사업 이용) 금고는 회원의 이용에 지장이 없는 범위에서 비회원에게 사업을 이용하게 할 수 있다. 제67조(사업) ⑤ 중앙회에 관하여는 제28조 제1항 제2호·제4호, 같은 조 제3항 및 제7항, 제28조의2, 제29조 제1항 본문 및 제2항과 제30조를 준용한다.
농업 협동조합법	제135조(비회원의 사업 이용) ① 중앙회는 회원이 이용하는 데에 지장이 없는 범위에서 회원이 아닌 자에게 그 사업을 이용하게 할 수 있다. 다만, 제134조 제1항 제1호부터 제3호까지의 사업 중 판매사업(농업인이 아닌 자의 판매사업은 제외한다), 같은 항 제1호자목, 제4호, 제4호의2, 제5호, 제6호 및 제9호의 사업 외의 사업에 대한 비회원의 이용은 정관으로 정하는 바에 따라 제한할 수 있다. 〈개정 2011. 3. 31., 2016. 12. 27.〉 ② 회원의 조합원의 사업 이용은 회원의 이용으로 본다.
수산업 협동조합법	제139조(비회원의 사업 이용) ① 중앙회는 회원의 이용에 지장이 없는 범위에서 회원이 아닌 자에게 제138조 제1항에 따른 사업을 이용하게 할 수 있다. 다만, 제138조 제1항 제1호, 제10호부터 제12호까지, 제15호 및 제16호의 사업에 대하여는 대통령령으로 정하는 바에 따라 회원이 아닌 자의 이용을 제한할 수 있다. 〈개정 2016. 5. 29.〉 ② 다음 각 호의 어느 하나에 해당하는 자 또는 단체가 중앙회의 사업을 이용하는 경우에는 회원이 이용한 것으로 본다. 1. 회원의 조합원 및 그와 동일한 세대에 속하는 사람 2. 준회원 3. 어촌계
산림조합법	제109조(비회원의 사업 이용) ① 중앙회는 회원의 이용에 지장이 없는 범위에서 정관으로 정하는 바에 따라 회원이 아닌 자에게 제108조 제1항에 따른 사업을 이용하게 할 수 있다. ② 회원의 구성원의 사업 이용은 회원의 이용으로 본다.

제79조(자금의 운용)

제79조(자금의 운용) ① 중앙회는 제78조 제1항 제5호 가목에 따라 조합으로부터 예치된 여유자금 및 상환준비금 등의 자금을 다음 각 호의 어느 하나에 해당하는 방법으로 운용하여야 한다.
1. 조합에 대한 대출
2. 국채, 공채, 회사채, 그 밖의 유가증권의 매입
3. 대통령령으로 정하는 금융기관에 예치
4. 그 밖에 대통령령으로 정하는 방법

② 제1항 제2호에 따라 중앙회가 매입할 수 있는 유가증권의 종류 및 한도는 대통령령으로 정한다.

[전문개정 2015. 1. 20.]

Ⅰ. 조문의 취지와 의의

중앙회는 조합으로부터 예치된 자금 및 상환준비금 등의 자금을 ① 조합 대출, ② 유가증권 매입, ③ 예금, ④ 그 밖에 조합이 아닌 자에 대한 대출(신용예탁금에 한함), 조합에 대한 어음할인, 신협 예금자보호기금에 대한 대출, 파생상품 매입, 투자일임업자에의 위탁을 통한 운영 등의 방법으로 운용할 수 있다(법 제79조 제1항, 시행령 제19의7 제2항). 신협법령은 중앙회가 조합의 여유자금으로 운용할 수 있는 자금의 운용 한도와 규모, 투자할 수 있는 대상을 구체적으로 명시하여, 조합으로부터 수납한 예금·적금 등의 자금으로 한 투자로 손실을 입을 경우 조합 및 그 조합원들에게 상당한 피해를 줄 수 있다는 점을 고려하여 자금의 건전한 운영을 도모하려는 데에 그 취지가 있다.[8]

Ⅱ. 조문의 내용 및 해설

1. 조합예치금 및 상환준비금의 운용

조합은 조합원들로부터 예탁받은 자금을 모두 대출함으로써 유동성 부족으

8) 서울고등법원 2016. 4. 22. 선고 2015나2032248 판결.

로 인한 인출 불능 사태를 방지하기 위하여 예탁금 및 적금 잔액의 10%를 상환준비금으로 보유하여야 하며, 상환준비금 중 80% 이상을 중앙회에 예치하여야 한다(법 제43조 제1항). 조합은 조합원의 자금수요를 충족시키고 남는 여유자금의 운용방법의 하나로, 중앙회에 예치하도록 하고 있다(법 제44조). 중앙회는 조합으로부터 예치받은 상환준비금 및 여유자금 예치금을 법 제79조의 운용방법에 따라 운용한다. 중앙회는 조합으로부터 예치금 및 상환준비금을 조합에 대한 대출, 국채, 공채, 회사채, 그 밖의 유가증권의 매입, 대통령령으로 정하는 금융기관에 예치하는 방법으로 운용할 수 있다.

2. 조합에 대한 대출

조합에 대한 대출은 일반대출, 범위내대출, 환대월, 정부 및 공공기관 지원자금 대출, 특별지원대출로 구분된다(중앙회 여신규정 제5조 제1항 제1호). 일반대출은 조합의 일반적인 자금의 수급조절을 위하여 상환준비금의 40% 한도내에서 취급하는 대출(이하 "일반신용대출"이라 한다)과 기타 별도의 담보에 의하여 실행하는 대출(이하 "일반담보대출"이라 한다)을 의미한다. 범위내대출은 신용예탁금을 예탁한 조합 등에 대하여 해당 신용예탁금 범위내에서 취급하는 대출이며, 환대월은 환결제 자금이 부족한 조합에 대하여 해당 조합의 환보예탁금 범위내에서 취급하는 대출이다. 정부 및 공공기관 지원자금 대출은 정부 및 공공기관으로부터 중앙회가 차입 등의 형식으로 재원을 조달한 이후 중앙회가 조합에 대출하여 정부 및 공공기관의 목적을 달성하기 위한 대출이며, 특별지원대출은 조합의 점포 경쟁력 강화를 위하여 농·소형 조합 및 법 제9조 제1항에 따른 공동유대 전환·전환예정 조합에 대한 점포 신축·증축·구입, 임차 자금 또는 주차장 부지 구입 자금을 지원하기 위하여 실행하는 대출을 말한다(중앙회 여신규정 제1항 제1호 가목부터 마목).

여신은 담보의 종류에 따라 신용대출(담보대출 이외의 대출로서 채무관계자의 신용을 담보로 하는 대출)과 담보대출(채무관계자로부터 물적담보 또는 보증기관 등으로부터 신용보증서 등을 제공 받아 취급하는 대출)로 구분하며, 여신은 거래방식에 따라 개별거래방식과 한도거래방식으로 구분하여 운용한다(중앙회 여신규정 제6조 제1항, 제2항).

조합에 대한 대출은 신용대출을 원칙으로 한다(중앙회 여신규정 제8조 제1항). 다만, 채권보전에 필요하다고 인정되는 경우에는 담보를 취득할 수 있다. 조합에 대한 대출은 한도거래약정에 의한 대출을 원칙으로 하되 필요한 경우 개별거래대출에 의한 대출을 할 수 있다(중앙회 여신규정 제8조 제2항). 정부 및 공공기관 지원자금 대출은 관련법령 및 규정 등에서 정하는 바에 따른다(중앙회 여신규정 제8조 제3항).

조합의 중앙회 대출약정 최고한도는 조합의 직전 사업연도말 자산총액의 100분의 5와 자기자본 중 큰 금액에서 외부차입금을 제외한 금액의 범위내로 한다(중앙회 여신규정 제9조). 이 경우, 범위내대출금, 환대월, 법 제55조 제2항의 규정에 의한 합병지원자금대출 및 법 제80조의2의 규정에 의한 기금으로부터의 차입금액은 최고한도 산정에서 제외한다.

일반대출의 약정한도는 조합의 중앙회 대출약정 최고한도의 범위내에서 정하되, 일반신용대출은 상환준비금의 50% 범위내, 일반담보대출은 담보평가액의 70%이내에서 정한다. 범위내대출의 약정한도는 약정 신청전일 신용예탁금 잔액의 2배와 신청직전월 3개월간 신용예탁금 예탁평잔의 2배 중 큰 금액의 범위내에서 정한다. 환대월의 약정한도는 약정일 현재 환담보예탁금의 범위내에서 정한다. 다만, 부득이한 경우에는 신용관리본부장의 승인을 얻어 한도를 초과할 수 있다. 특별지원대출의 약정한도는 제1항에 따른 대출약정 최고한도 범위내에서 정하되, 점포 신축·증축·구입, 임차 자금 또는 주차장 부지 구입 자금의 100% 이내로 한다(중앙회 여신규정 제9조 제1항부터 제5항). 조합이 자금의 초과차입을 신청하는 경우 금융위원회가 정하는 기준에 따라 중앙회장의 승인이 있는 때에는 제1항에도 불구하고 자산총액의 100분의 15와 자기자본의 3배 중 큰 금액 이내로 할 수 있다(중앙회 여신규정 제9조 제6항).

3. 국채, 공채, 회사채, 그 밖의 유가증권의 매입

(1) 상환준비금으로 매입할 수 있는 유가증권

중앙회 상환준비금으로 매입할 수 있는 유가증권은 ① 국채증권·지방채증권 및 특수채증권, ② 금융위원회가 신용도 또는 신용평가등급 등을 고려하여 고시하는 회사채(상호금융업감독규정 제18조의4 제1항),[9] ③ 증권집합투자기구의 집합투자증권 또는 같은 법에 따른 신탁업자가 발행하는 수익증권으로서 상장주식등의 편입비율이 30% 이하인 것, ④ 단기금융집합투자기구의 집합투자증권, ⑤ 금융위원회가 정하여 고시하는 유가증권(상호금융업감독규정 제18조의4 제2항)[10]으로 제한된다.

중앙회는 전월 말 상환준비금 운용자금의 10%를 초과하여 증권집합투자기구의 집합투자증권 또는 신탁업자가 발행하는 수익증권을 매입하여서는 아니 된다(법 시행령 제19조의7 제4항 제1호, 상호금융업감독규정 제18조의4 제4항).

(2) 신용예탁금으로 매입할 수 있는 유가증권

중앙회 신용예탁금으로 매입할 수 있는 유가증권은 ① 자본시장법 제4조에 따른 증권[다만, 자본시장법에 의한 채무증권과 수익증권으로서 투자위험 등을 고려하여 금융위원회가 정하여 고시하는 증권(상호금융업감독규정 제18조의4 제3항)[11]은 제외한다], ② 그 밖에 신용예탁금의 운용을 위하여 필요하다고 인정되는 것으

---

9) 부보금융기관 또는 체신관서가 지급보증한 회사채 및 신용평가전문기관 중에서 2 이상의 자로부터 BBB^{+} 이상의 평가등급을 받은 회사채(사모사채 제외).

10) ① 채무자 회생 및 파산에 관한 법률에 의해 회생절차 개시의 결정을 받은기업, ② 기업구조조정 촉진법에 의해 채권금융기관이 기업구조조정을 위한 목적으로 관리절차가 진행중인 기업, ③ 기업구조조정 촉진을 위한 금융기관의 협약·협의에 의해 기업개선작업을 추진중인 기업에 대한 회사채 등이 출자전환되어 보유하게 되는 그 기업의 지분증권.

11) ① 제1항 본문 및 단서에 규정된 회사채 외의 회사채, ② 제6조의2 제2항 제2호의 신용평가전문기관 중에서 2(신용평가전문기관의 업무정지등 부득이한 사유가 있는 경우에는 1)이상의 자로부터 A1 이상의 평가등급을 받은 기업어음증권 외의 기업어음증권, ③ 자본시장법 제229조 제3호에 따른 특별자산집합투자기구의 집합투자증권 중 「사회기반시설에 대한 민간투자법」 제2조에서 정한 사회기반시설 및 관련자산에 투자하는 증권 이외의 집합투자증권, ④ 자본시장법 제229조 제4호에 따른 혼합자산집합투자기구의 집합투자증권 중 같은 법 제249조의2 제3항에서 정한 차입금의 총액 이내에서 투자하는 증권 이외의 집합투자증권.

로서 금융위원회가 정하여 고시하는 유가증권으로 제한된다.

중앙회는 지분증권, 증권집합투자기구의 집합투자증권으로서 투자대상이 지분증권 또는 위험회피 목적의 파생상품을 포함하는 증권의 매입액의 합계액이 전월 말 신용예탁금 자산총액의 20%를 초과해서는 아니 된다(법 시행령 제19의7 제4항 제2호, 상호금융업감독규정 제18조의4 제5항). 이 경우 증권집합투자기구의 집합투자증권으로서 그 투자대상이 지분증권 또는 위험회피 목적 외의 파생상품을 포함하는 증권의 매입액은 집합투자규약에서 정한 지분증권과 위험회피 목적 외의 파생상품에의 투자한도액으로 한다(법 시행령 제19조의7 제4항 제2호).

중앙회는 자본시장법 제4조에 따른 증권 중 i) 지분증권, ii) 자본시장법 제229조 제1호에 따른 증권집합투자기구의 집합투자증권으로서 그 투자 대상이 지분증권 또는 위험회피 목적 외의 파생상품을 포함하는 증권, iii) 자본시장법 제4조 제3항에 따른 채무증권, iv) 자본시장법 제229조 제1호에 따른 증권집합투자기구의 집합투자증권(채무증권에만 투자하는 경우로 한정한다), v) 자본시장법 제229조 제5호에 따른 단기금융집합투자기구의 집합투자증권을 제외한 증권의 매입액의 합계액이 전월 말 신용예탁금 자산총액의 30%를 초과해서는 아니 된다(법 시행령 제19조의7 제4항 제3호, 상호금융업감독규정 제18조의4 제6항).

4. 금융기관 예치

중앙회는 운용자금을 부보금융회사 및 체신관서에 예치할 수 있다.

5. 위반시 제재

중앙회의 임직원 또는 청산인이 중앙회의 사업목적 외의 용도로 자금을 사용하거나 재산을 처분 또는 이용하여 중앙회에 손해를 끼친 경우에는 3년 이하의 징역 또는 3천만원 이하의 벌금에 처한다(법 제99조 제1항 제1호). 이 경우 징역형과 벌금형을 병과할 수 있다(법 제99조 제1항 제1호 후단).

Ⅲ. 관련 판례

대법원 2020. 2. 27. 선고 2016다223494 판결[12)]

"피고 ○○자산운용은 투자신탁상품의 투자권유자로서 투자자보호의무를 부담하며, 피고 ○○○○자산운용은 투자권유단계 및 자산운용단계에서 투자자의 자산을 운용하여야 할 주의의무를 부담한다. 피고들은 이 사건 펀드의 수익구조와 위험요인에 관한 부정확하거나 오해를 유발할 수 있는 정보를 제공함으로써 원고로 하여금 올바른 정보를 제공받아 이를 바탕으로 합리적인 투자판단을 할 수 있도록 하여야 할 투자자 보호의무를 위반하였다. 자산운용회사의 투자자보호의무 위반으로 인하여 투자자가 입은 손해액은 투자원금에서 그 투자로 인하여 취득한 수익증권에 기하여 회수하였거나 회수할 수 있는 금전의 총액을 뺀 금액이 된다."

대법원 2007. 5. 31. 선고 2007도626 판결

"신용협동조합중앙회 회장이 조합의 여유자금을 중앙회 소속 직원에게 일임하여 직접 주식을 매매·거래하는 방법으로 투자하도록 하여 운용한 행위가 조합의 사업목적 자금을 사용하여 조합에 손해를 가한 행위로서 구 신용협동조합법 제99조 제1항 제1호에 해당한다."

서울고등법원 2016. 4. 22. 선고 2015나2032248 판결

"신용협동조합법 제79조는 신용협동조합 중앙회가 신용협동조합으로부터 수납한 예금·적금 등의 자금으로 특별자산투자신탁의 수익증권을 매수하는 것을 금지하고 있다. 이는 신용협동조합 중앙회가 신용협동조합으로부터 수납한 예금·적금 등의 자금으로 투자위험이 큰 수익증권을 매수하였다가 손실을 입을 경우 신용협동조합 및 그 조합원들에게 상당한 피해를 줄 수 있으므로 투자위험이 큰 수익증권의 매수를 하지 못하도록 함으로써 자금의 건전한 운영을 도모하려는 데에 그 취지가 있다고 할 수 있다."

---

12) 중앙회가 투자자로서 취득한 재산과 관련하여 자산운용사를 상대방으로 투자자보호의무 위반으로 입은 손해에 대하여 손해배상청구를 하여 승소한 사례이다.

Ⅳ. 관련 법령

법률	조문
새마을 금고법	제67조(사업) ① 중앙회는 그 목적을 달성하기 위하여 다음 각 호의 사업의 전부 또는 일부를 행한다. 〈개정 2007. 8. 3., 2011. 3. 8., 2015. 7. 20., 2023. 4. 11.〉 1. 금고의 사업 및 경영의 지도 2. 교육·훈련·계몽 및 조사연구와 보급·홍보 3. 금고의 감독과 검사 4. 금고 사업에 대한 지원 5. 신용사업 가. 금고로부터의 예탁금, 적금, 그 밖의 여유자금의 수납 나. 금고 및 금고의 회원을 위한 자금의 대출 다. 금고 및 금고의 회원을 위한 내국환(內國換) 및 「외국환거래법」에 따른 외국환업무 라. 금고 및 금고의 회원을 위한 보호예수(保護預受) 마. 국가·공공단체 또는 금융기관의 업무의 대리 바. 지급보증과 어음할인 사. 「자본시장과 금융투자업에 관한 법률」 제4조 제3항에 따른 국채증권 및 지방채증권의 인수·매출 아. 「여신전문금융업법」에 따라 허가받은 신용카드업 6. 금고 및 금고의 회원을 위한 공제사업 7. 국가나 공공단체가 위탁하거나 보조하는 사업 8. 다른 법령에서 중앙회의 사업으로 정하는 사업 9. 의료지원사업 10. 제1호부터 제9호까지의 사업과 관련되는 부대사업 11. 금고의 회계방법이나 그 밖에 장부·서류의 통일 및 조정 12. 국제기구 및 외국과의 지역개발 협력사업으로서 주무부장관의 승인을 받은 사업 13. 그 밖에 목적 달성에 필요한 사업으로서 주무부장관의 승인을 받은 사업 ② 중앙회는 제1항의 사업을 원활하게 수행하기 위하여 필요한 경우에는 주무부장관의 승인을 받아 필요한 자금을 차입할 수 있다. 다만, 제1항 제5호의 신용사업에 필요한 자금을 차입하는 경우에는 승인받지 아니하고 차입할 수 있다. 〈개정 2011. 3. 8.〉 ③ 중앙회는 제1항의 사업을 원활하게 수행하기 위하여 필요한 경우에는 정관으로 정하는 바에 따라 자금을 조성·운용할 수 있다. 〈신설 2023. 4. 11.〉 ④ 중앙회는 제1항과 제5항에 따라 준용되는 제28조 제1항 제2호·제4호의 사업을 수행하기 위하여 필요하면 자기자본의 범위에서 다른 법인에 출자할 수 있다. 〈개정 2011. 3. 8., 2023. 4. 11.〉 ⑤ 중앙회에 관하여는 제28조 제1항 제2호·제4호, 같은 조 제3항 및 제7항, 제28조의2, 제29조 제1항 본문 및 제2항과 제30조를 준용한다. 〈개정 2011. 3. 8., 2017. 12. 26., 2023. 4. 11.〉

	⑥ 중앙회는 제1항 제5호 가목에 따라 금고로부터 수납받아 운용하는 여유자금에 대하여는 금고에 이자를 지급하거나 운용실적에 따른 이익금을 분배할 수 있다. 〈신설 2011. 3. 8., 2023. 4. 11.〉 ⑦ 중앙회가 제6항에 따른 이익금을 분배하는 경우에는 「자본시장과 금융투자업에 관한 법률」을 적용하지 아니한다. 〈신설 2011. 3. 8., 2023. 4. 11.〉 ⑧ 중앙회와 대출 등의 계약을 체결한 자의 금리인하 요구에 대해서는 제31조의2를 준용한다. 이 경우 "금고"는 "중앙회"로 본다. 〈신설 2022. 11. 15., 2023. 4. 11.〉
농업 협동 조합법	**제134조(사업)** ① 중앙회는 다음 각 호의 사업의 전부 또는 일부를 수행한다. 다만, 제2호 및 제3호의 사업과 제5호부터 제9호까지의 사업 중 경제사업과 관련된 사업은 농협경제지주회사 및 그 자회사가 수행하고, 제4호의2의 사업과 제5호부터 제9호까지의 사업 중 금융사업과 관련된 사업은 농협금융지주회사 및 그 자회사가 수행한다. 〈개정 2011. 3. 31., 2013. 3. 23., 2016. 12. 27.〉 1. 교육 · 지원 사업 가. 회원의 조직 및 경영의 지도 나. 회원의 조합원과 직원에 대한 교육 · 훈련 및 농업 · 축산업 등 관련 정보의 제공 다. 회원과 그 조합원의 사업에 관한 조사 · 연구 및 홍보 라. 회원과 그 조합원의 사업 및 생활의 개선을 위한 정보망의 구축, 정보화 교육 및 보급 등을 위한 사업 마. 회원과 그 조합원 및 직원에 대한 자금지원 바. 농업 · 축산업 관련 신기술 및 신품종의 연구 · 개발 등을 위한 연구소와 시범농장의 운영 사. 회원에 대한 감사 아. 회원과 그 조합원의 권익증진을 위한 사업 자. 의료지원사업 차. 회원과 출자법인에 대한 지원 및 지도 카. 제159조의2에 따른 명칭 사용의 관리 및 운영 2. 농업경제사업 가. 회원을 위한 구매 · 판매 · 제조 · 가공 등의 사업 나. 회원과 출자법인의 경제사업의 조성, 지원 및 지도 다. 인삼 경작의 지도, 인삼류 제조 및 검사 라. 산지 유통의 활성화 및 구조개선 사업 3. 축산경제사업 가. 회원을 위한 구매 · 판매 · 제조 · 가공 등의 사업 나. 회원과 출자법인의 경제사업의 조성, 지원 및 지도 다. 가축의 개량 · 증식 · 방역 및 진료에 관한 사업 라. 산지 유통의 활성화 및 구조개선 사업 4. 상호금융사업 가. 대통령령으로 정하는 바에 따른 회원의 상환준비금과 여유자금의 운용 · 관리 나. 회원의 신용사업 지도 다. 회원의 예금 · 적금의 수납 · 운용

라. 회원에 대한 자금 대출
마. 국가·공공단체 또는 금융기관(「은행법」에 따른 은행과 그 외에 금융 업무를 취급하는 금융기관을 포함한다. 이하 같다)의 업무의 대리
바. 회원 및 조합원을 위한 내국환 및 외국환 업무
사. 회원에 대한 지급보증 및 회원에 대한 어음할인
아. 「자본시장과 금융투자업에 관한 법률」 제4조 제3항에 따른 국채증권 및 지방채증권의 인수·매출
자. 「전자금융거래법」에서 정하는 직불전자지급수단의 발행·관리 및 대금의 결제
차. 「전자금융거래법」에서 정하는 선불전자지급수단의 발행·관리 및 대금의 결제
4의2. 「금융지주회사법」 제2조 제1항 제1호에 따른 금융업 및 금융업의 영위와 밀접한 관련이 있는 회사의 사업
5. 국가나 공공단체가 위탁하거나 보조하는 사업
6. 다른 법령에서 중앙회의 사업으로 정하는 사업
7. 제1호부터 제6호까지의 사업과 관련되는 대외 무역
8. 제1호부터 제7호까지의 사업과 관련되는 부대사업
9. 제1호부터 제8호까지에서 규정한 사항 외에 중앙회의 설립 목적의 달성에 필요한 사업으로서 농림축산식품부장관의 승인을 받은 사업
② 중앙회는 제1항에 따른 목적을 달성하기 위하여 국가·공공단체 또는 금융기관으로부터 자금을 차입(借入)하거나 금융기관에 예치(預置) 등의 방법으로 자금을 운용할 수 있다. 〈개정 2011. 3. 31.〉
③ 중앙회는 제1항에 따른 목적을 달성하기 위하여 국제기구·외국 또는 외국인으로부터 자금을 차입하거나 물자와 기술을 도입할 수 있다.
④ 중앙회는 상호금융대표이사의 소관 업무에 대하여는 독립 회계를 설치하여 회계와 손익을 구분 관리하여야 한다. 이 경우 회계에 자본계정을 설치할 수 있다. 〈개정 2011. 3. 31., 2016. 12. 27.〉
1. 삭제 〈2016. 12. 27.〉
2. 삭제 〈2016. 12. 27.〉
3. 삭제 〈2016. 12. 27.〉
⑤ 중앙회는 제1항에 따른 사업을 수행하기 위하여 필요하면 정관으로 정하는 바에 따라 사업손실보전자금, 대손보전자금, 조합상호지원자금 및 조합합병지원자금을 조성·운용할 수 있다. 이 경우 경제사업과 관련된 자금의 운용은 농협경제지주회사가 수립한 계획에 따른다. 〈개정 2016. 12. 27.〉
[전문개정 2009. 6. 9.]

제68조(공제규정 등) ① 제67조 제1항 제6호의 사업을 할 때에는 공제규정을 정하여 주무부장관의 인가를 받아야 한다.
② 제1항의 공제규정에는 행정안전부령으로 정하는 바에 따라 사업 실시방법, 공제계약, 공제료 등을 정하여야 한다. 〈개정 2008. 2. 29., 2013. 3. 23., 2014. 11. 19., 2017. 7. 26.〉
③ 제1항의 공제규정을 변경하거나 폐지하려면 주무부장관의 인가를 받아야 한다.
④ 중앙회가 공제계약을 체결하는 경우 중복계약 체결의 확인 의무에 대해서는 「보험업법」 제95조의5를 준용한다. 〈신설 2017. 12. 26.〉
[제목개정 2017. 12. 26.]

	제69조(공제분쟁조정심의위원회의 설치 · 운영) ① 공제사업 시행과 관련한 분쟁을 신속 · 공정하게 해결하기 위하여 중앙회에 공제분쟁조정심의위원회를 둔다. 〈개정 2011. 3. 8.〉 ② 제1항에 따른 공제분쟁조정심의위원회의 구성과 운영, 그 밖의 조정심의 절차 등에 필요한 사항은 대통령령으로 정한다.
수산업 협동조합법	제138조(사업) ① 중앙회는 그 목적을 달성하기 위하여 다음 각 호의 사업의 전부 또는 일부를 수행한다. 〈개정 2010. 5. 17., 2013. 3. 23., 2016. 5. 29.〉 1. 교육 · 지원 사업 가. 회원의 조직 · 경영 및 사업에 관한 지도 · 조정 나. 회원의 조합원과 직원에 대한 교육 · 훈련 및 정보의 제공 다. 회원과 그 조합원의 사업에 관한 조사 · 연구 및 홍보 라. 회원과 그 조합원의 사업 및 생활 개선을 위한 정보망의 구축, 정보화 교육 및 보급 등을 위한 사업 마. 회원과 그 조합원에 대한 보조금의 지급 바. 수산업 관련 신기술의 개발 등을 위한 사업 및 시설의 운영 사. 회원에 대한 감사 아. 각종 사업을 위한 교육 · 훈련 자. 회원과 그 조합원의 권익 증진을 위한 사업 차. 제162조의2에 따른 명칭사용료의 관리 및 운영 2. 경제사업 가. 회원과 그 조합원을 위한 구매 · 보관 · 판매 · 제조 사업 및 그 공동사업과 업무 대행 나. 회원과 그 조합원을 위한 수산물의 처리 · 가공 및 제조 사업 다. 회원 및 출자회사(중앙회가 출자한 회사만을 말한다)의 경제사업의 조성 · 지도 및 조정 3. 삭제 〈2016. 5. 29.〉 4. 상호금융사업 가. 대통령령으로 정하는 바에 따라 회원으로부터 예치된 여유자금 및 상환준비금의 운용 · 관리 나. 회원의 신용사업 지도 다. 회원의 예금 · 적금의 수납 · 운용 라. 회원에 대한 자금 대출 마. 국가 · 공공단체 또는 금융기관(「은행법」에 따른 은행과 그 외에 금융업무를 취급하는 금융기관을 포함한다. 이하 같다)의 업무의 대리 바. 회원 및 조합원을 위한 내국환 및 외국환 업무 사. 회원에 대한 지급보증 및 회원에 대한 어음할인 아. 「자본시장과 금융투자업에 관한 법률」 제4조 제3항에 따른 국채증권 및 지방채증권의 인수 · 매출 자. 「전자금융거래법」에서 정하는 직불전자지급수단의 발행 · 관리 및 대금의 결제 차. 「전자금융거래법」에서 정하는 선불전자지급수단의 발행 · 관리 및 대금의 결제 5. 공제사업 6. 의료지원사업

7. 「자본시장과 금융투자업에 관한 법률」에 따른 파생상품시장에서의 거래
8. 국가와 공공단체가 위탁하거나 보조하는 사업
9. 제1호, 제2호, 제4호부터 제8호까지의 사업에 관련된 대외무역
10. 다른 경제단체 · 사회단체 및 문화단체와의 교류 · 협력
11. 어업통신사업
12. 어업협정 등과 관련된 국제 민간어업협력사업
13. 회원과 그 조합원을 위한 공동이용사업 및 운송사업
14. 「어선원 및 어선 재해보상보험법」 제2조 제1항 제2호에 따른 어선원 고용 및 복지와 관련된 사업
15. 다른 법령에서 중앙회의 사업으로 정하는 사업
16. 제1호, 제2호, 제4호부터 제15호까지의 사업에 부대하는 사업
17. 그 밖에 중앙회의 목적 달성에 필요한 사업으로서 해양수산부장관의 승인을 받은 사업

② 중앙회는 제1항의 사업을 하기 위하여 국가, 공공단체 또는 금융기관으로부터 자금을 차입하거나 금융기관에 예치하는 방법 등으로 자금을 운용할 수 있다. 〈개정 2016. 5. 29.〉
③ 중앙회는 제1항의 사업을 하기 위하여 국제기구 · 외국 또는 외국인으로부터 자금을 차입하거나 물자와 기술을 도입할 수 있다.
④ 삭제 〈2016. 5. 29.〉
⑤ 삭제 〈2016. 5. 29.〉
⑥ 제1항 제2호 · 제4호 및 제5호의 사업에 대하여는 제131조 제2항에 따른 지도경제사업대표이사 소관 업무의 회계 안에서 회계와 손익을 각각 구분하여 관리하여야 한다. 〈개정 2016. 5. 29.〉
⑦ 삭제 〈2016. 5. 29.〉
⑧ 삭제 〈2016. 5. 29.〉
⑨ 삭제 〈2016. 5. 29.〉

제139조(비회원의 사업 이용) ① 중앙회는 회원의 이용에 지장이 없는 범위에서 회원이 아닌 자에게 제138조 제1항에 따른 사업을 이용하게 할 수 있다. 다만, 제138조 제1항 제1호, 제10호부터 제12호까지, 제15호 및 제16호의 사업에 대하여는 대통령령으로 정하는 바에 따라 회원이 아닌 자의 이용을 제한할 수 있다. 〈개정 2016. 5. 29.〉
② 다음 각 호의 어느 하나에 해당하는 자 또는 단체가 중앙회의 사업을 이용하는 경우에는 회원이 이용한 것으로 본다.
1. 회원의 조합원 및 그와 동일한 세대에 속하는 사람
2. 준회원
3. 어촌계
[전문개정 2010. 4. 12.]

제141조의3(다른 법인에 대한 출자의 제한 등) ① 중앙회는 제138조 제1항에 따른 사업을 하기 위하여 제164조에 따른 자기자본의 범위에서 다른 법인에 출자할 수 있다. 다만, 같은 법인에 대한 출자한도는 자기자본의 100분의 20 이내에서 정관으로 정한다. 〈개정 2022. 12. 27.〉
② 중앙회는 다른 법인이 발행한 의결권 있는 주식(출자지분을 포함한다. 이하 이 조에서 같다)의 100분의 15를 초과하는 주식을 취득할 수 없다. 다만, 다음 각 호의 어느 하나에 해당하는 경우에는 그러하지 아니하다.
1. 제138조 제1항에 따른 사업 수행을 위하여 필요한 경우

	2. 주식배당이나 무상증자에 따라 주식을 취득하게 되는 경우 3. 기업의 구조조정 등으로 인하여 대출금을 출자로 전환함에 따라 주식을 취득하게 되는 경우 4. 담보권의 실행으로 인하여 주식을 취득하게 되는 경우 5. 기존 소유지분의 범위에서 유상증자에 참여함에 따라 주식을 취득하게 되는 경우 6. 신주인수권부사채 등 주식 관련 채권을 주식으로 전환함에 따라 주식을 취득하게 되는 경우 7. 수협은행의 주식을 취득하는 경우 ③ 중앙회가 제2항 제7호에 따라 수협은행의 주식을 취득하기 위하여 출자하는 경우 그 출자금은 제1항에 따른 다른 법인에 대한 출자에 포함되지 아니하는 것으로 본다. ④ 제1항에도 불구하고 중앙회가 제2항 제7호에 따라 수협은행의 주식을 취득하기 위하여 출자하는 경우에는 자기자본을 초과하여 출자할 수 있다. 이 경우 사업전담대표이사는 3개월 이내에 출자의 목적 및 금액 등을 총회에 보고하여야 한다. ⑤ 중앙회는 제138조 제1항 제2호에 따른 사업을 수행하기 위하여 다른 법인에 출자하는 경우 회원과 공동으로 출자하여 운영함을 원칙으로 한다. [본조신설 2016. 5. 29.]
산림조합법	제108조(사업) ① 중앙회는 그 목적을 달성하기 위하여 다음 각 호의 사업을 수행한다. 〈개정 2016. 12. 27., 2018. 12. 11., 2020. 3. 24.〉 1. 교육 · 지원 사업 가. 회원의 조직 및 경영 지도 나. 회원의 조합원과 직원에 관한 교육 · 훈련 및 정보의 제공 다. 회원과 그 조합원의 사업에 관한 조사 · 연구 및 홍보 라. 회원과 그 조합원의 사업 및 생활개선을 위한 정보망 구축, 정보화 교육 및 보급 등을 위한 사업 마. 회원과 그 조합원 및 직원에 대한 보조금 교부 바. 임업 관련 신기술 및 신품종의 연구 · 개발 등을 위한 연구소와 시범사업 운영 사. 회원 및 중앙회의 사업에 대한 계획 · 설계 및 감리 아. 회원에 대한 감사 자. 회원과 그 조합원의 권익증진을 위한 사업 차. 「평생교육법」에 따른 평생교육시설의 설치 및 운영 카. 제114조의2에 따른 명칭사용료의 관리 및 운영 2. 임업경제사업 가. 중앙회 및 회원과 그 조합원을 위한 구매 · 보관 · 이용 · 판매, 시설물 조성 및 공동사업과 그 업무대행 나. 산림의 지하수를 이용한 먹는 물의 개발 · 공급 다. 임업용 각종 균류의 배양 · 개량 및 공급 라. 수목의 병리치료 및 외과수술, 조경사업 마. 임산물 또는 그 밖의 임업용 기자재의 수출 · 수입 바. 보관사업 사. 산림경영 구조개선사업 아. 임도, 사방, 산지복구나 그 밖의 산림토목사업 등의 관련 사업에 대한

조사 · 설계 · 감리
자. 산촌개발, 수목원, 산림복지시설, 산림환경 등의 관련 사업에 대한 조사 · 설계 · 감리
차. 조림, 숲가꾸기 및 병해충 방제 등 산림사업에 대한 조사 · 설계 · 감리
카. 산림 분야 안전진단, 계측 및 유지관리
타. 산림자원조사, 산림공간정보체계 구축 및 활용 등을 위한 사업
3. 회원을 위한 신용사업
가. 회원의 여신자금과 사업자금의 대출
나. 중앙회의 사업부문에 대한 자금 공급
다. 회원의 예탁금 수납
라. 내국환과 회원을 위한 보호예수업무
마. 국가, 지방자치단체 등의 공공단체와 금융회사 등의 업무 대행
4. 대통령령으로 정하는 바에 따른 회원의 상환준비금과 여유자금의 운용 · 관리
5. 공제사업
6. 산림자원조성기금의 설치 · 운용
6의2. 「신에너지 및 재생에너지 개발 · 이용 · 보급 촉진법」 제2조 제2호에 따른 재생에너지 발전사업 중 산림분야와 관련된 사업
6의3. 산림분야 정보기술 용역 및 시스템 구축사업
6의4. 산림 분야 학술 · 연구용역
7. 국가나 공공단체가 위탁하거나 보조하는 사업
8. 다른 법령에서 중앙회의 사업으로 정하는 사업
9. 제1호부터 제6호까지, 제6호의2부터 제6호의4까지, 제7호 및 제8호의 사업과 관련되는 부대사업
10. 그 밖에 설립목적의 달성에 필요한 사업으로서 산림청장의 승인을 받은 사업
② 중앙회는 회원의 사업과 직접 경합되지 아니하는 범위에서 제46조 제1항 각 호(제4호는 제외한다)의 사업을 할 수 있다. 이 경우 국가나 공공단체가 시행하는 사업은 회원의 사업과 경합하는 것으로 보지 아니한다.
③ 중앙회는 제1항에 따른 사업을 수행하기 위하여 다음 각 호의 행위를 할 수 있다.
1. 국가 · 공공단체 · 한국은행 또는 다른 금융회사 등으로부터 자금을 차입하거나 한국은행 또는 다른 금융회사 등에 예치하는 등의 방법으로 자금 운용
2. 대통령령으로 정하는 자로 하여금 중앙회의 사업에 대한 자금 및 물자의 기탁 또는 투자의 권고
3. 해외 임산자원의 개발, 국제기구 · 외국 또는 외국인으로부터의 자금 차입 또는 물자 및 기술의 도입
4. 정관으로 정하는 바에 따라 사업손실보전자금, 대손보전자금, 조합상호지원자금 및 조합합병지원자금의 조성 · 운용
[전문개정 2013. 4. 5.]
제109조(비회원의 사업 이용) ① 중앙회는 회원의 이용에 지장이 없는 범위에서 정관으로 정하는 바에 따라 회원이 아닌 자에게 제108조 제1항에 따른 사업을 이용하게 할 수 있다.

② 회원의 구성원의 사업 이용은 회원의 이용으로 본다.
[전문개정 2013. 4. 5.]

제110조(유통지원자금의 조성 · 운용) ① 중앙회는 회원과 조합원이 생산한 임산물 및 가공품 등의 원활한 유통을 지원하기 위하여 유통지원자금을 조성 · 운용할 수 있다.
② 제1항에 따른 유통지원자금은 다음 각 호의 사업에 운용한다. 〈개정 2020. 3. 24.〉
1. 임산물의 계약재배사업
2. 임산물 및 그 가공품의 출하조절사업
3. 임산물의 공동규격 출하촉진사업
4. 회원과 조합원이 생산한 임산물 등을 중앙회가 일괄 구매하여 직접 판매하는 사업
5. 그 밖에 중앙회가 필요하다고 인정하는 유통 관련 사업

③ 제1항에 따른 유통지원자금은 제114조의2에 따른 명칭사용료 등으로 조성한다. 〈신설 2020. 3. 24.〉
④ 국가는 예산의 범위에서 제1항에 따른 유통지원자금의 조성을 지원할 수 있다. 〈개정 2020. 3. 24.〉
[전문개정 2013. 4. 5.]

제111조(사업의 공동운영 등) ① 중앙회는 제108조에 따른 사업을 수행할 때 회원과 공동으로 출자하여 운영할 수 있다.
② 중앙회는 제1항에 따라 회원과 공동으로 출자하여 사업을 운영하는 경우 해당 사업의 이익금 중 일부를 공동출자를 한 회원에게 우선적으로 배당하여야 한다.
③ 중앙회는 제108조에 따른 사업을 수행하기 위하여 자기자본의 범위에서 다른 법인에 출자할 수 있다. 다만, 동일 법인에 대한 출자한도는 자기자본의 100분의 20 이내에서 정관으로 정한다.
[전문개정 2013. 4. 5.]

제79조2(금리인하 요구의 준용)

제79조의2(금리인하 요구의 준용) 중앙회와 대출등의 계약을 체결한 자의 금리인하 요구에 관하여는 제45조의3을 준용한다. 이 경우 "조합"은 "중앙회"로 본다.
[본조신설 2022. 1. 4.]

Ⅰ. 조문의 취지와 의의

법 제79조의2는 중앙회와 대출등의 계약을 체결한 자의 금리인하 요구권을 규정하고 있다. 당초 중앙회와 대출 등의 계약을 체결하고 대출 등을 받은 금융소비자의 신용상태가 개선된 경우 중앙회에 금리인하를 요구할 수 있는 제도를 시행하고 있었으나, 중앙회가 이를 위반하여도 처벌할 근거가 없어 제도의 활용을 높이기 위하여 2022. 7. 4.부터 중앙회에도 조합 금리인하 요구 규정을 준용하도록 하여, 금리인하요구권 제도의 활용을 촉진하고 금융소비자의 금융편의를 도모하고자 도입된 것이다.

Ⅱ. 조문의 내용 및 해설

중앙회와 대출등의 계약을 체결한 자는 재산증가나 신용등급 또는 개인신용평점 상승 등 신용상태 개선이 나타났다고 인정되는 경우 중앙회에 금리인하를 요구할 수 있다(법 제79조의 2, 제45조의3 제1항). 만일 중앙회가 금리인하 요구권을 알리지 아니한 경우에는 2천만원 이하의 과태료를 부과한다(법 제101조 제1항).

Ⅲ. 관련 법령

법률	조문
은행법	제30조의2(금리인하 요구) ① 은행과 신용공여 계약을 체결한 자는 재산 증가나 신용등급 또는 개인신용평점 상승 등 신용상태 개선이 나타났다고 인정되는 경우 은행에 금리인하를 요구할 수 있다. 〈개정 2020. 2. 4.〉 ② 은행은 신용공여 계약을 체결하려는 자에게 제1항에 따라 금리인하를 요구할 수 있음을 알려야 한다. ③ 그 밖에 금리인하 요구의 요건 및 절차에 관한 구체적 사항은 대통령령으로 정한다. [본조신설 2018. 12. 11.]
상호저축 은행법	제14조의2(금리인하 요구) ① 상호저축은행과 신용공여 계약을 체결한 자는 재산 증가나 신용등급 또는 개인신용평점 상승 등 신용상태 개선이 나타났다고 인정되는 경우 상호저축은행에 금리인하를 요구할 수 있다. 〈개정 2020. 2. 4.〉 ② 상호저축은행은 신용공여 계약을 체결하려는 자에게 제1항에 따라 금리인하를 요구할 수 있음을 알려야 한다. ③ 그 밖에 금리인하 요구의 요건 및 절차에 관한 구체적 사항은 대통령령으로 정한다.
새마을 금고법	제31조의2(금리인하 요구 등) ① 금고와 대출 등의 계약을 체결한 자는 재산 증가나 신용등급 또는 개인신용평점 상승 등 신용상태 개선이 나타났다고 인정되는 경우 금고에 금리인하를 요구할 수 있다. ② 금고는 대출 등의 계약을 체결하려는 자에게 제1항에 따라 금리인하를 요구할 수 있음을 알려야 한다. ③ 그 밖에 금리인하 요구의 요건 및 절차에 관한 구체적 사항은 대통령령으로 정한다. 제67조(사업) ① ~ ⑦ (생략) ⑧ 중앙회와 대출 등의 계약을 체결한 자의 금리인하 요구에 대해서는 제31조의2를 준용한다. 이 경우 "금고"는 "중앙회"로 본다. 〈신설 2022. 11. 15., 2023. 4. 11.〉

제 4 절 신용협동조합 예금자보호기금

제80조의2(신용협동조합 예금자보호기금의 설치 등)

제80조의2(신용협동조합 예금자보호기금의 설치 등) ① 중앙회는 조합의 조합원(제40조에 따른 비조합원을 포함하며, 이하 이 절에서 "조합원등"이라 한다)이 납입한 예탁금 및 적금과 중앙회의 자기앞수표를 결제하기 위한 별단예금(別段預金) 등 대통령령으로 정하는 금액(이하 "예탁금등"이라 한다)의 환급을 보장하고 조합의 건전한 육성을 도모하기 위하여 중앙회에 신용협동조합 예금자보호기금(이하 "기금"이라 한다)을 설치·운영한다.

② 조합과 중앙회는 기금에 가입하여야 한다.

③ 중앙회는 기금의 운용에 관한 중요 사항을 심의·결정하기 위하여 기금관리위원회를 둔다.

④ 중앙회는 조합 또는 중앙회의 다른 회계에서 예탁금등을 조합원등에게 지급할 수 없는 경우에는 그 조합원등의 청구에 의하여 대통령령으로 정하는 바에 따라 해당 조합 또는 중앙회의 다른 회계를 갈음하여 이를 변제한다. 〈개정 2019. 1. 15.〉

⑤ 제3항에 따른 기금관리위원회의 구성·운영 등에 필요한 사항은 대통령령으로 정한다.

⑥ 제4항에 따른 조합원등의 변제금 청구권은 변제금 지급의 개시일부터 5년간 행사하지 아니하면 시효의 완성으로 소멸한다.

⑦ 중앙회 또는 파산재단이 변제금 청구권의 행사를 촉구하기 위하여 예금자 등에게 행하는 안내·통지 등은 제6항 및 「민법」 제168조 제3호에도 불구하고 시효중단의 효력이 없다. 〈신설 2019. 1. 15.〉

[전문개정 2015. 1. 20.]

Ⅰ. 조문의 취지와 의의

예금자보호제도는 개별 금융기관으로부터 보험료를 징수·적립하여 예금보험기금을 조성해 두었다가 금융기관의 경영이 부실하거나 파산해 고객의 예금을 돌려줄 수 없게 되었을 때 대신하여 일정 한도의 예금을 대신 지급하는 제도이다.[1] 현재 예금자보호제도는 예금보험공사와 신협 등 상호금융기관의 각

1) 예금자보호법안(정부 제출, 의안번호 제141224호) 심사보고서, 국회 재정경제위원회, 1995. 11., 4면.

중앙회에서 운용하는 예금자보호제도로 다원화되어 있다.

신협은 1984년부터 중앙회(당시 '신협연합회')에 안전기금을 설치하여 예금자보호업무를 시작하였다. 이후 예금자보호법 및 신협법 각 개정[2]으로 1998. 4. 1.부터 2003. 12. 31.까지 예금보험공사가 신협의 예금자보호업무를 수행하였고 2003. 7. 30. 신협법 개정[3]으로 본조가 신설되면서 2004. 1. 1.부터 다시 신협중앙회가 예금자보호업무를 수행하게 되었다.

〈표〉 연혁별 예금자보호기금 운영 방법 비교

구분	기간	운영주체
안전기금	1984. 1. 1. ~ 1998. 3. 31.	신협중앙회
상환기금	1998. 4. 1. ~ 2002. 12. 31.	예금보험공사
예금보험기금*	2003. 1. 1. ~ 2003. 12. 31.	예금보험공사
예금자보호기금	2004. 1. 1. ~ 현재	신협중앙회

* 예금보험기금 내 별도 신협계정을 두고 운영

법 제80조의2가 신설됨에 따라 중앙회에 신협 예금자보호기금을 설치하는 등 자체적인 예금자보호제도를 운영하기 위한 법적기반이 마련되었고, 신협이 주체가 되어 예금자보호제도를 운영함으로써 체계적인 사전조치 및 신속한 사후조치를 통해 더욱 빠르고 안전하게 예금자보호를 할 수 있게 되었으며, 기금운용의 다양화를 통해 대위변제 방식보다는 합병 및 경영정상화를 통한 생산적인 기금운용으로 적극적인 관리가 가능하게 되었다.[4]

2) 1997. 12. 31. 법률 제5492호로 예금자보호법 일부개정, 1998. 1. 13. 법률 제5506호로 신협법 전부개정.

3) 2003. 7. 30. 법률 제6957호로 신협법 일부개정, 2003. 11. 4. 대통령령 제18113호로 신협법 시행령 일부개정으로 신설된 신협법 4개 조항(제80조의2부터 제80조의5까지)과 동법 시행령 7개 조항(제19조의8부터 제19조의14까지)을 바탕으로 중앙회는 예금자보호규정 등 관련 규정을 제정하여 예금자보호를 위한 제도적인 장치를 마련하였다.

4) 신협중앙회, 신협 예금자보호기금 관리백서, 2022, 31면.

Ⅱ. 조문의 내용 및 해설

1. 예금자보호기금의 설치 · 운영

중앙회는 조합의 조합원(법 제40조에 따른 비조합원을 포함하며, 이하 "조합원등"라 한다)이 납입한 예탁금 및 적금과 중앙회의 자기앞수표를 결제하기 위한 별단예금 등 대통령령으로 정하는 금액(이하 "예탁금등"이라 한다)의 환급을 보장하고 조합의 건전한 육성을 도모하기 위하여 중앙회에 신협 예금자보호기금(이하 "기금"이라 한다)을 설치 운영한다(법 제80조의2 제1항).

여기에서 "예탁금등"이란 ① 조합원등이 조합에 납입함 예탁금 및 적금의 원금 · 이자(이 경우, 이자는 원금에 은행의 1년 만기 정기예금의 평균금리를 고려하여 기금관리위원회가 정하는 이율을 곱한 금액에 한한다), ② 조합원등이 공제계약에 따라 중앙회 및 조합에 대하여 가지는 공제금, 그 밖에 약정된 금전채권, ③ 중앙회의 자기앞수표를 결제하기 위한 별단예금을 말한다(법 시행령 제19조의8 제1항). 다만, 정부 및 지방자치단체, 한국은행, 금융감독원, 예금보험공사, 부보금융회사가 조합에 납입한 예탁금 및 적금은 예탁금등에서 제외한다(법 시행령 제19조의8 제2항).

2. 조합과 중앙회의 기금 가입의무

조합과 중앙회는 기금에 가입하여야 한다(법 제80조의2 제2항). 법은 조합과 중앙회의 법 제80조의2 제1항 및 시행령 제19조의8 제1항 각 호에 따른 예탁금등의 지급을 보호하기 위하여 기금 가입을 의무화하고 있다.

3. 기금관리위원회의 설치 · 구성 · 운영

중앙회는 기금의 운용에 관한 중요사항을 심의 · 결정하기 위하여 기금관리위원회를 둔다(법 제80조의2 제3항).

기금관리위원회의 구성 · 운영 등에 필요한 사항은 대통령령으로 정하는바

(법 제80조의2 제5항), 위원장 1인을 포함한 9인의 위원으로 구성하고(법 시행령 제19조의9 제1항), 위원장은 중앙회의 검사·감독이사가 되고 위원은 중앙회장이 조합의 이사장 중에서 위촉하는 자 2인, 법 제71조의2 제3항의 규정에 의한 전문이사 중에서 중앙회장이 지정하는 자 1인, 금융위원회 위원장이 소속공무원 중에서 지정하는 자 1인, 기획재정부장관이 소속공무원 중에서 지정하는 자 1인, 금융·회계 또는 법률에 관한 학식과 경험이 풍부한 자 중에서 금융위원회가 위촉하는 자 1인, 금융·회계 또는 법률에 관한 학식과 경험이 풍부한 자 중에서 금융감독원장이 위촉하는 자 2인이 되고(법 시행령 제19조의9 제2항), 위촉된 위원의 임기는 3년으로 연임이 가능하다(법 시행령 제19조의9 제3항, 기금관리위원회운영기준[5] 제3조 제1항).[6]

위원장은 위원회의 회의를 소집하고 그 의장이 되고(법 시행령 제19조의10 제1항), 위원회의 회의는 재적위원 과반수의 출석과 과반수의 찬성으로 의결하며(법 시행령 제19조의10 제2항), 그 밖에 위원회의 운영에 관하여 필요한 사항은 위원회의 의결을 거쳐 위원장이 정한다(법 시행령 제19조의10 제3항).

이와 같이 기금관리위원회는 독립적 의사 결정을 위해 법적으로 명문화된 기구이며 이를 위해 정부의 공무원 및 감독기관의 추천을 통한 외부인사를 포함한 위원을 선임하여 기금운영의 독립성·투명성·안전성 등을 기하고 있다.[7]

4. 파산조합의 대위변제[8]

중앙회는 조합 또는 중앙회의 다른 회계에서 예탁금등을 조합원등에게 지급할 수 없는 경우에는 그 조합원등의 청구에 의하여 해당 조합 또는 중앙회장

---

5) 법 시행령 제19조의10 제3항에 따라 기금관리위원회 운영에 관한 필요한 사항을 정하기 위하여 위원회 의결을 거쳐 위원장이 정한 운영기준이다.

6) 기금관리위원회운영기준 제3조(위원의 임기 등) ① 위원의 임기는 3년으로 하되, 연임할 수 있다. 다만, 결원으로 인하여 새로 위촉된 위원의 임기는 전임자의 잔임기간으로 한다.
② 위원으로 지정 또는 위촉(중앙회장이 위촉한 자에 한함)된 자가 그 직을 상실한 경우에는 위원의 자격을 상실한다.

7) 신협중앙회, 신협 예금자보호기금 관리백서, 2022, 46면.

8) 법 제80조의2 제4항에 따른 대위변제를 '파산조합의 대위변제'라 표하는 것에 대하여, 진정구(수석전문위원), 신용협동조합법 일부개정법률안(정부제출, 의안번호 11011) 검토보고서, 국회 정무위원회, 2014. 11., 42면을 참조하였다.

의 다른 회계를 갈음하여 이를 변제한다(법 제80조의2 제4항).

5. 1인당 보호한도

중앙회가 조합 또는 중앙회 타 회계에 갈음하여 변제하는 동일인에 대한 보장한도는 1억원으로 한다(법 시행령 제19조의8 제3항). 예금보장한도는 2000. 12. 31.까지 일반금융기관과 마찬가지로 한시적으로 예금 전액을 보호하다가 2001. 1. 1.부터 부분보호제도로 환원되면서 1인당 보호한도가 5천만원으로 축소·조정되었다.[9]

2001년 예금보호한도가 5천만원으로 정해진 이후 정치권과 금융권은 2010년부터 국내총생산액(GDP), 보호되는 예금의 규모 등을 고려할 때, 예금보장한도 확대 논의가 지속되어 왔다. 예금보험공사에서도 2022. 3. 30.에 「2022년 예금보험자문위원회 전체회의」를 개최하여 금융환경·제도 변화를 고려하여 예금자보호를 강화하기 위한 보장대상·한도 등 관련 제도를 전반적으로 검토하기로 하고, 금융당국, 업권 및 전문가로 구성된 예금보험제도 개선 민관합동 TF를 발족하여 관련 법령을 정비하겠다는 의사를 밝히기도 하였다.[10] 이와 같은 일련의 논의와 검토를 거쳐 예금보험한도를 5천만원에서 1억원으로 상향하는 예금자보호법 개정안[11]이 2024. 12. 27. 국회 본회의를 통과하게 되었고, 신협법 시행령 등 6개 법령이 일괄 개정됨에 따라 2025. 9. 1.부터 상호금융권을 포함한 모든 금융기관의 예금보호한도가 5천만원에서 1억원으로 상향되었다.

한편, 중앙회가 조합이나 중앙회의 다른 회계를 갈음하여 예탁금 등을 조합원 등에게 변제할 때 '예탁금등'에 대하여 5천만원의 보장한도를 적용하도록

9) 신협중앙회, 신협 예금자보호기금 관리백서, 2022, 23면.

10) 박성하, 예금보장한도 확대에 대비한 신협예금자보호제도 대응 방안, 이슈분석보고서 2022-01호, 신협연구소, 2022, 1면.

11)

예금자보호법 [법률 제20530호, 2024. 10. 22., 일부개정]	예금자보호법 [법률 제20717호, 2025. 1. 21., 일부개정]
제32조(보험금의 계산 등) ② 제1항에 따른 보험금은 1인당 국내총생산액, 보호되는 예금등의 규모 등을 고려하여 대통령령으로 정하는 금액을 한도로 한다.	제32조(보험금의 계산 등) ② 제1항에 따른 보험금은 1인당 국내총생산액, 보호되는 예금등의 규모 등을 고려하여 1억원 이상의 범위에서 대통령령으로 정하는 금액을 한도로 한다.

하고 있었으나, 연금저축 상품의 사회보장적 성격과 공제상품의 사회안전망으로서의 역할을 고려하여 2023년 11월 법 시행령의 개정으로 '신탁 및 공제 계약에 따른 연금저축계좌(연금저축 포함)의 예탁금 등', '공제계약에 따른 공제금(공제기간이 종료되어 지급되는 공제금 제외)' 및 '그 밖의 예탁금 등'으로 구분하여 각각 5천만원(2025. 9. 1.부터 1억원)의 보장한도를 적용받게 되어 예금자 보호가 강화되었다(법 시행령 제19조의8 제3항, 예금자보호규정 제3조 제4호).[12)]

6. 변제금 청구권의 행사기간

조합원등의 변제금 청구권은 변제금 지급의 개시일부터 5년간 행사하지 아니하면 시효의 완성으로 소멸한다(법 제80조의2 제6항). 조합원등의 권리보호를 위해 비교적 긴 기간인 5년으로 규정하고 있다.[13)]

7. 시효중단 여부

중앙회 또는 파산재단이 변제금 청구권의 행사를 촉구하기 위하여 예금자등에게 행하는 안내·통지 등은 민법 제168조 제3호[14)]의 규정에도 불구하고 시효중단의 효력이 없다(법 제80조의2 제7항).

---

12) 예금자보호규정 제3조(용어의 정의) 이 규정에서 사용하는 용어의 정의는 다음과 같다.
4. "예탁금 등 채권"이라 함은 다음 각목을 말한다.
가. 조합원 등이 금융거래를 통해 조합에 대하여 가지는 예탁금과 적금의 원금 및 이자 〈2023. 12. 27. 개정〉
나. 조합원 등이 공제계약에 의하여 중앙회 및 조합에 대하여 가지는 공제금 중 연금저축계좌의 공제계약에 따라 지급되는 공제금 〈2023. 12. 27. 개정〉
다. 조합원 등이 공제계약에 의하여 중앙회 및 조합에 대하여 가지는 공제금(나목 의 공제금은 제외한다) 중 공제계약에 따른 지급사유가 발생하여 지급되는 공제금 (공제기간이 종료되어 지급되는 공제금은 제외한다) 〈2023. 12. 27. 개정〉
라. 조합원 등이 공제계약에 의하여 중앙회 및 조합에 대하여 가지는 공제금 중 나목 및 다목의 공제금을 제외한 공제금 및 그 밖에 약정된 금전채권 〈2023. 12. 27. 개정〉
마. 중앙회의 자기앞수표를 결제하기 위한 별단예금의 원금 및 이자

13) 법제처, 예금자보호법 해설, 2011. 9., 115면.

14) 민법 제168조(소멸시효의 중단사유) 소멸시효는 다음 각호의 사유로 인하여 중단된다.
1. 청구
2. 압류 또는 가압류, 가처분
3. 승인

Ⅲ. 관련 판례

대법원 2004. 3. 12. 선고 2003다49528 판결

"원심은, 원고 K 등 37명의 원고들이 소외 W교회 신용협동조합의 조합원이 아니기 때문에 위 조합과 체결한 이 사건 각 예탁금계약이 신용협동조합의 업무범위를 조합원으로부터의 예탁금, 적금의 수납 등에 한정하고 있는 구 신용협동조합원(1999. 2. 1. 법률 제5739호로 개정되기 전의 것) 제39조 제1항 제1호 가목의 규정에 위반된다고 하더라도 위 규정은 신용협동조합의 행위능력을 제한하는 효력규정이 아니라 사업수행에 관해 신용협동조합이 지켜야 할 원칙을 규정한 단속규정에 불과하므로 그 사법상의 효력은 유효하다고 보아야 하고, 이 사건 각 예탁금계약이 유효한 이상, 그 예탁금은 구 예금자보호법(1998. 9. 16. 법률 제5556호로 개정되기 전의 것) 제2조 제2호 바목 소정의 예탁금등(현행 신협법 제80조의2 제1항)에 해당한다고 봄이 상당하다고 판단하였다. 기록에 의하면, 원심의 위와 같은 판단은 정당하고(대법원 2000. 11. 14. 선고 2000다38817 판결, 대법원 2001. 6. 12. 선고 2001다18940 판결 참조), 거기에 구 예금자보호법(현행 신협법)에 따른 보호대상 및 그 범위에 관한 법리오해의 위법이 없다."

광주고등법원 2003. 5. 21. 선고 2002나6172 판결

"원고들 주장의 위 예탁원리금채권이 예금자보호법(현행 신협법 제80조의2부터 제80조의7까지)에 의하여 보호되는 예금 등 채권에 해당하는 여부에 관하여 보건대, 구 예금자보호법(2002. 12. 26. 법률 제6807호로 개정되기 전, 이하 같다)에 의하면, ① 피고(예금보험공사)는 부보금융기관에 보험사고가 발생한 경우 당해 부보금융기관의 예금자 등의 청구에 의하여 보험금을 지급하여야 하고(제31조 제3항), ② 피고가 예금자에게 지급하는 보험금은 보험사고가 발생한 날 현재 각 예금자 등의 "예금등 채권"의 합계액에서 각 예금자 등이 해당 부보금융기관에 대하여 지고 있는 채무의 합계액을 공제한 금액으로 하며(제32조 제1항), ③ 위 "예금 등"이라 함은 신용협동조합이 출자금·예탁금 및 적금에 의하여 조달한 금전을 말하고(제2조 제2항 바목, 다만 1998. 9. 16. 법률 제5556호로 개정되기 전 위 법률 제2조 제2항 바목은 "신용협동조합이 신용협동조합법 제13조 및 제39조의 규정에 의하여 수입한 출자금·예탁금 및 적금"이라고 규정하고 있다), ④ "예금 등 채권"이란 예금자가 예금 등 금융거래에 의하여 부보금융기관에 대하여 가지는 원금, 원본, 이자, 이익 보험금 및 적립금 기타 약정된 금전의 채권을 말한다(제2조 제4호)라고 규정하고 있는바, 이러한

> 예금자보호법(현행 신협법)의 제 규정을 종합하여 보면, 예금자보호법(현행 신협법)이 보호하는 예금은 "정상적인 금융거래에 의하여 금전이 부보금융기관에 실제적으로 지급된 경우"라고 할 것인데, D신협이 원고 K에 대한 이 사건 대위변제금의 지급에 갈음하여 이를 원고들이 D신협에 정기예탁한 것처럼 처리하기로 통모, 가장하여 이 사건 대위변제금 상당하는 금원이 실제 D신협에 입금되지 않았음에도 1988. 12. 10. 원고들에게 이 사건 정기예탁금증서가 작성, 교부되었음은 앞서 본 바와 같고, 위와 같이 원고들이 원고들 명의의 위 각 정기예탁증서에 기재된 금전을 실제적으로 D신협에 지급하지 않은 이상 원고들 주장의 위 예탁원리금채권은 예금자보호법(현행 신협법)에 의하여 보호되는 예금등 채권에 해당하지 않는다."

Ⅳ. 관련 법령

법률	조문
예금자 보호법	제24조(예금보험기금의 설치) ① 다음 각 호의 업무를 수행하기 위하여 공사에 예금보험기금을 설치한다. 1. 제30조에 따른 보험료의 수납 2. 제31조 및 제32조에 따른 보험금 등의 지급 3. 제35조의2에 따른 예금등 채권의 매입 4. 제36조의3 제4항에 따른 출자 5. 제36조의5 제3항 및 제38조에 따른 자금지원 ② 예금보험기금은 다음 각 호의 재원(財源)으로 조성한다. 1. 부보금융회사의 출연금 2. 정부의 출연금 3. 예금보험기금채권의 발행으로 조성한 자금 4. 제24조의2에 따라 정부가 공사에 무상으로 양여한 국유재산 5. 제26조에 따른 차입금 6. 제30조 제1항에 따라 수납한 보험료 7. 제35조에 따라 취득한 채권을 회수한 자금 8. 제35조의2에 따라 매입한 예금등 채권을 회수한 자금 9. 제36조의5 제3항 또는 제38조에 따른 부실금융회사의 정리 등을 위하여 지원한 자금을 회수한 자금 10. 예금보험기금의 운용수익과 그 밖의 수입금 ③ 예금보험기금은 다음 각 호의 용도로 사용한다. 1. 예금보험기금채권의 원리금 상환 2. 보험금, 제35조의2에 따라 예금자등에게 지급하는 금액, 제36조의3 제4항에 따른 출자금, 제36조의5 제3항 또는 제38조에 따른 부실금융회사의 정리 등을 위하여 지원하는 자금과 그 부대비용 3. 국고에의 납입 4. 차입금과 그 이자의 상환

	5. 제24조의3 제1항에 따른 공사의 운영에 필요한 자금을 관리하는 회계로의 전출 ④ 제2항 제1호에 따른 출연금은 부보금융회사의 예금등의 잔액 등을 고려하여 납입자본금 또는 출자금의 100분의 1(종합금융회사와 상호저축은행의 경우에는 100분의 10)을 초과하지 아니하는 범위에서 부보금융회사별로 정하되, 그 납부금액 · 납부시기 및 납부방법 등은 대통령령으로 정한다.
새마을 금고법	**제71조(예금자보호준비금 설치 등)** ① 중앙회는 금고의 회원(제30조에 따른 비회원을 포함한다)이 납입한 예탁금, 적금, 그 밖의 수입금과 중앙회의 공제금, 자기앞수표를 결제하기 위한 별단예탁금에 대한 환급(還給)을 보장하며 그 회원의 재산을 보호하고 금고의 건전한 육성을 도모하기 위하여 중앙회에 예금자보호준비금(이하 "준비금"이라 한다)을 설치 · 운영한다. ② 금고 및 중앙회는 제1항에 따른 준비금에 가입하여야 한다. ③ 중앙회는 준비금의 운용에 관한 중요 사항을 심의 · 결정하기 위하여 준비금관리위원회를 두며, 준비금의 운용과 준비금관리위원회의 구성 · 운영 등 그 밖에 필요한 사항은 대통령령으로 정한다. ④ 회장은 금고가 예탁금, 적금, 그 밖의 수입금을 지급할 수 없거나 중앙회가 공제금, 자기앞수표를 지급할 수 없는 경우에는 준비금관리위원회가 결정하는 바에 따라 그 금고 또는 중앙회를 갈음하여 변제할 수 있다. ⑤ 제4항에 관하여는 「민법」 제482조부터 제485조까지의 규정을 준용한다.
농협구조 개선법	**제11조(기금의 설치 · 운용)** ① 신용사업을 하는 조합이 파산 등의 사유로 예금등채권을 지급할 수 없는 상황에 대처하기 위하여 예금등채권에 대한 보험제도를 효율적으로 운영함으로써 예금자등의 예금등채권의 환급을 보장하고 조합의 건전한 육성을 도모하기 위하여 중앙회에 상호금융예금자보호기금을 설치 · 운용한다. ② 기금은 다음 각 호의 재원(財源)을 그 수입으로 한다. 1. 조합이 납입한 보험료 2. 정부의 출연금 3. 중앙회의 출연금 4. 정부, 「한국은행법」에 따른 한국은행, 중앙회, 농협은행 또는 금융기관으로부터의 차입금 5. 제6항에 따라 상호금융예금자보호기금채권(이하 "기금채"라 한다)을 발행하여 조성한 자금 6. 관리기관이 매입한 예금등채권을 회수한 자금 7. 제25조 또는 제26조에 따라 지원한 자금을 회수한 자금 8. 제29조에 따라 설립된 농업협동조합자산관리회사에 제31조 제2항에 따라 빌려 준 자금을 회수한 자금 9. 기금의 운용수익과 그 밖의 수입금 ③ 기금은 다음 각 호의 용도에만 사용할 수 있다. 1. 제17조에 따른 보험금의 지급 2. 제2항 제4호의 차입금 및 기금채의 원리금 상환 3. 제19조 제2항에 따른 예금등채권의 매입 4. 제25조 또는 제26조에 따른 자금지원 5. 제31조 제3항에 따른 관리회사의 부실자산 매입에 필요한 자금의 대여 6. 그 밖에 기금의 운용 · 관리에 필요한 경비 ④ 기금의 여유자금은 다음 각 호의 방법으로 운용할 수 있다.

	1. 국채, 공채, 그 밖에 기금관리위원회가 지정하는 유가증권의 매입 2. 기금관리위원회가 지정하는 금융기관에의 예치 또는 단기대출 3. 그 밖에 기금관리위원회가 정하는 방법 ⑤ 제2항 제4호에 따른 자금을 차입할 때에는 정부는 그 원리금의 상환을 보증할 수 있다. ⑥ 관리기관은 기금의 부담으로 기금채를 발행할 수 있다. 이 경우 농협법 제153조 제5항·제6항 및 제154조부터 제157조까지의 규정을 준용한다. ⑦ 기금채는 「자본시장과 금융투자업에 관한 법률」 제4조 제3항에 따른 특수채증권으로 본다. ⑧ 기금채의 발행·모집 등에 필요한 사항은 대통령령으로 정한다.
수협구조 개선법	**제20조(기금의 설치 및 재원)** ① 신용사업이나 공제사업을 하는 조합(공제사업에서는 중앙회를 포함한다. 이하 같다)이 파산 등의 사유로 예금등채권을 지급할 수 없는 상황에 대처하고 조합의 건전한 육성을 도모하기 위하여 중앙회에 상호금융예금자보호기금을 설치·운용한다. ② 기금은 다음 각 호의 재원으로 조성한다. 1. 조합이 납부한 보험료 2. 정부의 출연금 3. 중앙회의 출연금 4. 정부, 「한국은행법」에 따른 한국은행, 중앙회, 수협법에 따라 설립된 수협은행 또는 금융기관으로부터의 차입금 5. 제7조에 따라 부실조합등에 지원한 자금을 회수한 자금 6. 관리기관이 제13조 제1항과 제33조에 따라 매입·취득한 예금등채권을 회수한 자금 7. 제27조 제2항에 따라 상호금융예금자보호기금채권(이하 "기금채"라 한다)을 발행하여 조성한 자금 8. 기금의 운용수익 및 그 밖의 수입금
산림조합 개선법	**제17조(기금의 설치와 재원)** ① 신용사업이나 공제사업을 실시하는 조합(공제사업의 경우에는 중앙회를 포함한다. 이하 같다)이 파산 등의 사유로 예금등채권을 지급할 수 없는 상황에 대처하고 조합을 건전하게 육성하기 위하여 중앙회에 상호금융예금자보호기금을 설치·운용한다. ② 기금은 다음 각 호의 재원으로 조성한다. 1. 조합이 납부한 보험료 2. 정부의 출연금 3. 중앙회의 출연금 4. 정부, 「한국은행법」에 따른 한국은행, 중앙회 또는 금융기관으로부터의 차입금 5. 제7조에 따라 부실조합등에 지원한 자금을 회수한 금액 6. 제25조 제1항에 따라 상호금융예금자보호기금채권(이하 "기금채"라 한다)을 발행하여 조성한 자금 7. 관리기관이 제34조 제1항 및 제35조에 따라 매입·취득한 예금등채권을 회수한 자금 8. 기금의 운용수익이나 그 밖의 수입금

第80조의3(기금의 조성 · 운용 등)

第80조의3(기금의 조성 · 운용 등) ① 기금은 다음 각 호의 재원(財源)으로 조성한다.
〈개정 2019. 1. 15.〉
1. 조합이 납입하는 출연금(出捐金)
2. 중앙회의 다른 회계로부터의 출연금, 전입금 및 차입금
3. 정부, 「한국은행법」에 따른 한국은행, 금융기관으로부터의 차입금
4. 기금의 운용으로 발생하는 수익금
5. 그 밖의 수입금

② 제1항 각 호의 재원 조성 및 기금의 운용에 필요한 사항은 대통령령으로 정한다.
③ 조합과 중앙회의 다른 회계는 제1항 제1호 및 제2호에 따라 납입한 출연금의 반환을 청구할 수 없다.
[전문개정 2015. 1. 20.]

Ⅰ. 조문의 취지와 의의

법 제80조의3은 예금자보험기금의 재원 조성 근거를 정하고 있다. 최초 입법[15] 당시에는 동 기금의 재원은 단위조합의 출연금, 중앙회 타회계로부터의 전입금 및 차입금, 기금운용 수익금 등 자체 재원으로 조성하는 것을 내용으로 하였으나, 급격한 금융위기 상황을 대비하여 예금자보호기금의 안정성을 제고하고 신뢰성을 확보하기 위하여 타 예금보호기관과 동일하게 정부, 한국은행 및 금융기관에서 자금을 차입할 수 있게 관련 근거를 신설[16]하였다.[17]

Ⅱ. 조문의 내용 및 해설

1. 예금자보호기금의 조성

기금은 ① 조합이 납입하는 출연금, ② 중앙회의 다른 회계로부터의 출연금,

15) 2003. 7. 30. 법률 제6957호로 신협법 일부개정.
16) 2019. 1. 15. 법률 제16292호로 신협법 일부개정.
17) 전상수(수석전문위원), 신용협동조합법 일부개정법률안(민병두 의원 대표발의, 의안번호 제10150호) 검토보고서, 국회 정무위원회, 2018. 2., 2면.

③ 전입금 및 차입금, ④ 정부, 한국은행 금융기관으로부터의 차입금, ⑤ 그 밖의 수입금을 재원으로 한다(법 제80조의3 제1항).

(1) 출연금 및 공제금

조합이 납입하는 출연금 및 중앙회 타 회계로부터의 출연금(법 제80조의3 제1항 제1호, 제2호)은 매년 예탁금등의 잔액에 1천분의 5를 넘지 아니하는 범위에서 기금관리위원회가 정하는 비율(이하 "요율"이라 한다)을 곱한 금액으로 한다. 다만 공제금(법 시행령 제19조의8 제1항 제2호) 등의 경우에는 계산식인 [(A+B) ÷ 2 × 요율]에 따라 산출한 금액을 말한다(법 제80조의3 제2항, 시행령 제19조의11 제1항).

여기에서 A는 다음의 구분에 따른 금액의 합계액으로 하고, B는 공제계약에 따라 수입한 공제료(출연금 납부기한이 속하는 사업연도의 직전 사업연도에 수입한 공제료)로 한다(법 제80조의3 제2항, 시행령 제19조의11 제2항).

1. 매 결산기말 현재 공제금 등(공제계약상 공제금의 지급사유가 발생하거나 공제계약자가 해약을 요청한 경우 공제계약자에게 지급하거나 배당하기로 약정한 금액을 말하며, 이하 "공제금등"이라 한다)의 지급사유가 발생하지 아니한 계약: 공제의 종목별 또는 계약기간 경과별로 공제규정에서 정하는 방법에 따라 해약 시 지급하여야 할 금액을 기준으로 계산한 공제료 적립금 및 미경과 공제료
2. 매 결산기말 현재 공제금등의 지급사유가 발생한 계약: 다음 금액을 합한 금액
   가. 지급할 금액이 확정되었으나 아직 지급되지 아니한 금액
   나. 지급할 금액의 미확정으로 인하여 아직 지급되지 아니한 경우 그 추정공제금
   다. 공제금등의 지급금액과 관련하여 소송이 계속 중인 경우 그 소송가액
3. 중앙회 및 조합이 공제계약에 따라 공제계약자에게 배당하기 위하여 적립한 금액

(2) 출연금 납입기한 등

출연금은 사업연도 종료 후 3월 이내에 납입하여야 하며, 출연금을 납입기한까지 납입하지 아니하는 경우에는 위원회가 정하는 바에 따라 연체료를 납입하여야 한다(법 제80조의3 제2항, 시행령 제19조의11 제4항). 그 밖에 출연금의

납입에 관하여 필요한 사항은 위원회가 정한다(법 제80조의3 제2항, 시행령 제19조의11 제5항).

(3) 출연금 반환청구 금지

조합과 중앙회의 다른 회계는 납입한 출연금의 반환을 청구할 수 없다(법 제80조의3 제3항).

2. 기금의 관리 · 운용

(1) 기금의 관리

중앙회의 회계는 일반회계와 특별회계로 구분되며, 기금은 특별회계로 운용한다(법 제80조의3 제2항, 시행령 제19조의12 제1항). 중앙회 특별회계에는 신용사업특별회계, 상환준비금특별회계, 공제사업특별회계 등이 있으며, 예금자보호기금은 중앙회 회계규정에 따라 '예금자보호기금특별회계'가 설치되어 있다.

(2) 여유자금의 운용

기금의 여유자금은 부보금융회사 및 체신관서에의 예치, 그 밖에 위원회가 정하는 방법으로 운용할 수 있다(법 제80조의3 제2항, 시행령 제19조의12 제2항, 예금자보호규정 제44조 제2항).[18] 이 경우 여유자금의 운용은 계정별 구분이 가능하도록 운용하여야 한다(예금자보호규정 제44조 제3항).

(3) 보장대상별 구분 회계처리

기금은 예금보험대상인 보장대상별로 구분하여 회계처리하여야 한다(법 제80조의3 제2항, 시행령 제19조의12 제3항).

18) 2004년 제1차 기금관리위원회(2004. 1. 2.)에서 '여유자금 운용의 건' 의결을 통하여 예금자보호기금의 여유자금을 '신협중앙회 신용사업 특별회계'와 '예금자보호법상 부보금융기관 및 체신관서'에 예치하는 방법으로 운용하도록 정하였다.

3. 기금의 용도 및 중앙회의 자금지원

(1) 기금의 용도

기금은 ① 조합 또는 중앙회 타 회계가 예탁금등을 지급할 수 없는 경우 그 예탁금등의 변제, ② 조합의 합병[19], 계약이전 또는 경영정상화를 위한 자금지원, ③ 중앙회의 다른 회계로부터의 차입금 및 정부, 한국은행, 금융기관으로부터 차입금의 상환, ④ 그 밖에 기금의 관리·운영에 필요한 경비 등 위원회가 정하는 용도에 사용한다(법 제80조의3 제2항, 시행령 제19조의13 제1항).

법 제80조의2 제4항에서 "중앙회는 조합 또는 중앙회의 다른 회계에서 예탁금 등을 조합원등에게 지급할 수 없는 경우에는 그 조합원 등의 청구에 의하여 대통령령으로 정하는 바에 따라 해당 조합 또는 중앙회의 다른 회계를 갈음하여 이를 변제한다"라고 규정하고 있다.[20] 여기에서 조합의 '해산 등기'가 대위변제 사유에 해당하는지 여부가 문제되는데, 조합의 해산 등기가 완료된 사실 그 자체만으로는 법 제80조의2 제4항에서 규정하는 예금자보호기금의 대위변제 사유인 "조합원 등에게 예탁금 등을 지급할 수 없는 경우"를 충족하였다고 보기 어려울 수 있다. 다만, 중앙회가 해산 등기를 한 조합의 재무 상태 등을 종합적으로 고려하여 해당 조합이 해산으로 인하여 실질적으로 예탁금 등의 지급 능력을 상실하였다고 판단한 경우에는 대위변제 사유에 해당할 것으로 보인다.[21]

참고로 예금자보호법에는 부보금융회사의 해산결의를 "보험사고"에 포함하여 정의하고 있고, 이에 따라 보험사고가 발생한 경우에는 부보금융회사의 예금자등의 청구에 의하여 보험금을 지급하도록 규정하고 있다(예금자보호법 제2조 제2호, 제31조 제1항).[22] 새마을금고,[23] 농협,[24] 수협[25] 등 상호금융기관도 해

19) 법 제86조에 따라 금융위원회가 선임한 관리인의 경영관리를 받는 조합 또는 기금관리위원회가 조합의 경영정상화를 위하여 재무구조 개선이 필요하다고 인정하는 조합 중 어느 하나에 해당하는 조합의 합병을 의미한다(법 시행령 제19조의13 제1항 제2호 가목 및 나목 참조).

20) 법 제80조의2(신용협동조합 예금자보호기금의 설치 등) ④ 중앙회는 조합 또는 중앙회의 다른 회계에서 예탁금등을 조합원등에게 지급할 수 없는 경우에는 그 조합원등의 청구에 의하여 대통령령으로 정하는 바에 따라 해당 조합 또는 중앙회의 다른 회계를 갈음하여 이를 변제한다. 〈개정 2019. 1. 15.〉

21) 금융위원회 2025. 7. 1. 회신 250169 해석례.

산조합의 대위변제에 대해 기금지원 근거를 명확히 하고 있다. 이에 반해 신협법에는 조합의 해산결의 또는 해산등기가 대위변제 사유에 해당하는지 규정하고 있지 않으므로, 법령 개정을 통해 해산조합에 대한 지원 근거를 구체적으로 마련할 필요가 있다.

(2) 중앙회의 자금지원 및 최소비용원칙

중앙회는 법 시행령 제19조의13 제1항 제2호에 따라 자금지원을 함에 있어 지원대상 조합의 부실에 책임이 있는 자의 공평한 손실분담 및 조합의 자체 구조조정 노력을 고려하여야 한다(법 제80조의3 제2항, 시행령 제19조의13 제2항).

중앙회는 자금지원을 하는 경우 미리 해당 조합의 자산 · 부채 등에 대한 실사 등을 실시하여 경영 및 재무상태를 객관적으로 파악함으로써 기금의 손실이 최소화되는 방식을 적용하여야 하고(법 제80조의3 제2항, 시행령 제19조의13 제3항), 이와 같은 방식으로 이루어졌음을 입증하는 자료를 작성 · 보관하여야 한다(법 시행령 제19조의13 제4항). 다만, 중앙회는 조합의 경영부실 등이 조합의 건전한 육성과 금융제도의 안정성을 크게 저해할 우려가 있다고 위원회가 인정하는 경우에는 기금의 손실이 최소화되는 방식 외의 방식으로 자금지원을

22) 예금자보호법 제2조(정의) 이 법에서 사용하는 용어의 뜻은 다음과 같다.
8. "보험사고"란 다음 각 목의 어느 하나에 해당하는 것을 말한다.
가. 부보금융회사의 예금등 채권의 지급정지(이하 "제1종 보험사고"라 한다)
나. 부보금융회사의 영업 인가 · 허가의 취소, 해산결의 또는 파산선고(이하 "제2종 보험사고"라 한다)
제31조(보험금 등의 지급) ① 공사는 부보금융회사에 보험사고가 발생한 경우에는 그 부보금융회사의 예금자등의 청구에 의하여 보험금을 지급하여야 한다. 다만, 제1종 보험사고에 대해서는 제34조에 따른 보험금의 지급결정이 있어야 한다.

23) 새마을금고법 제72조의3(준비금의 용도 등) ① 준비금은 다음 각 호의 어느 하나에 해당하는 경우에만 사용하여야 한다. 〈개정 2025. 1. 7.〉
1. 해산등기를 마친 금고가 예탁금 · 적금 및 그 밖의 수입금을 지급할 수 없는 경우에 그 예탁금 · 적금 및 그 밖의 수입금의 변제 또는 해산등기를 마친 중앙회가 중앙회 공제금 및 별단예탁금을 지급할 수 없는 경우에 중앙회 공제금 및 별단예탁금의 변제

24) 농업협동조합의 구조개선에 관한 법률 제2조(정의) 이 법에서 사용하는 용어의 뜻은 다음과 같다.
9. "보험사고"란 다음 각 목의 어느 하나에 해당하는 것을 말한다.
나. 조합 설립인가의 취소, 해산의 인가 또는 파산선고

25) 수산업협동조합의 구조개선에 관한 법률 제2조(정의) 이 법에서 사용하는 용어의 정의는 다음과 같다.
9. "보험사고"라 함은 다음 각목의 1에 해당하는 것을 말한다.
나. 조합의 설립인가의 취소, 해산의결 또는 파산선고(이하 "제2종 보험사고"라 한다)

할 수 있다(법 시행령 제19조의13 제5항).

자금지원과 최소비용원칙 및 관련 자료의 작성·보관 등의 세부기준과 절차에 관하여 필요한 사항은 위원회의 심의를 거쳐 중앙회가 정한다(법 시행령 제19조의13 제6항).

Ⅲ. 관련 해석례

금융위원회 – 신협의 해산 등기가 신협법에 따른 예금자보호를 위한 대위변제 사유에 해당하는지 여부 [250169, 2025. 7. 1.]

1. 질의사항

□ 「신용협동조합법」(이하 "신협법") 제80조의2 제4항에서 "중앙회는 조합 또는 중앙회의 다른 회계에서 예탁금 등을 조합원등에게 지급할 수 없는 경우에는 그 조합원 등의 청구에 의하여 대통령령으로 정하는 바에 따라 해당 조합 또는 중앙회의 다른 회계를 갈음하여 이를 변제한다"라고 규정하고 있는데, 조합의 '해산 등기'가 대위변제 사유에 해당하는지 여부

2. 회답

□ 조합의 해산 등기가 완료된 사실 그 자체만으로는 신협법 제80조의2 제4항에서 규정하는 예금자보호기금의 대위변제 사유인 "조합원 등에게 예탁금 등을 지급할 수 없는 경우"를 충족하였다고 보기 어려울 수 있지만, 중앙회가 해산 등기를 한 조합의 재무 상태 등을 종합적으로 고려하여 해당 조합이 해산으로 인하여 실질적으로 예탁금 등의 지급 능력을 상실하였다고 판단한 경우에는 대위변제 사유에 해당할 것으로 판단됩니다.

3. 이유

□ 신협법 제80조의2 제4항은 예금자보호법 등 다른 법령과 달리 "해산 등기가 완료된 경우"를 직접적인 대위변제 요건으로 규정하지 않고, "예탁금 등을 지급할 수 없는 경우"를 대위변제 사유로 명시하고 있습니다.

○ 법률문언의 해석과 관련하여, 판례는 법률 문언의 통상적인 의미를 우선하고, 그 범위를 벗어나지 않는 선에서 입법 취지와 목적, 다른 법령과

의 관계 등을 고려하여 법률을 해석해야 한다고 판시하고 있습니다.(대법원 2017. 12. 22. 선고 2014다223025 판결 등 참조)

○ 판례가 제시하는 법령해석의 기준에 따를 때, 신협법 제80조의2 제4항에서 '지급할 수 없는 경우'에 '해산'을 이유로 예탁금 등을 지급할 수 없는 경우도 포함하는 것으로 판단됩니다. 다만, 지급불능이 수반되지 아니하는 '조합의 해산'을 모두 포섭하는 것은 위 법률 문언의 통상적인 의미를 벗어나는 것으로 보이는 바, 중앙회가 조합의 예탁금 등을 대신 변제하려면 "실질적인 예탁금 등의 지급 불능 상태"인지 여부에 대한 구체적인 검토가 선행되어야 할 것입니다.

□ 결론적으로, 조합의 "해산 등기"는 본래 영업활동을 중단하고 청산절차에 돌입하는 사실을 외부에 공시하는 행위로 장래의 예탁금 등의 지급불능 가능성을 높이는 중요한 사유라고 볼 수 있으나, 해산 등기 자체가 곧바로 해당 조합이 모든 예탁금 등을 지급할 수 없는 "실질적인 예탁금 등의 지급 불능 상태"에 이르렀다고 단정할 수는 없을 것입니다.

○ 다만 해산 등기를 마친 조합의 장부상 부채가 자산을 초과하거나 또는 장부상 자산이 부채를 초과하더라도 채권 회수 지연 등으로 예금자의 정당한 예금 반환 요구에 응하지 못하는 등 "해산된 조합이 실질적으로 조합원 등의 예탁금 등을 지급할 수 없는 경우"에는 신협법 제80조의2 제4항의 대위변제 사유에 해당할 것으로 판단됩니다.

Ⅳ. 관련 법령

법률	조문
예금자 보호법	**제24조(예금보험기금의 설치)** ① 다음 각 호의 업무를 수행하기 위하여 공사에 예금보험기금을 설치한다. 1. 제30조에 따른 보험료의 수납 2. 제31조 및 제32조에 따른 보험금 등의 지급 3. 제35조의2에 따른 예금등 채권의 매입 4. 제36조의3제4항에 따른 출자 5. 제36조의5제3항 및 제38조에 따른 자금지원 ② 예금보험기금은 다음 각 호의 재원(財源)으로 조성한다. 1. 부보금융회사의 출연금 2. 정부의 출연금 3. 예금보험기금채권의 발행으로 조성한 자금

	4. 제24조의2에 따라 정부가 공사에 무상으로 양여한 국유재산 5. 제26조에 따른 차입금 6. 제30조 제1항에 따라 수납한 보험료 7. 제35조에 따라 취득한 채권을 회수한 자금 8. 제35조의2에 따라 매입한 예금등 채권을 회수한 자금 9. 제36조의5제3항 또는 제38조에 따른 부실금융회사의 정리 등을 위하여 지원한 자금을 회수한 자금 10. 예금보험기금의 운용수익과 그 밖의 수입금 ③ 예금보험기금은 다음 각 호의 용도로 사용한다. 1. 예금보험기금채권의 원리금 상환 2. 보험금, 제35조의2에 따라 예금자등에게 지급하는 금액, 제36조의3제4항에 따른 출자금, 제36조의5제3항 또는 제38조에 따른 부실금융회사의 정리 등을 위하여 지원하는 자금과 그 부대비용 3. 국고에의 납입 4. 차입금과 그 이자의 상환 5. 제24조의3제1항에 따른 공사의 운영에 필요한 자금을 관리하는 회계로의 전출 ④ 제2항 제1호에 따른 출연금은 부보금융회사의 예금등의 잔액 등을 고려하여 납입자본금 또는 출자금의 100분의 1(종합금융회사와 상호저축은행의 경우에는 100분의 10)을 초과하지 아니하는 범위에서 부보금융회사별로 정하되, 그 납부금액·납부시기 및 납부방법 등은 대통령령으로 정한다.
새마을 금고법	**제72조(준비금의 조성 등)** ① 준비금은 다음 각 호의 자금으로 조성한다. 1. 금고 및 중앙회가 납입하는 출연금 2. 타회계(他會計)에서 넘어온 전입금 및 차입금 3. 준비금의 운용에 의하여 생기는 수익금 4. 국가로부터의 차입금 5. 그 밖의 수입금 ② 제1항 각 호의 자금 조성에 관하여 필요한 사항은 대통령령으로 정한다. ③ 금고 및 중앙회는 제1항 제1호에 따라 납입한 출연금의 반환을 청구할 수 없다. ④ 제1항 제1호에 따른 출연금은 금고별로 경영 및 재무 상황 등을 고려하여 그 비율을 다르게 할 수 있다.
농협구조 개선법	**제11조(기금의 설치·운용)** ① 신용사업을 하는 조합이 파산 등의 사유로 예금등채권을 지급할 수 없는 상황에 대처하기 위하여 예금등채권에 대한 보험제도를 효율적으로 운영함으로써 예금자등의 예금등채권의 환급을 보장하고 조합의 건전한 육성을 도모하기 위하여 중앙회에 상호금융예금자보호기금을 설치·운용한다. ② 기금은 다음 각 호의 재원(財源)을 그 수입으로 한다. 1. 조합이 납입한 보험료 2. 정부의 출연금 3. 중앙회의 출연금 4. 정부, 「한국은행법」에 따른 한국은행, 중앙회, 농협은행 또는 금융기관으로부터의 차입금 5. 제6항에 따라 상호금융예금자보호기금채권(이하 "기금채"라 한다)을 발행

<table>
<tr><td></td><td>하여 조성한 자금
6. 관리기관이 매입한 예금등채권을 회수한 자금
7. 제25조 또는 제26조에 따라 지원한 자금을 회수한 자금
8. 제29조에 따라 설립된 농업협동조합자산관리회사에 제31조 제2항에 따라 빌려 준 자금을 회수한 자금
9. 기금의 운용수익과 그 밖의 수입금
③ 기금은 다음 각 호의 용도에만 사용할 수 있다.
1. 제17조에 따른 보험금의 지급
2. 제2항 제4호의 차입금 및 기금채의 원리금 상환
3. 제19조 제2항에 따른 예금등채권의 매입
4. 제25조 또는 제26조에 따른 자금지원
5. 제31조 제3항에 따른 관리회사의 부실자산 매입에 필요한 자금의 대여
6. 그 밖에 기금의 운용 · 관리에 필요한 경비
④ 기금의 여유자금은 다음 각 호의 방법으로 운용할 수 있다.
1. 국채, 공채, 그 밖에 기금관리위원회가 지정하는 유가증권의 매입
2. 기금관리위원회가 지정하는 금융기관에의 예치 또는 단기대출
3. 그 밖에 기금관리위원회가 정하는 방법
⑤ 제2항 제4호에 따른 자금을 차입할 때에는 정부는 그 원리금의 상환을 보증할 수 있다.
⑥ 관리기관은 기금의 부담으로 기금채를 발행할 수 있다. 이 경우 농협법 제153조 제5항 · 제6항 및 제154조부터 제157조까지의 규정을 준용한다.
⑦ 기금채는 「자본시장과 금융투자업에 관한 법률」 제4조 제3항에 따른 특수채증권으로 본다.
⑧ 기금채의 발행 · 모집 등에 필요한 사항은 대통령령으로 정한다.
제13조(보험료의 납입) ① 조합은 기금에 대통령령으로 정하는 바에 따라 보험료를 내야 하며, 보험료를 납입 기한까지 내지 아니하는 경우에는 대통령령으로 정하는 연체료를 가산하여 내야 한다. 이 경우 조합별로 경영 및 재무 상황 등을 고려하여 그 비율을 다르게 할 수 있다.
② 조합은 제1항에 따라 낸 보험료의 반환을 청구할 수 없다.</td></tr>
<tr><td>수협구조 개선법</td><td>제20조(기금의 설치 및 재원) ① 신용사업이나 공제사업을 하는 조합(공제사업에서는 중앙회를 포함한다. 이하 같다)이 파산 등의 사유로 예금등채권을 지급할 수 없는 상황에 대처하고 조합의 건전한 육성을 도모하기 위하여 중앙회에 상호금융예금자보호기금을 설치 · 운용한다.
② 기금은 다음 각 호의 재원으로 조성한다. 〈개정 2016. 5. 29.〉
1. 조합이 납부한 보험료
2. 정부의 출연금
3. 중앙회의 출연금
4. 정부, 「한국은행법」에 따른 한국은행, 중앙회, 수협법에 따라 설립된 수협은행 또는 금융기관으로부터의 차입금
5. 제7조에 따라 부실조합등에 지원한 자금을 회수한 자금
6. 관리기관이 제13조 제1항과 제33조에 따라 매입 · 취득한 예금등채권을 회수한 자금
7. 제27조 제2항에 따라 상호금융예금자보호기금채권(이하 “기금채”라 한다)을 발행하여 조성한 자금
8. 기금의 운용수익 및 그 밖의 수입금</td></tr>
</table>

	제29조(보험료 납부) ① 조합은 대통령령으로 정하는 바에 따라 예금등에 대한 보험료를 기금에 납부하여야 한다. 이 경우 조합별로 경영 및 재무상태, 제26조 제3항에 따른 계정별 적립금액 등을 고려하여 그 비율을 다르게 할 수 있다. ② 납부기한까지 보험료를 납부하지 아니한 조합은 대통령령으로 정하는 연체료를 가산하여 관리기관에 납부하여야 한다. ③ 조합은 제1항에 따라 납부한 보험료의 반환을 청구할 수 없다. ④ 제1항에 따른 보험료의 납부 방법·시기 등에 관하여 필요한 사항은 대통령령으로 정한다.
산림조합 개선법	**제17조(기금의 설치와 재원)** ① 신용사업이나 공제사업을 실시하는 조합(공제사업의 경우에는 중앙회를 포함한다. 이하 같다)이 파산 등의 사유로 예금등 채권을 지급할 수 없는 상황에 대처하고 조합을 건전하게 육성하기 위하여 중앙회에 상호금융예금자보호기금을 설치·운용한다. ② 기금은 다음 각 호의 재원으로 조성한다. 1. 조합이 납부한 보험료 2. 정부의 출연금 3. 중앙회의 출연금 4. 정부, 「한국은행법」에 따른 한국은행, 중앙회 또는 금융기관으로부터의 차입금 5. 제7조에 따라 부실조합등에 지원한 자금을 회수한 금액 6. 제25조 제1항에 따라 상호금융예금자보호기금채권(이하 "기금채"라 한다)을 발행하여 조성한 자금 7. 관리기관이 제34조 제1항 및 제35조에 따라 매입·취득한 예금등채권을 회수한 자금 8. 기금의 운용수익이나 그 밖의 수입금 **제31조(보험료의 납부)** ① 조합은 예금등에 대한 보험료를 기금에 내야 한다. 이 경우 조합별로 경영 및 재무상태, 제23조 제3항에 따른 계정별 적립금액 등을 고려하여 그 비율을 다르게 할 수 있다. ② 조합이 보험료를 납부기한까지 내지 아니하면 대통령령으로 정하는 연체료를 가산하여 관리기관에 내야 한다. ③ 조합은 제1항에 따라 낸 보험료의 반환을 청구할 수 없다. ④ 제1항에 따른 보험료의 요율·납부방법 및 납부시기 등에 관하여 필요한 사항은 대통령령으로 정한다.

제80조의4(채권의 취득 등)

제80조의4(채권의 취득 등) ① 중앙회는 제80조의2 제4항에 따라 대위변제한 경우에는 그 지급한 범위에서 해당 조합에 대한 조합원등의 권리를 취득한다.
② 중앙회는 조합원등을 대신하여 지급 공고일 현재 조합원등이 해당 조합에 대하여 가지는 예탁금 및 적금 등 채권(본인 또는 타인을 위하여 담보로 제공된 채권은 제외한다)과 채무(보증채무는 제외한다)를 상계할 수 있다.
③ 중앙회는 조합원등이 해당 조합에 대하여 가지고 있는 보증채무 등 대통령령으로 정하는 금액에 대해서는 제80조의2 제4항에도 불구하고 그 지급을 보류할 수 있다.
[전문개정 2015. 1. 20.]

Ⅰ. 조문의 취지와 의의

법 제80조의4는 법 제80조의2 제4항에 따라 중앙회가 파산조합의 대위변제를 하는 경우 발생하는 권리관계 변동(해당 조합, 해당 조합에 예탁금반환청구권 등을 가지고 있던 조합원, 중앙회 간 채권 변동)에 관한 사항과 중앙회의 대위상계권 그리고 지급보류 사항에 대하여 규정하고 있다.

Ⅱ. 조문의 내용 및 해설

1. 중앙회의 대위변제 및 권리 취득

중앙회는 조합 또는 중앙회의 다른 회계에서 예탁금등을 조합원등에게 지급할 수 없는 경우에는 조합원등의 청구에 의하여 대통령령으로 정하는 바에 따라 해당 조합 또는 중앙회의 다른 회계를 갈음하여 이를 변제한다(법 제80조의2 제4항). 이 경우 중앙회는 그 지급한 범위에서 해당 조합에 대한 조합원등의 권리를 취득한다(법 제80조의4 제1항). 중앙회의 대위변제와 권리 취득을 인정하는 것은 중앙회가 파산조합에 대한 조합원등의 권리를 취득하게 함으로써, 조합원등이 이중의 이득을 취하는 것을 방지하고 중앙회의 대위변제에 따라 파산조합이 책임을 면하는 결과가 되는 것을 방지하기 위한 것이다.[26]

2. 채권 · 채무 간 상계

중앙회는 조합원등을 대신하여 지급 공고일 현재 조합원등이 해당 조합에 대하여 가지는 예탁금 및 적금 등 채권(본인 또는 타인을 위하여 담보로 제공된 채권은 제외)과 채무(보증채무는 제외)를 상계할 수 있다(법 제80조의4 제2항).

채무 있는 조합원등의 보호와 중앙회의 지급 편의를 위한 규정으로, 조합원등이 법이나 금융제도에 익숙하지 않아 상계권을 행사할 수 있음에도 불구하고 행사하지 않는 경우에는 보통 대출 등 채무의 이자율이 예금의 이자율보다 높아 대출이자가 계속 늘어나 조합원등이 갚아야 할 채무액이 증가하는 문제가 발생할 수 있다. 또한 중앙회가 조합원등의 대출채무를 감안하지 않고 지급할 경우 후일 다시 조합원등으로부터 대출금 회수의 노력을 기울여야 하므로 예금자보호기금의 손실 증가 및 불필요한 회수 절차가 발생되는 문제가 있다. 이러한 문제점을 보완하기 위하여 중앙회가 조합원등을 대신하여 상계권을 행사한 후 지급함으로써 지급절차를 간소화하고 후일 발생할지도 모르는 불필요한 회수절차를 줄일 수가 있게 되었다.[27]

민법 제404조[28] 채권자대위권은 채권자가 자기의 채권을 보전하기 위하여 채무자의 제3채무자에 대한 권리를 대신하여 행사할 수 있는 권리를 말하는데, 채권자대위권을 행사하기 위해서는 채권자가 자기의 채권을 보전할 필요가 있어야 하고 채권의 이행기가 도래하여야 하며, 채무자의 제3자에 대한 권리가 일신에 전속한 것이 아니어야 하고 채무자가 스스로 그의 권리를 행사하지 않고 있어야 하는 등의 요건이 충족되어야 한다. 또한 그 행사방법으로는 채권자는 자기의 이름으로 채무자의 권리를 행사할 수 있으며, 그 행사 후에는 그 사실을 채무자에게 통지하여야 한다. 중앙회는 민법상 채권자대위권의 요건을 모

---

26) 법제처, 예금자보호법 해설, 2011. 9., 122면.

27) 법제처, 앞의 책, 127면.

28) 민법 제404조(채권자대위권) ① 채권자는 자기의 채권을 보전하기 위하여 채무자의 권리를 행사할 수 있다. 그러나 일신에 전속한 권리는 그러하지 아니하다.
② 채권자는 그 채권의 기한이 도래하기 전에는 법원의 허가없이 전항의 권리를 행사하지 못한다. 그러나 보전행위는 그러하지 아니하다.

두 구비하지 아니한 상태에서 조합원등을 대신하여 조합원등이 해당 조합에 대하여 가지는 예탁금등 채권과 채무를 상계할 수 있으므로 민법상 채권자대위권의 특칙이라 할 수 있다.[29)]

3. 변제의 보류

중앙회는 조합원등이 해당 조합에 대하여 가지고 있는 보증채무 등 ① 조합원등이 본인 또는 타인을 위하여 당해 조합에 담보로 제공하고 있는 예탁금·적금 등 채권 및 당해 조합에 대하여 지고 있는 보증채무 금액, ② 법 제80조의5 제1항[30)]에 따라 조합 부실에 책임이 있다고 인정되는 자 또는 그와 금융사지배구조법 시행령 제3조 제1항 각 호[31)]의 어느 하나에 해당하는 관계에 있

29) 법제처, 앞의 책, 127-128면.

30) 법 제80조의5(손해배상청구권의 행사 등) ① 중앙회는 다음 각 호의 어느 하나에 해당하는 경우에는 해당 조합의 부실에 대하여 책임이 있다고 인정되는 전직·현직 임직원 및 「상법」 제401조의2 제1항 각 호의 어느 하나에 해당하는 사람이나 그 밖의 제3자(이하 "부실관련자"라 한다)에 대하여 손해배상을 청구하도록 해당 조합(그 청산법인, 파산재단 또는 합병으로 존속하는 조합을 포함한다. 이하 제3항부터 제6항까지에서 같다)에 요구할 수 있다.

1. 제55조 제2항에 따라 조합의 합병(조합의 경영정상화를 위한 합병만 해당한다)을 촉진하기 위하여 자금을 지원한 경우
2. 제80조의2 제4항에 따라 대위변제한 경우
3. 제86조의4 제3항에 따라 인수조합에 자금을 지원한 경우
4. 그 밖에 제80조의2 제3항에 따른 기금관리위원회의 결정으로 조합의 경영정상화를 위하여 자금을 지원한 경우

31) 1. 본인이 개인인 경우: 다음 각 목의 어느 하나에 해당하는 자. 다만, 「독점규제 및 공정거래에 관한 법률 시행령」 제5조 제1항 제2호 가목에 따른 독립경영자 및 같은 목에 따라 공정거래위원회가 동일인관련자의 범위로부터 분리를 인정하는 자는 제외한다.

가. 배우자(사실상의 혼인관계에 있는 사람을 포함한다. 이하 같다)
나. 6촌 이내의 혈족
다. 4촌 이내의 인척
라. 양자의 생가(生家)의 직계존속
마. 양자 및 그 배우자와 양가(養家)의 직계비속
바. 혼인 외의 출생자의 생모
사. 본인의 금전이나 그 밖의 재산으로 생계를 유지하는 사람 및 생계를 함께 하는 사람
아. 본인이 혼자서 또는 그와 가목부터 사목까지의 관계에 있는 자와 합하여 법인이나 단체에 100분의 30 이상을 출자하거나, 그 밖에 임원(업무집행책임자는 제외한다. 이하 이 조에서 같다)의 임면 등 법인이나 단체의 중요한 경영사항에 대하여 사실상의 영향력을 행사하고 있는 경우에는 해당 법인 또는 단체와 그 임원(본인이 혼자서 또는 그와 가목부터 사목까지의 관계에 있는 자와 합하여 임원의 임면 등의 방법으로 그 법인 또는 단체의 중요한 경영사항에 대하여 사실상의 영향력을 행사하고 있지 아니함이 본인의 확인서 등을 통하여 확인되는 경우에 그 임원은 제외한다)
자. 본인이 혼자서 또는 그와 가목부터 아목까지의 관계에 있는 자와 합하여 법인이나 단체에

는 자의 예금에 대해서는 그 지급을 보류할 수 있다(법 제80조의4 제3항, 시행령 제19조의14 제1항). 일단 지급을 하고 나면 부실관련자가 재산을 은닉하여 부실책임이 밝혀지더라도 부실책임에 따른 환수가 곤란한 경우를 방지하기 위하여 부실관련자의 책임여부 등이 밝혀질 때까지 우선적으로 지급을 보류할 수 있도록 한 것이다.[32)]

기금관리위원회는 예탁금등의 변제를 보류하는 때에 당해 예탁금등의 변제를 청구한 조합원등에게 ① 변제를 보류하는 예탁금등의 금액, ② 예탁금등의 변제보류사유, ③ 예탁금등의 변제보류기간, ④ 예탁금등의 변제보류사유가 소멸되거나 변제보류기간이 만료되어 조합원등이 보류된 예탁금등의 지급을 청구하는 경우의 그 절차 및 방법을 기재한 서면을 교부하여야 한다(법 시행령 제19조의14 제2항).

100분의 30 이상을 출자하거나, 그 밖에 임원의 임면 등 법인이나 단체의 중요한 경영사항에 대하여 사실상의 영향력을 행사하고 있는 경우에는 해당 법인 또는 단체와 그 임원(본인이 혼자서 또는 그와 가목부터 아목까지의 관계에 있는 자와 합하여 임원의 임면 등의 방법으로 그 법인 또는 단체의 중요한 경영사항에 대하여 사실상의 영향력을 행사하고 있지 아니함이 본인의 확인서 등을 통하여 확인되는 경우에 그 임원은 제외한다)

2. 본인이 법인이나 단체인 경우: 다음 각 목의 어느 하나에 해당하는 자
   가. 임원
   나. 「독점규제 및 공정거래에 관한 법률」에 따른 계열회사(이하 "계열회사"라 한다) 및 그 임원
   다. 혼자서 또는 제1호 각 목의 관계에 있는 자와 합하여 본인에게 100분의 30 이상을 출자하거나, 그 밖에 임원의 임면 등 본인의 중요한 경영사항에 대하여 사실상의 영향력을 행사하고 있는 개인(그와 제1호 각 목의 관계에 있는 자를 포함한다) 또는 법인(계열회사는 제외한다. 이하 이 호에서 같다), 단체와 그 임원
   라. 본인이 혼자서 또는 본인과 가목부터 다목까지의 관계에 있는 자와 합하여 다른 법인이나 단체에 100분의 30 이상을 출자하거나, 그 밖에 임원의 임면 등 다른 법인이나 단체의 중요한 경영사항에 대하여 사실상의 영향력을 행사하고 있는 경우에는 해당 법인, 단체와 그 임원(본인이 임원의 임면 등의 방법으로 그 법인 또는 단체의 중요한 경영사항에 대하여 사실상의 영향력을 행사하고 있지 아니함이 본인의 확인서 등을 통하여 확인되는 경우에 그 임원은 제외한다)

32) 법제처, 앞의 책, 115면.

Ⅲ. 관련 법령

법률	조문
예금자보호법	**제31조(보험금 등의 지급)** ⑥ 공사는 제1항에 따른 보험금을 지급할 때 예금자등이 제21조의2 제1항에 따른 부실관련자에 해당하거나 부실관련자와 대통령령으로 정하는 특수관계에 있는 경우에는 그 예금자등의 예금등 채권에 대하여 대통령령으로 정하는 바에 따라 제3항에 따른 보험금 지급개시일 등의 공고일(이하 "보험금지급공고일"이라 한다)부터 6개월의 범위에서 보험금의 지급을 보류할 수 있다. **제35조(채권의 취득)** 공사는 보험금 및 가지급금을 지급하거나 제35조의2에 따라 예금등 채권을 매입한 경우 그 지급 또는 매입한 범위에서 부실금융회사에 대한 예금자등의 권리를 취득한다. **제35조의6(대위상계권)** 공사는 예금자등을 대신하여 보험금지급공고일 현재 각 예금자등의 예금등 채권(예금자등이 타인을 위하여 해당 부보금융회사에 담보로 제공하고 있는 예금등 채권은 제외한다)과 각 예금자등이 해당 부보금융회사에 대하여 지고 있는 채무(보증채무는 제외한다)를 상계(相計)할 수 있다.
새마을 금고법	**제71조(예금자보호준비금 설치 등)** ④ 회장은 금고가 예탁금, 적금, 그 밖의 수입금을 지급할 수 없거나 중앙회가 공제금, 자기앞수표를 지급할 수 없는 경우에는 준비금관리위원회가 결정하는 바에 따라 그 금고 또는 중앙회를 갈음하여 변제할 수 있다. ⑤ 제4항에 관하여는 「민법」 제482조부터 제485조까지의 규정을 준용한다.
농협구조 개선법	**제17조(보험금의 지급 등)** ③ 관리기관은 예금자등이 해당 조합에 대하여 가지고 있는 보증채무 등 대통령령으로 정하는 금액에 대하여는 그 지급을 보류할 수 있다. **제19조(예금등채권의 취득 및 매입)** ① 관리기관은 제17조 제1항에 따라 보험금을 지급한 경우에는 그 지급한 범위에서 부실조합에 대한 예금자등의 권리를 취득한다. ② 관리기관은 제17조 제1항에 따른 보험금 지급 외에 해당 보험과 관련하여 예금자등의 예금등채권을 매입할 수 있다. ③ 제2항에 따른 예금등채권의 매입, 개산지급금(槪算支給金) 등에 관하여 필요한 사항은 대통령령으로 정한다. **제20조(관리기관의 대위상계권)** 관리기관은 예금자등을 대신하여 보험금지급공고일 현재 각 예금자등의 예금등채권(예금자등이 다른 사람을 위하여 해당 조합에 담보로 제공하고 있는 예금등채권은 제외한다)을 각 예금자등이 해당 조합에 대하여 가지고 있는 채무(보증채무는 제외한다)와 상계(相計)할 수 있다.
수협구조 개선법	**제16조(관리기관의 대위상계권)** 관리기관은 예금자등을 대신하여 제30조 제3항에 따른 보험금 지급 개시일 등의 공고일(이하 "보험금지급공고일"이라 한다) 현재 각 예금자등의 예금등채권(예금자등이 다른 사람을 위하여 해당 조합에 담보로 제공하고 있는 예금등채권은 제외한다)을 각 예금자등이 해

	당 조합에 대하여 지고 있는 채무(보증채무는 제외한다)와 상계(相計)할 수 있다. **제30조(보험금의 지급 등)** ⑥ 관리기관은 제1항에 따른 보험금을 지급할 때 예금자등이 해당 조합에 대하여 가지고 있는 보증채무 등 대통령령으로 정하는 금액에 대하여는 제3항에 따른 보험금지급공고일부터 6개월의 범위에서 보험금 지급을 보류할 수 있다. **제33조(예금등채권의 취득)** 제30조 제1항 및 제2항에 따라 보험금과 가지급금을 지급한 관리기관은 그 지급한 금액의 범위에서 해당 조합에 대한 예금자등의 권리를 취득한다.
산림조합 개선법	**제32조(보험금의 지급 등)** ⑥ 관리기관은 제1항에 따른 보험금을 지급할 때 예금자등이 해당 조합에 대하여 지고 있는 보증채무 등 대통령령으로 정하는 금액에 대하여는 제3항에 따른 보험금 지급개시일 등의 공고일(이하 "보험금지급공고일"이라 한다)부터 6개월의 범위에서 보험금의 지급을 보류할 수 있다. **제35조(예금등채권의 취득)** 관리기관은 제32조 제1항 및 제2항에 따라 보험금과 가지급금을 지급한 경우에는 그 지급한 금액의 범위에서 해당 조합에 대한 예금자등의 권리를 취득한다. **제36조(관리기관의 대위상계권)** 관리기관은 예금자등을 대신하여 보험금지급공고일 현재 각 예금자등의 예금등채권(예금자등이 다른 사람을 위하여 해당 조합에 담보로 제공하고 있는 예금등채권은 제외한다)을 각 예금자등이 해당 조합에 지고 있는 채무(보증채무는 제외한다)와 상계할 수 있다.

제80조의5(손해배상청구권의 행사 등)

제80조의5(손해배상청구권의 행사 등) ① 중앙회는 다음 각 호의 어느 하나에 해당하는 경우에는 해당 조합의 부실에 대하여 책임이 있다고 인정되는 전직·현직 임직원 및 「상법」 제401조의2 제1항 각 호의 어느 하나에 해당하는 사람이나 그 밖의 제3자(이하 "부실관련자"라 한다)에 대하여 손해배상을 청구하도록 해당 조합(그 청산법인, 파산재단 또는 합병으로 존속하는 조합을 포함한다. 이하 제3항부터 제6항까지에서 같다)에 요구할 수 있다.

1. 제55조 제2항에 따라 조합의 합병(조합의 경영정상화를 위한 합병만 해당한다)을 촉진하기 위하여 자금을 지원한 경우
2. 제80조의2 제4항에 따라 대위변제한 경우
3. 제86조의4 제3항에 따라 인수조합에 자금을 지원한 경우
4. 그 밖에 제80조의2 제3항에 따른 기금관리위원회의 결정으로 조합의 경영정상화를 위하여 자금을 지원한 경우

② 제1항에 따른 중앙회의 요구는 그 이유, 청구방법 및 청구기간을 적은 서면으로 하여야 한다.

③ 중앙회는 조합이 제1항에 따른 요구를 이행하지 아니한 경우에는 즉시 그 조합을 대위하여 손해배상을 청구할 수 있다.

④ 중앙회는 조합이 제1항에 따른 손해배상청구의 소송을 하는 경우에는 그 소송의 계속(係屬) 중에 그 조합을 보조하기 위하여 소송에 참가할 수 있다. 이 경우 「민사소송법」 제71조부터 제77조까지의 규정을 준용한다.

⑤ 중앙회는 제1항부터 제4항까지의 규정에 따른 손해배상의 요구, 손해배상청구권의 대위 행사 또는 소송 참가를 위하여 필요한 경우에는 해당 조합의 업무 및 재산 상황을 조사할 수 있다.

⑥ 중앙회가 제3항에 따라 손해배상청구권을 대위 행사하여 승소하거나 조합의 요청으로 제4항에 따른 소송 참가를 하는 경우 그 비용은 해당 조합이 부담한다.

[전문개정 2015. 1. 20.]

Ⅰ. 조문의 취지와 의의

법 제80조의5는 조합 임직원 등의 도덕적 해이를 방지하기 위하여 중앙회가 조합으로 하여금 그 조합의 부실관련자에 대한 손해배상을 청구하도록 요구할 수 있는 법적 근거가 된다.[33] 중앙회가 조합에 지원한 자금 회수를 촉진하고

33) 진정구(수석전문위원), 신용협동조합법 일부개정법률안(정부제출, 의안번호 제191011호) 검토보고

유사한 불법행위의 발생을 억제하기 위해서는 조합 부실관련자에 대한 철저한 책임추궁이 필요하므로, 중앙회는 해당 조합의 업무 및 재산 상황 조사를 실시하여 부실책임이 인정되는 자에 대해서는 손해배상청구 등 법적 절차를 취하도록 요청할 수 있다.[34)]

한편, 부실관련자에 대해서는 해당 조합이 일차적으로 책임을 추궁해야 하나, 현실적으로 소속 임직원 등에 대한 신속하고 철저한 책임추궁을 할 유인이 적으며, 부실관련자에 대한 책임추궁이 지연될 경우에는 재산은닉, 증빙자료의 인멸 등으로 추후 실효성이 있는 책임추궁이 어려워지게 될 가능성이 크다. 따라서, 효과적인 책임추궁을 통하여 지원 자금의 효율적 회수를 도모하고 조합의 책임경영을 유도하기 위해서는 자금 지원 및 회수주체인 중앙회가 직접 손해배상을 청구하거나 소송에 적극적으로 참가할 필요가 있으므로, 이와 관련하여 중앙회가 손해배상청구권을 대위행사하거나 소송에 참가할 수 있는 요건 및 절차를 마련하고 자금을 지원받은 조합의 업무, 재산현황에 대한 조사권을 부여하고 있다.[35)]

Ⅱ. 조문의 내용 및 해설

1. 중앙회의 손해배상청구 요구

중앙회는 ① 조합의 합병(조합의 경영정상화를 위한 합병만 해당)을 촉진하기 위하여 자금을 지원한 경우, ② 법 제80조의2 제4항에 따라 대위변제한 경우, ③ 제86조의4 제3항에 따라 인수조합에 자금을 지원한 경우, ④ 그 밖에 기금관리위원회의 결정으로 조합의 경영정상화를 위하여 자금을 지원한 경우에는 해당 조합의 부실에 대하여 책임이 있다고 인정되는 전직·현직 임직원 및 상법 제401조의2 제1항[36)] 각 호의 어느 하나에 해당하는 사람이나 그 밖의 제3

서, 국회 정무위원회, 2014. 11., 1면.

34) 김문희(전문위원), 예금자보호법중개정법률안(정부제출, 의안번호 제152367호) 검토보고서, 국회 재정경제위원회, 1999. 12., 10면.

35) 김문희(전문위원), 앞의 보고서, 10-11면.

36) 상법 제401조의2(업무집행지시자 등의 책임) ① 다음 각 호의 어느 하나에 해당하는 자가 그 지시하거나 집행한 업무에 관하여 제399조, 제401조, 제403조 및 제406조의2를 적용하는 경우에는 그

자(이하 "부실관련자"라 한다)에 대하여 손해배상을 청구하도록 해당 조합(그 청산법인, 파산재단 또는 합병으로 존속하는 조합을 포함)에 요구할 수 있다(법 제80조의5 제1항). 이와 같은 중앙회의 요구를 하기 위해서는 그 이유, 청구방법 및 청구기간을 적은 서면으로 하여야 한다(법 제80조의5 제2항).

2. 손해배상청구권의 대위 행사

중앙회는 조합이 중앙회의 손해배상청구 요구를 이행하지 아니한 경우에는 즉시 그 조합을 대위하여 손해배상을 청구할 수 있다(법 제80조의5 제3항). 중앙회가 손해배상청구권을 대위 행사하여 승소하는 경우 해당 비용은 조합이 부담한다(법 제80조의5 제6항).

3. 중앙회의 소송 참가

중앙회는 조합이 손해배상청구의 소송을 하는 경우에는 그 소송의 계속(係屬) 중에 그 조합을 보조하기 위하여 소송에 참가할 수 있다. 이 경우 민사소송법 제71조(보조참가)부터 제77조(참가인에 대한 재판의 효력)까지의 규정을 준용한다(법 제80조의5 제4항). 조합의 요청으로 소송 참가를 하는 경우 그 비용은 해당 조합이 부담한다(법 제80조의5 제6항).

4. 업무 및 재산 상황의 조사

중앙회는 손해배상의 요구, 손해배상청구권의 대위 행사 또는 소송 참가를 위하여 필요한 경우에는 해당 조합의 업무 및 재산 상황을 조사할 수 있다(법 제80조의5 제5항).

자를 "이사"로 본다.
1. 회사에 대한 자신의 영향력을 이용하여 이사에게 업무집행을 지시한 자
2. 이사의 이름으로 직접 업무를 집행한 자
3. 이사가 아니면서 명예회장·회장·사장·부사장·전무·상무·이사 기타 회사의 업무를 집행할 권한이 있는 것으로 인정될 만한 명칭을 사용하여 회사의 업무를 집행한 자

Ⅲ. 관련 판례

헌법재판소 2009. 9. 24. 선고 2007헌가15 전원재판부 [예금자보호법제41조제2호등위헌제청]

"'부실관련자 중 채무자 관련 처벌조항 등'은 부실금융기관 등의 부실 또는 부실우려에 책임이 있다고 인정되는 부실관련자에 대한 손해배상 청구 등을 통한 공적자금 회수에 필요한 증거자료를 실효적으로 확보하기 위하여 마련된 것으로 그 입법목적의 정당성이 인정되고, 부실관련자가 자료제출을 거부하거나 조사를 방해하는 경우에 대처하기 위하여 형벌로써 이를 강제한 것은 위 입법목적을 달성하기 위하여 필요하고도 효과적인 방법이라고 할 수 있다.

그리고 법 제21조의2 제7항에 따른 예금보험공사의 조사권 행사는 부실금융기관 등에 대한 손해배상청구의 요구, 손해배상청구권의 대위행사 또는 소송참가를 위하여 필요한 경우로 제한되고, 조사대상자는 부실금융기관 등의 부실 또는 부실우려에 관련될 가능성이 있는 부실관련자 등에 한정되는 점, 공적자금의 회수에 필수적인 예금보험공사의 조사기능의 실효성을 확보하기 위해서는 예금보험공사의 조사에 불응한 경우에 대한 제재 조치를 고려할 필요가 있으므로 과태료 처분만으로는 자료제출을 강제하는 효과를 이루기에는 미흡하고 형벌 외에 달리 더욱 적절한 제재 수단을 찾기 어려운 점, 자료제출의 거부 등에 대한 다른 처벌법규와 비교하여 보았을 때 '부실관련자 중 채무자 관련 처벌조항 등'의 법정형이 결코 과중하다고 보이지 아니한 점 등을 고려하면, 기본권 침해의 최소성 원칙에 위반된다고 볼 수 없다.

또한 예금보험공사의 부실관련자에 대한 조사기능의 실효성을 확보함으로써 그들에 대한 손해배상청구를 통하여 공적자금을 회수하는 한편, 기업의 책임경영 풍토를 확립하고 금융부실을 방지하여 국민경제의 건전성을 확보하고자 하는바, 이러한 공익은 예금보험공사의 조사를 거부한 부실관련자들을 처벌함으로써 침해되는 그들의 신체의 자유 또는 재산권 등 사익보다 크다고 보지 않을 수 없다. 이 부분 심판대상 조항이 법익의 균형성 원칙에 위반된다고 볼 수도 없다."[37]

37) (재판관 민형기의 반대의견) 부실관련자 중 채무자 관련 처벌조항은 그 입법목적 및 정책적 필요성만을 지나치게 강조한 나머지, 예금보험공사의 조사에 불응한 채무불이행자를 그 죄질과 책임의 정도에 상응하도록 구체적으로 유형화하지 않은 채 일률적으로 1년 이상의 징역형 또는 500만원 이하의 벌금형에 처하도록 규정함으로써 비례의 원칙에 위배될 뿐만 아니라, 형사처벌할 정도의 비난가능성이나 책임이 있다고 보기 어려운 단순한 민사상 채무불이행자의 경우에까지 그렇지 않은 채무불이행자와 동일한 형사책임을 부과하는 것은 책임주의원칙과 평등의 원칙에도 위배되므로, 이 부분에서 헌법에 위반된다고 보아야 한다.

Ⅳ. 관련 법령

법률	조문
예금자 보호법	제21조의2(손해배상청구권의 대위행사 등) ① 공사는 다음 각 호의 어느 하나에 해당하는 경우에는 해당 부실금융회사 또는 부실우려금융회사(이하 "부실금융회사등"이라 하며, 이 조에서만 그 청산법인 또는 파산재단을 포함한다)로 하여금 그 부실 또는 부실 우려에 책임이 있다고 인정되는 부실관련자[부실금융회사등의 전직·현직 임직원, 「상법」 제401조의2제1항 각 호에 규정된 자, 부실금융회사등에 대하여 채무를 이행하지 아니한 채무자(채무자가 법인인 경우 그 법인의 전직·현직 임직원, 「상법」 제401조의2제1항 각 호에 규정된 자 및 대통령령으로 정하는 주요주주를 포함한다) 및 그 밖의 제3자를 말한다. 이하 "부실관련자"라 한다]에게 손해배상을 청구하도록 요구할 수 있다. 1. 제31조 및 제34조 제1항에 따라 보험금의 지급을 결정하거나 보험금을 지급한 경우 2. 제36조의3제1항에 따른 정리금융회사가 영업 또는 계약을 양수(讓受)하기로 결정하거나 양수한 경우 또는 예금등 채권을 지급하기로 결정하거나 지급을 한 경우 3. 제38조에 따라 자금지원을 결정하거나 자금지원을 한 경우 ② 제1항에 따른 공사의 요구는 그 이유·청구방법 및 청구기간을 적은 서면으로 하여야 한다. ③ 공사는 부실금융회사등이 제1항에 따른 요구에 따르지 아니하는 경우에는 즉시 해당 부실금융회사등을 대위(代位)하여 부실관련자에게 손해배상을 청구할 수 있다. ④ 공사는 부실금융회사등이 소를 제기하여 제1항에 따른 손해배상청구를 하는 경우에는 그 소송절차가 진행되는 동안 해당 부실금융회사등을 보조하기 위하여 소송에 참가할 수 있다. 이 경우 「민사소송법」 제71조부터 제77조까지의 규정을 준용한다. ⑤ 공사가 제3항에 따라 손해배상청구권을 대위행사하여 소송에서 승소(勝訴)하거나 부실금융회사등의 요청으로 제4항에 따른 소송참가(訴訟參加)를 하는 경우 그 비용은 해당 부실금융회사등이 부담한다. ⑥ 부실금융회사등이 파산한 경우 제5항에 따라 부담하지 아니한 비용에 대한 청구권은 재단채권으로 본다. ⑦ 공사는 제1항부터 제4항까지의 규정에 따른 손해배상청구의 요구, 손해배상청구권의 대위행사 또는 소송참가를 하기 위하여 필요하면 해당 부실금융회사등, 부실관련자 또는 다음 각 호의 어느 하나에 해당하는 이해관계인(이하 "이해관계인"이라 한다)에 대하여 업무 및 재산 상황에 관한 자료제출 요구, 출석요구(이해관계인에 대한 출석요구는 제외한다) 등 조사를 할 수 있다. 다만, 부실관련자 중 그 밖의 제3자의 범위는 회계법인 또는 공인회계사로 한정한다. 1. 부실관련자의 배우자 2. 부실관련자의 직계 존속·비속

	3. 부실관련자의 배우자의 직계 존속・비속 4. 재산권을 목적으로 부실관련자와 한 법률행위로 인하여 직접 이익을 받은 자 및 전득자(轉得者) 5. 그 밖에 부실관련자의 재산은닉에 관련이 있는 자 ⑧ 부실금융회사등과의 합병이나 제3자에 의한 부실금융회사등의 인수 이후 존속하는 부보금융회사에 대해서는 제1항부터 제6항까지의 규정을 준용한다. 이 경우 공사는 해당 부보금융회사에 대하여 부실관련자에 대한 손해배상청구 또는 소송참가에 필요한 자료의 제출을 요청할 수 있으며, 요청을 받은 부보금융회사는 특별한 사유가 없으면 이에 따라야 한다. ⑨ 제7항에 따라 조사를 하는 자는 그 권한을 표시하는 증표를 지니고 관계인에게 보여 주어야 한다. ⑩ 제7항에 따른 조사의 방법・절차 등에 관하여 필요한 사항은 대통령령으로 정한다.
새마을 금고법	**제73조(손해배상청구권의 행사 등)** ① 중앙회는 제71조 제3항과 제4항에 따라 준비금관리위원회에서 금고에 대한 자금 지원, 대출 또는 대위변제를 결정한 경우에는 그 금고의 부실에 대하여 책임이 있다고 인정되는 전・현직 임직원 및 「상법」 제401조의2제1항 각 호의 어느 하나에 해당하는 자, 그 밖의 제3자(이하 "부실관련자"라 한다)에 대하여 손해배상을 청구하도록 그 금고에 요구할 수 있다. ② 중앙회는 금고가 제1항에 따른 요구를 이행하지 아니하면 즉시 그 금고를 대위(代位)하여 손해배상을 청구할 수 있다. ③ 중앙회는 제1항 및 제2항에 따른 손해배상 요구 및 손해배상청구권을 대위행사하기 위하여 필요하면 해당 금고의 업무 및 재산 상황을 조사할 수 있다. ④ 중앙회는 금고가 제1항에 따른 손해배상청구를 소송으로 하는 경우에는 그 소송의 계속(係屬) 중 그 금고를 보조하기 위하여 소송에 참가할 수 있다. 이 경우 「민사소송법」 제71조부터 제77조까지의 규정을 준용한다. ⑤ 중앙회가 제2항에 따라 손해배상청구권을 대위 행사하여 승소하거나 해당 금고의 요청으로 제4항에 따른 소송에 참가하는 경우 그 비용은 그 금고가 부담한다.
농협구조 개선법	**제21조(손해배상청구권의 행사 등)** ① 관리기관은 다음 각 호의 어느 하나에 해당할 때에는 해당 부실조합등에 그 부실 또는 부실 우려의 책임이 있다고 인정되는 임직원, 「상법」 제401조의2제1항 각 호의 어느 하나에 해당하는 사람, 그 밖의 제3자(이하 "부실관련자"라 한다)에 대하여 손해배상을 청구하도록 요구할 수 있다. 1. 제17조에 따라 보험금을 지급한 경우 2. 제25조 또는 제26조에 따라 자금지원을 결정하거나 자금지원을 한 경우 ② 제1항에 따른 관리기관의 요구는 그 이유, 청구방법 및 청구기간을 적은 서면으로 하여야 한다. ③ 관리기관은 부실조합등이 제1항에 따른 요구에 따르지 아니할 때에는 즉시 그 부실조합등을 대위(代位)하여 손해배상을 청구할 수 있다. ④ 관리기관은 부실조합등이 제1항에 따른 손해배상청구의 소송을 할 때에는 그 소송의 계속(係屬) 중 그 부실조합등을 보조하기 위하여 소송에 참가할 수 있다. 이 경우 「민사소송법」 제71조부터 제77조까지의 규정을 준용한다.

	⑤ 관리기관이 제3항에 따라 손해배상청구권을 대위 행사하여 소송에서 승소하거나 부실조합등의 요청으로 제4항에 따른 소송참가를 하는 경우 그 비용은 그 부실조합등이 부담한다. ⑥ 부실조합등이 파산한 경우 제5항에 따라 부담하지 아니한 비용에 대한 청구권은 재단채권으로 본다. ⑦ 관리기관은 제1항부터 제4항까지의 규정에 따른 손해배상청구의 요구, 손해배상청구권의 대위 행사 또는 소송참가를 하기 위하여 필요하면 해당 부실조합등의 청산법인 또는 파산재단의 업무 및 재산 상황에 관한 조사를 할 수 있다. ⑧ 부실조합등과의 합병으로 존속하는 조합에 대하여는 제1항부터 제6항까지의 규정을 준용한다. 이 경우 관리기관은 해당 조합에 부실관련자에 대한 손해배상청구 또는 소송참가에 필요한 자료의 제출을 요청할 수 있으며, 그 요청을 받은 조합은 특별한 사유가 없으면 요청에 따라야 한다.
수협구조 개선법	**제18조(손해배상청구권 행사의 요구 등)** ① 관리기관은 다음 각 호의 어느 하나에 해당하는 경우에는 해당 부실조합등에 대하여 그 부실 또는 부실 우려에 책임이 있다고 인정되는 임직원, 「상법」 제401조의2제1항 각 호의 어느 하나에 해당하는 사람 또는 그 밖의 제3자(이하 "부실관련자"라 한다)에게 손해배상의 청구를 하도록 요구할 수 있다. 1. 제7조에 따라 자금지원을 결정하거나 자금지원을 한 경우 2. 제30조 제1항 및 제2항에 따라 보험금을 지급하거나 예금등채권의 일부를 미리 지급한 경우 ② 제1항에 따른 관리기관의 요구는 그 이유, 청구 방법 및 청구기간을 적은 서면으로 하여야 한다. ③ 관리기관은 부실조합등이 제1항에 따른 요구에 따르지 아니할 때에는 즉시 그 부실조합등을 대위(代位)하여 손해배상을 청구할 수 있다. ④ 관리기관은 부실조합등이 제1항에 따른 손해배상청구를 소송으로 하는 경우에는 그 소송의 계속(繫屬) 중에 그 부실조합등을 보조하기 위하여 소송에 참가할 수 있다. 이 경우 「민사소송법」 제71조부터 제77조까지의 규정을 준용한다. ⑤ 관리기관이 제3항에 따라 손해배상청구권을 대위 행사하여 승소(勝訴)하거나 부실조합등의 요청으로 제4항에 따른 소송 참가를 하는 경우 그 비용은 그 부실조합등이 부담한다. ⑥ 부실조합등이 파산한 경우 제5항에 따라 부담하지 아니한 비용에 대한 청구권은 재단채권으로 본다. ⑦ 관리기관은 제1항부터 제4항까지의 규정에 따른 손해배상청구의 요구, 손해배상청구권의 대위 행사 또는 소송 참가를 위하여 필요하면 해당 부실조합등의 청산법인 또는 파산재단의 업무 및 재산 상황을 조사할 수 있다. ⑧ 부실조합등과의 합병으로 존속하는 조합에 관하여는 제1항부터 제6항까지의 규정을 준용한다. 이 경우 관리기관은 해당 조합에 부실관련자에 대한 손해배상청구 또는 소송 참가에 필요한 자료의 제출을 요청할 수 있으며, 요청을 받은 조합은 특별한 사유가 없으면 요청에 따라야 한다.
산림조합 개선법	**제15조(손해배상청구권 행사의 요구 등)** ① 관리기관은 다음 각 호의 어느 하나에 해당하면 해당 부실조합등에 그 부실 또는 부실우려에 책임이 있다고 인정되는 임직원, 「상법」 제401조의2제1항 각 호의 어느 하나에 해당하는

	자, 그 밖의 제3자(이하 "부실관련자"라 한다)에 대하여 손해배상을 청구하도록 요구할 수 있다. 1. 제7조에 따라 자금지원을 결정하거나 자금지원을 한 경우 2. 제32조 제1항 및 제2항에 따라 보험금을 지급하거나 예금등채권의 일부를 미리 지급한 경우 ② 제1항에 따른 관리기관의 요구는 그 이유·청구방법 및 청구기간을 적은 서면으로 하여야 한다. ③ 관리기관은 부실조합등이 제1항에 따른 요구에 따르지 아니하면 즉시 그 부실조합등을 대위(代位)하여 손해배상을 청구할 수 있다. ④ 관리기관은 부실조합등이 제1항에 따른 손해배상청구소송을 하는 경우에는 그 소송의 계속(繫屬) 중 그 부실조합등을 보조하기 위하여 소송에 참가할 수 있다. 이 경우 「민사소송법」 제71조부터 제77조까지를 준용한다. ⑤ 관리기관이 제3항에 따라 손해배상청구권을 대위행사하여 소송에서 승소(勝訴)하거나 부실조합등의 요청으로 제4항에 따른 소송에 참가하는 경우 그 비용은 그 부실조합등이 부담한다. ⑥ 부실조합등이 파산한 경우 제5항에 따라 부담하지 아니한 비용에 대한 청구권은 재단채권으로 본다. ⑦ 관리기관은 제1항부터 제4항까지의 규정에 따른 손해배상청구의 요구, 손해배상청구권의 대위행사 또는 소송참가를 위하여 필요하면 해당 부실조합등의 청산법인이나 파산재단의 업무 및 재산 상황에 관한 조사를 할 수 있다. ⑧ 부실조합등과의 합병으로 존속하는 조합에 대하여는 제1항부터 제6항까지를 준용한다. 이 경우 관리기관은 해당 조합에 대하여 부실관련자에 대한 손해배상청구나 소송참가에 필요한 자료 제출을 요청할 수 있으며, 그 요청을 받은 조합은 특별한 사유가 없으면 이에 따라야 한다.

제80조의6(자료 제공의 요청 등)

제80조의6(자료 제공의 요청 등) ① 금융위원회는 중앙회의 부실관련자에 대한 손해배상 청구 또는 소송 참가를 위하여 필요하면 관계 중앙행정기관, 지방자치단체, 그 밖에 대통령령으로 정하는 공공기관(이하 이 조에서 "공공기관"이라 한다)의 장에게 부실관련자의 재산에 관한 자료 또는 정보의 제공을 요청할 수 있다. 이 경우 공공기관의 장은 특별한 사정이 없으면 그 요청에 따라야 한다.
② 금융위원회는 제1항에 따라 공공기관의 장으로부터 제공받은 정보를 중앙회에 제공하여 손해배상청구 또는 소송 참가에 활용하도록 할 수 있다.
[전문개정 2015. 1. 20.]

Ⅰ. 조문의 취지와 의의

법 제80조의6은 파산조합의 부실관련자에 대한 책임추궁이 원활하게 이루어질 수 있도록 하기 위하여[38] 금융위원회가 중앙회의 손해배상청구 요구에 필요한 자료를 관계기관의 장 등에게 요청할 수 있도록 근거규정을 마련한 것이다.[39]

Ⅱ. 조문의 내용 및 해설

1. 금융위원회의 자료 · 정보 제공 요청

금융위원회는 중앙회의 부실관련자에 대한 손해배상청구 또는 소송 참가를 위하여 필요하면 관계 중앙행정기관, 지방자치단체, 「공공기관의 운영에 관한 법률」에 따른 공공기관, 법률에 따라 직접 설립된 법인, 「어음법」 또는 「수표법」에 따라 지정된 어음교환소의 장에게 부실관련자의 재산에 관한 자료 또는 정보의 제공을 요청할 수 있다(법 제80조의6 제1항 전단, 시행령 제19조의15). 이

---

38) 김문희(전문위원), 예금자보호법중개정법률안(정부제출, 의안번호 제152367호) 검토보고서, 국회 재정경제위원회, 1999. 12., 1면.
39) 진정구(수석전문위원), 신용협동조합법 일부개정법률안 (정부제출, 의안번호 제191011호) 검토보고서, 국회 정무위원회, 2014. 11,, 42면.

경우 공공기관의 장은 특별한 사정이 없으면 그 요청에 따라야 한다(법 제80조의6 제1항 후단).

2. 금융위원회의 정보 제공 및 활용

금융위원회는 공공기관의 장으로부터 제공받은 정보를 중앙회에 제공하여 손해배상청구 또는 소송 참가에 활용하도록 할 수 있다(법 제80조의6 제2항).

Ⅲ. 관련 법령

법률	조문
예금자 보호법	제21조의3(자료제공의 요구) ① 공사는 제21조의2제1항부터 제4항까지의 규정에 따른 손해배상청구의 요구, 손해배상청구권의 대위행사 또는 소송참가를 하기 위하여 필요하면 법원행정처, 관계 중앙행정기관, 지방자치단체, 그 밖에 대통령령으로 정하는 공공기관 및 금융회사(이하 이 조에서 "공공기관등"이라 한다)의 장에게 부실관련자 또는 이해관계인의 가족관계등록사항과 재산 및 업무에 관한 자료 또는 정보의 제공을 요구할 수 있다. 다만, 금융회사의 장이나 그 특정점포에 부실관련자 또는 이해관계인의 금융거래의 내용에 대한 정보 또는 자료의 제공을 요구하는 경우에는 제21조의4를 적용한다. ② 공사는 제21조의2제1항부터 제4항까지의 규정에 따른 손해배상청구의 요구, 손해배상청구권의 대위행사 또는 소송참가를 하기 위하여 필요하면 다음 각 호의 사항을 적은 문서로 관할 세무관서 및 지방자치단체의 장에게 과세정보의 제공을 요구할 수 있다. 이 경우 과세정보 제공 요구는 필요한 최소한의 범위에서 하여야 하며 다른 목적을 위하여 남용하여서는 아니 된다. 1. 납세자의 인적 사항 2. 사용 목적 ③ 제1항 본문 및 제2항에 따른 요구를 받은 공공기관등 및 세무관서의 장은 특별한 사유가 없으면 이에 따라야 한다. ④ 제1항 본문, 제2항 및 제3항에 따른 자료제공 요구 및 자료제공은 「개인정보 보호법」에 따라야 한다.
새마을 금고법	제73조의2(자료 제공의 요청 등) ① 주무부장관은 부실관련자에 대한 중앙회의 손해배상청구 또는 소송참가를 위하여 필요하면 관계 중앙행정기관, 지방자치단체, 그 밖에 대통령령으로 정하는 공공기관(이하 이 조에서 "공공기관등"이라 한다)의 장에게 부실관련자의 재산에 관한 자료 또는 정보의 제공을 요청할 수 있다. 이 경우 공공기관등의 장은 특별한 사정이 없으면 그 요청에 따라야 한다. ② 주무부장관은 제1항에 따라 공공기관등의 장으로부터 제공받은 정보를 중앙회에 제공하여 손해배상청구 또는 소송참가에 활용하도록 할 수 있다.

농협구조 개선법	제22조(자료 제공의 요청) 농림축산식품부장관은 관리기관의 부실관련자에 대한 손해배상청구 또는 소송참가를 위하여 필요하면 관계 중앙행정기관, 지방자치단체, 그 밖에 대통령령으로 정하는 공공기관(이하 "공공기관"이라 한다)의 장에게 부실관련자의 재산에 관한 자료 또는 정보의 제공을 요청할 수 있으며, 그 요청을 받은 공공기관의 장은 특별한 사정이 없으면 요청에 따라야 한다.
수협구조 개선법	제19조(자료 제공의 요청) 해양수산부장관은 관리기관의 부실관련자에 대한 손해배상청구나 소송 참가를 위하여 필요하면 관계 중앙행정기관, 지방자치단체 또는 그 밖에 대통령령으로 정하는 공공기관(이하 "공공기관"이라 한다)의 장에게 부실관련자의 재산에 관한 자료 또는 정보의 제공을 요청할 수 있으며, 요청을 받은 공공기관의 장은 특별한 사유가 없으면 요청에 따라야 한다.
산림조합 개선법	제16조(자료 제공의 요청) 시·도지사는 관리기관의 부실관련자에 대한 손해배상청구나 소송참가를 위하여 필요하면 관계 중앙행정기관, 지방자치단체, 그 밖에 대통령령으로 정하는 공공기관 및 금융기관(이하 이 조에서 "공공기관등"이라 한다)의 장에게 부실관련자의 재산 및 업무에 관한 자료나 정보 제공을 요청할 수 있으며, 그 요청을 받은 공공기관등의 장은 특별한 사유가 없으면 이에 따라야 한다.

제80조의7(기금의 목표적립규모 설정 등)

제80조의7(기금의 목표적립규모 설정 등) ① 중앙회는 기금의 적립액이 적정한 수준을 유지하도록 기금의 목표적립규모(이하 이 조에서 "목표적립규모"라 한다)를 설정하여야 한다.
② 목표적립규모는 기금관리위원회의 의결을 거쳐 기금의 효율적 운영을 저해하지 아니하는 범위에서 조합의 경영 및 재무 상황 등을 고려하여 정한다. 이 경우 목표적립규모는 상한 및 하한을 두어 일정 범위로 정할 수 있다.
③ 중앙회는 조합의 경영여건과 기금의 안정성 등을 고려하여 목표적립규모의 적정성을 주기적으로 검토하고, 필요한 경우에는 기금관리위원회의 의결을 거쳐 목표적립규모를 재설정할 수 있다.
④ 중앙회는 기금의 적립액이 목표적립규모에 도달한 경우에는 향후 예상되는 기금의 수입액과 지출액의 규모를 고려하여 대통령령으로 정하는 바에 따라 조합이 납부하는 출연금을 감면하여야 한다.
[본조신설 2019. 1. 15.]

Ⅰ. 조문의 취지와 의의

법 제80조의7은 기금관리위원회 의결사항으로 목표적립규모 설정 및 출연금 감면 등을 규정하여, 기금관리위원회가 일정한 요건 하에서 조합이 납부하는 출연금을 감면할 수 있도록 하였다. 목표기금제도는 예금보험기금이 일정 손실을 감당할 수 있도록 사전에 적립 목표 규모를 설정하여, 예금보험기금의 적립수준이 목표 규모에 도달하는 경우 보험료를 감면해주는 제도다. 예금자보호법에 따른 목표기금제도는 2009년에 도입되었고, 신협법에 따른 목표기금제도는 2019년에 도입되었다.

Ⅱ. 조문의 내용 및 해설

1. 목표적립규모의 설정

중앙회는 기금의 적립액이 적정한 수준을 유지하도록 기금의 목표적립규모(이하 '목표적립규모')를 설정하여야 한다(법 제80조의7 제1항). 목표적립규모는 기금관리위원회의 의결을 거쳐 기금의 효율적 운영을 저해하지 아니하는 범위에서 조합의 경영 및 재무 상황 등을 고려하여 정한다. 이 경우 목표적립규모는 상한 및 하한을 두어 일정 범위로 정할 수 있다(법 제80조의7 제2항).

중앙회는 조합의 경영여건과 기금의 안정성 등을 고려하여 목표적립규모의 적정성을 주기적으로 검토하고, 필요한 경우에는 기금관리위원회의 의결을 거쳐 목표적립규모를 재설정할 수 있다(법 제80조의7 제3항, 예금자보호규정 제14조의2 제4항). 법 시행령 제19조의16에 따른 예금자보호기금의 목표적립규모는 부보예금잔액 대비 하한 1.31%, 상한 1.50%로 한다(예금자보호규정 제14조의2 제1항).

2. 출연금의 감면

중앙회는 기금의 적립액이 목표적립규모에 도달한 경우에는 향후 예상되는 기금의 수입액과 지출액의 규모를 고려하여 대통령령으로 정하는 바에 따라 조합이 납부하는 출연금을 감면하여야 한다(법 제80조의7 제4항).

(1) 출연금의 감액과 면제

중앙회는 중앙회의 직전 회계연도 말일 현재 기금의 적립액이 목표적립규모의 하한 이상 상한 미만이 된 경우에는 위원회의 의결을 거쳐 조합이 납부하는 해당 회계연도의 출연금을 감액해야 한다(법 시행령 제19의16 제1항). 중앙회는 중앙회의 직전 회계연도 말일 현재 기금의 적립액이 목표적립규모의 상한 이상이 된 경우에는 위원회의 의결을 거쳐 조합이 납부하는 해당 회계연도의 출연금을 면제할 수 있다(법 시행령 제19의16 제2항).[40]

예금자보호기금의 직전 회계연도 말일 현재 기금의 적립액이 제1항에 따른 목표적립규모의 하한 이상 상한 미만이 된 경우에는 위원회의 의결을 거쳐 다음 각호와 같이 조합이 납부하는 해당 회계연도의 출연금을 감액(다음 각 호의

---

40) 신협 예금자보호기금의 적립액이 목표적립규모 상한 이상이 된 경우 종전에는 신협이 납부하는 출연금을 의무적으로 면제하도록 하였으나, 신협 예금자보호기금의 재원을 보다 안정적으로 확보할 수 있도록 하기 위하여 2025년 2월 18일 법 시행령의 개정으로 기금 적립액이 목표적립규모의 상한 이상이 된 경우에도 위원회 의결을 거쳐 조합의 출연금을 면제할 수 있도록 변경되었다.

감액률은 상한을 의미하며, 0% 초과 ~ 상한 범위에서 결정)해야 한다(예금자보호규정 제14조의2 제2항).

1. 기금적립률 1.31%이상~1.37%미만: 출연금 감액 40%이내 2. 기금적립률 1.37%이상~1.42%미만: 출연금 감액 55%이내 3. 기금적립률 1.42%이상~1.46%미만: 출연금 감액 70%이내 4. 기금적립률 1.46%이상~1.49%미만: 출연금 감액 85%이내 5. 기금적립률 1.49%이상~1.50%미만: 출연금 감액 100%미만

예금자보호기금의 직전 회계연도 말일 현재 기금의 적립액이 목표적립규모의 상한 이상인 경우에는 위원회의 의결을 거쳐 조합이 납부하는 해당 회계연도의 출연금을 면제할 수 있다(예금자보호규정 제14조의2 제3항).

(2) 절차 · 방법의 제정과 게시

목표적립규모의 설정과 출연금 감면의 구체적 절차와 방법 등에 관하여 필요한 사항은 기금관리위원회의 의결을 거쳐 중앙회가 정한다(법 시행령 제19의16 제3항). 중앙회는 정한 사항을 중앙회의 인터넷 홈페이지에 게시해야 한다(법 시행령 제19의16 제4항).

Ⅲ. 관련 법령

법률	조문
새마을 금고법	제72조의2(준비금 적립액 목표규모의 설정 등) ① 중앙회는 준비금의 적립액이 적정한 수준을 유지하도록 준비금 적립액의 목표규모(이하 이 조에서 "목표규모"라 한다)를 설정하여야 한다. ② 목표규모는 준비금관리위원회의 의결을 거쳐 준비금제도의 효율적 운영을 저해하지 아니하는 범위에서 금고의 경영 및 재무 상황 등을 고려하여 정한다. 이 경우 목표규모는 상한 및 하한을 두어 일정 범위로 정할 수 있다. ③ 중앙회는 중앙회 또는 금고의 경영여건과 안정성을 고려하여 목표규모의 적정성을 주기적으로 검토하고, 필요한 경우에는 준비금관리위원회의 의결을 거쳐 목표규모를 재설정할 수 있다. ④ 중앙회는 준비금의 적립액이 목표규모에 도달한 경우에는 향후 예상되는

<table>
<tr><td></td><td>준비금의 수입액과 지출액의 규모를 고려하여 대통령령으로 정하는 바에 따라 중앙회 또는 금고가 내는 출연금을 감면할 수 있다.</td></tr>
<tr><td>농협구조
개선법</td><td>제13조의2(기금의 적립액 목표규모의 설정 등) ① 관리기관은 기금의 적립액이 적정한 수준을 유지하도록 기금 적립액의 목표규모(이하 이 조에서 "목표규모"라 한다)를 설정하여야 한다.
② 목표규모는 기금관리위원회의 의결을 거쳐 상호금융예금자보호제도의 효율적 운영을 저해하지 아니하는 범위에서 조합의 경영 및 재무 상황 등을 고려하여 정한다. 이 경우 목표규모는 상한 및 하한을 두어 일정 범위로 정할 수 있다.
③ 관리기관은 조합의 경영여건과 상호금융제도의 안정성 등을 고려하여 목표규모의 적정성을 주기적으로 검토하고, 필요한 경우에는 기금관리위원회의 의결을 거쳐 목표규모를 재설정할 수 있다.
④ 관리기관은 제13조 제1항에도 불구하고 기금의 적립액이 목표규모에 도달한 경우에는 향후 예상되는 기금의 수입액과 지출액의 규모를 고려하여 대통령령으로 정하는 바에 따라 조합이 내는 보험료를 감면하여야 한다.</td></tr>
<tr><td>수협구조
개선법</td><td>제29조의2(기금의 적립액 목표규모의 설정 등) ① 관리기관은 기금의 적립액이 적정한 수준을 유지하도록 기금의 적립액 목표규모(이하 이 조에서 "목표규모"라 한다)를 설정하여야 한다.
② 목표규모는 기금관리위원회의 의결을 거쳐 상호금융예금자보호제도의 효율적인 운영을 저해하지 아니하는 범위에서 조합의 경영 및 재무상태 등을 고려하여 제26조 제3항에 따른 각 계정별로 정한다. 이 경우 목표규모는 상한과 하한을 두어 일정 범위로 정할 수 있다.
③ 관리기관은 조합의 경영여건과 상호금융예금자보호제도의 안정성 등을 고려하여 목표규모의 적정성을 주기적으로 검토하고, 필요한 경우에는 기금관리위원회의 의결을 거쳐 목표규모를 재설정할 수 있다.
④ 관리기관은 제29조 제1항에도 불구하고 기금의 적립액이 목표규모에 도달한 경우에는 향후 예상되는 기금의 수입액과 지출액의 규모를 고려하여 대통령령으로 정하는 바에 따라 조합이 내는 보험료를 감면하여야 한다. 이 경우 관리기관은 보험료의 감면 결정에 관하여 기금관리위원회의 의결을 거쳐야 한다.</td></tr>
<tr><td>산림조합
개선법</td><td>제31조의2(기금 적립액의 목표규모 설정 등) ① 관리기관은 기금의 적립액이 적정한 수준을 유지하도록 기금 적립액의 목표규모(이하 이 조에서 "목표규모"라 한다)를 설정하여야 한다.
② 목표규모는 기금관리위원회의 의결을 거쳐 기금의 효율적 운영을 저해하지 아니하는 범위에서 조합의 경영 및 재무 상황 등을 고려하여 정한다. 이 경우 목표규모는 상한 및 하한을 두어 일정 범위로 정할 수 있다.
③ 관리기관은 조합의 경영여건과 기금의 안정성 등을 고려하여 목표규모의 적정성을 주기적으로 검토하고, 필요한 경우에는 기금관리위원회의 의결을 거쳐 목표규모를 재설정할 수 있다.
④ 관리기관은 제31조 제1항에도 불구하고 기금의 적립액이 목표규모에 도달한 경우에는 향후 예상되는 기금의 수입액과 지출액의 규모를 고려하여 대통령령으로 정하는 바에 따라 조합이 내는 보험료를 감면하여야 한다.</td></tr>
</table>

제5절 회 계

제81조(사업예산 및 결산 등), 제82조(출자액의 감소)

제81조(사업예산 및 결산 등) ① 중앙회는 사업연도마다 사업계획서와 예산서를 작성하여 총회의 결의를 받아야 한다.
② 중앙회는 사업연도마다 「주식회사의 외부감사에 관한 법률」 제3조에 따른 감사인의 회계감사를 받아야 한다.
③ 중앙회는 매 사업연도 경과 후 3개월 이내에 해당 사업연도의 결산보고서와 감사위원회의 감사보고서 및 외부감사인의 감사보고서를 정기총회에 제출하여 승인을 받아야 한다.
④ 중앙회는 정기총회가 끝난 후 2주 이내에 제3항에 따른 승인을 받은 결산보고서 및 감사보고서를 금융위원회에 제출하여야 한다.
⑤ 중앙회의 회계에 대해서는 제46조, 제47조 제1항·제2항, 제49조부터 제51조까지, 제52조 제1항 및 제53조를 준용한다.
[전문개정 2015. 1. 20.]

제82조(출자액의 감소) 중앙회가 여러 사업연도에 걸쳐 계속하여 손실이 있고 이를 보전할 적립금이 없을 때에는 총회의 결의를 거쳐 자본금을 감소할 수 있다.
[전문개정 2015. 1. 20.]

Ⅰ. 조문의 취지와 의의

법 제81조는 중앙회 사업계획 및 예산 전반에 대해 규율하고 있다. 즉, 중앙회의 사업예산 및 결산, 외부회계감사, 결산보고서 및 감사보고서의 승인 등에 관하여 규정하고 있다. 법 제82조는 중앙회의 자본금 감소 요건 및 절차에 대해 규율하고 있다.

Ⅱ. 조문의 내용 및 해설

1. 사업계획과 예산

중앙회는 사업연도마다 사업계획서와 예산서를 작성하여 총회의 결의를 받아야 한다(법 제81조 제1항). 이사회는 매사업연도 개시 전에 사업계획을 수립하고, 예산을 편성하여 정기총회에 부의하여야 한다(중앙회 정관 제53조 제1항). 정기총회 승인 전까지의 예산은 전년도의 예산에 준하여 집행할 수 있다(중앙회 정관 제53조 제2항).

2. 외부감사법에 따른 회계감사

중앙회는 사업연도마다 외부감사법에 따른 감사인의 회계감사를 받아야 한다(법 제81조 제2항). 외부감사는 회계전문가인 외부감사인(회계법인 또는 감사반)에 의한 회계감사를 말한다. 즉 회사로부터 독립된 제3자인 외부감사인이 회사의 재무제표에 대하여 회계감사를 실시하고 이 재무제표가 기업회계기준에 따라 적정하게 작성되었는지 여부에 대하여 전문가로서의 의견을 표명하는 것이다.

외부감사제도는 외부의 회계전문가가 감사를 담당하므로 감사의 독립성과 적정성이 확보될 것이라는 믿음에 근거하는 제도라고 할 수 있다. 이러한 기대에 부응해서 회계감사 그리고 종국적으로는 회계처리의 적정성을 충분히 확보하여 그에 대한 공신력 내지 신뢰성을 제고하고자 하는 것이 외부감사제도 도입의 취지이다.[41)]

3. 결산보고서 및 감사보고서 등의 정기총회 승인

중앙회는 매 사업연도 경과 후 3개월 이내에 해당 사업연도의 결산보고서와 감사위원회의 감사보고서 및 외부감사인의 감사보고서를 정기총회에 제출하여 승인을 받아야 한다(법 제81조 제3항). 사업계획·예산 및 결산보고서의 승인, 감사보고서의 승인은 중앙회 총회의 결의를 거쳐야 한다(법 제69조 제1항 제4호, 제5호).

4. 결산보고서 및 감사보고서의 금융위원회 제출 의무

중앙회는 정기총회가 끝난 후 2주 이내에 제3항에 따른 승인을 받은 결산보

41) 이영종, 주식회사 외부감사의 법적지위와 직무수행에 관한 고찰: 기관과 기관담당자의 구별에 기초를 둔 이해를 위한 시론, 증권법연구 제15권 제3호, 증권법학회, 2014, 511면.

고서 및 감사보고서를 금융위원회에 제출하여야 한다(법 제81조 제4항). 법 제81조 제4항에 따른 결산보고서 및 감사보고서의 접수에 관한 권한은 금융감독원장에 위탁되어 있다(법 시행령 제24조 제1항 제4호).

5. 중앙회 회계

중앙회의 회계에 대해서는 법 제46조, 제47조 제1항·제2항, 제49조부터 제51조까지, 제52조 제1항 및 제53조를 준용한다. 중앙회의 회계업무는 관계법령 및 감독기관의 지침 등에서 특별히 정한 경우를 제외하고는 중앙회 회계규정을 적용하며, 세부업무처리는 회계업무처리규칙에 의한다. 중앙회 회계규정에서 정하지 아니한 사항은 외부감사법 제5조 제1항 제2호에 의한 회계처리기준(이하 "일반기업회계기준"이라 한다)에 따라 처리하되 신용사업특별회계는 상호금융기관의 신용사업회계처리기준을, 공제사업특별회계는 보험업회계처리준칙을 준용한다(중앙회 회계규정 제2조 제2항). 다만, 실적상품특별회계의 회계업무는 실적상품관리규정을 우선하여 적용한다(중앙회 회계규정 제2조 제3항).

중앙회 사업연도는 정관에서 정하며(법 제46조), 중앙회의 사업연도는 매년 1월 1일부터 12월 31일까지로 한다(중앙회 정관 제51조). 중앙회 회계는 일반회계와 특별회계로 구분하되, 각 회계별 사업 부문은 정관에서 정한다(법 제47조 제1항, 중앙회 정관 제52조 제2항). 중앙회의 사업은 일반회계로 하되, 신용사업 및 공제사업등 기타 일반회계와 구분경리할 필요가 있는 사업은 특별회계로 한다(중앙회 정관 제52조 제2항). 중앙회 특별회계는 1) 신용사업특별회계, 2) 상환준비금특별회계, 3) 공제사업특별회계, 4) 예금자보호기금특별회계, 5) 전산특별회계, 6) CUMALL특별회계, 7) 실적상품특별회계, 8) 사회적경제특별회계가 설치되어 있다(중앙회 회계규정 제4조 제1항).

공제사업특별회계는 생명공제회계와 손해공제회계 등으로 구분하여 계리하며, 실적상품특별회계는 중앙회 다른 회계와 구분하여 설치·운영하여야 하며, 상품별로 구분하여 관리한다(중앙회 회계규정 제4조 제2항, 제3항). 각 회계의 효율적 운영을 위하여 필요한 경우에는 각 회계의 목적 수행에 지장을 초래하지 아니하는 범위에서 이사회의 의결을 거쳐 회계간 전입 또는 전출을 할 수 있다(중앙회 회계규정 제4조 제4항). 중앙회의 회계처리기준 및 결산에 관하여 필요한 사항은 금융위원회가 정한다. 다만, 계정과목 및 장부의 서식 등 세부사항은 회장이 따로 정할 수 있다(법 제47조 제2항, 중앙회 정관 제52조 제3항).

중앙회의 제적립금은 법정적립금(법 제49조), 임의적립금(법 제50조), 특별적립금(법 제51조)으로 구분되며, 법 제49조에서 제51조까지는 제적립금 각각의 적립 목적 및 사용 방법 등을 규정하고 있다. 중앙회의 사업연도 중에 생긴 손실금은 미처분잉여금, 특별적립금, 임의적립금, 법정적립금의 순으로 보전하되, 잔여손실금(殘餘損失金)이 있으면 다음 사업연도로 이월한다(법 제52조 제1항). 중앙회는 손실금을 보전한 후가 아니면 이익금을 처분할 수 없다. 제적립금을 공제한 잔여이익금(殘餘利益金)은 총회의 결의를 거쳐 납입출자금에 비례하여 회원에게 배당한다. 이 경우 정관에서 정하는 바에 따라 이용실적에 비례한 배당을 병행할 수 있다(법 제53조).

6. 자본금 감소

중앙회는 여러 사업연도에 걸쳐 계속하여 손실이 있고 이를 보전할 적립금이 없을 때에는 총회의 결의를 거쳐 자본금을 감소할 수 있다(법 제82조).

7. 위반시 제재

중앙회의 임직원 또는 청산인이 매 사업연도 경과 후 3개월 이내에 해당 사업연도의 결산보고서와 감사위원회의 감사보고서 및 외부감사인의 감사보고서를 정기총회에 제출하여 승인받지 아니하거나, 정기총회가 끝난 후 2주 이내에 승인받은 결산보고서 및 감사보고서를 금융위원회에 제출하지 아니한 경우에는 2년 이하의 징역 또는 2천만원 이하의 벌금에 처한다(법 제99조 제2항 제5호). 금융위원회는 중앙회가 정당한 사유 없이 제47조 제5항 또는 제81조 제2항에 따른 감사인의 회계감사를 받지 아니한 경우에는 2천만원 이하의 과태료를 부과한다(법 제101조 제1항 제3호).

Ⅲ. 관련 법령

법률	조문
새마을 금고법	**제70조(사업 예산과 결산)** ① 중앙회는 매 사업연도마다 사업계획과 예산서를 작성, 총회의 의결을 거쳐 주무부장관에게 보고하여야 한다. 다만, 정부로부터 자금이나 사업비의 전부 또는 일부를 보조받거나 융자받아 시행하는 사업은 그 사업계획서에 대하여 주무부장관의 승인을 받아야 한다. 〈개정 2011. 3. 8.〉 ② 예산을 변경하려는 때에도 제1항과 같다. ③ 중앙회는 사업연도 경과 후 2개월 이내에 그 사업연도 결산을 끝내고 결산보고서(사업보고서, 재무상태표, 손익계산서와 잉여금처분안 또는 손실금처리안을 포함한다)를 작성하여 총회의 승인을 받아야 하며, 정기총회가 끝난 후 2주 이내에 결산보고서와 감사보고서를 주무부장관에게 제출하여야 한다. 〈개정 2011. 3. 8., 2017. 12. 26.〉 ④ 중앙회에 관하여는 제31조, 제32조, 제33조 제3항, 제34조와 제35조를 준용한다. 〈개정 2011. 3. 8.〉
농업 협동조합법	**제159조(사업 계획 및 수지 예산)** 중앙회는 매 회계연도의 사업계획서 및 수지예산서를 작성하여 그 회계연도 개시 1개월 전에 총회의 의결을 거쳐야 한다. 이를 변경하려는 경우에도 또한 같다. **제160조(결산)** ① 중앙회는 매 회계연도 경과 후 3개월 이내에 그 사업연도의 결산을 끝내고 그 결산보고서(사업보고서, 재무상태표, 손익계산서, 잉여금 처분안 또는 손실금 처리안)에 관하여 총회의 승인을 받아야 한다. 〈개정 2011. 3. 31.〉 ② 중앙회는 제1항에 따라 결산보고서의 승인을 받으면 지체 없이 재무상태표를 공고하여야 한다. 〈개정 2011. 3. 31.〉 ③ 중앙회의 결산보고서에는 회계법인의 회계감사를 받은 의견서를 첨부하여야 한다. ④ 중앙회는 매 회계연도 경과 후 3개월 이내에 그 결산보고서를 농림축산식품부장관에게 제출하여야 한다.
수산업 협동조합법	**제162조(사업계획과 수지예산)** ① 중앙회는 매 회계연도의 사업계획서와 수지예산서를 작성하여 해당 회계연도가 시작되기 1개월 전에 총회의 의결을 거쳐야 한다. ② 중앙회가 제1항에 따른 사업계획과 수지예산을 변경하려면 총회의 의결을 거쳐야 한다. [전문개정 2010. 4. 12.] **제163조(결산 등)** ① 중앙회의 결산보고서에는 「주식회사 등의 외부감사에 관한 법률」에 따른 회계법인의 회계감사를 받은 의견서를 첨부하여야 한다. 〈개정 2017. 10. 31.〉 ② 중앙회는 매 회계연도가 지난 후 3개월 이내에 그 결산보고서를 해양수산부장관에게 제출하여야 한다. 〈개정 2013. 3. 23., 2020. 3. 24.〉 [전문개정 2010. 4. 12.]

산림조합법	**제114조(사업계획 및 수지예산)** ① 중앙회는 매 회계연도의 사업계획서와 수지예산서를 작성하여 해당 회계연도가 시작되기 전에 총회의 의결을 받아야 한다. 의결 후 이를 변경할 때에도 또한 같다. ② 중앙회는 정부로부터 자금(정부가 관리하는 기금을 포함한다)이나 사업비의 전부 또는 일부를 보조받거나 융자받아 시행하는 사업의 경우에는 그 사업계획서에 대하여 산림청장의 승인을 받아야 한다. [전문개정 2013. 4. 5.] **제115조(결산)** 중앙회는 매 회계연도 종료 후 2개월 이내에 해당 사업연도의 결산을 완료하고, 정관으로 정하는 바에 따라 결산보고서(사업보고서, 재무상태표, 손익계산서, 잉여금처분안 또는 손실금처리안 등을 말한다)를 작성하여 총회의 승인을 받은 후 재무상태표를 지체 없이 공고하여야 하며, 그 결산보고서를 산림청장에게 제출하여야 한다. [전문개정 2013. 4. 5.]

제4장 감 독

제83조(금융위원회의 감독 등)

제83조(금융위원회의 감독 등) ① 금융위원회는 조합과 중앙회의 업무를 감독하고 감독상 필요한 명령을 할 수 있다.
② 금융감독원장은 그 소속 직원으로 하여금 조합 또는 중앙회의 업무와 재산에 관하여 검사를 하게 할 수 있다.
③ 금융감독원장은 제2항에 따른 검사를 할 때 필요하다고 인정하는 경우에는 조합과 중앙회에 대하여 업무 또는 재산에 관한 보고, 자료의 제출, 관계자의 출석 및 의견의 진술을 요구할 수 있다.
④ 제2항에 따라 검사를 하는 사람은 그 권한을 표시하는 증표를 관계자에게 보여 주어야 한다.
⑤ 금융감독원의 검사를 받는 조합 또는 중앙회는 검사 비용에 충당하기 위한 분담금을 금융감독원에 내야 한다.
⑥ 제5항에 따른 분담금의 분담요율 · 한도, 그 밖에 분담금의 납부에 필요한 사항은 대통령령으로 정한다.
[전문개정 2015. 1. 20.]

I. 조문의 취지와 의의

법 제83조는 금융위원회의 조합과 중앙회에 대한 전반적 감독권한과 그에 따른 명령권한 그리고 금융감독원의 조합과 중앙회에 대한 전반적 검사권한을 각 규정하고 있다(제1항 내지 제3항). 본조는 조합 · 중앙회에 대한 금융위원회의 감독권한 및 금융감독원의 검사권한에 관한 법적 근거를 제공한다.[1)]

1) 금융감독원은 신협법 외에 금융위원회법(제38조 제5호)에 따라서도 조합 및 중앙회에 대한 검사권한을 가진다.

한편, 본조는 금융당국의 검사·감독 권한 사항 외에 금융감독원 검사에 따른 조합과 중앙회의 분담금 납부 의무를 규정하고 있으며(제5항), 관련 분담요율, 한도 등 세부사항은 대통령령에 위임할 수 있도록 규정하고 있다(제6항).

Ⅱ. 조문의 내용 및 해설

1. 신협·중앙회 감독 주무부처 및 근거 법령

금융위원회는 조합과 중앙회의 업무를 감독하고 감독상 필요한 명령을 할 수 있으며, 금융감독원장은 그 소속 직원으로 하여금 조합 또는 중앙회의 업무와 재산에 관하여 검사를 하게 하고 필요한 경우 조합과 중앙회에 대하여 업무 또는 재산에 관한 보고, 자료의 제출, 관계자의 출석 및 의견의 진술을 요구할 수 있다(법 제83조 제1항 내지 제3항). 이와 같이 법 제83조는 조합 및 중앙회에 대한 지도·감독 권한이 금융위원회에 있다는 점을 명확히 하고 있다.[2)]

한편, 타 상호금융기관[3)] 의 경우 주무부처 및 관련 법령이 상이한데, 구체적으로 새마을금고의 경우 행정안전부 및 시·도지사가 감독을 하고 신용사업과 공제사업에 대해서는 금융위원회와 협의하여 감독한다(새마을금고법 제74조 제1항). 농협의 경우 농림축산식품부가 감독을 하고 신용사업에 대해서는 금융위원회와 협의하여 감독을 하며 건전성 감독부문에 대해서는 금융위원회가 감독

2) 같은 맥락에서 금융위원회는 조합의 설립 인가권이 있고(법 제7조), 조합 또는 중앙회의 임직원이 신협법 또는 신협법에 따른 명령·정관·규정에서 절차나 의무를 이행하지 않은 경우 조합 또는 중앙회로 하여금 관련 임직원에 대하여 징계조치를 하게 할 수 있으며(법 제84조 제1항), 조합 또는 중앙회가 신협법 또는 신협법에 따른 명령 위반하여 건전한 운영을 해칠 수 있다고 인정하는 경우에는 조합 또는 중앙회에 대하여 경고 또는 주의, 위반행위에 대한 시정명령, 6개월 이내의 업무의 일부 정지를 할 수 있고(법 제85조 제1항), 조합이 일정 요건에 해당하는 경우 6개월 이내의 기간을 정하여 업무의 전부 정지를 명하거나 조합의 설립인가를 취소할 수 있다(법 제85조 제2항).

3) 정부는 신협, 새마을금고, 농협, 수협, 산림조합을 '상호금융기관'으로 분류하고 2013년 1월부터 정기적으로 상호금융정책협의회를 운영하고 있다. 정부의 분류기준과 동일한 의미로 '상호금융기관'이라 표현하였음을 밝힌다. 참고로, 금융위원회 제정 고시인 상호금융업감독규정에 의하면 '상호금융기관'이란 조합이 신용사업과 공제사업을 영위하는 것으로서, 농협, 산림조합, 수협도 상호금융기관으로 분류할 수 있다. 다만, 농협과 산림조합, 수협은 경제사업을 주된 사업으로 영위하고 신용사업은 경제사업을 원활하게 하기 위하여 허용되었다는 점에서 일반 금융협동조합과 차이가 있다(이태영, 금융협동조합 규제체계 개편과 법·제도 개선방안 연구, 박사학위논문, 연세대학교 일반대학원 2021. 6., 9면).

한다(농협법 제162조 제1항, 제5항). 수협의 경우 해양수산부가 감독을 하고 신용사업에 대해서는 금융위원회와 협의하여 감독을 하며 건전성 감독부문에 대해서는 금융위원회가 감독권을 가진다(수협법 제169조 제1항, 제5항). 산림조합의 경우 산림청이 감독을 하고 신용사업에 대하여 건전성 확보를 위한 감독권은 금융위원회가 가진다(산림조합법 제123조 제1항). 이를 표로 정리하면 아래와 같다.

〈표〉 상호금융기관별 감독 체계

<table>
<tr><th rowspan="2"></th><th colspan="3">감독</th><th rowspan="2">설립인가</th><th rowspan="2">검사</th></tr>
<tr><th>신용사업</th><th>공제사업</th><th>경제사업</th></tr>
<tr><td>신협</td><td colspan="4">금융위</td><td>금감원,
중앙회</td></tr>
<tr><td>새마을금고</td><td colspan="2">행정안전부장관이
금융위와 협의</td><td>행정안전부</td><td>특별자치(시장 · 도지사) 또는
시장 · 군수 · 구청장</td><td>중앙회,
금감원*</td></tr>
<tr><td>농 · 축협</td><td rowspan="3">금융위
(건전성 감독)</td><td>–</td><td colspan="2">농림축산식품부</td><td rowspan="3">금감원,
중앙회
(신용사업)</td></tr>
<tr><td>수협</td><td colspan="3">해양수산부</td></tr>
<tr><td>산림조합</td><td>–</td><td>산림청장
시 · 도지사</td><td>시 · 도지사</td></tr>
</table>

* 행안부장관은 필요한 경우 금감원장에게 금고(중앙회) 검사 관련 지원요청 가능

상호금융기관별로 주무부처 및 관련 법령이 상이함에 따라 규제차익이 발생하여[4] 통일적인 규제 정비의 필요성이 적지 않다. 이와 같은 문제를 인지하여 정부는 상호금융의 건전한 경영을 도모하고 합리적인 규제개선을 위해 2013년부터 상호금융정책협의회[5]를 통해 규제 정비방안을 논의 · 추진하고 있다.[6]

4) 법 제95조는 농협, 수협, 산림조합이 신용사업 및 국가 또는 공공단체가 위탁하거나 다른 법령에서 조합의 사업으로 정하는 사업을 하는 경우 신협으로 간주하는 조항을 두어 각 상호금융기관의 신용사업 등에 대해서는 신협법에 따른 규제(동일인 대출 한도, 상환준비금, 금리인하요구권, 부동산 소유 제한, 경영공시, 경영건전성 등의 규제)를 동일하게 적용하여 일부 사항에 대해서는 규제의 통일성을 도모하고 있다. 그러나 새마을금고는 제외되어 있으며 주무부처 및 관련 법령 차이에 따라 통일적인 지도 · 감독이 되지 않는다는 평이 지배적이다.

5) 2013년부터 금융위원회 주관으로 기획재정부, 행정안전부, 해양수산부, 산림청, 금융감독원 및 각 상호금융중앙회 임원으로 구성된 협의회로, 상호금융업 건전성 관리, 금융소비자 보호, 상호금융업권 규제 · 감독체계 정비 등을 논의한다.

2. 감독분담금

감독분담금이란 금융감독원이 제공하는 감독·검사서비스에 대한 대가로 검사대상 금융회사가 금융감독원에 납부하는 수수료를 말하는 것으로[7] 조합 및 중앙회를 포함하여 금융감독원의 검사를 받는 기관은 분담금을 납부할 의무를 부담한다(금융위원회법 제47조 제1항, 제38조 제5호).

신협법 역시 이와 동일한 내용을 규정하고 있으며(법 제83조 제5항), 분담요율·한도, 그 밖에 분담금의 납부에 필요한 사항은 금융위원회 고시인 「금융기관분담금 징수 등에 관한 규정」에 따르도록 하고 있다(법 제83조 제6항, 시행령 제20조, 금융위원회법 시행령 제12조). 분담요율은 금융위원회법 제38조에 따른 검사대상기관별로 직전 사업연도말 총자산금액의 1만분의 15 범위에서 금융영역별 분담금 규모, 검사대상기관별 총부채 및 영업수익 등을 고려하여 매년 금융위원회가 정하는 비율로 하고, 이 경우 금융영역별 분담금 규모는 금융영역별로 금융감독원의 재원, 해당 금융영역의 감독·검사 등에 투입되는 금융감독원의 인력, 해당 금융영역의 영업수익 규모 등을 고려하여 매년 금융위원회가 정한다(금융위원회법 시행령 제12조 제1항).

금융위원회 고시인 「금융기관분담금 징수 등에 관한 규정」은 금융영역을 별표1에 따라 구분하여 금융영역별 감독분담금을 산정하고 있으며(금융기관분담금 징수 등에 관한 규정 제3조, 제3조의2), 중앙회는 별표 1 제1호의 금융영역에 해당한다. 금융영역별 감독분담금은 다음 산식에 따라 산정된다.

> **금융기관분담금 징수 등에 관한 규정 제3조의2(감독분담금의 산정방법)** ① 제3조의 구분에 의한 금융영역별 감독분담금은 다음 산식에 따라 산정한다.
>
> $$[0.8\times \text{감독분담금총액}\times(\frac{\text{해당영역투입인력}}{\text{투입인력합계}})]+[0.2\times \text{감독분담금총액}\times(\frac{\text{해당영역영업수익}}{\text{영업수익합계}})]$$

6) 금융위원회는 2023. 5. 23. 상호금융업 규제차익 해소방안을 주제로 상호금융업권 정책 토론회를 개최하여 관련 논의를 구체화하였다.

7) 금융위원회, 금융감독원 분담금 제도 개선, 2021. 5. 20.자 보도자료.

② 법시행령 제12조 제1항에 의한 금융영역별 분담요율은 다음 산식에 따라 산정한다.

1. 별표 1 제1호의 금융영역

가. 법 제38조 제6호에 따른 겸영여신업자, 별표 1 제1호 나목에 따른 종합신용정보집중기관 및 같은 호 거목부터 너목까지의 기관:

$$\frac{\text{별표 1 제1호 금융영역의 감독분담금 총액}}{\text{별표 1 제1호 금융영역의 영업수익 합계}}$$

나. 가목의 기관을 제외한 기관:

$$\frac{\text{별표 1 제1호 금융영역의 감독분담금 총액} - \text{가목의 금융기관의 감독분담금 총액}}{\text{별표 1 제1호 금융영역의 총부채(가목의 기관은 제외) 합계}}$$

2. 별표1제2호의 금융영역

가. 법 제38조 제2호에 따른 금융투자업자 중 집합투자업자, 투자일임업자 및 투자자문업자:

$$\frac{\text{별표 1 제2호 금융영역의 감독분담금 총액}}{\text{별표 1 제2호 금융영역의 영업수익 합계}}$$

나. 가목의 기관을 제외한 기관

(1) 총부채 분담요율:

$$0.6 \times \frac{\text{별표 1 제2호 금융영역의 감독분담금 총액} - \text{가목의 기관의 감독분담금 총액}}{\text{별표 1 제2호 금융영역의 총부채(가목의 기관은 제외) 합계}}$$

(2) 영업수익 분담요율:

$$0.4 \times \frac{\text{별표 1 제2호 금융영역의 감독분담금 총액} - \text{가목의 기관의 감독분담금 총액}}{\text{별표 1 제2호 금융영역의 영업수익(가목의 기관은 제외) 합계}}$$

3. 별표 1 제3호의 금융영역

가. 「보험업법」 제175조에 따른 보험협회, 같은 법 제176조에 따른 보험요율산출기관 및 같은 법 시행령 제33조의2제1항에 따른 법인보험대리점:

$$\frac{\text{별표 1 제3호 금융영역의 감독분담금 총액}}{\text{별표 1 제3호 금융영역의 영업수익 합계}}$$

나. 가목의 기관을 제외한 기관

(1) 총부채 분담요율:

$$0.5 \times \frac{\text{별표 1 제3호 금융영역의 감독분담금 총액} - \text{가목의 기관의 감독분담금 총액}}{\text{별표 1 제3호 금융영역의 총부채(가목의 기관은 제외) 합계}}$$

(2) 보험료수입 분담요율

$$0.5\times\frac{\text{별표 1 제3호 금융영역의 감독분담금 총액}-\text{가목의 기관의 감독분담금 총액}}{\text{별표 1 제3호 금융영역의 보험료수입(가목의 기관은 제외) 합계}}$$

4. 별표1제4호의 금융영역

$$\frac{\text{별표 1 제4호 금융영역의 감독분담금 총액}}{\text{별표 1 제4호 금융영역의 영업수익 합계}}$$

③ 검사대상기관별 감독분담금은 다음 각 호에 따라 산정한다.

1. 별표 1 제1호의 검사대상기관
   가. 제2항 제1호 가목의 기관: 제2항 제1호 가목의 분담요율×해당검사대상기관의 영업수익(금융부문 영업수익으로 한정한다)
   나. 제2항 제1호 나목의 검사대상기관: 제2항 제1호 나목의 분담요율×해당검사대상기관의 총부채
2. 별표 1 제2호의 검사대상기관
   가. 제2항 제2호 가목의 기관: 제2항 제2호 가목의 분담요율×해당검사대상기관의 영업수익
   나. 제2항 제2호 나목의 기관: (총부채 분담요율×해당 검사대상기관의 총부채)+(영업수익 분담요율×해당검사대상기관의 영업수익)
3. 별표 1 제3호의 검사대상기관
   가. 제2항 제3호 가목의 기관: 제2항 제3호 가목의 분담요율×해당검사대상기관의 영업수익
   나. 제2항 제3호 나목의 기관: (총부채 분담요율×해당검사대상기관의 총부채)+(보험료수입 분담요율×해당검사대상기관의 보험료수입)
4. 별표 1 제4호의 검사대상기관: 제2항 제4호의 분담요율×해당검사대상기관의 영업수익
5. 제1호부터 제4호에도 불구하고, 제1호부터 제4호에 따라 산정한 감독분담금이 100만원 미만인 검사대상기관이 직전년도에 금감원 검사를 받은 경우에는 감독분담금을 100만원으로 한다.

④ 금융감독원장(이하 "원장"이라 한다)은 직전사업연도 중 다음 각호의 사유로 인해 검사대상기관의 금융영역별 검사투입 연인원수가 해당 금융영역 내 검사실시기관의 상위 0.1%(평균+표준편차*3.09)에 속하는 기관에 대해서는 위원회의 승인을 얻어 [별표1의2]에 따른 추가분담금을 부과할 수 있다.

1. 「금융산업의 구조개선에 관한 법률」 제10조 제1항에 따른 적기시정조치 대상여부의 파악을 위한 검사
2. 「금융기관의 검사 및 제재에 관한 규정」 제41조 제1항에 따른 금융사고 발생여부 및 사고 내용의 확인 등을 위한 검사

3. 「전자금융감독규정」 제73조 제1항 각 호에 따른 정보기술부문 및 전자금융 사고 발생 여부 및 사고 내용의 확인 등을 위한 검사

⑤ 제4항에도 불구하고 해당 금융기관에 대한 검사결과의 통보 및 조치 등 검사결과의 확정이 이루어지지 않은 건의 경우에는 검사결과가 확정되는 사업연도로 이연하여 추가분담금을 부과할 수 있다. 다만, 해당 검사결과가 10월부터 12월 사이에 확정되는 경우 검사결과가 확정되는 사업연도의 다음 사업연도에 추가분담금을 부과할 수 있다.

⑥ 제4항에 따른 검사투입 연인원수를 산정함에 있어서 동일한 목적의 검사가 2개 이상의 사업연도에 걸쳐서 실시되는 경우에는 검사가 종료되는 사업연도를 기준으로 각 사업연도에 투입된 검사인원을 모두 합친 인원을 검사투입 연인원수로 본다.

⑦ 제1항부터 제3항까지의 규정에 따른 투입인력, 영업수익, 총부채 및 보험료 수입은 다음 각 호와 같이 산정한다. 다만 별표2에 해당하는 검사대상기관의 총부채, 영업수익 및 보험료수입은 포함하지 아니한다.

1. 투입인력: 직전사업연도말 현재 해당 금융영역에 대하여 업무를 전담하는 감독원 부서의 정원
2. 영업수익: 감독원의 예산이 성립되는 날이 속하는 사업연도(예산이 부득이한 사유로 인하여 회계연도 개시전까지 성립되지 아니한 때에는 회계연도 개시전 사업연도)의 직전사업연도말 현재 검사대상기관의 손익계산서상의 영업수익(금융업협회 등의 회비수입은 제외)
3. 총부채: 감독원의 예산이 성립되는 날이 속하는 사업연도(예산이 부득이한 사유로 인하여 회계연도 개시전까지 성립되지 아니한 때에는 회계연도 개시전 사업연도)의 직전사업연도말 현재 검사대상기관의 대차대조표상의 부채총계에서 다음 각 목에 해당하는 금액을 차감한 금액. 이 경우 신탁재산은 총부채에 포함시키지 아니한다.
   가. 〈삭　제〉
   나. 부채계정에 계상된 제 충당금
   다. 은행법시행령 제26조 제4호의 규정에 따라 외국은행지점이 한국은행에 외화자금을 매각하여 조달한 원화자금
   라. 은행법시행령 제26조 제5호의 규정에 따라 외국은행지점이 본점 또는 국외지점으로부터 상환기간이 1년을 초과하는 조건으로 차입한 자금중 국내 운용자금
   마. 한국산업은행, 한국수출입은행, 중소기업은행 및 한국증권금융의 경우 원장이 동 기관의 자금조달과 운용을 감안하여 정책적 또는 공공적인 것이라고 인정하는 부채
   바. 금융기관이 증권금융회사로부터 차입한 부채중 감독분담금 부과대상으로

적정하지 아니하다고 원장이 인정하는 부채
사. 한국자산관리공사의 부채중 부실채권정리기금의 부채와 감독분담금 부과대상으로 적정하지 아니하다고 원장이 인정하는 부채
아. 한국거래소 및 한국예탁결제원의 부채중 감독분담금 부과대상으로 적정하지 아니하다고 원장이 인정하는 부채
자. 한국금융투자협회 등 금융업협회의 부채중 감독분담금 부과대상으로 적정하지 아니하다고 원장이 인정하는 부채
차. 수산업협동조합중앙회 등 조합중앙회의 부채중 감독분담금 부과대상으로 적정하지 아니하다고 원장이 인정하는 부채
카. 농협은행, 수협은행의 부채중 감독분담금 부과대상으로 적정하지 아니하다고 원장이 인정하는 부채

4. 보험료 수입: 감독원의 예산이 성립되는 날이 속하는 사업연도(예산이 부득이한 사유로 인하여 회계연도 개시전까지 성립되지 아니한 때에는 회계연도 개시전 사업연도)의 직전사업연도말 현재 손익계산서상 보험수익
가. 〈삭 제〉
나. 〈삭 제〉

⑧ 제7항 제2호부터 제4호까지에 따른 직전사업연도말과 해당 검사대상기관의 사업연도 말일이 일치하지 않는 경우 이후 도래하는 검사대상기관의 사업연도 말일을 직전사업연도말로 본다.
⑨ 제1항부터 제3항까지의 규정을 변경하려는 경우에는 금융영역별로 미리 의견을 들어야 한다.
⑩ 원장은 감독원의 당해연도 예산을 위원회가 승인한 후 제1항부터 제3항까지의 규정에 따라 산정한 개괄산정 감독분담금 분담요율 및 개괄산정 감독분담금을 금융업협회 및 부과대상 검사대상기관에 통보하고 의견을 들어야 한다.

한편, 조합은 금융위원회가 매년 공고하는 감독분담금 분담요율에도 불구하고 직전사업연도 중 검사를 실시한 경우 100만원의 감독분담금(정액부과 감독분담금)이 부과된다(금융기관분담금 징수 등에 관한 규정 별표2 제2호 가목).

Ⅲ. 관련 법령

법률	조문
새마을 금고법	제74조(감독 등) ① 주무부장관, 특별자치시장·특별자치도지사 또는 시장·군수·구청장은 금고, 중앙회 및 관리회사를 다음 각 호의 구분에 따라 감독한다. 다만, 신용사업과 공제사업에 대해서는 주무부장관이 금융위원회와 협의하여 감독한다. 1. 금고에 대한 감독: 주무부장관. 다만, 제7조, 제12조 제5항, 제37조 및 제74조의3제2항과 관련된 사항에 대해서는 특별자치시장·특별자치도지사 또는 시장·군수·구청장이 감독한다. 2. 중앙회 및 관리회사에 대한 감독: 주무부장관 ② 주무부장관, 특별자치시장·특별자치도지사 또는 시장·군수·구청장은 제1항에 따른 감독상 필요하다고 인정하면 금고, 중앙회 또는 관리회사에 대하여 그 업무 및 재산상황에 관한 보고서를 제출하도록 명하거나 관계자의 출석 및 의견의 진술을 요구할 수 있다. 이 경우 특별자치시장·특별자치도지사 또는 시장·군수·구청장의 재산상황에 관한 보고서 제출 명령은 금고에 한정한다. ③ 주무부장관은 제1항에 따른 감독을 위하여 필요한 경우에는 그 소속 직원으로 하여금 금고, 중앙회 또는 관리회사의 업무와 재산에 관하여 검사를 하게 할 수 있고, 특별자치시장·특별자치도지사 또는 시장·군수·구청장은 제1항 제1호 단서에 따른 감독을 위하여 필요한 경우에는 그 소속 직원으로 하여금 금고의 업무와 재산에 관하여 검사를 하게 할 수 있다.
농업 협동조합법	제162조(감독) ① 농림축산식품부장관은 이 법에서 정하는 바에 따라 조합등과 중앙회를 감독하며 대통령령으로 정하는 바에 따라 감독상 필요한 명령과 조치를 할 수 있다. 다만, 조합의 신용사업에 대하여는 금융위원회와 협의하여 감독한다. ⑤ 금융위원회는 제1항 및 제161조의11 제7항에도 불구하고 대통령령으로 정하는 바에 따라 조합의 신용사업과 농협은행에 대하여 그 경영의 건전성 확보를 위한 감독을 하고, 그 감독에 필요한 명령을 할 수 있다.
수산업 협동조합법	제169조(감독) ① 해양수산부장관은 이 법에서 정하는 바에 따라 조합등·중앙회·수협은행 및 조합협의회의 업무를 감독하며, 대통령령으로 정하는 바에 따라 감독을 위하여 필요한 명령과 조치를 할 수 있다. 이 경우 수협은행에 대하여는 금융위원회와 협의하여야 한다. ⑤ 금융위원회는 제1항에도 불구하고 대통령령으로 정하는 바에 따라 조합의 신용사업과 수협은행에 대하여 그 경영의 건전성 확보를 위한 감독을 하고, 그에 필요한 명령을 할 수 있다.
산림조합법	제123조(감독) ① 산림청장 또는 시·도지사(시·도지사는 이 법에 따른 "조합"에 대해서만 해당 규정을 적용한다. 이하 같다)는 이 법에서 정하는 바에 따라 조합등과 중앙회를 감독하며, 대통령령으로 정하는 바에 따라 감독에 필요한 명령과 조치를 할 수 있다. 다만, 금융위원회는 대통령령으로 정하는 바에 따라 조합의 신용사업에 대하여 그 경영의 건전성 확보를 위한 감독을 하고, 이에 필요한 명령을 할 수 있다.

제83조의2(경영 공시)

제83조의2(경영 공시) 조합은 금융위원회가 정하는 바에 따라 경영상황에 관한 주요 정보 및 자료를 공시(公示)하여야 한다.
[전문개정 2015. 1. 20.]

Ⅰ. 조문의 취지와 의의

법 제83조의2는 책임경영체제 확립, 경영의 투명성 제고, 조합원 및 이해관계자에 의한 시장규율 강화, 그리고 금융소비자의 조합에 대한 알 권리 충족을 위해 경영공시를 하도록 규정하고 있다.[8)]

Ⅱ. 조문의 내용 및 해설

조합은 금융위원회가 정하는 바에 따라 경영상황에 관한 주요 정보 및 자료를 공시하여야 한다(법 제83조의2). 공시에 관한 자세한 사항은 금융위원회 제정 고시인 상호금융업감독규정에서 정하고 있는바, 상호금융업감독규정은 공시에 관하여 정정공시, 수시공시, 정정공시 또는 재공시에 관하여 규정하고 있다.

1. 정기공시

(1) 공시기한 및 공시사항

조합은 결산일로부터 3월 이내에 ① 조직 및 인력에 관한 사항, ② 재무 및 손익에 관한 사항, ③ 자금조달 및 운용에 관한 사항, ④ 건전성, 수익성, 생산성 등을 나타내는 경영지표에 관한 사항, ⑤ 경영방침, 리스크관리 등 경영에 중요한 영향을 미치는 사항으로서 금융감독원장 또는 중앙회장이 별도로 요구하는 사항을 공시하여야 한다. 다만, 상반기 결산을 실시하는 경우에는 상반기

8) 신협통일경영공시기준 제2조(경영공시 일반원칙) 조합의 경영공시는 책임경영체제를 확립하고 경영의 투명성을 제고하며 조합원 및 이해관계자에 의한 시정규율을 강화함과 아울러 금융소비자의 조합에 대한 알 권리를 충족할 수 있도록 해야 한다.

결산일로부터 2월 이내에 공시하여야 한다(상호금융업감독규정 제9조 제1항).

(2) 공시항목 및 방법

공시의무사항에 대한 구체적인 공시항목 및 방법은 중앙회장이 정하는 조합통일경영공시기준에 따르는바(상호금융업감독규정 제9조 제2항), 조합은 신협통일경영공시기준[9]에서 정하는 다음 〈표〉 항목 및 내용을 해당 공시기준에서 정하는 양식[10]에 따라 작성하여 공시하여야 한다. 연말결산에 대한 공시자료는 결산일로부터 3월 이내에 공시하되 공시기간은 3년으로 하고 상반기 가결산에 대하여 다음 〈표〉의 기타사항 중 제41호를 해당 공시기준에서 정하는 양식에 따라 작성하여 가결산일로부터 2월 이내에 공시하되 공시기간은 3년으로 한다(신협통일경영공시기준 제4조).

〈표〉 조합 공시항목 및 내용

	항목	내용
[조직 및 인력에 관한 사항]		
1	신협의 설립목적	신협의 설립목적을 공시
2	신협의 중점추진 사업	신협의 중점추진 사업을 공시
3	조합 연혁	조합의 설립일자 등 연혁을 공시
4	공동유대의 범위	조합의 공동유대를 공시
5	조합원의 자격	조합원의 자격 요건을 공시
6	조직도	조합의 조직구조를 공시
7	임직원 수	조합 임직원 현황을 공시
8	사무소 현황	주사무소 및 지사무소 소재지를 공시
9	자동화기기 설치 현황	CD, ATM 등 자동화기기 설치현황을 공시
[재무 및 손익에 관한 사항]		
10	요약 재무상태표	자산, 부채, 자본 등 주요항목과 변동추이 공시
11	요약 손익계산서	당기순이익의 주요 내용과 변동사항을 공시
12	자기자본 현황	출자금 및 잉여금 등을 공시
13	배당 현황	배당율, 1좌당 당기순이익 등을 공시
14	재무상태표	2기 이상 공시
15	손익계산서	2기 이상 공시
16	이익잉여금처분 계산서 (결손금처리 계산서)	2기 이상 공시

9) 신협통일경영공시기준 〈별표 1〉.
10) 신협통일경영공시기준 〈별표 2〉.

17	감사보고서	감사보고서(외부회계감사 수감 시 외부회계감사 보고서 포함) 내용 및 특기사항 공시
[자금조달 및 운용에 관한 사항]		
18	취급상품 현황	조합 취급 상품의 종류 및 특징을 개략적 공시
19	금리현황 및 금리산정 근거	여·수신별 금리현황 및 금리산정근거 서술형 공시
20	자금조달 및 운용 실적	부문별 자금조달. 운용실적을 공시
21	대출금 운영 현황	
	• 종류별 현황	대출금 사용 종류별 현황 공시
	• 용도별 현황	대출금 사용 용도별 현황 공시
	• 담보별 현황	담보별 대출금 현황 공시
22	비조합원 대출	신규 및 비조합원 대출취급액, 대출한도액, 잔액 공시
23	예적금 현황	예수금을 요구불, 적립식, 거치식 등 유형별 공시
24	유가증권 투자 현황	보유 유가증권의 현황, 시가 공시
25	대손상각 및 대손충당금 현황	대손충당금 적립 및 기중 상각 현황 공시
26	부실 및 고정이하여신 현황	부실여신 및 고정이하여신 현황을 공시
27	비업무용 부동산 보유현황	비업무용 토지, 건물 기간별 공시
[경영지표에 관한 사항]		
28	경영실태평가 등급 현황	경영실태평가 등급 공시
29	자본적정성	
	• 순자본 비율	순자본비율을 공시
	• 총자본 비율	총자본비율을 공시
	• 단순자기자본 비율	단순자기자본비율을 공시
30	자산건전성	
	• 손실위험도가중여신 비율	손실위험도가중여신비율을 공시
	• 순고정이하여신 비율	순고정이하여신비율을 공시
	• 연체대출 비율(부실대출 비율)	연체대출비율과 부실대출비율을 공시
31	수익성	
	• 총자산순이익율	총자산순이익율을 공시
	• 수지 비율	수지비율을 공시
	• 총자산 경비율	총자산경비율을 공시
32	유동성	
	• 유동성 비율	유동성비율을 공시
	• 고정자산 비율	고정자산비율을 공시
33	생산성	직원 1인당 당기순이익, 예금, 대출금 생산성 공시
[리스크 관리에 관한 사항]		
34	리스크 관리 개요	리스크관리체계 및 신용, 시장, 유동성리스크 공시
35	내부통제	
	• 검사수검 현황	감사의 기능, 빈도 등 내부통제현황을 공시
	• 사고발생 현황	금융사고 등 발생현황을 공시
	• 내부감사 기능 및 역할	내부감사 기능 및 역할을 공시
36	기관제재 및 임원문책 현황	감독기관으로부터 기관제재 및 임원문책현황 공시
37	임직원 대출	조합 임직원 대출 현황을 공시

[기타사항]		
38	조합 이용시 유의사항	조합 거래시 유의사항을 공시
39	수수료	각종 수수료 내역을 공시
40	이용자편람	주요용어해설
41	가결산 주요경영지표	
	• 조합 주요현황	가결산결과 주요현황을 공시
	• 주요 경영지표	가결산결과 주요 경영지표를 공시
	• 재무상태표	가결산결과 재무상태표를 공시
	• 손익계산서	가결산결과 손익계산서를 공시

공시방법은 영업점공시와 전자공시로 구분되고, 전자는 당해 조합 주사무소 및 지사무소 내 지정장소에 공시하는 것을 말하고 후자는 인터넷 홈페이지에 공시자료를 게시하는 방식으로 공시하는 것으로 중앙회 및 개별 조합의 홈페이지 모두 공시함을 원칙으로 한다(신협통일경영공시기준 제7조 제1항).

(3) 요약공시

조합은 정기공시를 하는 경우에 추가로 중앙회가 정하는 신협통일경영공시기준 〈별표 3〉에 따라 요약경영공시를 하여야 한다. 연말 결산에 대한 요약경영공시는 결산일로부터 3월 이내에 공시하며, 다음 회계연도 상반기 가결산에 대한 요약공시의 시작 시점까지 공시하여야 한다. 상반기 가결산에 대한 요약경영공시는 가결산일로부터 2월 이내에 공시하며, 당해 회계연도 연말결산에 대한 요약공시의 시작 시점까지 공시하여야 한다(신협통일경영공시기준 제5조).

2. 수시공시

(1) 공시사유

조합은 다음과 같은 사유가 발생한 경우 관련 내용을 공시하여야 한다(상호금융업감독규정 제9조 제3항).

① 여신 고객별로 조합의 전월말 자기자본의 100분의 5에 상당하는 금액을 초과하는 부실대출이 신규로 발생한 경우(다만, 그 금액이 1억원 이하인 경우는 제외)

② 금융사고가 발생하여 조합의 전월말 자기자본의 100분의 5에 상당하는 금액 이상의 손실이 발생하였거나 발생이 예상되는 경우(다만 그 금액이 1억원 이하인 경우는 제외)
③ 민사소송 패소 등의 사유로 조합의 전월말 자기자본의 100분의 5에 상당하는 금액을 초과하는 손실이 발생한 경우(다만, 그 금액이 1억원 이하인 경우는 제외)
④ 감독원장 또는 중앙회장으로부터 임원에 대한 개선요구를 받은 경우
⑤ 법 제84조(임직원에 대한 행정처분), 제85조(조합 등에 대한 행정처분) 및 제89조(중앙회의 지도·감독) 제7항, 농업협동조합법 제145조(의결사항) 제2호(=감사 결과에 따른 회원의 임직원에 대한 징계 및 문책의 요구 등에 관한 사항), 제4호(=회원에 대한 시정 및 개선 요구 등에 관한 사항) 및 제164조(위법행위에 대한 행정처분), 수산업협동조합법 제145조(의결사항) 제2호(=감사 결과에 따른 회원의 임직원에 대한 징계 및 문책의 요구 등), 제4호(회원에 대한 시정 및 개선 요구 등) 및 제170조(법령 위반에 대한 조치), 산림조합법 제120조(의결사항) 제2호(=감사결과에 따른 회원의 임직원에 대한 징계 및 문책 요구 등 필요한 조치), 제4호(=회원에 대한 시정 및 개선 요구 등 필요한 조치) 및 제125조(위법행위에 대한 행정처분)에 따른 처분을 받은 경우
⑥ 법 제86조(경영관리), 제89조(중앙회의 지도·감독) 제4항 및 상호금융업감독규정 제12조의2(재무상태개선권고) 및 제12조의3(재무상태개선요구), 농협구조개선법 제4조(적기시정조치), 수협구조개선법 제4조(부실조합등의 지정), 산림조합구조개선법 제4조(적기시정조치)에 따른 조치를 받은 경우
⑦ 기타 거액손실 또는 금융사고 등이 발생하여 경영의 건전성을 크게 해치거나 해칠 우려가 있는 경우

(2) 공시방법

조합은 공시사유가 발생한 즉시 금융감독원장이 정하는 사항[11]을 3개월 이

11) **상호금융업감독업무시행세칙 제13조(수시공시)** ② 감독규정 제9조 제4항에서 "감독원장이 정하는 사항"이라 함은 다음 각 호의 1에 해당하는 것을 말한다.
1. 감독규정 제9조 제3항 제1호의 규정에 따른 공시의 경우에는 당해 고객명, 금액, 사유, 조합수지에 미치는 영향, 향후 대책
2. 감독규정 제9조 제3항 제2호의 규정에 따른 공시의 경우에는 당해 금융사고의 발생일자 또는 기간, 사고발견일자, 경위, 금액, 원인, 조합수지에 미치는 영향, 조치내용 또는 계획 등

상 객장과 중앙회 홈페이지(중앙회 홈페이지를 통해 접근할 수 있는 조합의 홈페이지가 있는 경우 당해 홈페이지)에 게시하는 등의 방법으로 공시하여야 한다(상호금융업감독규정 제9조 제4항).

3. 정정공시 또는 재공시의 요구

금융감독원장 또는 중앙회장은 정기공시의 공시의무사항, 공시항목 및 방법, 수시공시의 공시사유와 공시방법에서 정하는 공시사항을 허위로 작성하거나 중요한 사항을 누락하는 등 불성실하게 공시하는 경우에는 당해 조합에 대해 정정공시 또는 재공시를 요구할 수 있다(상호금융업감독규정 제9조 제5항).

4. 위반시 제재

조합 또는 중앙회가 법 제83조의2를 위반하여 공시하지 아니하거나 거짓으로 공시하는 경우에는 2천만원 이하의 과태료를 부과한다(법 제101조의 제1항 제3의2호).

5. 농업협동조합 등에 대한 적용

농협법에 따라 설립된 지역농업협동조합 및 지역축산업협동조합과 농협중앙회, 수협법에 따라 설립된 지구별 수산업협동조합과 수협중앙회, 산림조합법에 따라 설립된 산림조합 및 산림조합중앙회의 사업에 관하여, 경영공시에 관한 법 제83조의2가 적용된다(법 제95조 제4항).

---

3. 감독규정 제9조 제3항 제3호의 규정에 따른 공시의 경우에는 경위, 금액, 조합수지에 미치는 영향, 조치내용 또는 계획 등
4. 감독규정 제9조 제3항 제4호의 규정에 따른 공시의 경우에는 경위, 조합수지에 미치는 영향, 조치내용 또는 계획 등
5. 감독규정 제9조 제3항 제5호의 규정에 따른 공시의 경우에는 대상, 경위, 주요내용, 조합수지에 미치는 영향 등
6. 감독규정 제9조 제3항 제6호의 규정에 따른 공시의 경우에는 대상, 경위, 주요내용, 조합수지에 미치는 영향 등
7. 감독규정 제9조 제3항 제7호의 규정에 따른 공시의 경우에는 경위, 금액, 조합수지에 미치는 영향, 조치내용 또는 계획 등

Ⅲ. 관련 법령

법률	조문
은행법	제43조의3(경영공시) 은행은 예금자와 투자자를 보호하기 위하여 필요한 사항으로서 대통령령으로 정하는 사항을 금융위원회가 정하는 바에 따라 공시하여야 한다.
상호저축 은행법	제23조의2(경영 공시) 상호저축은행은 거래자 보호와 신용질서 유지를 위하여 필요한 사항으로서 대통령령으로 정하는 사항을 금융위원회가 정하는 바에 따라 공시하여야 한다.
새마을 금고법	제75조(경영공시) 금고와 중앙회는 대통령령으로 정하는 바에 따라 경영상황에 관한 주요 정보와 자료를 공시하여야 한다.

제83조의3(경영건전성 기준)

제83조의3(경영건전성 기준) ① 조합 및 중앙회는 경영의 건전성을 유지하고 금융사고를 예방하기 위하여 다음 각 호의 사항에 관하여 대통령령으로 정하는 바에 따라 금융위원회가 정하는 경영건전성 기준을 준수하여야 한다.

1. 재무구조의 건전성에 관한 사항
2. 자산의 건전성에 관한 사항
3. 회계 및 결산에 관한 사항
4. 위험관리에 관한 사항
5. 그 밖에 경영의 건전성을 확보하기 위하여 필요한 사항

② 금융위원회는 중앙회가 제1항에 따른 경영건전성 기준을 충족시키지 못하는 등 경영의 건전성을 크게 해칠 우려가 있다고 인정하는 경우에는 자본금 증가, 보유자산의 축소 등 경영상태의 개선을 위한 조치를 이행하도록 명령할 수 있다.

[전문개정 2015. 1. 20.]

Ⅰ. 조문의 취지와 의의

법 제83조의3은 조합 및 중앙회의 건전한 경영을 유도하고 금융사고를 예방하기 위하여 조합과 중앙회에 경영건전성 준수의무를 부여하고,[12] 중앙회가 경영건전성 기준을 충족시키지 못하는 경우에 금융위원회의 경영개선 명령권을 보장함으로써 중앙회에 대한 재무건전성 확보 및 외부통제 장치를 마련한 것이다.[13]

Ⅱ. 조문의 내용 및 해설

1. 경영건전성 기준

조합 및 중앙회는 ① 재무구조의 건전성에 관한 사항, ② 자산의 건전성에 관한 사항, ③ 회계 및 결산에 관한 사항, ④ 위험관리에 관한 사항, ⑤ 그 밖

12) 김문희(전문위원), 신용협동조합법 중개정법률안(정부제출, 의안번호 제152368호) 검토보고서, 국회 재정경제위원회, 1999. 12., 2면.

13) 김문희(전문위원), 신용협동조합법 개정법률안(정부제출, 의안번호 제162097호) 검토보고서, 국회 재정경제위원회, 2003. 4., 5면.

에 경영의 건전성을 확보하기 위하여 필요한 사항에 관하여 대통령령으로 정하는 바에 따라 금융위원회가 정하는 경영건전성 기준을 준수하여야 한다(법 제83조 제1항).

〈표〉 법령에 따른 경영건전성 기준

법	시행령
재무구조 건전성	자산등에 대한 자기자본비율 적립 필요 금액에 대한 대손충당금 비율 퇴직금추계액에 대한 퇴직급여충당금비율
자산 건전성	자산건전성분류대상 자산의 범위 자산에 대한 건전성분류단계 및 그 기준
회계 및 결산	재무 및 손익상황의 표시기준 충당금·적립금의 적립기준 채권의 대손상각처리기준
위험관리	위험관리의 기본방침 위험관리를 위한 경영진의 역할 위험관리에 필요한 내부관리체제 여신 심사 및 사후관리 등에 관한 기준 금융사고 예방·대응 및 재발방지 대책
그 밖의 기준	예탁금, 적금 및 출자금 등에 대한 대출금 보유기준 업종별 대출등에 대한 한도기준 유동성 부채에 대한 유동성 자산의 보유기준

2. 재무구조 건전성

(1) 재무구조 건전성에 관한 사항

조합 및 중앙회는 재무구조 건전성에 관한 사항인 ① 자산등에 대한 자기자본비율, ② 적립 필요 금액에 대한 대손충당금 비율, ③ 퇴직금 추계액에 대한 퇴직급여충당금 비율을 준수하여야 한다(법 제83조의3 제1항, 시행령 제20조의2 제1호).

(2) 건전성 비율

조합은 다음 각 호에서 정하는 건전성 비율을 유지하여야 한다(상호금융업감독규정 제12조 제1항).

1. 총자산 대비 순자본비율: 100분의 2이상
2. 대손충당금비율: 100분의 100이상. 다만, 한국표준산업분류 중 대분류 기준에 따른 업종 중 건설업 또는 부동산업에 대한 대출로서 제11조의 규정에 의한 건전성 분류가 '정상', '요주의', '고정' 또는 '회수의문'인 대출의 경우 100분의 130이상.
3. 퇴직급여충당금비율: 100분의 100이상

(3) 대손충당금 적립기준

가. 대손충당금 비율의 산정 기준

건전성 비율 중 대손충담금비율의 산정기준은 〈별표 1-3〉과 같다(상호금융업감독규정 제12조 제2항 본문).

〈별표 1-3〉 대손충당금비율

가. 설정대상채권

대출금, 여신성가지급금, 가지급금, 신용카드채권, 미수금, 환매조건부채권매수 및 미사용약정

나. 산식

$$대손충당금비율 = \frac{대손충당금\ 잔액^{*}}{대손충당금\ 요적립잔액^{**}} \times 100$$

* 대손충당금 잔액 = 결산 또는 가결산후의 대손충당금 잔액

** 대손충당금 요적립잔액

① 당해 회계연도 결산 또는 가결산 기준일 현재 대손충당금 설정대상채권에 대한 자산건전성 분류결과에 따라 정상 분류채권의 1%이상, 요주의 분류채권의 10%이상, 고정 분류채권의 20%이상, 회수의문 분류채권의 55%이상, 추정 손실 분류채권의 100%를 합계한 금액으로 한다.

② 제1항에도 불구하고 통계법에 따른 한국표준산업분류상 다음 각 호의 업종에 속하지 않는 법인에 대한 채권은 자산건전성 분류결과에 따라 정상 분류채권의 0.85%이상, 요주의 분류채권의 7%이상, 회수의문 분류채권의 50%이상의 금액으로 할 수 있다.

1. 건설업(F)
2. 도매 및 소매업(G)
3. 숙박 및 음식점업(I)
4. 부동산업(L)
5. 임대업(76)

③ 제1항에도 불구하고 차주가 대한민국 정부 또는 지방자치단체인 자산과 "정상"으로 분류된 환매조건부채권매수에 대하여는 대손충당금을 적립하지 아니할 수 있다.

> ④ 제1항에도 불구하고 가목 미사용약정의 경우에는 〈별표 1－1〉의 자산건전성 결과에 따라 분류된 대손충당금 설정대상채권에 신용환산율 100분의 40을 곱하여 산정한 금액에 대하여 대손충당금을 적립하여야 한다.

나. 대손충당금의 가산

1) 요적립잔액의 30% 가산

다음 각호의 1에 해당하는 가계대출(이하 "고위험대출"이라 한다)로서 상호금융업감독규정 제11조에 의한 자산건전성 분류가 '정상', '요주의', '고정' 또는 '회수의문'인 대출에 대하여는 〈별표 1－3〉의 기준에 의한 대손충당금 요 적립잔액에 100분의 30을 가산하여 대손충당금을 적립하여야 한다(상호금융업감독규정 제12조 제2항 단서).

1. 동일채무자에 대한 대출상환 방식이 다음 각 목에 해당하는 경우로서 대출금 총액이 2억원 이상인 경우
   가. 대출만기에 원금을 일시상환하는 방식의 대출
   나. 거치기간 경과 후에 원금을 분할 상환하는 방식의 대출(거치기간이 종료되고 원금 분할 상환이 시작된 경우 제외)
2. 5개 이상의 금융기관(「신용정보의 이용 및 보호에 관한 법률 시행령」 제5조 제2항에서 정한 금융기관을 말한다)에 개인대출 잔액을 보유한 자에 대한 대출

2) 요적립잔액의 20% 가산

조합이 직전 사업연도말 기준으로 다음 각 호의 요건을 모두 충족하는 경우에는 〈별표 1－3〉의 기준에 의한 대손충당금 요 적립잔액에 100분의 20을 가산하여 대손충당금을 적립할 수 있다. 다만, 상호금융업감독규정 제12조의2 제1항 각호 또는 제12조의3 제1항 각호의 어느 하나에 해당하는 조합(이하 "재무상태개선조치 조합"이라 한다)은 그러하지 아니하며, 당해 사업연도 중 재무상태개선조치 조합에 해당하게 되는 경우에는 그 해당 분기말부터 앞의 고위험대출 상호금융업감독규정 제12조 제2항 단서를 적용한다(상호금융업감독규정 제12조 제3항).

1. 총자산대비 순자본비율: 100분의 5 이상(신협은 100분의 3 이상)
2. 예대율: 100분의 60 이상
3. 총대출대비 조합원에 대한 대출비율이 100분의 80 이상(농업협동조합, 수산업협동조합 및 산림조합은 100분의 50 이상)이거나, 총대출대비 신용대출(햇살론 포함)비율이 100분의 10 이상(수산업협동조합은 100분의 7 이상)

다. 대손충당금의 감액

주택담보대출 중 원금을 분할상환하는 방식의 대출로서 제11조의 규정에 의한 자산건전성 분류가 '정상'인 대출에 대하여는 〈별표 1－3〉의 기준에 의한 대손충당금 요 적립잔액에서 100분의50을 감액하여 대손충당금을 적립한다(상호금융업감독규정 제12조 제4항).

3. 자산건전성

(1) 자산건전성에 관한 사항

조합 및 중앙회는 자산건전성에 관한 사항인 ① 자산건전성분류대상 자산의 범위, ② 자산에 대한 건전성분류단계 및 그 기준을 준수하여야 한다(법 제83조의3 제1항, 시행령 제20조의2 제2호).

(2) 자산건전성 분류기준

조합은 상호금융업감독규정 제11조 제1항 각 호에 따른 보유자산의 건전성을 〈별표 1－1〉에 따라 매분기 말(유가증권에 대한 평가는 매월 1회 정기적으로 실시하고 평가일의 종가를 적용한다)을 기준으로 분류하여야 한다. 다만 감독원장 및 중앙회장이 따로 요청하는 경우에는 이를 따른다(상호금융업감독규정 제11조 제1항). 여기에서 자산에 대한 건전성은 "정상", "요주의", "고정", "회수의문", "추정손실"의 5단계로 구분하되, 유가증권의 경우에는 "고정"분류를, 가지급금(여신성 가지급금을 제외한다)의 경우에는 "요주의" 및 "고정"분류를 제외한다(상호금융업감독규정 제11조 제2항).

〈별표 1-1〉 자산건전성 분류기준

Ⅰ. 대출금(여신성가지급금, 환매조건부채권매수, 미사용약정 포함)

1. 정 상

금융거래 내용, 신용상태가 양호한 채무자와 1월 미만의 연체대출금(정책자금대출금 포함)을 보유하고 있으나 채무상환능력이 충분한 채무자에 대한 총대출금

2. 요주의

금융거래내용 또는 신용상태 등으로 보아 사후관리에 있어 통상 이상의 주의를 요하는 채무자에 대한 총대출금

〈예 시〉

① 1월 이상 3월 미만의 연체대출금을 보유하고 있으나 회수가 확실시 되는 채무자에 대한 총대출금

② 1월 이상 연체중인 대출금중 정부 또는 농림수산정책자금대손보전기금으로부터 대손보전이 보장되는 금액

③ 1월 미만의 연체대출금을 보유하고 있으나 신용정보관리규약에 의하여 신용불량거래처로 등록된 거래처에 대한 총대출금

④ 고정 이하로 분류된 대출금을 보유하고 있는 채무자에 대한 총대출금중 원리금 회수가 확실시 되는 다음 각호의 어느 하나를 담보로 하는 대출금의 담보해당 금액. 다만 제5호 및 제6호를 담보로 하는 대출금의 담보 해당 금액은 '정상'으로 분류할 수 있다.

1. 「국채법」에 따른 국채 및 「지방재정법」에 따른 지방채
2. 「국고금 관리법」에 따른 재정증권
3. 「한국은행법」에 따른 한국은행통화안정증권
4. 「공공기관의 운영에 관한 법률」에 따른 공기업 및 준정부기관이 발행하는 채권
5. 공제해약환급금
6. 금융기관(신용보증기금, 농림수산업자신용보증기금, 보증보험회사 등)의 보증

⑤ 고정이하로 분류되는 상업어음할인중 만기일에 정상결제가 확실시되는 상업어음할인

⑥ 「채무자 회생 및 파산에 관한 법률」에 따라 회생절차가 진행중인 기업체에 대한 공익채권, 회생계획에 따라 1년 이상 정상적으로 원리금이 상환되거나 채무상환능력이 크게 개선되었다고 판단되는 회생채권 · 회생담보권

⑦ 기업개선작업 대상업체로 확정(신청 포함)된 거래처에 대한 총대출금

⑧ 법원 경매절차에 따라 매각허가결정이 선고된 부동산 등과 관련한 여신 중 배당으로 회수가 확실시되는 금액. 다만 결산 확정(분 · 반기말의 경우 기준일로부터 1개월) 이전에 매각대금 미납, 배당이의의 소 제기 등으로 인하여 회수가

능성 및 회수가능금액의 변동이 예상되는 경우에는 '고정'으로 분류한다.

⑨ 기타 부실징후가 예견되거나 발생중에 있다고 인정되는 법인에 대한 총대출금 등. 다만, 다음 각호의 어느 하나에 해당하는 경우에는 "정상"으로 분류할 수 있다.

1. 자산건전성 분류기준일 현재 해당 조합과 2년 이상의 기간 동안 연체 없이 정상적인 거래를 하고 있는 법인에 대한 대출
2. 은행 등과 공동으로 취급한 동순위 대출 중 주관사가 정상으로 분류한 대출. 다만, 주관사가 대출에 참여하지 않은 경우에는 대출에 참여한 모든 은행 및 보험사가 정상으로 분류한 대출

〈부실징후 예시〉

① 최근 3년 연속 결손 발생
② 최근 결산일 현재 납입자본 완전잠식
③ 제1 · 2 금융권 차입금이 연간 매출액을 초과하고 최근 2년 연속 영업이익이 금융비용에 미달. 다만, 최초 결산일로부터 1년이 경과하지 않은 신설법인이나 종교단체 · 학술단체 등 비영리단체에 대한 대출 및 정책자금대출은 제외한다.
④ 기업의 경영권, 상속지분 등의 문제로 기업 경영상 내분이 발생하여 정상적인 경영활동이 곤란한 경우
⑤ 3월 이상 조업 중단
⑥ 최근 6월 이내 1차부도 발생사실이 있는 거래처에 대한 총대출 등

3. 고 정

금융거래내용, 신용상태가 불량하여 구체적인 회수조치를 강구할 필요가 있는 채무자에 대한 총대출금중 회수예상가액 해당 금액

〈예 시〉

① 3월 이상의 연체대출금을 보유하고 있는 채무자에 대한 총 대출금중 회수예상가액 해당 금액
② 대손신청기한으로부터 3월이 경과한 시점까지 대손보전 신청을 하지 않은 정부 또는 농림수산정책자금대손보전기금 손실보전 대상 대출금 및 농림수산업자신용보증기금 보증서 담보대출금중 회수예상가액 해당 금액
③ 담보권의 실행, 지급명령신청, 대여금 청구소송, 강제집행 등 법적절차 진행중인 채무자에 대한 회수예상가액(자산건전성 분류기준일 현재로부터 최근일의 담보평가액(최종 법정평가액)) 해당금액. 다만, 채무자의 상환능력 저하와 관계없는 가압류, 가처분 또는 압류(행정처분인 경우에 한한다.)의 경우 본안소송으로 이어지지 아니하였고, 해당 채무자의 대출금이 자산건전성 분류기준일 현재 연체되지 아니한 경우에는 요주의로 분류할 수 있으며, 이 중 가압류 또는 압류에 한하여 그 청구금액의 합계액이 5백만원 미만이거나 대출금액의

100분의 1에 해당하는 금액 미만인 경우에는 정상으로 분류할 수 있다.

④ 폐업중인 채무자에 대한 총대출금중 회수예상가액 해당금액. 다만, 개인사업자의 경우 다른 소득이 있거나 영업을 계속하고 있음을 객관적으로 증명하는 경우에는 원리금 회수 가능성에 따라 정상 또는 요주의로 분류할 수 있다.

⑤ 법 제42조의 규정에 위반하여 대출을 받은 채무자에 대한 총대출금중 회수예상가액 해당금액. 다만, 위반사실 적출일 현재 이자납부 등 정상적인 신용상태가 유지되고 있는 채무자에 대하여는 위반 사실 적출일 이후 3월이 경과한 때로부터 고정 이하로 분류하되 건전성분류 기준일 현재 정상적인 신용상태가 유지되고 있는 채무자에 대하여는 동일인대출한도 초과금액을, 그러하지 아니한 채무자에 대하여는 총대출액을 기준으로 회수예상가액을 산정

⑥ 「채무자 회생 및 파산에 관한 법률」에 따라 회생절차가 진행(신청 포함)중인 채무자에 대한 총대출금중 회수예상가액 해당 금액

⑦ 다음 각호의 어느 하나에 해당되는 경우로서 자산건전성 분류기준일 현재 1월 이상 연체사실이 있는 법인에 대한 총대출금중 회수 예상가액 해당 금액

1. 3월 이상 조업 중단

2. 최근 결산일 현재 납입자본이 완전 잠식 상태이고, 제1·2금융권 차입금이 연간 매출액을 초과하며, 최근 2년 연속 영업이익이 금융비용에 미달

⑧ 신용정보관리규약에 의하여 신용불량거래처로 등록된 거래처의 등록 내용상 1,500만원 이상의 대출이 3개월 이상 연체(감독원장이 정한 기준에 의함)된 경우 해당 거래처의 총대출 중 회수예상가액. 다만, 해당 조합의 총대출금이 3백만원 이하인 경우에는 '요주의'로 분류할 수 있다. 〈시행 2017.1.1〉

⑨ 기타 채권확보를 위하여 별도의 회수방법을 강구할 필요가 있는 채무자에 대한 총대출금중 회수예상가액 해당금액

4. 회수의문

고정으로 분류된 채무자에 대한 총대출금중 손실발생이 예상되나 현재 그 손실액을 확정할 수 없는 회수예상가액 초과금액

〈예 시〉

① 3월 이상 12월 미만 연체대출금을 보유하고 있는 채무자에 대한 총 대출금중 회수예상가액 초과부분

② 대손신청기한으로부터 3월이 경과한 시점까지 대손보전 신청을 하지 않은 정부 또는 농림수산정책자금대손보전기금 손실보전 대상 대출금 및 농림수산업자신용보증기금 보증서 담보대출금중 손실발생이 예상되나 현재 그 손실액을 확정할 수 없는 회수예상가액 초과금액

5. 추정손실

고정으로 분류된 채무자에 대한 총대출금중 회수불능이 확실하여 손비처리가 불가

피한 회수예상가액 초과금액

〈예 시〉

① 12월 이상 연체대출금을 보유하고 있는 채무자에 대한 총 대출금중 회수예상가액 초과부분

② 대손신청기한으로부터 3월이 경과한 시점까지 대손보전 신청을 하지 않은 정부 또는 농림수산정책자금대손보전기금 손실보전 대상 대출금 및 농림수산업자신용보증기금 보증서 담보대출금중 회수불능이 확실하여 손비처리가 불가피한 회수예상가액 초과금액

③ 소송패소로 인하여 담보권이 소멸되고 채무자 및 보증인이 행방불명되거나 상환능력이 없다고 판단되는 대출금

④ 법적절차 완결후의 잔존채권으로서 채무자 및 보증인으로부터 상환가능성이 없다고 판단되는 대출금

⑤ 채권, 담보권 등의 하자로 인하여 소송이 계속중이고 패소가 확실하다고 판단되는 대출금

⑥ 회수의문으로 분류된 후 1년 이상이 경과되도록 채무관계인의 재산을 발견하지 못하는 등 회수가 불가능한 대출금

⑦ 최종부도 발생, 청산·파산절차 진행 또는 폐업 등의 사유로 채권회수에 심각한 위험이 존재하는 것으로 판단되는 대출금

Ⅱ. 신용카드 채권

1. **정상**: 금융거래내용, 신용상태 및 경영내용이 양호한 거래처에 대한 총 카드자산
2. **요주의**: 다음 각호의 어느 하나에 해당하는 자산
   1) 금융거래내용, 신용상태 및 경영내용 등을 감안할 때 채권회수에 즉각적인 위험이 발생하지는 않았으나 향후 채무상환능력의 저하를 초래할 수 있는 잠재적인 요인이 존재하는 것으로 판단되는 거래처(요주의거래처)에 대한 자산
   2) 1월 이상 3월 미만 연체대출금을 보유하고 있는 거래처에 대한 자산
3. **고정**: 다음 각호의 어느 하나에 해당하는 자산
   1) 금융거래내용, 신용상태 및 경영내용 등을 감안할 때 채무상환능력의 저하를 초래할 수 있는 요인이 현재화되어 채권회수에 상당한 위험이 발생한 것으로 판단되는 거래처(고정거래처)에 대한 자산
   2) 3월 이상 연체대출금을 보유하고 있는 거래처에 대한 자산중 회수예상가액 해당부분
   3) 최종부도 발생, 청산·파산절차 진행 또는 폐업 등의 사유로 채권회수에 심각한 위험이 존재하는 것으로 판단되는 거래처에 대한 자산중 회수예상가액 해당부분

4) "회수의문거래처" 및 "추정손실거래처"에 대한 자산중 회수예상가액 해당부분

4. 회수의문: 다음 각호의 어느 하나에 해당하는 자산
   1) 금융거래내용, 신용상태 및 경영내용 등을 감안할 때 채무상환능력이 현저히 악화되어 채권회수에 심각한 위험이 발생한 것으로 판단되는 거래처(회수의문거래처)에 대한 자산중 회수예상가액 초과부분
   2) 3월 이상 6월 미만 연체대출금을 보유하고 있는 거래처에 대한 자산중 회수예상가액 초과부분

5. 추정손실: 다음 각호의 어느 하나에 해당하는 자산
   1) 금융거래내용, 신용상태 및 경영내용 등을 감안할 때 채무상환능력의 심각한 악화로 회수불능이 확실하여 손실처리가 불가피한 것으로 판단되는 거래처(추정손실거래처)에 대한 자산중 회수예상가액 초과부분
   2) 6월 이상 연체대출금을 보유하고 있는 거래처에 대한 자산중 회수예상가액 초과부분
   3) 최종부도 발생, 청산·파산절차 진행 또는 폐업 등의 사유로 채권회수에 심각한 위험이 존재하는 것으로 판단되는 거래처에 대한 자산중 회수예상가액 초과부분

Ⅲ. 유가증권(시가법에 의한 평가대상 유가증권 제외)

1. 정 상
   1) 평가액이 장부가액을 상회하는 유가증권
   2) 평가액이 장부가액을 일시적(3월 미만)으로 하회하고 있으나 장차 회복될 전망이 확실시되는 유가증권
   3) 국공채, 정부보증채, 보증사채 등으로서 원리금 회수가 확실시되는 유가증권

2. 요주의
   1) 평가액이 장부가액을 상회하고 있으나 최근 2년 이상 계속하여 납입자본 잠식상태에 있는 회사가 발행한 유가증권
   2) 평가액이 장부가액을 3월 이상 계속 하회하는 유가증권의 평가 상당액
   3) 최근 발행자의 경영악화 등으로 신용위험이 증대한 유가증권

3. 회수의문
   1) 평가액이 장부가액을 3월 이상 계속 하회하고 있는 유가증권의 평가손실액
   2) 발행자의 신용위험 등이 현저히 악화되어 만기에 원금회수가 의문시되는 유가증권

4. 추정손실
   1) 평가액이 장부가액을 6월 이상 계속 하회하고 있는 유가증권의 평가손실액

2) 발행자의 파산으로 원금 회수불능이 확실시되는 유가증권
3) 기타 무가치한 유가증권

Ⅳ. 가지급금(여신성가지급금 제외)

1. 정상
   1) 당해 회계연도 또는 다음 회계연도내에 정상적으로 정리될 것이 확실한 가지급금
   2) 기타 회수가 확실한 가지급금
2. 회수의문
   1) 사고금 또는 출납부족금 정리를 위한 것으로 손비처리가 예상되는 가지급금
   2) 소송관계 비용으로서 손비처리가 예상되는 가지급금
   3) 기타 회수가 불확실하여 손비처리가 예상되는 가지급금
3. 추정손실
   1) 사고금 또는 출납부족금 정리를 위한 것으로 손비처리가 불가피한 가지급금
   2) 소송관계 비용으로서 패소가 확실하여 손비처리가 불가피한 가지급금
   3) 기타 손비처리가 불가피한 가지급금

Ⅴ. 미수금

1. 정상: 지급일로부터 1월이 경과하지 아니한 미수채권
2. 요주의: 지급일로부터 1월 이상 3월이 경과하지 아니한 미수채권
3. 고정: 지급일로부터 3월 이상 경과된 미수채권으로서 회수 예상가액 해당분
4. 회수의문: 지급일로부터 3월 이상 경과된 미수채권으로서 손실발생이 예상되나 현재 손실액을 확정할 수 없는 회수 예상가액 초과분
5. 추정손실: 지급일로부터 3월 이상 경과된 미수채권으로서 회수불능이 확실하여 손비처리가 불가피한 회수예상가액 초과분

여기에서 자산건전성 분류 대상이 되는 보유자산은 ① 대출(상호금융대출, 정책자금대출, 공제대출) 및 어음할인(이하 '대출금'이라 한다)과 당해 대출금을 회수하기 위하여 지급된 가지급금(이하 '여신성가지급금'이라 한다), ② 유가증권, ③ 가지급금, ④ 신용카드 채권, ⑤ 미수금, ⑥ 환매조건부채권매수, ⑦ 미사용약정(상품 또는 계약의 명칭을 불문하고 약정한도, 약정기간 및 조건 등을 사전에 정하고, 필요한 자금을 계속적 또는 반복적으로 차입할 수 있는 대출등의 미사용약정), ⑧

그 밖에 금융감독원장이 정하는 건전성 분류가 필요하다고 인정하는 자산 등이다(상호금융업감독규정 제11조 제1항).

(3) 연체대출금

조합은 자산건전성 분류기준에 의하여 보유자산의 건전성을 분류함에 있어 다음 각 호의 1에 해당하는 대출금에 대하여는 이를 연체대출금으로 본다. 연체대출금은 최초의 연체기산일을 기준으로 분류한다(상호금융업감독업무시행세칙 제6조).

1. 약정만기일에 상환되지 아니한 대출금
2. 약정만기일 이내라도 이자가 납입되지 아니한 사유 등으로 기한의 이익을 상실한 대출금. 다만, 기한의 이익을 상실하지 않았더라도 다음 각목의 1에 해당하는 대출금(예탁금·적금 납입액이내의 담보대출금은 제외한다)을 포함한다.
   가. 이자의 납입주기가 6개월 미만인 경우 차기 납입기일까지 이자가 납입되지 않은 대출금
   나. 이자의 납입주기가 6개월 이상인 경우 납입기일로부터 3개월 경과시까지 이자가 납입되지 않은 대출금
3. 분할상환 기일에 상환되지 아니한 분할상환금
4. 만기일에 결제되지 아니한 상업어음할인

(4) 회수예상가액 산정

가. 원칙: 담보종류별 회수예상가액 산정기준

조합은 자산건전성 분류기준에 의한 "고정"이하 분류여신을 보유한 채무자의 대출금에 대하여는 자산건전성 분류시마다 〈별표 1-2〉의 담보종류별 회수예상가액 산정기준에 따라 담보물의 회수예상가액을 산정하여야 한다(상호금융업감독규정 제11조의2 본문).

〈별표 1-2〉 담보종류별 회수예상가액 산정기준

담 보 종 류		산정액	비 고
예 · 적금		불입액의 100%	
중앙회 공제		해약환급금의 100%	
유가증권	상장주식 상장채권 수익증권	대용가격의 100% 대용가격의 100% 기준가격의 100%	한국거래소 공시
지급보증	은행지급보증서 신용보증서 보증보험증권 정부투자기관보증	보증(보험)금액의 100%	
부동산 등	대 지 건 물 아파트 자동차, 중기, 선박등 기계, 기구류	공시지가의 100% 건물신축단가표의 100% 시가의 70% 최종감정가액을 관련 세법상의 내용년수로 나눈 금액을 매년 정액 차감 최종감정가액에서 매년 10%씩 차감	국토교통부 공시
기 타		시가의 70%	
경매 진행중인 담보		최종 법사가	

〈유의사항〉

1. 회수예상가액을 산정하는 경우에는 선순위 등을 공제하여야 하며, 관련법규 또는 조합 자체내규에서 담보취득을 제한하는 물건을 회수예상가액에서 제외하여야 함
2. 시가는 매매가격 등을 기준으로 하여 조합 자체적으로 산정함
3. 건물신축단가표의 100%는 건물면적×표준단가×(잔여 연수/내용 연수)를 말하며, 관련세법상의 내용 연수 계산시에는 자동차 등의 구입시점에서 최종 감정일까지의 경과 연수를 차감함
4. 비상장유가증권중 비상장주식(금융투자협회 공시)의 평가는 다음의 기준에 의한다.
   ① 대용가격이 있는 경우에는 대용가격의 100%
   ② 대용가격이 없으나 시가를 알수 있는 경우에는 시가의 50%
   ③ 대용가격이 없고 시가도 알 수 없는 경우에는 「일반기업회계기준」 제6장 문단 13의 규정에 의한 순자산가액이나 「상속세 및 증여세법 시행령」 제55조의 규정에 의한 평가액에 의함. 다만, 「상속세 및 증여세법 시행령」 제56조의 규정에 의한 순자산가액이 더 큰 경우에는 이를 기준으로 평가할 수 있음.
5. 비상장유가증권중 비상장채권의 평가는 다음의 기준에 의한다.
   ① 금융기관 보증부 및 담보부 채권의 경우에는 평가일 현재 3년만기 회사채 수익률로 할인한 가액의 90%
   ② 기타채권의 경우에는 평가일 현재 3년만기 회사채수익률로 할인한 가액의 70%

나. 예외: 최종담보평가액

① "고정"이하 분류사유 발생일이 3개월 이내인 경우, ② 3개월 이내에 법적절차 착수예정인 경우, ③ 예탁금, 적금, 유가증권 및 지급보증서 이외의 담보(경매가 진행 중인 담보는 제외한다)로서 담보의 최종감정일 또는 최종 회수예상가액 산정일이 2년 이내인 경우, ④ 총대출금액에 대한 담보비율이 150퍼센트 이상인 경우, ⑤ 채무자회생법에 따른 회생절차 또는 기업개선작업 등을 신청하였거나 당해 절차가 진행 중인 경우에는 최종담보평가액(유효담보가액 또는 종전 건전성 분류시 산정한 회수예상가액 등을 말한다)을 회수예상가액으로 볼 수 있다(상호금융업감독규정 제11조의2 단서).

4. 회계 및 결산

(1) 회계 및 결산에 관한 사항

조합 및 중앙회는 회계 및 결산에 관한 사항인 ① 재무 및 손익상황의 표시기준, ② 충당금·적립금의 적립기준, ③ 채권의 대손상각처리기준을 준수하여야 한다(법 제83조의3 제1항, 시행령 제20조의2 제3호).

(2) 대손인정 신청 및 결과보고 등

조합이 보유한 부실채권을 대손상각처리하고자 할 경우에는 매분기말 2월전까지 중앙회장에게 대손인정을 신청하여야 하고, 중앙회장은 대손인정 신청에 의한 대손인정결과를 매사업년도 경과 후 다음달 20일까지 감독원장에게 보고하여야 한다(상호금융업감독규정 제15조의3 제1항, 제2항). 조합은 대손인정 신청에 의하여 상각처리한 채권의 잔액을 재무상태표 주석사항에 대손상각채권으로 표시하여야 한다(상호금융업감독규정 제15조의3 제3항). 조합에 대한 대손인정에 필요한 세부사항 및 중앙회에 대한 대손상각 절차 등은 감독원장이 정한다(상호금융업감독규정 제15조의3 제4항).[14]

14) 상호금융업감독업무시행세칙 제12조의2(채권의 대손상각) ① 대손상각채권은 조합이 보유한 자산중 감독규정 제11조 제1항 각 호의 채권(유가증권을 제외한다) 및 기타 이에 준하는 채권으로 한다.

5. 위험관리

(1) 위험관리에 관한 사항

조합 및 중앙회는 위험관리에 관한 사항인 ① 위험관리의 기본방침, ② 위험관리를 위한 경영진의 역할, ③ 위험관리에 필요한 내부관리체제, ④ 여신심사 및 사후관리 등에 관한 기준, ⑤ 금융사고 예방·대응 및 재발방지 대책을 준수하여야 한다(법 제83조의3 제1항, 시행령 제20조의2 제4호).

(2) 리스크관리체제

조합은 상호금융업무를 영위함에 있어 발생하는 리스크를 사전에 예방하고 효율적으로 관리하기 위하여 이를 인식·측정·감시·통제 할 수 있는 종합적인 관리체제를 구축·운영하여야 하고, 리스크를 효율적으로 관리하기 위하여 부서별 또는 사업부문별 리스크부담한도 및 거래한도 등을 적절히 설정·운영하여야 한다(상호금융업감독규정 제16조).

(3) 리스크관리조직

가. 이사회 의결

조합은 이사회에서 리스크관리에 관한 정책 및 전략의 승인, 리스크관리규정의 제정 및 개정 등 리스크관리에 필요한 주요 사항을 심의·의결한다(상호금융업감독규정 제16조의2 제1항).

---

② 중앙회장은 조합이 제1항에 해당하는 채권이 감독규정 제11조 및 제18조의2의 규정에 따라 "추정손실"로 분류된 경우 대손인정할 수 있다.
③ 제2항의 규정에 불구하고 제1항에 해당하는 채권중 건당 1천만원 이하의 채권으로서 조합이 자체 상각한 것은 중앙회장이 대손인정한 것으로 본다.
④ 조합이 제2항의 규정에서 정하는 기준에 부합하여 대손인정을 중앙회장에 신청하고자 하는 경우 해당 채권에 대하여 자체 책임심의를 완료하고 대손인정신청시 그 결과를 함께 보고하여야 한다.
⑤ 감독규정 및 이 세칙에서 정하지 아니한 사항은 감독원장이 정한 금융기관채권대손인정업무세칙·은행업감독업무시행세칙 제19조 및 제21조에서 정한 사항을 준용한다. 이 경우 조합에 대하여는 감독원장을 중앙회장으로 본다.

나. 리스크관리위원회 설치와 업무

조합은 리스크관리에 관한 이사회의 승인결정사항을 효율적으로 이행하기 위하여 리스크관리위원회(이하 '위원회'라 한다)를 설치하여야 하며 위원회는 ① 리스크관리정책 및 전략의 수립, ② 부담가능한 리스크수준의 설정, ③ 각종한도의 설정 및 한도초과의 승인, ④ 위원회 승인 및 결정사항의 이사회 보고 등의 업무를 수행한다. 다만, 직장조합 및 직전사업년도 종료일 현재의 자산총액이 300억원 미만인 조합은 이사회가 위원회기능을 대행할 수 있다(상호금융업감독규정 제16조의2 제2항).

다. 실무조직의 운영

조합은 경영상 발생할 수 있는 리스크를 독립적으로 종합관리하고 위원회를 보조할 수 있는 적절한 실무조직을 운영하여야 한다. 다만, 직장조합 및 직전사업년도 종료일 현재의 자산총액이 300억원 미만인 조합은 기존조직 또는 담당자에게 이를 담당하게 할 수 있다(상호금융업감독규정 제16조의2 제3항).

(4) 리스크관리규정

조합은 리스크관리에 관한 기본방침, 조직 및 절차, 한도관리와 리스크측정 및 관리체제 등을 포함하는 내부규정 또는 지침을 자체 실정에 맞게 제정·운영하여야 한다. 조합의 감사규정[15] 운영, 감사실 직제[16] 등 내부통제와 관련한 세부적인 사항은 감독원장이 정한다(상호금융업감독규정 제16조의3).

(5) 주택관련 담보대출에 대한 리스크관리

가. 주택관련 담보대출에 대한 리스크관리기준: 상호금융업감독규정 별표2

조합은 주택관련 담보대출 취급시 경영의 건전성이 유지되도록 〈별표 2〉에

---

15) 상호금융업감독업무시행세칙 제16조(감사규정) 조합은 중앙회에서 정한 감사규정을 조합실정에 맞게 정하여 운영하여야 한다.

16) 상호금융업감독업무시행세칙 제17조(감사실 직제) ① 중앙회장이 정하는 기준에 의하여 감사실을 설치하여야 하는 조합은 직제규정에 따라 감사실을 설치하여야 한다.
② 조합의 감사실은 중앙회장이 정한 일상감사사항을 감사하여야 하며, 감사결과에 대한 조치 및 보고는 조합의 감사규정에서 정하는 바에 의한다.

서 정하는 담보인정비율, 총부채상환비율, 총부채원리금상환비율, 기타 주택담보대출 등의 취급 및 만기연장에 대한 제한 등을 준수하여야 한다(상호금융업감독규정 제16조의4 제1항). 상호금융업감독규정 〈별표 2〉는 주택 관련 담보대출 등에 대한 리스크관리기준으로, 담보인정비율(LTV), 총부채상환비율(DTI), 총부채원리금상환비율(DSR) 등에 관하여 규정하고 있다.

담보인정비율, 총부채상환비율 및 총부채원리금상환비율의 산정방법 및 적용대상의 세부판단기준, 주택담보대출 등의 취급 및 만기연장 제한 등과 관련한 세부적인 사항은 감독원장이 정하는 바에 따른다(상호금융업감독규정 제16조의4 제3항).

나. 담보인정비율 및 총부채상환비율의 가감조정

감독원장은 조합의 경영건전성 등을 감안하여 긴급하다고 인정하는 경우 〈별표 2〉에서 정한 담보인정비율, 총부채상환비율 및 총부채원리금상환비율을 10퍼센트포인트 범위 이내에서 가감조정할 수 있다. 이 경우 감독원장은 그 내용을 지체 없이 금융위에 보고하여야 한다(상호금융업감독규정 제16조의4 제2항).

(6) 여신업무기준

조합은 법 제83조의3 제1항 및 시행령 제20조의2 제4호에 따라 상당한 주의를 기울여 다음 각 호에서 정하는 여신심사 및 사후관리 등 여신업무를 처리하여야 한다. 감독원장은 조합의 여신운용의 건전성을 제고할 수 있도록 여신심사 및 사후관리 업무에 관한 구체적인 기준을 정할 수 있다(상호금융업감독규정 제16조의6).

1. 차주의 신용위험 및 상환능력 등에 대한 분석을 통한 신용리스크의 평가
2. 차주의 차입목적, 차입금규모, 상환기간 등에 대한 심사 및 분석
3. 차주의 차입목적 이외의 차입금 사용 방지 대책 마련
4. 여신실행 이후 차주의 신용상태 및 채무상환능력 변화에 대한 사후 점검 및 그 결과에 따른 적절한 조치
5. 산업별, 고객그룹별 여신운용의 다양화를 통한 여신편중 현상의 방지

(7) 금융사고 예방대책

조합은 다음 각 호에서 정하는 금융사고 관리 및 예방, 이용자 정보보호 등에 관한 대책 등을 마련하고 이를 준수하여야 한다(상호금융업감독규정 제16조의7).

1. 다음 각 목의 금융사고 관리에 관한 사항
   가. 조합 임직원의 사기·횡령·배임·절도·금품수수 등 범죄혐의가 있는 행위에 대한 방지 대책
   나. 과거에 발생한 금융사고 또는 이와 유사한 금융사고에 대한 재발 방지 대책
   다. 그 밖에 위법 또는 부당한 업무처리로 조합 이용자의 보호에 지장을 가져오는 행위를 방지하기 위한 대책
2. 금융사고 예방대책 이행상황에 대한 점검·평가 등 본·지점의 업무운영에 관한 자체적인 검사 계획 및 검사 실시 기준
3. 조합 이용자의 정보보호를 위하여 조합상품의 홍보판매 등의 과정에서 소속 임직원이 준수하여야 하는 조합 이용자의 정보이용 기준 및 절차

6. 기타 경영건전성

(1) 기타 경영전성에 관한 사항

조합 및 중앙회는 기타 경영건전성에 관한 사항인 ① 예탁금, 적금 및 출자금 등에 대한 대출금 보유기준, ② 업종별 대출등에 대한 한도기준, ③ 유동성 부채에 대한 유동성 자산의 보유기준을 준수하여야 한다(법 제83조의3 제1항, 시행령 제20조의2 제5호).

(2) 예탁금, 적금 및 출자금 등에 대한 대출금 보유기준

가. 예대율 유지

조합은 다음 각목의 예탁금, 적금 및 출자금에 대한 대출금 비율(이하 "예대율"이라 한다)을 유지하여야 한다(상호금융업감독규정 제12조 제1항 제5호). 다만, 직전 분기 중 분기말월 기준 대출금 200억원 미만인 조합의 경우에는 적용하

지 아니한다(상호금융업감독규정 제12조 제1항 단서).

가. 직전 반기말 주택담보대출의 분할상환비율이 100분의 20미만의 경우: 100분의 80이하
나. 직전 반기말 주택담보대출의 분할상환비율이 100분의 20이상 100분의 30 미만인 경우: 100분의 90이하
다. 직전 반기말 주택담보대출의 분할상환비율이 100분의 30이상인 경우: 100분의 100이하

나. 예대율 하락시 기준 적합의무

예대율이 하락하게 되는 경우에는 그 해당 반기말까지 예대율 기준에 적합하도록 하여야 한다(상호금융업감독규정 제12조 제5항).

(3) 업종별 대출등에 대한 한도기준

조합은 다음 각 호에서 정하는 업종별 대출등 한도 기준을 준수하여야 한다(상호금융업감독규정 제16조의8).

1. 한국표준산업분류(통계청 고시)중 대분류 기준에 따른 업종 중 다음 각 목의 어느 하나에 해당하는 업종: 각 목의 업종별 대출등이 대출등 총액의 100분의 30
   가. 건설업
   나. 부동산업
2. 제1호 각목의 대출등의 합계액: 대출등 총액의 100분의 50

(4) 유동성 부채에 대한 유동성 자산의 보유기준

조합은 유동성부채에 대한 유동성자산비율(이하 '유동성 비율'이라 한다)을 100분의 100 이상 유지하여야 한다. 다만, 직전 사업연도말 기준 자산총액 300억원 이상 1,000억원 미만 조합의 경우에는 100분의 90이상, 자산총액 300억원 미만 조합의 경우에는 100분의 80이상을 유지하여야 한다(상호금융업감독규정 제12조 제1항 제4호).

7. 농업협동조합 등에 대한 적용

농협법에 따라 설립된 지역농업협동조합 및 지역축산업협동조합과 농협중앙회, 수협법에 따라 설립된 지구별 수산업협동조합과 수협중앙회, 산림조합법에 따라 설립된 산림조합 및 산림조합중앙회의 사업에 관하여, 조합과 중앙회에 경영건전성 준수의무를 부여하는 등의 법 제83조의3이 적용된다(법 제95조 제4항).

Ⅲ. 관련 법령

법률	조문
새마을 금고법	제77조(경영건전성 기준) ① 금고와 중앙회는 경영건전성을 유지하고 금융사고를 예방하기 위하여 다음 각 호의 사항에 관하여 대통령령으로 정하는 바에 따라 주무부장관이 정하는 경영건전성 기준을 지켜야 한다. 1. 재무구조의 건전성에 관한 사항 2. 자산의 건전성에 관한 사항 3. 회계 및 결산에 관한 사항 4. 위험 관리에 관한 사항 5. 그 밖에 경영의 건전성 확보를 위하여 필요한 사항 ② 삭제 ③ 주무부장관은 금고 또는 중앙회가 제1항에 따른 경영건전성 기준을 충족시키지 못하는 등 경영의 건전성을 크게 해칠 우려가 있다고 인정되면 자본금 증가, 보유자산의 축소 등 경영상태의 개선을 위한 조치를 이행하도록 명령할 수 있다.

제83조의4(업무보고서의 제출)

제83조의4(업무보고서의 제출) ① 조합은 매월의 업무 내용을 적은 보고서를 다음 달 말일까지 금융감독원장이 정하는 서식에 따라 중앙회장에게 제출하여야 한다.
② 제1항에 따른 보고서에는 대표자와 담당 책임자 또는 그 대리인이 서명날인하여야 한다.
③ 중앙회의 업무보고서 제출에 관하여는 제1항 및 제2항을 준용한다. 이 경우 제1항 중 "중앙회장"은 "금융감독원장"으로 본다.
[전문개정 2015. 1. 20.]

Ⅰ. 조문의 취지와 의의

법 제83조의4는 조합 및 중앙회에 금융감독원장이 정하는 서식에 따른 업무 내용을 적은 보고서를 매달 보고해야할 의무를 규정하고 있다

Ⅱ. 조문의 내용 및 해설

1. 조합의 업무보고서 제출 의무

조합은 매월의 업무 내용을 적은 보고서를 다음 달 말일까지 금융감독원장이 정하는 서식에 따라 중앙회장에게 제출하여야 하고, 해당 보고서에는 대표자와 담당 책임자 또는 그 대리인이 서명날인하여야 한다(법 제83조의4 제1항, 제2항).[17] 금융감독원정이 정하는 서식은 금융업감독업무시행세칙 〈별표 9〉에서 정하고 있으며, 주요 내용은 아래와 같다.

17) 월별 업무보고서 제출 의무와 관련하여, 신협 외에 농협·수협·산림조합에도 적용하도록 하는 것이 유사 협동조합 간 균형유지 측면에서 바람직한바 신협법 제95조(농업협동조합 등에 대한 특례) 제4항에 이를 추가해야 한다는 의견이 있으나, 법률개정에 반영되지는 않았다[김문희(전문위원), 신용협동조합법 개정법률안(정부제출, 의안번호 제162077호) 검토보고서, 국회 재정경제위원회, 2003, 25면].

〈표〉 조합 업무보고서 목록

분류	보고서명	작성주기	작성대상
1. 일반현황	조합 현황	분기	신협 및 농수산림조합
	임직원 현황	분기	신협 및 농수산림조합
	조합원 현황	분기	신협 및 농수산림조합
	업무위수탁 현황	반기	신협 및 농수산림조합
	정보처리 업무위탁 현황	반기	신협 및 농수산림조합
2. 재무 및 손익현황	합산 재무상태표	월	신협 및 농수산림조합
	합산 손익계산서	분기	신협 및 농수산림조합
	조합별 재무상태표	월	신협 및 농수산림조합
	조합별 손익계산서	분기	신협 및 농수산림조합
	대손충당금 적립 현황	분기	신협 및 농수산림조합
	퇴직급여충당금 적립 현황	분기	신협 및 농수산림조합
	유가증권 운용 현황	분기	신협 및 농수산림조합
	건전성 분류별 대손충당금 현황	분기	신협 및 농수산림조합
	미사용약정충당금 적립현황	분기	신협 및 농수산림조합
3. 자금 조달 및 운용현황	자산부채만기구조 현황	월	신협 및 농수산림조합
	비과세 대상 수신 현황	월	신협 및 농수산림조합
	종류별 여신 현황	월	신협 및 농수산림조합
	종류별 미사용약정 현황	월	신협 및 농수산림조합
	여신 금액별 현황	월	신협 및 농수산림조합
	조합원 및 비조합원 대출 현황	월	신협 및 농수산림조합
	수신 금액별 현황	월	신협 및 농수산림조합
	상환방식별 대출 현황	분기	신협 및 농수산림조합
	부동산담보대출 LTV 현황	분기	신협 및 농수산림조합
	예대율 현황	분기	신협 및 농수산림조합
	자금용도별 가계대출 현황	월	신협 및 농수산림조합
	주택담보대출의 분할상환비율 현황	분기	신협 및 농수산림조합
	농어가목돈마련저축 취급 현황	분기	농수산림조합
4. 자산건전성	연체 현황	월	신협 및 농수산림조합

현황	자산건전성 분류_보유자산별 현황	분기	신협 및 농수산림조합
	대손상각 현황	분기	신협 및 농수산림조합
	주택담보대출_대출 및 연체 현황	월	신협 및 농수산림조합
	주택담보대출_담보인정비율(LTV) 현황	월	신협 및 농수산림조합
	주택담보대출_만기도래 현황	분기	신협 및 농수산림조합
	주택담보대출_용도별 현황	분기	신협 및 농수산림조합
	주택담보대출_담보소재별 현황	월	신협 및 농수산림조합
	주택담보대출_자산건전성분류 현황	분기	신협 및 농수산림조합
	자산건전성 분류_차주별 담보별 현황	분기	신협 및 농수산림조합
	기업 대출금의 업종별 현황	분기	신협 및 농수산림조합
	주택담보대출_건전성 현황	분기	신협 및 농수산림조합
	DTI구간별 주택담보대출 월중 신규취급 현황	월	신협 및 농수산림조합
	여신심사위원회 승인 주택관련 담보대출 현황	분기	신협 및 농수산림조합
5. 금리현황	금리종류별 여신 현황	월	신협 및 농수산림조합
	신규취급 여수신 금리 현황	월	신협 및 농수산림조합
	평균잔액기준 금리 현황	월	신협 및 농수산림조합
	금리구간별 가계대출 잔액 현황	월	신협 및 농수산림조합
	금리구간별 가계대출 신규취급 현황	월	신협 및 농수산림조합
6. 법규준수 사항	차입금 현황	분기	신협
	상환준비금 적립 현황	월	신협 및 농수산림조합
	비업무용부동산 보유 현황	분기	신협 및 농수산림조합
	여유자금 운용 현황	분기	신협
	복지사업한도 초과 현황	분기	신협
	동일인대출한도 초과 현황	분기	신협 및 농수산림조합
	금리인하요구권 운영 현황	분기	신협 및 농수산림조합
	비조합원 대출한도 초과 현황	분기	신협

2. 중앙회의 업무보고서 제출 의무

중앙회는 조합이 중앙회에 업무보고서를 제출하는 것과 같이 매월의 업무내용을 적은 보고서를 다음 달 말일까지 금융감독원장이 정하는 서식에 따라 금융감독원장에게 제출하여야 하고, 해당 보고서에는 대표자와 담당 책임자 또는 그 대리인이 서명날인하여야 한다(법 제83조의4 제3항). 중앙회는 상호금융업감독규정 제21조의3제3항에 따라 "공제상품 판매목록"을 신협법 제83조의4의 업무보고서에 포함하여 제출하여야 한다(신협중앙회공제규정 제21조의2).

3. 업무보고서 제출 서식 및 방법

중앙회장은 매월의 업무내용을 기술한 보고서[18]를 금융감독원장에게 제출하여야 한다. 이와 같은 보고서 제출은 정보통신망(정보통신망이용촉진에관한법률의 규정에 의한 정보통신망을 말한다)을 이용한 전자문서의 방법에 의할 수 있다(상호금융업감독업무시행세칙 제32조 제1항, 제2항).

조합은 상호금융업감독업무시행세칙 제32조의 규정에서 정한 월간보고서를 매월 익월 5일까지 중앙회에 보고하여야 한다(표준업무방법서 제33조 제1항). 월간보고서에는 가결산내역을 반영하여 작성하여야 한다. 다만, 기말에는 결산한 내역을 반영한다(표준업무방법서 제33조 제2항).

4. 업무보고서 미제출 시의 제재

조합 또는 중앙회가 법 제83조의4에 따른 보고서를 제출하지 아니하거나 거짓으로 제출하는 경우 2천만원 이하의 과태료를 부과한다(법 제101조 제1항 제4호).

18) 상호금융업감독업무시행세칙 〈별표 9〉는 조합(신협 및 농수산림조합)용 업무보고서(별지 9-1) 및 중앙회(신협중앙회 및 농수산림조합중앙회)용 업무보고서(별지 9-2)로 구성되어 있고, 제출해야하는 업무보고서 목록, 작성주기, 작성대상, 각 보고서 개별 서식 등을 상세히 정하고 있다.

Ⅲ. 관련 법령

법률	조문
은행법	제43조의2(업무보고서 등의 제출) ① 은행은 매월의 업무 내용을 기술한 보고서를 다음 달 말일까지 「금융위원회의 설치 등에 관한 법률」에 따라 설립된 금융감독원(이하 "금융감독원"이라 한다)의 원장(이하 "금융감독원장"이라 한다)이 정하는 서식에 따라 금융감독원장에게 제출하여야 한다. ② 제1항에 따른 보고서에는 대표자와 담당 책임자 또는 그 대리인이 서명·날인하여야 한다. ③ 은행은 금융감독원장이 감독 및 검사 업무를 수행하기 위하여 요구하는 자료를 제공하여야 한다. [본조신설 2010. 5. 17.]
상호저축 은행법	제22조의5(업무보고서 등의 제출) ① 상호저축은행은 매월의 업무 내용을 적은 보고서를 다음 달 말일까지 「금융위원회의 설치 등에 관한 법률」에 따라 설립된 금융감독원의 원장(이하 "금융감독원장"이라 한다)이 정하는 바에 따라 금융감독원장에게 제출하여야 한다. 〈개정 2015. 7. 31.〉 ② 제1항에 따른 보고서에는 대표자와 담당책임자 또는 그 대리인이 서명 또는 날인하여야 한다. ③ 상호저축은행은 금융위원회 또는 금융감독원장이 감독 또는 검사 업무를 수행하기 위하여 요구하는 자료를 제출하여야 한다.

제83조의5(운영의 공개)

제83조의5(운영의 공개) ① 이사장은 정관, 총회의 의사록, 이사회 의사록, 조합원 명부 및 결산보고서를 주된 사무소에 갖추어 두어야 한다. 다만, 결산보고서는 정기총회 1주 전까지 갖추어 두어야 한다.

② 조합원과 조합의 채권자는 영업시간 내에 언제든지 이사회 의사록(조합원의 경우에만 해당한다)과 그 밖의 제1항에 따른 서류를 열람하거나 그 서류의 사본 발급을 청구할 수 있다. 이 경우 조합이 정한 비용을 지급하여야 한다.

③ 조합원은 조합원 100인 이상이나 총 조합원 수의 100분의 3 이상의 동의를 받아 조합의 회계장부 및 서류의 열람이나 사본의 발급을 청구할 수 있다.

④ 조합은 제3항의 청구에 대하여 특별한 사유가 없으면 발급을 거부할 수 없으며, 거부하려면 그 사유를 서면으로 알려야 한다.

[전문개정 2015. 1. 20.]

Ⅰ. 조문의 취지와 의의

법 제83조의5는 조합의 운영과 경영상태의 투명성 제고를 위하여 조합 운영 및 경영상태 현황을 확인할 수 있는 주요 자료인 정관, 총회 의사록, 이사회 의사록, 조합원 명부 및 결산보고서를 주된 사무소에 비치하여 조합원 및 조합의 채권자에게 열람 및 사본 발급 청구가 가능하도록 규정하고 있다. 또한, 일정 수·비율 이상의 조합원 요청에 따라 회계장부 및 서류의 열람 및 사본 발급 청구도 가능하도록 규정하고 있다.

Ⅱ. 조문의 내용 및 해설

1. 정관 등의 비치

이사장은 정관, 총회의 의사록, 이사회 의사록, 조합원 명부 및 결산보고서를 주된 사무소에 갖추어 두어야 한다(법 제83조의5 제1항, 표준정관 제60조 제1항). 다만, 결산보고서는 결산감사 종료 후 결산보고서를 정기총회일전 1주일까지 사무소에 비치하며, 총회의 승인을 받아 확정한다(법 제83조의5 제1항 단서, 표준정관 제60조 제2항, 조합 결산지침 제17조). 조합은 정기총회 종료 후 2주일 이내 지역본부에 정기총회 종료보고, 결산보고서 등을 제출하여야 한다(결산지침 제19조).

2. 이사회 의사록 등의 열람 및 사본 발급 청구

조합원과 조합의 채권자는 영업시간 내에 언제든지 이사회 의사록(조합원의 경우에만 해당한다)과 그 밖의 제1항에 따른 서류를 열람하거나 그 서류의 사본 발급을 청구할 수 있다(법 제83조의5 제2항, 표준정관 제60조 제3항). 이 경우 조합이 정한 비용을 지급하여야 한다(법 제83조의5 제2항). 여기에서 열람 및 사본 발급 비용은 열람 및 사본 복사에 소요되는 노력의 정도 등을 감안하여 이사장이 결정(내부품의) 후 게시한다. 중앙회가 제시하고 있는 열람 및 발급 수수료의 예시는 다음과 같다.[19]

〈표〉 열람 및 발급 수수료 예시

서류명	열람수수료	발급수수료(부수당)	비고
정관 및 규약	1,000원~2,000원	3,000원~10,000원	
총회의사록	1,000원~2,000원	10,000원	연도별
이사회의사록	10,000원~20,000원	20,000원~50,000원	회의록 차수별
조합원명부	1,000원	100,000원~200,000원	
결산보고서	1,000원	5,000원	연도별

한편, 조합원이 조합에 이사회 의사록의 사본 발급을 청구하는 경우 조합이 이를 거부할 수 있는지 여부에 대해 검토한다. 법 제83조의5는 제3항의 회계장부 사본 발급 청구와 달리 제2항의 이사회 의사록 사본 발급 청구에 대해서는 조합이 발급을 거부할 수 없다는 규정을 두고 있지 않다. 즉, 법 제83조의5 제4항은 "조합은 제3항의 청구에 대하여 특별한 사유가 없으면 발급을 거부할 수 없으며"라고 규정하면서도 제2항의 청구에 대해서는 조합이 그 발급을 거

19) 신협중앙회, 2024년 총회 및 임원선거 가이드, 2023. 11., 238면.

부할 수 없다는 규정은 두고 있지 않다.

이에 반해 주식회사의 이사회 의사록에 관한 상법 제391조의3은 명시적으로 회사가 주주의 이사회 의사록 열람, 등사 청구에 대하여 이유를 붙여 거절할 수 있음을 규정하고 있다. 이에 대법원은 "상법 제391조의3 제3항, 제446조 제1항에서 규정하고 있는 주주의 이사회 의사록 또는 회계 장부와 서류 등에 대한 열람·등사 청구가 있는 경우, 회사는 청구가 부당함을 증명하여 이를 거부할 수 있는데, 주주의 열람·등사권 행사가 부당한 것인지는 행사에 이르게 된 경위, 행사의 목적, 악의성 유무 등 제반 사정을 종합적으로 고려하여 판단하여야 하고, 특히 주주의 이와 같은 열람·등사권 행사가 회사업무의 운영 또는 주주 공동의 이익을 해치거나 주주가 회사의 경쟁자로서 취득한 정보를 경업에 이용할 우려가 있거나, 또는 회사에 지나치게 불리한 시기를 택하여 행사하는 경우 등에는 정당한 목적을 결하여 부당한 것이라고 보아야 한다."고 판시하여(대법원 2014. 7. 21.자 2013마657 결정 등 참조), 기본적으로 회사는 주주의 이사회 의사록 및 회계장부 열람·등사 청구의 부당성을 증명하여 이를 거부할 수 있다는 입장이다.

이와 같은 법 제83조의5 문언 및 주식회사의 이사회 의사록 열람·등사 청구에 관한 상법의 규정, 판례의 태도 등에 비추어 보면, 조합은 조합원의 열람·등사권 행사 경위, 행사 목적, 악의성 유무 등 제반 사정을 종합적으로 고려하여 조합원의 이사회 의사록 사본 발급 청구가 부당하다고 판단하는 경우 그 발급을 거부할 수 있을 것으로 판단된다.

조합원의 청구에 따른 이사회 의사록 사본 발급시 이사회 의사록 이외의 회의자료도 발급해 주어야 하는지 여부에 대해서도 살펴본다. 법 제83조의5 제2항은 조합원의 사본 발급 청구 대상으로 "이사회 의사록과 그 밖에 제1항에 따른 서류"만을 규정하고 있을 뿐 이사회에 제출된 회의자료는 규정하고 있지 않다. 이사회에 제출되는 참고자료가 모두 열람대상에 포함된다면 조합은 이사회에 참고자료의 제출을 최소화할 우려가 있는바, 대법원은 주식회사의 이사회 의사록에 대한 열람·등사청구에 관한 사안에서 "이사회에 단순히 참고자료로 제출된 서류는 열람대상에 포함되지 않지만 이사회 의사록에서 '별첨', '별지'

또는 '첨부'등의 용어를 사용하면서 그 내용을 인용하고 있는 첨부자료는 해당 이사회 의사록의 일부를 구성하는 것으로서 열람청구의 대상에 해당한다."고 판시한 바 있다(대법원 2014. 7. 21.자 2013마657 결정 등 참조).

따라서 조합이 조합원의 청구에 따라 이사회 의사록 사본을 발급하는 경우 이사회에 제출된 회의자료 전부를 발급해주어야 하는 것은 아니지만, 적어도 이사회 의사록에서 '별첨', '별지' 또는 '첨부' 등의 용어를 사용하여 그 내용을 인용하고 있는 첨부자료는 이사회 의사록과 함께 발급해주어야 할 것으로 판단된다.

3. 회계장부 등의 열람 및 사본 발급 청구

조합원은 조합원 100인 이상이나 총 조합원 수의 100분의 3 이상의 동의를 받아 조합의 회계장부 및 서류의 열람이나 사본의 발급을 청구할 수 있다(법 제83조의5 제3항, 조합 표준정관 제60조 제4항). 조합은 이상의 청구에 대하여 특별한 사유가 없으면 발급을 거부할 수 없으며, 거부하려면 그 사유를 서면으로 알려야 한다(법 제83조의5 제4항, 표준정관 제60조 제5항).

조합원은 위 절차를 거쳐 취득한 사항을 조합의 경영건전화, 부조리 방지 등 정당한 목적을 위하여 사용하여야 하며, 임원선거 관련 허위사실에 근거한 상대방 비방, 경영기밀 누설, 조합과 경합관계에 있는 사업을 수행하기 위한 목적 등 부당한 목적을 위하여 사용하여서는 아니된다(표준정관 제60조 제6항). 조합은 제3항 및 제4항에 따른 조합원의 청구에 대하여 제6항의 부당한 목적으로 사용할 우려가 있다고 판단하는 경우 사본의 발급을 거부할 수 있다(표준정관 제60조 제7항). 이는 법 제83조의5 제4항에서 정한 발급 거부의 '특별한 사유'를 구체화한 것으로, 조합 관련 정보에 대한 조합원의 부당사용을 금지하고, 조합원의 부당 사용 우려가 있다고 판단하는 경우 조합 관련 정보 제공 거부의 근거를 마련한 것이다.[20]

20) 표준정관 제60조 제6항 및 제7항은 2021년 10월 21일 개정으로 신설되었다.

Ⅲ. 관련 판례

대법원 2014. 7. 21.자 2013마657 결정 [이사회의사록열람및등사허가신청]
"상법 제391조의3 제3항, 제466조 제1항에서 규정하고 있는 주주의 이사회 의사록 또는 회계 장부와 서류 등에 대한 열람·등사청구가 있는 경우, 회사는 청구가 부당함을 증명하여 이를 거부할 수 있는데, 주주의 열람·등사권 행사가 부당한 것인지는 행사에 이르게 된 경위, 행사의 목적, 악의성 유무 등 제반 사정을 종합적으로 고려하여 판단하여야 하고, 특히 주주의 이와 같은 열람·등사권 행사가 회사업무의 운영 또는 주주 공동의 이익을 해치거나 주주가 회사의 경쟁자로서 취득한 정보를 경업에 이용할 우려가 있거나, 또는 회사에 지나치게 불리한 시기를 택하여 행사하는 경우 등에는 정당한 목적을 결하여 부당한 것이라고 보아야 한다."

"이사회결의 등을 위해 이사회에 제출된 관련 서류라도 그것이 이사회 의사록에 첨부되지 않았다면 이는 이사회 의사록 열람·등사청구의 대상에 해당하지 않으나, 이사회 의사록에서 '별첨', '별지' 또는 '첨부' 등의 용어를 사용하면서 내용을 인용하고 있는 첨부자료는 해당 이사회 의사록의 일부를 구성하는 것으로서 이사회 의사록 열람·등사청구의 대상에 해당한다."

Ⅳ. 관련 법령

법률	조문
새마을 금고법	제27조(서류 비치 등의 의무) ① 이사장은 정관과 총회의 의사록 및 회원 명부를 주된 사무소에 갖추어 두어야 한다. ② 회원이나 금고의 채권자는 제1항에 열거한 서류를 열람할 수 있으며, 금고가 정한 비용을 지급하고 그 서류의 사본을 청구할 수 있다. 제34조(결산 관계 서류의 제출, 비치 및 열람 등) ① 이사장은 정기총회 개회일 1주 전까지 결산보고서(사업보고서, 재무상태표, 손익계산서, 잉여금처분안 또는 손실금처리안을 포함한다)를 감사에게 제출하고 이를 주된 사무소에 갖추어 두어야 한다. ② 이사장은 감사의 의견서를 붙인 결산보고서를 정기총회에 제출하여 그 승인을 받아야 하며, 필요하다고 인정하면 「주식회사 등의 외부감사에 관한 법률」 제2조 제7호 및 제9조에 따른 감사인에게 결산보고서에 대한 감사를 의뢰할 수 있다. ③ 회원이나 금고의 채권자는 제1항에 열거한 서류를 열람할 수 있으며, 금고가 정한 비용을 지급하고 그 서류의 사본을 청구할 수 있다.

농업 협동조합법	제65조(운영의 공개) ① 조합장은 정관으로 정하는 바에 따라 사업보고서를 작성하여 그 운영 상황을 공개하여야 한다. ② 조합장은 정관, 총회의 의사록 및 조합원 명부를 주된 사무소에 갖추어 두어야 한다. ③ 조합원과 지역농협의 채권자는 영업시간 내에 언제든지 이사회 의사록(조합원의 경우에만 해당한다)과 제2항에 따른 서류를 열람하거나 그 서류의 사본 발급을 청구할 수 있다. 이 경우 지역농협이 정한 비용을 지급하여야 한다. ④ 조합원은 조합원 100인이나 100분의 3 이상의 동의를 받아 지역농협의 회계장부 및 서류의 열람이나 사본의 발급을 청구할 수 있다. ⑤ 지역농협은 제4항의 청구에 대하여 특별한 사유가 없으면 발급을 거부할 수 없으며, 거부하려면 그 사유를 서면으로 알려야 한다. ⑥ 조합원은 지역농협의 업무 집행에 관하여 부정행위 또는 법령이나 정관을 위반한 중대한 사실이 있다고 의심이 되는 사유가 있으면 조합원 100인이나 100분의 3 이상의 동의를 받아 지역농협의 업무와 재산 상태를 조사하게 하기 위하여 법원에 검사인의 선임을 청구할 수 있다. 이 경우 「상법」 제467조를 준용한다.
수산업 협동조합법	제73조(결산 등) ① 조합장은 정기총회 1주 전까지 결산보고서(사업보고서, 재무상태표 및 손익계산서와 잉여금처분안 또는 손실금처리안 등을 말한다)를 감사에게 제출하고 이를 주된 사무소에 갖추어 두어야 한다. 〈개정 2017. 11. 28.〉 ② 조합원과 채권자는 정관, 총회의사록, 조합원 명부 및 제1항에 따른 서류 등을 열람하거나 그 사본의 발급을 청구할 수 있다. 이 경우 지구별수협이 정한 수수료를 내야 한다. ③ 조합장은 제1항에 따른 서류와 감사 의견서를 정기총회에 제출하여 승인을 받은 후 재무상태표를 지체 없이 공고하여야 한다. 〈개정 2017. 11. 28.〉 ④ 제3항에 따른 승인을 받은 경우 임원의 책임 해제에 관하여는 「상법」 제450조를 준용한다. [전문개정 2010. 4. 12.]
산림조합법	제55조의2(운영의 공개) ① 조합장은 정관으로 정하는 바에 따라 사업보고서를 작성하여 그 운영상황을 공개하여야 한다. ② 조합장은 정관, 총회와 이사회의 의사록 및 조합원 명부를 주된 사무소에 갖추어 두어야 한다. ③ 조합원과 조합의 채권자는 제2항에 따른 서류를 열람하거나 그 서류의 사본 발급을 청구할 수 있다. 이 경우 조합이 정한 비용을 지급하여야 한다. ④ 조합원은 조합원 100인 또는 100분의 3 이상의 동의를 받아 조합의 회계장부 및 서류 등의 열람 또는 사본 발급을 청구할 수 있으며, 조합은 특별한 사유가 없으면 이를 거부할 수 없다. ⑤ 조합원은 조합의 업무집행에 관하여 부정행위 또는 법령이나 정관을 위반한 중대한 사실이 있다고 의심이 되는 사유가 있을 때에는 조합원 100인 또는 100분의 3 이상의 동의를 받아 조합의 업무와 재산상태를 조사하게 하기 위하여 법원에 검사인의 선임을 청구할 수 있다. 이 경우 「상법」 제467조를 준용한다.

제84조(임직원에 대한 행정처분)

제84조(임직원에 대한 행정처분) ① 금융위원회는 조합 또는 중앙회의 임직원이 이 법 또는 이 법에 따른 명령·정관·규정에서 정한 절차·의무를 이행하지 아니한 경우에는 조합 또는 중앙회로 하여금 관련 임직원에 대하여 다음 각 호의 조치를 하게 할 수 있다.

1. 임원에 대해서는 개선, 직무의 정지 또는 견책
2. 직원에 대해서는 징계면직, 정직, 감봉 또는 견책
3. 임직원에 대한 주의·경고

② 제1항 및 제89조 제7항 제1호에 따라 조합 또는 중앙회가 임직원의 개선, 징계면직의 조치를 요구받은 경우 해당 임직원은 그 날부터 그 조치가 확정되는 날까지 직무가 정지된다.

③ 금융위원회는 조합 또는 중앙회의 업무를 집행할 임원이 없는 경우에는 임시임원을 선임할 수 있다.

④ 제3항에 따라 임시임원이 선임되었을 때에는 조합 또는 중앙회는 지체 없이 이를 등기하여야 한다. 다만, 조합 또는 중앙회가 그 등기를 해태(懈怠)하는 경우에는 금융위원회는 조합 또는 중앙회의 주된 사무소를 관할하는 등기소에 그 등기를 촉탁할 수 있다.

[전문개정 2015. 1. 20.]

Ⅰ. 조문의 취지와 의의

법 제84조는 금융위원회의 중앙회 및 조합 임직원에 대한 징계조치 요구할 권한과 중앙회 및 조합에 대한 임시임원 선임 권한 등 임직원에 대한 행정 처분에 관하여 규정하고 있다.

금융감독기관은 금융관련 법규를 위반하거나 부당한 행위를 한 금융기관 또는 그 임직원에게 영업상, 신분상, 금전상의 불이익을 부과함으로써 금융기관 경영의 건전성 확보 및 금융제도의 안정성 도모 등 금융기관에 대한 감독목적의 효율적 달성을 위한 사후적 감독수단으로 제재를 부과할 수 있는바, 신협법 외에도 금융위원회 설치법 및 은행법, 자본시장법, 보험업법, 상호저축은행법 등의 금융권역별 관계법규에는 금융회사의 위법·부당행위에 대한 각종 제재 내용이 명문화되어 있다. 중앙회 및 조합 임직원에 대한 징계조치 요구는 이와 같은 제재의 일종으로 이해되는데, 금융회사에 대하여 이와 같이 엄격한 제재

규정을 명시하고 있는 이유는 금융회사 취급업무의 경제적 중요성 및 사회적 공익성 등 업무의 특성을 감안한 것이라 할 수 있다.[21] 다만, 제재는 금융 회사 및 그 임직원에게 새로운 의무를 부과하거나 기존의 권리나 이익을 박탈하는 등 영업상, 신분상, 금전상의 불이익 부과를 주된 내용으로 하고 있으므로 명확한 법적 근거가 있어야 하는바[22] 신협법을 포함한 금융권역별 관계법규에는 해당 사항을 명시적으로 규정하고 있다.

Ⅱ. 조문의 내용 및 해설

1. 임직원에 대한 행정처분

금융위원회는 조합 또는 중앙회의 임직원이 신협법 또는 신협법에 따른 명령·정관·규정에서 정한 절차·의무를 이행하지 아니한 경우에는 조합 또는 중앙회로 하여금 관련 임직원에 대하여 ① 임원에 대해서는 개선, 직무의 정지 또는 견책, ② 직원에 대해서는 징계면직, 정직, 감봉 또는 견책, ③ 임직원에 대한 주의·경고의 조치를 하게 할 수 있다(법 제84조 제1항).

법원은 임원에 대한 해임권고 및 업무집행정지 건의의 권한을 부여하고 있다고 하여 당연히 문책경고의 권한까지 함께 주어진 것으로 볼 수 없다고 판시하여 규정의 의미를 상당히 엄격하게 해석하고 있는바(대법원 2005. 2. 17. 선고 2003두14765 판결), 법 제84조 제1항은 임원과 직원에 대하여 각각 어떠한 제재종류를 요구할 수 있는지를 매우 구체적으로 규정하고 있다.

한편, 제재조치의 실효성과 관련하여, 금융감독기관의 제재조치 특히 임원에 대한 해임요구(권고)의 경우에는 해당 임원이 한 행위가 금융기관 임원으로서 업무를 수행하기에는 적절치 않다고 판단하여 내리는 가장 중한 제재임에도 불구하고 해당 임원이 해임되지 않을 경우에 별다른 제재수단이 없다면 중대

21) 특히, 금융기관 임직원에 대한 제재는 위법·부당한 행위를 한 해당 임직원에 대한 신분상 불이익을 부과함으로써 금융기관의 건전한 경영을 유도하고, 영업을 저해하는 행위를 방지함으로써 금융기관의 이익뿐만 아니라 금융거래자의 이익을 보호하고자 한다[노태석, 한국의 금융기관 임직원 제재제도의 개선 방향, 국회입법조사처·은행법학회 공동주최 학술세미나 「금융기관 임직원 제재 제도의 개선과제」(2013. 3. 29. 발표), 102면].

22) 금융감독원, 금융감독개론, 2024, 40면.

한 위법・부당한 행위를 저지른 임원이 그 임기 만료 때까지 금융기관 임원으로서 업무를 계속하여 수행하게 되는 문제가 발생할 수 있다.[23] 실제로 조합이 개선 결의를 위한 총회소집의 어려움 등을 이유로 그 이행을 지체하고 부실관련 증거를 인멸하는 등의 사례가 발생하기도 하였다. 따라서, 법은 이와 같은 불합리한 결과 발생을 방지하기 위하여 금융위원회로부터 개선 또는 징계면직의 중징계의 조치를 요구받은 조합 또는 중앙회의 임직원은 그 날부터 그 조치가 확정되는 날까지 직무가 정지되는 것으로 규정하고 있다(법 제84조 제2항).[24]

2. 임시임원의 선임

금융위원회는 조합 또는 중앙회의 업무를 집행할 임원이 없는 경우에는 임시임원을 선임할 수 있다(법 제84조 제3항). 임시임원이 선임되었을 때에는 조합 또는 중앙회는 지체 없이 이를 등기하여야 한다. 다만, 조합 또는 중앙회가 그 등기를 해태(懈怠)하는 경우에는 금융위원회는 조합 또는 중앙회의 주된 사무소를 관할하는 등기소에 그 등기를 촉탁할 수 있다(법 제84조 제4항).

조합의 이사장 또는 직무대행자는 결원된 이사의 수가 표준정관 제45조[25]에서 규정한 이사정수의 2분의 1을 초과한 때에는 임시총회를 소집하여 보궐선거를 실시하거나 지체없이 중앙회장에게 임시임원 선임을 요청하여야 한다(표준정관 제52조 제2항 제1호). 여기서 이사의 결원이 있는 경우란 정관 소정의 이사의 정원수에 부족이 있는 경우를 의미한다(대법원 1975. 3. 31.자 74마562 결정 등).

법원은 이사 정수의 2분의 1을 초과하여 결원이 발생한 경우, 이사회의 개

---

23) 노태석, 금융기관 임직원 제재제도의 문제점과 개선방안, 은행법연구, 은행법학회, 2013. 5., 94면.

24) 김문희(전문위원), 신용협동조합법 개정법률안(정부제출, 의안번호 제162077호) 검토보고서, 국회 재정경제위원회, 2003, 11면.

25) **표준정관 제45조(임원)** ① 조합의 임원은 이사장 1명, 부이사장 1명을 포함한 이사( )명과 감사( )명으로 한다. 다만, 대통령령 제14조 제1항 에 해당할 경우 이사장 또는 이사 중 1명을 상임으로 하며, 같은 항 단서에 해당할 경우 이사장과 이사 각1명 또는 이사장과 이사 중 1명을 상임으로 하며, 제3항에 해당할 경우 이사 중 1명을 상임으로 하며, 제5항에 해당할 경우 감사 중 1명을 상임으로 하여 다음 각 호와 같이 한다.

1. ( ) 이사장 1명
2. 부이사장 1명
3. 비상임이사 ( )명과 상임이사 ( )명
4. 비상임감사 ( )명과 상임감사 ( )명

회가 불가능한 상황이므로 이는 법 제84조 제3항의 '업무를 집행할 임원이 없는 경우'에 해당한다고 판단하였다(대전지방법원 2019. 9. 26.자 2019카합50500 결정).

Ⅲ. 관련 해석례

금융위원회 – 신용협동조합법 제84조 제2항 해석 관련 질의 [100249, 2010. 2. 23.]

1. 질의요지

신용협동조합법 제84조 제2항에 의거 중앙회로부터 조합 임·직원이 개선 및 징계면직을 요구받아 당해 조치를 요구받은 날부터 확정되는 날까지 직무정지되었는데, 해당 조합 이사회에서 중앙회 징계요구를 받아들이지 않기로 결정하는 경우에 해당 조합 임·직원은 동 이사회 의결이 확정되는 날부터 업무정지에서 해제되는지 여부

2. 회 답

신용협동조합법 제84조 제2항에서는 동법 규정에 근거하여 금융위원회가 조합 또는 중앙회의 임·직원에 대하여 개선, 징계면직 등의 조치를 취하도록 하거나(법 제84조 제1항) 중앙회가 검사결과에 따라 조합의 임·직원에 대하여 조치요구를 받은 경우(법 제89조 제7항)에는, 당해 임·직원은 그 날부터 그 조치가 확정되는 날까지 직무가 정지되도록 규정하고 있습니다. 따라서, 귀 조합이 신용협동조합법에 따라 신용협동조합중앙회로부터 조합 임·직원의 개선 및 징계면직을 요구받은 경우에는 당해 조치, 즉 '임·직원의 개선 및 징계면직'을 하도록 확정되기 전까지는 해당 임·직원의 직무가 정지됨을 유의하여 주시기 바랍니다. 다만, 신용협동조합중앙회의 개선 및 징계면직 요구를 받은 임직원은 당해 제재처분 또는 조치요구가 위법 또는 부당하다고 인정하는 경우에는 신협중앙회의 「신용협동조합검사및제재에관한규정」에 의거 재심 등을 청구할 수 있음을 알려드립니다.

Ⅳ. 관련 판례

대법원 2005. 2. 17. 선고 2003두14765 판결

"원심은, 채택 증거를 종합하여, 원고는 1999. 3. 12.부터 2002. 3. 30.까지 여신전문금융회사인 소외 주식회사의 대표이사로 재직하던 자인 사실, 피고는 원고가 소외 주식회사의 대표이사로 재직하던 중 신용카드를 부정하게 발급하였다는 등의 이유로 2002. 3. 26. 제재규정 제18조 제1항 제3호, 제2항에 따라 원고에 대하여 이 사건 문책경고처분을 한 사실을 인정한 다음, 여신전문금융회사의 임원에 대한 문책경고의 경우 적어도 그 제한의 본질적인 사항에 관한 한 법률에 근거를 두어야 한다는 전제하에, 금융감독기구의설치등에관한법률(이하 '감독기구설치법'이라 한다) 제17조 제1호, 제3호, 제37조 제1호, 제2호의 각 규정은 금융감독위원회(이하 '금감위'라 한다) 또는 금융감독원의 직무범위를 규정한 조직규범에 불과하여 이들이 당연히 법률유보원칙에서 말하는 법률의 근거가 될 수 없고, 감독기구설치법 제42조에서 피고에게 여신전문금융회사의 임원에 대한 해임권고 및 업무집행정지건의의 권한을 부여하고 있다고 하여 당연히 문책경고의 권한까지 함께 주어진 것으로 볼 수 없으며, 여신전문금융업법 제53조, 제53조의2는 금감위 또는 피고가 여신전문금융회사에 대하여 행하는 감독 또는 검사에 관한 규정으로서 위 각 규정도 문책경고의 법률상 근거가 될 수 없고, 증권거래법 제53조 제5항 제2호, 증권거래법시행령 제36조의5 제3호, 보험업법 제20조 제1항 제1호, 상호저축은행법 제24조 제1항 제1호, 신용협동조합법 제84조 제1항 제3호는 여신전문금융회사에 대하여 적용되는 법률이 아니므로, 적어도 여신전문금융회사의 임원에 대한 관계에서는 위 각 법률규정이 문책경고의 근거가 될 수 없고, 따라서 피고가 여신전문금융회사의 임원인 원고에 대하여 한 이 사건 문책경고는 아무런 법률상의 근거 없이 행하여지는 것으로서 위법하다고 판단하였다. 관계 법령에 비추어 살펴보면, 원심의 위와 같은 판단은 정당한 것으로 수긍이 가고, 거기에 상고이유와 같은 문책경고가 법률의 근거 없이 이루어졌다는 판단에 관한 법리오해의 위법이 없다."

대전지방법원 2019. 9. 26.자 2019카합50500 결정

"기록과 심문 전체의 취지에 의하여 인정되는 다음과 같은 사정들, 즉, ① 채무자 정관 제45조 제1항에 의하면 "조합의 임원은 이사장 1명, 부이사장 1명을 포함한 이사 (　)명"이라고 규정하고 있는바, 위 규정의 문언상 '이사'에는 '이사장', '부이사장'이 모두 포함되는 것으로 해석되므로, 정관 제45조에서 정하고 있는 채무자의 이사 정수는 7명인 점, ② 채무자 정관 제43조 제1항은 "이사회는 재적이사 과반수의 출석으로 개의한다"고 규정하고 있는바, 재적이사 과반수가 결원인 경우에는 특별한 사정이 없는 한 이사회를 개의할 수 없는 점, ③ 채무자 정관 제52조 제2항 제1호에서 '이사장 또는 직무대행자는 결원된 이사의 수가 제45조에 규정한 이사정수의 2분의 1을 초과한 때에는 임시총회를 소집하여 보궐선거를 실시하거나 지체없이 중앙회장에게 임시임원 선임을 요청하여야 한다'고 규정하고 있는바, 이사의 결원이 있는 경우란 정관 소정의 이사의 정원수에 부족이 있는 경우를 의미하는 것이고(대법원 1975. 3. 31.자 74마562 결정 등 참조), 위 규정은 이사 정수의 2분의 1을 초과하여 결원인 경우에는 업무 집행이 제대로 이루어질 수 없기 때문에 보궐선거를 실시하거나 중앙회장에게 임시임원 선임을 요청하여야 하는 의무를 부과하였다고 봄이 타당한 점 등을 종합하여 보면, 채무자의 임원 중, A, B, C, D 4명이 결원된 것은 이사 정수의 2분의 1을 초과하여 결원이 발생한 것으로, 이사회의 개회가 불가능한 상황이므로 이는 신협법 제84조 제3항의 '업무를 집행할 임원이 없는 경우'에 해당한다고 봄이 타당하다."

Ⅵ. 관련 법령

법률	조문
금융지주회사법	제57조(행정처분) ①금융위원회는 금융지주회사등(그 소속 임직원을 포함한다)이 이 법 또는 이 법에 따른 명령을 위반하여 금융지주회사등의 경영의 건전성을 해할 우려가 있다고 인정되거나 「금융회사의 지배구조에 관한 법률」 별표 각 호의 어느 하나에 해당하는 경우(제5호에 해당하는 조치로 한정한다)에는 다음 각 호의 어느 하나에 해당하는 조치를 할 수 있다. 금융지주회사(그 소속 임직원을 포함한다)가 자회사등(그 소속 임직원을 포함한다. 이하 이 항에서 같다)에 대한 영향력을 이용하여 자회사등으로 하여금 대통령령으로 정하는 금융관련법령 또는 그 법령에 따른 명령을 위반하게 한 경우에도 또한 같다. 1. 금융지주회사등에 대한 주의·경고 또는 그 임직원에 대한 주의·경고·문책 요구 2. 당해 위반행위에 대한 시정명령 3. 삭제 〈2002. 4. 27.〉 4. 임원(「금융회사의 지배구조에 관한 법률」 제2조 제5호에 따른 업무집행책임자는 제외한다. 이하 이 호, 제57조의2 및 제57조의3에서 같다)의 해임권고·직무정지 또는 임원의 직무를 대행하는 관리인의 선임 4의2. 직원(「금융회사의 지배구조에 관한 법률」 제2조 제5호에 따른 업무집행책임자를 포함한다. 이하 제57조의2 및 제57조의3에서 같다)에 대한 면

	직요구 5. 위반행위를 한 자회사등에 대한 6월 이내의 영업의 일부정지
은행법	제54조(임직원에 대한 제재) ① 금융위원회는 은행의 임원이 이 법 또는 이 법에 따른 규정·명령 또는 지시를 고의로 위반하거나 은행의 건전한 운영을 크게 해치는 행위를 하는 경우에는 금융감독원장의 건의에 따라 해당 임원의 업무집행 정지를 명하거나 주주총회에 그 임원의 해임을 권고할 수 있으며, 금융감독원장으로 하여금 경고 등 적절한 조치를 하게 할 수 있다. ② 금융감독원장은 은행의 직원이 이 법 또는 이 법에 따른 규정·명령 또는 지시를 고의로 위반하거나 은행의 건전한 운영을 크게 해치는 행위를 하는 경우에는 면직·정직·감봉·견책 등 적절한 문책처분을 할 것을 해당 은행의 장에게 요구할 수 있다.
새마을 금고법	제74조의2(임직원에 대한 제재처분) ① 주무부장관은 금고 또는 중앙회의 임직원이 이 법 또는 이 법에 따른 명령이나 정관으로 정한 절차나 의무를 이행하지 아니한 경우에는 관련 임직원에 대하여 다음 각 호의 조치를 하거나 금고 또는 중앙회에 조치를 요구할 수 있다. 다만, 제2호의 경우에는 금고 또는 중앙회에 조치 요구만 할 수 있다. 1. 임원에 대해서는 해임, 6개월 이내의 직무정지, 견책 또는 경고 2. 직원에 대해서는 징계면직, 정직, 감봉, 견책, 경고 또는 주의 ② 제1항(제79조 제7항에서 준용하는 경우를 포함한다)에 따라 금고 또는 중앙회가 임직원의 해임 또는 징계면직의 조치를 요구받은 경우 해당 임직원은 그 날부터 그 조치가 확정되는 날까지 직무가 정지된다. ③ 주무부장관은 금고 또는 중앙회의 업무를 집행할 임원이 없는 경우에는 임시임원을 선임할 수 있다. ④ 제3항에 따라 임시임원이 선임되었을 때에는 금고 또는 중앙회는 지체 없이 이를 등기하여야 한다. 다만, 금고 또는 중앙회가 그 등기를 게을리하는 경우 주무부장관이 금고 또는 중앙회의 주된 사무소를 관할하는 등기소에 그 등기를 촉탁할 수 있다. ⑤ 제1항에 따른 제재처분의 세부기준 및 절차는 행정안전부령으로 정한다.
농업 협동조합법	제164조(위법행위에 대한 행정처분) ① 농림축산식품부장관은 조합등이나 중앙회의 업무와 회계가 법령, 법령에 따른 행정처분 또는 정관에 위반된다고 인정하면 그 조합등이나 중앙회에 대하여 기간을 정하여 그 시정을 명하고 관련 임직원에게 다음 각 호의 조치를 하게 할 수 있다. 1. 임원에 대하여는 개선, 직무의 정지 또는 변상 2. 직원에 대하여는 징계면직, 정직, 감봉 또는 변상 3. 임직원에 대한 주의·경고 ② 농림축산식품부장관은 조합등이나 중앙회가 제1항에 따른 시정명령 또는 임직원에 대한 조치를 이행하지 아니하면 6개월 이내의 기간을 정하여 그 업무의 전부 또는 일부를 정지시킬 수 있다. 〈개정 2013. 3. 23.〉 ③ 제1항 및 제146조 제3항 제1호 및 제2호에 따라 개선이나 징계면직의 조치를 요구받은 해당 임직원은 그 날부터 그 조치가 확정되는 날까지 직무가 정지된다.
	제170조(법령 위반에 대한 조치) ① 해양수산부장관은 조합등과 중앙회의 총회·대의원회 또는 이사회의 소집 절차, 의결 방법, 의결 내용이나 선거가

수산업 협동조합법	법령, 법령에 따른 처분 또는 정관에 위반된다고 인정할 때에는 그 의결에 따른 집행의 정지 또는 선거에 따른 당선의 취소를 할 수 있다. ② 해양수산부장관은 조합등과 중앙회의 업무 또는 회계가 법령, 법령에 따른 처분 또는 정관에 위반된다고 인정할 때에는 그 조합등 또는 중앙회에 대하여 기간을 정하여 시정을 명하고 해당 임직원에 대하여 다음 각 호의 조치를 하게 할 수 있다. 1. 임원에 대하여는 개선(改選), 직무정지, 견책 또는 경고 2. 직원에 대하여는 징계면직, 정직, 감봉 또는 견책 ③ 제2항과 제146조 제3항에 따라 조합등 또는 중앙회가 임직원의 개선, 징계면직의 조치를 요구받은 경우 해당 임직원은 그 날부터 그 조치가 확정되는 날까지 직무가 정지된다. ④ 해양수산부장관은 조합등 또는 중앙회가 제2항에 따른 시정명령 또는 임직원에 대한 조치를 이행하지 아니하면 6개월 이내의 기간을 정하여 해당 업무의 전부 또는 일부를 정지시킬 수 있다. ⑤ 제4항에 따른 업무정지의 세부기준 및 그 밖에 필요한 사항은 해양수산부령으로 정한다.
산림조합법	**제125조(위법행위에 대한 행정처분)** ① 산림청장 또는 시·도지사는 조합등 또는 중앙회의 업무와 회계가 법령, 법령에 따른 행정처분 또는 정관을 위반한다고 인정할 때에는 그 조합 또는 중앙회에 대하여 기간을 정하여 시정을 명하고 관련 임직원에 대하여 다음 각 호의 조치를 할 것을 요구할 수 있다. 1. 임원에 대하여는 개선 또는 직무의 정지 2. 직원에 대하여는 징계면직, 정직 또는 감봉 ② 산림청장 또는 시·도지사는 조합등 또는 중앙회가 제1항에 따른 시정명령 또는 임직원에 대한 조치 요구를 이행하지 아니하였을 때에는 6개월 이내의 기간을 정하여 그 업무의 전부 또는 일부를 정지시킬 수 있다. ③ 제2항에 따른 업무정지의 세부기준 및 그 밖에 필요한 사항은 농림축산식품부령으로 정한다.

제84조의2(퇴임한 임원 등에 대한 조치 내용의 통보)

제84조의2(퇴임한 임원 등에 대한 조치 내용의 통보) ① 금융위원회(제96조에 따라 제84조 제1항 각 호의 어느 하나에 해당하는 조치 권한을 위탁받은 자를 포함한다)와 중앙회장은 조합 또는 중앙회의 퇴임한 임원 또는 퇴직한 직원이 재임 중이었거나 재직 중이었더라면 제84조 제1항 또는 제89조 제7항 제1호에 따른 조치를 받았을 것으로 인정하는 경우에는 그 내용을 조합 또는 중앙회에 통보하여야 한다. 〈개정 2023. 12. 26.〉
② 제1항에 따른 통보를 받은 조합 또는 중앙회는 이를 해당 임원 또는 직원에게 통보하고, 기록・유지하여야 한다.
[본조신설 2012. 12. 11.]

Ⅰ. 조문의 취지와 의의

법 제84조의2는 조합 또는 중앙회의 임직원이 해임 또는 징계면직 등 제재조치를 받기 전에 퇴임 또는 퇴직함으로써 임원 결격 요건(법 제28조 제1항)의 적용을 회피하는 행위를 방지하여 금융기관 임직원의 책임을 강화하기 위한 제도이다. 이를 통해 퇴임한 임원 또는 퇴직한 직원(이하 '퇴임 임직원'이라 한다)이라도 사후 제재를 통해 일정 기간 금융기관의 임원이 될 수 없도록 자격을 제한하고 있다.

Ⅱ. 조문의 내용 및 해설

1. 퇴임 임직원 제재의 도입 배경

금융감독기관은 금융기관의 퇴임 임직원에 대하여 사후 제재를 통해 일정 기간 금융기관의 임원이 될 수 있는 자격을 제한하고 있다. 이러한 퇴임 임직원 자격 제한 제도는 금융위원회 등 감독기관으로부터 해임 또는 징계면직 등 제재조치를 받기 전에 퇴임 또는 퇴직함으로써 임원 결격 요건의 적용을 회피하는 행위를 방지하여 금융기관 임직원의 책임을 강화하기 위한 것이다. 과거 금융당국은 금융업무의 적격자와 비적격자를 구분하고, 이 중 비적격자를 일정

기간 금융시장에서 축출하는 형태의 재취업금지 명령 제도의 도입도 추진한 바 있다.[26] 재취업금지 명령 제도의 도입을 적극적으로 검토하여야 한다는 주장도 꾸준히 제기되어 왔다.[27][28] 다만, 금융기관에 대한 과도한 부담 등을 이유로 제도화까지 이루어지지는 못하였다.[29]

퇴임 임직원에 대한 자격 제한은 금융사지배구조법, 은행법, 한국산업은행법, 자본시장법, 보험업법, 상호저축은행법, 금융지주회사법, 금융소비자보호법, 여신전문금융업법, 「인터넷전문은행 설립 및 운영에 관한 특례법」(이하 '인터넷전문은행법'), 전자금융거래법, 신협법, 새마을금고법, 「온라인투자연계금융업 및 이용자 보호에 관한 법률」(이하 '온라인투자연계금융업법'), 「대부업 등의 등록 및 금융이용자 보호에 관한 법률」(이하 '대부업법'), 신용정보법 등 개별 금융관련 법령 및 하위 규정 등에 따라 금융위원회 및 금융감독원, 신협중앙회, 새마을금고중앙회와 같은 감독기관을 통해 조치가 이루어진다.[30] 이러한 임원 제재조치의 내용을 통보받은 금융기관 임직원은 일정 기간 금융기관의 임원으로 선임되지 못하는 제한을 받게 된다.

금융기관 퇴임 임직원 자격 제한 제도는 2003년 보험업법에서 보험회사 임직원이 문책을 받기 전에 임원 결격 요건의 적용을 회피하는 행위를 방지하기 위하여 최초로 도입되었다.[31] 2004년 여신전문금융업법, 2006년 구 증권거래법, 2008년 은행법, 2010년 상호저축은행법 등 금융관련법령에 순차적으로 도입되었고, 개별법령에 퇴임 임직원에 관한 임원 자격(결격) 제한 사유 및 그 조치 내용의 통보 절차가 마련되었다.

---

26) 금융감독원, 금감원 「3大 혁신TF」 권고안 추진실적('18. 상반기) 및 향후계획, 2018. 8. 6.자 보도자료.
27) 김용재, 금융기관 임직원에 대한 재취업금지 명령제도 도입방안, 안암법학, 통권 제25호, 2007, 848면.
28) 김용재 · 강영기, 금융감독상 대체적 조치수단의 도입필요성에 대한 비교법적 검토, 경영법률, 제30권 제1호, 2019, 207-208면.
29) 연합인포맥스, 금감원, 취업금지 명령제도 도입 보류 … 왜, 2018. 12. 14.자 기사.
30) 신협중앙회와 새마을금고중앙회는 금융당국의 감독을 받는 동시에 개별법령에 따라 부여된 감독권한에 따라 개별 금융기관(조합 또는 금고)들을 규제 · 감독하는 감독기관이다(법 제89조, 새마을금고법 제79조).
31) 보험업법(2003. 8. 30. 시행 법률 제6891호, 2003. 5. 29. 전부개정된 것) 제13조 제1항 제9호.

〈표 1〉 퇴임 임직원 자격 제한 관련 규정의 도입 시기 및 입법 취지

도입 시기	법률	입법 취지
2003년	보험업법	문책받기 전에 퇴임함으로써 임원결격요건의 적용을 회피하는 행위를 방지하기 위한 것
2004년	여신전문 금융업법	위법행위를 한 임직원에 대하여 금융감독위원회의 직무정지 등 조치를 할 수 있는 법적근거를 마련하여 직원들의 도덕적 해이를 방지할 뿐만 아니라 감독의 실효성을 확보하기 위한 것
2006년	舊증권거래법	금융관련법령의 위반으로 인한 금감위로부터의 제재조치를 사전 퇴임 또는 퇴직으로 회피한 임직원이 증권회사의 임원이 됨으로써 유사한 금융사고가 발생할 개연성을 미연에 방지하고, 현직의 임직원으로 하여금 미래의 증권회사 임원으로의 선임가능성을 제한하여 금융관련법령의 위반동기를 억제하고자 하는 것
2008년	은행법	증권거래법(제33조)과 보험업법(제13조) 등의 규정례와 같이 임원의 결격사유를 보완하여, 금융관계법령 위반으로 금융감독위원회로부터 해임요구 또는 면직요구 조치를 받기 전에 당해 임원이나 직원이 퇴임 또는 퇴직한 경우에는, 임원결격 요건에 해당하지 않는 불합리한 점을 개선하기 위한 것
2012년	신협법	금융위원회로부터 해임 등의 조치를 받기 전에 퇴임 또는 퇴직함으로써 임원 등의 자격제한 사유의 적용을 회피하는 것을 방지하기 위한 것
2016년	새마을금고법	단위금고 및 중앙회 임직원의 책임성을 강화하고 도덕적 해이를 방지하기 위한 것

〈표 1〉의 내용을 종합하면, 퇴임 임직원에 대한 제재제도는 금융기관 임직원이 재임 또는 재직시 법 위반행위를 하고 퇴임·퇴직을 하여 제재조치를 회피하는 경우를 방지하기 위하여 도입된 것이다. 이러한 제재조치는 현직 임직원에게 적용되는 임원 결격사유 규정의 실효성을 높이기 위하여 도입된 것이라고 볼 수 있다.[32] 특히, 금융기관 임직원이 금융감독기관에 의한 제재조치

32) 서울행정법원 2011. 3. 31. 선고 2009구합54499 판결에서도 퇴임 임직원 제도의 도입 취지를 "구 은행법에는 재임 또는 재직 중인 임직원에 대한 제재에 관한 규정인 제54조만이 규정되어 있었으나, 금융위원회로부터 해임 또는 징계면직의 조치를 받기 전에 퇴임 또는 퇴직함으로써 임원결격요건의 적용을 회피하는 행위를 방지하기 위하여 은행법 제18조의 임원결격사유를 보완(제1항 제10호 신설)하고, 퇴임·퇴직한 임직원이 재임·재직 중이었더라면 받았을 조치의 내용을 금융위원회가 금융감독원장으로 하여금 금융기관의 장에게 통보하도록 할 수 있는 근거와 통보받은 금융기

요구가 있기 전에 임의로 퇴직함으로써 임원 결격사유라는 법률상 규제를 회피할 수 있으므로 이들의 도덕적 해이를 방지하고, 금융감독의 실효성을 확보하기 위해서라도 필요한 입법이라고 판단된다.

2. 제재권자

금융기관 퇴임 임직원에 대한 조치통보 권한은 금융기관별로 금융위원회, 금융감독원, 신협중앙회, 새마을금고중앙회 등으로 구분되어 있다. 2015년 금융사 지배구조법이 제정됨에 따라 개별법령에 있던 퇴임 임직원에 대한 제재 조치와 관련된 사항은 금융사 지배구조법으로 이관되었고, 해당 조치통보 권한이 금융위원회 또는 금융감독원으로 이원화되어 있다.[33] 금융사 지배구조법의 적용을 받지 않는 다른 금융기관의 경우 개별 금융법령에 금융위원회와 금융감독원 등의 조치통보에 관한 규정을 별도로 규정하고 있다. 다만, 온라인투자연계금융업의 경우 금융사 지배구조법상 임원 결격사유에 해당하는 경우 온라인투자연계금융업자의 임원이 되지 못한다는 규정은 있으나, 퇴임 임직원에 대한 조치통보에 관한 규정은 별도로 두고 있지 않고 있다(온라인투자연계금융업법 제6조 제1항).

한편, 상호금융기관은 다른 금융기관과는 달리 제재의 종류가 일부 상이할 뿐만 아니라 중앙회라는 중간감독기관이 개별법령상 감독권한을 별도로 부여하고 있다.[34] 즉, 상호금융기관은 개별법령 및 감독 체계의 특수성에 따라 개

관의 장이 해당 임직원에게 알리고 기록·유지하도록 하는 규정을 신설할 필요가 있다고 보아 구 은행법이 2008. 3. 14. 법률 제8905호로 개정"되었다고 설시하고 있다.

33) 은행법 제54조의2, 자본시장법 제424조 제3항, 보험업법 제135조, 상호저축은행법 제35조의3, 여신전문금융업법 제53조 제5항, 금융지주회사법 제57조의2, 중소기업은행법 제46조 제7항, 대부업법 제13조 제7항, 신용정보법 제46조, 인터넷전문은행법 제15조, 전자금융거래법 제39조의2.

34) 법 제89조(중앙회의 지도·감독)

⑥ 중앙회장은 필요하다고 인정할 때에는 그 소속 직원으로 하여금 조합의 업무를 검사하게 할 수 있다.

⑦ 중앙회장은 제6항에 따른 검사 결과에 따라 시정 등 필요한 조치를 명하거나 다음 각 호의 조치를 할 수 있다.

1. 제84조 제1항에 따른 관련 임직원에 대한 조치요구
2. 제84조 제3항에 따른 임시임원의 선임
3. 제84조 제4항 단서에 따른 임시임원의 등기 촉탁
4. 제85조 제1항에 따른 조치

별 조합의 중앙회도 소속 조합(금고)에 대한 제재조치 권한을 가지고 있다. 이러한 제재 권한에 의하여 퇴임 임직원에 대한 조치 통보 권한을 중앙회도 보유하고 있으며 이러한 구체적인 내용은 개별법령에 각각 규정되어 있다. 그러나 농협과 수협, 산림조합은 퇴직 임원등에 대한 조치통보 관련 규정을 두고 있지 않다. 이를 표로 정리하면 아래 〈표 2〉와 같다.

〈표 2〉 상호금융기관 법령상 퇴임 임직원 조치통보 권한

<table>
<tr><th colspan="2" rowspan="2">구분</th><th colspan="2">신협법</th><th colspan="2">새마을금고법</th><th rowspan="2">농협법</th><th rowspan="2">수협법</th><th rowspan="2">산림
조합법</th></tr>
<tr><th>금감원
검사</th><th>중앙회
검사</th><th>행안부
검사</th><th>중앙회
검사</th></tr>
<tr><td rowspan="4">임원</td><td>개선</td><td rowspan="3">금융위</td><td rowspan="4">신협
중앙회</td><td rowspan="2">행안부
장관</td><td rowspan="2">금고
중앙회</td><td rowspan="4">근거규정
없음</td><td rowspan="4">근거규정
없음</td><td rowspan="4">근거규정
없음</td></tr>
<tr><td>직무
정지</td></tr>
<tr><td>견책</td><td rowspan="2">근거규정
없음</td><td rowspan="2">근거규정
없음</td></tr>
<tr><td>주의</td><td>금융
감독원</td></tr>
<tr><td rowspan="5">직원</td><td>면직</td><td rowspan="5">금융
감독원</td><td rowspan="5">신협
중앙회</td><td rowspan="2">행안부
장관</td><td rowspan="2">금고
중앙회</td><td rowspan="5">근거규정
없음</td><td rowspan="5">근거규정
없음</td><td rowspan="5">근거규정
없음</td></tr>
<tr><td>정직</td></tr>
<tr><td>감봉</td><td rowspan="3">근거규정
없음</td><td rowspan="3">근거규정
없음</td></tr>
<tr><td>견책</td></tr>
<tr><td>경고</td></tr>
</table>

위의 〈표 2〉와 같이 신협은 금융위원회와 금융감독원, 신협중앙회에 조합감독권한이 부여되어 있으며, 금융감독원은 금융위원회의 조치 권한 일부를 위탁받아 제재조치를 하고 있다. 신협중앙회는 신협법에 따라 부여된 독자적인 권한을 금융위원회와 병렬적으로 보유하고 이에 따라 제재조치를 하고 있다.[35] 새마을금고의 경우 행정안전부장관과 시·도지사, 새마을금고중앙회가 부여되

5. 제85조 제2항에 따른 업무의 전부정지

35) 신협중앙회의 경우 퇴임 임직원에 대하여 금융위원회의 권한을 위탁받은 경우에만 조치통보를 할 수 있다는 대법원 판결에 따라 조치권한에 대한 논란이 있었고, 이에 퇴임 임직원 조치통보 권한을 명확하게 하기 위한 입법적 조치(법 제84조의2 개정)를 완료하였다.

어 있으며, 퇴임 임직원에 대해서는 행정안전부장관과 새마을금고중앙회가 병렬적인 조치권한에 따라 조치통보를 하고 있다. 다만, 새마을금고는 직무정지(정직) 이상의 제재조치를 받은 퇴임 임직원의 경우에만 조치통보를 하고 있다(새마을금고법 제79조의5 제1항).

3. 제재의 내용 및 효과

현직 임직원에 대한 제재는 해당 임직원에 대해 해임이나 직무정지(정직), 감봉 등의 직접적인 효과를 발생하게 한다. 이에 반해 퇴임 임직원에 대한 조치통보는 제재로 인한 직접적 불이익은 발생하지 않고, 일반 제재의 부수적 효과로서 일정 기간 금융기관의 임원이 될 수 없는 제한만을 받게 된다. 구체적인 자격 제한의 내용은 개별법령에 따라 상이하나, 대체로 중징계 이상의 조치를 받은 경우에는 5년 이하의 범위 내에서 금융기관 임원 선임 자격을 제한하고 있다. 이를 표로 정리하면 아래 〈표 3〉과 같다.

〈표 3〉 퇴임 임직원 임원 선임 자격 제한

구분	퇴임 임직원의 임원선임 자격 제한 기간					
	임원			직원		
	해임	직무정지	문책경고	면직	정직	감봉
신협	5년	4년	제한없음	5년	4년	제한없음
새마을금고	5년	4년	제한없음	5년	4년	제한없음
농협	제한없음	제한없음	제한없음	제한없음	제한없음	제한없음
수협	제한없음	제한없음	제한없음	제한없음	제한없음	제한없음
산림조합	제한없음	제한없음	제한없음	제한없음	제한없음	제한없음

4. 제재 조치 내용 통보 절차

(1) 제재 절차

금융감독기관의 제재는 금융기관 임직원의 신분상·재산상 불이익을 수반하는 조치이므로 명확하고 엄격한 절차가 요구된다.[36] 금융위원회 등 감독기관의 제재 절차에 대해서는 「행정절차법」이 적용되며,[37] 금융위원회 고시인 '금융기관 검사 및 제재에 관한 규정(이하 '제재규정')' 및 금융기관 검사 및 제재에 관한 규정 시행세칙(이하 '제재규정 시행세칙')'에서 상세히 규율하고 있다. 우선 금융감독원장이 금융기관 임직원에 대하여 제재를 하거나 금융위원회에 제재조치를 건의하기 위해서는 제재의 내용 등을 제재 대상자에게 사전통지하도록 규정하고 있다. 이러한 사전 통지에는 위규 행위 사실, 관련 법규, 제재 예정내용 등을 제재대상자에게 구체적으로 통지하고 10일 이상의 기간을 정하여 구술 또는 서면에 의한 의견진술 기회를 부여하여야 한다(제재규정 제35조 제1항, 제재규정 시행세칙 제59조 제1항).[38]

금융감독기관으로부터 사전통지를 받은 제재대상자는 지정된 기한 내에 서면으로 의견을 제출하거나 지정된 일시에 출석하여 구두로 의견을 진술할 수 있다(제재규정 시행세칙 제59조 제3항 본문). 이 경우 지정된 기일까지 제재대상자가 의견을 진술하지 아니한 때에는 의견이 없는 것으로 간주한다(제재규정 시행세칙 제59조 제3항 단서). 제재대상자는 금융감독원 제재심의위원회에 제출된 심의회 부의예정안 및 심의회에 제출될 서류를 열람할 수 있다(제재규정 제35조의3 제2항).

금융기관 임직원 제재에 관한 사항을 심의하기 위하여 금융감독원장 자문기구로 제재심의위원회가 설치되어 있으며, 제재에 관한 사항, 이의신청에 관한 사항 등을 심의한다(제재규정 제34조 제1항, 제2항). 제재심의위원회는 대회의와 소회의로 구분되어 운영된다(제재규정 시행세칙 제55조 제1항). 금융기관 임직원 제재와 관련하여 대회의는 임원에 대한 해임권고(해임요구, 개선요구), 업무집행의 전부 또는 일부의 정지, 문책경고, 주의적 경고를 심의하며(제재규정 시행세칙 제57조 제3항), 나머지 사항에 대해서는 소회의에서 심의한다.

금융감독원장은 금융기관에 대한 금융기관 임직원의 문책사항 등 검사결과

---

36) 최영주, 금융법상 사인에 대한 징계벌의 범위와 한계, 부산대학교 법학연구, 제60권 제1호, 2019, 17면.

37) 제재처분은 제재대상자에 불이익한 침익적 처분으로서 행정절차법상 행정처분에 해당하고, 이러한 침익적 처분에 있어서는 행정절차법이 엄격하게 적용된다.

38) 이러한 사전통지는 실무적으로 해당 제재대상자가 소속된 금융기관을 통하여 제재대상자에게 통지되고 있으며, 퇴임 임직원의 경우에도 해당 금융기관을 통해 통지가 이루어지고 있다.

를 검사서에 의해 당해 금융기관에 통보하고 필요한 조치를 취하거나 당해 금융기관의 장에게 이를 요구할 수 있다(제재규정 제14조). 금융기관은 위 조치요구사항에 대하여 특별한 사유가 있는 경우를 제외하고는 검사서를 접수한 날로부터 2월 이내에 이를 정리하고 그 결과를 기한종료일로부터 10일 이내에 금융감독원장에게 보고하여야 한다(제재규정 제15조 제1항 제2호 가목). 또한, 해당 금융기관은 이미 퇴임 또는 퇴직한 임직원의 위법·부당사실 등을 감독원장으로부터 통보받은 경우에는 위법·부당 사실 등을 인사기록부에 기록·유지하여야 한다(제재규정 시행세칙 제64조 제2항).

퇴임 임직원에 대한 조치내용 통보에 따른 임원 자격 제한은 행정처분으로 행정절차법이 적용된다. 법원도 제재대상자가 제재조치의 내용을 통보받은 경우 금융관련법령에 따라 임원결격사유에 해당함으로써 직접적으로 취업제한의 불이익을 입게 되어 직업선택의 자유를 제한받게 되므로, 위 통보 조치는 항고소송의 대상이 되는 행정처분에 해당한다고 판결하고 있다.[39] 이에 따라 행정절차법에 따른 사전통지(제21조 제1항), 의견제출(제27조), 처분의 이유 제시(제23조), 서면 통지(제24조), 소송고지(제26조) 등의 절차가 준수되어야 한다.[40]

종합하면, 퇴임 임직원 자격 제한 관련 절차에는 행정절차법, 제재규정 및 시행세칙을 통해 사전통지, 의견진술 기회 보장, 제재서류 열람권, 위원회 출석 등 적법절차를 준수하기 위한 제도적 기반을 마련하고 있다고 평가할 수 있다.[41]

(2) 이의신청(재심청구)

금융위원회 등 감독기관의 제재조치에 대해서는 제재규정에 따라 이의신청을 할 수 있다(제재규정 제37조). 금융위원회 또는 금융감독원장으로부터 제재조치를 통보 받은 금융기관 또는 그 임직원, 그 밖에 금융업관련법의 적용을

39) 대법원 2013. 2. 14. 선고 2012두3774 판결.

40) 한편, 신협중앙회나 새마을금고중앙회의 퇴임 임직원 조치통보는 개별법령에 근거한 독자적인 조치권한에 의한 제재조치로서 행정청에 의한 '행정처분'이 아니므로 행정절차법이 적용되지 아니한다. 다만, 신협중앙회나 새마을금고중앙회는 개별법에 따라 금융감독기관의 조치 권한을 위탁받을 수 있고, 동 권한을 위탁받아 제재조치를 할 경우에는 위 조치의 성격이 행정처분으로 해석될 수 있다. 이 경우에는 행정절차법에 따른 제재절차를 동일하게 준수하여야 할 것이다.

41) 고동원, 금융기관 임직원 제재 절차의 공정성과 투명성 확보를 위한 법제 개선 방안, 성균관법학, 제24권 제1호, 2012, 295-296면.

받는 자는 당해 제재처분 또는 조치요구가 위법 또는 부당하다고 인정하는 경우에는 금융위원회 또는 금융감독원장에게 이의를 신청할 수 있다(제재규정 제37조 제1항 본문).

금융감독원은 금융위원회의 제재처분에 대하여 이의신청을 받은 경우에는 그 이의신청 내용을 금융위원회에 지체없이 통보하고, 타당성 여부를 심사하여 당해 처분의 취소·변경 또는 이의신청의 기각을 금융위원회에 건의한다(제재규정 제37조 제3항 제1호). 다만, 이의신청이 이유없다고 인정할만한 명백한 사유가 있는 경우에는 감독원장이 이의신청을 기각할 수 있다. 또한, 감독원장의 제재처분 또는 조치요구사항에 대하여는 이유가 없다고 인정하는 경우에는 이를 기각하고, 이유가 있다고 인정하는 경우에는 당해 처분을 취소 또는 변경한다(제재규정 제37조 제3항 제2호). 이러한 이의신청 처리결과에 대해서는 다시 이의신청을 할 수 없다(제재규정 제37조 제4항).

금융관련법규에서 별도의 불복절차가 마련되어 있는 경우에는 그에 따른다(제재규정 제37조 제1항 단서). 예를 들어, 신협의 경우 신협 제재규정에 따라 신협중앙회의 제재조치요구에 대해 재심을 신청할 수 있다(신협 제재규정 제26조). 신협중앙회 감독이사로부터 제재를 받은 조합 또는 그 임직원은 당해 제재처분 또는 조치요구가 위법 또는 부당하다고 인정하는 경우에는 재심을 청구할 수 있다. 이러한 재심청구는 신협중앙회 조치요구가 조합에 도달한 날부터 1월 이내에 신협중앙회 감독이사에게 하여야 한다(신협 제재규정 시행규칙 제45조 제1항).

신협중앙회 제재심의부서장은 재심청구에 대하여 위원회의 심의를 거쳐 그 결과(기각, 변경, 취소)를 재심청구서 접수일로부터 2월 이내에 재심청구자에게 통보하여야 한다(신협 제재규정 시행규칙 제46조 제1항). 이러한 재심신청 처리결과에 대해서는 다시 재심청구를 할 수 없다(신협 제재규정 시행규칙 제46조 제6항).

(3) 소송을 통한 불복 절차

제재조치 결과를 통보받은 퇴임 임직원은 이의신청 또는 재심과는 별도로 해당 조치통보 기관을 상대로 징계상당처분통보의 무효 또는 취소를 구하는 소송을 제기할 수 있다.[42] 금융감독당국의 퇴임 임직원에 대한 조치내용의 통보는 금융기관으로 하여금 인사기록부에 조치 내용을 기록·유지하도록 하는 의무를 부과하고, 제재대상자에게는 법령이 정하는 기간이 경과되기 이전에 금융기관의 임원이 될 수 없도록 하는 법률상 불이익을 가하는 행정처분에 해당한다.[43] 따라서, 금융감독당국이 제재조치권자인 경우에는 행정심판 또는 행정소송을 제기할 수 있다.

한편, 중앙회는 법 제2조 제2호에 따른 비영리법인으로서, 독자적인 검사 결과에 따른 제재조치는 행정처분이 아니므로 민사소송 절차를 통해 구제받을 수 있다. 그런데 신협중앙회의 조치결과에 따른 임원자격 제한 효과는 신협에서 해당 임직원을 상대로 통보된 날부터 발생하므로 신협 통보처분의 무효확인을 구함으로써 자격 제한과 관련된 분쟁을 유효적절하게 해결할 수 있다고 보는 것이 판례의 입장이다.[44] 이에 따라 신협의 퇴임 임직원의 경우에는 해당 신협을 상대로 소송을 제기하는 방법으로 불복할 수 있다.[45]

5. 입법론적 검토

법 제84조의2는 신협 및 신협중앙회의 퇴임 임직원에 대한 제재조치 내용을 통보하는 근거 규정을 마련하고 있다.[46] 그런데 법 제84조의2에 의하면, 퇴임 임직원에 대한 조치 통보 권한이 "금융위원회와 그 권한을 위탁받은 금융감독

42) 최승필, 금융기관 및 그 임·직원 제재제도에 대한 몇 가지 쟁점 – 행정법적 논의를 통하여 –, 외법논집, 제46권 제1호, 2022, 400-401면.

43) 대법원 2013. 2. 14. 선고 2012두3774 판결.

44) 대전지방법원 2019. 5. 1. 선고 2018가합109404 판결(대법원 2021. 12. 30. 선고 2019다272565 판결로 확정), 대전지방법원 2024. 2. 2.자 2024카합50034 결정(대법원 2024. 7. 30.자 2024마5978 재항고 기각 결정으로 확정).

45) 이 경우 신협중앙회는 해당 임직원에 대한 제재조치권자로서 민사소송법 제71조에 따른 보조참가이익이 있으므로 해당 조합과 임직원 사이의 소송에 보조참가할 수 있다.

46) **구 신협법 제84조의2(퇴임한 임원 등에 대한 조치 내용의 통보)** ① 금융위원회(제96조에 따라 제84조 제1항 각 호의 어느 하나에 해당하는 조치 권한을 위탁받은 금융감독원장 및 중앙회장을 포함한다)는 조합 및 중앙회의 퇴임한 임원 또는 퇴직한 직원이 재임 중이었거나 재직 중이었더라면 제84조 제1항 각 호의 어느 하나에 해당하는 조치를 받았을 것으로 인정하는 경우에는 그 내용을 조합 또는 중앙회에 통보하여야 한다.

원장 및 신협중앙회장"에 있다고 규정하고 있어 신협중앙회장에게 신협 퇴임 임직원에 대한 독자적인 통보 권한이 있는지 여부가 소송상 쟁점이 되었다. 이에 대하여 법원은 "신협중앙회는 퇴임 임원에 대하여 독자적으로 신협법 제84조의2 제1항에 따른 조치 권한을 갖지 못하고, 신협법 제96조에 따른 권한을 위탁받은 때에 한하여 적법한 조치 권한을 가진다"고 판결한 바 있다.[47]

법원은 법 제84조의2 제1항은 퇴임 임직원에 대한 통보 주체를 원칙적으로 '금융위원회'로 정하였고, '금융감독원과 중앙회장'은 법 제96조에 따라 제84조 제1항 각 호의 어느 하나에 해당하는 조치 권한을 위탁받은 경우에만 그 조치 통보 권한을 가진다고 판단한 것이다. 그러나 신협중앙회는 신협법에 근거하여 단위조합에 대한 지도 감독권을 독자적으로 보유하고 있는 점, 신협중앙회는 법 제84조의2가 제정되기 이전에도 법 제89조 및 신협검사규정 등에 근거하여 퇴임 임직원에 대한 조치통보 권한을 계속하여 행사해 왔던 점, 법 제84조의2의 입법 취지도 퇴임 임직원에 대한 제재조치의 실효성을 확보하기 위해 마련된 규정이라는 점을 고려할 때 타당하지 않은 측면이 있다.

다만, 법원은 법 제84조의2는 퇴임 임직원에 대한 임원 자격을 제한하는 규정이므로 명확한 입법적 근거를 필요로 한다는 전제하에 신협중앙회의 퇴임 임직원에 대한 조치통보 권한을 부정한 것으로 보인다.[48] 이에 따라 2023년 신협법 개정으로 신협중앙회의 조합 퇴임 임직원에 대한 조치 권한을 명확히 하도록 제84조의2가 정비되었다. 즉, 법 제84조의2에 "중앙회장"은 조합 또는 중앙회의 퇴임한 임원 또는 퇴직한 직원이 재임 중이었거나 재직 중이었더라면 제84조 제1항 또는 제89조 제7항 제1호에 따른 조치를 받았을 것으로 인정하는 경우에는 그 내용을 조합 또는 중앙회에 통보하여야 한다고 개정되었다.

---

47) 대법원 2021. 12. 30. 선고 2020다245965 판결, 2019다272565 판결.

48) 새마을금고법은 퇴임 임직원에 대한 조치요구의 내용을 "주무부장관과 금고중앙회장"이 통보하도록 명확하게 규정되어 있어 신협과 같은 문제가 발생하지 않는다(새마을금고법 제79조의5 제1항).

Ⅲ. 관련 해석례

금융위원회 – 퇴임 임직원에 대한 제재조치 통보권한 관련 법령해석 요청 [190248, 2019. 8. 13.]

1. 질의 요지

「신용협동조합법」(이하 "신협법") 제84조의2에 따라 중앙회장이 조치권한의 위탁 없이 독자적으로 조합 및 중앙회의 퇴임한 임원 또는 퇴직한 직원에 대해 신협법 제84조 제1항에 해당하는 조치를 통보할 권한이 있는지 여부

2. 회 답

신협법 제28조 제1항 및 제84조의2 제1항에 따른 퇴임(직) 임직원에 대한 조치내용 통보 제도 도입의 취지와 동법 제89조 제7항에 따른 중앙회장의 조합에 대한 독자적인 조치권한 규정을 감안할 경우, 중앙회장은 신협법 제84조의2 제1항에 따라 조치권한의 위탁 없이 조합 및 중앙회의 퇴임한 임원 또는 퇴직한 직원이 재임 중이었거나 재직 중이었더라면 동법 제84조 제1항 각 호의 어느 하나에 해당하는 조치를 받았을 것으로 인정하는 경우 그 내용을 조합 또는 중앙회에 통보할 수 있습니다.

3. 이 유

신협법 제89조 제1항에서 중앙회장은 동법 제78조 제1항의 사업을 수행하기 위하여 조합을 지도·감독한다고 규정하고 있으며, 동법 제89조 제7항에서 중앙회장은 검사결과에 따라 동법 제84조 제1항에 따른 관련 임직원에 대한 조치요구 등 필요한 조치를 할 수 있다고 명시하고 있습니다.

따라서, 신협법상 중앙회장은 조합에 대한 전반적인 지도·감독권한을 가지며, 임직원에 대한 조치요구 권한 중 일부만 법령*에 따라 위탁받은 금융감독원장에 비해 폭넓은 조치권한을 보유한다고 볼 수 있습니다.

신협법 제28조 제1항 및 제84조의2 제1항에 따른 퇴임(직) 임직원에 대한 조치내용 통보 제도와 동법 제89조 제7항에 따른 중앙회장의 조합에 대한 독자적인 조치권한 규정의 취지와 목적을 감안할 경우, 신협 중앙회장은 법 제84조의2 제1항에 따른 퇴직 임직원에 대한 독자적인 조치통보 권한이 인정된다고 할 것입니다.

신협법 제84조의2 및 제28조 제1항은 위법행위 등을 저지른 임직원이 제

재를 받기 전에 퇴임 또는 퇴직함으로써 자격제한을 회피하는 것을 방지하고자 재직 시 위법행위 등을 사유로 퇴임 또는 퇴직 후에 제재통보를 받은 자는 일정기간 조합의 임원 등이 될 수 없도록 하는 것이며,

신협법 제89조에 따라 중앙회가 조합을 지도·감독하는 과정에서 퇴임(직) 임직원에 대한 위법행위를 발견하는 경우 동법 제84조의2에 따라 중앙회장이 별도의 조치권한의 위탁 없이 동법 제84조 제1항에 따른 조치내용을 통보할 권한이 있다고 보는 것이 퇴임(직) 임직원에 대한 조치내용 통보제도의 실효성 차원에서 타당할 것으로 판단됩니다.

* 신협법 제96조 제1항 및 동법 시행령 제24조 제1항 제6호

Ⅳ. 관련 판례

대구지방법원 2024. 11. 28. 선고 2024가합300544 판결 [임직원 제재조치 무효확인]

"개정 신용협동조합법 제84조의2 제1항은, 개정 전 규정에 따르면 신용협동조합중앙회장이 금융위원회로부터 권한을 위탁받은 경우에만 퇴임한 임원에게 조치 내용을 통보할 수 있었던 것을, 위와 같은 권한 위탁 없이도 독자적으로 조치 내용을 통보할 수 있도록 개정된 것으로서, 위 규정의 개정취지는 '퇴임한 임원 또는 퇴직한 직원에 대한 신용협동조합중앙회장의 고유한 제재조치 권한을 명확히 하게 규정하고자 함'에 있는바, 위와 같은 점을 고려하면 이 사건 부칙조항이 진정소급입법에 해당한다고 하더라도 일반적으로 국민이 소급입법을 예상할 수 있었거나 신뢰보호의 요청에 우선하는 심히 중대한 공익상의 사유가 소급입법을 정당화하는 경우 등에 해당하여 진정소급입법이 허용하는 예외적인 경우에 해당한다고 할 것이다."

Ⅴ. 관련 법령

법률	조문
은행법	**제54조의2(퇴임한 임원 등에 대한 조치 내용의 통보)** ① 금융위원회(제54조 제1항에 따라 조치를 하거나 같은 조 제2항에 따라 문책처분을 할 것을 요구할 수 있는 금융감독원장을 포함한다)는 은행의 퇴임한 임원 또는 퇴직한 직원이 재임 중이어거나 재직 중이었더라면 제54조 제1항 또는 제2항에 해당하는 조치를 받았을 것으로 인정되는 경우에는 그 조치의 내용을 해당 은행의 장에게 통보할 수 있다. ② 제1항에 따른 통보를 받은 은행의 장은 이를 퇴임·퇴직한 해당 임직원에게 통보하고, 그 내용을 기록·유지하여야 한다.
상호저축은행법	**제53조(퇴임한 임원 등에 대한 조치내용 통보)** 금융위원회(제52조에 따라 조치를 하거나 조치를 할 것을 요구할 수 있는 금융감독원장을 포함한다)는 금융상품판매업자등의 퇴임한 임원 또는 퇴직한 직원이 재임 또는 재직 중이었더라면 제52조에 따른 조치를 받았을 것으로 인정되는 경우에는 그 받았을 것으로 인정되는 조치의 내용을 해당 금융상품판매업자등의 장에게 통보할 수 있다. 이 경우 통보를 받은 금융상품판매업자등은 그 내용을 해당 임원 또는 직원에게 통보하여야 한다.
새마을금고법	**제79조의5(퇴임한 임원 등에 대한 명령내용의 통보)** ① 주무부장관과 회장은 중앙회 또는 금고에서 퇴임 또는 퇴직한 임직원이 재임 또는 재직 중이었더라면 다음 각 호의 어느 하나에 해당하는 명령을 받았을 것으로 인정되는 경우에는 그 받았을 것으로 인정되는 명령내용을 중앙회 또는 해당 금고에 통보하여야 한다. 〈개정 2016. 1. 6., 2017. 12. 26., 2023. 4. 11.〉 1. 제74조의2 제1항(제79조 제7항에서 준용하는 경우를 포함한다)에 따른 임원의 해임 또는 직무정지 2. 제74조의2 제1항(제79조 제7항에서 준용하는 경우를 포함한다)에 따른 직원의 징계면직 또는 정직 ② 제1항에 따른 통보를 받은 중앙회 또는 금고는 이를 해당 임직원에게 통보하고, 그 내용을 기록·관리하여야 한다. 〈개정 2016. 1. 6.〉

제85조(조합 등에 대한 행정처분)

제85조(조합 등에 대한 행정처분) ① 금융위원회는 조합 또는 중앙회가 이 법 또는 이 법에 따른 명령을 위반하여 건전한 운영을 해칠 우려가 있다고 인정하는 경우 또는 「금융소비자 보호에 관한 법률」 제51조 제1항 제4호, 제5호 또는 같은 조 제2항 각 호 외의 부분 본문 중 대통령령으로 정하는 경우에 해당하는 경우(제3호에 해당하는 조치로 한정한다)에는 다음 각 호의 어느 하나에 해당하는 조치를 할 수 있다. 〈개정 2020. 3. 24.〉

1. 조합 또는 중앙회에 대한 주의 · 경고
2. 해당 위반행위의 시정명령
3. 6개월 이내의 업무의 일부정지

② 금융위원회는 조합이 다음 각 호의 어느 하나에 해당하는 경우에는 6개월 이내의 기간을 정하여 업무의 전부정지를 명하거나 조합의 설립인가를 취소할 수 있다. 〈개정 2020. 3. 24.〉

1. 거짓이나 그 밖의 부정한 방법으로 설립인가를 받은 경우
2. 인가내용 또는 인가조건을 위반한 경우
3. 업무의 정지기간에 그 업무를 한 경우
4. 제1항 제2호에 따른 시정명령을 이행하지 아니한 경우
5. 조합원이 1년 이상 계속하여 100인 미만인 경우
6. 조합의 출자금 합계액이 1년 이상 계속하여 제14조 제4항 각 호의 구분에 따른 금액에 미달한 경우
7. 정당한 사유 없이 1년 이상 계속하여 사업을 하지 아니한 경우
8. 설립인가를 받은 날부터 6개월 이내에 제4조에 따른 등기를 하지 아니한 경우
9. 「금융소비자 보호에 관한 법률」 제51조 제1항 제4호 또는 제5호에 해당하는 경우
10. 「금융소비자 보호에 관한 법률」 제51조 제2항 각 호 외의 부분 중 대통령령으로 정하는 경우(업무의 전부정지를 명하는 경우로 한정한다)

③ 제2항에 따라 금융위원회가 업무의 전부정지를 명하거나 설립인가를 취소하려면 중앙회장의 의견을 들어야 한다.

[전문개정 2015. 1. 20.]

제98조(청문) 금융위원회는 제85조 제2항에 따라 설립인가를 취소하려면 청문을 하여야 한다.

[전문개정 2015. 1. 20.]

Ⅰ. 조문의 취지와 의의

법 제85조는 금융위원회의 조합 또는 중앙회에 대해 취할 수 있는 행정처분 및 그 사유에 대해 구체적으로 규정하고 있다. 법 제98조는 금융위원회가 법 제85조 제2항에 따라 조합의 설립인가를 취소하려면 청문을 하도록 규정한다.

Ⅱ. 조문의 내용 및 해설

1. 감독의 내용

금융위원회는 조합 또는 중앙회가 이 법 또는 이 법에 따른 명령을 위반하여 건전한 운영을 해칠 우려가 있다고 인정하는 경우 또는 금융소비자보호법 제51조 제1항 제4호, 제5호[49] 또는 같은 조 제2항 각 호 외의 부분 본문 중 대통령령으로 정하는 경우에 해당하는 경우[50](제3호에 해당하는 조치로 한정한다)

---

49) **금융소비자보호법 제51조(금융상품판매업자등에 대한 처분 등)** ① 금융위원회는 금융상품판매업자등 중 제12조에 따른 등록을 한 금융상품판매업자등이 다음 각 호의 어느 하나에 해당하는 경우에는 제12조에 따른 금융상품판매업등의 등록을 취소할 수 있다. 다만, 제1호에 해당하는 경우에는 그 등록을 취소하여야 한다.

4. 금융위원회의 시정명령 또는 중지명령을 받고 금융위원회가 정한 기간 내에 시정하거나 중지하지 아니한 경우
5. 그 밖에 금융소비자의 이익을 현저히 해칠 우려가 있거나 해당 금융상품판매업등을 영위하기 곤란하다고 인정되는 경우로서 대통령령으로 정하는 경우

50) **금융소비자보호법 제51조(금융상품판매업자등에 대한 처분 등)** ② 금융위원회는 금융상품판매업자등이 제1항 제2호부터 제5호까지의 어느 하나에 해당하거나 이 법 또는 이 법에 따른 명령을 위반하여 건전한 금융상품판매업등을 영위하지 못할 우려가 있다고 인정되는 경우로서 대통령령으로 정하는 경우에는 대통령령으로 정하는 바에 따라 다음 각 호의 어느 하나에 해당하는 조치를 할 수 있다. 다만, 제1호의 조치는 금융상품판매업자등 중 제12조에 따른 등록을 한 금융상품판매업자등에 한정한다.

금융소비자보호법 시행령 제41조(금융상품판매업자등에 대한 처분 등) ① 법 제51조 제1항 제2호 단서에서 "대통령령으로 정하는 경우"란 다음 각 호의 경우를 말한다.

1. 임원의 퇴임 또는 직원의 퇴직으로 법 제12조 제2항 제1호 또는 같은 조 제3항 제3호에 따른 인력 요건을 갖추지 못하게 된 경우로서 그 요건을 갖추지 못하게 된 날부터 60일 이내에 해당 인력 요건을 다시 갖춘 경우
2. 임원이 법 제12조 제2항 제4호 또는 같은 조 제3항 제2호에 따른 요건을 갖추지 못하게 된 경우로서 그 요건을 갖추지 못하게 된 날부터 6개월 이내에 해당 임원을 개임(改任)한 경우
3. 금융상품판매업자등이 본인의 귀책사유 없이 법 제12조 제2항 제1호(인력 요건은 제외한다) 또는 같은 항 제2호에 따른 요건을 갖추지 못하게 된 경우로서 그 요건을 갖추지 못하게 된 날부터 6개월 이내의 범위에서 금융위원회가 정하여 고시하는 기간 이내에 해당 요건을 다시 갖춘

에는 ① 조합에 대한 주의·경고, ② 위반행위에 대한 시정명령, ③ 6개월 이내의 업무의 일부 정지를 할 수 있다.

금융위원회는 조합이 다음의 어느 하나에 해당하는 경우에는 6개월 이내의 기간을 정하여 업무의 전부정지를 명하거나 조합의 설립인가를 취소할 수 있다. ㉠ 거짓이나 그 밖의 부정한 방법으로 설립인가를 받은 경우, ㉡ 인가내용 또는 인가조건을 위반한 경우, ㉢ 업무의 정지기간에 그 업무를 한 경우, ㉣ 법 제85조 제1항 제2호에 따른 시정명령을 이행하지 아니한 경우, ㉤ 조합원이 1년 이상 계속하여 100인 미만인 경우 ㉥ 조합의 출자금 합계액이 1년 이상 계속하여 제14조 제4항 각 호의 구분에 따른 금액에 미달한 경우,[51] ㉦ 정당한 사유 없이 1년 이상 계속하여 사업을 하지 아니한 경우 ㉧ 설립인가를 받은 날부터 6개월 이내에 제4조[52]에 따른 등기를 하지 아니한 경우 ㉨ 금융소비자보호법 제51조 제1항 제4호 또는 제5호에 해당하는 경우 ㉩ 금융소비자보호법 제51조 제2항 각 호 외의 부분 중 대통령령으로 정하는 경우(업무의 전부정지를 명하는 경우로 한정한다)

2. 청 문

금융위원회는 법 제85조 제2항에 따라 설립인가를 취소하려면 청문을 하여야 한다(법 제98조). '청문'이란 행정청이 어떠한 처분을 하기 전에 당사자 또는

경우

51) 법 제14조(출자금 등) ④ 출자금 합계액의 최저한도는 다음 각 호와 같다.
1. 지역조합의 경우에는 주된 사무소의 소재지에 따라 다음 각 목의 금액
가. 특별시·광역시: 3억원
나. 특별자치시·시(「제주특별자치도 설치 및 국제자유도시 조성을 위한 특별법」 제15조 제2항에 따른 행정시를 포함한다. 이하 같다): 2억원
다. 군(광역시·특별자치시 또는 시에 속하는 읍·면을 포함한다. 이하 같다): 5천만원
2. 직장조합의 경우에는 4천만원
3. 단체조합의 경우에는 주된 사무소의 소재지에 따라 다음 각 목의 금액
가. 특별시·광역시: 1억원
나. 특별자치시·시: 8천만원
다. 군: 5천만원

52) 법 제4조(등기) ① 조합과 중앙회는 주된 사무소의 소재지에서 설립등기를 함으로써 성립한다.
② 등기소는 "신협등기부"를 따로 갖추어 두어야 한다.
③ 이 법에 규정된 것 외에 조합과 중앙회의 등기에 필요한 사항은 대통령령으로 정한다.

이해관계인의 의견을 직접 듣고 증거를 조사하는 절차를 말한다(행정절차법 제2조 제5호). 청문절차는 국민의 권익을 보장하기 위하여 행정청이 처분하려고 할 때에 처분의 원인이 되는 사실 등을 당사자에게 사전에 통지하여 청문주재자의 주재하에 당사자의 구술에 의한 주장을 청취하고, 행정청과 당사자 간 또는 당사자 상호 간에 반증을 허용하며, 증거조사를 실시함으로써 사실 규명과 법령의 해석·적용을 명확하게 하려는 절차다.

금융위원회는 조합 설립인가권이 있고, 조합은 금융위원회의 인가를 받아 설립된다(법 제4조 제1항). 조합 설립 인가 취소 처분은 금융위원회가 부여한 권리 또는 권한 자체를 박탈하는 것이므로 처분 상대방인 조합의 권익보호를 위해 청문 절차를 두고 있다.

행정절차법은 행정절차에 관한 일반법으로서 다른 법률에 행정절차에 관하여 특별한 규정이 없으면 행정절차법에 따른다(행정절차법 제3조 제1항). 신협법에는 설립 인가 취소에 대한 청문 규정을 두고 있으나, 구체적인 절차는 규정하고 있지 않으므로 행정절차법에 따른 청문 절차에 관한 규정이 적용된다.

3. 중앙회장의 의견 청취

금융위원회는 조합 업무의 전부정지를 명하거나 설립인가를 취소하려면 중앙회장의 의견을 들어야 한다(법 제85조 제3항). 조합 업무의 전부 정지나 설립 인가 취소는 조합에게 매우 불이익한 처분이고, 조합의 업무 전부 정지나 설립 인가가 취소될 경우에는 조합 및 중앙회에 미치는 영향이 크므로 신협법에 따라 조합을 지도·감독하는 중앙회의 의견을 청취하도록 절차를 마련한 것이다.

Ⅲ. 관련 법령

법률	조문
새마을 금고법	제74조의3(금고 등에 대한 행정처분) ① 주무부장관은 금고 또는 중앙회가 이 법 또는 이 법에 따른 명령을 위반하여 건전한 운영을 해칠 수 있다고 인정하는 경우에는 금고 또는 중앙회에 대하여 다음 각 호의 어느 하나에 해당하는 조치를 할 수 있다.

	1. 경고 또는 주의 2. 위반행위에 대한 시정명령 3. 6개월 이내의 업무의 전부 또는 일부 정지 ② 특별자치시장ㆍ특별자치도지사 또는 시장ㆍ군수ㆍ구청장은 금고가 다음 각 호의 어느 하나에 해당하는 경우에는 금고의 설립인가를 취소할 수 있다. 다만, 제2호에 해당하는 경우에는 취소하여야 한다. 〈개정 2017. 12. 26., 2020. 2. 18.〉 1. 설립인가를 받은 날부터 90일이 지나도록 설립등기를 하지 아니한 경우 2. 거짓이나 그 밖의 부정한 방법으로 설립인가를 받은 경우 3. 제7조의2에 따른 설립인가의 요건을 갖추지 못하게 된 경우 4. 회원이 1년 이상 계속하여 100명 미만인 경우 5. 정당한 사유 없이 1년 이상 계속하여 사업을 시행하지 아니한 경우 6. 제74조의2 및 이 조 제1항에 따른 조치(제79조 제7항에 따라 준용되는 경우를 포함한다) 등을 이행하지 아니한 경우 7. 제79조 제6항에 따른 합병 권고를 받은 날부터 6개월 내에 총회의 의결을 거치지 아니한 경우 ③ 제2항에 따라 특별자치시장ㆍ특별자치도지사 또는 시장ㆍ군수ㆍ구청장이 설립인가를 취소하려면 회장의 의견을 들어야 한다. 〈개정 2020. 2. 18.〉 ④ 회장은 금고가 제2항 각 호의 어느 하나에 해당하는 경우에는 특별자치시장ㆍ특별자치도지사 또는 시장ㆍ군수ㆍ구청장에게 해당 금고의 설립인가 취소를 요청하여야 한다. 〈개정 2020. 2. 18.〉 ⑤ 특별자치시장ㆍ특별자치도지사 또는 시장ㆍ군수ㆍ구청장은 제2항에 따라 금고의 설립인가를 취소한 경우에는 즉시 그 사실을 공고하여야 한다. 〈개정 2020. 2. 18.〉 ⑥ 제1항에 따른 행정처분의 세부기준은 행정안전부령으로 정한다. 〈신설 2017. 12. 26.〉 [본조신설 2016. 1. 6.] **제83조(청문 등)** 주무부장관 또는 회장이 제74조의2 제1항 제1호, 제74조의3 제1항 제3호, 제79조 제7항에서 준용하는 제74조의2 제1항 제1호ㆍ제74조의3 제1항 제3호, 제79조의5 제1항 제1호에 따라 업무정지, 관계 임원의 해임ㆍ직무정지를 명하거나, 특별자치시장ㆍ특별자치도지사 또는 시장ㆍ군수ㆍ구청장이 제74조의3 제2항에 따라 설립인가를 취소하려면 대통령령으로 정하는 바에 따라 미리 그 처분의 상대방 또는 그 대리인에게 의견을 진술할 기회를 주어야 한다. 다만, 그 처분의 상대방 또는 그 대리인이 정당한 사유 없이 이에 응하지 아니하거나 주소불명 등으로 의견 진술의 기회를 줄 수 없는 경우에는 그러하지 아니하다. 〈개정 2016. 1. 6., 2017. 12. 26., 2020. 2. 18., 2023. 4. 11.〉 [제목개정 2016. 1. 6.]
농업 협동조합법	**제164조(위법행위에 대한 행정처분)** ① 농림축산식품부장관은 조합등이나 중앙회의 업무와 회계가 법령, 법령에 따른 행정처분 또는 정관에 위반된다고 인정하면 그 조합등이나 중앙회에 대하여 기간을 정하여 그 시정을 명하고 관련 임직원에게 다음 각 호의 조치를 하게 할 수 있다. 〈개정 2013. 3. 23., 2016. 12. 27.〉 1. 임원에 대하여는 개선, 직무의 정지 또는 변상

	2. 직원에 대하여는 징계면직, 정직, 감봉 또는 변상 3. 임직원에 대한 주의 · 경고 ② 농림축산식품부장관은 조합등이나 중앙회가 제1항에 따른 시정명령 또는 임직원에 대한 조치를 이행하지 아니하면 6개월 이내의 기간을 정하여 그 업무의 전부 또는 일부를 정지시킬 수 있다. 〈개정 2013. 3. 23.〉 ③ 제1항 및 제146조 제3항 제1호 및 제2호에 따라 개선이나 징계면직의 조치를 요구받은 해당 임직원은 그 날부터 그 조치가 확정되는 날까지 직무가 정지된다. [전문개정 2009. 6. 9.] **제169조(청문)** 농림축산식품부장관은 제167조에 따라 설립인가를 취소하려면 청문을 하여야 한다. 〈개정 2013. 3. 23.〉 [전문개정 2009. 6. 9.]
수산업 협동조합법	**제170조(법령 위반에 대한 조치)** ① 해양수산부장관은 조합등과 중앙회의 총회 · 대의원회 또는 이사회의 소집 절차, 의결 방법, 의결 내용이나 선거가 법령, 법령에 따른 처분 또는 정관에 위반된다고 인정할 때에는 그 의결에 따른 집행의 정지 또는 선거에 따른 당선의 취소를 할 수 있다. 〈개정 2013. 3. 23., 2016. 5. 29.〉 ② 해양수산부장관은 조합등과 중앙회의 업무 또는 회계가 법령, 법령에 따른 처분 또는 정관에 위반된다고 인정할 때에는 그 조합등 또는 중앙회에 대하여 기간을 정하여 시정을 명하고 해당 임직원에 대하여 다음 각 호의 조치를 하게 할 수 있다. 〈개정 2013. 3. 23., 2016. 5. 29.〉 1. 임원에 대하여는 개선(改選), 직무정지, 견책 또는 경고 2. 직원에 대하여는 징계면직, 정직, 감봉 또는 견책 ③ 제2항과 제146조 제3항에 따라 조합등 또는 중앙회가 임직원의 개선, 징계면직의 조치를 요구받은 경우 해당 임직원은 그 날부터 그 조치가 확정되는 날까지 직무가 정지된다. 〈개정 2016. 5. 29.〉 ④ 해양수산부장관은 조합등 또는 중앙회가 제2항에 따른 시정명령 또는 임직원에 대한 조치를 이행하지 아니하면 6개월 이내의 기간을 정하여 해당 업무의 전부 또는 일부를 정지시킬 수 있다. 〈개정 2013. 3. 23., 2014. 5. 21., 2016. 5. 29.〉 ⑤ 제4항에 따른 업무정지의 세부기준 및 그 밖에 필요한 사항은 해양수산부령으로 정한다. 〈신설 2014. 5. 21.〉 [전문개정 2010. 4. 12.] **제175조(청문)** 해양수산부장관은 다음 각 호의 어느 하나에 해당하는 처분을 하려면 청문을 하여야 한다. 〈개정 2013. 3. 23.〉 1. 제170조 제1항에 따른 선거 당선 취소 2. 제173조에 따른 설립인가의 취소 [전문개정 2010. 4. 12.]
산림조합법	**제125조(위법행위에 대한 행정처분)** ① 산림청장 또는 시 · 도지사는 조합등 또는 중앙회의 업무와 회계가 법령, 법령에 따른 행정처분 또는 정관을 위반한다고 인정할 때에는 그 조합 또는 중앙회에 대하여 기간을 정하여 시정을 명하고 관련 임직원에 대하여 다음 각 호의 조치를 할 것을 요구할 수 있다. 〈개정 2020. 2. 18.〉 1. 임원에 대하여는 개선 또는 직무의 정지

	2. 직원에 대하여는 징계면직, 정직 또는 감봉 ② 산림청장 또는 시·도지사는 조합등 또는 중앙회가 제1항에 따른 시정명령 또는 임직원에 대한 조치 요구를 이행하지 아니하였을 때에는 6개월 이내의 기간을 정하여 그 업무의 전부 또는 일부를 정지시킬 수 있다. 〈개정 2014. 3. 18., 2020. 2. 18.〉 ③ 제2항에 따른 업무정지의 세부기준 및 그 밖에 필요한 사항은 농림축산식품부령으로 정한다. 〈신설 2014. 3. 18.〉 [전문개정 2013. 4. 5.] **제128조(청문)** 산림청장 또는 시·도지사는 제127조에 따라 설립인가를 취소하려면 청문을 하여야 한다. 〈개정 2020. 2. 18.〉 [전문개정 2013. 4. 5.]

제86조(경영관리)

제86조(경영관리) ① 금융위원회는 다음 각 호의 어느 하나에 해당되어 조합원의 이익을 크게 해칠 우려가 있다고 인정되는 조합에 대해서는 관리인을 선임하여 경영관리를 하게 할 수 있다. 〈개정 2015. 1. 20.〉

1. 제83조 제2항에 따른 검사 결과 조합이 대통령령으로 정하는 불법·부실대출을 보유하고 이를 단기간에 통상적인 방법으로 회수하기가 곤란하여 자기자본의 전부가 잠식될 우려가 있다고 인정되는 경우
2. 조합 임직원의 위법·부당한 행위로 인하여 조합에 재산상의 손실이 발생하여 자력(自力)으로 경영정상화를 추진하는 것이 어렵다고 인정되는 경우
3. 조합의 파산 위험이 현저하거나 임직원의 위법·부당한 행위로 인하여 조합의 예탁금·적금 인출이 쇄도하거나 조합이 예탁금 및 적금을 지급할 수 없는 상태에 이른 경우
4. 제83조 제2항에 따른 검사 결과 제1호부터 제3호까지의 경우에 해당되지 아니하는 경우로서 자본의 적정성, 자산의 건전성 등을 고려하여 대통령령으로 정하는 경우
5. 제89조 제3항 및 제6항에 따른 경영 분석·평가 결과 또는 검사 결과 경영관리가 필요하다고 인정하여 중앙회장이 건의하는 경우. 이 경우 금융위원회는 제1호부터 제4호까지의 경우에 해당하는지를 확인하여야 한다.

② 금융위원회는 제1항에 따른 경영관리가 개시(開始)되었을 때에는 6개월의 범위에서 채무의 지급을 정지하거나 임원의 직무를 정지하고, 관리인으로 하여금 지체 없이 그 조합의 재산현황을 조사(이하 "재산실사"라 한다)하게 하여야 한다. 〈개정 2015. 1. 20.〉

③ 삭제 〈2000. 1. 28.〉

④ 금융위원회는 제86조의2에 따른 조치에 필요한 자료를 중앙행정기관의 장에게 요청할 수 있다. 이 경우 요청받은 중앙행정기관의 장은 특별한 사유가 없으면 요청에 따라야 한다. 〈개정 2015. 1. 20.〉

⑤ 금융위원회는 재산실사 결과 해당 조합의 경영정상화가 가능한 경우 등 대통령령으로 정하는 사유가 있을 때에는 제2항에 따른 정지의 전부 또는 일부를 철회할 수 있다. 〈개정 2015. 1. 20.〉

⑥ 조합이 제1항에 따라 경영관리를 받게 되었을 때에는 대통령령으로 정하는 바에 따라 지체 없이 그 요지를 공고하여야 한다. 〈개정 2015. 1. 20.〉

⑦ 제1항 및 제2항에 따른 경영관리, 채무의 지급정지 또는 임원의 직무정지의 방법, 기간 및 절차 등에 관하여 필요한 사항은 대통령령으로 정한다. 〈개정 2015. 1. 20.〉

[제목개정 2015. 1. 20.]

Ⅰ. 조문의 취지와 의의

금융위원회는 조합원 보호를 위해 자금의 수급관리, 부실대출의 회수, 채권확보, 인력이나 조직 운영의 개선 등 조합 경영에 관여할 필요가 있다. 이에 법 제86조는 이와 같은 경영관리 전반에 관해서 규정하고 있다.

Ⅱ. 조문의 내용 및 해설

1. 경영관리

(1) 의 의

금융위원회는 일정 요건에 해당하여 조합원의 이익을 크게 해칠 우려가 있다고 인정되는 조합에 대해서는 관리인을 선임하여 경영관리를 하게 할 수 있다(법 제86조 제1항). 금융위원회는 경영관리 및 관리인의 선임에 관한 권한을 금융감독원장에게 위탁할 수 있다(법 제96조 제1항, 시행령 제24조 제1항 제9호). 이와 같은 금융위원회의 경영 개입은 그 필요성이 인정되지만 이를 제한 없이 허용하는 경우 조합의 자율성을 현저히 훼손할 우려가 있으므로,[53] 이를 방지하기 위하여 경영관리의 요건 등을 관련 법령에서 명확히 규정하고 있다.

(2) 경영관리의 요건

가. 불법 · 부실대출로 자기자본의 전부가 잠식될 우려가 있는 경우

법 제83조 제2항[54]의 금융감독원 검사 결과, 조합이 ① 동일인에 대한 대출등의 한도를 위반하여 한 대출등의 합계액 중 부실대출에 해당하는 금액이 자기자본 또는 출자금중 큰 금액을 초과하는 경우의 당해부실대출금액, ② 부실대출의 합계액이 자기자본 또는 출자금중 큰 금액의 2배를 초과하는 경우의

53) 법제처, 농업협동조합법 해설, 2011, 253면.

54) 법 제83조(금융위원회의 감독 등) ② 금융감독원장은 그 소속 직원으로 하여금 조합 또는 중앙회의 업무와 재산에 관하여 검사를 하게 할 수 있다.

당해부실대출금액을 보유하고 이를 단기간에 통상적인 방법으로 회수하기가 곤란하여 자기자본의 전부가 잠식될 우려가 있다고 인정되는 경우를 말한다(법 제86조 제1항 제1호, 시행령 제21조의2 제1항).

나. 재산상 손실이 발생하여 경영정상화가 어려운 경우

조합 임직원의 위법·부당한 행위로 인하여 조합에 재산상의 손실이 발생하여 자력(自力)으로 경영정상화를 추진하는 것이 어렵다고 인정되는 경우를 말한다(법 제86조 제1항 제2호).

다. 예탁금·적금 인출이 쇄도하거나 이를 지급할 수 없는 상태에 이른 경우

조합의 파산 위험이 현저하거나 임직원의 위법·부당한 행위로 인하여 조합의 예탁금·적금 인출이 쇄도하거나 조합이 예탁금 및 적금을 지급할 수 없는 상태에 이른 경우를 말한다(법 제86조 제1항 제3호).

라. 자본의 적정성, 자산의 건전성 등을 고려하여 일정 기준에 미달하는 경우

법 제83조 제2항의 금융감독원 검사 결과, 이상의 가, 나, 다의 경우에 해당되지 아니하는 경우로서 자본의 적정성, 자산의 건전성 등을 고려하여 ① 자산에 대한 자기자본비율 등 조합의 신용위험에 대응하는 자기자본의 보유기준, ② 대출채권 등 조합이 보유하는 자산의 건전성 기준, ③ 경영실태평가 기준에 미달하는 경우를 말한다(법 제86조 제1항 제4호, 시행령 제21조의2 제2항 전단). 이 경우 각 호의 구체적인 기준은 금융위원회가 정하는바(시행령 제21조의2 제2항 후단), 금융위원회는 법 제83조 제2항에 따른 금융감독원 검사결과 총자산 대비 순자본비율이 마이너스 15% 미만으로서 부채가 자산을 초과하는 경우를 그 기준으로 삼고 있다(상호금융업감독규정 제12조의7 제1항). 금융감독원장은 이상의 기준에 해당하는 조합이 자구노력, 합병 또는 중앙회의 자금지원 등으로 그 기준에 해당되지 않게 될 수 있다고 인정되는 경우에는 경영관리를 유예할 수 있다(상호금융업감독규정 제12조의7 제2항).

마. 경영관리가 필요하다고 인정하여 중앙회장이 건의하는 경우

법 제89조 제3항 및 제6항[55]에 따른 중앙회의 경영 분석·평가 결과 또는 검사 결과 경영관리가 필요하다고 인정하여 중앙회장이 건의하는 경우를 말한다. 이 경우 금융위원회는 법 제86조 제1항 각 호의 경영관리 요건에 해당하는지 여부를 확인하여야 한다(법 제86조 제1항 제5호).

(3) 경영관리의 내용

경영관리의 내용은 ① 자금의 수급 및 여·수신의 관리, ② 불법·부실대출의 회수 및 채권의 확보, ③ 위법·부당한 행위의 시정, ④ 부실한 자산의 정리, ⑤ 인력 및 조직운영의 개선, ⑥ 기타 조합의 경영에 관하여 금융위원회가 정하는 사항이다(법 시행령 제21조의3 제1항).

(4) 경영관리의 공고

조합은 경영관리를 받게 된 때에는 지체없이 주사무소 및 지사무소의 객장에 이를 공고하여야 하며, 2영업일이내에 당해조합의 주사무소가 소재하는 지역의 일간신문에 공고내용을 게재하여야 한다(법 제86조 제6항, 시행령 제21조의2 제3항).

2. 채무의 지급정지, 임원의 직무정지, 재산실사

(1) 의 의

경영관리가 개시(開始)되었을 때에는 6개월의 범위에서 채무의 지급을 정지하거나 임원의 직무를 정지하고, 관리인으로 하여금 지체 없이 그 조합의 재산

55) 법 제89조(중앙회의 지도·감독) ① 중앙회장은 제78조 제1항의 사업을 수행하기 위하여 조합을 지도·감독한다. 이 경우 중앙회장은 조합의 사업에 관한 지침 등을 작성하여 보급할 수 있으며, 필요한 경우에는 조합에 자료의 제출, 관계자의 출석 또는 진술을 요구할 수 있다.
③ 중앙회장은 제1항에 따라 조합으로부터 제출받은 자료를 금융위원회가 정하는 바에 따라 분석·평가하여 그 결과를 조합으로 하여금 공시하도록 할 수 있다.
⑥ 중앙회장은 필요하다고 인정할 때에는 그 소속 직원으로 하여금 조합의 업무를 검사하게 할 수 있다.

현황을 조사(이하 "재산실사"라 한다)하게 하여야 한다(법 제86조 제2항). 금융위원회는 채무의 지급정지, 임원의 직무정지 및 재산실사에 관한 권한을 금융감독원장에게 위탁할 수 있다(법 제96조 제1항, 시행령 제24조 제1항 제10호).

(2) 지급정지 가능 채무

금융위원회가 지급을 정지할 수 있는 채무는 ① 제세공과금 또는 임차료의 지급채무, ②「근로기준법」 제38조 제2항[56]의 규정에 의하여 우선변제권이 인정되는 최종 3월분의 임금·「재해보상금 및 퇴직급여보장법」 제11조 제2항[57]의 규정에 의하여 우선변제권이 인정되는 최종 3년간의 퇴직금에 관한 채무, ③ 내국환 결제를 위한 자금, ④ 국가·공공단체·중앙회 또는 금융기관의 업무대리를 위하여 일시적으로 예치한 자금, ⑤ 기타 조합의 유지·관리를 위하여 필요한 것으로서 금융위원회가 인정하는 채무에 해당하지 아니하는 것으로 한다(법 제86조 제2항, 시행령 제21조의5 제1항).

(3) 채무 지급정지 또는 임원 직무정지의 철회

금융위원회는 재산실사 결과 해당 조합이 ① 조합의 재산으로 그 채무를 완

56) 근로기준법 제38조(임금채권의 우선변제) ① 임금, 재해보상금, 그 밖에 근로 관계로 인한 채권은 사용자의 총재산에 대하여 질권(質權)·저당권 또는 「동산·채권 등의 담보에 관한 법률」에 따른 담보권에 따라 담보된 채권 외에는 조세·공과금 및 다른 채권에 우선하여 변제되어야 한다. 다만, 질권·저당권 또는 「동산·채권 등의 담보에 관한 법률」에 따른 담보권에 우선하는 조세·공과금에 대하여는 그러하지 아니하다.
② 제1항에도 불구하고 다음 각 호의 어느 하나에 해당하는 채권은 사용자의 총재산에 대하여 질권·저당권 또는 「동산·채권 등의 담보에 관한 법률」에 따른 담보권에 따라 담보된 채권, 조세·공과금 및 다른 채권에 우선하여 변제되어야 한다.
1. 최종 3개월분의 임금
2. 재해보상금

57) 퇴직급여보장법 제12조(퇴직급여등의 우선변제) ① 사용자에게 지급의무가 있는 퇴직금, 제15조에 따른 확정급여형퇴직연금제도의 급여, 제20조 제3항에 따른 확정기여형퇴직연금제도의 부담금 중 미납입 부담금 및 미납입 부담금에 대한 지연이자, 제23조의7 제1항에 따른 중소기업퇴직연금기금제도의 부담금 중 미납입 부담금 및 미납입 부담금에 대한 지연이자, 제25조 제2항 제4호에 따른 개인형퇴직연금제도의 부담금 중 미납입 부담금 및 미납입 부담금에 대한 지연이자(이하 "퇴직급여등"이라한다)는 사용자의 총재산에 대하여 질권 또는 저당권에 의하여 담보된 채권을 제외하고는 조세·공과금 및 다른 채권에 우선하여 변제되어야 한다. 다만, 질권 또는 저당권에 우선하는 조세·공과금에 대하여는 그러하지 아니하다.
② 제1항에도 불구하고 최종 3년간의 퇴직급여등은 사용자의 총재산에 대하여 질권 또는 저당권에 의하여 담보된 채권, 조세·공과금 및 다른 채권에 우선하여 변제되어야 한다.

제할 수 있다고 인정되는 때, ② 조합의 재산으로 그 채무를 완제할 수는 없으나 다른 조합과의 합병등으로 조합원의 보호가 가능하다고 인정되는 때, ③ 조합의 재산으로 그 채무를 완제할 수는 없으나 중앙회의 자금지원 또는 자구노력 등으로 3년 이내에 경영정상화가 가능하다고 인정되는 때에는 채무의 지급정지 또는 임원의 직무정지 전부 또는 일부를 철회할 수 있다(법 제86조 제5항, 시행령 제21조의5 제2항).

(4) 채무지급정지의 전부 철회와 경영관리의 종료

금융위원회는 조합에 대한 채무지급정지가 전부 철회된 때에는 지체없이 당해 조합에 대한 경영관리를 종료하여야 한다(법 시행령 제21조의5 제3항).

(5) 재산실사

가. 재산실사기준 포함사항

재산실사기준은 금융감독원장이 정하며,[58] ① 대출금, 가지급금, 유가증권 및 고정자산 등의 자산평가기준, ② 손익보정 등 회계처리기준을 포함하여야 한다(상호금융업감독규정 제23조 제1항).

나. 재산실사 관련 관리인의 의무

관리인은 재산실사기준에 따라 조합의 재산현황을 조사하고 그 결과를 토대로 수정재무상태표 등을 작성하여야 하고(상호금융업감독규정 제23조 제2항), 수정재무상태표 등 재산실사 결과를 금융감독원장에게 보고하여야 한다(상호금융업감독규정 제23조 제3항).

다. 금융감독원의 경영정상화에 관한 중앙회 의견 청취

금융감독원장은 재산실사 결과 채무초과 조합에 대하여는 그 결과를 중앙회에 통보하고 중앙회장으로부터 당해 조합의 합병 혹은 중앙회의 대출 등을 통한 경영정상화 가능 여부에 대한 의견을 들어야 한다(상호금융업감독규정 제24조).

---

58) 상호금융업감독업무시행세칙 제19조(재산실사 기준) 감독규정 제23조 제1항의 규정에 의한 재산실사 기준은 〈별표 8〉과 같다.

3. 자료의 요청

금융위원회는 법 제86조의2(관리인의 자격 및 권한 등)에 따른 조치에 필요한 자료를 중앙행정기관의 장에게 요청할 수 있다. 이 경우 요청받은 중앙행정기관의장은 특별한 사유가 없으면 요청에 따라야 한다(법 제86조 제4항). 금융위원회는 자료요청에 관한 권한을 금융감독원장에게 위탁할 수 있다(법 제96조 제1항, 시행령 제24조 제1항 제11호).

4. 경영관리 기간

경영관리의 기간은 6월로 하되, 금융위원회가 조합원의 보호 및 경영정상화의 추진을 위하여 필요하다고 인정하는 경우에는 1회에 한하여 6월의 범위 안에서 이를 연장할 수 있다. 다만, 법 제88조의 규정에 의하여 파산신청을 한 경우에는 채무자회생법 제355조[59]의 규정에 의한 파산관재인이 선임될 때까지 경영관리의 기간을 연장할 수 있다(법 시행령 제21조의4).

5. 경영관리의 종료

금융감독원장은 조합이 ① 부실대출이 자기자본 또는 출자금중 큰 금액을 초과하지 아니하는 경우로 경영관리요건을 해소한 경우, ② 합병에 의하여 조합이 소멸한 경우, ③ 중앙회의 대출이 이루어져 경영정상화를 추진하는 경우, ④ 법 제85조 제2항의 규정에 의하여 인가취소된 경우, ⑤ 조합이 파산결정된 경우, ⑥ 시행령 제21조의5 제2항의 규정에 의하여 조합에 대한 채무지급정지가 전부 철회된 경우, ⑦ 기타 경영관리를 종료할 필요가 있다고 감독원장이 인정하는 경우에 지체없이 경영관리를 종료하여야 한다(상호금융업감독규정 제27조 제1항).

59) 채무자회생법 제355조(파산관재인의 선임) ① 파산관재인은 관리위원회의 의견을 들어 법원이 선임한다.
② 법인도 파산관재인이 될 수 있다. 이 경우 그 법인은 이사 중에서 파산관재인의 직무를 행할 자를 지명하고 법원에 신고하여야 한다.

Ⅲ. 관련 법령

법률	조문
새마을 금고법	제80조(경영지도) ① 주무부장관은 금고가 다음 각 호의 어느 하나에 해당되어 회원의 보호에 지장을 줄 우려가 있다고 인정되면 그 금고에 대하여 경영지도를 한다. 〈개정 2017. 12. 26.〉 1. 금고가 자기자본을 초과하는 부실대출을 보유하고 있고 이를 단기간 내에 통상적인 방법으로 회수하기가 곤란하여 자기자본이 잠식될 우려가 있다고 인정되는 경우 2. 금고 임직원의 위법·부당한 행위로 금고에 재산상의 손실이 발생하여 자력(自力)으로 경영정상화를 추진하는 것이 어렵다고 인정되는 경우 3. 금고의 파산 위험이 뚜렷하거나 임직원의 위법·부당한 행위로 금고의 예탁금, 적금, 그 밖의 수입금에 대한 인출이 쇄도하여 금고의 자력(資力)으로 예탁금, 적금, 그 밖의 수입금을 지급할 수 없는 상태에 이른 경우 4. 제79조 제3항에 따른 검사 결과 경영지도가 필요하다고 인정되어 회장이 건의하는 경우 ② 제1항에서 "경영지도"란 다음 각 호의 사항에 대하여 지도하는 것을 말한다. 1. 자금의 수급 및 여·수신에 관한 업무 2. 불법·부실대출의 회수 및 채권 확보 3. 그 밖에 금고의 경영에 관하여 대통령령으로 정하는 사항 ③ 주무부장관은 제1항에 따른 경영지도가 시작된 경우에는 6개월의 범위에서 예금 등 채무의 지급을 정지하거나 임원(제26조 제2항에 따른 간부직원을 포함한다. 이하 이 조에서 같다)의 직무를 정지할 수 있다. 이 경우 주무부장관은 지체 없이 회장에게 해당 금고의 재산상황을 조사(이하 "재산실사"라 한다)하게 할 수 있다. ④ 회장은 제3항 후단에 따른 재산실사 결과 위법·부당한 행위로 금고에 손실을 끼친 임직원에 대하여는 재산 조회 및 가압류 신청 등 손실금 보전을 위하여 필요한 조치를 취하여야 한다. ⑤ 주무부장관은 제3항 후단에 따른 재산실사 결과 해당 금고의 경영 정상화가 가능한 경우 등 특별한 사유가 있다고 인정되면 제3항 전단에 따른 채무의 지급정지 또는 임원의 직무정지의 전부 또는 일부를 해제하여야 한다. ⑥ 주무부장관은 제1항에 따른 경영지도에 관한 업무를 회장에게 위탁할 수 있다. ⑦ 제1항부터 제3항까지의 규정에 따른 경영지도의 방법, 채무의 지급정지 또는 임원의 직무 정지의 방법·기간 및 절차 등에 관하여 필요한 사항은 대통령령으로 정한다.
농업 협동조합법	제166조(경영지도) ① 농림축산식품부장관은 조합등이 다음 각 호의 어느 하나에 해당되어 조합원 보호에 지장을 줄 우려가 있다고 인정되면 그 조합등에 대하여 경영지도를 한다. 〈개정 2011. 3. 31., 2013. 3. 23.〉 1. 조합에 대한 감사 결과 조합의 부실 대출 합계액이 자기자본의 2배를 초과하는 경우로서 단기간 내에 통상적인 방법으로는 회수하기가 곤란하여

	자기자본의 전부가 잠식될 우려가 있다고 인정되는 경우 2. 조합등의 임직원의 위법·부당한 행위로 인하여 조합등에 재산상의 손실이 발생하여 자력(自力)으로 경영정상화를 추진하는 것이 어렵다고 인정되는 경우 3. 조합의 파산위험이 현저하거나 임직원의 위법·부당한 행위로 인하여 조합의 예금 및 적금의 인출이 쇄도하거나 조합이 예금 및 적금을 지급할 수 없는 상태에 이른 경우 4. 제142조 제2항 및 제146조에 따른 경영평가 또는 감사의 결과 경영지도가 필요하다고 인정하여 회장이 건의하는 경우 5. 「신협법」 제95조에 따라 조합에 적용되는 같은 법 제83조에 따른 검사의 결과 경영지도가 필요하다고 인정하여 금융감독원장이 건의하는 경우 ② 제1항에서 "경영지도"란 다음 각 호의 사항에 대하여 지도하는 것을 말한다. 1. 불법·부실 대출의 회수 및 채권의 확보 2. 자금의 수급(需給) 및 여신·수신(與信·受信)에 관한 업무 3. 그 밖에 조합등의 경영에 관하여 대통령령으로 정하는 사항 ③ 농림축산식품부장관은 제1항에 따른 경영지도가 시작된 경우에는 6개월의 범위에서 채무의 지급을 정지하거나 임원의 직무를 정지할 수 있다. 이 경우 회장에게 지체 없이 조합등의 재산상황을 조사(이하 "재산실사"라 한다)하게 하거나 금융감독원장에게 재산실사(財産實査)를 요청할 수 있다. 〈개정 2011. 3. 31., 2013. 3. 23.〉 ④ 회장이나 금융감독원장은 제3항 후단에 따른 재산실사의 결과 위법·부당한 행위로 인하여 조합등에 손실을 끼친 임직원에게 재산 조회(照會) 및 가압류 신청 등 손실금 보전을 위하여 필요한 조치를 하여야 한다. 〈개정 2011. 3. 31.〉 ⑤ 농림축산식품부장관은 제4항에 따른 조치에 필요한 자료를 중앙행정기관의 장에게 요청할 수 있다. 이 경우 요청을 받은 중앙행정기관의 장은 특별한 사유가 없으면 그 요청에 따라야 한다. 〈개정 2013. 3. 23.〉 ⑥ 농림축산식품부장관은 재산실사의 결과 해당 조합등의 경영정상화가 가능한 경우 등 특별한 사유가 있다고 인정되면 제3항 본문에 따른 정지의 전부 또는 일부를 철회하여야 한다. 〈개정 2013. 3. 23.〉 ⑦ 농림축산식품부장관은 제1항에 따른 경영지도에 관한 업무를 회장에게 위탁할 수 있다. 〈개정 2011. 3. 31., 2013. 3. 23.〉 ⑧ 제1항부터 제3항까지의 규정에 따른 경영지도, 채무의 지급정지 또는 임원의 직무정지의 방법, 기간 및 절차 등에 필요한 사항은 대통령령으로 정한다. [전문개정 2009. 6. 9.]
수산업 협동조합법	**제172조(경영지도)** ① 해양수산부장관은 조합등이 다음 각 호의 어느 하나의 경우에 해당되어 조합원 보호에 지장을 줄 우려가 있다고 인정하면 해당 조합등에 대하여 경영지도를 한다. 〈개정 2013. 3. 23., 2016. 5. 29., 2020. 3. 24.〉 1. 조합에 대한 감사 결과 조합의 부실대출을 합친 금액이 제68조에 따른 자기자본의 2배를 초과하는 경우로서 단기간 내에 일반적인 방법으로는 회수하기가 곤란하여 자기자본의 전부가 잠식될 우려가 있다고 인정되는 경우 2. 조합등의 임직원의 위법·부당한 행위로 인하여 조합등에 재산상의 손실

	이 발생하여 자력(自力)으로 경영정상화를 추진하는 것이 어렵다고 인정되는 경우 3. 조합의 파산 위험이 현저하거나 임직원의 위법·부당한 행위로 인하여 조합의 예금 또는 적금의 인출이 쇄도하거나 조합이 예금 또는 적금을 지급할 수 없는 상태에 이른 경우 4. 제142조 제2항 또는 제146조에 따른 경영 상태의 평가 또는 감사의 결과 경영지도가 필요하다고 인정하여 중앙회의 회장이 건의하는 경우 5. 「신협법」 제95조 제4항에 따라 조합에 적용되는 같은 법 제83조 제1항·제2항에 따른 감독 및 검사의 결과 경영지도가 필요하다고 인정하여 금융위원회 또는 금융감독원장이 건의하는 경우 ② 제1항에서 "경영지도"란 다음 각 호의 사항에 대하여 지도하는 것을 말한다. 〈개정 2016. 5. 29.〉 1. 불법·부실 대출의 회수 및 채권의 확보 2. 자금의 수급(需給) 및 여신·수신에 관한 업무 3. 그 밖에 조합등의 경영에 관하여 대통령령으로 정하는 사항 ③ 해양수산부장관은 제1항에 따른 경영지도가 시작된 경우에는 6개월 이내의 범위에서 채무의 지급을 정지하거나 임원의 직무를 정지할 수 있다. 이 경우 중앙회의 회장에게 지체 없이 조합등의 재산상황을 조사(이하 이 조에서 "재산실사"라 한다)하게 하거나 금융감독원장에게 재산실사를 요청할 수 있다. 〈개정 2013. 3. 23., 2016. 5. 29.〉 ④ 중앙회의 회장 또는 금융감독원장은 제3항 후단에 따른 재산실사 결과 위법·부당한 행위로 인하여 조합등에 손실을 끼친 임직원에 대하여는 재산조회 및 가압류 신청 등 손실금 보전을 위하여 필요한 조치를 하여야 한다. 〈개정 2016. 5. 29.〉 ⑤ 해양수산부장관은 제4항에 따른 조치에 필요한 자료를 중앙행정기관의 장에게 요청할 수 있다. 이 경우 요청을 받은 중앙행정기관의 장은 특별한 사유가 없으면 요청에 따라야 한다. 〈개정 2013. 3. 23.〉 ⑥ 해양수산부장관은 재산실사 결과 해당 조합등의 경영정상화가 가능한 경우 등 특별한 사유가 있다고 인정되면 제3항 전단에 따른 채무 지급정지 또는 직무정지의 전부 또는 일부를 철회하여야 한다. 〈개정 2013. 3. 23., 2016. 5. 29.〉 ⑦ 제1항부터 제3항까지의 규정에 따른 경영지도, 채무의 지급정지 또는 임원의 직무정지의 방법·기간 및 절차 등에 필요한 사항은 대통령령으로 정한다. ⑧ 중앙회의 회장 또는 사업전담대표이사는 정관으로 정하는 바에 따라 경영적자·자본잠식 등으로 인하여 경영 상태가 부실한 조합에 대한 자금 결제 및 지급 보증의 제한이나 중지, 수표 발행 한도의 설정 또는 신규수표의 발행 중지, 2년 이상 연속 적자조합에 대한 정책자금의 취급 제한 또는 중지, 금융사고가 발생한 조합에 대한 예금 대지급(代支給) 중단 등 자산 건전성 제고를 위하여 필요한 조치를 할 수 있다. [전문개정 2010. 4. 12.]
산림조합법	**제126조(경영지도)** ① 산림청장 또는 시·도지사는 조합등이 다음 각 호의 어느 하나에 해당되어 조합원 보호에 지장을 초래할 우려가 있다고 인정할 때에는 그 조합등에 대하여 경영지도를 한다. 〈개정 2020. 2. 18., 2020. 3. 24.〉

	1. 조합에 대한 감사 결과 조합의 부실대출 합계액이 자기자본의 2배를 초과하는 경우로서 단기간 내에 일반적인 방법으로는 회수하기 곤란하여 자기자본 전부가 잠식될 우려가 있다고 인정되는 경우 2. 조합등 임직원의 위법·부당한 행위로 인하여 조합에 재산상 손실이 발생하여 자력으로 경영정상화를 추진하는 것이 어렵다고 인정되는 경우 3. 조합의 파산위험이 현저하거나 임직원의 위법·부당한 행위로 인하여 조합의 예금 및 적금 인출이 쇄도하거나 조합이 예금 및 적금을 지급할 수 없는 상태에 이른 경우 4. 제117조 제2항 및 제121조에 따른 경영평가 또는 감사의 결과 경영지도가 필요하다고 인정하여 회장이 건의하는 경우 5. 「신협법」 제95조에 따라 조합에 적용되는 같은 법 제83조에 따른 검사의 결과 경영지도가 필요하다고 인정하여 금융감독원장이 건의하는 경우 ② 제1항의 경영지도란 다음 각 호의 사항에 대하여 지도하는 것을 말한다. 1. 불법·부실 대출의 회수 및 채권의 확보 2. 자금의 수급 및 여신·수신에 관한 업무 3. 그 밖에 조합등의 경영에 관하여 대통령령으로 정하는 사항 ③ 산림청장 또는 시·도지사는 제1항에 따른 경영지도가 시작되었을 때에는 6개월의 범위에서 채무의 지급을 정지하거나 임원의 직무를 정지하게 할 수 있다. 이 경우 회장으로 하여금 지체 없이 조합등의 재산상황을 조사(이하 "재산실제조사"라 한다)하게 하거나 금융감독원장에게 재산실제조사를 요청할 수 있다. 〈개정 2020. 2. 18., 2020. 3. 24.〉 ④ 회장이나 금융감독원장은 재산실제조사의 결과 위법·부당한 행위로 조합등에 손실을 끼친 임직원에 대하여는 재산 조회 및 가압류 신청 등 손실금 보전을 위하여 필요한 조치를 하여야 한다. 〈개정 2020. 3. 24.〉 ⑤ 산림청장 또는 시·도지사는 제4항에 따른 조치에 필요한 자료를 중앙행정기관의 장에게 요청할 수 있다. 이 경우 요청을 받은 중앙행정기관의 장은 특별한 사유가 없으면 그 요청에 따라야 한다. 〈개정 2020. 2. 18.〉 ⑥ 산림청장 또는 시·도지사는 재산실제조사의 결과 해당 조합등의 경영정상화가 가능한 경우 등 특별한 사유가 있을 때에는 제3항 전단에 따른 채무의 지급정지 또는 임원의 직무정지의 전부 또는 일부를 철회하여야 한다. 〈개정 2020. 2. 18., 2020. 3. 24.〉 ⑦ 산림청장 또는 시·도지사는 제1항에 따른 경영지도에 관한 업무를 회장에게 위탁할 수 있다. 〈개정 2020. 2. 18.〉 ⑧ 제1항부터 제3항까지의 규정에 따른 경영지도, 채무의 지급정지 또는 임원의 직무정지의 방법, 기간 및 절차 등에 관하여 필요한 사항은 대통령령으로 정한다. [전문개정 2013. 4. 5.]
상호저축은행법	제24조의3(경영관리) ① 금융위원회는 상호저축은행이 다음 각 호의 어느 하나의 요건에 해당하면 지체 없이 관리인을 선임하여 해당 상호저축은행에 대하여 경영관리를 하게 할 수 있다. 〈개정 2020. 3. 24.〉 1. 제23조 제1항에 따른 검사 결과 상호저축은행이 불법·부실신용공여를 보유하여 자본의 전부가 잠식될 우려가 있고, 이를 단기간에 통상적인 방법으로는 회수할 가능성이 없어 자력으로 경영정상화를 추진하는 것이 어렵다고 인정되는 경우

	2. 제24조 제2항에 따른 영업인가 취소의 사유에 해당하는 경우로서 예금자보호를 위하여 경영관리의 필요성이 인정되는 경우 3. 경영지도를 장기간 또는 반복하여 받거나 이 법 또는 「금융소비자 보호에 관한 법률」을 위반하여 시정명령을 받고도 상당 기간 시정하지 아니하여 경영관리를 통하여 시정할 필요성이 인정되는 경우 4. 제37조 제1항 각 호의 어느 하나에 해당하는 자에게 같은 조 제1항 또는 같은 조 제2항에 따라 신용공여 또는 교차신용공여를 반복하거나 그 신용공여금액이 과다하여 공익 또는 예금자보호를 위하여 경영관리의 필요성이 인정되는 경우 ② 제1항 제1호 · 제3호 및 제4호에 따른 경영관리의 구체적인 요건은 대통령령으로 정한다. ③ 제1항에 따른 경영관리가 시작되면 관리인은 지체 없이 상호저축은행의 재산현황을 조사(이하 "재산실사"라 한다)한다. ④ 경영관리의 기간은 6개월 이내로 하되, 금융위원회가 경영정상화를 추진하기 위하여 불가피하다고 인정하면 6개월의 범위에서 한 번만 연장할 수 있다. 다만, 제24조의13에 따라 파산신청을 한 경우에는 「채무자 회생 및 파산에 관한 법률」 제355조에 따른 파산관재인(破産管財人)이 선임될 때까지 경영관리 기간을 연장할 수 있다. ⑤ 상호저축은행은 제1항에 따라 경영관리를 받게 되면 지체 없이 대통령령으로 정하는 바에 따라 그 요지를 공고하여야 한다. ⑥ 제1항에 따른 관리인의 선임에 관하여는 「금융산업의 구조개선에 관한 법률」 제14조의3 제2항 및 같은 법 제14조의6 제1항 · 제2항을 준용한다. [전문개정 2010. 3. 22.]

제86조의2(관리인의 자격 및 권한 등), 제86조의3(경영관리의 통지 및 등기)

제86조의2(관리인의 자격 및 권한 등) ① 해당 조합과 대통령령으로 정하는 이해관계 또는 특수관계에 있는 자는 제86조 제1항 또는 제86조의4 제5항에 따른 관리인(이하 이 조에서 "관리인"이라 한다)으로 선임될 수 없다.

② 관리인은 그 선임 목적에 따라 경영관리를 받는 조합의 업무를 집행하고 그 재산을 관리ㆍ처분할 권한 또는 계약이전의 결정과 관련된 업무의 범위에서 조합의 자산ㆍ부채 등을 관리ㆍ처분할 권한이 있다. 이 경우 관리인은 제86조의3 또는 제86조의4 제6항에 따른 등기를 마친 후가 아니면 조합 재산의 처분 등 법률행위를 할 때 제3자에게 대항할 수 없다.

③ 관리인은 불법ㆍ부실대출에 따른 채권을 확보하기 위하여 필요한 경우에는 그 불법ㆍ부실대출에 책임이 있다고 인정되는 임직원(임직원이었던 사람을 포함한다) 또는 채무자의 재산을 조사하여 가압류 신청 등 필요한 조치를 하여야 한다.

④ 금융위원회는 필요하다고 인정하는 경우에는 관리인을 해임할 수 있다.

⑤ 관리인에 관하여는 「민법」 제35조 제1항, 「상법」 제11조 제1항, 「채무자 회생 및 파산에 관한 법률」 제30조 및 제360조부터 제362조까지의 규정을 준용한다. 이 경우 「채무자 회생 및 파산에 관한 법률」 제30조, 제360조 및 제362조 중 "법원"은 "금융위원회"로 본다.

[전문개정 2015. 1. 20.]

제86조의3(경영관리의 통지 및 등기) ① 금융위원회는 제86조에 따라 경영관리를 개시하였을 때에는 지체 없이 그 관리를 받는 조합의 주사무소의 주소지를 관할하는 지방법원에 그 취지를 통지하고 주된 사무소를 관할하는 등기소에 그 등기를 촉탁하여야 한다. 〈개정 2024. 9. 20.〉

② 등기소는 제1항에 따른 촉탁을 받으면 지체 없이 그 등기를 하여야 한다.

[전문개정 2015. 1. 20.]

Ⅰ. 조문의 취지와 의의

금융위원회는 조합에 대한 경영관리 또는 계약이전의 업무를 관리인 선임을 통하여 실행하는바, 법 제86조의2는 금융위원회가 선임하는 관리인에 관한 자격, 권한, 의무 등 관리인의 전반에 관하여 규정하고 있다. 법 제86조의3은 경영관리가 개시되는 경우 금융위원회가 해당 사항을 주된 사무소를 관할하는 등기소에 등기 가능하도록 규정하고 있다.

Ⅱ. 조문의 내용 및 해설

1. 관리인의 자격

해당 조합과 ① 조합부실에 책임이 있는 임·직원과 그 배우자, 4촌 이내의 혈족 및 인척, ② 조합으로부터 불법·부실대출을 받은 자와 그 배우자, 4촌 이내의 혈족 및 인척은 경영관리(법 제86조 제1항) 또는 계약이전(법 제86조의4 제5항)에 따른 관리인으로 선임될 수 없다(법 제86조의2 제1항, 시행령 제21조의6).

2. 관리인의 선임

금융감독원장은 경영관리 수행을 위하여 관리인을 선임할 경우, ① 금융감독원의 직원, ② 중앙회의 직원, ③ 조합 등에 관하여 학식과 경험이 풍부한 금융·법률 또는 회계업무에 종사하는 자를 선임하여야 한다(상호금융업감독규정 제22조 제1항).

선임된 경영관리인이 2인 이상인 경우 각각의 직무집행범위를 금융감독원장이 정할 수 있다(상호금융업감독규정 제22조 제2항).

3. 관리인의 권한 및 대항력

관리인은 그 선임 목적에 따라 경영관리를 받는 조합의 업무를 집행하고 그 재산을 관리처분할 권한 또는 계약이전의 결정과 관련된 업무의 범위에서 조합의 자산·부채 등을 관리·처분할 권한이 있다. 이 경우 관리인은 법 제86조의3[60] 또는 법 제86조의4 제6항[61]에 따른 등기를 마친 후가 아니면 조합 재산의 처분

60) 법 제86조의3(경영관리의 통지 및 등기) ① 금융위원회는 제86조에 따라 경영관리를 개시하였을 때에는 지체 없이 그 관리를 받는 조합의 주사무소의 주소지를 관할하는 지방법원에 그 취지를 통지하고 주사무소 및 지사무소를 관할하는 등기소에 그 등기를 촉탁하여야 한다.
② 등기소는 제1항에 따른 촉탁을 받으면 지체 없이 그 등기를 하여야 한다.

61) 법 제86조의4(계약이전의 결정) ⑥ 금융위원회는 제5항에 따라 관리인을 선임하였을 때에는 지체 없이 해당 부실조합의 주사무소 주소지를 관할하는 지방법원에 그 취지를 통지하고, 주된 사무소를 관할하는 등기소에 그 등기를 촉탁하여야 한다. 〈개정 2024. 9. 20.〉

등 법률행위를 할 때 제3자에게 대항할 수 없다(법 제86조의2 제2항).

4. 관리인의 의무

(1) 관리인의 재산조사 및 관련 조치의무

관리인은 불법·부실대출에 따른 채권을 확보하기 위하여 필요한 경우에는 그 불법·부실대출에 책임이 있다고 인정되는 임직원(임직원이었던 사람을 포함한다) 또는 채무자의 재산을 조사하여 가압류 신청 등 필요한 조치[62]를 하여야 한다(법 제86조의2 제3항).[63]

관리인은 재산실사 결과 조합에 손실을 끼친 임·직원 및 위규행위 관련자에 대하여 재산조회 및 출국금지 등의 조치가 필요한 경우 이를 감독원장에게 건의하여야 하고(상호금융업감독규정 제28조 제1항), 불법·부실대출에 관한 채권을 확보하기 위하여 위규행위 관련자에 대한 재산추적 조사를 실시한 후 가압류 등 채권보전조치를 취하고 필요한 경우 사후조치를 강구하여야 한다(상호금융업감독규정 제28조 제2항).

관리인은 금융감독원이 정한 검사결과조치기준 등에 따라 위규행위관련자에 대하여 고소·고발을 할 수 있다(상호금융업감독규정 제28조 제3항).

(2) 의견서 제출의무

관리인은 ① 경영정상화계획서 또는 위법·부실대출 정리계획서의 제출, ② 자금지원·차입 신청, ③ 경영관리 기간의 연장, ④ 제27조 제1항 제1호 및 제3호의 규정에 의한 경영관리의 종료, ⑤ 기타 감독원장이 요구하는 사항의 경우 금융감독원장에게 의견서를 제출하여야 한다(상호금융업감독규정 제26조 제1항).

---

62) 금융위원회는 법 제86조의2에 따른 조치에 필요한 자료를 중앙행정기관의 장에게 요청할 수 있고 요청받은 중앙행정기관의 장은 특별한 사유가 없으면 요청에 따라 자료를 제공하여야 한다(법 제86조 제4항 참조).

63) 개정안에서는 조합에 손실을 끼친 임직원에 대한 관리인의 손실금 보전 등 필요 조치 여부를 임의규정(필요한 조치를 할 수 있다)으로 정하였으나, 법안 검토·심사 과정에서 강행규정화하여 규정될 필요성이 인정되어 현행(필요한 조치를 하여야 한다)과 같이 규정되었다[김문희(전문위원), 신용협동조합법 개정법률안(정부제출, 의안번호 제152368호) 검토보고서, 국회 재정경제위원회, 1999. 2., 25면].

관리인은 이상의 '경영정상화계획서 또는 위법·부실대출 정리계획서의 제출'에 의한 경영정상화계획 수립을 위하여 조합의 이사장 등 임원에 대하여 2주 이상 1월 이내의 기간을 정하여 경영정상화 방안을 제출하도록 요구할 수 있다(상호금융업감독규정 제26조 제2항).

(3) 경영관리업무 수행의무

관리인은 금융감독원장이 정하는 바[64]에 따라 경영관리업무를 수행하여야 한다(상호금융업감독규정 제26조 제3항).

(4) 현황보고의무

관리인은 조합의 경영관리현황을 금융감독원장이 정하는 바에 따라 금융감독원장에게 보고하여야 한다(상호금융업감독규정 제29조).

5. 관리인의 해임

금융위원회는 필요하다고 인정하는 경우에는 관리인을 해임할 수 있다(법 제86조의2 제4항). 금융위원회는 관리인의 해임에 관한 권한을 금융감독원장에게 위탁할 수 있다(법 제96조 제1항, 시행령 제24조 제1항 제13호).

6. 준용규정

관리인에 관하여는 민법 제35조 제1항,[65] 상법 제11조 제1항,[66] 채무자회생법 제30조[67] 및 제360조부터 제362조까지[68]의 규정을 준용한다. 이 경우 채무

---

64) 상호금융업감독업무시행세칙 제18조(관리인의 업무수행지침) 신협법 제86조 제1항의 규정에 의한 관리인은 〈별표 7〉의 관리인의 업무수행에 관한 지침을 준수하여야 한다.

65) 민법 제35조(법인의 불법행위능력) ① 법인은 이사 기타 대표자가 그 직무에 관하여 타인에게 가한 손해를 배상할 책임이 있다. 이사 기타 대표자는 이로 인하여 자기의 손해배상책임을 면하지 못한다.

66) 상법 제11조(지배인의 대리권) ① 지배인은 영업주에 갈음하여 그 영업에 관한 재판상 또는 재판외의 모든 행위를 할 수 있다.

67) 채무자회생법 제30조(관리인 등의 보수 등) ① 다음 각 호의 자는 비용을 미리 받거나 보수 또는 특별보상금을 받을 수 있다. 이 경우 보수 및 특별보상금의 액은 법원이 정한다.
1. 관리인·관리인대리·보전관리인·파산관재인·파산관재인대리
2. 조사위원·간이조사위원·회생위원·고문

자회생법 제30조, 제360조 및 제362조 중 "법원"은 "금융위원회"로 본다(법 제86조의2 제5항).

7. 경영관리인의 통지 및 등기

(1) 관할 지방법원으로의 통지

금융위원회는 경영관리를 개시하였을 때에는 지체 없이 그 관리를 받는 조합의 주사무소의 주소지를 관할하는 지방법원에 그 취지를 통지하고 주된 사무소를 관할하는 등기소에 그 등기를 촉탁하여야 한다(법 제86조의3 제1항). 금융위원회는 경영관리의 통지 및 등기촉탁에 관한 권한을 금융감독원장에게 위탁할 수 있다(법 제96조 제1항, 시행령 제24조 제1항 제14호).

(2) 등기소의 등기의무

등기소는 등기 촉탁을 받으면 지체 없이 그 등기를 하여야 한다(법 제86조의3 제2항).

---

3. 그 직무를 수행하는 관리위원

② 제1항의 규정에 의한 보수 및 특별보상금은 그 직무와 책임에 상응한 것이어야 한다.

③ 제1항의 규정에 의한 결정에 대하여는 즉시항고를 할 수 있다.

68) **채무자회생법 제360조(여럿의 파산관재인의 직무집행)** ① 파산관재인이 여럿인 때에는 공동으로 그 직무를 행한다. 이 경우 법원의 허가를 받아 직무를 분장할 수 있다.

② 파산관재인이 여럿인 때에는 제3자의 의사표시는 그 1인에 대하여 하면 된다.

채무자회생법 제361조(파산관재인의 의무 등) ① 파산관재인은 선량한 관리자의 주의로써 그 직무를 행하여야 한다.

② 파산관재인이 제1항의 규정에 의한 주의를 게을리한 때에는 이해관계인에게 손해를 배상할 책임이 있다. 이 경우 주의를 게을리한 파산관재인이 여럿 있는 때에는 연대하여 손해를 배상할 책임이 있다.

채무자회생법 제362조(파산관재인대리) ① 파산관재인은 필요한 때에는 그 직무를 행하게 하기 위하여 자기의 책임으로 대리인을 선임할 수 있다.

② 제1항의 규정에 의한 대리인의 선임은 법원의 허가를 받아야 한다.

③ 채무자가 법인인 경우 제1항의 규정에 의한 허가가 있는 때에는 법원사무관등은 직권으로 지체 없이 촉탁서에 결정서의 등본을 첨부하여 대리인의 선임에 관한 등기를 촉탁하여야 한다. 대리인의 선임에 관한 허가가 변경 또는 취소된 때에도 또한 같다.

④ 제1항의 규정에 의한 대리인은 파산관재인에 갈음하여 재판상 또는 재판 외의 모든 행위를 할 수 있다.

Ⅲ. 관련 법령

법률	조문
새마을 금고법	제80조의4(관리인의 자격 및 권한 등) ① 해당 금고와 대통령령으로 정하는 이해관계 또는 특수관계에 있는 사람은 제80조의2 제6항에 따른 관리인(이하 이 조에서 "관리인"이라 한다)으로 선임될 수 없다. ② 관리인은 계약이전과 관련된 업무의 범위에서 금고의 자산·부채 등을 관리·처분할 권한이 있다. 이 경우 관리인은 제80조의2 제7항에 따른 등기를 마친 후가 아니면 금고의 재산의 처분 등 법률행위를 함에 있어서 제3자에게 대항할 수 없다. ③ 관리인은 불법·부실대출에 의한 채권을 확보하기 위하여 필요한 경우에는 그 불법·부실대출에 책임이 있다고 인정되는 임직원(임직원이었던 자를 포함한다) 또는 채무자의 재산을 조사하여 가압류신청 등 필요한 조치를 하여야 한다. ④ 주무부장관은 필요하다고 인정하는 때에는 관리인을 해임할 수 있다. ⑤ 「민법」 제35조 제1항, 「상법」 제11조 제1항, 「채무자 회생 및 파산에 관한 법률」 제30조·제360조부터 제362조까지의 규정은 관리인에 관하여 이를 준용한다. 이 경우 「채무자 회생 및 파산에 관한 법률」 제30조·제360조 및 제362조 중 "법원"은 이를 "주무부장관"으로 본다.
농협구조 개선법	제8조(관리인의 선임 및 임무 등) ① 제4조 제1항 제4호 또는 제6조 제1항·제5항에 따라 선임된 관리인은 선임 목적에 따라 해당 임원의 직무를 수행할 권한 또는 제6조 제2항에 따른 계약이전 결정과 관련된 업무의 범위에서 부실조합의 자산·부채 등을 관리·처분할 권한을 가진다. ② 농림축산식품부장관은 조합에 대하여 제4조 제1항 제5호 및 제6조 제2항에 따른 사업의 전부정지를 명하거나 계약이전 결정을 한 경우(일시적인 자금부족으로 사업의 전부정지 명령을 받은 경우로서 경영정상화가 확실하다고 인정되는 경우는 제외한다)에 중앙회의 임직원을 관리인으로 선임할 수 있다. 다만, 해당 조합의 경영정상화 또는 일반 채권자 보호를 위하여 필요한 경우에는 중앙회의 임직원 외에 다른 자를 관리인으로 선임할 수 있다. ③ 농림축산식품부장관은 제1항에 따른 관리인에게 그 업무 수행에 필요한 명령을 할 수 있다. ④ 농림축산식품부장관은 필요하다고 인정할 때에는 제1항에 따른 관리인을 해임할 수 있다. ⑤ 농림축산식품부장관은 제1항에 따른 관리인을 선임하였을 때에는 지체 없이 해당 조합 사무소의 소재지를 관할하는 지방법원에 그 취지를 통지하고, 해당 조합 사무소의 소재지를 관할하는 등기소에 관리인 선임에 관한 등기를 촉탁하여야 한다. ⑥ 관리인에 관하여는 「상법」 제11조 제1항 및 「채무자 회생 및 파산에 관한 법률」 제30조, 제360조부터 제362조까지의 규정을 준용한다. 이 경우 「상법」 중 "지배인"은 "관리인"으로 보고, 「채무자 회생 및 파산에 관한 법률」 중 "파산관재인"은 "관리인"으로, "법원"은 "농림축산식품부장관"으로 본다.

수협구조 개선법	제12조(관리인의 선임 및 임무 등) ① 제4조의2 제1항 제4호 또는 제10조 제1항 및 제5항에 따라 선임된 관리인은 그 선임 목적에 따라 해당 임원의 직무를 수행할 권한 또는 계약이전의 결정과 관련된 업무의 범위에서 부실조합의 자산·부채 등을 관리·처분할 권한을 가진다. ② 해양수산부장관은 조합에 대하여 제4조의2 제1항 제5호 또는 제10조 제2항에 따라 사업의 전부정지를 명하거나 계약이전을 결정한 경우(일시적인 자금부족으로 사업의 전부정지 명령을 받은 경우로서 경영정상화가 확실하다고 인정되는 경우는 제외한다)에는 해양수산부령으로 정하는 바에 따라 중앙회의 임직원을 관리인으로 선임할 수 있다. 다만, 해당 조합의 경영정상화 또는 일반 채권자 보호를 위하여 필요한 경우에는 중앙회의 임직원 외에 다른 사람을 관리인으로 선임할 수 있다. ③ 해양수산부장관은 제1항에 따른 관리인에게 그 업무 수행에 필요한 명령을 할 수 있다. ④ 해양수산부장관은 적기시정조치의 원활한 이행을 위하여 필요하다고 인정하면 제1항에 따른 관리인을 해임할 수 있다. ⑤ 해양수산부장관은 제1항에 따른 관리인을 선임하였을 때에는 지체 없이 해당 조합의 주된 사무소의 소재지를 관할하는 지방법원에 그 취지를 통지하고, 그 조합의 주된 사무소 및 지사무소(支事務所)의 소재지를 관할하는 등기소에 관리인 선임에 관한 등기를 촉탁하여야 한다. ⑥ 관리인에 관하여는 「상법」 제11조 제1항 및 「채무자 회생 및 파산에 관한 법률」 제30조, 제360조부터 제362조까지의 규정을 준용한다. 이 경우 「상법」 중 "지배인"은 "관리인"으로, 「채무자 회생 및 파산에 관한 법률」 중 "파산관재인"은 "관리인"으로, "법원"은 "해양수산부장관"으로 본다.
산림조합 개선법	제12조(관리인의 선임 및 임무 등) ① 제4조 제1항 제4호 또는 제10조 제1항 및 제5항에 따라 선임된 관리인은 그 선임 목적에 따라 해당 임원의 직무를 수행할 권한 또는 계약이전의 결정과 관련된 업무의 범위에서 부실조합의 자산·부채 등을 관리·처분할 권한을 가진다. ② 시·도지사는 조합에 대하여 제4조 제1항 제5호 또는 제10조 제2항에 따라 사업의 전부정지를 명하거나 계약이전의 결정을 한 경우(일시적인 자금부족에 따라 사업의 전부정지 명령을 받은 경우로서 경영정상화가 확실하다고 인정되는 경우는 제외한다)에 중앙회의 임직원을 관리인으로 선임할 수 있다. 다만, 그 조합의 경영정상화나 일반채권자 보호를 위하여 필요한 경우에는 중앙회의 임직원 외의 자를 관리인으로 선임할 수 있다. ③ 시·도지사는 제1항에 따른 관리인에게 그 업무수행에 필요한 명령을 할 수 있다. ④ 시·도지사는 적기시정조치를 원활히 이행하기 위하여 필요하다고 인정하면 제1항에 따른 관리인을 해임할 수 있다. ⑤ 시·도지사는 제1항에 따른 관리인을 선임하면 지체 없이 해당 조합의 주된 사무소의 소재지를 관할하는 지방법원에 그 취지를 통지하고, 그 조합의 주된 사무소 및 지사무소의 소재지를 관할하는 등기소에 관리인 선임에 관한 등기를 촉탁하여야 한다. ⑥ 관리인에 관하여는 「상법」 제11조 제1항 및 「채무자 회생 및 파산에 관한 법률」 제30조·제360조부터 제362조까지를 준용한다. 이 경우 「상법」 중 "지배인"은 "관리인"으로, 「채무자 회생 및 파산에 관한 법률」 중 "파산관재인"은 "관리인"으로, "법원"은 "시·도지사"로 본다.

상호저축 은행법	제24조의6(경영관리의 통지 및 등기) ① 금융위원회는 제24조의3에 따라 경영관리를 시작하게 한 경우에는 지체 없이 그 관리를 받는 상호저축은행의 본점 소재지를 관할하는 지방법원에 그 취지를 알리고 본점 및 지점 소재지를 관할하는 등기소에 그 등기를 촉탁하여야 한다. ② 등기소는 제1항에 따른 촉탁을 받으면 지체 없이 그 등기를 하여야 한다.

제86조의4(계약이전의 결정), 제86조의5(계약이전의 결정의 효력)

제86조의4(계약이전의 결정) ① 금융위원회는 조합이 제86조 제1항 각 호의 어느 하나에 해당되는 경우에는 제80조의2 제3항에 따른 기금관리위원회의 의견을 들어 해당 조합(이하 "부실조합"이라 한다)에 대하여 사업과 관련된 계약의 이전(이하 "계약이전"이라 한다)을 결정할 수 있다.

② 금융위원회는 제1항에 따라 계약이전을 결정하는 때에는 필요한 범위에서 이전되는 계약의 범위·조건 및 이전받는 조합(이하 "인수조합"이라 한다)을 정하여야 한다. 이 경우 미리 인수조합의 동의를 받아야 한다.

③ 중앙회는 인수조합에 대하여 계약이전의 이행을 전제로 자금지원의 금액과 조건 등을 제시할 수 있다.

④ 중앙회는 인수조합이 제2항 후단에 따른 동의를 하기 위하여 총회를 소집하는 경우 미리 그 인수조합의 조합원에게 부실조합의 부실 정도 및 계약이전에 관한 조치 등 총회의 결의와 관련된 사항을 통지하여야 한다.

⑤ 금융위원회는 제1항에 따라 계약이전을 결정한 부실조합에 대하여 관리인을 선임하여야 한다.

⑥ 금융위원회는 제5항에 따라 관리인을 선임하였을 때에는 지체 없이 해당 부실조합의 주사무소 주소지를 관할하는 지방법원에 그 취지를 통지하고, 주된 사무소를 관할하는 등기소에 그 등기를 촉탁하여야 한다. 〈개정 2024. 9. 20.〉

⑦ 제1항에 따른 계약이전의 결정에 따른 계약이전에 관하여는 부실조합의 이사회 및 총회의 결의를 필요로 하지 아니한다.

[전문개정 2015. 1. 20.]

제86조의5(계약이전 결정의 효력) ① 제86조의4 제1항에 따른 계약이전의 결정이 있는 경우 그 결정 내용에 포함된 부실조합의 권리·의무 및 공동유대는 그 결정이 있는 때에 인수조합이 승계한다.

② 제86조의4 제1항에 따른 계약이전의 결정이 있는 경우 해당 부실조합 및 인수조합은 공동으로 그 결정의 요지 및 계약이전의 사실을 둘 이상의 일간신문에 지체 없이 공고하여야 한다.

③ 제2항에 따른 공고가 있는 때에는 그 계약이전과 관련된 채권자, 채무자, 물상보증인(物上保證人), 그 밖의 이해관계인(이하 "채권자등"이라 한다)과 해당 부실조합 사이의 법률관계는 인수조합이 동일한 내용으로 승계한다. 다만, 채권자등은 제2항에 따른 공고 전에 해당 부실조합과의 사이에 발생한 사유로 인수조합에 대항할 수 있다.

④ 제2항에 따른 공고가 있는 때에는 그 공고로써 「민법」 제450조에 따른 지명채권양도의 대항요건을 갖춘 것으로 본다. 다만, 채권자등은 공고 전에 해당 부실조합과의 사이에 발생한 사유로 인수조합에 대항할 수 있다.

⑤ 제86조의4 제1항에 따른 계약이전의 결정이 있는 경우 재산의 이전에 등기·등록이

필요한 부동산 등에 관한 권리는 제2항에 따른 공고가 있는 때에 인수조합이 취득한다.
⑥ 금융위원회는 제86조의4 제1항에 따른 계약이전의 결정을 한 경우 해당 부실조합 및 인수조합으로 하여금 계약이전과 관련된 자료를 보관·관리하도록 하고, 채권자등의 열람에 제공하도록 하여야 한다. 이 경우 보관·관리 및 열람에의 제공에 필요한 기준 및 절차는 금융위원회가 정한다.
[전문개정 2015. 1. 20.]

Ⅰ. 조문의 취지와 의의

법 제86조의4는 부실 조합에 대해 계약이전 방식, 즉 예금·대출 등 금융거래에 관련된 계약을 다른 기관으로 이전하는 방식의 구조조정이 가능하도록 법적 근거를 제공하고 계약이전 결정에 필요한 사항을 규정함에 그 의의가 있다. 법 제86조의5는 계약이전의 결정이 있으면 그 결정이 있은 때 인수조합이 부실인수조합의 권리와 의무를 승계하도록 하고, 계약이전결정의 공고가 있은 때에 지명채권양도의 대항요건을 갖춘 것으로 보는 등 계약이전 결정의 절차와 효력을 구체적으로 정함에 그 입법 취지가 있다.[69]

계약 이전이 도입되기 전에는 구조조정 방식이 합병과 파산의 방식만이 있었다.[70] 그러나 합병의 경우 자율합병원칙으로 인하여 추진이 곤란 또는 지연될 수 있고, 합병조합이 피합병조합의 모든 권리·의무를 승계함에 따라 사후관리 부담이 크게 되는 문제가 있었고, 파산의 경우는 일부 자산을 계약이전할 수 없어 건전자산까지 소멸하게 되고, 조합원의 금융이용에 대한 불편이 초래되며, 파산재단의 운영비용이 발생하는 등의 문제가 있었다.[71]

기존 구조조정 방식의 이와 같은 문제점을 보완하기 위하여 건실한 조합에 부실조합의 채권·채무계약 및 이에 수반되는 계약상의 지위의 전부를 이전토록 하는 계약이전 방식이 도입되었는바, 이로 인하여 부실조합의 조합원도 정

69) 장기태(전문위원), 금융산업의구조개선에관한법률중개정법률안(정부제출, 의안번호 제151116호) 검토보고서, 국회 재정경제위원회, 1998, 8., 9면.
70) 2006. 12. 30. 법률 제8145호로 신협법 일부개정되어 계약이전과 관련한 본조가 신설되었다.
71) 현성수(수석전문위원), 신용협동조합법 일부개정법률안(박병석 의원 대표발의, 의안번호 제173094호) 검토보고서, 국회 재정경제위원회, 2005. 11., 3-4면.

상거래가 유지되도록 하고, 그 결과 조합원의 예금보호 및 조합의 공신력 제고와 신협 예금자보호기금의 부담 경감을 기대할 수 있게 되었다. 또한, 계약이전은 합병보다 신속한 처리가 가능하며, 부실조합이 합병을 거부할 때 이를 강제할 수 있는 조치를 수반하므로, 합병절차 등이 장기화될 경우 발생할 수 있는 자산가치의 훼손 및 추가적인 부실발생의 부작용을 상당부분 방지할 수 있다. 뿐만 아니라, 경영관리와 비교할 때 경영관리에 수반되는 막대한 대지급금의 부담이 완화됨으로써, 신협예금자보호기금의 비용부담을 감소하고, 경영관리에 따른 대지급금 지급 시에 수반되는 고액예금자의 예금도 두텁게 보호될 수 있으므로, 신협의 공신력 강화와 고액예금자의 이탈을 예방하는 효과를 갖게 된다.[72)]

한편, 이상과 같은 공익적 필요성 등을 고려하여 지방세특례제한법은 계약이전결정으로 인한 인수재산에 대하여는 취득세 및 등록세를 비과세하고 있다.[73)]

Ⅱ. 조문의 내용 및 해설

1. 계약이전결정의 의의

계약이전결정이란 금융위원회의 일방적인 결정에 따라 금융거래상의 계약상 지위가 이전 되는 사법상의 법률효과를 가져오는 행정처분으로서 부실금융기관의 자산 및 부채 중 일부만을 선택적으로 제3자인 인수금융기관에게 양도 및 인수하게 함으로써 부실금융기관을 정리하는 방법을 말한다(대법원 2003. 5. 30. 선고 2002다23826 판결).

금융위원회는 조합이 경영관리의 요건(법 제86조 제1항) 중 어느 하나에 해당되는 경우 기금관리위원회의 의견을 들어 해당 조합(이하 "부실조합"이라 한다)

---

72) 신협중앙연수원, 신협법, 2024, 255-256면.

73) 지방세특례제한법 제57조의3(기업 재무구조 개선 등에 대한 감면) ① 다음 각 호에 해당하는 재산의 취득에 대해서는 취득세를 2024년 12월 31일까지 면제한다.

5. 「신용협동조합법」에 따른 조합이 같은 법 제86조의4에 따른 계약이전의 결정을 받은 부실조합으로부터 양수한 재산

에 대하여 사업과 관련된 계약의 이전(이하 "계약이전"이라 한다)을 결정할 수 있다(법 제86조의4 제1항). 금융위원회는 위원회 의견 요청 및 접수에 관한 권한을 금융감독원장에게 위탁할 수 있다(법 제96조 제1항, 시행령 제24조 제1항 제15호).

2. 계약이전결정의 법적 성격

계약이전결정은 비록 금융위원회가 이전할 계약의 범위·조건을 정하고 미리 계약이전을 받는 조합의 동의를 얻지만(법 제86조의4 제2항), 그 합의는 계약이전의 한 당사자인 인수조합과 제3자 간의 합의에 불과하다. 그리고 계약이전결정과 동시에 부실조합의 관리인을 선임하고(법 제86조의4 제5항) 그 관리인은 부실조합의 자산·부채 등을 관리 처분할 권한을 갖지만(법 제86조의2 제2항) 계약이전의 효력발생과 관리인 선임이 동시에 이루어지기 때문에 부실조합과 인수조합의 합의에 의한 효력발생이라고 보기는 힘들다. 결국 계약이전결정은 행정처분으로써 계약이전 당사자의 계약이나 합의를 갈음하여 사법상의 효력이 발생하게 되는 것이다. 그리하여 계약이전결정은 행정법상 행정처분, 즉 행정주체가 법규에 의거하여 구체적 사실에 대해 법집행으로서 하는 공권력행사에 해당된다고 본다.[74]

3. 인수조합의 지정과 동의

금융위원회는 계약이전을 결정하는 때에는 필요한 범위에서 이전되는 계약의 범위·조건 및 이전받는 조합(이하 "인수조합"이라 한다)을 정하여야 한다. 이 경우 미리 인수조합의 동의를 받아야 한다(법 제86조의4 제2항).

중앙회는 인수조합이 동의를 하기 위하여 총회를 소집하는 경우 미리 그 인수조합의 조합원에게 부실조합의 부실 정도 및 계약이전에 관한 조치 등 총회의 결의와 관련된 사항을 통지하여야 한다(법 제86조의4 제4항).

금융위원회는 인수조합의 지정에 관한 권한을 금융감독원장에게 위탁할 수

74) 이승언, 앞의 책, 375면.

있다(법 제96조 제1항, 시행령 제24조 제1항 제16호).

4. 중앙회의 계약이전에 대한 자금지원 및 조건 제시

중앙회는 인수조합에 대하여 계약이전의 이행을 전제로 자금지원의 금액과 조건 등을 제시할 수 있다(법 제86조의4 제4항).

5. 계약이전관리인

(1) 관리인의 선임

금융위원회는 계약이전을 결정한 부실조합에 대하여 관리인을 선임하여야 한다(법 제86조의4 제5항). 금융위원회는 관리인의 선임에 관한 권한을 금융감독원장에게 위탁할 수 있다(법 제96조 제1항, 시행령 제24조 제1항 제17호).

금융감독원장은 계약이전관리인을 선임한다. 다만, 경영관리인이 있는 때에는 경영관리인과 인수조합의 이해관계 등이 존재하여 감독원장이 별도로 계약이전관리인을 선임하는 경우를 제외하고는 경영관리인이 계약이전관리인을 겸임한다(상호금융업감독규정 제30조의2 제1항).

(2) 관리인의 선임 자격

금융감독원장이 계약이전관리인을 선임하는 경우, ① 금융감독원의 직원, ② 중앙회의 직원, ③ 조합 등에 관하여 학식과 경험이 풍부한 금융·법률 또는 회계업무에 종사하는 자를 선임하여야 한다. 선임된 계약이전관리인이 2인 이상인 경우 각각의 직무집행범위를 금융감독원장이 정할 수 있다(상호금융업감독규정 제30조의2 제2항, 제22조).

(3) 관리인의 업무수행지침

계약이전관리인은 법 등 관련 법규, 계약이전 결정내용 및 감독원장이 정하는 바[75]에 따라 계약이전 등의 업무를 처리하여야 한다(상호금융업감독규정 제30

75) 상호금융업감독업무시행세칙 제19조의2(계약이전관리인 업무수행지침) 계약이전관리인은 〈별표 7-2〉

조의2 제3항).

6. 관리인 선임의 통지와 등기촉탁

금융위원회는 관리인을 선임하였을 때에는 지체 없이 해당 부실조합의 주사무소 주소지를 관할하는 지방법원에 그 취지를 통지하고, 주된 사무소를 관할하는 등기소에 그 등기를 촉탁하여야 한다(법 제86조의4 제6항). 금융위원회는 통지 및 등기 촉탁에 관한 권한을 금융감독원장에게 위탁할 수 있다(법 제96조 제1항, 시행령 제24조 제1항 제18호).

7. 부실조합 이사회 및 총회 결의 불요

계약이전의 결정에 따른 계약이전에 관하여는 부실조합의 이사회 및 총회의 결의를 필요로 하지 아니한다(법 제86조의4 제7항).

8. 계약이전결정의 효력

(1) 인수조합의 권리 · 의무 및 공동유대 승계

계약이전의 결정이 있는 경우 그 결정 내용에 포함된 부실조합의 권리 · 의무 및 공동유대는 그 결정이 있는 때에 인수조합이 승계한다(법 제86조의5 제1항).

(2) 계약이전 결정 요지 및 계약이전 사실 공고

계약이전의 결정이 있는 경우 해당 부실조합 및 인수조합은 공동으로 그 결정의 요지 및 계약이전의 사실을 둘 이상의 일간신문에 지체 없이 공고하여야 한다(법 제86조의5 제2항).

(3) 인수조합의 법률관계 승계

공고가 있는 때에는 그 계약이전과 관련된 채권자, 채무자, 물상보증인, 그 밖

의 계약이전관리인의 업무수행에 관한 지침을 준수하여야 한다.

의 이해관계인(이하 "채권자등"이라 한다)과 해당 부실조합 사이의 법률관계는 인수조합이 동일한 내용으로 승계한다. 다만, 채권자등은 공고 전에 해당 부실조합과의 사이에 발생한 사유로 인수조합에 대항할 수 있다(법 제86조의5 제3항).

(4) 지명채권양도 대항요건 구비 간주

공고가 있는 때에는 그 공고로써 민법 제450조에 따른 지명채권양도의 대항요건을 갖춘 것으로 본다. 다만, 채권자등은 공고 전에 해당 부실조합과의 사이에 발생한 사유로 인수조합에 대항할 수 있다(법 제86조의5 제4항).

(5) 인수조합 부동산 등에 관한 권리 취득

계약이전의 결정이 있는 경우 재산의 이전에 등기·등록이 필요한 부동산 등에 관한 권리는 법 제86조의5 제2항에 따른 공고가 있는 때에 인수조합이 취득한다(법 제86조의5 제5항).

(6) 계약이전 관련 자료의 보관·관리 및 열람

금융위원회는 계약이전의 결정을 한 경우 해당 부실조합 및 인수조합으로 하여금 계약이전과 관련된 자료를 보관·관리하도록 하고, 채권자등의 열람에 제공하도록 하여야 한다. 이 경우 보관·관리 및 열람에의 제공에 필요한 기준 및 절차는 금융위원회가 정한다(법 제86조의5 제6항). 이에 인수조합 및 부실조합은 계약이전결정과 관련된 자료를 각각의 주사무소에 보관·관리하여야 하며, 채권자 등 이해관계인이 계약이전결정과 관련된 자료의 열람을 요구할 경우 정당한 사유없이 이를 거절할 수 없다(상호금융업감독규정 제30조의2 제3항).

Ⅲ. 관련 판례

대법원 2003. 5. 30. 선고 2002다23826 판결

"금융감독위원회가 구 금융산업의구조개선에관한법률(1998. 9. 14. 법률 제5549호로 개정되기 전의 것) 제14조 제2항에 의하여 내린 계약이전결정은 금융감독위원회의 일방적인 결정에 의하여 금융거래상의 계약상의 지위가 이전되는 사법상의 법률효과를 가져오는 행정처분으로서 부실금융기관의 자산 및 부채 중 일부만을 선택적으로 제3자인 인수금융기관에게 양도 및 인수하게 함으로써 부실금융기관을 정리하는 방법이다.

부실금융기관의 정리와 예금자보호를 위하여 그 부실금융기관의 일부 우량자산만을 다른 금융기관에게 이전시킨 구 금융산업의구조개선에관한법률(1998. 9. 14. 법률 제5549호로 개정되기 전의 것) 제14조 제2항에 의한 계약이전결정에 의하여 고용승계를 수반하는 영업양도의 효과가 발생하였다고 볼 수 없다.”

Ⅳ. 관련 법령

법률	조문
금융산업 구조개선법	제14조(행정처분) ① 금융위원회는 금융기관이 다음 각 호의 어느 하나에 해당하는 경우에는 금융감독원장의 건의에 따라 그 금융기관 임원의 업무집행정지를 명하고, 그 임원의 업무를 대행할 관리인을 선임하거나 주주총회에 그 임원의 해임을 권고할 수 있다. 〈개정 2010. 3. 12.〉 1. 제10조 제1항에 따른 요구 또는 명령을 위반하거나 이를 이행하지 아니한 경우 2. 제12조 제3항에 따른 명령을 이행하지 아니한 경우 ② 금융위원회는 부실금융기관이 다음 각 호의 어느 하나에 해당하는 경우에는 그 부실금융기관에 대하여 계약이전의 결정, 6개월 이내의 영업정지, 영업의 인가·허가의 취소 등 필요한 처분을 할 수 있다. 다만, 제4호에 해당하면 6개월 이내의 영업정지처분만을 할 수 있으며, 제1호 및 제2호의 부실금융기관이 부실금융기관에 해당하지 아니하게 된 경우에는 그러하지 아니하다. 〈개정 2010. 3. 12.〉 1. 제10조 제1항 또는 제12조 제3항에 따른 명령을 이행하지 아니하거나 이행할 수 없게 된 경우 2. 제10조 제1항 및 제11조 제3항에서 규정하는 명령 또는 알선에 따른 부실금융기관의 합병 등이 이루어지지 아니하는 경우 3. 부채(負債)가 자산을 뚜렷하게 초과하여 제10조 제1항에 따른 명령의 이행이나 부실금융기관의 합병 등이 이루어지기 어렵다고 판단되는 경우 4. 자금사정의 급격한 악화로 예금등 채권의 지급이나 차입금의 상환이 어렵게 되어 예금자의 권익이나 신용질서를 해칠 것이 명백하다고 인정되는 경우 ③ 삭제 〈1999. 5. 24.〉 ⑤ 금융위원회는 제2항에 따라 계약이전의 결정을 할 때에는 필요한 범위에서 계약이전이 되는 계약의 범위, 계약이전의 조건 및 이전받는 금융기관을 정하여야 한다. 이 경우 계약이전을 받는 금융기관의 이사회의 동의를 미리 받아야 한다. 〈개정 2010. 3. 12.〉 ⑥ 제2항에 따른 계약이전은 관계 법률 및 정관의 규정에도 불구하고 계약이전을 하는 부실금융기관의 이사회 및 주주총회의 결의를 필요로 하지 아

	니한다. 〈개정 2010. 3. 12.〉 ⑦ 금융위원회는 제2항에 따라 계약이전의 결정을 한 때에는 부실금융기관의 관리인을 선임(選任)하여야 한다. 〈개정 2010. 3. 12.〉 ⑧ 금융위원회가 계약이전의 결정을 한 보험회사에 대하여는 「보험업법」 제139조에 따라 금융위원회로부터 해산·합병 등의 인가를 받은 것으로 본다. 〈개정 2010. 3. 12.〉 ⑨ 제2항에 따라 부실금융기관으로부터 계약이전을 받은 금융기관이 계약이전과 관련하여 주주총회결의, 주식매수청구, 채권자이의제출 등의 절차를 이행하는 경우에는 제5조를 준용한다. 〈개정 2010. 3. 12.〉 **제14조의2(계약이전 결정의 효력)** ① 제14조 제2항에 따른 계약이전의 결정이 있는 경우 그 결정내용에 포함된 계약에 의한 부실금융기관의 권리와 의무는 계약이전의 결정이 있는 때 계약이전을 받는 금융기관(이하 "인수금융기관"이라 한다)이 승계한다. 다만, 계약이전의 대상이 되는 계약에 의한 채권을 피담보채권(被擔保債權)으로 하는 저당권이 있는 경우 그 저당권은 제2항에 따른 공고를 한 때 인수금융기관이 취득한다. ② 제14조 제2항에 따른 계약이전의 결정이 있는 경우에는 해당 부실금융기관 및 인수금융기관은 공동으로 그 결정의 요지와 계약이전의 사실을 2개 이상의 일간신문에 지체 없이 공고하여야 한다. ③ 제2항에 따른 공고가 있는 경우에는 그 계약이전과 관련된 채권자·채무자·물상보증인(物上保證人) 및 그 밖의 이해관계인(이하 "이해관계인"이라 한다)과 해당 부실금융기관 사이의 법률관계는 인수금융기관이 동일한 내용으로 승계한다. 다만, 이해관계인은 제2항에 따른 공고 전에 그 부실금융기관과의 사이에 발생한 사유로 인수금융기관에 대항할 수 있다. ④ 제2항에 따른 공고가 있는 경우에는 그 공고로써 「민법」 제450조에 따른 지명채권양도(指名債權讓渡)의 대항요건을 갖춘 것으로 본다. 다만, 이해관계인은 공고 전에 그 부실금융기관과의 사이에 발생한 사유로 인수금융기관에 대항할 수 있다. ⑤ 제14조 제2항에 따른 계약이전의 결정이 있는 경우에는 금융위원회는 해당 부실금융기관 및 인수금융기관으로 하여금 계약이전과 관련된 자료를 보관·관리하게 하고, 이해관계인이 열람할 수 있게 하여야 한다. 이 경우 보관·관리 및 열람에 필요한 기준 및 절차는 금융위원회가 정한다.
새마을 금고법	**제80조의2(계약이전의 결정)** ① 주무부장관은 제80조 제1항 각 호의 어느 하나에 해당되는 금고(이하 "부실금고"라 한다)에 대하여 회장의 의견을 들어 사업과 관련된 계약의 이전(이하 "계약이전"이라 한다) 결정을 할 수 있다. ② 주무부장관은 제1항에 따라 계약이전을 결정하는 때에는 필요한 범위에서 이전되는 계약의 범위·조건 및 이전받는 금고(이하 "인수금고"라 한다)를 정하여야 한다. 이 경우 미리 인수금고의 동의를 받아야 한다. ③ 중앙회는 인수금고에 대하여 계약이전의 이행을 전제로 자금지원의 금액과 조건 등을 제시할 수 있다. ④ 중앙회는 인수금고가 제2항 후단에 따른 동의를 하기 위하여 총회를 소집하는 경우 미리 해당 인수금고의 회원에게 부실금고의 부실정도 및 계약이전에 관한 조치 등 총회의 결의와 관련된 사항을 통지하여야 한다. ⑤ 국가 또는 지방자치단체는 인수금고에 대하여 자금지원이 필요하다고 인정하는 때에는 예산의 범위에서 인수금고에 보조금을 지원할 수 있다.

	⑥ 주무부장관은 제1항에 따라 계약이전을 결정한 부실금고에 대하여 관리인을 선임하여야 한다. ⑦ 주무부장관은 제6항에 따라 관리인을 선임한 때에는 지체 없이 해당 부실금고의 주된 사무소의 소재지를 관할하는 지방법원에 그 취지를 통지하고, 주된 사무소 또는 분사무소를 관할하는 등기소에 그 등기를 촉탁하여야 한다. ⑧ 제1항에 따른 계약이전의 결정에 따른 계약이전에 관하여는 부실금고의 이사회 및 총회의 결의를 요하지 아니한다. **제80조의3(계약이전 결정의 효력)** ① 제80조의2 제1항에 따른 계약이전의 결정이 있는 경우 그 결정내용에 포함된 부실금고의 권리·의무 및 업무구역은 그 결정이 있을 때에 인수금고가 이를 승계한다. ② 제80조의2 제1항에 따른 계약이전의 결정이 있는 경우 해당 부실금고 및 인수금고는 각각 대통령령으로 정하는 바에 따라 그 결정의 요지 및 계약이전의 사실을 지체 없이 공고하여야 한다. ③ 제2항에 따른 공고가 있을 때에는 그 계약이전과 관련된 채권자, 채무자, 물상보증인, 그 밖의 이해관계인(이하 "채권자등"이라 한다)과 해당 부실금고 사이의 법률관계는 인수금고가 동일한 내용으로 승계한다. 다만, 채권자등은 제2항에 따른 공고 전에 해당 부실금고와의 사이에 발생한 사유로 인수금고에 대항할 수 있다. ④ 제2항에 따른 공고가 있을 때에는 그 공고로써 「민법」 제450조에 따른 지명채권양도의 대항요건을 갖춘 것으로 본다. 다만, 채권자등은 공고 전에 해당 부실금고와의 사이에 발생한 사유로 인수금고에 대항할 수 있다. ⑤ 제80조의2 제1항에 따른 계약이전의 결정이 있는 경우 재산의 이전에 등기·등록을 요하는 부동산 등에 관한 권리는 제2항에 따른 공고가 있을 때에 인수금고가 이를 취득한다. ⑥ 주무부장관은 제80조의2 제1항에 따른 계약이전의 결정을 한 경우 해당 부실금고 및 인수금고로 하여금 계약이전과 관련된 자료를 보관·관리하도록 하고 채권자등의 열람에 제공하도록 하여야 한다. 이 경우 보관·관리 및 열람에의 제공에 필요한 기준 및 절차는 주무부장관이 이를 정한다.
농협구조 개선법	**제6조(행정처분)** ② 농림축산식품부장관은 부실조합이 다음 각 호의 어느 하나에 해당하는 경우에는 기금관리위원회의 의견을 들어 그 부실조합에 대하여 계약이전의 결정, 6개월의 범위에서 일정기간의 사업의 정지, 설립인가의 취소 등 필요한 처분을 할 수 있다. 다만, 제1호의 경우 그 명령 불이행 사유가 제4조 제5항 및 제6항에 따른 총회·대의원회의 의결 또는 조합원 투표 결과에 따른 것일 때에는 농림축산식품부장관은 처분에 앞서 대통령령으로 정하는 바에 따라 그 조합에 소명(疎明)할 기회를 주어야 한다. 1. 제4조 제1항의 명령을 이행하지 아니하거나 이행할 수 없게 된 경우 2. 부채가 자산을 현저히 초과하여 제4조 제1항에 따른 명령이 이행되기 어렵다고 판단되는 경우 3. 자금사정의 급격한 악화로 예금등채권의 지급이나 차입금의 상환이 어렵게 되어 예금자등의 권익이나 신용질서를 해칠 것이 명백하다고 인정되는 경우 ④ 농림축산식품부장관은 제2항에 따라 계약이전을 결정할 때에는 필요한 범위에서 이전되는 계약의 범위·조건 및 이전받는 조합(이하 "인수조합"이라 한다)을 정하여 미리 동의를 받아야 한다.

	⑤ 농림축산식품부장관은 제2항에 따라 계약이전을 결정받은 조합에 대하여 제1항에 따른 관리인을 선임하여야 한다. ⑥ 인수조합이 계약이전에 관한 사항을 동의하려는 경우에는 제4조 제5항을 준용한다. 대의원이 있는 조합의 경우 "조합원"은 "대의원"으로 본다. ⑦ 제2항에 따른 계약이전의 결정에 관하여는 제4조 제6항, 농협법 및 해당 부실조합의 정관에도 불구하고 총회(대의원회를 운영하는 조합의 경우에는 대의원회를 말한다)의 의결을 필요로 하지 아니한다. **제7조(계약이전 결정의 효력)** ① 제6조 제2항에 따른 계약이전 결정이 된 경우 그 결정 내용에 포함된 예금·대출 등 신용사업과 관련된 계약에 의한 부실조합의 권리와 의무는 그 결정이 된 때에 인수조합이 승계한다. 〈개정 2011. 3. 31.〉 ② 제6조 제2항에 따른 계약이전 결정이 된 경우에는 해당 부실조합 및 인수조합은 공동으로 그 결정의 요지와 계약이전 사실을 둘 이상의 일간신문에 지체 없이 공고하여야 한다. ③ 제2항에 따른 공고가 있으면 그 계약이전과 관련된 채권자, 채무자, 물상보증인(物上保證人), 그 밖의 이해관계인(이하 "채권자등"이라 한다)과 해당 부실조합 사이의 법률관계는 인수조합이 같은 내용으로 승계한다. 이 경우 채권자등은 제2항에 따른 공고 전에 해당 부실조합과의 사이에 발생한 사유로 인수조합에 대항할 수 있다. ④ 제2항에 따른 공고가 있으면 그 공고로써 「민법」 제450조에 따른 지명채권양도의 대항요건을 갖춘 것으로 본다. 이 경우 채권자등은 공고 전에 해당 부실조합과 사이에 발생한 사유로 인수조합에 대항할 수 있다. ⑤ 제6조 제2항에 따른 계약이전 결정이 된 경우 재산 이전에 등기·등록이 필요한 부동산 등에 관한 권리는 제2항에 따른 공고가 있는 때에 인수조합이 취득한다. ⑥ 제6조 제2항에 따른 계약이전 결정이 된 경우 농림축산식품부장관은 해당 부실조합 및 인수조합으로 하여금 계약이전과 관련된 자료를 보관·관리하게 하고, 이를 채권자등이 열람할 수 있게 하여야 한다. 이 경우 보관·관리 및 열람에 필요한 기준과 절차는 농림축산식품부장관이 정한다.
수협구조 개선법	**제10조(행정처분)** ① 해양수산부장관은 부실조합등이 제4조의2 제1항에 따른 요구 또는 명령을 위반하거나 이행하지 아니하였을 때에는 기금관리위원회의 의견을 들어 그 조합 임원의 직무정지를 명하고 그 임원의 직무를 대행할 관리인을 선임하거나 총회(대의원회에서 선출된 임원 또는 이사회에서 선출된 조합장의 경우에는 대의원회를 말한다)에 임원의 해임을 권고할 수 있다. 이 경우 수협법 제57조 제2항(같은 법 제108조 또는 제113조에 따라 준용되는 경우를 포함한다)에도 불구하고 조합원 또는 대의원 과반수의 출석과 출석 조합원 또는 출석 대의원 과반수의 찬성으로 의결한다. ② 해양수산부장관은 부실조합이 다음 각 호의 어느 하나에 해당하는 경우에는 기금관리위원회의 의견을 들어 그 부실조합에 대하여 계약이전의 결정, 6개월의 범위에서 일정 기간 사업의 정지, 설립인가의 취소 등 필요한 처분을 할 수 있다. 다만, 제1호의 경우 그 명령 불이행 사유가 제4조의2제5항 및 제6항에 따른 총회·대의원회의 의결 또는 조합원 투표 결과에 따른 것일 때에는 해양수산부장관은 처분에 앞서 대통령령으로 정하는 바에 따라 그 조합에 소명할 기회를 주어야 한다.

	1. 제4조의2 제1항에 따른 명령을 이행하지 아니하거나 이행할 수 없게 된 경우 2. 부채가 자산보다 훨씬 많아서 제4조의2 제1항에 따른 명령을 이행하기 어렵다고 판단되는 경우 3. 자금사정의 급격한 악화로 예금등채권의 지급이나 차입금의 상환이 어렵게 되어 예금자등의 권익이나 신용질서를 해칠 것이 명백하다고 인정되는 경우 ④ 해양수산부장관은 제2항에 따라 계약이전을 결정할 때에는 필요한 범위에서 이전되는 계약의 범위·조건과 이전받는 조합(이하 "인수조합"이라 한다)을 정하여 미리 동의를 받아야 한다. 이 경우 관리기관은 이전되는 계약의 범위·조건 및 인수조합의 동의와 관련된 세부 절차에 관한 의견을 해양수산부장관에게 제출할 수 있다. ⑤ 해양수산부장관은 제2항에 따라 계약이전을 명령받은 조합에 대하여 제1항에 따른 관리인을 선임하여야 한다. ⑥ 제4항에 따른 인수조합이 계약이전에 관한 사항에 동의하려는 경우에는 제4조의2 제5항을 준용한다. 대의원이 있는 조합의 경우 "조합원"은 "대의원"으로 본다. ⑦ 제2항에 따른 계약이전의 결정에 관하여는 제4조의2 제6항, 수협법 및 해당 부실조합의 정관에도 불구하고 총회(대의원회를 운영하는 조합의 경우에는 대의원회를 말한다)의 의결이 필요하지 아니하다. **제11조(계약이전 결정의 효력)** ① 제10조 제2항에 따른 계약이전이 결정된 경우에 그 결정 내용에 포함된 사업과 관련된 계약에 의한 부실조합의 권리와 의무는 계약이전이 결정된 때에 인수조합이 승계한다. ② 제10조 제2항에 따른 계약이전이 결정된 경우에 해당 부실조합 및 인수조합은 공동으로 그 결정의 요지와 계약이전 사실을 2개 이상의 일간신문에 지체 없이 공고하여야 한다. ③ 제2항에 따른 공고가 있으면 그 계약이전과 관련된 채권자, 채무자, 물상보증인(物上保證人) 및 그 밖의 이해관계인(이하 "이해관계인"이라 한다)과 해당 부실조합 간의 법률관계는 인수조합이 같은 내용으로 승계한다. 이 경우 이해관계인은 제2항에 따른 공고 전에 해당 부실조합과의 사이에 발생한 사유로 인수조합에 대항할 수 있다. ④ 제2항에 따른 공고가 있으면 그 공고로써 「민법」 제450조에 따른 지명채권양도의 대항요건(對抗要件)을 갖춘 것으로 본다. 이 경우 이해관계인은 공고 전에 해당 부실조합과의 사이에 발생한 사유로 인수조합에 대항할 수 있다. ⑤ 제10조 제2항에 따라 계약이전이 결정된 경우 재산 이전에 등기·등록이 필요한 부동산 등에 관한 권리는 제2항에 따른 공고가 있는 때에 인수조합이 취득한다. ⑥ 제10조 제2항에 따라 계약이전을 결정한 경우 해양수산부장관은 해당 부실조합 및 인수조합으로 하여금 계약이전과 관련된 자료를 보관·관리하게 하고, 이해관계인이 열람할 수 있게 하여야 한다. 이 경우 보관·관리 및 열람에 필요한 기준과 절차는 해양수산부령으로 정한다.
산림조합 개선법	**제10조(행정처분)** ① 시·도지사는 조합이 제4조 제1항에 따른 요구 또는 명령을 위반하거나 이행하지 아니한 경우에는 기금관리위원회의 의견을 들어 그 조합 임원의 직무정지를 명하고 그 임원의 직무를 대행할 관리인을 선임

하거나 총회(대의원회에서 선출된 임원의 경우에는 대의원회를 말한다)에 임원의 해임을 권고할 수 있다. 이 경우 임원의 해임의결은 「산림조합법」 제43조 제1항부터 제3항까지의 규정에도 불구하고 조합원이나 대의원 과반수의 출석과 출석조합원이나 출석대의원 과반수의 찬성으로 의결한다.
② 시·도지사는 부실조합이 다음 각 호의 어느 하나에 해당하는 경우에는 기금관리위원회의 의견을 들어 그 부실조합에 대하여 계약이전의 결정, 6개월의 범위에서 일정 기간의 사업정지, 설립인가의 취소 등 필요한 처분을 할 수 있다. 다만, 제1호의 경우 그 명령 불이행 사유가 제4조 제5항 및 제6항에 따른 총회·대의원회의 의결 또는 조합원투표 결과에 따른 것일 때에는 시·도지사는 처분에 앞서 대통령령으로 정하는 바에 따라 그 조합에 소명할 기회를 주어야 한다.
1. 제4조 제1항에 따른 명령을 이행하지 아니하거나 이행할 수 없게 된 경우
2. 부채가 자산을 현저히 초과함으로써 제4조 제1항에 따른 명령을 이행하기 어렵다고 판단되는 경우
3. 자금사정의 급격한 악화로 예금등채권의 지급이나 차입금의 상환이 어렵게 되어 예금자등의 권익이나 신용질서를 해칠 것이 명백하다고 인정되는 경우
③ 시·도지사는 제2항에 따라 설립인가를 취소하려는 경우에는 청문을 실시하여야 한다.
④ 시·도지사는 제2항에 따라 계약이전을 결정할 때에는 필요한 범위에서 이전되는 계약의 범위·조건 및 이전받는 조합(이하 "인수조합"이라 한다)을 정하여 미리 인수조합의 동의를 받아야 한다. 〈개정 2020. 2. 18.〉
⑤ 시·도지사는 제2항에 따라 계약이전을 명령받은 조합에 대하여 제1항에 따른 관리인을 선임하여야 한다. 〈개정 2020. 2. 18.〉
⑥ 인수조합이 계약이전에 관한 사항을 동의하려는 경우에는 제4조 제5항을 준용한다. 대의원이 있는 조합의 경우 "조합원"은 "대의원"으로 본다.
⑦ 제2항에 따른 계약이전의 결정에 관하여는 제4조 제6항, 「산림조합법」 및 해당 부실조합의 정관에도 불구하고 총회(대의원회를 운영하는 조합의 경우에는 대의원회를 말한다)의 의결이 필요하지 아니하다.
제11조(계약이전 결정의 효력) ① 제10조 제2항에 따른 계약이전의 결정이 있으면 그 결정 내용에 포함된 사업과 관련된 계약에 따른 부실조합의 권리와 의무는 그 결정이 있는 때에 인수조합이 승계한다.
② 제10조 제2항에 따른 계약이전의 결정이 있으면 해당 부실조합과 인수조합은 공동으로 그 결정의 요지 및 계약이전의 사실을 2 이상의 일간신문에 지체 없이 공고하여야 한다.
③ 제2항에 따른 공고가 있으면 그 계약이전과 관련된 채권자·채무자·물상보증인, 그 밖의 이해관계인(이하 "이해관계인"이라 한다)과 해당 부실조합 사이의 법률관계는 인수조합이 동일한 내용으로 승계한다. 이 경우 이해관계인은 제2항에 따른 공고 전에 그 부실조합과의 사이에 발생한 사유로 인수조합에 대항할 수 있다.
④ 제2항에 따른 공고가 있으면 그 공고로써 「민법」 제450조에 따른 지명채권양도의 대항요건을 갖춘 것으로 본다. 이 경우 이해관계인은 공고 전에 해당 부실조합과의 사이에 발생한 사유로 인수조합에 대항할 수 있다.
⑤ 제10조 제2항에 따른 계약이전의 결정이 있으면 재산의 이전에 등기·등록이 필요한 부동산 등에 관한 권리는 제2항에 따른 공고가 있는 때에 인수

	조합이 취득한다. ⑥ 제10조 제2항에 따른 계약이전의 결정이 있으면 시·도지사는 해당 부실조합 및 인수조합으로 하여금 계약이전과 관련된 자료를 보관·관리하게 하고, 이해관계인이 열람할 수 있게 하여야 한다. 이 경우 보관·관리 및 열람에 필요한 기준과 절차는 농림축산식품부령으로 정한다.

제88조(파산신청), 제88조의2(파산관재인)

제88조(파산신청) 금융위원회는 제86조에 따라 경영관리를 받는 조합에 대한 재산실사 결과 해당 조합의 재산으로 채무를 완전히 변제할 수 없는 경우로서 다음 각 호의 어느 하나에 해당되는 경우 또는 제86조의4 제1항에 따른 계약이전의 결정에 따라 부실조합의 계약이전이 이루어진 경우에는 해당 조합의 주사무소 소재지를 관할하는 지방법원에 파산신청을 할 수 있다.

1. 해당 조합을 합병하려는 조합이 없어 조합원을 보호하기 곤란한 경우
2. 중앙회가 해당 조합에 자금을 대출하더라도 3년 이내에 경영정상화가 곤란하다고 인정되는 경우

[전문개정 2015. 1. 20.]

제88조의2(파산관재인) 중앙회장은 조합이 파산되는 때에는 「채무자 회생 및 파산에 관한 법률」 제355조에도 불구하고 기금관리위원회의 의결을 거쳐 중앙회의 임직원 중에서 1명을 법원에 파산관재인으로 추천할 수 있다. 〈개정 2019. 1. 15.〉

[전문개정 2015. 1. 20.]

Ⅰ. 조문의 취지와 의의

법 제88조는 사고처리의 투명성 제고를 위하여, 법 제86조에 따른 재산실사 결과를 바탕으로 금융위원회의 조합에 관한 파산신청을 할 수 있는 기준을 명시하고 있는 조항이다.[76] 채무자회생법의 특례규정으로 채무 변제가 불가한 조합의 파산절차를 간소화·신속화하는 효과가 기대된다.[77] 법 제88조의2는 조합이 파산하는 경우 중앙회장이 중앙회 임직원을 파산관재인으로 법원에 추천할 수 있는 법적 근거를 제공한다.

76) 맹정주(수석전문위원), 신협법개정법률안(차수명·정세균 의원 외 28인 발의, 의안번호 제150916호) 검토보고서, 국회 재정경제위원회, 1997. 12., 3면.

77) 맹정주(수석전문위원), 금융기관의합병및전환에관한법률개정법률안(정부제출, 의안번호 제150403호) 검토보고서, 국회 재정경제위원회, 1996. 12., 6면.

Ⅱ. 조문의 내용 및 해설

1. 파산 신청

금융위원회는 경영관리를 받는 조합에 대한 재산실사 결과 해당 조합의 재산으로 채무를 완전히 변제할 수 없는 경우로서, ① 해당 조합을 합병하려는 조합이 없어 조합원을 보호하기 곤란한 경우(법 제88조 제1호), ② 중앙회가 해당 조합에 자금을 대출하더라도 3년 이내에 경영정상화가 곤란하다고 인정되는 경우(법 제88조 제2호)의 어느 하나에 해당하는 경우에는 해당 조합의 주사무소 소재지를 관할하는 지방법원에 파산신청을 할 수 있다. 금융위원회는 파산신청에 관한 권한을 금융감독원장에게 위탁할 수 있다(법 제96조 제1항, 법 시행령 제24조 제1항 제19호).

2. 파산관재인

중앙회장은 조합이 파산되는 때에는 채무자회생법 제355조[78]에도 불구하고 기금관리위원회의 의결을 거쳐 중앙회의 임직원 중 1명을 법원에 파산관재인으로 추천할 수 있다(법 제88조의2).

본조는 금융산업구조개선법 제15조[79]를 참고하여 조합파산시 금융위원회(당

78) 채무자회생법 제355조(파산관재인의 선임) ① 파산관재인은 관리위원회의 의견을 들어 법원이 선임한다.
② 법인도 파산관재인이 될 수 있다. 이 경우 그 법인은 이사 중에서 파산관재인의 직무를 행할 자를 지명하고 법원에 신고하여야 한다.

79) 금융산업구조개선법[법률 제6178호, 2000. 1. 21. 일부개정] 제15조 (청산인 또는 파산관재인) ① 금융감독위원회는 금융기관이 해산 또는 파산한 때에는 상법 제531조 및 파산법 제147조의 규정에 불구하고 다음 각 호의 자중에서 1인을 청산인 또는 파산관재인으로 추천할 수 있으며, 법원은 금융감독위원회가 추천한 자가 금융관련 업무지식이 풍부하며 청산인 또는 파산관재인의 직무를 효율적으로 수행하기에 적합하다고 인정되는 때에는 청산인 또는 파산관재인으로 선임하여야 한다. 이 경우 금융감독위원회는 당해 금융기관이 예금자보호법 제2조 제1호의 규정에 의한 부보금융기관으로서 예금보험공사 또는 정리금융기관이 그 금융기관에 대하여 대통령령이 정하는 최대채권자에 해당하는 때에는 제2호의 규정에 해당하는 자를 추천하여야 한다.
1. 대통령령이 정하는 금융전문가
2. 예금보험공사의 임원 또는 직원
② 금융감독위원회는 제1항의 규정에 의한 청산인 또는 파산관재인의 추천을 금융감독원에 위탁할 수 있다.

시 금융감독위원회)가 파산관재인을 추천할 수 있는 근거를 마련하기 위하여 신설되었으나.[80] 조합은 파산 이후 금융위원회의 감독을 받지 않고 법원의 지휘를 받기 때문에 금융위원회가 법원에 파산관재인을 추천하는 것은 비효율적인 측면이 있다는 지적과 중앙회의 임직원을 파산관재인으로 추천하여 법원이 선임하는 경우, 외부인에 비해 인적 네트워크 및 정보 접근성이 높아 채권의 원활한 회수와 중앙회 등 채권자와의 긴밀한 협조를 도모하여 파산의 조기 종결을 할 수 있을 것이라는 기대가 있어[81] 중앙회장이 중앙회 임직원을 파산관재인으로 추천할 수 있도록 내용이 개정[82]되었다.

Ⅲ. 관련 법령

법률	조문
금융산업 구조개선법	제16조(파산의 신청) ① 금융위원회는 금융기관에 「채무자 회생 및 파산에 관한 법률」 제306조에 따른 파산원인이 되는 사실이 있음을 알게 된 경우에는 파산의 신청을 할 수 있다. ② 금융감독원장 또는 파산참가기관은 금융위원회에 해당 금융기관에 대한 파산의 신청을 건의할 수 있다. 제15조(청산인 또는 파산관재인) ① 금융위원회는 금융기관이 해산하거나 파산한 경우에는 「상법」 제531조 및 「채무자 회생 및 파산에 관한 법률」 제355조에도 불구하고 다음 각 호의 사람 중에서 1명을 청산인(淸算人) 또는 파산관재인(破産管財人)으로 추천할 수 있으며, 법원은 금융위원회가 추천한 사람이 금융 관련 업무지식이 풍부하며 청산인 또는 파산관재인의 직무를 효율적으로 수행하기에 적합하다고 인정되면 청산인 또는 파산관재인으로 선임하여야 한다. 이 경우 금융위원회는 그 금융기관이 「예금자보호법」 제2조 제1호에 따른 부보금융회사로서 예금보험공사 또는 정리금융회사가 그 금융기관에 대하여 대통령령으로 정하는 최대채권자(最大債權者)에 해당하면 제2호에 해당하는 사람을 추천하여야 한다. 1. 대통령령으로 정하는 금융전문가 2. 예금보험공사의 임직원 ② 금융위원회는 제1항에 따른 청산인 또는 파산관재인의 추천을 금융감독원장에게 위탁할 수 있다.
새마을 금고법	제80조의5(파산신청 등) ① 주무부장관은 제80조의2 제1항에 따른 계약이전의 결정에 따라 부실금고의 계약이전이 이루어진 때에는 해당 금고의 주된

80) 2000. 1. 28. 법률 제6204호로 신협법 일부개정.
81) 전상수(수석전문위원), 신용협동조합법 일부개정법률안(민병두 의원 대표발의, 의안번호 제10150호 검토보고서, 국회 정무위원회, 2018. 2., 12-13면.
82) 2019. 1. 15. 법률 제16292호로 신협법 일부개정.

	사무소 소재지를 관할하는 지방법원에 파산신청을 할 수 있다. ② 주무부장관은 금고가 파산한 때에는 「채무자 회생 및 파산에 관한 법률」 제355조에도 불구하고 법원에 파산관재인을 추천할 수 있다.
농협구조개선법	**제9조(파산 신청)** 농림축산식품부장관은 조합에 「채무자 회생 및 파산에 관한 법률」 제306조에 따른 파산의 원인이 되는 사실이 있음을 알게 되었을 때에는 농협법 제83조에도 불구하고 파산을 신청할 수 있다. 〈개정 2013. 3. 23.〉 **제10조(청산인 또는 파산관재인의 업무 등)** ① 조합이 해산한 경우 관리기관이 그 조합에 대하여 대통령령으로 정하는 최대 채권자에 해당할 때에는 농협법 제84조에도 불구하고 관리기관이 기금관리위원회의 의결을 거쳐 중앙회의 임직원 중에서 선임하는 사람이 청산인이 된다. ② 조합이 파산하였을 때에는 「채무자 회생 및 파산에 관한 법률」 제355조에도 불구하고 관리기관이 기금관리위원회의 의결을 거쳐 중앙회의 임직원 중에서 1명을 파산관재인으로 추천할 수 있다. ③ 조합의 파산에 관하여는 「금융산업의 구조개선에 관한 법률」 제17조부터 제23조까지의 규정을 준용한다. 이 경우 "금융기관"은 "조합"으로, "파산참가기관"은 "관리기관"으로 본다.
수협구조개선법	**제14조(파산신청)** 해양수산부장관은 조합에 「채무자 회생 및 파산에 관한 법률」 제306조에 따른 파산의 원인이 되는 사실이 있음을 알게 되었을 때에는 수협법 제85조에도 불구하고 파산신청을 할 수 있다. 〈개정 2013. 3. 23.〉 **제15조(청산인 또는 파산관재인)** ① 조합이 해산한 경우 관리기관이 그 조합에 대하여 대통령령으로 정하는 최대 채권자에 해당할 때에는 수협법 제86조에도 불구하고 관리기관이 기금관리위원회의 의결을 거쳐 중앙회의 임직원 중에서 선임하는 사람이 청산인(清算人)이 된다. ② 조합이 파산하여 「채무자 회생 및 파산에 관한 법률」 제355조에 따라 법원이 파산관재인(破産管財人)을 선임하는 경우에 관리기관은 기금관리위원회의 의결을 거쳐 중앙회의 임직원 중에서 1명을 파산관재인으로 추천할 수 있다. ③ 조합의 파산에 관하여는 「금융산업의 구조개선에 관한 법률」 제17조부터 제23조까지의 규정을 준용한다. 이 경우 "금융기관"은 "조합"으로, "파산참가기관"은 "관리기관"으로 본다.
산림조합개선법	**제13조(파산 신청)** 시·도지사는 조합에 「채무자 회생 및 파산에 관한 법률」 제306조에 따른 파산의 원인이 되는 사실이 있음을 알게 되면 「산림조합법」 제68조에도 불구하고 파산 신청을 할 수 있다. 〈개정 2020. 2. 18.〉 **제14조(청산인 또는 파산관재인)** ① 조합이 해산한 경우 관리기관이 해당 조합에 대하여 대통령령으로 정하는 최대 채권자에 해당하면 「산림조합법」 제69조에도 불구하고 관리기관이 기금관리위원회의 의결을 거쳐 중앙회의 임직원 중에서 선임하는 자가 청산인이 된다. ② 조합이 파산하여 「채무자 회생 및 파산에 관한 법률」 제355조에 따라 법원이 파산관재인을 선임하는 경우에는 관리기관이 기금관리위원회의 의결을 거쳐 중앙회의 임직원 중에서 1인을 파산관재인으로 추천할 수 있다. ③ 「금융산업의 구조개선에 관한 법률」 제17조부터 제23조까지는 조합의 파산에 관하여 준용한다. 이 경우 "금융기관"은 "조합"으로, "파산참가기관"은 "관리기관"으로 본다.

상호저축 은행법	**제24조의13(파산신청)** 금융위원회는 제24조의3에 따라 경영관리를 받는 상호저축은행에 대한 재산실사 결과 해당 상호저축은행의 재산으로 그 채무를 전부 변제할 수 없는 경우로서 제24조의8 제1항 각 호의 어느 하나의 요건에 해당되지 아니하거나 제24조의9 제3항에 따른 인가 또는 제24조의11제1항에 따른 결정이 이루어지지 아니한 경우에는 직권으로 또는 예금보험공사의 건의에 따라 해당 상호저축은행의 본점 소재지를 관할하는 지방법원에 파산신청을 할 수 있다.
자산 유동화법	**제26조(청산인 등의 선임)** 「금융위원회의 설치 등에 관한 법률」에 따른 금융감독원의 원장(이하 "금융감독원장"이라 한다)은 유동화전문회사가 해산하거나 파산한 경우 「상법」 제531조(같은 법 제613조 제1항에서 준용하는 경우를 포함한다) 및 「채무자 회생 및 파산에 관한 법률」 제355조에도 불구하고 청산인 또는 파산관재인을 법원에 추천할 수 있으며, 법원은 특별한 사유가 없으면 금융감독원장이 추천한 자를 청산인 또는 파산관재인으로 선임하여야 한다.

제89조(중앙회의 지도 · 감독)

제89조(중앙회의 지도 · 감독) ① 중앙회장은 제78조 제1항의 사업을 수행하기 위하여 조합을 지도 · 감독한다. 이 경우 중앙회장은 조합의 사업에 관한 지침 등을 작성하여 보급할 수 있으며, 필요한 경우에는 조합에 자료의 제출, 관계자의 출석 또는 진술을 요구할 수 있다. 〈개정 2016. 12. 20.〉

② 제1항에 따라 자료의 제출, 관계자의 출석 또는 진술을 요구받은 조합은 지체 없이 요구에 따라야 한다.

③ 중앙회장은 제1항에 따라 조합으로부터 제출받은 자료를 금융위원회가 정하는 바에 따라 분석 · 평가하여 그 결과를 조합으로 하여금 공시하도록 할 수 있다.

④ 중앙회장은 제3항에 따른 분석 · 평가 결과 대통령령으로 정하는 바에 따라 금융위원회가 정하는 기준에 해당되어 건전한 경영이 어렵다고 인정되는 조합에 대해서는 합병을 권고하거나 보유자산의 처분, 조직의 축소 등 재무상태의 개선을 위한 조치를 하도록 요청하여야 한다.

⑤ 금융위원회는 조합이 제4항에 따른 재무상태의 개선을 위한 조치를 성실히 이행하지 아니한 경우에는 제86조 제1항에 따른 경영관리 요건에 해당하는지를 판단하기 위하여 제83조 제2항에 따른 검사를 하여야 한다.

⑥ 중앙회장은 필요하다고 인정할 때에는 그 소속 직원으로 하여금 조합의 업무를 검사하게 할 수 있다.

⑦ 중앙회장은 제6항에 따른 검사 결과에 따라 시정 등 필요한 조치를 명하거나 다음 각 호의 조치를 할 수 있다.

1. 제84조 제1항에 따른 관련 임직원에 대한 조치요구
2. 제84조 제3항에 따른 임시임원의 선임
3. 제84조 제4항 단서에 따른 임시임원의 등기 촉탁
4. 제85조 제1항에 따른 조치
5. 제85조 제2항에 따른 업무의 전부정지

⑧ 중앙회장은 제6항에 따라 조합에 대한 검사를 한 결과 제101조 제1항 각 호의 과태료 부과대상 행위를 확인한 경우에는 과태료 부과에 필요한 사항을 금융위원회에 보고하여야 한다.

[전문개정 2015. 1. 20.]

Ⅰ. 조문의 취지와 의의

법 제89조는 중앙회의 조합에 대한 전반적인 지도 · 감독권한을 규정하고 있다. 중앙회는 본조에 따라 금융위원회와 별개의 독립된 감독권을 가지게 되고,

조합 사업에 관한 지침 등 작성 및 보급, 자료 제출 및 관계자 출석 · 진술 요구, 자료 분석 결과에 따른 재무상태 개선 조치 요청, 조합에 대한 검사, 검사결과에 따른 시정 등 필요한 조치 요구 등의 지도 · 감독권을 행사할 수 있다.

Ⅱ. 조문의 내용 및 해설

1. 중앙회의 조합에 대한 지도 · 감독권한

(1) 의 의

중앙회장은 법 제78조 제1항에 따른 중앙회의 사업[83]을 수행하기 위하여 조합을 지도 · 감독한다(법 제89조 제1항 전단).

(2) 지침 등의 제정 · 보급

중앙회장은 조합을 지도 · 감독하는 경우, 조합 사업에 관한 지침 등을 작성하여 보급할 수 있다(법 제89조 제1항 후단). 중앙회는 조합의 표준규정 이외에도 조합에 대한 외규[84]로서 지침 등을 작성할 수 있고, 중앙회의 지침 등은 조

---

83) 법 제78조(사업의 종류 등) ① 중앙회는 그 목적을 달성하기 위하여 다음 각 호의 사업을 한다.
1. 조합의 사업에 관한 지도 · 조정 · 조사연구 및 홍보
2. 조합원 및 조합의 임직원을 위한 교육사업
3. 조합에 대한 검사 · 감독
4. 조합의 사업에 대한 지원
5. 신용사업
가. 조합으로부터 예치된 여유자금 및 상환준비금 등의 운용
나. 조합에 대한 자금의 대출
다. 조합 및 조합원을 위한 내국환 및 외국환 업무
라. 국가 · 공공단체 또는 금융기관의 업무 대리
마. 조합에 대한 지급보증 및 어음할인
바. 「자본시장과 금융투자업에 관한 법률」 제4조 제3항에 따른 국채증권 및 지방채증권의 인수 · 매출
사. 「전자금융거래법」에서 정하는 직불전자지급수단의 발행 · 관리 및 대금의 결제
아. 「전자금융거래법」에서 정하는 선불전자지급수단의 발행 · 관리 · 판매 및 대금의 결제
6. 조합 및 조합원을 위한 공제사업
7. 국가 또는 공공단체가 위탁하거나 보조하는 사업
8. 제1호부터 제7호까지의 사업에 부대하는 사업
9. 그 밖에 목적 달성에 필요한 사업

84) 조합 제규정관리규정 제3조(정의) "외규"라 함은 법령 · 법령에 의한 행정처분 · 신협중앙회의 정관 · 규약 · 기준 · 규정 · 세칙 · 예규 등 조합에 대하여 구속력을 가지는 외부 제정의 규정 등을 말한다.

합 규정에 우선하여 적용된다(조합 제규정관리규정 제3조 제2호). 법원 역시 본 조항 등을 근거로 중앙회장은 단위 조합에 대한 감독기관으로서 단위 조합의 운영에 공통적으로 적용할 여신업무방법서 등 표준규정을 제정할 권한을 인정하고 있다(대전고등법원 2021. 1. 12. 선고 2020나13487 판결).

(3) 자료제출 및 관계자 출석 · 진술 요구

중앙회장은 필요한 경우에는 조합에 자료의 제출, 관계자의 출석 또는 진술을 요구할 수 있다(법 제89조 제1항 후단). 중앙회장의 자료 제출 등을 요구받은 조합은 지체 없이 요구에 따라야 한다(법 제89조 제2항).

중앙회장은 조합으로부터 제출받은 자료를 금융위원회가 정하는 바에 따라 분석 · 평가하여 그 결과를 조합으로 하여금 공시하도록 할 수 있다(법 제89조 제3항).

(4) 적기시정조치

가. 의 의

적기시정조치제도(Prompt Corrective Action)란 금융회사의 건전성을 자본충실도, 경영 실태평가 결과 등 경영상태를 기준으로 몇 단계의 등급으로 나누어, 경영상태가 악화된 금융회사에 대해 금융감독당국이 단계적으로 시정조치를 부과해 나가는 제도를 의미한다. 적기시정조치는 부실화 징후가 있는 금융회사에 대하여 적기에 경영개선을 유도 · 강제함으로써 부실화를 예방하고 경영 취약부문의 정상화를 도모하는 건전성감독 수단으로서의 성격을 지닌다.

그러나 적기시정조치는 경영상태가 동 조치의 발동요건에 해당하는 경우 무차별적으로 시정조치를 시행하는 강행규정이므로, 정상화 가능성이 없는 금융회사를 조기에 퇴출시킴으로써 금융소비자의 피해 및 예금보험기금의 고갈 등 금융회사의 부실화에 따른 사회적 비용을 경감시키고 금융시스템의 안정성을

제5조(제규정의 효력순위) ② 외규는 내규에 우선하고, 외규간에서의 효력순위는 다음 각 호와 같다.
1. 상위기구의 제규정이 하위기구의 제규정에 우선한다.
2. 동일기구의 제규정간에서 상위의결기관의 의결을 요하는 제규정이 하위의결기관의 의결을 요하는 제규정에 우선한다.

도모하기 위한 행정적 퇴출수단이기도 하다. 적기시정조치는 시장규율의 강화를 통해 금융회사의 부실화 및 도산가능성을 축소시키고 자구노력을 촉발하여 부실금융회사 처리비용을 경감시키는 한편, 재무건전성 위주의 객관적 평가를 통하여 대형 및 소형 금융회사 간의 공정경쟁여건(level playing field)을 조성하는 효과가 있다.[85]

중앙회장은 조합으로부터 제출받은 자료의 분석 · 평가 결과 대통령령으로 정하는 바에 따라 금융위원회가 정하는 기준에 해당되어 건전한 경영이 어렵다고 인정되는 조합에 대해서는 합병을 권고하거나 보유자산의 처분, 조직의 축소 등 재무상태의 개선을 위한 조치를 하도록 요청하여야 한다(법 제89조 제4항). 재무상태 개선조치는 크게 재무상태개선권고와 재무상태개선요구로 나뉜다.

나. 재무상태개선권고

1) 요건

중앙회장은 조합이 ① 총자산 대비 순자본비율이 2% 미만인 경우, ② 경영실태평가결과 종합평가등급이 3등급이상으로서 자본적정성 또는 자산건전성 부문의 평가등급을 4등급이하로 판정받은 경우, ③ 거액의 금융사고 또는 부실채권의 발생으로 제1호 내지 제2호의 기준에 해당될 것이 명백하다고 판단되는 경우에는 당해 조합에 필요한 조치를 이행하도록 권고하여야 한다(상호금융업감독규정 제12조의2 제1항).

2) 조치내용

조합에 필요한 조치라 함은, ① 인력 및 조직운영 개선, ② 지사무소 운영의 효율화, ③ 경비절감, ④ 위험자산 및 고정자산의 처분, ⑤ 출자금의 감소 및 신규증액, ⑥ 이익배당의 제한, ⑦ 합병권고의 일부 또는 전부에 해당하는 조치를 말한다(상호금융업감독규정 제12조의2 제2항).

85) 금융감독원, 금융감독개론, 2024, 203면.

다. 재무상태개선요구

1) 요건

중앙회장은 ① 총자산 대비 순자본비율이 마이너스 100분의 3미만인 경우, ② 경영실태평가결과 종합평가등급을 4등급 이하로 판정받은 경우, ③ 거액의 금융사고 또는 부실채권의 발생으로 ① 내지 ②의 기준에 해당될 것이 명백하다고 판단되는 경우, ④ 재무상태개선 권고를 받은 조합이 재무상태개선계획을 성실하게 이행하지 아니하는 경우에는 당해 조합에 대하여 필요한 조치를 이행하도록 요구하여야 한다(상호금융업감독규정 제12조의3 제1항).

2) 조치내용

조합에 대하여 필요한 조치라 함은 ① 합병요구, ② 위험자산의 보유 제한 및 자산의 처분, ③ 조직·인력의 축소, ④ 지사무소의 폐쇄·통합 또는 신설 제한, ⑤ 예금금리수준의 제한, ⑥ 임원진 개선 요구, ⑦ 상호금융업독규정 제12조의2 제2항에서 정하는 사항(재무상태개선권고의 조치내용)의 일부 또는 전부에 해당하는 조치를 말한다(상호금융업감독규정 제12조의3 제2항).

라. 조치근거 및 이유 제시

조합에 대하여 재무상태개선권고 또는 재무상태개선요구에 따른 조치를 하는 경우 당해 조합에 그 근거와 이유를 제시하여야 한다(상호금융업감독규정 제12조의2 제3항).

마. 재무상태개선권고 또는 요구 유예

중앙회장은 재무상태개선권고의 요건 및 재무상태개선요구의 요건에 해당되는 조합이 단기간에 그 기준에 해당되지 않게 될 수 있다고 판단되거나 이에 준하는 사유가 있다고 인정되는 경우 재무상태개선 권고 또는 요구를 유예할 수 있다. 이 경우 유예기간은 1년을 초과할 수 없다(상호금융업감독규정 제12조의4 제1항).

바. 재무상태개선권고 또는 요구 불이행에 대한 조치

중앙회장은 조합이 재무상태개선권고 또는 요구를 받고 이를 성실히 이행하지 아니한 경우 중앙회의 자금지원을 중단하거나 지원자금을 회수하는 등의 조치를 취할 수 있다(상호금융업감독규정 제12조의4 제2항).

사. 재무상태개선계획 제출 및 평가

조합이 재무상태개선권고 또는 재무상태개선요구를 받은 경우 동 권고 또는 요구를 받은 후 1월 이내에 재무상태개선권고 또는 재무상태개선요구 등의 내용이 반영된 계획(재무상태개선계획)을 이사회의 결의를 얻어 중앙회장에게 제출하여야 한다(상호금융업감독규정 제12조의5 제1항).

중앙회장은 제출된 재무상태개선계획의 타당성을 검토하기 위해 당해 조합에 대한 경영실태조사를 실시할 수 있으며 재무상태개선계획을 제출받은 후 1월 이내에 승인여부를 결정하여야 한다. 다만 경영평가위원회의 사전심의[86]가 지연되는 경우 1월 이내에 그 기한을 연장할 수 있다(상호금융업감독규정 제12조의5 제2항).

중앙회장은 재무상태개선권고를 받은 조합이 재무상태개선계획을 제출하지 아니하거나 제출한 재무상태개선계획의 타당성이 인정되지 아니하여 동 계획을 불승인한 경우 제12조의3 제2항에서 규정한 조치(재무상태개선요구의 조치)의 일부 또는 전부를 이행하도록 요구하고 동 조치내용이 반영된 계획을 일정기간 내에 제출토록 하여 승인여부를 결정하여야 한다(상호금융업감독규정 제12조의5 제5항).

중앙회장은 재무상태개선요구를 받은 조합이 재무상태개선계획을 제출하지 아니하거나 제출한 재무상태개선계획의 타당성이 인정되지 아니하여 동 계획을 불승인한 경우 제12조의3 제2항에서 규정한 조치의 일부 또는 전부에 해당

86) 중앙회장이 재무상태개선계획에 대한 승인여부를 결정하기에 앞서 외부전문가로 구성된 경영평가위원회의 심의를 거쳐야 하는바, 해당 사전심의 절차를 의미한다. 해당 사전심의 시 조합을 출석시켜 의견을 청취할 수 있으며, 긴급을 요하거나 심의의 실익이 크지 아니하다고 중앙회장이 인정하는 경우에는 해당 절차를 거치지 아니한다(상호금융업감독규정 제12조의5 제3항, 제4항 참조).

하는 조치를 요구하고 동 조치내용이 반영된 계획을 일정기간 내에 제출토록 하여야 하며, 동 계획을 제출하지 아니하거나 제출한 계획의 타당성이 인정되지 않을 경우에는 동 사실을 감독원장에게 즉시 보고하여야 하고, 동 내용을 보고받은 감독원장은 지체 없이 검사를 실시하여 경영관리 요건에 해당할 경우 경영관리를 개시하고 경영관리 요건에 해당되지 않을 경우에는 법 제85조 제1항 각 호[87]에서 규정한 조치의 전부 또는 일부를 할 수 있다(상호금융업감독규정 제12조의5 제6항, 제7항).

재무상태개선계획을 승인 받은 조합은 매분기말 다음달 10일까지 동 계획의 분기별 이행실적을 중앙회장에게 제출하여야 하며, 중앙회장은 그 이행실적을 점검하여 그 이행실적이 미흡하거나 관련제도의 변경 등 여건변화로 인하여 이행이 곤란하다고 판단되는 경우에는 재무상태개선계획의 수정요구, 일정기간 내의 이행촉구 등 필요한 조치를 취하여야 한다. 중앙회장은 이행실적 점검 결과를 매분기마다 감독원장에게 보고하여야 한다(상호금융업감독규정 제12조의5 제8항, 제11항).

3. 중앙회의 조합에 대한 검사권한

(1) 의 의

중앙회장은 필요하다고 인정할 때에는 그 소속 직원으로 하여금 조합의 업무를 검사하게 할 수 있다(법 제89조 제6항).

(2) 검사결과에 따른 조치

중앙회장은 검사결과에 따라 시정 등 필요한 조치를 명하거나 ① 법 제84조

---

87) 법 제85조(조합 등에 대한 행정처분) ① 금융위원회는 조합 또는 중앙회가 이 법 또는 이 법에 따른 명령을 위반하여 건전한 운영을 해칠 우려가 있다고 인정하는 경우 또는 「금융소비자 보호에 관한 법률」 제51조 제1항 제4호, 제5호 또는 같은 조 제2항 각 호 외의 부분 본문 중 대통령령으로 정하는 경우에 해당하는 경우(제3호에 해당하는 조치로 한정한다)에는 다음 각 호의 어느 하나에 해당하는 조치를 할 수 있다.

1. 조합 또는 중앙회에 대한 주의·경고
2. 해당 위반행위의 시정명령
3. 6개월 이내의 업무의 일부정지

제1항에 따른 관련 임직원에 대한 조치요구, ② 법 제84조 제3항에 따른 임시임원의 선임, ③ 법 제84조 제4항 단서에 따른 임시임원의 등기 촉탁, ④ 법 제85조 제1항에 따른 조치, ⑤ 법 제85조 제2항에 따른 업무의 전부정지를 할 수 있다(법 제89조 제7항).

금융위원회의 조합 임직원에 대한 징계조치 요구 권한을 규정한 법 제84조 제1항은 '이 법 또는 법에 따른 명령 · 정관 · 규정에서 정한 절차 · 의무를 이행하지 아니한 경우'에 임직원에 대한 징계조치가 가능하다고 규정하고 있으나, 법 제89조 제7항은 '제6항에 따른 검사 결과에 따라 시정 등이 필요한 경우'에 조치 요구를 할 수 있다고 규정하고 있다. 법 제89조 제7항의 문언상 중앙회의 조치요구 권한이 법 제84조에 따른 금융위원회의 조치요구 권한 보다 폭넓게 규정하고 있다고 볼 수 있다.

법 제89조 제7항에 따른 중앙회의 조합 임직원에 대한 조치요구 권한은 법 제84조 제1항에 따른 금융위원회의 조합 임직원에 대한 조치요구 권한과 별개의 독립된 권한이다. 법원도 같은 취지에서 신협법은 법 제84조와 법 제89조에 따른 두 권한에 대하여 서로 다른 권한 주체와 처분 요건을 정함으로써 양자를 병렬적인 방식으로만 규정하고 있을 뿐, 어느 권한이 다른 권한의 범위 내에 있다거나 두 권한이 서로 양립불가능하다는 취지의 규정을 두고 있지 않다고 판시하고 있다(대전지방법원 2020. 6. 10. 선고 2019가합102653 판결). 특히, 신협법 제84조 제2항은 "제1항 및 제89조 제7항 제1호에 따라 조합 또는 중앙회가 임직원의 개선, 징계면직의 조치를 요구 받은 경우"라고 규정함으로써, 제84조 제1항에 따른 금융위원회의 조치와 제89조 제7항 제1호에 따른 조치를 구별하고 있으므로, 양 권한은 서로 다른 별개의 권한으로 볼 수 있다.

한편, 중앙회장의 조합 임시임원 선임과 관련하여, 조합에 대한 검사 결과 비위사실이 발견되어 임원에 대한 개선 또는 직무의 정지조치를 요구하여 조합의 업무를 집행할 임원이 없는 경우에 한하여 중앙회장이 임시임원을 선임할 수 있는 것은 아니고, 임원의 사임, 해임 등으로 이사 정수의 2분의 1을 초과하여 결원이 발생하는 경우에도 신협법 제84조 제3항의 '업무를 집행할 임원이 없는 경우'에 해당한다고 보아 임시임원 선임이 가능하다(대전지방법원 2019.

9. 26.자 2019카합50500 결정).

(3) 조합의 수인의무

조합은 중앙회장이 법 제89조 제7항 제1호(법 제84조 제1항에 따른 임직원에 대한 조치요구)에 의하여 임직원에 대한 조치를 요구한 때에는 즉시 이를 이행하여야 한다(표준정관 제56조의2 제1항). 조합은 중앙회의 조치요구사항에 대하여 특별한 사유가 있는 경우를 제외하고는 검사서를 접수한 날부터 일정한 기한 내에 이를 정리하고 그 결과를 기한 종료일부터 10일 이내에 조치요구사항 정리보고서 〈별지서식 제7호〉에 의하여 감독이사에게 보고하여야 한다. 여기에서 이행 기간은 경영유의사항은 6월 이내, 임직원에 대한 인사조치내용은 2월 이내, 변상·개선·시정사항에 대해서는 3월 이내에 이를 이행하여야 한다(신협 제재규정 시행규칙 제63조 제1항).

(4) 신협검사및제재에관한규정 및 시행규칙

중앙회는 법 제89조에 따라 금융위원회와 별개의 감독권을 가지는바, 중앙회의 조합에 대한 검사와 관련한 세부사항은 신협 검사 및 제재에 관한 규정 및 시행세칙을 제정하여 운영하고 있다. 해당 규정의 내용은 금융위원회 고시인 금융기관 검사 규정과 거의 유사한 규제체계를 가지고 있다. 신협 제재규정은 형식적으로 법 제89조 제7항, 제2조 제7호 등의 위임을 직접 받아 중앙회가 제정한 규정이고, 내용적으로는 법령의 내용이 될 사항을 구체적으로 정한 것이다.[88)]

Ⅲ. 관련 판례

> **대전고등법원 2021. 1. 12. 선고 2020나13487 판결**
> "구 신용협동조합법 제2조 제7호, 제89조 제1항, 상호금융업감독규정 제4조에 의하면, 중앙회장은 단위 조합에 대한 감독기관으로서 단위 조합의 운영에 공통

88) 이태영, 금융협동조합 규제체계 개편과 법·제도 개선방안 연구, 박사학위논문, 연세대학교 일반대학원, 2021. 6., 34면.

적으로 적용할 여신업무방법서 등 표준규정을 제정할 권한을 가진다. '신용'대출은 위 법령 등에서 정한 대출에 포함되고, 피고는 위 법령 등에서 정한 대출최고한도액 범위 내에서 단위 조합이 실행할 수 있는 '신용'대출한도액을 여신업무방법서에 규정할 수 있다. 따라서 피고가 여신업무방법서에 동일인 '신용'대출한도액을 1억 5천만원으로 정한 것은 상위 법령에 근거한 것으로서 정당하다."

대전지방법원 2020. 6. 10. 선고 2019가합102653 판결

"신협법은 제84조 제1항에서 조합의 임직원에 대한 징계 조치를 요구할 권한 주체를 금융위원회로 규정하고, 제89조 제7항에서는 위 권한의 주체를 중앙회장으로 규정하고 있다. 또한 신협법 제84조 제1항은 '이 법 또는 법에 따른 명령 · 정관 · 규정에서 정한 절차 · 의무를 이행하지 아니한 경우'에 임직원에 대한 징계조치가 가능하다고 규정하고 있고, 법 제89조 제7항은 '제6항에 따른 검사 결과에 따라 시정 등이 필요한 경우'에 조치 요구를 할 수 있다고 규정하고 있다. 이와 같이 신협법은 위 두 권한에 관하여 서로 다른 권한주체와 처분요건을 정함으로써 양자를 병렬적인 방식으로만 규정하고 있을 뿐, 어느 권한이 다른 권한의 범위 내에 있다거나 두 권한이 서로 양립불가능하다는 취지의 규정은 두고 있지 아니하다.

특히 신협법 제84조 제2항은 '제1항 및 제89조 제7항 제1호에 따라 조합 또는 중앙회가 임직원의 개선, 징계면직의 조치를 요구받은 경우…'라고 규정함으로써 제84조 제1항에 따른 금융위원회의 조치와 제89조 제7항 제1호에 따른 중앙회장의 조치를 구별하고 있는데, 이에 비추어 보더라도 양 권한은 서로 다른 별개로 봄이 상당하다.

신협법 제89조 제7항 제1호는 중앙회장에게 제84조 제1항 제1호의 조치, 즉 '임원에 대해서는 개선, 직무의 정지 또는 견책'을 요구할 수 있음을 명문으로 규정하고 있다. 그런데 위 권한의 범위를 중앙회장이 신협법 제96조의 위임에 따른 신협법 시행령이 규정한 금융위원회 또는 금융감독원장으로부터 위탁받은 범위 안의 것으로만 한정하게 되면, 하위법령인 신협법 시행령의 제정, 개정, 폐기에 따라 모법인 신협법이 직접 중앙회장에게 부여한 권한의 범위를 개폐하는 부당한 결과가 초래된다. 이와 같은 해석은 법령의 체계에도 부합하지 아니한다.

이러한 법령의 문언, 체계, 취지에 의하여 알 수 있는 위와 같은 사정에 의하면, 피고는 신협법 제87조 제7항 제1호에 따라 독자적으로 조합에 대하여 조합의 임직원에 대한 직무의 정지를 요구할 수 있는 법령상 권한이 있다고 새겨야 하고, 이와 다른 전제에 있는 원고의 이 부분 주장은 받아들일 수 없다."

대전지방법원 2019. 9. 26.자 2019카합50500 결정

"① 채무자 정관 제45조 제1항에 의하면 "조합의 임원은 이사장 1명, 부이사장 1명을 포함한 이사 ( )명"이라고 규정하고 있는바, 위 규정의 문언상 '이사'에는 '이사장', '부이사장'이 모두 포함되는 것으로 해석되므로, 정관 제45조에서 정하고 있는 채무자의 이사 정수는 7명인 점, ② 채무자 정관 제43조 제1항은 "이사회는 재적이사 과반수의 출석으로 개의한다"고 규정하고 있는바, 재적이사 과반수가 결원인 경우에는 특별한 사정이 없는 한 이사회를 개의할 수 없는 점, ③ 채무자 정관 제52조 제2항 제1호에서 '이사장 또는 직무대행자는 결원된 이사의 수가 제45조에 규정한 이사정수의 2분의 1을 초과한 때에는 임시총회를 소집하여 보궐선거를 실시하거나 지체없이 중앙회장에게 임시임원 선임을 요청하여야 한다'고 규정하고 있는바, 이사의 결원이 있는 경우란 정관 소정의 이사의 정원수에 부족이 있는 경우를 의미하는 것이고(대법원 1975. 3. 31.자 74마562 결정 등 참조), 위 규정은 이사 정수의 2분의 1을 초과하여 결원인 경우에는 업무 집행이 제대로 이루어질 수 없기 때문에 보궐선거를 실시하거나 중앙회장에게 임시임원 선임을 요청하여야 하는 의무를 부과하였다고 봄이 타당한 점 등을 종합하여 보면, 채무자의 임원 중, A, B, C, D 4명이 결원된 것은 이사 정수의 2분의 1을 초과하여 결원이 발생한 것으로, 이사회의 개회가 불가능한 상황이므로 이는 신협법 제84조 제3항의 '업무를 집행할 임원이 없는 경우'에 해당한다고 봄이 타당하다.

채무자의 주장과 같이 신협법 제89조 제7항 제2호 및 신협법 제84조 제3항에 따른 임시임원의 선임이 중앙회장이 조합의 업무를 검사한 결과 비위사실이 발견되어 임원에 대한 개선 또는 직무의 정지조치를 요구하여 조합의 업무를 집행할 임원이 없는 경우에 한하여 적용된다고 제한하여 해석할 아무런 근거가 없고, A, B가 해임된 2019. ○. ○. 당일 이 사건 임시이사 선임이 있었다는 이유만으로 이 사건 임시이사 선임이 보복적인 월권행위라고 보기 어렵고 달리 보복적인 월권행위라고 인정할 만한 아무런 자료가 없다. 또한 임시이사는 새로운 임원을 선출할 때까지 한시적으로 업무 집행을 담당하는 것이므로 임시이사의 지위를 특정하지 아니하였다고 잘못이 있다고 보기 어렵다."

Ⅳ. 관련 법령

법률	조문
새마을 금고법	제79조(중앙회의 금고에 대한 지도 · 감독) ① 회장은 이 법과 이 법에 따른 명령 또는 정관으로 정하는 바에 따라 금고를 지도하고 감독한다. ② 회장은 금고를 지도 · 감독하기 위하여 필요한 규정을 제정하고, 보고서 제출을 명하는 등 금고에 대하여 지시를 할 수 있다. ③ 회장은 금고의 재산 및 업무집행상황에 대하여 2년마다 1회 이상 금고를 검사하여야 한다. 다만, 감독상 필요하다고 인정하는 경우에는 수시로 그 소속 직원에게 금고를 검사하게 할 수 있다. ④ 회장은 필요하다고 인정하면 금고의 부담으로 「주식회사의 외부감사에 관한 법률」 제3조 제1항 제1호에 따른 회계법인에 회계감사를 요청할 수 있다. ⑤ 회장은 제3항에 따른 검사 결과와 제4항에 따른 회계감사 결과를 해당 금고의 이사장과 감사에게 알려야 한다. ⑥ 회장은 금고의 경영상태를 평가하고 그 결과에 따라 그 금고에 대하여 경영 개선을 요구하거나 합병을 권고하는 등 필요한 조치를 할 수 있다. ⑦ 회장의 금고에 대한 감독 · 검사 결과, 금고 또는 그 임직원에 대한 조치 또는 조치 요구에 대해서는 제74조의2 및 제74조의3 제1항을 준용한다. 이 경우 "주무부장관"은 "회장"으로, "금고 또는 중앙회"는 "금고"로 본다. ⑧ 금고는 회장으로부터 제7항에서 준용하는 제74조의2 제1항에 따라 소속 임직원에 대한 조치 요구를 받은 경우 2개월 이내에 필요한 조치를 하고 그 결과를 회장에게 알려야 한다.
농업 협동조합법	제146조(회원에 대한 감사 등) ① 조합감사위원회는 회원의 재산 및 업무집행상황에 대하여 2년(상임감사를 두는 조합의 경우에는 3년)마다 1회 이상 회원을 감사하여야 한다. ② 조합감사위원회는 회원의 건전한 발전을 도모하기 위하여 필요하다고 인정하면 회원의 부담으로 회계법인에 회계감사를 요청할 수 있다. ③ 조합감사위원회의 위원장은 제1항과 제2항에 따른 감사 결과를 해당 회원의 조합장과 감사에게 알려야 하며 감사 결과에 따라 그 회원에게 시정 또는 업무의 정지, 관련 임직원에 대한 다음 각 호의 조치를 할 것을 요구할 수 있다. 1. 임원에 대하여는 개선(改選), 직무의 정지, 견책(譴責) 또는 변상 2. 직원에 대하여는 징계면직, 정직, 감봉, 견책 또는 변상 ④ 회원이 제3항에 따라 소속 임직원에 대한 조치 요구를 받으면 2개월 이내에 필요한 조치를 하고 그 결과를 조합감사위원회에 알려야 한다. ⑤ 조합감사위원회의 위원장은 회원이 제4항의 기간에 필요한 조치를 하지 아니하면 1개월 이내에 제3항의 조치를 할 것을 다시 요구하고, 그 기간에도 이를 이행하지 아니하면 필요한 조치를 하여 줄 것을 농림축산식품부장관에게 요청할 수 있다.
수산업 협동조합법	제146조(회원에 대한 감사 등) ① 위원회는 회원의 재산 및 업무 집행 상황에 대하여 2년마다 1회 이상 회원을 감사하여야 한다. ② 위원회는 회원의 건전한 발전을 도모하기 위하여 필요하다고 인정하면

	회원의 부담으로 「주식회사 등의 외부감사에 관한 법률」 제2조 제7호 및 제9조에 따른 감사인에게 회계감사를 요청할 수 있다. ③ 회장은 제1항과 제2항에 따른 감사 결과를 해당 회원의 조합장과 감사에게 알려야 하며 감사 결과에 따라 해당 회원에게 시정 또는 업무의 정지, 관련 임직원에 대한 다음 각 호의 조치를 할 것을 요구할 수 있다. 1. 임원에 대하여는 개선(改選), 직무의 정지, 견책 또는 변상 2. 직원에 대하여는 징계면직, 정직, 감봉, 견책 또는 변상 ④ 회원은 제3항에 따라 소속 임직원에 대한 조치 요구를 받으면 2개월 이내에 필요한 조치를 하고 그 결과를 회장에게 알려야 한다. ⑤ 회장은 회원이 제4항에 따른 기간에 필요한 조치를 하지 아니하면 1개월 이내에 제3항의 조치를 할 것을 다시 요구하고, 그 기간에도 이행하지 아니하면 필요한 조치를 하여 줄 것을 해양수산부장관에게 요청할 수 있다.
산림조합법	제121조(회원에 대한 감사 등) ① 위원회는 회원의 재산 및 업무집행상황에 대하여 2년마다 한 번 이상 감사를 실시하여야 한다. ② 위원회는 회원의 건전한 발전을 도모하기 위하여 필요하다고 인정할 때에는 회원의 부담으로 회계법인에 회계감사를 요청할 수 있다. ③ 회장은 제1항 및 제2항에 따른 감사결과를 해당 회원의 조합장과 감사에게 통지하여야 하며 감사결과에 따라 해당 회원에게 시정 또는 업무 정지를 명하거나 관련 임직원에 대하여 다음 각 호의 조치를 할 것을 요구할 수 있다. 1. 임원에 대하여는 개선(改選), 직무 정지, 견책 또는 변상 2. 직원에 대하여는 징계면직, 정직, 감봉, 견책 또는 변상 ④ 회원이 제3항에 따라 임직원에 대한 조치 요구를 받았을 때에는 2개월 이내에 필요한 조치를 하고 그 결과를 위원회에 통지하여야 한다. ⑤ 회장은 회원이 제4항의 기간 내에 필요한 조치를 하지 아니하는 경우에는 1개월 이내에 제3항에 따른 조치를 할 것을 다시 요구하고, 같은 기간 내에도 이를 이행하지 아니하는 경우에는 필요한 조치를 하여 줄 것을 산림청장에게 요청할 수 있다.

제89조의2(조합원 또는 조합의 검사청구)

제89조의2(조합원 또는 조합의 검사청구) ① 조합원은 소속 조합의 업무집행 상황이 이 법등 또는 이 법등에 따른 명령·정관·규정에서 정한 절차나 의무에 위반된다고 판단하면 조합원 100분의 1 이상의 동의를 받은 경우에는 중앙회에, 조합원 100분의 3 이상의 동의를 받은 경우에는 금융감독원장에게 각각 소속 조합에 대한 검사를 청구할 수 있다. 〈개정 2020. 3. 24.〉

② 조합은 중앙회의 업무집행 상황이 이 법등 또는 이 법등에 따른 명령·정관·규정에서 정한 절차나 의무에 위반된다고 판단하면 조합 100분의 3 이상의 동의를 받아 금융감독원장에게 중앙회에 대한 검사를 청구할 수 있다. 〈개정 2020. 3. 24.〉

③ 금융감독원장 또는 중앙회장은 제1항 또는 제2항에 따른 검사청구를 받으면 지체 없이 검사를 하여야 한다.

[전문개정 2015. 1. 20.]

Ⅰ. 조문의 취지와 의의

법 제89조의2는 조합원의 조합에 대한 검사청구권 및 조합의 중앙회에 대한 검사청구권, 검사를 요청받은 금융감독원장과 중앙회장의 조치에 대해 규율하고 있다. 법 제89조의2에 따른 검사청구권은 2003년 신협법 개정으로 도입된 제도로, 단위조합에 대한 경영성 제고방안으로 조합원 5분의 1 이상의 임원해임요구 제도, 단위조합 법정적립금 적립한도 2배 확대 등과 함께 신설된 것이다.[89] 법 제89조의2는 단위조합의 자기자본 확충 및 조합의 책임경영체제 확립, 경영부실화의 사전 예방, 조합원의 주인의식 제고 측면에서 타당한 입법조치로 평가된다.

89) 김문희(전문위원), 신용협동조합법 개정법률안(정부제출, 의안번호 제162097호) 검토보고서, 국회 재정경제위원회, 2003, 9면.

Ⅱ. 조문의 내용 및 해설

1. 조합원의 검사청구권

조합원은 소속 조합의 업무집행 상황이 신협법 및 금융소비자보호법(이하 "이 법등"이라 한다) 또는 이 법등에 의한 명령·정관·규정에서 정한 절차나 의무에 위반된다고 판단하면 조합원 100분의 1 이상의 동의를 받은 경우에는 중앙회에, 조합원 100분의 3 이상의 동의를 받은 경우에는 금융감독원장에게 각각 소속 조합에 대한 검사를 청구할 수 있다(법 제89조의2 제1항).

여기서 조합의 '업무'란 조합의 모든 업무를 뜻하며, 조합의 조직, 사업, 운영 등의 전 분야 걸친 업무를 의미한다. 신협법 또는 신협법에 의한 명령·정관·규정에서 정한 절차나 의무의 '위반여부'는 이를 청구하는 조합원이 판단하는 것이므로, 반드시 객관적인 위반사실을 청구요건으로 하는 것은 아니다.

2. 조합의 검사청구권

조합은 중앙회의 업무집행 상황이 이 법등 또는 이 법등에 따른 명령·정관·규정에서 정한 절차나 의무에 위반된다고 판단하면 조합 100분의 3 이상의 동의를 받아 금융감독원장에게 중앙회에 대한 검사를 청구할 수 있다(법 제89조의2 제2항).

3. 금융감독원장(중앙회장)의 조치

금융감독원장 또는 중앙회장은 제89조의2 제1항 또는 제2항에 따른 검사청구를 받으면 지체 없이 검사를 실시하여야 한다(법 제89조의2 제3항). 금융감독원장 또는 중앙회장이 검사를 실시하는 경우 조합원 또는 조합의 청구와 관련되는 부분은 의무적으로 검사를 실시하여야 한다.

검사 청구를 받으면 감독기관은 '지체 없이' 검사를 실시하여야 하는데, 여기에서 '지체없이'가 어느 정도를 의미하는지 살펴볼 필요가 있다. 일반적으로 법령에서 사용되고 있는 '지체없이'라는 표현은 시간적 즉시성이 강하게 요구되지만 정당하거나 합리적인 이유에 따른 지체는 허용되는 것으로 사정이 허락하는 한 가장 신속하게 해야 한다는 뜻으로 사용된다. 따라서, 조합원 또는 조합의 검사 청구를 받는 경우의 '지체없이'는 몇 시간 또는 몇 일과 같이 물리적인 시간 또는 기간을 의미한다기보다는 사정이 허락하는 한 가장 신속하게 처리해야 하는 기간을 의미한다고 보는 것이 입목취지에 부합하는 것이라 할 수 있다.[90]

Ⅲ. 관련 해석례

행정안전부 –「민원사무처리에 관한 법률 시행령」 제21조 제1항에 따른 '동일한 내용의 민원'과 같은 법 시행령 제24조 제1항에 따른 '지체없이'의 의미(「민원사무처리에 관한 법률 시행령」 제21조 등 관련)[11 – 0134, 2011. 6. 16.]

1. 질의 요지

가. 「민원사무처리에 관한 법률 시행령」 제21조 제1항에 따른 '동일한 내용의 민원'이 종전 민원의 내용을 복사한 경우와 같이 종전 민원과 그 문구가 동일한 경우만을 의미하는 것인지?

나. 「민원사무처리에 관한 법률 시행령」 제24조 제1항에 따르면 행정기관의 장은 민원사무의 처리를 완결한 때에는 그 결과를 지체없이 민원인에게 통지하여야 하는데, 위 규정에서의 '지체없이'란 몇 시간 또는 몇 일과 같이 물리적인 시간 또는 기간을 의미하는지?

2. 회답

가. 질의 가에 대하여

「민원사무처리에 관한 법률 시행령」 제21조 제1항에 따른 '동일한 내용의 민원'이 종전 민원의 내용을 복사한 경우와 같이 종전 민원과 그 문구가 동일한 경우만을 의미하는 것은 아니라고 할 것입니다.

나. 질의 나에 대하여

「민원사무처리에 관한 법률 시행령」 제24조 제1항에 규정된 '지체없이'

90) 행정안전부 2011. 6. 16. 회신 11-0134 해석례.

란 몇 시간 또는 몇 일과 같이 물리적인 시간 또는 기간을 의미하는 것은 아니라고 할 것입니다.

3. 이유

가. 질의 가에 대하여

「민원사무처리에 관한 법률」 및 같은 법 시행령에서 '동일한 내용의 민원'의 의미에 대하여 명시적으로 규정하고 있지는 않으나, 「민원사무처리에 관한 법률 시행령」 제21조는 민원인이 동일한 내용의 민원을 지속적으로 제기함으로 인해 행정기관이 동일한 내용의 답변을 함에 소요되는 행정력의 낭비를 방지하여 다른 민원인에게 보다 양질의 서비스를 제공할 수 있도록 하기 위한 규정임에 비추어 볼 때, 동일한 내용의 민원이란 민원인이 행정기관에 대하여 처분 등 특정한 행위를 요구하는 사항에 대하여 그 취지나 목적이 같으면 동일한 내용의 민원에 해당한다고 보는 것이 합리적이라고 할 것입니다.

즉, 일정한 민원이 동일한 내용의 민원인지는 단순한 문구로 판단할 사안이 아니고, 해당 민원의 처리기관에서 민원의 성격, 종전 민원과의 내용상 유사성, 관련성 및 종전 답변의 내용과 동일한 답변을 할 수 밖에 없는 경우인지 등을 종합적으로 고려하여 결정할 사안이라고 할 것이며, 「민원사무처리에 관한 법률 시행령」 제21조 제1항에서 동일한 내용의 민원에 관한 서류에 복사한 경우를 포함한다는 규정은 그 문언상 기존 민원에 관한 서류를 복사한 경우에는 동일한 내용의 민원에 포함된다는 의미이지, 복사한 경우만이 동일한 내용의 민원이라는 의미는 아니라고 할 것입니다.

따라서 「민원사무처리에 관한 법률 시행령」 제21조 제1항에 따른 '동일한 내용의 민원'이 종전 민원의 내용을 복사한 경우와 같이 종전 민원과 그 문구가 동일한 경우만을 의미하는 것은 아니라고 할 것입니다.

나. 질의 나에 대하여

일반적으로 법령에서 사용되고 있는 "지체없이"라는 표현은 시간적 즉시성이 강하게 요구되지만 정당하거나 합리적인 이유에 따른 지체는 허용되는 것으로 사정이 허락하는 한 가장 신속하게 해야 한다는 뜻으로 사용되는 법령용어인 점, 「민원사무처리에 관한 법률 시행령」 제3조에서 민원사무의 처리기간을 "즉시"로 정한 경우에는 정당한 사유가 있는 경우를 제외하고는 3근무시간 이내에 처리하여야 한다고 규정하는 등 「민원사무처리에 관한 법률」 및 그 하위 법령과 그에 따른 민원사무처리기준표, 민원사무처리편람에서 민원사무의 종류별 처리기간에 관해서는 구체적인 시간 또는 기간을 정하고 있는 점 등을 고려할 때, 「민원사무처리에 관한 법률 시행령」 제24조 제1항에서 민원사무의 처리결과를 지체없이 통지한다고 할 때의 "지체없이"는 몇 시간 또는 몇 일과 같이 물리적인 시간 또는 기간을 의미한다기보다는 민원사무의 처리결과를 사정이 허락하는 한 가장 신속하게 처리해야 하는 기간을 의미하는 것으로 해석하는 것이 민원사무를 공정하게 처리함으로써 국민의 권익을 보호함을 목적으로 하는 「민원사무의 처리에 관한 법률」의 입법취지에 부합하는 것이라 할 것입니다.

따라서 「민원사무처리에 관한 법률 시행령」 제24조 제1항에 규정된 '지체없이'란 몇 시간 또는 몇 일과 같이 물리적인 시간 또는 기간을 의미하는 것은 아니라고 할 것입니다.

Ⅳ. 관련 법령

법률	조문
새마을 금고법	**제81조(회원의 검사 청구)** ① 회원이 재적회원(在籍會員) 10분의 1 이상의 동의를 받아 소속 금고의 업무 또는 회계의 집행상황이 법령, 정관 또는 공제규정에 위배된다는 이유로 검사를 청구한 경우에는 주무부장관은 회장에게 해당 금고의 업무상황을 검사하게 할 수 있다. ② 회원이 재적회원 10분의 1 이상의 동의를 받아 중앙회의 업무나 회계의 집행상황이 법령, 정관 또는 공제규정에 위배된다는 이유로 검사를 청구한 경우에는 주무부장관은 금융감독원장에게 중앙회를 검사하게 할 수 있다. 〈개정 2011. 3. 8.〉
농업 협동조합법	**제168조(조합원이나 회원의 검사 청구)** ① 농림축산식품부장관은 조합원이 조합원 300인 이상이나 조합원 또는 대의원 100분의 10 이상의 동의를 받아 소속 조합의 업무집행상황이 법령이나 정관에 위반된다는 사유로 검사를 청구하면 회장으로 하여금 그 조합의 업무 상황을 검사하게 할 수 있다. 〈개정 2011. 3. 31., 2013. 3. 23.〉 ② 농림축산식품부장관은 중앙회의 회원이 회원 100분의 10 이상의 동의를 받아 중앙회의 업무집행상황이 법령이나 정관에 위반된다는 사유로 검사를 청구하면 금융감독원장에게 중앙회에 대한 검사를 요청할 수 있다. 〈개정 2013. 3. 23.〉 [전문개정 2009. 6. 9.]

수산업 협동조합법	**제174조(조합원 또는 회원의 검사 청구)** ① 해양수산부장관은 조합원이 조합원 10분의 1 이상의 동의를 받아 소속 조합의 업무 집행 상황이 법령 또는 조합의 정관에 위반된다는 사유로 검사를 청구하면 중앙회의 회장에게 그 조합의 업무 상황을 검사하게 할 수 있다. 〈개정 2013. 3. 23.〉 ② 해양수산부장관은 중앙회의 회원이 회원 10분의 1 이상의 동의를 받아 중앙회의 업무 집행 상황이 법령 또는 중앙회의 정관에 위반된다는 사유로 검사를 청구하면 금융감독원장에게 중앙회에 대한 검사를 요청할 수 있다. 〈개정 2013. 3. 23.〉 [전문개정 2010. 4. 12.]
산림조합법	**제55조의2(운영의 공개)** ⑤ 조합원은 조합의 업무집행에 관하여 부정행위 또는 법령이나 정관을 위반한 중대한 사실이 있다고 의심이 되는 사유가 있을 때에는 조합원 100인 또는 100분의 3 이상의 동의를 받아 조합의 업무와 재산상태를 조사하게 하기 위하여 법원에 검사인의 선임을 청구할 수 있다. 이 경우 「상법」 제467조를 준용한다. [전문개정 2013. 4. 5.]

제5장 보 칙

제92조(정부의 협력 등), 제93조(정치 관여의 금지), 제94조(외국 기관과의 계약)

제92조(정부의 협력 등) ① 정부는 조합을 육성하기 위하여 조합과 중앙회의 사업에 필요한 지원을 하여야 하며, 국가 또는 공공단체의 시설을 조합과 중앙회가 우선적으로 이용할 수 있도록 제공하여야 한다.
② 정부 또는 지방자치단체는 예산의 범위에서 조합과 중앙회의 사업에 필요한 보조금을 지급할 수 있다.
[전문개정 2015. 1. 20.]

제93조(정치 관여의 금지) 조합과 중앙회는 정치에 관여하는 어떠한 행위도 해서는 아니 된다.
[전문개정 2015. 1. 20.]

제94조(외국 기관과의 계약) 중앙회는 자금을 안전하게 관리하기 위하여 사업과 관련된 국제기구와 보험계약 등을 체결할 수 있다.
[전문개정 2015. 1. 20.]

Ⅰ. 조문의 취지와 의의

신협은 공동유대를 바탕으로 구성원의 경제적 · 사회적 지위를 향상시키고, 지역주민에게 금융편의를 제공함으로써 지역경제의 발전에 기여할 수 있다. 이에 법 제92조는 정부 및 지방자체단체는 조합과 중앙회의 사업에 적극적으로 협력할 것을 규정하고 있으며, 법 제93조는 조합과 중앙회의 정치 관여의 금지를, 법 제94조는 자금의 관리를 위하여 국제기구와 보험계약 체결에 관하여 규정하고 있다.

Ⅱ. 조문의 내용 및 해설

1. 정부의 협력의무

정부는 신협을 육성하기 위하여 조합과 중앙회의 사업에 필요한 지원을 하여야 하며, 국가 또는 공공단체의 시설을 조합과 중앙회가 우선적으로 이용할 수 있도록 제공하여야 한다(제92조 제1항). 정부 또는 지방자치단체가 예산의 범위에서 조합과 중앙회의 사업에 필요한 보조금을 지급할 수 있다(제92조 제2항). 법 제92조 제1항은 신협을 보호·육성하는데 필요한 것을 국가적으로 지원해야 한다는 의무를 명문화한 것이다.

2. 조합 및 중앙회의 정치관여 금지의무

조합과 중앙회는 정치에 관여하는 어떠한 행위도 해서는 아니 된다(제93조). 조합 및 중앙회가 정치적 결사인 특정 정당을 지지하거나, 특정인의 정치활동에 관여하게 되면, 그러한 영향력에 의하여 내부적인 의사결정을 할 수 있는 위험성이 존재한다.[1] 이에 신협의 정치적 중립성과 공정성을 담보하기 위하여 정치관여의 금지에 관하여 규정하고 있다. 법 제93조를 위반한 자는 1년 이하의 징역 또는 1천만원 이하의 벌금에 처한다(법 제99조 제3항). 다만, 신협의 목적을 달성하기 위하여 집단의 이익을 대변할 필요성은 있으므로, 입법·정책활동은 가능할 것이라고 판단된다.

3. 외국 기관과의 협약

중앙회는 자금을 안전하게 관리하기 위하여 사업과 관련된 국제기구와 보험계약 등을 체결할 수 있다(법 제94조). 이 규정은 신협법 제정 당시부터 법적 근거가 마련되어 있었고, 조합의 경우 1961년 성가신협과 대신동신용조합이 미국 신협연합회 공제(CUNA Mutual Insurance)에 가입하기도 하였다.[2] 참고로,

1) 이승언, 앞의 책, 349면.

한국 신협은 1974년 국제라이파이젠연맹(International Raiffeisen Union, IRU)에 가입했고, 1973년에는 미국신협연합회 공제 소사이어티(CUNA Mutual Insuarannce Society)에 정회원으로 가입하기도 하였다.[3] 2023년에는 글로벌 협동조합보험사들의 연합체인 국제협동조합연합회(ICMIF)의 정회원 가입을 완료하며 세계 협동조합보험사와의 상호교류 및 협력기회를 넓히게 되었다.

Ⅳ. 관련 법령

법률	조문
새마을 금고법	**제3조(국가 등의 협력의무)** ① 국가나 지방자치단체는 금고나 중앙회가 행하는 사업의 육성을 위하여 필요한 지원을 하여야 하며, 국공유재산을 금고나 중앙회가 필요로 하는 경우에는 우선적으로 대여하거나 사용·수익하게 할 수 있다. 〈개정 2011. 3. 8.〉 ② 국가나 지방자치단체는 금고의 원활한 발전을 위하여 예산의 범위에서 중앙회에 보조금을 내줄 수 있다. 〈개정 2011. 3. 8.〉 제4조(다른 협동조합과의 협력) 금고와 중앙회는 다른 법률에 따른 협동조합 및 외국의 협동조합과의 상호협력을 위하여 노력하여야 한다. 〈개정 2011. 3. 8.〉 **제5조(정치 관여 금지)** 금고와 중앙회는 정치에 관여하는 일체의 행위를 할 수 없다. 〈개정 2011. 3. 8.〉
농업 협동조합법	**제9조(국가 및 공공단체의 협력 등)** ① 국가와 공공단체는 조합등과 중앙회의 자율성을 침해하여서는 아니 된다. ② 국가와 공공단체는 조합등과 중앙회의 사업에 대하여 적극적으로 협력하여야 한다. 이 경우 국가나 공공단체는 필요한 경비를 보조하거나 융자할 수 있다. ③ 중앙회의 회장(이하 "회장"이라 한다)은 조합등과 중앙회의 발전을 위하여 필요한 사항에 관하여 국가와 공공단체에 의견을 제출할 수 있다. 이 경우 국가와 공공단체는 그 의견이 반영되도록 최대한 노력하여야 한다. 〈개정 2011. 3. 31.〉 [전문개정 2009. 6. 9.] **제10조(다른 협동조합 등과의 협력)** 조합등, 중앙회, 제161조의2에 따른 농협경제지주회사(이하 "농협경제지주회사"라 한다) 및 그 자회사는 다른 조합, 제112조의3에 따른 조합공동사업법인, 제138조에 따른 품목조합연합회, 다른 법률에 따른 협동조합 및 외국의 협동조합과의 상호협력, 이해증진 및 공동사업 개발 등을 위하여 노력하여야 한다. 〈개정 2016. 12. 27.〉 [전문개정 2009. 6. 9.] **제7조(공직선거 관여 금지)** ① 조합, 제112조의3에 따른 조합공동사업법인,

2) 신협중앙회, 한국신협운동 60년사, 2020, 140면.

3) 신협중앙회, 앞의 자료, 170면.

<table>
<tr><td></td><td>제138조에 따른 품목조합연합회(이하 "조합등"이라 한다) 및 중앙회는 공직선거에서 특정 정당을 지지하거나 특정인을 당선되도록 하거나 당선되지 아니하도록 하는 행위를 하여서는 아니 된다.
② 누구든지 조합등과 중앙회를 이용하여 제1항에 따른 행위를 하여서는 아니 된다.
[전문개정 2009. 6. 9.]</td></tr>
<tr><td>수산업 협동조합법</td><td>제9조(국가·공공단체의 협력 등) ① 국가와 공공단체는 조합등과 중앙회의 사업에 적극적으로 협력하여야 한다. 이 경우 국가와 공공단체는 조합등과 중앙회의 사업에 필요한 경비를 보조하거나 융자할 수 있다. 〈개정 2016. 5. 29.〉
② 국가와 공공단체는 조합등과 중앙회의 자율성을 침해하여서는 아니 된다. 〈개정 2016. 5. 29.〉
③ 중앙회의 회장은 조합등과 중앙회의 발전을 위하여 필요한 사항에 관하여 국가와 공공단체에 의견을 제출할 수 있다. 이 경우 국가와 공공단체는 그 의견이 반영되도록 노력하여야 한다. 〈개정 2016. 5. 29.〉
[전문개정 2010. 4. 12.]
제10조(다른 협동조합 등과의 협력) 조합등과 중앙회는 조합등 간, 조합등과 중앙회 간 또는 다른 법률에 따른 협동조합 및 외국의 협동조합과의 상호협력·이해증진 및 공동사업 개발 등을 위하여 노력하여야 한다. 〈개정 2016. 5. 29.〉
[전문개정 2010. 4. 12.]
제7조(공직선거 관여 금지) ① 조합, 제113조의3에 따른 조합공동사업법인(이하 "조합등"이라 한다) 및 중앙회는 공직선거에서 특정 정당을 지지하는 행위와 특정인이 당선되게 하거나 당선되지 아니하도록 하는 행위를 하여서는 아니 된다. 〈개정 2016. 5. 29.〉
② 누구든지 조합등과 중앙회를 이용하여 제1항에 따른 행위를 하여서는 아니 된다. 〈개정 2016. 5. 29.〉
[전문개정 2010. 4. 12.]</td></tr>
<tr><td>산림조합법</td><td>제9조(국가 및 공공단체의 협력 등) ① 국가와 공공단체는 조합등과 중앙회의 자율성을 침해하여서는 아니 된다.
② 국가와 공공단체는 조합등과 중앙회의 사업에 적극적으로 협력하여야 한다. 이 경우 국가 또는 공공단체는 필요한 경비를 보조하거나 융자할 수 있다.
③ 중앙회의 회장(이하 "회장"이라 한다)은 조합등과 중앙회의 발전을 위하여 필요한 사항에 관하여 국가와 공공단체에 의견을 제출할 수 있다. 이 경우 국가와 공공단체는 그 의견이 반영되도록 최대한 노력하여야 한다.
[전문개정 2013. 4. 5.]
제10조(다른 조합 등과의 협력) 조합등과 중앙회는 다른 조합, 제86조의3에 따른 조합공동사업법인, 다른 법률에 따른 협동조합 및 외국의 협동조합과의 상호협력, 이해증진 및 공동사업개발 등을 위하여 노력하여야 한다.
[전문개정 2013. 4. 5.]
제7조(공직선거 관여 금지) ① 조합 및 제86조의3에 따른 조합공동사업법인(이하 "조합등"이라 한다)과 중앙회는 공직선거에서 특정정당을 지지하거나 특정인을 당선되게 하거나 당선되지 아니하도록 하는 행위를 하여서는 아니 된다.</td></tr>
</table>

	② 누구든지 조합등과 중앙회를 이용하여 제1항에 따른 행위를 하여서는 아니 된다. [전문개정 2013. 4. 5.]
협동조합 기본법	**제8조(다른 협동조합 등과의 협력)** ① 협동조합등 및 협동조합연합회등은 다른 협동조합, 다른 법률에 따른 협동조합, 외국의 협동조합 및 관련 국제기구 등과의 상호 협력, 이해 증진 및 공동사업 개발 등을 위하여 노력하여야 한다. 〈개정 2020. 3. 31.〉 ② 협동조합등 및 협동조합연합회등은 제1항의 목적 달성을 위하여 필요한 경우에는 다른 협동조합, 다른 법률에 따른 협동조합 등과 협의회를 구성·운영할 수 있다. 〈개정 2020. 3. 31.〉 **제9조(공직선거 관여 금지)** ① 협동조합등 및 협동조합연합회등은 공직선거에서 특정 정당을 지지·반대하는 행위 또는 특정인을 당선되도록 하거나 당선되지 아니하도록 하는 행위를 하여서는 아니 된다. 〈개정 2020. 3. 31.〉 ② 누구든지 협동조합등 및 협동조합연합회등을 이용하여 제1항에 따른 행위를 하여서는 아니 된다. 〈개정 2020. 3. 31.〉 제10조(국가 및 공공단체의 협력 등) ① 국가 및 공공단체는 협동조합등 및 협동조합연합회등의 자율성을 침해하여서는 아니 된다. 〈개정 2020. 3. 31.〉 ② 국가 및 공공단체는 협동조합등 및 협동조합연합회등의 사업에 대하여 적극적으로 협조하여야 하고, 그 사업에 필요한 자금 등을 지원할 수 있다. 〈개정 2020. 3. 31.〉 ③ 국가 및 공공단체는 협동조합등 및 협동조합연합회등의 의견을 듣고 그 의견이 반영되도록 노력하여야 한다. 〈개정 2020. 3. 31.〉 ④ 국가 및 공공단체는 협동조합과 관련하여 국제기구, 외국 정부 및 기관과 교류·협력 사업을 할 수 있다. 〈신설 2014. 1. 21.〉

제95조(농업협동조합 등에 대한 특례)

제95조(농업협동조합 등에 대한 특례) ① 다음 각 호의 법인이 제39조 제1항 제1호 및 제6호의 사업을 하는 경우에는 이 법에 따른 신협으로 본다.

1. 「농업협동조합법」에 따라 설립된 지역농업협동조합과 지역축산업협동조합(신용사업을 하는 품목조합을 포함한다)
2. 「수산업협동조합법」에 따라 설립된 지구별 수산업협동조합(법률 제4820호 수산업협동조합법중개정법률 부칙 제5조에 따라 신용사업을 하는 조합을 포함한다)
3. 「산림조합법」에 따라 설립된 산림조합

② 제1항의 경우 중앙회의 사업(농업협동조합중앙회의 경우에는 제78조 제1항 제6호는 제외한다)은 제1항 각 호에 규정된 법률에 따라 설립된 중앙회가 각각 수행한다.

③ 제1항 및 제2항에 따른 각 조합 및 중앙회가 신협 사업을 하는 경우에는 다른 사업과 구분하여야 한다.

④ 제1항 및 제2항에 따른 각 조합 및 중앙회의 사업에 관하여는 제6조 제3항·제4항, 제39조 제1항 제1호·제6호, 제42조, 제43조, 제45조, 제45조의3, 제78조 제1항 제3호(조합의 신용사업에 대한 검사·감독만 해당한다)·제5호, 제78조 제6항, 제79조의2, 제83조, 제83조의2, 제83조의3, 제84조, 제89조 제3항, 제96조, 제101조 제1항 제1호의3 및 같은 조 제3항을 제외하고는 이 법을 적용하지 아니한다.

Ⅰ. 조문의 취지와 의의

법 제95조는 타 상호금융조합이 신용사업 또는 공제사업을 하는 경우에 개별법에 따른 조합을 신용협동조합으로 의제하도록 규정하고 있다. 농업협동조합 등에 대한 특례 조항은 1972년 신협법 제정 당시부터 규정되어 있었으며, 농업협동조합 등 상호금융기관이 신용사업을 하는 경우에는 신협법의 적용을 받도록 하였다. 이는 조합의 신용사업은 금융위원회(제정 당시 재무부장관)의 감독을 받고 있기 때문에 신협법에 따라 통일된 규제를 받게 하기 위하여 특례규정을 마련한 것이다. 법 제95조에 따라 조합의 신용사업은 신협법의 일부 규정을 적용받으므로 특례규정의 대상이 되는 농협, 수협, 산림조합은 신협과 함께 금융위원회 고시인 상호금융업감독규정의 적용 대상이 된다. 다만, 새마을금고는 금융위원회의 직접 감독을 받지 않고 행정안전부(법 제정 당시 내무부장관)의 감독을 받으므로 특례규정 적용 대상에서 제외되고, 금융위원회 고시인 상호금융업감독규정의 적용도 받지 않는다.

Ⅱ. 조문의 내용 및 해설

1. 농업협동조합 등의 신협 의제

지역농업협동조합과 지역축산업협동조합, 지구별 수산업협동조합, 산림조합이 신용사업 및 국가 또는 공공단체가 위탁하거나 다른 법령에서 조합의 사업으로 정하는 사업을 하는 경우에 신용협동조합으로 본다(법 제95조 제1항). 중앙회의 사업은 농업협동조합중앙회, 수산업협동조합중앙회, 산림조합중앙회가 각각 수행한다(법 제95조 제2항).

2. 사업의 구분

지역농업협동조합과 지역축산업협동조합, 지구별 수산업협동조합, 산림조합, 농업협동조합중앙회, 수산업협동조합중앙회, 산림조합중앙회가 신용협동조합 사업을 하는 경우에는 다른 사업과 구분하여야 한다(법 제95조 제3항).

3. 신협 의제 조항의 적용 범위

지역농업협동조합과 지역축산업협동조합, 지구별 수산업협동조합, 산림조합, 농업협동조합중앙회, 수산업협동조합중앙회, 산림조합중앙회의 사업과 관련하여서는 신용사업과 관련된 법률조항을 제외하고는 신협법을 적용하지 아니한다. 법 제95조 제4항은 적용대상 법률을 구체적으로 열거하고 있다.

신용사업과 관련된 조항은 제6조(다른 법률과의 관계) 제3항·제4항, 제39조(사업의 종류 등) 제1항 제1호(신용사업)·제6호(국가 또는 공공단체가 위탁하거나 다른 법령에서 조합의 사업으로 정하는 사업), 제42조(동일인에 대한 대출 등의 한도), 제43조(상환준비금), 제45조(부동산의 소유 제한), 제45조의3(금리인하요구권), 제78조(사업의 종류) 제1항 제3호(조합의 신용사업에 대한 검사·감독만 해당한다)·제5호(신용사업), 제78조 제6항(여유자금에 대한 이자 또는 이익 배분), 제79조의2(금리인하요구권), 제83조(금융위원회의 감독 등), 제83조의2(경영공시), 제83조의3(경영건전성 기준), 제84조(임직원에 대한 행정처분), 제89조(중앙회의 지도·감독) 제3항, 제96조(권한의 위탁), 제101조(과태료) 제1항 제1호의3(금리인하요구권 미고지) 및 같은 조 제3항(과태료의 부과·징수)이다.

제96조(권한의 위탁)

제96조(권한의 위탁) ① 이 법에 따른 금융위원회의 권한은 대통령령으로 정하는 바에 따라 그 전부 또는 일부를 금융감독원장 또는 중앙회장에게 위탁할 수 있다.
② 금융감독원장은 필요하다고 인정할 때에는 이 법에 따른 권한 또는 제1항에 따라 금융위원회로부터 위탁받은 권한 중 일부를 대통령령으로 정하는 바에 따라 중앙회장에게 위탁할 수 있다.
[전문개정 2015. 1. 20.]

Ⅰ. 조문의 취지와 의의

법 제96조는 금융위원회의 권한 전부 또는 일부를 금융감독원장 또는 중앙회장에게 위탁할 수 있도록 하고 있다. '위탁'이란 국가사무를 처리하는 행정권한을 하급기관이나 다른 행정기관 또는 지방자치단체 및 사인에 맡겨 해당 사무를 처리하게 하는 제도로서, 행정권한의 위임 또는 위탁이라는 의미로 사용되고 있다. 「정부조직법」 등에 따르면, 행정기관은 법령으로 정하는 바에 따라 그 소관사무의 일부를 보조기관 또는 하급 행정기관에 위임하거나 다른 행정기관 · 지방지차단체 또는 그 기관에 위탁 또는 위임할 수 있다(정부조직법 제6조 제1항, 행정권한의 위임 및 위탁에 관한 규정 제3조). 이에 따라 법 제96조는 금융위원회의 행정권한 중 일부를 금융감독원 또는 중앙회장에게 위탁할 수 있는 근거를 마련하고 있다.

Ⅱ. 조문의 내용 및 해설

1. 행정권한의 민간위탁의 의의

행정권한의 민간 위탁은 정부 작용의 비효율을 없애기 위한 것으로 민간 부문이 가지고 있는 자유경쟁적 경영기법에 의한 행정작용의 공급이 정부부문의 독점적 공급에 비해 효율적이라는 인식에서 출발하였다.[4] 현행 행정권한의 민관위탁에 관한 근거법령은 정부조직법, 행정권한의 위임 및 위탁에 관한 규정 등이 일반법적인 지위를 가지고 있는데, 이들 법령에서는 민간위탁의 대상 업무를 조사·검정·관리업무 등 국민의 권리·의무와 직접 관계 없는 사무로 규정하고 있는 반면에, 「사법경찰관리의 직무를 행할 자와 그 직무범위에 관한 법률」 등의 개별 법령에서는 종래 행정만이 할 수 있다고 여겨져 온 국민의 권리·의무와 직접 관계 있는 공권력의 작용까지 민간위탁의 대상으로 하고 있다.

민간위탁은 행정기관이 아닌 공공단체, 민간단체, 법인 또는 개인에게도 행해질 수 있는데, 금융감독원과 같이 행정기관과 유사한 법인이 있을 수 있다. 즉, 법률에 의하여 특별한 행정목적을 달성하기 위하여 설립되고, 인사·예산 등에 있어 정부의 통제를 강하게 받는 준행정조직에 대하여는 그 목적 범위 안에서 필요한 권한을 부여하는 것은 불가피하기 때문이다. 다만, 그 경우에도 설립 근거가 되는 법률에 행정권한의 범위를 명확히 할 필요가 있고, 개별법에도 위탁 범위를 구체적으로 열거할 필요가 있다.

한편, 중앙회는 조합을 지도·감독하기 위하여 특별법인 신협법에 의하여 설립된 비영리법인이고, 그 목적을 달성하기 위하여 필요한 범위 내에서 금융위원회 또는 금융위원회가 위탁한 금융감독원의 권한에 대해서도 위탁받을 수 있다. 법 제96조 및 시행령 제24조는 중앙회가 위탁받거나 위탁받을 수 있는 행정권한의 범위에 대해 구체적으로 열거하고 있다.

2. 금융위원회의 권한 위탁

(1) 금융감독원장에 대한 위탁사항

금융위원회는 조합의 인가 요건 심사(제8조), 감사의뢰(제47조 제5항), 시정요구(제75조 제2항), 결산보고서 및 감사보고서의 접수(제81조 제4항), 조합과 중앙회의 업무 감독을 위한 경영실태 분석 및 평가(제83조 제1항), 경영상황에 관한 주요정보 및 자료의 공시에 관한 사항(제83조의2), 임직원에 대한 조치요구(제

---

4) 이준우·최철호·김정순, 행정권한의 민간위탁의 범위와 사후관리방안에 관한 연구, 한국법제연구원, 2007. 10., 21면.

84조 제1항 제2호 및 제3호), 임시임원의 선임 및 등기촉탁(제84조 제3항 및 제4항), 조합 또는 중앙회에 대한 주의·경고조치(제85조 제1항 제1호), 경영관리 및 관리인의 선임(제86조 제1항), 채무의 지급정지, 임원의 직무정지 및 재산실사(제86조 제2항), 관리인의 자격 및 권한 등에 대한 자료요청(제86조 제4항), 채무의 지급정지 또는 임원의 직무정지의 철회(제86조 제5항), 관리인의 해임 및 관리인의 대리인 선임 등에 관한 권한(제86조의2 제4항 및 제5항), 경영관리의 통지 및 등기촉탁(제86조의3), 부실조합에 대한 계약이전 결정을 위한 위원회 의견 요청 및 접수(제86조의4 제1항), 부실조합의 계약을 이전받는 인수조합의 지정(제86조의4 제2항), 계약이전을 결정한 부실조합에 대한 관리인의 선임(제86조의4 제5항), 관리인 선임사실의 지방법원에 대한 통지 및 등기소에 등기 촉탁(제86조의4 제6항), 경영관리조합에 대한 파산신청(제88조), 공제규정 제정·변경·폐지에 대한 인가(제97조 제1항 및 제3항), 공동유대 지역조합의 승인(령 제12조 제1항 제1호), 법령위반행위의 재발 방지를 위한 내부통제기준의 변경권고(령 제19조의3 제3항), 준법감시인 임면 통보의 수리(령 제19조의4 제1항)에 관한 권한을 금융감독원장에게 위탁한다(시행령 제24조 제1항).

(2) 중앙회장에 대한 위탁사항

금융위원회는 조합의 신용사업과 관련하여 예탁금·적금 또는 대출등에 관한 업무방법의 고시에 관한 권한을 중앙회장에게 위탁한다(시행령 제24조 제2항). 이에 따라 중앙회는 조합 여·수신 업무방법기준을 제정하여 시행하고 있다.

3. 금융감독원장의 위탁

금융감독원장은 필요하다고 인정하는 때에 권한 중 일부를 중앙회장에게 위탁할 수 있다(제96조 제2항). 시행령에서는 금융감독원장에 중앙회장에게 조합의 업무와 재산에 관한 검사(제83조 제2항), 조합의 업무 또는 재산에 관한 보고, 자료의 제출, 관계자의 출석 및 의견의 진술요구(제83조 제3항), 조합의 임·직원에 대한 조치요구(제84조 제1항 제2호 및 제3호), 임시임원의 선임 및 등기촉탁(제84조 제3항 및 제4항)의 권한을 위임할 수 있다고 규정하고 있다(령 제24조).

4. 행정권한의 위탁과 중앙회의 감독 권한의 관계

중앙회장은 금융위원회의 감독 권한 또는 위탁 규정과 별개로 조합을 지도·감독할 수 있는 권한을 보유하고 있다(법 제78조 제1항 제3호, 제89조 제1항). 중앙회장은 조합의 사업에 관한 지침 등을 작성하여 보급할 수 있으며, 필요한 경우에는 조합의 자료의 제출, 관계자의 출석 또는 진술을 요구할 수 있다.[5] 중앙회장은 필요하다고 인정한 때에는 그 소속 직원으로 하여금 조합의 업무를 검사하게 할 수 있으며, 검사 결과에 따라 시정 등 필요한 조치를 명하거나 임직원에 대한 징계 조치 요구를 할 수 있다.[6] 또한 중앙회장은 조합이 신협법 또는 신협법에 따른 명령 등을 위반하여 건전한 경영을 해칠 우려가 있다고 인정하는 경우에는 조합에 대한 주의 또는 경고, 해당 위반 행위에 대한 시정명령, 6개월 이내의 업무의 일부 정지를 할 수 있다.[7] 또한 중앙회장은 조합이 일정 요건에 해당하는 경우 6개월 이내의 기간을 정하여 업무의 전부 정지를 명할 수 있다.[8]

그러나 이러한 중앙회의 감독 및 조치 권한에 대한 법체계가 정합적으로 이루어져 있지는 않다. 중앙회는 법 제89조 제7항 제1호에 따라 조합 임직원에 대한 독자적인 제재 조치요구 권한을 보유하고 있으므로, 중앙회는 검사 결과에 따라 조합 임원에 대한 개선, 직무정지, 견책의 징계 조치요구를 할 수 있고, 직원에 대해서도 징계면직, 정직, 감봉 또는 견책의 징계 조치요구를 할 수 있다. 이에 반하여 법 시행령에 의하면, 금융위원회의 조합 임직원에 대한 제재조치 요구 권한 중 신협법 제84조 제1항 제2호 및 제3호에 관한 사항을 금융감독원장에 위탁하고 있고, 이를 위탁받은 금융감독원장은 동법 제84조 제1항 제2호 및 제3호에 관한 사항을 중앙회에 위탁할 수 있도록 규정하고 있다.

---

5) 법 제89조 제1항 단서.
6) 법 제89조 제6항, 제7항 제1호.
7) 법 제89조 제7항 제4호.
8) 법 제89조 제7항 제5호.

〈표〉 신협 임직원에 대한 감독 및 조치 권한 근거

<table>
<tr><th>구분</th><th>금융위원회</th><th>금융감독원</th><th>중앙회</th></tr>
<tr><td>임원에 대한 개선, 직무정지, 견책</td><td>법 제84조 제1항 제1호에 의해 조치요구 가능</td><td>조치요구 권한 없음</td><td>법 제89조 제7항 제1호에 의해 조치요구 가능, 시행령상 위탁 근거 규정 없음</td></tr>
<tr><td>직원에 대한 징계 면직, 정직, 감봉, 견책</td><td rowspan="2">법 제96조, 시행령 제24조 제1항 제6호에 의해 금융감독원에 위탁</td><td rowspan="2">법 제96조, 시행령 제24조 제1항 제6호에 의해 조치요구 가능</td><td rowspan="2">법 제89조 제7항 제1호에 의해 조치요구 가능, 시행령상 위탁 근거 규정 있으나, 법상 권한 있으므로 금융감독원장으로부터 별도 위탁 받을 필요 없음</td></tr>
<tr><td>임직원에 대한 주의, 경고</td></tr>
</table>

이를 정리하면, 중앙회는 이미 신협법 제89조 제7항에 의하여 조합 임직원에 대한 모든 조치 권한을 행사할 수 있도록 규정되어 있음에도 불구하고, 동법 시행령에서는 신협법 제84조 제1항 제1호(임원에 대한 개선, 직무정지, 견책)의 권한에 대해서는 금융감독원장 또는 중앙회에 위탁하는 근거를 별도로 마련하고 있지 않다.

이로 인해 중앙회는 금융위원회 또는 금융감독원장의 위탁을 받은 경우에만 감독 권한을 행사할 수 있다는 주장도 제기된다. 그러나 중앙회는 시행령상 위탁 규정과는 무관하게 법 제89조에 의하여 독자적인 조치 권한이 부여되어 있다. 법원도 중앙회의 조합 임원에 대한 조치 요구 권한이 있는지와 관련하여 문제된 사건에서 중앙회의 조합 임직원에 대한 독자적인 조치 요구 권한이 있다고 판결하였다.[9] 금융위원회도 중앙회에 법 제89조 등에 따른 독자적인 감독권한이 있다고 해석하고 있다.

결국 중앙회의 감독 및 조치 권한과 관련하여 현행 법체계는 제재조치 권한에 대해 법과 시행령이 상이하게 규정되어 있으므로 법적 해석에 논란이 될 수 있으므로, 입법론적으로는 조합에 대한 독자적인 조치 권한을 인정하고 있는 법률의 체계에 따라 시행령상 위탁 규정을 정비할 필요가 있다.

9) 대전지방법원 2020. 6. 10. 선고 2019가합102653 판결.

Ⅲ. 관련 판례

대전지방법원 2019가합102653 판결

"신협법은 제84조 제1항에서 조합의 임직원에 대한 징계 조치를 요구할 권한 주체를 금융위원회로 규정하고, 제89조 제7항에서는 위 권한의 주체를 중앙회장으로 규정하고 있다. 또한 신협법 제84조 제1항은 '이 법 또는 법에 따른 명령·정관·규정에서 정한 절차·의무를 이행하지 아니한 경우'에 임직원에 대한 징계조치가 가능하다고 규정하고 있고, 법 제89조 제7항은 '제6항에 따른 검사 결과에 따라 시정 등이 필요한 경우'에 조치 요구를 할 수 있다고 규정하고 있다. 이와 같이 신협법은 위 두 권한에 관하여 서로 다른 권한주체와 처분요건을 정함으로써 양자를 병렬적인 방식으로만 규정하고 있을 뿐, 어느 권한이 다른 권한의 범위 내에 있다거나 두 권한이 서로 양립불가능하다는 취지의 규정은 두고 있지 아니하다.

특히 신협법 제84조 제2항은 '제1항 및 제89조 제7항 제1호에 따라 조합 또는 중앙회가 임직원의 개선, 징계면직의 조치를 요구받은 경우…'라고 규정함으로써 제84조 제1항에 따른 금융위원회의 조치와 제89조 제7항 제1호에 따른 중앙회장의 조치를 구별하고 있는데, 이에 비추어 보더라도 양 권한은 서로 다른 별개로 봄이 상당하다.

신협법 제89조 제7항 제1호는 중앙회장에게 제84조 제1항 제1호의 조치, 즉 '임원에 대해서는 개선, 직무의 정지 또는 견책'을 요구할 수 있음을 명문으로 규정하고 있다. 그런데 위 권한의 범위를 중앙회장이 신협법 제96조의 위임에 따른 신협법 시행령이 규정한 금융위원회 또는 금융감독원장으로부터 위탁받은 범위 안의 것으로만 한정하게 되면, 하위법령인 신협법 시행령의 제정, 개정, 폐기에 따라 모법인 신협법이 직접 중앙회장에게 부여한 권한의 범위를 개폐하는 부당한 결과가 초래된다. 이와 같은 해석은 법령의 체계에도 부합하지 아니한다.

이러한 법령의 문언, 체계, 취지에 의하여 알 수 있는 위와 같은 사정에 의하면, 피고는 신협법 제87조 제7항 제1호에 따라 독자적으로 조합에 대하여 조합의 임직원에 대한 직무의 정지를 요구할 수 있는 법령상 권한이 있다고 새겨야 하고, 이와 다른 전제에 있는 원고의 이 부분 주장은 받아들일 수 없다."

Ⅳ. 관련 법령

법률	조문
협동조합 기본법	제116조(권한의 위임 및 위탁) ① 이 법에 따른 기획재정부장관의 권한은 그 일부를 대통령령으로 정하는 바에 따라 시·도지사에게 위임할 수 있다. ② 이 법에 따른 기획재정부장관의 권한은 그 일부를 대통령령으로 정하는 바에 따라 제93조에 따른 사회적협동조합의 주 사업 소관 중앙행정기관의 장에게 위탁할 수 있다. 이 경우 주 사업이 둘 이상인 경우 등으로서 그 소관 중앙행정기관의 장이 분명하지 아니한 경우에는 사회적협동조합이 수행하는 구체적인 사업 내용, 성격 등을 고려하여 기획재정부장관이 소관 중앙행정기관의 장을 정하여 위탁한다. ③ 기획재정부장관은 이 법에 따른 권한의 일부를 대통령령으로 정하는 바에 따라 정부출연기관이나 민간단체에 위탁할 수 있다. 이 경우 위탁을 받은 기관 또는 단체의 업무 수행에 필요한 경비를 출연할 수 있다. [전문개정 2014. 1. 21.]

제97조(공제사업)

제97조(공제사업) ① 조합과 중앙회가 공제사업을 하는 경우에는 공제규정을 정하여 금융위원회의 인가를 받아야 한다.
② 제1항의 공제규정에는 금융위원회가 정하는 바에 따라 사업의 실시 방법, 공제계약, 공제료 등을 정하여야 한다.
③ 제1항에 따른 공제규정을 변경하거나 폐지하려면 금융위원회의 인가를 받아야 한다. 다만, 변경하려는 내용이 금융위원회가 정하여 고시하는 기준에 해당하는 경우에는 금융위원회에 신고하여야 한다.
④ 금융위원회는 제3항 단서에 따른 신고를 받은 날부터 금융위원회가 정하여 고시하는 기간 내에 신고수리 여부를 신고인에게 통지하여야 한다. 〈신설 2019. 1. 15.〉
⑤ 금융위원회가 제4항에서 정한 기간 내에 신고수리 여부 또는 민원 처리 관련 법령에 따른 처리기간의 연장을 신고인에게 통지하지 아니하면 그 기간(민원 처리 관련 법령에 따라 처리기간이 연장 또는 재연장된 경우에는 해당 처리기간을 말한다)이 끝난 날의 다음 날에 신고를 수리한 것으로 본다. 〈신설 2019. 1. 15.〉
[전문개정 2015. 1. 20.]

Ⅰ. 조문의 취지와 의의

공제사업은 공제상품의 취급과 관련하여 발생하는 공제의 인수(引受), 공제료 수수 및 공제금 지급 등을 영업으로 하는 것으로서 생명공제·손해공제·제3공제를 말한다(법 제78조 제1항 제6호, 중앙회 공제규정 제3조 제2호). 중앙회의 공제사업은 보험업법상 보험업이 아니므로, 보험업법 관련 규정의 적용을 받지 않는다. 따라서, 법 제97조는 조합과 중앙회가 공제사업을 하는 경우 사업의 실시 방법, 공제계약, 공제료 등에 관한 공제규정을 정하여야 하고, 금융위원회의 인가를 받도록 하고 있다.

Ⅱ. 조문의 내용 및 해설

1. 성 격

공제사업은 공제료로 일정한 재원을 마련하여 공제 사고가 발생하였을 경우 공제금을 지급한다는 점에서 보험과 같다. 보험은 영리사업이나 공제는 비영리 사업인 점, 보험은 불특정 다수인을 대상으로 하나, 공제는 조합원이라는 특정 다수인을 상대로 한다는 점에서 차이가 있다. 보험은 상법 제4편의 규율을 받으며, 상법 제4편은 중앙회 공제사업에도 준용된다. 중앙회의 공제사업은 보험업법이 적용되지 않으나 같은 내용을 공제규정에 담고 있으며, 금융소비자보호법이 적용된다.

2. 공제규정 인가

조합과 중앙회가 공제사업을 하는 경우 공제규정을 정하여 금융위원회의 인가를 받아야 한다(법 제97조 제1항). 공제규정을 변경하거나 폐지하려면 금융위원회의 인가를 받아야 하며, 변경하려는 내용이 금융위원회가 정하여 고시하는 기준에 해당하는 경우 금융위원회에 신고하여야 한다. 금융감독원장은 신고받은 공제규정의 심사결과 부적정하다고 판단되는 경우에는 시정 및 보완요구 등 필요한 조치를 취할 수 있다(상호금융업감독규정 제21조 제4항).

금융위원회는 공제규정의 내용이 금융위원회가 정하는 기준에 해당하여 중앙회가 금융위원회에 신고한 경우에는, 그 신고를 받은 날부터 금융위원회가 정하여 고시하는 기간 내에 신고수리 여부를 신고인에게 통지하여야 한다. 만일, 금융위원회가 제4항에서 정한 기간 내에 신고수리 여부 또는 민원 처리 관련 법령에 따른 처리기간의 연장을 신고인에게 통지하지 아니하면 그 기간(민원 처리 관련 법령에 따라 처리기간이 연장 또는 재연장된 경우에는 해당 처리기간을 말한다)이 끝난 날의 다음 날에 신고를 수리한 것으로 본다(법 제97조 제4항, 제5항).

3. 공제규정의 주요 내용

(1) 개 관

공제규정은 공제계약자(이하 "계약자"라 한다)의 보호 및 공제사업의 건전한 육성을 목적으로 법 제78조 제1항 제6호 및 제97조의 규정에 의하여 중앙회가 공제사업을 영위하기 위하여 필요한 사항을 정하고 있다. 공제규정은 제1장 총칙, 제2장 모집, 제3장 기초서류 및 공제요율, 제4장 공제계약, 제5장 공제자산의 운용, 제6장 공제회계, 제7장 재무건전성, 제8장 공시, 제9장 공제계리 및 손해사정, 제10장 분쟁조정으로 이루어져 있다.

(2) 공제상품의 정의와 사업의 범위

공제상품이란 위험보장을 목적으로 우연한 사건 발생에 관하여 금전 및 그 밖의 급여를 지급할 것을 약정하고 대가를 수수하는 계약이다(공제규정 제3조 제1호). 중앙회가 영위하는 공제사업의 종류에는 생명공제와 손해공제가 있으며 제3공제는 생명공제 또는 손해공제에 부가하여 실시한다(공제규정 제4조 제1항). 이에 따라 중앙회가 영위하는 공제사업의 종목은 다음 <표>와 같다.

〈표〉 공제사업의 구분(공제규정 별표1)

구분		내용
생명공제	생명공제	사람의 생존 또는 사망에 관하여 약정한 금전 및 그 밖의 급여를 지급할 것을 약속하고 대가를 수수하는 공제(계약). 다만, 연금공제(계약)를 제외한다.
	연금공제	사람의 생존 또는 퇴직에 관하여 약정한 금전 및 그 밖의 급여를 연금으로 지급할 것을 약속하고 대가를 수수하는 공제(계약)
손해공제	화재공제	화재로 인하여 발생하는 손해에 관하여 금전 및 그 밖의 급여를 지급할 것을 약속하고 대가를 수수하는 공제(계약)
	해상공제 (항공ㆍ운송공제계약 포함)	해상사업에 관한 사고로 인하여 발생하는 손해에 관하여 금전 및 그 밖의 급여를 지급할 것을 약속하고 대가를 수수하는 공제(계약). 이 경우 항공기ㆍ육상운송물ㆍ인공위성 등에 관하여 사고로 인하여 생긴 손해를 보상하는 항공ㆍ운송공제(계약)은 해상공제(계약)으로 본다.
	보증공제	계약에 따른 채무의 불이행 또는 법령에 따른 의무의 불이행으로 발생하는 손해에 관하여 금전 및 그 밖의 급여를 지급할 것을 약속하고 대가를 수수하는 공제(계약)
	재공제	공제자가 인수한 공제계약상의 공제금 지급 등 기타 급여책임의 일부 또는 전부를 다시 다른 공제자에 전가하는 공제(계약)
	책임공제	피공제자가 사고로 인하여 제3자에게 배상책임을 지게 됨으로써 발생하는 손해에 관하여 금전 및 그 밖의 급여를 지급할 것을 약속하고 대가를 수수하는 공제(계약)
	기술공제	기계설비 및 장치, 전자기기, 조립공사, 건설공사 등 이와 유사한 목적물과 관련된 사고로 인하여 발생하는 손해에 관하여 금전 및

		그 밖의 급여를 지급할 것을 약속하고 대가를 수수하는 공제(계약)
	권리공제	동산·부동산에 대한 권리상의 하자로 인하여 발생하는 손해에 관하여 금전 및 그 밖의 급여를 지급할 것을 약속하고 대가를 수수하는 공제(계약)
	도난공제	도난으로 인하여 발생하는 손해에 관하여 금전 및 그 밖의 급여를 지급할 것을 약속하고 대가를 수수하는 공제(계약)
	유리공제	유리파손으로 인하여 발생하는 손해에 관하여 금전 및 그 밖의 급여를 지급할 것을 약속하고 대가를 수수하는 공제(계약)
	동물공제	동물에 발생한 사고로 인하여 발생한 손해에 관하여 금전 및 그 밖의 급여를 지급할 것을 약속하고 대가를 수수하는 공제(계약)
	원자력공제	원자력손해배상법에 의한 배상책임을 지게 됨으로써 발생하는 손해에 관하여 금전 및 그 밖의 급여를 지급할 것을 약속하고 대가를 수수하는 공제(계약)
	비용공제	상금, 상품, 소송비용, 기타비용을 발생시키는 사고로 인하여 발생하는 손해에 관하여 금전 및 그 밖의 급여를 지급할 것을 약속하고 대가를 수수하는 공제(계약). 이 경우 법률서비스나 법률서비스의 비용을 발생시키는 사고로 인하여 발생한 손해를 보상하는 법률비용공제(계약)을 포함한다.
	날씨공제	날씨로 인하여 발생하는 손해에 관하여 금전 및 그 밖의 급여를 지급할 것을 약속하고 대가를 수수하는 공제(계약)
제3공제	상해공제	사람의 신체에 입은 상해에 대하여 치료에 소요되는 비용 및 상해의 결과에 따른 사망 등의 위험에 관하여 금전 및 그 밖의 급여를 지급할 것을 약속하고 대가를 수수하는 공제(계약)
	질병공제	사람의 질병 또는 질병으로 인한 입원·수술 등의 위험(질병으로 인한 사망을 제외한다)에 관하여 금전 및 그 밖의 급여를 지급할 것을 약속하고 대가를 수수하는 공제(계약)
	간병공제	치매 또는 일상생활장해 등 타인의 간병을 필요로 하는 상태 및 이로 인한 치료 등의 위험에 관하여 금전 및 그 밖의 급여를 지급할 것을 약속하고 대가를 수수하는 공제(계약)

중앙회는 공제사업의 목적을 달성하기 위하여 공제복지사업을 할 수 있는데, 계약자 및 그 자녀를 위한 공제 장학사업, 계약자(피공제자) 및 그 가족의 건강증진을 위한 보건의료사업, 공제목적의 사고발생 예방을 위한 사업, 계약자 복지증진을 위한 사업, 그 밖에 신용·공제사업대표이사가 정하는 사업이 이에 포함된다(공제규정 제5조 제1항, 제2항).

(3) 공제계약의 모집과 준수사항

공제를 모집할 수 있는 자(이하 '모집종사자')는 중앙회 임・직원, 대리취급기관 및 대리취급기관의 임・직원, 그 밖에 중앙회 또는 조합이 공제 모집자로 위촉한 자이다(공제규정 제7조 제1항). 모집종사자는 중앙회가 실시하는 공제모집자격시험에 합격하거나, 중앙회가 인정하는 보험관련 자격증을 소지하여야 한다(공제규정 제7조 제2항).

중앙회 또는 모집종사자는 중복계약 체결 확인 의무(공제규정 제8조의2), 설명의무 등 금융소비자보호법 관련 사항(공제규정 제8조의6), 체결 또는 모집에 관한 금지행위 등(공제규정 제14조)을 준수하여야 한다. 중앙회의 임직원, 대리취급기관 및 대리취급기관의 임직원, 그 밖에 중앙회 또는 조합이 공제 모집자로 위촉한 자는 ① 공제계약자, 피공제자, 공제금을 취득할 자, 그 밖에 공제계약에 관하여 이해가 있는 자로 하여금 고의로 공제사고를 발생시키거나 발생하지 아니한 공제사고를 발생한 것처럼 조작하여 공제금을 수령하도록 하는 행위, ② 공제계약자, 피공제자, 공제금을 취득할 자, 그 밖에 공제계약에 관하여 이해가 있는 자로 하여금 이미 발생한 공제사고의 원인, 시기 또는 내용 등을 조작하거나 피해의 정도를 과장하여 공제금을 수령하도록 하는 행위를 하여서는 아니 된다(공제규정 제14조의6).

(4) 공제계약

공제계약은 계약자의 청약에 대하여 중앙회가 승낙함으로써 계약은 성립한다(공제규정 제50조). 공제계약의 성립 시 중앙회의 보장은 당사자 간에 다른 약정이 없으면 공제료를 납입한 날로부터 개시한다. 다만, 보장개시의 시기 및 종기를 따로 정한 경우에는 그러하지 아니하다(공제규정 제51조).

중앙회는 계약을 체결할 때에 계약자에게 약관 및 청약서부본을 교부하고 그 약관의 중요한 내용을 설명하여 주어야 한다(공제규정 제55조 제1항 전단). 다만, 「전자거래기본법」 제2조 제5호에 의거 컴퓨터를 이용하여 공제거래를 할 수 있도록 설정된 가상의 영업장(사이버몰)을 이용하여 계약을 체결하고

「전자거래기본법」에서 규정하는 절차에 따라 약관 및 청약서부본을 전자문서로 송신하고 계약자 또는 그 대리인이 당해 문서를 수신하였을 때에는 약관 및 청약서 부본을 교부한 것으로 보며, 약관의 중요내용에 대하여 계약자가 사이버몰에서 확인한 때에는 약관의 중요한 내용을 설명한 것으로 본다(공제규정 제55조 제1항 후단).

중앙회, 계약자 및 피공제자가 계약체결 당시에 이미 공제사고가 발생하였거나 발생할 수 없는 것임을 알고 한 계약은 무효로 한다(공제규정 제58조 제1항). 그러나 중앙회, 계약자 및 피공제자가 이를 알지 못한 때에는 그러하지 아니하다. 공제계약이 무효인 경우에는 중앙회는 공제금을 지급하지 아니하며, 계약을 해지할 수 있다(공제규정 제58조 제2항).

계약자, 피공제자 또는 이들의 대리인이 계약을 청약할 때 청약서에서 질문한 사항에 대하여 알고 있는 사실을 고의 또는 중대한 과실로 말미암아 중앙회에 사실대로 알리지 아니하였거나 사실을 부실하게 알렸을 때에는(계약전 알릴의무 위반) 중앙회는 계약을 해지할 수 있다(공제규정 제62조 제1항). 중앙회는 공제기간 중에 계약자 또는 피공제자가 사고발생의 위험이 현저하게 변경 또는 증가된 사실을 안 때에는 지체 없이 중앙회에 통지토록 한다. 계약자가 이를 게을리 한 때에는 중앙회는 그 사실을 안 날로부터 1월내에 한하여 계약을 해지할 수 있다(공제규정 제63조 제2항).

공제기간이 끝나거나 계약이 공제료 독촉기간의 경과로 해지된 후 효력회복기간이 경과하는 경우에는 공제계약이 소멸한다(공제규정 제68조 제1항). 공제금의 청구권, 공제료 또는 환급금의 반환청구권 및 배당금의 청구권은 3년간 행사하지 않으면 소멸한다(공제규정 제69조).

(5) 분쟁조정

공제계약에 관하여 공제계약관계자 사이에 발생한 분쟁 및 과오의 처리를 신속하고 공정하게 해결하기 위하여 중앙회에 분쟁조정위원회를 둔다(공제규정 제155조 제1항). 분쟁조정위원회의 위원은 중앙회의 임원, 변호사, 전문의, 학식과 경험이 풍부한 자 및 기타 중앙회가 지정하는 자 각 1인 등 5인 이내로 구성하고, 위원의 임기는 2년으로 하되 연임할 수 있다(공제규정 제155조 제2항). 분쟁조정위원회의 구성과 운영에 관하여 필요한 사항은 사업대표이사 정하는 바에 따른다(공제규정 제155조 제3항).

공제금청구자가 중앙회의 공제금지급액 또는 지급부결에 대하여 이의를 신청할 경우, 조합은 중앙회에 재심신청을 할 수 있다(신용협동조합 공제업무취급지침 제37조 제1항). 조합은 재심에 의하여 문제가 해결되지 않거나 사안의 중요성 등을 고려하여 분쟁조정위원회에 의한 해결이 필요하다고 인정될 때에는 공제금청구자에게 중앙회의 분쟁조정위원회에 관한 사항을 안내하고, 분쟁조정신청서를 접수하여 중앙회로 송부하여야 한다(제2항).

공제금청구자가 공제금 지급액 또는 사고조사에 대해 이의신청을 할 경우, 이의신청서를 접수한 날로 부터 15일 이내에 재심의 절차를 거쳐 그 결과를 공제금청구자에게 통보하여야 한다(중앙회 공제업무처리지침 제56조 제1항). 공제금청구자가 재심결과에 불복하여 분쟁조정신청을 한 경우에는 분쟁조정위원회에서 분쟁을 조정하여야 한다(제2항).

공제금 지급 관련 소송 시 따라야 할 절차와 기준은 다음과 같다(공제규정 제156조). 첫째, 소송제기 관련 내부통제에 관한 사항에는 ① 공제금 지급 관련 소송제기 여부를 결정하는 절차와 기준을 마련할 것, ② 소송제기 여부 심의 및 소송제기 관련 내부통제를 위하여 소송관리위원회를 설치하여 운영할 것, ③ 부서장 이상의 자가 소송제기 여부 결정 관련 최종 의사결정에 참여하는 절차를 마련할 것, ④ 준법감시인의 견제기능 강화 등 소송관련 내부통제 절차를 마련할 것, ⑤ 소송관리위원회 운영현황 등에 대해 정기적으로 이사회에 보고하는 절차를 마련할 것이다. 둘째, 소송관리위원회 설치·운영에 관한 사항에는 ① 소송관리위원회의 구성, 권한, 운영 등에 관한 내부운영기준을 마련할 것, ② 소송관리위원회에 보험·법률 등에 전문적인 식견을 가진 외부위원을 포함할 것이다.

Ⅲ. 관련 법령

법률	조문
새마을 금고법	**제68조(공제규정 등)** ① 제67조 제1항 제6호의 사업을 할 때에는 공제규정을 정하여 주무부장관의 인가를 받아야 한다. ② 제1항의 공제규정에는 행정안전부령으로 정하는 바에 따라 사업 실시방법, 공제계약, 공제료 등을 정하여야 한다. 〈개정 2008. 2. 29., 2013. 3. 23., 2014. 11. 19., 2017. 7. 26.〉 ③ 제1항의 공제규정을 변경하거나 폐지하려면 주무부장관의 인가를 받아야 한다. ④ 중앙회가 공제계약을 체결하는 경우 중복계약 체결의 확인 의무에 대해서는 「보험업법」 제95조의5를 준용한다. 〈신설 2017. 12. 26.〉 [제목개정 2017. 12. 26.] **제69조(공제분쟁조정심의위원회의 설치 · 운영)** ① 공제사업 시행과 관련한 분쟁을 신속 · 공정하게 해결하기 위하여 중앙회에 공제분쟁조정심의위원회를 둔다. 〈개정 2011. 3. 8.〉 ② 제1항에 따른 공제분쟁조정심의위원회의 구성과 운영, 그 밖의 조정심의 절차 등에 필요한 사항은 대통령령으로 정한다.
농업 협동조합법	**제161조의12(농협생명보험 및 농협손해보험)** ① 중앙회는 공제사업을 전문적이고 효율적으로 수행하기 위하여 공제사업을 분리하여 생명보험업을 영위하는 법인(이하 "농협생명보험"이라 한다)과 손해보험업을 영위하는 법인(이하 "농협손해보험"이라 한다)을 각각 설립한다. 이 경우 그 사업의 분리는 「상법」 제530조의12에 따른 회사의 분할로 보며, 사업의 분리절차는 같은 법 제530조의3 제1항, 제2항 및 제4항, 제530조의4부터 제530조의7까지, 제530조의9부터 제530조의11까지의 규정을 준용하되, 같은 법 제530조의3에 따라 준용되는 같은 법 제434조 중 "출석한 주주의 의결권의 3분의 2 이상의 수와 발행주식 총수의 3분의 1 이상의 수"는 "대의원 과반수의 출석과 출석한 대의원 3분의 2 이상의 찬성"으로 본다. ② 이 법에 특별한 규정이 없으면 농협생명보험 및 농협손해보험에 대해서는 「보험업법」 및 「금융회사의 지배구조에 관한 법률」을 적용한다. [본조신설 2016. 12. 27.]
수산업 협동조합법	**제60조의2(공제규정)** ① 지구별조합이 제60조 제1항 제4호에 따른 공제사업을 하려면 공제규정을 정하여 해양수산부장관의 인가를 받아야 한다. 공제규정을 변경하려는 때에도 또한 같다. 〈개정 2013. 3. 23.〉 ② 제1항에 따른 공제규정에는 해양수산부령으로 정하는 바에 따라 공제사업의 실시, 공제계약 및 공제료와 공제사업의 책임준비금, 그 밖에 준비금 적립에 관한 사항 등이 포함되어야 한다. 〈개정 2013. 3. 23.〉 ③ 제2항에 따른 책임준비금 등은 해양수산부령으로 정하는 기준에 따라 매 회계연도 말에 공제사업의 종류별로 계산하여 적립하여야 한다. 〈개정 2013. 3. 23.〉 [본조신설 2010. 4. 12.]

산림조합법	**제48조(공제규정)** ① 조합이 제46조 제1항 제6호의 공제사업을 하려면 공제규정을 정하여 시·도지사의 인가를 받아야 한다. 공제규정을 변경하려는 경우에도 또한 같다. 〈개정 2020. 2. 18.〉 ② 제1항에 따른 공제규정에는 농림축산식품부령으로 정하는 바에 따라 공제사업 실시에 관한 사항, 공제계약 및 공제료에 관한 사항, 책임준비금이나 그 밖의 준비금 적립에 관한 사항 등이 포함되어야 한다. 〈개정 2020. 2. 18.〉 [전문개정 2013. 4. 5.]

제6장 벌 칙

제99조(벌칙)

제99조(벌칙) ① 조합 또는 중앙회의 임직원 또는 청산인이 다음 각 호의 어느 하나에 해당하는 행위를 한 경우에는 3년 이하의 징역 또는 3천만원 이하의 벌금에 처한다. 이 경우 징역형과 벌금형을 병과(倂科)할 수 있다.

1. 조합 또는 중앙회의 사업 목적 외의 용도로 자금을 사용하거나 재산을 처분 또는 이용하여 조합 또는 중앙회에 손해를 끼친 경우
2. 제7조를 위반하여 설립인가를 받은 경우

② 조합 또는 중앙회의 임직원 또는 청산인이 다음 각 호의 어느 하나에 해당하는 행위를 한 경우에는 2년 이하의 징역 또는 2천만원 이하의 벌금에 처한다. 〈개정 2017. 4. 18., 2025. 1. 21.〉

1. 등기를 거짓으로 한 경우
2. 제42조를 위반하여 동일인에 대한 대출등의 한도를 초과한 경우
3. 제30조의2 제1항, 제49조 제1항 또는 제59조 제3항을 위반한 경우
4. 제47조 제2항에 따라 금융위원회가 정하는 회계처리기준 또는 결산에 관한 기준을 위반하여 거짓으로 재무제표를 작성하여 총회의 승인을 받은 경우
5. 제81조 제3항 또는 제4항을 위반한 경우
6. 제86조 제1항에 따른 경영관리에 응하지 아니한 경우
7. 제89조 제2항을 위반하여 자료의 제출, 출석 또는 진술을 거부하거나 거짓으로 자료를 제출하거나 진술을 한 경우
8. 삭제〈2017. 4. 18.〉

③ 제3조 제2항, 제27조의2(제72조 제8항에 따라 준용되는 경우를 포함한다) 또는 제93조를 위반한 자는 1년 이하의 징역 또는 1천만원 이하의 벌금에 처한다.

④ 삭제〈2017. 4. 18.〉

Ⅰ. 조문의 취지와 의의

벌칙은 법령의 금지 또는 제한규정에 위반한 자와 법령상의 의무를 불이행한 자에 대하여 과하는 제재이다. 임직원이 의무를 게을리하거나, 불법행위로 조합원이나 제3자에게 손해를 끼쳤을 경우 민사상 채무불이행 또는 불법행위에 의한 손해배상책임을 부담한다. 임직원이 사기, 횡령, 배임 등 형벌법규 위반행위를 한 경우 형법, 또는 특정경제범죄법 등 형사법에 의하여 처벌받는다. 이와 같이 신협 및 신협중앙회의 임직원에 대한 행정처분 및 신협 법규의 실효성을 확보하기 위하여 신협법 위반 등에 대한 벌칙을 규정하고 있다.

Ⅱ. 조문의 내용 및 해설

1. 벌칙의 성격

신협법상 벌칙은 국가의 행정목적 달성을 위하여 행정목적에 위반된 행위에 대하여 과하여지는 행정벌이다. 행정벌은 징역·벌금을 과하는 행정형벌과 과태료를 과하는 행정질서벌로 나눌 수 있다. 행정법규 위반이 직접적으로 행정목적과 사회공익을 침해하는 경우 행정형벌로 제재하고, 간접적으로 행정상의 질서에 장애를 줄 위험이 있는 정도의 의무태만행위에 대하여 과태료로 제재한다.

2. 행정형벌에 처하여지는 행위

(1) 3년 이하의 징역 또는 3천만원 이하의 벌금

조합 또는 중앙회의 임직원 또는 청산인이 조합 또는 중앙회의 사업 목적 외의 용도로 자금을 사용하거나 재산을 처분 또는 이용하여 조합 또는 중앙회에 손해를 끼친 경우, 법 제7조에 따른 조합 설립에 관한 기준과 절차를 위반하여 설립 인가를 받은 경우에는 3년 이하의 징역 또는 3천만원 이하의 벌금에 처한다. 이 경우 징역형과 벌금형을 병과(併科)할 수 있다(법 제99조 제1항).

(2) 2년 이하의 징역 또는 2천만원 이하의 벌금

조합 또는 중앙회의 임직원 또는 청산인이 ① 등기를 거짓으로 한 경우, ② 제42조[1])를 위반하여 동일인에 대한 대출등의 한도를 초과한 경우, ③ 제30조의2 제1항(제72조 제8항 및 제73조 제2항에 따라 준용되는 경우를 포함한다),[2]) 제49조 제1항[3]) 또는 제59조 제3항[4])을 위반한 경우, ④ 제47조 제2항에 따라 금융위원회가 정하는 회계처리기준 또는 결산에 관한 기준을 위반하여 거짓으로 재무제표를 작성하여 총회의 승인을 받은 경우, ⑤ 중앙회가 매 사업연도 경과 후 3개월 이내에 해당 사업연도의 결산보고서와 감사위원회의 감사보고서 및 외부감사인의 감사보고서를 정기총회에 제출하여 승인을 받지 아니하거나, 정기총회가 끝난 후 2주 이내에 제3항에 따른 승인을 받은 결산보고서 및 감사보고서를 금융위원회에 제출하지 아니한 경우, ⑥ 제86조 제1항[5])에 따른 경영관리에 응하지 아니한 경우, ⑦ 제89조 제2항[6])을 위반하여 자료의 제출, 출석 또는 진술을 거부하거나 거짓으로 자료를 제출하거나 진술을 한 경우에는 2년

---

1) 법 제42조(동일인에 대한 대출등의 한도) 조합은 동일인에 대하여 금융위원회가 정하는 기준에 따라 중앙회장의 승인을 받은 경우를 제외하고는 조합의 자기자본의 100분의 20 또는 자산총액의 100분의 1 중 큰 금액의 범위에서 대통령령으로 정하는 한도를 초과하는 대출등을 할 수 없다. 이 경우 본인의 계산으로 다른 사람의 명의에 의하여 하는 대출등은 그 본인의 대출등으로 본다.

2) 법 제30조의2(수뢰 등의 금지) ① 조합의 임직원은 직무와 관련하여 직접 또는 간접을 불문하고 증여(贈與)나 그 밖의 수뢰(受賂)의 요구, 취득 또는 이에 관한 약속을 할 수 없다. 〈개정 2025. 1. 21.〉
② 조합의 임직원은 직무와 관련하여 횡령 또는 배임 행위를 하여서는 아니 된다. 〈신설 2025. 1. 21.〉

3) 법 제49조(법정적립금) ① 조합은 매 사업연도 이익금의 100분의 10 이상을 납입출자금 총액의 2배가 될 때까지 법정적립금으로 적립하여야 한다.

4) 법 제59조(청산인의 임무 등) ③ 청산인은 조합의 채무를 변제하거나 변제에 상당하는 재산을 공탁하기 전에는 조합의 재산을 분배해서는 아니 된다.

5) 법 제86조(경영관리) ① 금융위원회는 다음 각 호의 어느 하나에 해당되어 조합원의 이익을 크게 해칠 우려가 있다고 인정되는 조합에 대해서는 관리인을 선임하여 경영관리를 하게 할 수 있다. <개정 2015. 1. 20.〉

6) 법 제89조(중앙회의 지도 · 감독) ① 중앙회장은 제78조 제1항의 사업을 수행하기 위하여 조합을 지도 · 감독한다. 이 경우 중앙회장은 조합의 사업에 관한 지침 등을 작성하여 보급할 수 있으며, 필요한 경우에는 조합에 자료의 제출, 관계자의 출석 또는 진술을 요구할 수 있다.
② 제1항에 따라 자료의 제출, 관계자의 출석 또는 진술을 요구받은 조합은 지체 없이 요구에 따라야 한다.

이하의 징역 또는 2천만원 이하의 벌금에 처한다.

(3) 1년 이하의 징역 또는 1천만원 이하의 벌금

조합 또는 중앙회의 임직원이 ① 제3조 제2항을 위반하여 신협, 신협이라는 명칭 또는 이와 유사한 문자를 사용한 경우, ② 제27조의2(제72조 제8항에 따라 준용되는 경우를 포함한다)의 임원의 선거운동 제한규정, 제93조의 정치관여의 금지규정에 위반한 경우에는 1년 이하의 징역 또는 1천만원 이하의 벌금에 처한다.

3. 자수자에 대한 특례

새마을금고법, 수협법에는 자수자에 대한 특례 규정을 두고, 선거관련 범죄를 위반하여 자기 또는 특정인을 조합의 임원으로 당선되게 하거나 당선되지 못하게 한 자, 법상 허용되지 않는 선거운동을 한 자가 선거관리위원회에 자신의 선거범죄사실을 신고하여 선거관리위원회가 관계 수사기관에 이를 통보한 경우 그 형을 감경하거나 면제할 수 있는 규정을 두고 있다. 이에 반해 신협법에는 자수자에 대한 특례 규정은 도입되어 있지 않다. 입법론적으로 신협법에도 자수자에 대한 특례조항을 신설하여 공정한 선거 문화가 정착될 수 있도록 지원할 필요가 있다고 판단된다.

4. 선거관련 범죄 공소시효 단축논의

신협법에서는 조합 및 중앙회의 임원 선거관련 범죄는 1년 이하의 징역 또는 1천만원 이하의 벌금에 처하도록 규정하고 있다(법 제99조 제3항). 형사소송법에서는 장기 5년 미만의 징역 또는 금고, 벌금에 해당하는 범죄의 공소시효를 5년으로 정하고 있다(제249조 제1항). 다만, 조합 및 중앙회 임원 선거가 갈수록 치열해짐에 따라 선거운동 등에 대한 고소 또는 고발이 증가하는 추세인데, 재판 결과에 따라 임원자격이 박탈되고, 조합은 다시 임원선거를 치러야 하는 등 지배구조 및 운영에 막대한 영향을 미칠 수 있다.

따라서, 선거 관련 분쟁을 조속히 마무리하여 조합 및 중앙회를 안정적으로 운영하기 위하여는 공소시효를 단축할 필요가 있다. 참고로, 공직선거법, 농협법, 수협법 등에서는 선거 관련 범죄의 공소시효를 6개월로 하고 있다. 이에 신협법에도 선거관련 범죄의 공소시효를 6개월로 단축하여, 조합 및 중앙회 임원의 지위 불안에 따른 법적 불안정 상태를 신속히 해소하고, 공소시효에 관한 특례가 있는 타 상호금융기관과 형평성을 제고할 수 있을 것이다.

Ⅲ. 관련 법령

법률	조문
공직선거법	제268조(공소시효) ①이 법에 규정한 죄의 공소시효는 당해 선거일후 6개월(선거일후에 행하여진 범죄는 그 행위가 있는 날부터 6개월)을 경과함으로써 완성한다. 다만, 범인이 도피한 때나 범인이 공범 또는 범죄의 증명에 필요한 참고인을 도피시킨 때에는 그 기간은 3년으로 한다.
새마을 금고법	제85조(벌칙) ① 금고 또는 중앙회의 임직원이 다음 각 호의 어느 하나에 해당하는 행위를 한 경우에는 5년 이하의 징역 또는 5천만원 이하의 벌금에 처한다. 〈개정 2011. 3. 8., 2014. 6. 11.〉 1. 자금을 금고나 중앙회의 사업 목적 외에 사용·대출하거나 금고나 중앙회의 재산을 투기 목적으로 처분하거나 이용한 경우 2. 제80조 제1항에 따른 경영지도 사항을 이행하지 아니한 경우 ② 금고나 중앙회의 임직원 또는 청산인이 다음 각 호의 어느 하나에 해당하는 행위를 한 경우에는 3년 이하의 징역이나 3천만원 이하의 벌금에 처한다. 〈개정 2011. 3. 8., 2014. 6. 11., 2017. 12. 26., 2023. 4. 11.〉 1. 감독기관의 인가나 승인을 받아야 하는 사항에 관하여 인가나 승인을 받지 아니하거나 인가가 취소된 후에도 업무를 계속하여 수행한 경우 2. 거짓으로 등기를 한 경우 3. 감독기관, 총회, 이사회에 대하여 거짓으로 자료를 제출하거나 진술(서면진술을 포함한다)한 경우 4. 총회나 이사회의 의결이 필요한 사항에 대하여 의결을 거치지 아니하고 집행한 경우 5. 제29조(제67조 제5항에서 준용하는 경우를 포함한다)를 위반한 경우 6. 금고나 중앙회로 하여금 제28조 제3항(제67조 제5항에서 준용하는 경우를 포함한다)에 따른 명령, 같은 조 제5항이나 제35조(제70조 제4항에서 준용하는 경우를 포함한다)를 위반하게 한 경우 7. 제31조(제70조 제4항에서 준용하는 경우를 포함한다)를 위반하여 금고나 중앙회로 하여금 동산이나 부동산을 소유하게 한 경우 8. 제44조에 따라 준용되는 「민법」의 규정을 위반한 경우 9. 감독기관의 검사를 거부·방해 또는 기피하거나 해당 검사원의 질문에 거짓으로 진술(서면진술을 포함한다)하거나 자료를 제출한 경우

	10. 제75조에 따른 경영 공시를 이행하지 아니하거나 거짓으로 공시한 경우 ③ 제22조 제2항부터 제4항까지 및 제22조의2(제64조의2 제6항에서 준용하는 경우를 포함한다)를 위반한 자는 2년 이하의 징역이나 2천만원 이하의 벌금에 처한다. 〈신설 2011. 3. 8., 2014. 6. 11., 2023. 4. 11.〉 ④ 제5조를 위반하여 금고나 중앙회로 하여금 정치에 관여하는 행위를 하게 한 자는 다른 법률에 특별히 규정된 경우 외에는 1년 이하의 징역이나 1천만원 이하의 벌금에 처한다. 〈개정 2011. 3. 8., 2014. 6. 11.〉 ⑤ 제2조 제5항을 위반한 자는 1년 이하의 징역이나 1천만원 이하의 벌금에 처한다. 〈개정 2011. 3. 8., 2014. 6. 11.〉 ⑥ 제3항에 따른 죄의 공소시효는 해당 선거일 후 6개월(선거일 후에 이루어진 범죄는 그 행위를 한 날부터 6개월)을 경과함으로써 완성된다. 다만, 범인이 도피하거나 범인이 공범 또는 증명에 필요한 참고인을 도피시킨 경우에는 그 기간을 3년으로 한다. 〈신설 2017. 12. 26.〉 [단순위헌, 2018헌가12, 2019. 5. 30., 새마을금고법(2014. 6. 11. 법률 제12749호로 개정된 것) 제85조 제3항 중 제22조 제2항 제5호에 관한 부분은 헌법에 위반된다.] **제87조(자수자에 대한 특례)** ① 다음 각 호의 어느 하나에 해당하는 자가 자수한 때에는 그 형을 감경 또는 면제한다. 〈개정 2023. 4. 11.〉 1. 제22조 제2항(제64조의2 제6항에서 준용하는 경우를 포함한다)을 위반하여 자기 또는 특정인을 금고의 임원으로 당선되게 하거나 당선되지 못하게 한 자 2. 제22조 제3항 또는 제4항(제64조의2 제6항에서 준용하는 경우를 포함한다)을 위반하여 선거운동을 한 자 ② 제1항에 규정된 자가 이 법에 따른 선거관리위원회에 자신의 선거범죄사실을 신고하여 선거관리위원회가 관계 수사기관에 이를 통보한 때에는 선거관리위원회에 신고한 때를 자수한 때로 본다. [본조신설 2014. 6. 11.]
농업 협동조합법	**제170조(벌칙)** ① 조합등의 임원 또는 중앙회의 임원이나 집행간부가 다음 각 호의 어느 하나에 해당하는 행위로 조합등 또는 중앙회에 손실을 끼치면 10년 이하의 징역 또는 1억원 이하의 벌금에 처한다. 〈개정 2016. 12. 27.〉 1. 조합등 또는 중앙회의 사업목적 외에 자금의 사용 또는 대출 2. 투기의 목적으로 조합등 또는 중앙회의 재산의 처분 또는 이용 ② 제1항의 징역형과 벌금형은 병과(倂科)할 수 있다. [전문개정 2009. 6. 9.] **제171조(벌칙)** 조합등과 중앙회의 임원, 조합의 간부직원, 중앙회의 집행간부·일반간부직원, 파산관재인 또는 청산인이 다음 각 호의 어느 하나에 해당하면 3년 이하의 징역 또는 3천만원 이하의 벌금에 처한다. 〈개정 2011. 3. 31., 2013. 3. 23., 2014. 12. 31., 2016. 12. 27.〉 1. 제15조 제1항(제77조 제2항, 제107조 또는 제112조에 따라 준용되는 경우를 포함한다), 제35조 제2항(제107조 또는 제112조에 따라 준용되는 경우를 포함한다), 제75조 제2항(제107조 또는 제112조에 따라 준용되는 경우를 포함한다), 제75조 제5항(제107조 또는 제112조에 따라 준용되는 경우를 포함한다), 제78조 제1항(제107조에 따라 준용되는 경우를 포함한다), 제112조의5 제1항, 제112조의6 제2항, 제120조 제2항 또는 제121조 제1항에 따른 인가를 받아야 할 사항에 관하여 인가를 받지 아니한 경우

2. 제15조 제1항(제77조 제2항, 제107조 또는 제112조에 따라 준용되는 경우를 포함한다), 제30조 제1항(제107조·제112조·제112조의11 또는 제161조에 따라 준용되는 경우를 포함한다), 제35조 제1항(제107조·제112조 또는 제112조의11에 따라 준용되는 경우를 포함한다), 제43조 제3항(제107조·제112조 또는 제112조의11에 따라 준용되는 경우를 포함한다), 제54조 제1항부터 제3항까지(제107조·제112조 또는 제161조에 따라 준용되는 경우를 포함한다), 제64조(제107조 또는 제112조에 따라 준용되는 경우를 포함한다), 제75조 제1항(제107조 또는 제112조에 따라 준용되는 경우를 포함한다), 제77조 제1항(제107조 또는 제112조에 따라 준용되는 경우를 포함한다), 제82조 제2호(제107조·제112조 또는 제112조의10에 따라 준용되는 경우를 포함한다), 제123조, 제125조 제4항, 제125조의2제3항 또는 제159조에 따라 총회·대의원회 또는 이사회(소이사회를 포함한다)의 의결을 필요로 하는 사항에 대하여 의결을 거치지 아니하고 집행한 경우
3. 제46조 제7항(제107조·제112조 또는 제129조 제5항에 따라 준용되는 경우를 포함한다) 또는 제142조 제2항에 따른 총회나 이사회에 대한 보고를 하지 아니하거나 거짓으로 한 경우
4. 제57조 제1항 제10호·제106조 제10호·제111조 제9호 또는 제134조 제1항 제9호에 따른 승인을 받지 아니하고 사업을 한 경우
5. 제66조(제107조 또는 제112조에 따라 준용되는 경우를 포함한다)를 위반하여 조합의 여유자금을 사용한 경우
6. 제67조 제1항(제107조·제112조·제112조의11 또는 제161조에 따라 준용되는 경우를 포함한다)을 위반하여 잉여금의 100분의 10 이상을 적립하지 아니한 경우
7. 제67조 제3항(제107조·제112조 또는 제161조에 따라 준용되는 경우를 포함한다)을 위반하여 잉여금의 100분의 20 이상을 다음 회계연도로 이월하지 아니한 경우
8. 제68조(제107조·제112조·제112조의11 또는 제161조에 따라 준용되는 경우를 포함한다)를 위반하여 손실을 보전 또는 이월하거나 잉여금을 배당한 경우
9. 제69조(제107조·제112조·제112조의11 또는 제161조에 따라 준용되는 경우를 포함한다)를 위반하여 자본적립금을 적립하지 아니한 경우
10. 제70조(제107조·제112조·제112조의11 또는 제161조에 따라 준용되는 경우를 포함한다)를 위반하여 법정적립금을 사용한 경우
11. 제71조 제1항·제3항(제107조·제112조·제112조의11 또는 제161조에 따라 준용되는 경우를 포함한다)을 위반하여 결산보고서를 제출하지 아니하거나 갖추지 아니한 경우
12. 제72조 제1항(제107조·제112조·제112조의11 또는 제161조에 따라 준용되는 경우를 포함한다) 또는 제80조에 따라 준용되는 제72조 제1항(제107조 또는 제112조에 따라 준용되는 경우를 포함한다)을 위반하여 재무상태표를 작성하지 아니한 경우
13. 제85조(제107조·제112조 또는 제112조의11에 따라 준용되는 경우를 포함한다)를 위반하여 총회나 농림축산식품부장관의 승인을 받지 아니하고 재산을 처분한 경우
14. 제87조(제107조·제112조 또는 제112조의11에 따라 준용되는 경우를

	포함한다)를 위반하여 재산을 분배한 경우 15. 제88조(제107조 · 제112조 또는 제112조의11에 따라 준용되는 경우를 포함한다)를 위반하여 결산보고서를 작성하지 아니하거나 총회에 제출하지 아니한 경우 16. 제90조(제107조 · 제112조 · 제112조의11 또는 제161조에 따라 준용되는 경우를 포함한다), 제91조부터 제93조까지(제107조 · 제112조 · 제112조의11 또는 제161조에 따라 준용되는 경우를 포함한다), 제95조부터 제99조까지(제107조 · 제112조 또는 제112조의10에 따라 준용되는 경우를 포함한다) 또는 제102조(제107조 · 제112조 · 제112조의11 또는 제161조에 따라 준용되는 경우를 포함한다)에 따른 등기를 부정하게 한 경우 17. 제146조에 따른 중앙회의 감사나 제162조에 따른 감독기관의 감독 · 검사를 거부 · 방해 또는 기피한 경우 [전문개정 2009. 6. 9.] **제172조(벌칙)** ① 다음 각 호의 어느 하나에 해당하는 자는 2년 이하의 징역 또는 2천만원 이하의 벌금에 처한다. 〈개정 2011. 3. 31., 2014. 6. 11.〉 1. 제7조 제2항을 위반하여 공직선거에 관여한 자 2. 제50조 제1항 또는 제11항(제107조 · 제112조 또는 제161조에 따라 준용되는 경우를 포함한다)을 위반하여 선거운동을 한 자 3. 제50조의2(제107조 · 제112조 또는 제161조에 따라 준용하는 경우를 포함한다)를 위반한 자 4. 제50조의3(제107조 또는 제112조에 따라 준용되는 경우를 포함한다)을 위반하여 축의 · 부의금품을 제공한 자 ② 다음 각 호의 어느 하나에 해당하는 자는 1년 이하의 징역 또는 1천만원 이하의 벌금에 처한다. 〈개정 2011. 3. 31., 2014. 6. 11.〉 1. 제50조 제2항(제107조 · 제112조 또는 제161조에 따라 준용되는 경우를 포함한다)을 위반하여 호별(戶別) 방문을 하거나 특정 장소에 모이게 한 자 2. 제50조 제4항 · 제6항 · 제7항(제107조 · 제112조에 따라 준용되는 경우를 포함한다) 또는 제130조 제11항을 위반하여 선거운동을 한 자 3. 제50조 제8항부터 제10항까지(제107조 · 제112조 또는 제161조에 따라 준용되는 경우를 포함한다)를 위반한 자 4. 삭제 〈2014. 6. 11.〉 ③ 제50조 제3항(제107조 · 제112조 또는 제161조에 따라 준용되는 경우를 포함한다)을 위반하여 거짓사실을 공표하거나 후보자를 비방한 자는 500만원 이상 3천만원 이하의 벌금에 처한다. 〈개정 2011. 3. 31.〉 ④ 제1항부터 제3항까지의 규정에 따른 죄의 공소시효는 해당 선거일 후 6개월(선거일 후에 이루어진 범죄는 그 행위를 한 날부터 6개월)을 경과함으로써 완성된다. 다만, 범인이 도피하거나 범인이 공범 또는 증명에 필요한 참고인을 도피시킨 경우에는 그 기간을 3년으로 한다. [전문개정 2009. 6. 9.] [2011. 3. 31. 법률 제10522호에 의하여 2010. 7. 29. 위헌 결정된 제172조 제2항 제2호 중 '제50조 제4항'을 개정함.]
수산업 협동조합법	**제176조(벌칙)** ① 조합등 또는 중앙회의 임직원이 다음 각 호의 어느 하나에 해당하는 행위로 조합등 또는 중앙회에 손실을 끼쳤을 때에는 10년 이하의 징역 또는 1억원 이하의 벌금에 처한다. 〈개정 2014. 10. 15., 2015. 2. 3., 2016. 5. 29.〉

1. 조합등 또는 중앙회의 사업 목적 외의 용도로 자금을 사용하거나 대출하는 행위
2. 투기의 목적으로 조합등 또는 중앙회의 재산을 처분하거나 이용하는 행위

② 제1항의 징역형과 벌금형은 병과(倂科)할 수 있다.

[전문개정 2010. 4. 12.]

제177조(벌칙) 조합등 또는 중앙회의 임원·집행간부·일반간부직원·파산관재인 또는 청산인이 다음 각 호의 어느 하나에 해당하면 3년 이하의 징역 또는 3천만원 이하의 벌금에 처한다. 〈개정 2013. 3. 23., 2014. 10. 15., 2016. 5. 29., 2017. 11. 28.〉

1. 제14조 제1항 단서, 제16조 제1항(제80조 제2항, 제108조, 제113조 또는 제168조에 따라 준용되는 경우를 포함한다), 제37조 제2항(제108조 또는 제113조에 따라 준용되는 경우를 포함한다), 제77조 제2항(제108조 또는 제113조에 따라 준용되는 경우를 포함한다), 제78조 제3항(제108조 또는 제113조에 따라 준용되는 경우를 포함한다), 제113조의5 제1항, 제113조의6 제2항, 제126조 제2항에 따른 감독기관의 인가를 받지 아니한 경우
2. 제16조 제1항(제80조 제2항, 제108조, 제113조 또는 제168조에 따라 준용되는 경우를 포함한다), 제32조 제1항(제108조, 제113조, 제113조의10 또는 제168조에 따라 준용되는 경우를 포함한다), 제37조 제1항(제108조, 제113조 또는 제113조의10에 따라 준용되는 경우를 포함한다), 제57조 제1항부터 제3항까지(제108조 또는 제113조에 따라 준용되는 경우를 포함한다), 제67조(제108조 또는 제113조에 따라 준용되는 경우를 포함한다), 제77조 제1항(제108조 또는 제113조에 따라 준용되는 경우를 포함한다), 제80조 제1항(제108조 또는 제113조에 따라 준용되는 경우를 포함한다), 제84조 제2호(제108조, 제113조 또는 제113조의10에 따라 준용되는 경우를 포함한다), 제126조 제1항, 제127조 제3항, 제135조 제1항 및 제3항 또는 제162조에 따라 총회·대의원회 또는 이사회의 의결을 거쳐야 하는 사항에 대하여 의결을 거치지 아니하고 집행한 경우
3. 제48조 제1항(제108조 또는 제113조에 따라 준용되는 경우를 포함한다), 제48조 제2항(제108조, 제113조 또는 제133조 제5항에 따라 준용되는 경우를 포함한다), 제131조 제4항, 제142조 제2항 또는 제169조 제6항에 따른 감독기관·총회·대의원회 또는 이사회에 대한 보고를 부실하게 하거나 사실을 은폐한 경우
4. 제60조 제1항 제15호, 제107조 제1항 제13호, 제112조 제1항 제13호 또는 제138조 제1항 제17호에 따른 감독기관의 승인을 받지 아니한 경우
5. 제64조 제2항(제108조 또는 제168조에 따라 준용되는 경우를 포함한다)에 따른 의결을 거치지 아니한 경우
6. 제69조(제108조 또는 제113조에 따라 준용되는 경우를 포함한다)를 위반하여 조합이 여유자금을 사용한 경우
7. 제70조 제1항·제3항·제4항(제108조, 제113조, 제113조의10 또는 제168조에 따라 준용되는 경우를 포함한다), 제70조 제2항(제108조 또는 제113조에 따라 준용되는 경우를 포함한다) 또는 제165조를 위반하여 법정적립금 등을 적립하거나 잉여금을 이월한 경우
8. 제71조(제108조, 제113조, 제113조의10 또는 제168조에 따라 준용되는 경우를 포함한다) 또는 제166조 제1항·제2항을 위반하여 손실 보전을 하거나 잉여금을 배당한 경우

9. 제72조(제108조, 제113조, 제113조의10 또는 제168조에 따라 준용되는 경우를 포함한다)를 위반하여 법정적립금 및 자본적립금을 사용한 경우
10. 제73조 제1항부터 제3항까지(제108조, 제113조, 제113조의10 또는 제168조에 따라 준용되는 경우를 포함한다) 또는 제163조를 위반한 경우
11. 제74조 제1항(제108조, 제113조, 제113조의10 또는 제168조에 따라 준용되는 경우를 포함한다)을 위반하여 조합 및 중앙회가 재무상태표를 작성하지 아니한 경우
12. 제87조(제108조, 제113조 또는 제113조의10에 따라 준용되는 경우를 포함한다)를 위반하여 총회 또는 해양수산부장관의 승인을 받지 아니한 경우
13. 제89조(제108조, 제113조 또는 제113조의10에 따라 준용되는 경우를 포함한다)를 위반하여 청산인이 재산을 분배한 경우
14. 제90조(제108조, 제113조 또는 제113조의10에 따라 준용되는 경우를 포함한다)를 위반하여 총회의 승인을 받지 아니한 경우
15. 제92조(제78조 제5항, 제80조 제2항, 제108조, 제113조, 제113조의10 또는 제168조에 따라 준용되는 경우를 포함한다), 제93조부터 제95조까지(제108조, 제113조, 제113조의10 또는 제168조에 따라 준용되는 경우를 포함한다), 제97조부터 제100조까지(제108조, 제113조 또는 제113조의10에 따라 준용되는 경우를 포함한다) 또는 제103조(제108조, 제113조, 제113조의10 또는 제168조에 따라 준용되는 경우를 포함한다)에 따른 등기를 부정하게 한 경우
16. 감독기관의 검사 또는 중앙회의 감사를 거부·방해 또는 기피한 경우

[전문개정 2010. 4. 12.]

제178조(벌칙) ① 다음 각 호의 어느 하나에 해당하는 자는 2년 이하의 징역 또는 2천만원 이하의 벌금에 처한다. 〈개정 2014. 6. 11., 2015. 2. 3.〉
1. 제7조 제2항을 위반하여 공직선거에 관여한 자
2. 제53조 제1항(제108조, 제113조 또는 제168조에 따라 준용되는 경우를 포함한다)을 위반하여 선거운동을 한 자
3. 제53조 제10항(제108조, 제113조 또는 제168조에 따라 준용하는 경우를 포함한다)을 위반하여 선거운동을 한 자
4. 제53조의3(제108조 또는 제113조에 따라 준용하는 경우를 포함한다)을 위반하여 축의·부의금품을 제공한 자

② 다음 각 호의 어느 하나에 해당하는 자(제108조, 제113조 또는 제168조에 따라 준용되는 자를 포함한다)는 1년 이하의 징역 또는 1천만원 이하의 벌금에 처한다.
1. 제53조 제2항을 위반하여 호별 방문을 하거나 특정 장소에 모이게 한 자
2. 제53조 제8항을 위반하여 선전벽보 부착 등의 금지된 행위를 한 자
3. 제53조 제4항부터 제7항까지의 규정을 위반한 자
4. 제53조의2를 위반한 자

③ 삭제 〈2014. 6. 11.〉

④ 제53조 제3항(제108조, 제113조 또는 제168조에 따라 준용되는 자를 포함한다)을 위반하여 거짓 사실을 공표하는 등 후보자를 비방한 자는 500만원 이상 3천만원 이하의 벌금에 처한다.

⑤ 제1항부터 제4항까지에 규정된 죄의 공소시효는 해당 선거일 후 6개월(선거일 후에 지은 죄는 그 행위가 있었던 날부터 6개월)이 지남으로써 완성된다. 다만, 범인이 도피하였거나 범인이 공범 또는 범인의 증명에 필요한

	참고인을 도피시킨 경우에는 그 기간을 3년으로 한다. 〈개정 2020. 3. 24.〉 [전문개정 2010. 4. 12.] **제183조(자수자에 대한 특례)** ① 제53조(제108조, 제113조 또는 제168조에 따라 준용하는 경우를 포함한다) 및 제53조의2(제108조, 제113조 또는 제168조에 따라 준용하는 경우를 포함한다)를 위반한 자 중 금전·물품·향응, 그 밖의 재산상의 이익 또는 공사의 직을 제공받거나 받기로 승낙한 자가 자수한 때에는 그 형 또는 과태료를 감경 또는 면제한다. ② 제1항에 규정된 자가 이 법에 따른 선거관리위원회에 자신의 선거범죄사실을 신고하여 선거관리위원회가 관계 수사기관에 이를 통보한 때에는 선거관리위원회에 신고한 때를 자수한 때로 본다. 〈개정 2014. 6. 11.〉 [본조신설 2010. 4. 12.]
산림조합법	**제130조(벌칙)** ① 조합등의 임원 또는 중앙회의 임원이나 집행간부가 조합등 또는 중앙회의 사업목적 외에 자금을 사용 또는 대출하거나 투기의 목적으로 조합등 또는 중앙회의 재산을 처분 또는 이용하였을 때에는 10년 이하의 징역 또는 1억원 이하의 벌금에 처한다. 〈개정 2016. 12. 27.〉 ② 제1항의 징역형과 벌금형은 병과(併科)할 수 있다. [전문개정 2013. 4. 5.] **제131조(벌칙)** 조합등 또는 중앙회의 조합장, 회장, 간부직원, 상임이사, 이사, 감사, 집행간부, 일반간부직원, 파산관재인 또는 청산인이 다음 각 호의 어느 하나에 해당할 때에는 3년 이하의 징역 또는 3천만원 이하의 벌금에 처한다. 〈개정 2016. 12. 27., 2023. 12. 31.〉 1. 감독기관의 인가 또는 승인을 받아야 할 사항에 관하여 인가 또는 승인을 받지 아니하였을 때 2. 부정한 등기를 하였을 때 3. 감독기관·총회 또는 이사회에서 부실한 보고를 하거나 사실을 은폐하였을 때 4. 총회 또는 이사회의 의결이 필요한 사항에 대하여 의결을 받지 아니하고 집행하였을 때 5. 제56조, 제56조의2부터 제56조의5까지, 제57조(제86조의10 또는 제122조에 따라 준용되는 경우를 포함한다) 또는 제58조 제1항(제65조, 제86조의10 및 제122조에 따라 준용되는 경우를 포함한다)을 위반하였을 때 6. 제70조(제86조의10에 따라 준용되는 경우를 포함한다), 제72조(제86조의10에 따라 준용되는 경우를 포함한다) 또는 제73조(제86조의10에 따라 준용되는 경우를 포함한다)를 위반하였을 때 7. 감독기관 또는 중앙회의 감사를 거부·방해 또는 기피하였을 때 [전문개정 2013. 4. 5.] **제132조(벌칙)** ① 다음 각 호의 어느 하나에 해당하는 행위를 한 자는 2년 이하의 징역 또는 2천만원 이하의 벌금에 처한다. 〈개정 2016. 12. 27.〉 1. 제7조 제2항을 위반한 자 2. 제40조 제1항(제122조에 따라 준용되는 경우를 포함한다)을 위반한 사람 2의2. 제40조 제9항(제122조에 따라 준용되는 경우를 포함한다)을 위반한 사람 3. 제40조의2(제122조에 따라 준용되는 경우를 포함한다)를 위반한 자 ② 다음 각 호의 어느 하나에 해당하는 자는 1년 이하의 징역 또는 1천만원 이하의 벌금에 처한다.

<table>
<tr><td></td><td>1. 제40조 제2항 및 제4항부터 제8항까지(제122조에 따라 준용되는 경우를 포함한다)의 규정을 위반한 자
2. 삭제 〈2014. 6. 11.〉
③ 제40조 제3항(제122조에 따라 준용되는 경우를 포함한다)을 위반한 자는 500만원 이상 3천만원 이하의 벌금에 처한다.
④ 제1항부터 제3항까지에 규정된 죄의 공소시효는 해당 선거일 후 6개월(선거일 후에 행하여진 범죄는 그 행위가 있는 날부터 6개월)이 지남으로써 완성된다. 다만, 범인이 도피하였거나 범인이 공범 또는 범죄의 증명에 필요한 참고인을 도피시켰을 때에는 그 기간을 3년으로 한다.
[전문개정 2013. 4. 5.]
제137조(자수자에 대한 특례) ① 제40조(제122조에 따라 준용되는 경우를 포함한다) 및 제40조의2(제122조에 따라 준용되는 경우를 포함한다)를 위반하여 금전·물품·향응, 그 밖의 재산상 이익 또는 공사의 직을 제공받거나 받기로 승낙한 사람이 자수하였을 때에는 그 형벌이나 과태료를 감경하거나 면제한다.
② 제1항에 규정된 사람이 이 법에 따른 선거관리위원회에 자신의 선거범죄사실을 신고하여 선거관리위원회가 관계 수사기관에 이를 통보하였을 때에는 선거관리위원회에 신고한 때를 자수한 때로 본다. 〈개정 2014. 6. 11.〉
[전문개정 2013. 4. 5.]</td></tr>
<tr><td>협동조합
기본법</td><td>제117조(벌칙) ① 협동조합등 및 협동조합연합회등의 임직원 또는 청산인이 다음 각 호의 어느 하나에 해당하는 행위로 협동조합등 및 협동조합연합회등에 손해를 끼친 때에는 7년 이하의 징역 또는 7천만원 이하의 벌금에 처한다. 이 경우 징역형과 벌금형은 병과할 수 있다. 〈개정 2014. 1. 21., 2020. 3. 31.〉
1. 협동조합등 및 협동조합연합회등의 사업목적 이외의 다른 용도로 자금을 사용한 경우
2. 투기를 목적으로 협동조합등 및 협동조합연합회등의 재산을 처분하거나 이용한 경우
② 협동조합등 및 협동조합연합회등의 임직원 또는 청산인이 다음 각 호의 어느 하나에 해당하는 행위를 한 때에는 3년 이하의 징역 또는 3천만원 이하의 벌금에 처한다. 〈개정 2014. 1. 21., 2020. 3. 31.〉
1. 제45조 제3항, 제50조 제1항·제3항, 제51조부터 제53조까지, 제55조, 제58조, 제80조 제3항, 제97조 제1항·제3항, 제98조, 제103조 및 제104조(제82조·제83조·제100조·제115조 또는 제115조의7부터 제115조의9까지의 규정에 따라 준용되는 경우를 포함한다)를 위반한 경우
2. 거짓 또는 부정한 방법으로 등기를 한 경우
3. 총회의 의결을 받아야 하는 사항에 대하여 의결을 받지 아니하고 집행한 경우
③ 다음 각 호의 어느 하나에 해당하는 자는 2년 이하의 징역 또는 2천만원 이하의 벌금에 처한다. 〈개정 2014. 1. 21., 2020. 3. 31.〉
1. 제9조 제2항을 위반하여 공직선거에 관여한 자
2. 제37조(제79조·제92조·제115조 및 제115조의6에 따라 준용되는 경우를 포함한다)를 위반한 자</td></tr>
</table>

제100조(양벌규정)

제100조(양벌규정) 조합 또는 중앙회의 대표자나 대리인, 사용인, 그 밖의 종업원이 그 조합 또는 중앙회의 업무에 관하여 제99조 제1항 또는 제2항의 위반행위를 하면 그 행위자를 벌하는 외에 그 조합 또는 중앙회에도 해당 조문의 벌금형을 과(科)한다. 다만, 조합 또는 중앙회가 그 위반행위를 방지하기 위하여 해당 업무에 관하여 상당한 주의와 감독을 게을리하지 아니한 경우에는 그러하지 아니하다.

Ⅰ. 조문의 취지와 의의

법 제100조는 조합 또는 중앙회의 대표자나 대리인, 사용인, 그 밖의 종업원이 그 조합 및 중앙회의 업무에 관하여 법 제99조(벌칙)에 따른 위반행위를 하면 그 조합 또는 중앙회에도 벌금형을 과하도록 양벌규정을 두고 있고, 조합 또는 중앙회가 그 위반행위를 방지하기 위하여 상당한 주의와 감독을 게을리하지 않았다는 점을 입증한 경우에는 면책될 수 있도록 예외를 규정하고 있다.

Ⅱ. 조문의 내용 및 해설

양벌규정이란 주로 법인의 대표자나 개인의 대리인, 사용인, 기타 종업원이 그 법인이나 개인의 업무와 관련하여 일정한 위반행위를 했을 때, 그 직접적인 위반행위자를 처벌하는 것 외에 그 영업주인 법인이나 개인에 대해서도 위반행위자에게 적용되는 해당 벌칙에 따라 형벌을 부과하는 처벌규정을 말한다. 양벌규정은 행정상의 의무 이행을 확보하는 수단으로 위반행위로 인해 이익을 얻는 이익 귀속주체는 영업주이므로 장래에 위반행위를 방지하거나 예방조치를 강구할 필요가 있다. 이에 위반행위자 뿐만 아니라 영업주인 법인이나 개인에 대하여도 처벌 규정을 두고 있다.

법인은 대표자, 대리인, 사용인, 종업원을 도구로 목적범위 내에서 업무를 수행한다. 따라서 벌칙 규정 위반행위가 발생하였을 때, 업무수행자인 대표자, 대리인, 사용인, 종업원과 그 법률효과가 귀속되는 법인인 조합과 중앙회 양쪽에 형벌을 과할 수 있도록 규정하고 있다. 조합과 중앙회가 업무상 상당한 주의와 감독을 게을리하지 아니한 경우에는 형벌대상에서 제외되어, 형사책임의 면책사유로 규정하고 있다. 법인 내에 임직원이 업무 및 절차적으로 준수해야 할 법령·규칙·사내규정을 준수하는 경영활동을 통해 상당한 주의와 감독의무를 이행한 경우 회사의 책임을 면제하거나, 감경을 주장할 수 있다.

참고로 은행법, 새마을금고법에도 양벌규정을 두고 있으나, 농협법, 수협법, 산림조합법에는 별도의 양벌규정을 두고 있지 않다.

Ⅲ. 관련 법령

법률	조문
은행법	**제68조의2(양벌규정)** 법인의 대표자나 법인 또는 개인의 대리인, 사용인, 그 밖의 종업원이 그 법인 또는 개인의 업무에 관하여 제66조부터 제68조까지의 어느 하나에 해당하는 위반행위를 하면 그 행위자를 벌하는 외에 그 법인 또는 개인에게도 해당 조문의 벌금형을 과(科)한다. 다만, 법인 또는 개인이 그 위반행위를 방지하기 위하여 해당 업무에 관하여 상당한 주의와 감독을 게을리하지 아니한 경우에는 그러하지 아니하다.
새마을 금고법	**제86조(양벌규정)** 금고 또는 중앙회의 대표자나 대리인, 사용인, 그 밖의 종업원이 그 금고나 중앙회의 업무에 관하여 제85조 제1항 또는 제2항의 위반행위를 하면 그 행위자를 벌하는 외에 그 금고나 중앙회에도 해당 조문의 벌금형을 과(科)한다. 다만, 금고나 중앙회가 그 위반행위를 방지하기 위하여 해당 업무에 관하여 상당한 주의와 감독을 게을리하지 아니한 경우에는 그러하지 아니하다. 〈개정 2011. 3. 8.〉 [전문개정 2008. 12. 26.]
협동조합 기본법	**제118조(양벌규정)** 협동조합등 및 협동조합연합회등의 임직원 또는 청산인이 그 협동조합등 및 협동조합연합회등의 업무에 관하여 제117조 제1항 및 제2항의 위반행위를 하면 그 행위자를 벌하는 외에 그 협동조합등 및 협동조합연합회등에도 해당 조문의 벌금형을 과(科)한다. 다만, 협동조합등 및 협동조합연합회등이 그 위반행위를 방지하기 위하여 해당 업무에 관하여 상당한 주의와 감독을 게을리하지 아니한 경우에는 그러하지 아니하다. 〈개정 2020. 3. 31.〉

제101조(과태료)

제101조(과태료) ① 조합 또는 중앙회가 다음 각 호의 어느 하나에 해당하는 경우에는 2천만원 이하의 과태료를 부과한다. 〈개정 2017. 4. 18., 2022. 1. 4.〉

1. 제24조 제2항을 위반하여 정관을 변경한 경우

1의2. 제43조 제1항을 위반하여 상환준비금을 보유하지 아니하거나 중앙회에 예치하지 아니한 경우

1의3. 제45조의3 제2항(제79조의2에 따라 준용되는 경우를 포함한다)을 위반하여 금리인하를 요구할 수 있음을 알리지 아니한 경우

2. 제47조 제4항을 위반하여 결산보고서를 중앙회장에게 제출하지 아니한 경우

3. 정당한 사유 없이 제47조 제5항 또는 제81조 제2항에 따른 감사인의 회계감사를 받지 아니한 경우

3의2. 제83조의2를 위반하여 공시하지 아니하거나 거짓으로 공시한 경우

4. 제83조의4에 따른 보고서를 제출하지 아니하거나 거짓으로 보고서를 제출한 경우

4의2. 제85조 제1항 제2호에 따른 시정명령을 이행하지 아니한 경우

5. 제86조의5 제2항을 위반하여 공고를 하지 아니한 경우

6. 제86조의5 제6항을 위반하여 계약이전과 관련된 자료를 보관·관리하지 아니하거나 채권자등의 열람에 제공하지 아니한 경우

7. 감독기관의 검사를 거부·방해·기피한 경우

② 제45조의2를 위반하여 직원의 보호를 위한 조치를 하지 아니하거나 직원에게 불이익을 준 조합에는 1천만원 이하의 과태료를 부과한다. 〈신설 2017. 4. 18.〉

③ 제1항 및 제2항에 따른 과태료는 대통령령으로 정하는 바에 따라 금융위원회가 부과·징수한다. 〈개정 2017. 4. 18.〉

[전문개정 2015. 1. 20.]

Ⅰ. 조문의 취지와 의의

과태료는 행정법상 의무위반에 대한 제재로서 부과·징수되는 금전을 말한다. 법 제101조에서는 조합 또는 중앙회가 신협법 위반 또는 의무위반 행위에 대한 과태료 부과 대상에 대해 구체적으로 열거하고 있고, 과태료 부과권자에 대해 규율하고 있다. 과태료의 세부적인 부과기준은 법 시행령 제25조, 별표 2(과태료 부과기준)에서 정하고 있다.

Ⅱ. 조문의 내용 및 해설

1. 과태료 부과 대상

(1) 2천만원 이하의 과태료

① 조합이 제24조 제2항을 위반하여 중앙회장의 사전 승인을 받지 않고 정관을 변경한 경우, ② 제43조 제1항을 위반하여 조합이 전월 말일 현재의 예탁금 및 적금 잔액의 100분의 10 이상을 상환준비금으로 보유하지 아니하거나 대통령령으로 정한 비율과 방법에 따라 상환준비금의 일부를 중앙회에 예치하지 아니한 경우, ③ 제45조의3 제2항(제79조의2에 따라 준용되는 경우를 포함한다)을 위반하여 금리인하를 요구할 수 있음을 알리지 아니한 경우, ④ 제47조 제4항을 위반하여 조합은 매 사업연도가 끝난 후 총회에서 결산보고서를 승인받고 30일 이내에 중앙회장에게 제출하지 아니한 경우, ⑤ 정당한 사유 없이 제47조 제5항 또는 제81조 제2항에 따른 감사인의 회계감사를 받지 아니한 경우, ⑥ 제83조의2를 위반하여 금융위원회가 정하는 바에 따라 경영상황에 관한 주요 정보 및 자료를 공시(公示)하지 아니하거나 거짓으로 공시한 경우, ⑦ 제83조의4에 따른 매월의 업무 내용을 적은 보고서를 다음 달 말일까지 금융감독원장이 정하는 서식에 따라 중앙회장에게 제출하지 아니하거나 거짓으로 보고서를 제출한 경우, ⑧ 제85조 제1항 제2호에 따른 금융위원회의 시정명령을 이행하지 아니한 경우, ⑨ 제86조의5 제2항을 위반하여 계약이전의 결정이 있는 경우 해당 부실조합 및 인수조합은 공동으로 그 결정의 요지 및 계약이전의 사실을 둘 이상의 일간신문에 지체 없이 공고하지 아니한 경우, ⑩ 제86조의5 제6항을 위반하여 계약이전과 관련된 자료를 보관·관리하지 아니하거나 채권자등의 열람에 제공하지 아니한 경우, ⑪ 감독기관의 검사를 거부·방해·기피한 경우에는 2천만원 이하의 과태료를 부과한다(법 제101조 제1항).

정부는 2015. 9. 2. 금융위원회가 발표한 “금융분야 제재개혁 추진방안”의 일환으로 신협법 개정안을 발의하였다. 정부는 금융법령 위반으로 대형 사고가 발생하는 경우 금융소비자 피해가 광범위하게 나타나고 금융회사 및 임직원이 얻는 부당이득의 규모도 상당할 것으로 예측되나, 부당이득반환 및 징벌을 위한 금전 제재로서의 과태료 부과 금액이 낮아 그 목적을 달성하기 어렵다고 판단하였다. 이에 신협에 대한 금전적 제재의 실효성을 제고하기 위하여 2017년 4월 신협법의 개정으로 신협이 감사인의 회계감사를 받지 아니한 경우 등에 대한 과태료의 부과한도를 1천만원에서 2천만원으로 인상하였다.

또한, 제재의 중심축을 개인 제재에서 기관·금전 제재로 전환하고 제재의 실효성을 높이기 위하여 행정형벌에서 행정질서벌(과태료)로의 변경을 추진하였다. 이에 신협법의 개정으로 신협의 경영상황에 관한 주요 정보의 공시의무 위반의 경우 1년 이하의 징역 또는 1천만원 이하의 벌금을 부과하고 있는 것을 2천만원 이하의 과태료로 변경하였고, 감독기관의 검사를 거부·방해·기피한 경우 등 2년 이하의 징역 또는 2천만원 이하의 벌금을 부과하고 있는 것을 2천만원 이하의 과태료로 변경하는 등 비교적 가벼운 위반행위의 경우 형벌을 부과하던 것을 과태료로 전환되었다.

(2) 1천만원 이하의 과태료

고객응대직원에 대한 보호조치의무를 위반하여 직원의 보호를 위한 조치를 하지 아니하거나 직원에게 불이익을 준 조합에는 1천만원 이하의 과태료를 부과한다(법 제101조 제2항). 고객을 직접 응대하는 직원을 고객의 폭언·성희롱 등으로부터 보호하기 위하여 조합이 치료 및 상담, 고충처리 기구 마련 등의 조치를 취하도록 2017년 4월 신협법이 개정되었고, 금전적 제재의 실효성을 제고하기 위하여 보호조치의무 위반시 과태료를 부과하도록 신설되었다.

2. 과태료의 부과 절차

법 제101조 제1항 및 제2항에 따른 과태료는 대통령령으로 정하는 바에 따라 금융위원회가 부과·징수한다(법 제101조 제3항). 과태료의 세부적인 부과기준은 법 시행령 제25조, 별표 2(과태료 부과기준)에 따른다. 금융감독원장은 금융기관 또는 그 임직원, 그 밖에 금융업관련법의 적용을 받는 자가 금융업관련

법에 정한 과태료의 부과대상이 되는 위법행위를 한 때에는 금융위에 과태료의 부과를 건의하여야 한다. 당해 위법행위가 법령 등에 따라 부과 면제 사유에 해당한다고 판단하는 경우에는 부과 면제를 건의하여야 한다(금융기관검사및제재에관한규정 제20조 제1항).

과태료의 부과 및 징수, 재판 및 집행 등의 절차에 관하여는 「질서위반행위규제법」이 적용된다. 행정청의 과태료 부과에 불복하는 당사자는 과태료 부과통지를 받은 날부터 60일 이내에 해당 행정청에 서면으로 이의제기를 할 수 있다. 당사자의 이의제기가 있는 경우에는 행정청의 과태료 부과처분은 그 효력을 상실한다(질서위반행위규제법 제20조 제1항, 제2항). 행정청은 이의제기를 받을 날로부터 14일 이내에 이에 대한 의견 및 증빙서류를 첨부하여 관할 법원에 통보하여야 한다(질서위반행위규제법 제21조 제1항). 법원은 심문기일을 열어 당사자의 진술을 들어야 하며, 행정청의 참여가 필요하다고 인정하는 때에는 행정청으로 하여금 심문기일에 출석하여 의견을 진술하게 할 수 있다(질서위반행위규제법 제32조). 과태료 재판은 이유를 붙인 결정으로써 하고, 당사자와 검사에게 고지함으로써 효력이 생긴다. 당사자와 검사는 법원이 과태료 재판에 대하여 즉시항고할 수 있고, 이 경우 항고는 집행정지의 효력이 있다(질서위반행위규제법 제37조, 제38조).

3. 과태료 부과 세부 기준

(1) 일반 기준

금융위원회는 위반행위의 정도, 위반행위의 동기와 그 결과 등을 고려하여 제2호에 따른 과태료 금액을 감경 또는 면제하거나 2분의 1 범위에서 가중할 수 있다. 다만, 가중하는 경우에도 법 제101조 제1항 및 제2항에 따른 과태료 금액의 상한을 초과할 수 없다.

(2) 개별 기준

(단위: 만원)

위반행위	근거 법조문	금액
가. 조합이 법 제24조 제2항을 위반하여 정관을 변경한 경우	법 제101조 제1항 제1호	1,200
나. 조합이 법 제43조 제1항을 위반하여 상환준비금을 보유하지 않거나 중앙회에 예치하지 않은 경우	법 제101조 제1항 제1호의2	2,000
다. 조합이 법 제45조의2를 위반하여 직원의 보호를 위한 조치를 하지 않거나 직원에게 불이익을 준 경우	법 제101조 제2항	600
라. 조합 또는 중앙회가 법 제45조의3 제2항(법 제79조의2에 따라 준용되는 경우를 포함한다)을 위반하여 금리인하를 요구할 수 있음을 알리지 않은 경우	법 제101조 제1항 제1호의3	1,000
마. 조합이 제47조 제4항을 위반하여 결산보고서를 중앙회장에게 제출하지 않은 경우	법 제101조 제1항 제2호	1,200
바. 조합 또는 중앙회가 정당한 사유 없이 제47조 제5항 또는 제81조 제2항에 따른 감사인의 회계감사를 받지 않은 경우	법 제101조 제1항 제3호	2,000
사. 조합이 법 제83조의2를 위반하여 공시하지 않거나 거짓으로 공시한 경우	법 제101조 제1항 제3호의2	1,200
아. 조합 또는 중앙회가 법 제83조의4에 따른 보고서를 제출하지 않거나 거짓으로 보고서를 제출한 경우	법 제101조 제1항 제4호	1,200
자. 조합 또는 중앙회가 법 제85조 제1항 제2호에 따른 시정명령을 이행하지 않은 경우	법 제101조 제1항 제4호의2	2,000
차. 조합이 법 제86조의5 제2항을 위반하여 공고를 하지 않은 경우	법 제101조 제1항 제5호	1,200
카. 조합이 법 제86조의5 제6항을 위반하여 계약이전과 관련된 자료를 보관·관리하지 않거나 채권자등의 열람에 제공하지 않은 경우	법 제101조 제1항 제6호	600
타. 법인인 자가 감독기관의 검사를 거부·방해·기피한 경우	법 제101조 제1항 제7호	2,000
파. 법인이 아닌 자가 감독기관의 검사를 거부·방해·기피한 경우	법 제101조 제1항 제7호	1,000(임직원은 400만원)

Ⅲ. 관련 법령

법률	조문
새마을 금고법	**제88조(과태료)** ① 제28조의2를 위반하여 불공정거래행위를 한 금고에는 5천만원 이하의 과태료를 부과한다. ② 제31조의2 제2항 또는 제67조 제8항을 위반하여 금리인하를 요구할 수 있음을 알리지 아니한 금고 또는 중앙회에는 2천만원 이하의 과태료를 부과한다. 〈신설 2022. 11. 15., 2023. 4. 11.〉 ③ 제28조의2를 위반한 금고의 임직원에게는 1천만원 이하의 과태료를 부과한다. 〈개정 2022. 11. 15.〉 ④ 제1항부터 제3항까지에 따른 과태료는 대통령령으로 정하는 바에 따라 주무부장관이 부과·징수한다. 〈개정 2022. 11. 15.〉 [본조신설 2017. 12. 26.]
농업 협동조합법	**제174조(과태료)** ① 제3조 제2항·제112조의3 제3항 또는 제138조 제6항을 위반하여 명칭을 사용한 자에게는 200만원 이하의 과태료를 부과한다. ② 조합등 또는 중앙회의 임원, 조합의 간부직원, 중앙회의 집행간부·일반간부직원, 파산관재인 또는 청산인이 공고하거나 최고(催告)하여야 할 사항에 대하여 공고나 최고를 게을리하거나 부정한 공고나 최고를 하면 200만원 이하의 과태료를 부과한다. ③ 삭제 〈2014. 6. 11.〉 ④ 제50조의2 제1항 및 제5항(제107조·제112조 또는 제161조에 따라 준용하는 경우를 포함한다)을 위반하여 금전·물품, 그 밖의 재산상의 이익을 제공받은 자에게는 그 제공받은 금액이나 가액(價額)의 10배 이상 50배 이하에 상당하는 금액의 과태료를 부과하되, 그 상한액은 3천만원으로 한다. 〈개정 2011. 3. 31.〉 ⑤ 제1항부터 제4항까지의 규정에 따른 과태료는 대통령령으로 정하는 바에 따라 농림축산식품부장관이 부과·징수한다. 〈개정 2013. 3. 23., 2014. 6. 11.〉 [전문개정 2009. 6. 9.] **제175조(선거범죄신고자 등의 보호)** 제172조에 따른 죄(제174조 제4항의 과태료에 해당하는 죄를 포함한다)의 신고자 등의 보호에 관하여는 「공직선거법」 제262조의2를 준용한다. [전문개정 2009. 6. 9.] **제176조(선거범죄신고자에 대한 포상금 지급)** ① 조합 또는 중앙회는 제172조에 따른 죄(제174조 제4항의 과태료에 해당하는 죄를 포함한다)에 대하여 그 조합·중앙회 또는 조합선거관리위원회가 인지(認知)하기 전에 그 범죄행위를 신고한 자에게 포상금을 지급할 수 있다. 〈개정 2011. 3. 31., 2014. 6. 11.〉 ② 제1항에 따른 포상금의 상한액·지급기준 및 포상 방법은 농림축산식품부령으로 정한다. 〈신설 2011. 3. 31., 2013. 3. 23.〉 [전문개정 2009. 6. 9.] **제177조(자수자에 대한 특례)** ① 제50조(제107조·제112조 또는 제161조에

	따라 준용되는 경우를 포함한다) 또는 제50조의2(제107조 · 제112조 또는 제161조에 따라 준용되는 경우를 포함한다)를 위반하여 금전 · 물품 · 향응, 그 밖의 재산상의 이익 또는 공사의 직을 제공받거나 받기로 승낙한 자가 자수한 때에는 그 형 또는 과태료를 감경 또는 면제한다. ② 제1항에 규정된 자가 이 법에 따른 선거관리위원회에 자신의 선거범죄사실을 신고하여 선거관리위원회가 관계 수사기관에 이를 통보한 때에는 선거관리위원회에 신고한 때를 자수한 때로 본다. 〈개정 2014. 6. 11.〉 [본조신설 2011. 3. 31.]
수산업 협동조합법	**제180조(과태료)** ① 제3조 제2항, 제113조의3 제3항 또는 제114조 제3항을 위반하여 명칭을 사용한 자에게는 200만원 이하의 과태료를 부과한다. 〈개정 2016. 5. 29.〉 ② 조합등 또는 중앙회의 임원 · 집행간부 · 일반간부직원 · 파산관재인 또는 청산인이 공고하거나 독촉하여야 할 사항에 대하여 공고 또는 독촉을 게을리하거나 부정한 공고 또는 독촉을 한 경우에는 200만원 이하의 과태료를 부과한다. 〈개정 2016. 5. 29., 2023. 10. 24.〉 ③ 제53조의2(제108조, 제113조 또는 제168조에 따라 준용하는 경우를 포함한다)를 위반하여 금전 · 물품이나 그 밖의 재산상의 이익을 제공받은 사람에게는 그 제공받은 금액 또는 가액의 10배 이상 50배 이하에 상당하는 금액의 과태료를 부과하되, 그 상한액은 3천만원으로 한다. ④ 삭제 〈2014. 6. 11.〉 ⑤ 제1항부터 제3항까지의 규정에 따른 과태료는 대통령령으로 정하는 바에 따라 해양수산부장관 또는 중앙선거관리위원회가 부과 · 징수한다. 〈개정 2013. 3. 23., 2014. 6. 11., 2015. 2. 3.〉 [전문개정 2010. 4. 12.] **제181조(선거범죄 신고자 등의 보호)** 제178조에 규정된 죄(제180조 제3항의 과태료에 해당하는 죄를 포함한다)의 신고자 등의 보호에 관하여는 「공직선거법」 제262조의2를 준용한다. [전문개정 2010. 4. 12.] **제182조(선거범죄 신고자에 대한 포상금 지급)** 조합은 제178조에 규정된 죄(제180조 제3항의 과태료에 해당하는 죄를 포함한다)에 대하여 해당 조합 또는 조합선거관리위원회가 인지하기 전에 그 범죄행위를 신고한 사람에게 정관으로 정하는 바에 따라 포상금을 지급할 수 있다. 〈개정 2014. 6. 11.〉 [전문개정 2010. 4. 12.]
산림조합법	**제134조(과태료)** ① 제3조 제2항 또는 제86조의3 제3항을 위반한 자에게는 200만원 이하의 과태료를 부과한다. ② 조합등 또는 중앙회의 조합장, 회장, 간부직원, 상임이사, 이사, 감사, 집행간부, 일반간부직원, 파산관재인 또는 청산인이 공고 또는 최고하여야 할 사항에 대하여 공고 또는 최고를 하지 아니하거나 부정한 공고 또는 최고를 하였을 때에는 200만원 이하의 과태료를 부과한다. ③ 삭제 〈2014. 6. 11.〉 ④ 제40조의2 제1항(제122조에 따라 준용되는 경우를 포함한다)을 위반하여 금전 · 물품 또는 그 밖의 재산상 이익을 제공받은 자는 그 제공받은 금액 또는 가액(價額)의 10배 이상 50배 이하에 상당하는 금액의 과태료를 부과하되, 그 상한은 3천만원으로 한다.

	⑤ 제1항부터 제4항까지의 규정에 따른 과태료는 대통령령으로 정하는 바에 따라 산림청장 또는 시·도지사가 부과·징수한다. 〈개정 2014. 6. 11., 2020. 2. 18.〉 [전문개정 2013. 4. 5.]
협동조합 기본법	**제119조(과태료)** ① 다음 각 호의 어느 하나에 해당하는 자에게는 200만원 이하의 과태료를 부과한다. 〈개정 2014. 1. 21., 2020. 3. 31.〉 1. 제3조 제2항을 위반하여 중복되거나 혼동되는 명칭을 사용한 협동조합등 또는 협동조합연합회등 2. 제3조 제3항을 위반하여 같은 조 제1항에 따른 문자 또는 이와 유사한 문자를 명칭에 사용한 자 3. 제3조 제5항에 따른 명칭의 사용 금지 또는 수정 명령을 따르지 아니한 협동조합연합회등 ② 협동조합등 및 협동조합연합회등이 다음 각 호의 어느 하나에 해당하는 경우에는 200만원 이하의 과태료를 부과한다. 〈개정 2020. 3. 31.〉 1. 제22조 제2항(제76조·제91조·제115조 제1항 및 제115조의5 제1항·제2항에 따라 준용되는 경우를 포함한다)을 위반하여 조합원등 1인의 출자좌수 제한을 초과하게 한 경우 2. 제22조의2 제2항·제3항을 위반하여 우선출자의 총액 한도를 초과하게 한 경우 3. 제23조 제1항(제91조에 따라 준용되는 경우를 포함한다)을 위반하여 조합원의 의결권·선거권에 차등을 둔 경우 4. 제46조, 제81조 및 제95조(제115조 제2항 및 제115조의7에 따라 준용되는 경우를 포함한다)를 위반하여 조합원등이 아닌 자에게 협동조합등의 사업을 이용하게 한 경우 5. 제94조를 위반하여 소액대출 및 상호부조의 총사업한도, 이자율, 대출한도, 상호부조의 범위, 상호부조금, 상호부조계약 및 상호부조회비 등을 초과하게 한 경우 ③ 협동조합등 및 협동조합연합회등의 임직원 또는 청산인이 다음 각 호의 어느 하나에 해당하는 때에는 100만원 이하의 과태료를 부과한다. 〈개정 2014. 1. 21., 2020. 3. 31.〉 1. 신고·등기를 게을리한 때 2. 제49조 제2항(제82조 및 제115조의8 제1항에 따라 준용되는 경우를 포함한다) 및 제96조 제2항(제115조 제3항 및 제115조의8 제2항에 따라 준용되는 경우를 포함한다)에 따른 서류비치를 게을리한 때 3. 제49조(제82조 및 제115조의8 제1항에 따라 준용되는 경우를 포함한다), 제49조의2(제82조에 따라 준용되는 경우를 포함한다), 제96조(제115조 제3항 및 제115조의8 제2항에 따라 준용되는 경우를 포함한다) 및 제96조의2(제115조 제3항 및 제115조의8에 따라 준용되는 경우를 포함한다)에 따른 운영의 공개를 게을리한 때 4. 감독기관 또는 총회에 대하여 거짓의 진술 또는 보고를 하거나 사실을 은폐한 때 5. 감독기관의 검사를 거부·방해 또는 기피한 때 ④ 제1항부터 제3항까지의 규정에 따른 과태료는 대통령령으로 정하는 바에 따라 기획재정부장관 또는 시·도지사가 부과·징수한다.

판례색인

헌법재판소 1996. 4. 25. 선고 92헌바47 결정 ·························· 58
헌법재판소 2000. 6. 1. 선고 99헌마553 전원재판부 결정 ·························· 500
헌법재판소 2009. 9. 24. 선고 2007헌가15 전원재판부 결정 ·························· 682
헌법재판소 2016. 10. 27. 선고 2014헌마797 결정 ·························· 251
헌법재판소 2018. 7. 26. 선고 2017헌마452 전원재판부 결정 ········ 22, 27, 229, 265
헌법재판소 2018. 12. 27. 선고 2017헌바248 전원재판부 결정 ·························· 247
헌법재판소 2020. 6. 25. 선고 2018헌바278 전원재판부 결정 ·························· 229
헌법재판소 2020. 6. 25. 선고 2018헌바278 전원합의체 결정 ·························· 564
헌법재판소 2023. 5. 25. 선고 2021헌바136 전원재판부 결정 ·························· 247

대법원 1984. 9. 25. 선고 84도1436 판결 ·························· 348
대법원 1988. 11. 22. 선고 87다카734 판결 ·························· 46
대법원 1989. 5. 9. 선고 88도1288 판결 ·························· 68
대법원 1989. 10. 13. 선고 89도563 판결 ·························· 514
대법원 1990. 11. 13. 선고 90다카28542 판결 ·························· 169, 170
대법원 1991. 11. 22. 선고 91다8821 판결 ·························· 623
대법원 1994. 5. 10. 선고 93다51454 판결 ·························· 169
대법원 1994. 5. 13. 선고 93누23978 판결 ·························· 334
대법원 1994. 8. 23. 선고 94누5649 판결 ·························· 389
대법원 1994. 12. 2. 선고 94후1466 판결 ·························· 44, 46
대법원 1996. 12. 23. 선고 96다42956 판결 ·························· 312
대법원 1998. 2. 27. 선고 97다16077 판결 ·························· 361
대법원 1998. 7. 10. 선고 98다10793 판결 ·························· 31
대법원 1999. 12. 28. 선고 99다32158 판결 ·························· 40
대법원 2001. 6. 12. 선고 2001다18940 판결 ·························· 347
대법원 2001. 11. 24. 선고 99다12437 판결 ·························· 35
대법원 2002. 1. 25. 선고 2001다67812 판결 ·························· 495
대법원 2002. 3. 15. 선고 2000다9086 판결 ·························· 323

대법원 2003. 3. 14. 선고 2002다58761 판결 ········· 374
대법원 2003. 5. 30. 선고 2002다23826 판결 ········· 799, 803
대법원 2003. 12. 26. 선고 2003다11837 판결 ········· 164
대법원 2004. 1. 15. 선고 2003다56625 판결 ········· 170
대법원 2004. 3. 12. 선고 2003다49528 판결 ········· 659
대법원 2004. 4. 28. 선고 2003다21650 판결 ········· 107, 180
대법원 2005. 2. 17. 선고 2003두14765 판결 ········· 752
대법원 2005. 6. 9. 선고 2005다2554 판결 ········· 54, 107
대법원 2005. 7. 14. 선고 2003다35635 판결 ········· 162
대법원 2006. 3. 24. 선고 2005다46790 판결 ········· 366
대법원 2006. 5. 11. 선고 2002도6289 판결 ········· 365
대법원 2007. 3. 15. 선고 2006다37328 판결 ········· 319
대법원 2007. 5. 10. 선고 2005다4284 판결 ········· 167
대법원 2007. 5. 31. 선고 2007도626 판결 ········· 381, 642
대법원 2007. 7. 13. 선고 2005두13797 판결 ········· 163
대법원 2007. 9. 6. 선고 2007다40000 판결 ········· 186, 187
대법원 2007. 10. 26. 선고 2006다60144 판결 ········· 320
대법원 2008. 2. 1. 선고 2007다9009 판결 ········· 162
대법원 2008. 6. 19. 선고 2006도4876 전원합의체 판결 ········· 363, 367
대법원 2008. 12. 24. 선고 2006다53672 판결 ········· 386, 389
대법원 2008. 12. 24. 선고 2008다61172 판결 ········· 347
대법원 2009. 4. 9. 선고 2008다1521 판결 ········· 301
대법원 2009. 5. 28. 선고 2007후3301 판결 ········· 46
대법원 2011. 10. 27. 선고 2010다88682 판결 ········· 186
대법원 2013. 2. 14. 선고 2012두3774 판결 ········· 763, 765
대법원 2013. 5. 9. 선고 2010두23668 판결 ········· 333
대법원 2014. 3. 13. 선고 2011다89606 판결 ········· 294
대법원 2014. 7. 21.자 2013마657 결정 ········· 744, 746
대법원 2015. 12. 23. 선고 2014다14320 판결 ········· 215
대법원 2016. 10. 27. 선고 2016도9654 판결 ········· 75
대법원 2017. 5. 30. 선고 2016다254658 판결 ········· 40, 334
대법원 2017. 12. 22. 선고 2014다223025 판결 ········· 473, 474

대법원 2019. 5. 30. 선고 2018두52204 판결 ··· 366
대법원 2020. 2. 27. 선고 2016다223494 판결 ··· 642
대법원 2021. 12. 30. 선고 2019다272565 판결 ··· 765
대법원 2021. 12. 30. 선고 2020다245965 판결 ··· 766
대법원 2023. 8. 18.자 2023그608 결정 ··· 180

서울고등법원 2010. 10. 13. 선고 2010누13861 판결 ··· 333
서울고등법원 2016. 4. 22. 선고 2015다2032248 판결 ··· 637, 642
광주고등법원 2003. 5. 21. 선고 2002나6172 판결 ··· 659
대구고등법원 1986. 8. 26. 선고 85나1712 ··· 352
대전고등법원 2015. 7. 2. 선고 2014나12049 판결 ··· 170
대전고등법원 2017. 11. 29. 선고 2017나11467 판결 ··· 176, 179
대전고등법원 2019. 8. 22. 선고 2019나12204 판결 ··· 313
대전고등법원 2021. 1. 12. 선고 2020나13487 판결 ··· 824
부산고등법원 2006. 7. 13. 선고 2005나14434 판결 ··· 274
대전지방법원 2017. 2. 15. 선고 2016가합101963 판결 ··· 176
대전지방법원 2019. 5. 1. 선고 2018가합109404 판결 ··· 765
대전지방법원 2019. 9. 26.자 2019카합50500 결정 ··· 752, 824, 826
대전지방법원 2020. 6. 10. 선고 2019가합102653 판결 ··· 823, 825, 848
부산지방법원 1992. 2. 19. 선고 91가합3591 판결 ··· 64
부산지방법원 2018. 5. 4. 선고 2017나57752 판결 ··· 324
서울북부지방법원 2021. 2. 4. 선고 2019가합29062 판결 ··· 112
서울서부지방법원 2015. 9. 10. 선고 2014나4907 판결 ··· 31
서울행정법원 2011. 3. 31 선고 2009구합54499 판결 ··· 758
울산지방법원 2016. 8. 31. 선고 2016가합20387 판결 ··· 163
전주지방법원 2010. 3. 17. 선고 2009고단1664－1 ··· 39
전주지방법원 군산지원 2025. 1. 22. 선고 2024가단50283 판결 ··· 312
대구지방법원 1991. 6. 14. 선고 90나9085 제3민사부 판결 ··· 40
대구지방법원 2002. 4. 16. 선고 99가합21947, 2000가합6876 판결 ··· 217
대구지방법원 2024. 11. 28. 선고 2024가합300544 판결 ··· 768

사항색인

[ㄱ]

간부직원 7, 271
간주조합원 342
감독권 7
감사위원회 502, 584
감사의 대표권 323
강제가입 474
강행법규 35
건전성 9
건전성 규제 24
검사 · 감독이사 518, 520
결격사유 572
결산보고서 403
결의취소 등의 청구 160
결제기능 467
겸업 및 겸직의 금지 532
경영건전성 717
경영관리 777
경영평가 544
계약이전방식 10
고객응대직원에 대한 보호조치 391, 392
공개 토론회 226
공고방법 487
공공성 22
공동유대 5, 12, 22, 87
공소시효 260
공시의무 11
공제사업 10, 24, 330, 850
과태금 480
과태료 11
관계형 금융 6
관리인 789
교육사업 469, 470, 610
구조조정 9, 10
국제협력사업 469
규모의 경제 468
금리인하요구권 396
금융업 22
기금관리위원회 655
긴급의안 310

[ㄴ]

내국환 업무 469
내부통제기준 598

[ㄷ]

단체조합 24
대의원회 510
대의원회의 511
동시선거 12
동시조합장 241
동일인 간주 362
동일인 대출한도 7, 34, 356, 634
동일인 대출한도 초과 승인 359
동일인 대출한도 9

등기 50

[ㄹ]

리스크관리위원회 732

[ㅁ]

면직 573
명예직 7
목표기금제 11
목표적립규모 690
무투표 당선 250, 251
미소금융 27

[ㅂ]

배당 425
법정단체 22
법정적립금 12, 417
보고 의무 193
보통결의사항 506
복지사업 328
부보금융기관 9
부실대출 34
부실조합 10
분할 442
불법 대출 34
비과세 27
비상임이사 518
비업무용 부동산 385
비영리법인 5, 30, 32, 468
비조합원 8, 9, 342
비회원에 대한 대출 633

[ㅅ]

사업계획과 예산 410
사업연도 401
사업의 범위 610
사회적 가치 6, 26
사회적 금융 6
상근임원 10
상임감사 11, 211
상임이사 209
상호금융정책협의회 703
상호부조 468
상호유대 23
상호저축은행 26
상환준비금 371
서류열람청구권 10
서민금융 6, 26
선거공보 225
선거관리위원회 11
선거권 149, 506
선거운동 223, 553
선전벽보 224
설립 규제 24
설립등기 51
설립인가 78
설립인가의 취소 432
설치등기 51
손실금 423
손해배상 책임 293
순자본비율 37
시정 35
시정명령 32
시정요구 579

신설합병 431, 437
신용·공제사업 대표이사 518, 519
신용사업 21, 24, 328, 470
신협연합회 3, 4, 7
신협예금자보호기금 9, 10
실적상품 619

[ㅇ]
안전기금 8, 469
업무 범위 규제 24
업무 일부정지 32
업무 전부정지 32
업무전담처리권 210
업무집행 감독과 보고 의무 580
여유자금 10, 467
여유자금 운용 377
연수원 622
연임 10
연임제한 9
영역구역 22
예금보장한도 657
예금보험공사 9
예금자보호기금 11, 33, 655
외부감사 8, 9, 404
외부감사대상 기준 404
외부감사인 695
외부감사인의 변경 406
외부감사인의 선임 406
위원회의 설치 576
위탁 11
위탁선거 240
유동성 467
의결권 149, 506
의결권 제한 578
의무위탁 240, 553
의사결정권 579
이사장 205
이사회 575
이용고 배당 31
이익금 424
이해상반행위 금지 578
이해충돌 468
인사위원회 571
인사추천위원회 10, 536
일반회계 401, 485
일사부재의 310, 578
임면권 569
임시임원 750
임시총회 504
임원의 자격제한 9, 255
임원의 정수 204
임의단체 22
임의위탁 240
임의적립금 12, 418
임의해산 431

[ㅈ]
자격상실 474, 513
자금의 차입 350
자금의 차입 한도 350
자금의 초과 차입 351
자기자본 36
자기자본 규제 37
자산건전성 721

자율규제 468
자치 법규 35
재무상태개선권고 819
재무상태개선요구 820
적기시정조치 37
전문이사 10, 524
전산업무 470
정관 기재사항 100
정관 변경 36, 508
정기총회 504
제명 131
조합원 자격 12, 22, 36
조합원의 책임 156
주식회사 24
준법감시인 600
중앙회 회계 696
중앙회의 대리인 606
중앙회장 10
즉시면직 264
지배구조 9, 503
지배인 등기 52
지역금융 6, 27
지역별 이사 526
지역조합 24
지역협의회 492
지원사업 610
직원 임면 협의권 211
직장조합 24
징계 573

[ㅊ]

청산 458
청산인 459
청산잔여재산 460
총회 166, 503
총회 결의 특례 196, 506
총회 개의와 결의 184
총회 결의사항 173
총회 해산결의 431
추천운동 527
추천회의 527
출석답변 요구 580
출자금 9, 23, 37, 120
출자금 양도 125
출자금 환급 142
출자금환급청구권 479
출자의무 478
충실 의무 292

[ㅌ]

탈퇴 131
퇴임 임직원 제재 756
특별결의사항 505
특별적립금 420
특별회계 402, 485
특수법인 24, 31

[ㅍ]

파산 432
파산관재인 812
표준규정 35
표준정관 35

[ㅎ]
합동연설회 226
합명회사 32
합병 431, 436
해산 499
해산등기 52
햇살론 27
협동조합 5, 24, 32
협동조합 원칙 7, 31
홍보사업 470
회계감사 11
회계장부 10
회계처리기준 402
회비 부과 486
후순위차입금 38
흡수합병 431, 437

신용협동조합법 해설

2025년 9월 10일 초판 인쇄
2025년 9월 25일 초판 1쇄 발행

저 자 이태영 · 안성백 · 이정윤
최이수 · 최지혜 · 성미루
발행인 배 효 선

발행처 도서출판 法 文 社

주 소 10881 경기도 파주시 회동길 37-29
등 록 1957년 12월 12일/제2-76호(윤)
전 화 (031)955-6500~6 FAX (031)955-6525
E-mail (영업) bms@bobmunsa.co.kr
(편집) edit66@bobmunsa.co.kr
홈페이지 http://www.bobmunsa.co.kr
조 판 법 문 사 전 산 실

정가 50,000원 ISBN 978-89-18-91633-0